전문가를 위한 DAX 완벽 가이드 2/e

파워 BI, 엑셀, SSAS에서 활용하는 DAX

마르코 루소 · 알베르토 페라리 지음　김원권 옮김

에이콘

에이콘출판의 기틀을 마련하신 故 정완재 선생님 (1935-2004)

전문가를 위한 DAX 완벽 가이드 2/e

추천의 글

아마 독자들은 우리를 잘 알지 못할 것이다. 우리는 업무용 소프트웨어 개발 전문가다. 파워 BI, SQL Server Analysis Services[SSAS] 개발 팀의 일원이며, DAX 언어와 VertiPaq 엔진의 개발에도 참여했다.

이 책으로 배우게 될 언어는 우리의 창작물이다. 데이터 분석가들이 더 쉽고 생산적으로 일할 수 있도록 이 언어를 연구하고 엔진을 최적화했다. 또한 지난 몇 년간 옵티마이저를 개선해 DAX가 더 쉽고 깔끔하며 안정된 언어가 되도록 노력해왔다.

DAX를 배우기 시작했다면 웹에서 몇 번의 검색만으로도 이 책의 저자들이 쓴 기사를 만날 수 있을 것이다. 그들이 쓴 글을 읽고 언어를 배운 후, 우리가 그간 노력한 결과물에 대해 평가해 주길 바란다. 수년 전 그들을 처음 만났을 때 SSAS에 대한 깊은 지식에 감탄했다. DAX 개발이 시작됐을 때 그들은 이 새로운 엔진과 언어를 배우고 채택한 첫 번째 그룹에 속한 사람들이었다.

저자들이 웹에 게재하고 공유하는 기사, 논문, 블로그는 수천 명에게 학습의 원천이 됐다. 우리는 코드를 작성하더라도 개발자들에게 사용법을 가르치는 것에 많은 시간을 들이지 않는다. 그러나 마르코와 알베르토는 DAX에 대한 지식을 전파하는 데 많은 기여를 했다.

알베르토와 마르코는 DAX에 관한 여러 베스트셀러를 썼으며, 이제 이 DAX의 새로운 안내서로 DAX에 관한 획기적인 책을 만들었다. 우리는 코드를 작성했고, 그들은 책을 썼다. 이제 여러분이 DAX를 배워서 여러분의 업무에서 과거에 경험하지 못한 분석력을 얻기를 기대한다. 저자와 우리 그리고 여러분 모두가 한 팀으로 협력해서 데이터로부터 더 나은 통찰력을 뽑아내는 것, 이것이 우리가 진정으로 원하는 것이다.

마리우스 뒤미트루[Marius Dumitru], 파워 BI CTO이자 아키텍트
크리스티안 페쿨레스쿠[Cristian Petculescu], 파워 BI 수석 아키텍트
제프리 왕[Jeffrey Wang], 수석 소프트웨어 엔지니어 매니저
크리스티안 웨이드[Christian Wade], 수석 프로그램 매니저

| 지은이 소개 |

마르코 루소 Marco Russo(marco.russo@sqlbi.com)

알베르토 페라리 Alberto Ferrari(alberto.ferrari@sqlbi.com)

sqlbi.com의 창립자로 해당 사이트에 파워 BI, 파워 피봇, DAX 및 SQL 분석 서비스SSAS에 관한 글을 정기적으로 게시하고 있다. 파워 피봇의 첫 베타 버전이 공개된 2009년 이후 줄곧 DAX 전문가로 활동하고 있으며, 이 기간 sqlbi.com은 DAX의 주요 배움터로 자리매김했다. 그들이 진행하는 온·오프라인 강의 과정도 DAX를 배우는 많은 사람에게 사랑받고 있다.

마이크로소프트 기술에 기반한 BI 관련 컨설팅 및 멘토링도 수행한다. 파워 BI, DAX 및 SSAS에 관한 책과 논문도 여러 편 썼으며, daxpatterns.com, daxformatter.com 및 dax.guide에 콘텐츠를 제공해 DAX 사용자를 지속적으로 돕고 있다. 마이크로소프트 이그나이트, PASS summit 및 SQLBits 등의 국제 회의에서 단골 연사로도 활약하고 있다.

감사의 글

개정판을 쓰는 데 초판보다 더 긴 1년여의 시간이 필요했다. 이 책을 만들기 위해 시간과 장소에 구애받지 않고 사람들을 연결하는 일은 길고도 놀라운 여정이었다. 감사해야 할 사람들이 너무 많아서 일일이 열거하기는 어렵다. 이 책에 기여한 모든 분께 감사를 표한다. 블로그 댓글, 포럼 게시물, 이메일 토론, 기술 회의 참석자 및 연사와의 대화, 고객 시나리오 분석 등 많은 것이 유용했으며, 많은 사람이 이 책에 중요한 아이디어를 제공했다. 우리 강의 과정에 참석한 학생들에게도 깊은 감사를 표한다. 여러분을 가르치면서 더욱 발전할 수 있었다.

공헌해주신 분들 중 개인적으로 언급해야 할 사람들이 있다.

우선 우리에게 영감을 준 에드워드 멜로메드Edward Melomed에게 감사한다. 몇 년 전 그와 함께했던 열정적인 토론 덕분에 DAX 언어로의 여행을 시작했고, 이 책을 만들 수 있었다.

마이크로소프트 출판부와 이 프로젝트에 기여한 사람들에게 감사하고 싶다. 책을 쓰는 과정에 큰 도움이 됐다.

사실 책을 쓰는 것보다는 책을 쓰기 위해 준비해야 하는 공부가 더 간절했다. 우리가 'SSAS 인사이더'라고 부르는 사람들이 이 책을 쓸 준비를 하는 데 도움을 줬다. 마이크로소프트의 몇몇 사람도 특별하게 언급될 자격이 있다. 우리에게 파워 BI와 DAX에 대한 중요한 개념을 가르치는 데 많은 시간을 할애했기 때문이다. 마리우스 뒤미트루Marius Dumitru, 제프리 왕Jeffrey Wang, 아크샤이 미르찬다니Akshai Mirchandani, 크리스티안 사코우스키Krystian Sakowski, 크리스티안 페클레스쿠Cristian Petculescu 등이다. 그들의 도움에 깊이 감사한다.

또한 아미르 네츠Amir Netz, 크리스티안 웨이드Christian Wade, 애쉬비니 샤르마Ashvini Sharma, 캐스퍼 드 종Kasper De Jonge, 그리고 T. K. 아난T. K. Anand은 이 책에 관한 토론에서 많이 기여했다. 이 책과 우리 일에서 결정한 전략적 선택에 큰 도움이 됐다.

우리의 표현을 발전시키고 매끄럽게 만드는 일을 훌륭하게 해낸 한 여성에게 특별히 감사를 표하고 싶다. 클레어 코스타Claire Costa는 원고 전체를 교정해서 더욱 읽기 쉽게 만들었다. 클레어에게 깊이 감사한다.

마지막으로 기술 검토자를 빼놓을 수 없다. 다니엘 마슬류크Daniil Maslyuk는 모든 코드, 텍스트, 예제, 그리고 참조의 모든 행을 꼼꼼히 검토했고, 우리가 놓친 실수를 발견해줬다. 그는 책에 필요한 논평 이외에는 거의 말을 하지 않았다. 이 책이 처음 원고와 비교해 오류가 적은 것은 다니엘의 노력 덕분이다. 오류가 있다면 그것은 응당 우리의 잘못이다.

정말 감사합니다, 여러분!

옮긴이 소개

김원권(wonkwon.p.kim@outlook.com)

서강대학교에서 경제학을 전공하고, KAIST 테크노경영대학원에서 MBA를 받았다. 삼성물산 및 워너브러더스 한국지사 등을 거쳐, 현재는 중견 제약사에서 CFO로 재직하고 있다. 실무에서의 데이터 분석 경험을 바탕으로 데이터 분석 및 시각화에 관심이 많으며, 『슈퍼차지 파워 BI』(에이콘, 2019)를 번역했다.

옮긴이의 말

DAX(Data Analysis eXpressions)는 MS의 파워 BI, Analysis Services 및 Excel의 파워 피봇에서 하나 이상의 값을 계산해 원하는 값을 구하는 데 사용할 수 있는 여러 함수와 연산자로 된 라이브러리다.

이 책의 저자들은 sql.com의 공동 창업자이며, BI에 관한 다양한 콘텐츠를 만들고 있다. 또한 파워 BI, SSAS 및 Excel의 데이터 모델링에 관한 여러 책을 저술했다.

이 책은 DAX를 마스터하고자 하는 사람을 위한 책이다. 아주 기초적인 내용부터 시작해 DAX 코드와 데이터 모델을 최적화하는 방법에 이르기까지 DAX에 관한 모든 것을 다룬다. BI 관련 전문 개발자가 아니라면, 1장부터 15장까지만 읽어도 충분할 듯하다. 하지만 DAX의 모든 것을 배우려면 처음부터 끝까지 읽은 후 이해하기 어려운 부분을 반복해서 읽어 보길 권한다.

관련 경험이 없는 독자라면 처음에는 이 책을 읽고 공부하는 게 쉽지 않을 것이다. 특히, 4장에서 다루는 평가 컨텍스트의 개념은 굉장히 생소할 수 있다. 다소 이해하기 어려운 내용이 있다면, 해당 주제는 가볍게 읽고 넘어가도 좋다. 끝까지 포기하지 않고 이 책을 마친다면 여러분은 DAX 전문가의 길로 한 걸음 더 다가가게 될 것이다.

차례

02장 DAX 소개 53

03장 기본 테이블 함수 103

08장 시간 인텔리전스 계산 301

20장 DAX 최적화 857

개정판 소개

이 책을 업데이트해야 한다고 생각했을 때는 DAX 언어에 변한 것이 별로 없던 데다, 이 책의 이론적 핵심은 여전히 매우 훌륭했기 때문에 어려운 일이 아닐 것이라고 여겼다. 스크린샷을 엑셀에서 파워 BI로 변경하고, 이곳저곳에 약간의 손질만 하면 끝낼 수 있다고 믿었다. 하지만 이는 잘못된 생각이었다.

첫 번째 장에 손대기 시작하자마자 거의 모든 내용을 다시 쓰고 싶어졌다. 첫 장뿐만 아니라 거의 모든 장에서 그렇게 느꼈다. 어쩌면 이 책은 두 번째 판이 아니라 첫 번째 판과는 전혀 다른 새로운 책이다.

언어나 도구가 크게 변화해서가 아니라 지난 몇 년 동안 우리가 저자나 강사로서 더 나은 방향으로 많이 발전해왔기 때문이다. 전 세계 수천 명의 사용자와 개발자들에게 DAX를 가르쳤다. 항상 복잡한 주제를 설명하기 위한 최고의 방법을 찾기 위해 학생들과 함께 열심히 고민했다. 그 결과, DAX를 설명하는 다른 방법을 찾아냈다.

2판에서는 DAX의 이론적 토대를 가르친 후 함수의 실제 활용을 보여주기 위해 예시를 늘렸다. 정교함을 잃지 않되, 좀 더 단순한 스타일을 사용하려고 노력했다. 공유하고 싶은 모든 주제를 다루고 싶어 페이지 수를 두고 편집자와 많은 논의가 있었다. 비록 이 책이 일반적인 DAX 개발자를 위한 책은 아니지만, 여러분이 DAX에 대한 사전 지식이 없다고 가정하는 기조는 바꾸지 않았다. 이 책은 DAX를 배워서 DAX의 힘과 복잡성에 대한 깊은 이해를 얻고자 하는 이들을 위한 책이다.

DAX의 진정한 힘을 활용하려면 이 책을 다 읽은 뒤에, 처음 볼 때 분명하지 않았던 세부적인 내용을 찾아 반복해서 읽는 긴 여정을 우리와 함께해야 한다.

초판 소개

파워 피봇과 SSAS Tabular에 관한 책, 블로그 게시물, 기사, 백서 그리고 DAX 패턴에 관한 책 등 DAX에 대해 많은 양의 콘텐츠를 만들었다. 그런데 왜 DAX에 관한 책을 또 써야만 하는가? 이 언어에 대해 배울 것이 정말 많은가? 물론이다.

책을 쓰려고 할 때 편집자가 가장 알고 싶어 하는 것은 책의 분량이다. 가격, 관리, 자원 할당 등을 정하는 데 기준이 되기 때문이다. 결국 책 속의 거의 모든 것은 페이지 수로 귀결된다. 저자로서 이것은 다소 좌절감을 준다. 실제로 책을 쓸 때마다 제품(파워 피봇이나 SSAS 등)에 관한 설명과 DAX 언어에 주의해서 페이지를 할당해야 한다. 이것은 DAX에 대해 가르치고자 했던 모든 것을 설명하기에 분량이 충분하지 않다는 아쉬움을 남겼다. 결국 파워 피봇에 대해 1,000페이지를 쓸 수는 없다. 그런 분량의 책은 누구에게나 위협적일 것이기 때문이다.

그래서 수년 동안 SSAS Tabular와 파워 피봇에 관한 책을 썼고, DAX 전용 책에 관한 프로젝트는 서랍 속에 보관했다. 이제 서랍을 열었고 이번에는 하나도 포기하지 않기로 했다. DAX에 대한 모든 것을 타협 없이 설명하고 싶었고, 이러한 결정의 결과가 이 책이다.

이 책에서는 계산된 열을 만드는 방법이나 속성을 설정하는 데 사용할 대화 상자에 관한 설명은 하지 않는다. 이 책은 마이크로소프트 비주얼 스튜디오, 파워 BI 또는 엑셀의 파워 피봇을 사용하는 방법을 단계별로 알려주는 책이 아니다. 대신, DAX 언어에 대해 처음부터 시작해 코드와 모델을 최적화하는 방법에 관한 기술적인 세부 사항에 이르기까지 매우 심층적으로 다룬다.

내용을 너무 많이 검토해 다 외웠을 정도로 이 책의 모든 페이지를 좋아했다. 중요한 내용이 있다고 생각할 때마다 내용을 계속 추가해 페이지 수를 늘렸고, 페이지가 부족하다는 이유로 내용을 줄이지 않았다. 그러면서 DAX에 대해 더 많이 알게 됐고 그렇게 하는 모든 순간을 즐겼다.

한 가지 질문이 더 있다. 왜 DAX에 관한 책을 읽어야 하는가?

파워 피봇이나 파워 BI의 첫 데모 이후 이런 생각을 하지 않았나? 여러분만 그런 게 아니다. 처음 경험했을 때 우리도 같은 생각을 했다. DAX는 너무 쉬워! 엑셀과 너무 닮았어! 게다가 다른 프로그래밍이나 쿼리 언어를 배운 상태라면 이미 알고 있는 패턴과 일치하는 구문의 예제만 보고도 새로운 언어를 익히는 데 익숙할 것이다. 우리는 이런 실수를 저질렀지만, 여러분은 같은 행동을 반복하지 않길 바란다.

DAX는 강력한 언어로, 점점 더 많은 분석 도구에서 사용된다. 매우 강력하지만 귀납적 추론으로는 이해하기 어려운 몇 가지 개념을 포함하고 있다. 예를 들어 평가 컨텍스트는 이론으로 시작하고, 그 이론이 어떻게 작용하는지를 보여주는 몇 가지 사례를 살펴보는 연역적 접근법을 필요로 하는 주제다. 이 책은 연역적으로 접근한다. 많은 사람이 더 실용적인 접근을 선호해 연역적 접근을 좋아하지 않는다는 것을 알고 있다. 즉, 특정한 문제를 해결하는 방법을 배우고, 경험과 실천을 통해 귀납적으로 기본 이론을 이해한다. 만약 여러분이 귀납적인 접근법을 찾고 있다면, 이 책은 적합하지 않다. 우리는 예들로 가득 차 있고, 왜 공식이 작동하는지 혹은 왜 특정한 코딩 방법이 더 나은지에 대한 설명도 없는 DAX 패턴에 관한 책을 이미 썼다. 그 책은 DAX 공식들을 복사하고 붙여넣기 할 수 있는 좋은 자료다. 하지만 이 책의 목표는 여러분이 DAX를 마스터할 수 있도록 하는 것이다. 모든 예는 DAX가 어떻게 작동하는지 보여줄 뿐, 특정 문제를 해결하지는 않는다. 여러분이 모델에서 재사용할 수 있는 공식을 발견한다면 도움이 될 수 있지만 이것은 예제의 목표가 아니라 부산물에 불과하다는 것을 기억하길 바란다. 마지막으로, 예제에 사용된 코드에서 발생할 수 있는 함정이 없는지 항상 노트를 읽길 바란다. 교육 목적상 모범사례가 아닌 코드를 사용하기도 했다.

여러분이 적어도 우리가 DAX를 쓰는 것을 즐겼던 것과 같은 방식으로, DAX를 배우는 아름다운 여정에서 우리와 함께 시간을 보내는 것을 즐길 수 있길 진심으로 바란다.

이 책의 대상

여러분이 DAX를 가볍게 사용하는 사용자라면, 이 책은 최선이 아닐 것이다. 많은 책이 DAX를 구현하는 도구(파워 BI, 파워 피봇 등)와 DAX 언어 자체에 관해 간단하게 소개하고, 기초부터 시작해서 DAX 프로그래밍의 기본 수준에 도달한다. 우리는 그 책들 중 몇 권을 썼기 때문에 이러한 사정을 잘 알고 있다.

하지만 아름다운 언어의 모든 사항을 정말로 이해하길 원한다면, 이 책이 바로 여러분을 위한 책일 것이다. 이 책으로 DAX를 처음 접하는 독자라면, DAX로부터 너무 빨리 무언가 얻기를 기대해서는 안 된다. 책을 끝까지 다 읽은 후에 몇 가지 경험을 하고, 가장 복잡한 부분을 다시 읽길 바란다. 어느 정도 경험이 쌓이면, 그 시점에서 어떤 개념들은 더 명확해질 가능성이 커진다.

DAX는 여러 용도로 여러 사람에게 사용될 수 있다. 파워 BI 사용자는 모델에서 DAX 표현식을 작성하고, 엑셀 사용자는 DAX를 활용해 파워 피봇 데이터 모델을 작성하며, 비즈니스 인텔리전스(BI) 전문가는 모든 크기의 BI 솔루션에서 DAX 코드를 사용할 수 있다. 이 책에서 우리는 위와 같은 모든 사람에게 정보를 제공하려고 노력했다. 일부 내용(특히 최적화 부분)은 DAX 성능을 최적화하는 데 요구되는 지식이 매우 기술적이기 때문에 BI 전문가를 대상으로 했지만, 파워 BI 및 엑셀 사용자도 모델에 대한 최상의 결과를 얻기 위해서는 DAX 표현식의 가능한 성능 범위를 이해해야 한다고 생각한다.

쉬우면서도 배울 게 많은 책을 쓰고 싶었다. 처음에는 쉽게 시작하고 0에서 DAX로 가는 논리적인 경로를 따라가려고 한다. 그러나 배워야 할 개념들이 더 복잡해지기 시작하면 쉽게 접근하려는 시도를 멈추고 현실적으로 접근할 것이다. DAX는 단순하지만 쉽지 않다. 우리가 DAX를 마스터하고 엔진의 모든 세부 사항을 이해하는 데는 수년이 걸렸다. 가볍게 읽는 것으로 모든 내용을 며칠 안에 배울 수 있으리라고 기대하지 말라. 이 책은 매우 높은 수준의 집중이 필요하다. 그에 대한 대가로 DAX의 모든 측면에 대해 전례 없는 깊이를 제공하고, 여러분이 실제 DAX 전문가가 될 기회를 줄 것이다.

대상 독자

여러분이 파워 BI에 대한 기본적인 지식과 데이터 분석에 대한 약간의 경험이 있길 기대한다. DAX 언어에 노출된 적이 있다면 전반부를 쉽게 읽을 수 있겠지만, 반드시 DAX를 알아야 할 필요는 없다.

이 책에는 MDX와 SQL 코드에 대한 참조가 있지만, 표현식을 작성하는 여러 방법을 보여주기 위함이므로 이 언어들을 알 필요는 없다. 그 주제는 여러분을 위한 것이 아니기 때문에 코드 라인 역시 이해하지 못해도 괜찮다.

이 책의 고급 부분에서는 모든 독자가 익숙하지 않을 수 있는 병렬, 메모리 액세스, CPU 사용량 및 기타 특이한 주제들에 대해 세부적으로 다룬다. 개발자는 편안하게 느끼겠지만 파워 BI와 엑셀 사용자는 약간 겁을 먹을 수 있다. 그럼에도 불구하고 DAX 최적화를 논의하기 위해서는 이 정보가 필요하다. 실제로 이 책의 가장 고급 부분은 파워 BI와 엑셀 사용자보다는 BI 개발자들을 더 많이 겨냥하고 있다. 하지만 고급 부분을 읽게 되면 모든 독자가 이익을 얻으리라 생각한다.

이 책의 구성

개략적인 소개로 시작해서 점차 고급 주제로 논리적으로 흐르도록 구성했다. 각 장은 이전의 내용을 완전히 이해한다는 가정하에 썼다. 앞서 설명한 개념의 반복은 거의 없다. 그렇기에 처음부터 끝까지 차례대로 읽을 것을 강력히 추천하고, 너무 일찍 고급 주제로 넘어가지 않길 바란다.

다 읽은 뒤에는 이 책을 참고도서로 활용할 수 있다. 예를 들어 여러분이 ALLSELECTED가 어떻게 작동하는지 궁금할 때 곧장 해당 부분으로 건너뛰어서 여러분의 생각을 명확히

할 수 있다. 그러나 이전 내용을 소화하지 않고 다음을 읽으면 다소 좌절하거나, 심할 경우 해당 개념을 불완전하게 이해할 수 있다.

이 책의 내용을 한눈에 살펴보면 다음과 같다.

- 1장은 DAX에 대한 간략한 소개로, SQL, 엑셀 또는 MDX와 같은 언어에 대해 이미 어느 정도 알고 있는 사용자를 위한 몇 개의 절로 구성돼 있다. 여기서는 새로운 개념을 소개하지 않는다. DAX와 다른 언어와의 차이점에 대한 몇 가지 힌트를 줄 뿐이다.
- 2장에서는 DAX 언어 자체를 소개한다. 계산된 열, 측정값, 오류 처리 함수와 같은 기본 개념을 다루며 기본 함수도 소개한다.
- 3장은 테이블 함수를 설명한다. DAX의 많은 함수는 테이블에서 작동하고 결과 또한 테이블 형태로 반환한다.
- 4장에서는 평가 컨텍스트를 설명한다. 평가 컨텍스트는 DAX 언어의 기초가 되므로, 4장은 5장과 함께 전체 책에서 가장 중요한 내용이 될 것이다.
- 5장에서는 CALCULATE와 CALCULATETABLE의 두 가지 함수만 다룬다. 이 함수는 DAX에서 가장 중요한 함수이며, 평가 컨텍스트에 대한 올바른 이해가 바탕이 돼야 한다.
- 6장은 변수를 설명한다. 모든 예에서 변수를 사용하지만, 6장은 변수의 구문을 소개하고 변수를 사용하는 방법을 설명하는 부분이다. 다음 장에서 변수를 사용하는 수많은 예를 볼 때 참고자료로 유용할 것이다.
- 7장은 반복함수와 CALCULATE에 관해 다룬다. DAX를 제대로 활용하기 위해서는 컨텍스트 전환과 반복함수 사용법을 함께 배워야 한다. 여기서는 이러한 도구를 활용하는 방법을 이해하는 데 유용한 몇 가지 예를 보여준다.
- 8장에서는 시간 인텔리전스 계산을 심층적으로 설명한다. YTD(연초부터 해당 날짜까지의 기간), MTD(월초부터 해당 날짜까지의 기간), 전년도값, 주 기반 기간 및 맞춤 캘린더를 다룬다.

- 9장은 DAX에 도입된 최신 기능인 계산 그룹을 소개한다. 계산 그룹은 모델링 도구로서 매우 강력하다. 계산 그룹을 만들고 사용하는 방법과 기본 개념을 소개하고 몇 가지 예를 보여준다.
- 10장에서는 고급 표현식 계산을 위해 필요한 필터 컨텍스트, 데이터 계보, 필터 컨텍스트 검사 및 기타 유용한 도구의 고급 사용 방법을 다룬다.
- 11장에서는 계층구조 계산을 수행하는 방법과 DAX를 사용해 부모/자녀 구조를 처리하는 방법을 설명한다.
- 12장과 13장은 작성자 쿼리 및 고급 계산에 유용한 고급 테이블 함수를 다룬다.
- 14장에서는 평가 컨텍스트에 대한 지식을 한 단계 더 발전시키고 확장 테이블 이론의 도움을 받아 `ALLSELECTED` 및 `KEEPFILTERS`와 같은 복잡한 함수에 대해 논의한다. 복잡한 DAX 표현식들의 비밀을 풀어내는 상급 내용을 다룬다.
- 15장은 DAX에서의 관계 및 관리에 관한 내용이다. 실제로 DAX 덕분에 데이터 모델 내에서 어떤 유형의 관계도 설정 가능하다. 여기서는 분석 데이터 모델에서 일반적인 여러 유형의 관계에 관해 설명한다.
- 16장에는 DAX에서 해결된 복잡한 계산의 예가 몇 가지 수록돼 있다. 이것은 해결책과 새로운 아이디어를 발견하는 데 유용한 언어에 관한 마지막 장이다.
- 17장에는 DAX를 실행하는 모델에서 사용하는 가장 일반적인 스토리지 엔진인 VertiPaq 엔진에 대한 자세한 설명이 수록돼 있다. DAX에서 최고의 성능을 얻는 방법을 배우려면 이를 이해하는 것이 필수다.
- 18장은 17장의 지식을 활용해 데이터 모델 레벨에서 적용할 수 있는 최적화를 보여준다. 적절한 관계 유형을 선택하고 DAX의 메모리 사용을 줄임으로써 열의 카디널리티를 줄이는 방법, 가져올 열을 선택하는 방법 및 성능을 향상시키는 방법을 배우게 된다.
- 19장에서는 쿼리 계획을 읽는 방법과 DAX Studio 및 SQL Server Profiler와 같은 도구를 사용해 DAX 쿼리의 성능을 측정하는 방법에 관해 설명한다.

- 20장에서는 최적화에 대한 이전 장의 내용을 기반으로 여러 가지 최적화 기법을 보여준다. 많은 DAX 계산식을 보여주고 성능을 측정한 다음 최적화된 계산식을 표시하고 설명한다.

부속 파일 정보

여러분의 학습 경험을 풍부하게 하기 위해 부속 파일을 제공한다. 이는 Microsoft Press 홈페이지(MicrosoftPressStore.com/DefinitiveGuideDAX/downloads)와 에이콘출판사 도서 정보 페이지(http://www.acornpub.co.kr/book/guide-dax-2e)에서 다운로드할 수 있다.

부속 파일에는 다음 사항이 포함된다.

- 예제를 직접 작성하는 데 사용할 수 있는 Contoso Retail DW라는 회사의 SQL 서버 백업 자료. 이것은 마이크로소프트가 제공하는 표준 데모 데이터베이스인데, 그 위에 데이터 모델을 더 쉽게 만들 수 있도록 몇 가지 뷰로 더 풍부하게 했다.
- 책의 각 그림에 대한 별도의 파워 BI Desktop 모델. 모든 그림은 각각의 파일이 있다. 데이터 모델은 거의 항상 동일하지만 이 파일을 사용해서 이 책에 설명된 단계를 자세히 따라 할 수 있다.

정오표 및 도서 지원

이 책과 관련된 콘텐츠의 정확성을 확보하는 데 모든 노력을 기울였다. https://MicrosoftPressStore.com/DefinitiveGuideDAX/errata에서 원서의 정오표를 확인할 수 있다. 추가 도서 지원 및 정보는 https://MicrosoftPressStore.com/Support를 방문하길 바란다.

마이크로소프트 소프트웨어 및 하드웨어에 대한 제품 지원은 이전 주소를 통해 제공되지 않는다는 점에 유의하자. 마이크로소프트 소프트웨어나 하드웨어에 관한 도움말은 http://support.microsoft.com을 참조하길 바란다.

여러분과의 지속적인 대화를 기대한다. 트위터 주소는 다음과 같다.

http://twitter.com/MicrosoftPress

한국어판의 정오표는 에이콘출판사의 도서정보 페이지 http://www.acornpub.co.kr/book/guide-dax-2e에서 찾아볼 수 있으며, 이 책과 관련해 질문이 있다면 이 책의 옮긴이의 이메일이나 에이콘출판사 편집 팀(editor@acornpub.co.kr)으로 문의해주길 바란다.

01

DAX란 무엇인가?

DAX(Data Analysis eXpressions)는 마이크로소프트의 파워 BI, Analysis Services(SSAS) 및 엑셀의 파워 피봇에 사용되는 프로그래밍 언어다. DAX는 2010년에 엑셀 2010에서 선보인 파워피봇 도입과 함께 만들어졌다. 2010년 당시 파워피봇은 '파워'와 '피봇' 사이에 여백이 없었다. 이 여백은 2013년에 소개된 '파워 피봇'에서 생겼다. 이후 DAX는 엑셀에서 파워 피봇 데이터 모델을 만드는 엑셀 커뮤니티와 파워 BI 및 Analysis Services로 모델을 만드는 BI(Business Intelligence) 커뮤니티에서 모두 인기를 얻었다. DAX는 테이블 형식(tabular)의 내부 엔진을 사용하는 여러 툴에서 쓸 수 있다. 이 때문에 이 모든 다양한 도구를 테이블 형식 모형이라고 한다.

DAX는 간단한 언어다. 하지만 일반적인 프로그래밍 언어와 다르기 때문에, DAX의 새로운 개념 가운데 일부는 익히는 데 시간이 좀 걸릴지도 모른다. 수천 명의 사람에게 DAX를 가르친 경험에 의하면, DAX의 기본을 배우는 것은 간단하다. 단 몇 시간 만에 DAX를 사용할 수 있다. 그러나 평가 컨텍스트, 반복, 컨텍스트 전환과 같은 고급 개념을 배울 때에는 모든 것이 복잡해 보일 것이다. 하지만 포기하지 말고 인내심을 가져보자. 여러분의 뇌가 이러한 개념을 소화하기 시작하면, DAX가 정말 쉬운 언어라는 것을 깨닫게 될 것이다. 익숙해지는 데 시간이 좀 걸릴 뿐이다.

1장의 첫 번째 절에서는 데이터 모델에 대해 다룬다. 이 책 전반에서 사용되는 테이블, 모델, 관계 등의 용어에 익숙해지기 위해서, 첫 번째 절은 여러분의 수준과 상관없이 모두 읽어야 한다.

두 번째 절부터는 엑셀, SQL, MDX와 같은 프로그래밍 언어에 대한 경험이 있는 독자들에게 조언을 제공한다. DAX와 간략하게 비교하길 원하는 독자를 위해 각 절은 해당 언어에 초점을 맞췄다. 비교해 보는 것이 도움이 된다고 생각하면, 여러분이 알고 있는 언어와 관련된 절을 집중해서 읽고, 마지막 절인 '파워 BI 사용자를 위한 DAX'를 읽고 나서 DAX를 본격적으로 다루는 2장으로 이동하길 바란다.

데이터 모델의 이해

DAX는 데이터 모델을 통해 비즈니스 공식을 계산하도록 특별하게 설계됐다. 이미 데이터 모델이 무엇인지 알 수도 있다. 그렇지 않다면, DAX 지식을 구축할 기초를 마련한다는 차원에서 데이터 모델 및 관계에 대한 설명으로 시작하도록 하자.

데이터 모델은 관계로 연결된 테이블의 집합이다.

테이블은 데이터가 포함된 행의 집합이며, 각 행은 열로 나뉘어 있다. 각 열에는 데이터 형식이 있고 하나의 정보가 들어있다. 보통 테이블의 행을 레코드라고 부른다. 테이블을 사용하면 자료를 편리하게 정리할 수 있다. 테이블은 가장 단순한 형태지만 그 자체로도 데이터 모델이 될 수 있다. 따라서 엑셀 워크북에 이름과 숫자를 쓸 때 데이터 모델을 만들고 있다고 할 수 있다.

데이터 모델에 많은 테이블이 포함돼 있다면 관계를 통해 연결될 가능성이 크다. 관계는 두 테이블 사이의 연결고리다. 두 테이블이 어떤 관계로 묶여 있을 때, 두 테이블은 서로 관련이 있다고 말한다. 그림에서 관계는 두 테이블을 연결하는 선으로 표현된다. 그림 1-1은 데이터 모델의 예를 보여준다.

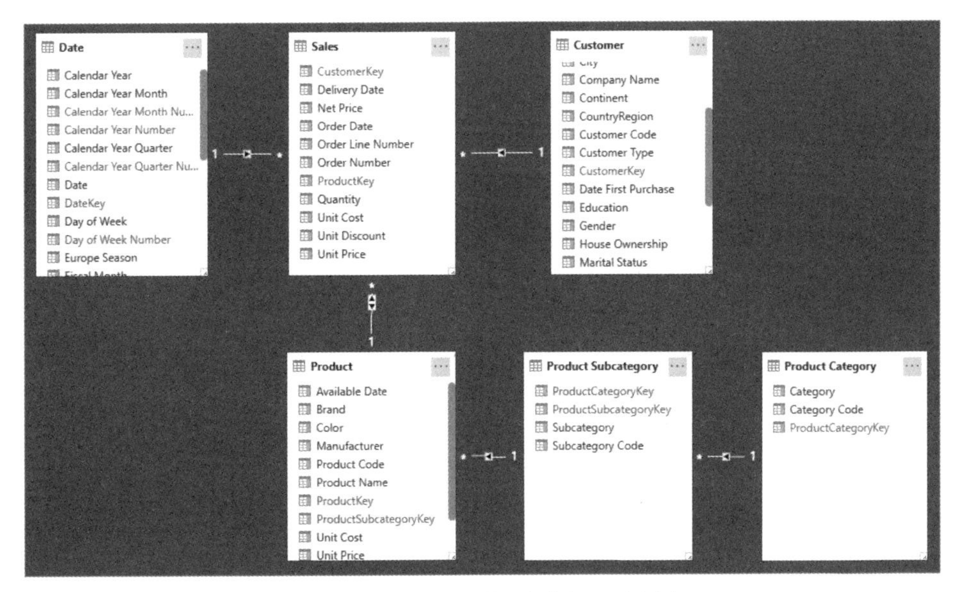

그림 1-1 이 데이터 모델은 6개 테이블로 이뤄졌다.

관계와 관련한 주요 사항은 다음과 같다.

- 연결된 두 테이블의 역할은 동일하지 않다. 연결된 두 테이블은 각각 '1'과 '*'로 표현되는 1쪽(one-side)과 M쪽(many-side)으로 불린다. 그림 1-1에서 `Product`와 `Product Subcategory`의 관계를 살펴보자. 하나의 `Product Subcategory`에는 많은 제품이 포함되지만, 하나의 `Product`에는 하나의 `Product Subcategory`만 연결된다. 따라서 `Product Subcategory`는 '1쪽'인 한편, `Product`는 'M쪽'의 관계다.
- 특별한 관계에는 일대일 관계 및 약한 관계가 있다. 일대일 관계에서는 두 테이블이 일대일 관계로 연결돼 있고, 약한 관계에서는 두 테이블이 다대다의 관계로 연결된다. 이러한 특별한 종류의 관계는 흔치 않다. 15장, '고급 관계'에서 이에 대해 자세히 설명한다.
- 두 테이블 사이의 관계를 만드는 데 사용되며, 보통 이름이 같은 열을 '관계의 키key' 라고 한다. 관계의 1쪽에서 각 행은 겹치지 않는 고유한 값을 가져야 하며 빈칸이 있어서도 안 된다. M쪽에서는 같은 값을 여러 행에서 반복할 수 있을 때가 많다. 각 행에 대한 고유한 값이 있는 열을 '테이블의 키'라고 한다.

- 관계는 사슬을 형성할 수 있다. 각 제품에는 서브 카테고리가 있고, 각 서브 카테고리는 카테고리와 연결된다. 따라서 각 제품은 카테고리와 연결된다. 제품의 카테고리를 알기 위해서는 연결된 두 관계의 사슬을 넘어야 한다. 그림 1-1에는 세 가지 관계로 구성된 사슬의 예가 포함돼 있다. 세 가지 관계는 Sales를 시작으로 Product Category에 이르기까지 계속된다.
- 각 관계에서 작은 화살표 하나 또는 두 개가 필터링 방향을 결정한다. 그림 1-1에서 Sales 테이블과 Product 테이블의 사이에는 두 개의 화살표가 있지만, 다른 모든 관계는 하나의 화살표만 있다. 화살표는 관계의 자동적인 필터링 방향을 나타낸다(교차 필터링). 필터링의 정확한 방향을 결정하는 것은 중요한 내용이므로 이 주제에 대해 좀 더 자세하게 다룰 것이다. 15장에서도 다루겠지만 양방향 필터는 사용하지 않는 것이 좋다. 양방향 필터는 교육 목적으로만 이 모델에 존재한다.

관계의 방향 이해

각 관계는 단방향 또는 양방향 크로스필터를 갖는다. 필터링은 항상 관계의 1쪽에서 M쪽으로 이뤄진다. 크로스필터가 양방향인 경우, 즉 두 개의 화살표가 있을 때 필터링은 M쪽에서 1쪽으로도 가능하다.

다음의 예를 살펴보자. 그림 1-1에 표시된 데이터 모델을 기반으로 파워 BI 시각화 도구인 테이블에서 행에 연도Calendar Year를, 값 영역에 **수량**Quantity과 **제품명의 수**Count of Product Name를 지정하면 그림 1-2와 같은 결과를 얻게 된다.

Calendar Year	Quantity	Count of Product Name
CY 2007	44,310	1258
CY 2008	40,226	1478
CY 2009	55,644	1513
Total	**140,180**	**2517**

그림 1-2 위 그림은 여러 테이블 사이의 필터링 효과를 보여준다.

Calendar Year는 Date 테이블에 속한 열이다. Date 테이블은 Sales 테이블과의 관계에서 1쪽에 해당하므로 엔진은 해당 연도로 Sales 테이블을 필터링하게 된다. 이 때문에 표시된 수량이 연도별로 필터링된 숫자다.

Product 테이블에서는 시나리오가 약간 다르다. 필터링은 Sales 테이블과 Product 테이블 사이의 관계가 양방향이기 때문에 발생한다. 보고서에 제품명의 수를 넣으면 연도의 필터가 Sales 테이블을 통해 Product 테이블로 전파되기 때문에 매년 판매되는 상품의 수를 구할 수 있다. 만약 Sales 테이블과 Product 테이블의 관계가 단방향이었다면, 다음 절에서 설명하는 바와 같이 다른 결과를 얻게 될 것이다.

Color를 행에 넣고 값 영역에 Count of Date를 추가해 보고서를 바꾸면, 그림 1-3처럼 다른 결과를 얻게 된다.

Color	Quantity	Count of Product Name	Count of Date
Azure	546	14	2556
Black	33,618	602	2556
Blue	8,859	200	2556
Brown	2,570	77	2556
Gold	1,393	50	2556
Green	3,020	74	2556
Grey	11,900	283	2556
Orange	2,203	55	2556
Pink	4,921	84	2556
Purple	102	6	2556
Red	8,079	99	2556
Silver	27,551	417	2556
Silver Grey	959	14	2556
Transparent	1,251	1	2556
White	30,543	505	2556
Yellow	2,665	36	2556
Total	**140,180**	**2517**	**2556**

그림 1-3 위 그림은 양방향 필터링이 적용되지 않은 경우, 테이블은 필터링되지 않음을 보여준다.

행의 필터는 Product 테이블의 Color 열이다. Product는 Sales와의 관계에서 1쪽에 해당하므로 Quantity는 올바르게 필터링된다. Count of Product Name은 행[Color]과 동일한 테이블에 있는 Product의 수를 계산하기 때문에 필터링이 적용된다. 여기서 예상과 다른 결과는 Count of Date이다. 모든 행에 대해 동일한 값, 즉 Date 테이블에 있는 모든 행의 수가 집계됐다.

Date와 Sales 테이블의 관계가 단방향이므로 Color 열의 필터는 Date 테이블에 전파되지 않는다. 따라서 Sales에는 활성 필터가 있지만 관계의 유형 Date 테이블로 전파될 수 없다.

양방향 필터링을 사용하도록 `Date`와 `Sales` 테이블 사이의 관계를 변경하면 결과는 그림 1-4와 같다.

숫자는 이제 주어진 색상의 제품 중 최소 1개 이상의 제품이 판매된 날짜의 수를 나타낸다. 처음에는 필터가 어떤 방향으로도 전파돼서 항상 의미 있는 결과를 반환하려면 모든 관계를 양방향으로 설정해야 하는 것처럼 보인다. 이 책의 뒷부분에서 배우겠지만, 이런 식의 데이터 모델 설계가 적합한 경우는 매우 드물다. 실제에서는 여러분이 작업하는 시나리오에 따라 올바르게 관계가 전파될 수 있게 선택해야 한다. 우리의 제안 사항을 따른다면 될 수 있는 대로 양방향 필터링을 피하게 될 것이다.

Color	Quantity	Count of Product Name	Count of Date
Azure	546	14	41
Black	33,618	602	811
Blue	8,859	200	408
Brown	2,570	77	169
Gold	1,393	50	106
Green	3,020	74	188
Grey	11,900	283	499
Orange	2,203	55	142
Pink	4,921	84	226
Purple	102	6	11
Red	8,079	99	286
Silver	27,551	417	722
Silver Grey	959	14	63
Transparent	1,251	1	14
White	30,543	505	750
Yellow	2,665	36	110
Total	**140,180**	**2517**	**2556**

그림 1-4 양방향 필터링을 적용하면 Date 테이블이 Color 열에 의해 필터링된다.

엑셀 사용자를 위한 DAX

엑셀 표현식에 사용하는 언어를 이미 알고 있을 것이다. 결국 DAX의 뿌리는 엑셀의 파워 피봇에 있고 개발 팀은 두 언어를 비슷하게 유지하려고 노력했다. 이러한 유사성으로 인해 여러분이 이 새로운 언어에 적응하는 것은 그다지 어렵지 않을 것이다. 그러나 엑셀과 DAX에는 몇 가지 중요한 차이점이 있다.

셀과 테이블

엑셀은 셀에 대해 계산을 수행한다. 셀은 좌표를 사용해 참조된다. 좌표로 아래와 같은 식을 작성할 수 있다.

```
= (A1 * 1.25) - B2
```

DAX에서는 셀 및 셀의 좌표 개념이 존재하지 않는다. DAX는 셀이 아닌 테이블과 열에서 작동한다. 결과적으로 DAX 계산식은 테이블과 열을 참조하기 때문에 엑셀과 다르게 코드를 작성해야 한다. 테이블과 열의 개념은 엑셀에서도 사용한다. 실제로 `Format as Table` 함수를 사용해 범위를 테이블로 지정하면 엑셀에서도 테이블을 참조하는 식을 작성할 수 있다. 그림 1-5에서 `SalesAmount` 열은 통합 문서의 셀 대신 동일한 테이블의 열을 참조해서 식을 계산한다.

F4 =[@ProductQuantity]*[@ProductPrice]

OrderDate	ProductName	ProductQuantity	ProductPrice	SalesAmount
07/01/01	Mountain-100 Black, 42	1	2,024.99	2,024.99
07/01/01	Road-450 Red, 52	1	874.79	874.79
07/01/01	Road-450 Red, 52	3	874.79	2,624.38
07/01/01	Road-450 Red, 52	1	874.79	874.79
07/01/01	Sport-100 Helmet, Black	2	20.19	40.37
07/01/01	Sport-100 Helmet, Red	1	20.19	20.19
07/01/01	Sport-100 Helmet, Black	4	20.19	80.75
07/01/01	LL Road Frame - Red, 44	2	183.94	367.88
07/01/01	Road-450 Red, 52	2	874.79	1,749.59
07/01/01	Sport-100 Helmet, Red	1	20.19	20.19
07/01/01	Road-450 Red, 52	1	874.79	874.79
07/01/01	LL Road Frame - Red, 44	1	183.94	183.94
07/01/01	Road-450 Red, 52	8	874.79	6,998.35

그림 1-5 엑셀에서도 테이블의 열 이름을 참조할 수 있다.

엑셀에서는 테이블의 열을 말할 때 `[@ColumnName]` 형식을 사용한다. ColumnName은 사용할 열의 이름이고 @기호는 '현재 행의 값 가져오기'를 의미한다. 구문이 직관적이지는 않지만, 일반적으로 식을 이렇게 직접 작성하지는 않는다. 셀을 클릭하면 식이 나타나고, 엑셀은 우리 대신 적합한 코드를 삽입하도록 해준다.

엑셀에서 계산을 수행하는 방식에는 두 가지가 있다. F4에 대한 식을 E4 * D4로 표시하는 표준 셀 참조를 사용하거나, 테이블 안에서 열 참조를 사용할 수 있다. 열 참조를 사용하면 열의 모든 셀에서 동일한 표현식을 사용할 수 있다는 장점이 있으며 엑셀은 행마다 다른 값으로 식을 계산한다.

엑셀과 달리 DAX는 테이블에서만 작동한다. 모든 식은 테이블 안의 열을 참조해야 한다. 예를 들어 DAX에서는 앞의 식을 다음과 같이 작성한다.

```
Sales[SalesAmount] = Sales[ProductPrice] * Sales[ProductQuantity]
```

각 열에는 테이블 이름이 접두사로 붙는다. 엑셀에서는 식이 단일 테이블 내에서 작동하기 때문에 테이블 이름을 쓰지 않는다. 그러나 DAX는 많은 테이블을 포함하는 데이터 모델에서 작동한다. 따라서 서로 다른 테이블에 있는 두 개의 열이 같은 이름을 가질 수도 있으므로 테이블 이름을 지정해야 한다.

DAX의 많은 함수가 엑셀과 같은 방식으로 작동한다. 예를 들어 `IF` 함수는 DAX와 엑셀에서 다음과 같이 동일하게 읽는다.

```
엑셀 IF ( [@SalesAmount] > 10, 1, 0)
DAX IF ( Sales[SalesAmount] > 10, 1, 0)
```

엑셀과 DAX 구문의 가장 중요한 차이 가운데 하나는 전체 열을 참조하는 방식이다. 사실 `[@ProductQuantity]`에서 `@`는 '현재 행의 값'을 의미한다. DAX에서는 값이 현재 행에 있어야 한다고 지정할 필요가 없다. 엑셀에서는 `@` 기호를 제거해 전체 열, 즉 해당 열의 모든 행을 참조할 수 있다. 그림 1-6에서 이를 확인 할 수 있다.

`AllSales` 열의 값은 `SalesAmount` 열의 총합이므로 모든 행의 값이 동일하다. 즉, 현재 행의 열값과 전체 열의 값 사이에는 구문적 차이가 있다.

G4 | =SUM([SalesAmount])

	OrderDate	ProductName	ProductQuantity	ProductPrice	SalesAmount	AllSales
4	07/01/01	Mountain-100 Black, 42	1	2,024.99	2,024.99	47,993.66
5	07/01/01	Road-450 Red, 52	1	874.79	874.79	47,993.66
6	07/01/01	Road-450 Red, 52	3	874.79	2,624.38	47,993.66
7	07/01/01	Road-450 Red, 52	1	874.79	874.79	47,993.66
8	07/01/01	Sport-100 Helmet, Black	2	20.19	40.37	47,993.66
9	07/01/01	Sport-100 Helmet, Red	1	20.19	20.19	47,993.66
10	07/01/01	Sport-100 Helmet, Black	4	20.19	80.75	47,993.66
11	07/01/01	LL Road Frame - Red, 44	2	183.94	367.88	47,993.66
12	07/01/01	Road-450 Red, 52	2	874.79	1,749.59	47,993.66
13	07/01/01	Sport-100 Helmet, Red	1	20.19	20.19	47,993.66
14	07/01/01	Road-450 Red, 52	1	874.79	874.79	47,993.66
15	07/01/01	LL Road Frame - Red, 44	1	183.94	183.94	47,993.66
16	07/01/01	Road-450 Red, 52	8	874.79	6,998.35	47,993.66
17	07/01/01	Sport-100 Helmet, Black	3	20.19	60.56	47,993.66
18	07/01/01	Sport-100 Helmet, Red	4	20.19	80.75	47,993.66
19	07/01/01	LL Road Frame - Red, 48	2	183.94	367.88	47,993.66

그림 1-6 엑셀에서는 열 이름 앞의 @ 기호를 생략해 전체 열을 참조할 수 있다

DAX는 다르다. DAX에서 그림 1-6의 `AllSales` 식을 작성하는 방법은 다음과 같다.

```
AllSales := SUM ( Sales[SalesAmount] )
```

특정 행에 대한 열값 참조와 열 전체 참조 사이에는 구문적 차이가 없다. DAX는 열 이름을 매개변수로 전달해야 하는 집계함수 (여기서는 SUM 함수) 내에서 열 이름을 사용하므로 열의 모든 값을 합산한다는 것을 이해한다. 따라서 엑셀은 도출할 두 가지 유형의 데이터를 구별하기 위해 별도의 구문을 작성해야 하지만, DAX는 자동으로 모호함을 피할 수 있다. 처음에는 이 차이가 조금 혼란스러울 수도 있다.

엑셀 및 DAX: 함수형 언어

두 언어 사이의 비슷한 한 가지 측면은 엑셀과 DAX가 모두 함수형functional 언어라는 점이다. 함수형 언어는 기본적으로 함수를 호출하는 식으로 구성된다. 엑셀과 DAX에서는 많은 프로그래밍 언어에서 자주 사용하는 선언문, 루프, 점프의 개념이 존재하지 않는다. 모든 것이 식이다. 이러한 특징은 종종 다른 프로그램을 경험한 프로그래머들에게 도전이지만 엑셀 사용자들에게는 전혀 놀랄 일이 아니다.

DAX의 반복함수

반복함수Iterator는 새로운 개념일 것이다. 엑셀에서 작업할 때는 한 번에 한 단계씩 계산을 수행한다. 앞의 예에서 판매 총액을 계산하기 위해 가격에 수량을 곱해서 열을 하나 만들었다. 두 번째 단계로, 모두 더해서 총 판매액을 계산한다. 이 값은 각 제품의 판매 비율을 계산하는 분모로 쓰일 수 있다.

DAX를 사용하면 반복함수를 사용해 한 번에 동일한 작업을 수행할 수 있다. 반복함수는 이름에서 느껴지는 그대로 작동한다. 즉, 테이블 전체에 걸쳐 테이블의 각 행에 대한 계산을 수행해 결과를 집계해서 요청된 단일 값을 만든다.

앞에서 설명한 총 판매액의 합계를 SUMX 반복함수를 사용해서 다음과 같이 구할 수 있다.

```
AllSales :=
SUMX (
  Sales,
  Sales[ProductQuantity] * Sales[ProductPrice]
)
```

위 방식에는 장단점이 있다. 장점은 특정 식에 대해서만 쓰이는 열을 추가할 필요 없이 한 번에 복잡한 계산을 수행할 수 있다는 것이다. 단점은 DAX 프로그래밍이 엑셀로 프로그래밍하는 것보다 덜 시각적이라는 것이다. 실제로 가격과 수량을 곱한 열을 눈으로 볼 수 없다. 그것은 계산이 일어나는 동안에만 존재한다.

나중에 설명하겠지만 가격과 수량의 곱을 구하는 계산된 열을 만들 수도 있다. 그러나 열을 추가하면 메모리를 많이 사용하게 되고 계산 속도가 느려지므로 좋은 방법이 아니다. 18장, 'VertiPaq 최적화'에서 이에 관해 설명한다.

DAX 이론의 필요성

DAX 이론을 먼저 공부해야 하는 이유는 프로그래밍 언어의 차이가 아닌 사고방식의 차이 때문이다. 이를 분명히 하자. 여러분은 웹에서 해결하려는 시나리오에 대한 복잡한 공식과 솔루션 패턴을 검색하는 데 익숙할 것이다. 엑셀을 사용할 때는 필요한 대부분을 해결할 수 있는 공식을 발견할 수 있다. 식을 복사하고 필요에 맞게 수정한 다음 어떻게 작동할지 크게 걱정하지 않고 사용할 수 있다.

이 방법은 엑셀에서는 작동하지만 DAX에서는 통하지 않는다. DAX 이론을 공부하고 평가 컨텍스트가 어떻게 작동하는지 철저히 이해해야 좋은 DAX 코드를 작성할 수 있다. 적절한 이론적 토대가 없다면 DAX가 마법처럼 값을 계산하거나 말이 안 되는 이상한 숫자를 계산하는 상황을 경험하게 될 것이다. 문제는 DAX 자체가 아니라 DAX가 작동하는 방식을 정확히 이해하지 못했기 때문이다.

다행스럽게도 DAX를 공부하는 데 필요한 이론은 4장, '평가 컨텍스트 이해'에서 설명하는 몇 가지 중요한 개념에 국한된다. 4장을 공부할 때는 마음을 다잡아야 한다. 4장을 숙지한 뒤에는 DAX에 더 이상 비밀이 없으며, 경험을 쌓기만 하면 DAX를 쉽게 익힐 수 있다. 아는 것이 전투의 절반이라는 사실을 기억하자. 평가 컨텍스트를 충분히 숙지하기 전에는 진도를 나가지 않아야 한다.

SQL 개발자를 위한 DAX

SQL 언어에 익숙하다면 이미 많은 테이블을 다루고, 테이블 사이에 관계를 설정하기 위해 열 사이에 조인을 설정해 봤을 것이다. 그와 같은 경험이 있다면 DAX 세상이 낯설지 않을 것이다. 실제로 DAX로 하는 일도 (SQL에서와 마찬가지로) 연결된 테이블의 집합을 쿼리해서 원하는 값을 집계하는 문제이기 때문이다.

관계 처리

SQL과 DAX의 첫 번째 차이점은 관계가 모델에서 작동하는 방식에 있다. SQL에서는 관계를 선언하기 위해 테이블 간에 외래 키를 설정할 수 있지만, 명시적으로 지정하지 않는 한 엔진은 이러한 외래 키를 쿼리에 사용하지 않는다. 예를 들어 `Customers` 테이블과 `Sales` 테이블 사이에서 `Customer Key`는 `Customers` 테이블의 기본 키primary key이고 `Sales`의 외래 키foreign key이며 다음과 같이 쿼리를 작성할 수 있다.

```
SELECT
  Customers.CustomerName,
  SUM ( Sales.SalesAmount ) AS SumOfSales
FROM
  Sales
  INNER JOIN Customers
    ON Sales.CustomerKey = Customers.CustomerKey
GROUP BY
  Customers.CustomerName
```

위 모델에서 외래 키를 사용해 관계를 선언했지만, 명시적으로 쿼리의 조인 조건을 표시해야 한다. 이 접근 방식은 쿼리를 장황하게 만든다. 그러나 여러 쿼리에서 서로 다른 조인 조건을 사용할 수 있어 쿼리를 표현하는 방식에 많은 자유를 줄 수 있다.

DAX에서 관계는 모델의 일부이며 모두 `LEFT OUTER JOIN`이다. 모델에서 정의하고 나면 더 이상 조인 유형을 쿼리에 지정할 필요가 없다. DAX는 기본 테이블과 관련된 열을 사용할 때마다 쿼리에서 자동으로 `LEFT OUTER JOIN`을 사용한다. 따라서 DAX에서는 앞의 SQL 쿼리를 다음과 같이 작성한다.

```
EVALUATE
SUMMARIZECOLUMNS (
  Customers[CustomerName],
  "SumOfSales", SUM ( Sales[SalesAmount] )
)
```

DAX는 `Sales`와 `Customers` 사이의 관계를 이미 알고 있으므로 모델에 적용된 조인을 자동으로 수행한다. 마지막으로 `SUMMARIZECOLUMNS` 함수는 `'group by Customers[Customer Name]'`를 수행해야 하지만 DAX 구문에는 필요하지 않다. `SUMMARIZECOLUMNS`는 선택한 열을 기준으로 데이터를 자동으로 그룹화하기 때문이다.

함수형 언어 DAX

SQL은 선언형 언어다. 엔진이 실제로 정보를 검색하는 방법에 대해 걱정할 필요 없이 'SELECT' 문을 사용해 검색하려는 데이터 세트를 선언해 필요한 것을 정의한다.

한편, DAX는 함수형 언어다. DAX에서 모든 식은 함수 호출이다. 함수의 매개변수로 또 다른 함수를 쓸 수 있다. 매개변수를 평가하면 DAX가 결과를 계산하기 위해 실행하는 복잡한 쿼리 계획이 생길 수 있다.

예를 들어 유럽에 거주하는 고객만 검색하려는 경우 SQL로 다음과 같이 쿼리를 작성할 수 있다.

```
SELECT
  Customers.CustomerName,
  SUM ( Sales.SalesAmount ) AS SumOfSales
FROM
  Sales
  INNER JOIN Customers
    ON Sales.CustomerKey = Customers.CustomerKey
WHERE
  Customers.Continent = 'Europe'
GROUP BY
  Customers.CustomerName
```

DAX를 사용하면 쿼리에서 `WHERE` 조건을 선언하지 않는다. 대신 특정 함수(`FILTER`)를 사용해 결과를 필터링한다.

```
Evaluate
SUMMARIZECOLUMNS (
  Customers[CustomerName],
  FILTER (
    Customers,
    Customers[Continent] = "Europe"
  ),
  "SumOfSales", SUM ( Sales[SalesAmount] )
)
```

기대한 대로 유럽에 거주하는 고객만 반환해 원하는 결과를 얻을 수 있으므로 `FILTER`가 함수라는 것을 알 수 있다. 어떤 함수를 사용하고 어떤 순서로 중첩해 쓰는지는 결괏값 및 엔진 성능에 큰 영향을 미친다. 최적의 쿼리문을 작성하기 위해 쿼리 최적화 프로그램을 사용하고 있지만, 이는 SQL에서도 마찬가지다. DAX에서도 쿼리 최적화 프로그램이 잘 작동하지만 개발자는 좋은 코드를 작성할 책임이 있다는 것을 잊지 말아야 한다.

프로그래밍 및 쿼리 언어 DAX

SQL에서는 쿼리 언어와 저장, 프로시저, 뷰 및 기타 코드 조각을 만드는 데 사용되는 명령 집합인 프로그래밍 언어의 구분이 명확하다. 각 SQL 언어에는 프로그래머가 코드로 데이터 모델을 풍부하게 할 수 있도록 하는 고유한 명령문이 있다. 그러나 DAX는 쿼리와 프로그래밍을 구분하지 않는다. 풍부한 함수 세트는 테이블을 조작하고 테이블을 반환할 수 있다. 앞에서 본 쿼리의 `FILTER` 함수가 이에 대한 좋은 예다.

이러한 면에서 DAX는 SQL보다 간단하다. 원래 목적대로 프로그래밍 언어로 DAX를 배우면 쿼리 언어로 이를 사용하는 데 필요한 모든 내용을 알게 될 것이다.

DAX 및 SQL의 하위 쿼리 및 조건

쿼리 언어로서 SQL의 가장 강력한 기능 중 하나는 하위 쿼리를 사용할 수 있다는 점이다. DAX에도 비슷한 개념이 있다. 그러나 DAX 하위 쿼리의 경우에는 DAX 언어의 함수적인 특성에서 비롯된다.

예를 들어 미화 100달러 이상을 구매한 고객 및 총 판매량을 구하려면 다음과 같은 쿼리를 SQL로 작성하면 된다.

```
SELECT
  CustomerName,
  SumOfSales
FROM (
  SELECT
    Customers.CustomerName,
    SUM ( Sales.SalesAmount ) AS SumOfSales
  FROM
    Sales
    INNER JOIN Customers
      ON Sales.CustomerKey = Customers.CustomerKey
  GROUP BY
    Customers.CustomerName
```

```
  ) AS SubQuery
WHERE
  SubQuery.SumOfSales > 100
```

DAX에서는 함수 호출을 중첩해 동일한 결과를 얻을 수 있다.

```
EVALUATE
FILTER (
  SUMMARIZECOLUMNS (
    Customers[CustomerName],
    "SumOfSales", SUM ( Sales[SalesAmount] )
  ),
  [SumOfSales] > 100
)
```

이 코드에서 `CustomerName` 및 `SumOfSales`를 검색하는 하위 쿼리는 나중에 `SumOfSales`가 100보다 큰 행만 유지하는 `FILTER` 함수로 전달된다. 지금 단계에서 이 코드는 이해하기 어려울 수 있다. 그러나 DAX 학습을 시작하고 나면 곧바로 SQL보다 하위 쿼리를 사용하는 것이 훨씬 쉽고, DAX는 함수형 언어이기 때문에 자연스럽게 처리된다는 점을 알게 될 것이다.

MDX 개발자를 위한 DAX

DAX는 테이블 분석에 쓰이는 새로운 언어이기 때문에 많은 BI 전문가가 DAX를 배우기 시작한다. 과거에는 MDX 언어를 사용해 Analysis Services 다차원 모델을 작성하고 쿼리를 수행했다. MDX에 친숙하다면 DAX와 MDX는 공통점이 많지 않기 때문에 완전히 새로운 언어를 배울 준비를 해야만 한다. 게다가 DAX의 일부 개념은 MDX와 비슷하다고 생각되기도 하지만 전혀 다르다.

경험을 통해 MDX를 배우고 나서 DAX를 배우는 것이 가장 어려운 선택이라는 것을 알게 됐다. 여러분이 DAX를 배우려면 MDX에서 자유로워져야 한다. 다차원 공간에 대해 알고 있는 모든 것을 잊고 텅 빈 마음으로 새로운 언어를 배울 준비를 해야 한다.

다차원 vs. 테이블 형식

MDX는 모델에서 정의한 다차원 공간에서 작동한다. 다차원 공간의 모양은 모델에서 정의된 차원과 계층 구조를 기반으로 하며 이것은 다시 다차원 공간의 좌표 집합을 정의한다. 차원이 다른 구성원 세트의 교차점은 다차원 공간에서 점들을 정의한다. 모든 속성 계층의 (전체) 구성원이 실제로 다차원 공간의 한 지점이라는 사실을 알게 되기까지 시간이 걸릴 수 있다.

DAX는 훨씬 간단한 방식으로 작동한다. 다차원 공간에는 차원, 구성원 및 점이 없다. 즉, 다차원 공간이 전혀 없다. 모델에서 정의할 수 있는 계층 구조가 있지만 MDX의 계층 구조와는 다르다. DAX 공간은 테이블, 열 및 관계로 만들어진다. 테이블 형식 모델의 각 테이블은 측정값 그룹도 아니고 차원도 아닌 그저 테이블일 뿐이며, 값을 계산하기 위해 스캔하거나 필터링하거나 값을 합산한다. 모든 것은 테이블과 관계라는 두 가지 간단한 개념을 기반으로 한다.

모델링 관점에서 테이블 형식은 다차원보다 적은 옵션을 제공한다는 것을 알게 될 것이다. 옵션 수가 적어도 DAX를 프로그래밍 언어로 사용해 모델을 풍부하게 할 수 있기에 덜 강력하다는 의미가 아니다. 테이블 모델의 장점은 DAX의 엄청난 속도다. 실제로 MDX 속도를 최적화하는 것이 어렵기 때문에 모델에서 MDX를 너무 많이 사용하지 않는 것이 좋다. DAX는 놀라울 정도로 빠르다. 따라서 대부분의 계산 복잡성은 모델이 아니라 DAX 공식에 있다.

프로그래밍 및 쿼리 언어로서 DAX

DAX와 MDX는 모두 프로그래밍 언어이자 쿼리 언어다. MDX에서는 MDX 스크립트가 있는지에 따라 차이가 있다. `SCOPE` 선언문과 같이 스크립트에서만 사용할 수 있는 여러 가지 특수 선언문과 함께 MDX 스크립트에서 MDX를 사용한다. 데이터를 검색하는 `SELECT` 선언문을 작성할 때 쿼리에서 MDX를 사용한다. DAX에서는 다소 다르다. DAX를 프로그래밍 언어로 사용해 계산된 열, 계산된 테이블 및 측정값을 정의한다. 계산된 열과 계산된 테이블의 개념은 DAX에 처음 도입됐으며, MDX에는 존재하지 않는다. 측정값은 MDX에서 계산된 멤버와 비슷하다. DAX를 쿼리 언어로 사용할 수도 있다. 예를 들어 Reporting Services를 사용해 테이블 형식 모델에서 데이터를 검색할 수 있다. 그럼에도 불구하고 DAX 함수에는 특정 역할이 없으며, 쿼리와 계산식에서 모두 사용할 수 있다. 또한 MDX를 사용해 테이블 형식 모델을 쿼리할 수도 있다. 따라서 MDX의 쿼리 부분은 테이블 형식 모델과 함께 작동하지만 DAX는 테이블 형식 모델을 프로그래밍할 때 유일한 옵션이다.

계층구조

MDX를 사용하면 대부분의 계산을 수행하기 위해 계층에 의존한다. 전년도 매출을 계산하려면 올해의 `CurrentMember`를 검색해 MDX 필터를 재정의하는 데 사용해야 한다. 예를 들어 MDX에서 전년도의 계산을 정의하기 위해 다음과 같은 식을 작성할 수 있다.

```
CREATE MEMBER CURRENTCUBE.[Measures].[SamePeriodPreviousYearSales] AS
(
  [Measures].[Sales Amount],
  ParallelPeriod (
    [Date].[Calendar].[Calendar Year],
    1,
    [Date].[Calendar].CurrentMember
  )
);
```

위 측정값은 `ParallelPeriod` 함수를 사용해 `Calendar` 계층에서 `CurrentMember`의 사촌 값을 반환한다. 이처럼 모델에서 정의된 계층 구조를 기반으로 한다. DAX로 필터 컨텍스트와 표준적인 시간 인텔리전스 함수를 사용해 다음과 같이 동일한 식을 작성할 수 있다.

```
SamePeriodPreviousYearSales :=
CALCULATE (
  SUM ( Sales[Sales Amount] ),
  SAMEPERIODLASTYEAR ( 'Date'[Date] )
)
```

`FILTER`나 다른 DAX 함수를 사용해 여러 가지 방법으로 동일한 결과를 얻을 수 있지만, 아이디어는 동일하게 유지된다. DAX에서는 계층 구조를 사용하는 대신 테이블을 필터링한다.

차이가 너무 커서 DAX에 익숙해질 때까지는 계층 구조 계산을 이해하기 어려울 수 있다.

또 다른 중요한 차이점은 MDX에서는 [Measures].[Sales Amount]를 참조하고, 사용할 집계함수가 이미 모델에 정의돼 있다는 것이다. DAX에는 미리 정의된 집계가 없다. 눈치챘을 수도 있겠지만, 계산할 식은 SUM(Sales [Sales Amount])이다. 미리 정의된 집계 값은 더 이상 모델에 없다. 사용하고 싶을 때마다 그것을 새롭게 정의해야 한다. 항상 판매액의 합계를 계산하는 측정값을 만들 수 있지만, 이는 본 절의 범위를 벗어나므로 이 책의 뒷부분에서 설명하기로 한다.

DAX와 MDX의 중요한 차이점 중 하나는 MDX가 SCOPE 문을 과도하게 사용해 비즈니스 논리를 구현(다시 계층 구조 사용)하는 반면, DAX는 완전히 다른 접근 방식을 필요로 한다는 것이다. 사실, 계층적 처리가 언어에서 완전히 빠져 있다.

예를 들어 **연도** 수준에서 측정값을 정의하려면 MDX에서 다음과 같이 식을 작성해야 한다.

```
SCOPE ( [Measures].[SamePeriodPreviousYearSales], [Date].[Month].[All] )
  THIS = NULL;
END SCOPE;
```

DAX는 SCOPE 문과 같은 것이 없다. 동일한 결과를 얻으려면 필터 컨텍스트에 필터가 있는지 확인해야 하며 시나리오는 훨씬 복잡하다.

```
SamePeriodPreviousYearSales :=
IF (
  ISINSCOPE ( 'Date'[Month] ),
  CALCULATE (
    SUM ( Sales[Sales Amount] ),
    SAMEPERIODLASTYEAR ( 'Date'[Date] )
  ),
  BLANK ()
)
```

직관적으로 이 표현식은 사용자가 월 수준 또는 그 이하의 Calendar 계층을 탐색하는 경우에만 값을 반환한다. 그렇지 않으면 BLANK를 반환한다. 이 공식이 무엇을 계산하는지 나중에 자세히 알게 될 것이다. DAX는 MDX 코드보다 오류 발생 가능성이 훨씬 크다. 솔직히 말해, 계층 처리는 DAX에서 빠진 특징 중 하나다.

상세 수준 계산

마지막으로 MDX를 사용할 때 아마도 상세 수준Leaf-level의 계산을 피하는 데 익숙할 것이다. MDX에서 상세 수준 계산을 수행하는 것은 너무 느려서 항상 값을 미리 계산해 집계 값을 사용해야만 한다. DAX에서 상세 수준 계산은 믿을 수 없을 정도로 빠르게 작동하고 데이터 셋이 아닌 경우에는 미리 계산된 집계 값을 사용할 필요가 없다. 따라서 데이터 모델을 만들 때가 되면 여러분의 마음 변화가 필요하다. 대부분의 경우 SSAS 다차원에서 적합했던 데이터 모델이 테이블 형식에는 맞지 않으며, 그 반대일 때도 마찬가지다.

파워 BI 사용자를 위한 DAX

앞에 있는 절을 건너뛰고 곧바로 여기로 온 사람이 있다면 환영한다. DAX는 파워 BI의 모국어로, 엑셀이나 SQL, MDX에 대한 경험이 없다면 여러분은 파워 BI로 DAX를 처음 배우게 된다. 다른 도구를 사용해 모델을 구축한 경험이 없다면 파워 BI는 DAX의 완벽한 동반자이며 강력한 분석 및 모델링 도구라는 사실을 알게 될 것이다.

얼마 전에 파워 BI를 사용하기 시작해서 지금은 한 단계 더 발전하길 원하는 독자도 있을 것이다. 그렇다면 DAX와 함께 멋진 여행을 떠날 준비를 하길 바란다.

여러분에게 당부하고 싶은 한 가지가 있다. 며칠 만에 복잡한 DAX 코드를 쓸 수 있을 거라고 기대하지는 말자. DAX는 여러분의 시간과 헌신을 필요로 하며 숙달하기 위해서는 약간의 연습이 필요하다. 처음 공부를 시작한 다음 몇 가지 간단한 계산으로 보상을 받을 때 흥분하게 될 것이다. 하지만 가장 복잡한 주제인 평가 컨텍스트와 CALCULATE에 대해 배우기 시작하면 흥분은 곧 사라진다. 이때 모든 것이 복잡해 보일 수 있지만 포기해서는 안 된다. 대부분의 DAX 개발자 또한 그와 같은 경험을 거쳤다. 여러분이 그 지점에 도달했을 때가 완전한 이해에 도달하기 직전이기 때문에, 바로 그때 그만두는 것은 정말 유감스러운 일이다. 여러분이 예상하는 것보다 훨씬 더 빨리 깨달음을 얻게 될 것이므로 읽고 또 연습해야 한다. 여러분이 이 책을 마칠 때쯤이면 DAX 전문가 위치에 도달하게 될 것이다.

평가 컨텍스트가 DAX 언어의 핵심이다. 평가 컨텍스트를 마스터하는 데는 시간이 걸린다. 며칠 만에 DAX에 대한 모든 것을 배울 수 있었던 사람은 없었다. 게다가 다른 복잡한 주제와 마찬가지로 시간이 지남에 따라 많은 세부 사항이 눈에 들어오게 될 것이다. 모든 것을 배웠다는 생각이 들 때 이 책을 한 번 더 읽어 보길 바란다. 첫눈에 중요해 보이지 않던 세부 사항을 많이 발견하기도 하겠지만, 더 숙달된 사고방식으로 정말 큰 차이를 만들게 될 것이다.

이 책을 즐기길 바란다!

02

DAX 소개

2장에서 DAX 언어에 관해 이야기하기 시작한다. DAX 구문, 계산된 열과 측정값(이전 엑셀 버전에서는 계산된 필드라고도 함)의 차이와 DAX에서 가장 일반적으로 사용하는 함수에 대해 배울 것이다.

2장은 도입장이기 때문에 많은 함수를 심층적으로 다루지는 않는다. 3장부터 좀 더 자세히 설명할 것이다. 현재로서는 함수를 소개하고 DAX 언어의 개관을 살펴보는 것으로도 충분하다. 파워 BI, 파워 피봇 또는 SSAS에서 데이터 모델의 특징을 언급할 때, 어떤 제품에는 특정한 기능이 없는 경우도 있지만 **테이블 형식**tabular 이라는 공통된 용어를 사용한다. 예를 들어 '테이블 형식의 다이렉트쿼리'는 엑셀이 아닌 파워 BI 및 SSAS에서 사용할 수 있는 다이렉트쿼리DirectQuery 모드 기능을 가리킨다.

DAX 계산 이해

더 복잡한 식을 다루기 전에 DAX의 기본을 배워야 한다. DAX의 기본에는 DAX 구문, DAX가 처리할 수 있는 데이터 유형, 기본 연산자 및 열과 테이블을 참조하는 방법 등이 포함된다. 이에 대해서는 아래에서 몇 개의 절에 걸쳐 다룰 예정이다.

테이블의 여러 열에 걸쳐 있는 값을 계산할 때 DAX를 사용한다. 숫자를 집계하고 계산하고 검색할 수 있지만, 결국 모든 계산은 테이블과 열을 대상으로 한다. 첫 번째로 배울 구문은 테이블에서 열을 참조하는 방법이다.

일반적으로 테이블 이름은 작은따옴표로 묶고 열 이름은 대괄호로 묶어서 작성한다.

```
'Sales'[Quantity]
```

테이블 이름이 숫자로 시작되지 않고 공백이 없으며 예약된 단어(Date 또는 sum 등)가 아닌 경우에는 작은따옴표를 생략할 수 있다.

식을 정의하는 테이블에 포함된 열이나 측정값을 참조하는 경우에는 테이블 이름을 생략할 수 있다. 따라서 [Quantity]는 Sales 테이블에 정의된 계산된 열이나 측정값인 경우에 유효한 열 참조 방식이다. 생략이 가능하다지만, 테이블 이름은 생략하지 않는 것이 좋다. 지금은 이것이 왜 중요한지 설명하지 않지만 5장, 'CALCULATE와 CALCULATETABLE'을 읽으면 알게 될 것이다. 그럼에도 불구하고 DAX 코드를 읽을 때 DAX 측정값(나중에 논의)과 열을 구별할 수 있는 것이 매우 중요하다. 사실상 열을 참조할 때는 항상 테이블의 이름을 사용하고, 측정값을 참조할 때는 항상 테이블 이름을 쓰지 않는 것이 표준이다. 이 표준을 일찍 채택할수록 DAX와의 생활은 더 쉬워질 것이다. 따라서 다음과 같은 열과 측정값을 참조하는 방법에 익숙해져야 한다.

```
Sales[Quantity] * 2                                   --열 참조
[Sales Amount] * 2                                    --측정값 참조
```

5장에서 컨텍스트 전환에 대해 배우고 나면, 이 표준을 채택하는 이유를 알게 될 것이다. 지금은 이 표준을 믿고 따라주길 바란다.

DAX의 주석

앞의 예제에서 DAX의 주석을 처음 소개했다. DAX는 한 줄 주석과 여러 줄 주석을 모두 사용할 수 있다. 한 줄 주석은 '—' 또는 '//'로 시작하고 해당 줄의 나머지 부분은 주석으로 간주된다.

```
= Sales[Quantity] * Sales[Net Price]          -- 한 줄 주석
= Sales[Quantity] * Sales[Unit Cost]          // 한 줄 주석의 다른 예
```

여러 줄 주석은 '/*'로 시작하고 '*/'로 끝낸다. DAX 파서(parser)는 이러한 표시 사이에 포함된 모든 내용을 무시하고 주석으로 간주한다.

```
= IF (
    Sales[Quantity] > 1,
    /* 여러 줄 주석의 첫 번째
    무엇이든 여기에 쓸 수 있으며 DAX에 의해 무시됨
    */
    "Multi",
    /* 여러 줄 주석의 일반적인 사용 사례는 기존 코드의 일부를 주석 처리하는 것이다.
    다음 IF 문장은 여러 줄 주석 사이에 있기 때문에 무시된다.
      If (
        Sales[Quantity] = 1
        "Single",
        "Special note"
      )
    */
    "Single"
)
```

측정값, 계산된 열 또는 계산된 테이블을 정의할 때는 DAX 식의 끝에 주석을 다는 것은 피하는 것이 좋다. 이러한 주석은 눈에 띄지 않을 수 있고, 2장의 뒷부분에서 설명하는 DAX 포매터와 같은 툴에서 지원되지 않을 수 있기 때문이다.

DAX 데이터 유형

DAX는 다양한 숫자 유형에 대해 연산을 수행할 수 있으며 7개의 형태가 있다. 시간이 지나면서 마이크로소프트는 동일한 데이터 유형에 대해 서로 다른 이름을 사용하면서 혼란을 야기했다. 표 2-1에는 DAX 데이터 유형을 확인할 수 있는 다양한 이름이 수록돼 있다.

표 2-1 데이터 유형

DAX 데이터 유형	파워 BI 데이터 유형	파워 피봇과 SSAS 데이터 유형	SQL 서버 데이터 유형	테이블 객체 모델 데이터 유형
정수	정수	정수	정수(INT)	int64
10진수	10진수	10진수	Float/더블(double)	더블(double)
통화	고정 10진수	통화	통화	10진수
날짜시간	날짜시간, 날짜,시간	날짜	날짜/날짜시간	날짜시간
부울	True/False	True/False	부울/BIT	부울
문자열	텍스트	텍스트	스트링/ NVARCHAR(MAX)	스트링
가변형 (Variant)				가변형
2진수	2진수	2진수	Blob/ VARBINARY(MAX)	2진수

이 책에서는 데이터베이스 및 BI 커뮤니티의 실질적 표준을 따르는 표 2-1의 첫 번째 열에 있는 이름을 사용한다. 예를 들어 파워 BI에서 `TRUE` 또는 `FALSE`를 포함하는 열을 `True/False`라고 하는 반면, SQL Server에서는 BIT라고 부른다. 그럼에도 불구하고 이러한 유형의 값에 대한 전통적이고 일반적인 이름은 부울이다.

DAX는 강력한 데이터 유형 처리 시스템을 갖추고 있으므로 데이터 유형에 대해 걱정할 필요가 없다. DAX 식의 결괏값의 유형은 식에 사용된 항의 형식을 기초로 한다. DAX 식에서 반환된 데이터가 예상했던 유형이 아닌 경우 식 자체에 사용된 항의 데이터 유형을 살펴봐야 한다.

예를 들어 합계의 여러 항 가운데 하나가 날짜인 경우 결과도 날짜이며, 마찬가지로 같은 연산자를 정수와 함께 사용하면 결과는 정수다. 이 동작을 '연산자 오버로딩operator overloading'이라고 하며 그림 2-1에서 `OrderDatePlusOneWeek` 열은 **주문 날짜** 열의 값에 7을 더해 계산한다.

```
Sales[OrderDatePlusOneWeek] = Sales[Order Date] + 7
```

결과는 날짜다.

Order Date	OrderDatePlusOneWeek
10/08/2008	10/15/2008
10/10/2008	10/17/2008
10/12/2008	10/19/2008
09/05/2008	09/12/2008
09/07/2008	09/14/2008
09/23/2008	09/30/2008
11/05/2008	11/12/2008
11/07/2008	11/14/2008
11/09/2008	11/16/2008
11/17/2008	11/24/2008

그림 2-1 날짜에 정수를 더하면 해당 일수만큼 증가한 날짜가 된다.

DAX는 연산자 오버로딩 외에도 연산자에 따라서 문자열을 숫자로, 또 숫자를 문자로 자동 변환한다. 예를 들어 문자열을 연결하는 '&' 연산자를 사용하면 DAX는 그 인수를 문자열로 변환한다. 다음 식은 문자열로 '54'를 반환한다.

```
= 5 & 4
```

반면 다음 식은 값이 9인 정수를 결과로 반환한다.

```
= "5" + "4"
```

결괏값은 원본 열이 아니라 연산자에 따라 달라지는데, 원본 열은 연산자의 요구 사항에 따라 전환된다. 이 동작은 편리하게 보이지만 2장의 뒷부분에서 이러한 자동 전환 중에 발생할 수 있는 오류의 종류를 확인할 수 있다. 또한 모든 연산자가 이 동작을 따르는 것은 아니다. 예를 들어 비교 연산자는 문자열을 숫자와 비교할 수 없다. 결과적으로 문자열 하나에 하나의 숫자를 더할 수는 있지만 숫자를 문자열과 비교할 수는 없다. 이에 관한 내용은 다음 링크(https://docs.microsoft.com/en-us/powerbi/desktop-data-types)에서 찾아볼 수 있다. 규칙이 너무 복잡하기 때문에 자동 전환을 피하기를 권한다. 전환이 발생하는 경우 이를 제어하고 전환을 명시적으로 수행하길 바란다. 명확하게 말하자면 앞의 예는 다음과 같이 작성돼야 한다.

```
= VALUE ( "5") + VALUE ( "4")
```

엑셀이나 다른 언어로 작업하는 데 익숙한 사람들은 DAX 데이터 유형에 익숙할 것이다. 데이터 유형에 대한 일부 세부 사항은 엔진에 따라 달라지며, 파워 BI, 파워 피봇 또는 SSAS의 경우 다를 수 있다. SSAS의 DAX 데이터 유형에 대한 자세한 정보는 http://msdn.microsoft.com/en-us/library/gg492146.aspx에서 확인할 수 있으며, 파워 BI 정보는 https://docs.microsoft.com/en-us/power-bi/desktop-data-types에서 확인할 수 있다. 여기서는 이러한 각 데이터 유형에 대한 몇 가지 주요 사항을 살펴보자.

정수

DAX는 64비트 값을 저장할 수 있는 **정수** 데이터 유형을 하나만 갖고 있다. DAX의 정숫값끼리 내부 계산도 64비트 값을 사용한다.

10진수

10진수는 항상 이중정밀 부동 소수점floating point 값으로 저장된다. 이 DAX 데이터 유형을 Transact-SQL의 **소수** 및 **숫자** 데이터 유형과 혼동하지 않길 바란다. SQL에서 DAX의 10진수에 해당하는 데이터 유형은 Float이다.

통화

파워 BI에서는 **고정 10진수**라고 하는 **통화** 데이터 유형을 고정된 소수점 숫자로 저장한다. 소수점 4자리를 나타낼 수 있으며 내부적으로 10,000으로 나눈 64비트 정숫값으로 저장된다. **통화** 데이터 유형을 합산하거나 빼면 항상 소수점 4자리 이상의 십진수는 무시하며 곱셈과 나눗셈은 부동 소수점 값을 생성하므로 결과의 정밀도가 높아진다. 소수점 4자리 숫자보다 정확도가 더 필요한 경우 **10진수** 데이터 유형을 사용해야 한다.

통화 데이터 유형의 기본 형식에는 통화 기호가 포함된다. **통화** 형식을 **정수**나 십진수 숫자에 적용할 수 있고 통화 기호 없이도 사용할 수 있다.

날짜/시간

DAX는 날짜를 **날짜/시간** 유형으로 저장한다. 이 형식은 내부적으로 부동 소수점 숫자를 사용하며, 여기서 정수는 1899년 12월 30일 이후 일수에 해당하고, 소수점 부분은 하루의 일정 부분을 나타낸다. 시간, 분, 초는 하루의 십진 분수로 변환된다. 따라서 다음 식은 현재 날짜에 1일(정확히 24시간)을 더한 값을 반환한다.

```
= TODAY () + 1
```

결과는 계산 시점에 하루를 더한 내일의 날짜다. **날짜/시간**의 날짜 부분만 사용해야 하는 경우, 항상 TRUNC 함수를 사용해 소수점 이하를 제거하면 된다.

파워 BI는 **날짜**와 **시간**의 두 가지 추가 데이터 유형을 제공한다. 내부적으로는 **날짜/시간**의 단순한 변형이다. 실제로 **날짜**와 **시간**은 각각 **날짜/시간**의 정수 또는 소수 부분만 저장한다.

윤년 버그

1983년에 발표된 인기 스프레드시트인 로터스 1-2-3는 '날짜/시간' 데이터 유형 처리에 결함이 있었다. 실제와 달리 1900년을 윤년으로 여겼다. 한 세기의 마지막 년도는 앞 두 자릿수를 4로 나눌 때 나머지가 없을 때만 윤년이다. 초창기 엑셀 개발 팀은 로터스 1-2-3와의 호환성을 유지하기 위해 의도적으로 버그를 복제했다. 이후 엑셀의 새로운 버전들도 호환성을 위해 버그를 유지했다.

2019년 이 책을 인쇄하는 시점에도 엑셀과의 하위 호환성을 위해 DAX에 버그가 그대로 남아있다. 버그로 인해 1900년 3월 1일 이전의 기간 계산에 오류가 발생할 수 있다. 따라서 설계상 DAX가 표현식으로 지원하는 첫 번째 날짜는 1900년 3월 1일이다. 해당 날짜 이전의 기간에 대한 날짜 계산은 오류가 생길 수 있어서 부정확한 것으로 간주해야 한다.

부울

부울 데이터 유형은 논리적 조건을 표현하는 데 사용된다. 예를 들어 다음 식에 의해 정의된 계산된 열의 형식은 **부울**이다.

```
= Sales [Unit Price] > Sales [Unit Cost]
```

또한 **부울** 데이터 유형을 TRUE가 1이고 FALSE가 0인 숫자로 사용하는 경우도 볼 수 있다. 이 표기법은 TRUE > FALSE 때문에 분류 목적으로 사용하기 좋다.

문자열

DAX의 모든 문자열은 **유니코드** 문자열로 저장되며, 여기서 각 문자가 16비트로 저장된다. 기본적으로 문자열 간 비교는 대소문자를 구분하지 않으므로 'Power BI'와 'POWER BI'라는 두 문자열을 동일하게 간주한다.

가변형

가변형 데이터 유형은 조건에 따라 다른 데이터 유형을 반환할 수 있는 식에 사용된다. 예를 들어 다음 식은 정수 또는 문자열을 반환할 수 있으므로 가변형 데이터를 반환한다.

```
IF([measure] > 0, 1, "N/A" )
```

가변형 데이터는 일반적으로 테이블의 열에 대한 데이터 유형으로 사용할 수 없다. DAX 측정값과 일반적으로 DAX 식은 **가변형** 데이터가 될 수 있다.

2진수

2진수 데이터 유형은 데이터 모델에서 이미지 또는 기타 비정형 정보 유형을 저장하는 데 사용된다. DAX에서는 사용할 수 없다. 주로 파워 View에서 사용했으며, 파워 BI와 같은 다른 툴에서는 사용하지 못 할 수 있다.

DAX 연산자

식의 유형을 결정하는 데 있어 연산자의 중요성을 알게 됐으니, 이제 표 2-2, DAX에서 사용할 수 있는 연산자 목록을 살펴보자.

표 2-2 연산자

종류	기호	의미	예
괄호	( )	우선순위 순서 및 인수 그룹화	(5 + 2) * 3
산술	+	더하기	4 + 2
	–	빼기	5 – 3
	*	곱하기	4 * 2
	/	나누기	4 / 2
비교	=	같다	[CountryRegion] = “USA”
	<>	같지 않다	[CountryRegion] <>“USA”
	>	크다	[Quantity] > 0
	>=	크거나 같다	[Quantity] >= 100
	<	작다	[Quantity] < 0
	<=	작거나 같다	[Quantity] <= 100
연결	&	문자열의 연결	“Value is” & [Amount]
논리	&&	두 논리식의 AND 조건	[CountryRegion] = “USA” && [Quantity] > 0
	||	두 논리식의 OR 조건	[CountryRegion] = “USA” || [Quantity] > 0
	IN	목록에 요소 포함	[CountryRegion] IN [“USA”,”CANADA”]
	NOT	부울 부정	NOT [Quantity] > 0

또한 논리 연산자는 엑셀과 비슷한 구문을 사용해 DAX 함수로 사용할 수 있다. 예를 들어 다음과 같은 식을 쓸 수 있다.

```
AND ( [CountryRegion] = "USA", [Quantity] > 0 )
OR ( [CountryRegion] = "USA", [Quantity] > 0 )
```

위의 식은 각각 다음과 동일하다.

```
[CountryRegion] = "USA" && [Quantity] > 0
[CountryRegion] = "USA" || [Quantity] > 0
```

복잡한 조건을 작성할 때 부울 논리 연산자 대신 함수를 사용하는 것이 도움이 된다. 실제로 코드의 큰 부분의 형식을 지정할 때 함수를 사용하면 연산자보다 훨씬 쉽게 형식을 정할 수 있으며 읽기도 쉽다. 그러나 함수의 주요 단점은 한 번에 두 개의 매개변수만 전달할 수 있다는 것이다. 그러므로 우리가 평가해야 할 조건이 두 개 이상이면 함수를 중첩해야 한다.

테이블 구성자

DAX는 코드에서 이름이 없는 테이블을 직접 정의할 수 있다. 테이블에 하나의 열이 있는 경우, 구문에는 중괄호로 구분된 각 행에 대해 1개씩 값의 목록만 있으면 된다. 괄호로 행을 구분할 수 있는데, 이것은 테이블에 하나의 열만 있는 경우에는 생략할 수 있다. 예를 들어 다음과 같은 두 식은 동일하다.

```
{ "Red", "Blue", "White" }
{ ("Red"), ("Blue"), ("White") }
```

테이블에 여러 개의 열이 있는 경우 괄호는 필수 사항이다. 모든 열은 모든 행에서 데이터 유형이 일치해야 한다. 그렇지 않으면 DAX는 자동으로 열을 동일한 열에 대해 서로 다른 행에 제공된 모든 데이터 유형을 수용할 수 있는 데이터 유형으로 변환한다.

```
{
  ("A", 10, 1.5, DATE(20, 1, 1 ), CURRENCY ( 199.99 ), TRUE),
  ("B", 20, 2.5, DATE(20, 1, 2 ), CURRENCY (249.99 ), FALSE),
  ("C", 30, 3.5, DATE (2017, 1, 3 ), CURRENCY (299.99 ), FALSE)
}
```

테이블 생성자는 일반적으로 IN 연산자와 함께 사용된다. 아래와 같이 DAX 구문을 사용할 수 있다.

```
'Product'[Color] IN { "Red", "Blue", "White" }
( 'Date'[Year], 'Date'[MonthNumber] ) IN { ( 2017, 12 ), ( 2018, 1 ) }
```

두 번째 예제는 IN 연산자를 사용하는 열(튜플) 집합을 비교하는 데 필요한 구문을 보여준다. 이러한 구문은 비교 연산자와 함께 사용할 수 없다. 즉, 다음 구문은 유효하지 않다.

```
( 'Date'[Year], 'Date'[MonthNumber] ) = ( 2007, 12 )
```

단, 다음 예와 같이 단일 행이 있는 테이블 생성자와 함께 IN 연산자를 사용해 다시 작성할 수 있다.

```
( 'Date'[Year], 'Date'[MonthNumber] ) IN { ( 2007, 12 ) }
```

조건문

DAX에서는 IF 함수를 사용해 조건식을 작성할 수 있다. 값이 각각 1보다 큰지 아닌지에 따라 'MULTI' 또는 'SINGLE'을 반환하는 식을 다음과 같이 작성할 수 있다.

```
IF (
  Sales[Quantity] > 1,
  "MULTI",
  "SINGLE"
)
```

IF 함수는 세 개의 매개변수를 갖지만 앞에 있는 두 개의 매개변수만 필수 사항이다. 세 번째는 선택 사항이며 기본값은 BLANK이다. 다음 코드를 살펴보자.

```
IF (
  Sales[Quantity] > 1,
  Sales[Quantity]
)
```

위의 코드는 다음과 같은 명시적 버전과 일치한다.

```
IF (
  Sales[Quantity] > 1,
  Sales[Quantity],
  BLANK ()
)
```

계산된 열과 측정값

이제 DAX 구문의 기본을 알게 됐으니 DAX에서 가장 중요한 개념 중 하나인 계산된 열과 측정값의 차이를 알아보자. 계산된 열과 측정값은 둘 중 하나를 사용해 특정 계산을 수행할 수 있어서 처음에는 유사하게 보일 수도 있지만 실제로는 많은 차이가 있다. 차이점을 이해하는 것이 DAX의 파워를 설명하는 열쇠다.

계산된 열

사용하는 도구에 따라 다양한 방법으로 계산된 열을 만들 수 있다. 실제로 계산된 열은 모델에 추가된 새 열이지만 데이터 원본에서 로드되지 않고 DAX 식에 의해 만들어진다는 개념은 측정값과 같다.

계산된 열은 테이블에 있는 다른 열과 마찬가지로 행렬이나 다른 보고서에서 행, 열, 필터 또는 값으로 사용할 수 있다. 또한 필요에 따라 관계를 정의하기 위해 계산된 열을 사용할 수 있다. 계산된 열에 대해 정의된 DAX 식은 계산된 열이 속하는 테이블의 현재 행의 컨텍스트에서 작동한다. 열에 대한 참조는 현재 행에 대한 해당 열의 값을 반환한다. 다른 행의 값에 직접 접근할 수는 없다.

테이블의 기본 **가져오기 모드**를 사용하고 다이렉트쿼리를 사용하지 않는 경우, 계산된 열에 대해 기억해야 할 중요한 개념 중 하나는 이러한 열이 데이터베이스 처리 중에 계산되고 해당 모델에 저장된다는 것이다. 쿼리 시에만 계산되고 메모리도 사용하지 않는 SQL의 계산된 열(지속되지 않음)에 익숙하다면, 이 개념은 이상하게 보일 수 있다. 그러나 테이블 모델에서는 계산된 모든 열이 메모리의 공간을 차지하며 테이블 처리 중에 계산된다.

이러한 작동 방식은 복잡한 계산된 열을 만들 때마다 도움이 된다. 복잡한 계산 열을 계산하는 데 필요한 시간은 항상 처리 시간이며 쿼리 시간이 아니므로 사용자 경험이 개선된다. 그럼에도 불구하고 계산된 열에는 귀중한 RAM이 사용된다는 점에 주의해야 한다. 예를 들어 계산된 열을 만들기 위한 복잡한 식이 있는 경우, 계산 단계를 다른 중간 열로 분리하고 싶은 유혹을 느낄 수 있다. 이 방법은 프로젝트 개발 단계에서는 유용하지만, 중간 계산마다 RAM에 저장돼 귀중한 공간을 낭비하기 때문에 실제 모델을 만들 때에는 나쁜 습관이다.

대신 모델이 다이렉트쿼리를 기반으로 하는 경우 동작이 크게 다르다. 다이렉트쿼리 모드에서 계산된 열은 테이블 형식 엔진이 데이터 원본을 쿼리 할 때 바로 계산된다. 이로 인해 데이터 원본에서 많은 양의 쿼리가 실행돼 느린 모델이 생성될 수 있다.

주문 기간 계산

주문과 배송 날짜를 모두 포함하는 Sales 테이블을 가정해 보자. 이 두 개의 열을 사용해 주문에서 배송에 필요한 날짜를 계산할 수 있다. 날짜는 1899년 12월 30일 이후 일수로 저장되기 때문에, 단순 뺄셈은 두 날짜 사이의 일수를 계산한다.

```
Sales[DaysToDeliver] = Sales[Delivery Date] - Sales[Order Date]
```

하지만 뺄셈에 사용되는 두 개의 열은 날짜이기 때문에 그 결과도 날짜다. 숫자 결과를 생성하려면 다음과 같이 결과를 정수로 변환해야 한다.

```
Sales[DaysToDeliver] = INT ( Sales[Delivery Date] - Sales[Order Date] )
```

그림 2-2는 결과를 보여준다.

Order Date	Delivery Date	DaysToDeliver
01/02/2007	01/08/2007	6
01/02/2007	01/09/2007	7
01/02/2007	01/10/2007	8
01/02/2007	01/11/2007	9
01/02/2007	01/12/2007	10
01/02/2007	01/13/2007	11
01/02/2007	01/14/2007	12

그림 2-2 두 날짜를 뺀 결과를 정수로 변환하면 DAX는 두 날짜 사이의 일수를 계산한다.

측정값

계산된 열은 유용하지만, 다른 방법으로도 DAX 모델에서 계산을 정의할 수 있다. 각 행에 대한 값을 계산하지 않고 테이블의 여러 행에 있는 값을 집계하고 싶은 경우 **측정값**을 사용할 수 있다.

예를 들어 총 마진 금액을 계산하기 위해 Sales 테이블에서 다음과 같이 계산된 열을 사용할 수 있다.

```
Sales[SalesAmount] = Sales[Quantity] * Sales[Net Price]
Sales[TotalCost] = Sales[Quantity] * Sales[Unit Cost]
Sales[GrossMargin] = SalesAmount] - Sales[TotalCost]
```

총 마진을 매출액 대비 백분율로 나타내려면 다음과 같은 식을 사용해 계산된 열을 생성할 수 있다.

```
Sales[GrossMarginPct] = Sales[GrossMargin] / Sales[SalesAmount]
```

이 식은 그림 2-3에서 볼 수 있듯이 행 수준에서는 정확한 값을 계산하지만, 합계는 명백한 오류를 범하고 있다.

SalesKey ▲	SalesAmount	TotalCost	GrossMargin	GrossMarginPct
20070104611301-0002	$72.19	$38.74	$33.45	46.34%
20070104611301-0003	$23.75	$11.50	$12.25	51.58%
20070104611320-0006	$216.57	$116.22	$100.35	46.34%
20070104611320-0007	$23.75	$11.50	$12.25	51.58%
20070104611506-0002	$72.19	$38.74	$33.45	46.34%
20070104611506-0003	$23.75	$11.50	$12.25	51.58%
20070104611914-0002	$64.59	$38.74	$25.85	40.02%
20070104611914-0003	$21.25	$11.50	$9.75	45.88%
20070104611952-0004	$64.59	$38.74	$25.85	40.02%
20070104611952-0005	$21.25	$11.50	$9.75	45.88%
20070104611998-0002	$64.59	$38.74	$25.85	40.02%
20070104611998-0003	$63.75	$34.50	$29.25	45.88%
Total	**$732.23**	**$401.92**	**$330.31**	**551.46%**

그림 2-3 GrossMarginPct 열에는 각 행에 대해 정확한 값이 표시되지만 합계는 부정확하다.

합계 수준에 표시된 값은 계산된 열 내에서 행별로 계산된 개별 백분율을 더한 값이다. 백분율의 합계를 계산할 때는 계산된 열을 사용할 수 없다. 대신 개별 열의 합계를 기준으로 백분율을 계산해야 한다. 즉 GrossMargin의 합계를 SalesAmount의 합계로 나눈 값으로 합계 백분율을 계산해야 한다. 즉, 비율의 합이 아니라 합계의 비율을 계산한다.

`GrossMarginPct` 열의 집계를 단순히 평균으로 변경하고 그 결과를 사용해도 잘못된 값이 도출되며, 이는 금액 간의 차이를 고려하지 않았기 때문이다. 이 평균값의 결과는 그림 2-4에서 보는 바와 같이 45.96%로 실제 값인 45.11%(330.31/732.23)와 차이를 보인다.

SalesKey	SalesAmount	TotalCost	GrossMargin	Average of GrossMarginPct
20070104611301-0002	$72.19	$38.74	$33.45	46.34%
20070104611301-0003	$23.75	$11.50	$12.25	51.58%
20070104611320-0006	$216.57	$116.22	$100.35	46.34%
20070104611320-0007	$23.75	$11.50	$12.25	51.58%
20070104611506-0002	$72.19	$38.74	$33.45	46.34%
20070104611506-0003	$23.75	$11.50	$12.25	51.58%
20070104611914-0002	$64.59	$38.74	$25.85	40.02%
20070104611914-0003	$21.25	$11.50	$9.75	45.88%
20070104611952-0004	$64.59	$38.74	$25.85	40.02%
20070104611952-0005	$21.25	$11.50	$9.75	45.88%
20070104611998-0002	$64.59	$38.74	$25.85	40.02%
20070104611998-0003	$63.75	$34.50	$29.25	45.88%
Total	**$732.23**	**$401.92**	**$330.31**	**45.96%**

그림 2-4 집계 방법을 AVERAGE로 변경하는 것은 올바른 결과를 제공하지 않는다.

GrossMarginPct는 다음과 같이 측정값을 통해서 구할 수 있다.

```
GrossMarginPct := SUM (Sales[GrossMargin] ) / SUM (Sales[Amount] )
```

앞서 말했듯이 계산된 열로는 정확한 결과를 얻을 수 없다. 행 단위로 계산하지 않고 집계된 값으로 계산해야 하는 경우 측정값을 사용해야 한다. 여기서 등호(=) 대신에 ':='를 사용했다는 것을 눈치챘을 것이다. 이것은 코드에서 측정값과 계산된 열을 쉽게 구별하기 위해 책 전체에 걸쳐 사용한 표준이다.

GrossMarginPct를 측정값으로 정의하면 그림 2-5에서 볼 수 있듯이 결과가 정확하다.

SalesKey	SalesAmount	TotalCost	GrossMargin	GrossMarginPct
20070104611301-0002	$72.19	$38.74	$33.45	46.34%
20070104611301-0003	$23.75	$11.50	$12.25	51.58%
20070104611320-0006	$216.57	$116.22	$100.35	46.34%
20070104611320-0007	$23.75	$11.50	$12.25	51.58%
20070104611506-0002	$72.19	$38.74	$33.45	46.34%
20070104611506-0003	$23.75	$11.50	$12.25	51.58%
20070104611914-0002	$64.59	$38.74	$25.85	40.02%
20070104611914-0003	$21.25	$11.50	$9.75	45.88%
20070104611952-0004	$64.59	$38.74	$25.85	40.02%
20070104611952-0005	$21.25	$11.50	$9.75	45.88%
20070104611998-0002	$64.59	$38.74	$25.85	40.02%
20070104611998-0003	$63.75	$34.50	$29.25	45.88%
Total	**$732.23**	**$401.92**	**$330.31**	**45.11%**

그림 2-5 측정값 GrossMarginPct는 정확한 합계를 보여준다.

측정값과 계산된 열은 모두 DAX 식을 사용한다. 차이는 평가 컨텍스트다. 측정값은 테이블과 같은 시각화 요소의 컨텍스트 또는 DAX 쿼리 컨텍스트에서 평가된다. 그러나 계산된 열은 해당 열이 속하는 테이블의 행 수준에서 계산된다. 시각화 요소(이 책의 후반부에서 이것이 필터 컨텍스트임을 알게 될 것이다)의 컨텍스트는 보고서의 사용자 선택 또는 DAX 쿼리의 형식에 따라 달라진다. 따라서 측정값에서 `SUM(SalesAmount)`을 사용하는 경우 시각화에서 집계된 모든 행의 합을 의미한다. 그러나 계산된 열에 `SalesAmount`를 사용할 때는 현재 행에 있는 `SalesAmount` 열의 값을 의미한다.

측정값은 테이블에서 정의할 필요가 있다. 이것은 DAX 언어가 필요로 하는 사항 중 하나다. 하지만 이 측정값은 테이블에 속하지는 않는다. 실제로 측정값은 다른 테이블로 위치를 옮겨도 결과에는 영향을 미치지 않는다.

계산된 열과 측정값의 차이

비슷하게 보이기는 하지만 계산된 열과 측정값 사이에는 큰 차이가 있다. 계산된 열의 값은 데이터 새로고침 중에 계산되며 현재 행을 컨텍스트로 사용한다. 결과는 보고서의 사용자 행동에 따라 달라지지 않는다. 측정값은 보고서의 현재 컨텍스트에 의해 정의된 데이터의 집계에 대해 작동한다. 예를 들어 행렬 또는 피봇 테이블에서 소스 테이블은 셀의 좌표에 따라 필터링되고 데이터는 이러한 필터를 사용해 집계되고 계산된다. 즉, 측정값은 항상 평가 컨텍스트에서 데이터의 집계에 대해 작동한다. 평가 컨텍스트는 4장, '평가 컨텍스트의 이해'에서 자세히 설명한다.

계산된 열과 측정값 사이의 선택

계산된 열과 측정값의 차이를 살펴봤으니, 이제부터는 언제 어떤 것을 사용할지 알아볼 필요가 있다. 모두 사용 가능한 때도 있지만, 대부분은 계산 요건이 선택을 제한하게 된다.

다음과 같은 경우에는 항상 계산된 열을 사용해야 한다.

- 계산된 결과를 슬라이서에 넣거나 행렬 또는 피봇 테이블의 행이나 열에 사용하거나 (값 영역과 반대), 계산된 열을 DAX 쿼리에서 필터 조건으로 사용하는 경우.

- 현재 행에 속한 식을 정의하는 경우. 예를 들어 '가격*수량'은 평균 또는 이 두 열의 합계에서 작동할 수 없다.
- 텍스트 또는 숫자를 분류하는 경우. 예를 들어 한 측정값에 대한 값 범위, 0-18, 18-25 등과 같은 고객의 연령 범위. 이러한 카테고리는 종종 필터 또는 슬라이서 값으로 사용된다.

하지만 사용자 선택을 반영해 계산된 값을 표시하려면 항상 측정값을 사용해야 한다. 예를 들면 다음과 같은 값을 보고서에 집계하는 경우다.

- 보고서에서 선택한 수익률 산정
- 모든 제품의 합계에 대해 해당 제품의 구성 비율을 계산하되 연도별, 지역별로 필터는 유지

표현식에 조금씩 차이가 있지만, 계산된 열과 측정값으로 동일한 결과를 도출할 수 있다. 예를 들어 GrossMargin을 다음과 같이 계산된 열로 정의할 수 있다.

```
Sales[GrossMargin] = Sales[SalesAmount] - Sales[TotalProductCost]
```

다음과 같이 측정값으로도 정의할 수 있다.

```
GrossMargin := SUM ( Sales[SalesAmount] ) - SUM ( Sales[TotalProductCost] )
```

위와 같이 두 가지 모두를 사용할 수 있는 경우에는 쿼리 시 계산될 때 메모리 및 디스크 공간을 소비하지 않으므로 측정값을 사용하는 것이 좋다. 원칙적으로 두 가지 모두 사용할 수 있는 경우에는 측정값 사용을 권한다. 계산된 열은 어쩔 수 없이 필요한 몇몇 경우에만 사용해야 한다. 엑셀 경험이 있는 사용자는 계산된 열이 엑셀에서 계산하는 방식과 유사하기 때문에 일반적으로 계산된 열을 선호한다. 그럼에도 불구하고 DAX에서 값을 계산하는 가장 좋은 방법은 측정값을 사용하는 것이다.

계산된 열에 측정값 사용

측정값이 하나 이상의 계산된 열을 참조할 수 있는 것은 분명하다. 직관적이지는 않지만, 그 반대도 가능하다. 계산된 열은 측정값을 참조할 수 있다. 이렇게 계산된 열은 현재 행에 의해 정의된 컨텍스트에서 측정값을 강제로 계산한다. 이 작업은 사용자가 행동에 영향을 받지 않는 열로 측정값의 결과를 변환하고 통합한다. 일반적으로 시각화에서 사용자가 선택한 항목에 따라 측정값이 크게 달라지기 때문에 특정 작업에서만 유의미한 결과를 얻을 수 있다. 또한 개발자로서 계산된 열에 있는 측정값을 사용할 때마다 DAX의 고급 계산 기법인 '컨텍스트 전환'이라는 기능에 의존하게 된다. 계산된 열에 있는 측정값을 사용하기 전에 4장을 읽고 이해해야 한다. 4장은 평가 컨텍스트와 컨텍스트 전환에 대해 자세히 설명한다.

변수 소개

DAX 식을 작성할 때 동일한 식을 반복하지 않고 변수를 사용해 코드 가독성을 크게 높일 수 있다. 다음 식을 살펴보자.

```
VAR TotalSales = SUM(SalesAmount[SalesAmount] )
VAR TotalCosts = SUM(Sales[TotalProductCost] )
VAR GrossMargin = TotalSales - TotalCosts
Return
  GrossMargin / TotalSales
```

변수는 VAR 키워드로 정의된다. 변수를 정의한 후에는 식의 결괏값을 정의하는 RETURN 섹션을 규정해야 한다. 변수는 여러 개 정의할 수 있으며, 변수를 정의하는 식에서만 국지적으로 작용한다.

식에 정의된 변수는 식 바깥에서 사용할 수는 없다. 글로벌 변수 정의 같은 것은 없다. 다시 말하면 DAX 코드 작성 시 모델 전체에 걸쳐서 사용할 수 있는 변수를 정의할 수 없다는 뜻이다.

변수는 느긋한 계산법을 사용해 계산된다. 이는 변수를 정의한 뒤, 어떠한 이유로도 코드에서 사용하지 않는다면 변수 자체는 절대로 계산되지 않는다는 것을 의미한다. 만약 계산해야 한다면, 이것은 단 한 번만 일어난다. 나중에 변수를 사용하면 이전에 계산한 값을 읽게 된다. 따라서 변수는 복잡한 식에서 여러 번 사용될 때 최적화 방법으로도 사용할 만하다.

변수는 DAX에서 중요한 도구다. 4장에서 배우겠지만 변수는 변수가 사용되는 컨텍스트 대신에 정의된 평가 컨텍스트를 사용하기 때문에 매우 유용하다. 6장, '변수'에서는 변수와 변수를 어떻게 사용하는지에 대해 충분히 다룰 것이다. 또한 이 책 전반에 걸쳐서 변수를 폭넓게 사용할 것이다.

DAX 식의 오류 처리

기본적인 구문 몇 가지를 살펴봤으니, 이제 잘못된 계산을 말끔하게 처리하는 방법을 배울 때가 됐다. 참조하는 데이터가 식에 적합하지 않아서 DAX 식에 오류가 발생할 수 있다. 예를 들어 DAX 식이 열값을 0으로 나누거나 곱셈과 같은 산술 연산에 사용되는 동안 숫자가 아닌 열값을 참조할 수 있다. 이러한 오류들이 기본적으로 어떻게 처리되는지, 그리고 특별한 처리를 위해 이러한 조건들을 어떻게 차단하는지를 배우는 것이 좋다.

오류를 어떻게 처리할지 살펴보기 전에 DAX 식 계산 중에 나타날 수 있는 오류를 알아보자. DAX 식에서 생길 수 있는 오류는 다음과 같다.

- 변환 오류
- 산술 연산 오류
- 비어 있거나 없는 값

변환 오류

첫 번째 종류의 오류는 변환 오류다. 2장의 앞에서 설명한 바와 같이 DAX는 연산자가 요구할 때마다 문자열과 숫자 사이에서 값을 자동으로 변환한다. 다음 예는 모두 유효한 DAX 식이다.

```
"10" + 32 = 42
"10" & 32 = "1032"
10 & 32 = "1032"
DATE(2010,3,25) = 3/25/2010
DATE(2010,3,25) + 14 = 4/8/2010
DATE(2010,3,25) & 14 = "3/25/201014"
```

위 식들은 상숫값과 함께 작동하기 때문에 언제나 정확하다. 그러나 VatCode가 문자열이라면 다음 식은 어떨까?

```
Sales[VatCode] + 100
```

이 합계의 첫 번째 피연산자는 **텍스트** 유형의 열이기 때문에 개발자로서 여러분은 DAX가 해당 열의 모든 값을 숫자로 변환시킨다는 확신을 가져야 한다. DAX가 일부 콘텐츠를 연산자의 요구에 맞게 변환하지 못하면 변환 오류가 발생한다. 대표적인 상황은 다음과 같다.

```
"1 + 1" + 0 =  텍스트 유형의 값 '1 + 1'을 숫자 유형으로 변환할 수 없음
DATEVALUE ("25/14/2010") = 유형 불일치
```

위와 같은 오류를 방지하려면 DAX 식에 오류를 탐지할 수 있는 논리를 추가해 오류 조건을 차단하고 타당성 있는 결과를 반환하는 것이 중요하다. 오류가 발생한 다음에 처리하거나 피연산자의 오류 상황을 사전에 확인함으로써 동일한 결과를 얻을 수 있다. 그럼에도 불구하고 오류 상황을 능동적으로 사전에 점검하는 것이 오류가 발생한 다음에 이를 포착하는 것보다 낫다.

산술 연산 오류

오류의 두 번째 유형은 0으로 나누거나 또는 음수의 제곱근과 같은 산술 연산이다. 이는 변환과 관련된 오류가 아니다. DAX는 우리가 함수를 호출하거나 잘못된 값을 가진 연산자를 사용하려고 할 때마다 오류를 표시한다.

0으로 나누기는 작용방식이 직관적이지 않기 때문에 특별한 취급이 필요하다(아마도 수학자의 경우는 제외). 숫자를 0으로 나누면 DAX는 특별한 값인 무한대를 반환한다. 0을 0으로 나누거나 무한대를 **무한대**로 나눈 경우에 DAX는 NaN(숫자가 아님) 값을 반환한다.

아래 표 2-3에서 요약된 결괏값을 확인할 수 있다.

표 2-3 0으로 나눈 특별한 결괏값

식	결과
10/0	무한대
7/0	무한대
0/0	NaN
(10/0)/(7/0)	NaN

무한대와 NaN은 오류가 아니라 DAX의 특수값이라는 점에 유의해야 한다. 실제로 숫자를 **무한대**로 나누면 오차가 생기지 않는다. 대신 0을 반환한다.

```
9954 / ( 7 / 0 ) = 0
```

이 특수한 상황과는 별도로, DAX는 음수의 제곱근과 같이 잘못된 매개변수로 함수를 호출할 때 산술 연산오류를 반환할 수 있다.

```
SQRT ( -1 ) = An argument of function 'SQRT' has the wrong data type or the
result is too large or too small
```

DAX가 이와 같은 오류를 감지하면 더는 계산하지 않고 오류를 표시한다. ISERROR 함수를 사용해 식이 오류로 이어지는지를 확인할 수 있다. 이 시나리오는 2장의 뒷부분에서 보여준다.

NaN과 같은 특수한 값은 파워 BI와 같은 여러 도구의 사용자 인터페이스에 정상적인 값으로 표시된다는 점을 잊지 말자. 그러나 엑셀 피봇 테이블과 같은 다른 클라이언트 도구에 의해 표시될 때는 오류로 취급될 수 있다. 마지막으로 이러한 특수값은 오류 감지 함수에 의해 오류로 감지된다.

비어 있거나 없는 값

우리가 검토하는 세 번째 범주는 특정 오류 조건이 아니라 빈 값의 존재다. 값이 비어 있으면 계산의 다른 요소와 결합할 때 예기치 않은 결과나 계산 오류가 발생할 수 있다.

DAX는 BLANK 값을 사용해 누락된 값, 빈 값 또는 빈 셀을 동일한 방법으로 처리한다. BLANK는 실제값이 아니라 이러한 상태를 식별하는 특별한 방법이다. 빈 문자열과는 달리 BLANK 함수를 DAX 식으로 불러 BLANK 값을 얻을 수 있다. 예를 들어 다음 식은 항상 빈 값을 반환하며 다른 클라이언트 도구에서는 빈 문자열이나 '(blank)'로 표시될 수 있다.

```
= BLANK()
```

이 식 자체로는 쓸모가 없지만 빈 값을 반환할 필요가 있을 때마다 BLANK 함수를 유용하게 사용할 수 있다. 예를 들어 0 대신 빈 결과를 표시하려는 경우가 있을 수 있다. 다음 식은 판매 거래에 대한 총 할인을 계산하며, 할인이 0인 경우 빈 값을 남긴다.

```
=IF (
  Sales[DiscountPerc] = 0,                          -- 할인율을 체크
  BLANK (),                                         -- 할인이 없는 경우 빈칸으로 표시
  Sales[DiscountPerc] * Sales [Amount]              -- 아닌 경우, 할인금액
)
```

BLANK는 그 자체로 오류가 아니다. 빈 값일 뿐이다. 따라서 BLANK가 포함된 식은 필요한 계산에 따라 값을 반환하거나 빈 값을 반환할 수 있다. 다음 식은 Sales[Amount]가 BLANK일 때마다 BLANK를 반환한다.

```
= 10 * Sales[Amount]
```

즉, 산술 곱셈의 결과는 한 항 또는 두 항이 모두 BLANK일 경우에는 BLANK가 된다. 이것은 빈 값을 확인할 필요가 있을 때마다 문제를 만든다. 암묵적 변환 때문에 식이 0(또는 빈 문자열)인지 아니면 BLANK인지를 구별하는 것은 불가능하다. 실제로 다음과 같은 논리적 조건은 항상 참이다.

```
BLANK () = 0    -- 항상 TRUE를 반환한다
BLANK () = " "  -- 항상 TRUE를 반환한다
```

따라서 Sales[DiscountPerc] 또는 Sales[Clerk] 열이 비어 있으면 다음 조건은 각각 0과 빈 문자열에 대한 테스트인 경우에도 TRUE를 반환한다.

```
Sales[DiscountPerc] = 0       -- DiscountPerc가 0 또는 BLANK일 경우 참
Sales[Clerk] = ""             -- Clerk이 BLANK이거나 ""일 경우 참
```

이 같은 경우 ISBLANK 함수를 써서 값이 BLANK인지 아닌지를 확인할 수 있다.

```
ISBLANK (Sales[DiscountPerc])        -- 열이 빈 경우에만 TRUE를 반환
ISBLANK (Sales[Clerk])               -- Clerk이 BLANK인 경우에만 TRUE를 반환
```

DAX 식에서 BLANK의 전파는 다음 예제처럼 몇몇 다른 산술 연산 및 논리 연산에서도 발생한다.

```
BLANK () + BLANK () = BLANK()
10 * BLANK() = BLANK()
BLANK() / 3 = BLANK()
BLANK() / BLANK() = BLANK()
```

그러나 위와 같이 결괏값이 BLANK로 바뀌는 BLANK의 전파가 모든 식에서 발생하는 것은 아니다. 일부 계산은 BLANK를 전파하지 않고 식의 다른 항에 따라 값을 반환한다. 이러한 예에는 더하기, 빼기, BLANK로 나누기, BLANK를 포함하는 논리 연산이 있다. 다음 식은 이러한 조건 중 일부와 결과를 보여준다.

```
BLANK () - 10 = - 10
18 + BLANK () = 18
4 / BLANK () = Infinity
0 / BLANK () = NaN
BLANK () | | BLANK () = FALSE
BLANK () && BLANK () = FALSE
( BLANK () = BLANK () ) = TRUE
( BLANK () = TRUE ) = FALSE
```

```
( BLANK () = FALSE ) = TRUE
( BLANK () = 0 ) = TRUE
( BLANK () = "" ) = TRUE
ISBLANK ( BLANK() ) = TRUE
FALSE | | BLANK () = FALSE
FALSE && BLANK () = FALSE
TRUE | | BLANK () = TRUE
TRUE && BLANK () = FALSE
```

엑셀 및 SQL의 빈 값

엑셀은 빈 값을 처리하는 방식이 다르다. 엑셀에서 모든 빈 값은 합이나 곱셈에서 사용될 때마다 0으로 간주되지만, 나눗셈이거나 논리적인 식일 경우 오류를 반환할 수 있다.

SQL에서 null 값은 DAX의 BLANK와 다르게 표현된다. 앞의 예에서 볼 수 있듯이 DAX 식에 BLANK가 존재한다고 해서 항상 BLANK 결과가 되는 것은 아니지만, SQL에 NULL이 존재하면 전체식에 대해 NULL로 평가되는 경우가 많다. 이 차이는 일부 계산은 SQL에서 실행되고 다른 계산은 DAX에서 실행되기 때문에 관계형 데이터베이스 위에서 다이렉트쿼리를 사용할 때마다 관련이 있다. 두 엔진에서 BLANK의 다른 의미가 예상치 못한 동작을 야기할 수 있다.

DAX 식에서 빈 값 또는 누락 값의 동작을 이해하고 BLANK를 사용해 계산에서 빈 셀을 반환하는 것은 DAX 식의 결과를 제어하는 중요한 기술이다. 다음 절에서 설명하는 것처럼 잘못된 값이나 다른 오류를 감지할 때 종종 BLANK를 사용할 수 있다.

오류 차단

발생할 수 있는 다양한 종류의 오류를 자세히 설명했으므로 이제부터는 오류를 차단해 수정하거나, 의미 있는 정보를 포함하는 오류 메시지를 생성하는 방법을 알아보자. DAX 식의 오류 여부는 식 자체에서 사용되는 열의 값에 따라 달라진다. 따라서 이러한 오류 조건이 생기지 않도록 제어하고 오류 메시지를 반환할 필요가 있다. 표준적인 방법은 식이 오류를 반환하는지 확인하고, 오류가 반환되는 경우 특정 메시지 또는 기본값으로 대체하는 것이다. 몇 가지 DAX 함수가 이 작업에 사용된다.

그중 첫 번째는 IFERROR 함수다. IF 함수와 유사하지만, 부울 조건을 평가하는 대신 식이 오류를 반환하는지를 확인한다. 다음은 IFERROR 함수의 전형적인 사용 방식을 보여준다.

```
= IFERROR ( Sales[ Quantity] * Sales[ Price], BLANK () )
= IFERROR ( SQRT ( Test[ Omega] ), BLANK () )
```

첫 번째 식에서 Sales[Quantity] 또는 Sales[Price]가 숫자로 변환할 수 없는 문자열이라면 반환된 결괏값은 빈 값이다. 그렇지 않다면 Sales[Quantity]와 Sales[Price]의 곱이 반환된다.

두 번째 식에서는 Test[Omega] 열에 음수가 포함될 때마다 결괏값은 빈 셀이다.

위와 같이 IFERROR 함수를 사용하는 것은 다음과 같이 IF와 ISERROR를 사용하는 보다 일반적인 패턴과 동일한 결과를 얻을 수 있다.

```
= IF (
    ISERROR ( Sales[Quantity] * Sales[Price] )
    BLANK (),
    Sales[Quantity] * Sales[Price]
)

= IF (
    ISERROR ( SQRT ( Test[Omega] ) ),
    BLANK (),
    SQRT ( Test[Omega] )
)
```

위의 경우 IFERROR가 더 나은 선택이다. 결과(IF()에 사용하는 세 번째 인수)가 오류 여부를 테스트하는 식(IF()의 첫 번째 인수)과 같은 경우 IFERROR를 사용할 수 있다. IFERROR를 사용하면 두 곳에 표현식을 중복할 필요가 없으며, 코드 작성이 더 안전하고 읽기도 쉽다. 결과에 사용하는 식과 테스트 하는 식이 다른 경우에는 IF를 사용해야 한다.

또한 사용하기 전에 매개변수를 테스트해서 오류가 발생하지 않도록 할 수 있다. 예를 들어 SQRT에 대한 인수가 양수인지 확인해서 음의 값일 경우에는 BLANK를 반환할 수 있다.

```
= IF (
    Test[Omega] > = 0,
    SQRT ( Test[Omega] ),
    BLANK ()
)
```

IF 문장의 세 번째 인수가 BLANK로 기본 설정되므로, 위의 코드를 아래와 같이 간결하게 쓸 수 있다.

```
= IF (
   Test[Omega] > = 0,
   SQRT ( Test[Omega] )
)
```

빈 값인지를 시험해야 하는 경우가 종종 발생한다. ISBLANK는 빈 값을 감지해 해당 인수가 BLANK이면 TRUE를 반환한다. 이 함수는 특히 빈 값이 0이 아닌 경우 중요하다. 다음 예에서는 판매 거래 자체에서 중량이 명시되지 않은 경우, 제품의 기본 배송 비용을 사용해 판매 거래의 배송 비용을 계산한다.

```
= IF (
   ISBLANK ( Sales[Weight] ),             -- 중량의 값이 빈 경우
   Sales[DefaultShippingCost],            -- 기본 배송비를 반환
   Sales[Weight] * Sales[ShippingPrice]   -- 그렇지 않으면 중량과 단가의 곱으로 배송비 계산
 )
```

제품 중량과 배송 가격을 단순하게 곱하면, 곱셈에서 BLANK가 전파되기 때문에 중량 데이터가 없는 모든 거래에 대해 빈 값을 얻게 된다.

변수를 사용하기에 앞서 변수를 정의하는 시점에서 오류를 점검해야 한다. 실제로 다음 코드의 첫 번째 식은 0을 반환하고, 두 번째 식은 항상 오류를 발생시키며, 마지막 식은 제품 버전에 따라 결과가 다르게 나타난다(최신 버전도 오류를 발생시킴).

```
IFERROR ( SQRT ( -1 ), 0 )              -- 0을 반환

VAR WrongValue = SQRT ( -1 )            -- 여기서 에러가 발생, 그래서 결과는...
```

```
RETURN                                          -- 항상 오류가 발생
  IFERROR ( WrongValue, 0 )                     -- 이 줄은 항상 수행되지 않음

IFERROR (                                       -- 버전에 따라 결과가 다름
  VAR WrongValue = SQRT ( -1 )                  -- 2017 버전에서는 에러 발생
  RETURN                                        -- 2016 버전까지는 0을 반환
    WrongValue,
  0
)
```

WrongValue가 평가될 때 오류가 발생한다. 따라서 엔진은 두 번째 예에서 IFERROR 함수를 절대 실행하지 않을 것이며, 세 번째 예제의 결과는 제품 버전에 따라 달라진다. 오류를 확인해야 할 경우 변수를 사용할 때 몇 가지 추가 예방 조치를 취해야 한다.

오류 처리 함수 사용 피하기

이 책 뒷부분에서 최적화를 다루겠지만 오류 처리 함수가 코드에 심각한 성능 문제를 일으킬 수 있다는 점에 주의해야 한다. 오류 처리 함수가 성능 저하를 초래하는 것은 아니다. 문제는 오류가 발생할 때 DAX 엔진이 코드에서 최적화된 경로를 사용할 수 없다는 것이다. 오류 처리 엔진을 사용하는 것보다 연산의 대상이 되는 항목의 잠재적인 오류를 확인하는 것이 더 효율적일 때가 많다. 예를 들어 다음과 같은 식은 사용하지 않는 것이 좋다.

```
IFERROR (
  SQRT ( Test[Omega] ),
  BLANK ()
)
```

다음과 같이 작성하는 게 훨씬 좋다.

```
IF (
  Test[Omega] >= 0,
  SQRT ( Test[Omega] ),
  BLANK ()
)
```

두 번째 식은 오류를 감지할 필요가 없으며 앞의 식보다 빠르다. 이것은 물론 일반적인 규칙이다. 자세한 설명은 19장, 'DAX 최적화'에서 다룬다. IFERROR를 피하는 또 다른 이유는 더 깊은 실행 단계에서 발생하는 오류를 차단할 수 없기 때문이다. 예를 들어 다음 코드는 금액에 숫자가 없는 경우 빈 값을 고려해 Table[Amount] 열의 변환에서 발생하는 오류를 차단한다. 앞에서 논의한 것처럼

이 실행은 테이블의 모든 행에 대해 평가되기 때문에 비용이 많이 든다.

```
SUMX (
  Table,
  IFERROR ( VALUE ( Table[Amount] ), BLANK () )
)
```

DAX 엔진의 최적화 때문에, 다음 코드는 오류를 차단하지 못한다는 점에 주의하자. Table[Amount]의 한 행에 숫자가 아닌 문자열이 포함돼 있어도, 전체식이 IFERROR에 의해 차단되지 않은 오류를 생성한다.

```
IFERROR (
  SUMX (
    Table,
    VALUE ( Table[Amount] )
  ),
  BLANK ()
)
```

ISERROR는 IFERROR와 유사하게 작동한다. 중첩된 계산에서가 아니라 IFERROR/ISERROR 내에서 평가된 식에서 발생한 오류를 차단한다는 점만 주의해서 사용하자.

오류 생성

오류는 오류일 뿐, 오류 발생 시 식이 기본값을 반환하지 않아야 하는 경우가 있다. 실제로 기본값을 반환하면 결과적으로 정확하지 않은 값이 생성될 수도 있다. 예를 들어 일관성 없는 데이터를 포함하는 구성 테이블은 신뢰할 수 없는 숫자를 보여주고 제대로 된 보고서로 간주되기보다는 차라리 오류를 생성하는 편이 낫다.

일반적인 오류 대신 사용자에게 더 의미 있는 오류 메시지를 생성하기를 원할 수도 있다. 그러한 메시지는 사용자들이 문제의 위치를 찾는 데 도움이 될 것이다.

복잡한 과학적 계산에서 소리의 속도를 대략 조정하기 위해 켈빈 단위로 측정한 절대 온도의 제곱근을 계산해야 하는 시나리오를 고려해보자. 분명히 온도가 음수가 될 것이라고 기대하지 않는다. 측정에 문제가 생기면 오류를 제기하고 계산을 중단해야 한다.

이러한 경우, 이 코드는 문제를 감추기 때문에 위험하다.

```
= IFERROR (
  SQRT ( Test[Temperature] ),
  0
)
```

식을 보호하기 위해 다음과 같이 작성해야 한다.

```
= IF (
  Test[Temperature] >= 0,
  SQRT ( Test[Temperature] ),
  ERROR ( "The temperature cannot be a negative number. Calculation aborted." )
)
```

DAX 포맷팅

DAX 언어를 계속 설명하기 전에 DAX의 중요한 측면인 코드를 포맷팅하는 방식에 대해 살펴보자. DAX는 함수형 언어로, 이는 아무리 복잡해도 DAX 식은 단일 함수 호출과 같다는 뜻이다. 코드가 복잡해 보이는 이유는 가장 바깥쪽 함수의 매개변수로 사용되는 표현식이 길고 복잡해서다.

10줄 이상의 식을 자주 볼 수 있다. 20줄짜리 DAX 식을 보는 것도 흔한 일이므로 곧 익숙해질 것이다. 그럼에도 불구하고 식이 길어지고 복잡해지기 시작하면 읽기 쉽게 코드를 포맷팅하는 것이 중요하다.

코드를 포맷팅하는 '공식적'인 표준은 없지만 우리가 사용하는 표준을 설명하고자 한다. 완벽한 기준이 아닐 수도 있고, 뭔가 다른 것을 선호할 수도 있다. 상관없다. 최적의 기준을 찾아서 사용하면 된다. 기억해야 할 유일한 것은 '코드를 포맷팅해서 한 줄에 모든 것을 쓰지 않는다'라는 것이다. **포맷팅하지 않으면 예상보다 빨리 곤경에 처할 것이다.**

포맷팅이 중요한 이유를 이해하기 위해 시간 인텔리전스 계산을 수행하는 다음 식을 살펴보자. 다소 복잡해 보이지만 아주 어렵지는 않다. 하지만 포맷팅을 하지 않으면 다음과 같이 표시된다.

```
IF(CALCULATE(NOT ISEMPTY(Balances), ALLEXCEPT (Balances, BalanceDate)),SUMX
(ALL(Balances [Account]), CALCULATE(SUM (Balances[Balance]),LASTNONBLANK(DATESBE
TWEEN(BalanceDate[Date], BLANK(),MAX(BalanceDate[Date])),CALCULATE(COUNTROWS(Bal
ances))))),BLANK())
```

위 식을 위와 같이 쓰인 상태로 이해하는 것은 거의 불가능하다. 어떤 것이 가장 바깥쪽 함수이고 DAX가 어떻게 다른 매개변수를 평가해 완전한 실행 흐름을 생성하는지 파악하기 어렵다. 수강생들이 위와 같은 형식으로 코드를 작성한 뒤 원하는 결과가 나오지 않는 이유를 물을 때가 많았다. 이때 우리가 가장 먼저 하는 일은 코드를 포맷팅하는 것이다. 그러고 나서 문제를 찾기 시작한다.

위 식을 적절히 포맷팅하면 다음과 같다.

```
IF (
  CALCULATE (
    NOT ISEMPTY ( Balances ),
    ALLEXCEPT (
      Balances,
      BalanceDate
    )
  ),
  SUMX (
    ALL ( Balances[Account] ),
    CALCULATE (
      SUM ( Balances[Balance] ),
      LASTNONBLANK (
        DATESBETWEEN (
          BalanceDate[Date],
          BLANK (),
          MAX ( BalanceDate[Date] )
        ),
        CALCULATE (
          COUNTROWS ( Balances )
        )
      )
    )
  ),
  BLANK ()
)
```

코드는 같지만 이번에는 IF의 세 가지 매개변수를 쉽게 구분할 수 있다. 가장 중요한 것은 들여쓰기로 자연스럽게 생기는 블록과 실행의 흐름을 구성하는 방식을 파악하기 더 쉽다는 점이다. 코드는 여전히 읽기 어렵지만 이제는 서식이 문제가 아니라 DAX가 문제다. 변수를 사용하는 좀 더 장황한 구문은 코드를 읽는 데 도움이 될 수 있지만, 이 경우에도 각 변수의 범위를 정확하게 이해하는 데는 포맷이 중요하다.

```
IF (
  CALCULATE (
    NOT ISEMPTY ( Balances ),
    ALLEXCEPT (
      Balances,
      BalanceDate
    )
  ),
  SUMX (
    ALL ( Balances[Account] ),
    VAR PreviousDates =
      DATESBETWEEN (
        BalanceDate[Date],
        BLANK (),
        MAX ( BalanceDate[Date] )
      )
    VAR LastDateWithBalance =
      LASTNONBLANK (
        PreviousDates,
        CALCULATE (
          COUNTROWS ( Balances )
        )
      )
    RETURN
      CALCULATE (
        SUM ( Balances[Balance] ),
        LastDateWithBalance
      )
  ),
  BLANK ()
)
```

> **DAXFormatter.com**
>
> DAX 코드를 포맷팅할 수 있는 전용 웹사이트를 만들었다. 사이트를 직접 만든 이유는 코드 포맷을 수정하는 일이 시간이 많이 소요되는 작업이기 때문에 코드 쓰는 데 들이는 시간을 아끼고 싶어서였다. 툴을 만든 후 사용자가 자신의 DAX 코드를 포맷할 수 있도록 공공 도메인에 기부하기로 결정했다(덕분에 포맷팅 규칙을 홍보할 수 있었다).

이 웹사이트는 www.daxformatter.com에서 접속할 수 있다. 사용자 인터페이스는 간단하다. DAX 코드를 복사해 붙여넣기 한 다음에 FORMAT를 클릭하면 페이지가 새로고침이 되면서 잘 포맷팅된 새로운 버전의 코드를 보여준다. 이 코드를 원본 창에 복사해 붙여넣기 할 수 있다.

DAX 포맷팅에 사용하는 규칙은 다음과 같다.

- 항상 `IF`, `SUMX`, `CALCULATE` 등의 함수명은 여백을 사용해 다른 항과 구분하고 대문자로 작성한다.
- `TableName[ColumnName]` 형식으로 모든 열 참조를 작성하고, 테이블 이름과 대괄호 사이에 공백을 두지 않는다. 테이블 이름을 항상 함께 써야 한다.
- `[MeasureName]`처럼 모든 측정값의 참조는 테이블 이름 없이 작성한다.
- 쉼표 뒤는 항상 공간을 비워 두고, 여백이 쉼표 앞에 있어서는 안 된다.
- 식이 한 줄에 들어간다면 다른 규칙을 적용할 필요가 없다.
- 식이 한 줄에 들어가지 않으면 다음 규칙을 적용한다.
  - 함수명은 여는 괄호와 함께 같은 줄에 배치한다.
  - 모든 매개변수는 4칸 들여쓰기를 해서 별도의 줄에 두고, 마지막 매개변수를 제외하고 줄의 마지막에 쉼표를 찍는다.
  - 닫는 괄호는 단독으로 함수와 동일한 위치에 정렬한다.

이상은 우리가 사용하는 기본 규칙들이다. 상세한 규칙 목록은 http://sql.bi/daxrules에서 확인할 수 있다.

읽기 쉬운 여러분만의 DAX 사용법이 있다면 그것을 사용해도 좋다. 포맷팅의 목표는 식을 읽기 쉽게 하는 것이므로 스스로에게 잘 맞는 방법을 사용하면 된다. 자신만의 포맷팅 규칙을 정의할 때 기억해야 할 가장 중요한 점은 가능한 한 빨리 오류를 볼 수 있도록 해야 한다는 것이다. 이전에 표시한 포맷팅되지 않은 코드에서는 괄호가 누락된 경우에 오류가 있는 위치를 식별하기 어려울 것이다. 포맷팅된 식에서는 각각의 닫는 괄호가 오프닝 함수 호출과 어떻게 일치하는지 훨씬 쉽게 확인할 수 있다.

DAX 포맷팅에 관한 도움말

텍스트 상자에 작은 글꼴을 사용해 DAX를 작성하는 경우가 많으므로 DAX 포맷팅은 쉬운 작업이 아니다. 버전에 따라 파워 BI, 엑셀, 비주얼 스튜디오는 서로 다른 텍스트 편집기로 DAX를 작성한다. 그럼에도 불구하고 DAX 코드 작성에 관한 다음의 몇 가지 힌트가 도움이 될 수 있다.

- Ctrl 키를 누른 상태에서 마우스의 휠 버튼을 돌리면 글꼴 크기가 커지면서 DAX 코드를 더욱 쉽게 확인할 수 있다.
- 코드에 새 줄을 추가하려면 Shift+Enter를 누르면 된다.
- 텍스트 상자에서 편집할 수 없는 경우 코드를 메모장 또는 DAX Studio와 같은 다른 편집기로 복사한 다음 식을 다시 텍스트 상자에 복사해 붙여넣기 할 수 있다.

DAX 식을 볼 때 언뜻 보기에는 계산된 열인지 측정값인지 이해하기 어려울 수 있다. 그래서 우리가 쓴 책과 기사에서는 아래와 같이 계산된 열에 대해서는 등호(=)를 사용하고 측정값에 대해서는 할당 연산자(:=)를 사용한다.

```
CalcCol = SUM ( Sales[SalesAmount] )                 -- 계산된 열
Store[CalcCol] = SUM ( Sales[SalesAmount] )          -- Store 테이블의 계산된 열
CalcMsr := SUM ( Sales[SalesAmount]  )               -- 측정값
```

마지막으로 코드에서 열과 측정값을 참조하는 경우 항상 열 앞에는 테이블 이름을 쓰고, 측정값 앞에는 테이블 이름을 절대 사용하지 않는 것이 좋다.

집계함수와 반복함수

대부분의 데이터 모델은 집계된 데이터에서 작동해야 한다. DAX는 테이블의 열값을 집계해서 단일 값을 반환하는 일련의 함수를 제공한다. 이러한 함수 그룹을 '집계함수

aggregators'라고 부른다. 아래의 측정값은 Sales 테이블의 SalesAmount 열에 있는 모든 숫자의 합계를 계산한다.

```
Sales := SUM ( Sales[SalesAmount] )
```

SUM은 계산된 열에서 사용하면 테이블의 모든 행에 있는 값의 합계를 구한다. 측정값에서 사용하면 보고서의 슬라이서, 행, 열 및 필터 조건에 의해 필터링된 행만 계산한다.

집계함수에는 여러 종류(SUM, AVERAGE, MIN, MAX, STDEV)가 있으며, 값을 집계하는 방식에서만 차이가 있을 뿐이다. 즉, SUM은 값을 더하고 MIN은 최솟값을 반환한다. 대부분의 집계함수는 숫자 값이나 날짜에만 작용한다. MIN과 MAX만 텍스트값에서도 작동할 수 있다. 아울러 DAX는 집계를 수행할 때 빈 셀을 절대 고려하지 않으며, 이러한 행동은 엑셀과는 차이가 있다(2장 뒷부분에서 더 자세히 설명한다).

노트 MIN과 MAX는 또 다른 기능이 있다. 두 매개변수와 함께 사용할 경우 두 매개변수의 최솟값 또는 최댓값을 반환한다. 따라서 MIN(1, 2)은 1을 반환하고 MAX(1, 2)는 2를 반환한다. 이 기능은 IF 문에서 동일한 표현을 여러 번 써야 하는 것을 절약하기 때문에 복잡한 식의 최솟값 또는 최댓값을 계산해야 할 때 유용하다.

지금까지 설명한 모든 수는 열에 대해 작동한다. 따라서 단일 열에서만 값을 집계한다. 일부 집계함수는 단일 열 대신 식을 집계할 수 있다. 작동하는 방식 때문에 '반복함수iterators'로 알려져 있다. 이 함수 그룹은 특히 서로 관련된 다른 테이블에 있는 열을 사용해서 계산해야 할 때나 계산된 열의 수를 줄여야 할 때 유용하다.

반복함수는 항상 최소한 두 개의 매개변수를 받아들인다. 첫 번째 매개변수는 반복하는 테이블이고, 두 번째는 테이블의 각 행에 대해 계산하는 식이다. 테이블 스캔과 행별로 식에 대한 계산을 끝낸 뒤에 반복함수의 의미에 따라서 결과를 집계한다.

예를 들어 DaysToDeliver라는 계산된 열에 주문을 배송하는 데까지 필요한 일수를 계산하고 그에 대한 보고서를 작성하면 그림 2–6에 나타난 보고서를 얻을 수 있다. 합계는 모든 소요일의 합을 나타내며, 이 값은 쓸모가 없다.

```
Sales[DaysToDeliver] = INT ( Sales[Delivery Date] - Sales[Order Date] )
```

SalesKey	Order Date	Delivery Date	DaysToDeliver
200701022CS425-0013	01/02/2007	01/08/2007	6
200701022CS425-0014	01/02/2007	01/09/2007	7
200701022CS425-0015	01/02/2007	01/10/2007	8
200701022CS425-0016	01/02/2007	01/11/2007	9
200701022CS425-0017	01/02/2007	01/12/2007	10
200701022CS425-0018	01/02/2007	01/13/2007	11
200701023CS425-0202	01/02/2007	01/08/2007	6
200701023CS425-0203	01/02/2007	01/09/2007	7
200701023CS425-0204	01/02/2007	01/10/2007	8
200701023CS425-0205	01/02/2007	01/11/2007	9
Total			**848075**

그림 2-6 필요한 값은 평균인데 합계가 표시됐다.

실제로 합계에는 AvgDelivery라는 측정값이 있어야 각 주문에 대한 배송 소요 기간과 모든 기간의 평균을 알 수 있다.

```
AvgDelivery := AVERAGE ( Sales[DaysToDeliver] )
```

이 새로운 측정값의 결과는 그림 2-7의 보고서에 나타나 있다.

SalesKey	Order Date	Delivery Date	DaysToDeliver	AvgDelivery
200701022CS425-0013	01/02/2007	01/08/2007	6	6.00
200701022CS425-0014	01/02/2007	01/09/2007	7	7.00
200701022CS425-0015	01/02/2007	01/10/2007	8	8.00
200701022CS425-0016	01/02/2007	01/11/2007	9	9.00
200701022CS425-0017	01/02/2007	01/12/2007	10	10.00
200701022CS425-0018	01/02/2007	01/13/2007	11	11.00
200701023CS425-0202	01/02/2007	01/08/2007	6	6.00
200701023CS425-0203	01/02/2007	01/09/2007	7	7.00
200701023CS425-0204	01/02/2007	01/10/2007	8	8.00
200701023CS425-0205	01/02/2007	01/11/2007	9	9.00
Total			**848075**	**8.46**

그림 2-7 Average 함수로 집계된 측정값은 합계에서 평균 배송일을 나타낸다.

이 측정값은 계산된 열의 평균을 구해 평균값을 계산한다. 계산된 열을 제거하고 모델에 반복함수를 써서 공간을 절약할 수 있다. 실제로 AVERAGE는 식의 평균을 계산할 수 없지만, AVERAGEX는 Sales 테이블을 반복해서 배송 일수를 행별로 계산해 마지막에 평균을 낼 수 있다. 이 코드는 이전 정의와 동일한 결과를 얻는다.

```
AvgDelivery :=
AVERAGEX (
  Sales,
  INT ( Sales[Delivery Date] - Sales[Order Date] )
)
```

위 식의 가장 큰 장점은 계산된 열이 필요하지 않다는 점이다. 덕분에 비용이 많이 드는 계산된 열을 만들지 않고도 전체 보고서를 작성할 수 있다.

대부분의 반복함수는 비반복적인 집계함수와 쌍을 이룬다. 예를 들어 SUM은 상응하는 SUMX가 있고, MIN은 상응하는 MINX가 있다. 일부 반복함수는 쌍을 이루는 집계함수가 없는 경우도 있다. 이 책의 후반부에서 결과를 집계하지는 않지만 반복함수에 속하는 FILTER, ADDCOLUMNS, GENERATE 및 기타 함수에 대해 배울 것이다.

DAX를 처음 배울 때는 반복함수가 태생적으로 느리다고 생각할 수 있다. 행 단위로 계산한다는 개념 때문에 CPU를 많이 사용하는 것처럼 보인다. 실제는 반복함수의 속도가 빨라서 집계함수 대신 반복함수를 사용하더라도 성능 저하는 발생하지 않는다. 집계함수는 반복함수를 쓰기 쉽게 단순화한 (syntax-sugared) 버전일 뿐이다.

실제로 기본 집계함수는 접미사로 'X'가 붙은 반복함수의 단축 버전이다. 다음 식을 살펴보자.

```
SUM ( Sales[Quantity] )
```

내부적으로 이 코드는 다음과 같은 버전으로 변환된다.

```
SUMX ( Sales, Sales[Quantity] )
```

SUM을 사용하는 유일한 이점은 구문이 짧다는 점이다. 하지만 단일 열을 집계하는 SUM과 SUMX 간 성능에는 차이가 없다. 두 함수는 모든 면에서 동일한 함수다.

이 동작에 대한 자세한 내용은 4장에서 다룬다. 또한 반복함수의 작동 방식을 이해하기 위한 평가 컨텍스트 개념도 소개한다.

일반적인 DAX 함수 사용

DAX에 대한 기본적 사항과 오류 조건의 처리 방법을 살펴봤으므로, 이제 DAX에서 일반적으로 사용되는 함수와 표현식을 간략히 살펴보자.

집계함수

앞 절에서 SUM, AVERAGE, MIN 및 MAX와 같은 기본 집계함수에 대해 설명했다. SUM과 AVERAGE는 숫자 열에서만 작동한다는 것도 배웠다.

DAX는 엑셀에서 유래한 집계함수에 대한 대체 구문도 제공하는데, 엑셀과 동일한 이름과 동작을 얻기 위해 함수 이름에 접미사 A를 추가한다. 그러나 이러한 함수는 TRUE가 1로 평가되고 FALSE가 0으로 평가되기 때문에 **부울값**을 포함하는 열에 대해서만 유용하다. 텍스트 열은 항상 0으로 간주된다. 따라서 열의 내용에 무엇이 있든 텍스트 열에 MAXA를 사용하면 결과는 항상 0이 된다. 또한 DAX는 집계를 수행할 때 빈 셀을 절대 고려하지 않는다. 이러한 함수는 숫자 이외의 열에 사용해도 오류가 발생하지 않지만, 텍스트 열을 숫자로 자동 변환하지 않기 때문에 결과가 유용하지는 않다. 이러한 함수의 이름은 AVERAGEA, COUNTA, MINA, MAXA이다. 기존 코드와의 호환성 때문에 향후에도 동작이 바뀌지 않으므로 이러한 함수는 사용하지 않는 것이 좋다.

노트 DAX에서는 열에 데이터 형식이 있고 데이터 형식에 따라 집계함수의 동작이 결정되기 때문에 이름이 통계 함수와 비록 같다고 하더라도 DAX 및 엑셀에서 다르게 사용된다. 엑셀은 셀마다 다른 데이터 유형을 처리하는 반면 DAX는 전체 열에 대해 단일 데이터 유형을 처리한다. DAX는 각 열에 대해 잘 정의된 유형을 가진 테이블 형식의 데이터를 취급하는 반면, 엑셀 식은 잘 정의된 유형이 없는 다른 셀 값에 대해 작용한다. 파워 BI의 열이 숫자 데이터 유형일 경우, 모든 값은 숫자 또는 빈 셀만 가능하다. 열이 텍스트 유형일 때 텍스트가 숫자로 변환될 수 있더라도 이러한 함수(COUNTA 제외)에 대한 값은 항상 0인 반면, 엑셀에서는 셀 단위 숫자로 간주된다. 이와 같은 이유로 이러한 함수는 텍스트 열에 그다지 유용하지 않다. DAX에서는 MIN과 MAX만 텍스트값을 지원한다.

앞에서 다룬 함수는 값을 집계하는 데 유용하다. 값 집계가 아니라 숫자를 세는 데 관심이 있을 수도 있다. 행이나 값을 세는 데 다음과 같은 함수를 사용할 수 있다.

- COUNT는 부울을 제외한 모든 데이터 유형에서 작동한다.
- COUNTA는 모든 유형의 열에서 작동한다.
- COUNTBLANK는 열의 빈 셀(공백 또는 빈 문자열) 수를 반환한다.
- COUNTROWS는 테이블의 행 수를 반환한다.
- DISTINCTCOUNT는 열에 있는 고유한 값의 수를 반환하며, 빈 값이 있을 때는 빈 값도 포함된다.
- DISTINCTCOUNTNOBLANK는 열에 있는 고유한 값의 수를 반환하며 빈 값은 포함되지 않는다.

COUNT 및 COUNTA는 DAX에서 거의 동일한 함수다. 데이터 유형과 관계없이 비어 있지 않은 값의 수를 반환한다. COUNT는 숫자 열만 세고, COUNTA는 문자열을 포함한 모든 데이터 형식을 세는 엑셀에 뿌리를 두고 있다. 열에 있는 빈 값의 수를 모두 세려면 COUNTBLANK 함수를 사용할 수 있다. 공백과 빈 값은 모두 COUNTBLANK에 의해 빈 값으로 간주된다. 마지막으로 테이블에 있는 행의 수를 계산하려면 COUNTROWS 함수를 사용할 수 있다. COUNTROWS는 매개변수로 열이 아니라 테이블을 필요로 한다.

마지막 두 함수인 DISTINCTCOUNT 및 DISTINCTCOUNTNOBLANK는 이름처럼 작동한다. 즉, 유일한 매개변수로 사용되는 열의 고유한 값의 숫자를 센다. DISTINCTCOUNT는 BLANK 값을 포함하지만 DISTINCTCOUNTNOBLANK는 BLANK 값을 무시한다.

노트 DISTINCTCOUNT는 DAX 2012 버전에 도입된 함수다. 이전 버전의 DAX에는 DISTINCTCOUNT가 포함되지 않았다. 열의 고유한 값의 수를 계산하려면 COUNTROWS (DISTINCT (table [column]))를 사용해야 했다. 단일 함수 호출만 필요로 하는 DISTINCTCOUNT는 읽기에 쉽지만, 두 패턴 모두 동일한 결과를 반환한다. DISTINCTCOUNTNOBLANK는 2019년에 도입된 함수로 DAX에서 더 긴 식을 작성할 필요 없이 SQL에서 사용하는 COUNT DISTINCT 연산과 동일한 결과를 얻을 수 있다.

논리 함수

때로는 열의 값에 따라 다른 계산을 실행하거나 오류를 방지하기 위해 식에 논리 조건을 만들 필요가 있다. 이때 DAX의 논리 함수 가운데 하나를 사용할 수 있다. 2장의 'DAX 식의 오류 처리' 절에서 이 그룹의 가장 중요한 두 가지 함수인 IF 및 IFERROR에 대해 설명했다. 또 '조건문' 절에서 IF 함수에 관해서도 설명했다.

논리 함수는 매우 간단하며 이름이 암시하는 바를 수행한다. 논리 함수는 AND, FALSE, IF, IFERROR, NOT, TRUE 및 OR이다. 예를 들어 Price 열에 숫자 값이 포함된 경우에만 수량을 곱해 금액을 계산하려면 다음과 같은 식을 사용할 수 있다.

```
Sales[Amount] = IFERROR ( Sales[Quantity] * Sales[Price], BLANK ( ) )
```

IFERROR를 사용하지 않고 Price 열에 잘못된 숫자가 포함된 경우 한 행에서 계산 오류가 발생하면 오류가 전체 열로 전파되므로 계산된 열의 결과는 오류가 된다. 그러나 IFERROR를 사용하면 오류를 방지하고 빈 값으로 대체한다.

이 카테고리의 또 다른 흥미로운 함수는 SWITCH다. SWITCH는 열에 고유한 값이 많지 않고, 그 값에 따라 다른 동작을 수행하고 싶을 때 사용할 수 있다. 예를 들어 Product 테이블의

Size 열에 S, M, L, XL이 포함돼 있고, 다른 열에서 이 값을 더 명확하게 설명하길 원할 수도 있다. 이때 다음과 같이 중첩된 IF 함수를 사용해 원하는 결과를 얻을 수 있다.

```
'Product'[SizeDesc] =
IF (
  'Product'[Size] = "S",
  "Small",
  IF (
    'Product'[Size] = "M",
    "Medium",
    IF (
      'Product'[Size] = "L",
      "Large",
      IF (
        'Product'[Size] = "XL",
        "Extra Large",
        "Other"
        )
      )
  )
)
```

SWITCH를 사용해 다음과 같이 편리하게 표현할 수 있다.

```
'Product'[SizeDesc] =
SWITCH (
  'Product'[Size],
  "S", "Small",
  "M", "Medium",
  "L", "Large",
  "XL", "Extra Large",
  "Other"
)
```

내부적으로 DAX는 SWITCH 구문을 중첩된 IF 함수의 집합으로 변환하기 때문에 SWITCH를 사용한 식의 코드가 더 빠르지는 않지만 읽기는 더 쉽다.

노트 SWITCH는 매개변수의 값을 확인하고 측정값의 결과를 정의하는 데 종종 사용된다. 예를 들어 YTD, MTD, QTD 세 행으로 구성된 매개변수 테이블을 작성하고 사용자가 측정값에서 사용할 집계를 선택하게 할 수 있다. 이것은 2019년 이전의 일반적인 시나리오였다. 하지만 9장, '계산 그룹'에서 다룰 계산 그룹의 도입 덕분에 더 이상 필요하지 않다. 계산 그룹은 사용자가 매개변수화할 수 있는 값을 계산할 때 선호되는 방법이다.

팁 SWITCH 함수를 사용해 같은 식에서 여러 조건을 확인하는 흥미로운 방법이 있다. SWITCH가 중첩된 IF 함수 집합으로 변환되고, 일치하는 첫 번째 함수가 우선하기 때문에 이 패턴을 사용해 여러 조건을 테스트할 수 있다.

```
SWITCH (
  TRUE (),
  Product[Size] = "XL" && Product[Color] = "Red", "Red and XL",
  Product[Size] = "XL" && Product[Color] = "Blue", "Blue and XL",
  Product[Size] = "L" && Product[Color] = "Green", "Green and L"
)
```

첫 번째 매개변수로 사용된 TRUE는 '조건이 TRUE로 평가되는 첫 번째 결과를 반환하라'라는 의미다.

정보 함수

식의 유형을 분석할 필요가 있을 때 정보 함수 중 하나를 사용할 수 있다. 이 모든 함수는 부울값을 반환하며 모든 논리식에서 사용할 수 있다. ISBLANK, ISERROR, ISLOGICAL, ISNONTEXT, ISNUMBER 및 ISTEXT가 여기에 속한다.

매개변수로 식이 아닌 열이 전달되면 ISNUMBER, ISTEXT 및 ISNONTEXT 함수는 열의 데이터 형식과 각 셀의 빈 상태에 따라 TRUE 또는 FALSE를 반환한다. 따라서 DAX에서는 이러한 함수가 거의 쓸모 없게 된다. 이들 함수는 DAX 초기 버전에서 엑셀로부터 유래됐다.

숫자로 변환할 수 있는지를 확인하기 위해 텍스트 열에서 ISNUMBER를 사용할 수 있는지 궁금할 수 있다. 불행하게도 이 접근법은 불가능하다. 텍스트값이 숫자로 변환 가능한지를 테스트하려면 변환을 시도하고 실패할 경우 오류를 처리해야 한다. 예를 들어 Price 열(문자열 유형)에 유효한 숫자가 포함됐는지를 테스트하기 위해 다음과 같이 식을 작성할 수 있다.

```
Sales[IsPriceCorrect] = NOT ISERROR ( VALUE ( Sales[Price] ) )
```

DAX는 문자열값을 숫자로 변환하려고 시도한다. 성공하면 TRUE를 반환하고(ISERROR는 FALSE를 반환하기 때문에), 그렇지 않으면 FALSE를 반환한다(ISERROR가 TRUE를 반환하기 때문에). 예를 들어 일부 행의 가격에 "N/A"라는 문자열값이 있으면 변환이 실패한다.

하지만 다음과 같이 ISNUMBER를 사용하면 결과는 항상 FALSE다.

```
Sales[IsPriceCorrect] = ISNUMBER ( Sales[Price] )
```

이 경우 ISNUMBER는 Price 열이 모델의 정의에 따라 숫자가 아닌 문자열이기 때문에 각 행에 무엇이 있든 항상 FALSE를 반환한다.

수학 함수

DAX에서 사용할 수 있는 수학 함수는 엑셀에서 사용할 수 있는 함수와 구문 및 동작이 동일하다. 일반적으로 사용되는 수학 함수는 ABS, EXP, FACT, LN, LOG, LOG10, MOD, PI, POWER, QUOTIENT, SIGN 및 SQRT이다. 난수 생성 함수는 RAND와 RANDBETWEEN이다. EVEN과 ODD를 사용해 숫자를 테스트할 수 있다. GCD와 LCM은 두 개의 숫자 중 가장 큰 공통분모와 최소 공배수를 계산하는 데 유용하다. QUOTIENT는 나눗셈에서 몫의 정수 부분을 반환한다.

마지막으로 몇 가지 반올림 함수를 예로 들어보자. 실제로 여러 방법으로 동일한 결과를 얻을 수 있다. 다음 계산된 열을 그림 2-8의 결과와 함께 살펴보자.

```
FLOOR = FLOOR ( Tests[Value], 0.01 )
TRUNC = TRUNC ( Tests[Value], 2 )
ROUNDDOWN = ROUNDDOWN ( Tests[Value], 2 )
```

```
MROUND = MROUND ( Tests[Value], 0.01 )
ROUND = ROUND ( Tests[Value], 2 )
CEILING = CEILING ( Tests[Value], 0.01 )
ISO.CEILING = ISO.CEILING ( Tests[Value], 0.01 )
ROUNDUP = ROUNDUP ( Tests[Value], 2 )
INT = INT ( Tests[Value] )
FIXED = FIXED ( Tests[Value], 2, TRUE )
```

Test	Value	FLOOR	TRUNC	ROUNDDOWN	MROUND	ROUND	CEILING	ISO.CEILING	ROUNDUP	INT	FIXED
A	1.123450	1.12	1.12	1.12	1.12	1.12	1.13	1.13	1.13	1	1.12
B	1.265000	1.26	1.26	1.26	1.26	1.27	1.27	1.27	1.27	1	1.27
C	1.265001	1.26	1.26	1.26	1.27	1.27	1.27	1.27	1.27	1	1.27
D	1.499999	1.49	1.49	1.49	1.50	1.50	1.50	1.50	1.50	1	1.50
E	1.511110	1.51	1.51	1.51	1.51	1.51	1.52	1.52	1.52	1	1.51
F	1.000001	1.00	1.00	1.00	1.00	1.00	1.01	1.01	1.01	1	1.00
G	1.999999	1.99	1.99	1.99	2.00	2.00	2.00	2.00	2.00	1	2.00

그림 2-8 반올림 함수 사용의 예

FLOOR, TRUNC 및 ROUNDDOWN은 반올림할 자릿수를 지정할 수 있는 방법만 차이가 있을 뿐 유사하다. 반대쪽으로는 CEILING과 ROUNDUP의 결과가 비슷하다. MROUND와 ROUND 함수는 반올림 방식에 약간의 차이가 있다.

삼각함수

DAX는 COS, COSH, COT, COTH, SIN, SINH, TAN 및 TANH 처럼 특정 계산에 유용한 삼각함수를 제공한다. 접두어 'A'를 붙이면 아크 버전(arcsine, arccosine 등)이 계산된다. 사용법이 간단하므로 자세한 내용은 다루지 않는다.

DEGREES와 RADIANS는 각도 및 라디안으로 변환하고 SQRTPI는 매개변수를 파이로 곱한 후 제곱근을 계산한다.

텍스트 함수

DAX에서 사용할 수 있는 대부분의 텍스트 함수는 단 몇 가지 예외를 제외하면 엑셀에서 사용할 수 있는 함수와 유사하다. 텍스트 함수는 CONCATENATE, CONCATENATEX, EXACT, FIND, FIXED, FORMAT, LEFT, LEN, LOWER, MID, REPLACE, REPT, RIGHT, SEARCH,

SUBSTITUTE, TRIM, UPPER 및 VALUE다. 이러한 함수는 텍스트를 조작하고 여러 값이 포함된 문자열에서 데이터를 추출하는 데 유용하다. 그림 2-9는 쉼표로 구분된 값이 있는 문자열에서 이름과 성을 추출한 예다.

Name	Comma1	Comma2	FirstLastName	SimpleConversion
Ferrari, Alberto	8		Alberto Ferrari	Ferrari, Alberto Ferrari
Ferrari, Mr., Alberto	8	13	Alberto Ferrari	Alberto Ferrari
Russo, Mr., Marco	6	11	Marco Russo	Marco Russo

그림 2-9 텍스트 함수를 사용해 이름과 성을 추출한 예를 보여준다.

위와 같은 결과를 얻으려면 우선 두 개 쉼표의 위치를 계산해야 한다. 그러고 나서 텍스트의 오른쪽 부분을 추출하기 위해 이 숫자들을 사용한다. SimpleConversion 열은 문자열에 쉼표가 2개 미만일 경우 부정확한 값을 반환하며, 쉼표가 전혀 없으면 오류가 발생한다. FirstLastName 열은 쉼표가 누락된 경우에도 오류가 발생하지 않도록 더 복잡한 식으로 구현됐다.

```
People[Comma1] = IFERROR ( FIND ( ",", People[Name] ), BLANK ( ) )
People[Comma2] = IFERROR ( FIND ( " ,", People[Name], People[Comma1] + 1 ), BLANK (
) )
People[SimpleConversion] =
MID ( People[Name], People[Comma2] + 1, LEN ( People[Name] ) )
  & " "
  & LEFT ( People[Name], People[Comma1] - 1 )
People[FirstLastName] =
TRIM (
  MID (
    People[Name],
    IF ( ISNUMBER ( People[Comma2] ), People[Comma2], People[Comma1] ) + 1,
    LEN ( People[Name] )
  )
)
  & IF (
    ISNUMBER ( People[Comma1] ),
    " " & LEFT ( People[Name], People[Comma1] - 1 ),
    ""
  )
```

위에서 보는 것처럼 FirstLastName 열은 긴 DAX 식으로 정의됐지만, 하나의 값이라도 오류가 발생하면 전체열로 전파될 수 있기에 위와 같은 식을 사용해야 한다.

변환 함수

DAX가 데이터 유형을 자동으로 변환해 운영자의 필요에 맞게 조정한다는 사실을 배웠다. 변환은 자동으로 발생하지만 함수를 사용해서 데이터 유형을 바꿀 수도 있다.

CURRENCY는 식을 통화 유형으로 바꾸고, INT는 식을 정수 형식으로 변환한다. DATE와 TIME은 날짜와 시간 부분을 매개변수로 삼아 정확한 DateTime을 반환한다. VALUE는 문자열을 숫자 형식으로 변환하는 반면 FORMAT는 숫자 값을 첫 번째 매개변수로, 문자열 형식을 두 번째 매개변수로 받아 숫자 값을 문자열로 변환할 수 있다. FORMAT는 일반적으로 DateTime과 함께 사용된다. 예를 들어 다음 식은 "2019 Jan 12"를 반환한다.

```
= FORMAT (Date (2019, 01, 12 ), "yyyyy mmm dd" )
```

문자열은 DATEVALUE 함수를 사용해 DateTime 값으로 변환할 수 있다.

여러 형식의 날짜 값에서 DATEVALUE 사용

DATEVALUE는 여러 형식의 날짜에 관해 특별한 동작을 수행한다. 유럽 표준에서 날짜는 "dd/mm/yy" 형식으로 작성되는 반면, 미국에서는 "mm/dd/yy" 형식을 선호한다. 예를 들어 2월 28일은 두 문화에서 서로 다른 문자열로 표기된다. 기본 지역 설정과 다른 형식의 날짜를 DATEVALUE와 함께 사용하면 즉시 오류를 발생시키는 대신 달과 날짜를 바꿔서 두 번째 전환을 시도한다. DATEVALUE는 또한 분명한 형식인 "yyyy-mm-dd"를 지원한다. 예를 들어 다음 세 가지 식은 지역 설정과 관계없이 2월 28일로 평가된다.

```
DATEVALUE ("28/02/2018" )  -- 유럽 형식의 2월 28일
DATEVALUE ("02/28/2018" )  -- 미국 형식의 2월 28일
DATEVALUE("2018-02-28")    -- 분명한 형식의 2월 28일
```

때때로 DATEVALUE는 예상했던 오류를 표시하지 않을 수도 있다. 그러나 이것은 설계에 따른 것이다.

날짜 및 시간 함수

대부분의 데이터 분석에서 시간과 날짜 처리는 중요한 작업이다. DAX의 많은 함수가 날짜와 시간에 따라 작동한다. 이들 중 일부는 엑셀의 함수와 닮은 꼴이며 날짜 · 시간 데이터 유형을 간단하게 변환한다. 날짜 및 시간 함수에는 DATE, DATEVALUE, DAY, EDATE, EOMONTH, HOUR, MINUTE, MONTH, NOW, SECOND, TIME, TIMEVALUE, TODAY, WEEKDAY, WEEKNUM, YEAR, YEARFRAC 등이 있다.

이러한 함수는 날짜에 대한 값을 계산하는 데 유용하지만, 연간 집계 값을 비교하거나 측정값의 연도별 값을 계산하는 것과 같은 일반적인 시간 인텔리전스 계산을 수행하는 데는 사용되지 않는다. 시간 인텔리전스 계산을 수행하려면 시간 인텔리전스 함수라고 하는 또 다른 함수를 사용한다. 이에 대해서는 8장, '시간 인텔리전스 계산'에서 다룬다.

2장의 앞부분에서 언급했듯이 '날짜/시간' 데이터 형식은 내부적으로 정수 부분에서 1899년 12월 30일 이후의 일수에 해당하는 부동 소수점 숫자를 사용하며, 소수점 부분은 하루에서 차지하는 시간의 비중을 나타낸다. 시간, 분, 초는 하루의 십진 분수로 변환된다. 따라서 DateTime 값에 정수 숫자를 추가하면 해당 일수만큼 값이 증가한다. 그러나 변환 함수를 사용해 날짜로부터 일, 월, 연도를 추출하는 것이 더 편리하다는 것을 알게 될 것이다. 그림 2-10에서 사용된 다음 식은 날짜 목록이 포함된 테이블에서 필요한 정보를 추출하는 방법을 보여준다.

```
'Date'[Day] = DAY ( Calendar[Date] )
'Date'[Month] = FORMAT ( Calendar[Date], "mmmm" )
'Date'[MonthNumber] = MONTH ( Calendar[Date] )
'Date'[Year] = YEAR ( Calendar[Date] )
```

Date	Day	Month	Year
1/1/2010	1	January	2010
1/2/2010	2	January	2010
1/3/2010	3	January	2010
1/4/2010	4	January	2010
1/5/2010	5	January	2010
1/6/2010	6	January	2010
1/7/2010	7	January	2010
1/8/2010	8	January	2010
1/9/2010	9	January	2010

그림 2-10 이 예는 날짜 및 시간 함수를 사용해 날짜 정보를 추출하는 방법을 보여준다.

관계 함수

DAX 식 안에서 관계를 탐색하는 데 사용할 수 있는 두 가지 유용한 함수는 RELATED와 RELATEDTABLE이다.

계산된 열은 해당되는 테이블의 열값을 참조할 수 있다고 배웠다. Sales 테이블에 정의된 계산된 열은 Sales 열을 참조할 수 있다. 그런데 다른 테이블에 있는 열을 참조해야 한다면? 일반적으로 두 테이블 사이의 관계가 정의되지 않으면 다른 테이블의 열을 사용할 수 없다. 두 테이블이 관계를 공유하는 경우 RELATED 함수를 사용해 관련 테이블의 열에 접근할 수 있다.

예를 들어 판매된 제품이 '휴대폰' 범주에 있는지를 확인하는 계산된 열을 Sales 테이블에서 계산하고 휴대폰 범주에 속하는 경우 표준 비용에 차감 요소를 적용하고 싶을 수 있다. 이러한 열을 계산하려면 Sales 테이블에 없는 Product 범주의 값을 확인하는 조건을 사용해야 한다. 그럼에도 불구하고 일련의 관계는 Sales에서 시작해 그림 2-11과 같이 Product 및 ProductSubCategory 테이블을 통해 Product Category 테이블에 도달한다.

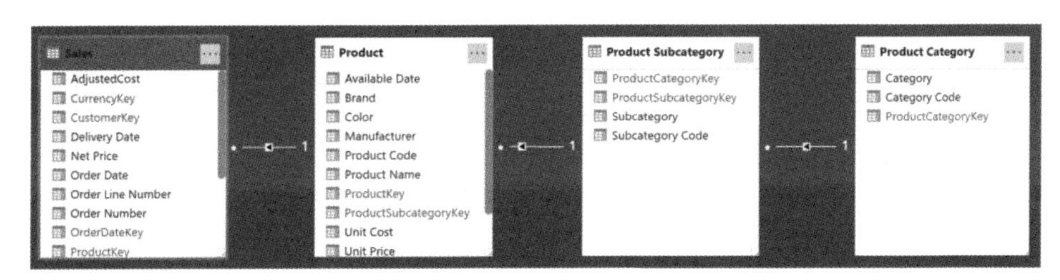

그림 2-11 Sales는 Product Category 테이블과 사슬로 연결됐다.

원본 테이블에서 관련 테이블로 이동하는 데 필요한 단계 수와 관계없이 DAX는 관계의 전체 사슬을 통해 관련된 열값을 반환한다. 따라서 AdjustedCost 열의 식은 다음과 같다.

```
Sales[AdjustedCost] =
IF (
  RELATED ( 'Product Category'[Category] ) = "Cell Phone",
  Sales[Unit Cost] * 0.95,
  Sales[Unit Cost]
)
```

일대다 관계에서 RELATED는 M쪽에서 1쪽으로 접근할 수 있다. 관련된 테이블에는 단일 행만 존재하기 때문이다. 해당 행이 없으면 RELATED는 BLANK를 반환한다.

식이 관계의 1쪽에 있고 M쪽에 접근해야 하는 경우, M쪽의 여러 행이 1쪽의 단일 행에 대응할 수 있기 때문에 RELATED는 도움이 되지 않는다. 이 경우에는 RELATEDTABLE을 사용해야 한다. RELATEDTABLE은 현재 행과 관련된 모든 행을 포함하는 테이블을 반환한다. 각 카테고리에 제품이 몇 개 있는지 알고 싶다면 다음 식을 사용해 Product Category에 열을 만들 수 있다.

```
'Product Category'[NumOfProducts] = COUNTROWS ( RELATEDTABLE ( Product ) )
```

위 계산된 열은 각 Product Category별 제품 수를 그림 2-12와 같이 표시한다.

Category	NumOfProducts
Audio	115
Cameras and camcorders	372
Cell phones	285
Computers	606
Games and Toys	166
Home Appliances	661
Music, Movies and Audio Books	90
TV and Video	222

그림 2-12 RELATEDTABLE을 사용해 제품 수를 계산할 수 있다.

RELATED와 마찬가지로 RELATEDTABLE은 항상 1쪽에서 시작해 M쪽으로 향하는 관계의 사슬을 따를 수 있다. RELATEDTABLE은 종종 반복함수와 함께 사용된다. 카테고리별로 Quantity와 Net Price를 곱한 합계를 계산하기 위해 다음과 같이 계산된 열을 작성할 수 있다.

```
'Product Category'[CategorySales] =
SUMX (
  RELATEDTABLE ( Sales ),
  Sales[Quantity] * Sales[Net Price]
)
```

그림 2-13은 위 계산된 열의 결과다.

Category	CategorySales
Audio	$384,518.16
Cameras and camcorders	$7,192,581.95
Cell phones	$1,604,610.26
Computers	$6,741,548.73
Games and Toys	$360,652.81
Home Appliances	$9,600,457.04
Music, Movies and Audio Books	$314,206.74
TV and Video	$4,392,768.29

그림 2-13 RELATEDTABLE과 반복함수를 사용해 카테고리별 판매금액을 계산할 수 있다.

측정값의 경우 사용자의 선택에 따라 결과가 변하겠지만, 이 계산된 열은 테이블에 속하게 되므로 사용자의 선택에 따라 보고서가 변경되지는 않는다.

결론

2장에서는 새로운 함수를 많이 배웠으며 DAX 코드의 일부도 살펴봤다. 모든 함수를 곧바로 기억할 수는 없지만 사용할수록 익숙해질 것이다.

2장에서 학습한 중요한 사항은 다음과 같다.

- 계산된 열은 DAX 식으로 계산된 테이블의 열이다. 계산된 열은 데이터 새로고침 시간에 계산되며 사용자 선택에 따라 값이 변경되지 않는다.
- 측정값은 DAX로 표현된 식이다. 계산된 열처럼 새로고침 시간에 계산되지 않고 측정값의 쿼리 시간에 계산된다. 결과적으로 측정값은 보고서의 사용자 선택에 따라 달라진다.
- 오류는 DAX 식에서 언제든지 발생할 수 있다. 오류가 발생한 뒤에 차단하기보다는 오류 조건을 사전에 감지하는 것이 바람직하다.

- SUM과 같은 집계함수는 열을 집계하는 데 유용하지만 식을 집계할 때는 반드시 반복함수를 사용해야 한다. 반복함수는 테이블을 스캔하고 행을 기준으로 식을 평가해 작동한다. 반복이 끝나면 반복함수는 의미에 따라 결과를 집계한다.

이어지는 3장에서는 DAX에서 사용할 수 있는 가장 중요한 함수인 테이블 함수에 대해 다룬다.

03

기본 테이블 함수

3장에서는 DAX에서 사용할 수 있는 기본 테이블 함수를 다룬다. 테이블 함수는 특정한 값이 아닌 테이블을 반환하는 함수다. 테이블 함수는 DAX 쿼리와 테이블을 반복해야 하는 많은 고급 계산식을 작성할 때 쓸모가 있다. 이러한 계산의 몇 가지 예도 살펴볼 예정이다.

3장의 목적은 테이블 함수의 기본 개념을 소개하는 것이며, DAX의 모든 테이블 함수에 대해 자세한 설명을 하지는 않는다. 더 많은 테이블 함수는 12장, '테이블 작업'과 13장, '쿼리 작성'에서 다룬다. 3장에서는 테이블 함수의 역할과 일반적인 사용법을 다룬다.

테이블 함수 소개

지금까지 DAX 식이 문자열이나 숫자와 같은 단일 값을 반환한다는 것을 살펴봤다. 단일 값을 나타내는 식을 '스칼라 식'이라고 한다. 측정값 또는 계산된 열을 정의할 때는 항상 다음 예와 같이 스칼라 식을 쓴다.

```
= 4 + 3
= "DAX is a beautiful language"
= SUM ( Sales[Quantity] )
```

실제로 측정값을 사용하는 목적은 보고서나 피봇 테이블 또는 도표에 보여줄 결과를 도출하기 위해서다. 결국 이 모든 보고의 소스는 숫자, 즉 스칼라 식이다. 그럼에도 불구하고 스칼라값을 계산하기 위해서는 테이블을 사용할 가능성이 높다. 예를 들어 다음과 같은 간단한 반복은 판매액 계산을 위해 테이블을 사용한다.

```
Sales Amount := SUMX ( Sales, Sales[Quantity] * Sales[Net Price] )
```

이 예에서 SUMX는 Sales 테이블을 행 단위로 반복해서 계산한다. 따라서 전체 계산의 결과가 스칼라값이지만 계산하는 도중에 식이 Sales 테이블을 검색한다. 위의 코드가 다음과 같이 테이블 함수의 결과를 반복할 수 있다. 이 코드는 판매량이 1보다 큰 행에 대해서만 판매액을 계산한다.

```
Sales Amount Multiple Items : =
SUMX (
  FILTER (
    Sales,
    Sales[Quantity] > 1
  ),
  Sales[Quantity] * Sales[Net Price]
)
```

이 예에서는 Sales 테이블을 직접 참조하는 대신 FILTER 함수를 사용했다. FILTER는 조건에 따라 테이블 내용을 필터링하는 함수다. FILTER에 대해서는 나중에 자세히 다룰 예정이다. 지금은 테이블을 참조할 때 테이블 대신 테이블을 반환하는 테이블 함수를 사용할 수 있다는 것을 기억해 두자.

중요 앞의 코드에서 SUM 집계에 적용된 필터를 볼 수 있다. 이것은 모범 사례가 아니다. 4장에서는 더욱 유연하고 효율적인 필터를 구현하기 위해 CALCULATE를 사용하는 방법을 배우게 될 것이다. 3장에 소개하는 예제의 목적은 DAX 측정값에 관한 모범 사례를 제공하는 것이 아니라, 간단한 식을 사용해 테이블 함수가 어떻게 작동하는지 설명하는 것이다. 나중에 더욱 복잡한 시나리오에서 이러한 개념을 적용할 예정이다.

2장, 'DAX 소개'에서 DAX 식에서 변수를 사용할 수 있다는 것을 배웠다. 2장에서는 변수를 사용해 스칼라값을 저장했다. 하지만 테이블을 변수로 저장할 수도 있다. 예를 들어 앞의 코드를 변수를 사용해 다음과 같이 작성할 수 있다.

```
Sales Amount Multiple Items : =)
VAR
  MultipleItemSales = FILTER ( Sales, Sales[Quantity] > 1 )
RETURN
  SUMX (
    MultipleItemSales,
    Sales[Quantity] * Sales[Unit Price]
  )
```

MultipleItemSales는 식이 테이블 함수여서 전체 테이블을 저장한다. 코드를 읽기 쉽기 때문에 가능한 한 변수를 사용하길 권한다. 단순히 식에 이름을 지정하는 것으로도 코드를 매우 잘 문서화할 수 있다.

계산된 열 또는 반복 내부에서 RELATEDTABLE 함수를 사용해 관련 테이블의 모든 행을 검색할 수도 있다. 예를 들어 Product 테이블에서 다음 계산된 열은 해당 제품의 판매액을 계산한다.

```
'Product'[Product Sales Amount] =
SUMX (
  RELATEDTABLE ( Sales ),
  Sales[Quantity] * Sales[Unit Price]
)
```

테이블 함수도 중첩해서 사용할 수 있다. Product 테이블에서 다음 계산된 열은 수량이 1보다 큰 Sales만을 고려한 판매액을 계산한다.

```
'Product'[Product Sales Amount Multiple Items] =
SUMX (
  FILTER (
    RELATEDTABLE ( Sales ),
    Sales[Quantity] > 1
```

```
  ),
  Sales[Quantity] * Sales[Unit Price]
)
```

위 코드에서 RELATEDTABLE은 FILTER 안에 중첩돼 있다. 일반적으로 중첩해서 호출할 때 DAX는 가장 안쪽의 함수를 먼저 평가한 다음 가장 바깥쪽 함수까지 평가한다.

노트 나중에 보겠지만 CALCULATE 및 CALCULATETABLE은 FILTER와는 다른 평가 순서를 가지므로 중첩된 호출의 실행 순서는 혼란의 원인이 될 수 있다. 다음 절에서는 FILTER가 어떻게 작동하는지 배운다. CALCULATE 및 CALCULATETABLE에 대한 설명은 5장, 'CALCULATE 및 CALCULATETABLE 이해'에서 다룬다.

일반적으로 테이블 함수의 결과를 측정값이나 계산된 열의 값으로 사용할 수 없다. 측정값과 계산된 열은 모두 식이 스칼라값이어야 한다. 대신 계산된 테이블에 테이블 식의 결과를 할당할 수 있다. 계산된 테이블은 데이터 원본에서 로드되지않고 DAX 식에 의해 값이 결정되는 테이블이다.

예를 들어 다음과 같은 테이블 식을 사용해 단가가 3,000 이상인 모든 제품을 포함하는 계산된 테이블을 만들 수 있다.

```
ExpensiveProducts =
FILTER (
  'Product',
  'Product'[Unit Price] > 3000
)
```

계산된 테이블은 파워 BI 및 Analysis Services에서 제공되지만, 엑셀의 파워 피봇에서는 제공되지 않는다(2019년 기준). 테이블 함수를 많이 사용할수록 측정값 내에서 계산된 테이블이나 복잡한 테이블 식을 사용해 더 복잡한 데이터 모델을 만들 수 있게 될 것이다.

EVALUATE 구문 소개

DAX Studio와 같은 쿼리 도구는 복잡한 테이블 식을 작성하는 데 유용하다. 이 경우 테이블 식의 결과를 검사하는 데 사용되는 공통된 명령문은 EVALUATE이다.

```
EVALUATE
FILTER (
  'Product',
  'Product'[Unit Price] > 3000
)
```

DAX 쿼리를 실행하는 모든 도구(DAX Studio, Microsoft Excel, SQL Server Management Studio, Reporting Services 등)에서 앞의 DAX 쿼리를 실행할 수 있다. DAX 쿼리는 EVALUATE 문과 함께 사용되며 테이블을 반환하는 식이다. EVALUATE는 복잡한 구문을 갖고 있으며, 이에 대해서는 13장에서 다룬다. 여기서는 더 일반적으로 사용되는 다음과 같은 EVALUATE 구문을 소개한다.

```
[DEFINE { MEASURE <tableName>[<name>] = <expression> }]
EVALUATE <table>
[ORDER BY {<expression> [{ASC | DESC}]} [, ...]]
```

앞쪽의 DEFINE MEASURE 부분은 쿼리를 로컬로 실행하는 측정값을 정의하는 데 유용하다. 로컬 측정값을 정의하고 테스트한 다음 예상대로 작동하면 코드를 모델에 적용할 수 있으므로 식에서 에러를 찾을 때 유용하다. 대부분의 구문은 선택 사항이다. 실제로 그림 3-1과 같이 작성자가 작성할 수 있는 가장 단순한 쿼리로 기존 테이블의 모든 행과 열을 검색할 수 있다.

```
EVALUATE 'Product'
```

```
1 EVALUATE 'Product'
```

Results

ProductKey	Product Code	Product Name	Manufacturer	Brand	Color
1707	0702001	MGS Dal of Honor Airbor...	Tailspin Toys	Tailspin Toys	Silver
1708	0702002	MGS Collector's M160	Tailspin Toys	Tailspin Toys	Black
1709	0702003	MGS Gears of War M170	Tailspin Toys	Tailspin Toys	Blue
1710	0702004	MGS Age of Empires III: T...	Tailspin Toys	Tailspin Toys	Silver
1711	0702005	MGS Age of Empires III: T...	Tailspin Toys	Tailspin Toys	Black
1712	0702006	MGS Flight Simulator X A...	Tailspin Toys	Tailspin Toys	Silver

그림 3-1 DAX Studio 쿼리 실행 결과

ORDER BY로 정렬 순서를 제어할 수 있다.

```
EVALUATE
FILTER (
  'Product',
  'Product'[Unit Price] > 3000
)
ORDER BY
  'Product'[Color],
  'Product'[Brand] ASC,
  'Product'[Class] DESC
```

노트 모델에 정의된 열의 정렬 속성은 DAX 쿼리의 정렬 순서에 영향을 주지 않는다. EVALUATE로 지정된 정렬 순서는 결과에 포함된 열만 사용할 수 있다. 따라서 동적 DAX 쿼리를 생성하는 클라이언트는 모델 메타 데이터의 정렬 기준 열 속성을 읽고, 쿼리에 정렬 기준으로 사용할 열을 포함시킨 다음 해당 ORDER BY 조건을 생성해야 한다.

EVALUATE는 그 자체로 강력한 명령문이 아니다. 여러 테이블 함수를 함께 사용할 수 있기 때문에 DAX를 사용해 쿼리하는 것에 장점이 있다. 다음 절에서는 다른 테이블 함수를 사용하거나 결합해 고급 계산을 작성하는 방법을 학습한다.

FILTER

테이블 함수가 무엇인지 소개했으므로, 이제 기본적인 테이블 함수를 전체적으로 설명할 때가 됐다. 기본 함수를 결합하고 중첩함으로써 강력한 식을 만들 수 있다. 첫 번째로 배울 함수는 FILTER다. FILTER의 구문은 다음과 같다.

```
FILTER ( <table>, <condition> )
```

FILTER는 매개변수로 테이블과 논리 조건을 필요로 한다. FILTER는 조건을 만족하는 모든 행을 반환한다. FILTER는 테이블 함수이자 동시에 반복함수다. 결과를 반환하기 위해 한 행씩 연속적으로 조건을 평가하면서 테이블을 스캔한다. 다시 말해 FILTER 함수는 테이블을 반복한다.

예를 들어 다음 계산된 테이블은 Fabrikam 제품(Fabrikam은 브랜드명이다)을 반환한다.

```
FabrikamProducts =
  FILTER (
    'Product',
    'Product'[Brand] = "Fabrikam"
)
```

FILTER는 반복하는 행의 수를 줄이기 위해 사용되기도 한다. 예를 들어 개발자가 빨간색 제품 판매액만 계산하길 원한다면 다음과 같은 측정값을 만들 수 있다.

```
RedSales :=
SUMX (
  FILTER (
    Sales,
    RELATED ( 'Product'[Color] ) = "Red"
  ),
  Sales[Quantity] * Sales[Net Price] ,
)
```

결과값은 그림 3-2에서 확인할 수 있다.

Category	Sales Amount	RedSales
Audio	384,518.16	33,123.82
Cameras and camcorders	7,192,581.95	1,514.39
Cell phones	1,604,610.26	38,227.47
Computers	6,741,548.73	240,222.29
Games and Toys	360,652.81	19,938.31
Home Appliances	9,600,457.04	770,373.33
Music, Movies and Audio Books	314,206.74	6,702.49
TV and Video	4,392,768.29	
Total	**30,591,343.98**	**1,110,102.10**

그림 3-2 RedSales는 빨간색 제품만의 판매를 보여준다.

RedSales 측정값은 Sales 테이블의 일부(즉, 빨간색 제품의 판매액)에 대해 반복했다. FILTER는 기존 조건에 조건을 추가한다. 예를 들어 Audio 행의 RedSales는 Audio 카테고리 및 빨간색 제품의 판매액을 모두 보여준다.

FILTER를 다른 FILTER 함수에 중복할 수 있다. 일반적으로 두 개의 필터를 중복하면 두 FILTER 함수의 조건을 AND 함수로 결합하는 것과 동일한 결과가 발생한다. 즉, 다음 두 개의 쿼리로 동일한 결과를 얻을 수 있다.

```
FabrikamHighMarginProducts =
FILTER (
  FILTER (
    'Product',
    'Product'[Brand] = "Fabrikam"
  ),
  'Product'[Unit Price] > 'Product'[Unit Cost] * 3
)

FabrikamHighMarginProducts =
FILTER (
  'Product',
  AND (
    'Product'[Brand] = "Fabrikam",
    'Product'[Unit Price] > 'Product'[Unit Cost] * 3
  )
)
```

그러나 조건의 선택성에 따라서 큰 테이블에서는 성능이 다를 수 있다. 한 조건이 다른 조건보다 더 선택적일 경우 중첩된 FILTER 함수를 사용해 가장 선택적인 조건을 우선 적용하는 것이 좋다.

예를 들어 Fabrikam 브랜드의 제품이 많고 제품 가격이 3배인 제품이 거의 없다면 다음 쿼리와 같이 가장 안쪽의 FILTER에서 Unit Price와 Unit Cost에 대한 필터를 적용한다. 이는 가장 선택적인 필터를 먼저 적용함으로써 브랜드를 확인하는 데 필요한 반복 횟수를 줄일 수 있기 때문이다.

```
FabrikamHighMarginProducts =
FILTER (
  FILTER (
    'Product',
    'Product'[Unit Price] > 'Product'[Unit Cost] * 3
  ),
  'Product'[Brand] = "Fabrikam"
)
```

FILTER를 사용해 읽기 쉽고 유지 보수하기도 쉬운 코드를 작성할 수 있다. 빨간 제품의 수를 계산해야 한다고 상상해 보자. 테이블 함수를 사용하지 않고 다음과 같이 구현할 수 있을 것이다.

```
NumOfRedProducts :=
SUMX (
  'Product',
  IF ( 'Product'[Color] = "Red", 1, 0 )
)
```

안쪽의 IF는 제품의 색상에 따라 1 또는 0을 반환하고 이 식을 계산하면 빨간색 제품 수가 반환된다. 원하는 결괏값을 얻을 수는 있지만 이 코드는 다소 까다롭다. 이 측정값을 다음과 같이 변경할 수 있다.

```
NumOfRedProducts :=
COUNTROWS (
  FILTER ( 'Product', 'Product'[Color] = "Red" )
)
```

위 식이 개발자가 얻고자 했던 것을 더 잘 보여준다. 이 코드는 사람이 읽기 쉬울 뿐만 아니라 DAX 옵티마이저도 개발자의 의도를 더 잘 이해할 수 있다. 그로 인해 옵티마이저는 더 나은 쿼리 계획을 만들어 결과적으로 더 나은 성능을 발휘할 수 있다.

ALL과 ALLEXCEPT 소개

앞에서 테이블의 행 수를 제한하고 싶을 때 유용하게 사용할 수 있는 `FILTER` 함수에 대해 배웠다. 하지만 그 반대로 특정한 계산을 위해 고려하는 행의 수를 확장하기를 원하는 때도 있다. 이때 사용 가능한 DAX 함수에는 `ALL`, `ALLEXCEPT`, `ALLCROSSFILTERED`, `ALLNOBLANKROW`, `ALLSELECTED`가 있다. 이 절에서는 `ALL`과 `ALLEXCEPT`를 배우고, `ALLNOBLANKROW`와 `ALLSELECTED` 함수는 3장 뒷부분에 설명하며, `ALLCROSSFILTERED`는 14장, '고급 DAX 개념'에서 다룬다.

`ALL`은 매개변수에 따라 테이블의 모든 행이나 하나 이상의 열의 모든 값을 반환한다. 예를 들어 다음 DAX 식은 `Product` 테이블에 있는 모든 행의 사본이 포함된 `ProductCopy`라는 계산된 테이블을 반환한다.

```
ProductCopy = ALL ( 'Product' )
```

노트 계산된 테이블에는 ALL이 필요하지 않다. 그것에 영향을 주는 보고서 필터가 없기 때문이다. 단, 다음의 예에서 볼 수 있듯이 ALL은 측정값에서 유용하게 쓸 수 있다.

`ALL`은 보고서에 의해 자동으로 적용된 필터를 무시하기 때문에 백분율이나 비율을 계산해야 할 때 매우 유용하다. 그림 3-3과 같은 보고서가 필요하다고 가정하자. 이 보고서는 카테고리별 판매액과 합계 대비 판매액의 비율을 모두 보여준다.

Category	Sales Amount	Sales Pct
Audio	384,518.16	1.26%
Cameras and camcorders	7,192,581.95	23.51%
Cell phones	1,604,610.26	5.25%
Computers	6,741,548.73	22.04%
Games and Toys	360,652.81	1.18%
Home Appliances	9,600,457.04	31.38%
Music, Movies and Audio Books	314,206.74	1.03%
TV and Video	4,392,768.29	14.36%
Total	**30,591,343.98**	**100.00%**

그림 3-3 위 보고서는 각 카테고리의 판매액과 총 판매액 대비 백분율을 보여준다.

다음 측정값 Sales Amount는 Sales 테이블을 반복하면서 Sales[Net Price]에 Sales[Quantity]를 곱해 값을 계산한다.

```
Sales Amount :=
SUMX (
  Sales,
  Sales[Quantity] * Sales[Net Price]
)
```

백분율을 계산하려면 판매액을 총 판매액으로 나눠야 한다. 그러므로 식은 보고서에서 특정 범주를 의도적으로 필터링할 때도 총 판매액을 계산해야 한다. 바로 이때 ALL 함수를 사용할 수 있다. 실제로 다음 측정값은 보고서에 어떤 필터가 적용되든 상관없이 모든 판매액의 합계를 산출한다.

```
All Sales Amount :=
SUMX (
  ALL ( Sales ),
  Sales[Quantity] * Sales[Net Price]
)
```

위 식에서 Sales에 대한 참조를 ALL(Sales)로 대체했다. 이제 간단한 나눗셈만으로 비율을 계산할 수 있다.

```
Sales Pct := DIVIDE ( [Sales Amount], [All Sales Amount] )
```

그림 3-4는 세 측정값의 결과를 함께 보여준다.

Category	Sales Amount	All Sales Amount	Sales Pct
Audio	384,518.16	30,591,343.98	1.26%
Cameras and camcorders	7,192,581.95	30,591,343.98	23.51%
Cell phones	1,604,610.26	30,591,343.98	5.25%
Computers	6,741,548.73	30,591,343.98	22.04%
Games and Toys	360,652.81	30,591,343.98	1.18%
Home Appliances	9,600,457.04	30,591,343.98	31.38%
Music, Movies and Audio Books	314,206.74	30,591,343.98	1.03%
TV and Video	4,392,768.29	30,591,343.98	14.36%
Total	**30,591,343.98**	**30,591,343.98**	**100.00%**

그림 3-4 측정값 All Sales Amount 항상 총 판매액을 결과로 반환한다.

ALL의 매개변수는 테이블 식이 아니다. 테이블 이름 또는 열 이름 목록이어야 한다. 이미 테이블로 무엇을 하는지 배웠다. 만약 우리가 열을 대신 사용한다면 결과는 어떻게 될까? 이 경우 ALL은 테이블에 있는 열의 모든 고윳값을 반환한다. 다음 계산된 Category 테이블은 Product 테이블의 Category 열에서 구한다.

```
Categories = ALL ( 'Product'[Category] )
```

다음 그림 3-5는 위 식에 의해 계산된 테이블인 Category의 결과다.

Category
Audio
Cameras and camcorders
Cell phones
Computers
Games and Toys
Home Appliances
Music, Movies and Audio Books
TV and Video

그림 3-5 열과 함께 All을 사용하면 해당 열의 고유한 값의 목록이 만들어진다.

ALL 함수의 매개변수로 동일한 테이블의 여러 열을 지정할 수 있다. 이 경우 ALL은 해당 열에 있는 모든 기존 값의 조합을 반환한다. Product[Subcategory] 열을 값 목록에 추가하면 그림 3-6과 같이 모든 카테고리 및 하위 카테고리 목록을 얻을 수 있다.

```
Categories =
ALL (
  'Product'[Category],
  'Product'[Subcategory]
)
```

Category	Subcategory
Audio	Bluetooth Headphones
Audio	MP4&MP3
Audio	Recording Pen
Cameras and camcorders	Camcorders
Cameras and camcorders	Cameras & Camcorders Accessories
Cameras and camcorders	Digital Cameras
Cameras and camcorders	Digital SLR Cameras
Cell phones	Cell phones Accessories
Cell phones	Home & Office Phones
Cell phones	Smart phones & PDAs
Cell phones	Touch Screen Phones

그림 3-6 목록에는 Category 및 Subcategory의 고유한 값이 모두 포함된다.

어떤 형태든 ALL은 결과를 산출하기 위해 기존 필터를 무시한다. ALL을 SUMX 및 FILTER와 같은 반복함수의 인수로 사용하거나 CALCULATE 함수의 필터 인수로 사용할 수 있다. CALCULATE 함수에 대해서는 5장에서 자세히 다룬다.

ALL 함수 사용 시 테이블의 모든 열이 아니라 몇 개를 제외한 열 대부분을 포함시키려면 ALLEXCEPT를 사용할 수 있다. ALLEXCEPT의 구문에는 테이블과 제외할 열이 있어야 한다. 결과적으로 ALLEXCEPT는 테이블의 다른 열에 있는 값의 고유한 조합 목록이 있는 테이블을 반환한다.

ALLEXCEPT는 향후 테이블에 추가할 열을 자동으로 포함시키는 DAX 식을 작성할 때 필요하다. 5개의 열(ProductKey, Product Name, Brand, Class, Color)이 있는 Product 테이블이 있는 경우 다음 두 식이 동일한 결과를 생성한다.

```
ALL ( 'Product'[Product Name], 'Product'[Brand], 'Product'[Class] )
ALLEXCEPT ( 'Product', 'Product'[ProductKey], 'Product'[Color] )
```

그러나 Product[Unit Cost]와 Product[Unit Price]의 두 개 열을 나중에 추가하면 ALL의 결과는 추가된 열을 포함하지 못하지만 ALLEXCEPT는 다음과 동일한 결과를 반환한다.

```
ALL(
  'Product'[Product Name],
  'Product'[Brand],
  'Product'[Class],
  'Product'[Unit Cost],
  'Product'[Unit Price]
(
```

요약하면, ALL을 사용할 때는 원하는 열을 선언하는 반면 ALLEXCEPT는 결과에서 제거할 열을 선언한다. ALLEXCEPT는 주로 고급 계산에서 CALCULATE의 매개변수로 유용하며 간단한 식에서는 거의 사용하지 않는다. 빠뜨리지 않기 위해 비록 지금 다루기는 했지만 추후 학습이 좀 더 진행되고 나서야 유용하게 사용할 수 있을 것이다.

상위 카테고리 및 서브 카테고리

테이블 함수로 ALL을 사용하는 예로, 평균 판매액의 두 배보다 많은 판매를 한 제품의 카테고리 및 하위 카테고리를 보여주는 대시보드를 만들고 싶다고 가정해 보자. 이 보고서를 작성하려면 먼저 하위 카데고리별 평균 판매를 계산한 다음, 판매액이 평균보다 두 배 이상 큰 하위 카테고리 목록을 검색해야 한다.

다음 코드는 그 테이블을 생성하는데, 테이블 함수와 변수의 힘을 느껴 보기 위해 찬찬히 살펴보길 바란다.

```
BestCategories =
VAR Subcategories =
  ALL ( 'Product'[Category], 'Product'[Subcategory] )
VAR AverageSales =
  AVERAGEX (
    Subcategories,
    SUMX ( RELATEDTABLE ( Sales ), Sales[Quantity] * Sales[Net Price] )
  )
VAR TopCategories =
  FILTER (
    Subcategories,
    VAR SalesOfCategory =
```

```
    SUMX ( RELATEDTABLE ( Sales ), Sales[Quantity] * Sales[Net Price] )
  RETURN
    SalesOfCategory >= AverageSales * 2
 )
RETURN
 TopCategories
```

TopCategories 첫 번째 변수 Subcategory는 모든 카테고리 및 서브 카테고리의 목록을 저장한다. 그런 다음 AverageSales는 각 Subcategory의 평균 판매액을 계산한다. 마지막으로 TopCategory는 판매액이 평균 판매액의 2배가 안 되는 하위 범주를 제거한다.

그림 3-7은 이 테이블의 결과를 보여준다.

Category	Subcategory
Cameras and camcorders	Camcorders
Cameras and camcorders	Digital SLR Cameras
Computers	Laptops
Computers	Projectors & Screens
Home Appliances	Washers & Dryers

그림 3-7 평균보다 2배 이상 팔린 상위 Subcategory

일단 CALCULATE와 필터 컨텍스트를 익히고 나면, 더 짧고 효율적인 구문으로 동일한 식을 작성할 수 있게 될 것이다. 그럼에도 불구하고 이 예를 통해 테이블 함수의 결합만으로도 대시보드와 보고서에 유용한 강력한 결과를 얻을 수 있다는 것을 이미 이해했을 것이다.

VALUES, DISTINCT 및 빈 행 이해

앞 절에서는 한 열과 함께 사용된 ALL이 모든 고윳값을 가진 테이블을 반환한다는 것을 확인했다. DAX에는 열에 대한 고유한 값 목록을 반환하는 두 가지 유사한 함수 VALUES와 DISTINCT가 있다. 두 함수는 거의 같지만 테이블에 생길 수 있는 빈 행을 처리하는 방법에 차이가 있다. 이 절의 뒷부분에서 선택적인 빈 행에 대해 배우게 될 것이다. 우선 이 두 함수가 수행하는 것에 초점을 맞추자.

ALL은 항상 열의 모든 고유한 값을 반환한다. 반면, VALUES는 눈에 보이는 고유한 값만 반환한다. 다음의 두 가지 측정값을 보면 두 가지 동작의 차이를 알 수 있다.

```
NumOfAllColors := COUNTROWS ( ALL ( 'Product'[Color] ) )
NumOfColors := COUNTROWS ( VALUES ( 'Product'[Color] ) )
```

NumOfAllColors는 Product 테이블의 모든 Color를 세는 반면, NumOfColors는 리포트의 필터를 통해 표시되는 Color만 계산한다. 카테고리별로 구분된 이 두 가지 측정값의 결과는 그림 3-8에서 볼 수 있다.

Category	NumOfColors	NumOfAllColors
Audio	10	16
Cameras and camcorders	14	16
Cell phones	8	16
Computers	12	16
Games and Toys	11	16
Home Appliances	13	16
Music, Movies and Audio Books	8	16
TV and Video	4	16
Total	**16**	**16**

그림 3-8 VALUES에 의해 해당하는 카테고리의 색상의 수만 반환된다.

보고서는 카테고리별로 분할되기 때문에, 주어진 카테고리에는 전체 색상이 아닌, 일부 색상의 제품만 포함된다. VALUES는 현재 필터에서 평가된 열의 고유한 값을 반환한다. 계산된 열이나 계산된 테이블에서 VALUES 또는 DISTINCT를 사용하면 적용되는 필터가 없으므로 결과는 ALL과 동일하다. 한편, 측정값에 사용할 경우 이 두 함수는 기존 필터를 고려해 결과를 계산하지만 ALL 함수는 필터를 무시한다.

앞서 읽은 것처럼 두 함수는 거의 동일하다. 이제 VALUES와 DISTINCT가 같은 동작의 두 가지 변형인 이유를 이해하는 것이 중요하다. 차이점은 두 함수가 테이블에서 빈 행을 처리하는 방법에 있다. 우선 빈 행을 의도적으로 만들지 않았다면 빈 행이 어떻게 테이블에 나타날 수 있는지 이해할 필요가 있다.

사실 DAX 엔진은 관계가 잘못된 때를 대비해 관계의 1쪽에 있는 테이블에 자동으로 빈 행을 만들어 낸다. 그 작동을 확인하기 위해 Product 테이블에서 모든 은색 제품을 제거해 보자. 처음에 16가지의 고유한 색상이 있었고 이제 한 가지 색을 제거했기 때문에 색상의 총수는 15개가 될 것으로 예상할 것이다. 하지만 그림 3-9의 보고서는 예상과 다른 결과를 보여준다. `NumOfAllColors`는 16으로 변화가 없고 보고서의 맨 위에 이름이 없는 빈 행이 보인다.

Category	NumOfColors	NumOfAllColors
	1	16
Audio	9	16
Cameras and camcorders	13	16
Cell phones	7	16
Computers	11	16
Games and Toys	10	16
Home Appliances	12	16
Music, Movies and Audio Books	7	16
TV and Video	3	16
Total	**16**	**16**

그림 3-9 첫 번째 행의 카테고리는 공백으로 표시되고, 총 색상 수는 15개가 아니라 16개이다.

`Product` 테이블은 `Sales`와의 관계에서 1쪽에 있으므로 `Sales` 테이블의 각 행에 대해 `Product` 테이블에 관련된 행이 존재한다. 하지만 일부러 한 가지 색의 모든 제품을 제거했기 때문에 `Sales` 테이블에는 더 이상 `Product` 테이블과 연결되지 않은 행이 많이 생겼다. `Sales` 테이블에서는 어떤 행도 제거하지 않고 관계를 끊을 목적으로 `Product` 테이블에서만 색을 제거했다는 사실을 유념하자.

`Sales` 테이블에서 관계가 끊어진 행도 모든 계산에서 고려되도록 하기 위해 엔진은 자동적으로 `Product` 테이블에 빈 행을 추가했다. `Sales`에서 연결이 끊긴 모든 행은 새로 도입된 빈 행과 연결돼 있다.

중요 Sales 테이블에서 참조되는 여러 제품이 더 이상 Product 테이블에 해당 ProductKey가 없어도 Product 테이블에 하나의 빈 행만 추가된다.

실제로 그림 3-9에서 첫 번째 행은 `Category` 열이 비어 있고 이 빈 행은 하나의 색상을 나타낸다. 이 숫자는 테이블의 카테고리, 색상 및 모든 열에 있는 공백에서 나온다. 테이블을 살펴봐도 빈 행을 찾을 수 없다. 데이터 모델 로딩 중에 자동으로 만들어지는 행이기 때문이다. 어떤 시점에서 관계가 다시 유효해지면(제품을 다시 추가하면) 빈 행이 테이블에서 사라진다.

DAX의 특정 함수는 빈 행을 결과의 일부로 간주하지만 다른 함수는 그렇지 않다. 특히 VALUES는 빈 행을 유효한 행으로 간주하고 이를 반환한다. 반면에 DISTINCT는 빈 행을 결과로 반환하지 않는다. VALUES 대신 DISTINCT를 사용해 Color를 세는 다음과 같은 측정값을 보면 차이점을 알 수 있다.

```
NumOfDistinctColors := COUNTROWS ( DISTINCT ( 'Product'[Color] ) )
```

결과는 그림 3-10에서 확인할 수 있다.

Category	NumOfColors	NumOfDistinctColors	NumOfAllColors
	1		16
Audio	9	9	16
Cameras and camcorders	13	13	16
Cell phones	7	7	16
Computers	11	11	16
Games and Toys	10	10	16
Home Appliances	12	12	16
Music, Movies and Audio Books	7	7	16
TV and Video	3	3	16
Total	**16**	**15**	**16**

그림 3-10 NumOfDistinctColors는 빈 행을 공백으로 처리해 합계가 16이 아닌 15로 집계된다.

잘 설계된 모델에 잘못된 관계가 있어서는 안 된다. 모델이 완벽하면 두 함수가 항상 동일한 값을 반환한다. 그럼에도 불구하고 유효하지 않은 관계가 있으면 잘못된 결과가 나올 수 있으므로 두 함수의 차이를 알고 있어야 한다. 제품당 평균 판매액을 계산한다고 가정해보자. 가능한 솔루션은 아래 코드와 같이 판매액을 계산해 제품 수로 나누는 것이다.

```
AvgSalesPerProduct :=
DIVIDE (
  SUMX (
    Sales,
    Sales[Quantity] * Sales[Net Price]
  ),
  COUNTROWS (
    VALUES ( 'Product'[Product Code] )
  )
)
```

결과는 그림 3-11에서 볼 수 있다. 첫 번째 행은 너무 크고 무의미한 숫자이므로 무언가 잘못된 게 틀림없다.

Category	AvgSalesPerProduct
	6,798,560.86
Audio	2,959.80
Cameras and camcorders	18,954.27
Cell phones	5,522.99
Computers	9,903.37
Games and Toys	2,242.14
Home Appliances	14,611.76
Music, Movies and Audio Books	3,337.06
TV and Video	14,698.67
Total	**14,560.37**

그림 3-11 첫 번째 행은 이름이 없는 범주를 설명하는 큰 값을 보여준다.

Category의 빈 행에 숫자는 Product 테이블에 더 이상 존재하지 않는 모든 실버 제품의 판매량에 해당한다. 이 빈 행은 실버이고 더 이상 Product 테이블에 없는 모든 제품을 연결한다. DIVIDE의 분자는 실버 제품의 모든 판매를 고려한다. DIVIDE의 분모는 VALUES가 반환하는 빈 행 하나를 계산한다. 따라서 하나의 존재하지 않는 제품(빈 행)은 Sales에서 참조되고 Product 테이블에서 사용할 수 없는 다른 제품의 판매액을 포함시켜 엄청난 수를 만들어 낸다. 여기서 문제는 잘못된 관계다. 표현식 자체에는 문제가 없다. 어떤 식을 만드는지에 관계없이 데이터베이스에는 정보가 없고, Sales 테이블에는 판매가 많이 된 경우가 흔하다. 그럼에도 불구하고 동일한 계산의 다른 식이 다른 결과를 반환하는 방법을 살펴보는 것은 의미가 있다. 다음 두 가지 경우를 살펴보자.

```
AvgSalesPerDistinctProduct :=
DIVIDE (
  SUMX ( Sales, Sales[Quantity] * Sales[Net Price] ),
  COUNTROWS ( DISTINCT ( 'Product'[Product Code] ) )
)

AvgSalesPerDistinctKey :=
DIVIDE (
  SUMX ( Sales, Sales[Quantity] * Sales[Net Price] ),
  COUNTROWS ( VALUES ( Sales[ProductKey] ) )
)
```

첫 번째는 VALUES 대신 DISTINCT를 사용했는데 그 결과 COUNTROWS는 빈칸을 반환하고 결과는 공백이 된다. 두 번째는 여전히 VALUES를 사용했지만, 이번에는 Sales 테이블의 제품 키를 세고 있다. 동일한 빈 행과 관련된 다양한 Sales[ProductKey] 값이 있다는 점에 주의하자. 결과는 그림 3-12에서 볼 수 있다.

Category	AvgSalesPerProduct	AvgSalesPerDistinctProduct	AvgSalesPerDistinctKey
	6,798,560.86		18,474.35
Audio	2,959.80	2,959.80	3,634.18
Cameras and camcorders	18,954.27	18,954.27	20,786.51
Cell phones	5,522.99	5,522.99	6,163.00
Computers	9,903.37	9,903.37	11,416.98
Games and Toys	2,242.14	2,242.14	2,386.79
Home Appliances	14,611.76	14,611.76	16,238.64
Music, Movies and Audio Books	3,337.06	3,337.06	3,883.12
TV and Video	14,698.67	14,698.67	16,687.96
Total	**14,560.37**	**14,567.31**	**13,687.40**

그림 3-12 관계가 유효하지 않으면 측정값 또한 오류가 발생할 가능성이 크다.

AvgSalesPerDistinctKey만이 유일하게 정확한 계산이라는 점에 주목하면 흥미롭다. 카테고리별로 분류했기 때문에 각 카테고리의 유효하지 않은 제품의 키 수는 서로 달랐고 모두 하나의 빈 행으로 축소됐다.

그러나 제대로 된 방법은 제품과의 관계가 끊기지 않도록 관계를 수정하는 것이다. 어떤 이유로든 잘못된 관계가 있다면 빈 행을 처리하는 방법과 그 존재가 계산에 어떤 영향을 미칠 수 있는지에 대해 극도로 주의를 기울일 필요가 있다.

마지막으로 ALL 함수가 있을 경우 항상 빈 행을 반환한다는 점을 명심하자. 결과에서 빈 행을 제거해야 하는 경우 ALLNOBLANKROW를 사용할 수 있다.

여러 열의 값

VALUES와 DISTINCT 함수는 매개변수로 하나의 열만 허용한다. ALL 및 ALLNOBLANKROW와 같이 둘 이상의 열에 해당하는 버전이 없다. 여러 열에서 현재 보이는 고유한 값의 조합을 얻어야 하는 경우 VALUES는 도움이 되지 않는다. 12장의 뒷부분에서 다음 사항을 배우게 될 것이다.

```
VALUES ( 'Product'[Category], 'Product'[Subcategory] )
```

다음 식에서도 같은 결과를 얻을 수 있다.

```
SUMMARIZE ( 'Product', 'Product'[Category], 'Product'[Subcategory] )
```

나중에 VALUES와 DISTINCT가 반복함수의 매개변수로 사용될 때가 많다는 것을 알게 될 것이다. 관계가 유효하면 결과에는 차이가 없다. 열의 값을 반복하는 경우에는 모든 가능한 값을 반복할 수 있도록 빈 행을 유효한 행으로 간주해야 한다. 일반적으로 VALUES를 기본으로 사용하고 빈 값을 명시적으로 제외하려는 경우에만 DISTINCT를 사용하는 것이 좋다. 이 책의 후반부에서는 VALUES 대신 DISTINCT를 활용해 순환 의존성을 피하는 방법도 배우게 된다. 관련 내용은 15장, '고급 관계'에서 다루겠다.

VALUES와 DISTINCT도 인수로 테이블을 허용한다. 이 경우 다음과 같이 서로 다르게 작동한다.

- DISTINCT는 빈 행을 고려하지 않고 테이블의 고유한 값을 반환한다. 따라서 중복된 행은 결과에서 제거된다.
- VALUES는 중복된 행을 제거하지 않고 테이블의 모든 행을 반환하며, 여기에 빈 행이 있는 경우에는 추가로 빈 행을 반환하고 중복된 행은 그대로 유지된다.

테이블을 스칼라값으로 사용하기

VALUES는 테이블 함수이지만 DAX의 특별한 특징 때문에 스칼라값을 계산하는 데 사용하는 경우가 많다. 즉, 행이 하나 있고 열이 하나 있는 테이블을 스칼라값인 것처럼 사용할 수 있다. 그림 3-13과 같이 카테고리와 서브 카테고리별로 분류된 브랜드의 수를 계산한다고 가정해 보자.

Category	NumOfBrands
Audio	**3**
Bluetooth Headphones	2
MP4&MP3	1
Recording Pen	1
Cameras and camcorders	**3**
Camcorders	1
Cameras & Camcorders Accessories	1
Digital Cameras	1
Digital SLR Cameras	3
Cell phones	**2**
Cell phones Accessories	1

그림 3-13 이 보고서는 카테고리 및 서브 카테고리 각각의 브랜드 수를 보여준다.

브랜드 숫자 옆에 브랜드 이름이 표시되길 바랄 때도 있다. 가능한 솔루션은 VALUES를 사용해 여러 브랜드를 검색한 뒤에 숫자를 세는 대신에 값을 반환하는 것이다. 값을 반환하는 것은 브랜드의 값이 하나뿐인 특수한 경우에만 가능하다. 실제로 이 경우 VALUES의 결과를 반환할 수 있으며 DAX는 이를 스칼라값으로 자동 변환한다. 브랜드가 하나만 있는지 확인하려면 IF 문으로 코드를 보호해야 한다.

```
Brand Name :=
IF (
  COUNTROWS ( VALUES ( Product[Brand] ) ) = 1,
  VALUES ( Product[Brand] )
)
```

결과는 그림 3-14에서 확인할 수 있다. 브랜드 이름 열에 빈칸이 있으면 두 개 이상의 다른 브랜드가 있다는 것을 의미한다.

Category	NumOfBrands	Brand Name
Audio	**3**	
Bluetooth Headphones	2	
MP4&MP3	1	Contoso
Recording Pen	1	Wide World Importers
Cameras and camcorders	**3**	
Camcorders	1	Fabrikam
Cameras & Camcorders Accessories	1	Contoso
Digital Cameras	1	A. Datum
Digital SLR Cameras	3	
Cell phones	**2**	
Cell phones Accessories	1	Contoso

그림 3-14 VALUES가 단일행을 반환하면 Brand Name 측정값처럼 스칼라값으로 사용할 수 있다.

위의 측정값은 COUNTROWS를 사용해 Product 테이블의 Color 열에 하나의 값만 선택됐는지 확인했다. 이 패턴은 DAX 코드에서 자주 사용되기 때문에 열에 하나의 값만 있는지를 확인하는 HASONEVLAUE라는 간단한 함수가 있다. 다음 식은 HASONEVALUE를 사용해 위의 측정값을 더 잘 구현했다.

```
Brand Name :=
IF (
  HASONEVALUE ( 'Product'[Brand] ),
  VALUES ( 'Product'[Brand] )
)
```

또한 개발자의 업무 편의를 위해 DAX는 열에 단일 값만 포함됐는지 자동으로 확인하는 함수를 제공하고 단일 값인 경우에 값을 스칼라로 반환한다. 값이 여럿이면 반환할 기본값을 정의할 수도 있다. 이 함수는 SELECTEDVALUE이다. 이전 측정값은 다음과 같이 정의할 수도 있다.

```
Brand Name := SELECTEDVALUE ( 'Product'[Brand] )
```

다음과 같이 두 번째 인수를 추가하면 결과에 여러 값이 있음을 알리는 메시지를 표시할 수 있다.

```
Brand Name := SELECTEDVALUE ( 'Product'[Brand], "Multiple brands" )
```

마지막 측정값의 결과는 그림 3-15에서 확인할 수 있다.

Category	NumOfBrands	Brand Name
Audio	**3**	**Multiple brands**
Bluetooth Headphones	2	Multiple brands
MP4&MP3	1	Contoso
Recording Pen	1	Wide World Importers
Cameras and camcorders	**3**	**Multiple brands**
Camcorders	1	Fabrikam
Cameras & Camcorders Accessories	1	Contoso
Digital Cameras	1	A. Datum
Digital SLR Cameras	3	Multiple brands
Cell phones	**2**	**Multiple brands**
Cell phones Accessories	1	Contoso

그림 3-15 SELECTEDVALUE는 Brand Name 열에 값이 여러 개인 경우에 기본값을 반환한다.

'Multiple brands'와 같은 메시지 대신 브랜드를 나열하고 싶다면 Product[brand]의 값을 반복하고 CONCATENATEX 함수를 사용하는 것이 하나의 좋은 대안이며, 여러 개의 값이 있더라도 원하는 결과를 얻을 수 있다.

```
[Brand Name] :=
CONCATENATEX (
  VALUES ( 'Product'[Brand] ),
  'Product'[Brand],
  ", "
)
```

이제 결과는 그림 3-16처럼 일반적인 메시지 대신 쉼표로 구분된 여러 브랜드를 표시한다.

Category	NumOfBrands	Brand Name
Audio	**3**	**Contoso, Wide World Importers, Northwind Traders**
Bluetooth Headphones	2	Wide World Importers, Northwind Traders
MP4&MP3	1	Contoso
Recording Pen	1	Wide World Importers
Cameras and camcorders	**3**	**Contoso, Fabrikam, A. Datum**
Camcorders	1	Fabrikam
Cameras & Camcorders Accessories	1	Contoso
Digital Cameras	1	A. Datum
Digital SLR Cameras	3	Contoso, Fabrikam, A. Datum
Cell phones	**2**	**Contoso, The Phone Company**
Cell phones Accessories	1	Contoso

그림 3-16 CONCATENATEX는 테이블에서 식을 연결해서 문자열을 만든다.

ALLSELECTED 소개

기본 테이블 함수 그룹에 속하는 마지막 테이블 함수는 ALLSELECTED이다. 아마도 ALLSELECTED는 DAX에서 가장 복잡한 테이블 함수일 것이다. 14장에서 ALLSELECTED의 모든 비밀을 밝힐 예정이다. ALLSELECTED가 어렵긴 해도 기본적인 구현에서 유용하게 쓸 수 있다. 그래서 3장에서 다룰 필요가 있다.

ALLSELECTED는 현재의 보고서에 적용된 모든 필터 조건에서 현재의 보고서에서 보이는 대로 테이블 또는 열의 값 목록을 표시할 때 유용하다. ALLSELECTED가 활용된 그림 3-17의 보고서를 살펴보자.

Category
- ☐ Audio
- ☐ Cameras and camcorders
- ☐ Cell phones
- ☐ Computers
- ☐ Games and Toys
- ☐ Home Appliances
- ☐ Music, Movies and Audio Books
- ☐ TV and Video

Category	Sales Amount	Sales Pct
Audio	384,518.16	1.26%
Cameras and camcorders	7,192,581.95	23.51%
Cell phones	1,604,610.26	5.25%
Computers	6,741,548.73	22.04%
Games and Toys	360,652.81	1.18%
Home Appliances	9,600,457.04	31.38%
Music, Movies and Audio Books	314,206.74	1.03%
TV and Video	4,392,768.29	14.36%
Total	**30,591,343.98**	**100.00%**

그림 3-17 위 보고서에는 행렬과 슬라이서가 같은 페이지에 포함돼 있다.

Sales Pct의 값은 다음과 같은 측정값으로 계산된다.

```
Sales Pct :=
DIVIDE (
  SUMX ( Sales, Sales[Quantity] * Sales[Net Price] ),
  SUMX ( ALL ( Sales ), Sales[Quantity] * Sales[Net Price] )
)
```

분모에 ALL 함수를 사용했기 때문에 필터와 상관없이 항상 모든 판매액의 총합계를 계산한다. 슬라이서를 사용해 표시되는 카테고리 수를 선택하면 보고서는 여전히 모든 판매에 대한 비율을 계산한다. 슬라이서로 일부 카테고리를 선택할 때 어떤 일이 벌어지는지 그림 3-18에서 살펴보자.

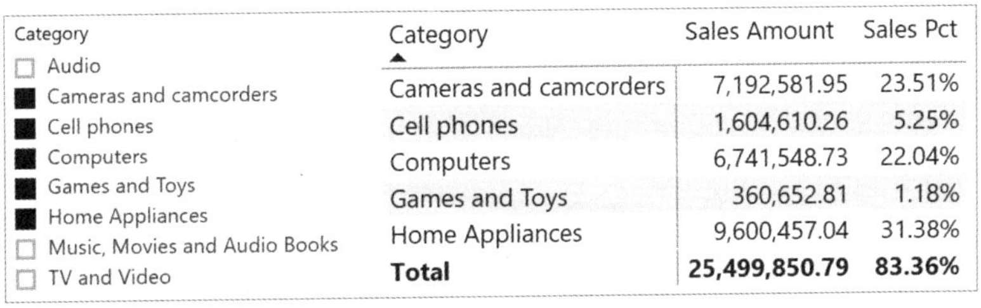

Category
- [ ] Audio
- [x] Cameras and camcorders
- [x] Cell phones
- [x] Computers
- [x] Games and Toys
- [x] Home Appliances
- [ ] Music, Movies and Audio Books
- [ ] TV and Video

Category	Sales Amount	Sales Pct
Cameras and camcorders	7,192,581.95	23.51%
Cell phones	1,604,610.26	5.25%
Computers	6,741,548.73	22.04%
Games and Toys	360,652.81	1.18%
Home Appliances	9,600,457.04	31.38%
Total	**25,499,850.79**	**83.36%**

그림 3-18 All을 사용했기 때문에 비율은 여전히 모든 판매의 합계와 비교해 계산된다.

일부 행은 예상대로 사라졌지만 나머지 행에 보고된 금액은 변경되지 않는다. 게다가 행렬의 총합계가 더 이상 100%를 차지하지 않는다. 만약 총 판매액으로 나누지 않고 선택한 값만 계산하기를 바란다면 ALLSELECTED를 사용할 수 있다.

실제로 ALL 대신 ALLSELECTED를 사용해 판매 Pct 코드를 작성하면 분모는 행렬 외부의 모든 필터만을 고려해 판매액을 계산한다. 즉, 오디오, 음악, TV를 제외한 모든 카테고리의 판매액을 반환한다.

```
Sales Pct :=
DIVIDE (
  SUMX ( Sales, Sales[Quantity] * Sales[Net Price] ),
  SUMX ( ALLSELECTED ( Sales ), Sales[Quantity] * Sales[Net Price] )
)
```

나중 버전의 결과는 그림 3-19와 같다.

Category
- ☐ Audio
- ■ Cameras and camcorders
- ■ Cell phones
- ■ Computers
- ■ Games and Toys
- ■ Home Appliances
- ☐ Music, Movies and Audio Books
- ☐ TV and Video

Category	Sales Amount	Sales Pct
Cameras and camcorders	7,192,581.95	28.21%
Cell phones	1,604,610.26	6.29%
Computers	6,741,548.73	26.44%
Games and Toys	360,652.81	1.41%
Home Appliances	9,600,457.04	37.65%
Total	**25,499,850.79**	**100.00%**

그림 3-19 ALLSELECTED를 사용하면 비율은 외부 필터만 고려한 판매액에 대해 계산된다.

비율의 합계는 이제 100%이며 보고된 값은 모든 판매액의 총계가 아니라 눈에 보이는(필터링이 적용된) 합계 대비 백분율을 반영한다. ALLSELECTED는 강력하고 유용한 함수다. 불행히도 목적을 달성하기 위해서는 너무 복잡한 함수가 필요하다. 이 책의 많은 부분에서 충분히 설명할 수 있을 것이다. 복잡하기 때문에 ALLSELECTED는 때로는 예기치 않은 결과를 반환한다. 예기치 않은 결과라는 것은 실수를 의미하는 것이 아니라 노련한 DAX 개발자조차 이해하기 어렵다는 것을 의미한다.

여기서 보여준 것과 같은 간단한 식으로 사용될 때 ALLSELECTED는 특히 유용하다는 것을 증명한다.

결론

3장에서 봤듯이 기본 테이블 함수는 매우 강력하며 표현식을 만들 때 매우 유용하게 사용할 수 있다. FILTER, ALL, VALUES 및 ALLSELECTED는 DAX 식에서 자주 사용되는 매우 일반적인 함수이다.

원활한 고급 계산을 위해서는 테이블 함수를 결합하는 방법을 잘 배워야 한다. 또한 CALCULATE와 컨텍스트 전환과 합쳐질 때 테이블 함수는 단순하고 군더더기 없이 강력한 계산을 생성한다. 4장에서는 평가 컨텍스트와 CALCULATE 함수를 소개한다. CALCULATE를 학습한 후 테이블 함수를 CALCULATE의 매개변수로 사용하기 위해 3장을 다시 살펴보자. 각각의 잠재력을 최대한 활용할 수 있게 될 것이다.

04

평가 컨텍스트

2장과 3장에서 DAX의 기본에 해당하는 계산된 열과 측정값을 만드는 방법 및 DAX에서 사용하는 공통 함수에 대해 배웠다. 4장은 한 단계 더 도약하는 장이다. 4장에서 DAX의 탄탄한 이론적 배경을 배우고 나면 진정한 DAX 챔피언이 될 수 있다.

지금까지 배운 내용만으로도 이미 흥미로운 보고서를 많이 만들 수 있지만, 더 복잡한 식을 작성하기 위해서는 4장에서 다루는 평가 컨텍스트를 이해해야 한다. 실제로 평가 컨텍스트는 DAX의 고급 기능을 제대로 사용하기 위한 기초가 된다.

이 책을 읽는 여러분에게 당부한다. 평가 컨텍스트의 개념은 그리 어렵지 않아서 금방 배우고 이해할 것이다. 하지만 고려 사항과 세부 사항까지 철저히 이해해야 한다. 그렇게 하지 않으면 DAX를 배워 나가는 도중 특정 시점에서 길을 잃게 될 것이다. 공개 및 개인 수업에서 수천 명의 사용자에게 DAX를 가르치면서 이런 경우를 많이 경험했다. 어떤 때에는 식이 결과를 보여주긴 하지만 이유를 이해하지 못하기 때문에 식이 마술처럼 작동한다고 느끼게 될 것이다. 여러분만 겪는 상황이 아니므로 걱정할 필요는 없다. DAX를 배우는 학생 대부분이 그와 같은 경험을 했고 앞으로도 그럴 것이다. 평가 컨텍스트의 개념이 분명하지 않기 때문이다. DAX가 마술처럼 느껴질 때 해결책은 간단하다. 지금부터 설명할 4장을 다시 읽으면 된다. 읽다 보면 처음 읽을 때 놓친 부분이 눈에 들어올 것이다.

더욱이 DAX 함수 가운데 가장 강력하고 배우기 어려운 함수 중 하나인 CALCULATE 함수를 사용할 때 평가 컨텍스트가 중요한 역할을 한다. CALCULATE 함수는 5장, 'CALCULATE 및 CALCULATETABLE'에서 소개한 이후 계속 사용할 것이다. 평가 컨텍스트를 확실하게 이해하지 않고 CALCULATE 함수를 이해하기는 쉽지 않다. 다른 한편으로는 CALCULATE 함수를 사용하지 않고 평가 컨텍스트의 중요성을 이해하는 것 또한 거의 불가능하다. 따라서 4장과 5장은 항상 표시해 두고 되짚어 봐야 한다.

4장에서 다루는 핵심 개념은 이 책의 나머지 부분에서 계속 사용한다. 그리고 14장, '고급 DAX 개념'에서 확장된 테이블로 평가 컨텍스트에 대한 학습을 마무리한다. 4장에서는 평가 컨텍스트에 대한 모든 것을 다루지는 않는다. 확장 테이블을 배워야 평가 컨텍스트를 충분히 이해할 수 있지만, 평가 컨텍스트의 기본 사항을 이해하기 전에 확장 테이블에 대해 배우기가 너무 어렵다. 그래서 전체 이론을 나눠 소개한다.

평가 컨텍스트 소개

평가 컨텍스트에는 필터 컨텍스트와 행 컨텍스트, 두 가지가 있다. 다음 절에서는 각각이 무엇인지 알아보고 필터 컨텍스트와 행 컨텍스트를 사용해 DAX 코드를 어떻게 작성하는지 배운다. 배우기에 앞서 한 가지 언급할 사항은 필터 컨텍스트와 행 컨텍스트의 기능과 사용 방법이 완전히 다르다는 것이다.

DAX 초보자가 흔히 범하는 일반적인 실수는 행 컨텍스트가 필터 컨텍스트의 약간의 변형인 것처럼 두 컨텍스트를 혼동하는 것이다. 하지만 실제는 다르다. 필터 컨텍스트는 데이터를 필터링하지만, 행 컨텍스트는 테이블을 반복한다. DAX가 반복할 때는 필터링하지 않고, 필터링할 때는 반복하지 않는다. 이 개념은 단순하지만 마음에 새기기는 어렵다. 우리의 두뇌는 학습을 위해 짧은 길을 선호하는 경향이 있다. 즉, 우리 두뇌는 비슷한 점이 있다고 생각하면 두 개념을 하나로 결합해서 사용한다. 하지만 속아서는 안 된다. 두 평가 컨텍스트가 동일하게 보일 때마다 잠시 멈추고 "필터 컨텍스트는 필터링하고 행 컨텍스트는 반복하며 둘은 다르다"라는 문장을 주문처럼 반복하길 바란다.

평가 컨텍스트는 DAX 식이 평가되는 컨텍스트다. 실제로 모든 DAX 식은 컨텍스트에 따라 결괏값이 바뀐다. 이 동작은 직관적이므로 평가 컨텍스트를 미리 학습하지 않아도 DAX 코드를 작성할 수 있다. 여러분도 평가 컨텍스트를 배우지 않고 DAX 코드를 작성하고, 지금 이 책의 내용을 공부하는 단계에 이르렀을 것이다. 이제는 좀 더 정확하게 DAX의 기초를 올바르게 세워 DAX의 모든 기능을 제대로 사용할 준비를 해야 할 때다.

필터 컨텍스트

먼저 평가 컨텍스트가 무엇인지 살펴보자. 모든 DAX 식은 컨텍스트 내에서 평가된다. 컨텍스트는 식이 평가되는 '환경'이다. 다음 측정값을 살펴보자.

```
Sales Amount := SUMX ( Sales, Sales[Quantity] * Sales[Net Price] )
```

위 측정값은 `Sales` 테이블에서 `Quantity`에 `Net Price`를 곱한 합계를 계산한다. 이 측정값을 보고서에 사용하면 그림 4-1과 같은 결과를 얻을 수 있다.

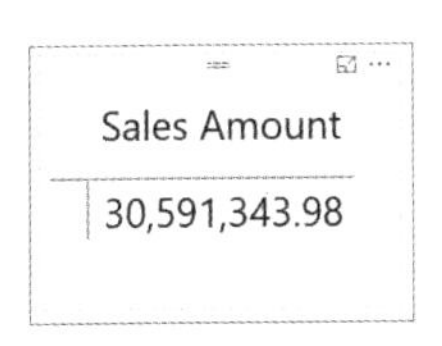

그림 4-1 컨텍스트가 없는 Sales Amount 측정값은 총 판매액을 보여준다.

이 숫자만으로는 흥미로워 보이지 않는다. 그러나 주의 깊게 생각해보면 식은 여러분이 기대한 대로 모든 판매액의 합계를 정확하게 계산한다. 실제 보고서에서는 특정 열을 기준으로 값을 조각내는 경우가 많다. 제품 브랜드를 선택해 행에 배치하면 행렬 보고서는 그림 4-2와 같이 흥미로운 비즈니스 통찰력을 드러내기 시작한다.

총합계는 여전히 존재하지만 이제는 더 작은 값의 합계다. 각 값은 다른 모든 값과 함께 좀 더 자세한 통찰력을 제공한다. 그러나 이상한 일이 일어났다는 것에 주의해야 한다. 식은 우리가 요청한 것을 계산한 것이 아니다. 주어진 브랜드의 판매액을 계산했다. 마지막으로 코드의 어느 부분에서도 데이터의 하위 집합에서 작동할 수 있거나 작동해야 한다고 말하지 않았다는 점에 유의해야 한다. 브랜드에 대한 필터링은 식 외부에서 발생했다.

Brand	Sales Amount
A. Datum	2,096,184.64
Adventure Works	4,011,112.28
Contoso	7,352,399.03
Fabrikam	5,554,015.73
Litware	3,255,704.03
Northwind Traders	1,040,552.13
Proseware	2,546,144.16
Southridge Video	1,384,413.85
Tailspin Toys	325,042.42
The Phone Company	1,123,819.07
Wide World Importers	1,901,956.66
Total	**30,591,343.98**

그림 4-2 브랜드별로 구분된 판매액의 합계는 각 브랜드의 판매액을 각각의 행에서 보여준다.

주어진 평가 컨텍스트에서 DAX가 식을 계산하는데, 각 셀은 평가 컨텍스트가 다르므로 다른 값을 계산하게 된다. 여기서 DAX가 계산할 셀을 둘러싼 주변 영역을 평가 컨텍스트라고 생각해도 좋다.

DAX는 해당 컨텍스트 안에서 모든 식을 평가한다. 식이 같아도 결과는 다른데, 이는 DAX가 동일한 코드를 다른 데이터 하위 집합에 대해 실행하기 때문이다.

이 컨텍스트는 '필터 컨텍스트'라고 하며, 이름에서 알 수 있듯이 테이블을 필터링하는 컨텍스트다. 지금까지 작성된 모든 식은 평가를 수행하는 데 사용된 필터 컨텍스트가 무엇인지에 따라 다른 값을 갖는다. 이 동작은 직관적이지만 숨어 있는 복잡성 때문에 잘 이해할 필요가 있다.

보고서[1]의 셀마다 다른 필터 컨텍스트가 적용된다. 모든 셀은 동일한 보고서의 다른 셀과는 독립적으로, 마치 다른 쿼리인 것처럼 다르게 평가된다고 생각해야 한다. 엔진은 계산 속도를 향상시키기 위해 일정 수준의 내부 최적화를 수행할 수 있지만, 모든 셀은 DAX 식을 독립적이고 자율적으로 평가한다고 가정해야 한다. 그러므로 그림 4-2의 합계 계산은 보고서의 다른 행을 합산해 계산되지 않았다. 보고서의 다른 행에 대해 이미 계산이 완료됐지만, 그와 상관없이 `Sales` 테이블의 모든 행을 별도로 집계해 계산한다. 결과적으로

1 파워 BI에서는 시각화라고 한다. – 옮긴이

DAX 식에 따라서 전체 행의 합계는 보고서의 다른 행과 상관없이 다른 결과를 보여줄 수 있다.

노트 예제에서는 단순함을 위해 행렬을 사용할 예정이다. 쿼리를 사용해 평가 컨텍스트를 정의할 수도 있는데, 추후 이에 대해서도 다룰 것이다. 지금은 개념을 쉽고 시각적으로 이해하기 위해 단순함을 유지하고, 보고서만 생각하도록 하자.

브랜드를 행렬의 행에 배치하면 필터 컨텍스트가 셀마다 각각의 브랜드로 필터링한다. 열에 연도를 추가해 행렬을 복잡하게 만들면 그림 4-3과 같은 보고서를 얻는다.

Brand	CY 2007	CY 2008	CY 2009	**Total**
A. Datum	1,181,110.71	463,721.61	451,352.33	**2,096,184.64**
Adventure Works	2,249,988.11	892,674.52	868,449.65	**4,011,112.28**
Contoso	2,729,818.54	2,369,167.68	2,253,412.80	**7,352,399.03**
Fabrikam	1,652,751.34	1,993,123.48	1,908,140.91	**5,554,015.73**
Litware	647,385.82	1,487,846.74	1,120,471.47	**3,255,704.03**
Northwind Traders	372,199.93	469,827.70	198,524.49	**1,040,552.13**
Proseware	880,095.80	763,586.23	902,462.12	**2,546,144.16**
Southridge Video	688,107.56	294,635.04	401,671.25	**1,384,413.85**
Tailspin Toys	74,603.14	97,193.87	153,245.41	**325,042.42**
The Phone Company	362,444.46	355,629.36	405,745.25	**1,123,819.07**
Wide World Importers	471,440.71	740,176.76	690,339.18	**1,901,956.66**
Total	**11,309,946.12**	**9,927,582.99**	**9,353,814.87**	**30,591,343.98**

그림 4-3 판매액은 브랜드와 연도에 의해 나뉘었다.

이제 각 셀은 하나의 브랜드와 특정 연도에 해당하는 데이터의 하위 세트를 표시한다. 각 셀의 필터 컨텍스트가 이제 브랜드와 연도를 모두 필터링하기 때문이다. 합계(Total) 행에서 필터는 브랜드에만 있고, 합계 열에서 필터는 연도에만 적용된다. 총합계는 모든 판매액의 합계를 계산하는 유일한 셀이다. 해당 셀에서는 필터 컨텍스트가 모델에 어떤 필터도 적용하지 않기 때문이다.

이 시점에서 게임의 규칙을 명확히 하자. 필터링에 더 많은 열을 사용할수록 행렬의 각 셀에서 필터 컨텍스트에 의해 더 많은 열이 필터링 된다. `Store[Continent]` 열을 행에 추가하면 그림 4-4와 같이 결과가 달라진다.

Brand	CY 2007	CY 2008	CY 2009	Total
A. Datum	**1,181,110.71**	**463,721.61**	**451,352.33**	**2,096,184.64**
Asia	281,936.73	125,055.80	145,386.55	**552,379.08**
Europe	395,159.31	165,924.22	146,867.73	**707,951.26**
North America	504,014.67	172,741.59	159,098.05	**835,854.31**
Adventure Works	**2,249,988.11**	**892,674.52**	**868,449.65**	**4,011,112.28**
Asia	620,545.52	347,150.65	414,507.89	**1,382,204.07**
Europe	662,553.70	275,126.51	264,973.65	**1,202,653.86**
North America	966,888.88	270,397.36	188,968.10	**1,426,254.35**
Contoso	**2,729,818.54**	**2,369,167.68**	**2,253,412.80**	**7,352,399.03**
Asia	838,967.94	998,113.24	753,146.22	**2,590,227.39**
Europe	905,295.91	529,596.05	694,250.12	**2,129,142.08**
North America	985,554.69	841,458.40	806,016.47	**2,633,029.56**
Fabrikam	**1,652,751.34**	**1,993,123.48**	**1,908,140.91**	**5,554,015.73**
Asia	640,664.16	727,025.63	783,871.11	**2,151,560.89**
Europe	503,428.83	383,827.59	454,944.80	**1,342,201.22**
Total	**11,309,946.12**	**9,927,582.99**	**9,353,814.87**	**30,591,343.98**

그림 4-4 컨텍스트는 행과 열에 있는 필드의 집합에 의해 정의된다.

이제 각 셀의 필터 컨텍스트는 브랜드, 대륙 및 연도를 필터링한다. 다시 말해 필터 컨텍스트는 보고서의 행과 열에 사용한 전체 필드를 포함한다.

노트 필드가 시각화의 행에 있든, 열에 있든, 슬라이서 또는 페이지, 보고서 및 시각화 개체의 필터이든, 또는 보고서에서 만들 수 있는 다른 어떤 필터에 있든 상관없다. 이 모든 필터는 DAX가 식을 평가하는 데 사용하는 단일 필터 컨텍스트에 영향을 미친다. 행렬의 행이나 열에 필드를 표시하는 것은 미적 관점에서 유용하지만 DAX가 값을 계산하는 방식에는 아무런 차이가 없다.

파워 BI에서 시각적 상호 작용도 그래픽 인터페이스의 다른 요소와 함께 필터 컨텍스트를 구성한다. 실제로 셀의 필터 컨텍스트에는 행, 열, 및 슬라이서에서 비롯된 필터와 필터링에 사용된 다른 시각화 요소까지 포함된다. 그림 4-5의 예를 살펴보자.

왼쪽 상단 셀(A.Datum, CY 2007, 57,276.00)의 필터 컨텍스트는 행렬의 행과 열을 필터링할 뿐만 아니라 다른 시각화 개체에 포함된 직업(프로페셔널)과 대륙(유럽)도 필터링한다. 이러한 모든 필터는 하나의 셀에 적용되는 단일 필터 컨텍스트를 구성하며, DAX는 식을 평가하기 전에 전체 데이터 모델에 필터 컨텍스트를 적용한다.

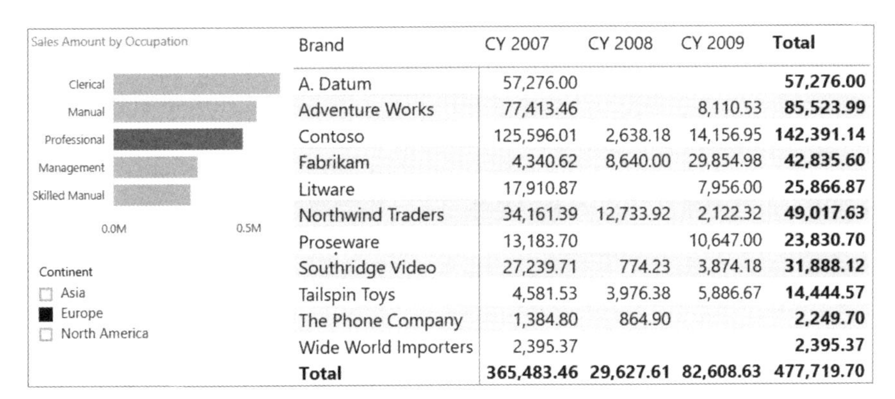

Brand	CY 2007	CY 2008	CY 2009	Total
A. Datum	57,276.00			**57,276.00**
Adventure Works	77,413.46		8,110.53	**85,523.99**
Contoso	125,596.01	2,638.18	14,156.95	**142,391.14**
Fabrikam	4,340.62	8,640.00	29,854.98	**42,835.60**
Litware	17,910.87		7,956.00	**25,866.87**
Northwind Traders	34,161.39	12,733.92	2,122.32	**49,017.63**
Proseware	13,183.70		10,647.00	**23,830.70**
Southridge Video	27,239.71	774.23	3,874.18	**31,888.12**
Tailspin Toys	4,581.53	3,976.38	5,886.67	**14,444.57**
The Phone Company	1,384.80	864.90		**2,249.70**
Wide World Importers	2,395.37			**2,395.37**
Total	**365,483.46**	**29,627.61**	**82,608.63**	**477,719.70**

그림 4-5 일반적인 보고서에서 컨텍스트는 슬라이서, 필터 및 기타 시각적 요소를 포함해 여러 방법으로 정의될 수 있다.

필터 컨텍스트를 보다 공식적으로 정의하자면 필터로 구성된 집합이라고 할 수 있다. 결국 필터는 튜플 목록이고 튜플은 정의된 일부 열의 값 집합이다. 그림 4-6은 강조 표시된 셀이 평가되는 필터 컨텍스트를 시각적으로 보여준다. 보고서의 각 요소는 필터 컨텍스트를 구성하는 데 기여하며 보고서의 모든 셀에는 다른 필터 컨텍스트가 적용된다.

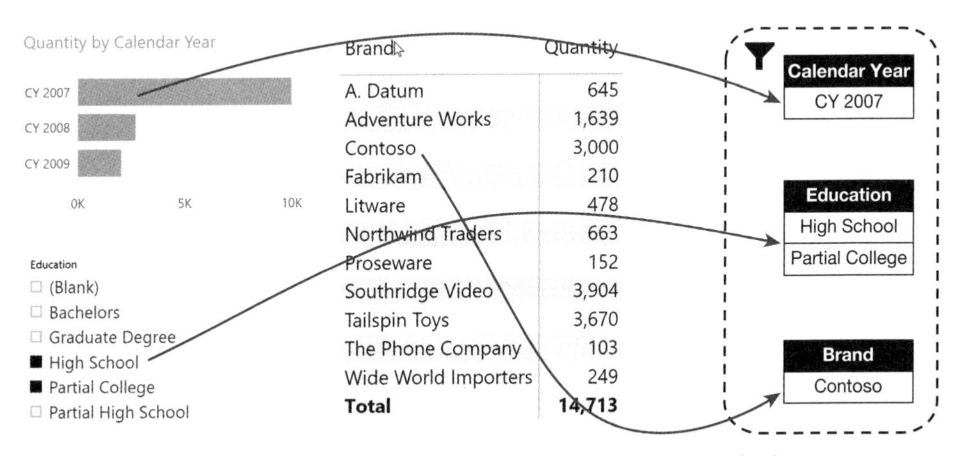

Brand	Quantity
A. Datum	645
Adventure Works	1,639
Contoso	3,000
Fabrikam	210
Litware	478
Northwind Traders	663
Proseware	152
Southridge Video	3,904
Tailspin Toys	3,670
The Phone Company	103
Wide World Importers	249
Total	**14,713**

그림 4-6 이 그림은 Power BI 보고서의 필터 컨텍스트를 시각적으로 보여준다.

그림 4-6의 필터 컨텍스트에는 세 개의 필터가 있다. 첫 번째 필터는 값이 'CY 2007'인 `Calendar Year` 튜플을 포함한다. 두 번째 필터는 값이 'High School' 및 'Partial College'인 `Education` 튜플이 2개 있다. 세 번째 필터는 값이 'Contoso'인 `Brand`의 단일 튜플을

포함하고 있다. 각 필터에는 오직 하나의 열에 대한 튜플이 포함돼 있다는 것을 알 수 있다. 나중에 여러 열로 튜플을 만드는 방법을 배우게 될 것이다. 다중 열 튜플은 DAX 개발자가 쓸 수 있는 복잡하지만 강력한 도구다.

본 소개를 마치기 전에 이 절의 시작 부분에 사용된 다음 측정값을 살펴보자.

```
Sales Amount := SUMX ( Sales, Sales[Quantity] * Sales[Net Price] )
```

위 측정값을 읽는 올바른 방법은 다음과 같다. **측정값은 현재 필터 컨텍스트에서 Sales 테이블에 있는 모든 행에 대해 Quantity에 Net Price를 곱한 합계를 계산한다.**

더 단순한 다음 측정값도 마찬가지다.

```
Total Quantity := SUM ( Sales[Quantity] )
```

위 측정값은 현재 필터 컨텍스트에서 `Sales` 테이블에 있는 `Quantity` 열의 모든 행을 더한다. SUMX 버전과 비교해 보면 작동 방식을 더 잘 이해할 수 있다.

```
Total Quantity := SUMX ( Sales, Sales[Quantity] )
```

SUMX 정의를 살펴보면, 필터 컨텍스트는 `Sales` 표현식의 평가에 영향을 미치며 현재 필터 컨텍스트에서 볼 수 있는 `Sales` 테이블의 행만 반환한다. 이것은 사실이지만 필터 컨텍스트는 해당 반복함수가 없는 다음 측정값에도 적용된다는 점을 알아야 한다.

```
Customers := DISTINCTCOUNT ( Sales[CustomerKey] )  -- 필터 컨텍스트에서 고객 수 계산
Colors :=
VAR ListColors = DISTINCT ( 'Product'[Color] )      -- 필터 컨텍스트에서 고유의 색
RETURN COUNTROWS ( ListColors )                     -- 고유의 색 집계
```

이 시점에서 필터 컨텍스트가 항상 활성화돼 있고 식의 결과에 영향을 준다는 개념을 강조하는 데 많은 시간을 할애하는 것이 현학적으로 보일 수 있다. 그렇지만 DAX는 매우 정확하게 써야 한다. DAX가 복잡하게 보이는 이유는 새로운 기능이 많아서가 아니다. 개념을

이해하기가 어렵기 때문이다. 이러한 개념이 서로 섞이면 시나리오가 복잡해진다. 지금은 필터 컨텍스트가 보고서에 의해 정의된다. 필터 컨텍스트를 직접 만드는 방법(4장에서 설명하는 중요한 기술)을 배울 때 표현식의 각 부분에서 적용되는 필터 컨텍스트를 이해하는 것이 무엇보다 중요하다.

행 컨텍스트 이해

이전 절에서 필터 컨텍스트에 대해 배웠다. 이제 두 번째 유형의 평가 컨텍스트인 '행 컨텍스트'를 살펴보자. 행 컨텍스트와 필터 컨텍스트는 모두 평가 컨텍스트이지만 **동일한 개념이 아니다.** 필터 컨텍스트의 목적은 이름에서 알 수 있듯이 테이블을 필터링하는 것이다. 반면에 행 컨텍스트는 테이블을 필터링하는 도구가 아니다. 필터링하지 않고 테이블을 반복해서 열값을 평가하는 데 사용된다.

이번에는 총 마진을 계산하는 다음과 같은 열 표현식을 살펴보자.

```
Sales[Gross Margin] = Sales[Quantity] * ( Sales[Net Price] - Sales[Unit Cost] )
```

그림 4-7에 표시된 것처럼 계산된 열의 행마다 값이 다르다.

Quantity	Unit Cost	Net Price	Gross Margin
1	915.08	1,989.90	1,074.82
1	960.82	2,464.99	1,504.17
1	1,060.22	2,559.99	1,499.77
1	1,060.22	2,719.99	1,659.77
1	1,060.22	2,879.99	1,819.77
1	1,060.22	3,199.99	2,139.77
2	0.48	0.76	0.56
2	0.48	0.88	0.81
2	1.01	1.79	1.56
2	1.01	1.85	1.68

그림 4-7 Gross Margin의 각 행의 값은 참조하는 열의 값에 따라 다르다.

예상한 대로 테이블의 계산된 열의 각 행의 값은 다르다. 실제로 식에 사용된 세 개의 열에서 행마다 값이 다르므로 마지막에 식이 다른 값을 계산하는 것은 당연한 결과다. 필터 컨텍스트와 같은 평가 컨텍스트가 있기 때문이다. 이번에는 컨텍스트가 테이블을 필터링하지 않았다. 대신에 계산할 행을 알려준다.

노트 행 컨텍스트는 DAX 테이블 식의 결과에서 행을 참조한다. 보고서의 행과 혼동해서는 안 된다. DAX는 보고서의 행이나 열을 직접 참조할 수 없다. 파워 BI의 행렬과 엑셀의 피봇 테이블에 표시되는 값은 필터 컨텍스트에서 계산된 DAX 측정값의 결과이거나 테이블에 원래부터 있거나 계산된 열에 저장된 값이다.

계산된 열은 행 단위로 계산을 수행한다. 그렇다면 DAX는 지금 계산해야 하는 행을 어떻게 알 수 있을까? 행을 알려주는 다른 평가 컨텍스트로 알 수 있다. 이것이 바로 **행 컨텍스트**다. 백만 개의 행이 있는 테이블에서 계산된 열을 만들면 DAX는 마치 커서처럼 한 행씩 반복하면서 식을 평가하는 행 컨텍스트를 만든다.

계산된 열을 만들면 DAX는 기본적으로 행 컨텍스트를 만든다. 이때 행 컨텍스트를 별도로 만들 필요가 없다. 계산된 열은 항상 행 컨텍스트에서 실행되기 때문이다. 행 컨텍스트를 수동으로 작성하는 방법을 이미 학습했다. 실제로 다음 코드와 같이 총 마진을 계산하는 측정값을 작성할 수 있다.

```
Gross Margin :=
SUMX (
  Sales,
  Sales[Quantity] * ( Sales[Net Price] - Sales[Unit Cost] )
)
```

이 경우 코드는 측정값이므로 자동 행 컨텍스트는 없다. 반복함수인 SUMX는 Sales 테이블에서 행 단위로 반복을 시작하는 행 컨텍스트를 만든다. 반복하는 동안 행 컨텍스트 내에서 SUMX의 두 번째 식을 실행한다. 따라서 반복의 각 단계에서 DAX는 식에 사용된 세 개의 열에서 어떤 값을 사용할지 알고 있다.

행 컨텍스트는 계산된 열을 만들거나 반복함수에서 식을 계산할 때 존재한다. 행 컨텍스트를 작성하는 다른 방법은 없다. 또한 열에서 특정한 행 값을 얻고자 할 때 행 컨텍스트가 필요하다고 생각해야 한다. 예를 들어 다음 측정값은 유효하지 않다. Sales[Net Price]의 값을 계산하려 해도 어떤 행을 계산할지 알려주는 행 컨텍스트가 없기 때문이다.

```
Gross Margin := Sales[Quantity] * ( Sales[Net Price] - Sales[Unit Cost] )
```

위 식은 계산된 열에 쓰일 때는 유효하지만 측정값에는 사용할 수 없다. 측정값과 계산된 열이 DAX를 사용하는 방법이 달라서다. 계산된 열에는 자동 행 컨텍스트가 있고 측정값에는 없다. 측정값 내에서 행별로 식을 평가하려면 행 컨텍스트를 만들기 위해 반복함수를 사용해야 한다.

노트 열 참조는 테이블에서 열값을 반환하기 위해 행 컨텍스트를 필요로 한다. 열 참조는 행 컨텍스트 없이 여러 DAX 함수에 대한 인수로 사용될 수도 있다. 예를 들어 DISTINCT 및 DISTINCTCOUNT는 행 컨텍스트를 정의하지 않고 열 참조를 매개변수로 가질 수 있다. 그럼에도 불구하고 DAX 식의 열 참조는 평가할 행 컨텍스트가 있어야 한다.

여기서 한 가지 중요한 개념을 반복해야 한다. 행 컨텍스트는 한 행을 필터링하는 특별한 종류의 필터 컨텍스트가 아니다. 행 컨텍스트는 모델을 필터링하는 것이 아니라 테이블에서 사용할 행을 DAX에게 알려줄 뿐이다. 모델에 필터를 적용하려는 경우 사용할 도구는 필터 컨텍스트다. 반면에 사용자가 식을 행 단위로 평가하려면 행 컨텍스트를 사용해야 한다.

평가 컨텍스트에 대한 이해도 테스트

평가 컨텍스트에 대한 좀 더 복잡한 설명으로 넘어가기 전에 몇 가지 예를 사용해 컨텍스트에 대한 이해를 테스트해 보자. 설명을 바로 보지 말고 질문을 읽은 다음에 잠시 멈춰서 답변을 시도해 보자. 그런 다음에 설명을 읽고 이해하도록 한다. 문제를 풀 때 "필터 컨텍스트는 필터링하고 행 컨텍스트는 반복한다. 이는 행 컨텍스트는 필터링하지 않고 필터 컨텍스트는 반복되지 않음을 의미한다"를 상기하자.

계산된 열에서 SUM 사용

첫 번째 테스트는 계산된 열에 사용하는 집계함수에 관한 사항이다. 계산된 열에서 다음 식을 사용하면 결과는 어떻게 될까?

```
Sales[SumOfSalesQuantity] = SUM ( Sales[Quantity] )
```

이 구문은 내부적으로 다음과 같은 구문과 일치한다는 점을 기억하자.

```
Sales[SumOfSalesQuantity] = SUMX ( Sales, Sales[Quantity] )
```

계산된 열이기 때문에 행 컨텍스트에서 행별로 계산된다. 몇 번으로 예상하는가? 다음 세 가지 답 중에서 선택해 보자.

- 해당 행에 대한 **수량** 값, 즉 행마다 다른 값
- 모든 행에 대한 **수량** 합계, 즉 모든 행에 대해 동일한 값
- 오류. 계산된 열 내에서 SUM을 사용할 수 없음

아래 설명을 확인하기 전에 잠시 멈춰 생각해보자.

올바른 추론은 다음과 같다. 이 식은 '현재 필터 컨텍스트에서 볼 수 있는 모든 행의 수량 합'을 의미한다는 것은 이미 배웠다. 또한 계산된 열에 대해 코드가 실행되기 때문에 DAX는 행 컨텍스트에서 공식을 행별로 평가한다. 그럼에도 불구하고 행 컨텍스트는 테이블을 필터링하지 않는다. 테이블을 필터링할 수 있는 유일한 컨텍스트는 필터 컨텍스트다. 이는 질문을 다음과 같이 바꾼다. 표현식을 평가할 때 필터 컨텍스트는 무엇인가? 답은 간단하다. 필터 컨텍스트가 비어 있다. 실제로 필터 컨텍스트는 시각화나 쿼리에 의해 생성되며, 필터링이 발생하지 않을 때 데이터 새로고침 시간에 계산된 열이 계산된다. 따라서 SUM은 전체 Sales 테이블에서 작동해 Sales[Quantity] 열의 모든 행의 값을 집계한다.

두 번째가 정답이다. 이 계산된 열은 모든 행에 동일한 값, 즉 모든 행에서 Sales[Quantity]의 총합계값이 반복된다. 그림 4-8은 계산된 SumOfSalesQuantity 열의 결과를 나타낸다.

Quantity	Unit Cost	Net Price	SumOfSalesQuantity
1	0.48	0.76	140,180.00
1	0.48	0.86	140,180.00
1	0.48	0.88	140,180.00
1	0.48	0.95	140,180.00
1	1.01	1.79	140,180.00
1	1.01	1.85	140,180.00
1	1.01	1.99	140,180.00
1	1.50	2.35	140,180.00
1	1.50	2.50	140,180.00
1	1.50	2.65	140,180.00
1	1.50	2.79	140,180.00
1	1.50	2.94	140,180.00

그림 4-8 SUM (Sales[Quantity])은 계산된 열에서 전체 테이블에 대해 계산된다.

이 예는 두 평가 컨텍스트가 동시에 존재하지만 상호 작용하지 않는다는 것을 보여준다. 평가 컨텍스트는 두 가지 모두 식의 결과에 영향을 주지만, 서로 다른 방식으로 이뤄진다. SUM, MIN 및 MAX와 같은 집계함수는 필터 컨텍스트만 사용하며 행 컨텍스트를 무시한다. 여러분이 대부분 학생들처럼 첫 번째 답을 선택했다면 그것은 정상이다. 문제는 여러분이 여전히 필터 컨텍스트와 행 컨텍스트를 혼동하고 있다는 것이다. 필터 컨텍스트 필터, 행 컨텍스트 반복이라고 기억하자. 직관적인 논리를 사용할 때 첫 번째 답은 가장 흔하지만 잘못된 것이다. 이제 그 이유를 알아차렸을 것이다. 정답을 선택했다면, 앞 절에서 두 가지 컨텍스트 사이의 중요한 차이점을 이해하는 데 도움을 준 것 같아 기쁘다.

측정값에 열 사용

두 번째 테스트는 약간 다르다. 계산된 열 대신 측정값으로 총 마진을 계산하는 표현식을 작성한다고 상상해 보자. Net Price 및 Unit Cost 열이 있으므로 다음과 같이 식을 작성할 수 있다.

```
GrossMargin% := ( Sales[Net Price] - Sales[Unit Cost] ) / Sales[Unit Cost]
```

어떤 결과가 나올까? 앞에서처럼 세 가지 답변 중 하나를 선택해 보자.

- 표현식이 제대로 작동하므로 보고서에서 결과를 테스트한다.
- 오류. 이 공식을 써서는 안 된다.
- 표현식을 정의할 수는 있지만 보고서에 사용할 경우 오류를 반환한다.

이전 테스트에서처럼 읽기를 멈추고 답을 생각해 본 다음 설명을 읽도록 하자.

이 코드는 집계함수 없이 `Sales[Net Price]`와 `Sales[Cost]`를 참조한다. 따라서 DAX는 특정 행에 대한 열값을 검색할 필요가 있다. DAX는 반복이 발생하지 않고 코드가 계산된 열에 있지 않기 때문에 공식을 계산해야 할 행을 탐지할 방법이 없다. 즉, DAX에는 식의 일부인 열에 대한 값을 검색할 수 있는 행 컨텍스트가 누락돼 있다. 측정값에는 자동 행 컨텍스트가 없으며, 계산된 열만 자동 행 컨텍스트가 생긴다는 것을 기억하자. 측정값에 행 컨텍스트가 필요하다면 반복함수를 사용해야 한다.

따라서 두 번째가 정답이다. 이 식을 사용할 수 없다. 구문적으로 잘못됐기 때문이며 코드를 입력하려고 할 때 오류가 생긴다.

반복함수로 행 컨텍스트 사용

계산된 열을 정의하거나 X 함수를 사용해 반복 작업을 할 때마다 DAX가 행 컨텍스트를 생성한다는 것을 배웠다. 계산된 열을 사용할 때 행 컨텍스트의 존재는 사용과 이해가 간단하다. 사실 우리는 행 컨텍스트의 존재조차 모른 채 단순하게 계산된 열을 만들 수 있다. 행 컨텍스트가 엔진에 의해 자동 생성되기 때문이다. 따라서 우리는 행의 컨텍스트를 걱정할 필요가 없다. 반면 반복함수를 사용할 때는 행 컨텍스트의 생성과 처리에 신경 써야 한다. 반복함수를 사용하면 중첩된 행 컨텍스트를 여러 개 만들 수 있다. 이것은 코드의 복잡성을 증가시킨다. 따라서 행 컨텍스트와 반복함수의 작동을 정확하게 이해하는 것이 중요하다.

다음 DAX 측정값을 살펴보자.

```
IncreasedSales := SUMX ( Sales, Sales[Net Price] * 1.1 )
```

SUMX는 반복함수이기 때문에 Sales 테이블에 행 컨텍스트를 만들어 반복하는 동안 사용한다. 행 컨텍스트에서 Sales 테이블(첫 번째 매개변수)을 반복하고, 반복하는 동안 두 번째 매개변수에 현재 행을 제공한다. 즉, DAX는 첫 번째 매개변수의 현재 반복된 행을 포함하는 행 컨텍스트에서 내부 식(SUMX의 두 번째 매개변수)을 평가한다.

SUMX의 두 매개변수는 서로 다른 컨텍스트를 사용한다는 점에 주의해야 한다. 사실 모든 DAX 코드는 호출되는 컨텍스트에서 작동한다. 따라서 식이 실행될 때 이미 필터 컨텍스트가 있고, 하나 또는 여러 개의 행 컨텍스트가 활성화될 수 있다. 주석과 함께 다음 식을 살펴보자.

```
SUMX (
  Sales,                          -- 외부 필터, 행 컨텍스트
  Sales[Net Price] * 1.1          -- 외부 필터, 행 컨텍스트 + 새로운 행 컨텍스트
)
```

첫 번째 매개변수인 Sales는 호출자로부터 오는 컨텍스트를 이용해 평가한다. 두 번째 매개변수(표현식)는 외부 컨텍스트와 새로 생성된 행 컨텍스트를 모두 사용해 평가한다.

모든 반복함수는 다음과 같은 방식으로 작동한다.

1. 기존 컨텍스트에서 첫 번째 매개변수를 평가해 스캔할 행을 결정한다.
2. 이전 단계에서 평가한 테이블의 각 행에 대해 새롭게 행 컨텍스트를 작성한다.
3. 테이블을 반복하고 새로 생성된 행 컨텍스트를 포함해 기존 평가 컨텍스트에서 두 번째 매개변수를 평가한다.
4. 이전 단계에서 계산한 값을 집계한다.

원래의 컨텍스트는 표현식 안에서 여전히 유효하다는 것을 잊지 말자. 반복함수는 새 행 컨텍스트를 추가할 뿐이며 기존 필터 컨텍스트를 수정하지는 않는다. 예를 들어 외부 필터 컨텍스트에 빨간색에 대한 필터가 포함된 경우, 해당 필터는 반복하는 동안 계속 활성화된다. 또한 행의 컨텍스트는 반복된다는 것을 기억하자. 행 컨텍스트는 필터링하지 않는다. 무슨 수를 써서도 반복함수를 사용해 외부 필터 컨텍스트를 없앨 수 없다.

이 규칙은 항상 유효하지만 중요한 세부 사항이 있다. 이전 컨텍스트에 동일한 테이블에 대한 행 컨텍스트가 이미 포함된 경우 새로 생성된 행 컨텍스트는 동일한 테이블의 기존 행 컨텍스트를 숨긴다. DAX 초보자라면 이것이 실수의 주요 원인이 된다. 따라서 다음 두 섹션에서 행 컨텍스트 숨기기에 대해 더 자세히 설명하기로 한다.

여러 테이블에 중첩된 행 컨텍스트

반복함수에 의해 평가된 식은 매우 복잡할 수 있다. 게다가 식 자체에 더 많은 반복함수를 포함할 수 있다. 처음에는 다른 반복 안에서 반복을 수행하는 것이 이상하게 보일 수도 있다. 그럼에도 불구하고 DAX 반복함수가 강력한 식을 만들어 내기 때문에 일반적으로 많이 쓰인다.

다음 코드는 중첩된 세 개의 반복함수를 포함하고 있으며, Category, Product, Sales 테이블을 스캔한다.

```
SUMX (
  'Product Category',                  -- 스캔할 테이블 지정 (Product Category)
  SUMX (                               -- 카테고리별로
    RELATEDTABLE ( 'Product' ),        -- 해당 카테고리의 Product 테이블 스캔
    SUMX (                             -- Product별
      RELATEDTABLE ( Sales )           -- 각 Product의 Sales를 스캔
      Sales[Quantity]                  --
        * 'Product'[Unit Price]        -- 해당 판매액을 집계
        * 'Product Category'[Discount]
    )
  )
)
```

가장 안쪽 표현식인 세 요인의 곱셈은 세 개의 테이블을 참조한다. 실제로 그 표현식 평가 중에 현재 반복되고 있는 세 개의 테이블 각각에 하나씩 세 개의 행 컨텍스트가 생긴다. 또한 두 개의 RELATEDTABLE 함수가 현재 행 컨텍스트에서 시작하는 관련된 테이블의 행을 반환한다는 점을 유념할 필요가 있다. 따라서 Category 테이블의 행 컨텍스트에서 실행 중인 RELATEDTABLE('Products')은 해당 Category에 해당하는 제품을 반환한다. 해당 제품의 판매를 반환하는 RELATEDTABLE('Sales')에도 같은 논리가 적용된다.

앞의 코드는 성능과 가독성 면에서 최적이 아니다. 일반적으로 스캔할 행의 수가 너무 많지 않다면 반복함수를 중첩해서 사용해도 괜찮다. 수백 개는 문제없고 수천 개는 괜찮지만 수백만 개는 나쁘다. 쉽게 성능 문제를 일으킬 수 있기 때문이다. 앞의 코드를 사용해 중첩된 행 컨텍스트를 여러 개 작성할 수 있음을 확인했다. 이 책의 뒷부분에서 중첩된 반복함수의 더 유용한 예를 볼 수 있을 것이다. 하나의 개별 행 컨텍스트와 RELATED 함수에 의존하는 다음과 같은 코드를 사용해 동일한 계산을 훨씬 빠르고 읽기 쉬운 방법으로 표현할 수 있다.

```
SUMX (
  Sales,
  Sales[Quantity]
    * RELATED ( 'Product'[Unit Price] )
    * RELATED ( 'Product Category'[Discount] )
)
```

여러 테이블에 여러 개의 행 컨텍스트가 있을 때마다 이 컨텍스트를 사용해 단일 DAX 식에서 반복되는 테이블을 참조할 수 있다. 그러나 도전적인 시나리오가 하나 있다. 이 문제는 우리가 다음 절에서 다루는 주제인 여러 개의 행 컨텍스트를 동일한 테이블에 배치했을 때 발생한다.

동일한 테이블의 중첩된 행 컨텍스트

같은 테이블에 중첩된 행 컨텍스트를 갖는 시나리오는 많지 않을 것 같지만 꽤 자주 발생하며 계산된 열에서 특히 그렇다. 예를 들어 제품 가격에 따라 상품의 순위를 매기고 싶다고 가정하자. 가장 비싼 제품이 1위, 다음 제품이 2위여야 한다. RANKX 함수를 사용해 시나리오를 풀 수 있다. 그러나 교육 목적상 간단한 DAX 함수를 사용해 문제를 푸는 방법을 살펴보자.

순위를 계산하기 위해 각 제품에 대해 현재 제품보다 가격이 높은 제품의 수를 셀 수 있다. 현재 제품 가격보다 가격이 높은 제품이 없다면 현재 제품이 가장 비싸고 순위는 1이다. 가격이 더 높은 제품이 하나뿐이라면 순위는 2이다. 실제로 우리가 하는 것은 가격이 더 높은 제품의 수를 세고 결과에 1을 더하는 방식으로 제품의 순위를 계산하는 것이다.

따라서 다음과 같은 코드를 사용해 계산된 열을 작성할 수 있으며 여기서 우리는 현재 제품의 가격을 표시하기 위해 PriceOfCurrentProduct를 자리 표시자로 사용했다.

```
1. 'Product'[UnitPriceRank] =
2. COUNTROWS (
3.   FILTER (
4.     'Product',
5.     'Product'[Unit Price] > PriceOfCurrentProduct
6.   )
7. ) + 1
```

FILTER는 현재 제품의 가격보다 가격이 높은 제품을 반환하고 COUNTROWS는 FILTER에 의해 필터링된 행의 수를 계산한다. 남은 문제는 PriceOfCurrentProduct를 유효한 DAX 구문으로 대체해 현재 제품의 가격을 표현하는 방법을 찾는 것이다. '현재'는 DAX가 열을 계산할 때 현재 행에 있는 열의 값을 의미한다. 이것은 생각보다 더 어렵다.

앞 코드의 5번 행을 살펴보자. 여기에서 Product[Unit Price]는 현재의 행 컨텍스트에서 제품 가격을 가리킨다. 그렇다면 DAX가 5번 행을 실행할 때 적용되는 행 컨텍스트는 무엇일까? 여기에는 두 개의 행 컨텍스트가 있다. 코드가 계산된 열에 적용되기 때문에 엔진에 의해 자동 생성되며 Product 테이블을 스캔하는 기본 행 컨텍스트가 있다. 또한 FILTER는 반복함수이기 때문에 FILTER에 의해 생성되는 행 컨텍스트가 있으며, 이 컨텍스트는 Product 테이블을 다시 스캔한다. 이는 그림 4-9에 잘 나타나 있다.

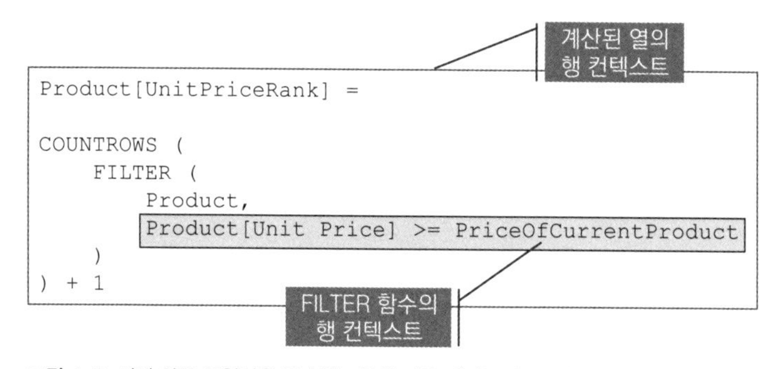

그림 4-9 가장 안쪽 표현식을 평가하는 동안 같은 테이블에 두 개의 행 컨텍스트가 있다.

바깥쪽 상자에는 계산된 열의 행 컨텍스트가 포함되며 Product 테이블을 반복한다. 안쪽 상자는 FILTER 함수에서 비롯된 행 컨텍스트이며, 역시 Product 테이블을 반복한다. Product[Unit Price]라는 표현식은 컨텍스트에 따라 다르다. 따라서 안쪽 상자의 Product[Unit Price]는 FILTER가 현재 반복하는 행만 참조할 수 있다. 문제는 상자 안에서 계산된 열의 행 컨텍스트에 의해 참조되는 Unit Price의 값을 평가할 필요가 있다는 점인데, 이 값은 현재 숨겨져 있다.

실제로 반복함수를 사용해 새로운 행 컨텍스트를 만들지 않는다면, Product[Unit Price] 값이 원하는 값이며, 이는 아래 코드에서 보는 바와 같이 계산된 열의 현재 행 컨텍스트의 값이다.

```
Product[Test] = Product[Unit Price]
```

이를 좀 더 설명하기 위해 더미 코드와 함께 두 상자에서 Product[Unit Price]를 평가해 보자. 결과는 그림 4-10과 같이 다른 결과이며, 여기서는 교육 목적으로 COUNTROWS 바로 앞에 Product[Unit Price]에 대한 평가를 추가했다.

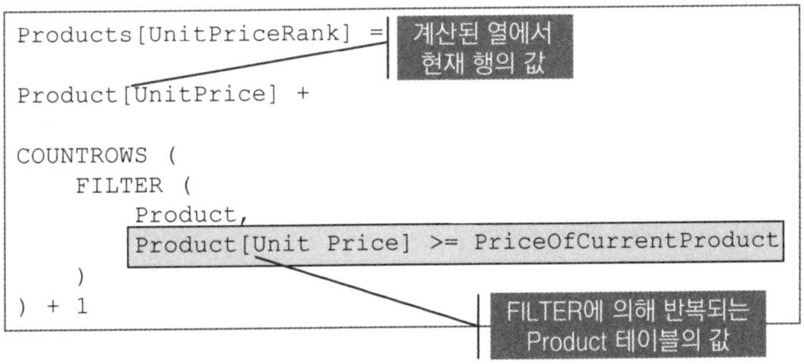

```
Products[UnitPriceRank] =

Product[UnitPrice] +

COUNTROWS (
    FILTER (
        Product,
        Product[Unit Price] >= PriceOfCurrentProduct
    )
) + 1
```

계산된 열에서 현재 행의 값

FILTER에 의해 반복되는 Product 테이블의 값

그림 4-10 바깥의 Product[Unit Price]는 계산된 열의 행 컨텍스트를 의미한다.

지금까지의 시나리오를 요약하면 다음과 같다.

- FILTER에 의해 생성된 내부 행 컨텍스트는 외부 행 컨텍스트를 숨긴다.
- 내부 Product[Unit Price]와 외부 Product[Unit Price]를 비교해야 한다.
- 내부 표현식에서 가격을 비교하면 외부 Product[Unit Price]에 접근할 수 없다.

FILTER의 행 컨텍스트 외부에서 평가하면 현재 단가를 검색할 수 있으므로, 이 문제에 대한 가장 좋은 해결 방법은 Product[Unit Price]의 값을 변수에 저장하는 것이다. 실제로 다음 코드를 사용해 계산된 열의 행 컨텍스트에서 변수를 평가할 수 있다.

```
'Product'[UnitPriceRank] =
VAR
  PriceOfCurrentProduct = 'Product'[Unit Price]
RETURN
  COUNTROWS (
    FILTER (
     'Product',
     'Product'[Unit Price] > PriceOfCurrentProduct
    )
  ) + 1
```

계산의 단계를 구분하기 위해 더 많은 변수를 사용해 코드를 더욱 상세하게 쓰는 것이 좋다. 이렇게 하면 코드를 더 쉽게 이해할 수 있다.

```
'Product'[UnitPriceRank] =
VAR PriceOfCurrentProduct = 'Product'[Unit Price]
VAR MoreExpensiveProducts =
  FILTER (
    'Product',
    'Product'[Unit Price] > PriceOfCurrentProduct
  )
RETURN
  COUNTROWS ( MoreExpensiveProducts ) + 1
```

그림 4-11은 나중 표현식의 행 컨텍스트를 그림으로 나타낸 것이다. 이를 통해 식의 각 부분을 DAX가 어떤 행 컨텍스트에서 계산하는지 쉽게 이해할 수 있다.

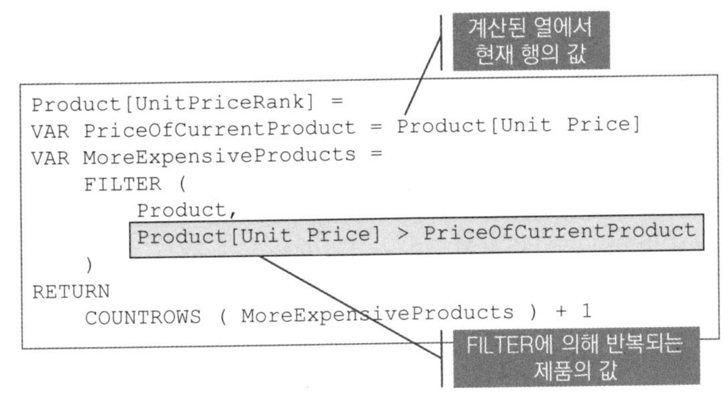

그림 4-11 PriceOfCurrentProduct 값은 외부 행 컨텍스트에서 평가된다.

그림 4-12는 계산된 열의 결과를 나타낸다.

Product Name	Unit Price	UnitPriceRank ▲
Fabrikam Refrigerator 24.7CuFt X9800 Blue	3,199.99	1
Fabrikam Refrigerator 24.7CuFt X9800 Brown	3,199.99	1
Fabrikam Refrigerator 24.7CuFt X9800 Green	3,199.99	1
Fabrikam Refrigerator 24.7CuFt X9800 Grey	3,199.99	1
Fabrikam Refrigerator 24.7CuFt X9800 Orange	3,199.99	1
Fabrikam Refrigerator 24.7CuFt X9800 Silver	3,199.99	1
Fabrikam Refrigerator 24.7CuFt X9800 White	3,199.99	1
Litware Refrigerator 24.7CuFt X980 Blue	3,199.99	1
Litware Refrigerator 24.7CuFt X980 Brown	3,199.99	1
Litware Refrigerator 24.7CuFt X980 Green	3,199.99	1
Litware Refrigerator 24.7CuFt X980 Grey	3,199.99	1
Litware Refrigerator 24.7CuFt X980 Silver	3,199.99	1
Litware Refrigerator 24.7CuFt X980 White	3,199.99	1
Litware Refrigerator L1200 Orange	3,199.99	1
Adventure Works 52" LCD HDTV X590 Black	2,899.99	15
Adventure Works 52" LCD HDTV X590 Brown	2,899.99	15
Adventure Works 52" LCD HDTV X590 Silver	2,899.99	15
Adventure Works 52" LCD HDTV X590 White	2,899.99	15
NT Washer & Dryer 27in L2700 Blue	2,652.90	19
NT Washer & Dryer 27in L2700 Green	2,652.90	19
NT Washer & Dryer 27in L2700 Silver	2,652.90	19

그림 4-12 UnitPriceRank는 중첩된 행 컨텍스트 내에서 변수를 사용해 탐색하는 유용한 사례다.

단위당 가격이 같은 14개 제품은 모두 1위를 차지하고 15번째 제품은 15위를 차지하며 가격이 같은 다른 제품도 마찬가지다. 그림과 같이 1, 15, 19 대신 1, 2, 3위로 표시하면 좋겠다. 이것을 수정하기에 앞서 잠시 옆길로 빠져보자.

제시된 것과 같은 시나리오를 해결하려면 행 컨텍스트가 무엇인지, 표현식의 다른 부분에서 어떤 행 컨텍스트가 활성화되는지 탐지할 수 있다. 가장 중요한 것은 행 컨텍스트가 DAX 식에 의해 반환되는 값에 어떤 영향을 미치는지 알 수 있어야 한다. 표현식의 두 가지 다른 부분에서 평가된 동일한 표현식 `Product[Unit Price]`는 평가되는 컨텍스트가 다르기 때문에 다른 값을 반환한다는 점을 알아야 한다. 평가 컨텍스트에 대해 확실히 이해하지 못하면 복잡한 코드로 작업하기가 매우 어렵다.

앞에서 봤듯이 두 개의 행 컨텍스트가 존재하는 단순한 순위를 구하는 식도 쉽지 않다. 5장 후반부에서 필터 컨텍스트를 만드는 여러 방법을 배우게 된다. 그 시점부터 코드는 더 복잡하게 된다. 그러나 평가 컨텍스트를 이해한다면 이러한 시나리오는 간단하다. DAX에서 다음 단계로 이동하기 전에 평가 컨텍스트를 잘 이해해야 한다. 이러한 개념들이 명확해질 때까지 이 절 전체를 한 번 더 읽어 보길 바란다. 반복해서 학습하면 다음 장들의 내용을 이해하기가 훨씬 쉬워질 것이다.

이 예를 마치기 전에 마지막 세부 사항, 즉 지금까지 얻은 순위 대신에 1, 2, 3으로 순위를 매기는 문제를 해결해야 한다. 해결책은 생각보다 쉽다. 이전 코드에서는 가격이 더 높은 제품의 수를 세는 것에 초점을 맞췄다. 이를 통해 이 공식은 14개 제품을 1위로 집계하고 2순위 제품을 15로 표시했다. 하지만 제품을 세는 것은 그다지 유용하지 않다. 이 식이 제품이 아니라 현재 가격보다 높은 가격의 수를 센다면 14개 제품은 모두 하나의 가격으로 변환될 것이다.

```
'Product'[UnitPriceRankDense] =
VAR PriceOfCurrentProduct = 'Product'[Unit Price]
VAR HigherPrices =
  FILTER (
    VALUES ( 'Product'[Unit Price] ),
    'Product'[Unit Price] > PriceOfCurrentProduct
  )
RETURN
  COUNTROWS ( HigherPrices ) + 1
```

그림 4-13은 UnitPriceRank와 새롭게 계산된 열을 함께 보여준다.

Product Name	Unit Price	UnitPriceRank	UnitPriceRankDense
Fabrikam Refrigerator 24.7CuFt X9800 Blue	3,199.99	1	1
Fabrikam Refrigerator 24.7CuFt X9800 Brown	3,199.99	1	1
Fabrikam Refrigerator 24.7CuFt X9800 Green	3,199.99	1	1
Fabrikam Refrigerator 24.7CuFt X9800 Grey	3,199.99	1	1
Fabrikam Refrigerator 24.7CuFt X9800 Orange	3,199.99	1	1
Fabrikam Refrigerator 24.7CuFt X9800 Silver	3,199.99	1	1
Fabrikam Refrigerator 24.7CuFt X9800 White	3,199.99	1	1
Litware Refrigerator 24.7CuFt X980 Blue	3,199.99	1	1
Litware Refrigerator 24.7CuFt X980 Brown	3,199.99	1	1
Litware Refrigerator 24.7CuFt X980 Green	3,199.99	1	1
Litware Refrigerator 24.7CuFt X980 Grey	3,199.99	1	1
Litware Refrigerator 24.7CuFt X980 Silver	3,199.99	1	1
Litware Refrigerator 24.7CuFt X980 White	3,199.99	1	1
Litware Refrigerator L1200 Orange	3,199.99	1	1
Adventure Works 52" LCD HDTV X590 Black	2,899.99	15	2
Adventure Works 52" LCD HDTV X590 Brown	2,899.99	15	2
Adventure Works 52" LCD HDTV X590 Silver	2,899.99	15	2
Adventure Works 52" LCD HDTV X590 White	2,899.99	15	2
NT Washer & Dryer 27in L2700 Blue	2,652.90	19	3
NT Washer & Dryer 27in L2700 Green	2,652.90	19	3
NT Washer & Dryer 27in L2700 Silver	2,652.90	19	3
NT Washer & Dryer 27in L2700 White	2,652.90	19	3

그림 4-13 UnitPriceRankDense는 제품이 아니라 가격을 세기 때문에 더 유용한 순위를 반환한다.

마지막 단계는 제품을 세는 대신 가격을 세는 것인데, 예상보다 어려워 보일 수도 있다. DAX를 사용하면 할수록 계산하기 위해 만드는 임시 테이블의 관점에서 생각을 시작하는 편이 쉽다.

이 예제를 통해 동일한 테이블에서 여러 행 컨텍스트를 처리하는 가장 좋은 방법은 변수를 사용하는 것이라고 배웠다. DAX 언어에 변수가 도입된 것은 2015년 이후다. 변수가 도입되기 이전의 DAX 코드에서는 외부 행 컨텍스트에 액세스하기 위해 EARLIER라는 함수를 사용했는데, 이에 대해서는 다음 절에서 설명한다.

EARLIER 함수

DAX에는 외부 행 컨텍스트에 액세스하는 EARLIER 함수가 있다. EARLIER는 마지막 행 컨텍스트 대신 이전 행 컨텍스트를 사용해 열의 값을 검색한다. 따라서 EARLIER (Product[UnitPrice])를 사용해 PriceOfCurrentProduct의 값을 표현할 수 있다.

대부분의 DAX 초보자는 EARLIER에 겁을 먹는다. 행 컨텍스트를 충분히 이해하지 못하기 때문이다. 또한 같은 테이블에 여러 번 반복을 만들어 행 컨텍스트를 중첩할 수 있다는 것을 깨닫지 못한다. EARLIER는 행 컨텍스트와 중첩 개념을 이해하기만 하면 간단한 함수다. 예를 들어 다음 코드는 변수를 사용하지 않고 이전 시나리오를 해결한다.

```
'Product'[UnitPriceRankDense] =
COUNTROWS (
  FILTER (
    VALUES ( 'Product'[Unit Price] ),
    'Product'[UnitPrice] > EARLIER ( 'Product'[UnitPrice] )
  )
) + 1
```

노트 EARLIER는 건너뛸 단계의 수를 의미하는 두 번째 매개변수를 옵션으로 사용할 수 있으므로 둘 이상의 행 컨텍스트를 건너뛸 수 있다. 이외에도 개발자가 가장 바깥쪽 행 컨텍스트에 접근할 수 있도록 해주는 EARLIEST라는 함수도 있다. 현실에서는 EARLIEST나 EARLIER의 두 번째 매개변수가 자주 사용되지 않는다. 두 개의 중첩된 행 컨텍스트를 갖는 것은 계산된 열의 일반적인 시나리오지만, 그중 세 개 이상을 갖는 것은 거의 일어나지 않는 일이다. 게다가 변수의 출현 이후 변수가 EARLIER를 대체했기 때문에 EARLIER는 사실상 무용지물이 됐다.

EARLIER를 배우는 유일한 이유는 기존 DAX 코드를 읽기 위해서다. 적절한 행 컨텍스트에 액세스할 수 있을 경우에 필요한 값을 변수로 저장할 수 있기 때문에 새로운 DAX 코드에서 EARLIER를 사용할 이유가 더 이상 없다. EARLIER 대신 변수를 사용하는 것이 모범 사례이며 코드를 읽고 이해하기도 훨씬 쉽다.

FILTER, ALL 및 컨텍스트 상호 작용

앞의 예에서 FILTER 함수를 사용해 테이블을 편리하게 필터링했다. FILTER 함수는 기존의 필터 컨텍스트에 추가로 필터를 적용하고 싶을 때 사용하는 일반적인 함수다.

빨간색 제품의 수를 세는 측정값을 만들고 싶다고 가정해보자. 지금까지 배운 내용만으로도 다음과 같은 식을 쉽게 작성할 수 있을 것이다.

```
NumOfRedProducts :=
VAR RedProducts =
  FILTER (
    'Product',
    'Product'[Color] = "Red"
  )
RETURN
  COUNTROWS ( RedProducts )
```

보고서에서 위 식을 사용할 수 있다. 예를 들어 제품의 브랜드를 행에 배치해 그림 4-14와 같은 보고서를 만들어보자.

Brand	NumOfRedProducts
Adventure Works	6
Contoso	36
Fabrikam	12
Litware	12
Northwind Traders	3
Proseware	7
Southridge Video	13
Tailspin Toys	6
Wide World Importers	4
Total	**99**

그림 4-14 FILTER 함수를 사용해 빨간색 제품의 수를 셀 수 있다.

예제로 넘어가기 전에 잠시 멈추고 DAX가 이러한 값을 어떻게 계산했는지 주의 깊게 생각해보자. **브랜드**는 Product 테이블에 있는 열이다. 보고서의 각 셀 안에서 필터 컨텍스트는 주어진 하나의 브랜드를 필터링한다. 따라서 각 셀은 해당 브랜드 중 빨간색 제품 수를 나타낸다. 이는 FILTER 함수가 Product 테이블을 현재의 필터 컨텍스트에서 보이는 대로 반복하기 때문이며, 현재의 필터 컨텍스트는 특정 브랜드의 제품만 포함하고 있다. 사소하게 보일 수도 있으나 몇 번이고 되풀이하는 것이 좋다.

보고서에 Color를 필터링하는 슬라이서를 추가하면 더욱 분명해진다. 그림 4-15에는 Color를 필터링하는 각각의 슬라이서가 있는 동일한 두 개의 보고서가 있으며, 각 슬라이서는 오른쪽에 위치한 보고서만 필터링한다. 왼쪽의 보고서는 빨간색을 필터링하고 있으며 보고서의 숫자는 그림 4-14와 동일하지만 오른쪽 보고서는 슬라이서가 Azure(하늘색)을 필터링하고 있기 때문에 보고서가 비어 있다.

Color
- ☐ Azure
- ☐ Black
- ☐ Blue
- ☐ Brown
- ☐ Gold
- ☐ Green
- ☐ Grey
- ☐ Orange
- ☐ Pink
- ☐ Purple
- ■ Red
- ☐ Silver
- ☐ Silver Grey
- ☐ Transparent
- ☐ White

Brand	NumOfRedProducts
Adventure Works	6
Contoso	36
Fabrikam	12
Litware	12
Northwind Traders	3
Proseware	7
Southridge Video	13
Tailspin Toys	6
Wide World Importers	4
Total	**99**

Color
- ■ Azure
- ☐ Black
- ☐ Blue
- ☐ Brown
- ☐ Gold
- ☐ Green
- ☐ Grey
- ☐ Orange
- ☐ Pink
- ☐ Purple
- ☐ Red
- ☐ Silver
- ☐ Silver Grey
- ☐ Transparent
- ☐ White

Brand	NumOfRedProducts
Total	

그림 4-15 DAX는 슬라이서로 정의된 외부 컨텍스트를 고려해 NumOfRedProducts를 평가한다.

오른쪽 보고서에서는 FILTER에 의해 반복되는 테이블에 하늘색(Azure) 제품만 들어 있으며, FILTER는 빨간색 제품만 반환할 수 있으므로 반환할 제품이 없다. 결과적으로 NumOfRedProducts 측정값은 모두 공백으로 평가된다.

이 예제에서 중요한 부분은 동일한 식에 외부(예를 들어 슬라이서에 영역에 의해 영향을 받는 보고서의 셀)에서 비롯된 필터 컨텍스트와 FILTER 함수로 식에 쓰인 행 컨텍스트가 모두 있다는 사실이다. 두 컨텍스트가 동시에 작용해 결과에 영향을 미친다. DAX는 필터 컨텍스트를 사용해 Product 테이블을 평가하고 행 컨텍스트를 사용해 FILTER에 의해 반복되는 동안 필터 조건을 행별로 평가한다.

이 개념을 다음과 같이 다시 한번 반복해 보자. FILTER 함수는 필터 컨텍스트를 바꾸지 않는다. FILTER는 (필터 컨텍스트에 의해 이미 필터링된) 테이블을 스캔하는 반복함수로 필터링 조건에 따라 해당 테이블의 하위 세트를 반환한다. 그림 4-14에서 필터 컨텍스트는 브랜드를 필터링하고 있으며 FILTER가 결과를 반환한 후에도 여전히 브랜드를 필터링하기만 했다. 그림 4-15에서 색상 슬라이서가 추가돼 필터 컨텍스트에는 브랜드와 색상이 모두 포함돼 있다. 이 때문에 왼쪽 보고서에서는 FILTER가 반복된 모든 제품을 반환했고 오른쪽 보고서에서는 어떤 제품도 반환하지 않았다. 두 보고서에서 FILTER는 필터 컨텍스트를 변경하지 않았다. FILTER는 테이블을 스캔하고 필터링된 결과를 반환했을 뿐이다.

이때 슬라이서에서 선택한 색상과 관계없이 빨간색 제품의 수를 반환하는 다른 식을 정의하고 싶은 경우를 가정해보자. 다시 말하자면 슬라이서의 선택과 상관없이 항상 모든 빨간색 제품의 수를 반환하도록 코드를 변경해 보자.

위의 결과를 얻기 위해서는 ALL 함수가 필요하다. ALL은 필터 컨텍스트를 무시하고 테이블의 내용을 반환한다. 다음과 같이 NumOfAllRedProducts라는 새 측정값을 정의할 수 있다.

```
NumOfAllRedProducts :=
VAR AllRedProducts =
  FILTER (
    ALL ( 'Product' ),
    'Product'[Color] = "Red"
  )
RETURN
  COUNTROWS ( AllRedProducts )
```

이번에는 FILTER가 Product 테이블을 반복하지 않는 대신 ALL(Product)를 반복한다.

ALL은 필터 컨텍스트를 무시하고 항상 테이블의 모든 행을 반환하므로 FILTER는 제품이 이전에 다른 브랜드나 색상으로 필터링됐더라도 모든 빨간색 제품을 반환한다.

그림 4-16은 정확한 결과지만 의아하게 생각할 수도 있다.

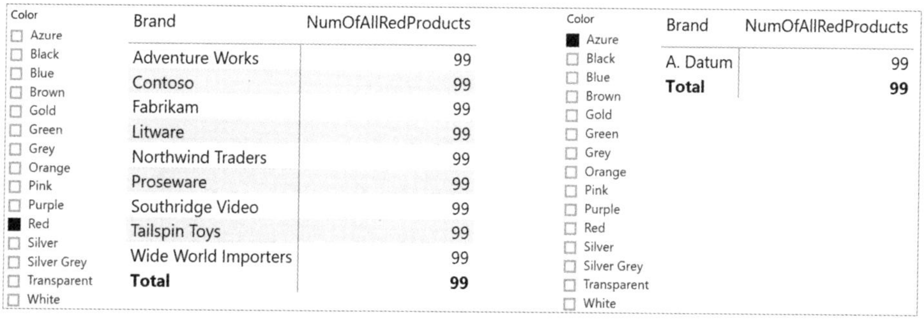

Color: Azure, Black, Blue, Brown, Gold, Green, Grey, Orange, Pink, Purple, Red (selected), Silver, Silver Grey, Transparent, White

Brand	NumOfAllRedProducts
Adventure Works	99
Contoso	99
Fabrikam	99
Litware	99
Northwind Traders	99
Proseware	99
Southridge Video	99
Tailspin Toys	99
Wide World Importers	99
Total	**99**

Color: Azure (selected), Black, Blue, Brown, Gold, Green, Grey, Orange, Pink, Purple, Red, Silver, Silver Grey, Transparent, White

Brand	NumOfAllRedProducts
A. Datum	99
Total	**99**

그림 4-16 NumOfAllRedProducts는 이상한 결과를 반환한다.

여기서 다음과 같이 주목할 만한 두 가지 흥미로운 사실이 있다. 이에 대해 자세히 살펴보자.

- 행에서 선택된 브랜드와 관계없이 결과는 항상 99다.
- 왼쪽 행렬의 브랜드와 오른쪽 행렬의 브랜드가 다르다.

첫째, 99는 특정 브랜드의 빨간색 제품 수가 아니라 색상이 빨간 모든 제품의 수다. 예상대로 ALL은 Product 테이블의 필터를 무시한다. 색상뿐만 아니라 브랜드 필터도 무시한다. 이것은 원치 않는 결과일지도 모른다. 이처럼 ALL 함수는 쉽고 강력하지만 극단적이다. ALL은 해당 인수로 지정된 테이블에 적용된 모든 필터를 무시한다. 지금까지 공부한 내용만으로는 아직 필터 일부만 무시하는 선택을 할 수 없다. 위의 예에서는 색상 필터만 무시하는 편이 나았을 것이다. CALCULATE를 소개하는 4장 이후에서 필터를 선택적으로 무시할 수 있는 더 나은 방법을 다루게 된다.

두 번째 사실에 대해 살펴보자. 두 보고서에서 보여주는 브랜드는 다르다. 슬라이서가 한 가지 색을 필터링하고 있으므로 각각의 보고서는 선택된 색상으로 필터링된다. 왼쪽은 빨간색이고 오른쪽은 하늘색이다. 이것은 두 가지 다른 제품군을 결정하며, 그 결과 브랜드 또한 결정된다. 보고서의 축을 채우는 데 사용되는 브랜드 리스트는 색상에 대한 필터가 들어 있는 원래의 필터 컨텍스트에서 계산된다. 축이 계산되면 DAX는 측정값을 계산해 브랜드와 색상과 관계없이 항상 99를 반환한다. 따라서 왼쪽의 보고서는 빨간색 제품의 브랜드를 보여주는 반면, 오른쪽의 보고서는 하늘색 제품의 브랜드를 보여준다. 양쪽의 보고서에서 이 측정값은 브랜드와 상관없이 모든 빨간색 제품 수의 합계를 보여준다.

노트 이 보고서의 동작은 DAX에서만 한정되는 것이 아니라 파워 BI에서 사용하는 SUMARIZECOLUMNS 함수에도 해당된다. 13장, '쿼리 작성'에서 SUMARIZECOLUMNS을 다룬다.

지금 이 시나리오를 더 설명하지는 않는다. 해결책은 필터 컨텍스트를 처리할 수 있는 더 강력한 힘을 가진 (복잡하기도 하지만) CALCULATE 함수를 배울 때 나온다. 지금은 컨텍스트의 상호 작용과 필터 및 행 컨텍스트의 공존 때문에 상대적으로 단순한 공식에서 예상치 못한 결과를 얻을 수 있다는 것을 보여주기 위해 이 예를 사용했다.

여러 테이블 작업

평가 컨텍스트의 기본을 배웠으므로, 이제 관계에 따라 컨텍스트가 어떻게 작용하는지 설명할 수 있다. 사실 하나의 테이블만 포함하는 데이터 모델은 거의 없고, 관계로 연결된 테이블이 몇 개 있는 경우가 대부분이다. Sales와 Product 테이블 사이에 관계가 있는 경우 Product 테이블에 대한 필터 컨텍스트가 Sales 테이블도 필터링할까? Sales 테이블에 대한 필터는 Product 테이블을 필터링할까? 평가 컨텍스트에는 두 가지 유형(행 컨텍스트와 필터 컨텍스트)이 있고, 관계에는 두 가지 측면(1쪽과 M쪽)이 있기 때문에 분석할 수 있는 시나리오는 네 가지다.

이러한 질문에 대한 답은 앞서 배운 **'필터 컨텍스트 필터링하고, 행 컨텍스트 반복한다'**와 그 결과 **'필터 컨텍스트는 반복되지 않고 행 컨텍스트는 필터링하지 않는다'**라는 주문에서 찾을 수 있다.

시나리오를 검토하기 위해 그림 4-17과 같이 6개의 테이블을 포함하는 데이터 모델을 사용한다.

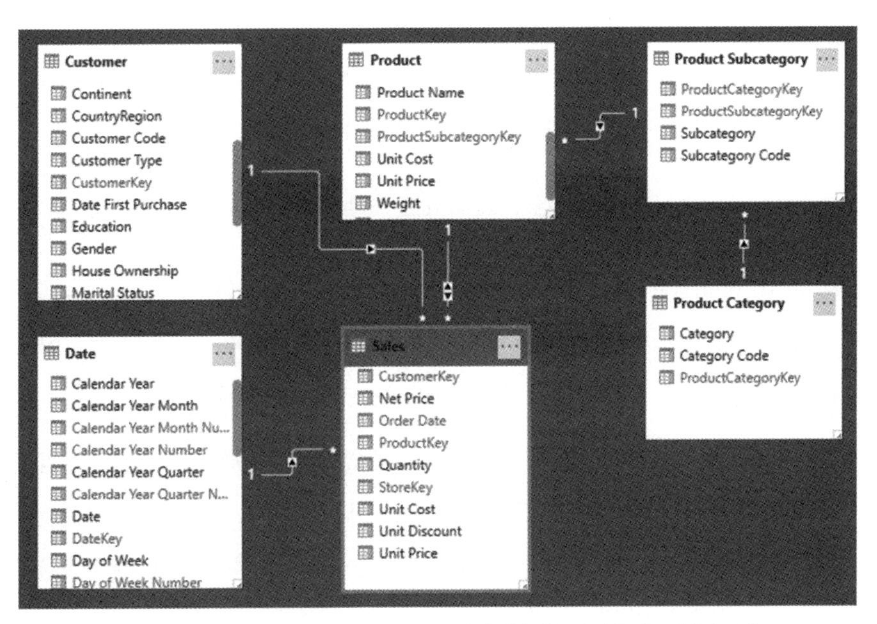

그림 4-17 컨텍스트와 관계 사이의 상호 작용을 학습하는 데 사용되는 데이터 모델

이 모델에서 다음과 같이 주목할 만한 2가지가 있다.

- Sales 테이블에서 시작해 Product 및 Product Subcategory를 거쳐 Product Category에 도달하는 관계의 사슬이 있다.
- 양방향 관계는 Sales와 Product 간 관계가 유일하다. 나머지 모든 관계는 단일 방향 교차필터로 설정된다.

이 모델은 다음 절에서 평가 컨텍스트와 관계를 자세히 다룰 때 유용하다.

행 컨텍스트 및 관계

행 컨텍스트는 반복하되 필터링하지는 않는다. 반복은 한 줄 한 줄씩 테이블을 스캔하고 그 사이에 작업을 수행하는 과정이다. 우리는 일반적으로는 합계나 평균과 같은 어떤 종류의 집계를 원한다. 반복하는 동안 행 컨텍스트는 개별 테이블을 반복하며 해당 테이블의 모든 열에 값을 제공한다. 다른 테이블은 반복되는 테이블과 관련이 있지만 여기에는 행 컨텍스트가 없다. 즉, 행 컨텍스트는 관계와 자동으로 상호 작용하지 않는다.

실제로 Sales 테이블에 저장된 단가와 Product 테이블에 저장된 단가의 차이를 보여주는 Sales 테이블의 계산된 열을 예로 들어 보자. 다음 DAX 코드는 Product[UnitPrice] 열을 사용했는데 Product에는 행 컨텍스트가 없어서 작동하지 않는다.

```
Sales[UnitPriceVariance] = Sales[Unit Price] - 'Product'[Unit Price]
```

위 식은 계산된 열이므로 해당 열이 포함된 테이블인 Sales 테이블에서 자동으로 행 컨텍스트를 생성한다. Sales의 행 컨텍스트는 Sales의 열을 사용해 행별로 식을 평가한다. Product가 Sales 테이블과의 관계에서 1쪽에 있지만 반복은 Sales 테이블에서만 발생한다.

관계의 M쪽에서 반복할 때 관계의 1쪽에 있는 열에 접근할 수 있지만, 이때 RELATED 함수를 사용해야 한다. RELATED는 열 참조를 매개변수로 받아들이고 대상 테이블의 해당 행에 있는 열의 값을 검색한다. RELATED는 하나의 열만 참조할 수 있으며 관계의 1쪽에 있는 두 개 이상의 열에 액세스하려면 복수의 RELATED 함수가 필요하다. 이전 코드를 올바르게 바꾸면 다음과 같다.

```
Sales[UnitPriceVariance] = Sales[Unit Price] - RELATED ( 'Product'[Unit Price] )
```

RELATED는 관계의 M쪽에 있는 테이블에 행 컨텍스트(즉, 반복)가 있을 때 사용할 수 있다. 행 컨텍스트가 관계의 1쪽에서 활성화됐다면 RELATED는 관계를 따라 여러 행을 찾을 것이기 때문에 RELATED는 더 이상 사용할 수 없다. 이 경우, 즉 관계의 1쪽을 반복할 때 사용할 함수는 RELATEDTABLE이다. RELATEDTABLE은 현재 반복하는 테이블과 관련된 M쪽 테이블의 행을 모두 반환한다. 각 제품이 팔린 횟수를 계산하려는 경우 Product 테이블에서 계산된 열로 다음과 같이 정의할 수 있다.

```
Product[NumberOfSales] =
VAR SalesOfCurrentProduct = RELATEDTABLE ( Sales )
RETURN
  COUNTROWS ( SalesOfCurrentProduct )
```

이 식은 현재 Product에 해당하는 Sales 테이블의 행 수를 계산한다. 결과는 그림 4-18에서 볼 수 있다.

Product Name	NumberOfSales
A. Datum Advanced Digital Camera M300 Azure	13
A. Datum Advanced Digital Camera M300 Black	23
A. Datum Advanced Digital Camera M300 Green	32
A. Datum Advanced Digital Camera M300 Grey	32
A. Datum Advanced Digital Camera M300 Orange	3
A. Datum Advanced Digital Camera M300 Pink	41
A. Datum Advanced Digital Camera M300 Silver	18
A. Datum All in One Digital Camera M200 Azure	29
A. Datum All in One Digital Camera M200 Black	16
A. Datum All in One Digital Camera M200 Green	19
A. Datum All in One Digital Camera M200 Grey	51

그림 4-18 RELATEDTABLE은 관계의 1쪽의 행 컨텍스트에서 유용하다.

RELATED와 RELATEDTABLE 모두 관계의 사슬을 통과할 수 있다. 즉, 한 번의 이동으로 제한되지 않는다. 예를 들자면 이전과 코드가 같지만 이번에는 Product Category에 다음과 같은 열을 만들 수 있다.

```
'Product Category'[NumberOfSales] =
VAR SalesOfCurrentProductCategory = RELATEDTABLE ( Sales )
RETURN
  COUNTROWS ( SalesOfCurrentProductCategory )
```

결과는 카테고리별 판매된 횟수이며, 이는 Product Category에서 Product Subcategory로의 관계 사슬을 통과한 다음 Product 테이블로 이동해 최종적으로 Sales 테이블에 도달한다.

비슷한 방식으로 Product Category 테이블로부터 Category 이름을 복사해 Product 테이블에 가져오는 계산된 열을 만들 수 있다.

```
'Product'[Category] = RELATED ( 'Product Category'[Category] )
```

이 경우 단일 RELATED 함수가 Product에서 Product Subcategory와 Product Category의 관계 사슬을 통과한다.

노트 RELATED와 RELATEDTABLE의 일반적인 규칙에 대한 유일한 예외는 일대일 관계일 때다. 두 테이블이 일대일 관계인 경우 양쪽 테이블에서 RELATED와 RELATEDTABLE이 모두 사용할 수 있으며 사용하는 함수의 종류에 따라 결과는 열값 또는 단일 행이 있는 테이블이 된다.

관계의 사슬이 작동하기 위해서는 모든 관계가 동일한 유형, 즉 일대일 또는 다대일 관계여야 한다. 사슬이 브리지 테이블에 일대다 관계를 통해 두 테이블을 연결한 다음 두 번째 테이블에 다대일 관계로 연결되는 경우 단일 방향 필터 전파에서 RELATED 또는 RELATEDTABLE이 작동하지 않는다. 나중에 설명할 양방향 필터 전파를 사용하는 경우에만 RELATEDTABLE을 사용할 수 있다. 한편, 일대일 관계는 일대다 및 다대일 관계로 동시에 동작한다. 따라서 사슬을 방해하지 않고 일대다 (또는 다대일) 사슬에 일대일 관계가 있을 수 있다.

그림 4-17의 모델에서 Customer는 Sales와 연결되고 Sales는 Product와 연결돼 있다. Customer와 Sales는 일대다 관계이고 Sales와 Product는 다대일 관계다. 따라서 일련

의 관계는 Customer와 Product를 연결한다. 그러나 위의 두 관계는 같은 방향이 아니다. 이 시나리오는 다대다 관계라고 부른다. Customer는 구매한 여러 Product와 관련이 있고 Product는 제품을 구입한 많은 Customer와 연결된다. 15장, '고급 관계'의 뒷부분에서 다대다 관계를 다룰 예정이다. 지금은 행 컨텍스트에 초점을 맞추자. 다대다 관계에서 RELATEDTABLE을 사용한다면 결과에는 오류가 발생한다. 다음 식을 사용 Product 테이블에 만든 계산된 열을 살펴보자.

```
Product[NumOfBuyingCustomers] =
VAR CustomersOfCurrentProduct = RELATEDTABLE ( Customer )
RETURN
  COUNTROWS ( CustomersOfCurrentProduct )
```

앞 코드의 결과는 제품을 구입한 고객의 수가 아니다. 그림 4-19에서 볼 수 있듯이 결과는 총고객의 수다.

Product Name	NumOfBuyingCustomers
A. Datum Advanced Digital Camera M300 Azure	18869
A. Datum Advanced Digital Camera M300 Black	18869
A. Datum Advanced Digital Camera M300 Green	18869
A. Datum Advanced Digital Camera M300 Grey	18869
A. Datum Advanced Digital Camera M300 Orange	18869
A. Datum Advanced Digital Camera M300 Pink	18869
A. Datum Advanced Digital Camera M300 Silver	18869
A. Datum All in One Digital Camera M200 Azure	18869
A. Datum All in One Digital Camera M200 Black	18869
A. Datum All in One Digital Camera M200 Green	18869

그림 4-19 RELATEDTABLE은 다대다 관계에서는 제대로 작동하지 않는다.

RELATEDTABLE은 같은 방향으로 가지 않기 때문에 관계의 사슬을 따를 수 없다. Product의 행 컨텍스트는 Customer 테이블에 전달되지 않는다. 여기서 표현식을 반대 방향으로 시도한다면, 즉 각 Customer가 구매한 Product의 수를 센다면 결과는 정확하게 나온다. 다시 말하자면 고객이 구매한 제품의 수를 나타내는 행마다 숫자가 다르게 나온다. 이 동작은 행 컨텍스트의 전파 때문이 아니라 RELATEDTABLE에 의해 생성된 컨텍스트 전환 때문에 생긴다. 전체를 이야기하기 위해서 마지막 설명을 추가했다. 하지만 아직 이에 대해 상세히 다룰 시점이 아니다. 이는 5장을 읽고 나면 더 잘 이해할 수 있을 것이다.

필터 컨텍스트 및 관계

이전 절에서 행 컨텍스트는 반복하지만 관계를 사용하지 않는다는 것을 배웠다. 반면 필터 컨텍스트는 필터링한다. 필터 컨텍스트는 개별 테이블에 적용되지 않고 항상 전체 모델에서 작동한다. 이제 평가 컨텍스트에 대한 주문을 다음과 같이 새롭게 할 수 있다.

필터 컨텍스트는 모델을 필터링하고 행 컨텍스트는 테이블을 반복한다.

필터 컨텍스트는 모델을 필터링하기 때문에 관계를 사용한다. 필터 컨텍스트는 자동으로 관계와 상호 작용하며 관계의 크로스필터 방향이 설정되는 방법에 따라 다르게 작동한다. 크로스필터 방향은 그림 4-20과 같이 관계를 나타내는 선의 중간에 작은 화살표로 표시된다.

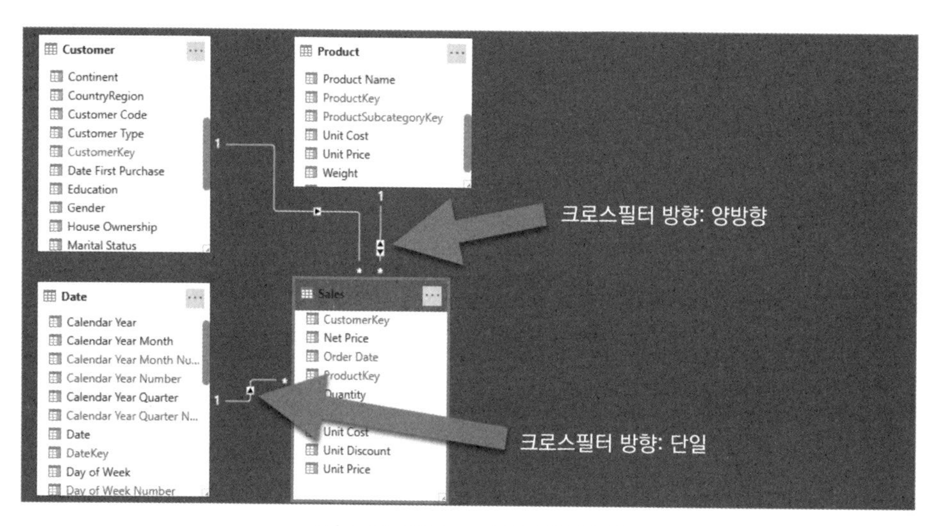

그림 4-20 필터 컨텍스트 및 관계의 동작

필터 컨텍스트는 화살표가 허용하는 방향으로 이동해 관계를 사용한다. 모든 관계에서 화살표는 1쪽에서 M쪽으로 전파를 허용하지만 크로스필터 방향이 **양방향**Both 일 때에는 M쪽에서도 1쪽으로도 전파가 허용된다.

크로스필터의 방향이 단일(한쪽 방향)일 경우 **단방향 관계**이며 크로스필터의 방향이 **양방향**일 경우 양방향 관계다.

위의 동작은 직관적이다. 미리 설명하지는 않았지만 지금까지 사용한 모든 보고서는 위와 같은 동작에 의존했다. Product[Color]로 필터링하고 Sales[Quantity]의 합계를 구하는 일반적인 보고서에서 Product 테이블에 대한 필터가 Sales 테이블에 전파될 것으로 예상할 수 있다. 이를 정확하게 설명하면 다음과 같다. Product는 관계의 1쪽에 있다. 따라서 크로스필터 방향과 관계없이 Product 테이블에 적용한 필터가 Sales로 전파된다.

현재의 데이터 모델은 양방향 관계와 여러 개의 단방향 관계를 모두 포함하고 있으므로 Sales, Product, Customer의 세 테이블에 있는 행의 수를 세는 세 가지 측정값을 사용해 필터링 동작을 시연할 수 있다.

```
[NumOfSales]      :=COUNTROWS(Sales)
[NumOfProducts]   :=COUNTROWS(Product )
[NumOfCustomers] :=COUNTROWS(Customer)
```

보고서의 행에 Product[Color]를 배치한다. 이렇게 하면 각 셀은 제품 색상으로 필터링하는 필터 컨텍스트에서 평가된다. 그림 4-21은 그 결과를 나타낸다.

Color	NumOfSales	NumOfProducts	NumOfCustomers
Azure	398	14	18,869
Black	24,048	602	18,869
Blue	6,277	200	18,869
Brown	1,840	77	18,869
Gold	988	50	18,869
Green	2,150	74	18,869
Grey	8,525	283	18,869
Orange	1,577	55	18,869
Pink	3,518	84	18,869
Purple	75	6	18,869
Red	5,802	99	18,869
Silver	19,735	417	18,869
Silver Grey	675	14	18,869
Transparent	896	1	18,869
White	21,854	505	18,869
Yellow	1,873	36	18,869
Total	**100,231**	**2,517**	**18,869**

그림 4-21 이 그림은 필터 컨텍스트와 관계의 동작을 보여준다.

첫 번째 예에서 필터는 항상 관계의 1쪽에서 M쪽으로 전파된다. 필터는 Product[Color]에서 시작된다. 그로부터 Product와의 관계에서 M쪽에 있는 Sales 테이블과 같은 테이블인 Product에 도달한다. 한편, NumOfCustomers는 항상 동일한 값, 즉 총고객 수를 보여준다. Customer와 Sales 사이의 관계가 Sales에서 Customer로의 전파를 허용하지 않기 때문이다. 필터는 Product에서 Sales로 이동하지만 Customer에 접근할 수는 없다.

여기서 Sales와 Product는 양방향 관계다. 따라서 Customer의 필터 컨텍스트는 Sales 및 Product도 필터링한다. Product[Color] 대신 Customer[Education]을 행에 배치해서 이를 증명할 수 있다. 결과는 그림 4-22에서 확인할 수 있다.

Education	NumOfSales	NumOfProducts	NumOfCustomers
	78,059	2,097	385
Bachelors	5,963	415	5,356
Graduate Degree	3,351	290	3,189
High School	4,721	392	3,294
Partial College	5,747	423	5,064
Partial High School	2,390	263	1,581
Total	**100,231**	**2,517**	**18,869**

그림 4-22 Customer[Education]을 기준으로 필터링하면 Product 테이블도 필터링된다.

이번에는 Customer 테이블에서 필터가 시작된다. Sales는 관계의 M쪽에 있으므로 필터는 Sales 테이블에 도달할 수 있다. 또한, Sales와 Product가 **양방향** 관계이기 때문에 필터는 Sales에서 Product로 전파된다.

사슬에서 한 개의 양방향 관계가 전체 사슬을 양방향 관계로 만들지는 않는다. 실제로 다음과 같이 하위 카테고리 수를 세는 측정값은 Customer로부터 시작하는 필터 컨텍스트가 Product Subcategory에 도달하지 않음을 보여준다.

```
NumOfSubcategories := COUNTROWS ( 'Product Subcategory' )
```

이전 보고서에 이 측정값을 추가하면 그림 4-23과 같은 결과가 나온다. 여기서 하위 카테고리의 수는 모든 행에 있어 동일하다.

Education	NumOfSales	NumOfProducts	NumOfCustomers	NumOfSubcategories
	78,059	2,097	385	44
Bachelors	5,963	415	5,356	44
Graduate Degree	3,351	290	3,189	44
High School	4,721	392	3,294	44
Partial College	5,747	423	5,064	44
Partial High School	2,390	263	1,581	44
Total	**100,231**	**2,517**	**18,869**	**44**

그림 4-23 관계가 단방향인 경우 Customer는 Product Subcategory를 필터링할 수 없다.

`Product`와 `Product Subcategory`의 관계는 단방향이기 때문에 필터는 `Product Subcategory`로 전파되지 않는다. 크로스필터 방향을 양방향으로 변경하면 그림 4-24와 같이 결과가 달라진다.

Education	NumOfSales	NumOfProducts	NumOfCustomers	NumOfSubcategories
	78,059	2,097	385	32
Bachelors	5,963	415	5,356	32
Graduate Degree	3,351	290	3,189	32
High School	4,721	392	3,294	32
Partial College	5,747	423	5,064	32
Partial High School	2,390	263	1,581	31
Total	**100,231**	**2,517**	**18,869**	**44**

그림 4-24 관계가 양방향인 경우 Customer는 Product Subcategory도 필터링할 수 있다.

행 컨텍스트에서는 관계를 통해 행 컨텍스트를 전파하기 위해 `RELATED`와 `RELATEDTABLE` 함수를 사용한다. 한편, 필터 컨텍스트에서는 필터를 전파하는 함수가 필요하지 않다. 필터 컨텍스트는 테이블이 아니라 모델을 필터링한다. 이처럼 일단 필터 컨텍스트를 적용하면 전체 모델은 관계에 따라 필터의 대상이 된다.

중요 위 예에서 모든 관계를 양방향으로 설정하는 것이 좋은 방법처럼 보일 수 있지만 사실은 그렇지 않다. 양방향 필터는 4장에서 다루기에는 너무 복잡한 주제이므로 결과를 명확하게 알기 전까지는 사용하지 않도록 하자. 15장, '고급 관계'에서 이에 대해 자세히 다룰 예정이다. 원칙적으로 꼭 필요한 때에만 측정값에 CROSSFILTER 함수를 사용해 양방향 필터를 활성화해야 한다.

필터 컨텍스트에서 DISTINCT 및 SUMMARIZE 사용

평가 컨텍스트를 제대로 이해했으므로, 이제 시나리오를 단계별로 해결할 수 있다. 이 절에서는 행 컨텍스트 및 필터 컨텍스트의 기본 개념을 탄탄히 하기 위해 몇 가지 세부 사항을 다룬다. 또한 3장, '기본 테이블 함수'에서 소개한 SUMMARIZE 함수에 대해서도 자세히 설명한다.

이 예제는 올바른 솔루션에 도달하기 전에 몇 가지 부정확한 계산을 보여준다. 이는 교육적 차원에서 솔루션을 제공하기보다는 DAX 코드를 작성하는 과정을 알려주고 싶기 때문이다. 측정값을 작성하는 도중 초기에 몇 가지 오류가 발생할 수 있다. 이 예제에서는 비슷한 오류를 여러분이 직접 해결할 수 있도록 올바른 추론 방법도 설명한다.

요구 사항은 Contoso 고객의 평균 연령을 계산하는 것이다. 이는 문제가 없는 요구 사항처럼 보이지만 그렇지 않다. 현재 고객의 나이인지, 구매 시점의 나이인지 불분명하다. 고객이 3회 구매한 경우, 평균을 계산해 1개의 이벤트로 봐야 할까? 아니면 3개의 이벤트로 계산해야 할까? 다른 나이에 세 번 구매했다면 어떻게 해야 할까? 좀 더 정확해야 한다. 더 완벽한 요구 사항은 다음과 같다. **'판매 시점을 기준으로 고객의 평균 연령을 계산하고, 같은 연령에 여러 번 구매한 경우 각 고객을 한 번만 계산한다.'**

솔루션은 다음과 같이 두 단계로 나눌 수 있다.

- 구매한 시점의 고객 연령 계산
- 고객의 평균 나이 계산

고객의 연령은 구매 시점마다 바뀐다. 따라서 연령을 계산하는 열은 Sales 테이블에 저장해야 한다. 이렇게 하면 Sales 테이블의 각 행에서 판매된 시점의 고객 연령을 계산할 수 있다. 계산된 열로 요구 사항을 충족할 수 있다.

```
Sales [Customer Age] =
DATEDIFF (                                -- 다음의 차이를 계산
  RELATED (Customer[Birth Date] ),        -- 고객의 생일
  Sales[Order Date],                      -- 구매 시점
```

```
    YEAR                                -- 연도 기준
)
```

Customer Age는 계산된 열이므로 Sales를 반복하는 행 컨텍스트에서 평가된다. 표현식은 Sales와의 관계에서 1쪽에 있는 Customers 테이블의 Customer[Birth Date]열에 액세스해야 한다. 이 경우 DAX가 대상 테이블에 액세스하기 위해서는 RELATED 함수가 필요하다. 샘플 데이터베이스 Contoso에는 생년월일이 비어 있는 고객이 많다. 첫 번째 매개변수가 비어 있으면 DATEDIFF가 공백을 반환한다.

요구 사항은 평균을 계산하는 것이기 때문에 다음과 같은 측정값으로 이 열의 평균을 계산할 수 있다.

```
Avg Customer Age Wrong := AVERAGE ( Sales[Customer Age] )
```

고객이 특정 연령에서 여러 번 구매한 경우 Sales[Customer Age]에 동일한 연령대의 여러 행이 포함되므로 결과가 올바르지 않다. 요구 사항은 각 고객을 한 번만 계산하는 것이므로, 이 식은 요구 사항을 충족시키지 못한다. 그림 4-25는 마지막 식의 결과를 예상 결과와 함께 보여준다.

Color	Avg Customer Age Wrong	Correct Average
Azure	46.44	46.44
Black	46.59	46.67
Blue	45.87	45.91
Brown	45.48	45.48
Gold	45.26	45.26
Green	47.26	47.26
Grey	46.44	46.44
Orange	37.27	37.27
Pink	46.18	46.17
Purple	50.09	50.09
Red	45.42	45.45
Silver	45.87	45.82
Silver Grey	49.93	49.93
White	46.00	46.25
Yellow	47.76	47.76
Total	**46.18**	**46.20**

그림 4-25 단순 평균은 고객의 연령을 제대로 계산하지 못한다.

문제는 고객 각각의 나이를 한 번만 계산해야 한다는 점이다. 아직 정확하지는 않지만 다음과 같은 방법으로 고객 나이를 구분해 평균을 계산할 수 있다.

```
Avg Customer Age Wrong Distinct :=
AVERAGEX (                                   -- 다음 테이블을 반복해서
  DISTINCT ( Sales[Customer Age] ),          -- 중복을 없앤 Sales[Customer Age]의
  Sales[Customer Age]                        -- 평균을 구함
)
```

위 식은 아직 올바른 솔루션이 아니다. 실제로 DISTINCT는 고객 연령의 고유한 값을 반환한다. 이 식으로는 연령이 같은 두 명의 고객이 한 번만 계산된다. 요구 사항은 각 고객을 한 번 계산하는 것인데, 이 식은 각 연령을 한 번 계산한다. 그림 4-26은 위 식의 결과를 보여준다. 이 솔루션은 여전히 부정확하다.

Color	Avg Customer Age Wrong Distinct	Correct Average
Azure	50.92	46.44
Black	58.38	46.67
Blue	55.33	45.91
Brown	50.15	45.48
Gold	45.14	45.26
Green	50.92	47.26
Grey	54.33	46.44
Orange	38.33	37.27
Pink	53.45	46.17
Purple	53.74	50.09
Red	56.10	45.45
Silver	61.67	45.82
Silver Grey	47.93	49.93
White	58.57	46.25
Yellow	55.83	47.76
Total	**62.00**	**46.20**

그림 4-26 고유한 고객 나이의 평균은 여전히 잘못된 결과를 보여준다.

마지막 식에서 다음 코드와 같이 DISTINCT의 매개변수로 Customer Age를 CustomerKey로 바꿔볼 수 있다.

```
Avg Customer Age Invalid Syntax :=
AVERAGEX (                                    -- 중복이 없는 다음 행을 반복해서
  DISTINCT ( Sales[CustomerKey] ),            -- Sales[CustomerKey]
  Sales[Customer Age]                         -- 고객 나이의 평균을 계산
)
```

이 코드에는 DAX에서 받아들일 수 없는 오류가 포함돼 있다. 다음 설명을 읽지 않고 원인이 무엇인지 설명할 수 있을까?

AVERAGEX는 테이블을 반복하는 행 컨텍스트를 생성한다. AVERAGEX에 첫 번째 매개변수로 제공된 테이블은 DISTINCT (Sales[CustomerKey])이다. DISTINCT는 하나의 열만 있고 고객 키의 모든 고윳값이 있는 테이블을 반환한다. 따라서 AVERAGEX로 만들어진 행 컨텍스트에는 Sales[CustomerKey]라는 하나의 열만 포함된다. DAX는 Sales[CustomerKey]만 포함하는 행 컨텍스트에서 Sales[Customer Age]를 평가할 수 없다.

Sales[CustomerKey]와 같은 수준으로 세분화돼 있으며 Sales[Customer Age]도 포함하는 행 컨텍스트가 필요하다. 3장에서 소개한 SUMMARIZE 함수는 고유한 두 열의 조합을 만들 수 있다. 모든 요구 사항을 구현하는 제대로 된 코드는 다음과 같다.

```
Correct Average :=
AVERAGEX (                          -- 다음에서 반복(행 컨텍스트 생성)
  SUMMARIZE (                       -- 존재하는 모든 조합 만들기
    Sales,                          -- 대상 테이블
    Sales[CustomerKey],             -- 요약 기준 열
    Sales[Customer Age]             -- 요약 기준 열
  ),                                --
  Sales[Customer Age]               -- 평균값을 구할 열
)
```

변수를 사용해 계산을 다음과 같이 여러 단계로 나눌 수 있다. Customer Age 열에 액세스하려면 AVERAGEX 함수의 두 번째 인수에서 Sales 테이블 이름에 대한 참조가 필요하다. 변수는 테이블을 포함할 수 있지만 테이블 참조로 사용할 수 없다.

```
Correct Average :=
VAR CustomersAge =
  SUMMARIZE (                        -- 존재하는 조합
    Sales,                           -- 대상 테이블
    Sales[CustomerKey],              -- 요약 기준 열
    Sales[Customer Age]              -- 요약 기준 열
  )
RETURN
  AVERAGEX (                         -- 행 컨텍스트 생성
    CustomersAge,                    -- Sales 테이블의 Customers/age
    Sales[Customer Age]              -- Customer age의 평균
)
```

SUMMARIZE는 현재 필터 컨텍스트에서 접근 가능한 고객 및 연령의 모든 조합을 생성한다. 따라서 같은 연령의 다수 고객은 한 고객당 한 번만 나이가 계산된다. AVERAGEX는 테이블에 CustomerKey가 있는 것을 무시하며 고객 연령만 사용한다. CustomerKey는 각 연령의 정확한 발생 건수를 계산하는 데만 필요하다.

전체 측정값은 보고서에 의해 생성된 필터 컨텍스트에서 실행된다는 점에 유의해야 한다. 따라서 물건을 산 고객만이 SUMMARIZE에 의해 평가되고 반환된다. 보고서의 모든 셀은 서로 다른 필터 컨텍스트를 가지며 보고서에 표시된 색상의 제품을 하나 이상 구매한 고객만 고려한다.

결론

평가 컨텍스트에 대해 3장에서 배운 가장 중요한 주제를 요약하면 다음과 같다.

- 평가 컨텍스트에는 필터 컨텍스트와 행 컨텍스트 두 가지가 있다. 두 가지 평가 컨텍스트는 동일한 개념의 변형이 아니다. **필터 컨텍스트는 모델을 필터링하고 행 컨텍스트는 하나의 테이블을 반복한다.**
- 표현식이 어떻게 작동하는지 이해하기 위해서는 두 평가 컨텍스트가 항상 동시에 작동하기 때문에 두 가지 평가 컨텍스트를 모두 고려해야 한다.

- DAX는 계산된 열에서 행 컨텍스트를 자동으로 생성한다. 또한 반복함수를 사용해 프로그래밍 방식으로 행 컨텍스트를 만들 수 있다. 모든 반복함수는 행 컨텍스트를 만든다.
- 행 컨텍스트를 중첩해 사용할 수 있으며 같은 테이블에 있는 경우 가장 안쪽의 행 컨텍스트는 동일한 테이블의 이전 행 컨텍스트를 숨긴다. 변수는 필요한 행 컨텍스트에 액세스할 수 있을 때 검색된 값을 저장하는 데 유용하다. 변수를 사용할 수 없었던 이전 버전의 DAX에서는 EARLIER 함수를 사용해서 이전 행 컨텍스트에 액세스했다. 이제는 EARLIER 함수를 사용할 필요가 없다.
- 테이블 식의 결과인 테이블을 반복할 때 행 컨텍스트는 테이블 식이 반환하는 열만 포함한다.
- Power BI와 같은 클라이언트 도구에서 행, 열, 슬라이서 및 필터에 필드를 사용하면 필터 컨텍스트가 만들어진다. 또한 CALCULATE 함수를 사용해서 필터 컨텍스트를 만들 수 있다. 이에 대해서는 5장에서 다룬다.
- 행 컨텍스트는 관계를 통해 자동으로 전파되지 않는다. RELATED와 RELATEDTABLE을 사용해 전파를 강제할 필요가 있다. 일대다 관계에서 이들 함수를 사용하는 위치가 중요하다. 즉, RELATED는 관계의 M쪽에서, RELATEDTABLE은 관계의 1쪽에서 사용할 수 있다.
- 필터 컨텍스트는 모델을 필터링하고, 크로스필터 방향에 따라 관계를 사용한다. 필터 컨텍스트는 항상 1쪽에서 M쪽으로 전파된다. 이때 크로스필터링 방향을 양방향[BOTH]으로 설정하면 M쪽에서 1쪽으로도 전파가 일어난다.

4장에서 DAX 언어의 가장 복잡한 개념적 주제를 다뤘다. 위에서 요약된 사항은 식의 모든 평가 흐름을 지배하며 DAX 언어의 근간을 이룬다. 여러분이 작성한 식으로 원하는 결과를 얻지 못한다면 위와 같은 규칙을 제대로 이해하지 못한 탓일 가능성이 매우 크다.

서문에서 밝혔듯이 처음에는 모든 주제가 간단해 보인다. 실제로도 그다지 어렵지 않다. DAX 식에 여러 평가 컨텍스트가 존재할 수 있어서 DAX가 복잡하다고 여겨질 뿐이다.

표현식의 여러 부분에서 적용되는 평가 컨텍스트를 마스터하는 것은 경험을 통해서 가능하다. 여러분이 평가 컨텍스트를 잘 이해할 수 있도록 5장에서 많은 예를 제시할 예정이다. 직접 DAX 식 몇 개를 작성해보면 어떤 컨텍스트와 어떤 함수가 필요한지 직관적으로 알게 될 것이며 마침내 DAX 언어를 마스터하게 될 것이다.

05

CALCULATE 및 CALCULATETETABLE 이해

5장에서는 CALCULATE 함수에 대한 상세한 설명을 통해 DAX 언어의 힘을 발견하는 여정을 계속한다. 스칼라값 대신 테이블을 평가하고 반환하는 CALCULATETABLE에도 동일한 고려 사항이 적용된다. 단순함을 위해 예에서는 CALCULATE를 사용하지만 CALCULATETABLE도 동일하게 작동한다는 점을 기억하자.

CALCULATE는 DAX에서 가장 중요하고 유용하며 복잡한 함수이기 때문에 5장 전체를 할애한다. 기능 자체는 복잡하지 않다. 몇 가지 작업만 수행할 뿐이다. 하지만 CALCULATE와 CALCULATETABLE 함수는 새로운 필터 컨텍스트를 만들기 때문에 어렵고 복잡하다. 단순한 함수이지만 표현식에 CALCULATE 또는 CALCULATETABLE을 사용하면 복잡성이 곧바로 증가한다.

5장은 4장만큼 어렵다. 처음에는 주의 깊게 읽고 CALCULATE에 대한 일반적인 느낌만 받은 뒤 넘어가도 좋다. 나중에 특정한 표현식에서 길을 잃었다고 느끼는 순간, 5장으로 돌아와 다시 읽길 바란다. 읽을 때마다 새로운 정보를 발견할 것이다.

CALCULATE 및 CALCULATETABLE 소개

4장에서는 행 컨텍스트와 필터 컨텍스트라는 두 가지 평가 컨텍스트에 관해 설명했다. 행 컨텍스트는 계산된 열에서 자동으로 존재하며, 반복함수를 사용하는 프로그래밍 방식으로 행 컨텍스트를 만들 수도 있다. 반면 필터 컨텍스트는 보고서에 의해 만들어지며, 아직 프로그래밍으로 필터 컨텍스트를 만드는 방법에 관해서는 설명하지 않았다. 실제로 CALCULATE와 CALCULATETABLE은 기존 필터 컨텍스트를 조작해 새로운 필터 컨텍스트를 만들 수 있는 유일한 함수다. 여기서는 CALCULATE를 사용한 예제를 보여주지만, CALCULATETABLE도 테이블을 반환하는 DAX 식에서 동일한 작업을 수행한다는 점을 기억하자. CALCULATETABLE을 사용한 예는 12장, '테이블 작업'과 13장, '쿼리 작성' 등에서 확인할 수 있다.

필터 컨텍스트 만들기

여기서는 실제 예제를 통해 새로운 필터 컨텍스트를 만들고자 하는 이유를 소개한다. 다음 절에서 설명하겠지만, 새 필터 컨텍스트를 만들 수 없는 상태에서 코드를 작성하면 장황해서 읽을 수 없는 코드가 된다. 새로운 필터 컨텍스트를 만들어 복잡한 코드를 어떻게 획기적으로 개선할 수 있는지 다음 예를 통해 살펴보자.

콘토소는 전 세계에 전자제품을 판매하는 회사다. 콘토소라는 브랜드가 붙은 제품도 있고, 다른 브랜드의 제품도 있다. 보고서 중 하나는 콘토소 브랜드의 총 마진을 금액과 백분율로 경쟁사와 비교해야 한다. 보고서를 만들기 위해 다음과 같은 식이 필요하다.

```
Sales Amount := SUMX ( Sales, Sales[Quantity] * Sales[Net Price] )
Gross Margin := SUMX ( Sales, Sales[Quantity] * ( Sales[Net Price] - Sales[Unit
Cost] ) )
GM % := DIVIDE ( [Gross Margin], [Sales Amount] )
```

DAX의 뛰어난 기능 중 하나는 기존 측정값에 기반해 더 복잡한 계산식을 추가할 수 있다는 점이다. 실제로 판매 대비 총 마진의 비율을 계산하는 측정값인 GM % 정의에서 이를 확인할 수 있다. 위 식에서 GM %는 단순히 기존의 측정값인 [Gross Margin]을 [Sales Amount]로 나눴다. 측정값이 이미 만들어졌으면 전체 코드를 다시 쓰는 대신 기존의 측정값을 사용할 수 있다.

위에서 정의한 세 측정값을 사용하면 그림 5-1과 같이 첫 번째 보고서를 작성할 수 있다.

Category	Sales Amount	Gross Margin	GM %
Audio	384,518.16	196,713.38	51.16%
Cameras and camcorders	7,192,581.95	4,162,105.17	57.87%
Cell phones	1,604,610.26	821,136.57	51.17%
Computers	6,741,548.73	3,594,082.52	53.31%
Games and Toys	360,652.81	174,283.26	48.32%
Home Appliances	9,600,457.04	4,939,739.79	51.45%
Music, Movies and Audio Books	314,206.74	180,968.34	57.60%
TV and Video	4,392,768.29	2,173,609.72	49.48%
Total	**30,591,343.98**	**16,242,638.75**	**53.10%**

그림 5-1 세 측정값으로 카테고리별 마진을 쉽게 파악할 수 있다.

보고서를 작성하는 다음 단계는 좀 더 복잡하다. 지금 원하는 것은 최종 보고서에 그림 5-2와 같이 콘토소 브랜드의 총 마진(금액과 백분율)을 보여주는 두 개의 열을 추가하는 것이다.

Category	Sales Amount	Gross Margin	GM %	Contoso GM	Contoso GM %
Audio	384,518.16	196,713.38	51.16%	87,279.45	51.28%
Cameras and camcorders	7,192,581.95	4,162,105.17	57.87%	807,222.16	60.79%
Cell phones	1,604,610.26	821,136.57	51.17%	228,309.82	47.49%
Computers	6,741,548.73	3,594,082.52	53.31%	579,245.67	54.95%
Games and Toys	360,652.81	174,283.26	48.32%		
Home Appliances	9,600,457.04	4,939,739.79	51.45%	1,660,590.09	50.40%
Music, Movies and Audio Books	314,206.74	180,968.34	57.60%	92,994.17	57.84%
TV and Video	4,392,768.29	2,173,609.72	49.48%	421,429.28	48.79%
Total	**30,591,343.98**	**16,242,638.75**	**53.10%**	**3,877,070.65**	**52.73%**

그림 5-2 보고서의 마지막 두 열은 브랜드가 콘토소인 제품의 총 마진 금액과 총 마진 비율을 보여준다.

지금까지 배운 내용만으로도 두 가지 측정값에 대한 코드를 만들 수 있다. 요구 사항이 한 브랜드 제품만 계산하는 것이므로 다음과 같이 FILTER 함수를 사용해 총 마진 계산을 콘토소 제품으로만 한정할 수 있다.

```
Contoso GM :=
VAR ContosoSales =                      -- 콘토소 브랜드의 제품에 해당하는 Sales 테이블의 행을
  FILTER (                              -- 'ContosoSales'라는 변수로 저장
    Sales,
    RELATED ( 'Product'[Brand] ) = "Contoso"
  )
VAR ContosoMargin =                     -- 콘토소 제품만의 마진을 계산하기 위해
  SUMX (                                -- ContosoSales 테이블을 반복
    ContosoSales,
    Sales[Quantity] * ( Sales[Net Price] - Sales[Unit Cost] )
  )
RETURN
  ContosoMargin
```

ContosoSales 변수에는 모든 Contoso 브랜드 제품과 관련된 Sales 테이블의 행이 포함돼 있다. 변수가 계산되면 SUMX가 ContosoSales를 반복해 마진을 계산한다. Sales 테이블에서 반복되고, Filter는 Product 테이블에 적용되기 때문에 Sales의 각 행과 관련된 제품을 검색하려면 RELATED를 사용해야 한다. 이와 유사한 방법으로 ContosoSales 변수를 두 번 반복해 Contoso의 총 마진을 계산할 수 있다.

```
Contoso GM % :=
VAR ContosoSales =                      -- 콘토소 브랜드의 제품에 해당하는 Sales 테이블의 행을
  FILTER (                              -- 'ContosoSales'라는 변수로 저장
    Sales,
    RELATED ( 'Product'[Brand] ) = "Contoso"
  )
VAR ContosoMargin =                     -- 콘토소 제품만의 마진을 계산하기 위해
  SUMX (                                -- ContosoSales 테이블을 반복
    ContosoSales,
    Sales[Quantity] * ( Sales[Net Price] - Sales[Unit Cost] )
  )
VAR ContosoSalesAmount =                -- 콘토소 제품만의 마진을 계산하기 위해
  SUMX (                                -- ContosoSales 테이블을 반복
    ContosoSales,
    Sales[Quantity] * Sales[Net Price]
  )
VAR Ratio =
```

```
  DIVIDE ( ContosoMargin, ContosoSalesAmount )
RETURN
  Ratio
```

콘토소 GM %의 코드는 조금 더 길지만 논리적인 관점에서 보면 콘토소 GM과 같은 패턴을 따른다. 위 측정값은 잘 작동하지만 DAX의 초기 우아함을 잃었다. 실제로 이 모델에는 이미 총 마진을 계산하기 위한 측정값과 총 마진 비율을 계산하기 위한 다른 측정값이 포함돼 있다. 그러나 새로운 측정값은 한 브랜드만 필터링해야 하므로 조건을 더하기 위해 식을 다시 써야 했다.

Gross Margin과 GM %의 기본 측정값으로도 콘토소에 해당하는 값을 계산할 수 있다. 실제로 그림 5-2에서 콘토소의 총 마진은 3,877,070.65이고 비율은 52.73%라는 것을 알 수 있다. 그림 5-3과 같이 기본 측정값인 총 마진 및 GM %를 브랜드별로 슬라이싱해서 동일한 숫자를 얻을 수 있다.

Brand	Sales Amount	Gross Margin	GM %
A. Datum	2,096,184.64	1,231,215.46	58.74%
Adventure Works	4,011,112.28	2,041,254.77	50.89%
Contoso	7,352,399.03	3,877,070.65	52.73%
Fabrikam	5,554,015.73	3,063,160.86	55.15%
Litware	3,255,704.03	1,687,426.65	51.83%
Northwind Traders	1,040,552.13	537,637.20	51.67%
Proseware	2,546,144.16	1,392,412.47	54.69%
Southridge Video	1,384,413.85	685,143.25	49.49%
Tailspin Toys	325,042.42	155,099.09	47.72%
The Phone Company	1,123,819.07	592,826.75	52.75%
Wide World Importers	1,901,956.66	979,391.62	51.49%
Total	**30,591,343.98**	**16,242,638.75**	**53.10%**

그림 5-3 브랜드로 슬라이싱하면 기본 측정값은 콘토소의 총 마진 및 GM % 값을 구한다.

강조 표시된 셀에서 리포트에 의해 생성된 필터 컨텍스트는 콘토소 브랜드를 필터링하고 있다. 필터 컨텍스트는 모델을 필터링한다. 따라서 Product[Brand] 열에 있는 필터 컨텍스트는 Sales 테이블과 Product 테이블이 연결됐기 때문에 Sales 테이블을 필터링한다. 필터 컨텍스트가 전체 모델에서 작동하기 때문에 필터 컨텍스트를 사용해 테이블을 간접적으로 필터링할 수 있다.

따라서 콘토소 브랜드 제품만 필터링하는 필터 컨텍스트를 프로그래밍 방식으로 만들어 DAX가 총 마진 측정값을 계산할 수 있다면 마지막 두 측정값을 훨씬 쉽게 쓸 수 있다. CALCULATE를 사용하면 된다.

CALCULATE에 대한 자세한 설명은 5장의 뒷부분에 나온다. 우선 CALCULATE의 구문을 살펴보자.

```
CALCULATE ( 수식, 조건1, … 조건N)
```

CALCULATE는 어떤 수의 매개변수도 받아들일 수 있다. 유일한 필수 매개변수는 첫 번째 매개변수, 즉 평가할 수식이다. 첫 번째 매개변수 뒤에 사용하는 조건을 '필터 인수'라고 한다. CALCULATE는 필터 인수 집합을 기반으로 새 필터 컨텍스트를 생성한다. 새 필터 컨텍스트가 계산되면 CALCULATE는 이를 모델에 적용하고 수식 평가를 진행하게 된다. 그러므로 CALCULATE를 사용해서 다음과 같이 코드를 훨씬 더 단순하게 작성할 수 있다.

```
Contoso GM :=
CALCULATE (
  [Gross Margin],                   -- 브랜드가 콘토소인 필터 컨텍스트에서
  'Product'[Brand] = "Contoso"      -- [Gross Margin]을 계산
)

Contoso GM % :=
CALCULATE (
  [GM %],                           -- 브랜드가 콘토소인 필터 컨텍스트에서
  'Product'[Brand] = "Contoso"      --  [GM %]를 계산
)
```

코드가 다시 간결하고 우아해졌다. 브랜드를 콘토소로 제한하는 필터 컨텍스트를 만들어, 측정값 코드를 다시 쓸 필요 없이 기존 측정값을 사용해 동작을 바꾼 것이다.

CALCULATE를 사용하면 현재 컨텍스트에서 FILTER를 조절해 새로운 필터 컨텍스트를 만들 수 있다. 위에서 살펴본 바와 같이 이를 통해 간단하고 우아한 코드를 만들 수 있다. 다음 절에서는 CALCULATE의 동작에 대해 완전하고 공식적인 정의를 살펴보고, CALCULATE의 기

능을 활용하는 방법에 대해서도 자세히 설명한다. 실제로 지금까지 Contoso 측정값의 처음 정의가 마지막 정의와 의미론적으로 같지 않지만 예제를 다소 높은 수준으로 유지했다. 잘 이해해야 하는 몇 가지 차이점이 있다.

CALCULATE 소개

이제 CALCULATE 함수의 세부 사항을 학습할 차례다. 앞에서 소개했듯이 CALCULATE는 필터 컨텍스트를 수정할 수 있는 유일한 DAX 함수로서 CALCULATE를 언급할 때 CALCULATETABLE도 포함한다는 점을 기억하자. CALCULATE는 필터 컨텍스트를 수정하지 않고 기존 필터 컨텍스트와 필터 매개변수를 병합해 새로운 필터 컨텍스트를 만든다. CALCULATE가 종료되면 해당 필터 컨텍스트는 사라지고 이전 필터 컨텍스트가 다시 적용된다.

앞서 소개한 CALCULATE의 구문은 다음과 같다.

```
CALCULATE(수식, 조건1, ... 조건N )
```

첫 번째 매개변수는 CALCULATE가 평가할 수식이다. 식을 평가하기 전에 CALCULATE는 필터 인수를 계산해 필터 컨텍스트를 조작하는 데 사용한다.

CALCULATE에 대해 주목해야 할 첫 번째 중요한 사항은 필터 인수가 부울 조건이 아니라는 것이다. 필터 인수는 테이블이다. 부울 조건을 CALCULATE의 필터 인수로 사용해도 DAX는 이를 값으로 이뤄진 테이블로 변환한다.

이전 절에서 사용한 다음 코드를 살펴보자.

```
Contoso GM :=
CALCULATE (
  [Gross Margin],                        -- 브랜드가 콘토소인 필터 컨텍스트에서
  'Product'[Brand] = "Contoso"           -- [Gross Margin]을 계산
)
```

위 코드에서 완전한 CALCULATE 구문 대신 간단한 부울 조건을 사용했다. 이를 간편 표기법syntactic sugar이라고 부른다. 부울 조건을 완전한 형태로 변환하면 다음과 같다.

```
Contoso GM :=
CALCULATE (
  [Gross Margin],                          -- 모든 Product[Brand] 가운데
  FILTER (                                 -- 브랜드가 "Contoso"인 값을
    ALL ( 'Product'[Brand] ),              -- Product [Brand]에 유효한 값으로 사용해
    'Product'[Brand] = "Contoso"           -- [Gross Margin]을 계산
  )
)
```

위의 두 구문은 동등하며, 둘 사이에는 성능이나 의미상의 차이가 없다. 특히 CALCULATE를 처음 배울 때는 필터 인수를 항상 테이블로 읽는 것이 도움이 된다. 이렇게 하면 CALCULATE의 동작을 더 명확하게 이해할 수 있다. 일단 CALCULATE 의미 체계에 익숙해지면 간편 표기법을 사용하는 단순한 구문이 더 편리하다. 짧고 읽기도 쉽기 때문이다.

필터 인수는 테이블, 즉 값으로 구성된 목록이다. 필터 인수로 제공된 테이블은 수식 평가 중에 열에 표시될 값 목록을 정의한다. 이전 예에서 FILTER는 Product[Brand]의 값이 'Contoso'인 값을 포함하는 행이 하나만 있는 테이블을 반환한다. 즉, 'Contoso'는 CALCULATE가 Product[Brand] 열에 표시할 유일한 값이다. 따라서 CALCULATE는 Contoso 브랜드 제품만을 포함해 모델을 필터링한다. 다음 두 측정값을 살펴보자.

```
Sales Amount :=
  SUMX (
    Sales,
    Sales[Quantity] * Sales[Net Price]
  )

Contoso Sales :=
CALCULATE (
  [Sales Amount],
  FILTER (
    ALL ( 'Product'[Brand] ),
```

```
    'Product'[Brand] = "Contoso"
  )
)
```

Contoso Sales 측정값의 CALCULATE에 있는 FILTER의 필터 매개변수는 All('Product'[Brand])를 스캔하므로, 이전에 Product[Brand]에 있던 필터는 모두 새 필터에 의해 바뀌게 된다. 브랜드별로 나뉜 보고서에 이 측정값을 사용하면 분명하게 확인할 수 있다. 그림 5-4에서 Contoso Sales는 모든 행(브랜드)의 값이 Sales Amount 열의 Contoso 브랜드의 값과 동일하다.

Brand	Sales Amount	Contoso Sales
A. Datum	2,096,184.64	7,352,399.03
Adventure Works	4,011,112.28	7,352,399.03
Contoso	7,352,399.03	7,352,399.03
Fabrikam	5,554,015.73	7,352,399.03
Litware	3,255,704.03	7,352,399.03
Northwind Traders	1,040,552.13	7,352,399.03
Proseware	2,546,144.16	7,352,399.03
Southridge Video	1,384,413.85	7,352,399.03
Tailspin Toys	325,042.42	7,352,399.03
The Phone Company	1,123,819.07	7,352,399.03
Wide World Importers	1,901,956.66	7,352,399.03
Total	**30,591,343.98**	**7,352,399.03**

그림 5-4 Contoso Sales는 기존 필터를 Contoso에 대한 새 필터로 변경한다.

모든 행에서 보고서는 관련 브랜드만 선택하는 필터 컨텍스트를 생성한다. 예를 들어 Litware의 행에서 보고서에서 비롯된 초기 필터 컨텍스트에는 Litware 제품만 선택하는 필터가 포함된다. 그런 다음 CALCULATE는 필터 인수를 평가해 Contoso만 포함된 테이블을 반환한다. 새로 생성된 필터는 동일한 열에 적용된 기존 필터를 덮어쓴다. 위 프로세스를 그림으로 표현하면 아래 그림 5-5와 같다.

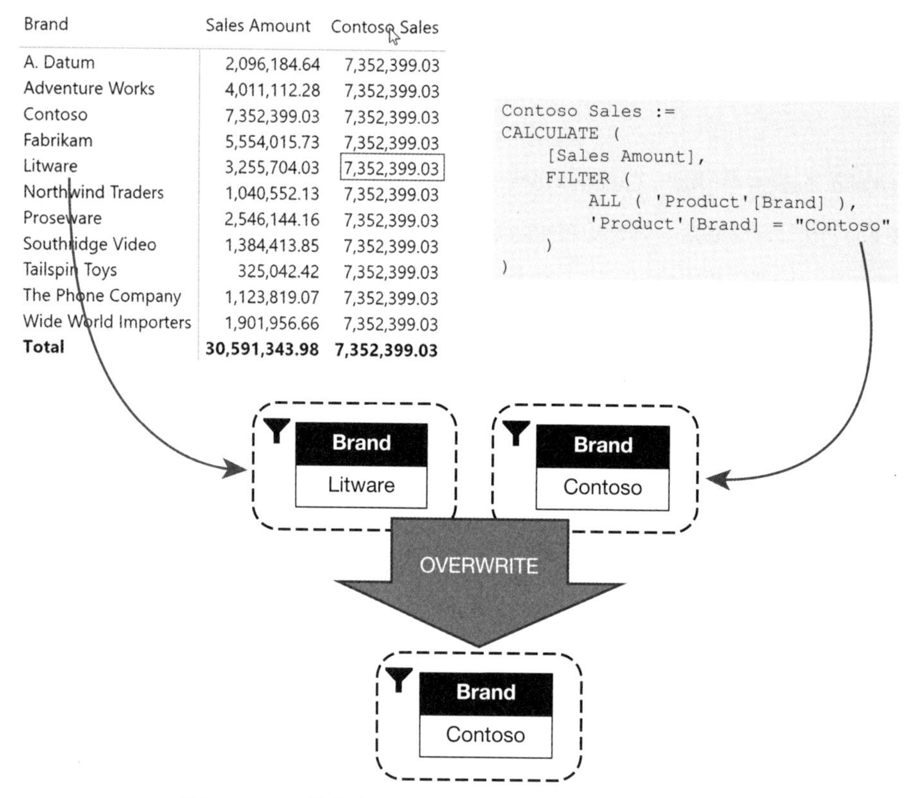

Brand	Sales Amount	Contoso Sales
A. Datum	2,096,184.64	7,352,399.03
Adventure Works	4,011,112.28	7,352,399.03
Contoso	7,352,399.03	7,352,399.03
Fabrikam	5,554,015.73	7,352,399.03
Litware	3,255,704.03	7,352,399.03
Northwind Traders	1,040,552.13	7,352,399.03
Proseware	2,546,144.16	7,352,399.03
Southridge Video	1,384,413.85	7,352,399.03
Tailspin Toys	325,042.42	7,352,399.03
The Phone Company	1,123,819.07	7,352,399.03
Wide World Importers	1,901,956.66	7,352,399.03
Total	**30,591,343.98**	**7,352,399.03**

```
Contoso Sales :=
CALCULATE (
    [Sales Amount],
    FILTER (
        ALL ( 'Product'[Brand] ),
        'Product'[Brand] = "Contoso"
    )
)
```


그림 5-5 Litware 행의 필터는 CALCULATE에 의해 Contoso 필터로 바뀐다.

CALCULATE는 기존의 필터 컨텍스트 전체를 덮어쓰지는 않는다. 필터 인수에 포함된 열에 설정된 기존 필터만 대체한다. 실제로 보고서의 행에 Product[Brand] 대신 Product[Category]를 배치하면 그림 5-6과 같이 결과가 달라진다.

Category	Sales Amount	Contoso Sales
Audio	384,518.16	170,194.00
Cameras and camcorders	7,192,581.95	1,327,792.74
Cell phones	1,604,610.26	480,791.19
Computers	6,741,548.73	1,054,179.83
Games and Toys	360,652.81	
Home Appliances	9,600,457.04	3,294,849.09
Music, Movies and Audio Books	314,206.74	160,764.56
TV and Video	4,392,768.29	863,827.61
Total	**30,591,343.98**	**7,352,399.03**

그림 5-6 보고서를 카테고리로 필터링하면 브랜드 필터가 병합되고 덮어쓰기가 발생하지 않는다.

이제 보고서는 Product[Category]를 필터링하고, CALCULATE는 Product[Brand]에 필터를 적용해 Consoso Sales 측정값을 평가한다. 두 필터는 Product 테이블에 있는 다른 열에서 작동한다. 따라서 덮어쓰기는 일어나지 않으며, 두 필터는 새로운 필터 컨텍스트로서 함께 작용한다. 그 결과, 새로운 보고서의 각 셀은 해당 카테고리별 콘토소 판매량을 보여준다. 이 시나리오는 그림 5-7에 나타나 있다.

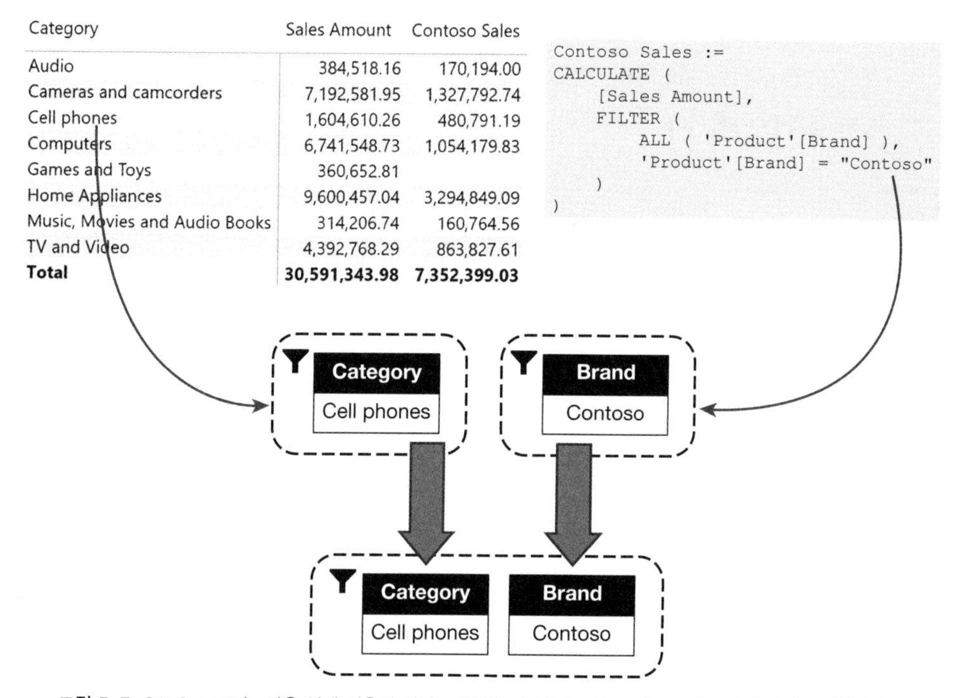

Category	Sales Amount	Contoso Sales
Audio	384,518.16	170,194.00
Cameras and camcorders	7,192,581.95	1,327,792.74
Cell phones	1,604,610.26	480,791.19
Computers	6,741,548.73	1,054,179.83
Games and Toys	360,652.81	
Home Appliances	9,600,457.04	3,294,849.09
Music, Movies and Audio Books	314,206.74	160,764.56
TV and Video	4,392,768.29	863,827.61
Total	**30,591,343.98**	**7,352,399.03**

```
Contoso Sales :=
CALCULATE (
    [Sales Amount],
    FILTER (
        ALL ( 'Product'[Brand] ),
        'Product'[Brand] = "Contoso"
    )
)
```


그림 5-7 CALCULATE는 같은 열에 적용된 필터는 덮어쓴다. 필터가 서로 다른 열에 있으면 필터가 병합된다.

이제 CALCULATE 함수에 대한 기본 사항을 살펴봤으므로 CALCULATE의 의미론을 다음과 같이 요약할 수 있다.

- CALCULATE는 현재 필터 컨텍스트를 복사한다.
- CALCULATE는 각 필터 인수를 평가해 각 조건이 지정하는 열에 대해 유효한 값 목록을 생성한다.

- 두 개 이상의 필터 인수가 같은 열에 영향을 미치는 경우 AND 연산자(또는 수학적인 용어로 표현하면 교집합)를 사용해 병합한다.
- CALCULATE는 모델의 열에 있는 기존 필터를 새로운 조건으로 교체한다. 열에 이미 필터가 있으면 새 필터가 기존 필터를 대체한다. 열에 필터가 없는 경우 CALCULATE는 필터 컨텍스트에 새 필터를 추가한다.
- 새 필터 컨텍스트가 준비되면 CALCULATE는 필터 컨텍스트를 모델에 적용하고 첫 번째 인수인 수식을 계산한다. 마지막에 CALCULATE는 원래 필터 컨텍스트를 복원해 계산된 결과를 반환한다.

노트 CALCULATE에는 또 다른 중요한 기능이 있다. 즉, 기존의 행 컨텍스트를 동등한 필터 컨텍스트로 전환한다. 이 주제에 대한 자세한 설명은 5장 후반부의 '컨텍스트 전환 이해' 절에서 다룬다. 관련 절에서 반복하기 때문에 여기서는 CALCULATE가 기존 행 컨텍스트를 필터 컨텍스트로 바꾼다는 점만 기억해 두자.

CALCULATE에는 다음 두 가지 유형의 필터를 사용할 수 있다.

- 테이블을 반환하는 수식으로 쓰인 **값 목록**. 이 경우 새로운 필터 컨텍스트에서 표시하려는 정확한 값 목록을 제공해야 한다. 여러 개의 열로 이뤄진 테이블도 필터로 쓸 수 있다. 필터는 다른 열에 있는 기존 값 조합만 고려한다.
- Product[Color] = "White"와 같은 **부울 조건**. 이러한 필터는 단일 열에 대한 값 목록이 돼야 하므로 단일 열에 대해 작동해야 한다. 이러한 유형의 필터 인수는 '술어'라고도 한다.

부울 조건을 사용하는 경우 DAX는 이 구문을 값 목록으로 변환한다. 다음 코드를 살펴보자.

```
Sales Amount Red Products :=
CALCULATE (
  [Sales Amount],
  'Product'[Color] = "Red"
)
```

코드를 위와 같이 작성해도 DAX는 내부적으로 식을 다음과 같이 변환한다.

```
Sales Amount Red Products :=
CALCULATE (
  [Sales Amount],
  FILTER (
    ALL ( 'Product'[Color] ),
    'Product'[Color] = "Red"
  )
)
```

이 때문에 부울 조건이 있는 필터 인수에서는 열 하나만 참조할 수 있다. DAX는 백그라운드에서 자동으로 생성되는 FILTER 함수가 반복할 열을 감지해야 한다. 부울 식이 두 개 이상의 열을 참조하는 경우 FILTER 반복을 명시적으로 작성해야 한다. 이에 대해서는 5장 후반부에 다룬다.

CALCULATE를 사용한 백분율 계산

앞서 CALCULATE에 대해 설명했으므로, CALCULATE를 사용해 몇 가지 계산식을 정의할 수 있다. 이 절의 목표는 처음 볼 때 분명하지 않은 CALCULATE에 대한 세부 사항을 살펴보는 것이다. 5장 후반부에서는 CALCULATE에 관한 고급 측면을 다룰 예정이다. 현재로서는 CALCULATE를 사용할 때 발생할 수 있는 몇 가지 문제에 초점을 맞추도록 하자.

자주 등장하는 패턴은 백분율이다. 백분율로 작업할 때 필요한 계산을 정확하게 정의해야 한다. 이 예제에서는 CALCULATE와 ALL 함수를 사용할 때 결과에 어떤 영향을 가져오는지 배우게 된다.

간단한 백분율 계산부터 시작하자. 판매액과 함께 총 판매액 대비 백분율을 함께 보여주는 다음과 같은 보고서를 만들고 싶다. 그림 5-8은 우리가 얻고자 하는 결과를 보여준다.

Category	Sales Amount	Sales Pct
Audio	384,518.16	1.26%
Cameras and camcorders	7,192,581.95	23.51%
Cell phones	1,604,610.26	5.25%
Computers	6,741,548.73	22.04%
Games and Toys	360,652.81	1.18%
Home Appliances	9,600,457.04	31.38%
Music, Movies and Audio Books	314,206.74	1.03%
TV and Video	4,392,768.29	14.36%
Total	**30,591,343.98**	**100.00%**

그림 5-8 Sales Pct는 총합계 대비 해당 카테고리의 비율을 보여준다.

비율을 계산하려면 현재 필터 컨텍스트의 `Sales Amount` 값을 카테고리에 적용된 모든 필터를 무시하는 필터 컨텍스트에서의 `Sales Amount` 값으로 나눠야 한다. 실제로 오디오의 1.26%는 384,518.16을 30,591,343.98로 나눠 계산된 값이다.

리포트의 각 행에서 필터 컨텍스트는 이미 현재 카테고리를 포함하고 있다. 따라서 `Sales Amount`에 대해 결괏값은 해당 Category별로 자동 필터링된다. 비율의 분모는 총합계를 계산하기 위해 현재의 모든 필터 컨텍스트를 무시해야 한다. `CALCULATE`의 필터 인수는 테이블이기 때문에 필터와 관계없이 Category에 적용된 현재 필터 컨텍스트를 무시하고 항상 모든 Category를 반환하는 테이블 함수를 제공하는 것으로 충분하다. 이때 사용할 수 있는 함수는 `ALL`이다. 다음 측정값을 살펴보자.

```
All Category Sales :=
CALCULATE (                            -- 다음 필터 컨텍스트를 변경
  [Sales Amount],                      -- Sales Amount를 계산
  ALL ( 'Product'[Category] )          -- 모든 Category가 나타나도록 필터 컨텍스트를 변경
)
```

`ALL`은 필터 컨텍스트에서 `Product[Category]` 열에 적용된 모든 필터를 제거한다. 그 결과 보고서의 모든 셀에서 Category에 설정된 모든 필터를 무시한다. 결과적으로 보고서의 행에서 비롯된 Category에 적용된 필터가 제거된다. 그림 5-9의 결과를 살펴보자. `All Category Sales` 측정값에 대해 보고서의 모든 행이 총합계액에 이르기까지 동일한 값을 반환함을 알 수 있다.

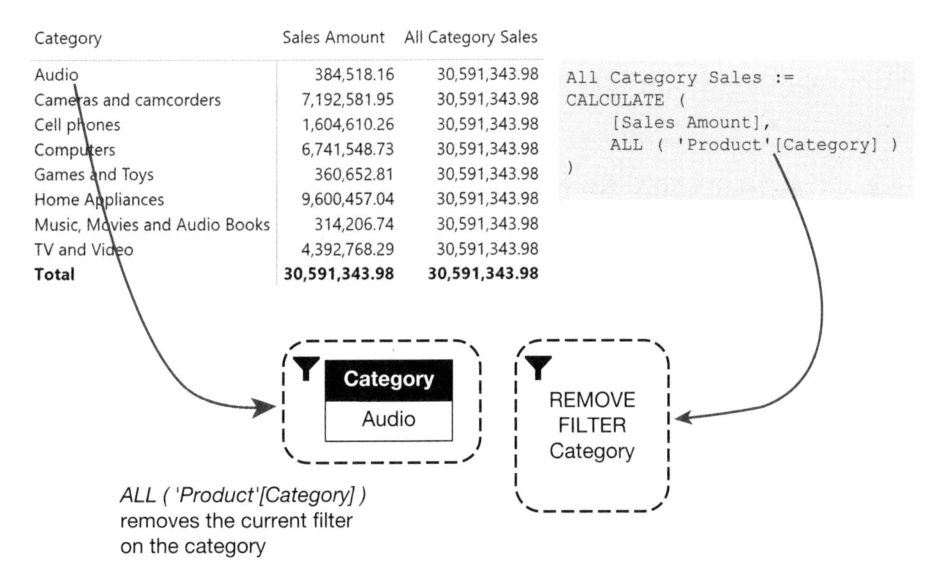

그림 5-9 ALL은 Category에 적용된 필터를 제거하므로 CALCULATE는 Category 열에 적용된 필터가 없는 새 필터 컨텍스트를 정의한다.

`All Category Sales` 측정값 자체로는 유용하지 않다. 모든 행에서 같은 값을 보여주는 보고서를 만들고 싶은 사용자는 드물 것이기 때문이다. 하지만 계산하고자 하는 백분율의 분모로서는 완벽하다. 실제로 백분율을 계산하는 식을 다음과 같이 작성할 수 있다.

```
Sales Pct :=
VAR CurrentCategorySales =                    -- CurrentCategorySales를 변수로 지정
  [Sales Amount]                              -- [Sales Amount]를 현재 컨텍스트에서 계산
VAR AllCategoriesSales =                      -- AllCategoriesSales를 변수로 지정
  CALCULATE (                                 -- 모든 카테고리가 보이는 컨텍스트에서
    [Sales Amount],                           -- [Sales Amount]를 계산
    ALL ( 'Product'[Category] )
  )
VAR Ratio =
  DIVIDE (
    CurrentCategorySales,
    AllCategoriesSales
  )
RETURN
  Ratio
```

이 예에서 보듯이 테이블 함수와 CALCULATE를 혼합하면 유용한 측정값을 쉽게 작성할 수 있다. 이 기술은 DAX의 주요 계산 툴이기 때문에 이 책에서 많이 사용된다.

노트 ALL은 CALCULATE의 필터 인수로 사용될 때 특정한 의미를 지닌다. 실제로 필터 컨텍스트를 모든 값으로 대체하지는 않는다. CALCULATE는 필터 컨텍스트에서 카테고리 열에 적용된 필터를 제거하기 위해 ALL을 사용한다. 이 동작의 부작용은 이해하기가 다소 복잡해 도입부에서 설명하는 것이 적절치 않다. 이에 대해서는 5장의 뒷부분에서 자세히 다룰 것이다.

이 절의 도입부에서 말했듯이 비율을 계산하는 측정값을 작성할 때 세부 사항에도 주의를 기울여야 한다. 사실, 보고서가 카테고리별로 나뉜다면 비율은 잘 작동한다. 코드는 카테고리에 적용된 필터를 제거하지만 다른 기존 필터는 건드리지 않는다. 따라서 보고서에 다른 필터가 추가되면 그 결과가 정확히 얻고자 하는 것이 아닐 수도 있다. 보고서의 행에 Product[Color] 열을 두 번째 항목으로 추가한 그림 5-10의 보고서를 살펴보자.

Category	Color	Sales Amount	Sales Pct
Audio	Black	61,823.15	1.05%
	Blue	66,799.65	2.74%
	Green	30,731.27	2.19%
	Orange	3,965.88	0.46%
	Pink	21,544.69	2.60%
	Purple	499.95	8.37%
	Red	33,123.82	2.98%
	Silver	97,417.78	1.43%
	White	54,806.65	0.94%
	Yellow	13,805.31	15.39%
	Total	**384,518.16**	**1.26%**
Cameras and camcorders	Azure	97,389.89	100.00%
	Black	1,005,267.83	17.15%
	Blue	698,711.40	28.69%

그림 5-10 보고서에 Color를 추가하면 Color 수준에서 예상치 못한 결과가 나타난다.

백분율을 보면 Category 수준의 값은 정확하지만 Color 수준의 값은 오류가 있어 보인다. 솔직히 Color의 비율은 제대로 합산되지 않는다. 이러한 값이 무엇을 의미하는지, 또 어떻게 평가됐는지를 이해하려면 하나의 셀에 초점을 맞추고 필터 컨텍스트에 정확히 무슨 일이 일어났는지 이해하는 것이 도움이 된다. 그림 5-11을 살펴보자.

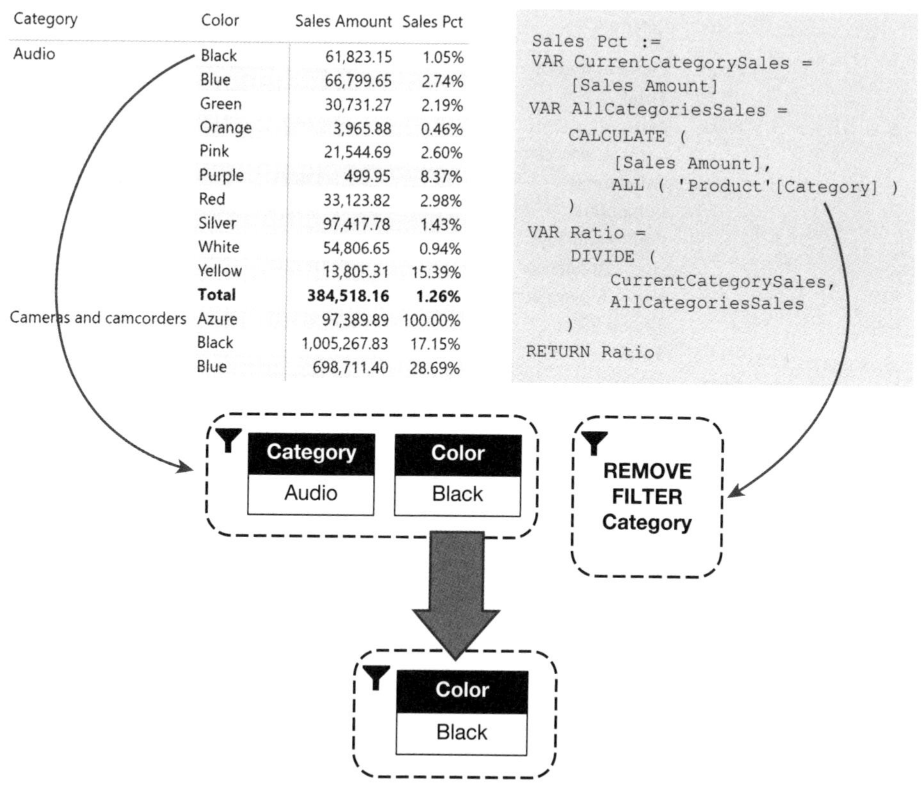

그림 5-11 Product[Category]의 ALL은 Category에 적용된 필터는 제거하지만 Color에 적용된 필터는 그대로 유지한다.

보고서에서 비롯된 원래의 필터 컨텍스트는 Category와 Color를 모두 포함한다. `Product[Color]`에 적용된 필터는 `CALCULATE` 내부에서 변경되지 않으며 `Product[Category]`에 적용된 필터만 제거된다. 결과적으로 최종 필터 컨텍스트는 Color에 적용된 필터만 포함한다. 따라서 비율의 분모는 모든 Category의 제품 가운데 색상이 검은색인 제품의 판매를 나타낸다.

계산이 틀린 것은 `CALCULATE`의 예상치 못한 작동이 아니다. 여기서 문제는 이 식이 Category에 적용된 필터와 함께 작동하도록 설계돼 다른 필터에는 영향을 끼치지 않는다는 것이다. 같은 식이 다른 보고서에서 완벽하게 작동한다. 그림 5-12와 같이 열의 순서를 바꿔 Color와 Category별로 나뉜 보고서를 작성하면 어떻게 되는지 살펴보자.

Color	Category	Sales Amount	Sales Pct
Azure	Cameras and camcorders	97,389.89	100.00%
	Total	**97,389.89**	**100.00%**
Black	Audio	61,823.15	1.05%
	Cameras and camcorders	1,005,267.83	17.15%
	Cell phones	556,308.72	9.49%
	Computers	2,195,921.21	37.47%
	Games and Toys	82,000.86	1.40%
	Home Appliances	706,021.60	12.05%
	Music, Movies and Audio Books	102,542.26	1.75%
	TV and Video	1,150,180.50	19.63%
	Total	**5,860,066.14**	**100.00%**
Blue	Audio	66,799.65	2.74%
	Cameras and camcorders	698,711.40	28.69%
	Computers	172,083.09	7.07%
	Games and Toys	85,788.39	3.52%
	Home Appliances	1,411,124.43	57.94%
	Music, Movies and Audio Books	937.66	0.04%
	Total	**2,435,444.62**	**100.00%**

그림 5-12 Color와 Category의 순서를 바꾸면 결과에는 문제가 없어 보인다.

그림 5-12의 보고서는 훨씬 더 이해하기 쉽다. 측정값에는 변화가 없지만 보고서 레이아웃 덕분에 더 직관적이다. 표시된 백분율은 주어진 Color에 해당하는 Category의 백분율이다. Color별 비율의 합계는 항상 100%로 집계된다.

백분율을 계산해야 할 때 백분율의 분모로 무엇을 사용할지 주의해야 한다. CALCULATE와 ALL이 주된 사용 도구지만 식의 세부 사항은 분석 시나리오에 따라 달라진다.

예제로 되돌아가자. 목표는 Category 또는 Color에 적용된 필터를 기준으로 비율을 계산하도록 계산식을 수정하는 것이다. 여러 가지 방법이 있지만 조금씩 차이가 있으므로 자세히 살펴봐야 한다.

한 가지 대안은 CALCULATE가 Category와 Color 모두에서 필터를 제거하도록 하는 것이다. CALCULATE에 필터 인수를 여러 개 추가해 필터를 모두 제거할 수 있다.

```
Sales Pct :=
VAR CurrentCategorySales =
  [Sales Amount]
VAR AllCategoriesAndColorSales =
```

```
  CALCULATE (
    [Sales Amount],
    ALL ( 'Product'[Category] ),  -- 아래와 같이 구문을 작성할 수 있음
    ALL ( 'Product'[Color] )      -- ALL('Product'[Category], 'Product'[Color])
  )
VAR Ratio =
  DIVIDE (
    CurrentCategorySales,
    AllCategoriesAndColorSales
  )
RETURN
  Ratio
```

나중 버전의 `Sales Pct`는 Color와 Category가 포함된 보고서에서 잘 작동하지만, 여전히 이전 버전과 유사한 문제가 생길 수 있다. 그림 5-13에서 볼 수 있듯이 Color와 Category에 적절한 비율을 산출하지만 보고서에 다른 열을 추가하는 즉시 문제가 생기게 된다.

Category	Color	Sales Amount	Sales Pct
Audio	Black	61,823.15	0.20%
	Blue	66,799.65	0.22%
	Green	30,731.27	0.10%
	Orange	3,965.88	0.01%
	Pink	21,544.69	0.07%
	Purple	499.95	0.00%
	Red	33,123.82	0.11%
	Silver	97,417.78	0.32%
	White	54,806.65	0.18%
	Yellow	13,805.31	0.05%
	Total	**384,518.16**	**1.26%**

그림 5-13 Product Category 및 Color에 ALL을 사용하면 백분율이 정확하게 요약된다.

보고서에 또 다른 열을 추가하면 앞에서 본 것과 같은 불일치가 발생할 수 있다. `Product` 테이블의 모든 필터를 제거하는 백분율을 생성하려는 때도 전체 테이블을 인수로 전달하는 `ALL` 함수를 사용할 수 있다.

```
Sales Pct All Products :=
VAR CurrentCategorySales =
  [Sales Amount]
```

```
VAR AllProductSales =
  CALCULATE (
    [Sales Amount],
    ALL ( 'Product' )
  )
VAR Ratio =
  DIVIDE (
    CurrentCategorySales,
    AllProductSales
  )
RETURN
  Ratio
```

Product 테이블에 ALL을 사용하면 해당 테이블의 모든 열에 적용된 필터를 모두 제거한다. 그림 5-14에서는 계산 결과를 볼 수 있다.

Category	Color	Brand	Sales Amount	Sales Pct All Products
Audio	Black	Contoso	22,696.16	0.07%
		Northwind Traders	8,623.52	0.03%
		Wide World Importers	30,503.47	0.10%
		Total	**61,823.15**	**0.20%**
	Blue	Contoso	19,780.93	0.06%
		Northwind Traders	29,053.82	0.09%
		Wide World Importers	17,964.91	0.06%
		Total	**66,799.65**	**0.22%**
	Green	Contoso	23,475.45	0.08%
		Northwind Traders	1,619.84	0.01%
		Wide World Importers	5,635.99	0.02%
		Total	**30,731.27**	**0.10%**

그림 5-14 Product 테이블에 사용된 ALL은 Product 테이블의 모든 열에 적용된 필터를 제거한다.

지금까지 CALCULATE와 ALL을 함께 사용해 하나의 열, 여러 열 또는 전체 테이블에 적용된 필터를 제거할 수 있음을 살펴봤다. CALCULATE의 진정한 힘은 필터 컨텍스트를 조작할 수 있는 많은 옵션을 제공하는 데 있지만 그것이 전부는 아니다. 예를 들어 보고서를 Product[Category]와 Customer[Continent]로 슬라이싱하면 그림 5-15에서 볼 수 있듯이 기존의 측정값으로는 보고서가 완벽하지 않다.

Category	Continent	Sales Amount	Sales Pct All Products
Audio	Asia	110,501.26	1.03%
	Europe	132,735.79	1.53%
	North America	141,281.10	1.26%
	Total	**384,518.16**	**1.26%**
Cameras and camcorders	Asia	2,288,813.15	21.34%
	Europe	2,182,339.59	25.18%
	North America	2,721,429.21	24.30%
	Total	**7,192,581.95**	**23.51%**
Cell phones	Asia	557,888.46	5.20%
	Europe	507,813.97	5.86%
	North America	538,907.83	4.81%
	Total	**1,604,610.26**	**5.25%**

그림 5-15 여러 테이블에 있는 열로 슬라이싱하면 여전히 예상치 못한 결과가 나온다.

무엇이 문제일까? 측정값은 분모에서 Product 테이블의 필터를 모두 제거하지만 Customer[Continent]의 필터는 그대로 둔다. 그러므로 분모는 해당 대륙의 모든 제품의 총 매출을 계산한다.

앞의 시나리오에서와 같이 CALCULATE의 인수로 여러 필터를 사용해 여러 테이블에 작동하는 필터를 제거할 수 있다.

```
Sales Pct All Products and Customers :=
VAR CurrentCategorySales =
  [Sales Amount]
VAR AllProductAndCustomersSales =
  CALCULATE (
    [Sales Amount],
    ALL ( 'Product' ),
    ALL ( Customer )
  )
VAR Ratio =
  DIVIDE (
    CurrentCategorySales,
    AllProductAndCustomersSales
  )
RETURN
  Ratio
```

ALL을 사용해서 이제 CALCULATE는 두 테이블에 적용된 필터를 모두 제거한다. 결과는 그림 5-16에서 볼 수 있듯이 합산된 비율이 정확하게 집계됐다.

Category	Continent	Sales Amount	Sales Pct All Products and Customers
Audio	Asia	110,501.26	0.36%
	Europe	132,735.79	0.43%
	North America	141,281.10	0.46%
	Total	**384,518.16**	**1.26%**
Cameras and camcorders	Asia	2,288,813.15	7.48%
	Europe	2,182,339.59	7.13%
	North America	2,721,429.21	8.90%
	Total	**7,192,581.95**	**23.51%**
Cell phones	Asia	557,888.46	1.82%
	Europe	507,813.97	1.66%
	North America	538,907.83	1.76%
	Total	**1,604,610.26**	**5.25%**

그림 5-16 두 테이블에서 ALL을 사용해 두 테이블에서 동시에 필터 컨텍스트를 제거한다.

위에서 설명한 문제는 두 개의 테이블에서도 마찬가지다. 사용자가 세 번째 테이블의 다른 열을 컨텍스트에 추가하면 측정값이 세 번째 테이블에서 필터를 제거하지 않는다. 계산에 영향을 미칠 수 있는 테이블에서 필터를 제거하고자 할 때 가능한 해결책은 데이터 테이블(여기서는 Sales 테이블)에서 필터를 제거하는 것이다. 다음은 Sales 테이블과 상호 작용하는 필터와 관계없이 합계 백분율을 계산하는 측정값이다.

```
Pct All Sales :=
VAR CurrentCategorySales =
  [Sales Amount]
VAR AllSales =
  CALCULATE (
    [Sales Amount],
    ALL ( Sales )
  )
VAR Ratio =
  DIVIDE (
    CurrentCategorySales,
    AllSales
  )
RETURN
  Ratio
```

이 측정값은 Sales 테이블을 필터링하는 테이블에 적용된 모든 필터를 제거하기 위해 관계를 활용한다. 여기에는 14장, '고급 DAX 개념'에서 소개하는 확장된 테이블이 사용됐으며, 5장에서 어떻게 작동하는지에 대해 자세히 다루지는 않는다. 그림 5-17을 살펴보면 그 동작을 이해할 수 있다. 보고서에서는 판매액을 빼고 연도를 열에 추가했다. 연도는 측정값에 사용되지 않은 Date 테이블에 속한다는 점에 주의하자. 그럼에도 불구하고 Sales 테이블의 필터를 제거함으로써 Date에 설정된 필터가 제거된다.

Category	CY 2007	CY 2008	CY 2009	Total
Audio	0.34%	0.34%	0.58%	**1.26%**
Cameras and camcorders	10.71%	7.14%	5.67%	**23.51%**
Cell phones	1.56%	1.51%	2.17%	**5.25%**
Computers	8.70%	6.75%	6.59%	**22.04%**
Games and Toys	0.29%	0.35%	0.54%	**1.18%**
Home Appliances	7.67%	12.95%	10.76%	**31.38%**
Music, Movies and Audio Books	0.29%	0.39%	0.35%	**1.03%**
TV and Video	7.42%	3.01%	3.93%	**14.36%**
Total	**36.97%**	**32.45%**	**30.58%**	**100.00%**

그림 5-17 데이터 테이블에 ALL을 사용하면 관련된 테이블의 모든 필터도 제거된다.

백분율 관련 설명을 마치기 전에 필터 컨텍스트 조작의 또 다른 예를 살펴보자. 그림 5-17에서 볼 수 있듯이 퍼센트는 항상 총 판매액 대비 계산된다. 만약 해당 연도의 판매액 대비 백분율을 계산하고 싶다면? CALCULATE를 사용해 새로운 필터 컨텍스트를 만들어야 한다. 실제로 분모는 연도를 제외한 어떤 필터와도 관계없이 총 판매액을 산정할 필요가 있다. 여기에는 다음과 같은 두 가지 조치가 필요하다.

- 데이터 테이블에서 필터 모두 제거
- 연도 필터 복원

두 단계를 차례대로 진행하는 것처럼 보일 수도 있지만 두 조건은 동시에 적용된다. 이미 데이터 테이블에서 모든 필터를 제거하는 방법을 배웠으므로 기존 필터를 복원하는 방법에 대해 알아보자.

노트 이 절의 목적은 필터 컨텍스트를 조작하는 기본 방법을 설명하는 것이다. 5장 뒷부분에서 ALLSELECTED를 사용해 눈에 보이는 총합계 대비 백분율을 구하는 또 다른 쉬운 접근법을 다룬다.

3장, '기본 테이블 함수'에서 VALUES 함수를 배웠다. VALUES는 현재 필터 컨텍스트에서 열의 값 목록을 반환한다. VALUES의 결과는 테이블이므로 CALCULATE의 필터 인수로 사용할 수 있다. 따라서 CALCULATE는 해당 열에 필터를 적용해 VALUES가 반환한 값으로 값을 제한한다. 다음 코드를 살펴보자.

```
Pct All Sales CY :=
VAR CurrentCategorySales =
  [Sales Amount]
VAR AllSalesInCurrentYear =
  CALCULATE (
    [Sales Amount],
    ALL ( Sales ),
    VALUES ( 'Date'[Calendar Year] )
  )
VAR Ratio =
  DIVIDE (
    CurrentCategorySales,
    AllSalesInCurrentYear
  )
RETURN
  Ratio
```

보고서에 이 측정값을 사용하면 연도를 뺀 다른 필터는 유지한 채로 백분율을 계산해서 매년의 합계가 100%가 된다. 그림 5-18에서 이를 확인할 수 있다.

Category	CY 2007	CY 2008	CY 2009	**Total**
Audio	0.91%	1.06%	1.89%	**1.26%**
Cameras and camcorders	28.96%	22.00%	18.53%	**23.51%**
Cell phones	4.22%	4.66%	7.10%	**5.25%**
Computers	23.52%	20.81%	21.54%	**22.04%**
Games and Toys	0.79%	1.07%	1.76%	**1.18%**
Home Appliances	20.75%	39.91%	35.18%	**31.38%**
Music, Movies and Audio Books	0.78%	1.22%	1.13%	**1.03%**
TV and Video	20.07%	9.27%	12.86%	**14.36%**
Total	**100.00%**	**100.00%**	**100.00%**	**100.00%**

그림 5-18 VALUES를 사용하면 원래의 필터 컨텍스트를 읽어서 필터 컨텍스트의 일부를 복원할 수 있다.

그림 5-19는 이 복잡한 식의 전체 동작을 묘사하고 있다.

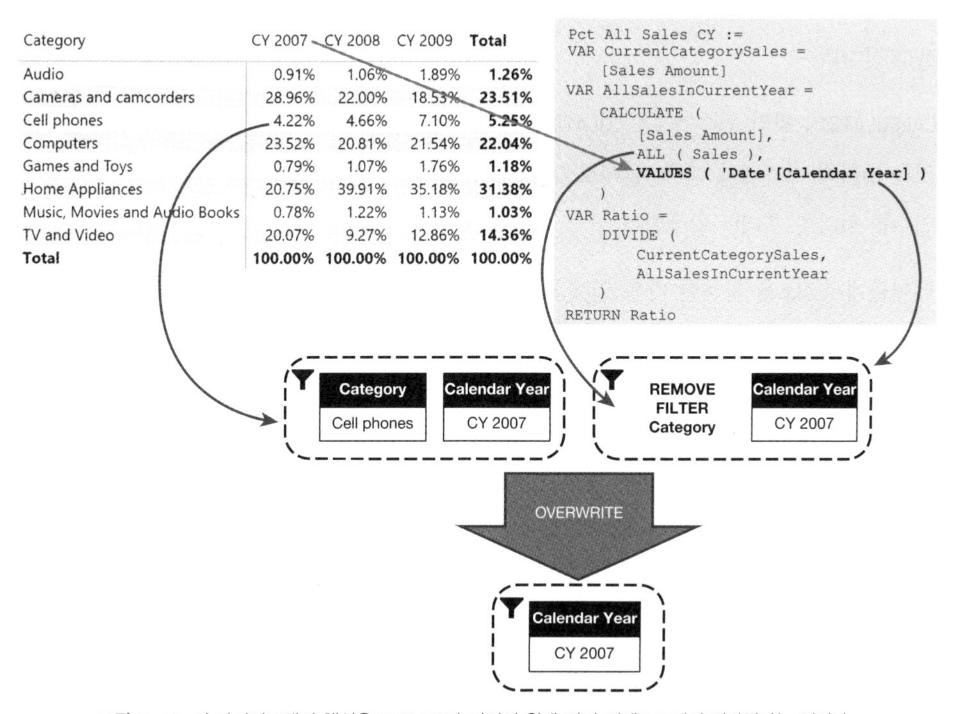

그림 5-19 이 다이어그램의 핵심은 VALUES가 여전히 원래 필터 컨텍스트에서 평가된다는 점이다.

위 다이어그램을 자세히 살펴보자.

- 4.22%(2007년 휴대폰 판매)를 포함한 셀에는 2007년과 휴대전화를 필터링하는 필터 컨텍스트가 적용된다.
- `CALCULATE`에는 `ALL(Sales)`과 `VALUES(Date[Calendar Year])`의 두 가지 필터 인수가 있다.
  - `ALL(Sales)`은 `Sales` 테이블에서 필터를 제거한다.
  - `VALUES(Date[Calendar Year])`는 원래 필터 컨텍스트에서 `VALUES` 함수를 평가하며 여전히 열의 CY 2007이 영향을 미친다. 따라서 현재 필터 컨텍스트에서 볼 수 있는 유일한 연도인 CY 2007을 반환한다.

CALCULATE의 두 필터 인수가 현재 필터 컨텍스트에 적용돼 Calendar Year 필터만 존재하는 새로운 필터 컨텍스트가 생성된다. 분모는 CY 2007만 있는 필터 컨텍스트에서 총 매출을 계산한다.

CALCULATE의 필터 인수가 CALCULATE가 호출되는 원래의 필터 컨텍스트에서 평가된다는 것을 명확히 이해해야 한다. 실제로 CALCULATE는 필터 컨텍스트를 변경하지만, 이는 필터 인수를 평가한 후에만 발생한다.

테이블에서 ALL을 사용한 다음 열에 대해 VALUES를 사용하는 것은 필터 컨텍스트를 동일한 열에 대한 필터로 바꾸는 데 사용되는 기술이다.

노트 ALLEXCEPT를 사용해 앞의 예와 같은 결과를 얻을 수도 있다. 하지만 ALL/VALUES의 의미 체계는 ALLEXCEPT와는 다르다. 10장, '필터 컨텍스트 작업'에서 ALLEXCEPT와 ALL/VALUES의 차이점에 대해 자세히 설명한다.

위의 예에서 살펴봤듯이 CALCULATE는 그 자체로 복잡한 함수가 아니다. CALCULATE의 동작은 간단히 설명할 수 있다. 하지만 CALCULATE를 사용하면 코드의 복잡성은 훨씬 높아진다. 실제로 필터 컨텍스트에 초점을 맞추고 CALCULATE가 어떻게 새 필터 컨텍스트를 생성하는지 정확히 이해해야 한다. 간단한 백분율 계산하는 것도 매우 복잡하며, 이러한 복잡함은 모두 세부 사항에서 비롯된다. 평가 컨텍스트 처리를 실제로 완벽히 이해하기 전에 DAX는 약간 마술처럼 느껴질 수 있다. 평가 컨텍스트에 대해 완벽히 이해하지 않으면 DAX 언어를 제대로 쓸 수 없다. 위의 사례에서는 측정값에 하나의 CALCULATE만 사용했지만 복잡한 식에서 CALCULATE를 많이 쓰기 때문에 동일한 코드에서 4~5개의 다른 컨텍스트를 갖는 것은 드문 일이 아니기 때문이다.

백분율에 대한 이 절 전체를 적어도 두 번 읽어 보길 바란다. 두 번째 읽기는 훨씬 더 쉽고 코드의 중요한 측면에 집중할 수 있게 해준다. CALCULATE와 관련해 이론의 중요성을 강조하기 위해 이 예를 보여주고 싶었다. 코드의 작은 변화도 계산된 결과에 큰 영향을 미친다. 두 번 정도의 읽기를 마친 후, 이론에 좀 더 중점을 둔 다음 절로 진행하길 바란다.

KEEPFILTERS 소개

이전 절에서 CALCULATE의 필터 인수가 동일한 열에 적용된 기존 필터를 덮어쓰기 한다고 배웠다. 다음 측정값은 Product[Category]에 적용된 기존 필터와 관계없이 Audio 판매액을 반환한다.

```
Audio Sales :=
CALCULATE (
  [Sales Amount],
  'Product'[Category] = "Audio"
)
```

그림 5-20에서 볼 수 있듯이 보고서의 모든 행에서 Audio 판매액이 반복된다.

Category	Sales Amount	Audio Sales
Audio	384,518.16	384,518.16
Cameras and camcorders	7,192,581.95	384,518.16
Cell phones	1,604,610.26	384,518.16
Computers	6,741,548.73	384,518.16
Games and Toys	360,652.81	384,518.16
Home Appliances	9,600,457.04	384,518.16
Music, Movies and Audio Books	314,206.74	384,518.16
TV and Video	4,392,768.29	384,518.16
Total	**30,591,343.98**	**384,518.16**

그림 5-20 측정값 Audio Sales는 현재의 필터 컨텍스트와 관계없이 항상 Audio 제품의 판매액을 보여준다.

CALCULATE는 새 필터가 적용되는 열에 설정된 기존 필터를 덮어쓰기 한다. 필터 컨텍스트의 나머지 열은 모두 그대로 유지된다. 기존 필터를 덮어쓰지 않으려면 필터 인수를 KEEPFILTERS로 둘러싸면 된다. 예를 들어 Audio가 필터 컨텍스트에 있을 때 Audio 판매액을 표시하고 Audio가 필터 컨텍스트에 없을 때 빈 값을 표시하는 측정값은 다음과 같이 작성할 수 있다.

```
Audio Sales KeepFilters :=
CALCULATE (
  [Sales Amount],
  KEEPFILTERS ( 'Product'[Category] = "Audio" )
)
```

KEEPFILTERS는 ALL에 이은 CALCULATE 두 번째 제어자다. 5장의 뒷부분에서 CALCULATE 제어자를 추가로 다룬다. KEEPFILTERS는 CALCULATE가 새 필터 컨텍스트에 필터를 적용하는 방법을 변경한다. 같은 열의 기존 필터를 덮어쓰는 대신 기존 필터에 새 필터를 추가한다. 결과적으로 필터링된 Category와 일치하는 셀만 결과가 표시된다. 그림 5-21에서 결과를 확인할 수 있다.

Category	Sales Amount	Audio Sales	Audio Sales KeepFilters
Audio	384,518.16	384,518.16	384,518.16
Cameras and camcorders	7,192,581.95	384,518.16	
Cell phones	1,604,610.26	384,518.16	
Computers	6,741,548.73	384,518.16	
Games and Toys	360,652.81	384,518.16	
Home Appliances	9,600,457.04	384,518.16	
Music, Movies and Audio Books	314,206.74	384,518.16	
TV and Video	4,392,768.29	384,518.16	
Total	**30,591,343.98**	**384,518.16**	**384,518.16**

그림 5-21 위 측정값은 Audio 행과 총합계 행에서만 Audio 제품의 판매액을 나타낸다.

KEEPFILTERS는 그 이름처럼 작동한다. 기존 필터를 덮어쓰는 대신 기존 필터를 유지하고 필터 컨텍스트에 새 필터를 추가한다. 이를 그림으로 나타내면 그림 5-22와 같다.

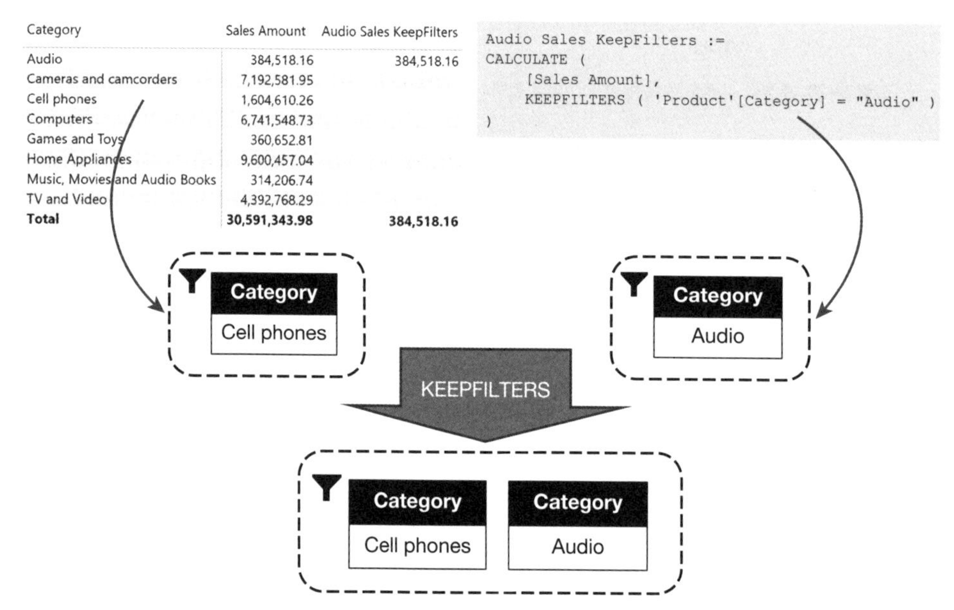

그림 5-22 KEEPFILTERS로 생성된 필터 컨텍스트는 Cell Phones와 Audio를 동시에 필터링한다.

KEEPFILTERS는 덮어쓰기를 피하기 때문에 CALCULATE의 필터 인수로 생성된 새 필터가 기존의 컨텍스트에 추가된다. Cell phones 행에서 위 측정값의 셀을 살펴보면, 결과 필터 컨텍스트는 Cell phones과 Audio 두 개의 필터를 포함하고 있다. 두 조건의 교집합은 공집합이므로 결괏값은 빈 셀이다.

한 열에서 여러 요소를 선택하면 KEEPFILTERS의 동작을 더 분명하게 이해할 수 있다. 다음 측정값을 살펴보자. 하나에는 KEEPFILTERS가 있고 다른 하나에는 KEEPFILTERS를 사용하지 않았다.

```
Always Audio-Computers :=
CALCULATE (
    [Sales Amount],
   'Product'[Category] IN { "Audio", "Computers" }
)

KeepFilters Audio-Computers :=
CALCULATE (
  [Sales Amount],
  KEEPFILTERS ( 'Product'[Category] IN { "Audio", "Computers" } )
)
```

그림 5-23의 보고서에서 KEEPFILTERS를 사용한 측정값이 오디오와 컴퓨터의 판매액만 계산하고 다른 모든 Category는 비워둔다는 것을 확인할 수 있다. 합계 행은 오디오와 컴퓨터만 합산한다.

Category	Sales Amount	Always Audio-Computers	KeepFilters Audio-Computers
Audio	384,518.16	7,126,066.89	384,518.16
Cameras and camcorders	7,192,581.95	7,126,066.89	
Cell phones	1,604,610.26	7,126,066.89	
Computers	6,741,548.73	7,126,066.89	6,741,548.73
Games and Toys	360,652.81	7,126,066.89	
Home Appliances	9,600,457.04	7,126,066.89	
Music, Movies and Audio Books	314,206.74	7,126,066.89	
TV and Video	4,392,768.29	7,126,066.89	
Total	**30,591,343.98**	**7,126,066.89**	**7,126,066.89**

그림 5-23 KEEPFILTERS를 사용하면 원래 필터 컨텍스트와 새 필터 컨텍스트가 합쳐진다.

KEEPFILTERS는 필터 인수로 (부울 조건식과 같은) 술어 또는 테이블을 사용할 수 있다. 실제로 이전 코드를 다음과 같이 더 장황한 방법으로도 작성할 수 있다.

```
KeepFilters Audio-Computers :=
CALCULATE (
  [Sales Amount],
  KEEPFILTERS (
    FILTER (
      ALL ( 'Product'[Category] ),
      'Product'[Category] IN { "Audio", "Computers" }
    )
  )
)
```

위 측정값은 단지 교육 목적으로만 소개한다. 필터 인수로는 가장 간단한 술어 구문을 사용해야 한다. 단일 열을 필터링할 때는 FILTER 함수를 명시적으로 사용하지 않아도 된다. 그러나 좀 더 복잡한 필터 조건에는 명시적으로 FILTER 함수를 사용해야 한다는 것을 나중에 알게 될 것이다. 이 경우 KEEPFILTERS를 위의 예시와 같이 명시적 FILTER 함수 주위에서 사용할 수 있다. 이에 대해서는 다음 절에서 살펴보자.

단일 열 필터링

이전 절에서는 CALCULATE에서 단일 열을 참조하는 필터 인수를 소개했다. 한 식에서 같은 열을 여러 번 참조할 수 있다는 점에 유의하자. 예를 들어 다음 구문은 동일한 열(Sales[Net Price])을 두 번 참조하고 있으며, 이는 유효한 구문이다.

```
Sales 10-100 :=
CALCULATE (
  [Sales Amount],
  Sales[Net Price] >= 10 && Sales[Net Price] <= 100
)
```

위 식은 내부적으로 다음과 같은 구문으로 변환된다.

```
Sales 10-100 :=
CALCULATE (
  [Sales Amount],
  FILTER (
    ALL ( Sales[Net Price] ),
    Sales[Net Price] >= 10 && Sales[Net Price] <= 100
  )
)
```

CALCULATE로 생성된 필터 컨텍스트는 Sales[Net Price] 열에 하나의 필터만 추가한다. CALCULATE의 필터 인수로 사용되는 술어에 대한 한 가지 중요한 점은 비록 조건처럼 보이지만 실제는 테이블이라는 것이다. 위 두 측정값 중 첫 번째 코드를 읽으면 CALCULATE가 조건을 평가하는 것처럼 보인다. 실제는 CALCULATE는 조건을 충족하는 모든 Sales[Net Price]의 값 목록을 평가한다. 그런 다음 CALCULATE는 이 값 테이블을 사용해 모델에 필터를 적용한다.

두 조건이 AND로 연결될 때 이를 두 개의 개별 필터로 나타낼 수 있다. 실제로 앞의 식은 다음과 같이 바꿔 쓸 수 있다.

```
Sales 10-100 :=
CALCULATE (
  [Sales Amount],
  Sales[Net Price] >= 10,
  Sales[Net Price] <= 100
)
```

그러나 CALCULATE의 다중 필터 인수는 항상 AND 조건으로 병합된다는 점을 기억해야 한다. 다음과 같이 OR 함수를 사용할 때는 반드시 하나의 필터를 사용해야 한다.

```
Sales Blue+Red :=
CALCULATE (
  [Sales Amount],
  'Product'[Color] = "Red" || 'Product'[Color] = "Blue"
)
```

여러 필터를 작성하면 단일 필터 컨텍스트에서 두 개의 개별 필터를 결합할 수 있다. 색상이 Blue이면서 동시에 Red인 제품이 없으므로 다음 측정값의 결과는 항상 빈 값이다.

```
Sales Blue and Red :=
CALCULATE (
  [Sales Amount],
  'Product'[Color] = "Red",
  'Product'[Color] = "Blue"
)
```

실제로 앞의 측정값은 단일 필터를 사용한 다음 측정값과 일치한다.

```
Sales Blue and Red :=
CALCULATE (
  [Sales Amount],
  'Product'[Color] = "Red" && 'Product'[Color] = "Blue"
)
```

필터 인수는 항상 필터 컨텍스트에서 허용된 빈 색상 목록을 반환한다. 결과적으로 측정값은 항상 빈 값을 반환하게 된다.

필터 인수가 단일 열을 참조할 때 술어를 사용하는 것이 좋다. 코드를 훨씬 읽기 쉽기 때문이다. 또한 논리 AND 조건에 대해서도 술어를 사용하는 것이 좋다. 그럼에도 불구하고 간편 표기법syntactic sugar에 의존하고 있다는 사실은 잊지 않아야 한다. 단순한 구문으로 코드를 작성해도 CALCULATE는 항상 테이블에서 작동한다.

한편, 필터 인수에 두 개 이상의 서로 다른 열 참조가 있으면 테이블을 반환하는 수식으로 FILTER 조건을 쓸 필요가 있다. 이에 대해서는 다음 절에서 다룬다.

복잡한 조건의 필터링

여러 열을 참조하는 필터 인수에는 명시적으로 테이블 식을 사용해야 한다. 이러한 필터는 여러 가지 방법으로 만들 수 있다. 술어가 요구하는 최소 열 수를 사용해 필터를 생성하는 것이 일반적으로 가장 좋은 방법임을 기억하자.

거래 규모가 1,000 이상인 판매액만 합산하는 측정값을 생각해보자. 각 거래 금액을 구하려면 Quantity와 Net Price 열의 곱이 필요하다. 이는 콘토소 데이터베이스의 Sales 테이블에 거래 금액의 합계를 나타내는 열이 없기 때문이다. 다음과 같이 식을 작성할 수도 있지만 불행히도 효과가 없을 것이다.

```
Sales Large Amount :=
CALCULATE (
  [Sales Amount],
  Sales[Quantity] * Sales[Net Price] >= 1000
)
```

동일한 식에서 필터 인수가 서로 다른 두 열을 참조하기 때문에 이 코드는 유효하지 않다. 따라서 DAX에 의해 적합한 FILTER 조건으로 자동 변환될 수 없다. 필요한 필터를 작성하는 가장 좋은 방법은 술어에서 참조한 기존 열 조합만으로 구성된 테이블을 사용하는 것이다.

```
Sales Large Amount :=
CALCULATE (
  [Sales Amount],
  FILTER (
    ALL ( Sales[Quantity], Sales[Net Price] ),
    Sales[Quantity] * Sales[Net Price] >= 1000
  )
)
```

이로 인해 필터 조건을 만족하는 Quantity와 Net Price의 고유한 조합에 부합하는 두 개의 열과 여러 개의 행에 필터가 있는 필터 컨텍스트가 생성된다. 이는 그림 5-24에 나타나 있다.

Quantity	Net Price
1	1000.00
1	1001.00
1	1199.00
...	...
2	500.00
2	500.05
...	...
3	333.34
...	

그림 5-24 여러 열 필터는 1,000 이상인 결과를 생성하는 Quantity와 Net Price 조합만 포함한다.

이 필터는 그림 5-25와 같은 결과를 생성한다.

Net Price

$0.76 $3,199.99

Category	Sales Amount	Sales Large Amount
Audio	384,518.16	7,803.95
Cameras and camcorders	7,192,581.95	3,078,829.16
Cell phones	1,604,610.26	150,687.21
Computers	6,741,548.73	3,036,735.73
Games and Toys	360,652.81	
Home Appliances	9,600,457.04	5,390,769.53
Music, Movies and Audio Books	314,206.74	11,873.57
TV and Video	4,392,768.29	1,256,714.63
Total	**30,591,343.98**	**12,933,413.78**

그림 5-25 Sales Large Amount는 고액 거래만 보여준다.

그림 5-25에서 슬라이서는 어떤 값도 필터링하지 않는다는 점에 유의하자. 슬라이서에 표시된 두 값은 `Net Price`의 최솟값과 최댓값이다. 다음 단계는 측정값이 슬라이서와 어떻게 상호 작용하는지를 보여준다. `Sales Large Amount`와 같은 측정값에서는 `Quantity` 또는 `Net Price`에 대한 기존 필터를 덮어쓸 때 주의를 기울여야 한다. 실제로 필터 인수는 두 열에 대해 모두 사용하기 때문에, 이 예에서 슬라이서의 필터를 포함해 동일한 열에 대한 기존의 모든 필터를 무시한다. 그림 5-26의 보고서는 그림 5-25와 동일하지만 이번에는 슬라이서가 500에서 3,000 사이의 Net Price로 필터링한다. 결과는 놀랍다.

Net Price

$500.00 $3,000.00

Category	Sales Amount	Sales Large Amount
Audio		7,803.95
Cameras and camcorders	4,786,139.80	3,078,829.16
Cell phones	47,152.49	150,687.21
Computers	3,717,785.81	3,036,735.73
Home Appliances	5,839,778.70	5,390,769.53
Music, Movies and Audio Books		11,873.57
TV and Video	987,758.58	1,256,714.63
Total	**15,378,615.38**	**12,933,413.78**

그림 5-26 슬라이서에서 설정한 가격 범위에서 Audio에 대한 판매액은 없지만 Sales Large Amount에는 결괏값이 있다.

Audio와 Music, Movies and Audio Books에 대해 `Sales Large Amount` 결괏값이 있다고 예상하지 못했을 것이다. 실제로 이 두 카테고리의 경우, 슬라이서에서 지정한 500에서 3,000 사이의 `Net Price` 범위에서 판매 결과가 없다. 하지만 `Sales Large Amount`는 결과를 보여주고 있다.

그 이유는 슬라이서에서 비롯된 `Net Price`에 대한 필터 컨텍스트가 `Sales Large Amount`에 의해 무시되기 때문인데, 이는 새로운 필터가 `Quantity` 및 `Net Price` 모두에 대한 기존 필터를 덮어쓰기 때문이다. 그림 5-25와 5-26을 주의 깊게 비교해 보면, 마치 슬라이서가 보고서에 없는 것처럼 `Sales Large Amount` 값이 동일하다는 것을 알 수 있다. 실제로 `Sales Large Amount`는 슬라이서를 완전히 무시하고 있다.

Audio에 대한 `Sales Large Amount` 값에 집중하면 셀의 값을 계산하기 위해 실행되는 코드는 다음과 같다.

```
Sales Large Amount :=
CALCULATE (
  CALCULATE (
    [Sales Amount],
    FILTER (
      ALL ( Sales[Quantity], Sales[Net Price] ),
      Sales[Quantity] * Sales[Net Price] >= 1000
    )
  ),
  'Product'[Category] = "Audio",
  Sales[Net Price] >= 500
)
```

코드에서 가장 안쪽의 ALL이 CALCULATE 바깥에서 비롯된 Sales[Net Price]에 대한 필터를 무시하는 것을 알 수 있다. 이 시나리오에서는 KEEPFILTERS를 사용해 기존 필터에 대한 덮어쓰기를 방지할 수 있다.

```
Sales Large Amount KeepFilter :=
CALCULATE (
  [Sales Amount],
  KEEPFILTERS (
    FILTER (
      ALL ( Sales[Quantity], Sales[Net Price] ),
      Sales[Quantity] * Sales[Net Price] >= 1000
    )
  )
)
```

위의 새로운 측정값은 그림 5-27과 같은 결과를 산출한다.

Net Price

$500.00 $3,000.00

Category	Sales Amount	Sales Large Amount	Sales Large Amount KeepFilter
Audio		7,803.95	
Cameras and camcorders	4,786,139.80	3,078,829.16	2,683,625.23
Cell phones	47,152.49	150,687.21	21,034.71
Computers	3,717,785.81	3,036,735.73	2,656,140.41
Home Appliances	5,839,778.70	5,390,769.53	4,560,035.33
Music, Movies and Audio Books		11,873.57	
TV and Video	987,758.58	1,256,714.63	490,518.59
Total	**15,378,615.38**	**12,933,413.78**	**10,411,354.27**

그림 5-27 KEEPFILTERS를 사용하면 외부 슬라이서도 계산에 포함된다.

복잡한 필터를 지정하는 또 다른 방법은 열 필터 대신 테이블 필터를 사용하는 것이다. 이는 DAX 초보자가 선호하는 방법 가운데 하나이지만 사용하기에 매우 위험하다. 실제로 이전 측정값은 테이블 필터를 사용해 다음과 같이 작성할 수 있다.

```
Sales Large Amount Table :=
CALCULATE (
```

```
  [Sales Amount],
  FILTER (
    Sales,
    Sales[Quantity] * Sales[Net Price] >= 1000
  )
)
```

기억하듯이 CALCULATE의 모든 필터 인수는 CALCULATE 외부에 존재하는 필터 컨텍스트에서 평가된다. 따라서 Sales에 대한 반복은 Net Price에 대한 필터가 포함된 기존 필터 컨텍스트에서 필터링된 행에 대해서만 이뤄진다. 그러므로 Sales Large Amount Table 측정값의 의미는 Sales Large Amount KeepFilter 측정값과 일치한다.

이 방법은 쉬워 보이지만 성능과 결과 정확도에 심각한 영향을 미칠 수 있으므로 사용에 주의해야 한다. 14장에서 이러한 이슈들에 대해 자세히 다룰 예정이다. 지금 단계에서 가장 좋은 방법은 (테이블 필터를 피하고) 항상 최소한의 열 수를 가진 필터를 사용하는 것이다.

게다가 테이블 필터에는 높은 비용이 따른다. 술어를 평가하기 위해 연속적으로 검색하는 것은 시간이 많이 소요되기 때문에 Sales 테이블은 매우 클 수 있다. 반면, Sales Large Amount KeepFilter에서 필터는 Quantity 및 Net Price의 고유한 조합의 수만 반복한다. 이 숫자는 일반적으로 전체 Sales 테이블의 행 수보다 훨씬 작다.

CALCULATE의 평가 순서

DAX 코드는 가장 안쪽부터 평가된다. 예를 들어 다음 식을 살펴보자.

```
Sales Amount Large :=
SUMX (
  FILTER ( Sales, Sales[Quantity] >= 100 ),
  Sales[Quantity] * Sales[Net Price]
)
```

DAX는 SUMX 평가를 시작하기 전에 FILTER의 결과를 평가해야 한다. 실제로 SUMX는 테이블을 반복한다. 테이블은 FILTER의 결과이기 때문에 SUMX는 FILTER가 작업을 완료하기 전에 실행을 시작할 수 없다. 이 규칙은 CALCULATE 및 CALCULATETABLE을 제외한 모든 DAX 함수에 적용된다. CALCULATE는 필터 인수를 먼저 평가하고 마지막에 CALCULATE 결과를 평가할 표현식인 첫 번째 매개변수를 평가한다.

CALCULATE가 필터 컨텍스트를 변경하기 때문에 상황은 좀 더 복잡하다. 모든 필터 인수는 CALCULATE 외부의 필터 컨텍스트에서 실행되며 각 필터는 독립적으로 평가된다. 동일한 CALCULATE 안에서 필터 순서는 중요하지 않다. 따라서 다음의 모든 측정값은 완전히 동등하다.

```
Sales Red Contoso :=
CALCULATE (
  [Sales Amount],
  'Product'[Color] = "Red",
  KEEPFILTERS ( 'Product'[Brand] = "Contoso" )
)

Sales Red Contoso :=
CALCULATE (
  [Sales Amount],
  KEEPFILTERS ( 'Product'[Brand] = "Contoso" ),
  'Product'[Color] = "Red"
)

Sales Red Contoso :=
VAR ColorRed =
    FILTER (
      ALL ( 'Product'[Color] ),
      'Product'[Color] = "Red"
    )
VAR BrandContoso =
    FILTER (
      ALL ( 'Product'[Brand] ),
      'Product'[Brand] = "Contoso"
    )
VAR SalesRedContoso =
  CALCULATE (
    [Sales Amount],
    ColorRed,
    KEEPFILTERS ( BrandContoso )
```

```
  )
RETURN
  SalesRedContoso
```

변수를 사용해 정의한 Sales Red Contoso 버전은 다른 버전보다 장황하지만 필터가 명시적 필터를 사용해 복잡한 경우에 사용할 수 있다. 이렇게 하면 필터가 CALCULATE '이전'에 평가되는 것을 더 쉽게 이해할 수 있다.

중첩된 CALCULATE 구문에서 이 규칙은 더욱 중요하다. 실제로 가장 바깥쪽 필터가 먼저 적용되고, 가장 안쪽 필터가 나중에 적용된다. 중첩된 CALCULATE 문장의 행동을 이해하는 것은 중요하다. 측정값 호출을 중첩할 때마다 이러한 상황에 직면하기 때문이다. Sales Green이 Sales Red를 호출하는 다음 측정값을 살펴보자.

```
Sales Red :=
CALCULATE (
  [Sales Amount],
  'Product'[Color] = "Red"
)

Green calling Red :=
CALCULATE (
  [Sales Red],
  'Product'[Color] = "Green"
)
```

중첩된 측정값 호출을 명확하게 하기 위해 다음과 같이 Sales Green을 확장할 수 있다.

```
Green calling Red Exp :=
CALCULATE (
  CALCULATE (
    [Sales Amount],
    'Product'[Color] = "Red"
  ),
  'Product'[Color] = "Green"
)
```

평가 순서는 다음과 같다.

- 먼저, 바깥 쪽 CALCULATE는 필터, Product[Color] = "Green"을 적용한다.
- 둘째, 내부 CALCULATE는 필터를 적용하고 Product[Color] = "Red" 필터는 이전 필터를 덮어쓴다.
- 마지막으로 DAX는 Product[Color] = "Red" 필터로 [Sales Amount]를 계산한다.

따라서 위의 측정값 Sales Red와 Green calling Red의 결과는 그림 5-28에서 보는 바와 같이 모두 같다.

Category	Sales Amount	Sales Red	Green calling Red	Green calling Red Exp
Audio	384,518.16	33,123.82	33,123.82	33,123.82
Cameras and camcorders	7,192,581.95	1,514.39	1,514.39	1,514.39
Cell phones	1,604,610.26	38,227.47	38,227.47	38,227.47
Computers	6,741,548.73	240,222.29	240,222.29	240,222.29
Games and Toys	360,652.81	19,938.31	19,938.31	19,938.31
Home Appliances	9,600,457.04	770,373.33	770,373.33	770,373.33
Music, Movies and Audio Books	314,206.74	6,702.49	6,702.49	6,702.49
TV and Video	4,392,768.29			
Total	**30,591,343.98**	**1,110,102.10**	**1,110,102.10**	**1,110,102.10**

그림 5-28 마지막 세 가지 측정값은 항상 빨간색 제품의 판매액과 동일한 결과를 반환한다.

노트 위의 내용은 교육 목적으로 설명했다. 실제로 엔진은 필터 컨텍스트에 대해 지연 계산법(lazy evaluation)을 사용한다. 따라서 필터 인수가 이전 코드와 같이 덮어쓰기 하는 경우 외부 필터는 쓸모없게 되기 때문에 절대 평가되지 않을 수 있다. 그럼에도 불구하고 이 동작은 최적화만을 위한 것이다. CALCULATE의 시멘틱스를 어떤 방식으로도 바꾸지 않는다.

평가 순서와 필터 컨텍스트를 어떻게 평가하는지 다른 예를 통해 살펴보자.

```
Sales YB :=
CALCULATE (
  CALCULATE (
    [Sales Amount],
    'Product'[Color] IN { "Yellow", "Black" }
  ),
  'Product'[Color] IN { "Black", "Blue" }
)
```

Sales YB에서 생성된 필터 컨텍스트의 평가는 그림 5-29에 나타나 있다.

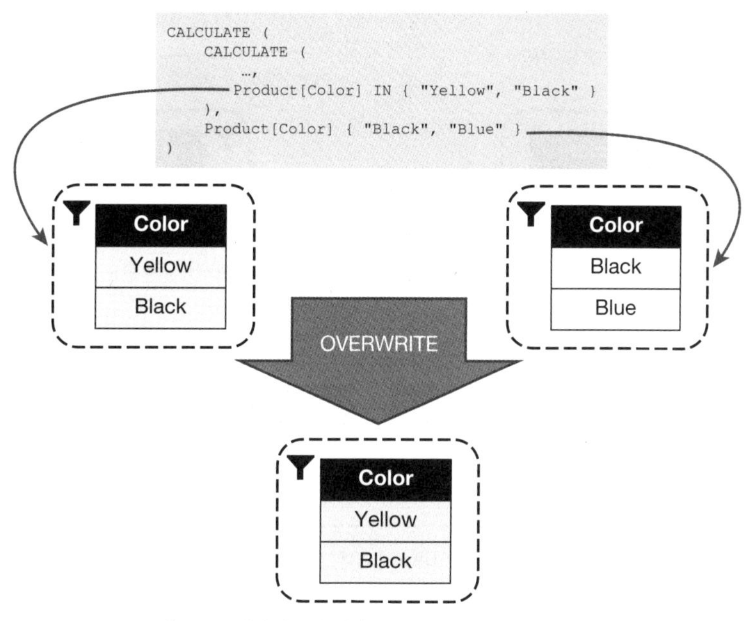

그림 5-29 가장 안쪽의 필터는 바깥쪽 필터를 덮어쓰기 한다.

앞에서 본 것처럼 Product[Color]에 대한 가장 안쪽 필터는 가장 바깥쪽 필터를 덮어쓴다. 따라서 이번 측정값의 결과는 노란색이나 검은색 제품의 합계를 보여준다. 다음 측정값은 가장 안쪽 CALCULATE에서 KEEPFILTERS를 사용해 기존 필터를 덮어쓰는 대신 두 필터를 유지하는 필터 컨텍스트를 만들었다.

```
Sales YB KeepFilters :=
CALCULATE (
  CALCULATE (
    [Sales Amount],
    KEEPFILTERS ( 'Product'[Color] IN { "Yellow", "Black" } )
  ),
  'Product'[Color] IN { "Black", "Blue" }
)
```

Sales YB KeepFilters에 의해 생성된 필터 컨텍스트에 대한 평가는 그림 5-30에서 볼 수 있다.

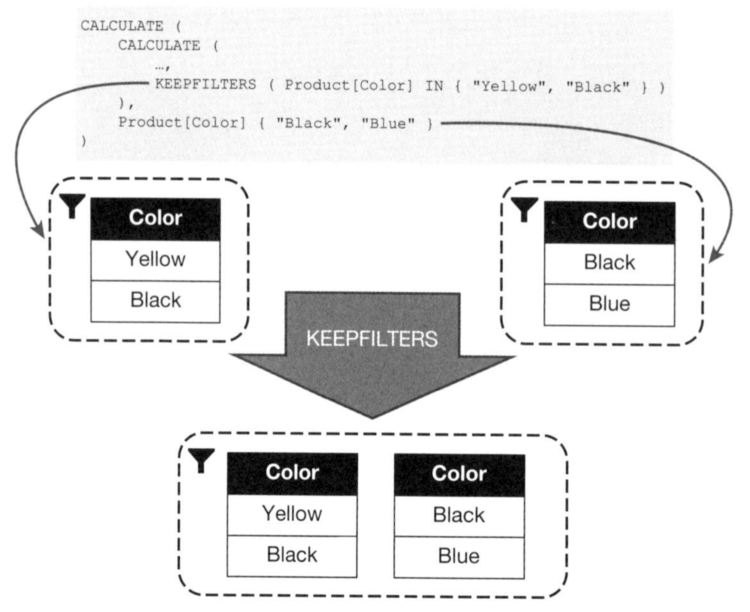

그림 5-30 KEEPFILTERS를 사용하면 CALCULATE는 이전 필터 컨텍스트를 덮어쓰지 않는다.

두 필터는 모두 유지되기 때문에 두 필터의 교집합이 구해진다. 따라서 새 필터 컨텍스트에서 눈에 보이는 유일한 색상은 BLACK이다. 두 필터 모두에 존재하는 유일한 값이기 때문이다.

여기서 동일한 CALCULATE 내의 필터 인수의 순서는 필터 컨텍스트에 독립적으로 적용되기 때문에 중요하지 않다.

컨텍스트 전환 이해

제4장, '평가 컨텍스트'에서 행 컨텍스트와 필터 컨텍스트가 서로 다른 개념이라는 것을 여러 번 언급했다. 두 컨텍스트가 다르다는 것은 변함없는 사실이다. 그러나 CALCULATE를 사용해 행 컨텍스트를 필터 컨텍스트로 변환할 수 있다. 이를 **컨텍스트 전환**이라고 하며 다음과 같이 정의할 수 있다.

> **CALCULATE는 모든 행 컨텍스트를 무효화한다. 현재 모든 행 컨텍스트에서 반복되는 모든 열을 필터 인수로 자동으로 추가해 반복되는 행에서 실제 값을 필터링한다.**

컨텍스트 전환은 처음에는 이해하기가 어렵다. 숙련된 DAX 개발자에게도 컨텍스트 전환의 모든 의미를 이해하는 것은 어려운 일이다. 컨텍스트 전환에 대한 위의 정의는 컨텍스트 전환을 완전히 이해하기에 부족하다.

여러분의 이해를 돕기 위해 점점 복잡해지는 몇 가지 예를 들어 컨텍스트 전환에 관해 설명할 예정이다. 세부적인 개념을 논의하기 전에 행 컨텍스트와 필터 컨텍스트에 대해 철저히 이해하자.

행 컨텍스트 및 필터 컨텍스트 복습

그림 5-31에는 행에 브랜드를 배치한 보고서와 평가 과정을 설명하는 다이어그램이 있다. 이를 통해 행 컨텍스트와 필터 컨텍스트에 관한 중요 사항을 요약해보자. 다이어그램의 Products 및 Sales는 실제 데이터가 아니며, 요점을 분명하게 하기 위해 몇 개 행만 포함하고 있다.

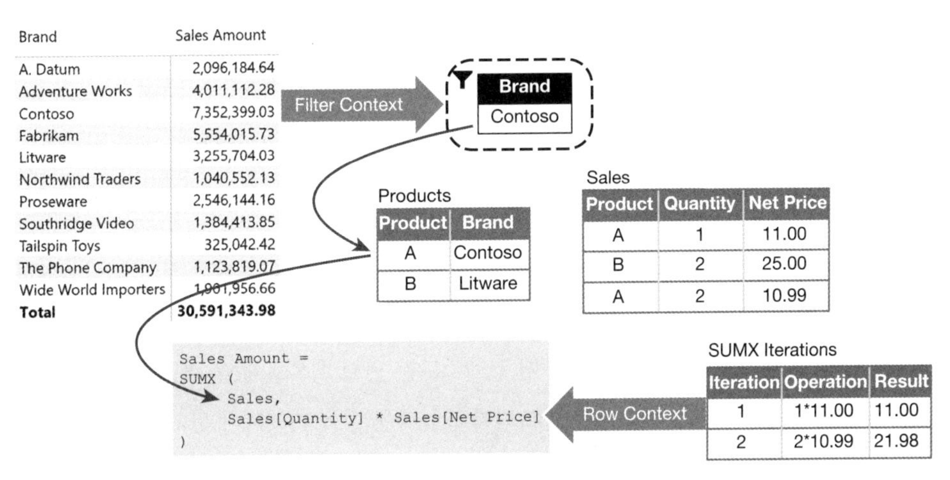

그림 5-31 위 다이어그램은 SUMX를 사용한 단순 반복 실행의 전체 흐름을 보여준다.

다음은 그림 5-31의 Contoso 행에 대해 Sales Amount 측정값을 계산하는 프로세스 전체에 대한 설명이다.

- 보고서는 Product[Brand] = "Contoso"인 필터가 있는 필터 컨텍스트를 만든다.

- 필터는 전체 모델에서 작동하므로 Products와 Sales 테이블을 모두 필터링한다.
- 필터 컨텍스트는 Sales를 검색하는 동안 SUMX가 반복할 행 수를 줄인다. 즉, SUMX는 Contoso 제품과 관련된 Sales 행만 반복한다.
- 그림에서 Contoso 브랜드는 A 제품뿐이며 Sales 테이블에는 여기에 해당하는 2개의 행이 있다.
- 결과적으로 SUMX는 두 행을 반복한다. 첫 번째 행에서 1*11.00을 계산해 중간 결과 11을 만들고, 두 번째 행에 2*10.99를 계산해 중간 결과 21.98을 만든다.
- SUMX는 반복 중 계산된 중간 결과의 합계를 반환한다.
- Sales 테이블 반복 도중 SUMX는 Sales 테이블에서 보이는 부분만 검색하고, 보이는 각 행에 대해 행 컨텍스트를 만든다.
- SUMX가 첫 번째 행을 반복할 때 Sales[Quantity]는 1이고 Sales[Net Price]는 11이다. 두 번째 행에서는 값이 다르다. 열에는 반복하는 행에 따라 바뀌는 현재 값이 있다. 잠재적으로 반복되는 각 행은 모든 열에 대해 다른 값을 갖는다.
- 반복하는 동안에는 행 컨텍스트와 필터 컨텍스트가 존재한다. 필터 컨텍스트는 이를 수정하기 위해 실행된 CALCULATE가 없으므로 Contoso를 필터링하는 기존 컨텍스트에 변화가 없다.

컨텍스트 전환에 관한 마지막 문장이 가장 중요하다. 반복하는 동안 필터 컨텍스트는 여전히 활성화되며 Contoso를 필터링한다. 반면에 행 컨텍스트는 Sales 테이블을 반복한다. Sales의 각 열에는 정해진 값이 있다. 행 컨텍스트는 현재 행으로 값을 제공한다. 행 컨텍스트는 반복되지만 필터 컨텍스트는 반복되지 않는다는 점을 기억해야 한다.

위의 세부 사항은 매우 중요하다. 다음 시나리오에서 다시 한번 제대로 이해하는지 확인하길 바란다. 다음 코드를 사용해 Sales 테이블의 행 수를 계산하는 측정값을 작성한다고 가정하자.

```
NumOfSales := COUNTROWS ( Sales )
```

보고서에 적용하면 측정값은 현재 필터 컨텍스트에서 볼 수 있는 Sales 테이블의 행 수를 계산한다. 그림 5-32에 표시된 결과는 예상대로 브랜드마다 값이 다르다.

Brand	NumOfSales
A. Datum	4,921
Adventure Works	7,819
Contoso	37,984
Fabrikam	7,861
Litware	7,214
Northwind Traders	1,636
Proseware	6,673
Southridge Video	10,658
Tailspin Toys	7,571
The Phone Company	3,106
Wide World Importers	4,788
Total	**100,231**

그림 5-32 NumOfSales는 Sales 테이블의 현재 필터 컨텍스트에서 볼 수 있는 행 수를 계산한다.

Sales 테이블에 Contoso 브랜드 관련 행이 37,984개이므로 Contoso 브랜드에 대한 반복은 정확히 37,984개 행을 반복하게 된다. 따라서 Sales Amount 측정값은 37,984번의 곱셈을 마친 다음 실행을 종료한다.

지금까지 이해한 내용을 바탕으로 Contoso 행에 대한 다음 측정값의 결과를 예상할 수 있는가?

```
Sum Num Of Sales := SUMX ( Sales, COUNTROWS ( Sales ) )
```

서둘러 답을 결정하지 않길 바란다. 코드를 주의 깊게 살펴보고 배운 내용을 떠올리며 추측해보자. 다음 단락에서 정답을 확인할 수 있다

필터 컨텍스트가 Contoso를 필터링한다. 앞의 예에서 SUMX는 37,984회 반복함을 알고 있다. 37,984개의 행 각각에 대해 SUMX는 현재 필터 컨텍스트에서 Sales 테이블에 보이는 행 수를 계산한다. 필터 컨텍스트는 여전히 동일하므로 각 행의 COUNTROWS 결과는 항상 37,984이다. 따라서 SUMX는 37,984번의 값을 합산한다. 결과는 37,984의 제곱이다. 그림 5-33에서 이를 확인할 수 있다.

Brand	NumOfSales	Sum Num Of Sales
A. Datum	4,921	24,216,241
Adventure Works	7,819	61,136,761
Contoso	37,984	1,442,784,256
Fabrikam	7,861	61,795,321
Litware	7,214	52,041,796
Northwind Traders	1,636	2,676,496
Proseware	6,673	44,528,929
Southridge Video	10,658	113,592,964
Tailspin Toys	7,571	57,320,041
The Phone Company	3,106	9,647,236
Wide World Importers	4,788	22,924,944
Total	**100,231**	**10,046,253,361**

그림 5-33 반복마다 모든 행을 세기 때문에 새 측정값은 NumOfSales의 제곱을 계산한다.

행 컨텍스트와 필터 컨텍스트에 대한 주요 내용을 재검토했다. 이제 컨텍스트 전환이 어떤 결과를 가져오는지 좀 더 자세히 논의해보자.

컨텍스트 전환 소개

테이블에서 반복이 이뤄질 때 행 컨텍스트가 존재한다. 반복이 이뤄지는 이유는 행 컨텍스트 자체에 의존하는 표현식 때문이다. 앞에서 다룬 다음 식을 살펴보자.

```
Sales Amount :=
SUMX (
  Sales,
   Sales[Quantity] * Sales[Unit Price]
)
```

`Quantity`와 `Unit Price` 열은 현재의 행 컨텍스트에 값이 있다. 앞의 절에서 반복되는 내부의 식이 행 컨텍스트에 엄격하게 묶이지 않으면 필터 컨텍스트에서 평가된다는 것을 보여줬다. 초보자들은 결과에 놀랄 수 있다. 그럼에도 불구하고 행 컨텍스트에서 모든 함수를 자유롭게 사용할 수 있다. 사용할 수 있는 많은 함수 가운데 `CALCULATE` 함수는 매우 특별하다.

CALCULATE를 행 컨텍스트에서 사용하면 행 컨텍스트를 무시한 채 식을 평가한다. 즉, CALCULATE를 사용하면 식에서 기존에 적용되던 모든 행 컨텍스트는 사라지게 된다. 따라서 다음 코드를 실행하면 오류가 발생한다.

```
Sales Amount :=
SUMX (
  Sales,
  CALCULATE ( Sales[Quantity] )       -- CALCULATE 내부에 행 컨텍스트가 없어서 오류!
)
```

그 이유는 CALCULATE가 CALCULATE 외부에 존재하는 행 컨텍스트를 무효화하기 때문에 CALCULATE 내부에서 Sales[Quantity] 열의 값을 검색할 수 없기 때문이다. 이는 컨텍스트 전환이 수행하는 일부분에 불과하다. 두 번째 작업은 CALCULATE가 현재 행 컨텍스트의 모든 열을 현재 값과 함께 필터 인수로 추가하는 것이다. 다음 코드를 살펴보자.

```
Sales Amount :=
SUMX (
  Sales,
  CALCULATE ( SUM ( Sales[Quantity] ) ) -- SUM은 행 컨텍스트가 필요 없다
)
```

CALCULATE에는 필터 인수가 없다. 평가할 표현식만 유일하게 인수로 사용했다. 따라서 CALCULATE는 기존 필터 컨텍스트를 덮어쓰지 않을 것으로 보인다. 요점은 CALCULATE는 컨텍스트 전환으로 필터 인수를 여러 개 만들 수 있다는 점이다. 즉, CALCULATE는 반복되는 테이블의 각 열에 대한 필터를 생성한다. 그림 5-34에서 컨텍스트 전환의 동작을 간단하게 살펴볼 수 있다. 여기서는 보기 편하도록 단순화한 데이터를 사용했다.

반복하는 동안 CALCULATE는 첫 번째 행에서 시작해 SUM (Sales[Quantity])를 계산한다. 필터 인수가 없지만 CALCULATE는 반복되는 테이블의 각 열에 대해 하나씩 필터 인수를 추가한다. 즉, 예제에는 Product, Quantity, Net Price 세 열이 있다. 그 결과, 컨텍스트 전환으로 만들어진 필터 컨텍스트에는 각 열(Product, Quantity, Net Price)의 현재 값(A, 1, 11.00)이 포함돼 있다. 물론 SUMX가 반복하는 동안 세 행 각각에 대해 그 과정이 계속된다.

Sales

Product	Quantity	Net Price
A	1	11.00
B	2	25.00
A	2	10.99


```
Test :=
SUMX (
     Sales,
     CALCULATE ( SUM ( Sales[Quantity] ) )
)
```


Product	Quantity	Net Price
A	1	11.00

SUMX Iteration

Row Iterated	Sales[Quantity] Value	Row Result
1	1	1
2	2	2
3	2	2

그림 5-34 행 컨텍스트에서 CALCULATE를 실행하면 현재 반복되는 테이블의 각 열에 대해 필터를 적용하는 필터 컨텍스트가 만들어진다.

즉, 이전 SUMX를 실행하면 다음과 같은 세 가지 CALCULATE가 실행된다.

```
CALCULATE (
  SUM ( Sales[Quantity] ),
  Sales[Product] = "A",
  Sales[Quantity] = 1,
  Sales[Net Price] = 11
) +
CALCULATE (
  SUM ( Sales[Quantity] ),
  Sales[Product] = "B",
  Sales[Quantity] = 2,
  Sales[Net Price] = 25
) +
CALCULATE (
  SUM ( Sales[Quantity] ),
  Sales[Product] = "A",
  Sales[Quantity] = 2,
  Sales[Net Price] = 10.99
)
```

위의 필터 인수는 눈에 보이지 않는다. 필터 인수는 엔진에 의해 자동으로 추가되며, 이를 피할 수는 없다. 처음에는 컨텍스트 전환이 이상하게 보일 것이다. 하지만 조금 익숙해지면 매우 유용하게 사용할 수 있다. 숙달하기는 어렵지만 매우 강력한 기능이다.

좀 더 구체적으로 논의하기 전에 위의 내용을 정리하면 다음과 같다.

- **컨텍스트 전환에는 큰 비용이 따른다.** 10개의 열과 100만 개의 행이 있는 테이블을 반복하는 도중에 컨텍스트 전환을 시행하면 CALCULATE는 10개의 필터를 100만 번 적용해야 한다. 이는 반드시 속도 저하 문제를 일으키게 될 것이다. 컨텍스트 전환을 하지 말아야 한다는 것이 아니다. 신중하게 사용해야 한다는 말이다.
- **컨텍스트 전환은 하나의 행만 필터링하지 않는다.** CALCULATE 외부에 존재하는 원래 행 컨텍스트는 항상 한 행만 가리킨다. 행 컨텍스트는 행별로 반복된다. 컨텍스트 전환을 통해 행 컨텍스트를 필터 컨텍스트로 변경하면 새로 생성된 필터 컨텍스트는 개별 행의 값 집합으로 모든 행을 필터링한다. 따라서 컨텍스트 전환이 한 행만으로 필터 컨텍스트를 생성한다고 가정해서는 안 된다. 이는 매우 중요하기 때문에 다음 섹션에서 다시 다룬다.
- **컨텍스트 전환은 식에 없는 열을 사용한다.** 필터에 사용된 열은 눈에 보이지는 않지만 식의 일부분이다. 이는 CALCULATE가 사용된 식을 보기보다 훨씬 더 복잡하게 만든다. 컨텍스트 전환이 사용되는 경우 테이블의 모든 열은 숨겨진 필터 인수로서 식의 일부가 된다. 이 동작은 예상치 못한 의존성을 일으킬 수 있다. 이 주제에 대해서는 이 절의 후반부에서 다룬다.
- **컨텍스트 전환은 행 컨텍스트로부터 필터 컨텍스트를 생성한다.** "필터 컨텍스트는 모델을 필터링하고 행 컨텍스트는 테이블을 반복한다"라는 평가 컨텍스트에 대한 주문을 기억할 것이다. 컨텍스트 전환이 행 컨텍스트를 필터 컨텍스트로 변환하면 필터의 특성이 변경된다. DAX는 한 행씩 반복하는 대신 전체 모델을 필터링한다. 이는 모델의 관계가 식의 일부가 되기 때문이다. 다시 말하면 한 테이블에서 발생한 컨텍스트 전환은 관계를 통해 행 컨텍스트가 설정된 테이블로부터 멀리까지 필터링 효과를 전파할 수 있다.

- **행 컨텍스트 전환은 행 컨텍스트가 있을 때마다 실행된다.** 예를 들어 계산된 열에 CALCULATE를 사용하면 컨텍스트 전환이 발생한다. 계산된 열 안에는 자동 행 컨텍스트가 있으며 이것만으로도 컨텍스트 전환이 일어날 수 있다.
- **컨텍스트 전환은 모든 행 컨텍스트를 변환한다.** 중첩된 반복이 여러 테이블에서 수행되는 경우 컨텍스트 전환은 모든 행 컨텍스트를 고려한다. 컨텍스트 전환은 이들 모두를 무효화하고 현재 모든 활성화된 행 컨텍스트에 의해 반복되고 있는 모든 열에 대한 필터 인수를 추가한다.
- **컨텍스트 전환은 행 컨텍스트를 무효화한다.** 이 개념을 여러 번 반복했지만 다시 한번 주목해 볼 필요가 있다. CALCULATE에 의해 평가된 표현식 내에서 유효한 외부 행 컨텍스트는 없다. 모든 외부 행 컨텍스트는 상응하는 필터 컨텍스트로 변환된다.

이 절의 앞부분에서 예상한 바와 같이, 위에 정리된 항목 대부분은 추가적인 설명이 필요하다. 컨텍스트 전환에 관한 이 절의 나머지 부분에서는 이러한 주요 사항에 대해 더 깊이 있게 다룬다. 위의 내용들이 경고처럼 보이지만 실제로는 중요한 특징들이다. 어떤 동작을 제대로 이해하지 못하면 원하는 결과물을 제대로 얻지 못하지만, 일단 동작에 익숙해지면 그것을 적절하게 활용할 수 있을 것이다. 적어도 DAX에서 이상한 결과를 얻느냐, 아니면 유용하게 사용할 것인가는 여러분에게 달려 있다.

계산된 열의 컨텍스트 전환

계산된 열은 행 컨텍스트에서 평가된다. 따라서 계산된 열에 CALCULATE를 사용하면 컨텍스트 전환이 발생한다. 이 기능을 사용해 `Product` 테이블에 총 판매액의 1% 이상이 판매된 모든 제품을 'High Performance'라고 표시하는 계산된 열을 만들어보자.

이 계산된 열을 만들기 위해서는 특정 제품의 판매액과 모든 제품의 총 판매액이라는 두 가지 값이 필요하다. 전자는 현재 Product에 대한 판매액만 계산하도록 `Sales` 테이블을 필터링하고, 후자는 필터를 적용하지 않고 `Sales` 테이블을 검색해야 한다. 코드는 다음과 같다.

```
'Product'[Performance] =
VAR TotalSales =                                  -- 모든 제품의 판매액
  SUMX (
    Sales,                                        -- Sales 테이블이 필터링되지 않았기 때문에
    Sales[Quantity] * Sales[Net Price]            -- 모든 제품의 판매액이 계산됨
  )
VAR CurrentSales =
  CALCULATE (                                     -- 컨텍스트 전환 실행
    SUMX (
      Sales,                                      -- 현 제품만의 판매액
      Sales[Quantity] * Sales[Net Price]          -- 현 제품만의 판매액만 계산됨
    )
  )
VAR Ratio = 0.01                                  -- 1%를 실수로 표시함
VAR Result =
  IF (
    CurrentSales >= TotalSales * Ratio,
    "High Performance product",
    "Regular product"
  )
RETURN
  Result
```

위 두 변수 사이에는 한 가지 차이만 있다는 점에 주의하자. TotalSales는 일반적인 반복으로 실행되는 반면, CurrentSales는 CALCULATE 함수로 동일한 DAX 코드를 감쌌다. 계산된 열이기 때문에 행 컨텍스트는 필터 컨텍스트로 바뀐다. 필터 컨텍스트는 모델을 통해 Product 테이블에서 전파돼 Sales 테이블에 도달하며 현재 제품의 판매만 필터링한다.

두 변수가 비슷해 보여도 내용은 전혀 다르다. TotalSales는 계산된 열의 필터 컨텍스트가 비어 있어서 아무것도 필터링하지 않기 때문에 모든 제품의 판매를 계산한다. CurrentSales는 CALCULATE에 의해 수행된 컨텍스트 전환 때문에 현재 제품의 판매를 계산한다.

코드의 나머지 부분은 조건이 충족되는지를 확인하고 제품을 적절하게 표시하는 간단한 IF 문이다. 위의 코드로 계산된 열을 활용해 그림 5-35와 같은 보고서를 만들 수 있다.

Performance	Sales Amount	NumOfProducts
High Performance product	**3,078,318.10**	**4**
A. Datum SLR Camera X137 Grey	725,840.28	1
Adventure Works 26" 720p LCD HDTV M140 Silver	1,303,983.46	1
Contoso Telephoto Conversion Lens X400 Silver	683,779.95	1
SV 16xDVD M360 Black	364,714.41	1
Regular product	**27,513,025.88**	**2513**
A. Datum Advanced Digital Camera M300 Azure	2,723.83	1
A. Datum Advanced Digital Camera M300 Black	5,313.82	1
A. Datum Advanced Digital Camera M300 Green	8,244.99	1
A. Datum Advanced Digital Camera M300 Grey	7,624.83	1
A. Datum Advanced Digital Camera M300 Orange	754.00	1
Total	**30,591,343.98**	**2517**

그림 5-35 'High Performance'로 표시된 제품은 4개다.

위의 계산된 열 코드에서는 CALCULATE와 컨텍스트 전환 기능을 사용했다. 다음 단계로 진행하기 전에 모든 의미를 고려했는지 확인해야 한다. Product 테이블은 크지 않다. 불과 몇 천 행만 있을 뿐이다. 그러므로 성능 문제는 일으키지 않는다. CALCULATE로 생성된 필터 컨텍스트는 모든 열을 필터링한다. CurrentSales가 현재 제품의 판매만 포함한다는 보장이 있는가? 이 경우 대답은 '그렇다'이다. 이유는 Product 테이블의 각 행이 중복 없이 고유하기 때문인데, 이는 Product 테이블의 ProductKey 열의 값이 행마다 모두 다르기 때문이다. 따라서 컨텍스트 전환으로 생성된 필터 컨텍스트는 한 제품씩 필터링할 수 있다.

이 경우 반복되는 테이블의 각 행이 고유하기 때문에 컨텍스트 전환에 의존할 수 있다. 하지만 이것이 항상 옳은 것은 아니다. 의도적으로 틀린 예를 들어 이를 증명할 수 있다. Sales 테이블에 다음과 같은 계산된 열을 만들어보자.

```
Sales[Wrong Amt] =
CALCULATE (
  SUMX (
    Sales,
    Sales[Quantity] * Sales[Net Price]
  )
)
```

계산된 열이기 때문에 행 컨텍스트에서 실행된다. CALCULATE는 컨텍스트 전환을 수행하므로 SUMX는 Sales의 현재 행에 해당하는 동일한 값의 집합으로 Sales의 모든 행을 반복한다. 문제는 Sales 테이블에 고유한 값을 가진 열이 없다는 점이다. 즉, 동일한 행이 여러 개 존재하며, 이 경우에 중복된 행이 함께 필터링될 가능성이 있다. 달리 표현하면 계산된 열에서 SUMX가 한 행씩만 반복한다는 보장은 없다.

판매가 많이 이뤄졌다면 중복된 행이 많고, 이 계산된 열로 얻은 결과는 완전히 틀리게 된다. 이렇게 하면 문제가 분명하게 드러나고 즉시 알아차릴 수 있을 것이다. 하지만 실제 시나리오에서는 테이블에서 중복된 행이 많지 않기 때문에 부정확한 계산을 찾아내 디버깅하기 어렵다. 이 책에서 사용하는 샘플 데이터베이스도 예외는 아니다. 그림 5-36의 보고서는 브랜드별 정확한 판매액과 Wrong Amt를 사용해 계산된 잘못된 값을 보여준다.

Brand	Sales Amount	Wrong Amt
A. Datum	2,096,184.64	2,096,184.64
Adventure Works	4,011,112.28	4,011,112.28
Contoso	7,352,399.03	7,352,399.03
Fabrikam	5,554,015.73	5,558,757.73
Litware	3,255,704.03	3,255,704.03
Northwind Traders	1,040,552.13	1,040,552.13
Proseware	2,546,144.16	2,546,144.16
Southridge Video	1,384,413.85	1,384,413.85
Tailspin Toys	325,042.42	325,042.42
The Phone Company	1,123,819.07	1,123,819.07
Wide World Importers	1,901,956.66	1,901,956.66
Total	**30,591,343.98**	**30,596,085.98**

그림 5-36 결과 대부분은 일치하고 두 행만 값이 다르다. 즉, Fabrikam 브랜드와 합계값만 차이가 있다.

차이는 합계 수준과 Fabrikam 브랜드에만 존재한다는 것을 알 수 있다. Sales 테이블에는 Fabrikam 브랜드 일부 제품이 중복돼 계산을 두 번 수행하게 된다. 다음과 같은 행은 문제가 안 된다. 즉, 동일한 고객이 오전과 오후 같은 상점에서 같은 제품을 샀지만 Sales 테이블은 날짜만 저장하고 거래 시간은 저장하지 않는다. 중복되는 수가 적기 때문에 대부분의 숫자는 정확해 보인다. 그러나 테이블의 내용에 따라 다르므로 계산이 잘못된 것이다. 행이 중복되기 때문에 부정확한 숫자가 언제든지 나타날 수 있다. 중복이 많을수록 결과는 더 나빠진다.

이 경우 컨텍스트 전환에 의존하는 것은 잘못된 선택이다. 테이블이 고유한 행만 갖고 있지 않은 경우 컨텍스트 전환은 사용하지 않아야 한다. DAX 개발자는 이에 대해 미리 알고 있어야 한다. 더욱이 Sales 테이블에는 수백만 개의 행이 있을 수 있어서 이렇게 계산된 열은 틀릴 뿐만 아니라 매우 느리다.

측정값으로 컨텍스트 전환하기

DAX에는 컨텍스트 전환을 이해해야만 하는 이유가 또 하나 있다.

> **측정값을 참조하면 항상 눈에 띄지 않는 CALCULATE가 측정값을 감싼다.**

CALCULATE 때문에 행 컨텍스트에서 실행될 경우 측정값을 참조하면 암묵적으로 컨텍스트를 전환한다. DAX에서 열 참조(항상 테이블 이름을 포함) 및 측정값 참조(항상 테이블 이름 제외)를 작성할 때 올바른 명명 규칙을 사용하는 것이 중요한 이유가 바로 이 때문이다. DAX 식을 읽고 쓸 때 암묵적 컨텍스트 전환에 대해 반드시 알아야 한다.

위의 정의는 단순하지만 몇몇 사례를 들어 충분히 설명할 필요가 있다. 첫 번째는 측정값 참조를 변환하려면 항상 계산식을 CALCULATE 함수로 감싸야 한다는 점이다. 다음 Sales Amount 측정값 및 Product 테이블의 계산된 열인 Product Sales 표현식을 살펴보자.

```
Sales Amount :=
SUMX (
  Sales,
  Sales[Quantity] * Sales[Net Price]
)
'Product'[Product Sales] = [Sales Amount]
```

Product Sales 열은 Product 테이블의 현재 제품에 대해서만 판매액의 합계를 정확하게 계산한다. 실제로 Product Sales 정의에서 측정값인 Sales Amount를 참조하려면 CALCULATE 함수로 측정값인 Sales Amount를 감싸야 한다.

```
'Product'[Product Sales] =
CALCULATE
  SUMX (
    Sales,
    Sales[Quantity] * Sales[Net Price]
  )
)
```

CALCULATE를 사용하지 않으면 계산된 열의 결과는 제품별로 필터링하지 않고 Sales 테이블에 있는 모든 행의 합계를 모든 행에서 동일하게 반환하게 될 것이다. CALCULATE를 사용해야 컨텍스트 전환이 이뤄져 원하는 결과를 얻을 수 있다. 측정값을 참조하면 항상 CALCULATE를 호출한다. 이는 매우 중요하며 짧고 강력한 DAX 식을 작성하는 데 활용할 수 있다. 하지만 측정값이 행 컨텍스트에서 호출될 때마다 컨텍스트 전환이 발생한다는 것을 잊어버리면 큰 실수가 발생할 수도 있다.

일반적으로 측정값 참조는 측정값을 정의하는 식을 CALCULATE로 감싼 표현식으로 대체할 수 있다. 일일 최대 판매액을 계산하는 Max Daily Sales라는 다음과 같은 측정값을 살펴보자.

```
Max Daily Sales :=
MAXX (
  'Date',
  [Sales Amount]
)
```

이 식은 단순하고 읽기 쉽다. 그러나 판매액이 날짜별로 계산되기 위해서는 각 날짜에 대해 해당 날짜의 판매액만 필터링해야 한다. 이 역할을 컨텍스트 전환이 수행한다. DAX는 측정값인 Sales Amount 참조를 엔진 내부에서 다음 식과 같이 CALCULATE로 감싼 Sales Amount 식으로 대체한다.

```
Max Daily Sales :=
MAXX (
  'Date',
  CALCULATE (
```

```
    SUMX (
      Sales,
      Sales[Quantity] * Sales[Net Price]
    )
  )
)
```

복잡한 DAX 코드를 작성해야 하는 7장, '반복함수 및 CALCULATE를 활용한 작업'에서 이 기능을 광범위하게 사용할 것이다. 컨텍스트 전환이 발생하는 상황을 요약하면 다음과 같다.

- 행 컨텍스트에서 CALCULATE 또는 CALCULATETABLE 함수를 호출하는 경우
- 측정값을 참조하면 내부적으로 해당 DAX 코드를 CALCULATE 함수 내에서 실행하기 때문에 행 컨텍스트에서 측정값을 참조하는 경우

이 강력한 동작은 실수로 이어지기 쉽다. 이는 주로 측정값을 해당 측정값을 정의하는 DAX 코드로 바꿀 수 있다고 잘못 가정하는 데서 비롯된다. 측정값에서처럼 행 컨텍스트가 없는 경우에는 문제가 생기지 않지만 행 컨텍스트에서 측정값을 참조하는 경우에는 불가능하다. 이 규칙은 잊기 쉬우므로 예시를 통해 잘못된 가정이 어떤 문제를 일으키는지 살펴보도록 하자.

이전 예에서 Sales에 대해 두 번 반복하는 계산된 열의 코드를 이미 작성했다. 제시한 코드는 다음과 같다.

```
'Product'[Performance] =
VAR TotalSales =                                -- 모든 제품의 판매액
  SUMX (
    Sales,                                      -- Sales 테이블이 필터링되지 않음
    Sales[Quantity] * Sales[Net Price]          -- 따라서 총 판매액이 계산됨
  )
VAR CurrentSales =
  CALCULATE (                                   -- 컨텍스트 전환을 수행함
    SUMX (
      Sales,                                    -- 현재 제품만으로 필터링함
      Sales[Quantity] * Sales[Net Price]        -- 따라서 현재 제품만의 판매액을 계산함
    )
```

```
  )
VAR Ratio = 0.01                          -- 1%를 실수로 표시함
VAR Result =
  IF (
    CurrentSales >= TotalSales * Ratio,
    "High Performance product",
    "Regular product"
  )
RETURN
  Result
```

위의 두 변수 중 하나(Current Sales)는 CALCULATE 함수가 감싸고 있고 다른 하나는 그렇지 않을 뿐, 두 변수 모두 SUMX 안에서 반복되는 식은 동일하다. 위의 코드를 변경해 측정값으로 반복 코드를 대체하는 것이 편리하게 보일 수 있다. 특히 표현식이 단순한 SUMX가 아니라 복잡할 경우 더욱 그럴듯해 보인다. 하지만 측정값을 참조하는 경우에는 항상 측정값이 대체한 식 주위에 CALCULATE가 추가되기 때문에 이 방식은 작동하지 않는다.

측정값 Sales Amount와 하나는 CALCULATE가 있고 다른 하나는 CALCULATE가 없는 Sales Amount를 호출하는 계산된 열을 작성하는 경우를 가정해보자.

```
Sales Amount :=
SUMX (
  Sales,
  Sales[Quantity] * Sales[Net Price]
)

'Product'[Performance] =
VAR TotalSales = [Sales Amount]
VAR CurrentSales = CALCULATE ( [Sales Amount] )
VAR Ratio = 0.01
VAR Result =
  IF (
    CurrentSales >= TotalSales * Ratio,
    "High Performance product",
    "Regular product"
  )
RETURN
  Result
```

계산된 열은 좋은 생각처럼 보이지만 기대한 결과를 계산하지 않는다. 두 측정값 참조 주위에 눈에 보이지 않는 CALCULATE가 있기 때문이다. 따라서 TotalSales는 모든 제품의 판매를 계산하지 않고, 숨겨진 CALCULATE가 컨텍스트 전환을 수행하기 때문에 현재 제품의 판매액만 계산하게 된다. CurrentSales도 동일한 값을 계산한다. CurrentSales에서는 추가된 CALCULATE가 중복된다. CALCULATE는 측정값을 참조하기 때문에 내부적으로 눈에는 보이지 않는 CALCULATE가 이미 존재하기 때문이다. Sales Amount 측정값을 푼 다음 코드를 보면 더욱 명확하다.

```
'Product'[Performance] =
VAR TotalSales =
CALCULATE (
  SUMX (
    Sales,
    Sales[Quantity] * Sales[Net Price]
  )
)
VAR CurrentSales =
CALCULATE (
  CALCULATE (
    SUMX (
      Sales,
      Sales[Quantity] * Sales[Net Price]
    )
  )
)
VAR Ratio = 0.01
VAR Result =
  IF (
    CurrentSales >= TotalSales * Ratio,
    "High Performance product",
    "Regular product"
  )
RETURN
  Result
```

DAX에서 측정값 호출을 읽을 때마다 CALCULATE가 있는 것처럼 읽어야 한다. 눈에 보이지는 않지만 CALCULATE가 존재하기 때문이다. 제2장, 'DAX 소개'에서 열 이름 앞에는 테이블 이름을 먼저 사용하고 측정값 앞에는 테이블 이름을 절대 사용하지 않는 것이 모범 사례라고 밝혔다. 지금 우리가 논의하고 있는 문제 때문이다.

DAX 코드를 읽을 때 사용자가 측정값을 참조하는지 열을 참조하는지 즉시 이해할 수 있어야 한다. 대부분의 DAX 개발자가 채택하는 사실상의 표준은 측정값 앞에서 테이블 이름을 생략하는 것이다.

자동 CALCULATE를 사용하면 반복함수를 사용해 복잡한 계산을 수행하는 식을 쉽게 작성할 수 있다. 구체적인 시나리오를 해결하기 위해 복잡한 DAX 코드를 작성하기 시작하는 7장에서 이 기능을 광범위하게 사용할 것이다.

순환 의존성

데이터 모델을 설계할 때는 표현식의 순환 의존성이라는 복잡한 주제에 주의를 기울여야 한다. 이 절에서는 순환 의존성이 무엇이며 모델에서 순환 의존성을 피하는 방법을 배우게 된다. 순환 의존성을 설명하기 전에, 예를 들어 단순한 선형 의존성을 논할 필요가 있다. 다음 계산된 열을 살펴보자.

```
Sales[Margin] = Sales[Net Price] - Sales[Unit Cost]
```

계산된 새 열은 Net Price 및 Unit Cost 두 열에 따라 달라진다. 즉, **마진**을 계산하기 위해서는 DAX가 다른 두 열의 값을 미리 알 필요가 있다. 의존성은 계산된 열과 계산된 테이블이 처리되는 순서를 결정하므로 DAX 모델의 중요한 부분이다. 이 예에서 **마진**은 Net Price 및 Unit Cost의 값을 알아야만 계산할 수 있다. 개발자는 의존성에 대해 걱정할 필요가 없다. 실제로 DAX는 모든 내부 객체의 평가 순서를 관리하는 복잡한 그래프를 작성해 이를 완벽하게 처리한다. 그러나 순환 의존성이 그래프에 표시되는 방식으로 코드를 작성할 수 있다. 순환 의존성에 루프가 있어 DAX가 표현식의 평가 순서를 결정할 수 없는 경우 순환 의존성이 발생한다.

다음 두 개의 계산된 열의 식을 살펴보자.

```
Sales[MarginPct] = DIVIDE ( Sales[Margin], Sales[Unit Cost] )
Sales[Margin] = Sales[MarginPct] * Sales[Unit Cost]
```

이 코드에서 MarginPct는 Margin에 의존하고 Margin은 MarginPct에 의존한다. 의존성 사슬에 루프가 존재하는 것이다. 이 경우 DAX는 마지막 식을 받아들이지 않고 '순환 의존성이 감지됐다'라는 오류 메시지를 띄운다.

인간으로서 우리는 이러한 문제를 잘 이해하기 때문에 순환 의존성은 자주 발생하지 않는다. A가 B에 의존하는 경우 B는 A에 의존할 수 없다. 그럼에도 불구하고 순환 의존성이 발생하는 시나리오가 있다. 이는 의도적이 아니라 DAX를 읽을 때 특정 의미를 고려하지 않기 때문이다. 이 시나리오에는 CALCULATE 사용이 포함된다.

Sales 테이블에서 다음과 같은 계산된 열을 상상해보자.

```
Sales[AllSalesQty] = CALCULATE ( SUM ( Sales[Quantity] ) )
```

여기서 흥미로운 질문 하나! AllSalesQty가 의존하는 열은 무엇일까? 표현식에 사용된 유일한 열이기 때문에 Sales[Quantity]에만 의존한다고 직관적으로 대답할 것이다. CALCULATE의 시맨틱스와 컨텍스트 전환에 대해 모두 잊은 채 말이다. CALCULATE가 행 컨텍스트에서 실행됐기 때문에 테이블의 모든 열의 모든 현재 값이 식에 포함돼 있다. 단지 눈에 보이지 않을 뿐이다. 따라서 DAX가 평가한 실제 식은 다음과 같다.

```
Sales[AllSalesQty] =
CALCULATE (
  SUM ( Sales[Quantity] ),
  Sales[ProductKey] = <CurrentValueOfProductKey>,
  Sales[StoreKey] = <CurrentValueOfStoreKey>,
  ...,
  Sales[Margin] = <CurrentValueOfMargin>
)
```

AllSalesQty가 의존하는 열은 실제로는 테이블의 모든 열이다. 일단 CALCULATE가 행 컨텍스트에서 사용되면 계산은 갑자기 반복하는 테이블의 모든 열에 의존하게 된다. 이는 행 컨텍스트가 기본적으로 존재하는 계산된 열에서 훨씬 더 명백하다.

CALCULATE를 사용해 계산된 열 하나만을 작성한다면 상관없다. 문제는 테이블에 계산된 열을 두 개 만들려고 할 때 발생한다. 두 열은 CALCULATE를 사용해 컨텍스트 전환을 실행한다. 다음과 같은 계산된 열은 오류가 발생한다.

```
Sales[NewAllSalesQty] = CALCULATE ( SUM ( Sales[Quantity] ) )
```

이는 CALCULATE가 테이블의 모든 열을 필터 인수로 추가하기 때문이다. 테이블에 새 열을 추가하면 기존 열의 정의도 변경된다. NewAllSalesQty가 추가됐다면 계산된 두 열의 코드는 다음과 같다.

```
Sales[AllSalesQty] =
CALCULATE (
  SUM ( Sales[Quantity] ),
  Sales[ProductKey] = <CurrentValueOfProductKey>,
  ...,
  Sales[Margin] = <CurrentValueOfMargin>,
  Sales[NewAllSalesQty] = <CurrentValueOfNewAllSalesQty>
)

Sales[NewAllSalesQty] =
CALCULATE (
  SUM ( Sales[Quantity] ),
  Sales[ProductKey] = <CurrentValueOfProductKey>,
  ...,
  Sales[Margin] = <CurrentValueOfMargin>,
  Sales[AllSalesQty] = <CurrentValueOfAllSalesQty>
)
```

위에서 굵게 강조 표시된 두 행은 서로 참조하고 있다. AllSalesQty는 NewAllSalesQty의 값에 따라 달라지며, 동시에 NewAllSalesQty는 AllSalesQty의 값에 따라 달라진다. 매우 잘 숨겨져 있지만 순환 의존성이 존재한다. DAX는 순환 의존성을 감지해 코드가 받아

들여지지 않도록 한다.

비록 탐지하기가 다소 복잡하지만 해결책은 간단하다. CALCULATE가 컨텍스트 전환을 수행하는 테이블에 고유한 값을 가진 열이 하나 포함돼 있고 DAX가 이를 알고 있는 경우, 컨텍스트 전환은 의존성 관점에서 해당 열만 필터링한다.

Product 테이블의 다음과 같은 계산된 열을 살펴보자.

```
'Product'[ProductSales] = CALCULATE ( SUM ( Sales[Quantity] ) )
```

이 경우 모든 열을 필터 인수로 추가할 필요가 없다. 실제로 Product 테이블에는 테이블의 행마다 **고유한 값**[ProductKey]이 있는 열이 하나 포함돼 있다. 해당 열이 일대다 관계의 1쪽에 있으므로 DAX 엔진이 이를 잘 파악할 수 있다. 따라서 컨텍스트 전환이 발생할 때 엔진은 각 열에 필터를 추가하는 것이 무의미하다는 것을 알고 있다. 코드는 다음과 같이 읽히게 될 것이다.

```
'Product'[ProductSales] =
CALCULATE (
  SUM ( Sales[Quantity] ),
  'Product'[ProductKey] = <CurrentValueOfProductKey>
)
```

위와 같이 Product 테이블의 계산된 열 ProductSales는 ProductKey에만 의존한다. 그러므로 CALCULATE를 사용해 계산된 열을 여러 개 만들 수 있는데, 이는 계산된 열이 모두 고유한 값을 가진 열에만 의존하기 때문이다.

노트 컨텍스트 전환에 대한 마지막 CALCULATE 구문은 완전히 정확하지는 않다. 교육 목적으로 그렇게 썼다. CALCULATE는 행 식별자(여기서는 ProductKey)가 있더라도 테이블의 모든 열을 필터 인수로 추가한다. 그럼에도 불구하고 내부에서 의존성은 고유 열에만 적용된다. 고유 열이 있으면 DAX는 CALCULATE를 사용해 여러 열을 평가할 수 있다. 여전히 CALCULATE의 의미는 고유 열의 유무와 관계없이 동일하다. 즉, 반복되는 테이블의 모든 열이 필터 인수로 추가된다.

앞서 중복이 있는 테이블에서 컨텍스트 전환에 의존하면 심각한 문제가 생길 수 있다는 사실을 논의했다. 또한 행의 고유성이 보장되지 않으면 순환 의존성 문제가 생기기 때문에 CALCULATE와 컨텍스트 전환을 피해야 한다.

각 행이 모두 고유한 값인 열에 의존하는 것만으로는 컨텍스트 전환 시 CALCULATE가 해당 열에만 의존한다는 것을 보장할 수 없다. 데이터 모델이 그것을 인지해야 한다. DAX가 열에 고유한 값이 포함돼 있다는 것을 어떻게 알 수 있을까? 엔진에 다음과 같은 방법으로 이 정보를 제공할 수 있다.

- 테이블이 관계의 대상(1쪽)일 경우 관계를 만드는 데 사용되는 열은 고유한 것으로 표시된다. 이 방법은 모든 DAX를 사용하는 모든 프로그램에서 효과가 있다.
- '날짜 테이블로 표시' 설정에서 열을 선택하면 그 열은 암묵적으로 고유하다. 8장, '시간 인텔리전스'에서 이에 대해 더 자세히 다룬다.
- 테이블 동작 속성을 사용해 고유 열에 행 식별자 속성을 수동으로 부여할 수 있다. 이 방법은 엑셀의 파워 피봇 및 Analysis Services Tabular에서만 작동하며 이 책을 쓰고 있는 지금의 Power BI에서는 사용할 수 없다.

위 방법 중 하나가 DAX 엔진에 행 식별자가 있다는 것을 알려주고, 이 제약 조건을 준수하지 않는 테이블의 프로세스를 중지시킨다. 테이블에 행 식별자가 있으면 순환 의존성에 대해 걱정하지 않고 CALCULATE를 사용할 수 있다. 컨텍스트 전환이 키 열에만 의존하기 때문이다.

노트 특징이라고 설명했지만 실제로 이러한 동작은 최적화의 부작용이다. DAX의 시맨틱스에는 모든 열의 의존성이 필요하다. 엔진 초기에 도입된 특정 최적화는 테이블의 기본 키에 대한 의존성만 생성한다. 지금도 많은 사용자가 이러한 동작에 의존하기 때문에 언어 일부가 됐다. 이는 여전히 최적화로 남아있다. 경계선 시나리오(표현식 일부로 USERELATIONSHIP을 사용하는 경우)에서는 최적화가 작동되지 않아 순환 의존성 오류가 다시 발생한다.

CALCULATE 제어자

CALCULATE는 매우 강력하고 복잡한 DAX 코드를 생성한다. 지금까지는 필터 인수와 컨텍스트 전환에 대해 다뤘다. 하지만 CALCULATE를 완전히 이해하기 위해서는 CALCULATE 제어자라는 개념이 필요하다.

앞서 ALL과 KEEPFILTERS를 다룰 때 두 개의 제어자를 소개했다. ALL은 제어자이면서 테이블 함수이기도 하지만, KEEPFILTERS는 항상 필터 인수 제어자이며 필터가 원래 필터 컨텍스트와 병합되는 방식을 변경하는 역할을 한다. CALCULATE는 필터 컨텍스트가 준비되는 방식을 변경하는 여러 가지 제어자를 허용한다. 이 모든 제어자 중에서 가장 중요한 것은 이미 잘 알고 있는 ALL 함수다. ALL이 CALCULATE 필터 인수에 직접 사용될 때 테이블 함수가 아닌 CALCULATE 제어자 역할을 한다. 다른 중요한 제어자로는 USERELATIONSHIP, CROSSFILTER 및 ALLSELECTED가 있으며 이에 대해서는 별도로 다룬다. ALLEXCEPT, ALLSELECTED, ALLCROSSFILTERED 및 ALLNOBLANKROW 제어자는 ALL과 우선순위 규칙이 동일하다.

이 절에서는 이들 제어자를 소개한 후 다른 CALCULATE 제어자와 필터 인수의 우선순위에 대해 설명할 것이다. 마지막에 CALCULATE 규칙의 최종 스키마를 제시하겠다.

USERELATIONSHIP

첫 번째 CALCULATE 제어자는 USERELATIONSHIP이다. CALCULATE는 이 제어자를 사용해 표현식을 평가하는 동안 관계를 활성화할 수 있다. 데이터 모델은 활성 및 비활성 관계를 모두 포함할 수 있다. 두 테이블 사이에 여러 관계가 존재할 수 있으나 하나의 관계만 활성화할 수 있기 때문에 모델에 여러 비활성 관계가 존재할 수 있다.

예를 들어 Sales 테이블에서 개별 주문에 대해 주문 날짜와 배송 날짜가 모두 저장돼 있을 수 있다. 일반적으로는 주문 날짜를 기준으로 판매분석을 실시하겠지만 일부 측정값에서는 배송 날짜를 사용할 수 있다. 이 시나리오의 옵션은 Sales와 Date 테이블 사이에 두 가지 관계, 즉 하나는 주문 일자를 기준으로 다른 하나는 배송일자 기준으로 관계를 만드는 것이다. 모델은 그림 5-37과 같다.

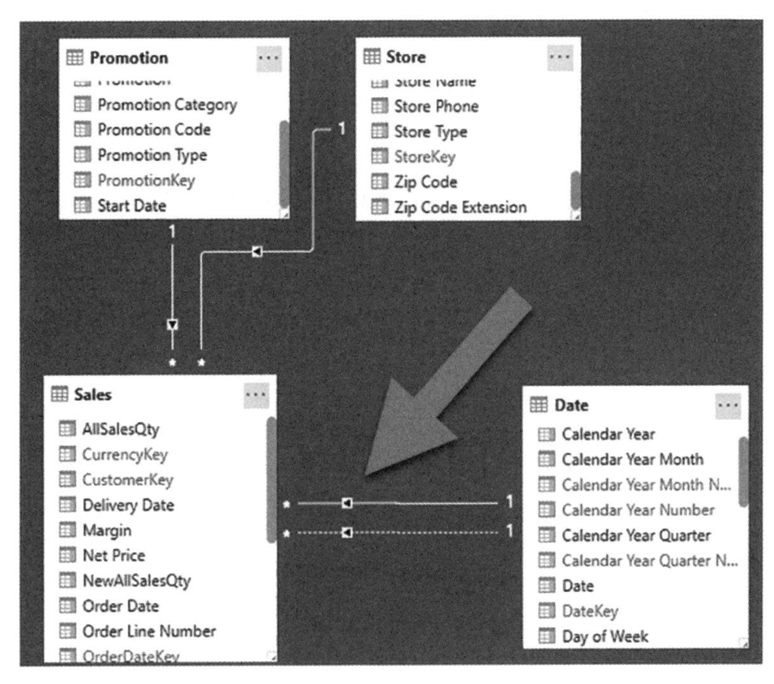

그림 5-37 Sales와 Date 테이블은 하나만 활성화될 수 있지만 두 가지 관계로 연결된다.

둘 가운데 한 관계만 활성화할 수 있다. 이 데모 모델에서는 **주문 날짜**와의 관계가 활성화되고 **배송 날짜**와의 관계는 비활성 상태로 유지된다. 주어진 시간 내에 배송된 값을 보여주는 측정값을 작성하려면 계산하는 동안 **배송 날짜**와의 관계가 활성화돼야 한다. 이때 다음과 같이 USERELATIONSHIP을 사용할 수 있다.

```
Delivered Amount:=
CALCULATE (
  [Sales Amount],
  USERELATIONSHIP ( Sales[Delivery Date], 'Date'[Date] )
)
```

Delivery Date와 Date의 관계는 Sales Amount 평가 중에 활성화된다. 그동안 Order Date와의 관계는 비활성화된다. 주어진 시점에 두 테이블 사이에서 오직 하나의 관계만이 활성화될 수 있으므로 USERELATIONSHIP는 일시적으로 하나의 관계를 활성화하면서 CALCULATE 외부에서 활성화된 기존 관계를 비활성화한다.

그림 5-38은 주문 날짜를 기준으로 한 Sales Amount와 Delivered Amount의 차이를 보여준다.

Calendar Year	Sales Amount	Delivered Amount
CY 2007	**11,309,946.12**	**11,034,860.44**
January	794,248.24	624,650.61
February	891,135.91	790,981.53
March	961,289.24	992,760.62
April	1,128,104.82	1,140,575.75
May	936,192.74	839,658.92
June	982,304.46	991,050.56
July	922,542.98	1,078,819.68
August	952,834.59	776,586.75
September	1,009,868.98	1,082,690.27
October	914,273.54	901,968.98
November	825,601.87	872,217.70
December	991,548.75	942,899.08
Total	**30,591,343.98**	**30,591,343.98**

그림 5-38 이 수치는 주문 기준 판매액과 배송 기준 판매액의 차이를 보여준다.

관계를 활성화하기 위해 USERELATIONSHIP을 사용할 때 관계는 테이블을 참조할 때 정의되고 RELATED 또는 기타 관계 함수를 호출할 때는 정의되지 않는다는 점을 분명하게 알아야 한다. 14장에서 확장된 테이블을 사용해 이에 대해 자세히 다룰 것이다. 지금 단계에서는 다음 한 가지 예만 살펴보자. 2007년에 배송된 모든 금액을 계산하기 위한 다음 공식은 오류가 발생한다.

```
Delivered Amount 2007 v1 :=
CALCULATE (
  [Sales Amount],
  FILTER (
    Sales,
    CALCULATE (
      RELATED ( 'Date'[Calendar Year] ),
      USERELATIONSHIP ( Sales[Delivery Date], 'Date'[Date] )
    ) = "CY 2007"
  )
)
```

실제로 CALCULATE는 FILTER 반복으로 만들어진 행 컨텍스트를 비활성화할 것이다. 따라서 CALCULATE 식에서는 RELATED 함수를 전혀 사용할 수 없다. 코드를 작성할 수 있는 한 가지 방법은 다음과 같다.

```
Delivered Amount 2007 v2 :=
CALCULATE (
  [Sales Amount],
  CALCULATETABLE (
    FILTER (
      Sales,
      RELATED ( 'Date'[Calendar Year] ) = "CY 2007"
    ),
    USERELATIONSHIP (
      Sales[Delivery Date],
      'Date'[Date]
    )
  )
)
```

두 번째 식에서 Sales는 CALCULATE가 필요한 관계를 활성화한 후에 참조된다. 따라서 FILTER에서 RELATED를 사용하면 배송 날짜와의 관계가 활성화된다. Delivered Amount 2007 v2 측정값은 잘 작동하지만, RELATED 대신 기본 필터 컨텍스트 전파를 사용해 더 나은 식을 작성할 수 있다.

```
Delivered Amount 2007 v3 :=
CALCULATE (
  [Sales Amount],
  'Date'[Calendar Year] = "CY 2007",
  USERELATIONSHIP (
    Sales[Delivery Date],
    'Date'[Date]
  )
)
```

CALCULATE 문에서 USERELATIONSHIP를 사용하는 경우 순서와 관계없이 동일한 CALCULATE 문에서 나타나는 관계 제어자를 사용해 모든 필터 인수를 평가한다. 예를 들어 Delivered

Amount 2007 v3 측정값에서 USERELATIONSHIP 제어자는 동일한 CALCULATE 함수가 호출되기 이전의 매개변수지만 Calendar Year를 필터링하는 술어에도 영향을 준다.

이 동작 때문에 기본 관계가 아닌 관계를 사용해 계산된 열을 만들면 복잡해지게 된다. 테이블 호출은 계산된 열 정의에 내재해 있다. 따라서 그것을 통제할 수 없으며 CALCULATE와 USERELATIONSHIP을 사용해 행동을 바꿀 수 없다.

한 가지 중요한 점은 USERELATIONSHIP이 필터 자체를 도입하지 않는다는 사실이다. 사실 USERELATIONSHIP은 필터 인수가 아니라 CALCULATE 제어자다. 다른 필터가 모델에 적용되는 방식만 바꿀 뿐이다. Delivered Amount 2007 v3의 정의를 주의 깊게 살펴보면 필터 인수가 2007년에 필터를 적용한다는 것을 알 수 있지만 주문 날짜와 배송 날짜 가운데 어떤 관계를 사용할지는 나타내지 않는다. 사용할 관계는 USERELATIONSHIP에 의해 정의된다.

따라서 CALCULATE는 먼저 관계를 활성화해 모델의 구조를 수정하고, 나중에 필터 인수를 적용한다. 그렇지 않다면(즉, 필터 인수가 항상 현재 관계에서 평가됐다면) 식은 제대로 작동하지 않을 것이다.

필터 인수와 CALCULATE 제어자의 적용에는 우선순위에 관한 규칙이 있다. 첫 번째 규칙은 필터 인수에 앞서 항상 CALCULATE 제어자가 먼저 적용되므로 필터 인수는 모델의 수정된 버전에 영향을 끼치게 된다는 것이다. CALCULATE 인수의 우선순위에 대해서는 나중에 좀 더 자세하게 다룬다.

CROSSFILTER

다음으로 배울 CALCULATE 제어자는 CROSSFILTER다. CROSSFILTER는 모델의 관계 구조를 조작하기 때문에 USERELATIONSHIP과 다소 유사하다. 하지만 CROSSFILTER는 다음과 같은 두 가지 작업을 수행할 수 있다.

- 관계에서 크로스필터 방향을 바꿀 수 있다.
- 관계를 비활성화할 수 있다.

USERELATIONSHIP을 사용해 활성화된 관계를 비활성화하면서 새로운 관계를 활성화할 수 있지만, 동일한 테이블 사이에 다른 관계를 활성화하지 않고는 관계를 비활성화할 수 없다. CROSSFILTER의 작동 방식은 다르다. CROSSFILTER는 관련된 열인 두 개의 매개변수와 NONE, ONEWAY 또는 BOTH와 같은 세 번째 매개변수를 허용한다. 예를 들어 다음 측정값은 Sales와 Product 사이의 관계를 양방향으로 활성화한 후 제품의 고유한 색상의 수를 센다.

```
NumOfColors :=
CALCULATE (
  DISTINCTCOUNT ( 'Product'[Color] ),
  CROSSFILTER ( Sales[ProductKey], 'Product'[ProductKey], BOTH )
)
```

USERELATIONSHIP의 경우와 마찬가지로 CROSSFILTER는 자체적으로 필터를 도입하지는 않는다. 관계의 구조만 바꾸며 필터를 적용하는 작업은 다른 필터 인수가 맡는다. 앞의 예에서 CALCULATE에 다른 필터 인수가 없으므로 관계의 구조가 바뀐 효과는 DISTINCTCOUNT 함수에만 영향을 미친다.

KEEPFILTERS

5장의 앞부분에서 KEEPFILTERS를 CALCULATE 제어자라고 소개했다. 기술적으로 KEEPFILTERS는 CALCULATE 제어자가 아니라 필터 인수 제어자다. 실제로 KEEPFILTERS는 CALCULATE의 전체 평가를 바꾸지 않는다. 대신 CALCULATE에서 생성된 최종 필터 컨텍스트에서 하나의 개별 필터 인수가 적용되는 방식을 변경한다.

이미 다음과 같은 식에서 CALCULATE가 어떻게 작동하는지 깊이 있게 논의한 바 있다.

```
Contoso Sales :=
CALCULATE (
  [Sales Amount],
  KEEPFILTERS ( 'Product'[Brand] = "Contoso" )
)
```

KEEPFILTERS가 존재한다는 것은 Brand에 적용된 필터가 동일한 열에 적용된 기존 필터를 겹쳐 쓰지 않음을 의미한다. 대신 새 필터가 필터 컨텍스트에 추가되며, 이전 필터는 그대로 유지된다. KEEPFILTERS는 사용되는 개별 필터 인수에 적용되며 전체 CALCULATE 함수의 의미를 변경하지는 않는다.

KEEPFILTERS를 사용하는 또 다른 방법이 있다. 다음 코드와 같이 KEEPFILTERS를 반복되는 테이블의 제어자로 사용할 수 있다.

```
ColorBrandSales :=
SUMX (
  KEEPFILTERS ( ALL ( 'Product'[Color], 'Product'[Brand] ) ),
  [Sales Amount]
)
```

위와 같이 반복에 사용되는 최상위 함수로 KEEPFILTERS를 사용하면 DAX는 컨텍스트 전환 중에 CALCULATE가 추가하는 암묵적 필터 인수에 KEEPFILTERS를 적용한다. 실제로 SUMX는 Product[Color]와 Product[Brand]의 값을 반복하는 동안 Sales Amount 평가를 위해 CALCULATE를 호출한다. 이때 컨텍스트 전환이 발생하고 행 컨텍스트는 Color 및 Brand에 대한 필터 인수를 추가해 필터 컨텍스트가 된다.

반복은 KEEPFILTERS로 시작되므로 컨텍스트 전환은 기존 필터를 덮어쓰지 않는다. 대신 기존 필터와 교차시킨다. 반복에서 최고 수준의 함수로 KEEPFILTERS를 사용하는 경우는 드물지만 10장 후반부에서 이러한 고급 사용의 몇 가지 예를 다룰 것이다.

CALCULATE의 ALL

ALL은 3장에서 배운 바와 같이 테이블 함수다. 그럼에도 불구하고 ALL은 CALCULATE에서 필터 인수로 사용될 때 CALCULATE 제어자 역할을 한다. 함수 이름은 같지만 CALCULATE 제어자로서 ALL의 의미는 예상한 것과 약간 다르다.

다음 코드를 보면 ALL이 모든 연도를 반환하고 필터 컨텍스트를 변경해 모든 연도를 볼 수 있다고 생각할 수 있다.

```
All Years Sales :=
CALCULATE (
  [Sales Amount],
  ALL ( 'Date'[Year] )
)
```

하지만 실제로는 그렇지 않다. CALCULATE의 필터 인수에서 최상위 함수로 사용할 경우, ALL은 새 필터를 생성하는 대신 기존 필터를 제거한다. ALL의 적절한 이름은 REMOVEFILTER 지만 역사적 이유로 그 이름이 ALL로 남게 됐다. 따라서 ALL 함수가 어떻게 작용하는지 정확히 알아야 한다.

ALL을 테이블 함수로 간주하면 CALCULATE 동작을 그림 5-39처럼 해석할 수 있다.

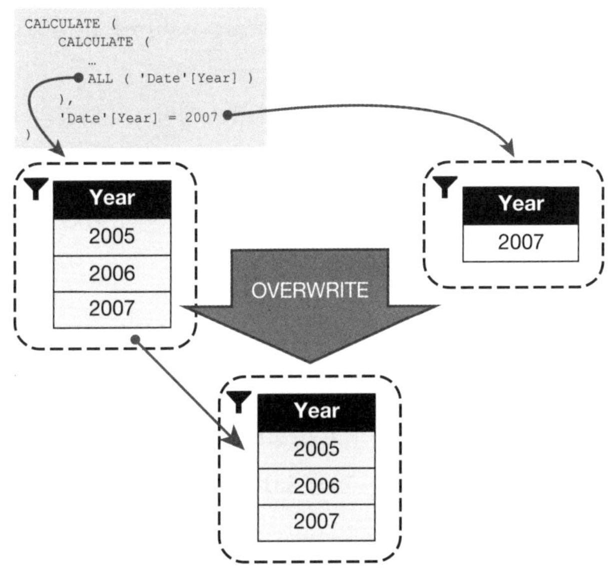

그림 5-39 ALL은 모든 연도를 반환하고 해당 목록으로 이전 필터 컨텍스트를 덮어쓰기 하는 것처럼 보인다.

Date[Year]에 대한 가장 안쪽의 ALL은 CALCULATE에서 최상위 ALL 함수 호출이다. 이처럼 테이블 함수로 작동하지 않는다. REMOVEFILTER 라고 읽는 것이 정확하다. 모든 연도를 반환하는 대신, ALL은 인수에서 필터를 제거하는 CALCULATE 제어자 역할을 한다. CALCULATE 내부에서 실제로 일어나는 일은 그림 5-40과 같다.

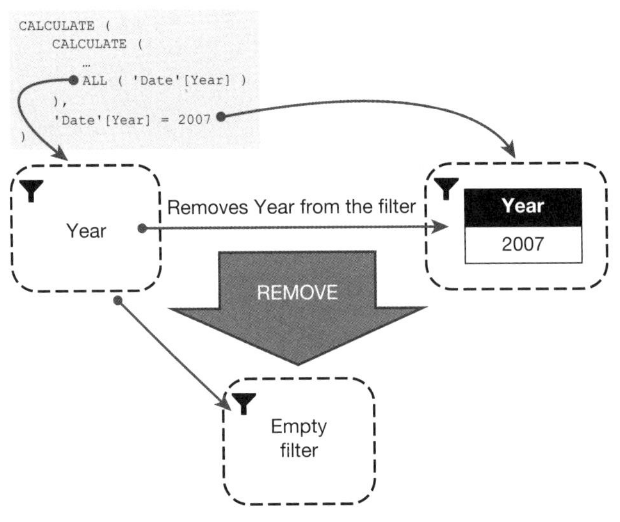

그림 5-40 ALL은 REMOVEFILTER로 사용할 경우 컨텍스트에서 기존 필터를 제거한다.

두 동작의 차이는 감지하기 어렵다. 대부분 계산에서 시맨틱스의 약간의 차이는 눈에 띄지 않을 것이다. 그렇지만 더 고급 코드를 작성하기 시작할 때 이 작은 차이가 큰 영향을 미치게 된다. 지금 중요한 세부 사항은 ALL을 REMOVEFILTER로 사용하면 테이블 함수 역할을 하는 대신 CALCULATE 제어자 역할을 한다는 것이다.

CALCULATE에서 필터의 우선순위 때문에 이것이 중요하다. CALCULATE 제어자는 명시적 필터 인수에 앞서 최종 필터 컨텍스트에 적용된다. 따라서 명시적 필터로 KEEPFILTERS가 사용되고 있는 열에 ALL이 있는지 주의해야 한다. 이 열은 KEEPFILTERS 없이 동일한 열에 적용된 필터와 동일한 결과를 만든다. 즉, 다음 Sales Red 측정값으로 동일한 결과를 얻을 수 있다.

```
Sales Red :=
CALCULATE (
  [Sales Amount],
  'Product'[Color] = "Red"
)

Sales Red :=
CALCULATE (
```

```
  [Sales Amount],
  KEEPFILTERS ( 'Product'[Color] = "Red" ),
  ALL ( 'Product'[Color] )
)
```

ALL이 CALCULATE 제어자이기 때문이다. 따라서 KEEPFILTERS보다 먼저 ALL이 적용된다. 또한 ALL 접두사를 가진 다른 함수에서도 우선순위 규칙은 ALL과 동일하게 적용된다. ALL, ALLSELECTED, ALLNOBLANKROW, ALLCROSSFILTERED 및 ALLEXCEPT가 여기에 해당한다. 이러한 함수를 'ALL* 함수'라고 부른다. 일반적으로 ALL* 함수는 CALCULATE 필터 인수에서 최상위 함수로 사용될 때 CALCULATE 제어자가 된다.

매개변수 없는 ALL 및 ALLSELECTED

3장에서 ALLSELECTED를 다뤘다. 일찍 소개했지만 주로 얼마나 유용한지에 관한 것이었다. 모든 ALL* 함수와 마찬가지로 ALLSELECTED는 CALCULATE에서 최상위 함수로 사용될 때 CALCULATE 제어자 역할을 한다. 더욱이 ALLSELECTED를 소개할 때 열이나 테이블 값을 반환할 수 있는 테이블 함수라고 기술했다.

다음 코드는 현재 시각화 외부에서 선택된 총 색상 수에 대한 백분율을 계산한다. 이유는 ALLSELECTED가 Product[Color] 열에 대한 현재 시각화 외부의 필터 컨텍스트를 복원하기 때문이다.

```
SalesPct :=
DIVIDE (
  [Sales],
  CALCULATE (
    [Sales],
    ALLSELECTED ( 'Product'[Color] )
  )
)
```

전체 테이블을 대상으로 ALLSELECTED를 실행하는 ALLSELECTED(Product)를 사용해 유사한 결과를 얻을 수 있다. 그럼에도 불구하고 CALCULATE의 제어자로 사용하면 ALL과 ALLSELECTED 모두 매개변수 없이 작동할 수 있다.

따라서 다음은 유효한 구문이다.

```
SalesPct :=
DIVIDE (
  [Sales],
  CALCULATE (
    [Sales],
    ALLSELECTED ( )
  )
)
```

쉽게 알 수 있듯이, 이 경우 ALLSELECTED는 테이블 함수가 될 수 없다. 현재 외부에서 활성화된 필터 컨텍스트를 복원하도록 CALCULATE에 지시하는 CALCULATE 제어자다. 이 계산이 작동하는 방식은 다소 복잡하다. 14장에서 ALLSELECTED의 다음 단계 동작을 살펴볼 것이다. 마찬가지로 매개변수가 없는 ALL은 모델의 모든 테이블에서 필터 컨텍스트를 지우고 새로운 필터를 활성화하지 않고 필터 컨텍스트를 복원한다.

이제 CALCULATE의 전체적인 구조를 완성했으므로 드디어 CALCULATE와 관련된 모든 요소의 평가 순서를 자세히 설명할 수 있다.

CALCULATE 규칙

이 절은 길고도 쉽지 않았던 5장에 대한 요약으로 CALCULATE에 대한 최종 가이드를 제공한다. 책의 나머지 부분을 읽으면서 이 절을 여러 번 참조하길 바란다. CALCULATE와 관련해 어려운 상황을 접할 때마다 이 절에서 답을 찾을 수 있을 것이다.

이 부분을 다시 공부하는 것을 두려워하지 않길 바란다. 저자들도 여러 해 동안 DAX와 함께 일했지만 복잡한 식을 써야 할 경우 이러한 규칙을 다시 살펴봐야 한다. DAX는 깔끔하고 강력한 언어지만 실제로 특정 시나리오의 계산 결과를 결정하는 데 꼭 필요한 세부 사항을 잊어버리기 쉽다.

CALCULATE의 전체 그림을 요약하면 다음과 같다.

- CALCULATE는 필터 컨텍스트를 포함하고 하나 이상의 행 컨텍스트를 포함할 수 있는 평가 컨텍스트에서 실행된다. 이것이 **원래의 컨텍스트**다.
- CALCULATE는 첫 번째 인수를 평가하는 **새로운 필터 컨텍스트**를 생성한다. 이것이 새로운 필터 컨텍스트다. 새 필터 컨텍스트에는 필터 컨텍스트만 포함돼 있다. 컨텍스트 전환으로 인해 모든 행 컨텍스트가 새 필터 컨텍스트에서 사라진다.
- CALCULATE는 세 가지 종류의 매개변수를 허용한다.
  - 새 필터 컨텍스트에서 평가할 표현식. 이것이 항상 첫 번째 인수다.
  - 원래 필터 컨텍스트를 조작하는 명시적 필터 인수 집합. 각 필터 인수에는 KEEPFILTER와 같은 제어자가 있을 수 있다.
  - 일부 필터를 제거하거나 관계 구조를 변경해 모델 및/또는 원래 필터 컨텍스트의 구조를 변경할 수 있는 CALCULATE 제어자 집합.
- 원래 컨텍스트가 하나 이상의 행 컨텍스트를 포함하는 경우 CALCULATE는 눈에 보이지 않고 숨겨진 필터 인수를 추가해 컨텍스트 전환을 수행한다. KEEPFILTERS로 표시된 테이블 표현식을 반복하는 행 컨텍스트에서 얻은 내재적 필터 인수도 KEEPFILTERS에 의해 수정된다.

이 모든 매개변수를 사용할 때 CALCULATE는 매우 정확한 알고리듬을 따른다. 개발자가 특정 복잡한 계산을 이해할 수 있으려면 다음 사항을 잘 이해해야 한다.

1. CALCULATE는 원래 평가 컨텍스트에서 모든 명시적 필터 인수를 평가한다. 여기에는 원래 행 컨텍스트(있다면)와 원래 필터 컨텍스트가 모두 포함된다. 모든 명시적 필터 인수는 원래 평가 컨텍스트에서 독립적으로 평가된다. 이 평가가 완료되면 CALCULATE는 새 필터 컨텍스트를 만들기 시작한다.
2. CALCULATE는 원래 필터 컨텍스트를 복사해 새 필터 컨텍스트를 준비한다. 새로운 평가 컨텍스트는 행 컨텍스트를 포함하지 않기 때문에 원래 행 컨텍스트를 폐기한다.
3. CALCULATE는 컨텍스트 전환을 수행한다. 원래 행 컨텍스트에 있는 열의 현재 값을 사용해 원래 행 컨텍스트에서 현재 반복되고 있는 모든 열에 대해 고유한 값을 가진

필터를 제공한다. 이 필터는 하나의 개별 행을 포함할 수도 있고 포함하지 않을 수도 있다. 새 필터 컨텍스트에 현재 단일 행이 포함돼 있다는 보장은 없다. 활성화된 행 컨텍스트가 없는 경우 이 단계를 건너뛴다. 컨텍스트 전환으로 생성된 모든 암묵적 필터가 새 필터 컨텍스트에 적용되면 CALCULATE는 다음 단계로 이동한다.

4. CALCULATE는 CALCULATE 제어자인 USERELATIONSHIP, CROSSFILTER 및 ALL*을 평가한다. 이 단계는 3단계 이후에 발생한다. 이는 10장에서 설명하는 바와 같이 ALL을 사용함으로써 컨텍스트 전환의 효과를 제거할 수 있다는 것을 의미하기 때문에 매우 중요하다. CALCULATE 제어자는 컨텍스트 전환 후에 적용되므로 컨텍스트 전환의 영향을 변경할 수 있다.

5. CALCULATE는 원래 필터 컨텍스트의 모든 명시적 필터 인수를 평가한다. 이 결과는 위 4단계 이후에 생성된 새 필터 컨텍스트에 적용된다. 이러한 필터 인수는 컨텍스트 전환이 발생하면 필터가 제거되고(ALL* 제어자가 필터를 제거하지 않음) 관계 구조가 업데이트된 다음에 새 필터 컨텍스트에 적용돼 기존 필터를 덮어쓰기 할 수 있다. 그러나 필터 인수의 평가는 원래 필터 컨텍스트에서 발생하며 동일한 CALCULATE 함수 내의 다른 제어자나 필터의 영향을 받지 않는다.

위 5번 항목 이후에 생성된 필터 컨텍스트는 CALCULATE가 식을 평가하는 데 사용하는 새로운 필터 컨텍스트다.

06

변수

변수는 코드 가독성과 성능 차원에서 중요하다. 6장에서는 변수와 그 사용법에 대해 자세히 다룬다. 성능 및 가독성에 관한 내용은 이 책 곳곳에서 찾을 수 있다. 실제로 이 책의 거의 모든 코드 예제에서 변수를 사용한다. 때로는 변수를 사용해 어떻게 가독성을 향상시키는지 이해할 수 있도록 변수를 사용한 버전과 그렇지 않은 버전을 함께 표시하기도 한다.

20장, 'DAX 최적화'에서 변수를 사용해 코드의 성능을 획기적으로 향상시킬 방법을 보여줄 것이다. 6장에서는 주로 변수에 관한 모든 유용한 정보를 제공하고자 한다.

VAR 구문 소개

식에 변수를 도입하기 위해서는 변수를 정의하는 키워드 VAR과 결과를 정의하는 RETURN을 써야 한다. 변수를 포함하는 일반적인 식은 다음과 같다.

```
VAR SalesAmt =
  SUMX (
    Sales,
    Sales[Quantity] * Sales[Net Price]
  )
```

```
RETURN
  IF (
    SalesAmt > 100000,
    SalesAmt,
    SalesAmt * 1.2
  )
```

동일한 블록 내에 더 많은 VAR 정의를 추가해 여러 변수를 정의할 수 있지만 RETURN 블록은 고유해야 한다. VAR/RETURN 블록은 실제로는 식이다. 따라서 변수 정의는 식을 사용할 수 있는 모든 곳에서 사용할 수 있다. 다음과 같이 반복하는 동안 또는 좀 더 복잡한 식에서 부분적으로 변수를 정의할 수 있다.

```
VAR SalesAmt =
  SUMX (
    Sales,
    VAR Quantity = Sales[Quantity]
    VAR Price = Sales[Price]
    RETURN
      Quantity * Price
  )
RETURN
  ...
```

변수는 일반적으로 측정값의 시작 부분에서 정의된 다음 측정값 코드 전체에서 사용된다. 그렇지만 이는 단지 코드 작성 습관일 뿐이다. 복잡한 식에서 다른 함수 호출 내에 깊이 중첩된 지역local 변수를 자주 사용하기도 한다. 앞의 코드에서 Quantity 및 Price 변수는 SUMX에 의해 반복되는 Sales 테이블의 모든 행에 할당된다. 이러한 변수는 각 행에 대해 SUMX가 실행하는 표현식 외부에서는 사용할 수 없다.

변수는 스칼라값이나 테이블을 저장할 수 있다. 변수는 RETURN 이후에 반환된 식과 다른 유형일 수 있다. 또한 동일한 VAR/RETURN 블록의 여러 변수에도 서로 다른 유형(스칼라값 또는 테이블)을 사용할 수 있다.

변수를 자주 사용하는 이유는 복잡한 식에서 각 단계의 결과를 변수에 할당해 복잡한 식 계산을 논리적인 단계로 나누기 위해서다. 예를 들어 다음 코드에서 계산의 부분적인 결과를 저장하는 데 변수가 사용된다.

```
Margin% :=
VAR SalesAmount =
  SUMX ( Sales, Sales[Quantity] * Sales[Net Price] )
VAR TotalCost =
  SUMX ( Sales, Sales[Quantity] * Sales[Unit Cost] )
VAR Margin =
  SalesAmount - TotalCost
VAR MarginPerc =
  DIVIDE ( Margin, TotalCost )
RETURN
  MarginPerc
```

다음과 같이 변수가 없는 동일한 식을 읽으려면 훨씬 더 주의를 기울여야 한다.

```
Margin% :=
DIVIDE (
  SUMX (
    Sales,
    Sales[Quantity] * Sales[Net Price]
  )-SUMX (
      Sales,
      Sales[Quantity] * Sales[Unit Cost]
    ),
  SUMX (
    Sales,
    Sales[Quantity] * Sales[Unit Cost]
  )
)
```

또한 변수를 사용하면 각 변수가 한 번만 평가된다는 장점이 있다. 예를 들어 TotalCost는 코드에서 두 번 사용되지만 변수로 정의되면 DAX는 한 번만 평가한다.

RETURN 이후에 어떤 식도 작성할 수 있다. 하지만 RETURN 부분에 단일 변수를 사용하는 것이 좋다. 예를 들어 이전 코드에서 MarginPerc 변수를 사용하지 않고 RETURN 직후 DIVIDE

를 사용해 식을 작성할 수 있다. 그러나 RETURN 다음에 단일 변수(예제와 같이)를 사용하면 측정값이 반환하는 값을 다른 값으로 쉽게 변경할 수 있다. 이는 중간 단계의 값을 점검할 때 편리하다. 위의 예에서 합계가 정확하지 않은 경우 보고서에 측정값을 사용해 각 단계에서 반환되는 값을 확인하는 것이 좋다. 이때 RETURN 다음에 변수를 사용하면 매번 보고서를 실행할 때 RETURN 다음의 MarginPerc를 중간 단계의 값인 Margin, TotalCost, SalesAmount로 차례차례 쉽게 변경할 수 있다.

변수는 상수

이름과 달리 DAX 변수는 상수다. 일단 값이 할당되면 변수를 수정할 수 없다. 예를 들어 반복함수 내에 변수가 지정되면 반복되는 모든 행에 대해 변수가 작성되고 지정된다. 또한 변수의 값은 정의된 반복함수의 표현식 내에서만 사용 가능하다.

```
Amount at Current Price :=
SUMX (
  Sales,
  VAR Quantity = Sales[Quantity]
  VAR CurrentPrice = RELATED ( 'Product'[Unit Price] )
  VAR AmountAtCurrentPrice = Quantity * CurrentPrice
  RETURN
    AmountAtCurrentPrice
)
-- Quantity, CurrentPrice 또는 AmountAtCurrentPrice에 대한 참조는
-- SUMX 외부에서는 유효하지 않음
```

변수는 정의 영역(VAR)에서 한 번 평가되며 해당 값을 사용할 때는 평가되지 않는다. 예를 들어 SalesAmount 변수는 CALCULATE에 영향을 받지 않으므로 다음 측정값은 항상 100%를 반환한다. SalesAmount 값은 단 한 번만 계산된다. 변수를 참조하면 변수가 사용되는 필터 컨텍스트와 관계없이 동일한 값을 반환한다.

```
% of Product :=
VAR SalesAmount = SUMX ( Sales, Sales[Quantity] * Sales[Net Price] )
```

```
RETURN
  DIVIDE (
    SalesAmount,
    CALCULATE (
      SalesAmount,
      ALL ( 'Product' )
    )
  )
```

바로 위의 예에서는 측정값을 사용해야 하는 곳에 변수를 사용했다. 실제로 코드의 두 부분에서 SalesAmount 코드의 중복을 피하는 것이 목표라면 변수 대신 측정값을 사용해야 한다. 다음 코드에서는 두 측정값을 정의해 올바른 백분율을 얻는다.

```
Sales Amount :=
SUMX ( Sales, Sales[Quantity] * Sales[Net Price] )

% of Product :=
DIVIDE (
  [Sales Amount],
  CALCULATE (
    [Sales Amount],
    ALL ( 'Product' )
  )
)
```

이 경우 Sales Amount 측정값은 두 개의 다른 필터 컨텍스트에서 두 번 평가되므로 두 개의 다른 결과가 예상된다.

변수의 범위

각 변수 정의는 동일한 VAR/RETURN 문에서 이전에 정의된 변수를 참조할 수 있다. 외부 VAR 문에 이미 정의된 모든 변수도 사용할 수 있다.

변수 정의는 이전 VAR 문에 정의된 변수에는 접근할 수 있지만 해당 변수 다음에 정의된 변수는 사용할 수 없다. 따라서 다음 코드는 정상적으로 작동한다.

```
Margin :=
VAR SalesAmount =
  SUMX ( Sales, Sales[Quantity] * Sales[Net Price] )
VAR TotalCost =
  SUMX ( Sales, Sales[Quantity] * Sales[Unit Cost] )
VAR Margin = SalesAmount - TotalCost
RETURN
  Margin
```

다음 예제와 같이 목록의 시작 부분에서 Margin에 대한 정의를 앞으로 이동하면 DAX는 구문을 수용하지 않는다. Margin에 대한 정의가 아직 정의되지 않은 두 개의 변수(SalesAmount 및 TotalCost)를 참조하기 때문이다.

```
Margin :=
VAR Margin = SalesAmount  --오류: SalesAmount와 TotalCost가 아직 정의되지 않음
VAR SalesAmount =
  SUMX ( Sales, Sales[Quantity] * Sales[Net Price] )
VAR TotalCost =
  SUMX ( Sales, Sales[Quantity] * Sales[Unit Cost] )
RETURN
  Margin
```

정의되기 전에는 변수를 참조할 수 없으므로 변수 사이에 순환 의존성을 만들거나 재귀적 정의를 만드는 것은 불가능하다.

VAR/RETURN 문을 서로 중첩시키거나 동일한 식에 여러 VAR/RETURN 블록을 사용할 수 있다. 변수의 범위는 두 시나리오에서 다르다. 예를 들어 다음 측정값에서 LineAmount 및 LineCost라는 두 변수는 중첩되지 않은 두 가지 다른 영역에서 정의된다. 따라서 다음 코드의 어디에서도 LineAmount와 LineCost를 동일한 표현식에서 함께 사용할 수 없다.

```
Margin :=
SUMX (
  Sales,
  (
    VAR LineAmount = Sales[Quantity] * Sales[Net Price]
    RETURN
```

```
    LineAmount
  ) -- 괄호는 LineAmount의 범위를 닫는다.
    -- 여기서부터는 LineAmount 변수에 접근할 수 없다.
  -
  (
    VAR LineCost = Sales[Quantity] * Sales[Unit Cost]
    RETURN
      LineCost
  )
)
```

위는 단지 교육 목적으로 만든 사례다. Margin을 정의하고 사용하는 더 좋은 방법은 다음과 같다.

```
Margin :=
SUMX (
  Sales,
  VAR LineAmount = Sales[Quantity] * Sales[Net Price]
  VAR LineCost = Sales[Quantity] * Sales[Unit Cost]
  RETURN
    LineAmount - LineCost
)
```

추가적인 교육적 예로, 괄호를 사용하지 않고 식이 개별 VAR/RETURN 문에서 여러 변수를 정의하고 읽을 때 변수에 접근할 수 있는 실제 범위가 어디까지인지 알아보도록 하자. 다음 코드를 살펴보자.

```
Margin :=
SUMX (
  Sales,
  VAR LineAmount = Sales[Quantity] * Sales[Net Price]
  RETURN LineAmount
    -
      VAR LineCost = Sales[Quantity] * Sales[Unit Cost]
      RETURN LineCost      -- 여기서 LineAmount에 아직까지 접근 가능함
)
```

첫 번째 RETURN 이후의 전체 표현식은 단일 식의 일부다. 따라서 LineCost 정의는 LineAmount 정의 내에 중첩된다. 다음과 같이 괄호를 사용해 각 RETURN 식을 구분하고 코드를 적절하게 들여 쓰면 이 개념이 더 잘 눈에 띈다.

```
Margin :=
SUMX (
  Sales,
  VAR LineAmount = Sales[Quantity] * Sales[Net Price]
  RETURN (
    LineAmount
    - VAR LineCost = Sales[Quantity] * Sales[Unit Cost]
      RETURN (
        LineCost
        -- 여기서 LineAmount에 아직까지 접근 가능함
    )
  )
)
```

위의 예에서 볼 수 있듯이 모든 식을 변수로 정의할 수 있으므로, 다른 변수로 지정된 표현식 내에서 변수를 정의할 수도 있다. 즉, 변수를 중첩해서 정의할 수 있다. 다음 예제를 살펴보자.

```
Amount at Current Price :=
SUMX (
  'Product',
  VAR CurrentPrice = 'Product'[Unit Price]
  RETURN -- CurrentPrice는 안쪽의 SUMX 내부에서 사용 가능
    SUMX (
      RELATEDTABLE ( Sales ),
      VAR Quantity = Sales[Quantity]
      VAR AmountAtCurrentPrice = Quantity * CurrentPrice
      RETURN
        AmountAtCurrentPrice
    )
    -- Quantity 또는 AmountAtCurrentPrice에 대한 참조는
    -- 가장 안쪽 SUMX 외부에서는 유효하지 않다.
)
-- CurrentPrice에 대한 참조는
-- 가장 바깥쪽 SUMX 외부에서는 유효하지 않다.
```

변수의 범위와 관련된 규칙은 다음과 같다.

- VAR/RETURN 블록의 RETURN 부분에서 변수를 사용할 수 있다. 해당 VAR/RETURN 블록 내에서 해당 변수 다음에 정의하는 모든 변수에서도 사용할 수 있다. VAR/RETURN 블록은 모든 DAX 식을 대체하며 이러한 식에서도 변수를 읽을 수 있다. 즉, 변수는 선언 지점부터 동일한 VAR/RETURN 블록의 일부인 RETURN 문 다음에 오는 표현식 끝까지 접근할 수 있다.
- 변수는 해당 VAR/RETURN 블록 정의 외부에서는 사용할 수 없다. RETURN 문 다음에 오는 식 뒤에서 VAR/RETURN 블록 내에 선언된 변수는 더 이상 볼 수 없다. 이를 참조하면 구문 오류가 발생한다.

테이블 변수 사용

변수는 테이블 또는 스칼라값을 저장할 수 있다. 변수의 유형은 정의에 따라 달라진다. 예를 들어 변수를 정의하는 데 사용되는 식이 테이블 식인 경우 변수는 테이블을 포함한다. 다음 코드를 살펴보자.

```
Amount :=
IF (
  HASONEVALUE ( Slicer[Factor] ),
  VAR
    Factor = VALUES ( Slicer[Factor] )
  RETURN
    DIVIDE (
      [Sales Amount],
      Factor
    )
)
```

Slicer[Factor]가 현재 필터 컨텍스트에서 단일 값을 가진 열이면 스칼라 식으로 사용할 수 있다. 변수 Factor는 테이블 함수인 VALUES의 결과를 포함하기 때문에 테이블을 저장한다. 사용자가 HASONEVALUE를 사용해 단일 행의 유무를 확인하지 않으면 변수 지정은 문제가 없다. 하지만 코드에서 오류를 발생시키는 라인은 DIVIDE의 두 번째 매개변수로 변수 변환이 실패한다.

변수가 테이블을 포함할 경우 반복하고 싶기 때문일 수 있다. 이러한 반복 중에는 원래 이름을 사용해 테이블 변수의 열에 접근해야 한다는 점에 유의해야 한다. 즉, 변수 이름은 열 참조에서 기본 테이블의 별칭alias이 아니다.

```
Filtered Amount :=
VAR
  MultiSales = FILTER ( Sales, Sales[Quantity] > 1 )
RETURN
  SUMX (
    MultiSales,
    -- MultiSales는 열 참조를 위한 테이블 이름이 아니다.
    -- MultiSales [Quantity]에 접근하려고 하면 오류가 발생한다.
    Sales[Quantity] * Sales[Net Price]
  )
```

SUMX가 MultiSales를 반복하지만, Quantity 및 Net Price 열에 접근하려면 Sales 테이블 이름을 사용해야 한다. MultiSales[Quantity]와 같은 열 참조는 유효하지 않다.

현재 DAX 제한사항 중 하나는 변수 이름이 데이터 모델의 테이블 이름과 겹쳐서는 안 된다는 것이다. 이는 테이블 참조와 변수 참조 사이의 혼동을 방지한다. 다음 코드를 살펴보자.

```
SUMX (
  LargeSales,
  Sales[Quantity] * Sales[NetPrice]
)
```

반복함수의 열 참조가 다른 테이블 이름인 Sales를 참조하므로 LargeSales는 변수여야 함을 이 책의 독자라면 바로 알아챌 수 있다. 하지만 DAX에서는 이름을 달리해서 언어 차원에서 이를 명확하게 해야 한다. 특정 이름을 테이블이나 변수에 사용할 수 있지만 양쪽에 동시에 사용할 수는 없다.

이는 혼란을 줄여 주기 때문에 편리한 제약으로 보이지만 장기적으로는 문제가 될 수 있다. 실제로 변수의 이름을 정의할 때마다 앞으로 절대로 테이블 이름으로 사용하지 않을 이름을 사용해야 한다. 그렇지 않으면 미래에 측정값에 사용한 변수와 이름이 같은 새 테이블을 만들어 오류가 발생하게 된다. 테이블의 이름을 선택하는 것과 같이 미래에 무슨 일이 일어날지 예측해야 하는 구문 제한은 중요한 문제다.

그래서 파워 BI는 DAX 쿼리를 생성할 때 두 개의 밑줄이 있는 접두사(__)를 사용해 변수 이름을 지정한다. 이는 데이터 모델에서 동일한 이름을 사용할 가능성을 낮추기 위해서다.

노트 이 동작은 나중에 변경돼 변수 이름에 기존 테이블의 이름을 사용할 수 있다. 이 변경이 구현되면 변수의 이름을 새 테이블에 부여해 기존 DAX 식을 중단시킬 위험이 없다. 변수 이름이 테이블 이름을 대체하는 경우 작은따옴표를 사용해 다음과 같은 구문으로 명확성을 확보할 수 있다.

```
variableName
'tableName'
```

개발자가 기존 식에 삽입할 DAX 코드 생성기를 설계해야 하는 경우 작은따옴표를 사용해 테이블 식별자를 명확하게 할 수 있다. 코드에 변수와 테이블 사이에 모호한 이름이 포함돼 있지 않다면 일반 DAX 코드에서는 그렇게 하지 않아도 된다.

지연된 평가

학습한 바와 같이 DAX는 변수를 사용하는 곳이 아니라 변수를 정의하는 평가 컨텍스트 내에서 평가한다. 그렇지만 변수 자체에 대한 평가는 처음 사용될 때까지 지연된다. 이 방법은 '지연된 평가lazy evaluation'라고 알려져 있다. 지연된 평가는 성능 차원에서 중요하다. 표현식에 사용되지 않는 변수는 절대 평가되지 않을 것이기 때문이다. 더욱이 변수가 한 번 계산되고 나면 같은 범위에서 다시 계산되지도 않는다.

다음과 같은 코드를 살펴보자.

```
Sales Amount :=
VAR SalesAmount =
  SUMX ( Sales, Sales[Quantity] * Sales[Net Price] )
VAR DummyError =
  ERROR ( "This error will never be displayed" )
RETURN
  SalesAmount
```

DummyError라는 변수는 절대 사용되지 않으므로, 그 식은 절대 실행되지 않는다. 따라서 오류는 절대 일어나지 않고 측정값은 제대로 작동한다.

아무도 이렇게 코드를 작성하지는 않을 것이다. 이 사례를 든 이유는 DAX가 필요 없는 변수를 평가하는 데 귀중한 CPU 시간을 소비하지 않는다는 것을 보여주기 위함이며, 코드를 작성할 때 이 동작에 의존할 수 있다.

복잡한 식에서 하위 식을 여러 번 사용하는 경우 값을 저장하기 위해 변수를 만드는 것은 항상 권장할 만하다. 변수를 사용하면 평가가 한 번만 이뤄지기 때문이다. 이는 성능 측면에서 매우 중요하다. 이 문제에 대해 20장에서 더 자세히 논의하겠지만, 여기에서 일반적인 내용을 먼저 살펴보자.

DAX 옵티마이저는 하위 식 탐지라는 프로세스를 특징으로 한다. 복잡한 코드 조각에서 하위 식 탐지는 한 번만 계산해야 하는 하위 식을 반복적으로 검사한다. 예를 들어 다음 코드를 살펴보자.

```
SalesAmount := SUMX ( Sales, Sales[Quantity] * Sales[Net Price] )
TotalCost   := SUMX ( Sales, Sales[Quantity] * Sales[Unit Cost] )
Margin      := [SalesAmount] - [TotalCost]
Margin%     := DIVIDE ( [Margin], [TotalCost] )
```

TotalCost 측정값은 **마진**에서 한 번, **마진%**에서 한 번, 총 두 번 호출된다. 옵티마이저의 성능에 따라 두 측정값 호출이 모두 동일한 값을 가리키는 것을 감지해 TotalCost를 한 번만 계산할 수 있을 것이다. 그렇지만 옵티마이저가 하위 식이 존재하고 한 번만 평가해도 된다는 것을 항상 감지할 수 있는 것은 아니다. 인간으로서, 코드의 작성자로서 여러분은 표현식 여러 곳에서 코드 일부가 언제 사용될지를 훨씬 더 잘 이해할 수 있다.

할 수 있을 때마다 변수를 사용하는 데 익숙해지면 하위 식을 변수로 정의하는 것은 자연스럽게 이뤄질 것이다. 변수를 여러 번 사용하면 옵티마이저가 여러분 코드에 가장 적합한 실행 경로를 찾는 데 도움이 된다.

변수를 사용하는 일반적인 패턴

이 절에서는 변수의 실제적인 사용법을 다룬다. 변수를 유용하게 사용하는 시나리오의 전체 목록은 아니며 변수가 적합하게 사용될 수 있는 다른 상황이 많지만, 다음은 관련성이 높고 자주 사용되는 경우다.

변수를 사용하는 가장 관련성이 높은 첫 번째 이유는 코드에 문서를 제공하는 경우다. 좋은 예는 CALCULATE 함수에서 복잡한 필터를 사용해야 하는 때다. 변수를 CALCULATE 필터로 사용하면 가독성이 향상되며 시맨틱스나 성능을 변경하지는 않는다. 필터는 항상 CALCULATE로 인한 컨텍스트 전환 바깥에서 실행되고 DAX는 필터 컨텍스트에 대해 지연된 평가를 시행한다. 그럼에도 불구하고 가독성 향상은 모든 DAX 개발자에게 중요한 숙제다. 예를 들어 다음 측정값을 살펴보자.

```
Sales Large Customers :=
VAR LargeCustomers =
  FILTER (
    Customer,
    [Sales Amount] > 10000
  )
VAR WorkingDaysIn2008 =
  CALCULATETABLE (
    ALL ( 'Date'[IsWorkingDay], 'Date'[Calendar Year] ),
    'Date'[IsWorkingDay] = TRUE (),
    'Date'[Calendar Year] = "CY 2008"
  )
RETURN
  CALCULATE (
    [Sales Amount],
    LargeCustomers,
    WorkingDaysIn2008
  )
```

필터링된 고객과 날짜에 대한 두 가지 변수를 사용하면 전체 실행 흐름이 Larget Customer에 대한 정의, 계산에 포함할 기간에 대한 정의 및 두 필터를 적용한 측정값의 실제 계산으로 구분된다.

스타일에 관해서만 이야기하는 것처럼 보일지 모르지만 더 명쾌하고 간단한 공식이 정확한 공식일 가능성이 크다는 것을 잊어서는 안 된다. 간단한 공식을 작성하면 코드를 이해하고 문제가 될 수 있는 결함을 수정했을 가능성이 크다. 표현식에 10줄 이상의 코드를 써야 할 때 실행 경로를 여러 변수로 분할해야 한다. 이렇게 하면 전체 표현식의 작은 조각에 집중할 수 있다.

변수가 중요한 또 다른 시나리오는 동일한 테이블에 여러 행 컨텍스트를 중첩할 때다. 이 시나리오에서 변수를 사용하면 숨겨진 행 컨텍스트에서 데이터를 저장해 EARLIER 함수를 사용하지 않아도 된다.

```
'Product'[RankPrice] =
VAR CurrentProductPrice = 'Product'[Unit Price]
VAR MoreExpensiveProducts =
  FILTER (
    'Product',
    'Product'[Unit Price] > CurrentProductPrice
  )
RETURN
  COUNTROWS ( MoreExpensiveProducts ) + 1
```

필터 컨텍스트도 중첩될 수 있다. 여러 필터 컨텍스트를 중첩해도 여러 행 컨텍스트와 달리 구문 문제가 발생하지는 않는다. 중첩된 필터 컨텍스트가 있는 하나의 빈번한 시나리오는 필터 컨텍스트가 변경될 때 나중에 코드에서 사용하기 위해 계산 결과를 저장해야 하는 경우다.

예를 들어 평균보다 많이 구매한 고객을 검색해야 할 때 다음 코드는 작동하지 않는다.

```
AverageSalesPerCustomer :=
AVERAGEX ( Customer, [Sales Amount] )
```

```
CustomersBuyingMoreThanAverage :=
COUNTROWS (
  FILTER (
    Customer,
    [Sales Amount] > [AverageSalesPerCustomer]
  )
)
```

그 이유는 AverageSalesPerCustomer 측정값이 Customer에 대한 반복 내에서 평가되기 때문이다. 따라서 컨텍스트 전환을 수행하는 숨겨진 CALCULATE가 측정값 주위에 있다. AverageSalesPerCustomer는 필터 컨텍스트의 모든 고객에 대한 평균 대신 매번 반복 내에서 현재 고객의 판매액을 평가한다. 판매액이 자신의 판매액보다 큰 고객은 없다. 측정값은 항상 공백을 반환한다.

올바르게 작동하려면 반복 외부에서 AverageSalesPerCustomer를 평가해야 한다. 다음과 같이 변수를 사용해 요구 사항을 완벽하게 충족시킬 수 있다.

```
AverageSalesPerCustomer :=
AVERAGEX ( Customer, [Sales Amount] )

CustomersBuyingMoreThanAverage :=
VAR AverageSales = [AverageSalesPerCustomer]
RETURN
  COUNTROWS (
    FILTER (
      Customer,
      [Sales Amount] > AverageSales
    )
  )
```

이 예에서 DAX는 반복 외부에서 변수를 평가해 선택된 모든 고객에 대한 평균 판매액을 정확하게 계산한다. 또한, 옵티마이저는 변수가 반복 외부에서 단 한 번만 평가돼야 한다는 것을 알고 있다. 따라서 코드는 다른 가능한 구현보다 빠를 가능성이 크다.

결론

변수는 코드의 가독성, 성능, 명쾌함 등 여러 차원에서 유용하다. 복잡한 표현식을 작성해야 한다면 여러 변수로 나눠야 한다. 나중에 코드를 검토할 때 그렇게 한 것에 감사하게 될 것이다.

변수를 사용하면 변수가 없는 표현식보다 코드가 길어질 수 있다. 긴 표현식도 표현식의 각 부분이 이해하기 쉽다면 나쁘지 않다. 불행히도 여러 도구에서 DAX 코드를 작성하는 사용자 인터페이스 때문에 10줄 이상의 표현식을 작성하기 어렵다. 특정 도구(예를 들어, 파워 BI)에서 작성하기가 더 쉽기 때문에 변수 없이 동일한 코드를 더 짧게 구성하는 것이 바람직하다고 생각할 수 있지만 잘못된 생각이다.

주석과 많은 변수를 포함하는 더 긴 DAX 코드를 작성하기 위한 도구가 필요하다. 이 도구는 세상에 결국 나오게 될 것이다. 그때까지는 짧고 혼란스러운 코드를 작은 텍스트 상자에 직접 작성하는 대신 DAX Studio와 같은 외부 도구를 사용해 더 긴 DAX 코드를 작성하는 것이 현명하다. 그러고 나서 결과 코드를 복사해 파워 BI 또는 비주얼 스튜디오에 붙여 넣으면 된다.

07

반복함수 및 CALCULATE

앞의 여러 장에서 행 컨텍스트, 필터 컨텍스트 및 컨텍스트 전환 등 DAX의 이론적 기초에 대해 다뤘다. 이들은 모든 DAX 표현식의 기초가 되는 기둥들이다. 이미 반복함수에 대해 소개했고 많은 표현식에서 사용했다. 하지만 반복함수의 실제 힘은 평가 컨텍스트 및 컨텍스트 전환과 함께 사용할 때 나타난다.

7장에서는 반복함수의 가장 일반적인 용도를 설명하고 새로운 반복함수도 소개한다. 코드에서 반복함수를 활용하는 것은 중요한 기술이다. 실제로 반복함수와 컨텍스트 전환을 함께 사용하는 것은 DAX 언어의 고유한 특징이다. 가르쳐본 경험에 의하면 학습자들은 보통 반복함수의 힘을 이해하는 데 어려움을 느낀다. 반복함수 사용법이 이해하기 어렵다는 뜻이 아니다. 컨텍스트 전환과 함께 반복함수를 사용하는 것처럼 반복의 개념은 단순하다. 어려운 점은 복잡한 표현식을 작성할 때 반복함수를 사용해 작성해야 한다는 것을 깨닫는 것이다. 그러므로 반복함수를 사용해 간단하게 만들 수 있는 몇 가지 계산 예도 살펴본다.

반복함수 사용

대부분의 반복함수는 최소 2개의 매개변수를 허용하는데, 매개변수에는 반복하는 동안 생성된 행 컨텍스트에서 반복할 테이블과 반복함수가 행별로 연속해서 평가할 표현식이 포함된다. SUMX를 사용한 다음 예를 살펴보자.

```
Sales Amount :=
SUMX (
  Sales,                                  -- 반복할 테이블
  Sales[Quantity] * Sales[Net Price]      -- 행별로 평가할 표현식
)
```

SUMX는 Sales 테이블을 반복하면서 각 행에 대해 Quantity에 Net Price를 곱해 식을 계산한다. 반복함수마다 반복하는 동안 수집된 부분적인 결과를 사용하는 방법에 차이가 있다. SUMX는 합계로 각 행의 계산 결과를 집계하는 단순한 반복함수다.

두 매개변수의 차이를 이해하는 것이 중요하다. 첫 번째 매개변수는 반복해야 하는 테이블 표현식에서 나온 값이다. 값 매개변수이므로 반복이 시작되기 전에 평가된다. 반면에 두 번째 매개변수는 SUMX가 실행된 다음에 평가되는 표현식이다. 대신에 반복함수는 반복하는 행 컨텍스트에서 표현식을 평가한다. 마이크로소프트 공식 문서에서는 반복함수를 정확하게 분류하지 않는다. 구체적으로 이야기하면 어떤 매개변수가 값을 나타내는지, 어떤 매개변수가 반복 중에 평가된 식을 나타내는지 표시하지 않는다. https://dax.guide에서 행 컨텍스트에서 표현식을 평가하는 모든 함수는 행 컨텍스트에서 실행되는 매개변수를 식별하는 특수 마커(ROW CONTEXT)가 있다. 매개변수가 ROW CONTEXT라고 표시돼 있으면 모두 반복함수다.

두 개 이외의 추가 매개변수를 허용하는 반복함수도 있다. 예를 들어 RANKX는 많은 매개변수를 받아들이지만, SUMX, AVERAGEX 및 단순 반복함수는 두 개의 인수만 사용한다. 7장에서는 많은 반복함수에 대해 개별적으로 설명한다. 우선 반복함수의 몇 가지 중요한 측면에 대해 자세히 살펴보자.

반복함수의 카디널리티 이해

반복함수에 대해 이해해야 할 첫 번째 중요한 개념은 반복함수의 카디널리티다. 반복함수의 카디널리티는 반복되는 행의 수다. 예를 들어 Sales 테이블에 100만 행이 있는 경우 다음 반복에서 카디널리티는 100만 행이다.

```
Sales Amount :=
SUMX (
  Sales,                                -- Sales 테이블에 1백만 행이 있어서 결과적으로
  Sales[Quantity] * Sales[Net Price]    -- 표현식이 1백만 번 반복됨
)
```

카디널리티에 대해 말할 때 숫자를 거의 사용하지 않는다. 실제로 위 예시의 카디널리티는 Sales 테이블의 행 수에 따라 달라진다. 일반적으로 반복함수의 카디널리티가 Sales 테이블의 카디널리티와 같다고 말한다. Sales 테이블에 행이 많을수록 반복되는 행의 수가 더 많다.

반복함수를 중첩해서 사용하는 경우 카디널리티는 두 반복함수의 카디널리티를 결합한 것으로 원래의 두 테이블의 곱에 해당한다. 다음 식을 살펴보자.

```
Sales at List Price 1 :=
SUMX (
  'Product',
  SUMX (
    RELATEDTABLE ( Sales ),
    'Product'[Unit Price] * Sales[Quantity]
  )
)
```

위 코드에는 두 개의 반복함수가 있다. 바깥쪽 반복함수는 Product 테이블을 반복한다. 그래서 그 카디널리티는 Product의 카디널리티와 같다. 그런 다음 각 제품에 대해 내부 반복이 해당 제품과 관련된 Sales 테이블의 행으로 반복을 제한하면서 Sales 테이블을 스캔한다. 이 경우 Sales 테이블의 각 행은 한 제품에만 관련되기 때문에 전체 카디널리티는 Sales의 카디널리티가 된다. 만약 안쪽 테이블 식이 바깥쪽 테이블 식과 관련이 없다면 카디널리티는 훨씬 더 높아진다.

다음 코드를 살펴보자. 이전 코드와 동일한 값을 계산하지만 관계에 의존하는 대신 IF 함수를 사용해 현재 제품의 판매를 필터링한다.

```
Sales at List Price High Cardinality :=
SUMX (
  VALUES ( 'Product' ),
  SUMX (
    Sales,
    IF (
       Sales[ProductKey] = 'Product'[ProductKey],
       'Product'[Unit Price] * Sales[Quantity],
       0
    )
  )
)
```

이 예에서 내부 SUMX는 항상 전체 Sales 테이블을 반복해 내부 IF 구문으로 계산에 해당 제품을 포함할지를 점검한다. 이때 바깥쪽 SUMX는 Product의 카디널리티를 가지며 내부 SUMX는 Sales 테이블의 카디널리티를 갖는다. 전체 표현식의 카디널리티는 Product와 Sales 카디널리티의 곱으로 첫 번째 예보다 훨씬 높다. 이는 교육 목적으로 보여준 사례임을 기억하자. 실제 DAX 식에 이와 같은 패턴을 사용하면 성능 저하 문제가 생긴다.

이 코드를 더 잘 표현하는 방법은 다음과 같다.

```
Sales at List Price 2 :=
SUMX (
  Sales,
  RELATED ( 'Product'[Unit Price] ) * Sales[Quantity]
)
```

전체 표현식의 카디널리티는 List Price 1 측정값과 동일하지만 실행 계획이 더 좋다. 실제로 후자는 중첩된 반복함수를 사용하지 않는다. 중첩된 반복은 대부분 컨텍스트 전환 때문에 발생한다. 실제로 다음과 같은 코드를 보면 중첩된 반복함수가 없다고 생각할 수 있다.

```
Sales at List Price 3 :=
SUMX (
  'Product',
  'Product'[Unit Price] * [Total Quantity]
)
```

그러나 반복함수 내부에서 측정값(Total Quantity)을 참조하고 있다. 실제로 Total Quantity에 대한 정의를 풀어보면 다음과 같다.

```
Total Quantity :=
SUM ( Sales[Quantity] )   -- DAX 내부적으로 SUMX ( Sales, Sales[Quantity] )로 해석됨

Sales at List Price 4 :=
SUMX (
  'Product',
  'Product'[Unit Price] *
    CALCULATE (
      SUMX (
        Sales,
        Sales[Quantity]
      )
    )
)
```

이제 다른 SUMX 내부에 SUMX라는 중첩된 반복이 있음을 알 수 있다. 게다가 컨텍스트 전환을 수행하는 CALCULATE도 눈에 보인다.

성능 관점에서 중첩된 반복함수가 있을 때 가장 안쪽의 반복함수만 효율적인 쿼리 계획으로 최적화할 수 있다. 외부에 반복함수가 있으면 메모리에 임시 테이블을 만들어야 한다. 이러한 임시 테이블에는 가장 안쪽 반복함수에서 생성된 중간 결과가 저장된다. 이로 인해 성능이 저하되고 메모리 소비량이 증가한다. 따라서 외부 반복함수의 카디널리티가 수백만 행으로 매우 클 경우 중첩 반복함수의 사용은 피해야 한다.

컨텍스트 전환이 있을 때 중첩된 반복을 펼치는 것이 쉽지는 않다. 실제로 전형적인 실수는 기존 측정값을 참조하는 측정값을 만들어 결과적으로 중첩된 반복함수를 만드는 것이다. 기존의 측정값을 반복함수에서 또 사용하면 위험할 수 있다. 다음 측정값을 살펴보자.

```
Sales at List Price 5 :=
SUMX (
  'Sales',
  RELATED ( 'Product'[Unit Price] ) * [Total Quantity]
)
```

위 식은 Sales at List Price 3와 동일하게 보인다. 하지만 위 식은 5장, 'CALCULATE 및 CALCULATETABLE'에서 설명한 컨텍스트 전환 규칙 중 몇 가지에 위반된다. 큰 테이블(Sales)에서 컨텍스트 전환을 수행하고, 더 나쁜 것은 행이 고유하다고 보장되지 않는 테이블에서 컨텍스트 전환을 수행한다는 점이다. 결과적으로 이 표현식은 느리고 잘못된 결과를 낳을 가능성이 높다.

중첩된 반복이 항상 나쁘다고 말하는 것은 아니다. 중첩된 반복을 사용하면 편리한 여러 가지 상황이 있다. 7장의 나머지 부분에서 중첩된 반복을 제대로 활용하는 많은 예를 보게 될 것이다.

반복함수에서 컨텍스트 전환 활용

일반적으로 다른 컨텍스트에서 측정값을 계산해야 하는 경우에 중첩된 반복함수가 필요하다. 컨텍스트 전환을 사용하는 것이 강력하며, 이를 통해 복잡한 표현식을 간결하고 효율적으로 작성할 수 있는 시나리오다.

예를 들어 특정 기간 동안의 일일 최대 판매량을 계산하는 측정값을 고려해보자. 측정값은 세분화 수준granularity을 정의하기 때문에 중요하다. 실제로 먼저 주어진 기간의 일일 판매액을 계산한 다음, 계산된 값 목록에서 최댓값을 찾아야 한다. 일일 판매액을 포함한 테이블을 만든 다음, 그 테이블에 MAX를 사용하는 것이 직관적으로 보일지라도 DAX에서는 그러한 테이블을 만들 필요가 없다. 반복함수를 사용해 테이블을 추가하지 않고 원하는 결과를 편리하게 얻을 수 있다.

알고리듬의 아이디어는 다음과 같다.

- Date 테이블을 반복

- 일일 판매액 계산
- 이전 단계에서 계산된 모든 값의 최댓값 찾기

다음과 같이 측정값을 작성할 수 있다.

```
Max Daily Sales 1 :=
MAXX (
  'Date',
  VAR DailyTransactions =
    RELATEDTABLE ( Sales )
  VAR DailySales =
    SUMX (
      DailyTransactions,
      Sales[Quantity] * Sales[Net Price]
    )
  RETURN
    DailySales
)
```

더 간단한 방법은 다음과 같이 `Sales Amount` 측정값의 암묵적 컨텍스트 전환을 활용하는 것이다.

```
Sales Amount :=
SUMX (
  Sales,
  Sales[Quantity] * Sales[Net Price]
)

Max Daily Sales 2 :=
MAXX (
  'Date',
  [Sales Amount]
)
```

위 식에서 두 경우 모두 중첩된 반복함수가 두 개 있다. 바깥쪽 반복은 `Date` 테이블에서 일어나며, 이 테이블에는 수백 개의 행이 포함될 것으로 예상된다. 더구나 `Date`의 각 행은 고유하다. 따라서 두 가지 계산 모두 안전하고 빠르다. 앞의 버전은 전체 알고리듬의 윤곽을 나타내므로 더욱 완전하다. 반면 Max Daily Sales의 두 번째 버전은 많은 세부 사항을 숨겨 코드를 더 읽기 쉽게 만들었으며 컨텍스트 전환을 활용해 필터를 Date에서 Sales로 이동시킨다.

그림 7-1에서 이 측정값의 결과를 확인할 수 있으며, 매월 최대 일일 판매액을 보여준다.

Calendar Year	Sales Amount	Max Daily Sales
CY 2007	**11,309,946.12**	**126,742.18**
January	794,248.24	92,244.07
February	891,135.91	108,923.95
March	961,289.24	122,503.54
April	1,128,104.82	126,742.18
May	936,192.74	102,857.58
June	982,304.46	77,082.30
July	922,542.98	124,176.88
August	952,834.59	85,114.89
September	1,009,868.98	102,588.78
October	914,273.54	81,926.23
November	825,601.87	71,959.23
December	991,548.75	101,708.68

그림 7-1 이 보고서는 월과 연도별로 계산한 최대 일일 판매 측정값을 보여준다.

컨텍스트 전환과 반복을 활용하면 코드를 더욱 명쾌하고 직관적으로 작성할 수 있다. 하지만 컨텍스트 전환에는 비용이 따른다는 점을 유의해야 한다. 따라서 대형 반복함수에서 측정값 참조는 피하는 것이 좋다.

그림 7-1의 보고서를 보고 언제 최대 판매액을 기록했는지 궁금할 수 있다. 예를 들어 이 보고서는 2007년 1월 어느 날 92,244.07 USD를 팔았다고 밝히고 있다. 하지만 언제 이 일이 일어났는가? 반복함수와 컨텍스트 전환은 이 질문에 답할 수 있는 강력한 도구다. 다음 코드를 살펴보자.

```
Date of Max =
VAR MaxDailySales = [Max Daily Sales]
VAR DatesWithMax =
  FILTER (
    VALUES ( 'Date'[Date] ),
```

```
    [Sales Amount] = MaxDailySales
  )
VAR Result =
  IF (
    COUNTROWS ( DatesWithMax ) = 1,
    DatesWithMax,
    BLANK ()
  )
RETURN
  Result
```

위 식은 먼저 Max Daily Sales 측정값을 변수에 저장한다. 그런 다음 판매액이 MaxDailySales와 일치하는 날짜를 포함하는 임시 테이블을 만든다. 이 일이 발생한 날짜가 하나뿐이라면 결과는 필터를 통과한 유일한 행이다. 날짜가 여러 개일 경우 표현식은 결과를 빈 값으로 표시해 단일 날짜를 결정할 수 없음을 보여준다. 이 코드의 결과는 그림 7-2에서 볼 수 있다.

Calendar Year	Sales Amount	Max Daily Sales	Date of Max
CY 2007	**11,309,946.12**	**126,742.18**	**04/21/2007**
January	794,248.24	92,244.07	01/03/2007
February	891,135.91	108,923.95	02/03/2007
March	961,289.24	122,503.54	03/15/2007
April	1,128,104.82	126,742.18	04/21/2007
May	936,192.74	102,857.58	05/14/2007
June	982,304.46	77,082.30	06/27/2007
July	922,542.98	124,176.88	07/11/2007
August	952,834.59	85,114.89	08/11/2007
September	1,009,868.98	102,588.78	09/06/2007
October	914,273.54	81,926.23	10/12/2007
November	825,601.87	71,959.23	11/22/2007
December	991,548.75	101,708.68	12/01/2007

그림 7-2 Date of Max 측정값은 최대 판매액을 기록한 고유한 날짜를 보여준다.

DAX에서 반복함수를 사용하려면 항상 다음 순서로 정의해야 한다.

- 계산을 수행할 세분화 수준
- 주어진 세분화 수준에서 평가할 표현식
- 사용할 집계의 종류

앞의 예제(Max Daily Sales 2)에서 세분화 수준은 일(Date), 표현식은 판매액(Sales Amount), 사용할 집계는 MAX다. 결과는 일일 최대 판매액이다.

동일한 패턴을 유용하게 사용할 수 있는 몇 가지 시나리오가 있다. 또 다른 예는 고객별 평균 판매액을 구하는 것이다. 위에서 설명한 패턴을 사용해 반복함수 관점으로 생각해 보면 세분화 수준은 개별 고객이고 표현식은 판매액이며 집계는 AVERAGE다.

머릿속으로 이 과정을 따르면 표현식을 짧고 쉽게 작성할 수 있다.

```
Avg Sales by Customer :=
AVERAGEX ( Customer, [Sales Amount] )
```

이 간단한 식으로 대륙별, 연도별 고객 1인당 평균 매출을 보여주는 그림 7-3과 같은 강력한 보고서를 쉽게 작성할 수 있다.

Continent	CY 2007	CY 2008	CY 2009	**Total**
Asia	2,503.71	3,647.64	7,732.60	**4,972.51**
Europe	1,306.95	2,458.10	1,836.57	**2,253.27**
North America	1,090.43	2,543.29	3,887.40	**2,223.02**
Total	**1,413.92**	**2,841.32**	**3,420.04**	**2,770.70**

그림 7-3 연도별 및 대륙별로 계산된 Avg Sales by Customer 측정값

반복함수에서 컨텍스트 전환은 강력한 도구다. 하지만 비용도 많이 따를 수 있기 때문에 항상 바깥쪽 반복함수의 카디널리티를 확인하는 것이 좋다. 이렇게 하면 더 효율적으로 DAX 코드를 작성할 수 있다.

CONCATENATEX 사용

이 절에서는 CONCATENATEX를 사용해 보고서에 어떤 필터가 적용됐는지 표시하는 방법을 소개한다. 연도별, 대륙별 판매액을 보여주는 간단한 보고서에 색상을 필터링할 수 있는 슬라이서를 추가했다고 가정하자. 슬라이서는 시각화 가까이에 위치할 수도 있고 다른 페이지에 있을 수도 있다.

슬라이서가 다른 페이지에 있다면 시각화를 보고 표시되는 숫자가 전체 데이터 세트의 부분집합인지 아닌지 구분하기 어렵다. 이 경우 그림 7-4에서와 같이 텍스트 형식으로 선택된 내용을 보여주는 레이블을 보고서에 추가하는 것이 좋다.

Continent	CY 2007	CY 2008	CY 2009	**Total**
Asia	1,125,060.75	1,708,318.19	1,216,841.47	**4,050,220.41**
Europe	1,062,029.30	912,736.27	981,869.39	**2,956,634.96**
North America	1,148,462.69	1,321,175.78	1,251,710.25	**3,721,348.72**
Total	**3,335,552.74**	**3,942,230.25**	**3,450,421.10**	**10,728,204.09**

Showing Black, Blue, Brown, Green colors.

그림 7-4 시각화 하단에 있는 레이블은 어떤 필터가 적용되고 있는지를 나타낸다.

VALUES 함수를 사용해 선택한 색상의 값을 검사할 수 있다. 그럼에도 불구하고 결과 테이블을 문자열로 변환하기 위해서는 CONCATENATEX가 필요하다. 그림 7-4에서 사용한 Selected Colors 측정값을 살펴보자.

```
Selected Colors :=
"Showing " &
CONCATENATEX (
  VALUES ( 'Product'[Color] ),
  'Product'[Color],
  ", ",
  'Product'[Color],
  ASC
) & " colors."
```

CONCATENATEX는 Product[Color] 값을 반복해 이러한 색상 목록을 쉼표로 구분하는 문자열을 생성한다. 보다시피 CONCATENATEX는 여러 매개변수를 허용한다. 처음 두 가지는 스캔할 테이블과 평가할 식이다. 세 번째 매개변수는 식 사이에 구분 기호로 사용할 문자열이다. 네 번째와 다섯 번째 파라미터는 정렬 순서 및 방향(ASC 또는 DESC)을 나타낸다.

이 측정값의 유일한 단점은 색상을 선택하지 않을 경우 모든 색상이 포함된 긴 목록을 만든다는 것이다. 더욱이 5가지 이상의 색상이 있을 때는 리스트가 너무 길어지는 단점이 있다. 그렇지만 이와 같은 상황을 감지할 수 있게 코드를 조금만 더 복잡하게 만들면 두 가지 문제를 쉽게 해결할 수 있다.

```
Selected Colors :=
VAR Colors =
  VALUES ( 'Product'[Color] )
VAR NumOfColors =
  COUNTROWS ( Colors )
VAR NumOfAllColors =
  COUNTROWS (
    ALL ( 'Product'[Color] )
  )
VAR AllColorsSelected = NumOfColors = NumOfAllColors
VAR SelectedColors =
  CONCATENATEX (
    Colors,
    'Product'[Color],
    ", ",
    'Product'[Color], ASC
  )
VAR Result =
  IF (
    AllColorsSelected,
    "Showing all colors.",
    IF (
      NumOfColors > 5,
      "More than 5 colors selected, see slicer page for details.",
      "Showing " & SelectedColors & " colors."
    )
  )
RETURN
  Result
```

그림 7-5에서는 동일한 시각화에서 다른 색상이 선택된 두 가지 결과를 볼 수 있다. 후자의 버전에서는 선택한 색상에 대해 더 자세히 살펴볼 필요가 있는지 없는지가 훨씬 더 명확하다.

Continent	CY 2007	CY 2008	CY 2009	Total
Asia	1,156,160.73	1,738,396.65	1,274,148.22	**4,168,705.60**
Europe	1,138,376.83	973,048.39	1,023,358.17	**3,134,783.39**
North America	1,202,649.32	1,386,848.85	1,294,102.82	**3,883,600.99**
Total	**3,497,186.88**	**4,098,293.89**	**3,591,609.21**	**11,187,089.99**

More than 5 colors selected, see slicer page for details.

Continent	CY 2007	CY 2008	CY 2009	Total
Asia	3,532,732.93	3,713,296.91	3,479,670.07	**10,725,699.91**
Europe	3,582,341.75	2,391,726.88	2,694,249.12	**8,668,317.75**
North America	4,194,871.44	3,822,559.21	3,179,895.68	**11,197,326.32**
Total	**11,309,946.12**	**9,927,582.99**	**9,353,814.87**	**30,591,343.98**

Showing all colors

그림 7-5 필터에 따라 레이블은 어떤 필터가 적용됐는지 사용자 친화적으로 보여준다.

나중 버전의 측정값도 아직 완벽하지 않다. 사용자가 5가지 색상을 선택했지만 다른 필터가 일부 색을 숨기기 때문에 현재 선택 항목에는 4가지 색상만 존재하는 경우, 해당 측정값은 전체 색상 목록을 보여주지 않고 기존 리스트만 보여준다. 10장, '필터 컨텍스트 작업'에서 이러한 세부 사항을 다루는 다른 버전의 측정값에 대해 설명한다. 사실 최종 버전을 작성하기 위해서는 우선 현재 필터 컨텍스트의 내용을 조사할 수 있는 새로운 함수에 대해 설명할 필요가 있다.

테이블을 반환하는 반복함수

지금까지는 식을 집계하는 반복함수에 대해 설명했다. 소스 테이블과 반복하는 행 컨텍스트에서 평가된 하나 이상의 식을 병합한 테이블을 반환하는 반복함수도 있다. 이들 가운데 ADDCOLUMNS와 SELECTCOUMNS는 가장 흥미롭고 유용한 함수다. 이 절에서는 이들 함수를 다룬다.

이름에서 알 수 있듯이 ADDCOLUMNS는 첫 번째 매개변수로 제공된 테이블 식에 새로운 열을 추가한다. 열을 추가하기 위해서는 열 이름과 이를 정의하는 식을 알아야 한다.

예를 들어 다음과 같이 색상 목록에 제품 수와 판매액을 포함하는 두 개의 열을 추가할 수 있다.

```
Colors =
ADDCOLUMNS (
  VALUES ( 'Product'[Color] ),
  "Products", CALCULATE ( COUNTROWS ( 'Product' ) ),
  "Sales Amount", [Sales Amount]
)
```

이 코드의 결과는 그림 7-6에서 볼 수 있듯이 VALUES[Color]에서 나온 제품 색과 ADCOLUMNS가 새로 추가한 두 개의 열로 구성된 테이블이다.

Color	Sales Amount	Products
Azure	97,389.89	14
Black	5,860,066.14	602
Blue	2,435,444.62	200
Brown	1,029,508.95	77
Gold	361,496.01	50
Green	1,403,184.38	74
Grey	3,509,138.09	283
Orange	857,320.28	55
Pink	828,638.54	84
Purple	5,973.84	6
Red	1,110,102.10	99
Silver	6,798,560.86	417
Silver Grey	371,908.92	14
Transparent	3,295.89	1
White	5,829,599.91	505
Yellow	89,715.56	36

그림 7-6 ADDCOLUMNS에 의해 Sales Amount와 Product 열이 계산된다.

ADDCOLUMNS는 반복되는 테이블 식의 모든 열을 반환하고 요청된 열을 추가한다. 원래 테이블 식 열의 일부만 유지하기 위한 옵션은 요청된 열만 반환하는 SELECTCOLUMNS를 사용하는 것이다. 다음 쿼리를 사용해 이전 ADDCOLUMNS 예제를 다시 작성할 수 있다.

```
Colors =
SELECTCOLUMNS (
  VALUES ( 'Product'[Color] ),
  "Color", 'Product'[Color],
  "Products", CALCULATE ( COUNTROWS ( 'Product' ) ),
  "Sales Amount", [Sales Amount]
)
```

결과는 같지만 같은 결과를 얻으려면 원래 테이블의 Color 열을 명시적으로 포함시켜야 한다. SELECTCOUMNS는 테이블의 열 수를 줄일 필요가 있을 때 유용하며 종종 부분 계산 때문에 발생한다.

ADDCOLUMNS와 SELECTCOLUMNS는 첫 번째 예에서 봤던 것처럼 새 테이블을 만드는 데 유용하다. 이러한 함수는 측정값을 작성할 때 코드를 쉽고 빠르게 만들기 위해 자주 사용된다. 7장 앞부분에서 살펴본 최대 판매일자를 구하는 다음 측정값을 살펴보자.

```
Max Daily Sales :=
MAXX (
  'Date',
  [Sales Amount]
)

Date of Max :=
VAR MaxDailySales = [Max Daily Sales]
VAR DatesWithMax =
  FILTER (
    VALUES ( 'Date'[Date] ),
    [Sales Amount] = MaxDailySales
  )
VAR Result =
  IF (
    COUNTROWS ( DatesWithMax ) = 1,
    DatesWithMax,
    BLANK ()
  )
RETURN
  Result
```

코드를 유심히 살펴보면 아직 성능면에서 최적이 아니라는 것을 알 수 있다. 실제로 MaxDailySales 변수를 계산하기 위해 엔진은 일일 판매량을 계산해야 한다. 그런 다음 두 번째 변수 평가를 위해 일일 판매량을 다시 계산해 최대 판매일이 발생한 날짜를 찾아야 한다. 따라서 엔진은 Date 테이블에서 두 번 반복해 매번 각 날짜에 대한 판매액을 계산한다. DAX 옵티마이저는 하루 판매량을 한 번만 계산한 다음 두 번째 필요할 때 이전 결과를 사용할 수 있을 정도로 똑똑하지만 항상 보장되지는 않는다. 그럼에도 불구하고

ADDCOLUMNS를 활용해 코드를 수정해서 더 빠른 버전으로 측정값을 작성할 수 있다. 즉, 다음과 같이 먼저 일일 판매량이 포함된 테이블을 작성해 변수에 저장한 다음, 첫 번째 부분 결과를 사용해 최대 일일 판매량과 최대 판매일수를 계산하면 된다.

```
Date of Max :=
VAR DailySales =
  ADDCOLUMNS (
    VALUES ( 'Date'[Date] ),
    "Daily Sales", [Sales Amount]
  )
VAR MaxDailySales = MAXX ( DailySales, [Daily Sales] )
VAR DatesWithMax =
  SELECTCOLUMNS (
    FILTER (
      DailySales,
      [Daily Sales] = MaxDailySales
    ),
    "Date", 'Date'[Date]
  )
VAR Result =
IF (
  COUNTROWS ( DatesWithMax ) = 1,
  DatesWithMax,
  BLANK ()
)
RETURN
  Result
```

이 알고리듬은 이전 알고리듬과 비슷하지만, 다음과 같이 몇 가지 눈에 띄는 차이가 있다.

- DailySales 변수에 날짜와 날짜별 판매 금액이 포함돼 있다. 이 테이블은 ADDCOLUMNS를 사용해 작성된다.
- MaxDailySales는 더 이상 일일 매출을 계산하지 않는다. 미리 계산된 DailySales 변수를 스캔해 실행 시간을 단축시킨다.
- DailySales 변수를 스캔하는 DatesWithMax도 마찬가지다. 그 시점 이후 코드는 날짜만 필요하고 일일 판매는 필요 없기 때문에 SELECTCOLUMNS를 사용해 결과에서 일일 판매량을 제거했다.

나중 버전의 코드는 원래 버전보다 더 복잡하다. 이는 코드를 최적화할 때 종종 지불해야 하는 비용이다. 성능을 높이려면 더 복잡한 코드를 작성해야 한다.

ADDCOLUMNS와 SELECTCOUMNS는 12장, '테이블 작업'과 13장, '쿼리 작성'에서 보다 자세히 다룬다. 특히 컨텍스트 전환을 수행하는 다른 반복함수에서 SELECTCOLUMNS의 결과를 사용하고자 하는 경우 알아야 할 중요한 세부 사항이 많이 있다.

반복함수를 사용한 일반적인 시나리오 해결

이 절에서는 반복함수를 더 소개하고, 자주 쓰이고 유용한 RANKX도 다룬다. 또한 이동 평균을 계산하는 방법과 평균 계산을 위해 반복함수를 사용하는 것과 직선 계산을 하는 것의 차이에 대해서도 배운다. 후반부에는 표현식에 기초해 순위를 계산하는 데 매우 유용한 RANKX 함수에 대해 자세히 설명한다.

평균 및 이동 평균 계산

다음 DAX 함수 중 하나를 사용해 값 집합의 평균(산술 평균)을 계산할 수 있다.

- AVERAGE: 숫자 열에 있는 모든 숫자의 평균을 반환한다.
- AVERAGEX: 테이블에서 평가된 식의 평균을 계산한다.

노트 DAX에는 텍스트 열에 있는 모든 숫자의 평균을 반환하는 AVERAGEA 함수도 있지만 사용하지 않길 바란다. AVERAGEA는 엑셀과의 호환성 때문에 DAX에 존재한다. AVERAGEA의 주요 문제는 텍스트 열을 인수로 사용할 때 각 텍스트 행을 엑셀처럼 숫자로 변환하려 하지 않는다는 것이다. 대신 문자로 된 열을 인수로 통과시키면 결과로 항상 0을 얻는다. 그것은 전혀 쓸모가 없다. 반면에 AVERAGE는 문자열을 대상으로 평균을 구할 수 없음을 분명히 나타내는 오류를 반환할 것이다.

7장의 앞부분에 있는 테이블에서 일반적으로 평균을 계산하는 방법에 대해 논의했다. 여기서는 고급 사용법인 이동 평균을 다룬다. 예를 들어 콘토소의 일일 판매량을 분석하고자 하는 경우를 가정해 보자. 일자별로 구분된 판매액을 나타내는 보고서만 작성하면 결과를 분석하기가 어렵다. 그림 7-7에서 볼 수 있듯이 획득한 값은 매일 변동성이 크기 때문이다.

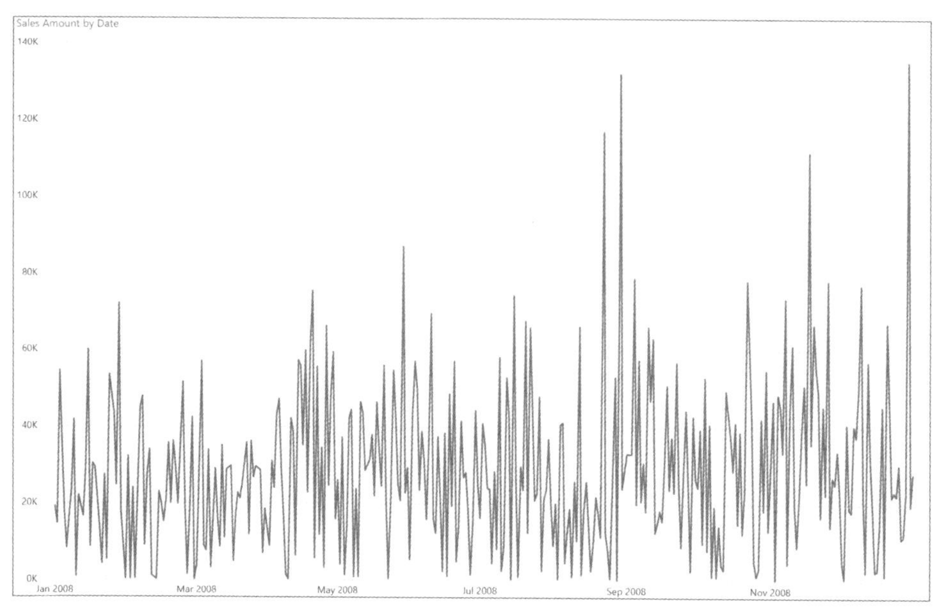

그림 7-7 일별 매출액 그래프는 읽기 힘든 보고서다.

차트를 매끄럽게 하기 위한 일반적인 방법은 여러 날 동안의 평균을 계산하는 것이다. 이 예에서는 30일을 기간으로 사용하기로 했다. 따라서 매일 차트는 지난 30일 동안의 평균을 보여준다. 이 방법은 그래프에서 피크를 제거해 추세를 탐지하는 데 도움이 된다.

다음 계산은 지난 30일 동안의 이동 평균을 나타낸다.

```
AvgXSales30 :=
VAR LastVisibleDate = MAX ( 'Date'[Date] )
VAR NumberOfDays = 30
VAR PeriodToUse =
  FILTER (
    ALL ( 'Date' ),
    AND (
      'Date'[Date] > LastVisibleDate - NumberOfDays,
      'Date'[Date] <= LastVisibleDate
```

```
    )
  )
VAR Result =
  CALCULATE (
    AVERAGEX ( 'Date', [Sales Amount] ) ,
    PeriodToUse
  )
RETURN
  Result
```

표현식은 먼저 마지막으로 표시할 날짜를 정한다. 차트에서 시각화에 의해 설정된 필터 컨텍스트가 날짜 레벨에 있기 때문에 선택한 날짜를 반환한다. 그 다음 표현식은 마지막 날짜와 마지막 날짜에서 30일을 뺀 모든 날짜의 집합을 만든다. 마지막 단계는 이 기간을 CALCULATE에서 필터로 사용해 최종 AVERAGEX가 30일 동안 반복해서 일일 판매의 평균을 계산하는 것이다.

이 계산 결과는 그림 7-8에서 볼 수 있다. 보다시피 라인이 일일 판매량보다 훨씬 매끄러워 트렌드 분석이 가능하다.

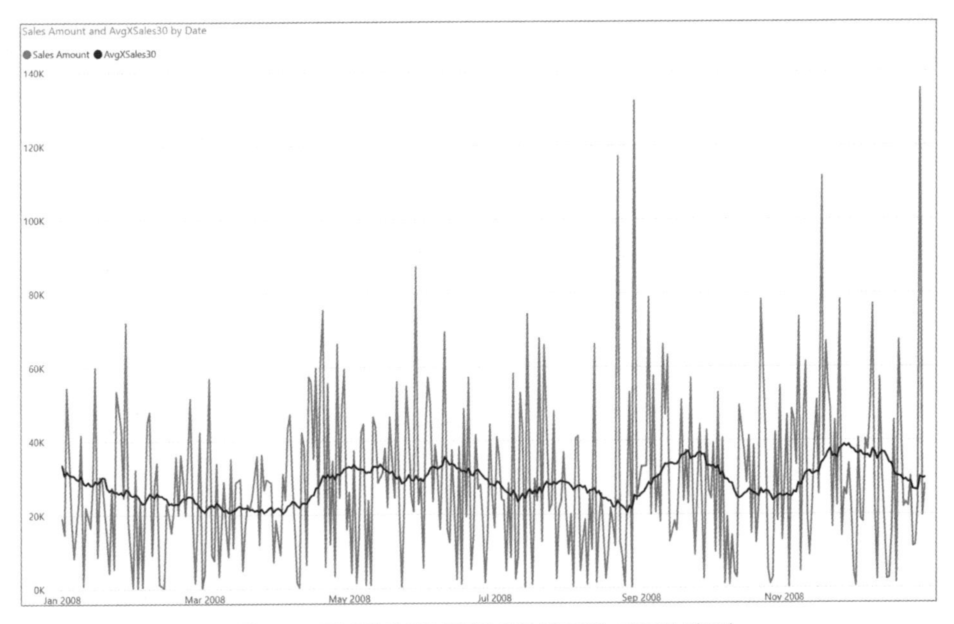

그림 7-8 30일 동안의 이동 평균은 훨씬 매끄러운 그래프를 만든다.

사용자가 AVERAGEX와 같은 평균 함수에 의존하는 경우 원하는 결과에 특별한 주의를 기울일 필요가 있다. 실제로 DAX는 평균을 계산할 때 빈 값을 무시한다. 주어진 날에 판매가 없다면 그 날은 평균의 일부로 간주되지 않을 것이다. 이는 올바른 작동 방식이다. AVERAGEX는 어느 날에 판매가 없을 경우에 우리가 0을 사용하고 싶어할 것이라고 가정하지 않는다. 이 동작은 기간에 대한 평균을 구할 때 바람직하지 않을 수 있다.

매출이 없는 날을 0으로 계산해 기간에 대해 평균을 계산해야 하는 경우 AVERAGEX 대신 간단한 나눗셈을 사용할 수 있다. AVERAGEX 내 컨텍스트 전환에는 더 많은 메모리와 실행 시간이 필요하기 때문에 간단한 나눗셈이 더 빠르다. CALCULATE 내부의 식만 수정한 다음과 같은 이전 표현식의 변형을 살펴보자.

```
AvgSales30 :=
VAR LastVisibleDate = MAX ( 'Date'[Date] )
VAR NumberOfDays = 30
VAR PeriodToUse =
  FILTER (
    ALL ( 'Date' ),
    'Date'[Date] > LastVisibleDate - NumberOfDays &&
    'Date'[Date] <= LastVisibleDate
  )
VAR Result =
CALCULATE (
  DIVIDE ( [Sales Amount], COUNTROWS ( 'Date' ) ),
  PeriodToUse
)
RETURN
  Result
```

나중 버전의 코드는 AVERAGEX를 활용하지 않고 판매가 없는 날은 판매를 0으로 간주한다. 이는 약간은 다르지만 이전과 유사한 동작을 보이는 결과값에 반영된다. 더욱이 이 계산 결과는 그림 7-9에서 알 수 있듯이 분모가 대부분 더 큰 값이기 때문에 항상 이전 값보다 약간 적다.

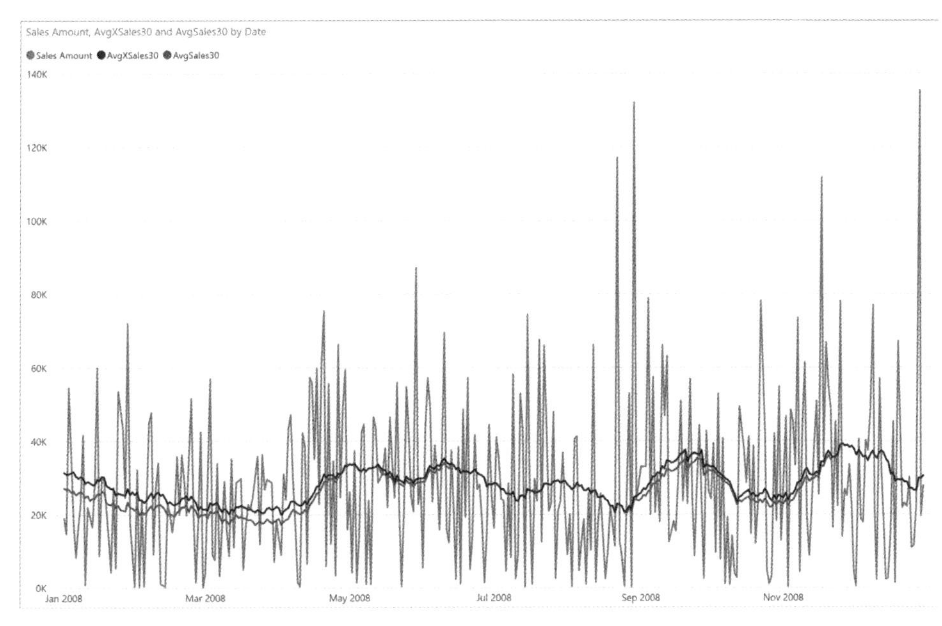

그림 7-9 이동 평균 계산을 다르게 해 결과에 약간의 차이가 있다.

업무적인 계산에서 흔히 그렇듯이 한쪽이 다른 쪽보다 낫다는 것은 아니다. 그것은 모두 여러분의 요구 사항에 달려있다. DAX는 결과를 얻는 여러 가지 방법을 제공한다. 적당한 것을 고르는 것은 여러분에게 달려 있다. 예를 들어 `COUNTROWS`를 사용하면 이 식은 현재 0으로 간주되는 판매가 없는 날들을 계산하지만 휴일이나 주말도 판매가 없는 날들로 계산하기도 한다. 이것이 정확한지 아닌지는 요구 사항에 따라 달라질 수 있으며 정확한 평균을 반영하기 위해서는 공식을 업데이트해야 한다.

RANKX

`RANKX` 함수는 정렬 순서에 따라 요소의 순위를 표시하는 데 사용된다. `RANKX`를 사용하는 대표적인 경우는 판매액을 기준으로 제품이나 고객의 순위를 정하는 것이다. `RANKX`는 몇 개의 매개변수를 허용하지만 처음 두 개의 매개변수를 주로 사용한다. 이외의 것들은 선택 사항이지만 거의 사용되지 않는다.

각각의 판매액을 기준으로 카테고리의 순위를 보여주는 그림 7-10과 같은 보고서를 작성하고 싶다고 가정해 보자.

Category	Sales Amount	Rank Cat on Sales
Audio	384,518.16	6
Cameras and camcorders	7,192,581.95	2
Cell phones	1,604,610.26	5
Computers	6,741,548.73	3
Games and Toys	360,652.81	7
Home Appliances	9,600,457.04	1
Music, Movies and Audio Books	314,206.74	8
TV and Video	4,392,768.29	4
Total	**30,591,343.98**	**1**

그림 7-10 Rank Cat on Sales는 판매액에 따른 카테고리 순위를 보여준다.

RANKX는 이때 사용하는 함수다. 간단한 반복함수지만 보기보다 복잡해서 좀 더 자세한 설명이 필요하다.

카테고리별 판매 순위를 산출하는 측정값의 코드는 다음과 같다.

```
Rank Cat on Sales :=
RANKX (
  ALL ( 'Product'[Category] ),
  [Sales Amount]
)
```

RANKX는 다음과 같이 3단계로 작동한다.

1. RANKX는 첫 번째 매개변수로 제공된 테이블을 반복해 조회 테이블을 만든다. 반복하는 동안 행 컨텍스트에서 두 번째 파라미터를 평가한다. 그리고 조회 테이블을 정렬한다.
2. RANKX는 원래 평가 컨텍스트[1]에서 두 번째 파라미터를 평가한다.
3. RANKX는 정렬된 조회 테이블에서 위치를 검색해 두 번째 단계에서 계산한 값의 위치를 반환한다.

1 보고서의 행에서 비롯됨. – 옮긴이

그림 7-11에 알고리듬이 요약돼 있으며 **판매액**을 기준으로 카메라와 캠코더의 순위를 계산하기 위해 필요한 단계도 보여준다.

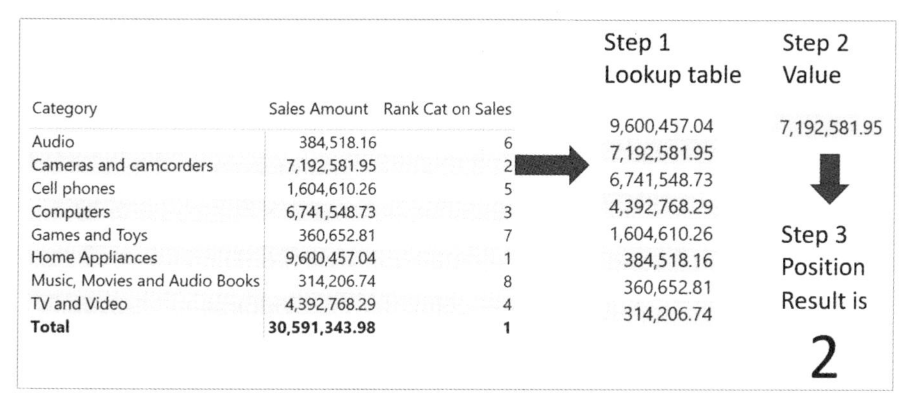

Category	Sales Amount	Rank Cat on Sales
Audio	384,518.16	6
Cameras and camcorders	7,192,581.95	2
Cell phones	1,604,610.26	5
Computers	6,741,548.73	3
Games and Toys	360,652.81	7
Home Appliances	9,600,457.04	1
Music, Movies and Audio Books	314,206.74	8
TV and Video	4,392,768.29	4
Total	**30,591,343.98**	**1**

그림 7-11 RANKX가 카메라와 캠코더의 순위를 결정하기 위해서는 3단계가 필요하다.

RANKX의 동작을 자세히 살펴보면 다음과 같다.

- 반복하면서 조회 테이블을 만든다. 위 코드에서는 제품 카테고리에 대해서 ALL을 사용해 보이는 하나의 카테고리를 필터링하는 현재 필터 컨텍스트[2]를 무시하고 하나의 열로 구성된 조회 테이블을 만들었다.
- 컨텍스트 전환으로 인해 **판매액**의 값은 각 카테고리에 따라 다르다. 실제로 반복하는 동안 행 컨텍스트가 있다. 평가할 표현식은 측정값에 CALCULATE가 숨겨져 있으므로, 컨텍스트 전환 때문에 DAX는 해당 카테고리에 대해서만 **판매액**을 계산한다.
- 조회 테이블에는 값만 포함돼 있다. 카테고리에 대한 참조는 모두 없어진다. 순위는 값이 올바르게 정렬되면 값에 따라 결정된다.
- 2단계에서 결정된 값은 원래 평가 컨텍스트에서 Sales Amount 측정값을 평가해서 얻는다. 원래 필터 컨텍스트는 카메라 및 캠코더를 필터링한다. 따라서 결과는 카메라 및 캠코더 판매액이다.
- 값 '2'는 정렬된 조회 테이블에서 카메라 및 캠코더 **판매액**이 놓인 위치를 나타낸다.

2 보고서의 각 행에 있는 카테고리 – 옮긴이

합계에서 RANKX가 1이다. 순위는 합계를 구할 필요가 없기 때문에, 비록 평가 과정의 결과이기는 하지만 사용자에게는 아무런 의미가 없다. 다음 그림 7-12에서 합계의 평가 과정을 볼 수 있다.

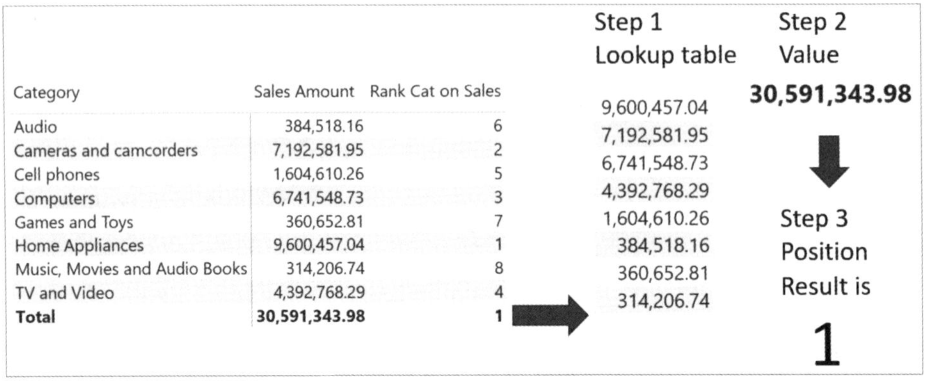

Category	Sales Amount	Rank Cat on Sales
Audio	384,518.16	6
Cameras and camcorders	7,192,581.95	2
Cell phones	1,604,610.26	5
Computers	6,741,548.73	3
Games and Toys	360,652.81	7
Home Appliances	9,600,457.04	1
Music, Movies and Audio Books	314,206.74	8
TV and Video	4,392,768.29	4
Total	**30,591,343.98**	**1**

Step 1
Lookup table
9,600,457.04
7,192,581.95
6,741,548.73
4,392,768.29
1,604,610.26
384,518.16
360,652.81
314,206.74

Step 2
Value
30,591,343.98

Step 3
Position
Result is
1

그림 7-12 조회 테이블이 내림차순으로 정렬될 경우 합계는 항상 1을 나타낸다.

2단계에서 계산된 값은 판매액의 합계로 항상 개별 카테고리의 판매액보다 크다. 따라서 합계에 나타난 값은 버그나 결함이 아니라 합계 수준에서는 의미가 없지만 정상적인 RANKX 동작이다. 이 문제를 처리하는 올바른 방법은 DAX 코드를 사용해 합계를 숨기는 것이다. 실제로 각 카테고리의 순위는 현재 필터 컨텍스트가 한 카테고리만 필터링하는 경우에만 의미가 있다. 결과적으로 다음과 같이 HASONEVALUE를 사용해 의미 없는 결과를 만드는 필터 컨텍스트에서는 순위 계산을 하지 않도록 측정값을 수정할 수 있다.

```
Rank Cat on Sales :=
IF (
  HASONEVALUE ( 'Product'[Category] ),
  RANKX (
    ALL ( 'Product'[Category] ),
    [Sales Amount]
  )
)
```

이 코드는 현재 필터 컨텍스트에 여러 카테고리가 있을 경우에 빈칸을 반환해 합계 행을 제거한다. RANKX를 사용할 때 또는 보다 일반적인 용어로, 계산된 측정값이 필터 컨텍스트의 특정 특성에 의존할 경우 계산을 해야 할 때만 계산이 실행되고, 그렇지 않은 경우에는 빈 값이나 오류 메시지를 반환하는 조건식으로 측정값을 보호해야 한다. 앞의 측정값이 바로 이렇게 작동한다.

앞에서 언급했듯이 RANKX는 두 개 이상 많은 매개변수를 허용한다. 세 가지 나머지 매개변수는 다음과 같다.

- 세 번째 매개변수는 값 표현식이며 다른 표현식으로 조회 테이블과 순위에 사용할 값을 평가할 때 유용하다.
- 네 번째 매개변수는 조회 테이블의 정렬 순서다. ASC 또는 DESC를 사용할 수 있다. 기본값은 DESC이며 가장 큰 값이 위에 정렬되고, 가장 큰 값이 1위에 해당한다.
- 다섯 번째 매개변수는 숫자가 같을 경우 값을 계산하는 방법을 정의한다. DENSE 또는 SKIP을 사용할 수 있다. DENSE인 경우 조회 테이블에서 같은 값이 제거된다. SKIP일 경우 같은 숫자가 유지된다.

위 나머지 매개변수에 대해 예를 들어 설명하겠다.

세 번째 매개변수는 조회 테이블을 작성하고 순위를 지정할 값을 계산하기 위해 다른 식을 사용해야 할 때 유용하다. 순위 계산을 위해 그림 7-13에 표시된 것과 같은 사용자 지정 테이블이 필요한 상황을 살펴보자.

Sales
0
100,000
500,000
1,000,000
2,000,000
5,000,000
10,000,000

그림 7-13 동적 조회 테이블 대신 고정 조회 테이블을 사용해야 하는 경우도 있다.

조회 테이블 계산을 위해 이 테이블을 사용하려면, 테이블을 만드는 데 사용되는 식이 Sales Amount 측정값과 달라야 한다. 이 경우 세 번째 매개변수를 사용할 수 있다. Sales Ranking이라는 이름의 위 조회 테이블에 대해 판매액 순위를 구하는 코드는 다음과 같다.

```
Rank On Fixed Table :=
RANKX (
  'Sales Ranking',
  'Sales Ranking'[Sales],
  [Sales Amount]
)
```

이 경우 'Sales Ranking'의 행 컨텍스트에서 'Sales Ranking'[Sale]의 값을 얻어서 조회 테이블을 만든다. 조회 테이블이 작성되면 RANKX는 원래의 평가 컨텍스트에서 [Sales Amount]를 평가한다.

계산 결과는 그림 7-14에서 볼 수 있다.

Category	Sales Amount	Rank On Fixed Table
Audio	384,518.16	6
Cameras and camcorders	7,192,581.95	2
Cell phones	1,604,610.26	4
Computers	6,741,548.73	2
Games and Toys	360,652.81	6
Home Appliances	9,600,457.04	2
Music, Movies and Audio Books	314,206.74	6
TV and Video	4,392,768.29	3
Total	**30,591,343.98**	**1**

그림 7-14 Rank On Fixed Table 측정값은 판매액 순위를 고정 테이블에 대해 계산한다.

전체 프로세스는 그림 7-15에 설명돼 있으며, 이 경우 조회 테이블이 사용되기 전에 미리 정렬돼 있다는 것을 알 수 있다.

네 번째 매개변수는 ASC 또는 DESC로, 조회 테이블의 정렬 순서를 바꾼다. 기본적으로 DESC이며, 이는 가장 높은 값에 1을 할당된다는 것을 의미한다. ASC를 사용할 경우 조회 테이블이 반대로 정렬되므로 가장 낮은 값에 1이 할당된다.

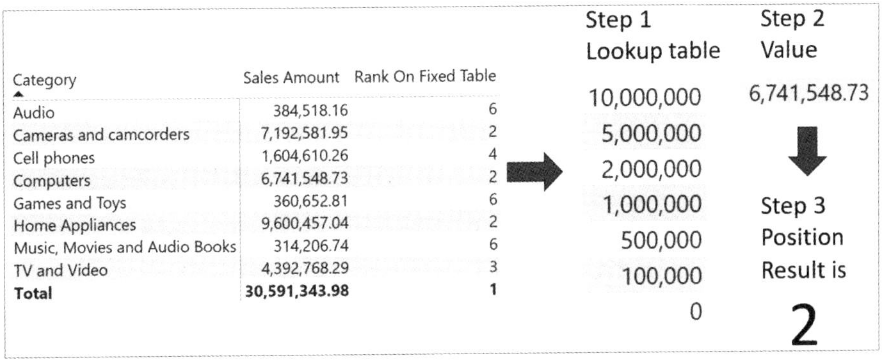

Category	Sales Amount	Rank On Fixed Table
Audio	384,518.16	6
Cameras and camcorders	7,192,581.95	2
Cell phones	1,604,610.26	4
Computers	6,741,548.73	2
Games and Toys	360,652.81	6
Home Appliances	9,600,457.04	2
Music, Movies and Audio Books	314,206.74	6
TV and Video	4,392,768.29	3
Total	**30,591,343.98**	**1**

Step 1
Lookup table
10,000,000
5,000,000
2,000,000
1,000,000
500,000
100,000
0

Step 2
Value
6,741,548.73

Step 3
Position
Result is
2

그림 7-15 고정 조회 테이블을 사용할 때 조회 테이블을 만드는 데 사용하는 식은 2단계에서 사용하는 식과 다르다.

다섯 번째 매개변수는 같은 값이 있을 때 유용하다. 계산에 같은 숫자를 포함시키기 위해 새로운 측정값인 Rounded Sales를 사용한다. Rounded Sales로 판매액을 가장 가까운 백만의 배수로 반올림하고 브랜드별로 구분해 보자.

```
Rounded Sales := MROUND ( [Sales Amount], 1000000 )
```

그러고 나서 다음과 같이 다른 두 가지 방, 즉 하나는 기본 옵션(즉, SKIP)을 사용하고 다른 하나는 DENSE를 사용해 순위를 정의한다.

```
Rank On Rounded Sales :=
RANKX (
  ALL ( 'Product'[Brand] ),
  [Rounded Sales]
)

Rank On Rounded Sales Dense :=
RANKX (
  ALL ( 'Product'[Brand] ),
  [Rounded Sales],
  ,
  ,
  DENSE
)
```

두 측정값의 결과는 다르다. 기본적인 작동은 같은 수를 고려해 그에 따라 순위를 계산한다. DENSE를 사용할 경우 같은 숫자 유무에 상관없이 순위가 1씩 변동한다. 그림 7-16에서 그 차이를 확인할 수 있다.

Brand	Rounded Sales	Rank On Rounded Sales	Rank On Rounded Sales Dense
Contoso	7,000,000.00	1	1
Fabrikam	6,000,000.00	2	2
Adventure Works	4,000,000.00	3	3
Litware	3,000,000.00	4	4
Proseware	3,000,000.00	4	4
A. Datum	2,000,000.00	6	5
Wide World Importers	2,000,000.00	6	5
Northwind Traders	1,000,000.00	8	6
Southridge Video	1,000,000.00	8	6
The Phone Company	1,000,000.00	8	6
Tailspin Toys	0.00	11	7

그림 7-16 DENSE 또는 SKIP을 사용하면 조회 테이블에 같은 숫자가 있을 때 다른 순위값이 계산된다.

기본적으로 DENSE는 조회 테이블을 사용하기 전에 DISTINCT를 수행한다. SKIP은 그렇지 않으며 반복 중에 만들어지는 조회 테이블을 사용한다.

RANKX를 사용할 때는 원하는 결과를 얻기 위해 첫 번째 매개변수로 사용할 테이블을 고려하는 것이 중요하다. 이전 쿼리에서는 각 브랜드의 순위를 얻고자 했기 때문에 ALL(Product[Brand])를 명시할 필요가 있었다. 복잡함을 피하기 위해 HASONEVALUE를 사용한 일반적인 테스트를 생략했다. 하지만 여러분은 절대 빠뜨리지 않길 바란다. 혹시 빠뜨린다면 예기치 못한 결과를 얻을 수 있다. 예를 들어 다음 측정값은 브랜드별로 나누는 보고서에 사용되지 않을 경우 오류가 발생한다.

```
Rank On Sales :=
RANKX (
  ALL ( 'Product'[Brand] ),
  [Sales Amount]
)
```

그림 7-17에서 보는 바와 같이 이 측정값을 Color로 슬라이싱하면 결과는 항상 1이다.

Color	Sales Amount	Rank On Sales
Azure	97,389.89	1
Black	5,860,066.14	1
Blue	2,435,444.62	1
Brown	1,029,508.95	1
Gold	361,496.01	1
Green	1,403,184.38	1
Grey	3,509,138.09	1
Orange	857,320.28	1
Pink	828,638.54	1
Purple	5,973.84	1

그림 7-17 Rank on Sales 측정값을 Color로 슬라이싱하면 예상치 못한 결과가 나온다.

조회 테이블에는 브랜드별, 색상별로 구분된 판매금액이 들어 있는 반면, 조회 테이블에서 찾아야 하는 값에는 색으로만 총액이 들어 있기 때문이다. 이와 같이 색상별 합계는 모든 브랜드별 합계값보다 항상 크기 때문에 1위가 된다. IF와 HASONEVALUE를 사용해 코드를 보호하면 평가 컨텍스트가 단일 브랜드를 필터링하지 않을 경우 결과는 빈 값이 된다.

마지막으로, ALLSELECTED는 종종 RANKX와 함께 사용된다. 사용자가 전체 브랜드 가운데 일부 브랜드를 선택하는 경우 ALL에 대한 순위는 순위에 간격이 보일 수 있다. 이는 슬라이서에서 비롯된 필터에 상관없이 모든 브랜드를 반환하기 때문이다. 다음과 같은 측정값을 살펴보자.

```
Rank On Selected Brands :=
RANKX (
  ALLSELECTED ( 'Product'[Brand] ),
  [Sales Amount]
)

Rank On All Brands :=
RANKX (
  ALL ( 'Product'[Brand] ),
  [Sales Amount]
)
```

그림 7-18에서는 특정 브랜드를 필터링하는 슬라이서가 있는 상태에서 위 두 측정값을 비교했다.

Brand
- ■ A. Datum
- ■ Adventure Works
- ■ Contoso
- ■ Fabrikam
- □ Litware
- ■ Northwind Traders
- ■ Proseware
- ■ Southridge Video
- ■ Tailspin Toys
- □ The Phone Company
- □ Wide World Importers

Brand	Sales Amount	Rank On All Brands	Rank On Selected Brands
Contoso	7,352,399.03	1	1
Fabrikam	5,554,015.73	2	2
Adventure Works	4,011,112.28	3	3
Proseware	2,546,144.16	5	4
A. Datum	2,096,184.64	6	5
Southridge Video	1,384,413.85	8	6
Northwind Traders	1,040,552.13	10	7
Tailspin Toys	325,042.42	11	8

그림 7-18 ALLSELECTED를 사용하면 ALL을 사용할 때 생긴 순위의 간격을 없앨 수 있다.

RANK.EQ 사용

DAX의 RANK. EQ 함수는 같은 이름의 엑셀 함수와 같다. RANKX 기능의 일부를 사용해 숫자 목록 내의 순위를 반환한다. 하지만 엑셀에서 식을 옮겨오는 경우를 제외하면 DAX에서는 거의 사용하지 않는다. 활용 구문은 다음과 같다.

```
RANK.EQ ( <value>, <column> [, <order>] )
```

DAX 식도 〈value〉인수로 사용할 수 있으며, 〈column〉은 순위가 결정되는 기존 열의 이름이다. 〈order〉는 선택 사항이며 0은 내림차순, 1은 오름차순이다. 엑셀의 RANK.EQ는 셀 범위를 열 인수로 받아들인다. 그러나 DAX에서는 값 표현식에 동일한 열이 사용되는 경우가 많으며, 이는 열의 순위를 그 자체에 대해 계산하고 싶은 경우다. 다른 열을 사용할 수 있는 시나리오 중 하나는 두 개의 테이블(예: 특정 제품 그룹처럼 순위를 매길 요소가 포함된 테이블과 모든 제품의 목록처럼 순위에 사용할 전체 요소의 모든 집합이 있는 테이블)이 있는 경우다. 단, 〈column〉인수에 적용되는 한계 때문에(ADDCOLUMNS, SELECTCOUMNS 또는 기타 테이블 함수를 사용해 만든 식이나 열은 될 수 없음), RANK.EQ는 일반적으로 계산된 열을 만들 때 다음 예제와 같이 동일한 테이블의 같은 열을 참조해 〈value〉와 〈column〉인수에 동일한 열을 전달하는 방식으로 사용된다.

```
Product[Price Rank] =
RANK.EQ ( Product[Unit Price], Product[Unit Price] )
```

RANKX는 RANK.EQ보다 훨씬 더 강력하다. 따라서 RANKX를 쓸 수 있다면 RANK.EQ를 익히는 데 많은 시간을 할애하지 않아도 될 듯하다.

계산 세분화 수준 변경

합계 수준에서 식을 쉽게 계산할 수 없는 몇 가지 시나리오가 있다. 이때에는 동일한 계산을 더 높은 세분화 수준에서 수행한 다음에 집계할 수 있다.

영업일당 판매액을 계산해야 하는 경우를 가정해 보자. 토요일과 일요일의 숫자나 한 달 동안의 휴일 때문에 매월 영업일 수가 다르다. 이 예에서는 간단하게 하기 위해 토요일과 일요일만 고려하지만 휴일까지 고려하는 것으로 쉽게 개념을 확장할 수 있다.

`Date` 테이블에는 그날이 영업일인지에 따라 1 또는 0으로 표시된 `IsWorkingDay` 열이 포함돼 있다. 일수나 영업일 계산을 매우 간단하게 하기 위해 정수로 저장하는 것이 좋다. 실제로 다음 두 측정값은 현재 필터 컨텍스트에 있는 일수와 해당 영업일 수를 계산한다.

```
NumOfDays := COUNTROWS ('Date' )
NumOfWorkingDays := SUM('Date'[IsWorkingDay])
```

그림 7-19에서는 두 가지 측정값으로 만든 보고서를 볼 수 있다.

Calendar Year	Sales Amount	NumOfDays	NumOfWorkingDays
CY 2007	**4,694,127.73**	**365**	**261**
January		31	23
February		28	20
March		31	22
April		30	21
May		31	23
June		30	21
July		31	22
August	952,834.59	31	23
September	1,009,868.98	30	20
October	914,273.54	31	23
November	825,601.87	30	22
December	991,548.75	31	21
CY 2008	**9,927,582.99**	**366**	**262**
January	656,766.69	31	23
February	600,080.00	29	21
Total	**20,844,079.45**	**1,096**	**784**

그림 7-19 주말에 따라 각 달의 영업일 수가 다르다.

위 측정값으로 영업일당 판매액을 계산할 수 있다. 판매액을 영업일 수로 단순하게 나누면 된다. 이 계산은 총판매액과 영업일 수를 모두 고려해 월간 성과지표를 작성하는 데 유용하다. 계산은 간단해 보이지만 반복함수를 활용해 해결해야 하는 복잡함이 감춰져 있다. 이 책에서 가끔 하는 것처럼 해결책을 단계별로 보여주며 작성 과정에서 발생할 수 있는 오류에 대해 상세히 다룬다. 데모의 목표는 패턴을 보여주는 것이 아니다. 개발자가 DAX 식을 작성할 때 발생할 수 있는 다양한 실수를 보여준다.

예상대로 **판매액**을 영업일 수로 단순하게 나누면 월 단위에서만 정확한 결과가 나온다. 합계는 놀랍게도 다른 달보다 낮다.

```
SalesPerWorkingDay := DIVIDE ( [Sales Amount], [NumOfWorkingDays] )
```

그림 7-20에서 결과를 볼 수 있다.

Calendar Year	Sales Amount	NumOfDays	NumOfWorkingDays	SalesPerWorkingDay
CY 2007	**4,694,127.73**	**365**	**261**	**17,985.16**
January		31	23	
February		28	20	
March		31	22	
April		30	21	
May		31	23	
June		30	21	
July		31	22	
August	952,834.59	31	23	41,427.59
September	1,009,868.98	30	20	50,493.45
October	914,273.54	31	23	39,751.02
November	825,601.87	30	22	37,527.36
December	991,548.75	31	21	47,216.61
CY 2008	**9,927,582.99**	**366**	**262**	**37,891.54**
January	656,766.69	31	23	28,555.07
February	600,080.00	29	21	28,575.24
Total	**20,844,079.45**	**1,096**	**784**	**26,586.84**

그림 7-20 월별 값은 이상이 없어 보이지만 연간 소계는 분명히 문제가 있다.

2007년 합계는 17,985.16이다. 그 해의 모든 월별 값이 3만 7천 달러 이상임을 감안하면 연간 합계값은 놀라울 정도로 낮다. 이는 판매가 전혀 없는 달도 포함해 해당 영업일 수가 261일이기 때문이다. 이 모델에서는 2007년 8월부터 판매가 시작됐으므로 판매가 없는

8월 이전의 달을 포함시키면 안 된다. 판매의 마지막 날이 포함된 기간에도 동일한 문제가 발생한다. 예를 들어 올해의 총 영업일 수는 아직 경과하지 않은 미래 시점을 영업일로 간주할 가능성이 높다.

다양한 방법으로 식을 수정할 수 있지만 간단한 방법을 선택하면 다음과 같다. 즉, 해당 달에 판매가 없다면 표현식은 그 달의 날짜를 포함하지 않아야 한다. 이 식은 가장 오래된 거래와 가장 마지막 거래 사이의 모든 월에 관련된 거래가 있다고 가정한다.

계산은 월 단위로 해야 하기 때문에 몇 달에 걸쳐 반복하고 매월 판매가 있는지 확인해야 한다. 판매가 있으면 영업일 수를 더한다. 주어진 달에 판매가 없다면 건너뛴다. SUMX로 다음과 같은 알고리듬을 구현할 수 있다.

```
SalesPerWorkingDay :=
VAR WorkingDays =
  SUMX (
    VALUES ( 'Date'[Month] ),
    IF (
      [Sales Amount] > 0,
      [NumOfWorkingDays]
    )
  )
VAR Result =
  DIVIDE (
    [Sales Amount],
    WorkingDays
  )
RETURN
  Result
```

수정된 코드는 아직 완벽하지는 않지만 그림 7-21과 같이 연도 수준에서 정확한 결과를 얻을 수 있다.

Calendar Year	Sales Amount	NumOfDays	NumOfWorkingDays	SalesPerWorkingDay
CY 2007	**4,694,127.73**	**365**	**261**	**43,065.39**
January		31	23	
February		28	20	
March		31	22	
April		30	21	
May		31	23	
June		30	21	
July		31	22	
August	952,834.59	31	23	41,427.59
September	1,009,868.98	30	20	50,493.45
October	914,273.54	31	23	39,751.02
November	825,601.87	30	22	37,527.36
December	991,548.75	31	21	47,216.61
CY 2008	**9,927,582.99**	**366**	**262**	**37,891.54**
January	656,766.69	31	23	28,555.07
February	600,080.00	29	21	28,575.24
Total	**20,844,079.45**	**1,096**	**784**	**26,586.84**

그림 7-21 반복함수를 사용해 연도 수준의 합계는 이제 정확하다.

다른 세분화 수준에서 계산을 할 때 세분화 수준을 정확하게 해야 한다. SUMX로 시작된 반복은 1월부터 12월까지의 Month 열의 값을 반복한다. 연도 수준에서는 모든 것이 제대로 작동하고 있지만 합계에서는 여전히 부정확하다. 그림 7-22에서 이를 확인할 수 있다.

Calendar Year	Sales Amount	NumOfDays	NumOfWorkingDays	SalesPerWorkingDay
CY 2007	4,694,127.73	365	261	43,065.39
CY 2008	9,927,582.99	366	262	37,891.54
CY 2009	6,222,368.73	365	261	35,967.45
Total	**20,844,079.45**	**1,096**	**784**	**26,586.84**

그림 7-22 연간 단위 소계는 35,000개 이상이지만 합계는 여전히 낮다.

필터 컨텍스트에 연도가 포함된 경우 컨텍스트 전환 후 새 필터 컨텍스트는 연도 한 개와 월 한 개를 모두 포함하기 때문에 월의 반복이 잘 된다. 그러나 합계 수준에서, 그 해는 더 이상 필터 컨텍스트의 일부가 아니다. 따라서 필터 컨텍스트는 현재 반복되는 월만 포함하며, 표현식은 해당 연도와 월에 판매가 있는지 여부를 확인하지 않는다. 그 대신 모든 연도의 해당 월에 판매가 있는지 확인한다.

이 식은 Month 열을 반복하기 때문에 문제가 된다. 반복의 정확한 세분화 수준은 한 달이 아니라 한 해와 한 달이 함께 있어야 한다. 가장 좋은 해결책은 각 연도 및 월마다 다른 값을 포함하는 열을 반복하는 것이다. 데이터 모델에 `Calendar Year Month`라는 열이 있으므로 다음과 같이 코드를 수정할 수 있다.

```
SalesPerWorkingDay :=
VAR WorkingDays =
  SUMX (
    VALUES ( 'Date'[Calendar Year Month] ),
    IF (
      [Sales Amount] > 0,
      [NumOfWorkingDays]
    )
  )
VAR Result =
  DIVIDE (
    [Sales Amount],
    WorkingDays
  )
RETURN
  Result
```

위 코드는 정확한 세분화 수준에서 반복을 사용해 합계를 계산하기 때문에 잘 작동한다. 결과는 그림 7-23에서 볼 수 있다.

Calendar Year	Sales Amount	NumOfDays	NumOfWorkingDays	SalesPerWorkingDay
CY 2007	4,694,127.73	365	261	43,065.39
CY 2008	9,927,582.99	366	262	37,891.54
CY 2009	6,222,368.73	365	261	35,967.45
Total	**20,844,079.45**	**1,096**	**784**	**38,316.32**

그림 7-23 정확한 세밀화 수준에서 계산을 적용하면 합계 수준에서도 정확한 값을 구할 수 있다.

결론

7장에서 배운 중요한 개념을 요약하면 다음과 같다.

- 반복함수는 DAX의 중요한 부분이므로 DAX를 많이 사용할수록 반복함수를 더 많이 사용하게 될 것이다.
- DAX에는 크게 두 가지 종류의 반복이 있다. 행단위로 간단한 계산을 하기 위한 반복과 컨텍스트 전환을 활용하는 반복이다. 이 책에서 지금까지 사용했던 판매액(Sales Amount) 관련 정의는 Quantity와 Net Price의 곱을 행 단위로 연속해서 계산하기 위해 반복을 사용한다. 7장에서는 보다 복잡한 표현을 계산할 수 있는 강력한 도구인 컨텍스트가 전환되는 반복함수를 소개했다.
- 컨텍스트 전환과 함께 반복함수를 사용해야 하는 경우 반복이 발생해야 하는 카디널리티를 점검해야 한다. 이는 매우 작아야 한다. 또한 테이블의 행이 고유한지 확인해야 한다. 그렇지 않으면 계산이 느리거나 나쁜 결과를 계산할 위험이 있다.
- 기간에 대한 평균을 계산할 때 반복함수가 올바른 결과를 산출하는지 확인해야 한다. AVERAGEX는 빈 값을 계산에 포함하지 않으므로 기간 평균을 계산할 때 잘못된 결과가 나올 수 있다. 항상 표현식에 무엇이 필요한지 살펴봐야 한다. 시나리오마다 모두 다르기 때문이다.
- 반복함수는 지난 예에서 학습한 바와 같이 다른 세분화 수준에서 값을 계산하는 데 유용하다. 서로 다른 세분화 수준에서 계산을 처리할 때는 코드의 오류를 피하기 위해 정확한 세분화 수준을 확인하는 것이 가장 중요하다.

이 책의 나머지 부분에서 더 많은 반복함수의 사용 예를 보게 될 것이다. 8장부터 시간 인텔리전스 함수를 다룰 때 대부분 반복에 의존하는 새로운 유형의 표현식을 만나게 될 것이다.

08

시간 인텔리전스 계산

대부분의 데이터 모델에는 날짜와 관련된 계산이 포함돼 있다. DAX는 이를 쉽게 할 수 있는 여러 함수를 갖추고 있으며, 데이터 모델이 특정 규칙을 따를 경우 이러한 함수를 유용하게 사용할 수 있다. 한편, 모델에 일반적인 시간 인텔리전스 함수를 사용할 수 없는 특별한 경우에는 사용자 지정 계산을 작성할 수 있다.

8장에서는 YTD Year-To-Date, YOY Year-Over-Year 등 날짜와 관련된 계산과 비가산nonadditive 및 반가산semi-additive 측정값을 포함해 시간과 관련한 기타 계산법을 다룬다. 표준 시간 인텔리전스 함수를 사용하는 방법과 사용자 정의 DAX 코드로 비표준 캘린더 및 주 단위 계산 작성법도 배우게 된다.

시간 인텔리전스 소개

일반적으로 데이터 모델에는 Date 테이블이 포함돼 있다. 실제로 연도별, 월별로 데이터를 슬라이싱할 때는 날짜를 슬라이싱할 수 있도록 특별히 설계된 테이블(Date 테이블)의 열을 사용하는 것이 바람직하다. 데이터 형식이 '날짜' 또는 '날짜/시간'으로 지정된 단일 열로부터 계산된 열을 사용해 날짜 부분을 추출하는 것은 바람직하지 않다.

Date 테이블을 사용하는 몇 가지 이유가 있다. Date 테이블을 사용하면 모델을 검색하기 쉬워지며 시간 인텔리전스 계산을 수행하는 특정 DAX 함수를 사용할 수 있다. 대부분의 시간 인텔리전스 함수가 제대로 작동하기 위해서는 별도의 Date 테이블이 필요하다.

모델에 주문 날짜 및 배송 날짜처럼 여러 날짜가 포함된 경우 하나의 Date 테이블과 여러 관계를 설정하거나 Date 테이블을 복제할 수 있다. 이 경우 데이터 모델이 다르며 결과적으로 계산도 달라지게 된다. 8장의 후반부에서 이 두 가지 대안에 대해 자세하게 다룬다.

데이터 테이블에 하나 이상의 날짜 열이 있으면, 항상 최소한 하나 이상의 Date 테이블을 만들어야 한다. 파워 BI 및 엑셀의 파워 피봇에는 모델에서 날짜를 관리하기 위해 테이블이나 열을 자동으로 작성하는 내장된 기능이 있지만, SSAS에는 시간 인텔리전스 처리를 위한 특별한 기능이 없다. 그러나 이러한 자동 기능이 구현될 때 데이터 모델에서 하나의 Date 테이블을 유지하는 모범 사례를 따르지 않는 경우가 많다. 또한 이러한 기능에는 몇 가지 제한사항이 있으므로 자신이 직접 Date 테이블을 만들어 사용하는 것을 추천한다. 다음 절에서 이에 대해 자세히 다룬다.

파워 BI의 자동 날짜/시간 옵션

파워 BI에는 데이터 로드에 대한 옵션 설정에서 선택할 수 있는 자동 날짜/시간 기능이 있다(그림 8-1 참조).

설정이 활성화된 경우(기본값) 파워 BI는 모델에서 각 **날짜** 또는 **날짜/시간** 열에 대해 Date 테이블을 자동으로 생성한다. 지금부터 그것을 'Date 열'이라고 부른다. Date 열로 각 날짜를 연도, 분기, 월, 일 단위로 슬라이싱할 수 있다. 이렇게 자동으로 생성된 테이블은 사용자에게 숨겨져 있으며 수정할 수 없다. DAX Studio를 사용해 파워 BI 데스크톱 파일에 연결하면 숨겨진 테이블을 볼 수 있다.

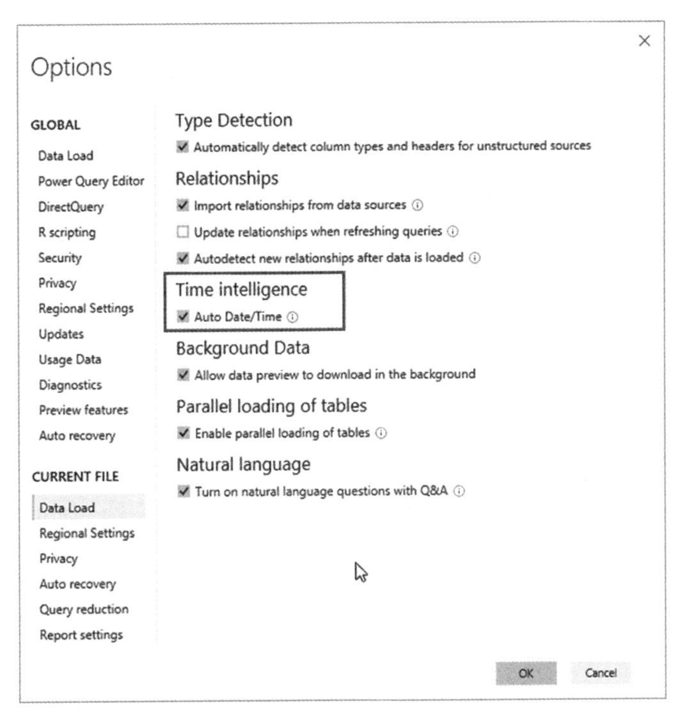

그림 8-1 새 모델을 만들 때 자동 날짜/시간 설정이 기본적으로 활성화돼 있다.

자동 날짜/시간 기능에는 다음과 같은 두 가지 주요 단점이 있다.

- 파워 BI 데스크톱은 날짜 열당 한 개의 테이블을 생성한다. 이는 모델에서 서로 연결되지 않은 Date 테이블을 불필요하게 많이 생성한다. 이 경우 주문액과 판매액을 같은 행렬에서 보여주는 간단한 보고서를 만드는 일조차 어렵게 된다.
- 테이블이 숨겨져 있어 개발자가 수정할 수 없다. 따라서 평일과 주말을 구분하는 열을 추가하고 싶어도 할 수가 없다.

다음 절에서 DAX 코드 몇 줄만으로 자유롭게 사용할 수 있는 적절한 Date 테이블을 만드는 방법을 배운다. 데이터 모델을 처음 만들 때 불과 몇 분 아끼기 위해서 데이터 모델링의 잘못된 관행을 따르는 것(즉, 자동 날짜/시간 기능을 사용하는 것)은 분명히 잘못된 선택이다.

엑셀의 파워 피봇에서 자동 날짜 열

엑셀의 파워 피봇은 데이터 구조를 자동으로 생성하는 기능도 갖추고 있어 날짜를 쉽게 검색할 수 있다. 하지만 파워 BI보다 훨씬 못한 다른 방법을 사용한다. 실제로 피봇 테이블에서 날짜 열을 사용할 때 파워 피봇은 자동으로 날짜 열이 있는 동일한 테이블에 계산된 열 집합을 생성한다. 따라서 정렬에 사용할 연도에 대해 하나, 월 이름에 대해 하나, 분기에 대해 하나, 월 번호에 대해 하나씩 총 4개의 열을 테이블에 추가한다.

나쁜 관행으로 파워 BI의 모든 나쁜 기능을 공유할 뿐만 아니라 새로운 기능까지 추가한다. 실제로 하나의 테이블에 여러 개의 날짜 열이 있으면 계산된 열의 수가 증가하기 시작할 것이다. 파워 BI의 경우와 마찬가지로 동일한 여러 열로 서로 다른 날짜를 슬라이싱할 수 있는 방법은 없다. 마지막으로 날짜 열이 수백만 개의 행이 있는 테이블에 있는 경우 이러한 계산된 열은 파일 크기와 모델의 메모리 사용량을 증가시킨다.

이 기능은 그림 8-2에서 볼 수 있듯이 엑셀의 옵션에서 비활성화할 수 있다.

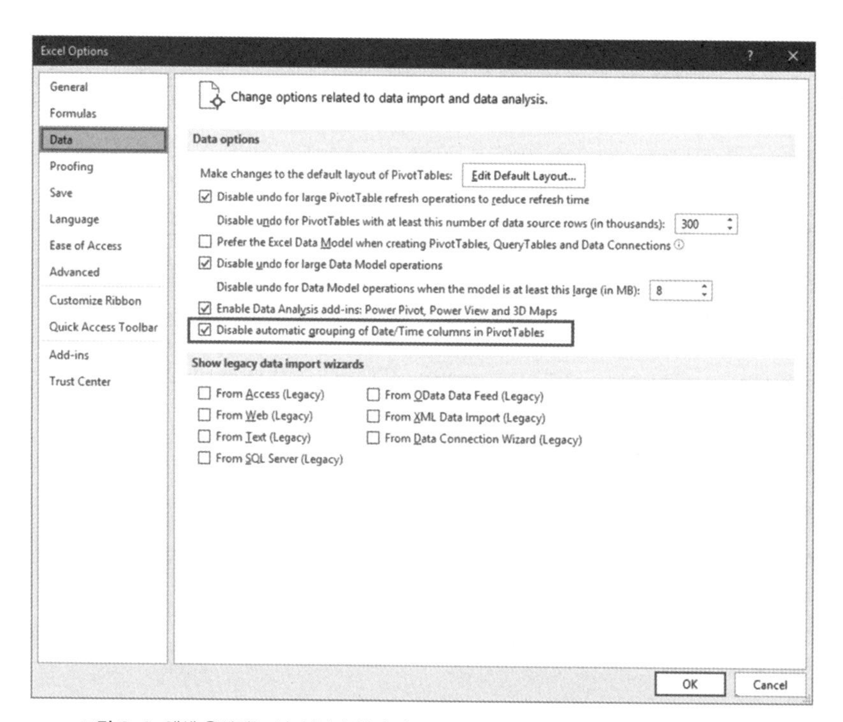

그림 8-2 엑셀 옵션에는 날짜/시간 열의 자동 그룹화를 비활성화하는 설정이 포함돼 있다.

엑셀 파워 피봇에서 Date 테이블 템플릿

엑셀에는 이전 버전보다 훨씬 잘 작동하는 또 다른 기능이 있다. 실제로 2017년부터 그림 8-3과 같이 엑셀의 파워 피봇에서 Date 테이블을 만들 수 있는 옵션이 있다.

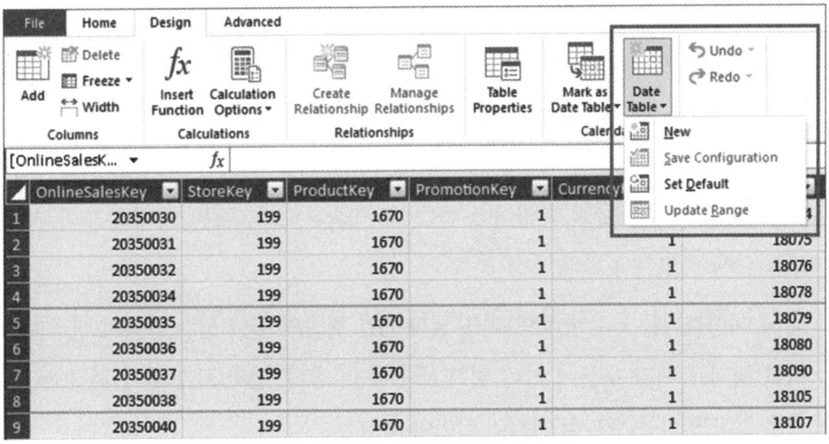

	OnlineSalesKey	StoreKey	ProductKey	PromotionKey	Currency...	
1	20350030	199	1670	1		4
2	20350031	199	1670	1	1	18075
3	20350032	199	1670	1	1	18076
4	20350034	199	1670	1	1	18078
5	20350035	199	1670	1	1	18079
6	20350036	199	1670	1	1	18080
7	20350037	199	1670	1	1	18090
8	20350038	199	1670	1	1	18105
9	20350040	199	1670	1	1	18107

그림 8-3 엑셀의 파워 피봇에서 메뉴 옵션을 통해 Date 테이블을 새로 만들 수 있다.

위 그림에서처럼 파워 피봇에서 New[새로 만들기]를 클릭하면 연도, 월 및 요일이 포함된 계산된 열 집합이 있는 새로운 Date 테이블이 모델에 생성된다. 모델에서 올바른 일련의 관계를 만드는 것은 개발자의 몫이다. 또한 필요한 경우 계산된 열의 이름을 바꾸거나 식을 수정해 새로운 열을 추가할 수 있다.

현재 테이블을 새 템플릿으로 저장하는 옵션도 있는데, 이 템플릿은 향후 새로 생성된 Date 테이블에 사용될 것이다. 전반적으로 이 방식은 잘 작동한다. 파워 피봇에 의해 생성된 테이블은 좋은 Date 테이블이 갖춰야 할 모든 요건을 충족하는 일반적인 Date 테이블이다. 엑셀의 파워 피봇이 계산된 테이블 기능을 지원하지 않기 때문에 더욱 유용하다.

Date 테이블 작성

학습한 바와 같이 DAX에서 날짜와 관련한 계산을 작성하기 위한 첫 번째 단계는 Date 테이블을 만드는 것이다. `Date` 테이블을 작성할 때 몇 가지 세부 사항에 유의해야 한다. 이 절에서는 Date 테이블 작성과 관련된 모범 사례에 대해 설명한다. 이에 대해 기술적 차원과 데이터 모델링 차원에서 살펴볼 것이다.

기술적 차원에서 Date 테이블은 다음 기준을 따라야 한다.

- Date 테이블에는 분석할 기간에 해당하는 모든 날짜가 포함돼야 한다. 예를 들어 Sales 테이블에 포함된 최소일과 최대일이 각각 2016년 7월 3일, 2019년 7월 27일인 경우 Date 테이블의 날짜는 2016년 1월 1일부터 2019년 12월 31일까지가 포함돼야 한다. 즉, Date 테이블에는 판매 데이터가 있는 모든 연도의 모든 날짜가 포함돼야 한다. 누락된 날짜가 없어야 한다. 즉, Date 테이블에는 거래 유무와 관계없이 모든 날짜가 있어야 한다.
- Date 테이블에는 고유한 값을 가진 **날짜/시간** 형식의 열이 하나 있어야 한다. **날짜** 데이터 형식은 시간 부분이 비어 있기 때문에 더 좋다. **날짜/시간** 열에 시간 부분도 포함돼 있으면 모든 날짜의 시간이 같아야 한다.
- Sales와 Date 테이블의 관계를 **날짜/시간** 열을 기준으로 설정할 필요는 없다. 정수를 사용해 두 테이블을 연결할 수 있지만 이 경우에도 **날짜/시간** 열은 꼭 있어야 한다.
- 테이블은 Date 테이블로 표시돼야 한다. 이 단계는 필수 단계는 아니지만 올바른 코드를 작성하는 데 크게 도움이 된다. 8장 뒷부분에서 이 특성에 관한 세부 사항을 다룬다.

중요 초보자들은 종종 필요 이상으로 몇 년이 더 포함된 거대한 Date 테이블을 만든다. 하지만 그것은 잘못이다. 만일을 위해 1900년에서 2100년까지 200년이 포함된 Date 테이블을 만들 수도 있다. 엄밀히 말하면 Date 테이블은 잘 작동하지만 심각한 성능 문제가 생길 수 있다. 관련된 연도만 포함된 테이블을 만드는 것이 가장 좋은 방법이다.

기술적으로는 필요한 모든 날짜가 있는 하나의 날짜 열만으로 이뤄진 테이블로도 충분하다. 하지만 일반적으로 사용자는 연도, 월, 분기, 평일 및 많은 다른 속성별로 정보를 분류해 분석하기를 원한다. 따라서 좋은 Date 테이블에는 엔진에서 사용하지 않더라도 사용자 경험을 크게 개선하기 위해 필요한 다양한 열이 포함돼야 한다.

기존 데이터 원본에서 Date 테이블을 로드하는 경우 날짜를 설명하는 모든 열이 원본 Date 테이블에 이미 있을 가능성이 높다. 필요하다면 계산된 열로 추가 열을 생성하거나 소스 쿼리를 변경해 열을 생성할 수 있다. 하지만 원본 데이터에서 간단한 계산을 수행하는 것이 좋으며, 이렇게 하면 계산된 열의 사용을 최소한으로 줄일 수 있다. 또는 DAX의 계산된 테이블을 사용해 Date 테이블을 만들 수도 있다. 다음 절에서 CALENDAR 및 CALENDARAUTO 함수와 함께 계산된 테이블 사용법에 대해 다룬다.

노트 'Date'라는 용어는 DAX에서 예약된 키워드로 DATE 함수에 해당한다. 따라서 테이블 이름을 참조할 때 해당 이름에 공백이나 특수 문자가 없음에도 불구하고 테이블 이름을 작은따옴표로 묶어야 한다. 이 요구 조건을 회피하기 위해 'Date' 대신 'Dates'라는 이름을 사용할 수 있다. 그러나 테이블 이름에서 일관성을 유지하는 것이 좋으므로 다른 모든 테이블 이름에 대해 단수 형식을 사용하는 경우 Date 테이블의 이름도 단수 형태로 유지하는 것이 좋다.

CALENDAR 및 CALENDARAUTO 사용

데이터 원본에 Date 테이블이 없는 경우 CALENDAR 또는 CALENDARAUTO를 사용해 Date 테이블을 만들 수 있다. 이들 함수는 날짜/시간 형식의 한 열로 이뤄진 테이블을 반환한다. CALENDAR를 사용할 때는 날짜 집합의 상한과 하한 값을 지정해야 한다. CALENDARAUTO는 전체 데이터 모델에서 모든 날짜 열을 검색하고 최소 및 최대 연도를 찾아낸 다음에 이 연도 사이의 전체 날짜 집합을 생성한다.

예를 들어 다음 코드를 사용해 Sales 테이블에 있는 모든 날짜가 포함된 간단한 Date 테이블을 만들 수 있다.

```
Date =
CALENDAR (
  DATE ( YEAR ( MIN ( Sales[Order Date] ) ), 1, 1 ),
  DATE ( YEAR ( MAX ( Sales[Order Date] ) ), 12, 31 )
)
```

1월 1일부터 12월 말까지의 모든 날짜를 추출하기 위해 코드는 처음과 마지막 연도만 Sales 테이블로부터 불러오고, 시작일은 1월 1일로, 끝나는 날은 12월 31일로 지정했다. 다음과 같이 CALENDARAUTO를 사용해 더 간단하게 비슷한 결과를 얻을 수 있다.

```
Date = CALENDARAUTO ( )
```

CALENDARAUTO는 계산된 열을 제외한 모든 날짜 열을 스캔한다. 예를 들어 Sales 테이블에 2007년부터 2011년 사이의 판매 데이터가 있고, Product 테이블의 AvailableForSalesDate 열의 데이터가 2004년부터 존재하는 경우에 CALENDARAUTO를 사용하면 2004년 1월 1일부터 2011년 12월 31일 사이의 모든 날짜 집합이 반환된다. 그러나 데이터 모델에 또 다른 날짜 열이 포함돼 있으면 CALENDARAUTO가 고려하는 날짜 범위에 영향을 미치게 된다. 즉, 고객의 생년월일이 포함된 테이블이 있을 때 CALENDARAUTO를 사용하면 가장 나이가 많은 고객이 태어난 연도부터 Date 테이블이 시작하게 된다. 결과적으로 큰 Date 테이블이 만들어져 성능에 부정적인 영향을 초래할 수 있다.

CALENDARAUTO는 회계 연도의 최종 월을 지정하는 선택적 매개변수를 허용한다. 선택적 매개변수를 사용하면 CALENDARAUTO는 인수로 표시된 달의 다음 달 첫 날부터 인수로 표시된 달의 마지막 날까지의 날짜를 생성한다. 이 방법은 12월이 아닌 다른 달에 종료되는 회계 연도를 사용할 때 유용하다. 다음 표현식은 7월 1일에 시작해 6월 30일에 종료되는 회계 연도에 대한 Date 테이블을 생성한다.

```
Date = CALENDARAUTO ( 6 )
```

CALENDARAUTO는 자동으로 날짜 세트의 경계를 결정하기 때문에 CALENDAR보다 좀 더 사용하기 쉽다. 그러나 원하지 않는 열까지 포함해 Date 테이블을 크게 만들 수 있다. CALENDARAUTO의 결과를 다음과 같이 원하는 날짜 집합으로 제한해 Date 테이블이 커지는 위험을 방지할 수 있다.

```
Date =
VAR MinYear = YEAR ( MIN ( Sales[Order Date] ) )
VAR MaxYear = YEAR ( MAX ( Sales[Order Date] ) )
RETURN
FILTER (
  CALENDARAUTO ( ),
  YEAR ( [Date] ) >= MinYear &&
  YEAR ( [Date] ) <= MaxYear
)
```

위 식으로 만든 Date 테이블에는 필요한 날짜만 포함된다. CALENDARAUTO가 자동으로 처리하기 때문에 연도의 첫날과 마지막 날을 지정할 필요가 없다.

정확한 날짜 목록을 확보한 다음에는 DAX 식을 사용해 필요한 열을 추가해야 한다. 이때 일반적으로 사용하는 식은 다음과 같으며, 그림 8-4는 이들 표현식의 결과를 보여준다.

```
Date =
VAR MinYear = YEAR ( MIN ( Sales[Order Date] ) )
VAR MaxYear = YEAR ( MAX ( Sales[Order Date] ) )
RETURN
ADDCOLUMNS (
  FILTER (
    CALENDARAUTO ( ),
    YEAR ( [Date] ) >= MinYear &&
    YEAR ( [Date] ) <= MaxYear
  ),
  "Year", YEAR ( [Date] ),
  "Quarter Number", INT ( FORMAT ( [Date], "q" ) ),
  "Quarter", "Q" & INT ( FORMAT ( [Date], "q" ) ),
  "Month Number", MONTH ( [Date] ),
  "Month", FORMAT ( [Date], "mmmm" ),
  "Week Day Number", WEEKDAY ( [Date] ),
  "Week Day", FORMAT ( [Date], "dddd" ),
  "Year Month Number", YEAR ( [Date] ) * 100 + MONTH ( [Date] ),
  "Year Month", FORMAT ( [Date], "mmmm" ) & " " & YEAR ( [Date] ),
  "Year Quarter Number", YEAR ( [Date] ) * 100 + INT ( FORMAT ( [Date], "q" ) ),
  "Year Quarter", "Q" & FORMAT ( [Date], "q" ) & "-" & YEAR ( [Date] )
)
```

Date	Year	Month	Month Number	Quarter	Quarter Number	Week Day	Week Day Number	Year Month	Year Month Number
01/01/07	2007	January	1	Q1	1	Monday	2	January 2007	200701
01/02/07	2007	January	1	Q1	1	Tuesday	3	January 2007	200701
01/03/07	2007	January	1	Q1	1	Wednesday	4	January 2007	200701
01/04/07	2007	January	1	Q1	1	Thursday	5	January 2007	200701
01/05/07	2007	January	1	Q1	1	Friday	6	January 2007	200701
01/06/07	2007	January	1	Q1	1	Saturday	7	January 2007	200701
01/07/07	2007	January	1	Q1	1	Sunday	1	January 2007	200701
01/08/07	2007	January	1	Q1	1	Monday	2	January 2007	200701
01/09/07	2007	January	1	Q1	1	Tuesday	3	January 2007	200701
01/10/07	2007	January	1	Q1	1	Wednesday	4	January 2007	200701
01/11/07	2007	January	1	Q1	1	Thursday	5	January 2007	200701
01/12/07	2007	January	1	Q1	1	Friday	6	January 2007	200701
01/13/07	2007	January	1	Q1	1	Saturday	7	January 2007	200701
01/14/07	2007	January	1	Q1	1	Sunday	1	January 2007	200701
01/15/07	2007	January	1	Q1	1	Monday	2	January 2007	200701
01/16/07	2007	January	1	Q1	1	Tuesday	3	January 2007	200701
01/17/07	2007	January	1	Q1	1	Wednesday	4	January 2007	200701

그림 8-4 ADDCOLUMNS를 사용해 단일 식으로 전체 Date 테이블을 작성할 수 있다.

단일 `ADDCOLUMNS` 함수를 사용하는 대신 사용자 인터페이스를 통해 여러 개의 계산된 열을 생성해도 동일한 결과를 얻을 수 있다. `ADDCOLUMNS`를 사용하는 주요 장점은 다른 프로젝트에서도 동일한 DAX 식을 사용해 Date 테이블을 만들 수 있다는 점이다.

> **DAX Date 템플릿 사용**
>
> 제공된 코드는 교육 목적이며, Date 테이블의 열 수를 제한해 코드를 책에 맞게 만들었다. 웹에서 Date 테이블의 여러 가지 예를 참고할 수 있다. 예를 들어 Power BI 템플릿 형태로 만든 Date 테이블 템플릿을 https://www.sqlbi.com/tools/dax-date-template/에서 구할 수 있다. 템플릿으로부터 동일한 DAX 코드를 추출해 Analysis Services 프로젝트에서 구현할 수도 있다.

여러 날짜로 작업하기

모델에 날짜 열이 여러 개 있는 경우 동일한 Date 테이블에 대해 여러 관계를 만들거나 Date 테이블을 여러 개 만들어야 한다. 두 방법 중 하나를 선택하는 것은 필요한 DAX 코드 및 나중에 가능한 분석의 종류에 영향을 미치기 때문에 중요한 결정 사항이다.

각각의 거래에 다음과 같이 세 날짜가 포함된 `Sales` 테이블이 있다고 가정하자.

- **주문일**Order Date: 주문 접수일
- **배송일**Delivery Date: 실제 납기일
- **납기 예정일**Due Date: 배송 예정일

세 관계 중 하나만 활성화될 수 있다는 사실을 알고 있지만 세 날짜를 동일한 Date 테이블에 연결할 수 있다. 또한, 세 날짜 중 어떤 날짜로도 슬라이싱할 수 있도록 세 개의 Date 테이블을 만들 수도 있다. 그 밖에도 다른 테이블에 또 다른 날짜가 포함될 가능성도 있다. `Purchase` 테이블에는 구매 프로세스와 관련한 다른 날짜가 포함될 수 있고 `Budget` 테이블에 또 다른 날짜가 포함 될 수도 있다. 결국 모든 데이터 모델은 일반적으로 여러 날짜를 포함하고 있으며 이 모든 날짜를 처리하기 위한 최선의 방법을 이해할 필요가 있다.

다음 절에서는 이 시나리오를 처리하기 위한 두 가지 설계 옵션과 이것이 DAX 코드에 어떤 영향을 미치는지 보여준다.

Date 테이블과의 다중 관계 처리

두 테이블 사이에 여러 관계를 만들 수 있다. 그렇지만 오직 하나의 관계만 활성화된다. 활성화되지 않은 다른 관계들은 비활성화 상태로 유지돼야 한다. 비활성 관계는 5장, 'CALCULATE 및 CALCULATETABLE 이해'에서 소개한 `USERELATIONSHIP` 제어자로 `CALCULATE`에서 활성화 할 수 있다.

그림 8-5에 표시된 데이터 모델을 살펴보자. `Sales`와 `Date` 테이블 사이에는 두 개의 관계가 있지만 오직 한 관계만 활성화될 수 있다. 예에서 활성화된 관계는 `Sales[Order Date]`와 `Date[Date]` 사이의 관계다.

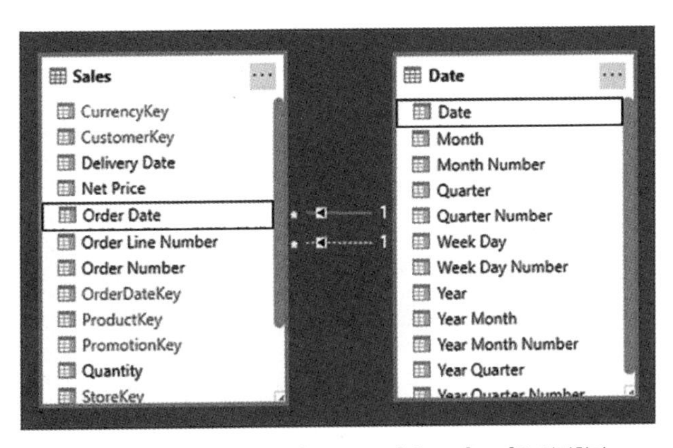

그림 8-5 활성 관계는 Sales[Order Date]와 Date[Date]를 연결한다.

Date 테이블에 대한 두 관계를 기준으로 판매액을 계산하는 측정값을 다음과 같이 두 가지 방식으로 정의할 수 있다.

```
Ordered Amount :=
SUMX ( Sales, Sales[Net Price] * Sales[Quantity] )

Delivered Amount :=
CALCULATE (
  SUMX ( Sales, Sales[Net Price] * Sales[Quantity] ),
  USERELATIONSHIP ( Sales[Delivery Date], 'Date'[Date] )
)
```

첫 번째 측정값인 Ordered Amount는 Sales와 Date 테이블 사이에 Sales[Order Date]를 기준으로 활성화된 관계를 활용한다. 두 번째 측정값인 Delivered Amount는 Sales[Delivery Date]에 기반한 관계를 사용해 동일한 DAX 식을 실행한다. USERELATIONSHIP은 CALCULATE에 의해 정의된 필터 컨텍스트에서 Sales와 Date 테이블 사이의 활성 관계를 변경한다. 그림 8-6은 위 측정값을 사용한 보고서다.

Year	Ordered Amount	Delivered Amount
2007	**11,309,946.12**	**11,034,860.44**
January	794,248.24	624,650.61
February	891,135.91	790,981.53
March	961,289.24	992,760.62
April	1,128,104.82	1,140,575.75
May	936,192.74	839,658.92
June	982,304.46	991,050.56
July	922,542.98	1,078,819.68
August	952,834.59	776,586.75
September	1,009,868.98	1,082,690.27
October	914,273.54	901,968.98
November	825,601.87	872,217.70
December	991,548.75	942,899.08
2008	**9,927,582.99**	**9,901,407.94**

그림 8-6 Delivery Date가 다음 달에 있을 수 있으므로, Ordered Amount와 Delivered Amount 측정값은 매월 차이가 있다.

하나의 Date 테이블에 대해 여러 관계를 사용하면 데이터 모델에 측정값의 수가 증가한다. 일반적으로 특정 날짜에 의미 있는 측정값만 정의해야 한다. 여러 측정값을 처리하길 원하지 않거나, 날짜와 관련된 모든 측정값을 사용하길 원한다면 9장에서 다룰 계산 그룹을 사용할 수 있다.

여러 Date 테이블 처리

모든 측정값을 별도로 만들지 않고 다른 Date 테이블(모델의 각 날짜에 대해 하나씩)을 만들어 보고서에서 선택한 날짜에 따라 측정값이 데이터를 집계하도록 하는 것도 방법의 하나다. 유지 관리 관점에서 측정값의 수를 줄이기 때문에 더 나은 솔루션처럼 보일 수 있으며 두 달에 걸치는 판매도 선택할 수 있지만 사용하기 어려운 모델이다. 예를 들어 1월에 접수돼 같은 해 2월에 배달된 총 주문 건수에 대한 보고서는 쉽게 작성할 수 있지만 같은 차트에 월별 주문액과 배송액을 함께 표시하는 것은 어렵다.

이 접근법은 롤 플레잉 차원 접근법이라고도 한다. Date 테이블은 각 관계에 대해 한 번씩, 즉 각 역할에 대해 한 번씩 복제하는 차원이다. 이 두 옵션(비활성 관계 사용 및 Date 테이블 복제)은 서로 보완적이다.

`Delivery Date` 테이블과 `Order Date` 테이블을 생성하려면 데이터 모델에서 동일한 테이블을 두 번 추가하면 된다. 두 번 추가하기 위해서는 최소한 테이블 이름을 수정해야 한다. 그림 8-7는 `Sales`와 관련된 두 개의 서로 다른 Date 테이블을 포함하는 데이터 모델을 보여준다.

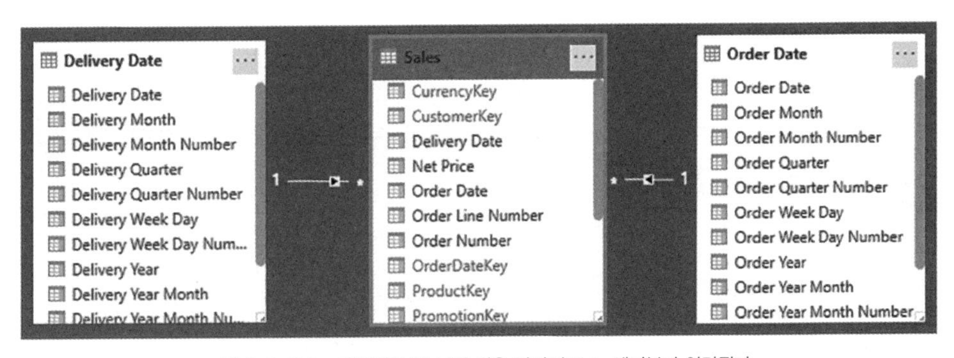

그림 8-7 Sales 테이블의 각 날짜 열은 각각의 Date 테이블과 연결된다.

중요 Date 테이블을 물리적으로 복제해야 한다. 이때 데이터 원본에서 각 역할 차원에 대해 각각 하나씩 다른 보기를 생성해 각 Date 테이블에 다른 열 이름과 내용이 표시되도록 하는 것이 일반적인 방법이다. 예를 들어 모든 Date 테이블에 동일하게 열 이름을 붙이는 대신 Order Year 및 Delivery Year라고 지칭하는 것이 좋다. 이렇게 하면 보고서를 찾는 것도 더 쉽다. 그림 8-7에서도 이를 확인할 수 있다. 아울러 날짜의 역할에 따라 연도에 접두사를 배치해 열의 내용을 변경하는 것도 좋은 방법이다. 예를 들어 Order Year 열의 내용에 대해서는 CY 접두사를 사용하고 Delivery Year 열의 내용에 대해서는 DY 접두사를 사용할 수 있다.

그림 8-8은 여러 Date 테이블을 사용한 행렬의 예를 보여준다. 이러한 보고서는 하나의 `Date` 테이블과 여러 관계를 사용해 만들 수는 없다. 여기서 보고서를 읽기 쉽게 만들기 위해 열과 열의 항목 이름을 바꾸는 것이 중요하다는 것을 알 수 있다. Order Date와 Delivery Date 사이의 혼동을 피하기 위해 `CY`를 `Order Year`의 접두사로 `DY`를 `Delivery Year`의 접두사로 사용했다.

Order Year	DY 2007	DY 2008	DY 2009	DY 2010	**Total**
CY 2007	11,034,860.44	275,085.69			**11,309,946.12**
CY 2008		9,626,322.26	301,260.73		**9,927,582.99**
CY 2009			9,141,025.36	212,789.51	**9,353,814.87**
Total	**11,034,860.44**	**9,901,407.94**	**9,442,286.09**	**212,789.51**	**30,591,343.98**

그림 8-8 연도에 각각 다른 접두사를 사용하면 사용자가 주문 연도(CY)와 배송 연도(DY)를 확인하는 데 도움이 된다.

여러 개의 Date 테이블을 사용하면 슬라이싱에 어떤 열을 사용하는지에 따라 동일한 측정값이 다른 결과를 표시한다. 그러나 두 날짜로 분류된 동일한 측정값을 가진 보고서를 만들 수 없기 때문에, 단지 측정값의 수를 줄이기 위해 여러 Date 테이블을 선택하는 것은 바람직하지 않다. 예를 들어 `Order Date` 및 `Delivery Date`별 판매액을 보여주는 단일 라인 차트를 가정해 보자. 차트의 날짜 축에 단일 날짜 테이블이 필요한데, 여러 날짜 테이블을 사용해서 만들기는 매우 복잡하다.

모델에서 측정값의 수를 줄이는 것이 최우선 과제이고, 사용자가 날짜별로 측정값을 탐색할 수 있도록 하려면 9장, '계산 그룹'에서 설명하는 계산 그룹 사용을 고려해야 한다. 여러 날짜 테이블이 유용한 주요 시나리오는 그림 8-8에 나와있는 것처럼 동일한 시각화에서 다른 날짜로 동일한 측정값을 교차해서 사용하는 것이다. 대부분의 다른 시나리오에서는 여러 관계가 있는 단일 날짜 테이블이 더 나은 선택이다.

기본 시간 인텔리전스 계산 이해

이전 절에서는 Date 테이블을 올바르게 작성하는 방법을 다뤘다. Date 테이블은 시간 인텔리전스 계산에 유용하다. DAX는 이런 계산을 단순화하는 여러 가지 시간 인텔리전스 함수를 제공한다. 그러한 함수를 사용해 계산식을 쉽게 만들 수 있다. 그렇지만 너무 쉬워서 각 함수의 중요한 세부 사항을 간과할 수 있다. 교육 목적으로 이 절에서는 `CALCULATE`, `CALCULATETABLE`, `FILTER` 및 `VALUES`와 같은 표준 DAX 함수를 사용해 시간 인텔리전스 계산을 작성하는 방법을 시연한다. 그런 다음 8장 후반부에서 DAX의 시간 인텔리전스가 어떻게 코드를 단축해 읽기 쉽게 만드는지 설명한다.

이 접근법을 사용하기로 한 데는 여러 가지 이유가 있지만, 주된 이유는 시간 인텔리전스에 관한 한 표준 DAX 함수를 사용해 표현할 수 없는 여러 가지 계산이 있기 때문이다. 여러분도 언젠가는 DAX에 여러분의 요구 사항을 수행할 수 있는 미리 정의된 함수가 없다는 사실을 발견하고 YTD보다 더 복잡한 측정값을 작성해야 할 때가 오게 될 것이다. 이때 시간 인텔리전스 함수를 직접 코드화하는 방법을 알고 있다면 큰 문제가 되지 않을 것이다. 따라서 DAX의 사전 정의된 함수의 도움 없이 여러분이 직접 필터 함수를 작성해야 한다. 단순히 표준 DAX 함수 활용에 의존하면 복잡한 시간 인텔리전스 문제를 해결하기 어렵게 될 것이다.

다음은 시간 인텔리전스 계산 작동 방식에 대한 일반적인 설명이다. 다음과 같은 간단한 측정값을 살펴보자. 평가는 현재 필터 컨텍스트에서 이뤄진다.

```
Sales Amount :=
SUMX ( Sales, Sales[Net Price] * Sales[Quantity] )
```

Sales는 Date와 관계가 있기 때문에 Date의 선택에 따라 Sales에 대한 필터가 결정된다. 다른 기간 동안의 판매를 계산하기 위해서는 Date에 적용된 필터를 수정해야 한다. 예를 들어 필터 컨텍스트가 2007년 2월을 필터링할 때의 YTD를 계산하려면 Sales 테이블을 반복하기 전에 필터 컨텍스트를 2007년 1월과 2월로 변경해야 한다.

해결 방법은 CALCULATE 함수에서 필터 인수를 사용해 2007년 2월까지의 모든 날짜를 반환하는 것이다.

```
Sales Amount Jan-Feb 2007 :=
CALCULATE (
  SUMX ( Sales, Sales[Net Price]  * Sales[Quantity] ),
  FILTER (
    ALL ( 'Date' ),
    AND (
      'Date'[Date] >= DATE ( 2007, 1, 1 ),
      'Date'[Date] <= DATE ( 2007, 2, 28 )
    )
  )
)
```

결과는 그림 8-9에서 볼 수 있다.

Year	Sales Amount	Sales Amount Jan-Feb 2007
2007	**11,309,946.12**	**1,685,384.15**
January	794,248.24	1,685,384.15
February	891,135.91	1,685,384.15
March	961,289.24	1,685,384.15
April	1,128,104.82	1,685,384.15
May	936,192.74	1,685,384.15
June	982,304.46	1,685,384.15
July	922,542.98	1,685,384.15
August	952,834.59	1,685,384.15
September	1,009,868.98	1,685,384.15
October	914,273.54	1,685,384.15

그림 8-9 위 측정값의 결과는 행의 날짜 범위 선택과 무관하게 2007년 1월과 2월의 합이다.

CALCULATE의 필터 인수로 사용되는 FILTER 함수는 Date 테이블에서 선택한 날짜를 대체하는 새로운 날짜 집합을 반환한다. 즉, 행렬의 행에서 나오는 원래의 필터 컨텍스트가 개별 월을 필터링하더라도 측정값은 다른 기간의 값(2007년 1월과 2월의 판매액 합계)을 계산한다.

위와 같이 두 달 동안의 판매액을 계산하는 측정값은 유용하지 않지만, 일단 기본 메커니즘을 이해하고 나면 다음 코드와 같이 YTD를 계산하는 다른 측정값을 작성하는 데 응용할 수 있다.

```
Sales Amount YTD :=
VAR LastVisibleDate = MAX ( 'Date'[Date] )
VAR CurrentYear = YEAR ( LastVisibleDate )
VAR SetOfDatesYtd =
  FILTER (
    ALL ( 'Date' ),
    AND (
      'Date'[Date] <= LastVisibleDate,
      YEAR ( 'Date'[Date] ) = CurrentYear
    )
  )
VAR Result =
  CALCULATE (
    SUMX ( Sales, Sales[Net Price]  * Sales[Quantity] ),
    SetOfDatesYtd
  )
RETURN
  Result
```

이 코드는 이전 코드에 비해 다소 복잡하지만 패턴은 같다. 실제로 이 측정값은 현재 필터 컨텍스트에서 마지막으로 선택한 날짜를 LastVisibleDate에서 먼저 검색한다. 날짜가 알려지면 해당 연도를 추출해 CurrentYear 변수에 저장한다. 세 번째 변수 SetOfDatesYtd에는 현재 기간이 끝나는 날까지 현재 연도의 모든 날짜가 포함돼 있다. 이 집합은 그림 8-10에서 볼 수 있듯이 연도 계산을 위한 날짜의 필터 컨텍스트를 대체하는 데 사용된다.

Year	Sales Amount	Sales Amount YTD
2007	**11,309,946.12**	**11,309,946.12**
January	794,248.24	794,248.24
February	891,135.91	1,685,384.15
March	961,289.24	2,646,673.39
April	1,128,104.82	3,774,778.20
May	936,192.74	4,710,970.95
June	982,304.46	5,693,275.41
July	922,542.98	6,615,818.39
August	952,834.59	7,568,652.98
September	1,009,868.98	8,578,521.96
October	914,273.54	9,492,795.50
November	825,601.87	10,318,397.37
December	991,548.75	11,309,946.12

그림 8-10 Sales Amount YTD는 간단한 FILTER 함수로 YTD를 계산한다.

앞에서 설명한 대로, 시간 인텔리전스 함수를 사용하지 않고도 시간 인텔리전스 계산식을 작성할 수 있다. 여기서 중요한 개념은 시간 인텔리전스 계산식이 필터 컨텍스트를 조작하는 다른 계산과 비슷하다는 것이다. 측정값이 다른 날짜 집합의 값을 집계해야 하기 때문에 계산은 두 단계로 이뤄진다. 먼저, 날짜에 대한 새 필터를 결정한다. 둘째, 실제 측정값을 계산하기 전에 새 필터 컨텍스트를 적용한다. 모든 시간 인텔리전스 계산은 같은 방식으로 작동한다. 일단 기본 개념을 숙지하면 시간 인텔리전스 계산의 모든 비밀을 풀 수 있다.

더 많은 시간 인텔리전스 계산을 진행하기 전에, 날짜로 연결된 관계를 처리할 때 DAX가 특별하게 작동하는 방식을 이해해야 한다. 다음과 같이 전체 Date 테이블을 필터링하지 않고 `Date[Date]` 열만 필터링하는 약간 수정한 다른 식을 살펴보자.

```
Sales Amount YTD :=
VAR LastVisibleDate = MAX ( 'Date'[Date] )
VAR CurrentYear = YEAR ( LastVisibleDate )
VAR SetOfDatesYtd =
  FILTER (
    ALL ( 'Date'[Date] ),
    AND (
      'Date'[Date] <= LastVisibleDate,
```

```
      YEAR ( 'Date'[Date] ) = CurrentYear
    )
  )
VAR Result
  CALCULATE (
    SUMX ( Sales, Sales[Net Price]  * Sales[Quantity] ),
    SetOfDatesYtd
  )
RETURN
  Result
```

이전 측정값 대신 보고서에서 위의 새로운 측정값을 사용해도 차이는 없다. 그렇게 계산해서는 안되지만, 실제로 이 측정값의 두 버전은 정확히 같은 결과를 보여준다. 2007년 4월과 같은 특정 셀 하나를 자세히 살펴보자.

셀의 필터 컨텍스트는 2007년 4월이다. 그 결과, LastVisibleDate는 2007년 4월 30일이고, CurrentYear는 2007년이다. 표현식으로 인해 SetOfDatesYtd는 2007년 1월 1일부터 2007년 4월 30일까지의 모든 날짜를 포함하고 있다. 즉, 2007년 4월 셀에서 실행된 코드는 다음과 같다.

```
CALCULATE (
  CALCULATE (
    [Sales Amount],
    AND (                                        -- 이 필터는 FILTER 함수의 결과와
      'Date'[Date] >= DATE ( 2007, 1, 1),        -- 동일함
      'Date'[Date] <= DATE ( 2007, 04, 30 )
    )
  ),
  'Date'[Year] = 2007,                           -- 행렬의 2007년 4월 행에서 도출
  'Date'[Month] = "April"
)
```

필터 컨텍스트 및 CALCULATE에 대해 배운 내용을 기억하고 있다면, 이 코드가 YTD를 정확하게 계산할 수 없다는 것을 알 수 있어야 한다. 실제로 내부 CALCULATE 필터 인수는 Date[Date] 열을 포함하는 테이블을 반환한다. 따라서 다른 열에 적용된 다른 필터는 그대로 두고 Date[Date]에 있는 기존 필터를 덮어쓰기 해야 한다. 외부 CALCULATE는

Date[Year] 및 Date[Month]에 필터를 적용하기 때문에 [Sales Amount]가 계산되는 최종 필터 컨텍스트는 2007년 4월만 포함해야 한다. 그럼에도 불구하고 이 측정값은 2007년 1월 이후 다른 달을 포함한 정확한 결과를 산출한다.

이는 우리가 여기서 사용하고 있는 데모 모델에서 Date 테이블과의 관계에서 일어나는 것과 같이, 두 테이블을 날짜 열을 기준으로 연결할 때 발생하는 DAX의 특별한 동작 때문이다. 두 테이블 사이의 관계에 사용되는 날짜 또는 날짜/시간 유형의 열에 필터를 적용할 때 DAX는 자동으로 전체 Date 테이블에 ALL을 CALCULATE에 대한 필터 인수로 추가한다. 즉, 이전 코드는 다음과 같이 읽어야 한다.

```
CALCULATE (
  CALCULATE (
    [Sales Amount],
    AND (                                          -- 이 필터는 FILTER 함수의 결과와
      'Date'[Date] >= DATE ( 2007, 1, 1),          -- 동일함
      'Date'[Date] <= DATE ( 2007, 04, 30 )
    ),
    ALL ( 'Date' )  -- 엔진에 의해 자동으로 추가됨
  ),
  'Date'[Year] = 2007,                             -- -- 행렬의 2007년 4월 행에서 도출
  'Date'[Month] = "April"
)
```

다른 테이블과의 일대다 관계를 정의하는 열에 필터를 적용하고 해당 열이 **날짜** 또는 **날짜/시간** 데이터 형식일 때, DAX는 자동으로 필터를 다른 테이블로 전파하고 동일한 조회 테이블의 다른 열에 적용된 모든 필터를 무효화한다.

이는 Date 테이블과 Sales 테이블의 관계가 날짜 열에 기초하는 경우, 시간 인텔리전스 계산을 단순하게 하기 위해서다. 다음 절에서는 날짜 열에 기반하지 않은 관계에 대해서도 유사한 동작을 초래하는 'Date 테이블로 표시' 기능을 살펴본다.

Date 테이블로 표시

날짜 열을 기준으로 테이블이 연결된 경우, Date 테이블의 날짜 열에 필터를 적용하면 정

상적으로 작동한다. 그러나 다른 열을 기반으로 관계를 맺을 수도 있다. 대부분의 기존 Date 테이블은 다른 테이블과의 관계를 맺기 위해 (일반적으로 YYYYMMDD 형식의) 정수 열을 사용한다.

이러한 동작을 보여주기 위해 `Date`와 `Sales` 테이블에 모두 `DateKey` 열을 만들었다. 그런 다음 날짜 열 대신 `DateKey` 열을 사용해 두 테이블을 연결했다. 그림 8-11에서 결과 모델을 볼 수 있다.

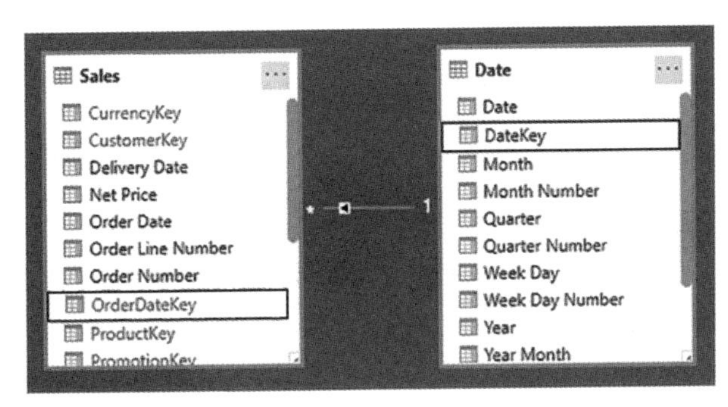

그림 8-11 Sales와 Date 테이블 사이의 관계는 데이터 형식이 정수인 Date Key 열을 사용했다.

위와 같이 테이블이 연결된 경우 YTD를 계산하기 위해 이전 예에서 사용한 것과 동일한 코드를 사용하면 계산이 잘못될 수 있다. 그림 8-12에서 이를 확인할 수 있다.

Year	Sales Amount	Sales Amount YTD
2007	**11,309,946.12**	**11,309,946.12**
January	794,248.24	794,248.24
February	891,135.91	891,135.91
March	961,289.24	961,289.24
April	1,128,104.82	1,128,104.82
May	936,192.74	936,192.74
June	982,304.46	982,304.46
July	922,542.98	922,542.98
August	952,834.59	952,834.59
September	1,009,868.98	1,009,868.98
October	914,273.54	914,273.54
November	825,601.87	825,601.87
December	991,548.75	991,548.75

그림 8-12 관계에 정수를 사용하면 이전 코드가 제대로 작동하지 않는다.

이제 보고서는 Sales Amount와 Sales Amount YTD의 값이 동일하다. 실제로 날짜/시간 열에 관계가 없기 때문에 DAX는 자동 ALL 함수를 Date 테이블에 추가하지 않는다. 이와 같이 날짜에 적용된 필터가 앞의 필터와 교차해 측정값의 효과가 사라진다.

이와 같은 경우 두 가지 해결책이 있다. 하나는 모든 시간 인텔리전스 계산에 수동으로 ALL을 추가하는 것이다. 이 해결책은 DAX 개발자가 모든 계산에 ALL을 추가하는 것을 항상 기억해야 하기 때문에 다소 번거롭다. 다른 가능한 해결책은 훨씬 더 편리하다. 즉, Date 테이블을 Date 테이블로 표시[1]하면 된다.

Date 테이블이 이와 같이 표시되면 DAX는 관계가 날짜 열에 기초하지 않았더라도 자동으로 테이블에 ALL을 추가한다. 테이블이 날짜 테이블로 표시되면 날짜 열의 필터 컨텍스트를 수정할 때마다 테이블에 ALL이 항상 자동으로 추가된다. 하지만 ALL 자동 추가가 바람직하지 않은 경우도 있다. 이때 정확한 필터를 적용하기 위해서는 복잡한 코드를 작성해야 한다. 8장의 뒷부분에서 이에 대해 다룬다.

기본 시간 인텔리전스 함수 소개

시간 인텔리전스 계산을 실행하는 기본 메커니즘을 배웠으므로, 이제 코드를 단순화해야 한다. 간단한 YTD 계산을 할 때마다 복잡한 FILTER 표현을 써야 한다면 DAX 개발자의 삶이 너무 피곤할 것이다.

시간 인텔리전스 표현식의 작성을 간단하게 하기 위해 DAX는 이전 예에서 수동으로 작성한 것과 동일한 필터링을 자동으로 수행하는 다양한 함수를 제공한다. 앞에서 예로 든 Sales Amount YTD 측정값을 살펴보자.

```
Sales Amount YTD :=
VAR LastVisibleDate = MAX ( 'Date'[Date] )
VAR CurrentYear = YEAR ( LastVisibleDate )
VAR SetOfDatesYTD =
```

1 파워 BI에서는 필드 창에서 테이블을 선택해 사용할 열을 지정한 다음, 테이블을 마우스 오른쪽 단추로 클릭하고 '날짜 테이블로 표시' ➤ '날짜 테이블 설정'을 선택하면 된다. – 옮긴이

```
  FILTER (
    ALL ( 'Date'[Date] ),
    AND (
      'Date'[Date] <= LastVisibleDate,
      YEAR ( 'Date'[Date] ) = CurrentYear
    )
  )
VAR Result =
  CALCULATE (
    SUMX ( Sales, Sales[Net Price]  * Sales[Quantity] ),
    SetOfDatesYTD
  )
RETURN
  Result
```

위 측정값을 DATESYTD 함수를 사용해 다음과 같이 훨씬 단순한 코드로 표현할 수 있다.

```
Sales Amount YTD :=
CALCULATE (
  SUMX ( Sales, Sales[Net Price]  * Sales[Quantity] ),
  DATESYTD ( 'Date'[Date] )
)
```

DATESYTD는 보다 복잡한 코드가 수행한 역할을 정확하게 대체한다. 성능이나 코드의 동작에 미치는 영향은 없다. 그러나 작성하기가 훨씬 쉽기 때문에 DAX에서 많은 시간 인텔리전스 함수를 배우는 것에 시간을 투자할 가치가 있다.

YTD, QTD, MTD 또는 전년 대비 연도별 매출 비교와 같은 간단한 계산은 모두 기본적인 시간 인텔리전스 함수를 사용해 단순한 코드로 작성할 수 있다. 보다 복잡한 계산은 표준 시간 인텔리전스 함수를 결합해 작성할 수 있다. 개발자가 복잡한 코드를 작성해야 하는 유일한 시나리오는 주 단위 캘린더와 같은 비표준 캘린더가 필요한 경우이거나 표준 함수가 요구 사항을 충족시키지 못하는 복잡한 시간 인텔리전스 계산뿐이다.

노트 DAX의 모든 시간 인텔리전스 함수는 Date 테이블의 날짜 열에 필터를 적용한다. 이 책의 뒷부분에 이러한 계산에 관한 많은 예제를 수록해 놓았으며 http://www.daxpatterns.com/time-patterns/에서 일반적인 DAX로 다시 작성된 모든 시간 인텔리전스 함수의 전체 목록을 확인할 수 있다.

다음 절에서는 DAX에서 표준 시간 인텔리전스 함수를 사용해 작성된 기본 시간 인텔리전스 계산을 소개한다. 8장의 후반부에서는 고급 계산도 다룬다.

YTD, QTD, MTD

YTD, QTD, MTD 계산은 매우 유사하다. MTD는 일별 수준에서 데이터를 볼 때만 의미가 있는 반면, YTD 및 QTD 계산은 월별 수준에서 데이터를 볼 때 주로 사용된다.

1월 1일부터 각 셀에 해당하는 월까지의 날짜 범위로 필터 컨텍스트를 수정해 매달의 YTD 판매액을 계산할 수 있다. 이를 DAX 식으로 작성하면 다음과 같다.

```
Sales Amount YTD :=
CALCULATE (
  [Sales Amount],
  DATESYTD ( 'Date'[Date] )
)
```

DATESYTD는 연초부터 현재 필터 컨텍스트에 포함된 마지막 날짜까지 모든 날짜가 포함된 테이블을 반환하는 함수다. 이 테이블은 CALCULATE에서 판매액 계산을 위해 새 필터를 설정하는 필터 인수로 사용된다. DATESYTD와 유사한 DATESMTD와 DATESQTD 두 함수가 있다. 그림 8-13에서 DATESYTD 및 DATESQTD를 사용한 측정값을 볼 수 있다.

Year	Sales Amount	Sales Amount YTD	Sales Amount QTD
2007	**11,309,946.12**	**11,309,946.12**	**2,731,424.16**
January	794,248.24	794,248.24	794,248.24
February	891,135.91	1,685,384.15	1,685,384.15
March	961,289.24	2,646,673.39	2,646,673.39
April	1,128,104.82	3,774,778.20	1,128,104.82
May	936,192.74	4,710,970.95	2,064,297.56
June	982,304.46	5,693,275.41	3,046,602.02
July	922,542.98	6,615,818.39	922,542.98
August	952,834.59	7,568,652.98	1,875,377.57
September	1,009,868.98	8,578,521.96	2,885,246.55
October	914,273.54	9,492,795.50	914,273.54
November	825,601.87	10,318,397.37	1,739,875.41
December	991,548.75	11,309,946.12	2,731,424.16

그림 8-13 Sales Amount 측정값과 Sales Amount YTD 및 Sales Amount QTD 측정값을 나란히 비교해 볼 수 있다.

이 접근 방법은 CALCULATE를 사용해야 한다. DAX는 또한 TOTALYTD, TOTALQTD, TOTALMTD 처럼 계산 구문을 단순화하기 위한 일련의 함수를 제공한다. YTD 계산을 TOTALYTD 함수를 사용해 작성하면 다음과 같다.

```
YTD Sales :=
TOTALYTD (
    [Sales Amount],
    'Date'[Date]
)
```

TOTALYTD는 집계하기 위해서 첫 번째 매개변수로 표현식을 사용하고 두 번째 매개변수로 날짜 열을 사용하기 때문에 구문은 다소 차이가 있다. 그럼에도 불구하고, 그 동작은 원래 측정값과 동일하다. 하지만 TOTALYTD는 CALCULATE 함수를 숨기므로 사용을 제한해야 한다. CALCULATE가 코드에 있을 경우, 그것이 내포하는 컨텍스트 전환에 때문에 이를 분명하게 나타내는 게 좋다.

YTD와 마찬가지로 다음 측정값과 같이 내장 함수를 사용해 QTD 및 MTD를 정의할 수 있다.

```
QTD Sales := TOTALQTD ( [Sales Amount], 'Date'[Date] )
QTD Sales := CALCULATE ( [Sales Amount], DATESQTD ( 'Date'[Date] ) )
```

```
MTD Sales := TOTALMTD ( [Sales Amount], 'Date'[Date] )
MTD Sales := CALCULATE ( [Sales Amount], DATESMTD ( 'Date'[Date] ) )
```

12월 31일에 끝나지 않는 회계 연도를 기준으로 측정값을 작성하려면 회계 연도의 종료일을 지정하는 세 번째 매개변수가 필요하다. 예를 들어 다음 두 가지 측정값 모두 회계 연도를 기준으로 YTD를 계산한다.

```
Fiscal YTD Sales := TOTALYTD ( [Sales Amount], 'Date'[Date], "06-30" )
Fiscal YTD Sales := CALCULATE ( [Sales Amount], DATESYTD ( 'Date'[Date], "06-30" ) )
```

마지막 매개변수는 6월 30일, 즉 회계 연도 마지막 날짜를 의미한다. 회계 연도를 지정하기 위해 마지막 매개변수로 연말 날짜를 지정할 수 있는 시간 인텔리전스 함수에는 STARTOFYEAR, ENDOFYEAR, PREVIOUSYEAR, NEXTYEAR, DATESYTD, TOTALYTD, OPENINGBALANCEYEAR 및 CLOSINGBALANCEYEAR 등이 있다.

중요 국가별 설정에 따라 날짜를 먼저 사용해야 할 수도 있다. 또한 국가별 설정으로 인한 모호성을 방지하기 위해 YYYY-MM-DD 형식의 문자열을 사용해도 좋다. 이 경우 연도는 연도의 마지막 날을 결정하는 데 중요하지 않다.

```
Fiscal  YTD Sales := TOTALYTD ( [Sales Amount], 'Date'[Date], "30-06"  )
Fiscal  YTD Sales := CALCULATE ( [Sales Amount], DATESYTD ( 'Date'[Date],
"30-06" ) )
Fiscal YTD Sales := CALCULATE ( [Sales Amount], DATESYTD
('Date'[Date],"2018-06-30" ) )
```

2018년 6월 현재, 회계 연도가 3월에 시작돼 2월에 종료될 경우 버그가 발생한다는 점에 주의하자. 자세한 내용과 해결 방법은 8장의 뒷부분에 있는 '고급 시간 인텔리전스'에서 설명한다.

전기의 기간 계산

전년도(PY) 같은 기간의 값을 구하려면 몇 가지 계산이 필요하다. 이는 올해 한 기간 동안의 추세를 지난해 같은 기간과 비교할 때 유용하다. 이러한 경우에 SAMEPERIODLASTYEAR를 다음과 같이 간편하게 사용할 수 있다.

```
PY Sales := CALCULATE ( [Sales Amount], SAMEPERIODLASTYEAR ( 'Date'[Date] ) )
```

SAMEPERIODLASTYEAR는 1년 전으로 이동한 날짜 집합을 반환한다. SAMEPERIODLASTYEAR는 이동할 기간의 수와 기간의 유형(Year, Quarter, Month, Day)을 매개변수로 받아들이는 좀 더 일반적인 DATEADD 함수의 특별한 버전이다. 다음과 같이 DATEADD를 사용해 현재 필터 컨텍스트를 1년 전으로 이동하는 식으로 PY Sales 측정값을 변경할 수 있다.

```
PY Sales := CALCULATE( [Sales Amount], DATEADD ( 'Date'[Date], -1, YEAR ) )
```

DATEADD는 유사한 방식으로 다음과 같이 이전 분기(PQ), 월(PM) 또는 일(PD)의 값을 계산할 수 있기 때문에 SAMEPERIODLASTYEAR보다 더욱 강력하다.

```
PQ Sales := CALCULATE ( [Sales Amount], DATEADD ( 'Date'[Date], -1, QUARTER ) )
PM Sales := CALCULATE ( [Sales Amount], DATEADD ( 'Date'[Date], -1, MONTH ) )
PD Sales := CALCULATE ( [Sales Amount], DATEADD ( 'Date'[Date], -1, DAY ) )
```

그림 8-14에서는 이와 같은 측정값의 결과를 볼 수 있다.

Year	Sales Amount	PY Sales	PQ Sales	PM Sales
2007	**11,309,946.12**		**8,578,521.96**	**10,318,397.37**
January	794,248.24			
February	891,135.91			794,248.24
March	961,289.24			891,135.91
April	1,128,104.82		794,248.24	961,289.24
May	936,192.74		891,135.91	1,128,104.82
June	982,304.46		961,289.24	936,192.74
July	922,542.98		1,128,104.82	982,304.46
August	952,834.59		936,192.74	922,542.98
September	1,009,868.98		982,304.46	952,834.59
October	914,273.54		922,542.98	1,009,868.98
November	825,601.87		952,834.59	914,273.54
December	991,548.75		1,009,868.98	825,601.87
2008	**9,927,582.99**	**11,309,946.12**	**9,861,395.69**	**9,997,422.60**
January	656,766.69	794,248.24	914,273.54	991,548.75
February	600,080.00	891,135.91	825,601.87	656,766.69
March	559,538.52	961,289.24	991,548.75	600,080.00

그림 8-14 DATEADD를 사용해 현재 필터 컨텍스트를 다른 기간으로 이동할 수 있다.

또 다른 유용한 함수는 PARALLELPERIOD로, DATEADD가 반환하는 부분적인 기간 대신 세 번째 매개변수에 명시된 기간 모두를 반환한다. 따라서 현재 필터 컨텍스트에서 한 달을 선택하더라도 PARALLELPERIOD를 사용한 다음 측정값은 전년도 전체 판매액을 반환한다.

```
PY Total Sales :=
CALCULATE ( [Sales Amount], PARALLELPERIOD ( 'Date'[Date], -1, YEAR ) )
```

이와 유사한 방법으로 다음과 같이 다른 매개변수를 사용해 다른 기간을 얻을 수 있다.

```
PQ Total Sales :=
CALCULATE ( [Sales Amount], PARALLELPERIOD ( 'Date'[Date], -1, QUARTER ) )
```

그림 8-15에서는 전년도 및 전분기의 계산에 사용된 PARALLELPERIOD를 볼 수 있다.

Year	Sales Amount	PY Total Sales	PQ Total Sales
2007	**11,309,946.12**		**8,578,521.96**
Q1	**2,646,673.39**		
January	794,248.24		
February	891,135.91		
March	961,289.24		
Q2	**3,046,602.02**		**2,646,673.39**
April	1,128,104.82		2,646,673.39
May	936,192.74		2,646,673.39
June	982,304.46		2,646,673.39
Q3	**2,885,246.55**		**3,046,602.02**
July	922,542.98		3,046,602.02
August	952,834.59		3,046,602.02
September	1,009,868.98		3,046,602.02
Q4	**2,731,424.16**		**2,885,246.55**
October	914,273.54		2,885,246.55
November	825,601.87		2,885,246.55
December	991,548.75		2,885,246.55
2008	**9,927,582.99**	**11,309,946.12**	**9,861,395.69**
Q1	**1,816,385.21**	**11,309,946.12**	**2,731,424.16**
January	656,766.69	11,309,946.12	2,731,424.16
February	600,080.00	11,309,946.12	2,731,424.16
March	559,538.52	11,309,946.12	2,731,424.16

그림 8-15 PARALLELPERIOD는 현재 시간의 이동 기간 대신 전체 기간을 반환한다.

PARALLELPERIOD와 동일하지는 않지만 유사한 함수로는 PREVIOUSYEAR, PREVIOUSQUARTER, PREVIOUSMONTH, PREVIOUSDAY, NEXTYEAR, NEXTQUARTER, NEXTMONTH 및 NEXTDAY 등이

있다. 이러한 함수는 함수 이름에 해당하는 단일 요소(year, quarter, month, day 등)가 선택된 경우 PARALLELPERIOD처럼 작동한다. 여러 기간을 선택했을 때 PARALLELPERIOD는 모든 기간의 이동 결과를 반환한다. 반면, 특정 함수(각각 year, quarter, month, day 등)는 길이에 관계없이 선택한 기간에 인접한 단일 요소를 반환한다. 예를 들어 2008년 2분기(4월, 5월 및 6월)가 선택된 경우 다음 코드는 2008년 3월, 4월 및 5월을 반환한다.

```
PM Total Sales :=
CALCULATE ( [Sales Amount], PARALLELPERIOD ( 'Date'[Date], -1, MONTH ) )
```

반대로 다음 코드는 2008년 2분기(4, 5, 6월)를 선택하는 경우에만 2008년 3월을 반환한다.

```
Last PM Sales :=
CALCULATE ( [Sales Amount], PREVIOUSMONTH( 'Date'[Date] ) )
```

그림 8-16에서 위 두 측정값의 차이를 볼 수 있다. Last PM Sales 측정값은 2008년과 2008년 1분기 모두 2007년 12월 값을 반환하는 반면, PM Total Sales는 항상 선택된 기간에 해당하는 달의 수(분기 선택 시 3개월, 연도 선택 시 12개월만큼의 값을 반환한다. 비록 초기 선택이 한 달만 뒤로 옮겨졌음에도 불구하고 이처럼 작동한다.

Year	Sales Amount	Last PM Sales	PM Total Sales
Q4	**2,731,424.16**	**1,009,868.98**	**2,749,744.39**
October	914,273.54	1,009,868.98	1,009,868.98
November	825,601.87	914,273.54	914,273.54
December	991,548.75	825,601.87	825,601.87
2008	**9,927,582.99**	**991,548.75**	**9,997,422.60**
Q1	**1,816,385.21**	**991,548.75**	**2,248,395.44**
January	656,766.69	991,548.75	991,548.75
February	600,080.00	656,766.69	656,766.69
March	559,538.52	600,080.00	600,080.00
Q2	**2,738,040.73**	**559,538.52**	**2,452,437.65**
April	999,667.17	559,538.52	559,538.52
May	893,231.96	999,667.17	999,667.17
June	845,141.60	893,231.96	893,231.96
Q3	**2,575,545.59**	**845,141.60**	**2,457,249.97**
July	890,547.41	845,141.60	845,141.60

그림 8-16 PREVIOUSMONTH는 분기 또는 연도가 선택된 경우에도 한 달을 반환한다.

시간 인텔리전스 함수 결합

시간 인텔리전스 함수의 유용한 특징 가운데 하나는 시간 인텔리전스 함수를 함께 사용해 더 복잡한 식을 구성할 수 있다는 것이다. 시간 인텔리전스 함수의 첫 번째 매개변수는 대개 Date 테이블의 날짜 열이다. 그러나 이것은 완전한 구문을 간편하게 표현했을 뿐이다. 시간 인텔리전스 함수의 완전한 구문은 다음 두 가지 동일한 측정값의 다른 버전에서 볼 수 있듯이 첫 번째 매개변수로 테이블이 필요하다. 행 컨텍스트에서 사용하면 참조된 날짜 열은 컨텍스트 전환 후 필터 컨텍스트에서 고유한 값이 활성화된 테이블로 변환된다.

```
PY Sales :=
CALCULATE (
  [Sales Amount],
  DATESYTD ( 'Date'[Date] )
)

-- 위 측정값은 다음과 동일하다.

PY Sales :=
CALCULATE (
  [Sales Amount],
  DATESYTD ( CALCULATETABLE ( DISTINCT ( 'Date'[Date] ) ) )
)
```

시간 인텔리전스 함수는 테이블을 첫 번째 매개변수로 받아들이며 시간을 옮기는 역할을 한다. 이들 함수는 테이블의 내용을 가져와 연도, 분기, 월 또는 일 단위로 이동한다. 시간 인텔리전스 함수는 테이블을 받아들이기 때문에 테이블 대신 다른 시간 인텔리전스 함수를 포함한 어떤 테이블 식도 사용할 수 있다. 결과를 서로 연계해 여러 시간 인텔리전스 함수를 결합할 수 있다.

예를 들어 다음 코드는 YTD를 전년도의 해당 값과 비교한다. SAMEPERIODLASTYEAR와 DATESYTD를 결합해 이를 수행하는 것이다. 함수 호출의 순서를 바꿔도 결과는 바뀌지 않는다.

```
PY YTD Sales :=
CALCULATE (
  [Sales Amount],
  SAMEPERIODLASTYEAR ( DATESYTD ( 'Date'[Date] ) )
)

-- 위 측정값은 다음과 동일하다.

PY YTD Sales :=
CALCULATE (
  [Sales Amount],
  DATESYTD ( SAMEPERIODLASTYEAR ( 'Date'[Date] ) )
)
```

또한 CALCULATE를 사용해 현재 필터 컨텍스트를 다른 시간대로 이동한 다음 필터 컨텍스트를 분석해 다른 시간대로 이동하는 함수를 호출할 수도 있다. PY YTD Sales에 대한 다음의 두 가지 정의는 이전 두 가지와 동일하다. 참고로 YTD Sales 및 PY Sales 측정값은 8장의 앞부분에 정의돼 있다.

```
PY YTD Sales :=
CALCULATE (
  [YTD Sales],
  SAMEPERIODLASTYEAR ( 'Date'[Date] )
)

-- 위 측정값은 다음과 동일하다.

PY YTD Sales :=
CALCULATE (
  [PY Sales],
  DATESYTD ( 'Date'[Date] )
)
```

그림 8-17에서 PY YTD Sales의 결과를 볼 수 있다. YTD Sales의 값이 12달을 이동해 PY YTD Sales의 결과로 보고된다.

Year	Sales Amount	YTD Sales	PY YTD Sales
2007	**11,309,946.12**	**11,309,946.12**	
January	794,248.24	794,248.24	
February	891,135.91	1,685,384.15	
March	961,289.24	2,646,673.39	
April	1,128,104.82	3,774,778.20	
May	936,192.74	4,710,970.95	
June	982,304.46	5,693,275.41	
July	922,542.98	6,615,818.39	
August	952,834.59	7,568,652.98	
September	1,009,868.98	8,578,521.96	
October	914,273.54	9,492,795.50	
November	825,601.87	10,318,397.37	
December	991,548.75	11,309,946.12	
2008	**9,927,582.99**	**9,927,582.99**	**11,309,946.12**
January	656,766.69	656,766.69	794,248.24
February	600,080.00	1,256,846.69	1,685,384.15
March	559,538.52	1,816,385.21	2,646,673.39
April	999,667.17	2,816,052.38	3,774,778.20
May	893,231.96	3,709,284.34	4,710,970.95
June	845,141.60	4,554,425.94	5,693,275.41
July	890,547.41	5,444,973.35	6,615,818.39

그림 8-17 전년도 YTD 계산은 시간 인텔리전스 함수를 결합해 계산할 수 있다.

이 절에서 볼 수 있는 모든 예는 연도, 분기, 월 및 일 수준에서 작동할 수 있지만 주 단위에서는 작동하지 않는다. 주 단위로 할 경우 연도 · 분기 · 월별로 차이가 너무 많기 때문에 주 단위로 계산하는 시간 인텔리전스 함수는 사용할 수 없다. 주 단위로 계산하려면 DAX 식을 구현해야 한다. 자세한 내용은 8장 뒷부분의 '사용자 지정 달력' 절에서 확인할 수 있다.

이전 기간과의 차이 계산

일반적으로 측정값과 전년도값의 차이를 계산하는 경우가 많다. 차이를 절댓값이나 백분율로 표현할 수도 있다. 다음과 같이 측정값 `PY Sales`로 전년도값을 구하는 방법을 이미 살펴봤다.

```
PY Sales := CALCULATE ( [Sales Amount], SAMEPERIODLASTYEAR ( 'Date'[Date] ) )
```

판매액과 관련해서 전년도와의 절대 차이(Year-Over-Year 또는 YOY)는 간단한 뺄셈이다. 그러나 두 값을 모두 사용할 수 있을 때만 차이를 표시하려면 오류가 발생하지 않도록 조치를 취해야 한다. 이 경우 동일한 측정값을 두 번 계산하지 않도록 하기 위해 변수를 사용할 수 있다. YOY Sales를 정의하면 다음과 같다.

```
YOY Sales :=
VAR CySales = [Sales Amount]
VAR PySales = [PY Sales]
VAR YoySales =
  IF (
    NOT ISBLANK ( CySales ) && NOT ISBLANK ( PySales ),
    CySales - PySales
  )
RETURN
  YoySales
```

YTD 측정값을 전년도의 해당 값과 비교하는 계산은 YTD Sales 및 PY YTD Sales의 두 측정값을 간단히 빼면 된다. 이에 대해서는 앞에서 배웠다.

```
YTD Sales := TOTALYTD ( [Sales Amount], 'Date'[Date] )

PY YTD Sales :=
CALCULATE (
  [Sales Amount],
  DATESYTD ( SAMEPERIODLASTYEAR ( 'Date'[Date] ) )
)

YOY YTD Sales :=
VAR CyYtdSales = [YTD Sales]
VAR PyYtdSales = [PY YTD Sales]
VAR YoyYtdSales =
  IF (
    NOT ISBLANK ( CyYtdSales ) && NOT ISBLANK ( PyYtdSales ),
    CyYtdSales - PyYtdSales
  )
RETURN
  YoyYtdSales
```

YOY 차이는 보고서에 백분율로 표시하는 게 더 좋다. YOY Sales를 PY Sales로 나눠 계산을 정의할 수 있다. 이렇게 하면 이 차이는 전년도값을 백분율 차이에 대한 기준으로 사용한다(100%는 1년 만에 두 배가 되는 값에 해당). YOY Sales% 측정값을 정의하는 다음 식에서 DIVIDE 함수를 사용해 전년도에 해당하는 데이터가 없을 경우 0으로 나누는 오류를 방지할 수 있다.

```
YOY Sales% := DIVIDE ( [YOY Sales], [PY Sales] )
```

유사한 계산으로 YTD의 백분율 차이를 계산할 수 있다. YOY YTD Sales%에 관한 다음 측정값으로 이 계산을 구현할 수 있다.

```
YOY YTD Sales% := DIVIDE ( [YOY YTD Sales], [PY YTD Sales] )
```

그림 8-18에서는 위 측정값의 결과를 볼 수 있다.

Year	Sales Amount	PY Sales	YOY Sales	YOY Sales%	YTD Sales	PY YTD Sales	YOY YTD Sales	YOY YTD Sales%
2007	**11,309,946.12**		**11,309,946.12**		**11,309,946.12**		**11,309,946.12**	
January	794,248.24		794,248.24		794,248.24		794,248.24	
February	891,135.91		891,135.91		1,685,384.15		1,685,384.15	
March	961,289.24		961,289.24		2,646,673.39		2,646,673.39	
April	1,128,104.82		1,128,104.82		3,774,778.20		3,774,778.20	
May	936,192.74		936,192.74		4,710,970.95		4,710,970.95	
June	982,304.46		982,304.46		5,693,275.41		5,693,275.41	
July	922,542.98		922,542.98		6,615,818.39		6,615,818.39	
August	952,834.59		952,834.59		7,568,652.98		7,568,652.98	
September	1,009,868.98		1,009,868.98		8,578,521.96		8,578,521.96	
October	914,273.54		914,273.54		9,492,795.50		9,492,795.50	
November	825,601.87		825,601.87		10,318,397.37		10,318,397.37	
December	991,548.75		991,548.75		11,309,946.12		11,309,946.12	
2008	**9,927,582.99**	**11,309,946.12**	**-1,382,363.13**	**-12.22%**	**9,927,582.99**	**11,309,946.12**	**-1,382,363.13**	**-12.22%**
January	656,766.69	794,248.24	-137,481.55	-17.31%	656,766.69	794,248.24	-137,481.55	-17.31%
February	600,080.00	891,135.91	-291,055.92	-32.66%	1,256,846.69	1,685,384.15	-428,537.46	-25.43%
March	559,538.52	961,289.24	-401,750.72	-41.79%	1,816,385.21	2,646,673.39	-830,288.18	-31.37%
April	999,667.17	1,128,104.82	-128,437.65	-11.39%	2,816,052.38	3,774,778.20	-958,725.82	-25.40%

그림 8-18 이 보고서는 동일한 행렬에 사용된 모든 YOY 측정값을 보여준다.

이동 연간 합계 계산

계절적 매출 변화를 없애는 또 다른 계산 방법은 지난 12개월 동안의 매출 합계를 고려한 이동 연간 합계MAT, Moving Annual Total다. 7장, '반복함수 및 CALCULATE'에서 이동 평균을 계산하는 방법을 배웠다. 여기에서는 시간 인텔리전스 함수를 사용해 유사하게 평균을 계산하는 방법을 설명한다.

예를 들어 2007년 4월부터 2008년 3월까지의 날짜 범위를 합하면 2008년 3월의 MAT 판매액 값을 구할 수 있다. 가장 쉬운 방법은 DATESINPERIOD 함수를 사용하는 것이다. DATESINPERIOD는 기간에 포함된 모든 날짜(연, 분기, 월 또는 일)를 반환한다.

```
MAT Sales :
CALCULATE (                                   -- 다음 인수에 의해 변경된
  [Sales Amount],                             -- 새로운 필터 컨텍스트에서 판매액을 계산
  DATESINPERIOD (                             -- 다음 값을 포함하는 테이블을 반환
    'Date'[Date],                             -- Date[Date]
    MAX ( 'Date'[Date] ),                     -- 가장 최근 날짜로부터
    -1,                                       -- 1년
    YEAR                                      -- 뒤로 이동
  )
)
```

DATESINPERIOD를 사용하는 것이 이동 연간 합계 계산에 가장 적합한 방법이다. 여기서는 교육 목적으로 동일한 필터를 구할 수 있는 다른 방법을 살펴보자. 다음과 같이 변경된 측정값으로 MAT Sales를 구할 수 있다.

```
MAT Sales :=
CALCULATE (
  [Sales Amount],
  DATESBETWEEN (
    'Date'[Date],
    NEXTDAY ( SAMEPERIODLASTYEAR ( LASTDATE ( 'Date'[Date] ) ) ),
    LASTDATE ( 'Date'[Date] )
  )
)
```

이 측정값을 실행하는 데는 약간의 주의가 필요하다. 이 식은 DATESBETWEEN 함수를 사용해 지정된 두 날짜 사이에 포함된 날짜를 반환한다. DATESBETWEEN은 일(day) 수준에서 작동하므로 보고서가 월 레벨에서 데이터를 쿼리하더라도, 필요한 간격의 첫날과 마지막 날을 계산해야 한다. 마지막 날을 계산하는 방법은 LASTDATE 함수를 사용하는 것이다. LASTDATE는 MAX와 같지만 값을 반환하는 대신 테이블을 반환한다. 테이블이므로 다른 시간 인텔리전스 함수의 매개변수로 사용될 수 있다. 간격의 첫 날은 이 날짜로부터 1년

전에 해당하는 날짜(SAMEPERIODLASTYEAR을 사용)의 다음 날(NEXTDAY 함수 호출)을 요청해 계산한다.

이동 연간 합계의 한 가지 문제는 합계를 계산한다는 것이다. 이 값을 기간에 포함된 달의 수로 나누면 기간 동안의 평균값이다. 즉, 다음과 같은 측정값으로 연간 이동 평균MAA을 구할 수 있다.

```
MAA Sales :=
CALCULATE (
  DIVIDE ( [Sales Amount], DISTINCTCOUNT ( 'Date'[Year Month] ) ),
  DATESINPERIOD (
    'Date'[Date],
    MAX ( 'Date'[Date] ),
   -1,
    YEAR
  )
)
```

위에서 살펴본 바와 같이, 시간 인텔리전스 함수를 사용해 강력한 측정값을 작성할 수 있다. 그림 8-19에서는 이동 연간 합계 및 이동 연간 평균 계산이 포함된 보고서를 볼 수 있다.

Year	Sales Amount	MAT Sales	MAA Sales
2007	**11,309,946.12**	**11,309,946.12**	**942,495.51**
January	794,248.24	794,248.24	794,248.24
February	891,135.91	1,685,384.15	842,692.08
March	961,289.24	2,646,673.39	882,224.46
April	1,128,104.82	3,774,778.20	943,694.55
May	936,192.74	4,710,970.95	942,194.19
June	982,304.46	5,693,275.41	948,879.23
July	922,542.98	6,615,818.39	945,116.91
August	952,834.59	7,568,652.98	946,081.62
September	1,009,868.98	8,578,521.96	953,169.11
October	914,273.54	9,492,795.50	949,279.55
November	825,601.87	10,318,397.37	938,036.12
December	991,548.75	11,309,946.12	942,495.51
2008	**9,927,582.99**	**9,927,582.99**	**827,298.58**
January	656,766.69	11,172,464.58	931,038.71
February	600,080.00	10,881,408.66	906,784.06
March	559,538.52	10,479,657.94	873,304.83

그림 8-19 MAT Sales 및 MAA Sales 측정값은 시간 인텔리전스 함수를 사용해 간단히 작성할 수 있다.

중첩된 시간 인텔리전스 함수에 적합한 호출 순서 사용

시간 인텔리전스 함수를 중첩할 경우 중첩하는 순서에 주의를 기울여야 한다. 이전 예에서 다음과 같은 DAX 식으로 연간 이동 합계의 첫 날을 구했다.

```
NEXTDAY ( SAMEPERIODLASTYEAR ( LASTDATE ( 'Date'[Date] ) ) )
```

NEXTDAY와 SAMEPERIODLASTYEAR 사이의 호출 순서를 반대로 적용해도 동일한 결과를 얻을 수 있다.

```
SAMEPERIODLASTYEAR ( NEXTDAY ( LASTDATE ( 'Date'[Date] ) ) )
```

결과는 거의 대부분 같지만, 이 평가 순서는 해당 기간의 마지막에서 부정확한 결과가 나올 위험이 있다. 실제로 이 순서를 사용해 MAT 코드를 작성하면 다음과 같이 잘못된 버전이 만들어진다.

```
MAT Sales Wrong :=
CALCULATE (
   [Sales Amount],
  DATESBETWEEN (
    'Date'[Date],
    SAMEPERIODLASTYEAR ( NEXTDAY ( LASTDATE ( 'Date'[Date] ) ) ),
    LASTDATE ( 'Date'[Date] )
  )
)
```

위 식은 날짜 범위의 위 끝부분에서 잘못된 값을 반환한다. 그림 8-20의 보고서에서 이를 확인할 수 있다.

Year	Sales Amount	MAT Sales Wrong
12/20/09	386.51	9,410,763.07
12/21/09	65,730.00	9,430,959.15
12/22/09	14,818.07	9,423,905.05
12/23/09	10,483.74	9,411,255.28
12/24/09	35,297.95	9,424,346.89
12/25/09	52,181.37	9,446,383.19
12/26/09	21,490.72	9,456,772.35
12/27/09	19,949.44	9,465,159.42
12/28/09	21,174.80	9,463,422.23
12/29/09	15,790.76	9,343,878.70
12/30/09	16,428.63	9,340,739.84
12/31/09	40,930.59	30,591,343.98
Total	**9,353,814.87**	**30,591,343.98**

그림 8-20 MAT Sales Wrong 측정값은 2009년 마지막 날에 잘못된 결과를 보여준다.

이 측정값은 2009년 12월 30일까지는 값을 정확하게 계산한다. 하지만 12월 31일의 결과는 놀랄 정도로 높다. 2009년 12월 31일에 NEXTDAY는 2010년 1월 1일이 포함된 테이블을 반환해야 하지만 Date 테이블에 2010년 1월 1일 행이 포함돼 있지 않기 때문에 NEXTDAY는 그 결과를 구할 수 없다. 결과적으로 제대로 된 값을 반환할 수 없기 때문에 NEXTDAY는 빈 테이블을 반환한다. 유사한 동작이 SAMEPERIODLASTYEAR 함수에서도 일어난다. 빈 테이블을 받았기 때문에 그 결과로 빈 테이블을 돌려준다. DATESBETWEEN에는 스칼라값이 필요하기 때문에 SAMEPERIODLASTYEAR의 빈 결과는 공백 값으로 간주된다. 날짜/시간 값으로 공백은 0과 같으며, 이는 1899년 12월 30일에 해당한다. 따라서 2009년 12월 31일에 DATESBETWEEN은 Date 테이블에 전체 날짜 집합을 반환한다. 실제로 시작 날짜로서의 공백은 초기 날짜에 대한 경계를 정의하지 못하므로 잘못된 결과를 초래한다.

해결책은 간단하다. 올바른 평가 순서를 사용하면 된다. SAMEPERIODLASTYEAR를 먼저 사용하면 2009년 12월 31일에 유효한 날짜(2008년 12월 31일)를 반환한다. 그런 다음 NEXTDAY는 날짜 테이블에 존재하는 2009년 1월 1일을 반환한다.

일반적으로 모든 시간 인텔리전스 함수는 기존 날짜 집합을 반환한다. 날짜가 Date 테이블에 속하지 않을 때 이러한 함수는 빈 스칼라값에 해당하는 빈 테이블을 반환한다. 일부 시나리오에서 이 동작은 예기치 않은 결과를 초래할 수 있다. 이동 연간 합계의 예에서는

DATESINPERIOD를 사용하는 것이 더 간단하고 안전하지만 다른 사용자 정의 계산을 위해 시간 인텔리전스 함수를 결합하는 경우에 이 개념은 중요하다.

반가산 계산 이해

다른 기간의 값을 집계하는 지금까지 배운 기술은 일반적인 가산 측정값에서 문제없이 잘 작동한다. 가산 측정값은 특정 속성으로 슬라이싱할 때 일반적인 합계를 사용해 값을 집계하는 계산이다. 판매액을 한번 생각해 보자. 모든 고객에 대한 매출액은 개별 고객의 매출액을 합한 금액이다. 동시에, 1년 동안의 판매액은 1년 동안 모든 날짜의 판매액을 합한 것이다. 가산 측정값에는 특별한 것이 없다. 즉, 직관적이고 사용하고 이해하기 쉽다.

하지만 모든 계산이 가산적인 것은 아니다. 어떤 측정값은 가산적이지 않다. 그 예로 고객의 성별에 대한 고유한 수를 들 수 있다. 개별 고객에 대한 결과는 1이다. 그러나 서로 다른 성별을 포함한 일련의 고객에 대해 계산했을 때 결과는 성별의 수보다 결코 크지 않을 것이다 (콘토소의 경우 공백, M, F의 3개). 따라서 고객, 날짜 또는 다른 열에 대한 결과는 개별값을 합해서 계산할 수 없다. 이와 같은 비가산 측정값은 보고서에서 빈번하며, 주로 고유한 수 계산과 관련이 있다. 비가산 측정값은 일반적인 가산 측정값보다 이해하고 사용하기가 더 어렵다. 그러나 가산성과 관련해 비가산 측정값이 가장 어려운 것이 아니다. 세 번째 종류의 측정값인 반가산 측정값이 실제로는 가장 어렵다.

반가산 측정값은 특정 열에 의해 슬라이싱될 때 한 종류의 집계(일반적으로 합)를 사용하고, 다른 열에 의해 슬라이싱될 때는 다른 종류의 집계 방식(일반적으로 마지막 날짜)을 사용한다. 대표적인 예가 은행계좌의 잔액이다. 모든 고객의 잔액은 개별 고객 잔액의 합이다. 그러나 1년 동안의 잔액은 월별 잔액의 합계가 아니라 그 해의 마지막 날짜의 잔액이다. 고객으로 잔액을 슬라이싱하는 것은 일반적인 계산인 반면, 날짜별로 슬라이싱하는 것은 다른 방식으로 계산해야 한다. 그림 8-21의 데이터를 살펴보자.

Name	Date ▲	Balance
Katie Jordan	1/31/2010	1,687.00
Luis Bonifaz	1/31/2010	1,470.00
Maurizio Macagno	1/31/2010	1,500.00
Katie Jordan	2/28/2010	2,812.00
Luis Bonifaz	2/28/2010	2,450.00
Maurizio Macagno	2/28/2010	2,500.00
Katie Jordan	3/31/2010	3,737.00
Luis Bonifaz	3/31/2010	3,430.00
Maurizio Macagno	3/31/2010	3,500.00

그림 8-21 이 그림은 반가산 계산에 사용된 샘플 데이터의 발췌본을 보여준다.

샘플 데이터를 보면 1월 말 Katie Jordan의 잔액은 1,687.00인데 비해 2월 말 잔액은 2,812.00이었다. 우리가 1월과 2월을 함께 볼 때 그녀의 잔액은 두 값의 합이 아니라 2월 말의 잔액이다. 반면 1월 기준, 전체 고객의 잔액은 세 고객의 잔액을 합한 금액이다.

단순 합계를 사용해 값을 집계하는 경우, 계산 결과는 그림 8-22에서 볼 수 있듯이 모든 속성에 대해 합계한 값이 된다.

Year	Katie Jordan	Luis Bonifaz	Maurizio Macagno	**Total**
CY 2010	**17,742.00**	**15,631.00**	**15,650.00**	**49,023.00**
Q1	**8,236.00**	**7,350.00**	**7,500.00**	**23,086.00**
January	1,687.00	1,470.00	1,500.00	**4,657.00**
February	2,812.00	2,450.00	2,500.00	**7,762.00**
March	3,737.00	3,430.00	3,500.00	**10,667.00**
Q2	**6,975.00**	**6,076.00**	**6,200.00**	**19,251.00**
April	2,250.00	1,960.00	2,000.00	**6,210.00**
May	2,025.00	1,764.00	1,800.00	**5,589.00**
June	2,700.00	2,352.00	2,400.00	**7,452.00**
Q3	**2,531.00**	**2,205.00**	**1,950.00**	**6,686.00**
July	2,531.00	2,205.00	1,950.00	**6,686.00**
Total	**17,742.00**	**15,631.00**	**15,650.00**	**49,023.00**

그림 8-22 이 그림은 두 가지 유형의 합계를 보여준다. 시점별 고객 각각의 합계 및 시점별 모든 고객에 대한 합계가 그것이다.

알 수 있듯이 월별값은 정확하다. 그러나 집계된 수준(분기 수준과 연도 수준 둘 다)에서는 그 결과가 여전히 합산돼 말이 안 된다. 정확한 결과는 그림 8-23에서 볼 수 있으며, 각 합계 수준에서 보고서는 마지막 기간의 값을 보여준다.

Year	Katie Jordan	Luis Bonifaz	Maurizio Macagno	**Total**
CY 2010	**2,531.00**	**2,205.00**	**1,950.00**	**6,686.00**
Q1	**3,737.00**	**3,430.00**	**3,500.00**	**10,667.00**
January	1,687.00	1,470.00	1,500.00	**4,657.00**
February	2,812.00	2,450.00	2,500.00	**7,762.00**
March	3,737.00	3,430.00	3,500.00	**10,667.00**
Q2	**2,700.00**	**2,352.00**	**2,400.00**	**7,452.00**
April	2,250.00	1,960.00	2,000.00	**6,210.00**
May	2,025.00	1,764.00	1,800.00	**5,589.00**
June	2,700.00	2,352.00	2,400.00	**7,452.00**
Q3	**2,531.00**	**2,205.00**	**1,950.00**	**6,686.00**
July	2,531.00	2,205.00	1,950.00	**6,686.00**
Total	**2,531.00**	**2,205.00**	**1,950.00**	**6,686.00**

그림 8-23 이 그림은 제대로 된 값을 보여준다.

반가산 측정값은 가능한 계산이 다르고, 몇 가지 세부 사항에 주의를 기울여야 하기 때문에 복잡한 주제다. 다음 절에서는 반가산 계산을 처리하는 기본 방법을 설명한다.

LASTDATE 및 LASTNONBLANK 사용

DAX에는 반가산 계산을 처리하는 몇 가지 함수가 있다. 그러나 올바른 함수를 찾는 것만으로는 반가산 계산을 처리하기 위한 올바른 코드를 작성할 수는 없다. 주의를 기울이지 않으면 많은 미묘한 세부 사항 때문에 계산을 망칠 수도 있다. 이 절에서는 데이터에 따라 작동할 수도 있고, 그렇지 않을 수도 있는 동일한 코드의 다른 버전을 보여준다. '잘못된' 솔루션을 보여주는 목적은 '올바른' 솔루션이 데이터 모델에 존재하는 데이터에 따라 다르기 때문에 교육적으로 도움이 될 것이라 여겨서다. 또한 복잡한 시나리오의 해결에는 몇 가지 단계별 추론이 필요하다.

설명할 첫 번째 함수는 LASTDATE다. 이동 연간 합계를 계산하는 방법을 설명할 때 LASTDATE 함수를 사용했다. LASTDATE는 현재 필터 컨텍스트에 표시되는 마지막 날짜를 나타내는 하나의 행만 포함하는 테이블을 반환한다. CALCULATE의 필터 인수로 사용할 경우 LASTDATE는 선택한 기간의 마지막 날만 표시되도록 Date 테이블의 필터 컨텍스트를 재정의한다.

다음 코드는 LASTDATE를 사용해 Date의 필터 컨텍스트를 덮어 써서 마지막 잔액을 계산한다.

```
LastBalance :=
CALCULATE (
  SUM ( Balances[Balance] ),
  LASTDATE ( 'Date'[Date] )
)
```

LASTDATE는 사용하기 간단하다. 하지만 불행히도 LASTDATE는 많은 반가산 계산에 올바른 해결책이 아니다. 실제로 LASTDATE는 Date 테이블을 스캔해 항상 Date 테이블의 마지막 날짜를 반환한다. 예를 들어 월 단위에서는 항상 해당 월의 마지막 날짜를 반환하고, 분기 수준에서는 해당 분기의 마지막 날짜를 반환한다. LASTDATE가 반환한 특정 날짜의 데이터를 사용할 수 없는 경우 계산 결과는 비어 있다. 3분기 합계와 총합계가 보이지 않는 그림 8-24에서 이를 확인할 수 있다. Q3의 합계가 비어 있기 때문에 보고서에는 Q3도 표시되지 않아 혼란스러운 결과가 나온다.

Year	Katie Jordan	Luis Bonifaz	Maurizio Macagno	**Total**
CY 2010				
Q1	**3,737.00**	**3,430.00**	**3,500.00**	**10,667.00**
January	1,687.00	1,470.00	1,500.00	**4,657.00**
February	2,812.00	2,450.00	2,500.00	**7,762.00**
March	3,737.00	3,430.00	3,500.00	**10,667.00**
Q2	**2,700.00**	**2,352.00**	**2,400.00**	**7,452.00**
April	2,250.00	1,960.00	2,000.00	**6,210.00**
May	2,025.00	1,764.00	1,800.00	**5,589.00**
June	2,700.00	2,352.00	2,400.00	**7,452.00**
Total				

그림 8-24 LASTDATE의 결과는 해당 달의 마지막 날짜의 데이터가 없는 경우 혼동된다.

월을 사용해 가장 낮은 수준에서 데이터를 슬라이싱하는 대신 날짜를 사용하면 그림 8-25에서 볼 수 있듯이 LASTDATE의 문제가 더욱 분명하게 드러난다. 3분기 행은 아직 빈칸이지만 볼 수 있다.

Year	Katie Jordan	Luis Bonifaz	Maurizio Macagno	**Total**
CY 2010				
Q1	**3,737.00**	**3,430.00**	**3,500.00**	**10,667.00**
01/31/2010	1,687.00	1,470.00	1,500.00	**4,657.00**
02/28/2010	2,812.00	2,450.00	2,500.00	**7,762.00**
03/31/2010	3,737.00	3,430.00	3,500.00	**10,667.00**
Q2	**2,700.00**	**2,352.00**	**2,400.00**	**7,452.00**
04/30/2010	2,250.00	1,960.00	2,000.00	**6,210.00**
05/31/2010	2,025.00	1,764.00	1,800.00	**5,589.00**
06/30/2010	2,700.00	2,352.00	2,400.00	**7,452.00**
Q3				
07/15/2010	2,531.00	2,205.00		**4,736.00**
07/18/2010			1,950.00	**1,950.00**
Total				

그림 8-25 날짜별로 슬라이싱하면 데이터를 날짜 수준에서 사용할 수 있지만 합계 수준에서는 사용할 수 없다는 것을 알 수 있다.

Date 테이블의 마지막 날 이전의 날짜에 값이 있고 마지막 날에 사용 가능한 데이터가 없는 경우, 더 나은 해결책은 LASTNONBLANK 함수를 사용하는 것이다. LASTNONBLANK는 테이블을 스캔해 두 번째 매개변수가 BLANK로 평가하지 않는 테이블의 마지막 값을 반환하는 반복함수다. 예제에서는 잔액 테이블에 행이 있는 마지막 날짜를 검색하기 위해 LASTNONBLANK를 사용한다.

```
LastBalanceNonBlank :=
CALCULATE (
  SUM ( Balances[Balance] ),
  LASTNONBLANK (
    'Date'[Date],
    COUNTROWS ( RELATEDTABLE ( Balances ) )
  )
)
```

월 수준에서 사용할 때 LASTNONBLANK는 월의 각 날짜를 반복해 각 날짜에 대해 잔액이 있는 관련 테이블이 비어 있는지 여부를 점검한다. 가장 안쪽 RELATEDTABLE 함수는 LASTNONBLANK 반복함수의 행 컨텍스트에서 실행되므로 RELATEDTABLE은 주어진 날짜의 잔액만 반환한다. 데이터가 없으면 RELATEDTABLE은 빈 테이블을 반환하고 COUNTROWS도 빈 테이블을 반환한다. 반복이 끝나면 LASTNONBLANK는 결과가 공백이 아닌 마지막 날짜를 반환한다.

모든 고객 잔액이 동일한 날짜에 수집되면 LASTNONBLANK가 문제를 해결한다. 이 예에서는 같은 달에 고객별 날짜가 달라서 또 다른 문제가 발생한다. 이 절의 시작 부분에서 예상한 바와 같이 반가산 계산과 관련해 악마는 디테일에 있다. 샘플 데이터에서 LASTNONBLANK는 마지막 날짜를 적극적으로 검색하기 때문에 LASTDATE보다 훨씬 더 잘 작동한다. 그러나 그림 8-26에서 볼 수 있듯이 정확한 합계를 계산하는 데는 실패한다.

Year	Katie Jordan	Luis Bonifaz	Maurizio Macagno	**Total**
CY 2010	**2,531.00**	**2,205.00**	**1,950.00**	**1,950.00**
Q1	**3,737.00**	**3,430.00**	**3,500.00**	**10,667.00**
01/31/2010	1,687.00	1,470.00	1,500.00	**4,657.00**
02/28/2010	2,812.00	2,450.00	2,500.00	**7,762.00**
03/31/2010	3,737.00	3,430.00	3,500.00	**10,667.00**
Q2	**2,700.00**	**2,352.00**	**2,400.00**	**7,452.00**
04/30/2010	2,250.00	1,960.00	2,000.00	**6,210.00**
05/31/2010	2,025.00	1,764.00	1,800.00	**5,589.00**
06/30/2010	2,700.00	2,352.00	2,400.00	**7,452.00**
Q3	**2,531.00**	**2,205.00**	**1,950.00**	**1,950.00**
07/15/2010	2,531.00	2,205.00		**4,736.00**
07/18/2010			1,950.00	**1,950.00**
Total	**2,531.00**	**2,205.00**	**1,950.00**	**1,950.00**

그림 8-26 이 보고서는 거의 정확하다. 예상치 못한 유일한 결과는 3분기 연도 수준과 분기 수준이다.

각각의 고객에 대한 결과는 정확해 보인다. 실제로 Katie Jordan의 마지막 잔액은 2,531.00으로, 표현식은 그녀의 합계를 정확하게 보고한다. 같은 동작은 나머지 두 사람의 결과도 정확하게 집계한다. 그럼에도 불구하고 총합계는 잘못된 것 같다. 실제 총액은 1,950.00으로 Maurizio Macagno의 값이다. 보고서가 마지막 세 가지 값(2,531.00, 2,205.00, 1,950.00)을 합하지 않고 마지막 날짜의 값만 보여주는 것은 당혹스럽다.

이유는 설명하기 어렵지 않다. 필터 컨텍스트가 Katie Jordan을 필터링하면 값을 가진 마지막 날짜는 7월 15일이다. 필터 컨텍스트에서 Maurizio Macagno를 필터링하면 마지막 날짜는 7월 18일이 된다. 그렇지만 필터 컨텍스트가 고객 이름을 필터링하지 않을 경우 마지막 날짜는 Maurizio Macagno의 날짜인 7월 18일이다. Katie Jordan이나 Luis Bonifaz 모두 7월 18일에는 어떠한 데이터도 갖고 있지 않다. 따라서 7월 한 달에 대해 이 식은 Maurizio Macagno의 값만을 보고한다.

흔히 있는 일이지만 DAX의 작동에는 아무런 문제가 없다. 문제는 코드가 아직 완전하지 않다는 것이다. 왜냐하면 코드가 데이터 모델에서 고객별로 마지막 날짜가 다를 수 있다는 점을 고려하지 않았기 때문이다.

요구 사항에 따라서 식을 다른 방법으로 수정할 수 있다. 실제로 합계 수준에서 무엇을 보여줄 것인지 정확하게 정의해야 한다. 7월 18일에 일부 자료가 있는 점을 감안하면 다음 중 어느 한 쪽을 택해야 한다.

- 7월 18일을 개인의 마지막 날짜에 관계없이 모든 고객에게 사용할 마지막 날짜로 간주한다. 따라서 마지막 날짜에 데이터가 없는 고객은 해당일 잔액이 영(0)이 된다.
- 고객별 마지막 날짜를 고려한 후, 각 고객의 마지막 날짜를 마지막 날짜로 사용해 합계를 집계한다. 이때 고객의 잔액 계정은 항상 그 고객이 사용할 수 있는 마지막 잔액이다.

위 두 정의 모두 정확하며 어느 것을 사용할 것인지는 보고서의 요구 사항에 달려있다. 두 가지 모두 재밌는 방식이므로 둘 다 설명하기로 한다. 둘 중 더 쉬운 것은 고객에 관계없이 데이터가 있는 마지막 날짜를 고려하는 것이다. 올바른 식을 작성하기 위해서는 LASTNONBLANK가 결과를 계산하는 방법만 변경하면 된다.

```
LastBalanceAllCustomers :=
VAR LastDateAllCustomers =
  CALCULATETABLE (
    LASTNONBLANK (
      'Date'[Date],
      COUNTROWS ( RELATEDTABLE ( Balances ) )
    ),
    ALL ( Balances[Name] )
  )
VAR Result =
```

```
  CALCULATE (
    SUM( Balances[Balance] ),
    LastDateAllCustomers
  )
RETURN
  Result
```

이 코드에서 LASTNONBLANK 평가 중 고객 이름에 적용된 필터를 제거하기 위해 CALCULATETABLE을 사용했다. 이 경우 총 LASTNONBLANK는 필터 컨텍스트에 있는 고객에 관계없이 항상 7월 18일을 반환한다. 그 결과, 현재 총계가 정확하게 합산되고 그림 8-27에서 볼 수 있듯이 Katie Jordan과 Luis Bonifaz의 최종 잔액은 비어 있다.

Year	Katie Jordan	Luis Bonifaz	Maurizio Macagno	**Total**
CY 2010			**1,950.00**	**1,950.00**
Q1	**3,737.00**	**3,430.00**	**3,500.00**	**10,667.00**
01/31/2010	1,687.00	1,470.00	1,500.00	**4,657.00**
02/28/2010	2,812.00	2,450.00	2,500.00	**7,762.00**
03/31/2010	3,737.00	3,430.00	3,500.00	**10,667.00**
Q2	**2,700.00**	**2,352.00**	**2,400.00**	**7,452.00**
04/30/2010	2,250.00	1,960.00	2,000.00	**6,210.00**
05/31/2010	2,025.00	1,764.00	1,800.00	**5,589.00**
06/30/2010	2,700.00	2,352.00	2,400.00	**7,452.00**
Q3			**1,950.00**	**1,950.00**
07/15/2010	2,531.00	2,205.00		**4,736.00**
07/18/2010			1,950.00	**1,950.00**
Total			**1,950.00**	**1,950.00**

그림 8-27 모든 고객을 대상으로 마지막 날짜를 계산해 열의 합계값이 변경됐다.

두 번째 옵션은 좀 더 복잡한 추론을 필요로 한다. 고객별 마지막 날짜를 사용할 경우 합계에서 필터 컨텍스트를 사용하는 것만으로는 합계를 제대로 계산할 수 없다. 이 식은 고객별 소계를 계산한 다음 결과를 집계해야 한다. 이 때 반복함수를 사용해 단순하고 효과적으로 해결할 수 있다. 실제로 다음 측정값은 바깥 쪽에 SUMX를 사용해 고객의 개별값을 합산해 합계를 구한다.

```
LastBalanceIndividualCustomer :=
SUMX (
```

```
  VALUES ( Balances[Name] ),
  CALCULATE (
    SUM ( Balances[Balance] ),
    LASTNONBLANK (
      'Date'[Date],
      COUNTROWS ( RELATEDTABLE ( Balances ) )
    )
  )
)
```

위 측정값은 고객별 마지막 날짜의 값을 계산한다. 그런 다음 개별값을 합산해 합계를 집계한다. 그 결과는 그림 8-28에서 볼 수 있다.

Year	Katie Jordan	Luis Bonifaz	Maurizio Macagno	**Total**
CY 2010	**2,531.00**	**2,205.00**	**1,950.00**	**6,686.00**
Q1	**3,737.00**	**3,430.00**	**3,500.00**	**10,667.00**
01/31/2010	1,687.00	1,470.00	1,500.00	**4,657.00**
02/28/2010	2,812.00	2,450.00	2,500.00	**7,762.00**
03/31/2010	3,737.00	3,430.00	3,500.00	**10,667.00**
Q2	**2,700.00**	**2,352.00**	**2,400.00**	**7,452.00**
04/30/2010	2,250.00	1,960.00	2,000.00	**6,210.00**
05/31/2010	2,025.00	1,764.00	1,800.00	**5,589.00**
06/30/2010	2,700.00	2,352.00	2,400.00	**7,452.00**
Q3	**2,531.00**	**2,205.00**	**1,950.00**	**6,686.00**
07/15/2010	2,531.00	2,205.00		**4,736.00**
07/18/2010			1,950.00	**1,950.00**
Total	**2,531.00**	**2,205.00**	**1,950.00**	**6,686.00**

그림 8-28 보고서는 이제 고객별 마지막 날짜의 소계를 보여준다.

노트 고객 수가 많으면 위 측정값은 성능 문제가 생길 수 있다. 식에는 중첩된 두 개의 반복함수가 포함돼 있고 외부 반복함수는 세분화 수준이 높기 때문이다. 이 요구 사항에 대한 더 빠른 접근 방법은 10장, '필터 컨텍스트 작업'에서 다루며 나중에 설명할 TREATAS와 같은 함수를 활용한다.

학습한 것처럼 반가산 계산의 복잡성은 코드가 아니라 원하는 동작의 정의에 있다. 동작이 명확해지면 어떤 패턴을 사용할지에 대한 선택이 간단하다.

이 절에서는 가장 일반적으로 사용되는 LASTDATE 및 LASTNONBLANK 함수를 소개했다. 한 기간 동안의 마지막 날짜 대신 첫 번째 날짜를 구하는 데 사용할 수 있는 FIRSTDATE와 FIRSTNONBLANK 함수도 있다. 지금까지 설명한 것과 같이 계산을 단순화하기 위해 사용할 수 있는 기타 함수도 있다. 다음 절에서 이에 대해 다룬다.

기초 및 기말 잔액 작업

DAX에는 기간의 시작일 또는 종료일의 측정값을 구하는 계산을 간단하게 할 수 있는 LASTDATE와 같은 함수가 많이 있다. 유용하지만 이러한 추가 함수에는 LASTDATE에서 살펴본 제한 사항이 적용된다. 즉, 모든 날짜에 값이 있을 경우에만 잘 작동한다.

이들 함수에는 STARTOFYEAR, STARTOFQUARTER, STARTOFMONTH와 이들 함수와 짝을 이루는 ENDOFYEAR, ENDOFQUARTER, ENDOFMONTH가 포함된다. STARTOFYEAR는 필터 컨텍스트에서 항상 현재 선택된 연도의 1월 1일을 반환한다. 비슷한 방식으로 STARTOFQUARTER와 STARTOFMONTH는 각각 분기 또는 월의 시작일을 반환한다.

예시로 반가산 계산이 유용한 다른 시나리오를 해결하기 위해 다른 데이터 세트를 준비했다. 데모 파일에는 2013년에서 2018년까지의 마이크로소프트 주식 가격이 포함돼 있다. 주가는 날짜 수준으로 관리되고 있는데, 보고서는 분기 수준으로 집계할 경우 집계 수준에서는 무엇을 표시해야 할까? 가장 많이 사용되는 값은 주가의 마지막 값이다. 다시 말해 반가산 패턴을 사용하는 또 다른 경우다.

주식의 최종 가격을 구하는 것은 간단한 보고서에서도 잘 작동한다. 다음 표현식은 같은 날 행이 여러 개 있을 경우 평균 가격을 구해 마이크로소프트 주식의 마지막 값을 계산한다.

```
Last Value :=
CALCULATE (
  AVERAGE ( MSFT[Value] ),
  LASTDATE ( 'Date'[Date] )
)
```

그림 8-29와 같은 일별 차트에 사용했을 때 결과는 정확하다.

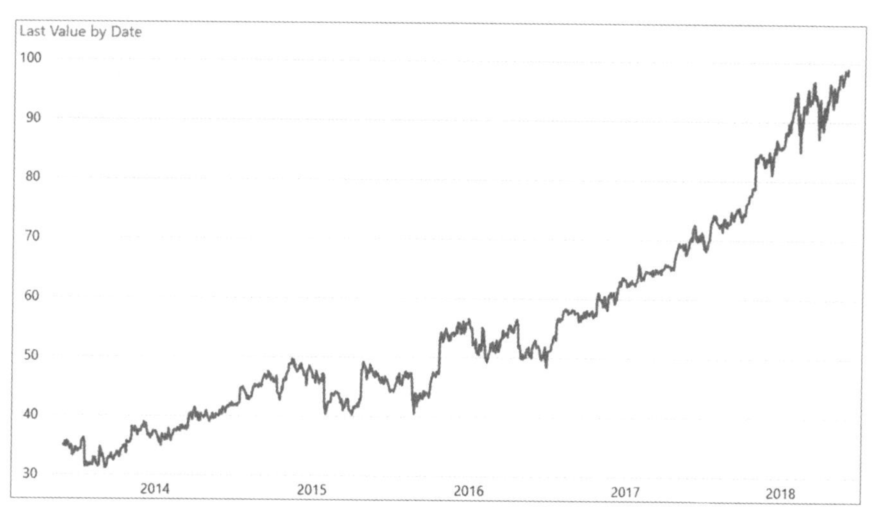

그림 8-29 일별 가격을 보여주는 라인 차트는 완벽하게 괜찮아 보인다.

하지만 이 결과는 DAX 코드가 잘 작동하기 때문이 아니다. X축에 날짜 수준을 사용했기 때문에 차트가 정확해 보이고 클라이언트 도구인 파워 BI가 데이터 세트의 빈 값을 처리하기 위해 열심히 작동한다. 이로 인해 연속적인 선이 그려진다. 하지만 연도별, 월별로 나뉜 행렬에서 동일한 측정값을 사용하면 계산의 차이가 훨씬 더 분명해진다. 그림 8-30에서 이를 확인할 수 있다.

Month	CY 2013	CY 2014	CY 2015	CY 2016	CY 2017	CY 2018	**Total**
January		37.84			64.65	95.01	**95.01**
February		38.31		50.88	63.98	93.77	**93.77**
March		40.99	40.66	55.23	65.86		
April		40.40	48.64			93.52	**93.52**
May	34.90			53.00	69.84		
June		41.70	44.15	51.17	68.93		
July	31.84	43.16	46.70		72.70		
August			43.52	57.46	74.77		
September	33.28	46.36	44.26	57.60			
October	35.41	46.95		59.92	83.18		
November			54.35	60.26	84.17		
December	37.41	46.45	55.48				
Total	**37.41**	**46.45**	**55.48**				

그림 8-30 년과 월을 보여주는 행렬에는 빈 값이 많이 포함돼 있다.

LASTDATE를 사용하면 해당 월의 마지막 날에 값이 없을 경우에 빈 값을 기대할 수 있다. 그날은 주말이거나 휴일일지도 모른다. `Last Value`의 올바른 버전은 다음과 같다.

```
Last Value :=
CALCULATE (
  AVERAGE ( MSFT[Value] ),
  LASTNONBLANK (
    'Date'[Date],
    COUNTROWS ( RELATEDTABLE ( MSFT ) )
  )
)
```

이러한 함수에 주의하면 예상치 못한 결과를 방지할 수 있다. 분기 초반부터 마이크로소프트 주가가 상승하는 것을 계산하는 경우를 가정해 보자. 또 다시 잘못된 한 가지 옵션은 다음 코드와 같다.

```
SOQ :=
CALCULATE (
  AVERAGE ( MSFT[Value] ),
  STARTOFQUARTER ( 'Date'[Date] )
)

SOQ% :=
DIVIDE (
  [Last Value] - [SOQ],
  [SOQ]
)
```

STARTOFQUARTER는 특정 날짜의 데이터 유무에 관계없이 현재 분기가 시작된 날짜를 반환한다. 예를 들어 1분기의 시작인 1월 1일도 설날이다. 따라서 그날의 주식 가격은 존재하지 않으며 앞의 측정값은 그림 8-31과 같은 결과를 보여준다.

Year	Last Value	SOQ	SOQ%
CY 2016	**62.14**		
Q1	**55.23**		
January	55.09		
February	50.88		
March	55.23		
Q2	**51.17**	**55.57**	**-7.92%**
April	49.87	55.57	-10.26%
May	53.00	55.57	-4.62%
June	51.17	55.57	-7.92%
Q3	**57.60**	**51.16**	**12.59%**
July	56.68	51.16	10.79%
August	57.46	51.16	12.31%
September	57.60	51.16	12.59%
Q4	**62.14**		
October	59.92		
November	60.26		
December	62.14		

그림 8-31 STARTOFQUARTER는 휴일이든 아니든 날짜를 반환한다.

1분기에는 SOQ에 대한 값이 없다. 또한 자료가 없는 날에 시작하는 모든 분기에도 문제가 있다. 사용 가능한 데이터가 있는 날짜만 고려해 기간의 시작 또는 끝을 계산하기 위해 사용할 함수는 DATESINPERIOD와 같은 다른 시간 인텔리전스 함수와 결합된 FIRSTNONBLANK 및 LASTNONBLANK 함수다.

SOQ 계산을 제대로 구현하면 다음과 같다.

```
SOQ :=
VAR FirstDateInQuarter =
  CALCULATETABLE (
    FIRSTNONBLANK (
      'Date'[Date],
      COUNTROWS ( RELATEDTABLE( MSFT ) )
    ),
    PARALLELPERIOD ( 'Date'[Date], 0, QUARTER )
  )
VAR Result =
  CALCULATE (
    AVERAGE ( MSFT[Value] ),
    FirstDateInQuarter
```

```
  )
RETURN
  Result
```

위 식은 작성하는 것도 어렵고 이해하기도 어렵다. 그러나 이용 가능한 데이터가 있는 날짜만 고려하기 때문에 어떤 시나리오에서도 효과가 있다. 그림 8-32에서는 행렬에서 SOQ를 새롭게 구현한 결과를 볼 수 있다.

Year	Last Value	SOQ	SOQ%
CY 2016	**62.14**	**54.80**	**13.39%**
Q1	**55.23**	**54.80**	**0.78%**
January	55.09	54.80	0.53%
February	50.88	54.80	-7.15%
March	55.23	54.80	0.78%
Q2	**51.17**	**55.57**	**-7.92%**
April	49.87	55.57	-10.26%
May	53.00	55.57	-4.62%
June	51.17	55.57	-7.92%
Q3	**57.60**	**51.16**	**12.59%**
July	56.68	51.16	10.79%
August	57.46	51.16	12.31%
September	57.60	51.16	12.59%
Q4	**62.14**	**57.42**	**8.22%**
October	59.92	57.42	4.35%
November	60.26	57.42	4.95%
December	62.14	57.42	8.22%

그림 8-32 새로운 버전의 SOQ는 주말과 휴일에 관계없이 정확한 숫자를 보여준다.

현학적으로 보일 수도 있지만 반가산 측정값 관련 주제를 소개할 때 사용한 개념을 반복할 필요가 있다. 악마는 디테일에 있다. DAX에는 모든 날짜에 데이터가 있는 모델에 사용할 수 있는 함수가 있다. 불행히도 데이터 모델의 모든 날짜가 데이터를 포함하고 있는 것은 아니다. 후자의 시나리오에서 이러한 단순한 함수를 사용할 때 발생할 수 있는 결과를 항상 고려해야 한다. 좀 더 복잡한 계산을 위해 시간 인텔리전스 함수를 구성 요소로 생각해야 한다. 한 번에 문제를 해결할 수 있는 사전에 정의된 함수가 없더라도 서로 다른 시간 인텔리전스 함수를 결합하면 다른 기간에 대해 정확한 계산을 할 수 있다.

각 시간 인텔리전스 함수에 대한 간단한 예를 보여주는 대신 여러 시행 착오 시나리오를 소개한 이유가 여기에 있다. 이 절과 책 전체의 목표는 단순히 함수 사용 방법을 보여주는 것이 아니다. DAX의 기본 함수로 문제를 해결할 수 없을 때 DAX로 생각하고, 처리해야 할 세부 사항을 찾아내 스스로 표현식을 작성할 수 있도록 하는 것이 목표다.

다음 절에서는 한 단계 더 발전하기 위해 시간 인텔리전스 계산을 시간 인텔리전스 함수의 도움 없이 계산할 수 있는 방법을 소개한다. 이는 단순히 교육적인 목적 때문만이 아니다. 주 단위 캘린더와 같은 사용자 지정 캘린더로 작업할 때 시간 인텔리전스 함수는 유용하지 않다. 원하는 결과를 얻으려면 몇 가지 복잡한 DAX 코드를 작성할 작성할 수 있어야 한다.

고급 시간 인텔리전스 계산

이 절에서는 시간 인텔리전스 함수에 관한 중요한 세부 사항을 다룬다. 이러한 세부 사항을 소개하기 위해 `FILTER`, `ALL`, `VALUES`, `MIN`, `MAX`와 같은 단순한 DAX 함수를 사용해 시간 인텔리전스 계산을 작성한다. 표준 시간 인텔리전스 함수 대신 단순한 함수 사용을 장려하는 것이 이 절의 목표가 아니다. 그보다는 특정한 상황에서도 시간 인텔리전스 함수의 정확한 동작을 이해하도록 돕는 것이다. 이를 통해 기존 함수로 해결할 수 없는 문제에 직면할 때 여러분 스스로 사용자 정의 계산을 작성할 수 있다. 또한 시간 인텔리전스 함수에 숨겨진 기능 때문에 단순한 DAX로 변환할 때 예상보다 더 많은 코드가 필요하다는 것을 알게 될 것이다.

DAX로 시간 인텔리전스 계산을 다시 작성해야 하는 이유는 연도의 첫날이 동일하지 않은 비표준 캘린더를 사용하기 때문일 수 있다. 예를 들어 주 단위의 ISO 캘린더가 이에 해당된다. 여기서 연도, 월, 분기가 항상 날짜 값에서 추출될 수 있다는 시간 인텔리전스 함수에서의 가정은 더 이상 성립되지 않는다. 필터 조건에서 DAX 코드를 변경해 다른 논리를 작성할 수도 있고, Date 테이블의 다른 열을 활용할 수도 있으므로 복잡한 DAX 식을 유지할 필요가 없다. 8장 뒷부분의 '사용자 지정 달력' 절에서 이 후자 접근법과 관련한 많은 예를 다룬다.

현재까지의 기간

앞에서는 MTD, QTD, YTD를 계산하는 DATESMTD, DATESQTD, DATESYTD 등의 DAX 함수에 대해 배웠다. 다음과 같은 DATESYTD 함수를 살펴보자.

```
DATESYTD ( 'Date'[Date] )
```

DATESYTD는 다음 코드에서 CALCULATETABLE로 호출된 FILTER 함수로 날짜 열을 필터링하는 필터와 같다.

```
CALCULATETABLE (
  VAR LastDateInSelection = MAX ( 'Date'[Date] )
  RETURN
    FILTER (
      ALL ( 'Date'[Date] ),
      'Date'[Date] <= LastDateInSelection
        && YEAR ( 'Date'[Date] ) = YEAR ( LastDateInSelection )
    )
)
```

이제 DATESMTD 함수를 살펴보자.

```
DATESMTD ( 'Date'[Date] )
```

DATESMTD는 다음 코드와 일치한다.

```
CALCULATETABLE (
  VAR LastDateInSelection = MAX ( 'Date'[Date] )
  RETURN
    FILTER (
      ALL ( 'Date'[Date] ),
      'Date'[Date] <= LastDateInSelection
        && YEAR ( 'Date'[Date] ) = YEAR ( LastDateInSelection )
        && MONTH ( 'Date'[Date] ) = MONTH ( LastDateInSelection )
    )
)
```

DATESQTD 함수도 동일한 패턴을 따른다. 이러한 모든 대체 실행 코드에는 공통적인 특성이 있다. 즉, 대체 실행 코드에서는 현재 선택에서 구할 수 있는 마지막 날로부터 년, 월, 분기에 관한 정보를 추출한다. 그런 다음 이 날짜를 사용해 적절한 필터를 생성한다.

시간 인텔리전스 함수의 컨텍스트 전환

이전 표현식에서는 항상 CALCULATETABLE로 전체 코드를 감쌌다. CALCULATETABLE을 사용하는 이유는 날짜 열을 열 참조로 지정할 때 필요한 컨텍스트 전환을 수행하기 위해서다. 8장의 앞에서 시간 인텔리전스 함수의 첫 번째 인수에 있는 열 참조가 다음과 같이 CALCULATETABLE 및 DISTINCT를 사용해 얻은 테이블로 변환되는 것을 봤다.

```
DATESYTD ( 'Date'[Date] )

-- 위 식은 다음과 일치함

DATESYTD ( CALCULATETABLE ( DISTINCT ( 'Date'[Date] ) ) )
```

따라서 컨텍스트 전환은 열 참조를 테이블로 변환하는 경우에만 일어난다. 테이블을 날짜 열 참조 대신 시간 인텔리전스 함수의 인수로 사용할 때는 발생하지 않는다. DATESYTD를 더 정확하게 풀어 쓰면 다음과 같다.

```
DATESYTD ( 'Date'[Date] )

-- 위 식은 다음과 일치함

VAR LastDateInSelection =
  MAXX ( CALCULATETABLE ( DISTINCT ( 'Date'[Date] ) ), [Date] )
RETURN
  FILTER (
    ALL ( 'Date'[Date] ),
    'Date'[Date] <= LastDateInSelection
      && YEAR ( 'Date'[Date] ) = YEAR ( LastDateInSelection )
  )
```

시간 인텔리전스 함수의 인수가 테이블일 때는 컨텍스트 전환이 일어나지 않는다.

행 컨텍스트에서 시간 인텔리전스 함수에 사용된 열 참조를 위해 생성된 CALCULATETABLE은 중요하다. Date 테이블에 작성한 다음 두 개의 계산된 열을 살펴보자.

```
'Date'[CountDatesYTD] = COUNTROWS ( DATESYTD ( 'Date'[Date] ) )

'Date'[CountFilter] =
COUNTROWS (
  VAR LastDateInSelection =
    MAX ( 'Date'[Date] )
  RETURN
    FILTER (
      ALL ( 'Date'[Date] ),
      'Date'[Date] <= LastDateInSelection
        && YEAR ( 'Date'[Date] ) = YEAR ( LastDateInSelection )
    )
)
```

비슷하게 보이지만 실제는 그렇지 않다. 그림 8-33에서 그 결과를 볼 수 있다.

Date	CountDatesYTD	CountFilter
01/01/07	1	365
01/02/07	2	365
01/03/07	3	365
01/04/07	4	365
01/05/07	5	365
01/06/07	6	365
01/07/07	7	365
01/08/07	8	365
01/09/07	9	365
01/10/07	10	365
01/11/07	11	365
01/12/07	12	365
01/13/07	13	365

그림 8-33 CountDatesYTD는 컨텍스트 전환을 수행하지만 CountFilter는 그렇지 않다.

CountDatesYTD는 연초부터 현재 행의 날짜까지 일수를 반환한다. 이 결과를 얻기 위해 DATESYTD는 현재 필터 컨텍스트를 검사해 필터 컨텍스트에서 선택한 기간을 추출해야 한다. 그러나 계산된 열에서 계산됐기 때문에 필터 컨텍스트가 없다. CountFilter의 동작은 설명하기가 더 간단하다. CountFilter는 최대 날짜를 계산할 때 필터 컨텍스트에 필터가 없기 때문에 항상 전체 날짜 테이블에서 마지막 날짜를 검색한다. DATESYTD는 날짜 열 참조로 호출돼 컨텍스트 전환을 수행하므로 CountDatesYTD는 다르게 작동한다. 따라서 현재 반복하는 날짜만 포함하는 필터 컨텍스트를 생성한다.

DATESYTD를 다시 작성해서 코드가 행 컨텍스트에서 실행되지 않는다는 것을 알고 있다면 필요 없는 외부 CALCULATETABLE을 제거할 수 있다. 이는 보통 DATESYTD가 자주 사용되는 반복함수 내에서 호출되지 않은 CALCULATE 함수의 필터 인수에 해당한다. 이 경우 DATESYTD 대신 다음과 같이 쓸 수 있다.

```
VAR LastDateInSelection = MAX ( 'Date'[Date] )
RETURN
  FILTER (
    ALL ( 'Date'[Date] ),
    'Date'[Date] <= LastDateInSelection
      && YEAR ( 'Date'[Date] ) = YEAR ( LastDateInSelection )
  )
```

반면, 계산된 열과 같이 행 컨텍스트에서 날짜를 검색하려면 다음과 같이 MAX를 사용하는 대신 변수에서 현재 행의 날짜 값을 검색하는 것이 더 쉽다.

```
VAR CurrentDate = 'Date'[Date]
RETURN
  FILTER (
    ALL ( 'Date'[Date] ),
    'Date'[Date] <= CurrentDate
      && YEAR ( 'Date'[Date] ) = YEAR ( CurrentDate )
  )
```

DATESYTD를 사용하면 연말 날짜를 지정할 수 있으며, 이는 회계 연도를 사용할 때 YTD를 계산하는 데 유용하다. 예를 들어 7월 1일부터 시작되는 회계 연도의 경우 6월 30일은 다음 버전 중 하나를 사용해 두 번째 인수로 지정해야 한다.

```
DATESYTD ( 'Date'[Date], "06-30" )
DATESYTD ( 'Date'[Date], "30-06" )
```

국가별 설정과 관계없이 개발자가 〈월〉과 〈일〉을 지정했다고 가정하자. 이러한 자리 표시자를 사용하는 DATESYTD의 해당 FILTER는 다음과 같다.

```
VAR LastDateInSelection = MAX ( 'Date'[Date] )
RETURN
  FILTER (
    ALL ( 'Date'[Date] ),
    'Date'[Date] > DATE ( YEAR ( LastDateInSelection ) - 1, <month>, <day> )
       && 'Date'[Date] <= LastDateInSelection
  )
```

중요 DATESYTD는 항상 회계 연도의 지정된 종료일 다음 날부터 시작한다는 점에 유의해야 한다. 이는 기업의 회계 연도가 3월 1일부터 개시되는 경우에 문제를 일으킨다. 실제로 회계 연도 마지막 날은 윤년 여부에 따라 2월 28일이나 29일이 된다. 2019년 4월 현재 이 특별한 시나리오에서는 DATESYTD를 사용할 수 없다. 따라서 코드를 작성해 3월 1일부터 회계 연도를 시작해야 한다면 DATESYTD를 사용할 수 없다. 해결 방법은 http://sql.bi/fymarch에서 확인할 수 있다.

DATEADD

DATEADD는 특정 오프셋만큼 시간을 이동한 날짜 집합을 검색한다. DATEADD는 현재 필터 컨텍스트를 분석할 때 현재 선택 항목이 한 달인지 또는 월의 시작이나 끝과 같은 특별한 기간인지 확인하는 과정을 밟는다. 예를 들어 DATEADD가 한 분기 뒤로 이동해 한 달 전체를 검색하면 현재 선택한 달의 날짜 수와 다른 결과가 나올 수 있다. 이는 DATEADD가 현재 선택이 한 달이라는 것을 이해하고 일수에 관계없이 해당 전체 달을 검색하기 때문이다.

이러한 특별한 행동은 이 절에서 설명하는 세 가지 규칙으로 표현된다. 이러한 규칙 때문에 일반적인 Date 테이블에서 DATEADD의 코드를 풀어서 쓰기가 어렵다. 코드 작성도 어렵지만 유지 관리하는 것은 불가능에 가깝다. DATEADD는 날짜 열의 값만 사용하며, 사용 가능한 날짜 값에서 년도, 분기 및 월과 같은 필요한 정보를 추출한다. 일반적인 DAX로는 DATEADD의 논리를 재현하기 어렵다. 반면, Date 테이블에서 추가 열을 사용하면 DATEADD

의 대체 버전을 작성할 수 있다. 이 방법은 8장의 뒷부분, 사용자 정의 달력에 관한 부분에서 상세히 다룬다.

다음 식을 살펴보자.

```
DATEADD ( 'Date'[Date], -1, MONTH )
```

다음 DAX 식은 위 식과 비슷하기는 하지만 완전히 똑같지는 않다.

```
VAR OffsetMonth = -1
RETURN TREATAS (
  SELECTCOLUMNS (
    CALCULATETABLE ( DISTINCT ( 'Date'[Date] ) ),
    "Date", DATE (
      YEAR ( 'Date'[Date] ),
      MONTH ( 'Date'[Date] ) + OffsetMonth,
      DAY ( 'Date'[Date] )
    )
  ),
  'Date'[Date]
)
```

노트 앞의 예와 8장의 다른 식에서 TREATAS 함수를 사용한다. 이 함수는 두 번째와 세 번째 인수가 지정하는 열의 필터 컨텍스트에 테이블 식을 적용한다. 10장에서 이 함수에 대해 자세히 다룬다.

월 매개변수에 대해 1보다 작은 값은 전년도에 들어갈 오프셋으로 간주되므로 표현식은 1월에도 작동한다. 그러나 이 방식은 대상 월에 현재 월과 동일한 날짜 수가 있는 경우에만 제대로 작동한다. 2월에서 1월로 이동하면 연도에 따라 표현식에 2~3일이 누락된다. 비슷한 방식으로 3월에서 2월로 이동하면 3월의 날짜가 결과에 포함될 수 있다.

반면에 DATEADD에는 유사한 문제가 없으며 오프셋을 적용하기 전에 한 달 전체를 선택한 경우에 한해 오프셋을 적용해 한 달 전체를 반환한다. 이를 위해 DATEADD는 다음과 같은 세 가지 규칙을 사용한다.

1. DATEADD는 날짜 열에 존재하는 날짜만 반환한다. 일부 날짜가 누락된 경우 DATEADD는 날짜 열에서 누락되지 않은 날짜만 반환한다.
2. 이동한 뒤 해당 월에 날짜가 없으면 DATEADD의 결과에 해당 월의 마지막 날이 포함된다.
3. 선택한 달에 한 달의 마지막 2일이 포함된 경우 DATEADD의 결과에는 이동된 달의 해당 일부터 말일 사이의 모든 날짜가 포함된다.

몇 가지 예를 통해 이러한 동작의 영향을 가늠해 보자. 다음과 같은 측정값을 살펴보면 Day count는 선택한 일수를 계산하고 PM Day count 뒤로 한 달 이동한 전달의 일수를 세며, PM Range는 DATEADD에서 선택한 날짜 범위를 반환한다.

```
Day count :=
COUNTROWS ( 'Date' )

PM Day count :=
CALCULATE ( [Day count], DATEADD ( 'Date'[Date], -1, MONTH ) )

PM Range :=
CALCULATE (
  VAR MinDate = MIN ( 'Date'[Date] )
  VAR MaxDate = MAX ( 'Date'[Date] )
  VAR Result =
    FORMAT ( MinDate, "MM/DD/YYYY - " ) & FORMAT ( MaxDate, "MM/DD/YYYY" )
  RETURN
    Result,
  DATEADD ( 'Date'[Date], -1, MONTH )
)
```

- **규칙** 1은 날짜 열에 포함된 날짜 범위의 경계 근처에서 날짜를 선택할 때 적용된다. 예를 들어 그림 8-34는 2007년 1월의 날짜가 날짜 열에 있기 때문에 2007년 2월의 PM Day count 및 PM Range 측정값이 유효한 값을 반환하는 반면, 2006년 12월의 날짜가 날짜 열에 없기 때문에 2007년 1월에는 공백을 반환한다.

Year	Day count	PM Day count	PM Range
01/27/07	1		
01/28/07	1		
01/29/07	1		
01/30/07	1		
01/31/07	1		
February	**28**	**31**	**01/01/2007 - 01/31/2007**
02/01/07	1	1	01/01/2007 - 01/01/2007
02/02/07	1	1	01/02/2007 - 01/02/2007
02/03/07	1	1	01/03/2007 - 01/03/2007
02/04/07	1	1	01/04/2007 - 01/04/2007
02/05/07	1	1	01/05/2007 - 01/05/2007
02/06/07	1	1	01/06/2007 - 01/06/2007

그림 8-34 선택한 날짜는 한 달 뒤로 이동된다.

Date 테이블에 연간 모든 날짜(예: 1월 1일부터 12월 31일까지)가 포함돼야 하는 주된 이유는 DATEADD의 동작 때문이다. DAX의 여러 시간 인텔리전스 함수는 내부적으로 DATEADD를 사용한다. 따라서 DAX 시간 인텔리전스 함수가 예상대로 작동하려면 완전한 Date 테이블을 갖추는 것이 가장 중요하다.

- **규칙 2**는 달의 날짜 수가 다르기 때문에 의미가 있다. 모든 달에 31일이 있지는 않다. 31일을 선택하면 이동한 달의 마지막 날로 움직인다. 예를 들어 그림 8-35에서 2007년 2월 29일부터 2월 31일까지는 없기 때문에 3월의 28일부터는 모두 2월의 마지막 날인 2월 28일로 이동된다.

Year	Day count	PM Day count	PM Range
03/22/07	1	1	02/22/2007 - 02/22/2007
03/23/07	1	1	02/23/2007 - 02/23/2007
03/24/07	1	1	02/24/2007 - 02/24/2007
03/25/07	1	1	02/25/2007 - 02/25/2007
03/26/07	1	1	02/26/2007 - 02/26/2007
03/27/07	1	1	02/27/2007 - 02/27/2007
03/28/07	1	1	02/28/2007 - 02/28/2007
03/29/07	1	1	02/28/2007 - 02/28/2007
03/30/07	1	1	02/28/2007 - 02/28/2007
03/31/07	1	1	02/28/2007 - 02/28/2007

그림 8-35 이동한 달에 없는 날짜는 해당 월의 마지막 날짜로 대체된다.

이 규칙의 결과는 선택한 날짜보다 적은 날짜 수를 얻을 수 있다는 것이다. 이는 3월에 31일을 선택하면 2월의 28일 또는 29일이 반환된다는 사실로부터 쉽게 이해할 수 있다. 그러나 날짜가 줄어든 경우 이는 기대한 결과가 아닐 수 있다. 그림 8-36에서 2007년 3월에 마지막 5일을 선택하면 2007년 2월에 불과 2일이 된다는 것을 알 수 있다.

Year	Day count	PM Day count	PM Range
2007	**5**	**2**	**02/27/2007 - 02/28/2007**
March	**5**	**2**	**02/27/2007 - 02/28/2007**
03/27/07	1	1	02/27/2007 - 02/27/2007
03/28/07	1	1	02/28/2007 - 02/28/2007
03/29/07	1	1	02/28/2007 - 02/28/2007
03/30/07	1	1	02/28/2007 - 02/28/2007
03/31/07	1	1	02/28/2007 - 02/28/2007
Total	**5**	**2**	**02/27/2007 - 02/28/2007**

그림 8-36 여러 날짜를 선택해도 DATEADD 결과에서 하루가 될 수 있다.

- **규칙** 3은 한 달의 마지막 날이 날짜 범위에 포함되는 경우 특별하게 처리하도록 한다. 2007년 6월 29일부터 2007년 7월 1일까지의 3일을 선택한 경우를 고려해보자. 이번에는 3일을 선택했지만 선택한 날짜에 6월의 마지막 날인 6월 30일이 포함됐다. DATEADD는 날짜를 이동할 때 5월 마지막 날(5월 31일)을 포함한다. 그림 8-37은 이러한 동작을 보여주며 이에 대해서는 좀 더 자세히 살펴볼 필요가 있다. 실제로는 6월 30일이 5월 30일로 이동했음을 알 수 있다. 6월 29일과 30일을 모두 포함하는 경우에만 결과가 전월의 마지막 날(5월 31일)을 포함한다. 이때 전월의 날짜 수가 당초 선택한 날짜 수 보다 크다. 즉, 2017년 6월에 선택한 2일은 전월(2007년 5월)의 3일을 반환한다.

Year	Day count	PM Day count	PM Range
2007	**3**	**4**	**05/29/2007 - 06/01/2007**
June	**2**	**3**	**05/29/2007 - 05/31/2007**
06/29/07	1	1	05/29/2007 - 05/29/2007
06/30/07	1	1	05/30/2007 - 05/30/2007
July	**1**	**1**	**06/01/2007 - 06/01/2007**
07/01/07	1	1	06/01/2007 - 06/01/2007
Total	**3**	**4**	**05/29/2007 - 06/01/2007**

그림 8-37 DATEADD의 결과는 이동 후 선택한 첫 날과 마지막 날 사이의 모든 날을 포함한다.

이러한 규칙은 표현식을 월 수준에서 적용할 때 직관적인 동작을 제공하기 위해서다. 그림 8-38에서 볼 수 있듯이 월 수준에서 선택한 항목을 비교하면 결과는 직관적이고 예상할 수 있다. 즉, 전월의 전체 날짜 범위를 보여준다.

Year	Day count	PM Day count	PM Range
2007	**365**	**334**	**01/01/2007 - 11/30/2007**
January	31		
February	28	31	01/01/2007 - 01/31/2007
March	31	28	02/01/2007 - 02/28/2007
April	30	31	03/01/2007 - 03/31/2007
May	31	30	04/01/2007 - 04/30/2007
June	30	31	05/01/2007 - 05/31/2007
July	31	30	06/01/2007 - 06/30/2007
August	31	31	07/01/2007 - 07/31/2007
September	30	31	08/01/2007 - 08/31/2007
October	31	30	09/01/2007 - 09/30/2007
November	30	31	10/01/2007 - 10/31/2007
December	31	30	11/01/2007 - 11/30/2007
2008	**366**	**366**	**12/01/2007 - 11/30/2008**
January	31	31	12/01/2007 - 12/31/2007
February	29	31	01/01/2008 - 01/31/2008
March	31	29	02/01/2008 - 02/29/2008
April	30	31	03/01/2008 - 03/31/2008

그림 8-38 PM Day count 측정값은 전월의 날짜 수를 나타낸다.

이 절에서 설명하는 규칙을 이해하는 것은 월의 날짜를 부분적으로 선택할 때 발생할 수 있는 문제를 처리하는 데 중요하다. 보고서에서 평일을 필터링하는 상황을 고려해보자. 이 필터는 한 달의 마지막 날을 포함하지 않을 수 있으며, 이 때문에 전월 전체가 선택되지 않을 수 있다. 더욱이 DATEADD에 의해 수행된 날짜 이동은 그 달의 일수만을 고려하며 요일은 고려하지 않는다. Date 테이블의 날짜 열에 필터를 적용하면 Date 테이블 자체에 눈에 보이지 않는 ALL이 생성돼 요일을 포함한 Date 테이블의 다른 열에 적용된 기존 필터가 제거된다. 따라서 평일을 필터링하는 슬라이서는 기대한 결과를 만들지 못하기 때문에 DATEADD와 함께 사용할 수 없다.

예를 들어 그림 8-39에 표시된 것처럼 전월의 판매 금액을 표시하는 다음과 같은 PM Sales DateAdd 측정값을 살펴보자.

```
PM Sales DateAdd :=
CALCULATE (
  [Sales Amount],
  DATEADD ( 'Date'[Date], -1, MONTH )
)
```

Year	Sales Amount	PM Sales DateAdd
2007	**8,522,387.91**	**7,577,161.01**
January	512,658.97	
February	733,016.32	525,255.79
March	812,661.96	735,642.52
April	938,504.90	718,494.01
May	764,664.76	961,369.32
June	614,322.15	565,356.50
July	623,356.94	619,184.77
August	760,652.04	777,717.96
September	755,777.34	638,583.64
October	565,028.19	890,962.06
November	641,518.91	599,002.38
December	800,225.43	538,999.02
Total	**8,522,387.91**	**7,577,161.01**

Week Day
- ☐ Friday
- ■ Monday
- ■ Saturday
- ■ Sunday
- ■ Thursday
- ■ Tuesday
- ☐ Wednesday

그림 8-39 PM Sales DateAdd 측정값은 이전 달의 실제 판매액과 일치하지 않는다.

PM Sales DateAdd는 한 달 전체에 해당하지 않는 날짜 필터를 생성한다. 규칙 3에 따라 월말의 추가 날짜를 포함해 선택한 월의 날짜를 바꾼다. 이 필터는 이전 달의 값에 대한 요일 선택을 무시한다. 예를 들어 2007년 3월과 5월은 해당월의 진짜 판매액보다 더 큰 값을 반환한다.

이 경우 올바르게 계산하려면 PM Sales Weekday 측정값에서 구현한 것과 같은 사용자 지정 계산이 필요하다. 이 필터는 YearMonthNumber 열을 필터링하고 ALLEXCEPT를 사용해 Date 테이블의 다른 모든 열에서 필터를 제거한다. 계산된 열인 YearMonthNumber는 월과 연도에 따라 순차적으로 표기한 숫자다.

```
Date[YearMonthNumber] =
'Date'[Year] * 12 + 'Date'[Month Number] - 1

PM Sales Weekday :=
```

```
VAR CurrentMonths = DISTINCT ( 'Date'[YearMonthNumber] )
VAR PreviousMonths =
  TREATAS (
    SELECTCOLUMNS (
      CurrentMonths,
      "YearMonthNumber", 'Date'[YearMonthNumber] - 1
    ),
    'Date'[YearMonthNumber]
  )
VAR Result =
  CALCULATE (
    [Sales Amount],
    ALLEXCEPT ( 'Date', 'Date'[Week Day] ),
    PreviousMonths
  )
RETURN
  Result
```

이 측정값의 결과는 그림 8-40에서 볼 수 있다.

Year	Sales Amount	PM Sales Weekday
2007	**8,522,387.91**	**7,722,162.48**
January	512,658.97	
February	733,016.32	512,658.97
March	812,661.96	733,016.32
April	938,504.90	812,661.96
May	764,664.76	938,504.90
June	614,322.15	764,664.76
July	623,356.94	614,322.15
August	760,652.04	623,356.94
September	755,777.34	760,652.04
October	565,028.19	755,777.34
November	641,518.91	565,028.19
December	800,225.43	641,518.91
Total	**8,522,387.91**	**7,722,162.48**

Week Day
- ☐ Friday
- ■ Monday
- ■ Saturday
- ■ Sunday
- ■ Thursday
- ■ Tuesday
- ☐ Wednesday

그림 8-40 PM Sales Weekday 측정값은 전월의 판매액과 일치한다.

그러나 이 해결책은 이 보고서에서만 적용된다. 일수가 월의 처음 6일처럼 다른 기준에 따라 선택됐다면 PM Sales Weekday로 얻은 결과는 월 전체에 대한 값을 반환하는 한편, PM Sales DateAdd에서 산출된 결과는 이 경우에 제대로 작동할 것이다. 사용자가 볼 수 있는 열에 따라, 그리고 선택한 항목에 따라 다른 식을 작성할 수 있다. 예를 들어 다음 PM Sales 측정값은 ISFILTERED 함수를 사용해 Day of Week 열에 필터가 활성화돼 있는지를 확인한다. 10장에서 ISFILTERED에 대해 자세히 설명한다.

```
PM Sales :=
IF (
  ISFILTERED ( 'Date'[Day of Week] ),
  [PM Sales Weekday],
  [PM Sales DateAdd]
)
```

FIRSTDATE, LASTDATE, FIRSTNONBLANK 및 LASTNONBLANK

8장의 앞부분, '반가산 계산 이해' 절에서 LASTDATE와 LASTNONBLANK 함수에 대해 배웠다. 이러한 함수는 독특하게 작동하는데, 닮은 꼴 함수인 FIRSTDATE와 FIRSTNONBLANK도 마찬가지다.

FIRSTDATE 및 LASTDATE는 날짜 열에서만 작동한다. 이들은 활성 필터 컨텍스트에서 각각 첫 번째 날짜와 마지막 날짜를 반환하며 다른 관련 테이블에 존재하는 데이터는 무시한다.

```
FIRSTDATE ( 'Date'[Date] )
LASTDATE ( 'Date'[Date] )
```

FIRSTDATE는 현재 필터 컨텍스트에서 수신된 열의 최솟값을 반환하고 LASTDATE는 최댓값을 반환한다. FIRSTDATE와 LASTDATE는 MIN과 MAX와 다소 비슷하게 작동하지만 한 가지 중요한 차이점이 있다. FIRSTDATE와 LASTDATE는 테이블을 반환하고 컨텍스트 전환을 수행하는 반면, MIN과 MAX는 어떠한 컨텍스트 전환도 수행하지 않고 스칼라값을 반환한다.

다음 식을 살펴보자.

```
CALCULATE (
  SUM ( Inventory[Quantity] ),
  LASTDATE ( 'Date'[Date] )
)
```

LASTDATE 대신 MAX를 사용해 표현식을 다시 작성할 수 있지만, 이로 인해 불필요하게 긴 코드를 작성해야 한다.

```
CALCULATE (
  SUM ( Inventory[Quantity] ),
  FILTER (
    ALL ( 'Date'[Date] ),
    'Date'[Date] = MAX ( 'Date'[Date] )
  )
)
```

게다가 LASTDATE는 컨텍스트 전환도 수행한다. 따라서 일반 DAX로 LASTDATE와 동등하게 식을 작성하면 다음과 같다.

```
CALCULATE (
  SUM ( Inventory[Quantity] ),
  VAR LastDateInSelection =
    MAXX ( CALCULATETABLE ( DISTINCT ( 'Date'[Date] ) ), 'Date'[Date] )
  RETURN
    FILTER (
      ALL ( 'Date'[Date] ),
      'Date'[Date] = LastDateInSelection
    )
)
```

컨텍스트 전환은 행 컨텍스트에서 FIRSTDATE/LASTDATE를 실행할 때 이뤄진다. 테이블 식이 필요하므로 필터식을 작성할 때는 FIRSTDATE/LASTDATE를 사용하는 것이 가장 좋은 방법이며, 일반적으로 스칼라값이 필요한 행 컨텍스트에서 논리 식을 쓸 때는 MIN/MAX 함수가 더 좋다. 실제로 열을 참조하는 LASTDATE는 외부 필터 컨텍스트를 숨기는 컨텍스트 전환을 의미한다.

예를 들어 구문이 더 간단하기 때문에 CALCULATE/CALCULATETABLE 함수의 필터 인수에서 MIN/MAX보다 FIRSTDATE/LASTDATE를 선호할 것이다. 그러나 FIRSTDATE/LASTDATE에 의한 컨텍스트 전환이 결과를 수정하는 경우 MIN/MAX를 사용해야 한다. FILTER 함수의 조건에 해당한다. 다음 식은 이동 합계 계산을 위해 날짜를 필터링한다.

```
FILTER (
  ALL ( 'Date'[Date] ),
  'Date'[Date] <= MAX ( 'Date'[Date] )
)
```

위에서 사용한 MAX는 올바른 함수다. MAX 대신 LASTDATE를 사용하면 원하지 않는 컨텍스트 전환 때문에 현재 선택과 관계없이 항상 모든 날짜가 포함된다. 이와 같이 다음 표현식은 항상 모든 날짜를 반환한다. 컨텍스트 전환으로 인해 필터가 반복하는 각 행에서 LASTDATE가 Date[Date] 값을 반환하기 때문이다.

```
FILTER (
  ALL ( 'Date'[Date] ),
  'Date'[Date] <= LASTDATE ( 'Date'[Date] ) -- 이 조건은 언제나 참
)
```

LASTNONBLANK와 FIRSTNONBLANK는 FIRSTDATE 및 LASTDATE와 다르다. 실제로 LASTNONBLANK 및 FIRSTNONBLANK는 반복함수이므로 행 컨텍스트에서 행 단위로 테이블을 스캔하고 두 번째 매개변수가 공백이 아닌 마지막 (또는 첫 번째) 값을 반환한다. 일반적으로 이러한 함수의 두 번째 매개변수는 컨텍스트 전환에 의존해야 하기 때문에 측정값이거나 CALCULATE를 포함하는 표현식이다.

주어진 측정값 및 테이블에서 비어 있지 않은 마지막 날짜에 대한 올바른 값을 얻으려면 다음과 같은 식을 사용할 수 있다.

```
LASTNONBLANK ( 'Date'[Date], CALCULATE ( COUNTROWS ( Inventory ) ) )
```

위 식은 현재 필터 컨텍스트에서 Inventory 테이블에 행이 있는 마지막 날짜를 반환한다. 다음과 같은 식을 사용해도 결과는 같다.

```
LASTNONBLANK ( 'Date'[Date], COUNTROWS ( RELATEDTABLE ( Inventory ) ) )
```

위 마지막 식은 현재 필터 컨텍스트에서 Inventory 테이블에 관련 행이 있는 마지막 날짜 (현재 필터 컨텍스트)를 반환한다.

FIRSTONBLANK/LASTNONBLANK 함수는 모든 데이터 유형을 첫 번째 인수로 받아들이는 반면, FIRSTDATE/LASTDATE 함수는 날짜/시간 또는 날짜 유형의 열이 필요하다. 따라서 일반적으로 사용되는 방법은 아니지만 FIRSTNONBLANK와 LASTNONBLANK는 고객, 제품 등과 같은 다른 테이블과 함께 사용할 수 있다.

시간 인텔리전스와 함께 드릴스루 사용

드릴스루 작업은 특정 계산에 사용된 필터 컨텍스트에 해당하는 데이터 소스 행을 요청하는 작업이다. 시간 인텔리전스 함수를 사용할 때마다 Date 테이블의 필터 컨텍스트가 변경된다. 이로 인해 초기 필터 컨텍스트에서 얻은 결과와 측정값의 결과가 달라진다. 엑셀의 피봇 테이블과 같이 보고서에 드릴스루 작업을 수행하는 클라이언트를 사용할 때 예상과는 다른 동작을 관찰할 수 있다. 실제로 MDX에서 이뤄지는 드릴스루 작동은 측정값 자체에 의해 정의된 필터 컨텍스트의 변경 사항을 고려하지 않는다. 대신 피봇 테이블의 행, 열, 필터 및 슬라이서로 정의된 필터 컨텍스트만 고려한다.

예를 들어 기본적으로 2007년 3월의 드릴스루는 측정값에 적용된 시간 인텔리전스 함수에 관계없이 항상 동일한 행을 반환한다. TOTALYTD를 사용하면 2007년 1월부터 3월까지의 모든 날을 예상할 수 있고 SAMEPERIODLASTYEAR를 사용하면 2006년 3월을 기대할 수 있으며 LASTDATE를 사용하면 2007년 3월 31일의 행만 예상할 수 있다. 실제로 기본 드릴스루에서는 모든 필터가 항상 2007년 3월의 모든 행을 반환한다. 이 동작은 테이블 형식Tabular 모델의 상세 행Detail Rows 속성으로 제어할 수 있다. 집필 시점(2019년 4월)에는 분석 서비스(SSAS) 2017 또는 Azure 분석 서비스 데이터 모델에서 상세 행 속성을 설정할 수 있지만 파워 BI와 엑셀의 파워 피봇에서는 사용할 수 없다.

상세 행 속성은 해당 시간 인텔리전스 측정값에 사용하는 것과 동일한 필터를 적용해야 한다. 다음과 같은 YTD 측정값을 살펴보자.

```
CALCULATE (
  [Sales Amount],
  DATESYTD ( 'Date'[Date] )
)
```

상세 행 속성은 다음과 같이 설정돼야 한다.

```
CALCULATETABLE (
  Sales,                         -- 이 표현식이 반환되는 열을 통제함
  DATESYTD ( 'Date'[Date] )
)
```

사용자 지정 달력

DAX의 표준 시간 인텔리전스 함수는 표준 그레고리력만 지원한다. 그레고리력은 1년을 12개월로 나눈 태양력을 기반으로 하며 각 달의 날짜 수는 일정하지 않다. 표준 시간 인텔리전스 함수는 연도, 분기, 월, 일별 데이터를 분석하는 데 효과적이다. 그러나 ISO 주 단위 달력처럼 기간에 대한 정의가 다른 모델이 있다. 사용자 지정 달력이 필요한 경우 표준 시간 인텔리전스 계산은 아무 소용이 없기 때문에 시간 인텔리전스 논리를 DAX로 다시 작성해애 한다.

비표준 캘린더에 관해서는 모든 내용을 다루는 것이 불가능할 정도로 많은 변형이 있다. 따라서 표준 함수를 사용할 수 없을 때 DAX에서 시간 인텔리전스 계산을 구현할 수 있는 몇 가지 방법을 보여준다.

표현식을 단순화하기 위한 일반적인 방법은 Date 테이블에서 비즈니스 논리의 일부를 전용 열로 이동하는 것이다. 표준 시간 인텔리전스 함수는 날짜 열 이외에 Date 테이블의 정보를 사용하지 않는다. 이는 MDX 및 다차원 Analysis Services의 경우처럼 DAX에서 날짜, 연도, 분기 및 월을 결정하기 위해 열을 식별하기 위한 추가 메타 데이터가 필요하지 않기 때문에 DAX의 디자인 선택사항이다. 모델 및 DAX 코드의 소유자가 되면 더 많은 가정을 할 수 있으며, 이는 코드를 단순화해 사용자 지정 시간 관련 계산을 처리하는 데 도움이 된다.

이 마지막 절은 사용자 지정 달력과 관련된 몇 가지 표현식을 보여준다. 필요한 경우 다음 자료에서 추가 정보와 예제 및 즉시 사용 가능한 DAX 식을 참고할 수 있을 것이다.

- 시간 패턴: http://www.daxpatterns.com/time-patterns/
- DAX의 주 단위 시간 인텔리전스: http://sql.bi/isoweeks/

주 단위 작업

DAX에는 주 단위 캘린더를 다룰 수 있는 시간 인텔리전스 함수가 없다. 1년 안에 주(週)를 정의하고 몇 주에 걸친 계산 개념을 정의하는 기준과 방법이 매우 많기 때문이다. 종종 1주일이 연, 분기 및 월의 경계에 걸쳐 있을 수 있다. 자신만의 주 단위 캘린더를 정의하기 위해서는 코드를 작성해야 한다. 예를 들어 ISO 주 단위 캘린더에서는 2011년 1월 1일과 1월 2일은 2010년의 52번째 주(2010-W52)에 속하며 2011년의 첫 주는 1월 3일(2011-W01-1)에 시작된다.

표준은 비록 다르지만 대부분의 경우에 잘 작동하는 접근 방법이 있다. 이 방법은 Date 테이블에 열을 추가해서 해당 열에 주와 월·분기·년 사이의 관계를 저장한다. 연결 규칙을 바꿀 때 측정값의 DAX 코드는 수정하지 않고 Date 테이블의 내용만 변경하면 된다.

예를 들어 ISO 주 단위 캘린더를 지원하기 위해서 다음과 같이 계산된 열을 추가해 Date 테이블을 확장할 수 있다.

```
'Date'[Calendar Week Number] = WEEKNUM ( 'Date'[Date], 1 )

'Date'[ISO Week Number] = WEEKNUM ( 'Date'[Date], 21 )

'Date'[ISO Year Number] = YEAR ( 'Date'[Date] + ( 3 - WEEKDAY ( 'Date'[Date], 3
) ) )

'Date'[ISO Week] = "W" & 'Date'[ISO Week Number] & "-" & 'Date'[ISO Year Number]

'Date'[ISO Week Sequential] = INT ( ( 'Date'[Date] - 2 ) / 7 )

'Date'[ISO Year Day Number] =
VAR CurrentIsoYearNumber = 'Date'[ISO Year Number]
VAR CurrentDate = 'Date'[Date]
VAR DateFirstJanuary = DATE ( CurrentIsoYearNumber, 1, 1 )
VAR DayOfFirstJanuary = WEEKDAY ( DateFirstJanuary, 3 )
```

```
VAR OffsetStartIsoYear = - DayOfFirstJanuary + ( 7 * ( DayOfFirstJanuary > 3 ) )
VAR StartOfIsoYear = DateFirstJanuary + OffsetStartIsoYear
VAR Result = CurrentDate - StartOfIsoYear
RETURN
  Result
```

그림 8-41에서 위 식의 결과를 확인할 수 있다. `ISO Week` 열은 사용자가 볼 수 있는 반면, `ISO Week Sequential` 번호는 내부용으로만 사용된다. `ISO Year Day Number`는 ISO 연도 개시 이후의 날짜 수다. 이러한 추가 열을 사용하면 서로 다른 기간을 쉽게 비교할 수 있다.

Date	ISO Week Number	Calendar Week Number	ISO Year Number	ISO Week	ISO Week Sequential	ISO Year Day Number
12/27/07	52	52	2007	W52-2007	5634	361
12/28/07	52	52	2007	W52-2007	5634	362
12/29/07	52	52	2007	W52-2007	5634	363
12/30/07	52	53	2007	W52-2007	5634	364
12/31/07	1	53	2008	W1-2008	5635	1
01/01/08	1	1	2008	W1-2008	5635	2
01/02/08	1	1	2008	W1-2008	5635	3
01/03/08	1	1	2008	W1-2008	5635	4
01/04/08	1	1	2008	W1-2008	5635	5
01/05/08	1	1	2008	W1-2008	5635	6
01/06/08	1	2	2008	W1-2008	5635	7
01/07/08	2	2	2008	W2-2008	5636	8
01/08/08	2	2	2008	W2-2008	5636	9
01/09/08	2	2	2008	W2-2008	5636	10

그림 8-41 계산된 열로 Date 테이블을 확장해 ISO 주를 지원할 수 있다.

개발자는 새로운 열을 사용해 날짜로부터 연도를 추출하지 않고, `ISO Year Number` 열을 사용해 연도별 집계를 작성할 수 있다. 이 방법은 8장의 앞부분 '현재까지의 기간' 절에서 배운 방법과 동일하다. 다만 `VALUES` 함수를 실행하기 전에 ISO 연도가 하나만 선택됐는지 확인하기 위한 검사만 추가했을 뿐이다.

```
ISO YTD Sales :=
IF (
  HASONEVALUE ( 'Date'[ISO Year Number] ),
  VAR LastDateInSelection = MAX ( 'Date'[Date] )
  VAR YearSelected = VALUES ( 'Date'[ISO Year Number] )
  VAR Result =
    CALCULATE (
```

```
      [Sales Amount],
      'Date'[Date] <= LastDateInSelection,
      'Date'[ISO Year Number] = YearSelected,
      ALL ( 'Date' )
    )
  RETURN
    Result
)
```

그림 8-42는 DATESYTD를 사용해 계산한 표준 YTD와 비교해 2008년 연초의 ISO YTD Sales 측정값의 결과를 보여준다. ISO 버전은 ISO 2008년에 속하는 2007년 12월 31일을 정확하게 포함한다.

ISO Year Number	Sales Amount	ISO YTD Sales	CAL YTD Sales
2008	**9,751,677.59**	**9,751,677.59**	**9,744,825.64**
W1-2008	**121,701.75**	**121,701.75**	**114,849.81**
12/31/07	6,851.94	6,851.94	11,309,946.12
01/01/08	19,143.33	25,995.27	19,143.33
01/02/08	14,731.14	40,726.41	33,874.46
01/03/08	54,558.58	95,284.98	88,433.04
01/04/08		95,284.98	88,433.04
01/05/08	18,047.97	113,332.96	106,481.01
01/06/08	8,368.80	121,701.75	114,849.81

그림 8-42 ISO YTD Sales는 2008년 첫 주에 2007년 12월 31일을 정확하게 포함한다.

전년도와의 비교는 그 해의 상대적 주와 전년도의 같은 주를 비교해야 한다. 날짜가 다를 수 있으므로 비교 표현식을 만들기 위해 Date 테이블의 다른 열을 사용하는 것이 더 간단하다. 각 주마다 항상 7일이 있기 때문에 매년 1년의 주 수는 일정한 반면 매월의 날짜 수가 다르기 때문에 동일한 가정을 활용할 수 없다. 주 단위 캘린더에서는 현재 필터 컨텍스트에서 선택한 상대 일수와 이전연도의 동일한 상대일수를 확인해 계산을 간소화할 수 있다.

다음 ISO PY Sales 측정값은 선택된 동일한 날짜를 전년도에서 필터링한다. 이 방법은 일반적인 날짜가 아니라 ISO Year Day Number 값을 사용해 날짜를 선택하기 때문에 전체 주를 선택한 경우에도 잘 작동한다.

```
ISO PY Sales :=
IF (
  HASONEVALUE ( 'Date'[ISO Year Number] ),
  VAR DatesInSelection = VALUES ( 'Date'[ISO Year Day Number] )
  VAR YearSelected = VALUES ( 'Date'[ISO Year Number] )
  VAR PrevYear = YearSelected - 1
  VAR Result =
    CALCULATE (
      [Sales Amount],
      DatesInSelection,
      'Date'[ISO Year Number] = PrevYear,
      ALL ( 'Date' )
    )
  RETURN
    Result
)
```

그림 8-43은 ISO PY Sales 측정값으로 만든 결과를 나타낸다. 오른쪽에는 ISO PY Sales의 출처를 쉽게 이해할 수 있도록 2007년 판매액을 추가했다.

ISO Year Number	Sales Amount	CAL PY Sales	ISO PY Sales
2008	**9,751,677.59**	**11,243,758.33**	**11,303,094.18**
W1-2008	**121,701.75**	**216,891.21**	**240,196.84**
12/31/07	6,851.94		
01/01/08	19,143.33		48,646.02
01/02/08	14,731.14	48,646.02	92,244.07
01/03/08	54,558.58	92,244.07	13,950.29
01/04/08		13,950.29	62,050.83
01/05/08	18,047.97	62,050.83	
01/06/08	8,368.80		23,305.63
W2-2008	**121,345.28**	**100,674.28**	**77,368.65**
01/07/08	16,425.61	23,305.63	
01/08/08	23,523.00		20,543.35
01/09/08	41,778.21	20,543.35	6,565.56
01/10/08	942.56	6,565.56	22,693.05
01/11/08	22,059.58	22,693.05	16,251.63
01/12/08		16,251.63	11,315.05
01/13/08	16.616.33	11.315.05	

ISO Year Number	Sales Amount
2007	**11,303,094.18**
W1-2007	**240,196.84**
01/02/07	48,646.02
01/03/07	92,244.07
01/04/07	13,950.29
01/05/07	62,050.83
01/07/07	23,305.63
W2-2007	**77,368.65**
01/09/07	20,543.35
01/10/07	6,565.56
01/11/07	22,693.05
01/12/07	16,251.63
01/13/07	11,315.05
W3-2007	**281,655.20**
01/15/07	58,224.87
01/16/07	45,595.65
01/17/07	29.600.55

그림 8-43 ISO PY Sales는 1년 전 같은 주의 판매액을 보여준다.

주 단위 캘린더는 각 연도의 날짜가 서로 대칭이라고 가정할 수 있기 때문에 간단히 관리할 수 있다. 일반적인 달력과 호환되지 않으므로 계층(월 및 주)을 모두 사용하려면 각 계층에 대해 서로 다른 시간 인텔리전스 계산을 만들어야 한다.

사용자 지정 YTD, QTD, MTD

8장의 앞부분, '현재까지의 기간' 절에서 DATESYTD 및 유사한 함수를 DAX로 풀어 쓰는 방법을 배웠다. 여기에서 날짜 열에서 연도와 같은 날짜 속성을 추출할 수 있었다. ISO 캘린더에서는 날짜열로부터 연도와 같은 값을 구할 수 없다. 대신에 이러한 값을 구하기 위해 추가 열을 만들었다. 이 절에서는 날짜 값에서 정보를 추출하는 대신 Date 테이블의 다른 열을 사용하는 방법을 보여준다.

예를 들어 다음과 같은 YTD Sales 측정값을 살펴보자.

```
YTD Sales :=
CALCULATE (
  [Sales Amount],
  DATESYTD ( 'Date'[Date] )
)
```

시간 인텔리전스가 함수를 사용하지 않고 DAX로 해당 구문을 변경하면 다음과 같다.

```
YTD Sales :=
VAR LastDateInSelection = MAX ( 'Date'[Date] )
VAR Result =
  CALCULATE (
    [Sales Amount],
    'Date'[Date] <= LastDateInSelection
     && YEAR ( 'Date'[Date] ) = YEAR ( LastDateInSelection )
  )
RETURN
  Result
```

사용자 정의 달력을 사용하는 경우 YEAR 함수 호출 대신 다음 YTD Sales 사용자 정의 측정값에서처럼 연도 열에 직접 접근해야 한다.

```
YTD Sales Custom :=
VAR LastDateInSelection = MAX ( 'Date'[Date] )
VAR LastYearInSelection = MAX ( 'Date'[Calendar Year Number] )
VAR Result =
  CALCULATE (
    [Sales Amount],
    'Date'[Date] <= LastDateInSelection,
    'Date'[Calendar Year Number] = LastYearInSelection,
    ALL ( 'Date' )
  )
RETURN
  Result
```

같은 템플릿을 사용해 QTD 및 MTD를 구현할 수 있다. 다음과 같이 Calendar Year Number 대신에 사용하는 열만 변경하면 된다.

```
QTD Sales Custom :=
VAR LastDateInSelection = MAX ( 'Date'[Date] )
VAR LastYearQuarterInSelection = MAX ( 'Date'[Calendar Year Quarter Number] )
VAR Result =
  CALCULATE (
    [Sales Amount],
    'Date'[Date] <= LastDateInSelection,
    'Date'[Calendar Year Quarter Number] = LastYearQuarterInSelection,
    ALL ( 'Date' )
  )
RETURN
  Result

MTD Sales Custom :=
VAR LastDateInSelection = MAX ( 'Date'[Date] )
VAR LastYearMonthInSelection = MAX ( 'Date'[Calendar Year Month Number] )
VAR Result =
  CALCULATE (
    [Sales Amount],
    'Date'[Date] <= LastDateInSelection,
    'Date'[Calendar Year Month Number] = LastYearMonthInSelection,
    ALL ( 'Date' )
  )
RETURN
  Result
```

이러한 식을 사용해 표준 캘린더(다이렉트쿼리를 사용해 성능을 개선하려는 경우)와 사용자 정의 캘린더(기간은 표준 기간이 아닌 경우)에 대한 계산을 구현할 수 있다.

결론

8장에서 DAX의 시간 인텔리전스 계산의 기본을 배웠다. 여기서 다룬 중요한 사항을 요약하면 다음과 같다.

- 파워 피봇과 파워 BI 모두 Date 테이블 작성을 자동화하는 기능을 갖고 있다. 하지만 요구 사항이 간단한 경우를 제외하면 사용할 가치가 없다. Date 테이블을 제어하는 것이 중요하며 기존 도구를 사용해 필요에 따라 테이블을 수정할 수 없다.
- CALENDARAUTO와 간단한 DAX 코드를 활용해 Date 테이블을 쉽게 만들 수 있다. 다른 여러 프로젝트에서 코드를 다시 사용할 것이기 때문에 시간을 들여서라도 자신만의 Date 테이블을 만들 만한 가치가 있다. Date 테이블을 만들 수 있는 DAX 템플릿을 웹에서 다운로드할 수 있다.
- 데이터 테이블을 Date 테이블로 표시해 시간 인텔리전스 계산을 단순화할 수 있다.
- 인텔리전스 함수에는 여러 가지가 있다. 대부분은 CALCULATE의 필터 인수로 사용될 수 있는 테이블을 단순히 돌려준다.
- 시간 인텔리전스 함수를 더욱 복잡한 계산을 위한 구성 요소로 취급하는 방법을 배워야 한다. 시간 인텔리전스 함수를 결합함으로써 여러 가지 다른 복잡한 계산을 만들 수 있다.
- 표준시간 인텔리전스 계산을 적용할 수 없는 요구 사항이라면 소매를 걷어붙이고 더 간단한 DAX 함수로 시간 인텔리전스 계산을 작성하는 법을 배워야 한다.
- 이 책에는 시간 인텔리전스 계산에 관한 몇 가지 예가 있다. 또 https://www.daxpatterns.com/time-patterns/에서 더 많은 내용을 참고할 수 있다.

09

계산 그룹

2019년에 DAX에 계산 그룹이 도입되는 큰 변화가 있었다. 계산 그룹은 MDX에서 사용하는 유사한 기능(계산 멤버)에서 영감을 얻은 유틸리티 기능이다. MDX의 계산 멤버가 무엇인지 이미 알고 있다면 계산 그룹 학습이 다소 쉬울 것이다. 그러나 DAX 구현은 MDX와는 다르다. 따라서 9장에서는 이전 지식과 관계없이 계산 그룹의 정의와 용도 및 사용 방법에 대해 다룬다.

계산 그룹은 사용하기 쉽지만 여러 개의 계산 그룹을 만들거나 계산 항목을 측정값에 사용할 때 모델을 올바르게 설계하기는 쉽지 않다. 9장에서는 이와 같은 문제를 방지하는 데 도움이 되는 모범 사례를 제공한다. 이러한 모범 사례에서 벗어나 안정적인 모델을 설계하려면 계산 그룹을 설계하는 방법에 대해 깊이 이해해야 한다.

계산 그룹은 DAX의 새로운 기능으로 2019년 4월 현재까지는 완료되지 못했다. 9장에서 이 기능의 최종 버전에서 변경될 수 있는 부분은 별도로 언급한다. 따라서 DAX의 계산 그룹에 대해 업데이트된 자료와 예를 볼 수 있는 웹 페이지(https://www.sqlbi.com/calculation-groups)를 방문하길 권한다.

계산 그룹 소개

계산 그룹에 관해 설명하기 전에 이 기능을 도입하게 된 비즈니스 요구 사항이 무엇인지 살펴볼 필요가 있다. 시간 인텔리전스는 이미 학습했으므로 시간 관련 계산이 포함된 예가 적합할 듯하다.

샘플 모델에서 판매액, 총비용, 마진 및 판매 수량을 구하는 계산을 다음과 같이 정의했다.

```
Sales Amount := SUMX ( Sales, Sales[Quantity] * Sales[Net Price] )
Total Cost := SUMX ( Sales, Sales[Quantity] * Sales[Unit Cost] )
Margin := [Sales Amount] - [Total Cost]
Sales Quantity := SUM ( Sales[Quantity] )
```

위 네 가지 측정값 모두 유용하며 비즈니스에 대한 각각 다른 통찰을 제공한다. 더욱이 네 가지 측정값 모두 시간 인텔리전스 계산을 위한 좋은 후보다. 판매 수량 관련 YTD 값은 판매액 및 마진에 대한 YTD 값만큼 흥미로울 수 있다. 전년도 같은 기간, 전년도 대비 성장률 등 그 밖의 시간 인텔리전스 계산도 마찬가지다.

그럼에도 불구하고 모든 측정값에 대해 각각의 시간 인텔리전스 측정값을 작성한다면 데이터 모델에서 측정값의 수가 빠르게 증가할 수 있다. 실제로 수백 개의 측정값이 있는 데이터 모델을 관리하는 것은 사용자와 개발자 모두에게 버거운 일이다. 마지막으로, 시간 인텔리전스에 대한 모든 측정값은 공통된 패턴의 단순한 변형이라고 생각해야 한다. 앞의 네 가지 측정값의 YTD 버전은 다음과 같다.

```
YTD Sales Amount :=
CALCULATE (
  [Sales Amount],
  DATESYTD ( 'Date'[Date] )
)

YTD Total Cost :=
CALCULATE (
  [Total Cost],
  DATESYTD ( 'Date'[Date] )
)
```

```
YTD Margin :=
CALCULATE (
  [Margin],
  DATESYTD ( 'Date'[Date] )
)

YTD Sales Quantity :=
CALCULATE (
  [Sales Quantity],
  DATESYTD ( 'Date'[Date] )
)
```

위의 모든 측정값은 바탕이 되는 측정값만 다를 뿐, 모두 동일한 DATESYTD 필터 컨텍스트를 각각의 기본 측정값에 적용했다. 측정값을 자리 표시자(placeholder)로 교체해 일반적으로 계산을 정의하면 다음과 같다.

```
YTD <Measure> :=
CALCULATE (
  <Measure>,
  DATESYTD ( 'Date'[Date] )
)
```

위 코드는 유효한 DAX 구문은 아니지만 무엇을 계산하는지 잘 설명해준다. 위 코드는 '측정값에 YTD 계산을 적용해야 할 때 Date[Date] 열에 DATESYTD를 적용한 후 측정값을 호출해야 한다'라고 읽는다. 계산 항목은 특별한 자리 표시자를 포함하는 DAX 식이다. 자리 표시자는 결과를 평가하기 직전에 엔진에 의해 측정값으로 대체된다. 즉, 계산 항목은 표현식의 변형이며 모든 측정값에 적용할 수 있다.

또한 개발자는 시간 인텔리전스 계산을 여러 번 해야 할 때가 많다. 시작 부분에서 언급한 것처럼 YTD, QTD, 전년 동기 비교 등은 모두 같은 계산 그룹에 속한다. 그래서 DAX에서는 계산 항목과 계산 그룹을 모두 제공한다. 계산 그룹은 같은 주제에 대한 변형이므로 편리하게 그룹화할 수 있는 계산 항목의 집합이다.

DAX 유사 코드를 계속해서 살펴보자.

```
CALCULATION GROUP "Time Intelligence"
  CALCULATION ITEM CY := <Measure>
  CALCULATION ITEM PY := CALCULATE ( <Measure>, SAMPEPERIODLASTYEAR (
'Date'[Date] ) )
  CALCULATION ITEM QTD := CALCULATE ( <Measure>, DATESQTD ( 'Date'[Date] ) )
  CALCULATION ITEM YTD := CALCULATE ( <Measure>, DATESYTD ( 'Date'[Date] ) )
```

위에서 `Time Intelligence`라는 그룹으로 4개의 시간 관련 계산을 그룹화했다. 계산 항목은 모델의 모든 측정값에 변형을 적용하기 때문에 코드는 단지 네 줄로 수십 가지 측정값을 정의한다. 따라서 개발자가 새로운 측정값을 만들면 CY, PY, QTD 및 YTD 변형을 모두 무료로 사용할 수 있다.

계산 그룹에 대한 설명 중 빠진 부분이 많지만, 계산 그룹을 활용해 첫 번째 계산 그룹을 정의하기 위해서는 한 가지 세부 사항에 대한 설명이 필요하다. 즉, 사용자가 변형을 선택하는 방법에 관해서다. 앞서 설명한 대로 계산 항목은 측정값이 아니라 측정값의 변형이다. 따라서 사용자는 측정값 자체의 변형이 하나 이상 있는 특정 측정값을 보고서에 넣을 수 있어야 한다. 사용자는 테이블에서 열을 선택하는 습관이 있기 때문에 계산 그룹은 테이블에서 열인 것처럼 구현되는 반면, 계산 항목은 주어진 열의 값과 같다. 이런 식으로 사용자는 계산 그룹을 행렬의 열에 사용해 보고서에 다양한 측정값의 변형을 표시할 수 있다. 예를 들어 앞에서 설명한 계산 항목은 그림 9-1에서 행렬의 열에 적용돼 `Sales Amount` 측정값의 다양한 변형을 보여준다.

Calendar Year
- CY 2005
- CY 2006
- CY 2007
- ■ CY 2008
- CY 2009

Month	CY	PY	QTD	YTD
January	656,766.69	794,248.24	656,766.69	656,766.69
February	600,080.00	891,135.91	1,256,846.69	1,256,846.69
March	559,538.52	961,289.24	1,816,385.21	1,816,385.21
April	999,667.17	1,128,104.82	999,667.17	2,816,052.38
May	893,231.96	936,192.74	1,892,899.13	3,709,284.34
June	845,141.60	982,304.46	2,738,040.73	4,554,425.94
July	890,547.41	922,542.98	890,547.41	5,444,973.35
August	721,560.95	952,834.59	1,612,108.36	6,166,534.30
September	963,437.23	1,009,868.98	2,575,545.59	7,129,971.53
October	719,792.99	914,273.54	719,792.99	7,849,764.52
November	1,156,109.32	825,601.87	1,875,902.31	9,005,873.85
December	921,709.14	991,548.75	2,797,611.46	9,927,582.99
Total	**9,927,582.99**	**11,309,946.12**	**2,797,611.46**	**9,927,582.99**

그림 9-1 사용자는 계산 그룹을 모델의 열인 것처럼 행렬의 열에 적용할 수 있다.

계산 그룹 만들기

테이블 형식 모델에서 계산 그룹을 구현하는 방식은 편집기 도구의 사용자 인터페이스에 따라 다르다. 작성 시점(2019년 4월)에는 파워 BI와 분석 서비스용 SQL 서버 데이터 툴SSDT 모두 이 기능에 대한 사용자 인터페이스가 없으며 API 수준의 TOMTabular Object Model에서만 사용할 수 있다. 이 기능을 사용할 수 있는 첫 번째 도구는 오픈 소스 도구인 테이블 편집기Tabular Editor로 https://tabulareditor.github.io/에서 무료로 다운로드할 수 있다.

테이블 편집기에서 **모델 > 새 계산 그룹** 메뉴 항목을 누르면 새 계산 그룹이 생성되며, 새 계산 그룹은 모델에 아이콘 표시가 있는 테이블로 나타난다. 그림 9-2에는 이름을 시간 인텔리전스Time Intelligence로 변경한 계산 그룹이 나와 있다.

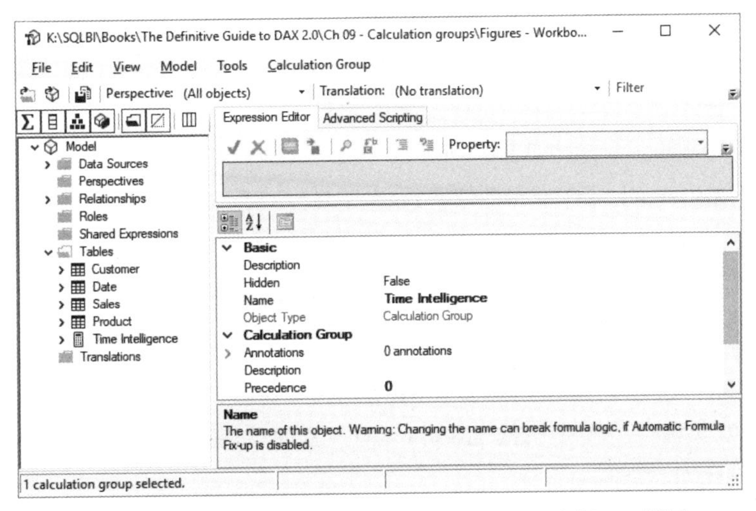

그림 9-2 테이블 편집기는 시간 인텔리전스 계산 그룹을 특수 테이블로 표시한다.

계산 그룹은 한 열로 이뤄진 특수 테이블이며, 이 열은 테이블 편집기에서 디폴트로 **속성**Attribute이라고 이름 붙여진다. 샘플 모델에서 이 열의 이름을 `Time calc`로 바꾼 다음 `Time calc` 열을 마우스 오른쪽 버튼으로 클릭해 New Calculation 항목을 사용해 세 항목(YTD, QTD, SPLY)을 추가했다. 그림 9-3에 표시된 것처럼 각 계산 항목에는 DAX 식이 있다.

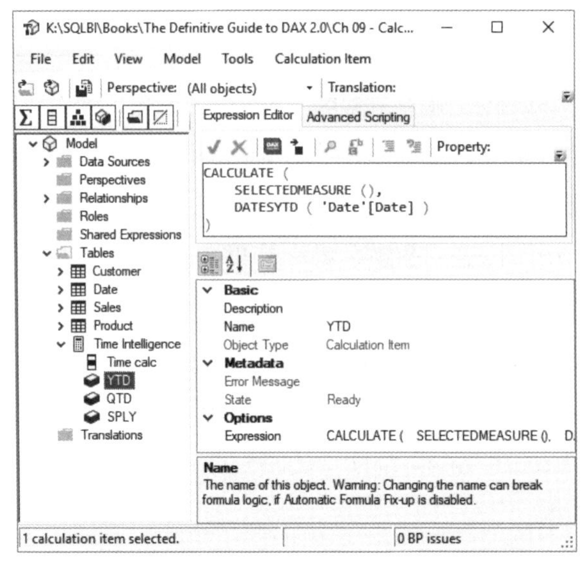

그림 9-3 모든 계산 항목에는 테이블 편집기에서 수정할 수 있는 DAX 식이 있다.

SELECTEDMEASURE 함수는 이전 DAX 유사 코드에 사용했던 〈측정값〉 자리 표시자를 DAX로 구현한 것이다. 각 계산 항목에 대한 DAX 코드는 다음 코드에 설명돼 있다. 각 DAX 식 앞에 있는 주석은 해당 계산 항목을 표시한다.

노트 항상 모델의 측정값에 비즈니스 로직을 표현하는 것이 가장 좋다. 모델에 계산 그룹이 포함된 경우 계산 그룹은 측정값에만 적용할 수 있고 집계함수에 아무런 영향을 주지 않기 때문에 파워 BI 클라이언트에서는 개발자가 열을 집계할 수 없다. 이는 계산 그룹이 측정값에 대해서만 작동하기 때문이다.

```
--
-- Calculation Item: YTD
--
  CALCULATE (
    SELECTEDMEASURE (),
    DATESYTD ( 'Date'[Date] )
  )
```

```
--
-- Calculation Item: QTD
--
  CALCULATE (
    SELECTEDMEASURE (),
    DATESQTD ( 'Date'[Date] )
  )

--
-- Calculation Item: SPLY
--
  CALCULATE (
    SELECTEDMEASURE (),
    SAMEPERIODLASTYEAR ( 'Date'[Date] )
)
```

이 정의로 `Time Intelligence`라고 이름 붙여진 새 테이블이 표시되며 `Time calc`라는 열에는 YTD, QTD, SPLY라는 세 가지 값이 포함돼 있다. 사용자는 해당 열로 슬라이서를 만들 수도 있고 모델의 실제 열인 것처럼 시각화의 행과 열에 사용할 수도 있다. 예를 들어 사용자가 YTD를 선택하면 엔진은 보고서에 있는 모든 측정값에 YTD 계산 항목을 적용한다. 그림 9-4에서 `Sales Amount` 측정값이 포함된 행렬을 볼 수 있다. 슬라이서는 측정값의 YTD 변형을 선택하므로 표시된 숫자는 YTD 값이다.

Time calc
- □ QTD
- □ SPLY
- ■ YTD

Month	CY 2007	CY 2008	CY 2009
January	794,248.24	656,766.69	580,901.05
February	1,685,384.15	1,256,846.69	1,203,482.19
March	2,646,673.39	1,816,385.21	1,699,620.05
April	3,774,778.20	2,816,052.38	2,378,513.27
May	4,710,970.95	3,709,284.34	3,445,678.50
June	5,693,275.41	4,554,425.94	4,318,264.70
July	6,615,818.39	5,444,973.35	5,386,661.27
August	7,568,652.98	6,166,534.30	6,222,368.73
September	8,578,521.96	7,129,971.53	6,931,979.13
October	9,492,795.50	7,849,764.52	7,738,717.35
November	10,318,397.37	9,005,873.85	8,606,881.36
December	11,309,946.12	9,927,582.99	9,353,814.87
Total	**11,309,946.12**	**9,927,582.99**	**9,353,814.87**

그림 9-4 사용자가 YTD를 선택하면 행렬의 값은 Sales Amount 측정값의 YTD 변형을 나타낸다.

동일한 보고서에서 사용자가 SPLY를 선택하면 그림 9-5에서 보는 것처럼 다른 결과가 나온다.

Time calc
- ☐ QTD
- ■ SPLY
- ☐ YTD

Month	CY 2008	CY 2009	CY 2010
January	794,248.24	656,766.69	580,901.05
February	891,135.91	600,080.00	622,581.14
March	961,289.24	559,538.52	496,137.87
April	1,128,104.82	999,667.17	678,893.22
May	936,192.74	893,231.96	1,067,165.23
June	982,304.46	845,141.60	872,586.20
July	922,542.98	890,547.41	1,068,396.58
August	952,834.59	721,560.95	835,707.46
September	1,009,868.98	963,437.23	709,610.40
October	914,273.54	719,792.99	806,738.22
November	825,601.87	1,156,109.32	868,164.01
December	991,548.75	921,709.14	746,933.50
Total	**11,309,946.12**	**9,927,582.99**	**9,353,814.87**

그림 9-5 SPLY를 선택하면 이제 다른 변형을 사용하므로 Sales Amount 측정값의 결과가 바뀐다. 이 값은 1년 전으로 이동한 기본 Sales Amount 값이다.

사용자가 값을 하나도 선택하지 않거나 여러 값을 함께 선택하면 원래 측정값에 어떤 변화도 일어나지 않는다. 그림 9-6에서 이를 확인할 수 있다.

Time calc
- ☐ QTD
- ☐ SPLY
- ☐ YTD

Month	CY 2007	CY 2008	CY 2009
January	794,248.24	656,766.69	580,901.05
February	891,135.91	600,080.00	622,581.14
March	961,289.24	559,538.52	496,137.87
April	1,128,104.82	999,667.17	678,893.22
May	936,192.74	893,231.96	1,067,165.23
June	982,304.46	845,141.60	872,586.20
July	922,542.98	890,547.41	1,068,396.58
August	952,834.59	721,560.95	835,707.46
September	1,009,868.98	963,437.23	709,610.40
October	914,273.54	719,792.99	806,738.22
November	825,601.87	1,156,109.32	868,164.01
December	991,548.75	921,709.14	746,933.50
Total	**11,309,946.12**	**9,927,582.99**	**9,353,814.87**

그림 9-6 계산 항목을 선택하지 않으면 보고서에는 원래 측정값이 표시된다.

노트 선택 항목이 없거나 여러 항목을 선택할 때의 계산 그룹의 동작은 향후 바뀔 수 있다. 2019년 4월 현재, 복수의 계산 항목을 선택하면 하나도 선택하지 않을 때와 같은 결과가 나오지만 나중 버전에서는 복수 선택 시 오류가 발생하는 등 다른 결과를 반환할 수 있다.

계산 그룹은 그 이상으로 진행될 수 있다. 이 절의 시작 부분에서 우리는 **판매액**, **총비용**, **마진** 및 **판매 수량**의 네 가지 다른 측정값을 설명했다. 사용자가 적용할 시간 인텔리전스 계산뿐만 아니라 표시할 측정 지표를 선택하기 위해 슬라이서를 사용할 수 있다면 매우 좋을 것이다. 사용자가 원하는 측정 지표를 선택해 4가지 측정 지표 중 어느 하나를 월과 연도로 슬라이싱하는 일반적인 보고서를 제시하고자 한다. 다시 말해 그림 9-7과 같은 보고서를 얻고자 한다.

Time calc
- ☐ QTD
- ☐ SPLY
- ■ YTD

Metric
- ■ Margin
- ☐ Sales Amount
- ☐ Sales Quantity
- ☐ Total Cost

Month	CY 2007	CY 2008	CY 2009
January	411,542.33	329,414.92	283,697.42
February	883,064.36	637,218.14	602,841.63
March	1,387,425.09	925,460.26	855,248.48
April	1,987,901.79	1,445,669.78	1,203,631.81
May	2,514,206.64	1,930,431.61	1,811,248.06
June	3,055,699.88	2,393,304.49	2,299,080.65
July	3,579,035.50	2,879,436.96	2,902,951.43
August	4,111,793.71	3,277,582.86	3,360,057.10
September	4,687,776.20	3,796,855.62	3,742,990.25
October	5,189,581.59	4,187,403.58	4,198,974.31
November	5,598,058.99	4,757,022.88	4,606,252.00
December	6,075,652.35	5,212,190.14	4,954,796.26
Total	**6,075,652.35**	**5,212,190.14**	**4,954,796.26**

그림 9-7 보고서는 마진에 적용된 YTD 시간 인텔리전스 계산을 보여주지만 사용자는 슬라이서로 다른 조합을 선택할 수 있다.

그림 9-7의 예에서 YTD 변형을 이용해 마진 금액을 탐색하고 있다. 그럼에도 불구하고 사용자는 두 계산 그룹인 `Metric`과 `Time calc`에 연결된 슬라이서의 조합을 선택할 수 있다.

위 보고서를 만들기 위해 계산 항목인 Sales Amount, Total Cost, Margin 및 Sales Quantity 가 포함된 `Metric`이라는 계산 그룹을 만들었다. 각 계산 항목의 표현식은 Sales Amount 계산 항목을 보여주는 그림 9-8과 같이 해당 측정값을 평가하기만 한다.

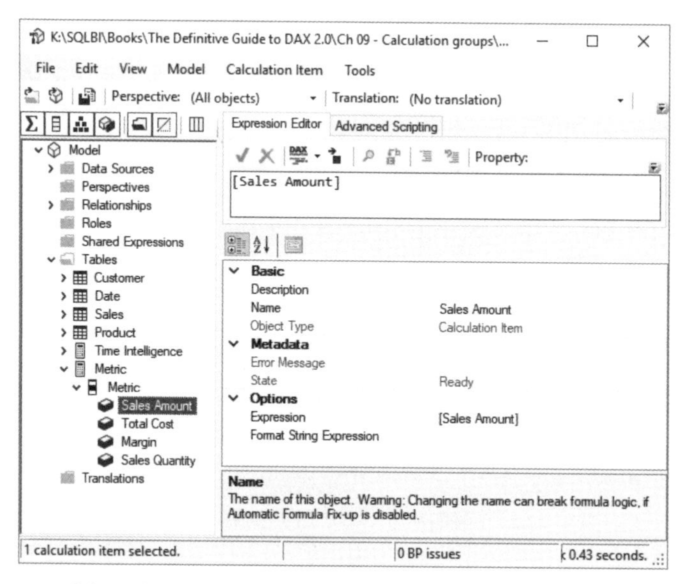

그림 9-8 Metric 계산 그룹은 4개의 계산 항목을 포함하고 있으며, 각 항목은 해당 측정값을 단순히 평가한다.

동일한 데이터 모델에 여러 개의 계산 그룹이 있는 경우 DAX 엔진에서 적용해야 하는 순서를 정의하는 것이 중요하다. 계산 그룹의 **우선순위 속성**precedence property 은 적용 순서를 정의한다. 값이 크면 먼저 적용된다. 원하는 결과를 얻기 위해 그림 9-9와 같이 **시간 인텔리전스** 계산 그룹의 우선순위 속성을 10으로 올렸다. 결과적으로 엔진은 **우선순위 속성**이 기본값 0으로 설정된 Metric 그룹보다 **시간 인텔리전스** 계산 그룹을 먼저 적용한다. 9장 후반부에서 계산 그룹의 우선순위에 대해 더 자세히 설명한다.

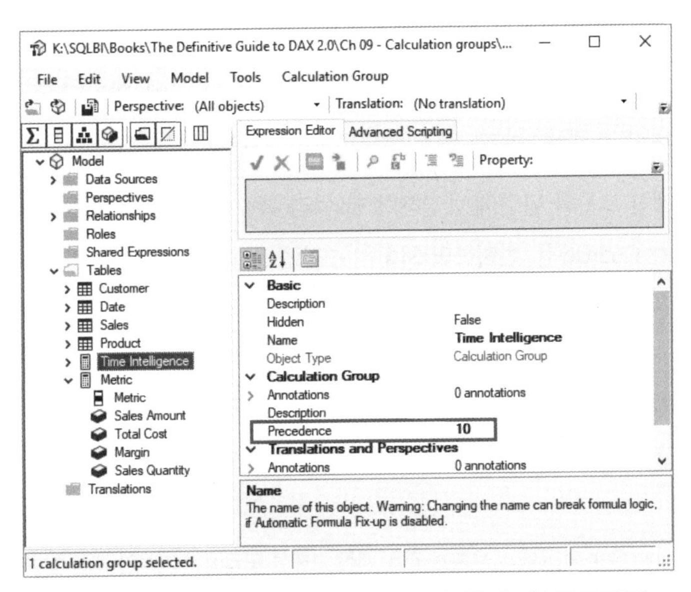

그림 9-9 우선순위 속성은 각 계산 그룹을 측정값에 적용하는 순서를 정의한다.

다음 DAX 코드는 Metric 계산 그룹에서 각 계산 항목에 대한 정의를 포함한다.

```
--
-- 계산 항목: Margin
--
  [Margin]
--
-- 계산 항목: Sales Amount
--
  [Sales Amount]
--
-- 계산 항목: Sales Quantity
--
  [Sales Quantity]
--
-- 계산 항목: Total Cost
--
  [Total Cost]
```

이 계산 항목은 원래 측정값을 제어하지 않는다. 대신 원래 측정값을 완전히 대체한다. 이 동작을 얻기 위해 표현식에서 SELECTEDMEASURE에 대한 참조를 생략했다. SELECTEDMEASURE는 계산 항목에 매우 자주 사용되지만 꼭 써야 하는 것은 아니다.

마지막 예는 계산 그룹과 관련해 해결해야 할 여러 복잡성 중 첫 번째를 소개하는 데 적합하다. 사용자가 Quantity를 선택하면 보고서는 수량을 표시하지만 다른 측정값과 동일한 형식의 문자열(소수점 2자리)을 사용한다. Quantity 측정값은 정수이기 때문에 소수점 자릿수를 제거하거나 일반적으로 다른 형식의 문자열을 채택하는 것이 유용할 것이다. 앞에서 여러 계산 그룹이 있을 때는 우선순위를 정의해야 한다고 설명했다. 유용한 계산 그룹을 만들기 위해 고려해야 할 몇 가지 세부 사항 중 첫 번째 사항이다.

노트 Analysis Services를 사용하는 경우 계산 그룹을 모델에 추가하면 계산 항목이 클라이언트에 표시되도록 계산 그룹에 해당하는 테이블을 새로 고치는 작업이 필요하다. 측정값을 사용할 때는 업데이트가 필요하지 않기 때문에 직관에 반하는 것처럼 보일 수 있다(측정값은 배치한 다음에 눈으로 볼 수 있다). 하지만 계산 그룹과 항목은 클라이언트에 테이블과 열로 표시되므로 배치한 다음 새로고침 작업을 실행해 테이블과 열의 내부 구조를 채워야 한다. 파워 BI에서 이 작업은 사용자 인터페이스에 의해 자동으로 처리될 가능성이 크다. 그러나 이는 이 책 출판 시점 기준, 파워 BI에 계산 그룹이 없기 때문에 어디까지나 추측일 뿐이다.

계산 그룹 이해

이전 절에서는 계산 그룹의 사용과 테이블 편집기를 사용한 구현 방법을 중심으로 다뤘다. 이 절에서는 계산 그룹과 계산 항목의 특성과 동작을 자세히 설명한다.

엔티티에는 계산 그룹과 계산 항목이 있다. 계산 그룹은 사용자 정의 기준에 따라 그룹화된 계산 항목의 모음이다. 계산 그룹과 계산 항목에는 개발자가 정확하게 설정해야 하는 속성이 있다. 9장의 나머지 부분에서 엔티티와 각 엔티티의 속성에 관한 더 많은 예와 세부 사항을 다룬다.

계산 그룹은 다음과 같은 항목으로 정의되는 단순한 엔티티다.

- 계산 그룹 **이름**. 이것은 클라이언트 쪽 계산 그룹을 나타내는 테이블 이름이다.
- 계산 그룹 **우선순위**. 활성 계산 그룹이 여러 개일 경우, 각 계산 그룹을 측정값 참조에 적용하는 데 사용되는 우선순위를 정의하는 숫자.
- 계산 그룹 속성 **이름**. 계산 항목이 포함된 열의 이름이며 열에서 사용할 수 있는 고유 항목으로 클라이언트에 표시된다.

계산 항목은 훨씬 더 정교한 엔티티이며 속성의 목록은 다음과 같다.

- 계산 항목 **이름**. 이것은 계산 그룹 열의 하나의 값이 된다. 실제로 계산 항목은 계산 그룹 테이블의 한 행과 같다.
- 계산 항목 **표현식**. SELECTEDMEASURE와 같은 특수 함수를 포함할 수 있는 DAX 식. 즉, 계산 항목을 적용하는 방법을 정의하는 표현식이다.
- 계산 항목의 정렬 순서는 순서 값[ordinal value]으로 정의된다. 이 속성은 사용자에게 표시될 때 서로 다른 계산 항목을 정렬하는 방법을 정의한다. 이는 데이터 모델의 열 기준 정렬[sort-by-column]과 매우 유사하다. **이 기능은 2019년 4월 현재 사용할 수 없지만 계산 그룹이 발표되기 전에 구현돼야 한다.**
- **문자열 서식**. 지정하지 않으면 계산 항목은 기본 측정값의 형식 문자열을 상속한다. 그럼에도 불구하고 제어자가 계산을 변경하면 계산 항목의 형식으로 측정값의 형식 문자열을 재정의할 수 있다.

적용되는 계산 항목에 따라 모델에서 측정값의 일관된 동작을 얻으려면 **형식 문자열** 특성이 중요하다. 시간 인텔리전스 함수에 대한 두 가지 계산 항목을 포함하는 다음 계산 그룹을 살펴보자. YOY는 선택한 기간과 전년도 동일 기간의 차이를 나타낸다. YOY%는 전년도 같은 기간에 대한 YOY 백분율이다.

```
--
-- Calculation Item: YOY
--
  VAR CurrYear =
    SELECTEDMEASURE ()
  VAR PrevYear =
```

```
    CALCULATE (
      SELECTEDMEASURE (),
      SAMEPERIODLASTYEAR ( 'Date'[Date] )
    )
  VAR Result =
    CurrYear - PrevYear
  RETURN Result

--
-- Calculation Item: YOY%
--
  VAR CurrYear =
    SELECTEDMEASURE ()
  VAR PrevYear =
    CALCULATE (
      SELECTEDMEASURE (),
      SAMEPERIODLASTYEAR ( 'Date'[Date] )
    )
  VAR Result =
    DIVIDE (
      CurrYear - PrevYear,
      PrevYear
    )
  RETURN Result
```

보고서에서 이 두 계산 항목에 의해 산출된 결과는 정확하지만, **형식 문자열** 속성으로 기본 형식 문자열을 재정의하지 않으면 그림 9-10과 같이 **YOY%**가 백분율 대신 십진수로 표시된다.

Calendar Year
- ☐ CY 2005
- ☐ CY 2006
- ☐ CY 2007
- ☐ CY 2008
- ■ CY 2009
- ☐ CY 2010
- ☐ CY 2011

Month	YOY	YOY%
January	-75,865.64	-0.12
February	22,501.14	0.04
March	-63,400.65	-0.11
April	-320,773.95	-0.32
May	173,933.27	0.19
June	27,444.59	0.03
July	177,849.17	0.20
August	114,146.50	0.16
September	-253,826.83	-0.26
October	86,945.23	0.12
November	-287,945.31	-0.25
December	-174,775.64	-0.19
Total	**-573,768.12**	**-0.06**

그림 9-10 두 계산 항목 YOY와 YOY%는 Sales Amount 측정값과 동일한 형식을 공유한다.

그림 9-10에 표시된 예는 원래 Sales Amount 측정값과 동일한 형식 문자열을 사용해 Sales Amount 측정값에 대한 YOY 평가를 보여준다. 이는 차이를 보여주는 올바른 동작이다. 그러나 YOY% 계산 항목은 동일한 금액을 전년도값 대비 백분율로 표시한다. 표시된 숫자는 맞지만 사용자는 1월의 경우 -0.12가 아니라 -12%를 기대했을 것이다. 이 경우 예상 형식 문자열은 원래 측정값의 형식과 관계없이 백분율이어야 한다. 원하는 동작을 얻으려면 YOY% 계산 항목의 **형식 문자열** 속성을 백분율로 설정해 기본 측정값의 동작을 재정의해야 한다. 재정의한 결과는 그림 9-11에서 볼 수 있다. 계산 항목에 **형식 문자열** 속성을 지정하지 않으면 기존 형식 문자열이 사용된다.

Calendar Year	Month	YOY	YOY%
□ CY 2005	January	-75,865.64	-12%
□ CY 2006	February	22,501.14	4%
□ CY 2007	March	-63,400.65	-11%
□ CY 2008	April	-320,773.95	-32%
■ CY 2009	May	173,933.27	19%
□ CY 2010	June	27,444.59	3%
□ CY 2011	July	177,849.17	20%
	August	114,146.50	16%
	September	-253,826.83	-26%
	October	86,945.23	12%
	November	-287,945.31	-25%
	December	-174,775.64	-19%
	Total	**-573,768.12**	**-6%**

그림 9-11 YOY% 계산 항목은 Sales Amount 측정값의 형식을 무시하고 해당 값을 백분율로 표시한다.

형식 문자열은 고정된 형식 문자열을 사용하거나 보다 복잡한 시나리오에서는 형식 문자열을 반환하는 DAX 식을 사용해 정의할 수 있다. DAX 식을 작성할 때 측정값에 대해 현재 정의된 형식 문자열을 반환하는 SELECTEDMEASUREFORMATSTRING 함수를 사용해 현재 측정값의 형식 문자열을 참조할 수 있다. 예를 들어 모델에 현재 선택한 통화를 반환하는 측정값이 있고 통화 기호를 형식 문자열의 일부로 포함하려면 다음 코드를 사용해 통화 기호를 현재 형식 문자열에 추가할 수 있다.

```
SELECTEDMEASUREFORMATSTRING () & " " & [Selected Currency]
```

계산 항목의 형식 문자열을 사용자 정의하면 모델을 검색할 때 사용자 경험의 일관성을 유지하는 데 도움이 된다. 그러나 신중한 개발자라면 형식 문자열이 계산 항목과 함께 사용되는 모든 측정값에서 작동한다는 점을 고려해야 한다. 보고서에 여러 개의 계산 그룹이 있을 때 이러한 속성으로 산출되는 결과도 9장의 뒷부분에 설명된 계산 그룹 우선순위에 따라 달라진다.

계산 항목 적용의 이해

지금까지 계산 항목이 어떻게 작동하는지 개괄적인 수준에서만 설명했다. 산만할 수 있는 세부적인 내용에 너무 깊이 빠져들지 않고 계산 항목의 개념에 집중하기 위해서였다. 계산 항목은 슬라이서를 사용해서도 적용할 수 있다는 것을 배웠다. 계산 항목은 필터 컨텍스트에서 계산 항목이 활성화돼 있을 때 호출되는 측정값 참조를 교체해 적용된다. 이 시나리오에서 계산 항목은 계산 항목 자체에 정의된 식으로 측정값 참조를 다시 작성한다.

다음 계산 항목을 살펴보자.

```
--
-- Calculation Item: YTD
--
  CALCULATE (
    SELECTEDMEASURE (),
    DATESYTD ( 'Date'[Date] )
  )
```

계산 항목을 표현식에 적용하려면 계산 그룹을 필터링해야 한다. 다음 예와 같이 CALCULATE를 사용해 이 필터를 만들 수 있다. 이는 슬라이서 및 시각화 개체를 사용할 때 클라이언트 도구가 사용하는 것과 동일한 방법이다.

```
CALCULATE (
  [Sales Amount],
  'Time Intelligence'[Time calc] = "YTD"
)
```

계산 그룹에는 마법 같은 것은 없다. 계산 그룹은 테이블로서 다른 테이블과 마찬가지로 CALCULATE로 필터링할 수 있다. CALCULATE가 계산 항목에 필터를 적용하면 DAX는 계산 항목의 정의를 사용해 식을 다시 작성하고 평가한다.

그러므로 이전 코드는 계산 항목의 정의에 따라 다음과 같이 해석된다.

```
CALCULATE (
  CALCULATE (
    [Sales Amount],
    DATESYTD ( 'Date'[Date] )
  )
)
```

노트 내부 CALCULATE 안에서 ISFILTERED로 계산 항목의 필터링 여부를 확인할 수 있다. 위 예에서는 계산 항목이 이미 적용됐음을 보여주기 위해 계산 항목의 외부 필터를 제거했다. 그럼에도 불구하고 계산 항목은 필터를 유지하며, 추가 하위 표현은 여전히 측정값을 바꿀 수 있다.

간단하고 매우 직관적임에도 불구하고 이 동작에는 복잡성이 감춰져 계산 항목을 적용하면 측정값 참조를 계산 항목의 표현식으로 교체한다. '측정값 참조가 교체된다'는 마지막 문장에 집중해야 한다. 측정값 참조가 없으면 계산 항목은 어떤 변환도 수행하지 않는다. 예를 들어 다음 코드는 측정값 참조가 없으므로 계산 항목에 의해 영향을 받지 않는다.

```
CALCULATE (
  SUMX ( Sales, Sales[Quantity] * Sales[Net Price] ),
  'Time Intelligence'[Time calc] = "YTD"
)
```

이 예에서 계산 항목은 CALCULATE 내부의 코드에서 어떠한 측정값도 사용하지 않았기 때문에 어떠한 변환도 수행하지 않는다. 다음 코드는 계산 항목을 적용한 후 실행된 코드다.

```
CALCULATE (
  SUMX ( Sales, Sales[Quantity] * Sales[Net Price] )
)
```

CALCULATE 내부의 식에 여러 측정값 참조가 포함돼 있으면 측정값 모두 계산 항목 정의로 대체된다. 다음 Cost Ratio YTD 측정값에는 Total Cost와 Sales Amount 측정값이 포함돼 있다.

```
CR YTD :=
CALCULATE (
  DIVIDE (
    [Total Cost],
    [Sales Amount]
  ),
  'Time Intelligence'[Time calc] = "YTD"
)
```

실행된 실제 코드를 얻기 위해서 계산 항목 정의를 확장해 측정값을 교체하면 다음과 같다.

```
CR YTD Actual Code :=
CALCULATE (
  DIVIDE (
    CALCULATE (
      [Total Cost],
      DATESYTD ( 'Date'[Date] )
    ),
    CALCULATE (
      [Sales Amount],
      DATESYTD ( 'Date'[Date] )
    )
  )
)
```

위 코드는 아래 버전과 동일한 결과를 생성하는데, 아래 코드는 더욱 단순하고 직관적이다.

```
CR YTD Simplified :=
CALCULATE (
  CALCULATE (
    DIVIDE (
```

```
      [Total Cost],
      [Sales Amount]
    ),
    DATESYTD ( 'Date'[Date] )
  )
)
```

위 세 가지 측정값은 그림 9-12처럼 모두 동일한 결과를 반환한다.

Calendar Year	Month	CR YTD	CR YTD Actual Code	CR YTD Simplified
☐ CY 2005	January	49.84 %	49.84 %	49.84 %
☐ CY 2006	February	49.30 %	49.30 %	49.30 %
☐ CY 2007	March	49.05 %	49.05 %	49.05 %
■ CY 2008	April	48.66 %	48.66 %	48.66 %
☐ CY 2009	May	47.96 %	47.96 %	47.96 %
☐ CY 2010	June	47.45 %	47.45 %	47.45 %
☐ CY 2011	July	47.12 %	47.12 %	47.12 %
	August	46.85 %	46.85 %	46.85 %
	September	46.75 %	46.75 %	46.75 %
	October	46.66 %	46.66 %	46.66 %
	November	47.18 %	47.18 %	47.18 %
	December	47.50 %	47.50 %	47.50 %
	Total	**47.50 %**	**47.50 %**	**47.50 %**

그림 9-12 CR YTD, CR YTD Actual Code 및 CR YTD Simplified 측정값은 동일한 결과를 산출한다.

그럼에도 불구하고 `CR YTD Simplified` 측정값은 계산 항목에 의해 생성된 실제 코드 (`CR YTD Actual Code`의 코드)와 일치하지 않으므로 각별히 주의해야 한다. 위 사례에서는 두 버전이 일치한다. 그러나 더 복잡한 시나리오에서는 차이가 크며, 이러한 차이로 인해 의도하지 않은 결과로 이어지고 이해하기가 어려울 수 있다. 몇 가지 예를 검토해 보자. 첫 번째 예에서 `Sales YTD 2008 2009` 측정값에는 두 개의 중첩된 `CALCULATE` 함수가 있다. 외부 `CALCULATE`는 2008년에 필터를 설정하고 내부 `CALCULATE`는 2009년에 필터를 설정한다.

```
Sales YTD 2008 2009 :=
CALCULATE (
  CALCULATE (
    [Sales Amount],
    'Date'[Calendar Year] = "CY 2009"
```

```
  ),
  'Time Intelligence'[Time calc] = "YTD",
  'Date'[Calendar Year] = "CY 2008"
)
```

외부 CALCULATE는 계산 항목을 YTD 값으로 필터링한다. 그럼에도 불구하고 계산 항목을 적용해도 식에 직접 측정값이 포함되지 않았으므로 식이 변경되지 않는다. CALCULATE는 계산 항목을 필터링하지만 해당 응용 프로그램은 코드를 수정하지 않는다.

Sales Amount 측정값은 내부 CALCULATE의 범위 안에 있다는 점에 주의해야 한다. 계산 항목을 적용하면 필터 컨텍스트의 현재 범위에 있는 측정값을 변경하며 중첩된 필터 컨텍스트 범위에는 영향을 미치지 않는다. 이러한 동작은 계산 항목에 동일한 필터를 유지하거나 그러지 않을 수 있는 CALCULATE 또는 이와 동등한 코드(CALCULATETABLE 또는 컨텍스트 전환 등)로 처리된다.

내부 CALCULATE가 필터 컨텍스트를 적용해도 계산 항목의 필터 상태는 변경되지 않는다. 따라서 엔진은 계산 항목이 여전히 필터링된 것을 발견하고, 다른 CALCULATE에 의해 변경되지 않으면 필터링된 상태로 마치 보통의 열인 것처럼 남아있다. 내부 CALCULATE는 측정값 참조를 포함하며 DAX는 계산 항목의 적용을 수행한다. 결과 코드는 다음과 같다.

```
Sales YTD 2008 2009 Actual Code :=
CALCULATE (
  CALCULATE (
    CALCULATE (
      [Sales Amount],
      DATESYTD ( 'Date'[Date] )
    ),
    'Date'[Calendar Year] = "CY 2009"
  ),
  'Date'[Calendar Year] = "CY 2008"
)
```

위 두 측정값의 결과는 그림 9-13에서 볼 수 있다. 왼쪽의 슬라이서에서 선택하면 보고서의 행렬에 적용되며 Sales YTD 2008 2009 및 Sales YTD 2008 2009 Actual Code 측정값을 행렬의 중앙 부분에서 보여주고 있다. 그림에서는 CY 2008을 선택했지만 CY 2009로 재정의된다. 행렬의 오른쪽 부분을 보면 이를 확인할 수 있다. 여기에서 CY 2008 및 CY 2009의 **YTD** 계산 항목으로 변환된 `Sales Amount` 측정값을 보여준다. 행렬 중앙의 숫자는 행렬 오른쪽에 있는 **CY 2009**와 일치한다.

Calendar Year
- □ CY 2005
- □ CY 2006
- □ CY 2007
- ■ CY 2008
- □ CY 2009
- □ CY 2010
- □ CY 2011

Month	Sales YTD 2008 2009	Sales YTD 2008 2009 Actual Code
January	580,901.05	580,901.05
February	1,203,482.19	1,203,482.19
March	1,699,620.05	1,699,620.05
April	2,378,513.27	2,378,513.27
May	3,445,678.50	3,445,678.50
June	4,318,264.70	4,318,264.70
July	5,386,661.27	5,386,661.27
August	6,222,368.73	6,222,368.73
September	6,931,979.13	6,931,979.13
October	7,738,717.35	7,738,717.35
November	8,606,881.36	8,606,881.36
December	9,353,814.87	9,353,814.87
Total	**9,353,814.87**	**9,353,814.87**

Month	CY 2008	CY 2009
January	656,766.69	580,901.05
February	1,256,846.69	1,203,482.19
March	1,816,385.21	1,699,620.05
April	2,816,052.38	2,378,513.27
May	3,709,284.34	3,445,678.50
June	4,554,425.94	4,318,264.70
July	5,444,973.35	5,386,661.27
August	6,166,534.30	6,222,368.73
September	7,129,971.53	6,931,979.13
October	7,849,764.52	7,738,717.35
November	9,005,873.85	8,606,881.36
December	9,927,582.99	9,353,814.87
Total	**9,927,582.99**	**9,353,814.87**

그림 9-13 Sales YTD 2008 2009와 Sales YTD 2008 2009 Actual Code 측정값의 결과는 동일하다.

DATESYTD 함수는 필터 컨텍스트가 2008년이 아닌 2009년을 필터링할 때 적용된다. 계산 항목이 2008년으로 필터링됐음에도 불구하고 실제 적용은 다른 필터 컨텍스트, 즉 내부 필터 컨텍스트에서 이뤄졌다. 그 동작은 직관에 어긋난다. **CALCULATE** 내부에서 사용되는 표현이 복잡할수록 응용 프로그램에서 어떻게 작동하는지 이해하기 어려워진다.

계산 항목의 동작은 매우 중요한 모범 사례로 이어진다. 이 식이 단일 측정값인 경우에만 계산 항목을 사용해 식을 수정해야 한다. 이전의 예는 규칙을 소개하는 데 유용했다. 이제 더 복잡한 표현으로 최선의 관행을 분석해보자. 다음 식은 매출이 있는 달의 근무일수를 계산한다.

```
SUMX (
  VALUES ( 'Date'[Calendar Year month] ),
  IF (
    [Sales Amount] > 0, -- 측정값 참조
    [# Working Days]    -- 측정값 참조
  )
)
```

이 계산은 판매가 발생한 월만 고려해 영업일당 판매액을 계산하는 데 유용하다. 좀 더 복합한 식으로 작성하면 다음과 같다.

```
DIVIDE (
  [Sales Amount],          -- 측정값 참조
  SUMX (
    VALUES ( 'Date'[Calendar Year month] ),
    IF (
      [Sales Amount] > 0, -- 측정값 참조
      [# Working Days]    -- 측정값 참조
    )
  )
)
```

계산을 YTD로 변경하는 외부 CALCULATE 안에서 이 식을 실행하면 결과는 다음과 같은 새로운 식이며, 이는 예기치 않은 결과를 생성한다.

```
Sales WD YTD 2008 :=
CALCULATE (
  DIVIDE (
    [Sales Amount],          -- 측정값 참조
    SUMX (
      VALUES ( 'Date'[Calendar Year month] ),
      IF (
        [Sales Amount] > 0, -- 측정값 참조
        [# Working Days]    -- 측정값 참조
      )
    )
  ),
  'Time Intelligence'[Time calc] = "YTD",
  'Date'[Calendar Year] = "CY 2008"
)
```

직관적으로 앞의 식이 현재 영업일 이전의 모든 달을 고려해 영업일당 **매출액** 측정값을 계산할 것으로 예상할 수 있다. 즉, 다음 코드가 실행될 것으로 예측할 수 있다.

```
Sales WD YTD 2008 Expected Code :=
CALCULATE (
  CALCULATE (
    DIVIDE (
      [Sales Amount],  -- Measure reference
      SUMX (
        VALUES ( 'Date'[Calendar Year month] ),
        IF (
          [Sales Amount] > 0, -- 측정값 참조
          [# Working Days]    -- 측정값 참조
        )
      )
    ) ,
    DATESYTD ( 'Date'[Date] )
  ),
  'Date'[Calendar Year] = "CY 2008"
)
```

그렇지만 위에서 세 측정값 참조를 강조했다. 이것은 우연이 아니었다. 계산 항목의 적용은 전체식이 아니라 측정값 참조에서 이뤄진다. 따라서 측정값 참조를 필터 컨텍스트에서 활성화된 계산 항목으로 대체해 실행된 코드는 다음과 같이 매우 다르다.

```
Sales WD YTD 2008 Actual Code :=
CALCULATE (
  DIVIDE (
    CALCULATE (
      [Sales Amount],
      DATESYTD ( 'Date'[Date] )
    ),
    SUMX (
      VALUES ( 'Date'[Calendar Year month] ),
      IF (
        CALCULATE (
          [Sales Amount],
          DATESYTD ( 'Date'[Date] )
        ) > 0,
        CALCULATE (
          [# Working Days],
          DATESYTD ( 'Date'[Date] )
        )
```

```
      )
    )
  ),
  'Date'[Calendar Year] = "CY 2008"
)
```

위 코드는 현재 컨텍스트에서 볼 수 있는 모든 월에 대한 연간 영업일 수를 합산하기 때문에 근무일 수에 대해 비정상적인 값을 산출한다. 부정확한 결과를 낳을 가능성이 크다. 개별적으로 월을 선택할 때 결과는 (순전히 운에 의해) 정확하지만, 분기 수준과 연도 수준에서는 그렇지 않다. 그림 9-14에서 이를 확인할 수 있다.

	Q1-2008	Q2-2008	Q3-2008	Q4-2008
Sales Amount	1,816,385.21	2,738,040.73	2,575,545.59	2,797,611.46
# Working Days	91	91	92	92
Sales WD YTD 2008	9,980.14	10,009.73	9,753.72	9,868.37
Sales WD YTD 2008 Expected Code	19,960.28	25,024.32	26,021.79	27,124.54
Sales WD YTD 2008 Actual Code	9,980.14	10,009.73	9,753.72	9,868.37
Sales WD YTD 2008 Fixed	19,960.28	25,024.32	26,021.79	27,124.54

그림 9-14 2008년 모든 분기에 대해 계산된 Sales WD 계산의 여러 버전

Sales WD YTD 2008 Expected Code 측정값은 분기마다 정확한 숫자를 반환하는 반면 Sales WD YTD 2008 및 Sales WD YTD 2008 Actual Code 측정값은 더 작은 값을 반환한다. 실제로 비율의 분모에 해당하는 영업일 수는 해당 월까지의 YTD 영업일 수의 합계로 계산된다.

다음과 같은 모범 사례를 준수해 이러한 복잡성을 쉽게 피할 수 있다. 즉, 개별 측정값을 호출할 때만 계산 항목과 함께 CALCULATE를 사용한다. 전체식이 포함된 Sales WD YTD 2008 Fixed 측정값을 작성해 단일 CALCULATE 함수에서 이를 사용하면 코드가 매우 다르고 사용하기 쉽다.

```
--
-- 측정값 Sales WD
--
Sales WD :=
DIVIDE (
  [Sales Amount],
```

```
  SUMX (
    VALUES ( 'Date'[Calendar Year month] ),
    IF (
      [Sales Amount] > 0,
      [# WorkingDays]
    )
  )
)

--
-- 측정값 Sales WD YTD 2008 Fixed
-- YTD 계산을 적용하는 새로운 버전의 Sales WD YTD 2008 측정값
--
Sales WD YTD 2008 Fixed :=
CALCULATE (
  [Sales WD],                                   -- 측정값 참조
  'Time Intelligence'[Time calc] = "YTD",
  'Date'[Calendar Year] = "CY 2008"
)
```

이때 계산 항목을 적용해 작성한 코드는 다음과 같이 훨씬 직관적이다.

```
Sales WD YTD 2008 Fixed Actual Code :=
CALCULATE (
  CALCULATE (
    [Sales WD],
    DATESYTD ( 'Date'[Date] )
  ),
  'Date'[Calendar Year] = "CY 2008"
)
```

위 코드에서 DATESYTD가 제공하는 필터는 전체 표현식을 둘러싸고 있어 계산 항목을 적용할 때 직관적으로 기대하는 코드로 이어진다. Sales WD YTD 2008 Fixed 및 Sales WD YTD 2008 Fixed Actual Code 측정값의 결과는 그림 9-14에서 볼 수 있다.

간단한 표현식이 포함된 매우 간단한 계산의 경우 이 모범 사례에서 벗어날 수 있다. 그러나 이렇게 해서 식의 복잡성이 증가하면 잘못된 계산을 생성할 가능성이 커지므로 개발자는 측정값을 만들기 전에 항상 두 번 생각해야 한다.

Power BI와 같은 클라이언트 도구를 사용할 때는 이러한 세부 사항에 대해 걱정할 필요가 없다. 실제로 이러한 도구는 계산 항목이 항상 실행하는 쿼리의 일부로 단일 측정값을 호출하기 때문에 계산 항목이 올바른 방식으로 적용된다. 그럼에도 불구하고 DAX 개발자는 계산 항목을 CALCULATE의 필터로 사용하게 된다. 이때 CALCULATE에서 사용하는 표현식에 주의해야 한다. 안전하게 사용하려면 CALCULATE의 계산 항목을 사용해 단일 측정값을 수정해야 한다. 계산 항목을 표현식에 적용해서는 안 된다.

마지막으로, 손으로 표현식을 다시 작성하고 계산 항목을 적용하고 실행될 전체 코드를 기록하면서 계산 항목을 학습하는 것이 좋다. 엔진 안에서 일어나는 일을 정확히 이해하는 데 매우 유용하다.

계산 그룹 우선순위 이해

이전 절에서는 계산 항목을 측정값에 적용하기 위해 CALCULATE를 사용하는 방법에 관해 설명했다. 동일한 측정값에 여러 계산 항목을 적용할 수 있다. 각 계산 그룹은 하나의 활성 계산 항목만 가질 수 있지만, 여러 계산 그룹이 존재하면 동시에 여러 계산 항목을 활성화할 수 있다. 이는 사용자가 다른 계산 그룹에 대해 여러 슬라이서를 사용하거나 CALCULATE 함수가 다른 계산 그룹에서 계산 항목을 필터링할 때 발생한다. 9장의 시작 부분에서 두 개의 계산 그룹을 예를 들어 정의했다. 하나는 기본 측정값을 정의하고 다른 하나는 기본 측정값에 적용할 시간 인텔리전스 계산을 정의하는 것이었다.

현재 필터 컨텍스트에서 활성화된 계산 항목이 여러 개 있는 경우 우선순위 규칙 집합을 정의해 먼저 적용할 계산 항목을 지정하는 것이 중요하다. DAX는 두 개 이상의 계산 그룹이 있는 모델의 경우, 계산 그룹에서 **우선순위** 속성을 설정하도록 의무화해 이를 강제한다. 이 절에서는 우선순위 정의가 계산 결과를 변경하는 예를 통해 계산 그룹의 **우선순위** 속성을 올바르게 설정하는 방법을 설명한다.

시연을 위해 두 개의 서로 다른 계산 그룹을 만들었다. 각 그룹에는 하나의 계산 항목만 포함돼 있다.

```
--------------------------------------------------------
-- 계산 그룹 : 'Time Intelligence'[Time calc]
--------------------------------------------------------
--
-- 계산 항목: YTD
--
  CALCULATE (
    SELECTEDMEASURE (),
    DATESYTD ( 'Date'[Date] )
  )
--------------------------------------------------------
-- 계산 그룹 : 'Averages'[Averages]
--------------------------------------------------------
--
-- 계산 항목: Daily AVG
--
  DIVIDE (
    SELECTEDMEASURE (),
    COUNTROWS ( 'Date' )
  )
```

YTD는 일반적인 YTD 계산인 반면, Daily AVG는 선택한 측정값을 필터 컨텍스트에서 일수로 나눠 일일 평균을 계산한다. 두 계산 항목을 사용해 두 계산 항목을 개별적으로 호출하는 경우 두 계산 항목 모두 그림 9-15와 같이 제대로 작동한다.

```
YTD :=
CALCULATE (
  [Sales Amount],
  'Time Aggregation'[Aggregation] = "YTD"
)

Daily AVG :=
CALCULATE (
  [Sales Amount],
  'Averages'[Averages] = "Daily AVG"
)
```

Calendar Year

- ☐ CY 2005
- ☐ CY 2006
- ☐ CY 2007
- ☐ CY 2008
- ■ CY 2009
- ☐ CY 2010
- ☐ CY 2011

Month ▲	Sales Amount	Daily AVG	YTD
January	580,901.05	18,738.74	580,901.05
February	622,581.14	22,235.04	1,203,482.19
March	496,137.87	16,004.45	1,699,620.05
April	678,893.22	22,629.77	2,378,513.27
May	1,067,165.23	34,424.68	3,445,678.50
June	872,586.20	29,086.21	4,318,264.70
July	1,068,396.58	34,464.41	5,386,661.27
August	835,707.46	26,958.31	6,222,368.73
September	709,610.40	23,653.68	6,931,979.13
October	806,738.22	26,023.81	7,738,717.35
November	868,164.01	28,938.80	8,606,881.36
December	746,933.50	24,094.63	9,353,814.87
Total	**9,353,814.87**	**25,626.89**	**9,353,814.87**

그림 9-15 Daily AVG와 YTD 계산 항목은 별도의 측정값에서 개별적으로 호출할 때 제대로 작동한다.

두 계산 항목을 동시에 사용하면 시나리오가 갑자기 복잡해진다. 다음 `Daily YTD AVG` 측정값의 정의를 살펴보자.

```
Daily YTD AVG :=
CALCULATE (
  [Sales Amount],
  'Time Intelligence'[Time calc] = "YTD",
  'Averages'[Averages] = "Daily AVG"
)
```

이 측정값은 두 가지 계산 항목을 동시에 적용해서 우선순위 문제를 야기한다. 엔진은 먼저 YTD를 적용하고 나중에 Daily AVG를 적용해야 하는가? 아니면 반대로 적용해야 하는가? 이 두 가지 표현 중 어떤 것을 평가해야 하는가?

```
--
-- YTD가 먼저 적용됨
--
DIVIDE (
  CALCULATE (
    [Sales Amount],
    DATESYTD ( 'Date'[Date] )
  ),
  COUNTROWS ( 'Date' )
```

```
)

--
-- DIVIDE가 먼저 적용됨
--
CALCULATE (
  DIVIDE (
    [Sales Amount],
    COUNTROWS ( 'Date' )
  ),
  DATESYTD ( 'Date'[Date] )
)
```

두 번째 표현이 정확해 보인다. 그럼에도 불구하고 추가 정보가 없으면 DAX는 둘 중 하나를 선택할 수 없다. 따라서 개발자는 계산 그룹의 올바른 적용 순서를 정의해야 한다.

적용 순서는 두 계산 그룹의 **우선순위** 속성에 따라 결정된다. 값이 가장 큰 계산 그룹을 먼저 적용한 다음, 다른 계산 그룹은 **우선순위** 값에 따라 내림차순으로 적용한다. 그림 9-16은 다음과 같은 설정으로 도출된 잘못된 결과를 나타낸다.

- **시간 인텔리전스** 계산 그룹–**우선순위**: 0
- **평균** 계산 그룹–**우선순위** : 10

Calendar Year
- ☐ CY 2005
- ☐ CY 2006
- ☐ CY 2007
- ☐ CY 2008
- ■ CY 2009
- ☐ CY 2010
- ☐ CY 2011

Month	Sales Amount	Daily AVG	YTD	Daily YTD AVG
January	580,901.05	18,738.74	580,901.05	18,738.74
February	622,581.14	22,235.04	1,203,482.19	42,981.51
March	496,137.87	16,004.45	1,699,620.05	54,826.45
April	678,893.22	22,629.77	2,378,513.27	79,283.78
May	1,067,165.23	34,424.68	3,445,678.50	111,150.92
June	872,586.20	29,086.21	4,318,264.70	143,942.16
July	1,068,396.58	34,464.41	5,386,661.27	173,763.27
August	835,707.46	26,958.31	6,222,368.73	200,721.57
September	709,610.40	23,653.68	6,931,979.13	231,065.97
October	806,738.22	26,023.81	7,738,717.35	249,636.04
November	868,164.01	28,938.80	8,606,881.36	286,896.05
December	746,933.50	24,094.63	9,353,814.87	301,735.96
Total	**9,353,814.87**	**25,626.89**	**9,353,814.87**	**25,626.89**

그림 9-16 Daily YTD AVG 측정값은 정확한 결과를 도출하지 못한다.

Daily YTD AVG의 값은 1월을 제외한 모든 월에서 명백한 오류가 발생했다. 무슨 일이 일어났는지 좀 더 깊이 있게 분석해보자. **평균**은 10의 우선순위를 가지므로 우선 적용된다. Daily AVG 계산 항목을 적용하면 Daily YTD AVG 측정값 참조에 해당하는 다음식으로 이어진다.

```
CALCULATE (
  DIVIDE (
    [Sales Amount],
    COUNTROWS ( 'Date' )
  ),
  'Time Intelligence'[Time calc] = "YTD"
)
```

이 시점에서 DAX는 Time Intelligence 계산 그룹에서 YTD 계산 항목을 활성화한다. YTD를 적용하면 표현식의 유일한 측정값 참조인 Sales Amount가 다시 작성된다. 따라서 Daily YTD AVG 측정값에 해당하는 최종 코드는 다음과 같다.

```
DIVIDE (
  CALCULATE (
    [Sales Amount],
    DATESYTD ( 'Date'[Date] )
  ),
  COUNTROWS ( 'Date' )
)
```

결과적으로 표시된 숫자는 YTD 계산 항목을 사용해 계산한 Sales Amount 측정값을 표시된 달의 일수로 나눠 구한다. 예를 들어 12월에 나타낸 값은 9,353,814,87(판매 금액의 YTD)을 31(일수)로 나눠 구한다. Daily AVG 계산 항목에 사용된 DIVIDE 함수의 분자와 분모 모두에 YTD 변동을 적용해야 하므로 숫자는 훨씬 더 작아야 한다.

이 문제를 해결하려면 Daily AVG 전에 YTD 계산 항목을 먼저 적용해야 한다. 이렇게 하면 날짜 열에 대한 필터 컨텍스트의 변환은 **날짜 테이블**에 대한 COUNTROWS 평가 전에 일어난다. 이를 얻기 위해 시간 인텔리전스 계산 그룹의 **우선순위** 속성을 20으로 수정해 다음과 같이 설정을 변경한다.

- **시간 인텔리전스** 계산 그룹–**우선순위**：20
- **평균** 계산 그룹–**우선순위**：10

위와 같이 설정하면 `Daily YTD AVG` 측정값은 그림 9-17과 같이 정확한 값을 반환한다.

Calendar Year	Month	Sales Amount	Daily AVG	YTD	Daily YTD AVG
□ CY 2005	January	580,901.05	18,738.74	580,901.05	18,738.74
□ CY 2006	February	622,581.14	22,235.04	1,203,482.19	20,398.00
□ CY 2007	March	496,137.87	16,004.45	1,699,620.05	18,884.67
□ CY 2008	April	678,893.22	22,629.77	2,378,513.27	19,820.94
■ CY 2009	May	1,067,165.23	34,424.68	3,445,678.50	22,819.06
□ CY 2010	June	872,586.20	29,086.21	4,318,264.70	23,857.82
□ CY 2011	July	1,068,396.58	34,464.41	5,386,661.27	25,408.78
	August	835,707.46	26,958.31	6,222,368.73	25,606.46
	September	709,610.40	23,653.68	6,931,979.13	25,391.87
	October	806,738.22	26,023.81	7,738,717.35	25,456.31
	November	868,164.01	28,938.80	8,606,881.36	25,769.11
	December	746,933.50	24,094.63	9,353,814.87	25,626.89
	Total	**9,353,814.87**	**25,626.89**	**9,353,814.87**	**25,626.89**

그림 9-17 Daily YTD AVG 측정값은 올바른 결과를 도출한다.

두 적용 단계는 다음과 같다. DAX는 먼저 **시간 인텔리전스** 계산 그룹에서 YTD 계산을 적용해 식을 다음과 같이 변경한다.

```
CALCULATE (
  CALCULATE (
    [Sales Amount],
    DATESYTD ( 'Date'[Date] )
  ),
  'Averages'[Averages] = "Daily AVG"
)
```

그런 다음 DAX는 Averages 계산 그룹의 Daily AVG 계산 항목을 적용해 측정값 참조를 `DIVIDE` 함수로 바꿔 다음과 같은 식을 얻는다.

```
CALCULATE (
  DIVIDE (
    [Sales Amount],
    COUNTROWS ( 'Date' )
  ),
  DATESYTD ( 'Date'[Date] )
)
```

12월에 표시되는 값은 이제 DIVIDE 분모에서 365일로 간주되므로 올바른 숫자를 얻는다. 더 진행하기 전에 이 예에서는 단일 측정값을 계산 항목으로 사용하는 모범 사례를 따랐음을 염두에 두자. 실제로 첫 번째 호출은 Power BI의 시각에서 비롯된다. 그러나 두 계산 항목 중 하나가 Sales Amount 측정값을 다시 작성해 문제가 발생한다. 이 시나리오에서는 모범 사례를 따르는 것만으로 충분하지 않다. 개발자는 계산 그룹 적용의 우선순위를 잘 이해하고 정의해야 한다.

계산 그룹의 모든 계산 항목은 동일한 우선순위를 공유한다. 동일한 그룹 내에서 서로 다른 계산 항목에 대해 서로 다른 우선순위 값을 정의하는 것은 불가능하다.

우선순위 속성은 계산 그룹에 할당된 정숫값이다. 값이 클수록 적용의 우선순위가 높다는 뜻이며 우선순위가 높은 계산 그룹이 먼저 적용된다. 즉, DAX는 내림차순으로 정렬된 **우선순위** 값에 따라 계산 그룹을 적용한다. **우선순위**에 지정된 절댓값은 아무 의미가 없다. 중요한 것은 다른 계산 그룹의 **우선순위**와 어떻게 비교하느냐다. 모델에서 **우선순위**가 같은 두 개의 계산 그룹은 있을 수 없다.

여러 계산 그룹에 서로 다른 **우선순위** 값을 지정해야 하므로 모델을 설계할 때 이 선택에 주의를 기울여야 한다. 계산 그룹의 **우선순위**를 변경하면 이미 배포된 모델의 기존 보고서에 영향을 줄 수 있으므로 앞단에서 올바른 **우선순위**를 선택하는 것이 중요하다. 모델에 여러 계산 그룹이 있는 경우 계산 결과가 모든 계산 항목 조합에서 예상되는 결과인지 확인하는 데 항상 많은 시간을 들여야 한다. 적절한 테스트와 검증을 하지 않으면 우선순위 값 정의에서 실수할 가능성이 크다.

계산 항목에서 측정값 포함 및 제외

계산 항목이 모든 측정값에 적합하지 않은 변형을 구현하는 시나리오가 있다. 기본적으로 계산 항목은 모든 측정값에 영향을 미친다. 그럼에도 불구하고 개발자는 계산 항목의 영향을 받는 측정값을 제한할 수 있다.

ISSELECTEDMEASURE 또는 SELECTEDMEASURENAME을 사용해 모델에서 평가된 현재 측정값을 분석하는 조건을 DAX로 작성할 수 있다. 예를 들어 백분율을 계산하는 측정값이 일일 평균으로 변환되지 않도록 Daily AVG 계산 항목의 영향을 받는 측정값을 제한해야 하는 요건을 고려해 보자. SELECTEDMEASURE에 의해 평가된 측정값이 인수에 지정된 측정값 목록에 포함돼 있으면 ISSELECTEDMEASURE 함수는 True를 반환한다.

```
--------------------------------------------------------
-- 계산 그룹: 'Averages'[Averages]
--------------------------------------------------------

--
-- 계산 항목: Daily AVG
--
IF (
  ISSELECTEDMEASURE (
    [Sales Amount],
    [Gross Amount],
    [Discount Amount],
    [Sales Quantity],
    [Total Cost],
    [Margin]
  ),
  DIVIDE (
    SELECTEDMEASURE (),
    COUNTROWS ( 'Date' )
  )
)
```

위 코드는 일일 평균을 계산할 측정값을 지정하고 Daily AVG 계산 항목이 다른 측정값에 적용될 때 공백을 반환한다. 요건이 기본적으로 모든 측정값을 포함하되 특정 측정값을 제외하는 것이라면 코드를 다음과 같이 작성할 수 있다.

```
-----------------------------------------------------
-- 계산 그룹: 'Averages'[Averages]
-----------------------------------------------------


--
-- 계산 항목: Daily AVG
--
IF (
  NOT ISSELECTEDMEASURE ( [Margin %] ),
  DIVIDE (
    SELECTEDMEASURE (),
    COUNTROWS ( 'Date' )
  )
)
```

두 경우 모두 그림 9-18과 같이 Daily AVG 계산 항목은 Margin % 측정값에 대한 계산을 제외한다.

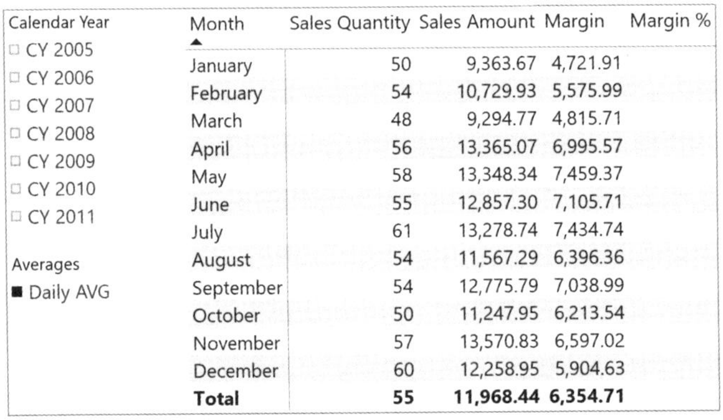

Calendar Year
- ☐ CY 2005
- ☐ CY 2006
- ☐ CY 2007
- ☐ CY 2008
- ☐ CY 2009
- ☐ CY 2010
- ☐ CY 2011

Averages
- ■ Daily AVG

Month	Sales Quantity	Sales Amount	Margin	Margin %
January	50	9,363.67	4,721.91	
February	54	10,729.93	5,575.99	
March	48	9,294.77	4,815.71	
April	56	13,365.07	6,995.57	
May	58	13,348.34	7,459.37	
June	55	12,857.30	7,105.71	
July	61	13,278.74	7,434.74	
August	54	11,567.29	6,396.36	
September	54	12,775.79	7,038.99	
October	50	11,247.95	6,213.54	
November	57	13,570.83	6,597.02	
December	60	12,258.95	5,904.63	
Total	**55**	**11,968.44**	**6,354.71**	

그림 9-18 Daily AVG 계산 항목은 Margin %에 적용되지 않는다.

계산 항목 표현식에서 선택한 측정값을 분석하는 데 사용할 수 있는 또 다른 함수는 부울 값 대신 문자열을 반환하는 SELECTEDMEASURENAME이다. 이 함수는 다음 예와 같이 ISSELECTEDMEASURE 대신 사용할 수 있다.

```
----------------------------------------------------
-- 계산 그룹: 'Averages'[Averages]
----------------------------------------------------

--
-- 계산 항목: Daily AVG
--
IF (
  NOT ( SELECTEDMEASURENAME () = "Margin %" ),
  DIVIDE (
    SELECTEDMEASURE (),
    COUNTROWS ( 'Date' )
  )
)
```

결과는 같지만, 다음과 같은 몇 가지 이유로 ISSELECTEDMEASURE 솔루션이 선호된다.

- SELECTEDMEASURENAME과 비교해 측정값의 철자가 틀린 경우 DAX 코드는 오류를 발생시키지 않고 False를 반환한다.
- ISSELECTEDMEASURE를 사용할 때 측정값 이름의 철자가 틀리면 ISSELECTEDMEASURE에 대한 유효하지 않은 인수 입력으로 표현식에 오류가 표시된다.
- 모델에서 측정값의 이름이 바뀌면 ISSELECTEDMEASURE를 사용하는 모든 표현식의 이름이 모델 편집기(식 수정)에서 자동으로 바뀌지만 SELECTEDMEASURENAME으로 비교한 문자열은 수동으로 업데이트해야 한다.

계산 항목의 비즈니스 로직이 외부 구성을 기반으로 변환을 적용해야 하는 경우 SELECTEDMEASURENAME 함수를 고려해야 한다. 예를 들어 계산 항목에서 동작을 활성화해야 하는 측정값 목록을 가진 테이블이 있는 경우 이 함수는 모델이 DAX 코드를 업데이트하지 않고도 수정할 수 있는 외부 구성을 갖도록 하는 데 유용할 수 있다.

측면 재귀 이해

DAX 계산 항목은 전체 재귀를 제공하지 않지만 한정된 재귀는 가능하다. 이를 측면 재귀 Sideways Recursion라고 한다. 예를 통해 이 복잡한 주제를 다뤄보자. 우선 재귀가 무엇이며 그것을 논의하는 것이 왜 중요한지부터 살펴보자. 재귀는 계산 항목이 자신을 참조할 때 발생해 계산 항목에 적용하면 무한 루프가 발생할 수 있다. 이에 대해 자세히 살펴보자.

다음과 같이 정의된 두 개의 계산 항목이 있는 **시간 인텔리전스** 계산 그룹을 살펴보자.

```
-----------------------------------------------------
-- 계산 그룹 :'Time Intelligence'[Time calc]
-----------------------------------------------------


--
-- 계산 항목: YTD
--
  CALCULATE (
    SELECTEDMEASURE (),
    DATESYTD ( 'Date'[Date] )
  )

--
-- 계산 항목: SPLY
--
  CALCULATE (
    SELECTEDMEASURE (),
    SAMEPERIODLASTYEAR ( 'Date'[Date] )
  )
```

요구 사항은 전년도의 YTD(PYTD)를 계산하는 세 번째 계산 항목을 추가하는 것이다. 8장, '시간 인텔리전스 계산'에서 배웠듯이 시간 인텔리전스 함수인 DATESYTD와 SAMEPERIODLASTYEAR을 결합해 새로운 계산 항목을 만들 수 있다. 즉, 다음과 같은 계산 항목으로 요구 사항을 해결할 수 있다.

```
--
-- Calculation Item: PYTD
--
  CALCULATE (
    SELECTEDMEASURE (),
    DATESYTD ( SAMEPERIODLASTYEAR ( 'Date'[Date] ) )
  )
```

계산의 단순성 관점에서 위 코드는 이미 최적이다. 그럼에도 불구하고 다른 방식으로 작성하는 시도를 해볼 수 있다. 실제로 YTD를 계산하는 YTD 계산 항목이 이미 존재한다. 따라서 동일한 식에서 시간 인텔리전스 계산을 결합하는 대신 계산 항목을 사용하는 것을 생각해볼 수 있다. PYTD 계산 항목을 재정의한 다음 식을 살펴보자.

```
--
-- 계산 항목: PYTD
--
  CALCULATE (
    SELECTEDMEASURE (),
    SAMEPERIODLASTYEAR ( 'Date'[Date] ),
    'Time Intelligence'[Time calc] = "YTD"
  )
```

위 계산 항목은 다른 방법으로 이전 정의와 동일한 결과를 얻는다. SAMEPERIADLASTYEAR는 필터 컨텍스트를 전년도로 이동시키는 반면, YTD 계산은 Time calc 계산 그룹의 계산 항목인 YTD를 적용해 얻는다. 앞서 언급한 것처럼 이 예에서 코드는 읽기 쉽지 않고 쓸데없이 복잡하다. 즉, 복잡한 시나리오에서는 이전에 정의된 계산 항목을 호출하는 기능이 측정값에서 동일한 코드를 여러 번 반복하지 않아도 되므로 편리할 것이다.

이것은 복잡한 계산을 정의하는 강력한 메커니즘이다. 하지만 여기에는 잘 이해해야 하는 '재귀'라는 복잡함이 존재한다. PYTD 계산 항목에서 알 수 있듯이 동일한 계산 그룹의 다른 계산 항목을 기반으로 계산 항목을 정의할 수 있다. 즉, 계산 그룹 내에서 특정 항목은 동일한 계산 그룹의 다른 항목으로 정의될 수 있다. 이 기능을 제한 없이 사용할 수 있다면 계산 항목 A가 B에 의존하고 B는 C에 의존하며, C는 다시 A에 의존하는 매우 복잡한 상황이 발생할 수 있다. 다음 가상의 예는 이와 같은 문제를 보여준다.

```
------------------------------------------------------
-- 계산 그룹: Infinite[Loop]
------------------------------------------------------

--
-- 계산 항목: Loop A
--
  CALCULATE (
    SELECTEDMEASURE (),
    Infinite[Loop] = "Loop B"
  )

--
-- 계산 항목: Loop B
--
  CALCULATE (
    SELECTEDMEASURE (),
    Infinite[Loop] = "Loop A"
  )
```

다음 예와 같은 표현식에 사용할 경우 A는 B를 적용해야 하고 B는 A를 적용해야 하므로 DAX는 계산 항목을 적용할 수 없을 것이다.

```
CALCULATE (
  [Sales Amount],
  Infinite[Loop] = "Loop A"
)
```

일부 프로그래밍 언어에서는 표현식을 정의할 때 (일반적으로 재귀적 정의로 이어지는 함수) 유사한 순환 종속성이 사용될 수 있다. **재귀 함수**는 함수가 그 자체로 정의되는 함수를 의미한다. 재귀는 매우 강력하지만 코드를 작성하는 개발자와 최상의 실행 경로를 찾는 옵티마이저에게는 매우 복잡하다.

이와 같은 이유로 DAX에서는 재귀 계산 항목을 정의할 수 없다. DAX에서 개발자는 동일한 계산 그룹의 다른 계산 항목을 참조할 수 있지만 동일한 계산 항목을 두 번 참조하지는 않는다. 즉 CALCULATE를 사용해 계산 항목을 호출할 수 있지만 호출된 계산 항목은 원래 계산 항목을 직접 또는 간접적으로 호출할 수 없다. 이와 같은 특징을 측면 재귀라고 부른다. 측면 재귀의 목표는 완전한 재귀를 실행하지 않는 것이다. 완전한 재귀 없이 복잡한 계산 항목을 재사용하는 것을 목표로 한다.

> **노트** MDX 언어에 익숙하다면 MDX는 측면 재귀와 전체 재귀 모두를 지원한다는 점에 유의해야 한다. 이러한 기능은 MDX가 DAX보다 더 복잡한 언어인 이유 중 하나다. 게다가 완전한 재귀는 종종 성능 문제를 발생시킨다. 이러한 이유로 DAX는 의도적으로 전체 재귀를 지원하지 않는다.

측정값은 계산 항목 사이뿐만 아니라 계산 항목에도 필터를 설정하기 때문에 재귀도 발생할 수 있다. 다음 측정값 정의(Sales Amount, MA, MB) 및 계산 항목(A 및 B)을 살펴보자.

```
--
-- 측정값 정의
--
Sales Amount := SUMX ( Sales, Sales[Quantity] * Sales[Net Price] )
MA := CALCULATE ( [Sales Amount], Infinite[Loop] = "A" )
MB := CALCULATE ( [Sales Amount], Infinite[Loop] = "B" )

-------------------------------------------------------
-- 계산 그룹: Infinite[Loop]
-------------------------------------------------------

--
-- 계산 항목: A
--
  [MB]

--
-- 계산 항목: B
--
  [MA]
```

계산 항목은 서로를 참조하지 않는다. 측정값을 참조하며 측정값은 다시 계산 항목을 참조해 무한 루프를 생성한다. 계산 항목 적용 단계를 단계별로 수행하면 이러한 상황을 확인할 수 있다. 다음 식을 살펴보자.

```
CALCULATE (
  [Sales Amount],
  Infinite[Loop] = "A"
)
```

계산 항목 A를 적용하면 다음과 같은 결과가 발생한다.

```
CALCULATE (
  CALCULATE ( [MB] )
)
```

그러나 MB 측정값은 내부적으로 `Sales Amount`와 계산 항목 B를 모두 참조한다. 이는 다음 코드에 해당한다.

```
CALCULATE (
  CALCULATE (
    CALCULATE (
      [Sales Amount],
      Infinite[Loop] = "B"
    )
  )
)
```

이때 계산 항목 B를 적용하면 다음과 같은 결과가 발생한다.

```
CALCULATE (
  CALCULATE (
    CALCULATE (
      CALCULATE ( [MA] )
    )
  )
)
```

다시 MA 측정값은 내부적으로 `Sales Amount`와 계산 항목 A를 참조하며, 이는 다음 코드에 해당한다.

```
CALCULATE (
  CALCULATE (
    CALCULATE (
      CALCULATE (
        CALCULATE (
          [Sales Amount],
          Infinite[Loop] = "A"
        )
      )
    )
  )
)
```

이제 초기 표현으로 돌아가면 계산 항목이 서로 참조하지 않더라도 식에 적용된 계산 항목이 무한 루프에 들어갈 가능성이 있다. 그들은 차례로 계산 항목을 참조하는 측정값을 참조한다. 엔진은 이 경우 무한 루프가 존재하는 것을 감지할 수 있을 정도로 스마트하다. 따라서 DAX에서 오류가 발생한다.

측면 재귀는 읽기 어렵고 예상치 못한 결과를 낳을 수 있는 매우 복잡한 식으로 이어질 수 있다. 측면 재귀가 있는 계산 항목의 복잡성은 대부분 사용자가 파워 BI에서 슬라이서를 사용하는 것과 같이 도구의 사용자 인터페이스를 통해 계산 항목을 변경하는 동안 CALCULATE를 사용해 내부적으로 계산 항목을 적용하는 측정값이 있을 때 나타난다.

코드에서 가능한 한 측면 재귀 사용을 제한하는 것이 좋다. 하지만 여러 위치에서 동일한 코드를 반복해야 할 수도 있다. 숨겨진 계산 그룹에서만 측면 재귀에 안전하게 의존할 수 있으므로 사용자가 아닌 코드로 관리할 수 있다. Power BI 사용자는 보고서에서 자체 측정값을 정의할 수 있으며 재귀와 같은 복잡한 주제를 알지 못하면 오류가 발생해도 원인을 알 수 없게 될 것이다.

모범 사례 사용

도입부에서 언급했듯이 계산 항목에 문제가 생기지 않게 하기 위해 따라야 할 모범 사례는 두 가지뿐이다.

- 하나의 측정값만으로 구성된 표현식의 동작을 수정할 때만 계산 항목을 사용한다. 복잡한 표현식의 동작을 변경하기 위해서는 계산 항목을 사용하지 않는다.

```
--
-- 모범 사례
--
SalesPerWd :=
CALCULATE (
  [Sales Amount],                          -- 단일 측정값. 좋음.
  'Time Intelligence'[Time calc] = "YTD"
)

--
-- 나쁜 사례. 사용 금지
--
SalesPerWd :=
CALCULATE (
  SUMX ( Customer, [Sales Amount] ),       -- 복잡한 표현식이며,
  'Time Intelligence'[Time calc] = "YTD"   -- 측정값 참조가 아님
)
```

- 이미 공개되고 사용자가 사용할 수 있는 계산 그룹에서는 측면 재귀 사용을 피한다. 숨겨진 계산 그룹에서 측면 재귀 현상을 안전하게 사용할 수 있다. 그래도 측면 재귀를 사용할 경우에는 오류가 발생할 수 있는 전체 재귀를 사용하지 않도록 주의해야 한다.

결론

계산 그룹은 복잡한 모델의 구축을 단순화할 수 있는 강력한 도구다. 계산 그룹을 사용하면 측정값을 변형해 코드를 복제하지 않고도 수백 개의 측정값을 만들 수 있다. 더욱이 사용자들은 그들 자신만의 계산 조합을 만들 수 있는 선택권이 있기 때문에 계산 그룹을 좋아한다.

DAX 개발자는 계산 그룹의 장점과 한계를 이해해야 한다. 9장에서 다룬 주요 내용을 요약하면 다음과 같다.

- 계산 그룹은 계산 항목의 집합이다.
- 계산 항목은 측정값의 변형이다. SELECTEDMEASURE 함수를 사용해 계산 항목은 계산 진행 방식을 변경할 수 있는 옵션이 있다.
- 계산 항목은 현재 측정값의 표현식과 형식 문자열을 재정의할 수 있다.
- 모형에서 복수의 계산 그룹을 사용하는 경우 개발자는 동작을 명확하게 하기 위해 계산 항목의 적용 순서를 정의해야 한다.
- 계산 항목은 표현식이 아닌 측정값 참조에 적용된다. 계산 항목을 사용해 단일 측정값 참조로 구성되지 않은 식의 동작을 변경하면 예기치 않은 결과가 발생할 수 있다. 따라서 단일 측정값 참조로 구성된 식에만 계산 항목을 적용하는 것이 가장 좋다.
- 개발자는 계산 항목의 정의에서 측면 재귀를 사용할 수 있지만, 이것은 갑자기 전체 표현식의 복잡성을 증가시킨다. 개발자는 측면 재귀의 사용을 숨겨진 계산 그룹으로 제한하고 사용자가 볼 수 있는 계산 그룹에 측면 재귀는 피해야 한다.
- 모범 사례를 따르는 것이 계산 그룹에 수반되는 복잡성을 피할 수 있는 가장 쉬운 방법이다.

마지막으로, 계산 그룹은 DAX 언어에 최근에 추가된 것임을 기억하자. 이것은 매우 강력한 기능이며, 이제 계산 그룹의 많은 사용법을 발견하기 시작했다. 여러분이 계산 그룹에 대해 계속 배울 수 있도록 9장의 도입부에서 언급한 웹 페이지를 지속적으로 업데이트할 예정이다.

10

필터 컨텍스트 작업

지금까지 고급 계산을 수행하기 위해 필터 컨텍스트를 만드는 방법에 대해 배웠다. 8장, '시간 인텔리전스 계산'에서는 시간 인텔리전스 계산을 혼합해 다른 기간을 비교하는 방법을 배웠다. 9장, '계산 그룹'에서는 계산 그룹을 사용해 사용자 경험과 DAX 코드를 단순화하는 방법을 배웠다. 10장에서는 기존 선택과 필터에 따라 표현식의 동작을 변경하기 위해 현재 필터 컨텍스트의 상태를 읽는 많은 함수를 배우게 된다. 이러한 함수는 매우 강력하지만 자주 사용되지는 않는다. 그럼에도 불구하고 처음 사용된 보고서뿐만 아니라 다른 보고서에서도 잘 작동하는 측정값을 작성하려면 이러한 함수를 올바르게 이해해야 한다.

표현식은 필터 컨텍스트가 설정되는 방법에 따라 작동하거나 작동하지 않을 수 있다. 어떤 표현식은 월 수준에서 올바르게 작동하지만 연도 수준에서는 부정확한 결과를 반환할 수 있다. 또한 고객의 순위를 계산할 때 한 명의 고객이 필터 컨텍스트에서 선택되는 경우에는 잘 작동하지만 여러 고객을 선택하면 잘못된 결과가 나올 수 있다. 따라서 모든 보고서에서 작동하도록 설계된 측정값은 값을 반환하기 전에 필터 컨텍스트를 검사해야 한다. 필터 컨텍스트가 표현식의 요구 사항을 충족하면 의미 있는 값을 반환할 수 있다. 필터 컨텍스트에 코드와 호환되지 않는 필터가 포함돼 있다면 공백을 반환하는 것이 더 좋다.

어떤 식도 잘못된 값을 반환해서는 안 된다. 잘못된 값을 반환하는 것보다 아무 값도 반환하지 않는 것이 언제나 더 낫다. 사용자는 코드 내부에 대한 사전 지식 없이도 모델을 탐색할 수 있어야 한다. DAX 작성자는 어떤 상황에서도 코드가 제대로 작동하는지 확인해야 한다.

10장에서 소개하는 각 함수에 대해 해당 함수를 사용하는 것이 유용하고 논리적인 여러 시나리오를 보여준다. 하지만 여러분의 시나리오는 여기서 소개하는 예와 많은 차이가 있을 것이다. 따라서 각 함수에 관해 공부할 때 각 함수로 모델의 기능을 개선할 방법을 생각해 보길 바란다.

그 밖에도 두 가지 중요한 개념인 데이터 계보와 TREATAS 함수도 소개한다. 데이터 계보는 제대로 된 설명 없이 지금까지 사용해 온 직관적인 개념이다. 10장에서는 동작과 고려할 만한 몇 가지 시나리오에 대해 자세히 설명한다.

HASONEVALUE 및 SELECTEDVALUE 사용

도입부에서 설명한 것처럼 많은 계산은 현재의 선택을 기반으로 의미 있는 값을 제공한다. 하지만 선택을 변경하면 잘못된 결과가 나올 수 있다. QTD 판매액을 계산하는 다음 식을 살펴보자.

```
QTD Sales :=
CALCULATE (
  [Sales Amount],
  DATESQTD ( 'Date'[Date] )
)
```

그림 10-1에서 볼 수 있듯이 코드는 월과 분기 수준에서는 잘 작동하지만 연도 수준(CY 2007)에서는 2017년 QTD 판매액이 2,731,424.16이라는 결과를 보여준다.

Calendar Year	Sales Amount	QTD Sales
CY 2007	**11,309,946.12**	**2,731,424.16**
Q1-2007	**2,646,673.39**	**2,646,673.39**
January	794,248.24	794,248.24
February	891,135.91	1,685,384.15
March	961,289.24	2,646,673.39
Q2-2007	**3,046,602.02**	**3,046,602.02**
April	1,128,104.82	1,128,104.82
May	936,192.74	2,064,297.56
June	982,304.46	3,046,602.02
Q3-2007	**2,885,246.55**	**2,885,246.55**
July	922,542.98	922,542.98
August	952,834.59	1,875,377.57
September	1,009,868.98	2,885,246.55
Q4-2007	**2,731,424.16**	**2,731,424.16**
October	914,273.54	914,273.54
November	825,601.87	1,739,875.41
December	991,548.75	2,731,424.16

그림 10-1 QTD Sales는 연도 수준에서도 값을 보고하지만 일부 사용자를 혼동시킬 수 있다.

실제로 `QTD Sales`에서 연도 수준으로 보고한 값은 해당 연도 마지막 분기의 값으로 12월의 `QTD Sales` 값과 일치한다. 여기서 연도별 QTD 값은 의미가 없다고 주장할 수 있다. 하지만 값이 분기 수준에서는 나타나지 않는 것이 더 바람직하다. 실제로 QTD 집계는 월 수준 이하에서는 의미가 있지만 분기 수준 이상에서는 타당하지 않다. 즉 표현식은 월 수준에서는 QTD 값을 보고하고, 그렇지 않으면 빈 값을 보고해야 한다.

이러한 시나리오에서 `HASONEVALUE` 함수를 사용할 수 있다. 분기 수준 이상에서 합계를 없애고 싶다면 여러 달이 선택됐는지 확인하면 된다. 분기 및 연도 수준에서는 여러 달이 선택되고 월 수준에서는 한 달만 선택되기 때문이다. 이제 `IF` 문으로 코드를 보호하면 원하는 결과를 얻을 수 있다. 코드는 다음과 같다.

```
QTD Sales :=
IF (
  HASONEVALUE ( 'Date'[Month] ),
  CALCULATE (
    [Sales Amount],
    DATESQTD ( 'Date'[Date] )
  )
)
```

위 식의 결과는 그림 10-2에서 볼 수 있다.

Calendar Year	Sales Amount	QTD Sales
CY 2007	**11,309,946.12**	
Q1-2007	**2,646,673.39**	
January	794,248.24	794,248.24
February	891,135.91	1,685,384.15
March	961,289.24	2,646,673.39
Q2-2007	**3,046,602.02**	
April	1,128,104.82	1,128,104.82
May	936,192.74	2,064,297.56
June	982,304.46	3,046,602.02
Q3-2007	**2,885,246.55**	
July	922,542.98	922,542.98
August	952,834.59	1,875,377.57
September	1,009,868.98	2,885,246.55

그림 10-2 HASONEVALUE로 QTD Sales를 보호하면 원하지 않는 값을 비워 둘 수 있다.

첫 번째 예는 이미 중요한 예다. 계산을 '있는 그대로' 두는 대신 한 걸음 더 나아가서 '언제' 계산이 의미 있는 값을 생성하는지에 대해 질문하기로 했다. 특정 표현식이 필터 컨텍스트에서 정확한 결과를 생성하지 않는다면 필터 컨텍스트가 최소 요구 사항을 충족하는지, 또 필터 컨텍스트에 따라 제대로 작동하는지 확인해야 한다.

7장,'반복함수 및 CALCULATE'에서 RANKX 함수에 대해 배울 때 비슷한 시나리오를 다뤘다. 거기서는 다른 모든 고객에 대해 현재 고객의 순위를 구해야 했으며 HASONEVALUE를 사용해 현재 필터 컨텍스트에서 단일 고객을 선택할 때만 이러한 순위가 생성되도록 했다.

시간 인텔리전스는 필터 컨텍스트가 한 분기, 한 달 또는 한 개의 특정 기간을 필터링할 때만 YTD와 같은 많은 집계가 의미 있기 때문에 HASONEVALUE가 자주 사용되는 시나리오다. 여러 기간을 필터링할 때 표현식은 값을 반환하는 대신 **빈 값**을 반환해야 한다.

HASONEVALUE를 유용하게 사용할 수 있는 또 다른 일반적인 시나리오는 필터 컨텍스트에서 선택된 값 하나를 추출하는 경우다. 예전에는 유용할 수 있는 시나리오가 더 많았지만 계산 그룹이 나오면서 적어졌다. What-if 분석을 수행하는 시나리오에서 개발자는 일반적으로 사용자가 슬라이서로 하나의 값을 선택할 수 있는 매개변수 테이블을 만든 다음 이 매개변수를 사용해 계산을 조정한다.

인플레이션율을 기준으로 전년도값을 조정해 판매액을 평가하는 경우를 생각해 보자. 분석을 수행하기 위해 보고서는 사용자가 각 거래일로부터 오늘까지 적용할 연간 인플레이션율을 선택할 수 있도록 한다. 인플레이션은 알고리듬의 매개변수다. 이 시나리오의 해결책은 사용자가 선택할 수 있는 모든 값이 포함된 테이블을 만드는 것이다. 이 예에서는 0.5% 간격으로 0%에서 20%까지의 모든 값을 가진 테이블을 작성해 그림 10-3과 같은 테이블을 얻었다.

Inflation ▲
0.00%
0.50%
1.00%
1.50%
2.00%
2.50%
3.00%
3.50%
4.00%
4.50%

그림 10-3 인플레이션율은 0%에서 20% 사이의 모든 값을 0.5%의 간격으로 포함하고 있다.

사용자가 원하는 값을 슬라이서로 선택하면 식은 거래일로부터 현재 날짜까지 모든 연도에 대해 선택된 인플레이션율을 적용해야 한다. 사용자가 선택하지 않거나 여러 값을 선택하는 경우, 계산식은 기본 인플레이션 0%를 사용해 실제 판매액을 보고해야 한다.

최종 보고서는 그림 10-4와 같다.

Inflation

3.00% ⌄ **Reporting year: 2009**

Calendar Year	Sales Amount	Inflation Adjusted Sales
CY 2007	**11,309,946.12**	**11,998,721.84**
Q1-2007	**2,646,673.39**	**2,807,855.80**
January	794,248.24	842,617.96
February	891,135.91	945,406.09
March	961,289.24	1,019,831.75
Q2-2007	**3,046,602.02**	**3,232,140.08**
April	1,128,104.82	1,196,806.40
May	936,192.74	993,206.88
June	982,304.46	1,042,126.80
Q3-2007	**2,885,246.55**	**3,060,958.07**
July	922,542.98	978,725.85
August	952,834.59	1,010,862.21
September	1,009,868.98	1,071,370.00
Q4-2007	**2,731,424.16**	**2,897,767.89**
October	914,273.54	969,952.80
November	825,601.87	875,881.02
December	991,548.75	1,051,934.07
CY 2008	**9,927,582.99**	**10,225,410.48**
Total	**30,591,343.98**	**31,577,947.19**

그림 10-4 인플레이션 매개변수는 전년도의 승수를 제어한다.

노트 파워 BI의 What-If 매개변수 기능은 여기에 설명된 것과 동일한 방법으로 테이블과 슬라이서를 생성한다.

이 보고서에 대해 몇 가지 흥미로운 점이 있다.

- 사용자는 왼쪽 위 슬라이서로 적용할 인플레이션율을 선택할 수 있다.
- 보고서에는 조정할 때 사용한 연도를 표시하며 오른쪽 상단 레이블에 데이터 모델의 마지막 판매 연도를 표시한다.
- **인플레이션 조정 판매액**은 사용자가 선택한 인플레이션율과 해당 연도의 판매액을 곱한다.
- 합계에서는 매년 다른 승수를 적용해야 한다.

보고 연도 레이블 코드는 보고서에서 가장 간단한 계산이며 Sales 테이블에서 최대 주문 날짜의 연도만 검색하면 된다.

```
Reporting year := "Reporting year: " & YEAR ( MAX ( Sales[Order Date] ) )
```

마찬가지로 사용자가 슬라이서로 값 하나를 필터링하면 MIN과 MAX 모두 동일한 값, 즉 선택한 유일한 값을 반환하기 때문에 MIN 또는 MAX를 사용해 사용자가 선택한 인플레이션율을 검색할 수 있다. 사용자가 여러 값을 필터링하거나 필터를 하나도 선택하지 않을 수도 있다. 이 경우에도 식은 올바르게 작동해 디폴트값을 제공해야 한다.

따라서 더 나은 옵션은 사용자가 슬라이서로 단일 값을 능동적으로 필터링했는지를 확인해 코드가 HASONEVALUE 결과에 따라 작동하도록 하는 것이다.

```
User Selected Inflation :=
IF (
  HASONEVALUE ( 'Inflation Rate'[Inflation] ),
  VALUES ( 'Inflation Rate'[Inflation] ),
  0
)
```

이 패턴은 매우 흔하므로 다른 함수를 사용할 수도 있다. SELECTEDVALUE 함수는 단일 함수 호출로 이전 코드와 동일하게 작동한다.

```
User Selected Inflation := SELECTEDVALUE ( 'Inflation Rate'[Inflation], 0 )
```

SELECTEDVALUE에는 두 인수가 있다. 두 번째 인수는 첫 번째 인수로 전달하는 열에서 둘 이상의 요소가 선택됐을 때 반환하는 디폴트값이다.

User Selected Inflation 측정값이 모델에 있으면 선택한 연도의 승수를 계산해야 한다. 모델의 마지막 연도가 조정에 사용할 연도로 간주되는 경우 승수는 전년도와 선택한 연도 사이의 모든 연도에 대해 매년 **1+ 인플레이션율**의 곱셈을 수행해 반복해야 한다.

```
Inflation Multiplier :=
VAR ReportingYear =
  YEAR ( CALCULATE ( MAX ( Sales[Order Date] ), ALL ( Sales ) ) )
VAR CurrentYear =
  SELECTEDVALUE ( 'Date'[Calendar Year Number] )
VAR Inflation = [User Selected Inflation]
VAR Years =
  FILTER (
    ALL ( 'Date'[Calendar Year Number] ),
    AND (
      'Date'[Calendar Year Number] >= CurrentYear,
      'Date'[Calendar Year Number] < ReportingYear
    )
  )
VAR Multiplier =
  MAX ( PRODUCTX ( Years, 1 + Inflation ), 1 )
RETURN
  Multiplier
```

마지막 단계는 승수를 연간 단위로 사용하는 것이다. 인플레이션 조정 판매액을 구하는 코드는 다음과 같다.

```
Inflation Adjusted Sales :=
SUMX (
  VALUES ( 'Date'[Calendar Year] ),
  [Sales Amount] * [Inflation Multiplier]
)
```

ISFILTERED 및 ISCROSSFILTERED 소개

가끔 필터 컨텍스트에서 단일 값을 수집하는 것이 아니라 열이나 테이블에 활성 필터가 있는지 확인해야 할 때가 있다. 필터가 있는지 확인하는 이유는 일반적으로 열의 모든 값이 현재 표시되는지 확인하기 위해서다. 필터가 있으면 일부 값이 숨겨져 해당 시점의 숫자가 부정확할 수 있다.

열에 필터가 적용되거나 테이블의 다른 열이 필터링돼 열이 필터링될 수 있으므로 열에 간접 필터가 있을 수 있다. 다음 간단한 예제를 통해 이에 대해 자세히 살펴보자.

```
RedColors :=
CALCULATE (
  [Sales Amount],
  'Product'[Color] = "Red"
)
```

판매액 평가 시 외부 CALCULATE는 Product[Color] 열에 필터를 적용한다. 그 결과 Product[Color]가 필터링된다. DAX에는 열에 필터가 적용됐는지를 확인하는 ISFILTERED 함수가 있다. ISFILTERED는 인수로 전달된 열에 직접 필터가 있는지에 따라 TRUE 또는 FALSE를 반환한다. ISFILTERED가 테이블을 인수로 받을 때 테이블의 열이 직접 필터링되면 TRUE를 반환하고, 그렇지 않으면 FALSE를 반환한다.

필터가 Product[Color]에 있지만 Product 테이블의 모든 열은 간접적으로 필터링된다. 예를 들어 브랜드 열에는 빨간색 제품이 하나 이상 있는 브랜드만 표시된다. Color 열에 적용된 필터로 인해 빨간색 제품이 없는 브랜드는 보이지 않는다. Product[Color]를 제외한 Product 테이블의 다른 모든 열에는 직접 필터가 없다. 그럼에도 불구하고 눈에 보이는 값은 제한된다. 실제로 Product 테이블의 모든 열이 크로스필터링된다. 직접이든 간접이든 눈에 보이는 값을 줄일 수 있는 필터가 있을 때 열은 크로스필터링된다. 열이 크로스필터링됐는지 여부를 확인하는 데 사용되는 함수는 ISCROSSFILTERED다.

열이 필터링되면 크로스필터링도 이뤄진다. 그 반대는 사실이 아니다. 하지만 열을 필터링하지 않아도 열을 크로스필터링할 수는 있다. 또한 ISCROSSFILTERED는 열뿐만 아니라 테이블에서도 작동한다. 실제로 테이블의 한 열이 크로스필터링되면 테이블의 나머지 열도 모두 크로스필터링된다. 따라서 ISCROSSFILTERED는 열이 아닌 테이블과 함께 사용해야 한다. ISCROSSFILTERED는 원래 열에 대해서만 사용했기 때문에 ISCROSSFILTERED가 열에 사용된 것을 자주 볼 수 있다. 나중에서야 ISCROSSFILTERED가 테이블에 도입됐다. 따라서 일부 오래된 코드에서는 여전히 ISCROSSFILTERED를 열에서만 사용한다.

필터는 전체 데이터 모델에 대해 작동하므로 Product 테이블에 적용된 필터도 연결된 테이블에 영향을 준다. 따라서 Product[Color]의 필터는 Sales 테이블에도 적용된다. 그러므로 Sales 테이블의 열은 Product[Color]의 필터로 크로스필터링된다.

이러한 함수의 동작을 설명하기 위해 이 책의 나머지 부분에서 사용한 일반적인 모델과는 약간 다른 모델을 사용했다. 일부 테이블을 제거하고 양방향 크로스필터링을 사용해 Sales와 Product의 관계를 수정했다. 그림 10-5에서 결과 모델을 볼 수 있다.

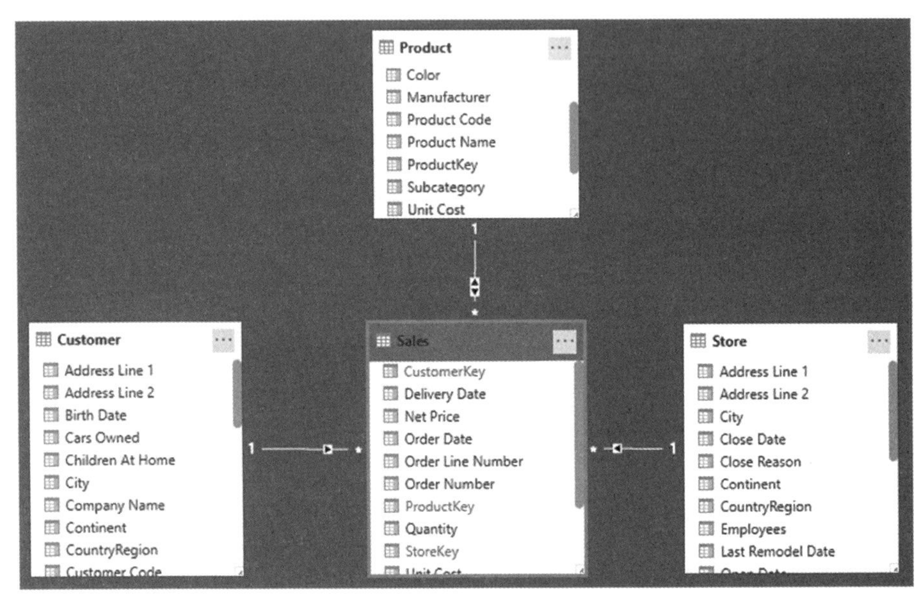

그림 10-5 이 모델에서 Sales와 Product의 관계는 양방향이다.

이 모델에서는 다음과 같은 여러 측정값을 작성했다.

```
Filter Gender := ISFILTERED ( Customer[Gender] )
Cross Filter Customer := ISCROSSFILTERED ( Customer )
Cross Filter Sales := ISCROSSFILTERED ( Sales )
Cross Filter Product := ISCROSSFILTERED ( 'Product' )
Cross Filter Store := ISCROSSFILTERED ( Store )
```

마지막으로, 행에 Customer[Continent] 및 Customer[Gender]를 배치하고 모든 측정값을 행렬에 반영했다. 그림 10-6에서 결과를 볼 수 있다.

Continent	Filter Gender	Cross Filter Customer	Cross Filter Sales	Cross Filter Store	Cross Filter Product
Asia	**False**	**True**	**True**	**False**	**True**
	True	True	True	False	True
F	True	True	True	False	True
M	True	True	True	False	True
Europe	**False**	**True**	**True**	**False**	**True**
	True	True	True	False	True
F	True	True	True	False	True
M	True	True	True	False	True
North America	**False**	**True**	**True**	**False**	**True**
	True	True	True	False	True
F	True	True	True	False	True
M	True	True	True	False	True
Total	**False**	**False**	**False**	**False**	**False**

그림 10-6 행렬은 ISFILTERED와 ISCROSSFILTERED의 동작을 나타낸다.

결과에 대한 몇 가지 고려사항은 다음과 같다.

- Customer[Gender]는 Customer[Gender]에 활성 필터가 있는 행에서만 필터링된다. 필터가 Customer[Continent]에만 있는 부분합 수준에서 열은 필터링되지 않는다.
- Customer[Continent]와 Customer[Gender] 중 하나에 필터가 적용되면 전체 Customer 테이블이 크로스필터링된다.
- Sales 테이블에도 동일하게 적용된다. Sales 테이블은 Customer 테이블과의 다대일 관계에서 M쪽이기 때문에 Customer 테이블의 어떤 열에라도 필터가 적용되면 Sales 테이블에 크로스필터가 적용된다.
- Sales에 대한 필터가 Customer로 전파되지 않기 때문에 Store는 크로스필터링되지 않는다. 실제로 Sales와 Store의 관계는 단방향이므로 필터가 Sales에서 Store로 전파되지 않는다.
- Sales와 Product의 관계는 양방향이기 때문에 Sales에 대한 필터는 Product로 전파된다. 따라서 이 데이터 모델의 다른 테이블에 적용된 어떤 필터로도 Product는 크로스필터링된다.

ISFILTERED 및 ISCROSSFILTERED는 DAX 표현식에 자주 사용되지는 않는다. 필터에 따라 코드가 다른 경로를 따르게 하기 위해 열의 필터 집합을 확인해 고급 최적화를 수행할 때 사용한다. 또 다른 일반적인 시나리오는 11장, '계층 처리'에서 볼 수 있듯이 계층으로 작업할 때다.

필터의 존재에 의존해 열의 모든 값이 표시되는지를 결정해서는 안 된다. 실제로 열은 필터링 및 크로스필터링됐음에도 여전히 모든 값을 표시할 수 있다. 다음과 같은 간단한 측정값으로 이를 확인할 수 있다.

```
Test :=
CALCULATE (
  ISFILTERED ( Customer[City] ),
  Customer[City] <> "DAX"
)
```

Customer 테이블에 DAX라는 도시는 없다. 따라서 필터는 Customer 테이블에 아무런 영향을 주지 않는다. 결과적으로 Customer[City]는 필터가 동일한 열에 활성화돼 테스트 측정값이 TRUE를 반환하더라도 열의 모든 값을 표시한다.

가능한 모든 값이 열 또는 테이블에 표시되는지 확인하려면 다른 컨텍스트에서 행을 세는 것이 최선이다. 이때 배워야 할 몇 가지 중요한 세부 사항이 있으며, 이에 대해서는 다음 절에서 다룬다.

VALUES와 FILTERS의 차이점

FILTERS는 VALUES와 같은 함수이지만 한 가지 중요한 차이점이 있다. VALUES는 필터 컨텍스트에서 보이는 값을 반환하고, FILTERS는 필터 컨텍스트에 의해 현재 필터링되고 있는 값을 반환한다.

두 설명이 똑같아 보이지만 그렇지 않다. 실제로는 Black, Brown, Azure 및 Blue 등 4개 제품 색을 슬라이서로 필터링할 수 있다. 필터 컨텍스트의 다른 필터로 인해 다른 두 필터가 제품에 사용되지 않아 두 필터만 데이터에 표시된다고 가정해보자. 이 시나리오에서 VALUES는 두 가지 색을 반환하는 반면, FILTERS는 필터링된 4개의 색을 모두 반환한다. 이 개념을 명확히 하는 데 다음의 예가 도움이 된다.

이 예에서는 파워 BI에 연결된 엑셀 파일을 사용한다. 그 이유는 (이 책을 쓰고 있는 현재) 모델을 쿼리하기 위해 파워 BI에서 사용하는 함수인 SUMMARIZECOLUMNS에서 FILTERS를 사용할 때 예상대로 작동하지 않아서다. 따라서 이 예는 파워 BI에서 작동하지 않을 것이다.

노트 마이크로소프트는 파워 BI에서 FILTERS를 사용할 때의 문제를 알고 있으며, 향후 이 문제가 해결될 가능성이 있다. 그러나 이 책에서 개념을 설명하기 위해서는 엑셀이 SUMARIZECOLUMNS를 사용하지 않기 때문에 엑셀을 클라이언트로 사용해야 했다.

7장에서는 보고서에 슬라이서로 선택한 색을 보여주는 레이블을 표시하기 위해 CONCATENATEX를 사용하는 방법을 배웠다. 거기서 우리는 반복함수와 변수의 사용법을 설명하는 데 유용한 복잡한 표현식으로 마무리했다. 편의를 위해 해당 식을 간단한 버전으로 변경한 코드는 다음과 같다.

```
Selected Colors :=
"Showing " &
CONCATENATEX (
  VALUES ( 'Product'[Color] ),
  'Product'[Color],
  ", ",
  'Product'[Color],
  ASC
) & " colors."
```

보고서에 다음과 같은 두 개의 슬라이서가 있다고 가정하자. 하나의 슬라이서는 단일 카테고리만을 필터링하고 다른 슬라이서는 그림 10-7과 같이 여러 색을 필터링한다.

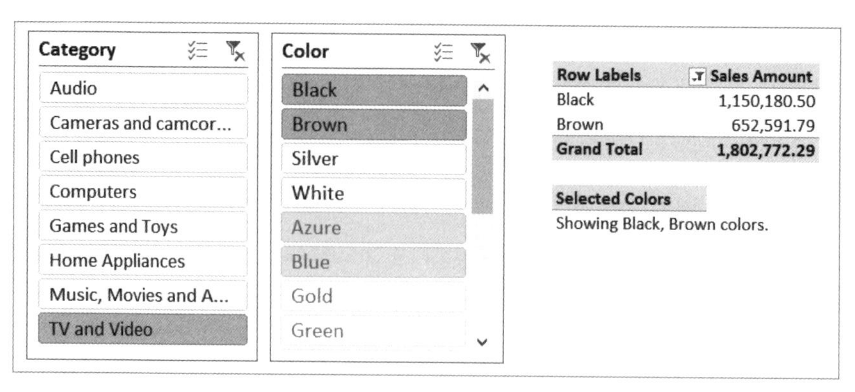

그림 10-7 4개 색이 선택됐지만 위 측정값은 2가지 색만 표시한다.

슬라이서에는 4개의 색이 선택됐지만 측정값은 그중 2개 색만 반환한다. VALUES가 현재 필터 컨텍스트에서 열의 값을 반환하기 때문이다. 선택된 카테고리에 색이 Blue이거나 Azure인 제품은 없다. 따라서 필터 컨텍스트가 4개 색을 필터링하더라도 VALUES는 두 2개 색만 반환한다.

측정값에 VALUES 대신 FILTERS를 사용하면 FILTERS는 현재 필터 컨텍스트에 해당 값을 나타내는 제품이 있는지와 관계없이 필터링된 값을 반환한다.

```
Selected Colors :=
"Showing " &
CONCATENATEX (
  FILTERS ( 'Product'[Color] ),
  'Product'[Color],
  ", ",
  'Product'[Color],
  ASC
) & " colors."
```

새로운 버전의 측정값을 사용하면 보고서는 그림 10-8에서 볼 수 있듯이 4개 색을 모두 보여준다.

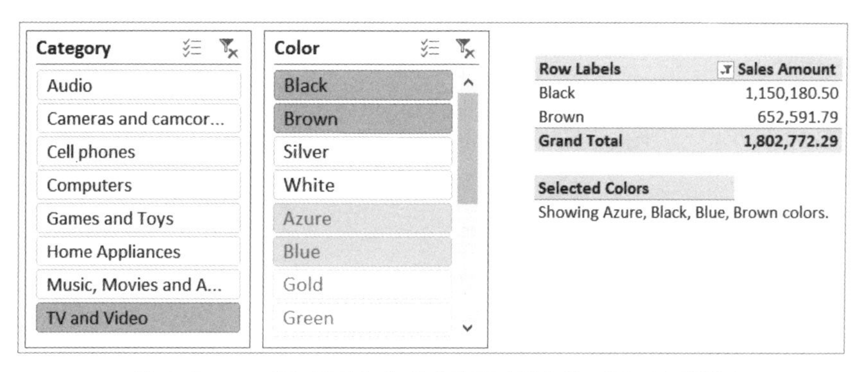

그림 10-8 FILTERS를 사용하면 새로운 측정값은 선택한 색 4개를 모두 반환한다.

또한 HASONEVALUE와 유사하게 DAX는 열에 활성 필터가 하나만 있는지 확인하는 함수인 HASONEFILTER를 제공한다. 사용법과 구문은 HASONEVALUE와 유사하다. 유일한 차이점은 단일 필터가 활성 상태일 때 HASONEFILTER는 TRUE를 반환하고, 동시에 HASONEVALUE는 값이 필터링됐지만 볼 수 없으므로 FALSE를 반환한다.

ALLEXCEPT와 ALL/VALUE의 차이점

이전 절에서는 필터가 있는지 확인할 수 있는 함수인 ISFILTERED 및 ISCROSSFILTERED를 소개했다. 필터의 존재 여부만으로 열 또는 테이블의 모든 값이 보이는지 확인할 수 없다. 더 나은 옵션은 현재 필터 컨텍스트에서의 행 수와 필터가 없는 경우의 모든 행 수를 비교해 확인하는 것이다.

예를 들어 그림 10-9를 살펴보자. Filtered Gender 측정값은 Customer[Gender] 열의 필터링 여부를 ISFILTERED로 확인하는 반면, 아래 NumOfCustomers 측정값은 단순히 Customer 테이블의 행 수를 센다.

```
NumOfCustomers :=COUNTROWS (Customer )
```

Customer Type	Filtered Gender	NumOfCustomers
Company	**False**	**385**
	True	385
Person	**False**	**18,484**
F	True	9,133
M	True	9,351
Total	**False**	**18,869**

그림 10-9 Customer[Gender]가 필터링됐지만 모든 고객이 보인다.

고객이 회사인 경우, 예상대로 [Gender]는 항상 빈 값임을 알 수 있다. 행렬의 두 번째 행에서 [Gender]에 대한 필터가 활성화돼 있으며, 실제로 Filtered Gender 측정값은 TRUE를 반환한다. 동시에 필터는 가능한 Gender 값이 하나뿐이기 때문에 실제로 아무것도 필터링하지 않으며 모두 볼 수 있다.

필터가 있다고 해서 테이블이 실제로 필터링된 것은 아니다. 필터가 활성화됐다는 것만 나타낼 뿐이다. 모든 고객이 보이는지를 확인하려면 간단한 계산에 의존하는 것이 좋다. [Gender]에 필터를 적용한 고객 수와 필터를 적용하지 않은 고객 수가 동일한지 확인하면 필터가 활성화돼 있지만 효과적인지 아닌지를 확인할 수 있다.

위와 같은 계산을 수행할 때는 필터 컨텍스트와 CALCULATE의 동작에 대한 세부 사항에 유의해야 한다. 동일한 상태를 확인하는 방법에는 다음과 같은 두 가지가 있다.

- 모든 성별의 고객 수를 세는 것
- 고객 유형이 같은 고객(회사 또는 개인)을 세는 것

그림 10-9의 보고서에서 두 계산은 동일한 값을 반환하지만 행렬에 사용된 열을 변경하면 결과가 달라진다. 게다가 두 계산 모두 장단점이 있다. 이들은 몇 가지 시나리오에서 유용할 수 있어서 배울 가치가 있다. 우선 가장 쉬운 첫 번째부터 시작하자.

```
All Gender :=
CALCULATE (
  [NumOfCustomers],
  ALL ( Customer[Gender] )
)
```

ALL은 [Gender] 열에 적용된 필터를 제거하고 나머지 필터는 모두 그대로 둔다. 그 결과, 성별을 무시하고 현재 필터에서의 고객 수를 계산한다. 그림 10-10에서는 두 수치를 비교하는 All customers visible 측정값과 결과를 볼 수 있다.

Customer Type	Filtered Gender	NumOfCustomers	All Gender	All customers visible
Company	**False**	**385**	**385**	**True**
	True	385	385	True
Person	**False**	**18,484**	**18,484**	**True**
F	True	9,133	18,484	False
M	True	9,351	18,484	False
Total	**False**	**18,869**	**18,869**	**True**

그림 10-10 두 번째 행에서 All customers visible 측정값은 [Gender] 열이 필터링되더라도 True를 반환한다.

All Gender는 잘 작동하는 측정값이다. 그러나 측정값에서 [Gender] 열의 필터만 제거하는 하드 코딩을 한다는 단점이 있다. 예를 들어 [Continent]로 슬라이싱된 행렬에서 동일한 측정값을 사용하면 기대한 결과를 얻을 수 없다. 그림 10-11에서 All customers visible 측정값의 결과가 항상 TRUE인 것을 볼 수 있다.

Customer Type	Filtered Gender	NumOfCustomers	All Gender	All customers visible
Company	**False**	**385**	**385**	**True**
Asia	False	67	67	True
Europe	False	42	42	True
North America	False	276	276	True
Person	**False**	**18,484**	**18,484**	**True**
Asia	False	3,591	3,591	True
Europe	False	5,504	5,504	True
North America	False	9,389	9,389	True
Total	**False**	**18,869**	**18,869**	**True**

그림 10-11 [Continent]로 필터링하면 All customers visible 측정값은 잘못된 결과를 보여준다.

여기서 측정값에 문제가 있는 것은 아님에 유의하자. 값을 정확하게 계산하지만 보고서가 [Gender]로 나뉜 경우에만 작동한다. [Gender]와 상관없는 측정값을 작성하기 위해서는 다음 경로를 따라야 한다. 즉, Customer[Type] 열만 제외하고 Customer 테이블에 적용된 모든 필터를 제거하는 것이다.

하나만 남겨두고 모든 필터를 제거하는 것은 간단한 작업처럼 보인다. 하지만 여기에는 함정이 있다. 학생들이 가장 먼저 생각하는 함수는 ALLEXCEPT이다. 불행하게도 ALLEXCEPT는 이 시나리오에서 예상치 못한 결과를 반환할 수 있다. 다음 식을 살펴보자.

```
AllExcept Type :=
CALCULATE (
  [NumOfCustomers],
  ALLEXCEPT ( Customer, Customer[Customer Type] )
)
```

ALLEXCEPT는 Customer[Type] 열에 적용된 필터를 제외하고 Customer 테이블의 나머지 모든 열에 적용된 필터를 제거한다. 이전 보고서에 적용하면 그림 10-12와 같이 정확한 결과를 계산한다.

Customer Type	NumOfCustomers	AllExcept Type	All customers visible
Company	**385**	**385**	**True**
Asia	67	385	False
Europe	42	385	False
North America	276	385	False
Person	**18,484**	**18,484**	**True**
Asia	3,591	18,484	False
Europe	5,504	18,484	False
North America	9,389	18,484	False
Total	**18,869**	**18,869**	**True**

그림 10-12 ALLEXCEPT는 [Gender] 열뿐만 아니라 다른 열에 적용된 필터를 제거한다.

이 측정값은 [Continent] 열에 대해서만 잘 작동하는 것이 아니다. 보고서에서 [Continent]를 [Gender]로 바꿔도 그림 10-13에 표시된 것처럼 여전히 정확한 결과를 도출한다.

Customer Type	NumOfCustomers	AllExcept Type	All customers visible
Company	**385**	**385**	**True**
	385	385	True
Person	**18,484**	**18,484**	**True**
F	9,133	18,484	False
M	9,351	18,484	False
Total	**18,869**	**18,869**	**True**

그림 10-13 ALLEXCEPT는 [Gender]에서도 잘 작동한다.

보고서는 정확하지만 식에는 함정이 있다. CALCULATE에서 필터 인수로 사용되는 ALL* 함수는 CALCULATE 제어자 역할을 한다. 이는 5장, 'CALCULATE 및 CALCULATETABLE 이해'에서 다뤘다. 이러한 제어자는 필터로 사용되는 테이블을 반환하지 않는다. 대신에 필터 컨텍스트에서 필터만 제거한다.

행렬에서 Gender 값이 없는 행을 살펴보자. 이 그룹에는 385명의 고객이 있다. 이들은 모두 회사다. 보고서에서 Customer[Customer Type] 열을 제거하면 필터 컨텍스트에 남아 있는 유일한 열은 [Gender]이다. [Gender]에 빈 행이 표시되면 이 행의 필터 컨텍스트에 회사가 적용됐다는 것을 알 수 있다. 그럼에도 불구하고 그림 10-14는 보고서의 모든 행에 놀랍게도 동일한 값을 나타낸다. 이 값은 모든 고객의 수다.

Gender	NumOfCustomers	AllExcept Type
	385	18,869
F	9,133	18,869
M	9,351	18,869
Total	**18,869**	**18,869**

그림 10-14 [Customer Type]이 보고서에 포함되지 않았을 때 ALLEXCEPT는 예상치 못한 값을 산출한다.

한 가지 주의할 점이 있다. ALLEXCEPT는 Customer[Customer Type]을 제외하고, Customer 테이블에 적용된 모든 필터를 제거했다. 유지할 Customer[Customer Type]에는 필터가 적용되지 않았다. 실제로 필터 컨텍스트에 있는 유일한 필터는 ALLEXCEPT가 제거하는 [Gender]에 대한 필터다.

Customer Type은 크로스필터링됐지만 필터링되지는 않았다. 결과적으로 ALLEXCEPT는 유지할 필터가 없고 순 효과는 Customer 테이블의 ALL과 동일하다. 이 조건을 올바르게 표현하는 방법은 ALLEXCEPT 대신 ALL과 VALUES를 함께 사용하는 것이다. 다음 식을 살펴보자.

```
All Values Type :=
CALCULATE (
  [NumOfCustomers],
  ALL ( Customer ),
  VALUES ( Customer[Customer Type] )
)
```

이전의 정의와 비슷하지만 시멘틱스는 다르다. ALL은 Customer 테이블에서 모든 필터를 제거한다. VALUES는 현재 필터 컨텍스트에서 Customer[Customer Type]의 값을 평가한다. Customer Type에는 필터가 없지만 크로스필터가 있다. 따라서 VALUES는 Customer type을 크로스필터링하는 필터를 생성하는 열과 관계없이 현재 필터 컨텍스트에 표시되는 값만 반환한다. 그림 10-15에서 그 결과를 볼 수 있다.

Gender	NumOfCustomers	AllExcept Type	All Values Type
	385	18,869	385
F	9,133	18,869	18,484
M	9,351	18,869	18,484
Total	**18,869**	**18,869**	**18,869**

그림 10-15 ALL과 VALUES를 함께 사용하면 원하는 결과를 얻을 수 있다.

여기서 중요한 시사점은 ALLEXCEPT를 사용하는 것과 ALL과 VALUES를 함께 사용하는 것 사이에는 큰 차이가 있다는 것이다. ALL* 함수의 의미는 항상 필터를 제거하는 것이기 때문이다. ALL* 함수는 컨텍스트에 필터를 추가하지 않고 제거만 할 수 있다.

필터를 추가하거나 필터를 제거하는 두 동작의 차이는 많은 시나리오에서 관련이 없다. 그럼에도 불구하고 앞의 예처럼 이 차이가 큰 영향을 미치는 상황이 있다.

위 사례는 이 책의 여러 예제에서 살펴본 것처럼, DAX는 코드를 정의할 때 매우 정확해야 한다는 것을 보여준다. 모든 영향에 대해 신중하게 생각하지 않고 ALLEXCEPT와 같은 함수를 사용하면 코드에서 예기치 않은 값을 얻을 수 있다. DAX는 대부분 상황에서 직관적인 동작을 해서 복잡성이 눈에 띄지 않는다. 그럼에도 불구하고 복잡성이 비록 숨겨져 있지만 여전히 존재한다. DAX를 마스터하려면 필터 컨텍스트와 CALCULATE의 동작을 잘 이해해야 한다.

컨텍스트 전환을 피하기 위한 ALL

이제 여러분은 컨텍스트 전환에 대해 제대로 이해하고 있을 것이다. 컨텍스트 전환은 매우 강력한 기능이며, 필요한 값을 계산하기 위해 이미 컨텍스트 전환을 여러 번 활용했다. 그럼에도 불구하고 때로는 컨텍스트 전환을 피하거나 최소한 그 효과를 완화해야 하는 때도 있다. 컨텍스트 전환으로 인한 영향을 피하기 위해 사용하는 도구는 ALL* 함수다.

CALCULATE는 다음과 같이 순서대로 정확하게 실행한다는 점을 기억해야 한다. 즉, 먼저 필터 인수를 평가한 다음, 행 컨텍스트가 있는 경우 컨텍스트 전환이 발생하고, CALCULATE 제어자가 적용된 뒤에 마지막으로 CALCULATE가 필터 인수의 결과를 필터 컨텍스트에 적용한다. 컨텍스트 전환 후 ALL* 함수를 계산하는 CALCULATE 제어자가 적용된다는 점에 착안해 이 실행 순서를 활용할 수 있다. 이 때문에 필터 제어자는 컨텍스트 전환의 효과를 재정의하는 옵션을 갖는다.

다음과 같은 코드 일부를 살펴보자.

```
SUMX (
  Sales,
  CALCULATE (
    ...,
    ALL ( Sales )
  )
)
```

CALCULATE는 SUMX에 의해 생성된 행 컨텍스트에서 실행되며, 이는 Sales 테이블을 반복한다. 따라서 컨텍스트 전환을 수행해야 한다. CALCULATE는 ALL (Sales)라는 제어자로 호출되기 때문에 DAX 엔진은 Sales 테이블에 있는 필터를 모두 제거해야 한다는 것을 알고 있다.

CALCULATE의 동작을 설명할 때 CALCULATE는 먼저 컨텍스트 전환을 수행한 다음(즉, Sales의 모든 열을 필터링함) ALL을 사용해 해당 필터를 제거한다고 설명했다. 그럼에도 불구하고 DAX 옵티마이저는 그보다 더 똑똑하다. ALL이 Sales 테이블에서 필터를 제거한다는 것도 알고 있으므로 필터를 적용한 다음 바로 제거하는 것이 아무 소용이 없다는 것도 알고 있다. 따라서 이 경우 순 효과는 CALCULATE는 기존 행 컨텍스트를 모두 제거하지만 컨텍스트 전환을 수행하지는 않는다.

이러한 동작은 많은 시나리오에서 중요하다. 계산된 열에서 특히 유용하다. 계산된 열에는 항상 행 컨텍스트가 있다. 따라서 계산된 열의 코드가 측정값을 호출할 때마다 항상 현재 행에 대해서만 필터 컨텍스트에서 실행된다.

계산된 열에 있는 모든 제품에 대해 현재 제품의 판매 비율을 계산하는 경우를 가정하자. 계산된 열에서 Sales Amount 측정값만 실행하면 현재 제품의 판매액을 쉽게 계산할 수 있다. 컨텍스트 전환은 반환되는 값이 현재 제품의 판매액만을 나타내도록 한다. 그럼에도 불구하고 분모는 모든 제품의 판매액을 계산해야 하지만 컨텍스트 전환이 문제다. 따라서 다음 코드에서처럼 ALL을 사용함으로써 컨텍스트 전환을 피할 수 있다.

```
'Product'[GlobalPct] =
VAR SalesProduct = [Sales Amount]
VAR SalesAllProducts =
  CALCULATE (
    [Sales Amount],
    ALL ( 'Product' )
  )
VAR Result =
  DIVIDE ( SalesProduct, SalesAllProducts )
RETURN
  Result
```

ALL이 컨텍스트 전환의 효과를 제거하는 이유는 CALCULATE 제어자인 ALL이 컨텍스트 전환 후에 실행되기 때문이다. 이러한 이유로 ALL은 컨텍스트 전환의 영향을 무시할 수 있다.

마찬가지로 동일한 카테고리의 모든 제품에 대한 비율은 이전 코드를 조금만 변경하면 된다.

```
'Product'[CategoryPct] =
VAR SalesProduct = [Sales Amount]
VAR SalesCategory =
  CALCULATE (
    [Sales Amount],
    ALLEXCEPT ( 'Product', 'Product'[Category] )
  )
VAR Result
  DIVIDE ( SalesProduct, SalesCategory )
RETURN
  Result
```

이 두 계산된 열의 결과를 그림 10-16에서 볼 수 있다.

Product Name	GlobalPct ▼	CategoryPct
Adventure Works 26" 720p LCD HDTV M140 Silver	4.26%	29.68%
A. Datum SLR Camera X137 Grey	2.37%	10.09%
Contoso Telephoto Conversion Lens X400 Silver	2.24%	9.51%
SV 16xDVD M360 Black	1.19%	8.30%
Contoso Projector 1080p X980 White	0.84%	3.81%
Contoso Washer & Dryer 21in E210 Pink	0.60%	1.90%
Fabrikam Independent filmmaker 1/3" 8.5mm X200 White	0.54%	2.30%
Proseware Projector 1080p LCD86 Silver	0.53%	2.38%
NT Washer & Dryer 27in L2700 Blue	0.50%	1.58%
Contoso Washer & Dryer 21in E210 Green	0.49%	1.58%
Fabrikam Laptop19 M9000 Black	0.47%	2.14%
NT Washer & Dryer 27in L2700 Green	0.45%	1.43%

그림 10-16 GlobalPct 및 CategoryPct는 컨텍스트 전환의 영향을 피하기 위해 ALL 및 ALLEXCEPT를 사용한다.

ISEMPTY 사용

ISEMPTY는 테이블이 비어 있는지 테스트하기 위해 사용하는 함수로 현재 필터 컨텍스트에서 볼 수 있는 값이 없음을 의미한다. ISEMPTY가 없는 다음 식은 테이블 식이 0개의 행을 반환하는지 테스트한다.

```
COUNTROWS ( VALUES ( 'Product'[Color] ) ) = 0
```

ISEMPTY를 사용하면 코드가 더 쉬워진다.

```
ISEMPTY ( VALUES ( 'Product'[Color] ))
```

성능 차원에서는 ISEMPTY를 사용하는 것이 엔진에 정확히 무엇을 점검해야 하는지를 알려주기 때문에 항상 더 나은 방법이다. COUNTROWS는 테이블의 행 수를 계산하기 위해 DAX가 필요하지만, ISEMPTY가 더 효율적이며 일반적으로 대상 테이블에서 보이는 값에 대한 전체 스캔을 요구하지 않는다.

특정 제품을 구매하지 않은 고객의 수를 계산하는 경우를 가정해보자. 요구 사항에 대한 해결책은 다음 측정값과 같다.

```
NonBuyingCustomers :=
VAR SelectedCustomers =
  CALCULATETABLE (
    DISTINCT ( Sales[CustomerKey] ),
    ALLSELECTED ()
  )
VAR CustomersWithoutSales =
  FILTER (
    SelectedCustomers,
    ISEMPTY ( RELATEDTABLE ( Sales ) )
  )
VAR Result =
  COUNTROWS ( CustomersWithoutSales )
RETURN
  Result
```

그림 10-17에서 고객 수와 비구매 고객 수를 나란히 나타낸 보고서를 볼 수 있다.

Brand	Sales Amount	NumOfCustomers	NonBuyingCustomers
A. Datum	2,096,184.64	1,144	9,897
Adventure Works	4,011,112.28	2,587	8,454
Contoso	7,352,399.03	4,346	6,695
Fabrikam	5,554,015.73	526	10,515
Litware	3,255,704.03	994	10,047
Northwind Traders	1,040,552.13	1,002	10,039
Proseware	2,546,144.16	495	10,546
Southridge Video	1,384,413.85	5,200	5,841
Tailspin Toys	325,042.42	4,278	6,763
The Phone Company	1,123,819.07	318	10,723
Wide World Importers	1,901,956.66	517	10,524
Total	**30,591,343.98**	**11,041**	

그림 10-17 NonBuyingCustomers는 선택된 제품을 구매하지 않은 고객의 수를 센다.

ISEMPTY는 간단한 함수다. 여기서는 여러분의 관심을 한 가지 세부 사항에 집중하도록 하기 위해 예를 들어 사용한다. 위의 코드는 고객 키 목록을 변수에 저장했고 나중에 이 목록을 필터로 반복해 RELATEDTABLE의 결과가 비어 있는지를 확인했다.

SelectedCustomer 변수의 테이블 내용이 고객 키 목록인 경우 DAX는 이러한 값이 Sales 테이블과 관련이 있다는 것을 어떻게 알 수 있을까? 고객 키는 값으로 product quantity와 다르지 않다. 숫자는 숫자다. 그 차이는 숫자의 의미에 있다. 고객 키로서 120은 Key 값이 120인 고객을 나타내지만, 수량으로는 판매된 제품의 수를 나타낸다.

그러므로 숫자의 목록은 이러한 숫자의 출처를 알지 못하는 한 필터로서 명확한 의미를 갖지 못한다. DAX는 다음 절에서 설명하는 데이터 계보를 통해 열값의 출처에 대한 지식을 유지한다.

데이터 계보 및 TREATAS 소개

앞 절, 'ISEMPTY 사용'에서 예상한 바와 같이, 값 목록은 해당 값이 무엇을 나타내는지를 모른다면 의미가 없다. 다음 익명 테이블과 같이 "Red"와 "Blue"를 포함하는 문자열 테이블을 가정해보자.

```
{ "Red", "Blue" }
```

우리는 사람이기 때문에 위 내용이 색상을 의미하는 것을 알고 있다. 이쯤이면 모든 독자는 우리가 제품 색상을 참조하고 있다는 것을 알고 있을 것이다. 그러나 DAX에게 이것은 두 개의 문자열을 포함하는 테이블일 뿐이다. 따라서 두 값을 포함하는 테이블은 아무것도 필터링할 수 없으므로 다음 측정값은 항상 총 판매액을 산출한다.

```
Test :=
CALCULATE (
  [Sales Amount],
   { "Red", "Blue" }
)
```

노트 위 측정값은 오류가 발생하지 않는다. 필터 인수는 데이터 모델의 실제 테이블에 영향을 주지 않고 익명 테이블에 적용된다.

그림 10-18에서 CALCULATE가 더 이상 필터링하지 않기 때문에 결과가 Sales Amount와 같음을 알 수 있다.

Color	Sales Amount	Test
Azure	97,389.89	97,389.89
Black	5,860,066.14	5,860,066.14
Blue	2,435,444.62	2,435,444.62
Brown	1,029,508.95	1,029,508.95
Gold	361,496.01	361,496.01
Green	1,403,184.38	1,403,184.38
Grey	3,509,138.09	3,509,138.09
Orange	857,320.28	857,320.28
Pink	828,638.54	828,638.54
Purple	5,973.84	5,973.84
Red	1,110,102.10	1,110,102.10
Silver	6,798,560.86	6,798,560.86
Silver Grey	371,908.92	371,908.92
Transparent	3,295.89	3,295.89
White	5,829,599.91	5,829,599.91
Yellow	89,715.56	89,715.56
Total	**30,591,343.98**	**30,591,343.98**

그림 10-18 익명 테이블을 사용한 필터링은 어떤 필터도 생성하지 않는다.

값이 모델을 필터링하려면 DAX는 값 자체의 **데이터 계보**를 알아야 한다. 데이터 모델에서 열을 나타내는 값은 해당 열의 데이터 계보를 유지한다. 반면, 데이터 모델의 열에 연결되지 않은 값은 익명 값이다. 이전 예에서 **테스트** 측정값은 익명 테이블을 사용해 모델을 필터링하므로 데이터 모델의 열을 필터링하지 않았다.

다음은 필터를 적용하는 올바른 방법이다. 교육 목적으로 CALCULATE 필터 인수의 전체 구문을 사용했다. 실제는 Product[Color]를 필터링하는 술어만으로도 충분하다.

```
Test :=
CALCULATE (
  [Sales Amount],
  FILTER (
    ALL ( 'Product'[Color] ),
    'Product'[Color] IN { "Red", "Blue" }
  )
)
```

데이터 계보는 다음과 같이 흐른다. ALL은 모든 제품 색상이 포함된 테이블을 반환한다. 결과에는 원래 열의 값이 포함되므로 DAX는 각 값의 의미를 알고 있다. FILTER는 모든 색상이 포함된 테이블을 스캔하고 각 색상이 Red와 Blue가 포함된 익명 테이블에 포함돼 있는지 확인한다. 결과적으로 FILTER는 Product[Color] 값을 포함하는 테이블을 반환하므로 CALCULATE는 필터가 Product[Color] 열에 적용됐음을 알고 있다.

데이터 계보는 데이터 모델에서 위치를 식별하기 위해 각 열에 추가되는 특수 태그라고 생각해도 좋다.

DAX는 자연스럽고 직관적인 방식으로 데이터 계보의 복잡성을 자체적으로 처리하므로 일반적으로 데이터 계보에 대해 걱정할 필요가 없다. 테이블값이 변수에 할당되면 테이블에는 해당 변수를 사용하는 전체 DAX 평가 프로세스 동안에 유지되는 데이터 계보 정보가 포함된다.

데이터 계보를 배워야 하는 중요한 이유는 데이터 계보를 마음대로 유지하거나 변경할 수 있기 때문이다. 어떤 시나리오에서는 데이터 계보를 유지하는 것이 중요하지만 다른 시나리오에서는 열의 계보를 변경하고자 할 수 있다.

열의 계보를 변경할 수 있는 함수는 TREATAS다. TREATAS는 테이블을 첫 번째 인수로 받아들인 다음 일련의 열 참조로 받아들인다. TREATAS는 각 열에 태그를 추가한 테이블의 데이터 계보를 적절한 대상 열로 업데이트한다. 이전 테스트 측정값은 다음과 같이 다시 작성할 수 있다.

```
Test :=
CALCULATE (
  [Sales Amount],
  TREATAS ( { "Red", "Blue" }, 'Product'[Color] )
)
```

TREATAS는 Product[Color] 열로 태그된 값이 포함된 테이블을 반환한다. 이와 같이 새 버전의 테스트 측정값은 그림 10-19에서 보는 것처럼 Blue와 Red 색상만 필터링한다.

Color	Sales Amount	Test
Azure	97,389.89	3,545,546.72
Black	5,860,066.14	3,545,546.72
Blue	2,435,444.62	3,545,546.72
Brown	1,029,508.95	3,545,546.72
Gold	361,496.01	3,545,546.72
Green	1,403,184.38	3,545,546.72
Grey	3,509,138.09	3,545,546.72
Orange	857,320.28	3,545,546.72
Pink	828,638.54	3,545,546.72
Purple	5,973.84	3,545,546.72
Red	1,110,102.10	3,545,546.72
Silver	6,798,560.86	3,545,546.72
Silver Grey	371,908.92	3,545,546.72
Transparent	3,295.89	3,545,546.72
White	5,829,599.91	3,545,546.72
Yellow	89,715.56	3,545,546.72
Total	**30,591,343.98**	**3,545,546.72**

그림 10-19 TREATAS는 익명 테이블의 계보를 업데이트해 필터링이 예상대로 작동하도록 한다.

데이터 계보의 규칙은 간단하다. 간단한 열 참조는 데이터 계보를 유지하지만 표현식은 항상 익명으로 유지된다. 실제로 표현식은 익명의 열에 대한 참조를 생성한다. 다음 식은 내용이 같은 두 개의 열이 있는 테이블을 반환한다. 두 열의 차이는 첫 번째 열은 데이터 계보 정보를 유지하고, 두 번째 열은 새 열이기 때문에 유지하지 않는다는 것이다.

```
ADDCOLUMNS (
  VALUES ( 'Product'[Color] ),
  "Color without lineage", 'Product'[Color] & ""
)
```

TREATAS는 테이블 표현식에서 하나 이상의 열의 데이터 계보를 업데이트하는 데 유용하다. 지금까지 보여준 예는 교육적인 차원에서였다. 이제 시간 인텔리전스 계산과 관련된 더 나은 예를 보여준다. 8장, '시간 인텔리전스 계산'에서 반가산 계산에 해당하는 LASTNONBLANK 날짜를 계산하기 위해 다음과 같은 식을 다뤘다.

```
LastBalanceIndividualCustomer :=
SUMX (
  VALUES ( Balances[Name] ),
```

```
  CALCULATE (
    SUM ( Balances[Balance] ),
    LASTNONBLANK (
      'Date'[Date],
      COUNTROWS ( RELATEDTABLE ( Balances ) )
    )
  )
)
```

이 코드는 작동하지만 주요 단점이 있다. 두 개의 반복이 포함돼 있어 옵티마이저는 측정값에 대해 차선책을 실행할 가능성이 크다. 고객 이름과 마지막 잔액의 날짜가 포함된 테이블을 만든 다음 해당 테이블을 CALCULATE의 필터 인수로 사용해 각 고객의 마지막 날짜를 필터링하는 것이 좋다. TREATAS를 사용해 이 작업을 수행할 수 있다.

```
LastBalanceIndividualCustomer Optimized :=
VAR LastCustomerDate =
  ADDCOLUMNS (
    VALUES ( Balances[Name] ),
    "LastDate", CALCULATE (
      MAX ( Balances[Date] ),
      DATESBETWEEN ( 'Date'[Date], BLANK(), MAX ( Balances[Date] ) )
    )
  )
VAR FilterCustomerDate =
  TREATAS (
    LastCustomerDate,
    Balances[Name],
    'Date'[Date]
  )
VAR SumLastBalance =
  CALCULATE (
    SUM ( Balances[Balance] ),
    FilterCustomerDate
  )
RETURN
  SumLastBalance
```

위 측정값은 다음 작업을 수행한다.

- LastCustomerDate에는 각 고객에 대한 데이터가 있는 마지막 날짜가 포함돼 있다. 결과는 두 개의 열을 포함하는 표인데, 첫 번째 열은 Balances[Name] 열이고, 두 번째 열은 표현식의 결과이기 때문에 익명의 열이다.
- FilterCustomerDate는 LastCustomerDate와 동일한 내용을 갖고 있다. TREATAS를 사용함으로써, 이제 두 열에는 원하는 데이터 계보가 태그로 지정된다. 첫 번째 열은 Balances[Name]을, 두 번째 열은 Date[Date]를 대상으로 한다.
- 마지막 단계는 FilterCustomerDate를 CALCULATE의 필터 인수로 사용하는 것이다. 이제 테이블에 데이터 계보가 올바르게 태그돼 있으므로 CALCULATE는 모든 고객에 대해 하나의 날짜만 선택하도록 모델을 필터링한다. 이 날짜는 주어진 고객에 대한 Balances 테이블에 데이터가 있는 마지막 날짜이다.

대부분의 경우 TREATAS는 단일 열이 있는 테이블의 데이터 계보를 변경하기 위해 사용된다. 이전 예는 두 개의 열이 포함된 테이블에서 데이터 계보가 수정되는 복잡한 시나리오를 보여줬다. DAX 표현식으로 인한 테이블의 데이터 계보에는 다른 테이블의 열이 포함될 수 있다. 이 테이블을 필터 컨텍스트에 적용하면 다음 절에서 설명하는 임의 모양의 필터가 생성되는 경우가 많다.

임의 모양의 필터 이해

필터 컨텍스트에 있는 필터는 단순 필터와 임의 모양 필터라는 두 가지 형태가 있다. 지금까지 우리가 사용한 필터는 모두 단순 필터다. 이 절에서는 임의 모양 필터에 대해 설명하고 코드에서 필터를 사용하는 것의 의미에 대해 간략하게 다룬다. 임의 모양 필터는 엑셀에서 피봇 테이블을 사용하거나 DAX로 측정값을 작성해 만들 수 있는 반면, 파워 BI에서 임의 모양 필터를 만들기 위해서는 사용자 정의 비주얼이 필요하다. 이 절에서는 이러한 필터가 무엇이며 DAX에서 이를 관리하는 방법에 관해 설명한다.

우선 필터 컨텍스트에서 단순 필터와 임의 모양의 필터의 차이점을 살펴보자.

- **열 필터**는 하나의 열에 대한 값의 목록이다. red, blue 및 green과 같은 세 가지 색상의 목록은 열 필터다. 예를 들어 다음 CALCULATE는 필터 컨텍스트에서 Product[Color] 열에만 영향을 미치는 열 필터를 생성한다.

```
CALCULATE (
  [Sales Amount],
  'Product'[Color] IN { "Red", "Blue", "Green" }
)
```

- **단순 필터**는 단순 열 필터 집합에 해당하는 하나 이상의 열에 대한 필터다. 지금까지 이 책에 사용된 필터는 대부분 열 필터다. CALCULATE에서 여러 필터 인수를 사용해 간단하게 생성된다.

```
CALCULATE (
  [Sales Amount],
  'Product'[Color] IN { "Red", "Blue" },
  'Date'[Calendar Year Number] IN { 2007, 2008, 2009 }
)
```

위 코드는 다음과 같이 두 개의 열이 있는 단순 필터를 사용해 작성할 수 있다.

```
CALCULATE (
  [Sales Amount],
  TREATAS (
    {
      ( "Red", 2007 ),
      ( "Red", 2008 ),
      ( "Red", 2009 ),
      ( "Blue", 2007 ),
      ( "Blue", 2008 ),
      ( "Blue", 2009 )
    },
    'Product'[Color],
    'Date'[Calendar Year Number]
  )
)
```

단순 필터는 두 열의 가능한 조합을 모두 포함하고 있으므로 두 열 필터를 사용해 표현하는 것이 더 간단하다.

- **임의 모양 필터**는 단순 필터로 표현할 수 없는 필터다. 다음 식을 살펴보자.

```
CALCULATE (
  [Sales Amount],
  TREATAS (
    {
      ( "CY 2007", "December" ),
      ( "CY 2008", "January" )
    },
    'Date'[Calendar Year],
    'Date'[Month]
  )
)
```

  연도와 월의 필터는 두 개의 열을 포함하기 때문에 열 필터가 아니다. 더욱이 이 필터는 데이터 모델에 존재하는 두 열의 모든 조합을 포함하지 않는다. 사실 연월을 개별적으로 필터링할 수 없다. 실제로 두 해 및 두 달의 참조가 있으며 제공된 값에 대해 Date 테이블에는 4개의 기존 조합이 있지만 필터는 이 조합 중 2개만 포함한다. 즉, 두 개의 열 필터를 사용하면 그 결과 필터 컨텍스트에는 이전 코드로 작성된 필터에 포함되지 않은 2007년 1월과 2008년 12월도 포함될 것이다. 따라서 이것은 임의 모양 필터다.

임의 모양 필터는 단지 여러 개의 열이 있는 필터가 아니다. 물론 여러 개의 열이 있는 필터는 임의 모양 필터가 될 수도 있지만, 여러 개의 열이 있으면서 단순 필터의 모양을 유지하는 필터를 만들 수 있다. 다음은 여러 개의 열을 포함하지만 단순 필터다.

```
CALCULATE (
  [Sales Amount],
  TREATAS (
    {
      ( "CY 2007", "December" ),
      ( "CY 2008", "December" )
```

```
    },
    'Date'[Calendar Year],
    'Date'[Month]
  )
)
```

위 식을 다음과 같이 두 열 필터의 조합으로 다시 쓸 수 있다.

```
CALCULATE (
  [Sales Amount],
  'Date'[Calendar Year] IN { "CY 2007",  "CY 2008" },
  'Date'[Month] = "December"
)
```

작성하기 복잡해 보이지만 엑셀과 파워 BI의 사용자 인터페이스를 통해 임의 모양 필터를 쉽게 정의할 수 있다. 이 책을 쓰고 있는 현재 기준, 파워 BI에서는 여러 개의 열을 가진 계층 구조에 기초해 필터를 정의하는 계층 슬라이서Hierarchy Slicer 사용자 정의 비주얼을 사용해 임의 모양 필터를 만들 수 있다. 그림 10-20에서는 2007년과 2008년에 서로 다른 월을 필터링하는 계층 슬라이서를 볼 수 있다.

Calendar Year
July
August
September
October
November
December
CY 2008
January
February
March
April
May
June
July
August

Calendar Year	Sales Amount
CY 2007	**3,741,293.14**
September	1,009,868.98
October	914,273.54
November	825,601.87
December	991,548.75
CY 2008	**1,816,385.21**
January	656,766.69
February	600,080.00
March	559,538.52
Total	**5,557,678.35**

그림 10-20 계층을 필터링하면 임의 모양 필터를 만들 수 있다.

엑셀에는 그림 10-21과 같이 계층 구조로부터 임의로 구성된 집합을 만드는 기본 기능이 있다.

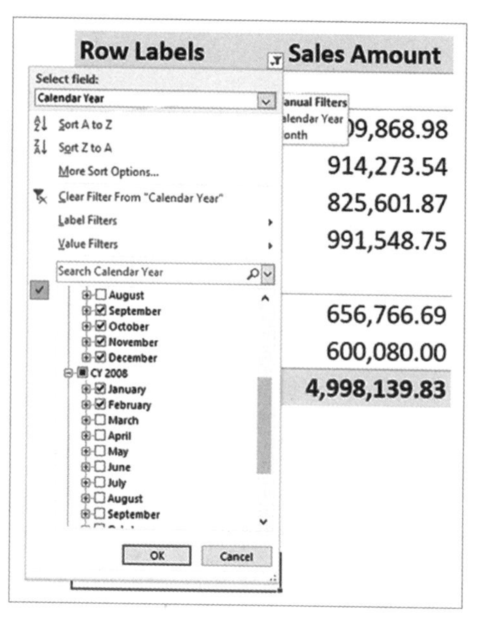

그림 10-21 엑셀은 기본 계층 필터를 사용해 임의 모양의 필터를 만든다.

임의 모양 필터는 CALCULATE가 필터 컨텍스트에서 필터를 변경하는 방식 때문에 DAX에서 사용하기가 복잡하다. 실제로 CALCULATE는 열에 필터를 적용하면 해당 열에 적용된 이전 필터만 제거하고 이전 필터를 새 필터로 교체한다. 그 결과, 일반적으로 임의 모양 필터의 원래 모양이 손실된다. 이 동작은 부정확한 결과를 초래하고 디버깅하기 어려운 표현식으로 이어진다. 따라서 문제를 보여주기 위해 문제가 발생할 때까지 단계별로 코드의 복잡성을 증가시킬 것이다.

연도를 덮어써서 2007년이 되도록 하는 간단한 측정값을 정의하면 다음과 같다.

```
Sales Amount 2007 :=
CALCULATE (
  [Sales Amount],
  'Date'[Calendar Year] = "CY 2007"
)
```

CALCULATE는 해당 연도에 적용된 필터를 덮어쓰지만 월의 필터는 바꾸지 않는다. 보고서에 사용하면 측정값의 결과는 그림 10-22와 같이 이상하게 보일 수 있다.

Calendar Year	Sales Amount	Sales Amount 2007
CY 2007	**3,741,293.14**	**3,741,293.14**
September	1,009,868.98	1,009,868.98
October	914,273.54	914,273.54
November	825,601.87	825,601.87
December	991,548.75	991,548.75
CY 2008	**1,816,385.21**	**2,646,673.39**
January	656,766.69	794,248.24
February	600,080.00	891,135.91
March	559,538.52	961,289.24
Total	**5,557,678.35**	**6,387,966.53**

그림 10-22 2007년은 연도에 설정된 이전 필터를 대체한다.

2007년을 선택하면 두 측정값의 결과가 동일하다. 그러나 선택한 연도가 2008년이면 2008년이 2007년으로 대체되지만 달은 변경되지 않는다. 그 결과 2008년 1월에 표시된 값은 2007년 1월의 판매액이다. 2월과 3월도 마찬가지다. 주목할 점은 원래 필터에는 2007년의 (1월부터 3월까지) 첫 3개월의 필터가 포함되지 않았지만, 연도의 필터를 교체하면 식은 첫 3개월의 값을 보여준다. 예상대로 지금까지는 특별한 점이 없다.

월평균 판매액을 구하려면 갑자기 훨씬 더 복잡해진다. 이 계산에 대한 해결책은 다음과 같이 AVERAGEX를 사용해 몇 개월 동안 반복하고 중간 결과를 평균화하는 것이다.

```
Monthly Avg :=
AVERAGEX (
  VALUES ( 'Date'[Month] ),
  [Sales Amount]
)
```

그 결과는 그림 10-23에서 볼 수 있다. 이번에는 합계가 놀라울 정도로 크다.

Calendar Year
- July
- ☐ August
- ☑ September
- ☑ October
- ☑ November
- ☑ December
- ■ CY 2008
- ☑ January
- ☑ February
- ☑ March
- ☐ April
- ☐ May
- ☐ June

Calendar Year	Sales Amount	Monthly Avg
CY 2007	**3,741,293.14**	**935,323.29**
September	1,009,868.98	1,009,868.98
October	914,273.54	914,273.54
November	825,601.87	825,601.87
December	991,548.75	991,548.75
CY 2008	**1,816,385.21**	**605,461.74**
January	656,766.69	656,766.69
February	600,080.00	600,080.00
March	559,538.52	559,538.52
Total	**5,557,678.35**	**1,709,342.92**

그림 10-23 합계는 너무 커서 확실히 월평균이 아니다.

문제를 이해하는 것이 문제를 고치는 것보다 훨씬 어렵다. 잘못된 값을 계산하는 셀(월평균 합계)에 집중하자. 보고서의 합계 행의 필터 컨텍스트는 다음과 같다.

```
TREATAS (
  {
    ( "CY 2007", "September" ),
    ( "CY 2007", "October" ),
    ( "CY 2007", "November" ),
    ( "CY 2007", "December" ),
    ( "CY 2008", "January" ),
    ( "CY 2008", "February" ),
    ( "CY 2008", "March" )
  },
  'Date'[Calendar Year],
  'Date'[Month]
)
```

DAX 코드의 실행을 따라가기 위해 Monthly Avg 측정값을 평가하는 CALCULATE 문에서 해당 필터 컨텍스트를 정의해 해당 셀의 전체 계산을 확장한다. 또한 Monthly Avg의 코드를 확장해 실행을 시뮬레이션하는 단일 식을 작성한다.

```
CALCULATE (
  AVERAGEX (
    VALUES ( 'Date'[Month] ),
    CALCULATE (
```

```
      SUMX (
        Sales,
        Sales[Quantity] * Sales[Net Price]
      )
    )
  ),
  TREATAS (
    {
      ( "CY 2007", "September" ),
      ( "CY 2007", "October" ),
      ( "CY 2007", "November" ),
      ( "CY 2007", "December" ),
      ( "CY 2008", "January" ),
      ( "CY 2008", "February" ),
      ( "CY 2008", "March" )
    },
    'Date'[Calendar Year],
    'Date'[Month]
  )
)
```

문제를 해결하는 열쇠는 강조 표시된 CALCULATE가 실행될 때 어떤 일이 발생하는지 이해하는 것이다. 해당 CALCULATE는 Date[Month] 열을 반복하는 행 컨텍스트에서 실행된다. 따라서 컨텍스트 전환이 일어나고 해당 달의 현재 값이 필터 컨텍스트에 추가된다. 예를 들어 1월에 CALCULATE는 1월을 필터 컨텍스트에 추가해 해당 달의 현재 필터를 교체하지만, 다른 모든 필터는 변경하지 않는다.

AVERAGEX가 1월을 반복할 때 필터 컨텍스트는 2007년 1월과 2008년 1월이다. 이것은 원래 필터 컨텍스트가 연도 열에 대해 2년을 필터링하기 때문이다. 따라서 DAX는 각 반복에 대해 1개월의 판매액을 2년 동안 계산한다. 월 판매액보다 값이 훨씬 큰 이유가 바로 이것이다.

CALCULATE가 임의 모양 필터에 관련된 열 중 하나를 대체하기 때문에 임의 모양 필터의 원래 모양이 손실된다. 결과적으로 계산이 잘못된 결과를 산출한다.

문제를 해결하는 것은 예상보다 훨씬 쉽다. 실제로 매달 고유한 값을 보장받는 열을 반복하는 것으로도 충분하다. 다른 연도에서 고유하지 않은 월 이름을 반복하는 대신 식에서 Calendar Year Month 열을 반복하면 코드가 올바른 결과를 생성한다.

```
Monthly Avg :=
AVERAGEX (
  VALUES ( 'Date'[Calendar Year Month] ),
  [Sales Amount]
)
```

이 버전을 사용하면 각 반복에서 컨텍스트 전환이 같은 열에서 연도 값과 월 값을 모두 나타내는 Calendar Year Month 열에 적용된 필터를 대체한다. 그 결과, 항상 한 달의 판매액을 반환해 그림 10-24에 표시된 것과 같은 올바른 결과를 얻을 수 있다.

Calendar Year
- ☐ July
- ☐ August
- ☑ September
- ☑ October
- ☑ November
- ☑ December
- ■ CY 2008
- ☑ January
- ☑ February
- ☑ March
- ☐ April
- ☐ May
- ☐ June

Calendar Year	Sales Amount	Monthly Avg
CY 2007	**3,741,293.14**	**935,323.29**
September	1,009,868.98	1,009,868.98
October	914,273.54	914,273.54
November	825,601.87	825,601.87
December	991,548.75	991,548.75
CY 2008	**1,816,385.21**	**605,461.74**
January	656,766.69	656,766.69
February	600,080.00	600,080.00
March	559,538.52	559,538.52
Total	**5,557,678.35**	**793,954.05**

그림 10-24 고유 열을 반복하면 코드가 정확한 결과를 계산할 수 있다.

반복함수의 카디널리티에 대해 고유한 열을 사용할 수 없을 때 다른 대안은 KEEPFILTERS를 사용하는 것이다. 다음 대체 버전의 코드가 올바르게 동작하는 이유는 기존 필터를 교체하는 대신 월 필터를 기존 임의로 만든 세트에 추가하기 때문이다. 이렇게 하면 원래 필터의 형식이 유지된다.

```
Monthly Avg KeepFilters :=
AVERAGEX (
  KEEPFILTERS ( VALUES ( 'Date'[Month] ) ),
  [Sales Amount]
)
```

예상한 것처럼 임의 모양의 세트는 실제 보고서에서 일반적으로 관찰되지 않는다. 그럼에도 불구하고 사용자는 이를 생성하는 여러 가지 타당한 방법을 갖고 있다. 임의 모양 세트가 있는 경우에도 측정값이 올바르게 작동하도록 하기 위해서는 다음과 같은 모범 사례를 따르는 것이 중요하다.

- 열을 반복할 때 계산 중인 세분화 수준에서 열에 고유한 값이 있는지 확인해야 한다. 예를 들어 Date 테이블에 12개월 이상이 있다면 월별 계산에 YearMonth 열을 사용해야 한다.
- 앞의 사례를 적용할 수 없을 때는 임의 모양 필터가 필터 컨텍스트에서 유지되도록 KEEPFILTERS를 사용해 코드를 보호해야 한다. KEEPFILTERS가 계산의 시멘틱을 바꿀 수 있다는 것을 놓쳐서는 안 된다. 실제로 KEEPFILTERS가 측정값에 오류를 발생시키지 않는지 재차 확인해야 한다.

위와 같은 간단한 규칙을 준수하면 임의 모양 필터가 있더라도 코드는 안전하다.

결론

10장에서는 필터 컨텍스트의 내용을 검사하거나 컨텍스트에 따라 측정값의 동작을 수정하는 데 사용할 수 있는 몇 가지 함수에 관해 설명했다. 또한 필터 컨텍스트의 가능한 상태에 대한 지식과 함께 필터 컨텍스트를 조작하는 중요한 방법을 소개했다. 10장에서 배운 중요한 개념을 요약하면 다음과 같다.

- 열은 필터링하거나 크로스필터링할 수 있다. 직접 필터가 있으면 필터링된다. 필터가 다른 열이나 다른 테이블의 직접 필터에서 비롯될 때에는 크로스필터링된다. ISFILTERED 및 ISCROSSFILTERED를 사용해 열이 필터링됐는지 확인할 수 있다.
- HASONEVALUE는 필터 컨텍스트에서 열에 하나의 값만 표시되는지 확인한다. 이 함수는 VALUES를 사용해 해당 값을 검색하기 전에 유용하다. SELECTEDVALUE 함수는 HASONEVALUE/VALUES 패턴을 단순화한다.
- ALLEXCEPT를 사용하는 것은 ALL과 VALUES 쌍을 사용하는 것과 다르다. 크로스필터링이 있는 경우 ALL/VALUES는 평가 일부로 크로스필터링도 고려하므로 더 안전하다.

- ALL 및 모든 ALL* 함수는 컨텍스트 전환의 영향을 피하기 위해 유용하다. 실제로 계산된 열에서 또는 일반적으로 행 컨텍스트에서 ALL을 사용하면 컨텍스트 전환이 필요하지 않다는 것을 DAX에 알린다.
- 테이블의 각 열은 데이터 계보가 태그된다. 데이터 계보로 DAX는 필터와 관계를 적용할 수 있다. 데이터 계보는 열을 참조할 때는 유지되는 반면, 표현식을 사용할 때는 손실된다.
- 데이터 계보는 TREATAS를 사용해 하나 이상의 열에 할당할 수 있다.
- 모든 필터가 단순 필터는 아니다. 사용자는 사용자 인터페이스 또는 코드로 복잡한 필터를 작성할 수 있다. 가장 복잡한 필터는 임의 모양 필터로 CALCULATE 함수와의 상호 작용 및 컨텍스트 전환 때문에 사용하기 복잡할 수 있다.

10장을 읽은 직후에는 여기서 설명한 모든 개념과 함수에 대해 다 기억하지 못할 수 있다. 그럼에도 불구하고 DAX를 배우는 과정에서 이러한 개념에 노출되는 것이 중요하다. DAX 경험을 쌓으면 여기서 설명하는 문제 중 하나를 틀림없이 접하게 될 것이다. 그때 10장으로 돌아와서 다루고 있는 특정 문제에 대한 기억을 새롭게 하는 것이 도움이 될 것이다.

11장에서는 여기에 설명된 많은 함수를 사용해 계층구조에 계산을 적용한다. 계층 구조로 작업하는 것은 주로 현재 필터 컨텍스트의 모양을 이해하는 일이다.

11

계층 구조 처리

계층 구조는 사용자가 사전에 정의된 탐색 경로를 사용해 더 쉽게 슬라이싱하기 위해 데이터 모델에서 사용한다. 하지만 DAX에는 계층 구조와 관련한 계산을 처리하는 내장 함수가 없다. 부모에 대한 비율과 같은 간단한 계산에도 복잡한 DAX 코드가 필요하며, 계층 구조에 대한 계산 지원은 일반적으로 어렵다고 알려져 있다.

그러나 계층 구조에 대한 계산은 자주 있는 일이기 때문에 계층 구조를 처리하는 데 필요한 DAX 코드를 배우는 것이 좋다. 11장에서는 계층 구조에 대한 기본 표현식을 만드는 방법과 DAX를 사용해 부모/자식 계층을 일반 계층으로 변환하는 방법도 다룬다.

계층 구조에 대한 비율 계산

계층 구조와 관련된 공통적인 요구 사항은 선택한 항목의 수준에 따라 다르게 작동하는 측정값을 만드는 것이다. 부모에 대한 비율 계산이 그 예다. 부모에 대한 비율은 각 수준에서 부모 대비 해당 수준의 백분율을 표시한다.

예를 들어 제품 카테고리, 하위 카테고리 및 제품 이름으로 구성된 계층 구조를 가정하자. 부모에 대한 비율은 총합계에 대한 제품 카테고리의 비율, 카테고리에 대한 하위 카테고리의 비율 및 하위 카테고리에 대한 제품의 비율을 나타낸다. 이처럼 계층 수준에 따라 부모에 대한 비율은 다른 값을 보여준다.

관련된 보고서는 그림 11-1과 같다.

Category	Sales Amount	PercOnParent
Audio	**21,544.69**	**2.60%**
Bluetooth Headphones	**4,444.69**	**20.63%**
NT Bluetooth Stereo Headphones E52 Pink	904.29	20.35%
NT Wireless Bluetooth Stereo Headphones E302 Pink	324.40	7.30%
WWI Wireless Bluetooth Stereo Headphones M170 Pink	1,560.00	35.10%
WWI Wireless Bluetooth Stereo Headphones M270 Pink	1,656.00	37.26%
MP4&MP3	**5,846.40**	**27.14%**
Contoso 16GB New Generation MP5 Player M1650 Pink	5,846.40	100.00%
Recording Pen	**11,253.60**	**52.23%**
WWI 1GB Digital Voice Recorder Pen E100 Pink	2,995.20	26.62%
WWI 4GB Video Recording Pen X200 Pink	8,258.40	73.38%
Cameras and camcorders	**364,444.58**	**43.98%**
Cameras & Camcorders Accessories	**3,940.47**	**1.08%**
Contoso Carrying Case E312 Pink	1,351.42	34.30%
Contoso Conversion Lens M550 Pink	184.50	4.68%
Contoso Cyber Shot Digital Cameras Adapter E306 Pink	1,937.52	49.17%
Contoso Lens Cap Keeper E314 Pink	467.04	11.85%

그림 11-1 PercOnParent 측정값은 테이블의 값을 이해하는 데 도움이 된다.

엑셀에서는 피봇 테이블의 기능인 '값 표시 형식'을 사용해 이와 같은 계산을 쉽게 수행할 수 있다. 그러나 사용하는 도구의 기능과 관계없이 계산하려면 데이터 모델에서 값을 계산할 수 있는 새 측정값을 만드는 것이 좋다. 또한, 관련 기술을 배우면 많은 비슷한 시나리오에서 편리하게 활용할 수 있다.

불행하게도 DAX에서 부모에 대한 비율을 계산하기는 쉽지 않다. DAX의 첫 번째 큰 제한사항은 보고서에서 부모에 대한 비율을 계산할 때 임의의 열 조합에 대해서도 사용할 수 있는 일반적인 측정값을 만들 방법이 없다는 점이다. DAX 내부에서는 보고서가 어떻게 만들어졌는지, 계층 구조가 클라이언트 도구에 어떻게 사용됐는지 알 길이 없기 때문이다. DAX는 사용자가 보고서를 어떻게 만드는지 모른다. DAX는 DAX 쿼리만 수신할 뿐이며 쿼리에는 행의 내용, 열의 내용 또는 보고서 작성에 사용된 슬라이서에 대한 정보가 없기 때문이다.

일반적인 표현식을 만들 수는 없지만, 적절하게 사용했을 때 정확한 비율을 계산하는 측정값을 만들 수는 있다. 계층 구조에는 세 가지 수준(카테고리, 하위 카테고리, 제품)이 있다. 수준별로 서로 다른 백분율을 계산하는 세 측정값부터 시작하자.

```
PercOnSubcategory :=
DIVIDE (
  [Sales Amount],
  CALCULATE (
    [Sales Amount],
    ALLSELECTED ( Product[Product Name] )
  )
)

PercOnCategory :=
DIVIDE (
  [Sales Amount],
  CALCULATE (
    [Sales Amount],
    ALLSELECTED  ( Product[Subcategory] )
  )
)

PercOnTotal :=
DIVIDE (
  [Sales Amount],
  CALCULATE (
    [Sales Amount],
    ALLSELECTED ( Product[Category] )
  )
)
```

위 세 측정값은 필요한 비율을 계산한다. 그림 11-2 보고서에서 결과를 확인할 수 있다.

Category	Sales Amount	PercOnTotal	PercOnCategory	PercOnSubcategory
Audio	**21,544.69**	**2.60%**	**100.00%**	**100.00%**
Bluetooth Headphones	**4,444.69**	**100.00%**	**20.63%**	**100.00%**
NT Bluetooth Stereo Headphones E52 Pink	904.29	100.00%	100.00%	20.35%
NT Wireless Bluetooth Stereo Headphones E302 Pink	324.40	100.00%	100.00%	7.30%
WWI Wireless Bluetooth Stereo Headphones M170 Pink	1,560.00	100.00%	100.00%	35.10%
WWI Wireless Bluetooth Stereo Headphones M270 Pink	1,656.00	100.00%	100.00%	37.26%
MP4&MP3	**5,846.40**	**100.00%**	**27.14%**	**100.00%**
Contoso 16GB New Generation MP5 Player M1650 Pink	5,846.40	100.00%	100.00%	100.00%
Recording Pen	**11,253.60**	**100.00%**	**52.23%**	**100.00%**
WWI 1GB Digital Voice Recorder Pen E100 Pink	2,995.20	100.00%	100.00%	26.62%
WWI 4GB Video Recording Pen X200 Pink	8,258.40	100.00%	100.00%	73.38%
Cameras and camcorders	**364,444.58**	**43.98%**	**100.00%**	**100.00%**
Cameras & Camcorders Accessories	**3,940.47**	**100.00%**	**1.08%**	**100.00%**
Contoso Carrying Case E312 Pink	1,351.42	100.00%	100.00%	34.30%
Contoso Conversion Lens M550 Pink	184.50	100.00%	100.00%	4.68%
Contoso Cyber Shot Digital Cameras Adapter E306 Pink	1,937.52	100.00%	100.00%	49.17%

그림 11-2 세 측정값은 관련된 수준에서만 잘 작동한다.

측정값은 관련이 있는 곳에서만 정확한 값을 표시함을 알 수 있다. 관련이 없으면 100%를 반환하는데 이는 의미 없는 숫자다. 또한 세 측정값이 있지만, 우리의 목표는 단일 측정값으로 다른 수준에서 다른 비율을 나타내도록 하는 것이다. 단일 측정값을 작성하는 것이 다음 단계다.

다음 단계는 PercOnSubcategory 측정값에서 100%를 없애는 것으로 시작한다. 행에 제품 이름이 없는 경우 계산하지 않기를 원한다. 이는 제품 이름이 현재 행렬을 만드는 쿼리에 의해 필터링되고 있는지 확인하는 것을 의미한다. 이때 ISINSCOPE라는 특별한 함수를 사용할 수 있다. ISINSCOPE는 인수로 전달된 열이 필터링되고 그룹화를 수행하는 데 사용되는 열의 일부인 경우 TRUE를 반환한다. 따라서 표현식을 다음과 같이 새롭게 업데이트할 수 있다.

```
PercOnSubcategory :=
IF (
  ISINSCOPE ( Product[Product Name] ),
  DIVIDE (
    [Sales Amount],
    CALCULATE (
      [Sales Amount],
      ALLSELECTED ( Product[Product Name] )
    )
  )
)
```

그림 11-3은 새로운 식을 사용한 보고서를 보여준다.

Category	Sales Amount	PercOnTotal	PercOnCategory	PercOnSubcategory
Audio	**21,544.69**	**2.60%**	**100.00%**	
Bluetooth Headphones	**4,444.69**	**100.00%**	**20.63%**	
NT Bluetooth Stereo Headphones E52 Pink	904.29	100.00%	100.00%	20.35%
NT Wireless Bluetooth Stereo Headphones E302 Pink	324.40	100.00%	100.00%	7.30%
WWI Wireless Bluetooth Stereo Headphones M170 Pink	1,560.00	100.00%	100.00%	35.10%
WWI Wireless Bluetooth Stereo Headphones M270 Pink	1,656.00	100.00%	100.00%	37.26%
MP4&MP3	**5,846.40**	**100.00%**	**27.14%**	
Contoso 16GB New Generation MP5 Player M1650 Pink	5,846.40	100.00%	100.00%	100.00%
Recording Pen	**11,253.60**	**100.00%**	**52.23%**	
WWI 1GB Digital Voice Recorder Pen E100 Pink	2,995.20	100.00%	100.00%	26.62%
WWI 4GB Video Recording Pen X200 Pink	8,258.40	100.00%	100.00%	73.38%
Cameras and camcorders	**364,444.58**	**43.98%**	**100.00%**	
Cameras & Camcorders Accessories	**3,940.47**	**100.00%**	**1.08%**	
Contoso Carrying Case E312 Pink	1,351.42	100.00%	100.00%	34.30%
Contoso Conversion Lens M550 Pink	184.50	100.00%	100.00%	4.68%
Contoso Cyber Shot Digital Cameras Adapter E306 Pink	1,937.52	100.00%	100.00%	49.17%

그림 11-3 ISINSCOPE를 사용해 PercOnSubcategory 열에서 의미 없는 100% 값을 제거한다.

동일한 방법으로 다른 측정값에서 100%를 제거할 수 있다. `PercOnCategory`에서 하위 카테고리가 범위 안에 있고 제품 이름은 없는지 확인해야 한다. 보고서가 계층 구조를 사용해 제품 이름으로 슬라이싱될 때 하위 카테고리로도 슬라이싱되는데, 이때 하위 카테고리가 아닌 제품을 표시하기 때문이다. 이러한 조건을 확인하기 위한 코드에서 중복을 피하기 위한 더 나은 옵션은 계층 구조의 맨 아래에서 맨 위까지 테스트된 `ISINSCOPE` 조건에 따라 표시되는 계층의 수준별로 다른 작업을 수행하는 단일 측정값을 작성하는 것이다. `PercOnParent` 측정값의 코드는 다음과 같다.

```
PercOnParent :=
VAR CurrentSales = [Sales Amount]
VAR SubcategorySales =
  CALCULATE (
    [Sales Amount],
    ALLSELECTED ( Product[Product Name] )
  )
VAR CategorySales =
  CALCULATE (
    [Sales Amount],
    ALLSELECTED ( Product[Subcategory] )
  )
```

```
VAR TotalSales =
  CALCULATE (
    [Sales Amount],
    ALLSELECTED ( Product[Category] )
  )
VAR RatioToParent =
  IF (
    ISINSCOPE ( Product[Product Name] ),
    DIVIDE ( CurrentSales, SubcategorySales ),
    IF (
      ISINSCOPE ( Product[Subcategory] ),
      DIVIDE ( CurrentSales, CategorySales ),
      IF (
        ISINSCOPE ( Product[Category] ),
        DIVIDE ( CurrentSales, TotalSales )
      )
    )
  )
RETURN RatioToParent
```

PercOnParent 측정값을 사용하면 그림 11-4에서 볼 수 있듯이 예상대로 결과가 나타난다.

Category	Sales Amount	PercOnParent
Audio	**21,544.69**	**2.60%**
Bluetooth Headphones	**4,444.69**	**20.63%**
NT Bluetooth Stereo Headphones E52 Pink	904.29	20.35%
NT Wireless Bluetooth Stereo Headphones E302 Pink	324.40	7.30%
WWI Wireless Bluetooth Stereo Headphones M170 Pink	1,560.00	35.10%
WWI Wireless Bluetooth Stereo Headphones M270 Pink	1,656.00	37.26%
MP4&MP3	**5,846.40**	**27.14%**
Contoso 16GB New Generation MP5 Player M1650 Pink	5,846.40	100.00%
Recording Pen	**11,253.60**	**52.23%**
WWI 1GB Digital Voice Recorder Pen E100 Pink	2,995.20	26.62%
WWI 4GB Video Recording Pen X200 Pink	8,258.40	73.38%
Cameras and camcorders	**364,444.58**	**43.98%**
Cameras & Camcorders Accessories	**3,940.47**	**1.08%**
Contoso Carrying Case E312 Pink	1,351.42	34.30%
Contoso Conversion Lens M550 Pink	184.50	4.68%
Contoso Cyber Shot Digital Cameras Adapter E306 Pink	1,937.52	49.17%
Contoso Lens Cap Keeper E314 Pink	467.04	11.85%

그림 11-4 PercOnParent 측정값은 이전에 계산한 세 개의 열을 하나의 열로 병합한다.

이전에 만들어진 세 측정값은 이제 필요 없다. 측정값 하나로 계층 구조가 탐색되는 수준을 검색하고 필요한 모든 것을 계산해 올바른 값을 하나의 열에 반환한다.

노트 IF 조건의 순서가 중요하다. 우리는 계층의 가장 안쪽 수준을 테스트한 다음 한 번에 한 단계씩 진행해 외부 수준을 확인하려고 한다. 그렇게 하지 않으면, 즉 조건 순서를 거꾸로 하면 결과가 부정확해진다. 하위 카테고리가 계층 구조를 통해 필터링될 때 카테고리도 필터링된다는 점을 기억해야 한다.

DAX로 작성된 `PercOnParent` 측정값은 사용자가 행에 올바른 계층 구조를 배치하는 경우에만 작동한다. 예를 들어 사용자가 카테고리 계층 구조를 색상으로 대체하면 보고된 숫자는 이해하기 어렵다. 실제로 이 측정값은 보고서에서 사용되는지와 관계없이 항상 제품 계층을 고려해 작동한다.

부모/자식 계층 처리

DAX가 사용하는 기본 데이터 모델은 분석 서비스Analysis Services의 다차원 데이터베이스에 있는 것과 같은 진정한 부모/자식 계층을 지원하지 않는다. 그러나 부모/자식 계층을 일반 열 기반 계층으로 병합하기 위해 여러 DAX 함수를 사용할 수 있다. 이것만으로도 대부분 시나리오에서 충분하지만, 설계 시 계층의 최대 깊이가 얼마나 될 것인지에 대해 학습된 추측을 해야 한다. 이 절에서는 DAX 함수를 사용해 P/C로 축약되는 부모/자식 계층 구조를 만드는 방법을 배운다.

그림 11-5에서 고전적인 P/C 계층 구조를 볼 수 있다.

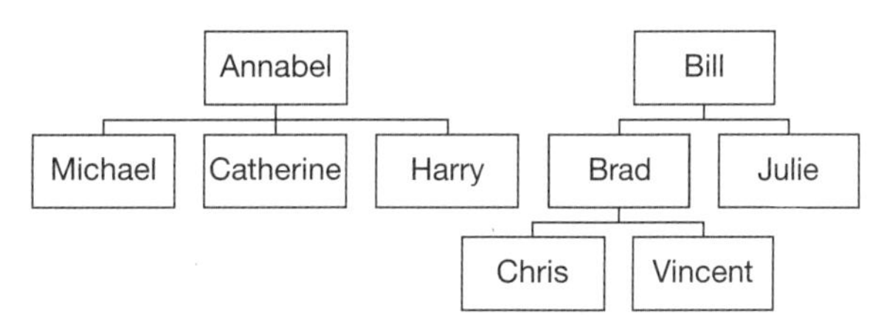

그림 11-5 이 차트는 P/C 계층 구조를 그래픽으로 보여준다.

P/C 계층 구조는 다음과 같은 고유한 특성을 나타낸다.

- 레벨 수는 계층 전체에서 항상 같지는 않다. 예를 들어 Annabel에서 Michael까지의 경로는 깊이가 2단계인 반면, 동일한 계층인 Bill에서 Chris까지는 3단계다.
- 계층 구조는 일반적으로 각 행의 상위 행에 대한 링크를 저장하는 단일 테이블에 표시된다.

P/C 계층 구조의 표준 표현은 그림 11-6에서 볼 수 있다.

PersonKey	Name	ParentKey
1	Bill	
2	Brad	1
3	Julie	1
4	Chris	2
5	Vincent	2
6	Annabel	
7	Catherine	6
8	Harry	6
9	Michael	6

그림 11-6 P/C 계층 구조를 포함하는 테이블

ParentKey가 각 노드의 부모 키임을 쉽게 알 수 있다. 예를 들어 Catherine의 경우 부모 Annabel의 키인 6을 표시한다. 이 데이터 모델의 문제점은 관계가 스스로를 참조한다는 것이다. 즉, 관계에 관련된 두 테이블은 실제로 동일한 테이블이다.

테이블 형식 데이터 모델은 자체 참조 관계를 지원하지 않는다. 따라서 데이터 모델 자체를 수정해야 한다. 즉, 부모/자식 계층 구조는 각 계층의 각 수준에 대해 하나의 열을 기준으로 일반적인 계층 구조로 전환해야 한다.

P/C 계층 처리에 대한 자세한 내용을 살펴보기 전에 마지막으로 한 가지 사항에 주목할 필요가 있다. 계층 구조를 사용해 집계하려는 값이 포함된 그림 11-7의 테이블을 살펴보자.

PersonKey	Name	Amount
2	Brad	200
2	Brad	200
3	Julie	300
4	Chris	400
5	Vincent	500
6	Annabel	600
7	Catherine	600
7	Catherine	600
8	Harry	400
8	Harry	400
9	Michael	300
9	Michael	300

그림 11-7 이 테이블에는 P/C 계층 구조에 대한 데이터가 포함돼 있다.

팩트 테이블의 행에는 계층 구조의 리프[leaf] 수준 및 중간 노드에 대한 참조가 모두 포함돼 있다. 강조 표시된 행은 Annabel을 참조한다. Annabel은 자신만의 값이 있지만, 세 개의 자식 노드도 있다. 따라서 모든 데이터를 요약할 때 표현식은 그녀의 숫자와 자녀의 값을 모두 집계해야 한다.

그림 11-8은 우리가 얻고자 하는 결과를 보여준다.

Level1	FinalFormula
Annabel	**3,200**
Annabel	**600**
Catherine	**1,200**
Harry	**800**
Michael	**600**
Bill	**1,600**
Brad	**1,300**
Brad	400
Chris	400
Vincent	500
Julie	**300**
Total	**4,800**

그림 11-8 이 보고서는 행렬 시각화로 P/C를 탐색한 결과를 보여준다.

최종 목표에 도달할 때까지 거쳐야 하는 단계가 많다. 일단 테이블이 데이터 모델에 로드되면 첫 번째 단계는 각 노드에 도달할 경로를 보여주는 계산된 열을 만드는 것이다. 표준적인 관계를 사용할 수 없으므로 DAX에서 P/C 계층 처리를 위해 특수하게 설계된 함수를 사용해야 한다.

FullPath라는 이름의 새 계산된 열은 다음과 같이 PATH 함수를 사용한다.

```
Persons[FullPath] = PATH ( Persons[PersonKey], Persons[ParentKey] )
```

PATH는 2개의 매개변수를 수신하는 함수다. 첫 번째 매개변수는 테이블의 키(이 경우 Persons[PersonKey])이고, 두 번째 매개변수는 상위 키를 보유하는 열의 이름이다. PATH는 테이블에서 재귀 횡단을 수행하며 각 노드에 대해 파이프(|) 문자로 구분된 키 목록으로 경로를 작성한다. 그림 11-9에서 계산된 열인 FullPath를 볼 수 있다.

PersonKey ▲	Name	FullPath
1	Bill	1
2	Brad	1|2
3	Julie	1|3
4	Chris	1|2|4
5	Vincent	1|2|5
6	Annabel	6
7	Catherine	6|7
8	Harry	6|8
9	Michael	6|9

그림 11-9 FullPath 열에는 각 노드에 도달하는 전체 경로가 포함돼 있다.

FullPath 열 자체는 유용하지 않다. 그러나 계층 구조 작성에 필요한 또 다른 계산된 열 집합의 기초가 되기 때문에 중요하다. 다음 단계로, 계층의 각 수준에 대해 다음과 같이 각각 계산된 열을 작성해야 한다.

```
Persons[Level1] = LOOKUPVALUE(
  Persons[Name],
  Persons[PersonKey], PATHITEM ( Persons[FullPath], 1, INTEGER )
)

Persons[Level2] = LOOKUPVALUE(
```

```
  Persons[Name],
  Persons[PersonKey], PATHITEM ( Persons[FullPath], 2, INTEGER )
)

Persons[Level3] = LOOKUPVALUE(
  Persons[Name],
  Persons[PersonKey], PATHITEM ( Persons[FullPath], 3, INTEGER )
)
```

세 열은 Level1, Level2, Level3이며 유일한 변화는 PATHITEM의 두 번째 매개변수에 있는 1,2,3이다. 계산된 열은 LOOKUPVALUE를 사용해 PATHITEM의 결과와 PersonKey가 동일한 행을 검색한다. PATHITEM은 PATH로 작성된 열에서 n번째 항목을 반환하거나 경로 길이보다 큰 숫자를 요청할 때 해당 항목이 없으면 빈 항목으로 반환한다. 결과 테이블은 그림 11-10과 같다.

PersonKey ▲	Name	FullPath	Level1	Level2	Level3
1	Bill	1	Bill		
2	Brad	1|2	Bill	Brad	
3	Julie	1|3	Bill	Julie	
4	Chris	1|2|4	Bill	Brad	Chris
5	Vincent	1|2|5	Bill	Brad	Vincent
6	Annabel	6	Annabel		
7	Catherine	6|7	Annabel	Catherine	
8	Harry	6|8	Annabel	Harry	
9	Michael	6|9	Annabel	Michael	

그림 11-10 Level 열에는 계층 구조에 표시할 값이 포함돼 있다.

이 예에서는 계층의 최대 깊이가 3이기 때문에 세 개의 열을 사용했다. 실제 시나리오에서는 계층의 최대 수준을 계산해 모든 수준을 수용할 수 있을 만큼 충분한 열을 만들어야 한다. 따라서 P/C 계층의 레벨 수는 유연해야 하지만, 데이터 모델에서 계층 구조를 구현하려면 최대 수를 설정해야 한다. 향후 계층 구조가 커질 때에도 데이터 모델을 업데이트할 필요가 없도록 몇 레벨을 추가해 미리 공간을 확보하는 것이 좋다.

이제 레벨 열의 집합을 계층으로 변환해야 한다. 또한 P/C에 있는 다른 열 중 어느 것도 필요하지 않으므로 클라이언트 도구에서 다른 모든 열을 숨겨야 한다. 이 시점에서 행의 계층 구조와 값의 합계를 사용해 보고서를 작성할 수 있지만, 결과는 아직 원하는 대로 되지 않는다. 그림 11-11은 행렬로 표시한 결과를 보여준다.

Level1	Amount
Annabel	**3200**
	600
	600
Catherine	**1200**
	1200
Harry	**800**
	800
Michael	**600**
	600
Bill	**1600**
Brad	**1300**
	400
Chris	400
Vincent	500
Julie	**300**
	300
Total	**4800**

그림 11-11 P/C 계층 구조는 너무 많은 행을 보여주며 우리가 원하는 것과는 차이가 있다.

이 보고서에는 다음과 같은 문제가 있다.

- Annabel 아래 두 개의 빈 행에 Annabel 자신의 값이 포함돼 있다.
- Catherine 아래 빈 행에 Catherine 자신의 값이 포함돼 있다. 다른 행도 마찬가지다.

계층 구조는 자식이 없는 Harry와 같이 최대 깊이가 두 개여야 하는 경로에서도 항상 세 가지 수준을 보여준다.

이러한 문제는 결과의 시각화와 관련이 있다. 그 외 계층 구조는 Annabel의 행에서 그녀의 모든 자식의 값을 볼 수 있기 때문에 올바른 값을 계산한다. 이 솔루션의 중요한 측면은 PATH 함수를 사용해 계산된 열을 만들어 자기 참조 관계(재귀 관계라고도 함)를 흉내낼 수 있었다는 것이다. 나머지 부분은 보여주는 방식의 문제를 해결하는 것이지만, 적어도 올바른 방향으로 나아가고 있다.

우리의 첫 번째 과제는 모든 빈 값을 제거하는 것이다. 예를 들어 보고서에서 행렬의 두 번째 행의 금액은 600인데, 빈 칸이 아닌 Annabel로 표시돼야 한다. `Level` 열의 식을 수정해서 문제를 해결할 수 있다. 먼저 경로의 끝에 도달하면 이전 수준을 반복하면서 빈 칸을 모두 제거한다. 여기서 다음과 같은 `Level2`의 패턴을 살펴보자.

```
PC[Level2] =
IF ( PATHLENGTH ( Persons[FullPath] ) >= 2,
  LOOKUPVALUE(
    Persons[Name],
    Persons[PersonKey], PATHITEM ( Persons[FullPath], 2, INTEGER )
  ),
  Persons[Level1]
)
```

`Level1`은 항상 첫 번째 수준이기 때문에 수정할 필요가 없다. `Level3`의 열은 `Level2`와 동일한 패턴을 따라야 한다. 새로운 식을 사용하면 테이블이 그림 11-12처럼 보인다.

PersonKey ▲	Name	FullPath	Level1	Level2	Level3
1	Bill	1	Bill	Bill	Bill
2	Brad	1|2	Bill	Brad	Brad
3	Julie	1|3	Bill	Julie	Julie
4	Chris	1|2|4	Bill	Brad	Chris
5	Vincent	1|2|5	Bill	Brad	Vincent
6	Annabel	6	Annabel	Annabel	Annabel
7	Catherine	6|7	Annabel	Catherine	Catherine
8	Harry	6|8	Annabel	Harry	Harry
9	Michael	6|9	Annabel	Michael	Michael

그림 11-12 새로운 식을 사용하면 레벨 열에는 공백이 없다.

이제 보고서를 보면 빈 행이 없다. 하지만 아직도 너무 많은 행이 있다. 그림 11-13에서는 두 개의 행이 강조 표시된 보고서를 볼 수 있다.

Level1	Amount
Annabel	**3200**
Annabel	**600**
Annabel	600
Catherine	**1200**
Catherine	1200
Harry	**800**
Harry	800
Michael	**600**
Michael	600

그림 11-13 새 보고서에는 빈 행이 없다.

보고서에서 강조 표시된 두 번째 행과 세 번째 행을 살펴보자. 두 경우 모두 행렬은 계층 구조의 단일 행(즉 Annabel의 행)을 보여준다. Annabel과 관련된 값을 포함하기 때문에 두 번째 행을 보여주고 싶을지도 모른다. 하지만 계층 구조가 너무 깊게 탐색되고 Annabel의 경로가 더 이상 도움이 되지 않기 때문에 세 번째 행을 보고 싶지는 않을 것이다. 계층의 노드를 표시할지 또는 숨길지는 노드의 깊이에 따라 결정된다. 사용자가 Annabel을 계층 구조의 두 번째 단계까지 확장할 수는 있지만 Annabel의 세 번째 단계는 없애려고 한다.

행에 도달하는 데 필요한 경로의 길이를 계산된 열에 저장할 수 있다. 경로의 길이는 Annabel이 루트 노드임을 보여준다. 실제로 하나의 값만 포함하는 경로가 있는 Level1의 노드다. 반면 Catherine은 Annabel의 딸이고 그녀의 경로는 길이가 2이기 때문에 Level2의 노드다. 또한 분명하지 않을 수도 있지만, Catherine은 Annabel의 첫 번째 노드 아래에 그녀의 값이 집계돼 있기 때문에 Level1에서 볼 수 있다. 즉, Catherine의 이름이 Level1의 보고서에 나타나지 않더라도 그녀의 금액은 그녀의 부모인 Annabel 아래에 집계돼 있다. Catherine이라는 이름은 그녀의 행에 Level1로 Annabel이 포함돼 있기 때문에 볼 수 있다.

일단 계층 구조에 있는 각 노드의 수준을 알게 되면, 보고서가 계층 구조를 해당 수준까지 탐색할 때마다 각 노드가 표시되도록 정의할 수 있다. 보고서에 너무 깊은 레벨이 표시되면 노드를 숨길 필요가 있다. 이 알고리듬을 구현하려면 다음 두 값이 필요하다.

- 각 노드의 깊이. 이것은 계층의 각 행에 대한 고정값이므로 계산된 열에 안전하게 저장할 수 있다.
- 보고서 시각화의 현재 검색 깊이. 이것은 현재 필터 컨텍스트에 따라 달라지는 동적 값이다. 보고서에 따라 값이 달라지고 보고서 행마다 값이 다르기 때문에 대책이 필요하다. 예를 들어 Annabel은 Level1의 노드이지만 보고서의 현재 깊이는 3개의 다른 값을 갖기 때문에 3행으로 나타난다.

각 노드의 깊이는 계산하기 쉽다. 다음과 같은 간단한 식으로 Persons 테이블에 계산된 새 열을 추가할 수 있다.

```
Persons[NodeDepth] = PATHLENGTH ( Persons[FullPath] )
```

PATHLENGTH는 PATH에 의해 계산된 값의 길이를 반환한다. 그림 11-14에서 그 결과로 계산된 열을 볼 수 있다.

PersonKey ▲	Name	FullPath	Level1	Level2	Level3	NodeDepth
1	Bill	1	Bill	Bill	Bill	1
2	Brad	1|2	Bill	Brad	Brad	2
3	Julie	1|3	Bill	Julie	Julie	2
4	Chris	1|2|4	Bill	Brad	Chris	3
5	Vincent	1|2|5	Bill	Brad	Vincent	3
6	Annabel	6	Annabel	Annabel	Annabel	1
7	Catherine	6|7	Annabel	Catherine	Catherine	2
8	Harry	6|8	Annabel	Harry	Harry	2
9	Michael	6|9	Annabel	Michael	Michael	2

그림 11-14 NodeDepth 열은 각 노드의 깊이를 계산된 열에 저장한다.

NodeDepth 열은 만들기 쉽지만 검색 깊이를 계산하는 것은 측정값으로 계산해야 해서 더 어렵다. 그럼에도 불구하고 그 뒤의 논리는 그리 복잡하지 않으며 이미 표준 계층 구조에 대해 배운 기법과 비슷하다. 이 측정값은 ISINSCOPE를 사용해 필터링된 계층 열과 필터링되지 않은 계층 열을 검색한다.

더욱이 이 공식은 부울값을 숫자로 변환할 수 있다는 점을 이용하는데, 여기서 TRUE는 값이 1이고 FALSE는 값이 0이다.

```
BrowseDepth :=
ISINSCOPE ( Persons[Level1] ) +
ISINSCOPE ( Persons[Level2] ) +
ISINSCOPE ( Persons[Level3] )
```

따라서 Level1만 필터링하면 결과는 1이다. Level1과 Level2를 모두 필터링하지만 Level3이 아닌 경우 결과는 2가 된다. 그림 11-15에서 BrowseDepth 측정값의 결과를 볼 수 있다.

Level1	Amount	BrowseDepth
Annabel	**3200**	**1**
Annabel	**600**	**2**
Annabel	600	3
Catherine	**1200**	**2**
Catherine	1200	3
Harry	**800**	**2**
Harry	800	3
Michael	**600**	**2**
Michael	600	3

그림 11-15 BrowseDepth 측정값은 보고서에서 검색의 깊이를 계산한다.

이제 시나리오의 해결에 가까워지고 있다. 마지막으로 필요한 정보는 기본적으로 보고서는 표시된 모든 측정값에 대해 빈 값을 초래하는 행을 숨긴다는 것이다. 구체적으로는 원하지 않는 행을 감추기 위해 이 동작을 이용할 것이다. 보고서에 표시하지 않으려면 금액값을 빈 값으로 변환해 행렬에서 행을 숨길 수 있다. 이처럼 솔루션은 다음과 같은 요소를 사용할 것이다.

- NodeDepth 계산 열에서 각 노드의 깊이
- BrowseDepth 측정값에서 보고서의 현재 셀 깊이
- 결괏값을 빈 값으로 처리해 원하지 않는 행을 숨기는 방법

이 모든 정보를 다음과 같이 하나의 측정값으로 통합해야 한다.

```
PC Amount :=
IF (
  MAX (Persons[NodeDepth]) < [BrowseDepth],
  BLANK (),
  SUM(Sales[Amount])
)
```

이 측정값이 어떻게 작동하는지 이해하려면 그림 11-16의 보고서를 참고하길 바란다. 보고서에는 표현식의 동작을 파악하는 데 유용한 모든 값이 포함돼 있다.

Level1	Amount	BrowseDepth	MaxNodeDepth	PC Amount
Annabel	**3200**	**1**	**2**	**3,200**
Annabel	**600**	**2**	**1**	
Annabel	600	3	1	
Catherine	**1200**	**2**	**2**	**1,200**
Catherine	1200	3	2	
Harry	**800**	**2**	**2**	**800**
Harry	800	3	2	
Michael	**600**	**2**	**2**	**600**
Michael	600	3	2	
Bill	**1600**	**1**	**3**	**1,600**
Bill		**2**	**1**	
Bill		3	1	

그림 11-16 이 보고서는 결과 및 표현식에 사용된 모든 부분 측정값을 보여준다.

첫 번째 행의 Annabel을 보면 계층 구조의 루트이기 때문에 BrowseDepth가 1이다. MAX (Persons[NodeDepth])로 정의된 MaxNodeDepth의 값은 2이며, 이는 현재 노드는 레벨 1의 데이터뿐만 아니라 레벨 2에 있는 일부 하위 데이터도 표시한다는 것을 의미한다. 이와 같이 현재 노드는 일부 자식에 대한 데이터도 보여주기 때문에 표시해야 한다. 반면, Annabel의 두 번째 줄은 BrowseDepth가 2이고 MaxNodeDepth가 1이다. 필터 컨텍스트가 Level1이 Annabel이고 Level2가 Annabel과 같은 모든 행을 필터링하기 때문에, 이 조건을 만족시키는 계층은 바로 Annabel 자신이다. 그러나 Annabel의 NodeDepth는 1이며 보고서가 Level2에서 탐색하므로 노드를 숨겨야 한다. 실제로 PC 금액 측정값은 빈 값을 반환한다.

다른 노드의 동작을 직접 확인하는 것이 좋다. 이렇게 하면 표현식의 작동 방식에 대한 이해를 향상시킬 수 있다. 필요할 때마다 책의 이 부분으로 돌아와서 표현식을 복사할 수 있지만, 필터 컨텍스트가 이 표현식의 다양한 부분과 어떻게 상호 작용하는지를 생각해야 하므로 이를 이해하는 것이 좋다.

결과에 도달하기 위한 마지막 단계는 보고서에서 필요하지 않은 열을 모두 제거하고 PC 금액만 남겨 두는 것이다. 그림 11-17에서 볼 수 있듯이 이제 시각화는 우리가 원하던 시각화가 된다.

Level1	PC Amount
Annabel	**3,200**
Catherine	**1,200**
Harry	**800**
Michael	**600**
Bill	**1,600**
Brad	**1,300**
Chris	400
Vincent	500
Julie	**300**
Total	**4,800**

그림 11-17 일단 측정값을 보고서에 남겨두면 원치 않는 모든 행이 사라진다.

이 접근방식의 가장 큰 단점은 사용자가 P/C 계층 구조를 만든 다음 보고서에 추가하는 모든 측정값에 동일한 패턴을 사용해야 한다는 것이다. 원하지 않는 행에 대해 공백이 없는 측정값이 값으로 사용되고 있는 경우, 모든 행이 갑자기 나타나 패턴을 교란시킨다.

이쯤 되면 이미 결과는 만족스럽지만 아직 작은 문제가 남아 있다. Annabel의 합계를 보면 3,200이다. 그녀의 자식들 합계는 2,600이다. Annabel의 값인 600이 누락됐다. 일부는 이미 이 시각화에 만족할 수 있다. 노드의 값은 단순히 합계와 자식의 합계 간 차이를 보면 계산하기 쉽다. 그러나 이 수치를 원래 목표와 비교하면 최종 표현식에서 각 노드의 값이 노드 자체의 자식으로서 뚜렷하게 보이는 것을 알 수 있다. 그림 11-18은 현재와 원하는 결과를 나란히 보여준다.

Level1	PC Amount	FinalFormula
Annabel	**3,200**	**3,200**
Annabel		**600**
Catherine	**1,200**	**1,200**
Harry	**800**	**800**
Michael	**600**	**600**
Bill	**1,600**	**1,600**
Brad	**1,300**	**1,300**
Brad		400
Chris	400	400
Vincent	500	500
Julie	**300**	**300**
Total	**4,800**	**4,800**

그림 11-18 원래 목표는 아직 달성되지 않았다. 여전히 일부 행의 값이 추가돼야 한다.

이제는 기술을 분명히 이해해야 한다. Annabel에 대한 값을 보여주려면 이를 표시해야 할 노드로 식별할 수 있는 조건을 찾아야 한다. 이 경우 조건이 다소 복잡하다. 표시해야 하는 노드는 리프가 아닌 노드, 즉 자식이 있는 노드로서 스스로 값을 갖는다. 이 코드는 해당 노드를 하나의 추가 레벨로 볼 수 있게 한다. 다른 모든 노드, 즉 리프 노드 또는 값이 없는 노드는 원래 규칙을 따르고 계층이 해당 노드의 깊이를 탐색할 때 숨겨진다.

먼저 노드가 리프인지 아닌지를 나타내는 계산된 열을 PC 테이블에 만들어야 한다. DAX 식은 간단하다. 리프 노드는 다른 노드의 부모가 아닌 노드다. 조건을 확인하기 위해 현재 노드가 부모인 노드 수를 계산할 수 있다. 만약 0이라면 현재 노드가 리프 노드임을 알 수 있다. 다음 코드는 이 작업을 수행한다.

```
Persons[IsLeaf] =
VAR CurrentPersonKey = Persons[PersonKey]
VAR PersonsAtParentLevel =
  CALCULATE (
    COUNTROWS ( Persons ),
    ALL ( Persons ),
```

```
    Persons[ParentKey] = CurrentPersonKey
  )
VAR Result = ( PersonsAtParentLevel = 0 )
RETURN Result
```

그림 11-19에서는 IsLeaf 열을 데이터 모델에 추가했다.

PersonKey	Name	ParentKey	FullPath	Level1	Level2	Level3	NodeDepth	IsLeaf
1	Bill		1	Bill	Bill	Bill	1	False
2	Brad	1	1|2	Bill	Brad	Brad	2	False
3	Julie	1	1|3	Bill	Julie	Julie	2	True
4	Chris	2	1|2|4	Bill	Brad	Chris	3	True
5	Vincent	2	1|2|5	Bill	Brad	Vincent	3	True
6	Annabel		6	Annabel	Annabel	Annabel	1	False
7	Catherine	6	6|7	Annabel	Catherine	Catherine	2	True
8	Harry	6	6|8	Annabel	Harry	Harry	2	True
9	Michael	6	6|9	Annabel	Michael	Michael	2	True

그림 11-19 IsLeaf 열은 계층 구조의 리프 노드들을 나타낸다.

리프 노드를 식별할 수 있게 됐으므로 P/C 계층을 처리하기 위한 최종 식을 작성해야 할 시점이다.

```
FinalFormula =
VAR TooDeep = [MaxNodeDepth] + 1 < [BrowseDepth]
VAR AdditionalLevel = [MaxNodeDepth] + 1 = [BrowseDepth]
VAR Amount =
  SUM ( Sales[Amount] )
VAR HasData =
  NOT ISBLANK ( Amount )
VAR Leaf =
  SELECTEDVALUE (
    Persons[IsLeaf],
    FALSE
  )
VAR Result =
  IF (
    NOT TooDeep,
    IF (
      AdditionalLevel,
      IF (
```

```
        NOT Leaf && HasData,
        Amount
      ),
      Amount
    )
  )
RETURN
  Result
```

변수를 사용하면 식을 더 쉽게 읽을 수 있다. 위에서 사용한 변수는 다음과 같은 역할을 한다.

- TooDeep은 검색 깊이가 최대 노드 깊이 + 1보다 큰지, 즉 보고서 검색이 추가 수준을 초과하는지를 점검한다.
- AdditionalLevel은 현재 검색 레벨이 자체 값이 있고 리프가 아닌 노드의 추가 레벨인지 확인한다.
- HasData는 노드 자체에 값이 있는지 확인한다.
- Leaf는 노드가 리프인지 아닌지 확인한다.
- Result는 식의 최종 결과이므로 개발 중에 중간 단계를 검사하기 위해 측정값의 결과를 쉽게 변경할 수 있다.

코드의 나머지 부분은 다양한 시나리오를 확인하고 그에 따라 작동하는 IF 문구의 집합에 불과하다.

데이터 모델에 기본적으로 P/C 계층 구조를 처리하는 능력이 있었다면 이 모든 힘든 작업은 피할 수 있었을 것이 분명하다. 결국 이것은 평가 컨텍스트와 데이터 모델링에 대한 완전한 이해를 필요로 하기 때문에 소화하기 쉬운 식은 아니다.

중요 모델이 호환성 수준 1400에 있다면 Hide Members라는 특수 속성의 동작을 활성화할 수 있다. Hide Members는 자동으로 빈 멤버를 숨긴다. 이 속성은 2019년 4월 현재 파워 BI와 파워 피봇에서는 사용할 수 없다. 테이블 형식 모델에서 이 속성을 사용하는 방법에 대한 전체적인 설명은 https://docs.microsoft.com/en-us/sql/analysis-services/what-s-new-in-sql-server-analysis-services-2017?view=sqlserver-2017에서 확인할 수 있다. 사용 중인 도구가 이 중요한 기능을 구현할 수 있다면, 위에 표시된 복잡한 DAX 코드로 불균형 계층의 수준을 숨기는 대신 Hide Members 속성을 사용하길 바란다.

결론

11장에서는 계층 구조에 관한 계산을 올바르게 처리하는 방법을 배웠다. 여기서 다룬 가장 관련성 많은 주제를 요약하면 다음과 같다.

- 계층 구조는 DAX의 일부가 아니다. 모델에 만들 수 있지만 DAX의 관점에서는 계층 구조를 참조하고 표현식 안에서 사용할 수 있는 방법은 없다.
- 계층의 수준을 탐지하려면 ISINSCOPE를 사용해야 한다. 간단한 해결 방법이지만 ISINSCOPE는 실제로 검색 수준을 감지하지 못한다. 오히려 열에 필터가 있는 것을 감지한다.
- 부모 대비 단순 비율을 계산하려면 계층의 현재 수준을 분석하고 상위 필터를 다시 만들기 위해 적합한 필터 집합을 만들 수 있어야 한다.
- 부모/자녀 계층 구조는 DAX에서 사전 정의된 PATH 함수를 사용해 계층 수준별로 하나씩 적절한 열 집합을 만들어 처리할 수 있다.
- 부모/자식 계층에서 자주 사용되는 단항 연산자unary operators는 문제가 될 수 있다. 따라서 복잡한 DAX 코드를 작성해 간단한 버전(+/- 만)으로 처리할 수 있다. 더 복잡한 시나리오를 처리하려면 11장의 범위를 벗어난 훨씬 더 복잡한 DAX 코드가 필요하다.

12

테이블 작업

테이블은 DAX 식의 중요한 부분이다. 앞에서 테이블을 반복하는 방법, 계산된 테이블을 만드는 방법 및 테이블이 필요한 몇 가지 계산 방법에 대해 배웠다. 그뿐만 아니라 테이블은 CALCULATE 필터 인수로도 사용된다. 따라서 복잡한 식을 작성할 때 올바른 필터 테이블을 만드는 것은 매우 중요하다. DAX는 테이블을 관리할 수 있는 풍부한 함수를 제공한다. 11장은 테이블을 만들고 관리하는 데 도움이 되는 DAX 함수를 소개한다.

새롭게 등장하는 함수 대부분에 대해 사용 방법을 배우고 DAX 작성법을 연습할 수 있는 예제도 제공한다.

CALCULATETABLE

테이블을 조작하는 첫 번째 함수는 CALCULATETABLE이다. 이미 이 책에서 여러 번 CALCULATETABLE을 사용했다. 이 절에서는 언제 함수를 사용할지에 대한 몇 가지 고려 사항과 함께 함수에 관해 상세히 설명한다.

CALCULATETABLE은 CALCULATE와 동일한 작업을 수행하는데, 두 함수의 유일한 차이점은 결과물에 있다. CALCULATETABLE은 테이블을 반환하는 반면, CALCULATE는 정수나 문자열과 같은 단일 값을 반환한다. 예를 들어 다음과 같이 빨간색 제품만 포함하는 테이블을 만들어야 할 때에는 CALCULATETABLE을 사용해야 한다.

```
CALCULATETABLE (
    'Product',
    'Product'[Color] = "Red"
)
```

그렇다면 CALCULATETABLE과 FILTER의 차이점은 무엇일까? 실제로 위 식은 다음과 같이 FILTER로 바꿔 쓸 수 있다.

```
FILTER (
    'Product',
    'Product'[Color] = "Red"
)
```

함수 이름만 다른 것 같지만 두 함수의 시멘틱스는 매우 다르다. CALCULATETABLE은 먼저 필터 컨텍스트를 변경하고 나중에 식을 평가하는 방식으로 작동한다. 반면, FILTER는 첫 번째 인수의 결과를 반복하면서 조건을 만족시키는 행을 검색한다. 즉, FILTER는 필터 컨텍스트를 변경하지 않는다.

다음 예를 살펴보면 차이를 이해할 수 있다.

```
Red Products CALCULATETABLE =
CALCULATETABLE (
  ADDCOLUMNS (
    VALUES ( 'Product'[Color] ),
    "Num of Products", COUNTROWS ( 'Product' )
  ),
  'Product'[Color] = "Red"
)
```

결과는 그림 12-1에서 확인할 수 있다.

Color	Num of Products
Red	99

그림 12-1 콘토소 데이터베이스에는 99개의 빨간색 제품이 있다.

CALCULATETABLE을 사용하면 ADDCOLUMNS와 COUNTROWS를 모두 평가하는 필터 컨텍스트가 빨간색 제품을 필터링한다. 따라서 결과에는 Color는 빨간색, 제품 수는 99가 도출됐다. 즉, COUNTROWS는 VALUES 함수에 의해 생성되는 행에서 컨텍스트 전환을 요청하지 않고 빨간색 제품만 계산했다.

CALCULATETABLE을 FILTER로 대체하면 결과가 달라진다. 다음 테이블을 살펴보자.

```
Red Products FILTER external =
FILTER (
  ADDCOLUMNS (
    VALUES ( 'Product'[Color] ),
    "Num of Products", COUNTROWS ( 'Product' )
  ),
  'Product'[Color] = "Red"
)
```

이번에는 99가 아니라 그림 12-2와 같이 총 제품 수를 보여준다.

Color	Num of Products
Red	2517

그림 12-2 Color는 변동이 없지만 Num of Products는 모든 제품의 수로 변경된다.

테이블에는 여전히 제품 색상에 빨간색이 포함돼 있지만, 제품 수는 총 제품 수인 2,517을 보여준다. FILTER가 필터 컨텍스트를 변경하지 않기 때문이다. 또한, FILTER는 ADDCOLUMNS 다음에 평가된다. 따라서 ADDCOLUMNS는 Product 테이블을 반복하고 COUNTROWS는 컨텍스트 전환이 없기 때문에 총 제품 수를 계산한다. 그러고 나서 FILTER는 모든 색상 중에서 빨간색 행을 선택한다.

CALCULATETABLE 대신 FILTER를 사용할 때는 컨텍스트 전환을 강제하기 위해 CALCULATE

를 사용해 다음과 같이 작성해야 한다.

```
Red Products FILTER internal =
ADDCOLUMNS (
  FILTER (
    VALUES ( 'Product'[Color] ),
    'Product'[Color] = "Red"
  ),
  "Num of Products", CALCULATE ( COUNTROWS ( 'Product' ) )
)
```

결과는 다시 99로 바뀌었다. FILTER를 CALCULATETABLE처럼 작동시키기 위해 실행 순서를 뒤집어야 했다. 이렇게 하면 FILTER가 먼저 실행된 다음 행의 수 계산은 컨텍스트 전환에 의존해 ADDCOLUMNS의 행 컨텍스트가 COUNTROWS의 필터 컨텍스트가 되도록 한다.

CALCULATETABLE은 필터 컨텍스트를 수정해 작동한다. DAX 식의 여러 함수에 그 효과를 전파하기 때문에 강력하다. 하지만 만들 수 있는 필터링 유형에 제한이 있다. 예를 들어 CALCULATETABLE은 데이터 모델에 속하는 열에만 필터를 적용할 수 있다. 판매액이 100만 달러 이상인 고객만 필요한 경우, Sales Amount가 측정값이므로 CALCULATETABLE은 적절하지 않다. 한편, CALCULATETABLE은 측정값에 필터를 적용할 수 없지만 FILTER는 가능하다. 이는 다음 식에 나타나 있으며, 여기서 FILTER를 CALCULATETABLE로 교체하는 것은 구문 오류로 이어질 수 있으므로 옵션이 아니다.

```
Large Customers =
FILTER (
  Customer,
  [Sales Amount] > 1000000
)
```

CALCULATE처럼 CALCULATETABLE도 컨텍스트 전환을 수행하며 ALL, USERELATIONSHIPS, CROSSFILTER 및 다른 많은 CALCULATE 제어자를 모두 사용할 수 있다. 결과적으로 FILTER보다 훨씬 강력하다. 그렇다고 해서 FILTER 대신 항상 CALCULATETABLE을 사용하라는 의미는 아니다. 두 가지 함수 각각에는 장단점이 있으므로 학습을 통해 요구 사항에 맞는 함수를 선택해야 한다.

일반적으로 모델 열에 필터를 적용해야 하거나 컨텍스트 전환 및 필터 컨텍스트 제어자와 같은 CALCULATETABLE의 다른 기능이 필요할 때는 CALCULATETABLE을 사용한다.

테이블 조작

DAX에는 테이블을 조작하는 몇 가지 함수가 있다. 이러한 함수는 새로 계산된 테이블이나 반복할 테이블을 작성하거나, 결과를 CALCULATE 함수의 필터 인수로 사용하는 데 쓸 수 있다. 이 절에서는 예제와 함께 그러한 함수에 대한 완전한 참조를 제공한다. 주로 쿼리에 유용한 다른 테이블 함수도 있다. 13장, '쿼리 작성'에서 이들 함수를 소개한다.

ADDCOLUMNS

ADDCOLUMNS는 첫 번째 인수의 모든 행과 열을 반환한 뒤 새로 생성된 열을 출력에 추가하는 반복함수다. 예를 들어 다음과 같은 계산된 테이블은 모든 색상과 해당 색상의 판매액을 표시하는 테이블을 만든다.

```
ColorsWithSales =
ADDCOLUMNS (
  VALUES ( 'Product'[Color] ),
  "Sales Amount", [Sales Amount]
)
```

그림 12-3에서 그 결과를 볼 수 있다.

반복함수인 ADDCOLUMNS는 행 컨텍스트에서 열 표현식을 평가한다. 이 예에서는 Sales Amount 표현식에 측정값을 사용했기 때문에 위 식은 색상별 판매액을 계산한다. 이는 (암묵적) CALCULATE가 Sales Amount를 감싸 컨텍스트가 전환되기 때문이다. 측정값 대신 일반적인 식을 사용하는 경우 CALCULATE는 컨텍스트 전환을 강제하는 데 자주 사용된다.

Color	Sales Amount
Silver	6,798,560.86
Blue	2,435,444.62
White	5,829,599.91
Red	1,110,102.10
Black	5,860,066.14
Green	1,403,184.38
Orange	857,320.28
Pink	828,638.54
Yellow	89,715.56
Purple	5,973.84
Brown	1,029,508.95
Grey	3,509,138.09
Gold	361,496.01
Azure	97,389.89
Silver Grey	371,908.92
Transparent	3,295.89

그림 12-3 결과에는 모든 제품의 색상과 색상별 판매액이 포함돼 있다.

ADDCOLUMNS는 임시 계산된 열에 필터를 적용하기 위해 FILTER와 함께 종종 사용된다. 예를 들어 USD 150,000.00 이상 판매된 제품을 구하는 식은 다음과 같다.

```
HighSalesProducts =
VAR ProductsWithSales =
  ADDCOLUMNS (
    VALUES ( 'Product'[Product Name] ),
    "Product Sales", [Sales Amount]
  )
VAR Result =
  FILTER (
    ProductsWithSales,
    [Product Sales] >= 150000
  )
RETURN Result
```

아래 그림 12-4에서 결과를 볼 수 있다.

Product Name	Product Sales
Adventure Works 26" 720p LCD HDTV M140 Silver	1,303,983.46
SV 16xDVD M360 Black	364,714.41
Proseware Projector 1080p LCD86 Silver	160,627.05
Contoso Projector 1080p X980 White	257,154.75
A. Datum SLR Camera X137 Grey	725,840.28
Fabrikam Independent filmmaker 1/3" 8.5mm X200 White	165,594.00
Contoso Telephoto Conversion Lens X400 Silver	683,779.95
NT Washer & Dryer 27in L2700 Blue	151,427.53
Contoso Washer & Dryer 21in E210 Green	151,265.40
Contoso Washer & Dryer 21in E210 Pink	182,094.12

그림 12-4 결과에는 모든 제품 이름과 제품별 판매액이 포함돼 있다.

ADDCOLUMNS를 사용하지 않고도 위 식을 다른 여러 가지 방식으로 작성할 수 있다. 예를 들어 다음 코드는 출력에 Product Sales 열을 추가하진 않지만 이전 코드보다 훨씬 더 간단하다.

```
FILTER (
  VALUES ( 'Product'[Product Name] ),
  [Sales Amount] >= 150000
)
```

ADDCOLUMNS는 여러 열을 계산하거나, 여러 열을 계산한 다음에 추가 계산이 필요할 때 유용하다. 예를 들어 총 매출의 15%를 차지하는 제품의 집합을 계산한다면 다음과 같은 여러 단계를 거쳐야 하므로 이제 더는 단순한 작업이 아니다.

1. 제품별 판매액 계산
2. 해당 제품보다 많이 팔린 모든 제품과 해당 제품의 판매액을 더한 누적 합계 계산
3. 누적 합계를 총 판매액 대비 백분율로 환산
4. 백분율이 15% 이하인 제품만 반환

한꺼번에 전체 쿼리를 작성하는 것은 필요 이상으로 복잡한 반면, 평가를 다음과 같이 4단계로 나누면 훨씬 쉽다.

```
Top Products =
VAR TotalSales = [Sales Amount]
VAR ProdsWithSales =
  ADDCOLUMNS (
    VALUES ( 'Product'[Product Name] ),
    "ProductSales", [Sales Amount]
  )
VAR ProdsWithRT =
  ADDCOLUMNS (
    ProdsWithSales,
    "RunningTotal",
    VAR SalesOfCurrentProduct = [ProductSales]
    RETURN
      SUMX (
        FILTER (
          ProdsWithSales,
          [ProductSales] >= SalesOfCurrentProduct
        ),
        [ProductSales]
      )
  )
VAR Top15Percent =
  FILTER (
    ProdsWithRT,
    [RunningTotal] / TotalSales <= 0.15
  )
RETURN Top15Percent
```

결과는 그림 12-5에서 볼 수 있다.

Product Name	ProductSales	RunningTotal
Adventure Works 26" 720p LCD HDTV M140 Silver	1,303,983.46	1,303,983.46
SV 16xDVD M360 Black	364,714.41	3,078,318.10
Fabrikam Laptop19 M9000 Black	144,133.85	4,290,614.80
Proseware Projector 1080p LCD86 Silver	160,627.05	3,843,788.02
Contoso Projector 1080p X980 White	257,154.75	3,335,472.85
A. Datum SLR Camera X137 Grey	725,840.28	2,029,823.74
Fabrikam Independent filmmaker 1/3" 8.5mm X200 White	165,594.00	3,683,160.97
Contoso Telephoto Conversion Lens X400 Silver	683,779.95	2,713,603.69
NT Washer & Dryer 27in L2700 Blue	151,427.53	3,995,215.55
NT Washer & Dryer 27in L2700 Green	137,605.92	4,428,220.72
Contoso Washer & Dryer 21in E210 Green	151,265.40	4,146,480.95
Contoso Washer & Dryer 21in E210 Pink	182,094.12	3,517,566.97
Litware Refrigerator 24.7CuFt X980 White	135,039.58	4,563,260.30

그림 12-5 결과는 판매액의 15%를 차지하는 상위 제품을 포함한다.

예에서는 계산된 테이블로 결과를 구현했지만 다른 용도로 사용할 수 있다. 예를 들어 SUMX로 Top15Percent 변수를 반복해 해당 제품의 판매액을 계산하는 측정값을 만들 수 있다.

대부분의 다른 DAX 함수와 마찬가지로 ADDCOLUMNS를 DAX의 구성 요소 중 하나로 생각해야 한다. DAX의 진정한 힘은 이러한 구성 요소를 활용해 더욱 정교한 계산에서 상호 작용하도록 하는 방법을 배울 때 펼쳐진다.

SUMMARIZE 사용

SUMMARIZE는 DAX에서 가장 일반적으로 사용되는 함수 중 하나다. SUMMARIZE는 테이블(첫 번째 인수)을 스캔해 동일하거나 연결된 테이블의 열을 하나 이상의 그룹으로 그룹화한다. SUMMARIZE의 주요 용도는 전체 값 목록이 아니라 기존의 값 조합만 검색하는 것이다.

판매되는 모든 색상 수와 적어도 한 번은 판매된 색상의 수를 보여주는 보고서를 작성하기 위해 판매된 고유한 색상 수를 계산하는 것이 한 예다. 다음 측정값으로 원하는 결과를 얻을 수 있다.

```
Num of colors :=
COUNTROWS (
  VALUES ( 'Product'[Color] )
)

Num of colors sold :=
COUNTROWS (
  SUMMARIZE ( Sales, 'Product'[Color] )
)
```

위 두 측정값의 결과는 그림 12-6의 보고서에서 확인할 수 있다.

Brand	Num of colors	Num of colors sold
A. Datum	10	7
Adventure Works	7	6
Contoso	15	9
Fabrikam	12	7
Litware	12	7
Northwind Traders	9	2
Proseware	7	6
Southridge Video	10	5
Tailspin Toys	11	3
The Phone Company	6	4
Wide World Importers	12	6
Total	**16**	**13**

Calendar Year Month: February 2007

그림 12-6 Num of colors sold는 판매된 색상 수를 계산하기 위해 SUMMARIZE를 사용한다.

이 경우 SUMMARIZE를 사용해 Product[Color]별로 판매액을 그룹화한 다음에 결과의 행 수를 계산했다. SUMMARIZE는 그룹화group by를 수행하므로 Sales 테이블에서 참조하는 색상만 반환한다. 반면 VALUES (Product[Color])는 판매 여부를 불문하고 기존의 모든 색상을 반환한다.

Sales 테이블과 매개변수로 사용되는 열의 관계가 다대일 또는 일대일의 관계인 경우 SUMMARIZE를 사용해 데이터를 임의의 열 수로 그룹화할 수 있다. 예를 들어 다음 측정값으로 제품별 하루당 판매되는 평균 수량을 계산할 수 있다.

```
AvgDailyQty :=
VAR ProductsDatesWithSales =
  SUMMARIZE (
    Sales,
    'Product'[Product Name],
    'Date'[Date]
  )
VAR Result =
  AVERAGEX (
    ProductsDatesWithSales,
    CALCULATE (
      SUM ( Sales[Quantity] )
```

```
    )
  )
RETURN Result
```

이 측정값의 결과는 그림 12-7에서 볼 수 있다.

Brand	CY 2007	CY 2008	CY 2009	**Total**
A. Datum	17.68	13.76	15.78	**15.93**
Adventure Works	24.07	13.77	17.85	**18.93**
Contoso	19.88	20.41	31.37	**23.99**
Fabrikam	12.02	14.13	15.69	**13.91**
Litware	9.67	12.99	18.50	**13.99**
Northwind Traders	24.24	12.84	13.87	**16.99**
Proseware	10.28	13.38	16.70	**13.41**
Southridge Video	28.07	17.28	22.86	**23.56**
Tailspin Toys	12.33	20.24	35.85	**22.44**
The Phone Company	11.32	12.77	13.13	**12.37**
Wide World Importers	11.79	15.19	16.70	**14.78**
Total	**17.20**	**16.37**	**22.79**	**18.75**

그림 12-7 이 보고서는 연간 및 브랜드당 평균 일일 판매량을 보여준다.

이 경우 SUMMARIZE를 사용해 Sales 테이블을 스캔하고 제품명과 날짜별로 그룹화했다. 결과 테이블은 판매가 이뤄진 날짜의 해당 제품 이름과 날짜가 포함돼 있다. AVERAGEX는 SUMMARIZE가 반환하는 임시 테이블에서 각 행의 평균을 계산한다. 특정 날짜에 특정 제품에 대한 판매가 없는 경우, 결과 테이블에는 해당 날짜가 포함되지 않는다.

SUMMARIZE를 ADDCOLUMNS처럼 사용해 결과에 열을 추가할 수도 있다. 예를 들어 앞의 측정값을 다음과 같이 변경할 수 있다.

```
AvgDailyQty :=
VAR ProductsDatesWithSalesAndQuantity =
  SUMMARIZE (
    Sales,
    'Product'[Product Name],
    'Date'[Date],
    "Daily qty", SUM ( Sales[Quantity] )
  )
VAR Result =
  AVERAGEX (
```

```
    ProductsDatesWithSalesAndQuantity,
    [Daily qty]
  )
RETURN Result
```

이 경우 SUMMARIZE는 제품 이름, 날짜 및 Daily qty로 새롭게 추가되는 열을 포함하는 테이블을 반환한다. 나중에 AVERAGEX로 Daily qty의 평균을 구한다. 그럼에도 불구하고 SUMMARIZE는 하나의 행 컨텍스트와 하나의 필터 컨텍스트를 동시에 생성하기 때문에 **임시 열을 작성하기 위한 SUMMARIZE 사용은 점점 줄고 있다.** 이러한 이유로 측정값 또는 명시적 CALCULATE 함수를 참조해 표현식에서 컨텍스트 전환이 이뤄질 때는 결과를 이해하기 어렵다. SUMMARIZE가 그룹화 작업을 수행한 후 추가 열을 계산해야 한다면 다음과 같이 ADDCOLUMNS와 SUMMARIZE를 함께 사용하는 것이 좋다.

```
AvgDailyQty :=
VAR ProductsDatesWithSales =
  SUMMARIZE (
    Sales,
    'Product'[Product Name],
    'Date'[Date]
  )
VAR ProductsDatesWithSalesAndQuantity =
  ADDCOLUMNS (
    ProductsDatesWithSales,
    "Daily qty", CALCULATE ( SUM ( Sales[Quantity] ) )
  )
VAR Result =
  AVERAGEX (
    ProductsDatesWithSalesAndQuantity,
    [Daily qty]
  )
RETURN Result
```

위 코드는 좀 더 길지만 컨텍스트 전환에 행 컨텍스트 하나만 사용됐기 때문에 읽고 쓰기가 훨씬 쉽다. 이 행 컨텍스트는 SUMMARIZE의 결과를 반복하는 동안 ADDCOLUMNS에 의해 도입된다. 이 패턴은 더 간단할 뿐만 아니라 성능 또한 더 빠르다.

SUMMARIZE와 함께 더 많은 매개변수를 (옵션으로) 사용할 수 있다. 옵션으로 부분합을 계산할 수 있고 결과에 열을 추가할 수도 있다. 요점을 명확히 하기 위해 여기서는 해당 옵션을 다루지 않는다. **SUMMARIZE는 테이블을 그룹화할 때 잘 작동하며 추가 열을 계산하는 데 사용해서는 안 된다.** 아직도 SUMMARIZE로 새 열을 작성하는 코드를 웹에서 많이 찾아볼 수 있지만, 이는 매우 잘못된 관행이므로 항상 ADDCOLUMNS/SUMMARIZE 쌍으로 사용하길 바란다.

CROSSJOIN 사용

CROSSJOIN은 두 입력 테이블을 교차 결합해 두 테이블의 곱집합(데카르트 곱)을 반환한다. 즉, 입력 테이블에서 가능한 모든 값 조합을 반환한다. 다음 식은 제품 이름과 연도의 모든 조합을 반환한다.

```
CROSSJOIN (
  ALL ( 'Product'[Product Name] ),
  ALL ( 'Date'[Calendar Year] )
)
```

모델에 1,000개의 제품 이름과 5개 연도가 포함됐을 때 결과 테이블에는 5,000개의 행이 포함된다. CROSSJOIN은 측정값보다는 쿼리에 더 자주 사용된다. 그럼에도 불구하고 성능을 높이기 위해 CROSSJOIN을 사용해야 하는 경우가 몇 가지 있다.

CALCULATE의 필터 인수 자리에 있는 두 개의 서로 다른 열 사이에 OR 조건이 필요한 경우를 살펴보자. CALCULATE는 필터 인수를 교집합과 병합하기 때문에 OR 조건을 구현하려면 세심한 주의가 필요하다. 예를 들어 오디오 카테고리에 속하거나 검은색인 모든 제품을 필터링하는 계산을 다음과 같이 구현할 수 있다.

```
AudioOrBlackSales :=
VAR CategoriesColors =
  SUMMARIZE (
    'Product',
    'Product'[Category],
    'Product'[Color]
  )
```

```
VAR AudioOrBlack =
  FILTER (
    CategoriesColors,
    OR (
      'Product'[Category] = "Audio",
      'Product'[Color] = "Black"
    )
  )
VAR Result =
  CALCULATE (
    [Sales Amount],
    AudioOrBlack
  )
RETURN Result
```

위 코드는 잘 작동하며 성능 측면에서도 최적이다. SUMMARIZE는 Product 테이블을 스캔하는데 Product 테이블의 행의 수가 많지는 않을 것이므로 필터의 평가 속도는 매우 빠르다.

색상 및 연도와 같이 다른 테이블의 열을 필터링해야 한다면 상황은 달라진다. 실제로 이전 예를 확장할 수 있지만 두 개의 다른 테이블의 열을 기준으로 요약하려면 SUMMARIZE가 Sales 테이블을 스캔해야 한다.

```
AudioOr2007 Sales :=
VAR CategoriesYears =
  SUMMARIZE (
    Sales,
    'Product'[Category],
    'Date'[Calendar Year]
  )
VAR Audio2007 =
  FILTER (
    CategoriesYears,
    OR (
      'Product'[Category] = "Audio",
      'Date'[Calendar Year] = "CY 2007"
    )
  )
VAR Result =
  CALCULATE (
```

```
    [Sales Amount],
    Audio2007
  )
RETURN Result
```

Sales는 작은 테이블이 아니다. 수억 개의 행을 포함할 수도 있다. 따라서 기존 카테고리 및 연도의 조합을 구하기 위해 Sales 테이블을 스캔하는 것은 비용이 많이 드는 작업이 될 수 있다. 그럼에도 불구하고 몇 개의 카테고리 및 연도만 포함하는 결과 필터는 크지 않을 것이다. 하지만 엔진은 필터를 구하기 위해 큰 테이블을 스캔해야 한다.

이 시나리오에서는 카테고리와 연도의 모든 조합이 포함된 작은 테이블을 만들기를 권장한다. 그런 다음 아래 코드와 같이 해당 테이블을 필터링한다.

```
AudioOr2007 Sales :=
VAR CategoriesYears =
  CROSSJOIN (
    VALUES ( 'Product'[Category] ),
    VALUES ( 'Date'[Calendar Year] )
  )
VAR Audio2007 =
  FILTER (
    CategoriesYears,
    OR (
      'Product'[Category] = "Audio",
      'Date'[Calendar Year] = "CY 2007"
    )
  )
VAR Result =
  CALCULATE (
    [Sales Amount],
    Audio2007
  )
RETURN Result
```

카테고리 및 연도의 전체 CROSSJOIN은 수백 개의 행을 포함하기 때문에 마지막 버전의 측정값이 더 빠르게 실행된다.

CROSSJOIN은 계산 속도를 높이는 데만 유용하지 않다. 어떤 사건도 일어나지 않았을 때조차 행을 검색하는 것에 관심이 있다. 예를 들어 SUMMARIZE를 사용해 카테고리별 및 국가별 내 출을 스캔하면, 결과는 특정 제품에 대한 판매가 있는 카테고리 및 국가만 포함한다. 이것은 SUMMARIZE의 의도된 동작이기 때문에 놀랍지 않다. 그러나 때때로 이벤트의 부재가 이벤트의 존재보다 중요할 수 있다. 예를 들어 어떤 브랜드가 특정 지역에서 판매되지 않는지 조사하고 싶을 수 있다. 이때 측정값에 존재하지 않는 값의 조합도 검색할 수 있도록 CROSSJOIN과 관련된 복잡한 식을 작성해야 한다. 13장에서 더 많은 CROSSJOIN의 예를 다룬다.

UNION 사용

UNION은 두 테이블을 결합하는 집합함수다. 특정 상황에서 서로 다른 테이블을 하나의 테이블로 결합하는 기능이 중요할 수 있다. UNION은 주로 계산된 테이블에 사용되며 측정값에서는 자주 사용되지 않는다. 예를 들어 다음 테이블에는 Customer와 Store 테이블에 있는 모든 국가가 포함된다.

```
AllCountryRegions =
UNION (
  ALL ( Customer[CountryRegion] ),
  ALL ( Store[CountryRegion] )
)
```

그 결과는 그림 12-8에서 볼 수 있다.

CountryRegion
Australia
Australia
United States
United States
Canada
Canada
Germany
Germany
United Kingdom
United Kingdom

그림 12-8 UNION은 중복 항목을 제거하지 않는다.

UNION은 결과를 반환하기 전에 중복 항목을 제거하지 않는다. 따라서 호주가 Customer와 Store 테이블에 모두 포함된 경우 결과 테이블에 두 번 나타난다. 이때 DISTINCT 함수를 활용해 중복 항목을 제거할 수 있다.

현재 필터 컨텍스트에서 볼 수 있는 열의 고유한 값을 얻기 위해 지금까지 여러 번 DISTINCT를 설명하고 사용했다. DISTINCT는 또한 테이블식을 매개변수로 사용할 수 있으며, 이와 같은 특별한 경우에는 테이블의 고유한 행을 반환한다. 따라서 다음과 같이 CountryRegion 열에서 잠재적인 중복 항목을 제거할 수 있다.

```
DistinctCountryRegions =
VAR CountryRegions =
  UNION (
    ALL ( Customer[CountryRegion] ),
    ALL ( Store[CountryRegion] )
  )
VAR UniqueCountryRegions =
  DISTINCT ( CountryRegions )
RETURN UniqueCountryRegions
```

그림 12-9에서 결과 테이블을 볼 수 있다.

CountryRegion
Australia
United States
Canada
Germany
United Kingdom
France
the Netherlands
Greece
Switzerland

그림 12-9 DISTINSINCT는 테이블에서 중복 제거

UNION은 두 테이블의 계보가 동일한 경우 입력 테이블의 데이터 계보를 유지한다. 위 식에서 첫 번째 테이블에는 Customer[CountryRegion]이 포함돼 있고, 두 번째 테이블에는 Store[CountryRegion]이 포함돼 있어 DISTINCT의 결과에는 계보가 없다. 입력 테이블의

데이터 계보가 다르므로 결과 테이블에는 기존의 어떤 열에도 해당하지 않는 새로운 계보가 나타난다. 따라서 다음 계산된 테이블은 모든 행에서 동일한 총 판매액을 반환한다.

```
DistinctCountryRegions =
VAR CountryRegions =
  UNION (
    ALL ( Customer[CountryRegion] ),
    ALL ( Store[CountryRegion] )
  )
VAR UniqueCountryRegions =
  DISTINCT ( CountryRegions )
VAR Result =
  ADDCOLUMNS (
    UniqueCountryRegions,
    "Sales Amount", [Sales Amount]
  )
RETURN Result
```

그 결과는 그림 12-10에서 볼 수 있다.

CountryRegion	Sales Amount
Australia	30,591,343.98
United States	30,591,343.98
Canada	30,591,343.98
Germany	30,591,343.98
United Kingdom	30,591,343.98
France	30,591,343.98
the Netherlands	30,591,343.98
Greece	30,591,343.98

그림 12-10 CountryRegion은 모델의 열이 아니다. 따라서 판매액을 필터링하지 않는다.

계산된 테이블에 Customer와 Store의 모든 국가 및 판매액과 스토어의 수를 포함해야 할 때 필터링은 다음과 같이 복잡한 식으로 처리해야 한다.

```
DistinctCountryRegions =
VAR CountryRegions =
  UNION (
    ALL ( Customer[CountryRegion] ),
```

```
    ALL ( Store[CountryRegion] )
  )
VAR UniqueCountryRegions =
  DISTINCT ( CountryRegions )
VAR Result =
  ADDCOLUMNS (
    UniqueCountryRegions,
    "Customer Sales Amount",
      VAR CurrentRegion = [CountryRegion]
      RETURN
        CALCULATE (
          [Sales Amount],
          Customer[CountryRegion] = CurrentRegion
        ),
    "Number of stores",
      VAR CurrentRegion = [CountryRegion]
      RETURN
        CALCULATE (
          COUNTROWS ( Store ),
          Store[CountryRegion] = CurrentRegion
        )
  )
RETURN Result
```

그림 12-11에서 결과를 볼 수 있다.

CountryRegion	Customer Sales Amount	Number of stores
Australia	7,638,059.94	3
United States	10,312,118.25	198
Canada	885,208.07	11
Germany	2,519,890.80	12
United Kingdom	3,621,032.16	15
France	1,109,665.43	8
the Netherlands	191,358.54	1
Greece	162,284.00	1
Switzerland	174,910.99	1
Ireland	130,595.28	1
Portugal	184,888.06	1
Spain	107,124.20	1
Italy	115,086.61	5

그림 12-11 좀 더 복잡한 CALCULATE 구문을 사용해 Store와 Sales 테이블의 국가로 필터를 이동할 수 있다.

위의 예에서 CALCULATE는 ADDCOLUMNS에 의해서 UNION 결과에 대해 현재 반복되는 값을 사용해 Customer 또는 Store 테이블의 국가에 필터를 적용한다. 동일한 결과를 얻을 수 있는 또 다른 옵션은 다음과 같은 TREATAS(10장, '필터 컨텍스트 작업' 참조)를 사용해 계보를 복원하는 것이다.

```
DistinctCountryRegions =
VAR CountryRegions =
  UNION (
    ALL ( Customer[CountryRegion] ),
    ALL ( Store[CountryRegion] )
  )
VAR UniqueCountryRegions =
  DISTINCT ( CountryRegions )
VAR Result =
  ADDCOLUMNS (
    UniqueCountryRegions,
    "Customer Sales Amount", CALCULATE (
      [Sales Amount],
      TREATAS (
      { [CountryRegion] },
        Customer[CountryRegion]
      )
    ),
    "Number of stores", CALCULATE (
      COUNTROWS ( Store ),
      TREATAS (
        { [CountryRegion] },
        Store[CountryRegion]
      )
    )
  )
RETURN Result
```

마지막 두 예의 결과는 동일하다. 필터를 새 열에서 모델의 일부인 열로 이동하는 데 사용하는 방법만 다를 뿐이다. 또한 이 마지막 예에서 테이블 생성자가 사용됐다는 것을 알 수 있다. 즉, 중괄호는 CountryRegion을 TREATAS의 매개변수로 사용할 수 있는 테이블로 변환한다.

UNION은 값이 다른 열에서 나오는 경우 데이터 계보를 잃어버린다. 그렇기에 TREATAS는 결과에서 데이터 계보를 제어하는 편리한 함수다. TREATAS는 대상 열에 존재하지 않는 값은 무시한다는 점에 주의해야 한다.

INTERSECT 사용

INTERSECT는 UNION과 매우 유사한 집합함수다. INTERSECT는 한 테이블을 다른 테이블에 추가하는 대신 두 테이블의 교집합, 즉 두 테이블에 공통으로 나타나는 행만 반환한다. TREATAS 함수가 도입되기 전에는 테이블 식의 결과를 다른 테이블과 열에 필터로 적용할 수 있어 인기를 끌었다. 하지만 TREATAS가 도입된 이후 INTERSECT의 이용 건수가 크게 줄었다.

예를 들어 2007년과 2008년에 구매한 고객을 계산해야 한다면 다음 식과 같이 구현할 수 있다.

```
CustomersBuyingInTwoYears =
VAR Customers2007 =
  CALCULATETABLE (
    SUMMARIZE ( Sales, Customer[Customer Code] ),
    'Date'[Calendar Year] = "CY 2007"
  )
VAR Customers2008 =
  CALCULATETABLE (
    SUMMARIZE ( Sales, Customer[Customer Code] ),
    'Date'[Calendar Year] = "CY 2008"
  )
VAR Result =
    INTERSECT ( Customers2007, Customers2008 )
RETURN Result
```

계보 관점에서, INTERSECT는 첫 번째 테이블의 데이터 계보를 유지한다. 앞의 예에서 두 테이블의 데이터 계보는 동일하다. 서로 다른 데이터 계보로 테이블을 만들면 첫 번째 테이블의 계보만 유지된다. 예를 들어 Customer과 Store가 모두 있는 국가는 다음과 같이 표현할 수 있다.

```
INTERSECT (
  ALL ( Store[CountryRegion] ),
  ALL ( Customer[CountryRegion] )
)
```

위의 예에서 계보는 Store[CountryRegion]의 계보다. 따라서 다음과 같은 복잡한 식은 Customer[CountryRegion]이 아니라 Store[CountryRegion]에 의해 필터링된 매출을 반환한다.

```
SalesStoresInCustomersCountries =
VAR CountriesWithStoresAndCustomers =
  INTERSECT (
    ALL ( Store[CountryRegion] ),
    ALL ( Customer[CountryRegion] )
  )
VAR Result =
  ADDCOLUMNS (
    CountriesWithStoresAndCustomers,
    "StoresSales", [Sales Amount]
  )
RETURN Result
```

그림 12-12에서 이 식의 결과를 볼 수 있다.

CountryRegion	StoresSales
United States	11,195,063.06
United Kingdom	
France	
Australia	
Canada	
Germany	8,670,581.01
Turkmenistan	
Thailand	
China	10,725,699.91
Kyrgyzstan	

그림 12-12 StoreSales에는 Customer 테이블의 Country가 아닌 Store 테이블의 Country 판매액이 포함돼 있다.

위의 예에서 StoreSales 열에는 Store의 국가와 관련된 판매가 포함돼 있다.

EXCEPT 사용

EXCEPT는 이 절에서 다루는 마지막 집합함수다. EXCEPT는 첫 번째 테이블에서 두 번째 테이블에 있는 행을 제거한다. 이와 함께 2개의 테이블에서 차집합을 구현한다. 예를 들어 2007년에 제품을 구매했지만 2008년에 구매하지 않은 고객에게 관심이 있다면 다음과 같이 구현할 수 있다.

```
CustomersBuyingIn2007butNotIn2008 =
VAR Customers2007 =
  CALCULATETABLE (
    SUMMARIZE ( Sales, Customer[Customer Code] ),
    'Date'[Calendar Year] = "CY 2007"
  )
VAR Customers2008 =
  CALCULATETABLE (
    SUMMARIZE ( Sales, Customer[Customer Code] ),
    'Date'[Calendar Year] = "CY 2008"
  )
VAR Result =
  EXCEPT ( Customers2007, Customers2008 )
RETURN Result
```

계산된 테이블의 첫 번째 행은 그림 12-13에서 볼 수 있다.

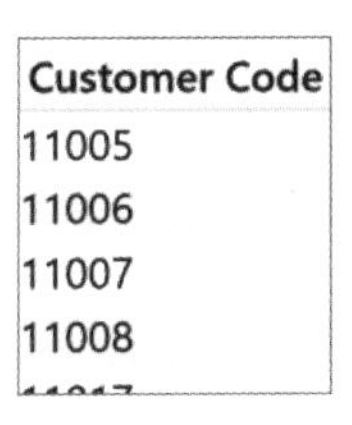
Customer Code
11005
11006
11007
11008

그림 12-13 2007년에 제품을 구매했지만 2008년에 구매하지 않은 고객의 부분 목록

통상적으로 위의 식을 CALCULATE의 필터 인수로 사용해 해당 고객에 대한 판매액을 구할 수 있다. EXCEPT는 고객의 행동을 분석할 때 자주 사용된다. 많은 기업이 신규 고객 수, 재방문 고객 수 및 이탈 고객 수를 계산한다.

동일한 계산을 여러 가지 방법으로 구현할 수 있으며 각각의 방법은 특정 데이터 모델을 대상으로 한다. 다음 방법이 항상 최적인 것은 아니지만 유연하고 이해하기 쉽다. 전년도에 구매하지 않았지만 올해 구매한 고객의 수를 계산하기 위해 다음 측정값은 전년도에 구매한 고객을 현재 고객 집합에서 제외한다.

```
SalesOfNewCustomers :=
VAR CurrentCustomers =
  VALUES ( Sales[CustomerKey] )
VAR CustomersLastYear =
  CALCULATETABLE (
    VALUES ( Sales[CustomerKey] ),
    DATESINPERIOD ( 'Date'[Date], MIN ( 'Date'[Date] ) - 1, -1, YEAR )
  )
VAR CustomersNotInLastYear =
  EXCEPT ( CurrentCustomers, CustomersLastYear )
VAR Result =
  CALCULATE ( [Sales Amount], CustomersNotInLastYear )
RETURN Result
```

이 코드를 측정값으로 구현하면 모든 필터에서 작동해 모든 열을 기준으로 유연하게 슬라이싱할 수 있다. 하지만 이 측정값은 성능 측면에서는 최고가 아님을 명심해야 한다. EXCEPT의 사용법을 보여주기 위해 여기에서 사용했을 뿐이다. 12장의 후반부에서 좀 더 복잡하긴 하지만, 동일한 계산을 훨씬 더 빠르게 구현하는 방법에 대해 알아본다.

계보 관점에서 EXCEPT는 INTERSECT의 경우와 같이 첫 번째 테이블의 데이터 계보를 유지한다. 예를 들어 다음과 같은 식은 Store가 없는 국가에 거주하는 고객에 대한 매출을 계산한다.

```
SalesInCountriesWithNoStores :=
VAR CountriesWithActiveStores =
  CALCULATETABLE (
    SUMMARIZE ( Sales, Store[CountryRegion] ),
    ALL ( Sales )
  )
VAR CountriesWithSales =
  SUMMARIZE ( Sales, Customer[CountryRegion] )
```

```
VAR CountriesWithNoStores =
  EXCEPT ( CountriesWithSales, CountriesWithActiveStores )
VAR Result =
  CALCULATE (
    [Sales Amount],
    CountriesWithNoStores
  )
RETURN Result
```

EXCEPT의 결과는 EXCEPT의 첫 번째 인수로 취한 테이블에서 사용하는 열이기 때문에 Customer[CountryRegion] 열을 필터링한다.

테이블을 필터로 사용

테이블을 조작하는 함수는 종종 CALCULATE의 매개변수에 대한 복잡한 필터를 만드는 데 사용된다. 이 절에서는 DAX에 대한 이해를 돕기 위해 항상 한 단계 더 앞서가는 추가 예제를 제공한다.

OR 조건 구현

테이블을 조작하는 것이 유용한 기술임을 입증하는 첫 번째 예는 다음과 같다. 엑셀 및 파워 BI와 같은 클라이언트 도구가 제공하는 기본 AND 동작 대신 다른 슬라이서로 선택한 항목 사이에 OR 조건을 구현해야 한다고 가정하자.

그림 12-14의 보고서에는 두 개의 슬라이서가 있다. 파워 BI는 기본적으로 두 조건을 교차시킨다. 그 결과, 표시된 숫자는 고등학교 교육을 받은 고객에 대한 가전제품Home Appliances 판매액을 나타낸다.

두 조건을 교차시키는 대신 한 조건으로 병합하고 싶을 수도 있다. 즉, 보고서에 표시된 값은 고등학교 교육을 받은 고객에게 판매된 제품의 판매액이거나 가전제품 판매액이어야 한다. 파워 BI는 슬라이서 사이에 “OR” 조건을 지원하지 않기 때문에 DAX를 사용해 문제를 해결해야 한다.

Category
- [ ] Audio
- [ ] Cameras and camcorders
- [ ] Cell phones
- [ ] Computers
- [ ] Games and Toys
- [x] Home Appliances
- [ ] Music, Movies and Audio Books
- [ ] TV and Video

Education
- [ ] (Blank)
- [ ] Bachelors
- [ ] Graduate Degree
- [x] High School
- [ ] Partial College
- [ ] Partial High School

Month	CY 2007	CY 2008	CY 2009	Total
January	9,948.27	30,973.91		**40,922.18**
February	6,155.43	4,639.68		**10,795.11**
March	19,947.99	5,508.77	1,858.14	**27,314.90**
April	37,120.39	73,178.22		**110,298.61**
May	13,040.21	12,076.70	18,901.77	**44,018.68**
June	2,373.00	1,790.10	21,341.58	**25,504.68**
July	11,822.85	1,998.00	1,331.88	**15,152.73**
August	28,309.82		3,596.40	**31,906.22**
September	11,695.95	23,922.27		**35,618.22**
October	17,096.80	24,700.44	7,959.60	**49,756.84**
November	17,617.44	10,077.12	336.00	**28,030.56**
December	29,998.16	10,101.60	9,943.68	**50,043.44**
Total	**205,126.31**	**198,966.81**	**65,269.05**	**469,362.16**

그림 12-14 기본적으로 슬라이서 조건은 교차돼 모든 조건이 함께 적용된다.

보고서의 각 셀에는 카테고리에 대한 필터와 교육에 대한 필터를 모두 포함하는 필터 컨텍스트가 있다. 두 필터를 모두 교체해야 한다. 동일한 패턴에 대한 몇 가지 가능한 솔루션이 있다. 이에 대해 세 가지 다른 식을 보여준다.

필터의 첫 번째이자 (아마도) 가장 쉬운 식은 다음과 같다.

```
OR 1 :=
VAR CategoriesEducations =
  CROSSJOIN (
    ALL ( 'Product'[Category] ),
    ALL ( Customer[Education] )
  )
VAR CategoriesEducationsSelected =
  FILTER (
    CategoriesEducations,
    OR (
      'Product'[Category] IN VALUES ( 'Product'[Category] ),
      Customer[Education] IN VALUES ( Customer[Education] )
    )
  )
VAR Result =
  CALCULATE (
    [Sales Amount],
    CategoriesEducationsSelected
  )
RETURN Result
```

이 측정값은 먼저 모든 카테고리와 교육 수준의 상호 조인CROSS-JOIN을 만든다. 테이블은 일단 준비되면 조건을 만족시키지 못하는 행을 걸러내고, 마지막으로 결과 테이블을 CALCULATE의 필터 인수로 사용한다. CALCULATE는 카테고리와 교육 양쪽 모두에서 현재 필터를 재정의해 그림 12-15와 같은 보고서를 작성한다.

Category
- ☐ Audio
- ☐ Cameras and camcorders
- ☐ Cell phones
- ☐ Computers
- ☐ Games and Toys
- ■ Home Appliances
- ☐ Music, Movies and Audio Books
- ☐ TV and Video

Education
- ☐ (Blank)
- ☐ Bachelors
- ☐ Graduate Degree
- ■ High School
- ☐ Partial College
- ☐ Partial High School

Month	CY 2007	CY 2008	CY 2009	Total
January	262,512.08	260,921.71	262,686.39	**786,120.18**
February	225,024.45	181,594.36	203,901.13	**610,519.94**
March	242,516.02	235,588.38	155,285.26	**633,389.66**
April	432,992.41	510,691.71	237,981.77	**1,181,665.89**
May	258,641.80	406,915.71	481,154.70	**1,146,712.21**
June	201,855.29	350,851.26	339,850.92	**892,557.47**
July	251,993.38	407,779.81	361,962.95	**1,021,736.13**
August	287,874.68	338,909.58	245,665.31	**872,449.58**
September	186,553.63	342,886.85	224,487.70	**753,928.18**
October	306,477.40	307,138.26	370,054.52	**983,670.18**
November	235,081.21	306,800.23	178,155.71	**720,037.15**
December	330,435.87	385,719.06	262,530.19	**978,685.13**
Total	**3,221,958.21**	**4,035,796.92**	**3,323,716.54**	**10,581,471.68**

그림 12-15 이 보고서는 현재 가전제품 카테고리 또는 교육 수준이 고등학교에 해당하는 판매액을 보여주고 있다.

위 첫 번째 구현은 이해하고 사용하기 쉽다. OR 조건을 필터링하는 데 사용되는 열에 많은 수의 행이 있거나 두 개 이상의 조건이 있는 경우 결과로 생기는 임시 테이블이 빠르게 커진다. 이러한 경우 동일한 측정값의 두 번째 구현과 같이 CROSSJOIN을 없애고 SUMMARIZE를 사용해 크기를 제한할 수 있다.

```
OR 2 :=
VAR CategoriesEducations =
  CALCULATETABLE
    SUMMARIZE (
      Sales,
      'Product'[Category],
      Customer[Education]
    ),
    ALL ( 'Product'[Category] ),
    ALL ( Customer[Education] )
  )
VAR CategoriesEducationsSelected =
  FILTER (
    CategoriesEducations,
```

```
    OR (
      'Product'[Category] IN VALUES ( 'Product'[Category] ),
      Cstomer[Education] IN VALUES ( Customer[Education] )
    )
  )
VAR Result =
  CALCULATE (
    [Sales Amount],
    CategoriesEducationsSelected
  )
RETURN Result
```

두 번째 구현의 논리는 첫 번째 구현과 비슷하며, CROSSJOIN 대신 SUMMARIZE를 사용했다는 점만 다를 뿐이다. 더욱이 SUMMARIZE는 카테고리 및 교육에 대한 필터가 없는 필터 컨텍스트에서 실행돼야 한다. 그렇지 않으면 슬라이서가 SUMMARIZE에 의해 수행되는 계산에 영향을 미쳐 필터의 작동을 방해한다.

같은 시나리오에 대한 세 번째 솔루션은 처음에는 이해하기 어렵지만 어쩌면 빠를 수도 있다. 실제로 카테고리가 카테고리에 대해 선택된 값에 있는 경우 교육 수준에 대한 어떠한 값도 가능하다고 생각해 동일한 테이블 필터를 표현할 수 있다. 교육 수준이 교육 수준에 대해 선택된 값에 있는 한, 어떤 카테고리든 괜찮다. 이러한 추론은 동일한 식의 세 번째 공식화로 이어진다.

```
OR 3 :=
VAR Categories =
  CROSSJOIN (
    VALUES ( 'Product'[Category] ),
    ALL ( Customer[Education] )
  )
VAR Educations =
  CROSSJOIN (
    ALL ( 'Product'[Category] ),
    VALUES ( Customer[Education] )
  )
VAR CategoriesEducationsSelected =
  UNION ( Categories, Educations )
VAR Result =
  CALCULATE (
```

```
    [Sales Amount],
    CategoriesEducationsSelected
  )
RETURN Result
```

위에서 살펴본 것처럼 여러 가지 방법으로 동일한 식을 작성할 수 있지만 가독성과 성능 차원에서는 차이가 있다. 동일한 식을 다른 방법으로 작성하는 것은 20장, 'DAX 최적화'에서 매우 유용한 기술임을 확인할 수 있다. 20장에서는 다양한 버전의 코드 성능을 평가해 최적의 결과를 찾는 방법도 배우게 된다.

첫해 고객으로 판매액 계산 범위 축소

테이블 조작과 관련된 유용한 계산의 또 다른 예로, 선택한 기간의 첫해에 구매한 고객만을 대상으로 시간에 따른 매출을 분석하는 방법을 소개한다. 다시 말해 시각화에서 매출이 발생한 첫해를 대상으로 해당 연도에 구매한 고객을 평가한 뒤, 다음 해의 고객 매출을 분석해 나중에 고객이 된 고객은 무시한다.

다음 세 가지 단계를 수행하는 코드를 작성해야 한다.

1. 모든 제품을 대상으로 판매가 이뤄진 첫해가 언제인지 확인한다.
2. 다른 필터는 무시하고 첫해의 고객 집합을 변수에 저장한다.
3. 2단계에서 결정된 고객의 이번 기간 판매액을 계산한다.

변수로 임시 결과를 저장해 위 단계를 구현하는 코드는 다음과 같다.

```
SalesOfFirstYearCustomers :=
VAR FirstYearWithSales =
  CALCULATETABLE (
    FIRSTNONBLANK (
      'Date'[Calendar Year],
      [Sales Amount]
    ),
    ALLSELECTED ()
  )
VAR CustomersFirstYear =
```

```
  CALCULATETABLE (
    VALUES ( Sales[CustomerKey] ),
    FirstYearWithSales,
    ALLSELECTED ()
  )
VAR Result =
  CALCULATE (
    [Sales Amount],
    KEEPFILTERS ( CustomersFirstYear )
  )
RETURN Result
```

FirstYearWithSales 변수는 판매가 발생한 첫해를 저장한다. FIRSTNONBLANK는 Date[Calendar Year]의 데이터 계보와 함께 테이블을 결과로 반환한다. CustomersFirstYear 변수는 해당 첫해의 모든 고객 목록을 검색한다. 마지막 단계는 고객에게 필터만 적용하기 때문에 가장 쉽다. 보고서의 각 셀에서 판매액의 값은 두 번째 단계에서 발견된 고객으로만 제한된다. 예를 들어 KEEPFILTERS 제어자로 이러한 고객을 국가별로 필터링할 수 있다.

결과는 그림 12-16에서 볼 수 있다. 즉, 첫해 이후 이러한 고객에게 판매되는 매출이 시간이 지남에 따라 감소하고 있음을 알 수 있다.

Category	CY 2007	CY 2008	CY 2009	Total
Audio	102,722.07	61,558.94	27,853.52	**192,134.53**
Cameras and camcorders	3,274,847.26	481,456.84	733.10	**3,757,037.20**
Cell phones	477,451.74	105,582.66	7,268.40	**590,302.81**
Computers	2,660,318.87	397,317.15	6,258.20	**3,063,894.22**
Games and Toys	89,860.07	53,309.30	43,023.91	**186,193.27**
Home Appliances	2,347,281.80	975,860.25	177,173.74	**3,500,315.79**
Music, Movies and Audio Books	87,874.44	26,083.81	700.80	**114,659.05**
TV and Video	2,269,589.88	248,960.74	38,640.26	**2,557,190.88**
Total	**11,309,946.12**	**2,350,129.69**	**301,651.93**	**13,961,727.74**

그림 12-16 이 보고서는 2007년에 획득한 고객만을 대상으로 2008년 및 2009년의 매출을 보여준다.

후자의 예는 매우 중요하다. 실제로 시간에 필터를 설정하고 집합을 계산해 최종적으로 이 집합(고객, 제품, 상점)의 여러 해 동안의 행동을 분석해야 하는 몇 가지 시나리오가 있다. 이 패턴을 사용하면 동일한 스토어 분석이나 유사한 요구 사항으로 다른 계산을 쉽게 구현할 수 있다.

신규 고객 계산

이전 절에서 EXCEPT로 신규 고객을 계산하는 방법을 다뤘다. 이번에는 테이블 함수를 많이 사용해 기존 식을 훨씬 더 잘 구현하는 방법을 보여준다.

이 새로운 알고리듬의 아이디어는 다음과 같다. 먼저 각 고객이 구매한 가장 빠른 날을 결정한다. 이 테이블을 사용할 수 있게 되면 표현식은 고객에 대한 첫 판매가 현재 기간에 속하는지 확인한다. 현재 기간에 속한다면 신규 고객이라는 것을 의미한다.

측정값 코드는 다음과 같다.

```
New Customers :=
VAR CustomersFirstSale =
  CALCULATETABLE (
    ADDCOLUMNS (
      VALUES ( Sales[CustomerKey] ),
      "FirstSale", CALCULATE (
        MIN ( Sales[Order Date] )
      )
    ),
    ALL ( 'Date' )
  )
VAR CustomersWith1stSaleInCurrentPeriod =
  FILTER (
    CustomersFirstSale,
    [FirstSale] IN VALUES ( 'Date'[Date] )
  )
VAR Result =
  COUNTROWS ( CustomersWith1stSaleInCurrentPeriod )
RETURN Result
```

CustomersFirstSale 변수는 현재 기간 이전에 발생한 판매를 우선 계산하기 위해 Date 테이블에 ALL을 사용해야 한다. 결과 보고서는 그림 12-17에서 볼 수 있다.

Calendar Year	Num of Customers	New Customers
CY 2007	**7,999**	**7,999**
January	1,375	1,375
February	1,153	1,037
March	1,038	900
April	1,197	960
May	1,049	774
June	643	436
July	823	592
August	630	423
September	675	436
October	489	268
November	693	397
December	689	401

그림 12-17 이 보고서는 2007년도의 고객 수와 신규 고객 수를 보여준다.

위의 식에서 사용자가 제품 카테고리와 같은 다른 테이블을 추가로 필터링할 경우 선택한 카테고리를 처음으로 구입한 고객은 신규 고객으로 간주된다. 따라서 적용된 필터에 따라 한 명의 개별 고객이 중복해서 새로운 고객으로 계산될 수 있다. 첫 번째 변수의 연산에 CALCULATE 제어자를 추가함으로써 동일한 코드의 여러 가지 다른 변형을 구현할 수 있다. 예를 들어 ALL(Product)을 추가하면 고객이 제품을 구매할 때만 신규 고객으로 계산되며, ALL(Store)를 추가하면 모든 스토어에서 처음으로 구매할 때 신규 고객으로 간주된다.

IN, CONTAINSROW 및 CONTAINS 사용

앞의 예에서는 다른 많은 예와 마찬가지로 IN 키워드를 사용해 테이블에 값이 있는지 확인했다. 내부적으로 IN은 CONTAINSROW 함수 호출로 번역되므로 두 구문 사이에는 성능 차이가 없다. 다음 두 표현은 동일하다.

```
Product[Color] IN { "Red", "Blue", "Yellow" }
CONTAINSROW ( { "Red", "Blue", "Yellow" }, Product[Color] )
```

구문은 또한 다음과 같이 여러 열을 포함하는 테이블에서도 작동한다.

```
( 'Date'[Year], 'Date'[MonthNumber] ) IN { ( 2018, 12 ), ( 2019, 1 ) }
CONTAINSROW ( { ( 2018, 12 ), ( 2019, 1 ) }, 'Date'[Year], 'Date'[MonthNumber] )
```

이전 버전의 DAX에서는 IN 및 CONTAINSROW를 사용할 수 없다. 이러한 함수의 대안은 CONTAINS로 테이블에서 행의 존재를 검색하기 위해 열과 값의 쌍이 필요하다. 그러나

CONTAINSROW는 IN 및 CONTAINSROW보다 덜 효율적이다. IN 및 CONTAINSROW가 없는 DAX 버전에서는 테이블 생성자의 구문을 사용할 수 없으므로 CONTAINSROW를 사용하려면 훨씬 장황한 구문이 필요하다.

```
VAR Colors =
  UNION (
    ROW ( "Color", "Red" ),
    ROW ( "Color", "Blue" ),
    ROW ( "Color", "Yellow" )
  )
RETURN
  CONTAINS ( Colors, [Color], Product[Color] )
```

식을 작성할 때 IN은 테이블에서 값을 검색하는 가장 편리한 방법이다. IN은 테이블의 다른 함수보다 읽기가 훨씬 쉽고 CONTAINSROW와 성능도 동일하다.

DETAILROWS와 함께 테이블 식 재사용

엑셀의 피봇 테이블은 셀 계산에 사용되는 기본 데이터를 검색하는 기능을 제공한다. 이 기능은 엑셀 사용자 인터페이스에서 '세부 정보 표시Show Details'라고 한다. 더 기술적으로 칭하자면 '드릴스루Drillthrough'다. 파워 BI에서 드릴스루는 보고서의 작성자가 만든 방식대로 사용자가 보고서 페이지 사이에 이동할 수 있는 기능을 의미하므로 이름이 혼동될 수 있다. 이러한 이유로 '세부 정보 표시' 결과를 제어할 수 있는 기능을 테이블 모델에서는 '상세 행 표현식Detail Rows Expression'이라고 불렀고, 이 기능은 SSAS 2017에 도입됐다. 하지만 2019년 4월 현재, 파워 BI에서는 사용할 수 없다.

상세 행 표현식은 측정값과 연관된 DAX 테이블 식이며 세부 정보 표시에 해당하는 테이블을 검색하기 위해 호출된다. 이 식은 측정값의 필터 컨텍스트에서 실행된다. 측정값이 변수를 계산하기 위해 필터 컨텍스트를 변경할 때 상세 행 표현식은 필터 컨텍스트에 유사한 변환을 적용해야 한다.

예를 들어 YTD 판매액을 계산하는 다음 측정값을 살펴보자.

```
Sales YTD :=
CALCULATE (
  [Sales Amount],
  DATESYTD ( 'Date'[Date] )
)
```

해당 상세 행 표현식은 해당 측정값에 의해 만들어진 것과 동일한 필터 컨텍스트 변환을 적용하는 CALCULATETABLE이어야 한다. 다음 식은 계산에서 고려한 연초부터 Sales 테이블의 모든 열을 반환한다.

```
CALCULATETABLE (
  Sales,
  DATESYTD ( 'Date'[Date] )
)
```

DAX 클라이언트 도구는 DETAILROWS라는 특정 DAX 함수를 호출해 상세 행 표현식이 속한 측정값을 지정해 이 측정값을 실행한다.

```
DETAILROWS ( [Sales YTD] )
```

DETAILROWS 함수는 측정값에 저장된 테이블식을 호출한다. 따라서 다른 많은 DAX 측정값의 필터 인수로 자주 사용되는 긴 테이블식을 저장하기 위해 숨겨진 측정값을 정의할 수 있다. 예를 들어 필터 컨텍스트에서 사용할 수 있는 최대 날짜보다 작거나 같은 날짜를 검색하는 상세 행 식을 사용하는 다음과 같은 누적 합계 측정값을 살펴보자.

```
-- 누적 합계 측정값에 대한 상세 행 표현식
VAR LastDateSelected = MAX ( 'Date'[Date] )
RETURN
  FILTER (
    ALL ( 'Date'[Date] ),
    'Date'[Date] <= LastDateSelected
  )
```

DETAILROWS 함수를 사용해 이 테이블식을 다른 측정값에서 참조할 수 있다.

```
Cumulative Sales Amount :=
CALCULATE (
  [Sales Amount],
  DETAILROWS ( [Cumulative Total] )
)

Cumulative Total Cost :=
CALCULATE (
  [Total Cost],
  DETAILROWS ( [Cumulative Total] )
)
```

이 방법에 대한 보다 자세한 예는 https://www.sqlbi.com/articles/creating-table-functions-in-dax-using-detailrows/에서 확인할 수 있다. 그러나 DETAILROWS를 사용해 테이블식을 재사용하는 것은 DAX에 사용자 정의 기능이 없는 경우의 임시 해결책일 뿐 성능에도 문제가 있을 수 있다. DETAILROWS를 사용하는 대부분은 계산 그룹을 사용해 해결할 수 있으며, DAX가 테이블을 반환하는 측정값이나 사용자 정의 DAX 함수를 도입하면 이 방법은 더 이상 사용되지 않을 것이다.

계산된 테이블 만들기

이전 절에 소개된 모든 테이블 함수는 CALCULATE의 테이블 필터로 사용하거나 계산된 테이블과 쿼리를 작성하는 데 사용할 수 있다. 앞에서는 테이블 필터로 주로 사용되는 함수에 관해 설명한 반면, 이 절에서는 계산된 테이블을 작성할 때 주로 사용하는 몇 가지 추가 함수에 관해 설명한다. 쿼리를 작성하는 데 주로 사용하는 테이블 함수는 13장에서 설명한다. 그럼에도 불구하고 테이블 함수의 사용에는 제한이 없다. 다시 말해 DATATABLE, SELECTCOLUMNS 또는 GENERATESERIES(이들 함수 중 일부는 나중에 다룸)를 측정값이나 테이블 필터로 사용하는 데는 제약이 없다. 단지 편의상의 문제이며 어떤 함수는 특정 요구 사항에 더 적합할 뿐이다.

SELECTCOLUMNS 사용

SELECTCOLUMNS는 테이블의 열 수를 줄이는 데 유용하며 ADDCOLUMNS와 같이 새로운 열을 추가하는 기능도 제공한다. 실제로 SELECTCOLUMNS는 SQL의 SELECT 문과 같은 열 투영projection을 구현한다.

SELECTCOLUMNS는 테이블을 스캔해 일부 열만 반환하는 용도로 주로 사용한다. 예를 들어 다음 식은 고객 교육과 성별 두 열만 반환한다.

```
SELECTCOLUMNS (
  Customer,
  "Education", Customer[Education],
  "Gender", Customer[Gender]
)
```

결과에는 그림 12-18에서 볼 수 있듯이 중복된 내용이 많이 포함돼 있다.

Education	Gender
Partial College	M
Partial College	F
Partial College	F
Partial College	M
Partial College	F
Partial College	M
Partial College	M
Partial College	M

그림 12-18 SELECTCOLUMNS는 중복 값을 반환한다.

SELECTCOLUMNS는 SUMMARIZE와는 매우 다르다. SUMMARIZE는 결과를 그룹화하는 반면, SELECTCOLUMNS는 열 수만 줄인다. 따라서 SELECTCOLUMNS의 출력에는 중복이 포함될 수 있지만 SUMMARIZE의 출력에는 중복이 포함되지 않는다. SELECTCOLUMNS는 결과로 반환할 각 열의 이름과 표현식 1쌍을 인수로 사용한다. 새로운 열도 결과 열이 될 수 있다. 예를 들어 다음 식은 이름 뒤 괄호 안에 고객 코드가 포함된 Customer라는 새로운 열을 반환한다.

```
SELECTCOLUMNS (
  Customer,
  "Education", Customer[Education],
  "Gender", Customer[Gender],
  "Customer", Customer[Name] & " (" & Customer[Customer Code] & ")"
)
```

결과는 그림 12-19에서 볼 수 있다.

Education	Gender	Customer
Partial College	M	Xie, Russell (11024)
Partial College	F	Russell, Jennifer (11036)
Partial College	F	Carter, Amanda (11041)
Partial College	M	Simmons, Nathan (11043)
Partial College	F	Morris, Isabella (11928)
Partial College	M	Alexander, Seth (11938)
Partial College	M	Garcia, Joseph (11954)
Partial College	M	Green, Gabriel (11955)

그림 12-19 SELECTCOLUMNS는 ADDCOLUMNS처럼 새로운 열을 계산할 수 있다.

SELECTCOLUMNS는 식이 단일 열 참조일 때 데이터 계보를 유지하는 반면, 표현식을 사용할 때는 새로운 데이터 계보를 생성한다. 결과적으로 다음 결과는 두 개의 열을 포함한다. 첫 번째 열의 데이터 계보는 Customer[Name]이며, 두 번째 열의 데이터 계보는 첫 번째 열과 내용은 같지만 원본 열을 필터링할 수 없다.

```
SELECTCOLUMNS (
  Customer,
  "Customer Name with lineage", Customer[Name],
  "Customer Name without lineage", Customer[Name] & ""
)
```

ROW를 사용해 정적 테이블 생성

ROW는 하나의 행만 있는 테이블을 반환하는 단순한 함수다. ROW는 이름과 표현식의 쌍을 인수로 받아들인다. 결과는 하나의 행과 적절한 수의 열이 있는 테이블이다. 예를 들어 다음 식은 1행과 2열로 이뤄진 테이블을 반환하며 판매액과 판매 수량을 포함한다.

```
ROW (
  "Sales", [Sales Amount],
  "Quantity", SUM ( Sales[Quantity] )
)
```

결과는 그림 12-20에서 볼 수 있듯이 1행과 2열로 된 테이블이다.

Sales	Quantity
30,591,343.98	140,180

그림 12-20 ROW는 행이 하나인 테이블을 만든다.

DAX에 테이블 생성자 구문이 도입됐기 때문에 ROW는 일반적으로 더 이상 사용되지 않는다. 실제로 앞의 식은 다음과 같이 쓸 수 있다.

```
{
  ( [Sales Amount], SUM ( Sales[Quantity] ) )
}
```

열 이름은 그림 12-21과 같이 테이블 생성자 구문에 의해 자동으로 생성된다.

Value1	Value2
30,591,343.98	140,180

그림 12-21 테이블 생성자는 자동으로 열 이름을 생성한다.

테이블 생성자 구문을 사용할 때는 쉼표로 행을 나눈다. 여러 개의 열을 포함하려면 하나의 행에 여러 개의 열을 캡슐화하기 위해 괄호를 사용해야 한다. ROW 함수와 중괄호를 사용하는 구문 사이의 주요 차이점은 ROW가 열의 이름을 지정하는 반면, 중괄호 구문은 자동으로 열의 이름을 생성한다는 것이다. 이 때문에 중괄호 구문은 열값을 참조하는 것이 어렵다.

DATATABLE로 정적 테이블 생성

ROW는 행이 하나인 테이블을 만들고 싶을 때 유용하다. 반면에 여러 개의 행을 만들려면 DATATABLE을 사용한다. DATATABLE은 열 이름뿐만 아니라 각 열의 데이터 유형과 내용을 지정해 테이블을 만든다. 예를 들어 가격을 클러스터링하는 3행의 테이블이 필요하다면 다음과 같이 테이블을 손쉽게 작성할 수 있다.

```
DATATABLE (
  "Segment", STRING,
  "Min", DOUBLE,
  "Max", DOUBLE,
  {
    { "LOW", 0, 20 },
    { "MEDIUM", 20, 50 },
    { "HIGH", 50, 99 }
  }
)
```

결과는 그림 12-22에서 볼 수 있다.

Segment	Min	Max
LOW	0.00	20.00
MEDIUM	20.00	50.00
HIGH	50.00	99.00

그림 12-22 이 그림은 DATATABLE로 생성된 결과 테이블을 보여준다.

열의 데이터는 **정수**INTEGER, **십진수**DOUBLE, **문자열**STRING, **부울**BOOLEAN, **통화**CURRENCY **및 날짜/시간**DATETIME 유형 중 하나다. 구문은 중괄호를 사용하는 테이블 생성자와 다소 다르다. 실제로 DATATABLE은 행을 구분하기 위해 중괄호를 사용하는 반면, 테이블 생성자는 일반적인 괄호를 사용해 행을 구분하며 중괄호는 전체 테이블을 구분할 때 사용한다.

DATATABLE의 한계는 테이블의 내용이 변하지 않는 값이어야 한다는 점이다. DAX 표현식을 사용하면 오류가 발생한다. 이로 인해 DATATABLE은 별로 사용되지 않는다. 테이블 생성자 구문이 개발자에게 표현성 차원에서 훨씬 더 융통성을 준다.

DATATABLE을 사용해 간단하고 값이 변하지 않는 계산된 테이블을 정의할 수 있다. 분석 서비스 테이블 형식의 SQL Server Data ToolsSSDT에서 개발자가 클립보드의 내용을 모델에 붙여넣을 때 DATATABLE을 사용한 계산된 테이블이 생성되는 반면, 파워 BI는 파워 쿼리를 사용해 상수 테이블을 정의한다. 이는 DATATABLE이 파워 BI 사용자들 사이에서 흔하지 않은 또 다른 이유다.

GENERATESERIES 사용

GENERATESERIES는 개발자가 시작값, 끝값 및 증가값을 제공해 일련의 값을 생성하는 유틸리티 함수다. 다음 식은 1에서 20까지의 값을 포함하는 테이블을 생성한다.

```
GENERATESERIES ( 1, 20, 1 )
```

결과 데이터 유형은 입력에 따라 달라지며 숫자 또는 **날짜/시간** 유형일 수 있다. 개발자가 하루의 시간을 포함하는 테이블이 필요한 경우, 다음 표현식으로 86,400행의 테이블을 빠르게 생성할 수 있다(초당 1열).

```
Time =
GENERATESERIES (
  TIME ( 0, 0, 0 ),        -- 시작값
  TIME ( 23, 59, 59 ),     -- 끝값
  TIME ( 0, 0, 1 )         -- 증가값: 1초
)
```

다음과 같이 증가 값을 변경하고 새 열을 추가해 적절한 차원(시간별로 판매를 슬라이싱하는 작은 테이블 등)을 만들 수 있다.

```
Time =
SELECTCOLUMNS (
  GENERATESERIES (
    TIME ( 0, 0, 0 ),
    TIME ( 23, 59, 59 ),
    TIME ( 0, 30, 0 )
  ),
  "Time", [Value],
  "HH:MM AMPM", FORMAT ( [Value], "HH:MM AM/PM" ),
  "HH:MM", FORMAT ( [Value], "HH:MM" ),
  "Hour", HOUR ( [Value] ),
```

```
  "Minute", MINUTE ( [Value] )
)
```

결과는 그림 12-23에서 볼 수 있다.

Time	HH:MM AMPM	HH:MM	Hour	Minute
12:00:00 AM	12:00 AM	00:00	0	0
12:30:00 AM	12:30 AM	00:30	0	30
01:00:00 AM	01:00 AM	01:00	1	0
01:30:00 AM	01:30 AM	01:30	1	30
02:00:00 AM	02:00 AM	02:00	2	0
02:30:00 AM	02:30 AM	02:30	2	30
03:00:00 AM	03:00 AM	03:00	3	0
03:30:00 AM	03:30 AM	03:30	3	30

그림 12-23 GENERATESERIES를 사용해 시간 테이블을 쉽게 작성할 수 있다.

GENERATESERIES를 측정값에 사용하는 것은 흔하지 않지만 슬라이서에 사용할 간단한 테이블을 만들 때 활용해 사용자가 다른 매개변수를 선택할 수 있다. 예를 들어 파워 BI에서는 GENERATESERIES로 What-if 분석에 사용할 매개변수를 추가할 수 있다

결론

12장에서 새로운 테이블 함수를 많이 소개했다. 그래도 아직 여러 함수가 13장에서 기다리고 있다. 여기서는 계산된 테이블을 작성하거나 CALCULATE 및 CALCULATETABLE의 복잡한 필터 인수를 구현하는 데 일반적으로 사용되는 테이블 함수 집합에 집중했다. 여기서 제시한 코드는 DAX로 활용 가능한 사례라는 것을 항상 기억하길 바란다. 특정 모델에서 코드를 요구하는 실제적인 시나리오를 찾는 것은 독자의 상상력에 맡긴다.

12장에서 배운 주요 함수는 다음과 같다.

- ADDCOLUMNS는 입력 테이블에 새 열을 추가.
- SUMMARIZE는 테이블 스캔 후 그룹화를 수행.
- CROSSJOIN은 두 테이블의 데카르트 곱을 실행.

- UNION, INTERSECT 및 EXCEPT는 테이블의 기본 집합 연산을 수행.
- SELECTCOUMNS는 테이블에서 특정 열을 선택할 때.
- ROW, DATATABLE 및 GENERATESERIES는 주로 계산된 테이블로 상수 테이블을 만들 때 사용한다.

13장에서는 복잡한 쿼리나 복잡한 계산된 테이블에 초점을 맞춘 다른 테이블 함수에 관해 설명한다.

13

쿼리 작성

13장에서는 DAX의 새로운 테이블 함수를 발견하는 여정을 이어간다. 여기서는 측정값보다는 쿼리나 계산된 테이블을 만들 때 더 유용한 함수에 초점을 맞춘다. 13장에서 학습하는 대부분 함수는 일부 한계가 있기는 하지만 측정값에도 사용할 수 있다는 점을 기억하자.

각 함수에 대해 각각을 사용하는 쿼리의 예를 보여준다. 13장은 새로운 함수에 대해 배우고 데이터 모델에서 구현할 수 있는 유용한 패턴을 제시하는 것을 목표로 한다.

13장의 모든 데모 파일은 텍스트 파일 형태로 제공되며, 해당 텍스트 파일에는 파워 BI에 연결된 DAX 스튜디오에서 실행된 쿼리가 포함돼 있다. 파워 BI 파일에는 이 책 전반에서 사용되는 일반적인 콘토소 데이터 모델이 포함돼 있다.

DAX 스튜디오 소개

DAX 스튜디오는 쿼리 작성, 코드 디버깅, 쿼리 성능 측정에 사용할 수 있는 무료 도구이며 www.daxstudio.org에서 다운로드할 수 있다.

DAX 스튜디오는 새로운 기능이 지속적으로 추가되는 라이브 프로젝트다. 관련성 높은 주요 기능은 다음과 같다.

- SSAS, 파워 BI 또는 엑셀의 파워 피봇에 연결
- 쿼리 및 코드를 작성하는 전체 텍스트 편집기
- daxformatter.com 서비스를 통한 코드 자동 서식
- 디버깅하거나 성능을 미세 조정하기 위한 자동 측정값 정의
- 쿼리에 대한 자세한 성능 정보

DAX에서 쿼리를 테스트하고 작성할 수 있는 다른 도구가 있지만, DAX 스튜디오를 설치하고 학습하길 강력히 권한다. 확신이 서지 않는다면 이 도구를 사용해 이 책에 있는 모든 DAX 코드를 썼다는 점을 생각해 보길 바란다. 우리는 온종일 DAX와 함께 일하며 또한 생산적인 것을 좋아한다. DAX Studio의 전체 문서는 http://daxstudio.org/documentation/에서 확인할 수 있다.

EVALUATE 이해

EVALUATE는 쿼리를 실행하는 데 필요한 DAX 문이다. 테이블 표현식의 앞에 사용하는 EVALUATE는 테이블 표현식의 결과를 반환한다. 함께 실행되는 EVALUATE 문 전체 배치에 적용되는 로컬 테이블, 열, 측정값 및 변수와 같은 특수 정의가 하나 이상의 EVALUATE 문에 선행할 수 있다.

다음 쿼리는 EVALUATE와 바로 뒤이은 CALCULATETABLE 함수를 사용해 빨간색 제품을 반환한다.

```
EVALUATE
CALCULATETABLE (
  'Product',
  'Product'[Color] = "Red"
)
```

고급 테이블 함수에 대한 설명을 더 하기 전에 복잡한 쿼리를 작성할 때 사용할 EVALUATE의 구문과 옵션을 살펴보자.

EVALUATE 구문 소개

EVALUATE 문장은 다음과 같이 세 부분으로 나뉜다.

- **정의 영역**: DEFINE 키워드로 시작하며 테이블, 열, 변수 및 측정값과 같은 로컬 엔티티에 대해 정의한다. 쿼리에 여러 개의 EVALUATE 문이 포함될 수 있지만 전체 쿼리에 대한 단일 정의 영역도 가능하다.
- **쿼리 표현식**: EVALUATE 키워드로 시작하며, 평가하고 결과로 반환할 테이블식을 포함하고 있다. 각각 EVALUATE로 시작하고 고유한 제어자 집합이 있는 쿼리 식이 여러 개 있을 수 있다.
- **결과 제어자**: ORDER BY 키워드로 시작하며, EVALUATE에 대한 추가 옵션 섹션이다. 여기에는 결과의 정렬 순서 및 START AT로 시작해 반환할 행을 선택적으로 정의할 수 있다.

정의 영역과 결과 제어자는 선택 사항이다. 따라서 테이블식을 수반하는 EVALUATE만을 사용해 쿼리를 생성할 수 있다. 그럼에도 불구하고 EVALUATE만 사용할 경우, EVALUATE의 많은 유용한 기능을 사용할 수 없다. 그러므로 전체 구문을 익히는 데 시간을 투자하는 것은 의미 있는 일이다.

쿼리의 예는 다음과 같다.

```
DEFINE
  VAR MinimumAmount = 2000000
  VAR MaximumAmount = 8000000
EVALUATE
FILTER (
  ADDCOLUMNS (
    SUMMARIZE ( Sales, 'Product'[Category] ),
    "CategoryAmount", [Sales Amount]
  ),
  AND (
    [CategoryAmount] >= MinimumAmount,
    [CategoryAmount] <= MaximumAmount
  )
)
ORDER BY [CategoryAmount]
```

위 쿼리는 그림 13-1에 표시된 결과를 얻을 수 있다.

Category	CategoryAmount
TV and Video	4,392,768.29
Computers	6,741,548.73
Cameras and camcorders	7,192,581.95

그림 13-1 결과에는 2,000,000에서 8,000,000 사이의 카테고리 금액만 포함된다.

이 예에서는 판매 금액의 상한과 하한을 저장하는 두 변수를 정의한다. 그런 다음 쿼리는 변수에 의해 정의된 영역 사이에 판매액이 속하는 모든 카테고리를 검색한다. 마지막으로 판매액에 따라 결과를 분류한다. 간단하지만 구문은 강력하며, 다음 절에서는 EVALUATE 구문의 각 부분의 사용에 대해 몇 가지 중요한 고려 사항을 제공한다.

한 가지 중요한 세부 사항은 정의 영역과 결과 수식어가 EVALUATE와 함께 쓸 때만 사용 가능하다는 것이다. 따라서 이러한 기능은 쿼리를 작성할 때만 사용할 수 있다. 나중에 계산된 테이블로 사용될 쿼리를 작성하는 경우 신중한 개발자라면 정의 및 ORDER BY 영역에 의존하지 않고 쿼리 식에만 집중해야 한다. 계산된 테이블은 DAX 쿼리가 아닌 테이블식으로 정의된다.

정의 영역에서 VAR 사용

정의 영역에서는 VAR 키워드를 사용해 변수를 정의할 수 있다. 각 변수는 변수 이름과 표현식으로 간단하게 만들 수 있다. 쿼리에 도입된 변수는 변수를 식 일부로 사용할 때 요구되는 RETURN 부분이 필요하지 않다. 실제로 결과는 EVALUATE 섹션에 의해 정의된다. 일반적인 변수 (표현식에 사용된 변수)와 DEFINE 영역에 사용된 변수를 각각 표현식 변수와 쿼리 변수로 지칭해 구분한다.

표현식 변수일 때와 마찬가지로 쿼리 변수는 값과 테이블을 제한 없이 모두 포함할 수 있다. 예를 들어 이전 절에 표시된 쿼리는 다음과 같이 쿼리 테이블 변수로 작성할 수 있다.

```
DEFINE
  VAR MinimumAmount = 2000000
  VAR MaximumAmount = 8000000
```

```
  VAR CategoriesSales =
    ADDCOLUMNS (
      SUMMARIZE ( Sales, 'Product'[Category] ),
      "CategoryAmount", [Sales Amount]
    )
EVALUATE
FILTER (
  CategoriesSales,
  AND (
    [CategoryAmount] >= MinimumAmount,
    [CategoryAmount] <= MaximumAmount
  )
)
ORDER BY [CategoryAmount]
```

쿼리 변수는 함께 실행되는 EVALUATE 문의 전체 배치batch를 범위로 한다. 이는 변수를 정의하고 나면 변수를 쿼리의 어느 곳에서나 사용할 수 있다는 것을 의미한다. 한 가지 제한은 변수를 정의한 다음에만 해당 변수를 참조할 수 있다는 것이다. 이전 쿼리에서 CategoriesSales를 MinimumAmount 또는 MaximumAmount 전에 정의하면 'CategoriesSales의 표현식은 아직 정의되지 않은 두 변수를 참조한다'와 같은 구문 오류가 발생한다. 이것은 순환 의존성을 예방하는 데 유용하다. 또한 표현식 변수에 대해서도 동일한 제한이 존재하므로 쿼리 변수는 표현식 변수와 동일한 제한을 따른다.

쿼리에 여러 개의 EVALUATE 섹션이 포함된 경우 쿼리 변수는 모두에서 사용할 수 있다. 예를 들어 파워 BI에서 생성된 쿼리는 DEFINE 부분을 사용해 슬라이서 필터를 쿼리 변수에 저장한 다음 여러 EVALUATE 문을 포함시켜 시각의 다양한 부분을 계산한다.

변수는 EVALUATE 섹션에서도 정의될 수 있다. 이때 표현식 변수는 테이블식의 로컬이다. 이전 쿼리는 다음과 같이 동등하게 정의할 수 있다.

```
EVALUATE
VAR MinimumAmount = 2000000
VAR MaximumAmount = 8000000
VAR CategoriesSales =
  ADDCOLUMNS (
    SUMMARIZE ( Sales, 'Product'[Category] ),
```

```
    "CategoryAmount", [Sales Amount]
  )
RETURN
  FILTER (
    CategoriesSales,
    AND (
      [CategoryAmount] >= MinimumAmount,
      [CategoryAmount] <= MaximumAmount
    )
  )
ORDER BY [CategoryAmount]
```

보는 바와 같이 변수는 이제 테이블 식의 일부로 정의되며, 표현식의 결과를 정의하려면 RETURN 키워드가 필요하다. 이때 표현식 변수의 범위는 RETURN 섹션이다.

쿼리 변수 또는 표현식 변수 중 하나를 선택하는 것은 장단점이 있다. 추가 테이블 또는 열 정의에서 변수가 필요한 경우 쿼리 변수를 사용하는 것이 좋다. 반면에 다른 정의(또는 복수의 EVALUATE 섹션)에서 변수가 필요하지 않은 경우에는 표현식 변수를 사용하는 것이 좋다. 실제로 변수가 표현식의 일부인 경우, 계산된 테이블을 계산하거나 측정값에 포함하기 위해 식을 사용하는 것이 훨씬 더 쉬워질 것이다. 그렇지 않으면 쿼리의 구문을 항상 업데이트해 표현식으로 변환해야 한다.

쿼리 변수와 표현식 변수 중 하나를 선택하는 일반적인 규칙은 간단하다. 가능한 한 표현식 변수를 사용하고 엄격히 필요한 경우에만 쿼리 변수를 사용하는 것이다. 실제로 쿼리 변수가 다른 식에서 코드를 다시 사용하기 위해서는 추가 작업을 해야 한다.

DEFINE에서 측정값 사용

쿼리에 대해 로컬로 정의할 수 있는 또 다른 엔티티는 측정값이다. 이는 MEASURE라는 키워드를 사용해서 얻을 수 있다. 쿼리 측정값은 모든 면에서 일반적인 측정값처럼 작동하지만 쿼리 수행 중에만 존재한다. 측정값의 정의에서는 측정값을 호스팅하는 테이블을 지정해야 한다. 다음은 쿼리 측정값의 예다.

```
DEFINE
  MEASURE Sales[LargeSales] =
```

```
    CALCULATE (
      [Sales Amount],
      Sales[Net Price] >= 200
    )
EVALUATE
ADDCOLUMNS (
  VALUES ( 'Product'[Category] ),
  "Large Sales", [LargeSales]
)
```

쿼리 결과는 그림 13-2에서 볼 수 있다.

Category	Large Sales
Audio	85,029.32
Cameras and camcorders	6,424,083.52
Cell phones	1,110,860.57
Computers	5,571,044.77
Games and Toys	
Home Appliances	8,167,467.64

그림 13-2 LargeSales 쿼리 측정값은 결과의 Large Sales 열에서 모든 카테고리에 대해 평가된다.

쿼리 측정값을 사용하는 이유는 다음과 같다. 첫 번째는 쿼리 내부에서 여러 번 호출될 수 있는 복잡한 표현식을 대신하는 것이다. 두 번째는 쿼리 측정값이 디버깅과 성능 튜닝에 매우 유용하기 때문이다. 실제로 쿼리 측정값이 데이터 모델의 측정값과 이름이 같을 때는 쿼리 측정값이 우선한다. 즉, 쿼리에서 측정값 이름 참조는 모델의 측정값이 아니라 쿼리 측정값을 사용한다. 그러나 재정의된 측정값을 참조하는 다른 모델의 측정값은 여전히 원래의 측정값을 사용한다. 따라서 모델에서 측정값 변경의 영향을 평가하려면 모든 종속 측정값을 쿼리 측정값으로 포함해야 한다.

따라서 측정값의 동작을 테스트할 때 가장 좋은 전략은 측정값을 사용하는 쿼리를 작성하고, 측정값의 로컬 정의를 추가한 다음, 코드를 디버깅하거나 최적화하기 위한 다양한 테스트를 수행하는 것이다. 프로세스가 완료되면 모델에서 새 버전으로 측정값 코드를 업데이트할 수 있다. DAX 스튜디오를 사용하면 `DEFINE MEASURE` 문을 쿼리에 자동으로 추가해 이 단계를 수행할 때 속도를 높일 수 있다.

일반적인 DAX 쿼리 패턴 구현

EVALUATE의 구문을 설명했으므로, 이제 쿼리 작성 시 자주 사용하는 함수에 대해 다룰 차례다. 가장 많이 사용되는 함수들에 대해서는 더 자세한 설명을 위해 샘플 쿼리도 제공한다.

ROW를 사용한 측정값 테스트

12장에서 소개된 ROW는 일반적으로 측정값의 값을 구하거나 측정값 쿼리 계획에 대해 조사할 때 사용된다. EVALUATE는 인수로 테이블이 필요하며, 결과로 테이블을 반환한다. 측정값의 값만 있으면 EVALUATE는 이를 인수로 허용하지 않는다. 대신 테이블이 필요하다. 따라서 ROW를 사용해 다음 예제와 같이 모든 값을 테이블로 변환할 수 있다.

```
EVALUATE
ROW ( "Result", [Sales Amount] )
```

결과는 그림 13-3에서 볼 수 있다.

Result
30,591,343.98

그림 13-3 ROW 함수는 행이 하나인 테이블을 반환한다.

다음과 같이 테이블 생성자 구문을 사용해도 동일한 결과를 얻을 수 있다.

```
EVALUATE
{ [Sales Amount] }
```

결과는 그림 13-4에서 볼 수 있다.

Value
30,591,343.98

그림 13-4 테이블 생성자는 열 이름이 'Value'인 단일 행을 반환한다.

ROW를 사용하면 개발자가 결과 열의 이름을 지정할 수 있지만 테이블 생성자는 열 이름을 자동으로 부여한다. ROW를 사용하면 하나 이상의 열이 있는 테이블을 만들 수 있으며 각 열에 대해 열 이름과 해당 표현식을 제공할 수 있다. 슬라이서의 존재를 시뮬레이션해야 할 때는 CALCULATETABLE이 편리하다.

```
EVALUATE
CALCULATETABLE (
  ROW (
    "Sales", [Sales Amount],
    "Cost", [Total Cost]
  ),
  'Product'[Color] = "Red"
)
```

결과는 그림 13-5에서 볼 수 있다.

Sales	Cost
1,110,102.10	545,018.43

그림 13-5 ROW 함수는 여러 열을 반환할 수 있으며 제공된 값은 필터 컨텍스트에서 계산된다.

SUMMARIZE 사용

앞의 여러 장에서 SUMMARIZE를 소개하고 사용했다. SUMMARIZE는 열별로 그룹화하고 값을 추가하는 작업을 수행한다. SUMMARIZE를 테이블 그룹화에 사용하는 것은 문제없지만 SUMMARIZE를 사용해 새 열을 추가하는 것은 디버깅하기 어려운 예기치 않은 결과를 초래할 수 있다.

SUMMARIZE로 열을 추가하는 것은 좋지 않지만, 이 시점에서 열을 추가하는 데 사용되는 SUMMARIZE의 두 가지 추가 기능을 소개한다. 이는 여러분이 다른 사람이 쓴 코드를 마주쳤을 때 이해를 돕기 위함이다. 단, 여기에서 **SUMMARIZE를 사용해 값을 집계하는 열을 추가하는 것은 피해야 한다는 점을 반복해서 강조한다.**

SUMMARIZE를 사용해 값을 계산하는 경우 SUMMARIZE가 부분합을 표시하도록 할 수 있다.

결과열의 부분합을 계산하는 집계함수를 변경하는 ROLLUP이라는 SUMMARIZE 제어자가 있다. 다음 쿼리를 살펴보자.

```
EVALUATE
SUMMARIZE (
Sales,
  ROLLUP (
    'Product'[Category],
    'Date'[Calendar Year]
  ),
  "Sales", [Sales Amount]
)
ORDER BY
  'Product'[Category],
  'Date'[Calendar Year]
```

ROLLUP은 SUMMARIZE 함수가 각 카테고리 및 연도의 판매액을 계산할 뿐만 아니라, 연도가 공백인 행을 포함해 카테고리 수준의 부분합을 나타내는 행을 추가하도록 명령한다. 카테고리도 ROLLUP으로 표시되기 때문에 보고서의 한 행에는 카테고리 및 연도가 모두 공백인 행에 총 판매액이 표시된다. 결과는 그림 13-6에서 볼 수 있다.

Category	Calendar Year	Sales
		30,591,343.98
Audio		384,518.16
Audio	CY 2007	102,722.07
Audio	CY 2008	105,363.42
Audio	CY 2009	176,432.67
Cameras and camcorders		7,192,581.95
Cameras and camcorders	CY 2007	3,274,847.26

그림 13-6 ROLLUP 함수는 SUMMARIZE 결과에 합계 행을 추가한다.

ROLLUP에 의해 추가된 행에는 집계하는 열의 값 대신 공백이 포함된다. 카테고리 열에 공백이 있다면 출력에는 빈 행이 두 개 나타난다. 하나는 카테고리가 공백인 행이고 다른 하나는 카테고리별 합계가 있는 행이다. 두 행을 구분하고 부분합 행을 더 쉽게 표시하기 위해 다음과 같이 ISSUBTOTAL 함수를 사용해 새 열을 추가할 수 있다.

```
EVALUATE
SUMMARIZE (
  Sales,
  ROLLUP (
    'Product'[Category],
    'Date'[Calendar Year]
  ),
  "Sales", [Sales Amount],
  "SubtotalCategory", ISSUBTOTAL ( 'Product'[Category] ),
  "SubtotalYear", ISSUBTOTAL ( 'Date'[Calendar Year] )
)
ORDER BY
  'Product'[Category],
  'Date'[Calendar Year]
```

위 쿼리의 마지막 두 열에는 그림 13-7과 같이 행에 (카테고리 또는 연도의) 부분합이 포함돼 있으면 TRUE를 반환하고 그렇지 않으면 FALSE를 반환하는 부울값이 포함돼 있다.

Category	Calendar Year	Sales	SubtotalCategory	SubtotalYear
		30,591,343.98	True	True
Audio		384,518.16	False	True
Audio	CY 2007	102,722.07	False	False
Audio	CY 2008	105,363.42	False	False
Audio	CY 2009	176,432.67	False	False
Cameras and camcorders		7,192,581.95	False	True
Cameras and camcorders	CY 2007	3,274,847.26	False	False

그림 13-7 ISSUBTOTAL 함수는 열이 SUMMARIZE 결과에서 부분합을 구하면 True를 반환한다.

ISSUBTOTAL을 사용해 이 같은 열을 추가해 실제 데이터가 포함된 행과 부분합이 포함된 행을 명확하게 구별할 수 있다.

중요 SUMMARIZE를 사용해 새 열을 추가하면 안 된다. 그렇지만 기존 코드를 읽을 수 있게 하도록 ROLLUP와 ISSUBTOTAL 구문을 소개했다. SUMMARIZE를 사용하는 대신 SUMMARIZECOLUMNS 사용을 추천한다. SUMMARIZECOLUMNS를 사용할 수 없는 경우에만 ADDCOLUMNS 및 SUMMARIZE를 사용하길 바란다.

SUMMARIZECOLUMNS 사용

SUMMARIZECOLUMNS는 쿼리를 실행할 때 다목적으로 사용할 수 있는 매우 강력한 쿼리 함수다. SUMMARIZE COLUMNS 함수 하나에 쿼리를 실행하는 데 필요한 모든 기능이 포함돼 있다. SUMMARIZECOLUMNS로 다음을 지정할 수 있다.

- SUMMARIZE에서와 같이 부분합 생성 옵션을 사용해 그룹화를 수행하는 열 집합.
- SUMMARIZE 및 ADDCOLUMNS와 같이 결과에 추가할 새 열 집합.
- CALCULATETABLE처럼 그룹화를 수행하기 전에 모델에 적용할 필터 집합

마지막으로 SUMMARIZECOLUMNS는 추가된 모든 열에 빈 값이 있는 경우 해당 행을 출력에서 자동으로 제거한다. 파워 BI가 실행하는 거의 모든 쿼리에서 SUMMARIZECOLUMNS를 사용하는 것은 놀랄 일도 아니지 않을까?

다음은 SUMMARIZECOLUMNS를 사용한 간단한 첫 번째 쿼리다.

```
EVALUATE
SUMMARIZECOLUMNS (
  'Product'[Category],
  'Date'[Calendar Year],
  "Amount", [Sales Amount]
)
ORDER BY
  'Product'[Category],
  'Date'[Calendar Year]
```

위 쿼리는 카테고리 및 연도별로 데이터를 그룹화해 결과의 모든 행에 대해 해당 카테고리 및 연도를 포함하는 필터 컨텍스트에서 판매액을 계산한다. 결과는 그림 13-8에서 볼 수 있다.

Category	Calendar Year	Amount
Audio	CY 2007	102,722.07
Audio	CY 2008	105,363.42
Audio	CY 2009	176,432.67
Cameras and camcorders	CY 2007	3,274,847.26
Cameras and camcorders	CY 2008	2,184,189.54
Cameras and camcorders	CY 2009	1,733,545.15
Cell phones	CY 2007	477,451.74
Cell phones	CY 2008	462,713.47
Cell phones	CY 2009	664,445.05

그림 13-8 결과에는 카테고리, 연도, 해당 카테고리 및 연도의 판매액이 포함돼 있다.

(2005년처럼) 판매가 없는 해는 결과에 나타나지 않는다. 그 이유는 결과의 특정 행에서 새로운 "Amount" 열이 공백으로 반환되므로, SUMMARIZECOLUMNS가 결과에서 행을 제거했기 때문이다. 개발자가 특정 열에 대해 이 동작을 무시해야 한다면 IGNORE 제어자를 사용해 동일한 쿼리를 다음과 같이 수정할 수 있다.

```
EVALUATE
SUMMARIZECOLUMNS (
  'Product'[Category],
  'Date'[Calendar Year],
  "Amount", IGNORE ( [Sales Amount] )
)
ORDER BY
  'Product'[Category],
  'Date'[Calendar Year]
```

결과적으로 SUMMARIZECOLUMNS는 판매액이 공백을 반환한다는 사실을 무시한다. 이제 결과에는 그림 13-9에서 볼 수 있듯이 2005년과 2006년 오디오 판매도 포함된다.

SUMMARIZECOLUMNS로 여러 열을 추가하는 경우 IGNORE로 태그를 지정할 열과 그렇지 않은 열을 선택할 수 있다. 일반적으로는 빈 결과를 피하고자 공백을 없앤다.

Category	Calendar Year	Amount
Audio	CY 2005	
Audio	CY 2006	
Audio	CY 2007	102,722.07
Audio	CY 2008	105,363.42
Audio	CY 2009	176,432.67
Audio	CY 2010	
Audio	CY 2011	
Cameras and camcorders	CY 2005	
Cameras and camcorders	CY 2006	
Cameras and camcorders	CY 2007	3,274,847.26
Cameras and camcorders	CY 2008	2,184,189.54
Cameras and camcorders	CY 2009	1,733,545.15

그림 13-9 IGNORE를 사용해 측정값에서 빈 결과를 생성하는 조합을 표시할 수 있다.

SUMMARIZECOLUMNS는 ROLLUPADDISSUBTOTAL과 ROLLUPGROUP을 모두 사용해 부분합을 계산할 수 있다. 이전 쿼리에서 연도의 부분합이 필요하다면 다음과 같이 Date[Calendar Year] 열을 ROLLUPADDISSUBTOTAL로 표시하고, 주어진 행이 부분합인지 아닌지를 나타내는 열의 이름을 지정해야 한다.

```
EVALUATE
SUMMARIZECOLUMNS (
  'Product'[Category],
  ROLLUPADDISSUBTOTAL (
    'Date'[Calendar Year],
    "YearTotal"
  ),
  "Amount", [Sales Amount]
)
ORDER BY
  'Product'[Category],
  'Date'[Calendar Year]
```

이제 결과에는 연도 수준에서 부분합을 보여주는 추가 행이 포함되며 부분합 행에 대해서만 TRUE를 포함하는 YearTotal이라는 열도 추가된다. 부분합 행이 강조 표시된 그림 13-10에서 이를 확인할 수 있다.

Category	Calendar Year	YearTotal	Amount
Audio		True	384,518.16
Audio	CY 2007	False	102,722.07
Audio	CY 2008	False	105,363.42
Audio	CY 2009	False	176,432.67
Cameras and camcorders		True	7,192,581.95
Cameras and camcorders	CY 2007	False	3,274,847.26
Cameras and camcorders	CY 2008	False	2,184,189.54
Cameras and camcorders	CY 2009	False	1,733,545.15
Cell phones		True	1,604,610.26
Cell phones	CY 2007	False	477,451.74
Cell phones	CY 2008	False	462,713.47
Cell phones	CY 2009	False	664,445.05

그림 13-10 ROLLUPADDISSUBTOTAL은 부분합의 존재를 나타내는 부울 열과 부분합을 반환하는 새 행을 만든다.

여러 열로 그룹화할 때 `ROLLUPADDISSUBTOTAL`을 사용해 여러 열을 표시 할 수 있다. 이렇게 여러 합계 그룹을 만들 수 있다. 다음 쿼리는 연도별 카테고리 부분합과 모든 카테고리에 대한 연간 부분합을 모두 생성한다.

```
EVALUATE
SUMMARIZECOLUMNS (
  ROLLUPADDISSUBTOTAL (
    'Product'[Category],
    "CategoryTotal"
  ),
  ROLLUPADDISSUBTOTAL (
    'Date'[Calendar Year],
    "YearTotal"
  ),
  "Amount", [Sales Amount]
)
ORDER BY
  'Product'[Category],
  'Date'[Calendar Year]
```

모든 카테고리에 대한 연간 부분합 및 전체 연도에 대한 카테고리별 부분합의 예는 그림 13-11에서 해당 순서대로 강조 표시돼 있다.

Category	Calendar Year	CategoryTotal	YearTotal	Amount
		True	True	30,591,343.98
	CY 2007	True	False	11,309,946.12
	CY 2008	True	False	9,927,582.99
	CY 2009	True	False	9,353,814.87
Audio		False	True	384,518.16
Audio	CY 2007	False	False	102,722.07
Audio	CY 2008	False	False	105,363.42
Audio	CY 2009	False	False	176,432.67
Cameras and camcorders		False	True	7,192,581.95
Cameras and camcorders	CY 2007	False	False	3,274,847.26
Cameras and camcorders	CY 2008	False	False	2,184,189.54
Cameras and camcorders	CY 2009	False	False	1,733,545.15

그림 13-11 ROLLUPADDISSUBTOTAL은 여러 열을 그룹화할 수 있다.

하나의 열 대신 열 그룹의 부분합을 구하고자 한다면 제어자인 ROLLUPGROUP을 사용할 수 있다. 다음 쿼리는 카테고리와 연도에 대해 하나의 부분합만 생성하고 결과에 하나의 행만 추가한다.

```
EVALUATE
SUMMARIZECOLUMNS (
  ROLLUPADDISSUBTOTAL (
    ROLLUPGROUP (
      'Product'[Category],
      'Date'[Calendar Year]
    ),
    "CategoryYearTotal"
  ),
  "Amount", [Sales Amount]
)
ORDER BY
  'Product'[Category],
  'Date'[Calendar Year]
```

그림 13-12의 합계 행 하나로 결과를 볼 수 있다.

Category	Calendar Year	CategoryYearTotal	Amount
		True	30,591,343.98
Audio	CY 2007	False	102,722.07
Audio	CY 2008	False	105,363.42
Audio	CY 2009	False	176,432.67
Cameras and camcorders	CY 2007	False	3,274,847.26
Cameras and camcorders	CY 2008	False	2,184,189.54
Cameras and camcorders	CY 2009	False	1,733,545.15
Cell phones	CY 2007	False	477,451.74
Cell phones	CY 2008	False	462,713.47

그림 13-12 ROLLUPADDISSUBTOTAL은 부분합으로 새 행과 새 열을 모두 만든다.

마지막으로, SUMMARIZECOLUMNS는 CALCULATETABLE처럼 결과를 필터링할 수 있다. 즉, 테이블을 추가 인수로 사용해 하나 이상의 필터를 지정할 수 있다. 다음 쿼리는 고등학교 교육을 받은 고객의 판매만을 검색한다. 그 결과, 금액은 더 적지만 그림 13-13과 유사하다.

```
EVALUATE
SUMMARIZECOLUMNS (
  ROLLUPADDISSUBTOTAL (
    ROLLUPGROUP (
      'Product'[Category],
      'Date'[Calendar Year]
    ),
    "CategoryYearTotal"
  ),
  FILTER (
    ALL ( Customer[Education] ),
    Customer[Education] = "High School"
  ),
  "Amount", [Sales Amount]
)
```

SUMMARIZECOLUMNS를 사용하면 CALCULATE 및 CALCULATETABLE의 조건자를 사용하는 간단한 필터 인수 구문을 사용할 수 없다. 따라서 다음 쿼리는 구문 오류가 발생한다.

```
EVALUATE
SUMMARIZECOLUMNS (
  ROLLUPADDISSUBTOTAL (
```

```
    ROLLUPGROUP (
      'Product'[Category],
      'Date'[Calendar Year]
    ),
    "CategoryYearTotal"
  ),
  Customer[Education] = "High School",    -- 이 구문은 사용할 수 없다.
  "Amount", [Sales Amount]
)
```

그 이유는 SUMMARIZECOLUMNS의 필터 인수는 테이블이어야 하는데, 이 경우 바로 가기가 없기 때문이다. TREATAS를 사용하면 SUMMARIZECOLUMNS로 필터를 다음과 같이 쉽고 간단하게 표현할 수 있다.

```
EVALUATE
SUMMARIZECOLUMNS (
  ROLLUPADDISSUBTOTAL (
    ROLLUPGROUP (
      'Product'[Category],
      'Date'[Calendar Year]
    ),
    "CategoryYearTotal"
  ),
  TREATAS ( { "High School" }, Customer[Education] ),
  "Amount", [Sales Amount]
)
```

SUMMARIZECOLUMNS는 아주 강력하지만 다음과 같은 제약도 따른다. 즉, 외부 필터 컨텍스트가 컨텍스트 전환을 수행했다면 호출할 수 없다. 이러한 이유로 SUMMARIZECOLUMNS는 쿼리를 작성할 때 유용하지만 대부분 보고서에서 작동하지 않기 때문에 측정값에서 ADDCOLUMNS와 SUMMARIZE를 대체해 사용할 수 없다. 측정값은 행렬이나 도표와 같은 시각화에서 주로 사용되며, 이들 시각화는 내부적으로 행 컨텍스트에서 측정값을 실행해 보고서에 값을 표시하기 때문이다.

행 컨텍스트에서 SUMMARIZECOLUMNS를 사용할 수 없는 예를 살펴보기 위해 총 판매액을 구하는 다음과 같은 쿼리를 살펴보자. 이 쿼리는 성능은 좀 떨어지지만 잘 작동한다.

```
EVALUATE
{
  SUMX (
    VALUES ( 'Product'[Category] ),
    CALCULATE (
      SUMX (
        ADDCOLUMNS (
          VALUES ( 'Product'[Subcategory] ),
          "SubcategoryTotal", [Sales Amount]
        ),
        [SubcategoryTotal]
      )
    )
  )
}
```

가장 안쪽의 ADDCOLUMNS를 SUMARIZECOLUMNS로 교체하면 CALCULATE 때문에 전환된 컨텍스트에서 SUMMARIZECOLUMNS가 호출돼 오류가 발생한다. 즉, 다음 쿼리는 유효하지 않다.

```
EVALUATE
{
  SUMX (
    VALUES ( 'Product'[Category] ),
    CALCULATE (
      SUMX (
        SUMMARIZECOLUMNS (
          'Product'[Subcategory],
          "SubcategoryTotal", [Sales Amount]
        ),
        [SubcategoryTotal]
      )
    )
  )
}
```

일반적으로 SUMMARIZECOLUMNS는 클라이언트 도구에 의해 생성된 훨씬 복잡한 쿼리 내부에서 호출되기 때문에 측정값에 사용하기에는 적합하지 않다. 이 쿼리는 SUMMARIZECOLUMNS가 오류를 일으키게 되는 컨텍스트 전환을 포함할 가능성이 크기 때문이다.

TOPN 사용

TOPN은 테이블을 정렬해 상위 행만 반환하는 함수다. 집합의 행 수를 줄여야 할 때 유용하다. 예를 들어 파워 BI는 테이블의 결과를 표시할 때 데이터베이스에서 전체 결과를 검색하지 않는다. 대신에 화면에서 페이지를 구성하는 데 필요한 처음 몇 행만 검색한다. 결과의 나머지 부분은 사용자가 화면을 아래로 스크롤해 요청할 때 검색된다. TOPN이 유용한 또 다른 시나리오는 최고 제품, 최고 고객 등과 같은 최고 성과를 검색할 때다.

다음 쿼리로 판매액을 기준으로 상위 3개 제품을 계산할 수 있다. 이 쿼리는 Product 테이블의 각 행에 대해 측정값 Sales Amount를 평가한다.

```
EVALUATE
TOPN (
  3,
  'Product',
  [Sales Amount]
)
```

결과 테이블에는 소스 테이블의 모든 열이 포함된다. 쿼리에서 테이블을 사용할 때는 대부분 모든 열에는 관심이 없으므로 TOPN의 입력 테이블에서 필요한 열로 제한해야 한다. 다음과 같이 쿼리를 수정해 필요한 열만 검색할 수 있다.

```
EVALUATE
VAR ProductsBrands =
  SUMMARIZE (
    Sales,
    'Product'[Product Name],
    'Product'[Brand]
  )
VAR Result =
  TOPN (
    3,
    ProductsBrands,
    [Sales Amount]
  )
RETURN Result
ORDER BY 'Product'[Product Name]
```

결과는 그림 13-13에서 확인할 수 있다.

Product Name	Brand
A. Datum SLR Camera X137 Grey	A. Datum
Adventure Works 26" 720p LCD HDTV M140 Silver	Adventure Works
Contoso Telephoto Conversion Lens X400 Silver	Contoso

그림 13-13 TOPN은 Sales Amount 측정값을 기준으로 테이블 표현식의 행을 필터링한다.

결과의 세 행을 올바르게 정렬하기 위해서는 결과에서 판매액의 값도 필요한 경우가 많다. 이때 최고의 선택은 SUMMARIZE 매개변수 내부의 값을 사전 계산한 후 TOPN에서 참조하는 것이다. 이처럼 TOPN의 가장 자주 사용되는 패턴은 다음과 같다.

```
EVALUATE
VAR ProductsBrands =
  SUMMARIZE (
    Sales,
    'Product'[Product Name],
    'Product'[Brand]
  )
VAR ProductsBrandsSales =
  ADDCOLUMNS (
    ProductsBrands,
    "Product Sales", [Sales Amount]
  )
VAR Result =
  TOPN (
    3,
    ProductsBrandsSales,
    [Product Sales]
  )
RETURN Result
ORDER BY [Product Sales] DESC
```

쿼리의 결과는 그림 13-14에서 볼 수 있다.

Product Name	Brand	Product Sales
Adventure Works 26" 720p LCD HDTV M140 Silver	Adventure Works	1,303,983.46
A. Datum SLR Camera X137 Grey	A. Datum	725,840.28
Contoso Telephoto Conversion Lens X400 Silver	Contoso	683,779.95

그림 13-14 TOPN은 표현식 기준으로 정렬된 테이블의 상위 N행을 반환한다.

테이블은 오름차순 또는 내림차순으로 정렬해 상위 필터를 적용할 수 있다. 기본적으로는 내림차순으로 정렬해 가장 큰 값을 가진 행을 먼저 반환한다. 세 번째 선택적 매개변수로 정렬 순서를 변경할 수 있다. 기본 내림차순의 경우 0 또는 FALSE, 오름차순의 경우 1 또는 TRUE로 설정할 수 있다.

중요 TOPN의 정렬 순서를 쿼리 결과의 정렬 순서와 혼동하지 않길 바란다. 후자는 EVALUATE 문의 ORDER BY 조건에 의해 관리된다. TOPN의 세 번째 매개변수는 TOPN 내부적으로 생성된 테이블을 정렬하는 방법에만 영향을 미친다.

값이 같을 때 TOPN은 요청된 정확한 개수만큼 행을 반환할 수 없다. 대신 같은 값을 가진 모든 행을 반환한다. 다음 쿼리에서는 상위 4개 브랜드를 요청하고 MROUND를 사용해 가상으로 같은 값을 만들었다.

```
EVALUATE
VAR SalesByBrand =
  ADDCOLUMNS (
    VALUES ( 'Product'[Brand] ),
    "Product Sales", MROUND ( [Sales Amount], 1000000 )
  )
VAR Result =
  TOPN (
    4,
    SalesByBrand,
    [Product Sales]
  )
RETURN Result
ORDER BY [Product Sales] DESC
```

Litware와 Proseware 모두 값이 3,000,000.00으로 같으므로 결과는 4행이 아닌 5행이다. TOPN은 그림 13-15에서 볼 수 있듯이 값이 같고 구분할 수 없는 경우에는 같은 값을 가진 모든 행을 반환한다.

Brand	Product Sales
Contoso	7,000,000.00
Fabrikam	6,000,000.00
Adventure Works	4,000,000.00
Litware	3,000,000.00
Proseware	3,000,000.00

그림 13-15 값이 같은 경우 TOPN은 요청된 값보다 더 많은 값을 반환할 수 있다.

TOPN의 표현식에 열을 추가해 이 문제를 해결할 수 있다. 실제로 세 번째 매개변수에서는 TOPN의 결과를 정렬하는 데 여러 열을 사용할 수 있다. 예를 들어 상위 4개 브랜드를 검색하고 값이 같을 때 알파벳 순서로 상위 브랜드를 정하려면 다음과 같이 정렬 순서를 추가할 수 있다.

```
EVALUATE
VAR SalesByBrand =
  ADDCOLUMNS (
    VALUES ( 'Product'[Brand] ),
    "Product Sales", MROUND ( [Sales Amount], 1000000 )
  )
VAR Result =
  TOPN (
    4,
    SalesByBrand,
    [Product Sales], 0,
    'Product'[Brand], 1
  )
RETURN Result
ORDER BY [Product Sales] DESC
```

Proseware는 알파벳 기준으로 Litware 다음이기 때문에 그림 13-16에 표시된 결과에서 빠진다. 쿼리에서는 판매에 대해서는 내림차순으로 브랜드에 대해서는 오름차순으로 정렬했다는 점에 주의하자.

Brand	Product Sales
Contoso	7,000,000.00
Fabrikam	6,000,000.00
Adventure Works	4,000,000.00
Litware	3,000,000.00

그림 13-16 정렬 순서를 추가해 테이블의 같은 값을 제거할 수 있다.

정렬 순서에 열을 추가한다고 해서 올바른 행 수만 반환되는 것은 아니라는 점에 주의하자. TOPN은 동점이 있을 때 항상 여러 행을 반환할 수 있다. 정렬 순서에 열을 추가하는 것은 동점 수를 줄임으로써 문제를 완화시킬 뿐이다. 반드시 정확한 수의 행만 구해야 할 때는 고유한 값을 가진 열을 정렬 순서에 추가해 가능한 동점을 모두 제거해야 한다.

TOPN이 집합함수와 변수로 혼합된 더 복잡한 예를 살펴보자. 요구 사항은 상위 10개 제품의 판매액과 다른 모든 제품의 판매량을 합한 "Others" 행을 추가하는 것이다.

다음 쿼리로 이를 구현할 수 있다.

```
EVALUATE
VAR NumOfTopProducts = 10
VAR ProdsWithSales =
  ADDCOLUMNS (
    VALUES ( 'Product'[Product Name] ),
    "Product Sales", [Sales Amount]
  )
VAR TopNProducts =
  TOPN (
    NumOfTopProducts,
    ProdsWithSales,
    [Product Sales]
  )
VAR RemainingProducts =
  EXCEPT ( ProdsWithSales, TopNProducts )
VAR OtherRow =
  ROW (
    "Product Name", "Others",
    "Product Sales", SUMX (
      RemainingProducts,
```

```
      [Product Sales]
    )
  )
VAR Result =
  UNION ( TopNProducts, OtherRow )
RETURN Result
ORDER BY [Product Sales] DESC
```

ProdsWithSales 변수는 Product와 Sales로 테이블을 계산한다. 그런 다음 TopNProducts는 상위 10개 제품만 계산한다. RemainingProducts 변수는 EXCEPT를 사용해 상위 10위 안에 포함되지 않은 제품을 계산한다. 코드로 제품을 두 집합(TopNProducts and RemainingProducts)으로 분할하면 "others" 문자열이 포함된 단일 행 테이블을 만들어 나머지 모든 제품을 합산해 RemainingProducts 변수의 모든 제품을 통합한다. 결과는 식에서 계산한 추가 행과 상위 10개 제품의 합집합이 된다. 이는 그림 13-17에서 볼 수 있다.

Product Name	Product Sales
Others	26,444,863.03
Adventure Works 26" 720p LCD HDTV M140 Silver	1,303,983.46
A. Datum SLR Camera X137 Grey	725,840.28
Contoso Telephoto Conversion Lens X400 Silver	683,779.95
SV 16xDVD M360 Black	364,714.41
Contoso Projector 1080p X980 White	257,154.75
Contoso Washer & Dryer 21in E210 Pink	182,094.12
Fabrikam Independent filmmaker 1/3" 8.5mm X200 White	165,594.00
Proseware Projector 1080p LCD86 Silver	160,627.05
NT Washer & Dryer 27in L2700 Blue	151,427.53
Contoso Washer & Dryer 21in E210 Green	151,265.40

그림 13-17 쿼리로 "Others"를 포함하는 추가 행을 만들 수 있다.

위 결과는 정확하지만 아직 완벽하다고는 할 수 없다. 실제로 Others 행은 보고서의 시작 부분에 있지만, 실제로 그 값에 따라 다른 위치에서 나타날 수 있다. Others 행이 항상 보고서의 끝에 위치하고 상위 제품은 매출에 따라 정렬돼 상위 제품이 1위가 되도록 정렬하길 원할 수 있다.

다음과 같이 제품 판매 상위 행의 순위를 사용해 Others 행을 아래로 이동하는 "Sort Column" 열을 도입해 원하는 결과를 얻을 수 있다.

```
EVALUATE
VAR NumOfTopProducts = 10
VAR ProdsWithSales =
  ADDCOLUMNS (
    VALUES ( 'Product'[Product Name] ),
    "Product Sales", [Sales Amount]
  )
VAR TopNProducts =
  TOPN (
    NumOfTopProducts,
    ProdsWithSales,
    [Product Sales]
  )
VAR RemainingProducts =
  EXCEPT ( ProdsWithSales, TopNProducts )
VAR RankedTopProducts =
  ADDCOLUMNS(
    TopNProducts,
    "SortColumn", RANKX ( TopNProducts, [Product Sales] )
  )
VAR OtherRow =
  ROW (
    "Product Name", "Others",
    "Product Sales", SUMX (
      RemainingProducts,
      [Product Sales]
    ),
    "SortColumn", NumOfTopProducts + 1
  )
VAR Result =
  UNION ( RankedTopProducts, OtherRow )
RETURN
  Result
ORDER BY [SortColumn]
```

그림 13-18에서 볼 수 있는 결과는 이제 더 잘 정렬됐다.

Product Name	Product Sales	SortColumn
Adventure Works 26" 720p LCD HDTV M140 Silver	1,303,983.46	1
A. Datum SLR Camera X137 Grey	725,840.28	2
Contoso Telephoto Conversion Lens X400 Silver	683,779.95	3
SV 16xDVD M360 Black	364,714.41	4
Contoso Projector 1080p X980 White	257,154.75	5
Contoso Washer & Dryer 21in E210 Pink	182,094.12	6
Fabrikam Independent filmmaker 1/3" 8.5mm X200 White	165,594.00	7
Proseware Projector 1080p LCD86 Silver	160,627.05	8
NT Washer & Dryer 27in L2700 Blue	151,427.53	9
Contoso Washer & Dryer 21in E210 Green	151,265.40	10
Others	26,444,863.03	11

그림 13-18 SortColumn으로 개발자가 원하는 대로 결과를 정렬할 수 있다.

GENERATE 및 GENERATEALL 사용

GENERATE는 SQL 언어에서 사용하는 OUTER APPLY와 비슷한 논리를 구현하는 강력한 함수다. GENERATE는 테이블과 표현식이라는 두 개의 인수를 사용한다. 테이블을 반복하며, 반복하는 행 컨텍스트에서 표현식을 평가한 다음, 반복하는 행과 테이블 표현식이 반환되는 행을 결합한다. 동작은 일반적인 join과 비슷하지만, 테이블과 결합하는 대신 각 행에 대해 평가된 표현식과 결합한다. GENERATE는 매우 다양하게 활용할 수 있다.

동작을 확인하기 위해 앞의 TOPN 예제를 확장한다. 역대 최상위 제품을 계산하는 대신 연도별로 상위 3개 제품을 계산해야 한다. 이 문제는 두 단계로 나눌 수 있다. 우선 상위 3개 제품을 계산하고, 이 계산을 매년 반복하는 것이다. 상위 3개 제품에 대해 가능한 한 가지 해결책은 다음과 같다.

```
EVALUATE
VAR ProductsSold =
  SUMMARIZE (
    Sales,
    'Product'[Product Name]
  )
VAR ProductsSales =
  ADDCOLUMNS (
    ProductsSold,
```

```
    "Product Sales", [Sales Amount]
  )
VAR Top3Products =
  TOPN (
    3,
    ProductsSales,
    [Product Sales]
  )
RETURN
  Top3Products
ORDER BY [Product Sales] DESC
```

그림 13-19의 결과는 세 가지 제품만 포함하고 있다.

Product Name	Product Sales
Adventure Works 26" 720p LCD HDTV M140 Silver	1,303,983.46
A. Datum SLR Camera X137 Grey	725,840.28
Contoso Telephoto Conversion Lens X400 Silver	683,779.95

그림 13-19 TOPN은 항상 상위 3개 제품을 반환한다.

연도를 필터링하는 필터 컨텍스트에서 위의 쿼리를 평가하면 결과가 달라진다. 즉, 해당 연도의 상위 3개 제품만을 반환한다. 이때 다음과 같이 GENERATE를 유용하게 사용할 수 있다. GENERATE를 사용해 연도를 반복하고 해마다 TOPN 표현식을 계산한다. 반복할 때마다 TOPN은 선택한 연도의 상위 3개 제품을 반환한다. 마지막으로, GENERATE는 각 반복에서 표현 결과와 연도를 결합한다. 전체 쿼리는 다음과 같다.

```
EVALUATE
GENERATE (
  VALUES ( 'Date'[Calendar Year] ),
  CALCULATETABLE (
    VAR ProductsSold =
      SUMMARIZE ( Sales, 'Product'[Product Name] )
    VAR ProductsSales =
      ADDCOLUMNS ( ProductsSold, "Product Sales", [Sales Amount] )
    VAR Top3Products =
      TOPN ( 3, ProductsSales, [Product Sales] )
    RETURN Top3Products
```

```
  )
)
ORDER BY
  'Date'[Calendar Year],
  [Product Sales] DESC
```

조회 결과는 그림 13-20에서 볼 수 있다.

Calendar Year	Product Name	Product Sales
CY 2007	Adventure Works 26" 720p LCD HDTV M140 Silver	1,289,602.38
CY 2007	A. Datum SLR Camera X137 Grey	716,435.28
CY 2007	Contoso Telephoto Conversion Lens X400 Silver	675,449.95
CY 2008	Litware Refrigerator 24.7CuFt X980 White	135,039.58
CY 2008	Litware Refrigerator 24.7CuFt X980 Blue	100,479.69
CY 2008	Litware Refrigerator 24.7CuFt X980 Grey	93,759.71
CY 2009	Fabrikam Refrigerator 24.7CuFt X9800 White	109,759.66
CY 2009	Fabrikam Refrigerator 24.7CuFt X9800 Grey	89,599.72
CY 2009	Contoso Projector 1080p X980 White	71,374.50

그림 13-20 GENERATE는 연도와 상위 3개 제품을 결합한다.

카테고리별로 상위 제품을 계산해야 한다면 **GENERATE**가 반복하는 테이블만 식에서 업데이트하면 된다. 다음은 카테고리별로 상위 3개 제품을 반환한다.

```
EVALUATE
GENERATE (
  VALUES ( 'Product'[Category] ),
  CALCULATETABLE (
    VAR ProductsSold =
      SUMMARIZE ( Sales, 'Product'[Product Name] )
    VAR ProductsSales =
      ADDCOLUMNS ( ProductsSold, "Product Sales", [Sales Amount] )
    VAR Top3Products =
      TOPN ( 3, ProductsSales, [Product Sales] )
    RETURN Top3Products
  )
)
ORDER BY
  'Product'[Category],
  [Product Sales] DESC
```

그림 13-21과 같이 결과는 이제 카테고리별로 세 가지 제품을 포함하고 있다.

Category	Product Name	Product Sales
Audio	Contoso 4G MP3 Player E400 Silver	47,952.41
Audio	NT Bluetooth Stereo Headphones E52 Blue	22,820.17
Audio	WWI 2GB Pulse Smart pen M100 Silver	17,655.59
Cameras and camcorders	A. Datum SLR Camera X137 Grey	725,840.28
Cameras and camcorders	Contoso Telephoto Conversion Lens X400 Silver	683,779.95
Cameras and camcorders	Fabrikam Independent filmmaker 1/3'' 8.5mm X200 White	165,594.00
Cell phones	The Phone Company Touch Screen Phone 1600 TFT-1.4" L250 Grey	32,400.89
Cell phones	The Phone Company PDA Handheld 4.7 inch L650 Silver	29,953.00
Cell phones	The Phone Company PDA Phone 4.7 inches L360 White	29,888.70

그림 13-21 카테고리를 반복해 결과에서 카테고리별 상위 3개 제품을 보여준다.

GENERATE의 두 번째 인수로 제공된 식이 빈 테이블을 생성하면 GENERATE는 결과에서 행을 건너뛴다. 빈 결과를 생성하는 첫 번째 테이블의 행도 검색할 필요가 있다면 GENERATEALL을 사용해야 한다. 예를 들어 2005년에는 매출이 없으므로 2005년에는 상위 3개 제품이 없다. 이때 GENERATE는 2005년에는 어떠한 행도 반환하지 않는다. 다음 쿼리는 GENERATEALL을 활용해 2005년과 2006년을 반환한다.

```
EVALUATE
GENERATEALL (
  VALUES ( 'Date'[Calendar Year] ),
  CALCULATETABLE (
    VAR ProductsSold =
      SUMMARIZE ( Sales, 'Product'[Product Name] )
    VAR ProductsSales =
      ADDCOLUMNS ( ProductsSold, "Product Sales", [Sales Amount] )
    VAR Top3Products =
      TOPN ( 3, ProductsSales, [Product Sales] )
    RETURN Top3Products
  )
)
ORDER BY
  'Date'[Calendar Year],
  [Product Sales] DESC
```

쿼리의 결과는 그림 13-22에서 볼 수 있다.

Calendar Year	Product Name	Product Sales
CY 2005		
CY 2006		
CY 2007	Adventure Works 26" 720p LCD HDTV M140 Silver	1,289,602.38
CY 2007	A. Datum SLR Camera X137 Grey	716,435.28
CY 2007	Contoso Telephoto Conversion Lens X400 Silver	675,449.95
CY 2008	Litware Refrigerator 24.7CuFt X980 White	135,039.58
CY 2008	Litware Refrigerator 24.7CuFt X980 Blue	100,479.69
CY 2008	Litware Refrigerator 24.7CuFt X980 Grey	93,759.71
CY 2009	Fabrikam Refrigerator 24.7CuFt X9800 White	109,759.66
CY 2009	Fabrikam Refrigerator 24.7CuFt X9800 Grey	89,599.72
CY 2009	Contoso Projector 1080p X980 White	71,374.50
CY 2010		
CY 2011		

그림 13-22 GENERATEALL은 판매가 없는 연도를 반환하지만 GENERATE는 그렇지 않다.

ISONORAFTER 사용

ISONORAFTER는 유틸리티 함수다. 파워 BI 및 보고 도구에서 페이지 매김을 제공하는 데 많이 사용되며, 쿼리나 측정값에서 사용하는 경우는 드물다. 사용자가 파워 BI에서 보고서를 검색할 때 엔진은 데이터 모델에서 현재 페이지에 필요한 행만 검색한다. 이것을 얻기 위해 항상 TOPN 함수를 사용한다.

사용자가 Product 테이블을 탐색할 때는 스캔하는 도중에 특정 지점에 도달할 수 있다. 예를 들어 그림 13-23에서 표시된 마지막 행은 스테레오 블루투스 헤드폰 뉴 젠이며 화살표는 목록의 상대 위치를 나타낸다.

Category	Color	Product Name	Sales Amount
Audio	White	WWI 2GB Pulse Smart pen M100 White	13,206.70
Audio	White	WWI 2GB Spy Video Recorder Pen M300 White	[illegible]
Audio	White	WWI Stereo Bluetooth Headphones E1000 W...	2,217.46
Audio	White	WWI Wireless Bluetooth Stereo Headphones ...	612.00
Audio	White	WWI Wireless Bluetooth Stereo Headphones ...	1,012.00
Audio	White	WWI Wireless Transmitter and Bluetooth Hea...	9,112.14
Audio	Yellow	Contoso 4GB Portable MP3 Player M450 Yellow	1,247.35
Audio	Yellow	Contoso 8GB MP3 Player new model M820 Ye...	1,782.20
Audio	Yellow	NT Bluetooth Stereo Headphones E52 Yellow	385.35
Audio	Yellow	NT Wireless Bluetooth Stereo Headphones E3...	1,986.95
Audio	Yellow	WWI 4GB Video Recording Pen X200 Yellow	6,541.60
Audio	Yellow	WWI Stereo Bluetooth Headphones New Gen...	1,861.86
Total			**30,591,343.98**

그림 13-23 사용자가 Product 테이블을 탐색하는 도중에 목록의 특정 지점에 도달했다.

사용자가 아래로 스크롤하면 이전에 검색한 행의 맨 아래에 도달할 수 있다. 이때 파워 BI는 다음 행을 검색해야 한다. 파워 BI는 항상 전체 데이터의 하위 집합을 검색하기 때문에 다음 행을 검색하는 쿼리는 여전히 TOPN이지만 다음 순위의 TOPN이어야 한다. 이때 ISONORAFTER를 사용할 수 있다. 다음은 아래로 스크롤할 때 파워 BI가 실행하는 전체 쿼리이며 결과는 그림 13-24에서 확인할 수 있다.

```
EVALUATE
TOPN (
  501,
  FILTER (
    KEEPFILTERS (
      SUMMARIZECOLUMNS (
        'Product'[Category],
        'Product'[Color],
        'Product'[Product Name],
        "Sales_Amount", 'Sales'[Sales Amount]
      )
    ),
    ISONORAFTER (
      'Product'[Category], "Audio", ASC,
      'Product'[Color], "Yellow", ASC,
      'Product'[Product Name],
        "WWI Stereo Bluetooth Headphones New Generation M370 Yellow", ASC
    )
  ),
  'Product'[Category], 1,
  'Product'[Color], 1,
  'Product'[Product Name], 1
)
ORDER BY
  'Product'[Category],
  'Product'[Color],
  'Product'[Product Name]
```

Category	Color	Product Name	Sales_Amount
Audio	Yellow	WWI Stereo Bluetooth Headphones New Generation M370 Yellow	1,861.86
Cameras and camcorders	Azure	A. Datum Advanced Digital Camera M300 Azure	2,723.83
Cameras and camcorders	Azure	A. Datum All in One Digital Camera M200 Azure	6,504.80
Cameras and camcorders	Azure	A. Datum Bridge Digital Camera M300 Azure	10,242.12
Cameras and camcorders	Azure	A. Datum Compact Digital Camera M200 Azure	7,301.40
Cameras and camcorders	Azure	A. Datum Consumer Digital Camera E100 Azure	6,406.80
Cameras and camcorders	Azure	A. Datum Consumer Digital Camera M300 Azure	7,121.70

그림 13-24 이 그림은 이전 그림의 마지막 행에서 시작하는 다음 행의 집합이다.

이 코드는 FILTER의 TOPN 501을 실행한다. 필터는 이전에 검색된 행을 제거하는 데 사용되며 범위를 얻기 위해 ISONORAFTER를 이용한다. ISONORAFTER와 동일한 조건을 표준 부울 논리로 표현할 수 있다. 실제로 앞의 ISONORAFTER 표현식은 다음과 같이 작성할 수 있다.

```
'Product'[Category] > "Audio"
|| ( 'Product'[Category] = "Audio" && 'Product'[Color] > "Yellow" )
|| ( 'Product'[Category] = "Audio"
     && 'Product'[Color] = "Yellow"
     && 'Product'[Product Name]
        >= "WWI Stereo Bluetooth Headphones New Generation M370 Yellow"
   )
```

ISONORAFTER를 사용해 얻을 수 있는 장점은 두 가지다. 즉, 코드 작성이 더 쉽고 쿼리 계획이 더 좋다.

ADDMISSINGITEMS 사용

ADDMISSINGITEMS는 파워 BI에서 자주 사용하는 또 다른 함수이며 데이터 모델을 작성할 때는 거의 사용되지 않는다. 이 함수는 SUMMARIZECOLUMNS에서 빠뜨린 행을 추가할 수 있다. 다음 쿼리는 연도별 그룹화에 SUMMARIZECOLUMNS를 사용한다. 결과는 그림 13-25에서 볼 수 있다.

```
EVALUATE
SUMMARIZECOLUMNS (
  'Date'[Calendar Year],
  "Amt", [Sales Amount]
```

```
)
ORDER BY 'Date'[Calendar Year]
```

Calendar Year	Amt
CY 2007	11,309,946.12
CY 2008	9,927,582.99
CY 2009	9,353,814.87

그림 13-25 SUMMARIZECOLUMNS는 Amt 칼럼이 공백인 판매 없는 연도는 포함하지 않는다.

매출이 없는 해는 SUMMARIZECOLUMNS에 의해 반환되지 않는다. SUMARIZECOLUMNS에 의해 제거된 행을 검색하기 위한 한 가지 옵션으로 다음과 같이 ADDMISSINGITEMS를 사용할 수 있다.

```
EVALUATE
ADDMISSINGITEMS (
  'Date'[Calendar Year],
  SUMMARIZECOLUMNS (
    'Date'[Calendar Year],
    "Amt", [Sales Amount]
  ),
  'Date'[Calendar Year]
)
ORDER BY 'Date'[Calendar Year]
```

쿼리의 결과는 그림 13-26에서 확인할 수 있으며, 여기에서 SUMMARIZECOLUMNS가 반환한 행은 강조 표시했다. Amt 열이 공백인 행은 ADDMISSINGITEMS에 의해 추가됐다.

Calendar Year	Amt
CY 2005	
CY 2006	
CY 2007	11,309,946.12
CY 2008	9,927,582.99
CY 2009	9,353,814.87
CY 2010	
CY 2011	

그림 13-26 ADDMISSINGITEMS는 Amt가 공백인 행을 추가했다.

ADDMISSINGITEMS는 부분합 및 기타 필터의 결과를 더 잘 제어하기 위해 몇 개의 제어자와 매개변수를 받아들인다.

TOPNSKIP 사용

TOPNSKIP 함수는 파워 BI에서 대규모 원시 데이터셋의 몇 행만 파워 BI의 데이터 보기로 전송하기 위해 광범위하게 사용된다. 파워 피봇 및 SQL Server Data Tools와 같은 다른 도구는 테이블의 원시 데이터를 빠르게 검색하고 필터링하기 위해 다른 기술을 사용한다. 이 함수를 사용하는 이유는 전체 행 집합이 구체화될 때까지 기다릴 필요 없이 큰 테이블을 재빨리 훑어보기 위해서다. TOPNSKIP 및 다른 도구에서 사용하는 구체적인 방법은 http://www.sqlbi.com/articles/querying-raw-data-to-tabular/에 게시된 문서를 참고하길 바란다.

GROUPBY 사용

GROUPBY는 ADDCOLUMNS 및 SUMMARIZE를 사용해 할 수 있는 것과 유사하게 다른 데이터를 집계해 하나 이상의 열을 기준으로 테이블을 그룹화하는 데 사용하는 함수다. SUMMARIZE와 GROUPBY의 주요 차이점은 GROUPBY는 데이터 계보가 데이터 모델의 열에 해당하지 않는 열을 그룹화할 수 있는 반면, SUMMARIZE는 데이터 모델에 정의된 열만 사용할 수 있다는 것이다. 또한 GROUPBY에 의해 추가된 열은 SUMX, AVERAGEX 또는 기타 "X" 집계함수와 같은 데이터를 집계하는 반복함수를 사용해야 한다.

연도별, 월별로 판매를 그룹화해 판매액을 계산해야 하는 요구 사항을 고려해보자. 이 요구 사항은 다음과 같이 GROUPBY를 사용해 해결할 수 있다. 쿼리 결과는 그림 13-27에서 볼 수 있다.

```
EVALUATE
GROUPBY (
  Sales,
  'Date'[Calendar Year],
  'Date'[Month],
  'Date'[Month Number],
```

```
  "Amt", AVERAGEX (
    CURRENTGROUP (),
    Sales[Quantity] * Sales[Net Price]
  )
)
ORDER BY
  'Date'[Calendar Year],
  'Date'[Month Number]
```

Calendar Year	Month	Month Number	Amt
CY 2007	January	1	285.19
CY 2007	February	2	329.44
CY 2007	March	3	355.51
CY 2007	April	4	394.44
CY 2007	May	5	327.68
CY 2007	June	6	398.66

그림 13-27 이 예제의 GROUPBY는 연도별 및 월별 라인 금액의 평균을 집계한다.

성능 측면에서 GROUPBY는 수만 행 이상의 큰 데이터 세트를 처리할 때 느릴 수 있다. 실제로 GROUPBY는 테이블을 구체화한 후 그룹화를 수행한다. 따라서 더 큰 데이터 세트를 스캔하기 때문에 이는 권장되는 옵션이 아니다. 또한 ADDCOLUMNS 및 SUMMARIZE 쌍을 사용하면 대부분의 쿼리를 더 쉽게 표현할 수 있다. 실제로 이전 쿼리는 다음과 같이 작성하는 것이 좋다.

```
EVALUATE
ADDCOLUMNS (
  SUMMARIZE (
    Sales,
    'Date'[Calendar Year],
    'Date'[Month],
    'Date'[Month Number],
  ),
  "Amt", AVERAGEX (
    RELATEDTABLE ( Sales ),
    Sales[Quantity] * Sales[Net Price]
  )
)
ORDER BY
```

```
  'Date'[Calendar Year],
  'Date'[Month Number]
```

노트 이전 쿼리에서 SUMMARIZE의 결과는 Date 테이블의 열을 포함하는 테이블이다. 따라서 AVERAGEX가 나중에 RELATEDTABLE의 결과를 반복할 때 RELATEDTABLE이 반환한 테이블은 SUMMARIZE 결과에 대해 ADDCOLUMNS가 현재 반복하는 연도 및 월의 테이블이다. 데이터 계보가 유지된다는 것을 기억하자. 따라서 SUMMARIZE의 결과는 데이터 계보가 있는 테이블이다.

GROUPBY의 장점 중 하나는 ADDCOLUMNS 또는 SUMMARIZE에 의해 쿼리에 추가된 열을 기준으로 그룹화하는 옵션이다. 다음은 SUMMARIZE가 대안이 되지 않는 예다.

```
EVALUATE
VAR AvgCustomerSales =
  AVERAGEX (
    Customer,
    [Sales Amount]
  )
VAR ClassifiedCustomers =
  ADDCOLUMNS (
    VALUES ( Customer[Customer Code] ),
    "Customer Category", IF (
      [Sales Amount] >= AvgCustomerSales,
      "Above Average",
      "Below Average"
    )
  )
VAR GroupedResult =
  GROUPBY (
    ClassifiedCustomers,
    [Customer Category],
    "Number of Customers", SUMX (
      CURRENTGROUP (),
      1
    )
  )
RETURN GroupedResult
ORDER BY [Customer Category]
```

결과는 그림 13-28에서 볼 수 있다.

Customer Category	Number of Customers
Above Average	807
Below Average	18,062

그림 13-28 GROUPBY는 쿼리 중에 계산된 열을 그룹화할 수 있다.

앞의 식은 GROUPBY의 장단점을 동시에 보여준다. 실제로 이 코드는 먼저 Customer 테이블에 고객 판매액이 평균 판매액 이상인지 이하인지를 확인하는 새로운 열을 생성한다. 그런 다음 해당 열을 기준으로 그룹화해 고객 수를 반환한다.

임시 열을 기준으로 그룹화하는 것은 유용한 기능이다. 그러나 고객 수를 계산하려면 상수 표현식 1을 사용해 CURRENTGROUP에 대해 SUMX를 사용해야 한다. GROUPBY에 의해 추가된 열이 CURRENTGROUP에 대해 반복돼야 하기 때문이다. COUNTROWS (CURRENTGROUP ())과 같은 간단한 함수는 여기서 작동하지 않는다.

GROUPBY가 유용한 시나리오는 몇 가지에 불과하다. 일반적으로 GROUPBY는 쿼리에 추가된 열을 기준으로 그룹화할 때 사용할 수 있지만, 그룹화에 사용하는 열은 카디널리티가 작아야 한다. 그렇지 않으면 성능 및 메모리 소비 문제가 생길 수 있다.

NATURALINNERJOIN 및 NATURALLEFTOUTERJOIN 사용

DAX는 개발자가 쿼리를 실행할 때마다 자동으로 모델의 관계를 사용한다. 그래도 관계가 없는 두 개의 테이블에 조인할 필요가 있는 때도 있다. 예를 들어 테이블을 포함하는 변수를 정의한 다음 계산된 테이블을 해당 변수와 조인할 수 있다.

카테고리별 평균 판매량을 계산한 다음 카테고리를 평균 이하, 평균 및 평균 이상으로 분류하는 보고서를 작성하는 경우를 고려해보자. 이 열은 간단한 SWITCH 함수로 쉽게 계산할 수 있다. 그러나 결과를 특정 방식으로 정렬해야 하는 경우 유사한 코드를 사용해 카테고리 설명과 정렬 순서(새 열로)를 동시에 계산해야 한다.

또 다른 접근법은 두 값 중 하나만 계산한 다음 임시 관계가 있는 임시 테이블을 사용해 설명을 검색하는 것이다. 다음 쿼리는 정확하게 이를 수행한다.

```
EVALUATE
VAR AvgSales =
  AVERAGEX (
    VALUES ( 'Product'[Brand] ),
    [Sales Amount]
  )
VAR LowerBoundary = AvgSales * 0.8
VAR UpperBoundary = AvgSales * 1.2
VAR Categories =
  DATATABLE (
    "Cat Sort", INTEGER,
    "Category", STRING,
    {
      { 0, "Below Average" },
      { 1, "Around Average" },
      { 2, "Above Average" }
    }
  )
VAR BrandsClassified =
  ADDCOLUMNS (
    VALUES ( 'Product'[Brand] ),
    "Sales Amt", [Sales Amount],
    "Cat Sort", SWITCH (
      TRUE (),
      [Sales Amount] <= LowerBoundary, 0,
      [Sales Amount] >= UpperBoundary, 2,
      1
    )
  )
VAR JoinedResult =
  NATURALINNERJOIN (
    Categories,
    BrandsClassified
  )
RETURN JoinedResult
ORDER BY
  [Cat Sort],
  'Product'[Brand]
```

설명에 앞서 그림 13-29에 나타난 쿼리 결과를 살펴보자.

Cat Sort	Category	Brand	Sales Amt
0	Below Average	A. Datum	2,096,184.64
0	Below Average	Northwind Traders	1,040,552.13
0	Below Average	Southridge Video	1,384,413.85
0	Below Average	Tailspin Toys	325,042.42
0	Below Average	The Phone Company	1,123,819.07
0	Below Average	Wide World Importers	1,901,956.66
1	Around Average	Litware	3,255,704.03
1	Around Average	Proseware	2,546,144.16
2	Above Average	Adventure Works	4,011,112.28
2	Above Average	Contoso	7,352,399.03
2	Above Average	Fabrikam	5,554,015.73

그림 13-29 'Cat Sort' 열은 Category에서 '열 기준 정렬'의 인수로 사용해야 한다.

쿼리는 먼저 브랜드, 판매액 및 0과 2 사이의 값을 포함하는 테이블을 작성한다. 이 값을 카테고리 변수의 키로 사용해 카테고리 설명을 검색한다. 임시 테이블과 변수 사이의 마지막 조인은 Cat Sort 열을 기준으로 두 테이블을 조인하는 NATURALINNERJOIN에 의해 수행된다.

NATURALINNERJOIN은 두 테이블에서 이름이 같은 열을 기준으로 두 테이블 사이의 조인을 수행한다. NATURALLEFTOUTERJOIN은 동일한 작업을 수행하지만, 내부 조인 대신 좌측 외부 조인을 사용한다. 좌측 외부 조인을 사용해 NATURALLEFTOUTERJOIN은 두 번째 테이블에 일치하는 항목이 없더라도 첫 번째 테이블에 행을 보관한다.

데이터 모델에 두 개의 테이블이 물리적으로 정의됐을 때는 관계를 사용해서만 조인할 수 있다. 이것은 SQL 쿼리에서 가능한 것과 유사하게 두 테이블 사이의 조인 결과를 얻는 데 유용할 수 있다. NATURALINNERJOIN과 NATURALLEFTOUTERJOIN은 테이블 사이에 관계가 존재할 때 이 관계를 사용한다. 그렇지 않으면 조인을 수행하기 위해 동일한 데이터 계보가 필요하다.

다음 쿼리는 Product와 관련된 Sales의 모든 행을 반환하며 두 테이블의 모든 열을 한 번만 포함한다.

```
EVALUATE
NATURALINNERJOIN ( Sales, Product )
```

다음 쿼리는 Product의 모든 행을 반환하고 판매되지 않은 제품도 표시한다.

```
EVALUATE
NATURALLEFTOUTERJOIN ( Product, Sales )
```

두 경우 모두 관계를 정의하는 열은 결과에서 한 번만 존재하며, 여기에는 두 테이블의 다른 열이 모두 포함된다.

이러한 조인 함수의 한 가지 중요한 제한 사항은 데이터 계보가 다르고 관계가 없는 데이터 모델의 두 열과 일치하지 않는다는 것이다. 실제로, 이름이 같고 관계가 없는 열이 하나 이상 있는 데이터 모델의 두 테이블은 함께 조인할 수 없다. 이 문제를 해결하려면 TREATAS를 사용해 조인이 가능하도록 열의 데이터 계보를 변경할 수 있다. https://www.sqlbi.com/articles/from-sql-to-dax-joining-tables/의 문서에서 이러한 제한 사항과 가능한 해결 방법에 대해 자세히 설명한다.

NATURALINNERJOIN이나 NATURALLEFTOUTERJOIN은 한정된 경우에만 유용하다. DAX에서는 SQL 언어의 상응하는 조인 함수만큼 자주 사용하지 않는다.

중요 NATURALINNERJOIN 및 NATURALLEFTOUTERJOIN은 특정 열의 데이터 계보가 데이터 모델의 실제 열을 가리키지 않는 임시 테이블의 결과를 조인하는 데 유용하다. 모델에서 적절한 관계가 없는 테이블을 조인하려면 TREATAS를 사용해 조인 작업에 사용할 열의 데이터 계보를 변경해야 한다.

SUBSTITUTEWITHINDEX 사용

SUBSTITUTEWITHINDEX 함수는 행렬의 열 헤더에 해당하는 행 집합의 열을 해당 위치를 나타내는 색인으로 대체할 수 있다. SUBSTITUTEWITHINDEX는 동작이 상당히 복잡하기 때문에 개발자가 일반적인 쿼리에서 사용할 수 있는 함수가 아니다. DAX 쿼리를 위한 동적 사용자 인터페이스를 작성할 때 사용 가능한 방법이 있다. 실제로 파워 BI는 내부적으로 행렬에서 SUBSTITUTEWITHINDEX를 사용한다.

그림 13-30의 파워 BI 행렬을 살펴보자.

Category	CY 2007	CY 2008	CY 2009
Audio	102,722.07	105,363.42	176,432.67
Cameras and camcorders	3,274,847.26	2,184,189.54	1,733,545.15
Cell phones	477,451.74	462,713.47	664,445.05
Computers	2,660,318.87	2,066,341.75	2,014,888.11
Games and Toys	89,860.07	105,738.23	165,054.51
Home Appliances	2,347,281.80	3,962,572.24	3,290,603.00
Music, Movies and Audio Books	87,874.44	120,717.83	105,614.47
TV and Video	2,269,589.88	919,946.50	1,203,231.91

그림 13-30 파워 BI의 행렬은 SUBSTITUTEWITHINDEX와 쿼리를 사용해 채워진다.

DAX 쿼리의 결과는 항상 테이블이다. 보고서에 있는 행렬의 각 셀은 DAX 쿼리에 의해 반환되는 테이블의 단일 행에 해당한다. 보고서에 데이터를 올바르게 표시하기 위해 파워 BI는 SUBSTITUTEWITHINDEX를 사용해 행렬의 열 이름(CY 2007, CY 2008 및 CY 2009)을 순차적인 숫자로 변환하므로 결과를 읽으면서 행렬을 쉽게 채울 수 있다. 다음은 이전 행렬에 대해 생성된 DAX 요청의 단순화된 버전이다.

```
DEFINE
  VAR SalesYearCategory =
    SUMMARIZECOLUMNS (
      'Product'[Category],
      'Date'[Calendar Year],
      "Sales_Amount", [Sales Amount]
    )
  VAR MatrixRows =
    SUMMARIZE (
      SalesYearCategory,
      'Product'[Category]
    )
  VAR MatrixColumns =
    SUMMARIZE (
      SalesYearCategory,
      'Date'[Calendar Year]
```

```
  )
  VAR SalesYearCategoryIndexed =
    SUBSTITUTEWITHINDEX (
      SalesYearCategory,
      "ColumnIndex", MatrixColumns,
      'Date'[Calendar Year], ASC
    )

-- 첫 번째 결과: 행렬 열 헤더
EVALUATE
MatrixColumns
ORDER BY 'Date'[Calendar Year]

-- 두 번째 결과: 행렬의 행 및 내용
EVALUATE
NATURALLEFTOUTERJOIN (
  MatrixRows,
  SalesYearCategoryIndexed
)
ORDER BY
  'Product'[Category],
  [ColumnIndex]
```

요청에는 두 개의 EVALUATE 문이 포함돼 있다. 첫 번째 EVALUATE는 그림 13-31과 같이 열 헤더의 내용을 반환한다.

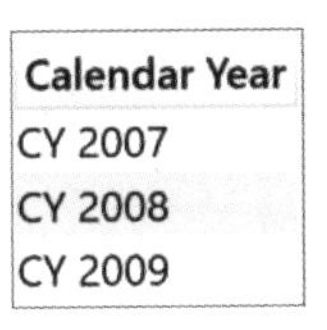

Calendar Year
CY 2007
CY 2008
CY 2009

그림 13-31 파워 BI에서 행렬의 열 헤더의 결과

두 번째 EVALUATE는 행렬 내용의 각 셀에 대해 하나의 행을 제공해 행렬의 나머지 내용을 반환한다. 결과의 모든 행에는 행렬의 행 헤더를 채우는 데 필요한 열과 표시할 숫자, SUBSTITUTEWITHINDEX 함수를 사용해 계산된 열 인덱스를 포함하는 열이 하나 있다. 이는 그림 13-32에서 확인할 수 있다.

Category	Sales_Amount	ColumnIndex
Audio	102,722.07	0
Audio	105,363.42	1
Audio	176,432.67	2
Cameras and camcorders	3,274,847.26	0
Cameras and camcorders	2,184,189.54	1
Cameras and camcorders	1,733,545.15	2
Cell phones	477,451.74	0
Cell phones	462,713.47	1

그림 13-32 SUBSTITUTEWITHINDEX를 사용해 만든 파워 BI에서 행렬의 행 내용 결과

SUBSTITUTEWITHINDEX는 주로 파워 BI의 행렬과 같은 시각화를 만들 때 사용된다.

SAMPLE 사용

SAMPLE은 테이블에서 일부 행을 반환한다. SAMPLE은 반환할 행의 수, 테이블 이름, 정렬 순서를 인수로 받아들인다. SAMPLE은 테이블의 첫 번째 및 마지막 행을 포함해 요청된 행 수만큼의 행을 반환한다. 이때 SAMPLE은 소스 테이블에서 고르게 분산된 행을 선택한다.

예를 들어 다음 쿼리는 입력된 테이블을 제품 이름별로 정렬한 후 정확히 제품 10개를 반환한다.

```
EVALUATE
SAMPLE (
  10,
  ADDCOLUMNS (
    VALUES ( 'Product'[Product Name] ),
    "Sales", [Sales Amount]
  ),
  'Product'[Product Name]
)
ORDER BY 'Product'[Product Name]
```

그림 13-33은 위 쿼리의 결과를 보여준다.

Product Name	Sales
A. Datum Advanced Digital Camera M300 Azure	2,723.83
Adventure Works Laptop16 M1601 Red	25,445.52
Contoso DVD 9-Inch Player Portable M300 White	1,119.93
Contoso Rubberized Skin BlackBerry E100 Black	8,152.01
Fabrikam Independent Filmmaker 1/3" 8.5mm X200 Blue	69,156.00
Litware Home Theater System 2.1 Channel E212 Silver	18,866.71
MGS Rise of Nations: Gold Edition 2009 E143	3,311.00
Proseware Projector 720p LCD56 Black	14,189.70
The Phone Company PDA Phone Unlocked 3.7 inches M510 Black	8,175.30
WWI Wireless Transmitter and Bluetooth Headphones X250 White	9,112.14

그림 13-33 SAMPLE은 고르게 분산된 행을 선택해 테이블의 부분집합을 반환한다.

SAMPLE은 DAX 클라이언트 도구에서 차트의 축에 사용할 값을 만드는 데 유용하다. 또 다른 시나리오는 사용자가 통계 계산을 수행하기 위해 테이블의 표본이 필요한 경우다.

DAX 쿼리에서 자동 존재 동작 이해

많은 DAX 함수가 '자동 존재[auto-exist]'라고 알려진 동작을 사용한다. 자동 존재는 함수가 두 테이블을 결합할 때 사용되는 메커니즘이다. 보통 직관적으로 작동하지만 예기치 않은 결과를 초래할 수 있기 때문에 쿼리를 작성할 때 중요하다.

다음 식을 살펴보자.

```
EVALUATE
SUMMARIZECOLUMNS (
  'Product'[Category],
  'Product'[Subcategory]
)
ORDER BY
  'Product'[Category],
  'Product'[Subcategory]
```

위 쿼리의 결과는 카테고리와 하위 카테고리의 완전한 상호 조인이거나 카테고리와 하위 카테고리의 기존 조합일 수 있다. 실제로 각 카테고리는 하위 카테고리의 부분집합만 포함한다. 따라서 기존 조합의 목록은 전체 상호 조인보다 작다.

가장 직관적인 대답은 SUMMARIZECOLUMNS가 기존 조합만 반환한다는 것이다. 이러한 동작은 자동 존재 기능 때문에 발생한다. 그림 13-34의 결과는 오디오 카테고리의 경우 3개의 하위 카테고리만 보여주고 있으며, 이는 전체 하위 카테고리 목록이 아니다.

Category	Subcategory
Audio	Bluetooth Headphones
Audio	MP4&MP3
Audio	Recording Pen
Cameras and camcorders	Camcorders
Cameras and camcorders	Cameras & Camcorders Accessories
Cameras and camcorders	Digital Cameras
Cameras and camcorders	Digital SLR Cameras
Cell phones	Cell phones Accessories

그림 13-34 SUMMARIZECOLUMNS는 기존의 값 조합만 반환한다.

자동 존재는 쿼리가 같은 테이블의 열을 기준으로 그룹화할 때마다 자동으로 시작된다. 자동 존재 논리를 사용하면 기존의 값 조합만 생성된다. 이렇게 하면 평가할 행의 수가 줄어들어 더 나은 쿼리 계획이 생성된다. 반면 다른 테이블의 열을 사용하면 결과가 달라진다. SUMMARIZECOLUMNS에 사용된 열이 다른 테이블에서 비롯된 경우, 결과는 두 테이블의 완전한 상호 조인이다. 다음 쿼리로 그림 13-35에 표시된 결과를 확인할 수 있다.

```
EVALUATE
SUMMARIZECOLUMNS (
  'Product'[Category],
  'Date'[Calendar Year]
)
ORDER BY
  'Product'[Category],
  'Date'[Calendar Year]
```

두 테이블은 관계를 통해 Sales 테이블과 연결돼 있으며 거래가 없는 연도도 있지만 열이 같은 테이블에서 나오지 않으면 자동 존재 논리는 사용되지 않는다.

Category	Calendar Year
Audio	CY 2005
Audio	CY 2006
Audio	CY 2007
Audio	CY 2008
Audio	CY 2009
Audio	CY 2010
Audio	CY 2011
Cameras and camcorders	CY 2005
Cameras and camcorders	CY 2006
Cameras and camcorders	CY 2007
Cameras and camcorders	CY 2008
Cameras and camcorders	CY 2009
Cameras and camcorders	CY 2010
Cameras and camcorders	CY 2011
Cell phones	CY 2005

그림 13-35 다른 테이블에서 오는 열은 완전한 교차 결합을 생성한다.

집계식을 계산하는 추가 열이 모두 비어 있을 때 SUMMARIZECOLUMNS는 열을 제거한다. 따라서 이전 쿼리에 판매액 측정값이 포함된 경우 SUMMARIZECOLUMNS는 그림 13-36과 같이 판매가 없는 연도와 카테고리를 제거한다.

```
DEFINE
  MEASURE Sales[Sales Amount] =
    SUMX (
      Sales,
      Sales[Quantity] * Sales[Net Price]
    )
EVALUATE
SUMMARIZECOLUMNS (
  'Product'[Category],
  'Date'[Calendar Year],
  "Sales", [Sales Amount]
)
ORDER BY
  'Product'[Category],
  'Date'[Calendar Year]
```

Category	Calendar Year	Sales
Audio	CY 2007	102,722.07
Audio	CY 2008	105,363.42
Audio	CY 2009	176,432.67
Cameras and camcorders	CY 2007	3,274,847.26
Cameras and camcorders	CY 2008	2,184,189.54
Cameras and camcorders	CY 2009	1,733,545.15
Cell phones	CY 2007	477,451.74

그림 13-36 집계 표현식은 빈 행을 제거한다.

이전 쿼리의 동작은 집계를 포함하는 표현식의 결과에 기초하기 때문에 자동 존재 논리에 해당하지 않는다. 상수 표현식은 같은 이유로 무시된다. 예를 들어 공백 대신 0이 있으면 모든 연도와 카테고리가 포함된 목록이 생성된다. 다음 쿼리의 결과는 그림 13-37에서 볼 수 있다.

```
DEFINE
  MEASURE Sales[Sales Amount] =
    SUMX (
      Sales,
      Sales[Quantity] * Sales[Net Price]
    )
EVALUATE
SUMMARIZECOLUMNS (
  'Product'[Category],
  'Date'[Calendar Year],
"Sales", [Sales Amount] + 0 -- 공백 대신 0을 반환
)
ORDER BY
  'Product'[Category],
  'Date'[Calendar Year]
```

Category	Calendar Year	Sales
Audio	CY 2005	0.00
Audio	CY 2006	0.00
Audio	CY 2007	102,722.07
Audio	CY 2008	105,363.42
Audio	CY 2009	176,432.67
Audio	CY 2010	0.00
Audio	CY 2011	0.00
Cameras and camcorders	CY 2005	0.00
Cameras and camcorders	CY 2006	0.00
Cameras and camcorders	CY 2007	3,274,847.26
Cameras and camcorders	CY 2008	2,184,189.54
Cameras and camcorders	CY 2009	1,733,545.15
Cameras and camcorders	CY 2010	0.00
Cameras and camcorders	CY 2011	0.00
Cell phones	CY 2005	0.00

그림 13-37 공백이 아닌 0이 되는 집계식은 SUMMARIZECOLUMNS의 결과에서 행을 유지한다.

그러나 동일한 접근 방식은 같은 테이블에서 비롯된 열에 대한 추가 조합을 생성하지 않는다. 자동 존재 동작은 항상 동일한 테이블의 열에 적용된다. 다음 쿼리는 측정값 표현식이 공백이 아닌 0을 반환함에도 불구하고 카테고리 값과 하위 카테고리 값의 기존 조합만 생성한다.

```
DEFINE
  MEASURE Sales[Sales Amount] =
    SUMX (
      Sales,
      Sales[Quantity] * Sales[Net Price]
    )
EVALUATE
SUMMARIZECOLUMNS (
  'Product'[Category],
  'Product'[Subcategory],
  "Sales", [Sales Amount] + 0
)
ORDER BY
  'Product'[Category],
  'Product'[Subcategory]
```

결과는 그림 13-38에서 볼 수 있다.

Category	Subcategory	Sales
Audio	Bluetooth Headphones	124,450.79
Audio	MP4&MP3	170,194.00
Audio	Recording Pen	89,873.37
Cameras and camcorders	Camcorders	3,157,075.19
Cameras and camcorders	Cameras & Camcorders Accessories	800,534.42
Cameras and camcorders	Digital Cameras	784,935.68
Cameras and camcorders	Digital SLR Cameras	2,450,036.66
Cell phones	Cell phones Accessories	274,049.03

그림 13-38 SUMMARIZECOLUMNS는 집계식이 0을 반환하더라도 동일한 테이블의 열에 자동 존재를 적용한다.

ADDMISSINGITEMS를 사용할 때는 자동 존재 논리를 고려하는 것이 중요하다. 실제로 ADDMISSINGITEMS는 SUMMARIZECOLUMNS에서 빈 결과로 인해 제거된 행만 추가한다. ADDMISSINGITEMS는 동일한 테이블의 열에 대해 자동 존재로 제거된 행을 추가하지는 않는다. 따라서 다음 쿼리는 그림 13-38에 표시된 것과 동일한 결과를 반환한다.

```
DEFINE
  MEASURE Sales[Sales Amount] =
    SUMX (
      Sales,
      Sales[Quantity] * Sales[Net Price]
    )
EVALUATE
ADDMISSINGITEMS (
  'Product'[Category],
  'Product'[Subcategory],
  SUMMARIZECOLUMNS (
    'Product'[Category],
    'Product'[Subcategory],
    "Sales", [Sales Amount] + 0
  ),
  'Product'[Category],
  'Product'[Subcategory]
)
ORDER BY
  'Product'[Category],
  'Product'[Subcategory]
```

자동 존재는 SUMMARIZECOLUMNS를 사용할 때 고려해야 할 중요한 측면이다. 그러나 SUMMARIZE의 동작은 다르다. SUMMARIZE는 항상 다른 테이블 사이에 자동 존재의 역할을 하면서 기둥 사이의 브리지로 사용할 테이블을 요구한다. 예를 들어 다음 SUMMARIZE는 그림 13-39의 결과와 같이 Sales 테이블에 해당 행이 있는 카테고리 및 연도의 조합만 생산한다.

```
EVALUATE
SUMMARIZE (
  Sales,
  'Product'[Category],
  'Date'[Calendar Year]
)
```

Category	Calendar Year
Audio	CY 2007
Audio	CY 2008
Audio	CY 2009
TV and Video	CY 2007
TV and Video	CY 2008
TV and Video	CY 2009
Computers	CY 2007
Computers	CY 2008
Computers	CY 2009

그림 13-39 SUMMARIZE는 Sales에 일치하는 행이 있는 카테고리와 연도의 조합만 반환한다.

존재하지 않는 조합이 반환되지 않는 이유는 SUMMARIZE가 그룹화를 수행하기 위한 출발점으로 Sales 테이블을 사용하기 때문이다. 따라서 Sales에서 언급되지 않은 카테고리나 연도의 값은 결과에 포함되지 않는다. 결과는 같지만 SUMMARIZE와 SUMMARIZECOLUMNS는 다른 방식을 사용한다.

특정 클라이언트 도구를 사용할 때 사용자 환경이 다를 수 있다. 실제로 사용자가 아무런 측정값 없이 카테고리 및 연도만 파워 BI 보고서에 배치하는 경우, 결과는 Sales 테이블에 있는 기존 조합만 표시한다. 자동 존재가 제자리에 있어서가 아니라, 파워 BI가 DAX의 자동 존재 논리에 자체적인 비즈니스 규칙을 추가하기 때문이다. 테이블에 연도 및 카테고리만 있는 간단한 보고서라 할지라도 다음과 같은 복잡한 쿼리를 생성한다.

```
EVALUATE
TOPN (
  501,
  SELECTCOLUMNS (
    KEEPFILTERS (
      FILTER (
        KEEPFILTERS (
          SUMMARIZECOLUMNS (
            'Date'[Calendar Year],
            'Product'[Category],
            "CountRowsSales", CALCULATE ( COUNTROWS ( 'Sales' ) )
          )
        )
        OR (
          NOT ( ISBLANK ( 'Date'[Calendar Year] ) ),
          NOT ( ISBLANK ( 'Product'[Category] ) )
        )
      )
    ),
    "'Date'[Calendar Year]", 'Date'[Calendar Year],
    "'Product'[Category]", 'Product'[Category]
  ),
  'Date'[Calendar Year], 1,
  'Product'[Category], 1
)
```

강조 표시된 행은 파워 BI가 Sales 테이블의 행 수를 세는 숨겨진 계산을 추가한다는 것을 보여준다. SUMMARIZECOLUMNS는 집계식이 공백인 모든 행을 제거하기 때문에 동일한 테이블의 열을 조합해 얻은 자동 존재와 유사한 동작이 발생한다.

파워 BI는 SUMMARIZECOLUMNS에 사용된 모든 테이블과 다대일 관계가 있는 테이블을 포함해 보고서에 측정값이 없을 때만 이 계산을 추가한다. 측정값을 사용해 계산을 추가하는 즉시 파워 BI는 이러한 동작을 중지하고 Sales의 행 수 대신 측정값을 확인한다.

전반적으로 SUMMARIZECOLUMNS와 SUMMARIZE의 동작은 대부분 직관적이다. 그러나 다대다 관계와 같은 복잡한 시나리오에서는 결과가 놀라울 수도 있다. 이 절에서는 자동 존재만 소개했다. 이러한 함수가 복잡한 시나리오에서 작동하는 방법에 대한 자세한 설명은 https://www.sqlbi.com/articles/understanding-dax-auto-exist/에서 확인할 수 있다. 이 기사에서는 이러한 행동이 어떻게 예기치 못한(또는 직관에 반하는) 결과를 초래하는지 보여준다.

결론

13장에서는 쿼리를 작성하는 데 유용한 몇 가지 함수를 제시했다. 이러한 함수(SUMMARIZECOLUMNS 및 ADDMISSINGITEMS는 제외)도 측정값에 사용할 수 있다. 더 복잡한 쿼리를 만들기 위해 이러한 함수를 함께 사용하는 방법을 배우려면 약간의 경험이 필요하다.

13장에서 다룬 가장 관련 있는 주제는 다음과 같다.

- 어떤 함수는 쿼리에서 더 유용하다. 다른 함수들이 너무 기술적이고 전문적이어서 DAX 식을 수동으로 작성하는 데이터 모델러가 아니라 쿼리를 생성하는 클라이언트 도구에 더 도움이 된다. 그럼에도 불구하고 그들 모두 읽는 것은 중요하다. 어느 시점에서는 다른 사람의 코드를 읽어야 할 수도 있으므로 모든 함수에 대한 기본 지식이 중요하다.
- EVALUATE는 쿼리를 이끈다. EVALUATE를 사용해 쿼리 동안만 존재하는 변수와 측정값을 정의할 수 있다.
- 계산된 테이블을 만드는 데 EVALUATE를 사용할 수 없다. 계산된 테이블은 표현식에서 나온다. 따라서 계산된 테이블에 대한 조회를 작성할 때 로컬 측정값이나 열을 작성할 수 없다.
- SUMMARIZE는 그룹화를 수행하는 데 유용하며 일반적으로 ADDCOLUMNS와 함께 사용된다.
- SUMMARIZECOLUMNS는 다목적 함수다. 복잡한 쿼리를 만드는 데 유용하고 강력하며 파워 BI에 의해 광범위하게 사용된다. 그러나 SUMMARIZECOLUMNS는 컨텍스트 전환이 포함된 필터 컨텍스트에서는 사용할 수 없다. 이와 같은 이유로 일반적으로 측정

값에서 SUMARIZECOLUMNS는 제한적으로 사용된다.

- TOPN은 한 카테고리에서 상위(또는 하위) 성과를 검색하는 데 유용하다.
- GENERATE는 SQL의 OUTER APPLY 논리를 구현한다. 필터 역할을 하는 첫 번째 열 집합과 첫 번째 집합의 값에 따라 두 번째 열 집합이 있는 테이블을 생성해야 할 때 편리하다.
- 많은 다른 함수는 쿼리 생성기에 대부분 유용하게 사용할 수 있다.

마지막으로, 12장에서 설명한 모든 테이블 함수를 쿼리를 작성할 때 사용할 수 있다. 쿼리를 작성하는 데 사용할 수 있는 옵션은 13장에서 설명한 함수에 국한되지 않는다.

14

고급 DAX 개념

이 책에서 DAX의 핵심 요소인 행 컨텍스트, 필터 컨텍스트 및 컨텍스트 전환에 대해 충분히 설명했다. 앞의 여러 장에서 DAX의 모든 비밀을 밝혀낼 장으로 14장을 여러 차례 언급했다. 특정 개념을 완벽하게 이해하기 위해 14장을 여러 번 읽고 싶을 수 있다. 처음 읽을 때 "왜 이렇게 복잡해야 하지?"라는 의문이 생길 수 있다. 그러나 14장에서 요약된 개념을 배우면 그동안 배우면서 어려웠던 많은 개념에 공통분모가 있다는 것을 깨닫기 시작하고, 일단 그것을 이해하면 모든 것이 명확해질 것이다.

앞에서 14장의 목표가 여러분을 다음 단계로 옮기는 것이라고 여러 번 언급했다. 각 장을 레벨이라고 한다면 14장은 보스 레벨이다! 솔직히 말해 확장된 테이블과 그림자 필터 컨텍스트의 개념은 배우기 어렵다. 일단 알게 되면 지금까지 배운 모든 것에 대해 새로운 시각을 갖게 될 것이다. 14장을 마친 후에 이 책 전체를 다시 한번 읽어 보길 강력히 추천한다. 두 번째 읽을 때는 처음 읽을 때 이해하지 못했던 세부 사항을 많이 발견하게 될 것이다. 한 번 더 책을 읽으려면 노력이 필요할 것이다. 여러분이 이 책을 읽으면 DAX 전문가가 될 것이라 약속했지만 과정이 쉽다고 말한 적은 없다.

확장된 테이블 소개

처음이자 가장 중요한 개념은 확장된 테이블 개념이다. DAX에서 모든 테이블에는 상응하는 확장된 버전이 있다. 확장된 버전의 테이블에는 원래 테이블의 모든 열과 소스 테이블에서 시작해 다대일 관계의 1쪽에 있는 테이블의 모든 열이 포함된다.

그림 14-1을 살펴보자.

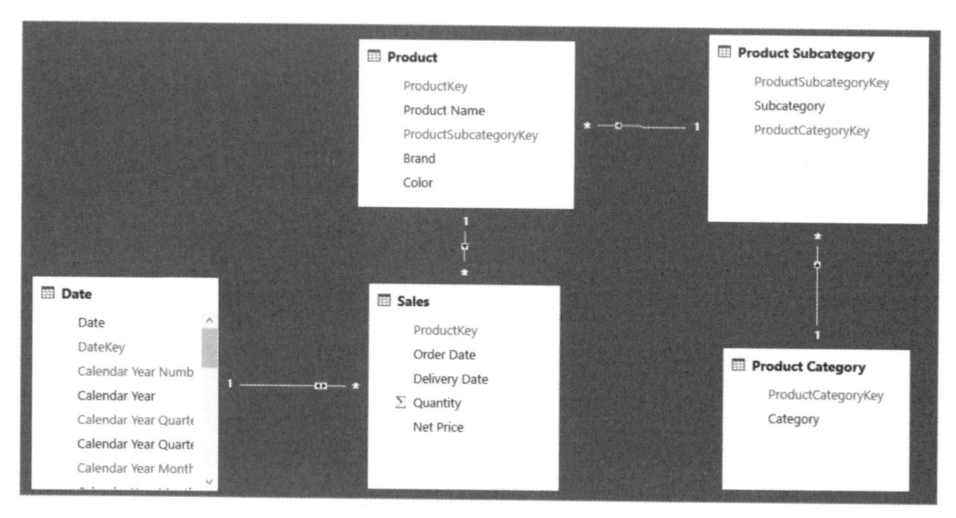

그림 14-1 확장된 테이블 개념을 소개하기 위한 데이터 모델

테이블 확장은 관계의 1쪽으로 향한다. 따라서 테이블을 확장하기 위해서는 기본 테이블에서 시작해 관계의 1쪽에 있는 관련 테이블의 모든 열을 기본 테이블에 추가한다. 예를 들어 `Sales`는 `Product`와 다대일 관계이기 때문에 `Sales`의 확장 버전에는 `Product`의 모든 열도 포함된다. 반면, `Product Category`의 확장 버전에는 기본 테이블만 포함된다. 실제로 `Product Category`와 관계가 있는 유일한 테이블은 `Product Subcategory`뿐이지만 이것은 관계의 M쪽에 있다. 이처럼 테이블 확장은 `Product Subcategory`에서 `Product Category`로 진행되지만 반대쪽으로는 진행되지 않는다.

테이블 확장은 한 단계에서 멈추지 않는다. 예를 들어 `Sales`는 다대일 관계만 따라서 `Product Category`까지 도달할 수 있다. 따라서 확대된 `Sales` 버전에는 `Product`,

Product Subcategory 및 Product Category 열이 포함된다. 더욱이 Sales는 Date와 다대일 관계의 M쪽에 있어서 Sales의 확장 버전에는 Date도 포함된다. 즉, Sales의 확장 버전에는 전체 데이터 모델이 포함된다.

Date 테이블에는 좀 더 주의를 기울여야 한다. 사실 Sales와 Date를 연결하는 관계에서 크로스필터 방향이 양방향이기 때문에 Date 테이블은 Sales에 의해 필터링될 수 있다. 크로스필터 방향은 양방향이지만 다대일이 아닌 일대다 관계다. Date는 Sales, Product, Product Subcategory 및 Product Category로 필터링될 수 있으나 확장된 Date 버전에는 Date 테이블 자체만 포함된다. 크로스필터가 양방향이기 때문에 필터링이 발생하는 경우 필터링을 적용하는 메커니즘은 확장된 테이블의 메커니즘이 아니다. 대신 DAX 코드에 의해 필터가 주입되는데, 이는 14장의 범위를 벗어난 다른 메커니즘을 사용한다. 양방향 필터 전파는 15장, '고급 관계'에서 다룬다.

데이터 모델의 다른 테이블에 대해 동일한 연습을 반복하면 표 14-1에 설명된 확장된 테이블을 만들 수 있다.

표 14-1 확장된 버전의 테이블

Table	Expanded Version
Date	Date
Sales	All the tables in the entire model
Product	Product, Product Subcategory, Product Category
Product	Subcategory Product Subcategory, Product Category
Product Category	Product Category

데이터 모델에는 일대일 관계, 일대다 관계 및 다대다 관계 등 여러 종류의 관계가 있다. 규칙은 변하지 않는다. 즉, 확장은 관계의 1쪽을 향한다. 그럼에도 불구하고 일부 예는 개념을 더 잘 이해하는 데 도움이 될 수 있다. 데이터 모델링의 일반적인 규칙을 따르지는 않지만 교육적 차원에서 의미가 있는 그림 14-2의 데이터 모델을 살펴보자.

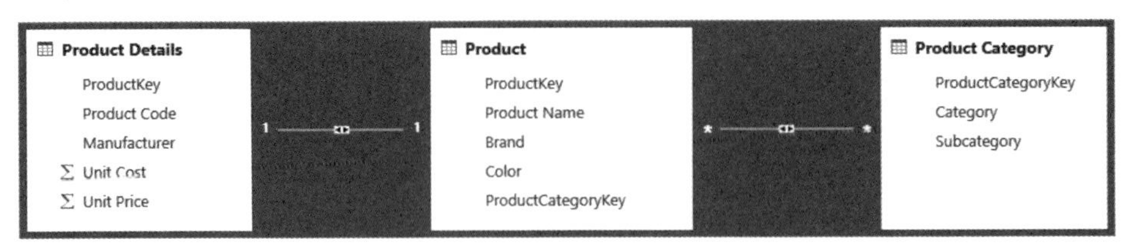

그림 14-2 이 모델에서 두 관계의 크로스필터 방향은 모두 양방향이며 관계는 각각 일대일과 다대다 관계다.

이 모델에서 복잡한 유형의 관계를 의도적으로 사용했다. 여기서 `Product Category` 테이블은 `Subcategory`의 각 값에 대해 행이 하나씩이므로 테이블에는 각 카테고리가 중복된다. 따라서 `ProductCategoryKey` 열은 고유하지 않다. 두 관계에는 모두 양방향 필터가 있다. `Product`와 `Product Details`의 관계는 일대일 관계인 반면, `Product`와 `Product Category` 사이의 관계는 다대다인 약한 관계다. 규칙은 항상 같다. 확장은 시작과 관계없이 관계의 1쪽을 향한다.

결과적으로 `Product Details`는 `Product`로, `Product`는 `Product Details`로 동시에 확장된다. `Product`와 `Product Details`의 확장 버전은 실제로 동일하다. 한편 `Product Category`는 `Product`로 확장되지 않으며 `Product`도 `Product Category`로 확장되지 않는다. 두 테이블이 모두 약한 관계의 M쪽에 있기 때문이다. 다대다 관계에서 확장은 일어나지 않는다. 다대다 관계는 자동적으로 '약한 관계'가 된다. 어떤 약점이 있어서가 아니라 양방향 필터처럼 약한 관계는 확장된 테이블과는 다른 목적으로 사용한다.

확장된 테이블 개념은 필터 컨텍스트 전파가 DAX 식 내에서 작동하는 방식을 명확하게 설명해 준다. 필터가 열에 적용되면 해당 열이 포함된 모든 확장된 테이블이 필터링된다. 이에 대해서는 추가 설명이 필요하다.

그림 14-1에 사용된 모델의 확장된 테이블을 다이어그램으로 표시하면 그림 14-3과 같다.

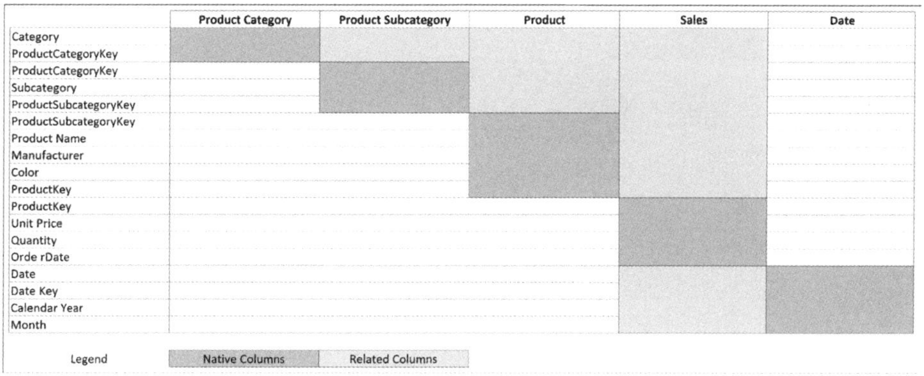

	Product Category	Product Subcategory	Product	Sales	Date
Category					
ProductCategoryKey					
ProductCategoryKey					
Subcategory					
ProductSubcategoryKey					
ProductSubcategoryKey					
Product Name					
Manufacturer					
Color					
ProductKey					
ProductKey					
Unit Price					
Quantity					
Orde rDate					
Date					
Date Key					
Calendar Year					
Month					

Legend Native Columns Related Columns

그림 14-3 데이터 모델을 다이어그램에 표시하면 확장된 테이블을 더 쉽게 시각화할 수 있다.

그림 14-3 차트의 첫 번째 열에는 모델의 모든 열 이름이 적혀 있고, 첫 번째 행에는 각 테이블의 이름이 적혀 있다. 열 이름 일부는 여러 번 표시된다. 열 이름의 중복은 다른 테이블에 공통된 열 이름이 존재해서다. 기본 테이블의 열과 확장된 테이블에 속하는 열을 구별하기 위해 셀에 색상을 지정했다. 열에는 다음의 두 가지 유형이 있다.

- **본래의 열**은 원래 기본 테이블에 속하는 열이며 약간 진한 회색으로 색칠돼 있다.
- **관련된 열**은 기존 관계를 따라 확장된 테이블에 추가된 열이다. 이 열은 다이어그램에 연한 회색으로 표시돼 있다.

이 다이어그램은 열이 어떤 테이블을 필터링하는지 확인하는 데 도움이 된다. 예를 들어 다음 측정값은 CALCULATE를 사용해 Product[Color] 열에 필터를 적용했다.

```
RedSales :=
CALCULATE (
  SUM ( Sales[Quantity] ),
  'Product'[Color] = "Red"
)
```

다이어그램을 사용해 Product[Color] 열이 포함된 테이블을 강조할 수 있다. 그림 14-4를 보면 Product와 Sales 테이블 모두가 영향을 받는다는 것을 바로 알 수 있다.

Product Category | Product Subcategory | Product | Sales | Date

Category
ProductCategoryKey
ProductCategoryKey
Subcategory
ProductSubcategoryKey
ProductSubcategoryKey
Product Name
Manufacturer
Color
ProductKey
ProductKey
Unit Price
Quantity
Order Date
Date
Date Key
Calendar Year
Month

Legend: Native Columns, Related Columns

그림 14-4 열에 해당하는 줄을 색칠하면 어떤 테이블이 필터링되는지 명확하게 알 수 있다.

동일한 다이어그램을 사용해 필터 컨텍스트가 관계를 통해 어떻게 전파되는지 확인할 수 있다. 일단 DAX는 관계의 1쪽에 있는 열을 필터링하면 확장된 버전에서 해당 열이 포함된 모든 테이블을 필터링한다. 확장된 테이블에는 관계의 M쪽에 있는 테이블도 모두 포함된다.

확장된 테이블의 관점에서 생각하면 필터 컨텍스트 전파에 관한 모든 것을 훨씬 쉽게 이해할 수 있다. 실제로 필터 컨텍스트는 필터링되는 열이 포함된 확장된 테이블에서 작동한다. 확장된 테이블 차원에서 이야기할 때 더 이상 관계를 논의의 대상으로 생각하지 않아도 된다. 테이블 확장에는 관계가 사용된다. 일단 테이블이 확장되면 그 관계는 확장된 테이블에 포함되므로, 관계에 대해 더는 고려할 필요가 없다.

노트 위 그림에서 Color에 설정된 필터도 Date로 전파되지만 기술적으로 Color는 Date의 확장된 버전에 속하지는 않는다. 필터 전파는 양방향 필터링 때문이다. Color 필터는 확장된 테이블이 아니라 완전히 다른 프로세스를 통해 Date에 도달한다는 점에 유의해야 한다. DAX는 양방향 관계가 작동하도록 내부에서 특정 필터링 코드를 주입하는 반면, 확장된 테이블에서는 필터링이 자동으로 발생한다. 그 차이는 단지 내부적이기는 하지만 차이점을 이해할 필요는 있다. 확장된 테이블을 사용하지 않는 약한 관계도 마찬가지다. 약한 관계에서도 내부적으로 필터링 코드가 추가된다.

RELATED 이해

DAX에서 테이블을 참조할 때 항상 확장된 테이블이 참조된다. 시멘틱스 차원에서 RELATED 키워드는 어떠한 동작도 실행하지 않는다. 대신 확장된 테이블의 관련 열에 개발자가 접근할 수 있게 한다. 따라서 다음 코드에서 Unit Price 열은 확장된 Sales 테이블에 속하며 RELATED는 Sales 테이블을 가리키는 행 컨텍스트를 통해 열에 접근할 수 있도록 허용한다.

```
SUMX (
  Sales,
  Sales[Quantity] * RELATED ( 'Product'[Unit Price] )
)
```

테이블 확장에서 한 가지 중요한 사항은 테이블 확장은 테이블을 정의할 때 발생하는 것이지, 테이블을 사용할 때 발생하는 것이 아니라는 점이다. 예를 들어 다음 쿼리를 살펴보자.

```
EVALUATE
VAR SalesA =
  CALCULATETABLE (
    Sales,
    USERELATIONSHIP ( Sales[Order Date], 'Date'[Date] )
  )
VAR SalesB =
  CALCULATETABLE (
    Sales,
    USERELATIONSHIP ( Sales[Delivery Date], 'Date'[Date] )
  )
RETURN
  GENERATE (
    VALUES ( 'Date'[Calendar Year] ),
    VAR CurrentYear = 'Date'[Calendar Year]
    RETURN
      ROW (
        "Sales From A", COUNTROWS (
          FILTER (
            SalesA,
            RELATED ( 'Date'[Calendar Year] ) = CurrentYear
          )
```

```
    ),
    "Sales From B", COUNTROWS (
      FILTER (
        SalesB,
        RELATED ( 'Date'[Calendar Year] ) = CurrentYear
      )
    )
  )
)
```

SalesA와 SalesB는 Sales 테이블의 복사본으로 두 개의 서로 다른 관계가 활성화된 필터 컨텍스트에서 평가된다. 즉, SalesA는 주문 날짜와 Date 테이블 사이의 관계를 사용하는 반면 SalesB는 배송 날짜와 Date 테이블 간의 관계를 활성화한다.

두 변수가 평가된 후 GENERATE는 연도를 반복한다. 그런 다음 두 개의 열을 추가로 생성한다. 두 개의 추가 열에는 SalesA와 SalesB의 수가 포함되며 RELATED ('Date'[Calendar Year])가 현재 연도와 동일한 행에 추가 필터를 적용한다. 컨텍스트 전환을 피하려고 다소 복잡한 코드를 작성해야 한다. 실제로 전체 GENERATE 함수 호출에서 컨텍스트 전환은 이뤄지지 않는다.

여기서 문제는 강조 표시된 두 개의 RELATED 함수가 호출될 때 어떤 일이 발생하는지 이해하는 것이다. 확장된 테이블로 생각하지 않으면 제대로 답할 수 없다. RELATED가 실행되면 두 변수가 이미 계산돼 있고 두 USERELATIONSHIP 제어자가 모두 작업을 마쳤기 때문에 Sales[Order Date]와 Date[Date] 사이의 관계가 활성화된다. 그럼에도 불구하고 SalesA와 SalesB는 모두 확장된 테이블이며, 확장은 두 개의 서로 다른 관계가 활성화됐을 때 일어났다. RELATED는 확장된 열에만 접근할 수 있기 때문에 결과적으로 SalesA를 반복할 때 RELATED는 주문 연도를 반환하는 반면 SalesB를 반복할 때는 RELATED는 배송 연도를 반환한다.

그림 14-5의 결과를 보면 그 차이를 알 수 있다. 확장된 테이블이 없었다면 두 열에 있는 각 주문 연도 행의 값이 같았을 것이다.

Calendar Year	Sales From A	Sales From B
CY 2005		
CY 2006		
CY 2007	31,682	30,918
CY 2008	28,756	28,759
CY 2009	39,793	39,580
CY 2010		974
CY 2011		

그림 14-5 두 계산은 서로 다른 연도를 필터링한다.

계산된 열에 RELATED 사용

RELATED 함수는 테이블의 확장된 열에 접근한다. 테이블 확장은 테이블을 사용할 때가 아니라 테이블을 정의할 때 발생한다. 이로 인해 계산된 열에서 관계를 변경할 때 문제가 발생한다.

예를 들어 `Sales`와 `Date` 사이에 두 가지 관계가 있는 그림 14-6의 모델을 살펴보자.

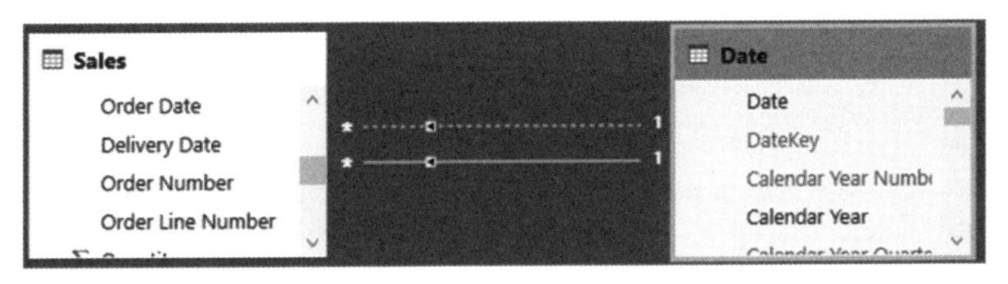

그림 14-6 Sales와 Date 사이에는 두 가지 관계가 있지만 오직 하나의 관계만 활성화된다.

주문한 분기에 배송이 이뤄졌는지를 확인하는 계산된 열을 `Sales`에 추가하는 경우를 가정하자. `Date` 테이블에는 비교할 수 있는 `Date[Calendar Year Quarter]` 열이 있다. 불행하게도 주문 날짜의 분기를 구하기는 쉽지만 배송 분기를 검색하는 일은 쉽지 않다.

실제로 `RELATED('Date'[Calendar Year Quarter])`는 기본 활성 관계를 사용해 주문 날짜의 분기를 반환한다. 하지만 다음 식은 `RELATED`에 사용되는 관계를 바꾸지 않는다.

```
Sales[DeliveryQuarter] =
CALCULATE (
```

```
  RELATED ( 'Date'[Calendar Year Quarter] ),
  USERELATIONSHIP (
    Sales[Delivery Date],
    'Date'[Date]
  )
)
```

여기에는 몇 가지 문제가 있다. 첫 번째는 CALCULATE가 행 컨텍스트를 제거하지만 RELATED에 대한 활성 관계를 변경하려면 CALCULATE가 필요하다는 것이다. 따라서 RELATED는 행 컨텍스트를 필요로 하기 때문에 CALCULATE의 공식 인수로 RELATED를 사용할 수 없다. 두 번째로 숨겨진 문제가 있다. RELATED를 사용할 수 있다고 하더라도 테이블을 정의할 때 계산된 열의 행 컨텍스트가 생성되기 때문에 RELATED는 작동하지 않을 것이다. 계산된 열의 행 컨텍스트는 자동으로 생성되므로 테이블은 항상 기본 관계를 사용해 확장된다.

이 문제에 대한 완벽한 해결책은 없다. 최선의 대안은 LOOKUPVALUE를 사용하는 것이다. LOOKUPVALUE는 제공된 특정 값에 해당하는 열을 테이블에서 검색해 값을 구하는 검색 함수다. 배송 분기는 다음과 같은 코드로 계산할 수 있다.

```
Sales[DeliveryQuarter] =
LOOKUPVALUE (
  'Date'[Calendar Year Quarter],      -- Date [Date] 값과
  'Date'[Date],                       -- Sales [Delivery Date] 값이 동일한
  Sales[Delivery Date]                -- 연도의 분기를 반환한다.
)
```

LOOKUPVALUE는 동일한 값을 검색한다. 복잡한 조건을 더는 추가할 수 없다. CALCULATE를 사용하는 좀 더 복잡한 식이 필요할 수도 있다. 또한 이때 계산된 열에 LOOKUPVALUE를 사용했기 때문에 필터 컨텍스트가 비어 있다. 그러나 필터 컨텍스트가 모델을 능동적으로 필터링하는 경우에도 LOOKUPVALUE는 모델을 무시한다. LOOKUPVALUE는 항상 필터 컨텍스트를 무시하고 테이블에서 행을 검색한다. 마지막으로, LOOKUPVALUE는 일치하는 항목이 없을 때 기본값으로 사용할 마지막 인수를 옵션으로 허용한다.

테이블 필터와 열 필터 간의 차이점 이해

DAX에서는 테이블을 필터링하는 것과 열을 필터링하는 것 사이에 큰 차이가 있다. 테이블 필터는 숙련된 DAX 개발자가 활용할 수 있는 강력한 도구이지만 잘못 사용하면 상당히 혼란스러울 수 있다. 우선 테이블 필터가 잘못된 결과를 만들어내는 시나리오부터 살펴보자. 이 절의 후반부에서는 복잡한 시나리오에서 테이블 필터를 적절하게 활용하는 방법을 설명한다.

종종 DAX 초보 개발자는 다음 두 식이 동일한 결과를 반환한다고 착각하는 실수를 범한다.

```
CALCULATE (
  [Sales Amount],
  Sales[Quantity] > 1
)

CALCULATE (
  [Sales Amount],
  FILTER (
    Sales,
    Sales[Quantity] > 1
  )
)
```

사실 위 두 식은 매우 다르다. 하나는 열을 필터링하고 다른 하나는 테이블을 필터링한다. 비록 두 버전의 코드가 여러 시나리오에서 같은 결과를 반환하지만, 사실 그들은 완전히 다른 표현식을 계산한다. 어떻게 작동하는지 보여주기 위해 두 가지 정의를 다음과 같이 쿼리에 포함했다.

```
EVALUATE
ADDCOLUMNS (
  VALUES ( 'Product'[Brand] ),
  "FilterCol", CALCULATE (
    [Sales Amount],
    Sales[Quantity] > 1
```

```
  ),
  "FilterTab", CALCULATE (
    [Sales Amount],
    FILTER (
      Sales,
      Sales[Quantity] > 1
    )
  )
)
```

결과는 그림 14-7에서 볼 수 있으며, 매우 놀랍다.

Brand	FilterCol	FilterTab
Contoso	3,149,599.81	13,021,408.33
Wide World Importers	814,205.21	13,021,408.33
Northwind Traders	403,528.07	13,021,408.33
Adventure Works	1,706,002.29	13,021,408.33
Southridge Video	598,872.55	13,021,408.33
Litware	1,380,558.35	13,021,408.33
Fabrikam	2,365,917.61	13,021,408.33
Proseware	1,078,439.49	13,021,408.33
A. Datum	906,209.66	13,021,408.33
The Phone Company	479,841.37	13,021,408.33
Tailspin Toys	138,233.93	13,021,408.33

그림 14-7 첫 번째 열은 정확한 결과를 계산하지만, 두 번째 열은 모두 합계에 해당하는 높은 숫자를 보여준다.

FilterCol은 기대했던 값을 반환하는 반면, FilterTab은 항상 모든 브랜드의 합계에 해당하는 동일한 숫자를 반환한다. 확장된 테이블은 이러한 결과가 발생하는 이유를 이해하는 데 중요한 역할을 한다.

FilterTab 계산의 동작을 자세히 살펴보자. CALCULATE의 필터 인수는 Sales 테이블을 반복해 수량이 1보다 큰 모든 Sales 테이블의 행을 반환한다. FILTER의 결과는 Sales 테이블 행의 부분집합이다. DAX에서 테이블을 참조하면 항상 확장된 테이블이 참조된다는 점을 기억하자. Sales는 Product와 관계가 있기 때문에 확장된 Sales 테이블에는 Product 테이블도 모두 포함된다. 여러 열 가운데 Product[brand] 열도 있다.

CALCULATE의 필터 인수는 컨텍스트 전환을 무시하고 원래 필터 컨텍스트에서 평가된다. 브랜드에 대한 필터는 CALCULATE가 컨텍스트 전환을 수행한 후에 작동한다. 따라서 FILTER의 결과는 1보다 큰 수량을 가진 행과 관련된 모든 브랜드의 값을 포함한다. 실제로 FILTER가 반복하는 동안에는 Product[Brand]에 필터가 없다.

새 필터 컨텍스트를 생성할 때 CALCULATE는 다음과 같이 연속된 두 단계를 수행한다.

1. 컨텍스트 전환을 작동시킨다.
2. 필터 인수를 적용한다.

따라서 필터 인수는 컨텍스트 전환의 영향을 무시할 수 있다. ADDCOLUMNS는 Product[Brand]를 반복하고 있기 때문에 각 행에 대한 컨텍스트 전환의 영향은 개별 브랜드를 필터링하는 효과여야 한다. 그럼에도 불구하고 FILTER의 결과에도 제품 브랜드가 포함돼 있어서 컨텍스트 전환의 영향을 무시한다. 최종 결과는 제품 브랜드와 관계없이 수량이 1보다 큰 모든 거래에 대한 판매액의 합계다.

테이블 확장 때문에 테이블 필터를 사용하는 것은 항상 어렵다. 테이블에 필터를 적용할 때마다 필터가 실제로 확장된 테이블에 적용되며, 이는 여러 가지 부작용을 일으킬 수 있다. 황금률은 간단하다. 가능하면 테이블 필터를 사용하지 않아야 한다. 열을 사용하면 계산도 간단하며 테이블을 사용하면 많은 문제가 생길 수 있다.

노트 이 절에서 보여준 예는 데이터 모델에서 정의한 측정값에 쉽게 적용되지 않을 수 있다. 측정값은 항상 컨텍스트 전환을 유도하는 암묵적인 CALCULATE에서 실행되기 때문이다. 다음과 같은 측정값을 살펴보자.

```
Multiple Sales :=
CALCULATE (
  [Sales Amount],
  FILTER (
    Sales,
    Sales[Quantity] > 1
  )
)
```

보고서에서 실행될 때 가능한 DAX 쿼리는 다음과 같다.

```
EVALUATE
ADDCOLUMNS (
  VALUES ( 'Product'[Brand] ),
  "FilterTabMeasure", [Multiple Sales]
)
```

테이블 확장으로 인해 다음과 같이 동일한 쿼리가 실행된다.

```
EVALUATE
ADDCOLUMNS (
  VALUES ( 'Product'[Brand] ),
  "FilterTabMeasure", CALCULATE (
    CALCULATE (
      [Sales Amount],
      FILTER (
        Sales,
        Sales[Quantity] > 1
      )
    )
  )
)
```

첫 번째 CALCULATE는 두 번째 CALCULATE의 FILTER 인수를 포함한 두 인수에 모두 영향을 미치는 컨텍스트 전환을 수행한다. 이렇게 하면 FilterCol과 동일한 결과가 생성되지만 테이블 필터를 사용하면 성능에 부정적인 영향을 미친다. 그러므로 가능하면 항상 열 필터를 사용하는 것이 좋다.

측정값에 테이블 필터 사용

이전 절에서 확장된 테이블에 익숙해지면 결과를 이해하는 데 도움이 되는 첫 번째 예를 살펴봤다. 그러나 더 많은 시나리오에서 확장된 테이블을 유용하게 사용할 수 있다. 그 밖에도 앞의 여러 장에서 세부적인 사항에 대해서는 잘 모르지만 확장된 테이블의 개념을 여러 번 사용했다.

예를 들어 5장, 'CALCULATE 및 CALCULATETABLE 이해'에서 모델에 적용된 모든 필터를 제거하는 방법을 설명할 때 카테고리별로 측정값을 슬라이싱하는 보고서에 다음과 같은 코드를 사용했다.

```
Pct All Sales :=
VAR CurrentCategorySales =
  [Sales Amount]
VAR AllSales =
  CALCULATE (
    [Sales Amount],
    ALL ( Sales )
  )
VAR Result =
  DIVIDE (
    CurrentCategorySales,
    AllSales
  )
RETURN
  Result
```

ALL(Sales)가 필터를 제거하는 이유는 무엇일까? 확장된 테이블의 관점에서 생각하지 않으면 ALL은 다른 필터는 건드리지 않고 Sales 테이블에서만 필터를 제거해야 한다. 실제로 Sales 테이블에서 ALL을 사용하면 확장된 테이블에서 필터를 제거하는 것을 의미한다. Sales는 Product, Customer, Date, Store 및 기타 관련 테이블을 포함해 모든 관련 테이블로 확장되기 때문에 ALL(Sales)를 사용하면 해당 예에서 사용하는 전체 데이터 모델에서 모든 필터가 제거된다.

대부분 이러한 동작은 원하는 동작이며 직관적으로 작동한다. 하지만 확장된 테이블이 내부에서 어떻게 작동하는지 이해해야 한다. 제대로 이해하지 못하면 부정확한 계산을 할 수 있다. 다음 예에서는 확장된 테이블의 중요한 세부 요소 때문에 간단한 계산이 어떻게 실패할 수 있는지를 보여준다. 개발자가 확장된 테이블의 부작용을 의도적으로 이용하려고 하지 않는 한 CALCULATE 문에서 테이블 필터를 사용하지 않는 것이 더 나은 이유를 알 수 있다. 테이블 필터를 사용하지 않아야 하는 이유는 다음 절에서 다룬다.

그림 14-8과 같은 보고서의 요건을 고려해보자. 보고서에는 카테고리를 필터링하는 슬라이서와 하위 카테고리의 매출과 합계에 대한 비율을 각각 보여주는 행렬이 포함돼 있다.

Category
- ☐ Audio
- ☐ Cameras and camcorders
- ☐ Cell phones
- ■ Computers
- ☐ Games and Toys
- ☐ Home Appliances
- ☐ Music, Movies and Audio Books
- ☐ TV and Video

Subcategory	Sales Amount	Pct
Computers Accessories	341,362.15	5.06%
Desktops	1,017,127.27	15.09%
Laptops	1,925,105.28	28.56%
Monitors	604,386.23	8.97%
Printers, Scanners & Fax	505,519.67	7.50%
Projectors & Screens	2,348,048.13	34.83%
Total	**6,741,548.73**	**100.00%**

그림 14-8 Pct 열은 총매출액 대비 하위 카테고리의 비율을 보여준다.

선택한 카테고리에 속하는 하위 카테고리의 현재 판매 금액을 해당 카테고리의 총 판매액으로 나눠야 하므로 첫 번째(정확하지 않은) 해결책은 다음과 같다.

```
Pct :=
DIVIDE (
  [Sales Amount],
  CALCULATE (
    [Sales Amount],
    ALL ( 'Product Subcategory' )
  )
)
```

제품 하위 카테고리에 적용된 필터를 제거하면, DAX는 카테고리에 적용된 필터를 유지해 올바른 결과를 생성할 것이라고 기대했다. 그러나 결과는 그림 14-9에서 볼 수 있듯이 잘못됐다.

Category
- ☐ Audio
- ☐ Cameras and camcorders
- ☐ Cell phones
- ■ Computers
- ☐ Games and Toys
- ☐ Home Appliances
- ☐ Music, Movies and Audio Books
- ☐ TV and Video

Subcategory	Sales Amount	Pct
Computers Accessories	341,362.15	1.12%
Desktops	1,017,127.27	3.32%
Laptops	1,925,105.28	6.29%
Monitors	604,386.23	1.98%
Printers, Scanners & Fax	505,519.67	1.65%
Projectors & Screens	2,348,048.13	7.68%
Total	**6,741,548.73**	**22.04%**

그림 14-9 Pct의 첫 번째 구현은 잘못된 결과를 낳는다.

이 식의 문제는 ALL('Product Subcategory')이 확장된 Product Subcategory 테이블을 참조한다는 점이다. Product Subcategory는 Product Category로 확장된다. 따라서 ALL은 Product Subcategory 테이블뿐만 아니라 Product Category 테이블에서도 필터를 제거한다. 따라서 분모는 모든 카테고리의 합계를 반환하고, 그 결과 잘못된 백분율을 계산한다.

여러 가지 방법으로 문제를 해결할 수 있다. 현재 보고서에서 조금씩 다른 접근법을 사용해도 모두 같은 값을 계산한다. 예를 들어 다음 Pct Of Categories 측정값은 관련 카테고리의 합계와 비교해 선택된 하위 카테고리의 백분율을 계산한다. 우선 확장된 Product Subcategory 테이블에서 필터를 제거한 후 VALUES는 Product Category 테이블의 필터를 복원한다.

```
Pct Of Categories :=
DIVIDE (
  [Sales Amount],
  CALCULATE (
    [Sales Amount],
    ALL ( 'Product Subcategory' ),
    VALUES ( 'Product Category' )
  )
)
```

또 다음과 같이 인수 없이 ALLSELECTED를 사용하는 측정값 Pct of Visual Total도 또 다른 대안이 될 수 있다. ALLSELECTED는 확장된 테이블을 걱정할 필요 없이 시각화 외부의 슬라이서에 적용된 필터 컨텍스트를 복원한다.

```
Pct Of Visual Total :=
DIVIDE (
  [Sales Amount],
  CALCULATE (
    [Sales Amount],
    ALLSELECTED ()
  )
)
```

ALLSELECTED는 단순해서 매력적이다. 그러나 14장의 후반부에서 그림자 필터 컨텍스트를 소개한다. 이 개념을 통해 ALLSELECTED에 대해 좀 더 완벽하게 이해할 수 있을 것이다. ALLSELECTED는 강력하지만 복잡한 식에서는 신중하게 사용해야 한다.

마지막으로, ALLEXCEPT를 사용한 또 다른 솔루션도 가능하며 선택된 하위 카테고리를 슬라이서에서 선택한 카테고리와 비교한다.

```
Pct :=
DIVIDE (
  [Sales Amount],
  CALCULATE (
    [Sales Amount],
    ALLEXCEPT ( 'Product Subcategory', 'Product Category' )
  )
)
```

마지막 식에서는 지금까지 사용하지 않은 ALLEXCEPT 구문을 사용했다. 즉, 식에는 ALLEXCEPT 함수와 테이블, 열 목록 대신 두 개의 테이블을 사용했다.

ALLEXCEPT는 추가 인수로 제공된 열만 제외하고 소스 테이블에서 필터를 제거한다. 열 목록에는 첫 번째 인수의 확장된 테이블에 속하는 모든 열(또는 테이블)이 포함될 수 있다. Product Subcategory의 확장된 테이블에는 Product Category 전체 테이블이 포함되기 때문에 제공된 코드는 유효한 구문이다. 위 코드는 Product Category의 확장된 테이블의 열을 제외하고 Product Subcategory 전체 테이블에서 필터를 제거한다.

데이터 모델이 올바르게 비정규화되지 않으면, 확장된 테이블은 더 많은 문제를 야기할 수 있다. 실제로 이 책의 대부분에서 콘토소 버전을 사용하는데, 여기서 카테고리 및 하위 카테고리는 Product 테이블의 열로 저장되며 그 자체로는 테이블이 아니다. 즉, Product 테이블의 속성으로 Category 및 Subcategory 테이블을 비정규화했다. 올바르게 비정규화된 모델에서 테이블 확장은 Sales와 Product 사이에 더욱 자연스러운 방식으로 수행된다. 따라서 종종 발생하기 때문에 모델에 대해 조금만 생각하면 DAX 코드를 더 쉽게 작성할 수 있다.

활성화된 관계 이해

확장된 테이블로 작업할 때 고려해야 할 또 다른 중요한 측면은 활성화된 관계에 관한 개념이다. 여러 관계가 있는 모델에서는 혼동하기 쉽다. 이 절에서는 복수의 관계 때문에 문제가 될 수 있는 예를 살펴본다.

판매 금액과 배송 금액을 계산해야 한다고 가정하자. 두 측정값은 USERELATIONSHIP으로 올바른 관계를 활성화해 계산할 수 있다. 다음 두 측정값은 잘 작동한다.

```
Sales Amount :=
SUMX (
  Sales,
  Sales[Quantity] * Sales[Net Price]
)

Delivered Amount :=
CALCULATE (
  [Sales Amount],
  USERELATIONSHIP ( Sales[Delivery Date], 'Date'[Date] )
)
```

결과는 그림 14-10에서 볼 수 있다.

Calendar Year	Sales Amount	Delivered Amount
CY 2007	11,309,946	11,034,860
CY 2008	9,927,583	9,901,408
CY 2009	9,353,815	9,442,286
CY 2010		212,790
Total	**30,591,344**	**30,591,344**

그림 14-10 위 두 측정값은 서로 다른 관계를 사용한다.

다음의 약간 변형된 Delivered Amount 측정값은 테이블 필터를 사용하기 때문에 제대로 작동하지 않는다.

```
Delivered Amount =
CALCULATE (
  [Sales Amount],
```

```
  CALCULATETABLE (
    Sales,
    USERELATIONSHIP ( Sales[Delivery Date], 'Date'[Date] )
  )
)
```

이 새로운 식은 그림 14-11에서 보는 바와 같이 빈 결과를 생성한다.

Calendar Year	Sales Amount	Delivered Amount
CY 2007	11,309,946	
CY 2008	9,927,583	
CY 2009	9,353,815	
Total	**30,591,344**	

그림 14-11 테이블 필터를 사용하면 새 측정값은 공백을 반환한다.

이제 결과가 공백인 이유를 살펴보자. 확장된 테이블에는 많은 주의를 기울여야 한다. CALCULATETABLE의 결과는 Sales 테이블의 확장된 버전이며 Date 테이블도 포함한다. Sales 테이블이 CALCULATETABLE에 의해 평가될 때 활성화된 관계는 Sales[Delivery Date]와의 관계다. CALCULATETABLE은 지정된 해에 배송된 모든 판매액을 확장된 테이블로 반환한다.

CALCULATETABLE이 외부 CALCULATE의 필터 인수로 사용될 때 CALCULATETABLE의 결과는 Sales[Delivery Date]와 Date[Date]의 관계를 사용하는 확장된 Sales 테이블을 통해 Sales 및 Date를 필터링한다. 그럼에도 불구하고 CALCULATETABLE이 실행을 종료하면 Sales[Order Date]와 Date[Date] 사이의 기본 관계가 다시 활성화된다. 따라서 필터링되는 날짜는 이제 주문일이며 더 이상 배송일이 아니다. 다시 말하자면 주문일을 필터링하기 위해 배송일이 포함된 테이블이 사용된다. 이 시점에는 Sales[Order Date]와 Sales[Delivery Date]가 일치하는 행만 남게 된다. 이 조건을 만족하는 행은 모델에 없으며 결과적으로 결과는 공백이다.

개념을 더 명확히 하기 위해 Sales 테이블에 표 14-2와 같이 몇 행만 있다고 가정하자.

표 14-2 행이 두 개인 Sales 테이블 예제

Order Date	Delivery Date	Quantity
12/31/2007	01/07/2008	100
01/05/2008	01/10/2008	200

2008년을 선택하면 내부 CALCULATETABLE은 표 14-3에 표시된 열을 포함한 Sales의 확장된 버전을 반환한다.

표 14-3 CALCULATETABLE의 결과는 확장된 Sales 테이블이며, 확장된 테이블에는 Sales[Delivery Date]와의 관계를 사용한 Date[Date]도 포함된다.

Order Date	Delivery Date	Quantity	Date
12/31/2007	01/07/2008	100	01/07/2008
01/05/2008	01/10/2008	200	01/10/2008

이 테이블을 필터로 사용하면 Date[Date] 열은 Date[Date]와 Sales[Order Date] 사이의 활성 관계를 사용한다. 이때 확장된 Sales 테이블은 표 14-4와 같다.

표 14-4 Sales [Order Date] 열을 사용한 기본 활성 관계를 사용해 확장된 Sales 테이블

Order Date	Delivery Date	Quantity	Date
12/31/2007	01/07/2008	100	12/31/2007
01/05/2008	01/10/2008	200	01/05/2008

표 14-3의 행은 표 14-4에서 볼 수 있는 행을 필터링하려고 시도한다. 그러나 Date 열은 상응하는 각 행에 대해 두 테이블에서 항상 다르다. 값이 같지 않기 때문에 첫 번째 행은 활성 행 집합에서 제거된다. 같은 방식으로 두 번째 행도제외된다.

결국 Sales[Order Date]가 Sales[Delivery Date]와 같은 행만 필터에서 유지되며 서로 다른 관계에 대해 생성된 두 개의 확장된 테이블의 Date[Date] 열에 동일한 값을 생성한다. 이번에는 복잡한 필터링 효과가 활성 관계에서 비롯된다. CALCULATE 문 내에서 활성 관계를 변경하면 CALCULATE 내부의 계산에만 영향을 주지만 결과가 CALCULATE 외부에서 사용되면 관계가 기본값으로 되돌아간다.

늘 그렇듯이 이 동작은 올바른 것임을 지적할 필요가 있다. 복잡하지만 정확하다. 하지만 테이블 필터를 최대한 피해야 할 충분한 이유가 있다. 테이블 필터를 사용하면 올바르게 작동할 수도 있지만 매우 복잡하고 예측할 수 없는 시나리오가 될 수도 있다. 더군다나 테이블 필터 대신 열 필터가 있는 측정값이 잘 작동할 뿐만 아니라 읽기도 쉽다.

테이블 필터에 관한 황금률은 테이블 필터를 사용하지 않아야 한다는 것이다. 이 제안을 따르지 않는 개발자는 다음과 같은 두 가지 비용을 지불해야 한다. 즉, 필터링 동작을 이해하는 데 많은 시간이 소요되며 성능은 최악의 결과가 될 것이다.

테이블 확장과 필터링의 차이

앞에서 설명한 것처럼 테이블 확장은 오직 관계의 M쪽에서 1쪽으로만 이뤄진다. 데이터 모델의 모든 관계에서 양방향 필터링을 활성화한 그림 14-12의 모델을 살펴보자.

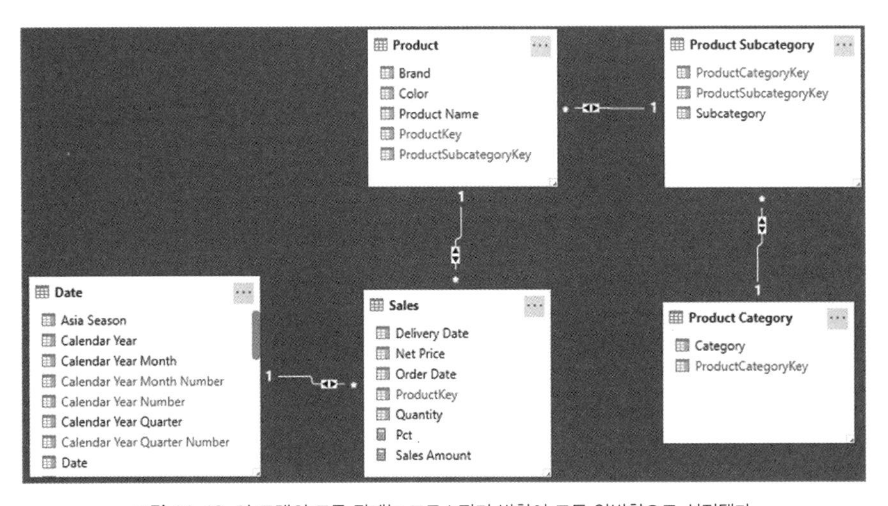

그림 14-12 이 모델의 모든 관계는 크로스필터 방향이 모두 양방향으로 설정됐다.

`Product`와 `Product Subcategory`와의 관계가 양방향 필터링으로 설정됐지만, 확장된 `Product` 테이블에는 Subcategory가 포함돼 있음에 반해 확장된 `Product Subcategory` 테이블에는 `Product`가 없다.

DAX 엔진은 표현식에 필터링 코드를 삽입해 확장이 양방향으로 진행되는 것처럼 양방향 필터링이 작동하도록 한다. CROSSFILTER 함수를 사용할 때도 비슷하게 작동한다. 따라서 대부분은 테이블 확장이 양방향으로 수행되는 것처럼 측정값이 작동한다. 그러나 테이블 확장은 실제로 관계의 M쪽으로 진행하지는 않는다.

SUMMARIZE 또는 RELATED를 사용할 때 차이가 중요하다. 개발자가 SUMMARIZE를 사용해 다른 테이블을 기반으로 테이블 그룹화를 수행한다면 확장된 테이블의 열 중 하나를 사용해야 한다. 예를 들어 다음 SUMMARIZE 문은 잘 작동한다.

```
EVALUATE
SUMMARIZE (
  'Product',
  'Product Subcategory'[Subcategory]
)
```

반면에 Product[Color]를 기준으로 Product Subcategory 테이블을 요약하려고 하는 다음 식은 작동하지 않는다.

```
EVALUATE
SUMMARIZE (
  'Product Subcategory',
  'Product'[Color]
)
```

위 식을 실행하면 'SUMMARIZE 함수에 지정된 Color 열이 입력 테이블에 없다'라는 오류가 발생한다. 이는 Product Subcategory의 확장된 버전에 Product[Color]가 없다는 것을 의미한다. SUMMARIZE와 마찬가지로 RELATED는 확장 테이블에 속하는 열에 대해서만 작동한다.

이러한 테이블이 일련의 양방향 관계에 의해 연결된 경우에도 다른 테이블의 열을 사용해 Date 테이블을 그룹화할 수 없다.

```
EVALUATE
SUMMARIZE ( 'Date', 'Product'[Color] )
```

테이블 확장이 양방향으로 진행되는 특별한 경우는 하나뿐이며, 이는 일대일로 정의된 관계의 경우다. 관계가 일대일인 경우 두 테이블이 서로 확장된다. 일대일 관계로 두 테이블의 시멘틱스가 동일하기 때문이다. 한 데이블의 각 행은 다른 테이블의 한 행과 직접 관계가 있다. 따라서 두 테이블을 두 개의 열 집합으로 분할된 하나의 테이블로 간주해도 좋다.

확장된 테이블의 컨텍스트 전환

확장된 테이블은 컨텍스트 전환에도 영향을 준다. 행 컨텍스트는 확장된 테이블의 일부인 모든 열에 대해 상응하는 필터 컨텍스트로 변환된다. 행 컨텍스트에서는 RELATED 함수를 사용하고 컨텍스트 전환 시에는 SELECTEDVALUE 함수를 사용해 제품의 Category를 반환하는 쿼리를 살펴보자.

```
EVALUATE
SELECTCOLUMNS (
  'Product',
  "Product Key", 'Product'[ProductKey],
  "Product Name", 'Product'[Product Name],
  "Category RELATED", RELATED ( 'Product Category'[Category] ),
  "Category Context Transition", CALCULATE (
    SELECTEDVALUE ( 'Product Category'[Category] )
  )
)
ORDER BY [Product Key]
```

쿼리의 결과에는 그림 14-13과 같이 Category RELATED와 Category Context Transition 이라는 두 개의 같은 열이 있다.

Product Key	Product Name	Category RELATED	Category Context Transition
113	WWI Wireless Transmitter and Bluetooth Headphones X250 White	Audio	Audio
114	WWI Wireless Transmitter and Bluetooth Headphones X250 Red	Audio	Audio
115	WWI Wireless Transmitter and Bluetooth Headphones X250 Silver	Audio	Audio
116	Adventure Works 20" CRT TV E15 Silver	TV and Video	TV and Video
117	Adventure Works 20" CRT TV E15 Black	TV and Video	TV and Video
118	Adventure Works 20" CRT TV E15 White	TV and Video	TV and Video

그림 14-13 서로 다른 방법으로 계산된 각 제품의 Category가 두 열에 표시된다.

Category RELATED 열에는 보고서의 같은 줄에 표시된 제품의 카테고리가 표시된다. 이 값은 Product의 행 컨텍스트가 사용 가능한 경우 RELATED를 사용해 검색된다. Category Context Transition 열은 다른 방법으로 CALCULATE를 호출해 컨텍스트를 전환한다. 컨텍스트 전환은 Product 테이블에서 한 행만 필터링한다. 이 필터는 제품 하위 카테고리 및 제품 카테고리에도 적용돼 제품의 해당 행을 필터링한다. 이때 필터 컨텍스트는 제품 카테고리에서 한 행만 필터링하므로 SELECTEDVALUE는 Product Category 테이블에서 필터링된 유일한 행에서 Product Category 열의 값을 반환한다.

이 부작용은 잘 알려졌지만, 관련 테이블에서 값을 검색하려고 할 때 이 동작에 의존하는 것은 비효율적이다. 결과는 같지만 성능이 다를 수 있다. 컨텍스트 전환을 사용하는 솔루션은 제품의 여러 행에 사용할 때 특히 많은 비용을 초래한다. 컨텍스트 전환은 계산 비용이 많이 들어서다. 따라서 성능 향상을 위해서는 컨텍스트 전환의 수를 줄여야 한다. 이때는 RELATED를 사용하는 것이 더 나은 솔루션이다. RELATED는 SELECTEDVALUE가 작동하는데 필요한 컨텍스트 전환을 방지한다.

ALLSELECTED 및 그림자 필터 컨텍스트 이해

ALLSELECTED는 커다란 함정을 숨긴 편리한 함수다. 무해한 듯하지만 ALLSELECTED는 DAX 언어에서 가장 복잡한 함수다. 이 절에서는 ALLSELECTED의 내부 작동 방식에 대한 철저한 기술적 설명과 함께 언제 ALLSELECTED를 사용하고, 언제 사용하지 않아야 하는지를 제안한다.

ALLSELECTED는 다른 ALL* 함수와 마찬가지로 테이블 함수 또는 CALCULATE 제어자로 사용할 수 있다. ALLSELECTED는 이 두 시나리오에서 작동하는 방식이 다르다. 또한 ALLSELECTED는 그림자 필터 컨텍스트를 활용하는 유일한 DAX 함수다. 이 절에서는 ALLSELECTED의 동작을 먼저 살펴본 후 그림자 필터 컨텍스트를 소개하고 마지막으로 ALLSELECTED를 최적으로 사용하는 방법에 대한 몇 가지 팁을 제공한다.

ALLSELECTED는 직관적으로 사용할 수 있다. 그림 14-14의 보고서에 대한 요구 사항을 살펴보자.

Brand
☐ A. Datum
■ Adventure Works
■ Contoso
■ Fabrikam
■ Litware
■ Northwind Traders
■ Proseware
☐ Southridge Video
☐ Tailspin Toys
☐ The Phone Company
☐ Wide World Importers

Brand	Sales Amount	Pct
Adventure Works	4,011,112.28	16.88%
Contoso	7,352,399.03	30.94%
Fabrikam	5,554,015.73	23.38%
Litware	3,255,704.03	13.70%
Northwind Traders	1,040,552.13	4.38%
Proseware	2,546,144.16	10.72%
Total	**23,759,927.34**	**100.00%**

그림 14-14 이 보고서는 선택된 브랜드의 판매액과 비율을 보여준다.

이 보고서는 슬라이서를 사용해 특정 브랜드를 필터링한다. 선택한 모든 브랜드의 합계에 대한 각 브랜드의 비율과 판매액을 보여준다. 백분율 표현식은 다음과 같이 간단하다.

```
Pct :=
DIVIDE (
  [Sales Amount],
  CALCULATE (
    [Sales Amount],
    ALLSELECTED ( 'Product'[Brand] )
  )
)
```

직관적으로 ALLSELECTED가 현재 시각화 외부에서 선택된 브랜드, 즉 Adventure Works부터 Proseware까지 선택된 브랜드의 값을 반환한다는 사실을 알고 있을 것이다. 그러나 Power BI는 DAX 엔진에 '현재 시각화'라는 개념이 없는 단일 DAX 쿼리만을 전송한다.

DAX는 슬라이서와 행렬에서 무엇이 선택됐는지 어떻게 알 수 있을까? DAX는 이를 알지 못한다. ALLSELECTED는 시각화 외부에서 필터링된 열(또는 테이블)의 값을 반환하지 않는다. ALLSELECTED가 하는 일은 전혀 다른 작업이며 부작용으로 대부분 같은 결과를 돌려준다. ALLSELECTED의 올바른 정의는 다음 두 문장으로 구성된다.

- 테이블 함수로 사용할 경우 ALLSELECTED는 마지막 그림자 필터 컨텍스트에서 볼 수 있는 값 집합을 반환한다.
- CALCULATE 표현식으로 사용할 경우 ALLSELECTED는 매개변수에 마지막 그림자 필터 컨텍스트를 복원한다.

마지막 두 문장은 좀 더 설명할 필요가 있다.

그림자 필터 컨텍스트 소개

그림자 필터 컨텍스트를 이해하기 위해 Power BI에서 그림 14-14와 같은 결과를 반환하는 다음 쿼리를 살펴보자.

```
DEFINE
  VAR __DS0FilterTable =
    TREATAS (
      {
        "Adventure Works",
        "Contoso",
        "Fabrikam",
        "Litware",
        "Northwind Traders",
        "Proseware"
      },
      'Product'[Brand]
    )
EVALUATE
TOPN (
  502,
  SUMMARIZECOLUMNS (
    ROLLUPADDISSUBTOTAL (
      'Product'[Brand],
      "IsGrandTotalRowTotal"
    ),
    __DS0FilterTable,
    "Sales_Amount", 'Sales'[Sales Amount],
    "Pct", 'Sales'[Pct]
  ),
  [IsGrandTotalRowTotal], 0,
  'Product'[Brand], 1
)
ORDER BY
  [IsGrandTotalRowTotal] DESC,
  'Product'[Brand]
```

위 쿼리는 분석하기 약간 복잡하다. 이는 고유의 복잡성 때문이 아니라 엔진에 의해 생성돼 사람이 읽을 수 있도록 설계되지 않았기 때문이다. 다음은 원본과 유사하되 이해하고 설명하기 쉽게 수정한 식이다.

```
EVALUATE
VAR Brands =
  FILTER (
    ALL ( 'Product'[Brand] ),
    'Product'[Brand]
      IN {
        "Adventure Works",
        "Contoso",
        "Fabrikam",
        "Litware",
        "Northwind Traders",
        "Proseware"
      }
  )
RETURN
  CALCULATETABLE (
    ADDCOLUMNS (
      VALUES ( 'Product'[Brand] ),
      "Sales_Amount", [Sales Amount],
      "Pct", [Pct]
    ),
    Brands
  )
```

두 번째 쿼리의 결과는 앞의 보고서와 거의 동일하며 합계가 누락돼 있다는 점만 차이가 있다. 그림 14-15에서 이를 확인할 수 있다.

Brand	Sales_Amount	Pct
Contoso	7,352,399.03	30.94%
Northwind Traders	1,040,552.13	4.38%
Adventure Works	4,011,112.28	16.88%
Litware	3,255,704.03	13.70%
Fabrikam	5,554,015.73	23.38%
Proseware	2,546,144.16	10.72%

그림 14-15 쿼리는 이전 보고서와 거의 동일한 결과를 제공한다. 유일하게 빠진 부분은 합계다.

위 쿼리에 대한 포인트를 살펴보면 다음과 같다.

- 외부 CALCULATETABLE은 6개의 브랜드를 포함하는 필터 컨텍스트를 생성한다.
- ADDCOLUMNS는 CALCULATETABLE 내부에 보이는 6개 브랜드에 대해 반복한다.
- 판매액과 pct 모두 반복 내에서 실행된다. 따라서 두 측정값 실행 전에 컨텍스트 전환이 이뤄지며 두 측정값의 필터 컨텍스트는 현재 반복되는 브랜드만을 포함한다.
- 판매액은 필터 컨텍스트를 바꾸지 않는 반면, pct는 필터 컨텍스트를 수정하기 위해 ALLSELECTED를 사용한다.
- ALLSELECTED가 pct 내부의 필터 컨텍스트를 수정해 업데이트된 필터 컨텍스트는 현재 반복하는 브랜드 대신 6개 브랜드를 모두 표시한다.

그림자 필터 컨텍스트가 무엇이고 DAX가 ALLSELECTED에서 그림자 필터 컨텍스트를 사용하는 방법을 이해하기 위해서는 위 마지막 포인트가 가장 중요하다. 실제로 핵심은 ADDCOLUMNS가 6개 브랜드에 걸쳐 반복하고 컨텍스트 전환은 그중 하나만 보이게 하며, ALLSELECTED는 6개 브랜드가 포함된 필터 컨텍스트를 복원할 방법이 필요하다는 것이다.

다음은 쿼리 실행에 대한 보다 자세한 설명이며 3단계로 그림자 필터 컨텍스트를 소개한다.

1. 외부 CALCULATETABLE은 6개 브랜드로 필터 컨텍스트를 생성한다.
2. VALUES는 6개의 보이는 브랜드를 반환하고 그 결과를 ADDCOLUMNS에 반환한다.
3. 반복함수인 ADDCOLUMNS는 반복을 시작하기 직전에 VALUES의 결과를 포함하는 그림자 필터 컨텍스트를 생성한다.
   - 그림자 필터 컨텍스트는 필터 컨텍스트와 같지만 휴면 상태로 남아 평가에 어떤 영향도 미치지 않는다.
   - 그림자 필터 컨텍스트는 ALLSELECTED에 의해서만 활성화될 수 있다. 현재로서는 그림자 필터 컨텍스트에 6개의 반복 브랜드가 포함돼 있다는 것만 기억하자.
   - 일반 필터 컨텍스트를 명시적 필터 컨텍스트라고 칭해 그림자 필터 컨텍스트와 구분한다.

4. 반복하는 동안 주어진 한 행에서 컨텍스트 전환이 발생한다. 따라서 컨텍스트 전환은 반복하는 브랜드만을 포함하는 새로운 명시적 필터 컨텍스트를 생성한다.
5. Pct 측정값 평가 중에 ALLSELECTED가 호출되면 **ALLSELECTED는 매개변수로 전달된 열이나 테이블 또는 ALLSELECTED에 인수가 없는 경우 모든 열에 마지막 그림자 필터 컨텍스트를 복원한다.** (변수 없는 ALLSELECTED의 동작은 다음 절에서 설명한다.)
   - 마지막 그림자 필터 컨텍스트에는 6개의 브랜드가 있으므로 선택한 브랜드를 다시 볼 수 있다.

위에서 간단한 예로 그림자 필터 컨텍스트의 개념을 소개할 수 있었다. 이전 쿼리는 ALLSELECTED가 그림자 필터 컨텍스트를 활용해 현재 시각화 외부의 필터 컨텍스트를 검색하는 방법을 보여줬다. 실행 과정에 대한 설명에서는 파워 BI 시각화를 사용하지 않았다. 실제로 DAX 엔진은 어떤 비주얼을 제작하는 데 도움이 되는지 인식하지 못한다. 수신되는 것은 DAX 쿼리뿐이다.

ALLSELECTED는 대부분 올바른 필터 컨텍스트를 검색한다. 실제로 Power BI의 모든 시각화와 클라이언트 도구에 의해 생성된 대부분의 시각화는 일반적으로 동일한 종류의 쿼리를 생성한다. 이러한 자동 생성 쿼리에는 항상 표시하는 항목에 그림자 필터 컨텍스트를 생성하는 최상위 반복함수가 포함된다. 이 때문에 ALLSELECTED가 시각화 외부에서 필터 컨텍스트를 복원하는 것처럼 보인다.

ALLSELECTED에 대한 이해를 한 단계 더 진전시켰으므로 ALLSELECTED가 제대로 작동하는 데 필요한 조건을 좀 더 면밀히 검토할 필요가 있다.

- 쿼리는 반복함수를 포함해야 한다. 반복함수가 없으면 그림자 필터 컨텍스트가 없고 ALLSELECTED가 작업을 수행할 수 없다.
- ALLSELECTED가 실행되기 전에 여러 개의 반복함수가 있는 경우 ALLSELECTED는 마지막 그림자 필터 컨텍스트를 복원한다. 즉, 측정값에서 ALLSELECTED를 반복 내에 중첩하면 측정값이 클라이언트 도구에서 생성된 DAX 쿼리의 다른 반복에서 거의 항상 실행되므로 원치 않는 결과가 생성될 가능성이 크다.

- ALLSELECTED로 전달된 열이 그림자 필터 컨텍스트에 의해 필터링되지 않으면 ALLSELECTED는 아무것도 하지 않는다.

이제는 ALLSELECTED의 행동이 상당히 복잡하다는 것을 더 분명히 알 수 있을 것이다. 개발자는 주로 ALLSELECTED를 사용해 시각화 외부의 필터 컨텍스트를 검색한다. 이 책에서도 ALLSELECTED를 동일한 목적으로 사용했다. 그러면서 무슨 일이 일어나고 있는지 자세히 설명하지는 않았지만 항상 ALLSELECTED가 올바른 환경에서 사용됐는지 점검했다.

ALLSELECTED의 완전한 시멘틱스는 그림자 필터 컨텍스트와 관련이 있으며, 단지 우연히 (좀더 솔직하게 말하자면 의도적으로) 결과가 현재 시각화 외부의 필터 컨텍스트를 검색하는 것을 수반한다.

훌륭한 개발자라면 ALLSELECTED의 기능을 정확히 알고 ALLSELECTED가 올바르게 작동하는 시나리오에서만 이를 사용해야 한다. 작동하지 않을 것으로 예상되는 조건에서 ALLSELECTED를 사용하면 원하지 않는 결과가 생성될 수 있으며 이때는 ALLSELECTED가 아니라 개발자가 책임을 져야 한다.

ALLSELECTED에 대한 황금 규칙은 아주 간단하다. **ALLSELECTED는 행렬이나 기타 시각화에 직접 투영되는 측정값에 사용하는 경우에만 외부 필터 컨텍스트를 검색하는 데 사용할 수 있다.** 다음 절에서 설명하겠지만 반복 내에 ALLSELECTED가 포함된 측정값을 사용해 정확한 결과를 얻을 것으로 기대해서는 절대 안 된다. DAX 개발자로서 우리는 다음과 같이 단순한 규칙을 사용한다. 어떤 측정값에 ALLSELECTED를 사용했다면 해당 측정값은 다른 어떤 측정값으로도 호출해서는 안 된다. 이는 일련의 측정값 호출에서 ALLSELECTED가 포함된 측정값을 호출해 반복하는 위험을 피하기 위함이다.

ALLSELECTED는 반복된 행을 반환함

ALLSELECTED의 동작을 더 잘 알아보기 위해 이전 쿼리를 다음과 같이 약간 변경한다. 즉, VALUES(Product[Brand])를 반복하는 대신, ADDCOLUMNS가 ALL(Product[Brand])를 반복하게 한다.

```
EVALUATE
VAR Brands =
  FILTER (
    ALL ( 'Product'[Brand] ),
    'Product'[Brand]
      IN {
        "Adventure Works",
        "Contoso",
        "Fabrikam",
        "Litware",
        "Northwind Traders",
        "Proseware"
      }
  )
RETURN
  CALCULATETABLE (
    ADDCOLUMNS (
      ALL ( 'Product'[Brand] ),
      "Sales_Amount", [Sales Amount],
      "Pct", [Pct]
    ),
    Brands
  )
```

이 새로운 시나리오에서 반복 전에 ADDCOLUMNS에 의해 생성된 그림자 필터 컨텍스트는 단순히 선택된 브랜드가 아니라 모든 브랜드를 포함한다. 따라서 Pct 측정값에서 호출됐을 때 ALLSELECTED는 그림자 필터 컨텍스트를 복원해 모든 브랜드를 보여준다. 그림 14-16의 결과는 그림 14-15에 나타난 이전 쿼리의 결과와 다르다.

Brand	Sales_Amount	Pct
Contoso	7,352,399.03	24.03%
Wide World Importers	1,901,956.66	6.22%
Northwind Traders	1,040,552.13	3.40%
Adventure Works	4,011,112.28	13.11%
Southridge Video	1,384,413.85	4.53%
Litware	3,255,704.03	10.64%
Fabrikam	5,554,015.73	18.16%
Proseware	2,546,144.16	8.32%
A. Datum	2,096,184.64	6.85%
The Phone Company	1,123,819.07	3.67%
Tailspin Toys	325,042.42	1.06%

그림 14-16 ALLSELECTED는 이전 필터 컨텍스트가 아닌 현재 반복된 값을 복원한다.

결과는 모든 브랜드를 보여주고, 계산하는 코드는 같지만 숫자는 이전과 다르다. 이 시나리오에서 ALLSELECTED의 동작은 정확하다. 개발자는 브랜드 변수에 의해 정의된 필터 컨텍스트가 Pct 측정값에 의해 무시돼 예기치 않게 작동한다고 생각할 수 있지만, 실제로 ALLSELECTED는 설계한 대로 작동하고 있다. ALLSELECTED는 마지막 그림자 필터 컨텍스트를 반환한다. 위의 변경된 쿼리에서 마지막 그림자 필터 컨텍스트는 필터링된 브랜드뿐만 아니라 모든 브랜드를 포함한다. 실제로 ADDCOLUMNS는 모든 브랜드를 포함하는 반복되는 행에서 그림자 필터 컨텍스트를 도입한다.

이전 필터 컨텍스트를 유지해야 하는 경우 ALLSELECTED에만 의존할 수 없다. 이전 필터 컨텍스트를 유지하는 CALCULATE 제어자는 KEEPFILTERS다. KEEPFILTERS가 작동할 때의 결과를 보는 것은 흥미로운 일이다.

```
EVALUATE
VAR Brands =
  FILTER (
    ALL ( 'Product'[Brand] ),
    'Product'[Brand]
      IN {
        "Adventure Works",
        "Contoso",
        "Fabrikam",
        "Litware",
        "Northwind Traders",
        "Proseware"
      }
  )
RETURN
  CALCULATETABLE (
    ADDCOLUMNS (
      KEEPFILTERS ( ALL ( 'Product'[Brand] ) ),
      "Sales_Amount", [Sales Amount],
      "Pct", [Pct]
    ),
    Brands
  )
```

반복함수의 제어자로 사용될 때 KEEPFILTERS는 반복되는 테이블의 결과를 변경하지 않는다. 테이블에서 반복하는 동안 컨텍스트 전환이 발생할 때마다 반복함수에 KEEPFILTERS를 암묵적 CALCULATE 제어자로 적용하도록 지시한다. 결과적으로 ALL은 모든 브랜드를 반환하고 그림자 필터 컨텍스트도 모든 브랜드를 포함하고 있다. 컨텍스트 전환이 발생하면 Brands 변수를 사용해 외부 CALCULATETABLE에 의해 적용된 이전 필터가 유지된다. 따라서 쿼리는 모든 브랜드를 반환하지만 그림 14-17에서 볼 수 있듯이 선택한 브랜드만 고려해 값이 계산된다.

Brand	Sales_Amount	Pct
Contoso	7,352,399.03	30.94%
Wide World Importers		
Northwind Traders	1,040,552.13	4.38%
Adventure Works	4,011,112.28	16.88%
Southridge Video		
Litware	3,255,704.03	13.70%
Fabrikam	5,554,015.73	23.38%
Proseware	2,546,144.16	10.72%
A. Datum		
The Phone Company		
Tailspin Toys		

그림 14-17 KEEPFILTERS와 함께 ALLSELECTED를 사용하면 많은 공백이 포함된 다른 결과가 도출된다.

매개변수 없는 ALLSELECTED

이름에서 알 수 있듯이 ALLSELECTED는 ALL* 그룹에 속한다. CALCULATE 제어자로 사용하면 필터를 제거하는 역할을 한다. 매개변수로 사용되는 열이 그림자 필터 컨텍스트에 포함된 경우 해당 열의 마지막 그림자 필터 컨텍스트만 복원한다. 그림자 필터 컨텍스트가 없으면 아무것도 수행하지 않는다.

CALCULATE 제어자로 사용될 때 ALL과 마찬가지로 ALLSELECTED도 매개변수 없이 사용할 수 있다. 이때 ALLSELECTED는 모든 열의 마지막 그림자 필터 컨텍스트를 복원한다. 이 동작은 열이 그림자 필터 컨텍스트에 포함된 경우에만 발생한다. 열이 명시적 필터로만 필터링 되는 경우에 해당 필터는 그대로 유지된다.

ALL* 계열 함수

ALL* 함수가 복잡하기 때문에 이 절에서는 각 함수의 동작에 대한 요약을 제공한다. 모든 ALL* 함수는 조금씩 다르게 작동하므로 이에 숙달하는 데는 시간과 경험이 필요하다. 14장은 DAX 주요 개념을 다루는데, 지금은 주요 개념을 요약할 시간이다.

ALL* 함수에는 ALL, ALLEXCEPT, ALLNOBLANKROW, ALLCROSSFILTERED 및 ALLSELECTED 함수가 포함된다. 이 모든 함수는 테이블 함수이며, 또한 CALCULATE 제어자로 사용할 수 있다. 테이블 함수로 사용할 경우 CALCULATE 제어자로 사용할 때보다 훨씬 이해하기 쉽다. 실제로 CALCULATE 제어자로 사용할 경우 필터를 지우는 역할을 하므로 예상치 못한 결과가 발생할 수 있다.

표 14-5는 ALL* 함수를 요약한 표다. 이 절의 나머지 부분에서 각 함수에 대한 보다 완전한 설명을 제공한다.

표 14-5 ALL* 함수 요약

함수	테이블 함수	CALCULATE 제어자
ALL	열 또는 테이블의 모든 고유한 값을 반환한다.	열 또는 확장된 테이블에서 필터를 제거한다. 필터를 추가하지 않으며 제거하기만 한다.
ALLEXCEPT	확장된 테이블의 일부 열에 있는 필터를 무시하고 테이블의 모든 고유한 값을 반환한다.	추가 인수로 전달된 열(또는 테이블)을 제외하고 확장된 테이블에서 필터를 제거한다.
ALLNOBLANKROW	잘못된 관계에 대해 추가된 빈 행을 무시하고 열 또는 테이블의 모든 고유한 값을 반환한다.	열 또는 확장된 테이블에서 필터를 제거한다. 또 빈 행만 제거하는 필터를 추가한다. 이처럼 필터가 없어도 컨텍스트에 하나의 필터를 적극적으로 추가한다.
ALLSELECTED	마지막 그림자 필터 컨텍스트에 표시되는 열 또는 테이블의 고유한 값을 반환한다.	그림자 필터 컨텍스트가 있으면 마지막 그림자 필터 컨텍스트를 테이블 또는 열에 복원한다. 그렇지 않으면 아무것도 하지 않는다. 필터가 모든 값을 표시하는 경우에도 항상 필터를 추가한다.
ALLCROSSFILTERED	테이블 기능으로 사용할 수 없음.	양방향 크로스필터를 통해 직접 또는 간접적으로 도달할 수 있는 테이블을 포함해 확장된 테이블에서 필터를 제거한다. ALLCROSSFILTERED는 필터를 추가하지 않으며 필터가 있을 때만 필터를 제거한다.

표 14-5의 '테이블 함수' 열은 ALL* 함수가 DAX 식에 사용되는 시나리오에 해당하며, 'CALCULATE 제어자' 열은 ALL* 함수가 CALCULATE에서 필터 인수의 최상위 함수가 되는 경우에 해당한다.

두 사용 방법의 또 다른 중요한 차이점은 EVALUATE 문을 통해 이러한 ALL* 함수의 결과를 검색할 때 결과는 확장된 테이블이 아닌 기본 테이블 열만 포함한다. 그럼에도 불구하고 컨텍스트 전환과 같은 내부 계산은 항상 해당 확장 테이블을 사용한다. 다음 DAX 코드의 예는 ALL 함수의 다양한 사용법을 보여준다. ALL* 계열의 모든 함수에 동일한 개념을 적용할 수 있다.

다음 예에서 ALL은 간단한 테이블 함수로 사용됐다.

```
SUMX (
  ALL ( Sales ),                             -- ALL은 테이블 함수다.
  Sales[Quantity] * Sales[Net Price]
)
```

다음 예에서는 반복을 포함하는 두 식이 있다. 둘 다 Sales Amount라는 측정값을 참조하면 컨텍스트가 전환되고 컨텍스트 전환은 확장된 테이블에서 발생한다. 테이블 함수로 사용되면 ALL은 확장된 테이블 전체를 반환한다.

```
FILTER (
  Sales,
  [Sales Amount] > 100                       -- 컨텍스트 전환은 확장된 테이블에서 일어난다.
)

FILTER (
  ALL ( Sales ),                             -- ALL은 테이블 함수
  [Sales Amount] > 100                       -- 컨텍스트 전환은 확장된 테이블에서
                                             -- 발생한다.
)
```

다음 예에서는 ALL을 CALCULATE 제어자로 사용해 확장된 Sales 버전에서 모든 필터를 제거한다.

```
CALCULATE (
    [Sales Amount],
    ALL ( Sales )                                       -- ALL은 CALCULATE 제어자
)
```

다음 예는 앞의 예와 비슷해 보이지만 실제로는 매우 다르다. ALL은 CALCULATE 제어자로 사용되지 않고 FILTER의 인수로 사용된다. 이때 ALL은 전체 확장된 Sales 테이블을 반환하는 일반적인 테이블 함수로 작용한다.

```
CALCULATE (
  [Sales Amount],
  FILTER ( ALL ( Sales ), Sales[Quantity] > 0 )  -- ALL은 테이블 함수
                                                 -- 필터 컨텍스트는 확장된 테이블을
                                                 -- Filter의 인수로 받는다.
)
```

다음에서 ALL* 계열에 포함된 함수에 관해 자세히 설명한다. 이 함수들은 단순해 보이지만 다소 복잡하다. 대부분은 그들의 동작은 꼭 필요하지만 경계 사례에서는 원치 않는 결과를 산출할 수도 있다. 이 모든 규칙과 특정한 동작을 기억하기는 쉽지 않다. ALL* 함수에 대해 확실하지 않을 때 표 14-5를 활용하길 바란다.

ALL

테이블 함수로 사용될 때 ALL은 간단한 함수다. 하나 이상 열의 모든 고유한 값 또는 테이블의 모든 값을 반환한다. CALCULATE 제어자로 사용될 때는 가상의 REMOVEFILTER 함수로 작동한다. 열이 필터링되면 필터를 제거한다. 하지만 열이 크로스필터링되면 필터는 제거되지 않는다. 직접 필터만 ALL로 제거할 수 있다. 따라서 ALL(Product [Color])을 CALCULATE 제어자로 사용하면 Product 테이블의 다른 열에 필터가 있을 때 Product [Color]가 크로스필터링될 수 있다. ALL은 확장된 테이블에서 작동한다. 이로써 ALL (Sales)가 샘플 모델의 테이블에서 필터를 제거할 수 있다. 확장된 Sales 테이블에는 전체 모델의 모든 테이블이 포함된다. 인수가 없는 ALL은 전체 모델에서 필터를 제거한다.

ALLEXCEPT

테이블 함수로 사용될 때 ALLEXCEPT는 테이블에서 제시된 열을 제외한 열의 모든 고유한 값을 반환한다. 필터로 사용하면 결과에는 전체 확장된 테이블이 포함된다. CALCULATE에서 필터 인수로 사용될 때 ALLEXCEPT는 ALL로 작동하지만 인수로 제공된 열에서 필터를 제거하지는 않는다. ALL/VALUES를 사용하는 것과 ALLEXCEPT는 다르다. ALLEXCEPT는 필터만 제거하는 반면, ALL은 필터를 제거하고 VALUES는 새 필터를 적용해 교차 필터링을 유지한다. 미묘하지만 중요한 차이이다.

ALLNOBLANKROW

테이블 함수로 사용될 때 ALLNOBLANKROW는 ALL처럼 작동하지만 유효하지 않은 관계로 인해 잠재적으로 추가된 빈 행은 반환하지 않는다. 테이블에 공백이 있으면 ALLNOBLANKROW는 여전히 빈 행을 반환할 수 있다. 반환되지 않는 유일한 행은 유효하지 않은 관계를 수정하기 위해 엔진이 자동으로 추가하는 행이다. CALCULATE의 제어자로 사용하면 ALLNOBLANKROW는 모든 필터를 빈 행만 제거하는 새 필터로 바꾼다. 따라서 모든 열은 공백 값만 필터링한다.

ALLSELECTED

테이블 함수로 사용될 때 ALLSELECTED는 마지막 그림자 필터 컨텍스트에서 필터링된 테이블(또는 열)의 값을 반환한다. CALCULATE 제어자로 사용될 때 각 열의 마지막 그림자 필터 컨텍스트를 복원한다. 여러 개의 열이 서로 다른 그림자 필터 컨텍스트에 있는 경우 각 열에 대한 마지막 그림자 필터 컨텍스트를 사용한다.

ALLCROSSFILTERED

ALLCROSSFILTERED는 CALCULATE 제어자로만 사용할 수 있고 테이블 함수로는 사용할 수 없다. ALLCROSSFILTERED에는 하나의 인수만 허용하며 이때 인수는 반드시 테이블이어야 한다. ALLCROSSFILTERED는 (ALL처럼) 확장된 테이블에 설정된 모든 필터를 제거한다. 또한 확장된 테이블에 직·간접적으로 연결된 관계에 설정된 양방향 크로스필터로 크로스필터링된 열 및 테이블의 모든 필터도 제거한다.

데이터 계보 이해

10장, '필터 컨텍스트 작업'에서 데이터 계보를 소개하고 TREATAS를 사용해 데이터 계보를 제어하는 방법도 설명했다. 12장, '테이블 작업'과 13장, '쿼리 작성'에서는 특정 테이블 함수로 결과의 데이터 계보를 조작하는 방법을 다뤘다. 이 절은 데이터 계보에 관해 기억해야 할 규칙을 요약한 것이며 앞에서는 다루지 못한 추가 정보도 포함돼 있다.

데이터 계보의 기본 규칙은 다음과 같다.

- 데이터 모델에서 테이블의 각 열에는 고유한 데이터 계보가 있다.
- 필터 컨텍스트가 모델을 필터링할 때 필터 컨텍스트에 포함된 열과 동일한 데이터 계보로 모델 열을 필터링한다.
- 필터는 테이블의 결과이므로 테이블 함수가 결과의 데이터 계보에 어떤 영향을 줄 수 있는지 알아야 한다.
  - 일반적으로 데이터를 그룹화하는 데 사용되는 열은 결과에서 데이터 계보를 유지한다.
  - 집계 결과를 포함하는 열에는 항상 새 데이터 계보가 있다.
  - ROW 및 ADDCOLUMNS에 의해 생성된 열에는 항상 새로운 데이터 계보가 있다.
  - SELECTEDCOLUMNS에 의해 생성된 열은 표현식이 데이터 모델에서 열의 복사본일 때 원래 열의 데이터 계보를 유지한다. 그렇지 않으면 새 데이터 계보가 있다.

예를 들어 다음 코드는 각 제품 색상이 해당 색상의 모든 판매를 합한 판매액이 있는 테이블을 생성하는 것으로 보인다. C2는 ADDCOLUMNS에 의해 생성된 열이므로 내용이 같더라도 Product[Color]와 동일한 계보를 갖지 않는다. 다음과 같은 단계를 거쳐야 한다. 먼저 C2 열을 만든 다음 해당 열만 선택한다. 다른 열이 같은 테이블에 남아 있으면 다른 결과를 얻게 된다.

```
DEFINE
  MEASURE Sales[Sales Amount] =
    SUMX ( Sales, Sales[Quantity] * Sales[Net Price] )
EVALUATE
VAR NonBlueColors =
```

```
  FILTER (
    ALL ( 'Product'[Color] ),
    'Product'[Color] <> "Blue"
  )
VAR AddC2 =
  ADDCOLUMNS (
    NonBlueColors,
    "[C2]", 'Product'[Color]
  )
VAR SelectOnlyC2 =
  SELECTCOLUMNS ( AddC2, "C2", [C2] )
VAR Result =
  ADDCOLUMNS ( SelectOnlyC2, "Sales Amount", [Sales Amount] )
RETURN Result
ORDER BY [C2]
```

위 쿼리는 Sales Amount 열의 값이 항상 동일한 결과를 생성하며 Sales 테이블의 모든 행의 합계에 해당한다. 결과는 그림 14-18에서 확인할 수 있다.

C2	Sales Amount
Azure	30,591,343.98
Black	30,591,343.98
Brown	30,591,343.98
Gold	30,591,343.98
Green	30,591,343.98
Grey	30,591,343.98
Orange	30,591,343.98
Pink	30,591,343.98
Purple	30,591,343.98
Red	30,591,343.98
Silver	30,591,343.98
Silver Grey	30,591,343.98
Transparent	30,591,343.98
White	30,591,343.98
Yellow	30,591,343.98

그림 14-18 C2 열은 Product[Color]와 데이터 계보가 같지 않다.

TREATAS는 테이블의 데이터 계보를 변환하는 데 사용할 수 있다. 예를 들어 다음 코드는 마지막 ADDCOLUMNS가 Color 열에 대한 컨텍스트 전환을 활용해 판매액을 계산하도록 데이터 계보를 Product[Color]로 복원한다.

```
DEFINE
  MEASURE Sales[Sales Amount] =
    SUMX ( Sales, Sales[Quantity] * Sales[Net Price] )
EVALUATE
VAR NonBlueColors =
  FILTER (
    ALL ( 'Product'[Color] ),
    'Product'[Color] <> "Blue"
  )
VAR AddC2 =
  ADDCOLUMNS (
    NonBlueColors,
    "[C2]", 'Product'[Color]
  )
VAR SelectOnlyC2 =
  SELECTCOLUMNS ( AddC2, "C2", [C2] )
VAR TreatAsColor =
  TREATAS ( SelectOnlyC2, 'Product'[Color] )
VAR Result =
  ADDCOLUMNS ( TreatAsColor, "Sales Amount", [Sales Amount] )
RETURN Result
ORDER BY 'Product'[Color]
```

부작용으로 TREATAS는 또한 열 이름을 변경하는데, 이때 열 이름은 ORDER BY 조건에서 정확하게 참조돼야 한다. 결과는 그림 14-19에서 볼 수 있다.

Color	Sales Amount
Azure	97,389.89
Black	5,860,066.14
Brown	1,029,508.95
Gold	361,496.01
Green	1,403,184.38
Grey	3,509,138.09
Orange	857,320.28
Pink	828,638.54
Purple	5,973.84
Red	1,110,102.10
Silver	6,798,560.86
Silver Grey	371,908.92
Transparent	3,295.89
White	5,829,599.91
Yellow	89,715.56

그림 14-19 결과의 Color 열은 Product[Color]와 데이터 계보가 같다.

결론

14장에서는 확장된 테이블과 그림자 필터 컨텍스트라는 두 가지 복잡한 개념을 소개했다.

확장된 테이블은 DAX의 핵심이다. 확장된 테이블의 관점에서 생각하는 데 익숙해지려면 시간이 좀 걸린다. 그러나 일단 확장된 테이블의 개념에 친숙해지면 관계로 작업하는 것보다 더 간단해진다. 개발자가 확장된 테이블을 다루는 일은 드물지만 결과를 이해할 수 있는 유일한 방법일 때도 있으므로 중요한 개념이다.

이러한 관점에서 그림자 필터 컨텍스트는 확장된 테이블과 같다. 이해하기 어렵지만 식을 평가할 때 결과가 어떻게 계산됐는지를 정확하게 설명한다. 그림자 컨텍스트를 먼저 마스터하지 않고 ALLSELECTED를 사용하는 복잡한 공식을 이해하는 것은 거의 불가능하다.

그러나 두 가지 개념이 모두 너무 복잡하므로 가장 좋은 방법은 피하는 것이다. 15장에서 확장 테이블이 유용한 몇 가지 예를 보여준다. 그림자 필터 컨텍스트는 코드에서 쓸모가 없다. 시각적 수준에서 합계를 계산하도록 하기 위한 DAX의 기술적 수단일 뿐이다.

CALCULATE 필터 인수에서 테이블 필터가 아닌 열 필터만 사용해 확장된 테이블을 사용하지 않도록 하자. 이렇게 하면 코드를 이해하기 훨씬 쉬워진다. 일반적으로 확장된 테이블이 복잡한 측정값에 필요한 경우를 제외하면 확장된 테이블을 무시할 수 있다.

ALLSELECTED가 반복 내에서 호출되지 않도록 해서 그림자 필터 컨텍스트를 피하도록 하자. ALLSELECTED 앞의 유일한 반복은 (주로 파워 BI의) 쿼리 엔진에 의해 생성된 가장 바깥쪽 반복이어야 한다. 반복 내에서 ALLSELECTED를 포함하는 측정값을 호출하면 계산이 더 복잡해진다.

위 두 조언을 따르면 DAX 코드는 정확하고 이해하기 쉽다. 전문가들은 복잡성을 잘 이해하지만, 언제 복잡성을 피하는 것이 더 좋은지도 잘 알고 있다. 반복 내에서 테이블 필터와 ALLSELECTED를 피한다고 해서 개발자가 교육받지 않은 것처럼 보이지는 않는다. 오히려 그렇게 함으로써 코드가 항상 원활하게 작동하기를 원하는 전문가로 평가될 수 있다.

15

고급 관계

이제는 DAX에 관해 공유할 비밀이 없다. 앞의 여러 장에서 DAX의 구문과 기능에 대해 알아야 할 모든 내용을 다뤘다. 그래도 갈 길은 아직 멀다. DAX에 관해 전적으로 할애한 두 장이 남았고, 이어서 최적화에 관해서도 이야기해야 한다. 16장은 고급 DAX 계산에 관해 다룬다. 15장에서는 DAX를 활용해 고급 유형의 관계를 만드는 방법을 설명한다. 여기에는 계산된 물리적 관계와 가상 관계가 포함된다. 그러고 나서 일대일, 일대다 및 다대다 등 여러 가지 유형의 물리적 관계에 관한 고려 사항을 공유하고자 한다. 이러한 관계의 각 유형의 고유한 특성을 살펴볼 필요가 있다. 이외에도 아직 어느 정도 주의가 필요한 주제는 모호성이다. DAX 모델은 모호할 수도 있기에 잘 다루려면 이 문제에 관해 잘 알아야만 한다.

15장의 끝부분에서는 DAX가 아니라 데이터 모델링과 관련이 있는 주제인, 세분화 정도가 다른 경우의 관계에 관해서도 다룬다. 예산과 실적을 분석해야 할 때 세분화 정도가 다른 여러 테이블을 사용하는 경우가 많으므로 제대로 관리하는 방법을 알 필요가 있다.

계산된 물리적(실제) 관계 구현

설명할 첫 번째 관계는 '계산된 물리적 관계'다. 키Key가 없어 관계를 설정할 수 없거나 복잡한 공식으로 키를 계산해야 할 때 계산된 열을 활용해 관계를 설정할 수 있다. 결과는 여전히 물리적 관계이며, 일반적인 관계와의 유일한 차이점은 관계 키가 데이터 소스의 열이 아닌 계산된 열이라는 점이다.

다중 열 관계 계산

테이블 형식 모형에서는 단일 열에 기반한 관계만 만들 수 있다. 여러 열을 기반으로 하는 관계는 지원하지 않는다. 그럼에도 불구하고 여러 열에 기반한 관계는 변경할 수 없는 데이터 모델에서 유용하게 사용할 수 있다. 여러 열에 기반한 관계를 다루는 두 가지 방법은 다음과 같다.

- 키 구성이 포함된 계산된 열을 정의한 다음, 관계에서 새로운 키로 사용한다.
- LOOKUPVALUE 함수를 사용해 대상 테이블(일대다 관계의 1쪽)의 열을 비정규화한다.

예를 들어 '오늘의 제품' 프로모션을 실시하는 Contoso의 사례를 살펴보자. 날짜에 따라 제품별 할인을 시행한다. 데이터 모델은 그림 15-1과 같다.

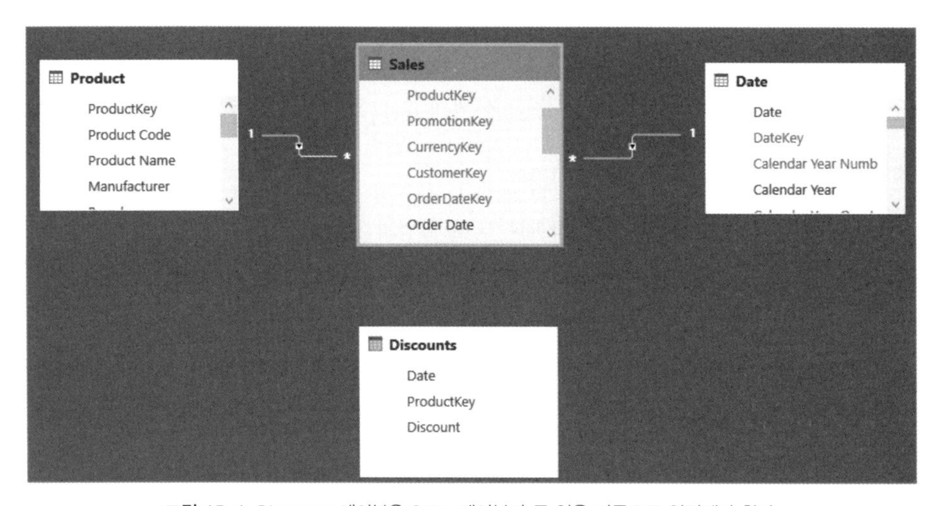

그림 15-1 Discounts 테이블은 Sales 테이블과 두 열을 기준으로 연결돼야 한다.

Discounts 테이블에는 Date, ProductKey, Discount라는 세 개의 열이 있다. 할인액을 계산하기 위해 이 정보를 사용할 때 문제가 생긴다. 판매 시 ProductKey와 주문 날짜에 따라 할인이 적용되기 때문이다. 이 Sales와 Discounts 사이의 관계를 만들 수 없다. 관계에 두 열이 관련되지만 DAX는 단일 열을 기반으로 하는 관계만 지원하기 때문이다.

문제를 해결하는 첫 번째 대안은 다음과 같이 Discounts 및 Sales에서 두 열을 조합해 새 열을 만드는 것이다.

```
Sales[DiscountKey] =
COMBINEVALUES (
  "-",
  Sales[Order Date],
  Sales[ProductKey]
)

Discounts[DiscountKey] =
COMBINEVALUES(
  "-",
  Discounts[Date],
  Discounts[ProductKey]
)
```

계산된 열은 COMBINEVALUES 함수를 사용한다. COMBINEVALUES는 구분 기호와 표현식 집합을 인수로 받아들여 주어진 구분 기호로 분리해 연결된 문자열을 만든다. 더 간단한 문자열 연결을 사용해 열값 차원에서 동일한 결과를 얻을 수 있지만 COMBINEVALUES에는 몇 가지 장점이 있다. 실제로 COMBINEVALUES는 모델에서 다이렉트쿼리를 사용하는 경우에 계산된 열을 기반으로 관계를 만들 때 특히 유용하다. COMBINEVALUES는 입력값이 다르면 출력 문자열도 다르다고 가정하지만 이에 대해 검증하지는 않는다. 이 가정을 기반으로 COMBINEVALUES를 사용해 계산된 열을 만들고 두 다이렉트쿼리 테이블에서 여러 열을 조인하는 관계를 만들면 쿼리 시 최적화된 조인 조건이 생성된다.

노트 Direct-Query 시 COMBINEVALUES를 사용해 얻은 최적화에 대한 자세한 내용은 https://www.sqlbi.com/articles/using-combinevalues-to-optimize-directquery-performance/ 문서를 참고하길 바란다.

일단 두 열을 만들고 나면 두 테이블 사이의 관계를 만들 수 있다. 실제로 계산된 열을 기준으로 관계가 문제없이 만들어진다.

이 해결책은 단순하고 잘 작동한다. 그러나 두 열에서 고유한 값이 많다면 바람직한 선택이 아닐 수 있다. 최적화를 다루는 장에서 설명하겠지만 이 같은 경우에 모델의 크기가 커져서 쿼리 속도에 부정적인 영향을 줄 수 있다.

두 번째 옵션은 LOOKUPVALUE 함수를 사용하는 것이다. LOOKUPVALUE를 사용하면 다음과 같이 할인 내용이 포함된 새 계산 열을 정의해 Sales 테이블의 할인을 비정규화할 수 있다.

```
Sales[Discount] =
LOOKUPVALUE (
  Discounts[Discount],
  Discounts[ProductKey], Sales[ProductKey],
  Discounts[Date], Sales[Order Date]
)
```

두 번째 방법은 어떠한 관계도 만들지 않는다. 값을 조회해 Sales 테이블에서 Discount 값을 비정규화한다.

두 가지 방법 모두 잘 작동하지만 올바른 선택을 하는 것은 몇 가지 요인에 따라 달라진다. Discount가 유일하게 필요한 열이라면 코드를 간단하게 작성할 수 있고 메모리 사용량도 줄여 주기 때문에 비정규화가 최고의 선택이다. 실제로 관계에 필요한 두 개의 계산된 열과 비교해 고유한 값이 더 적은 계산된 열이 하나만 필요하다.

한편, Discount 테이블에 코드에 필요한 열이 많이 포함돼 있다면 Sales 테이블에서 각각의 열을 비정규화해야 한다. 이로 인해 메모리가 낭비되고 처리 성능이 저하될 수 있다. 이 경우 새롭게 연결된 키로 계산된 열이 더 바람직할 수 있다.

첫 번째 예는 DAX의 공통적이고 중요한 특징인 계산된 열에 기초해 관계를 만들 수 있음을 보여준다. 이는 사용자가 계산된 열에서 키를 계산하고 구체화할 수 있다면 새로운 관계를 만들 수 있다는 것을 의미한다. 다음 절에서는 정적 범위에 기초해 관계를 만드는 방법을 다룬다. 개념을 확장해 여러 종류의 관계를 만들 수 있다.

범위를 기반으로 관계 구현

계산된 물리적 관계의 유용성을 보여주기 위해 가격을 기준으로 제품을 정적으로 세그먼트화하는 시나리오를 살펴보자. 제품 가격이 제각각이므로 가격을 기준으로 슬라이싱해서는 의미 있는 통찰력을 얻기 어렵다. 일반적인 방법은 그림 15–2와 같은 구성 테이블을 사용해 제품 가격을 여러 범위로 나누는 것이다.

PriceRangeKey	PriceRange	MinPrice	MaxPrice
1	Very low		10
2	Low	10	30
3	Medium	30	80
4	High	80	150
5	Very high	150	99,999

그림 15–2 가격 범위에 대한 구성 테이블

여기서는 Sales 테이블과 구성 테이블 사이에 직접적인 관계를 만들 수는 없다. 구성 테이블의 키가 DAX에서 지원하지 않는 값 범위를 기반으로 하기 때문이다. 다음 코드와 같은 표현식에 구성 테이블의 값을 포함하는 중첩된 IF 문을 사용해 Sales 테이블에 키를 만들 수 있지만 추천할 만한 대안은 아니다.

```
Sales[PriceRangeKey] =
SWITCH (
  TRUE (),
  Sales[Net Price] <=  10, 1,
  Sales[Net Price] <=  30, 2,
  Sales[Net Price] <=  80, 3,
  Sales[Net Price] <= 150, 4,
  5
)
```

좋은 대안은 표현식에 경계가 있어서는 안 된다. 코드를 테이블의 내용에 따라 바뀌게 설계해 구성 테이블을 업데이트하면 전체 모델이 업데이트되도록 해야 한다.

이때 더 나은 해결책은 계산된 열을 사용해 Sales 테이블에서 직접 가격 범위를 비정규화하는 것이다. 코드의 패턴은 앞의 내용과 매우 유사하며 주요한 차이는 이번에는 식이 LOOKUPVALUE를 사용하는 단순한 식은 아니라는 점이다.

```
Sales[PriceRange] =
VAR FilterPriceRanges =
  FILTER (
    PriceRanges,
    AND (
      PriceRanges[MinPrice] <= Sales[Net Price],
      PriceRanges[MaxPrice] > Sales[Net Price]
    )
  )
VAR Result =
  CALCULATE (
    VALUES ( PriceRanges[PriceRange] ),
    FilterPriceRanges
  )
RETURN
  Result
```

단일 값을 검색하는 VALUES의 사용법에 주목하면 흥미롭다. VALUES는 값이 아닌 테이블을 반환한다. 하지만 제3장, '기본 테이블 함수 사용'에서 설명했듯이 테이블에 하나의 행과 하나의 열만 있을 때 테이블은 식에 필요한 경우 자동으로 스칼라값으로 변환된다.

FILTER가 결과를 계산하는 방식 때문에 FILTER는 항상 구성 테이블에서 하나의 행을 반환한다. 따라서 VALUES는 항상 한 행만 반환한다. 즉, CALCULATE의 결과는 Sales 테이블에 있는 현재 행의 가격이 포함된 가격 범위를 설명한다. 이 표현식은 구성 테이블이 잘 설계됐을 때 효과가 좋다. 그러나 범위에 빈 영역이 있거나 값 범위가 겹칠 때 VALUES는 여러 행을 반환할 수 있으며, 이로 인해 표현식은 오류를 일으킬 수 있다.

앞의 방법은 Sales 테이블의 값을 비정규화한다. 한 단계 더 나아가는 것은 설명 대신 키를 비정규화한 다음, 새로 계산된 열을 바탕으로 물리적 관계를 구축한다는 것을 의미한다. 이 추가 단계는 계산된 열을 정의할 때 약간의 주의를 기울여야 한다. PriceRange 열을 조금 수정하면 키를 검색할 수 있지만 관계를 만들기에는 아직 부족하다. 다음 코드는 키를 검색하고 오류 발생 시 결과를 공백으로 만든다.

```
Sales[PriceRangeKey] =
VAR FilterPriceRanges =
  FILTER (
    PriceRanges,
    AND (
      PriceRanges[MinPrice] <= Sales[Net Price],
      PriceRanges[MaxPrice] > Sales[Net Price]
    )
  )
VAR Result =
  CALCULATE (
    IFERROR (
      VALUES ( PriceRanges[PriceRangeKey] ),
      BLANK ()
    ),
    FilterPriceRanges
  )
RETURN
  Result
```

열은 정확한 값을 계산한다. 불행히도 새로 생성된 PriceRangeKey 열을 기반으로 PriceRanges와 Sales의 관계를 구축하려고 하면 순환 의존성으로 인해 오류가 발생한다. 계산된 열 또는 계산된 테이블을 기반으로 관계를 생성할 때 순환 의존성 문제가 자주 발생한다.

문제 해결은 매우 간단하다. 위 식의 강조 표시된 행에서 VALUES 대신 DISTINCT를 사용하면 된다. DISTINSINCT로 변경하면 관계를 만들 수 있다. 결과는 그림 15-3에서 볼 수 있다.

PriceRange	Sales Amount
Very low	139,686.63
Low	495,522.26
Medium	855,390.66
High	2,130,309.01
Very high	26,970,435.41
Total	**30,591,343.98**

그림 15-3 관계가 올바르게 설정되면 가격 범위를 기준으로 슬라이싱할 수 있다.

DISTINCT로 변경하기 전의 VALUES는 순환 의존성을 야기한다. VALUES를 DISTINCT로 교체하면 효과가 나타난다. 기본 메커니즘은 상당히 복잡하다. 다음 절에서는 계산된 열 또는 계산된 테이블과의 관계로 인해 발생할 수 있는 순환 의존성에 관해 설명하고, 이때 DISTINCT가 문제를 해결하는 이유에 대해서도 다룬다.

계산된 물리적 관계에서의 순환 의존성

앞의 예에서는 계산된 열을 만들어 관계에서 사용했다. 이로 인해 순환 의존성 오류가 발생했다. 계산된 물리적 관계를 사용하면 이러한 오류가 자주 발생한다. 따라서 오류의 원인을 정확히 이해할 필요가 있다. 이를 통해 오류를 피하는 방법도 배울 수 있다.

계산된 열의 코드를 더 짧게 축약하면 다음과 같다.

```
Sales[PriceRangeKey] =
CALCULATE (
  VALUES ( PriceRanges[PriceRangeKey] ),
  FILTER (
    PriceRanges,
    AND (
      PriceRanges[MinPrice] <= Sales[Net Price],
      PriceRanges[MaxPrice] > Sales[Net Price]
    )
  )
)
```

PriceRangeKey 열은 PriceRanges 테이블에 따라 달라진다. PriceRanges 테이블에서 변화가 감지되면 Sales[PriceRangeKey]를 다시 계산해야 한다. 공식에는 PriceRanges 테이블에 대한 몇 가지 참조가 포함돼 있으므로 의존성이 명확하다. 덜 명백한 것은 이 열과 PriceRanges 테이블 사이에 관계를 만들면 다른 방식으로 의존성이 생성된다는 것이다.

3장에서 관계가 유효하지 않으면 DAX 엔진이 관계의 1쪽에 빈 행을 생성한다고 언급했다. 따라서 테이블이 관계의 1쪽에 있을 때, 그 내용은 관계의 유효성에 달려 있다. 차례로 관계의 유효성은 관계를 설정하는 데 사용하는 열의 내용에 따라 달라진다.

이 시나리오에서 Sales[PriceRangeKey]를 기반으로 Sales와 PriceRanges 간 관계를 만들 수 있는 경우 Sales[PriceRangeKey]의 값에 따라 PriceRanges에 빈 행이 있을 수도 있고 없을 수도 있다. 즉, Sales[PriceRangeKey] 값이 변경되면 PriceRanges 테이블의 내용도 변경될 수 있다. 그러나 PriceRanges의 값이 변경되면 추가된 빈 행을 절대 사용하지 않아도 Sales[PriceRangeKey]에 업데이트가 필요할 수 있다. 바로 이 때문에 엔진이 순환 의존성을 감지한다. 사람이 찾아내기는 어렵지만 DAX 알고리듬은 이를 즉시 찾는다.

DAX를 만든 엔지니어가 문제를 해결하지 않았다면 계산된 열을 바탕으로 관계를 만들기는 불가능했을 것이다. 그들은 이와 같은 시나리오를 다루기 위해 특별히 DAX에 약간의 논리를 추가했다.

DAX에는 의존성이 하나가 아니라 표현식 의존성과 빈 행 의존성이라는 두 가지 유형의 의존성이 있다. 위 예에서의 상황은 다음과 같다.

- Sales[PriceRangeKey]는 식(PriceRanges 테이블을 참조)과 빈 행(VALUES 함수를 사용하므로 추가 빈 행이 반환될 수 있음)으로 인해 PriceRange에 따라 달라진다.
- 빈 행 때문에 PriceRange는 Sales[PriceRangeKey]에만 의존한다. Sales[PriceRangeKey]의 값을 변경해도 PriceRanges의 내용을 바꾸지 않는다. 빈 행의 존재에만 영향을 미칠 뿐이다.

순환 의존성의 체인을 끊으려면 PriceRanges에 빈 행이 있는 상태에서 Sales[PriceRangeKey]의 의존성을 끊는 것으로 충분하다. 이것은 표현식에 사용된 모든 함수가 빈 행에 의존하지 않도록 함으로써 얻을 수 있다. VALUES에는 추가 빈 행이 있다. 따라서 VALUES는 빈 행에 따라 달라진다. 반면에 DISTINCT는 추가 빈 행의 존재와 관계없이 항상 같은 값을 갖는다. 결과적으로 DISTINCT는 빈 행에 의존하지 않는다.

VALUES 대신 DISTINCT를 사용하면 Sales[PriceRangeKey]가 더이상 빈 행에 의존하지 않는다. 순효과는 두 개 엔티티(테이블과 열)가 여전히 서로 의존하지만 이유는 다르다. PriceRange는 빈 행의 Sales[PriceRangeKey]에 의존하지만 Sales[PriceRangeKey]는 식 때문에 Sales에 의존한다. 관계가 없는 두 개의 의존성이기 때문에 순환 의존성이 사라지고 이제 관계를 만들 수 있다.

나중에 관계에 사용하기 위해 열을 만들고자 한다면 다음과 같은 세부 사항에 주의해야 한다.

- VALUES 대신 DISTINCT 사용
- ALL 대신 ALLNOBLANKROW 사용
- 필터로 단순 문을 사용하는 CALCULATE에 주의

앞 두 가지 사항은 명확하다. CALCULATE에 대한 마지막 내용을 좀 더 자세히 다룬다. 다음 식을 살펴보자.

```
=
CALCULATE (
  MAX ( Customer[YearlyIncome] ),
  Customer[Education] = "High school"
)
```

언뜻 보기에 이 식은 Customer 테이블의 빈 행에 의존하지 않는 것으로 보이지만, 실제로는 Customer 테이블의 빈 행에 의존한다. DAX가 필터 인수로 단순 문을 사용하는 CALCULATE의 구문을 다음 코드와 같이 테이블에 대한 완전한 필터로 확장하기 때문이다.

```
=
CALCULATE (
   MAX ( Customer[YearlyIncome] ),
  FILTER (
    ALL ( Customer[Education] ),
    Customer[Education] = "High school"
    )
)
```

ALL 함수를 포함하는 강조 표시된 행은 빈 행에 의존성을 만든다. 일반적으로 빈 행 의존성은 찾기 어려울 수 있다. 그러나 일단 순환 의존성의 기본 원리를 이해하게 되면 제거하기가 복잡하지 않다. 이전의 예는 다음과 같이 쉽게 다시 쓸 수 있다.

```
=
CALCULATE (
  MAX ( Customer[YearlyIncome] ),
  FILTER (
    ALLNOBLANKROW ( Customer[Education] ),
    Customer[Education] = "High school"
  )
)
```

ALL 대신 ALLNOBLANKROW를 사용하면 Customers 테이블의 추가 빈 행에 대한 의존성이 사라진다.

흔히 빈 행에 의존하는 함수의 존재가 코드 안에 숨겨져 있다는 점에 유의해야 한다. 이전 절에서 가격 범위를 기준으로 계산된 물리적 관계를 생성할 때 사용한 다음 코드를 살펴보자.

```
Sales[PriceRangeKey] =
CALCULATE (
  VALUES ( PriceRanges[PriceRangeKey] ),
  FILTER (
    PriceRanges,
     AND (
      PriceRanges[MinPrice] <= Sales[Net Price],
      PriceRanges[MaxPrice] > Sales[Net Price]
    )
  )
)
```

위 식에서 VALUES의 존재는 매우 분명하다. 하지만 다음과 같이 VALUES를 사용하지 않고도 여러 행이 표시되는 경우에 오류를 반환하지 않도록 SELECTEDVALUE를 사용할 수 있다.

```
Sales[PriceRangeKey] =
VAR FilterPriceRanges =
  FILTER (
    PriceRanges,
    AND (
      PriceRanges[MinPrice] <= Sales[Net Price],
      PriceRanges[MaxPrice] > Sales[Net Price]
```

```
    )
  )
VAR Result =
  CALCULATE (
    SELECTEDVALUE ( PriceRanges[PriceRangeKey] ),
    FilterPriceRanges
  )
RETURN Result
```

불행히도 이 코드는 VALUES가 존재하지 않는 것처럼 보이지만, 관계를 만들면 순환 의존성 문제가 발생하게 된다. SELECTEDVALUE가 내부적으로는 다음과 같은 논리를 구현하기 때문이다.

```
Sales[PriceRangeKey] =
VAR FilterPriceRanges =
  FILTER (
    PriceRanges,
    AND (
      PriceRanges[MinPrice] <= Sales[Net Price],
      PriceRanges[MaxPrice] > Sales[Net Price]
    )
  )
VAR Result =
  CALCULATE (
    IF (
      HASONEVALUE ( PriceRanges[PriceRangeKey] ),
      VALUES ( PriceRanges[PriceRangeKey] ),
      BLANK ()
    ),
    FilterPriceRanges
  )
RETURN
  Result
```

SELECTEDVALUES 코드를 풀어 쓰면 VALUES의 존재가 분명히 드러난다. 따라서 순환 의존성을 야기하는 빈 행에 의존한다는 점도 마찬가지다.

가상의 관계 구현

앞의 절에서는 계산된 열을 활용해 물리적 관계를 만드는 방법에 대해 다뤘다. 그러나 물리적 관계가 아닌 가상의 관계가 더 나은 해결책이 될 때도 있다. 가상의 관계는 물리적 관계를 모방한다. 사용자 관점에서 볼 때 가상 관계는 실제 모델에서는 관계가 없지만 실제 관계처럼 보인다. 관계가 없기 때문에 DAX 코드를 작성해 한 테이블에서 다른 테이블로 필터를 전송해야 한다.

DAX에서 필터 전송

DAX의 가장 강력한 기능 중 하나는 관계를 따라 한 테이블에서 다른 테이블로 필터를 이동하는 기능이다. 그러나 두 엔티티 간에 물리적 관계를 만들기 어려운 시나리오가 있다. DAX 식은 여러 가지 방법으로 관계를 모방할 수 있다. 이 절에서는 다소 복잡한 시나리오를 사용해 몇 가지 기술을 보여준다.

콘토소는 매달 판촉할 브랜드를 하나 이상 선택해 지역 신문과 웹에서 광고를 한다. 정보는 연도, 월 및 브랜드가 포함된 `Advertised Brands`라는 테이블에 저장돼 있다. 그림 15-4에서 테이블 일부를 볼 수 있다.

Calendar Year	Month	Brand
CY 2007	February	A. Datum
CY 2007	February	Tailspin Toys
CY 2007	March	A. Datum
CY 2007	March	Northwind Traders
CY 2007	March	Proseware
CY 2007	March	Southridge Video
CY 2007	March	Tailspin Toys
CY 2007	March	The Phone Company
CY 2007	March	Wide World Importers
CY 2007	April	A. Datum
CY 2007	April	Contoso
CY 2007	April	Proseware
CY 2007	May	Adventure Works

그림 15-4 이 테이블에는 광고된 달과 브랜드가 한 행씩 포함돼 있다.

이 테이블에는 고유한 열이 없다. 모든 행은 고유하지만 각 열에는 중복이 많다. 따라서 이 테이블은 관계의 1쪽이 될 수 없다. 요구 사항에 대해 좀 더 설명하면 이 사실은 더욱 중요해진다.

요구 사항은 광고된 기간의 제품 판매액을 계산하는 측정값을 작성하는 것이다. 이 시나리오를 해결하려면 특정 달에 브랜드가 광고되는지를 결정해야한다. Sales와 Advertised Brands 테이블 간의 관계를 만들 수 있다면 코드를 작성하는 것이 간단하지만 관계를 만들기가 쉽지 않다(이는 교육 목적으로 설정한 상황임).

가능한 해결책 중 하나는 양쪽 테이블에 연도, 월 및 브랜드를 연결해 새 계산된 열을 만드는 것이다. 이 방법은 여러 열을 기반으로 두 테이블 간 관계를 만들기 위해 15장의 앞부분에서 설명한 방법과 같다. 하지만 새로 계산된 열을 작성하지 않는 다른 흥미로운 대안이 있다.

첫 번째이자 차선의 방법은 반복을 활용하는 것이다. Sales 테이블을 한 행씩 반복하면서 각 행에서 판매된 제품 브랜드가 해당 달에 광고됐는지 확인할 수 있다. 최상의 솔루션은 아니지만, 다음과 같은 측정값으로 이 시나리오를 해결할 수 있다.

```
Advertised Brand Sales :=
SUMX (
  FILTER (
    Sales,
    CONTAINS (
      'Advertised Brands',
      'Advertised Brands'[Brand], RELATED ( 'Product'[Brand] ),
      'Advertised Brands'[Calendar Year], RELATED ( 'Date'[Calendar Year] ),
      'Advertised Brands'[Month], RELATED ( 'Date'[Month] )
    )
  ),
  Sales[Quantity] * Sales[Net Price]
)
```

이 측정값은 테이블에서 행의 유무를 검색하는 CONTAINS 함수를 사용한다. CONTAINS는 첫 번째 매개변수로 검색할 테이블을 받아들인다. 다음은 매개변수 쌍으로 첫 번째 매개변수는 검색할 테이블의 열이며, 두 번째 매개변수는 검색할 값이다. 이 예에서 CONTAINS는 브랜드가 현재 브랜드인 행이 적어도 하나 이상 있고, 연도가 현재 연도이고, 월이 현재 월이면 True를 반환한다. 여기서 '현재'는 FILTER에 의해 현재 반복되는 Sales 행을 의미한다.

이 측정값은 그림 15-5와 같이 결과를 정확하게 계산하지만 몇 가지 문제가 있다.

Calendar Year	Sales Amount	Advertised Brand Sales
CY 2007	**30,591,343.98**	**2,670,647.22**
Audio	384,518.16	22,607.34
Cameras and camcorders	7,192,581.95	1,031,119.78
Cell phones	1,604,610.26	133,897.59
Computers	6,741,548.73	499,697.11
Games and Toys	360,652.81	22,971.36
Home Appliances	9,600,457.04	561,845.41
Music, Movies and Audio Books	314,206.74	10,591.25
TV and Video	4,392,768.29	387,917.40
CY 2008	**30,591,343.98**	**2,861,643.84**
Audio	384,518.16	29,084.79
Cameras and camcorders	7,192,581.95	349,467.40

그림 15-5 Advertised Brand Sales는 광고된 브랜드의 판매액만을 나타낸다.

앞의 코드에서 가장 문제가 되는 두 가지는 다음과 같다.

- FILTER는 큰 테이블인 Sales를 반복하고 행마다 CONTAINS 함수를 호출한다. CONTAINS는 빠른 함수지만 수백만 번 호출하면 성능이 저하된다.
- 측정값이 이미 판매액을 계산하는 Sales Amount 측정값을 활용하지 않는다. 이 경우 중복된 코드는 간단한 곱셈이지만 계산할 측정값이 더 복잡하면 이 방법이 가장 적합한 방법이 될 수 없다. 실제로 반복 내에서 계산하려면 표현식을 중복해야 한다.

시나리오를 해결하기 위한 훨씬 더 좋은 옵션은 CALCULATE를 사용해 Advertised Brands 테이블에서 Product 테이블(브랜드를 필터로 사용)과 Date 테이블(연도와 월 사용)로 필터를 전송하는 것이다. 다음 절에서 볼 수 있듯이 여러 가지 방법으로 필터를 전송할 수 있다.

TREATAS를 사용해 필터 전송

첫 번째이자 제일 나은 방법은 TREATAS를 사용해 필터를 Advertised Brands에서 다른 테이블로 옮기는 것이다. 10장, '필터 컨텍스트 작업', 12장, '테이블 작업', 13장, '쿼리 작성'에서 설명한 것처럼 TREATAS는 테이블의 데이터 계보를 변경해 그 내용이 데이터 모델의 특정 열에 대한 필터로 사용될 수 있도록 한다.

Advertised Brands는 모델의 다른 테이블과 관계가 없다. 따라서 일반적으로 그 테이블의 내용은 필터로 사용될 수 없다. TREATAS를 사용하면 Advertised Brands의 데이터 계보를 변경해 CALCULATE의 필터 인수로 사용할 수 있으며 전체 모델에 필터를 전파할 수 있다. 다음 측정값은 정확하게 이 작업을 수행한다.

```
Advertised Brand Sales TreatAs :=
VAR AdvertisedBrands =
  SUMMARIZE (
    'Advertised Brands',
    'Advertised Brands'[Brand],
    'Advertised Brands'[Calendar Year],
    'Advertised Brands'[Month]
  )
VAR FilterAdvertisedBrands =
  TREATAS (
    AdvertisedBrands,
    'Product'[Brand],
    'Date'[Calendar Year],
    'Date'[Month]
  )
VAR Result =
  CALCULATE ( [Sales Amount], KEEPFILTERS ( FilterAdvertisedBrands ) )
RETURN
  Result
```

SUMMARIZE는 광고된 브랜드, 년도, 월을 검색한다. TREATAS는 이 테이블을 받아 제품 브랜드와 Date의 연도 및 월을 필터링할 수 있도록 계보를 변경한다. FilterAdvertisedBrands의 결과 테이블에는 올바른 데이터 계보가 있다. 따라서 결과 테이블은 모델을 필터링해 광고된 해와 달의 브랜드만을 보여준다.

여기서 KEEPFILTERS가 필요하다는 점에 유의해야 한다. 실제로 이를 잊어버리면 CALCULATE가 브랜드, 연도 및 월의 필터 컨텍스트를 재정의한다는 것을 의미한다. 이는 원하는 바가 아니다. Sales 테이블은 시각화(1년 또는 하나의 브랜드만 필터링할 수 있음)에서 비롯된 필터와 Advertised Brands 테이블에서 나오는 필터를 모두 수신해야 한다. 그러므로 올바른 결과를 얻기 위해서는 KEEPFILTERS가 필수적이다.

이 버전의 코드는 반복을 사용하는 코드보다 훨씬 낫다. Sales Amount 측정값을 사용하므로 코드를 다시 작성할 필요가 없으며, 조회하기 위해 Sales 테이블을 반복하지도 않는다. 이 코드는 Advertised Brand 테이블만 스캔하며, 이 테이블은 더 작은 쪽에 있을 것으로 예상된다. 그런 다음 판매액 측정값을 호출하기 전에 이 필터를 모델에 적용한다. 이 버전은 직관적이지 않을 수 있지만 이전 절에서 소개한 CONTAINS를 기반으로 한 예보다 더 나은 성능을 발휘한다.

INTERSECT를 사용해 필터 전송

INTERSECT 함수를 사용해 동일한 결과를 얻을 수 있다. TREATAS를 사용한 이전의 예와 비교했을 때 논리는 유사하다. 성능 측면에서는 TREATAS 버전이 조금 유리하며 여전히 좋은 옵션이다. 다음 코드는 INTERSECT를 사용하는 방법을 보여준다.

```
Advertised Brand Sales Intersect :=
VAR SelectedBrands =
  SUMMARIZE (
    Sales,
    'Product'[Brand],
    'Date'[Calendar Year],
    'Date'[Month]
  )
VAR AdvertisedBrands =
  SUMMARIZE (
    'Advertised Brands',
    'Advertised Brands'[Brand],
    'Advertised Brands'[Calendar Year],
    'Advertised Brands'[Month]
  )
VAR Result =
```

```
  CALCULATE (
    [Sales Amount],
    INTERSECT (
      SelectedBrands,
      AdvertisedBrands
    )
  )
RETURN
    Result
```

INTERSECT는 수신한 첫 번째 테이블의 데이터 계보를 유지한다. 따라서 결과 테이블은 여전히 Product와 Date를 필터링할 수 있다. 첫 번째 SUMMARIZE는 이미 눈에 보이는 브랜드와 월만 포함하므로 이번에는 KEEPFILTERS가 필요하지 않다. INTERSECT는 이 목록에서 광고되지 않는 제품만 삭제한다.

성능 측면에서 이 코드는 Sales 테이블을 스캔해 기존 브랜드와 월 목록을 생성해야 하며, 판매액을 계산하기 위해 또 다른 스캔을 수행해야 한다. 따라서 TREATAS를 사용하는 버전보다는 느리다. 그러나 UNION과 EXCEPT와 같은 다른 집합함수를 포함하는 다른 시나리오에서 유용하게 사용할 수 있으므로 이 기술을 배울 가치가 있다. DAX의 집합함수를 조합해 필터를 생성해 비교적 간단한 방법으로 강력한 측정값을 작성할 수 있다.

FILTER를 사용해 필터 전송

세 번째 대안으로 FILTER와 CONTAINS를 사용할 수 있다. 이 코드는 SUMX를 사용하는 첫 번째 버전과 유사하며 주요 차이점은 SUMX 대신 CALCULATE를 사용하고 Sales 테이블을 반복하지 않는다는 것이다. 이를 구현하는 코드는 다음과 같다.

```
Advertised Brand Sales Contains :=
VAR SelectedBrands =
  SUMMARIZE (
    Sales,
    'Product'[Brand],
    'Date'[Calendar Year],
    'Date'[Month]
  )
```

```
VAR FilterAdvertisedBrands =
  FILTER (
    SelectedBrands,
    CONTAINS (
      'Advertised Brands',
      'Advertised Brands'[Brand], 'Product'[Brand],
      'Advertised Brands'[Calendar Year], 'Date'[Calendar Year],
      'Advertised Brands'[Month], 'Date'[Month]
    )
  )
VAR Result =
  CALCULATE (
    [Sales Amount],
    FilterAdvertisedBrands
  )
RETURN
  Result
```

CALCULATE의 필터 인수로 사용되는 FILTER 함수는 첫 번째 예에서 사용한 것과 동일한 CONTAINS 기법을 사용한다. 다만 이번에는 Sales를 반복하는 대신 SUMMARIZE의 결과를 반복한다. 14장, '고급 DAX 개념'에서 설명한 것처럼 확장 테이블 때문에 CALCULATE에서 Sales 테이블을 필터 인수로 사용하면 잘못될 수 있다. 그러므로 세 개의 열만 필터링하는 것이 더 나은 방법이다. SUMMARIZE의 결과에는 이미 정확한 데이터 계보가 있다. 또한 SUMMARIZE는 이미 브랜드, 연도, 월의 기존 값만 보유하고 있어서 KEEPFILTERS는 필요하지 않다.

성능면에서 이는 SUMX를 기반으로 한 원래 코드보다 빠르지만 마지막 세 가지 대안 중 최악의 방법이다. 게다가 CALCULATE를 기반으로 한 모든 솔루션은 SUMX를 사용한 첫 번째 시도에서 Sales Amount 측정값에 포함된 계산의 비즈니스 논리를 중복할 필요가 없다는 중요한 장점이 있다.

가상 관계를 사용한 동적 세그멘테이션

앞에서 설명한 모든 변형에서 DAX 코드를 사용해 데이터 모델을 수정하는 물리적 관계를 만들 수는 있었지만 관계가 없을 때는 값을 계산해 필터를 전송했다. 그러나 다음에 설명하는 것과 같이 어떠한 방법으로도 관계를 만들 수 없는 시나리오가 있다.

가상 관계로 15장의 앞부분에서 다룬 정적 세그멘테이션의 변형을 해결할 수 있다. 정적 세그멘테이션에서는 계산된 열을 사용해 각 판매를 특정 세그먼트에 할당했다. 동적 세그멘테이션에서 할당은 동적으로 발생한다. 또한, 순 가격과 같은 열이 아니라 판매액과 같은 계산을 바탕으로 한다. 동적 세그멘테이션에는 필터링할 대상이 있어야 한다. 이 예에서는 `Sales Amount` 측정값에 따라 Customers를 필터링한다.

구성 테이블에는 그림 15-6과 같이 세그먼트 이름과 경계가 포함돼 있다.

Segment	MinSale	MaxSale
Very Low	0	75
Low	75	100
Medium	100	500
High	500	1,000
Very High	1,000	99,999,999

그림 15-6 동적 세그멘테이션을 위한 구성 테이블

고객이 한 번 구매할 때 75~100 USD를 지출하는 경우, 구성 테이블에 따라 Low 세그먼트에 할당된다. 동적 세그멘테이션에 대한 한 가지 중요한 세부 사항은 사용자의 선택에 따라 보고서의 측정값이 달라진다는 것이다. 예를 들어 사용자가 특정 색상을 선택한다면 해당 색상의 제품 판매만 고려해 세그먼트에 고객을 할당해야 한다. 이러한 동적 계산 때문에 관계 사용은 옵션이 아니다. 그림 15-7의 보고서는 선택한 카테고리만으로 필터링된 각 세그먼트에 속하는 고객 수를 연도별로 보여준다.

Category
- ■ Audio
- □ Cameras and camcorders
- ■ Cell phones
- □ Computers
- □ Games and Toys
- □ Home Appliances
- □ Music, Movies and Audio Books
- □ TV and Video

Segment	CY 2007	CY 2008	CY 2009	**Total**
Very Low	210	1	3	**213**
Low	258	33	3	**289**
Medium	427	133	88	**641**
High	28	13	29	**63**
Very High	49	78	119	**231**
Total	**972**	**258**	**242**	**1,437**

그림 15-7 각 고객이 매년 다른 세그먼트에 할당될 수 있다.

한 고객이 매년 다른 세그먼트에 속할 수 있다. 즉, 2008년 Very Low 세그먼트에서 2009년 Medium 세그먼트로 이동할 수 있다. 또한 카테고리에 대한 선택 항목을 변경하면 그에 따라 모든 숫자가 업데이트된다.

즉, 모델을 탐색하는 사용자는 실제로 관계가 존재한다는 인식을 하고 있는데, 이는 각 고객이 한 세그먼트에 고유하게 할당된다는 것을 의미한다. 그러나 물리적인 관계를 이용해 이렇게 할당할 수는 없다. 동일한 고객을 보고서의 서로 다른 셀에 있는 다른 세그먼트에 할당할 수 있기 때문이다. 이 시나리오에서는 DAX만이 문제를 해결할 수 있는 유일한 방법이다.

계산할 측정값은 특정 세그먼트에 속하는 고객 수다. 즉, 측정값은 현재 필터 컨텍스트의 모든 필터를 고려해 세그먼트에 속한 고객 수를 계산한다. 식은 단순해 보이지만 작동 방식에 대해서는 약간의 설명이 필요하다.

```
CustInSegment :=
SUMX (
  Segments,
  COUNTROWS (
    FILTER (
      Customer,
      VAR SalesOfCustomer = [Sales Amount]
      VAR IsCustomerInSegment =
        AND (
          SalesOfCustomer > Segments[MinSale],
          SalesOfCustomer <= Segments[MaxSale]
        )
      RETURN
        IsCustomerInSegment
    )
  )
)
```

합계 이외에 그림 15-7 보고서의 모든 행에는 하나의 세그먼트만 필터링하는 필터 컨텍스트가 있다. 따라서 SUMX는 하나의 행만 반복한다. SUMX는 세그먼트 경계(MinSale 및 MaxSale)를 쉽게 검색하고 필터가 있는 상태에서 합계를 정확하게 계산하는 데 유용하다.

COUNTROWS는 SUMX 내에서 판매액(성능상의 이유로 SalesOfCustomer 변수에 저장)이 현재 세그먼트의 영역에 해당하는 고객 수를 계산한다.

결과 측정값은 세그먼트 및 고객에 대해서는 가산되며 다른 모든 필터에 대해서는 더할 수 없다. 보고서의 첫 번째 행에서 합계 213은 3년의 합계(214)보다 낮다. 합계 수준에서는 식이 3년 동안 매우 낮은 세그먼트에 있는 고객 수를 계산하기 때문이다. 이러한 고객 중 한 명이 3년 만에 다음 세그먼트로 넘어갈 만큼 제품을 구입한 것으로 보인다.

다소 직관에 반하기는 하지만 시간에 따른 비가산적 동작은 좋은 특징이다. 사실 수년에 걸쳐 합계를 계산하려면 시간을 계산 일부로 포함하기 위해 식을 업데이트해야 한다. 예를 들어 다음 코드는 시간에 대해 더할 수 있다. 그러나 보고서에 연도가 없을 경우 더는 의미 있는 결과를 생성할 수 없으므로 덜 효과적이다.

```
CustInSegment Additive :=
SUMX (
  VALUES ( 'Date'[Calendar Year] ),
  SUMX (
    Segments,
    COUNTROWS (
      FILTER (
        Customer,
        VAR SalesOfCustomer = [Sales Amount]
        VAR IsCustomerInSegment =
          AND (
            SalesOfCustomer > Segments[MinSale],
            SalesOfCustomer <= Segments[MaxSale]
          )
        RETURN
          IsCustomerInSegment
      )
    )
  )
)
```

그림 15-8과 같이 이제 행은 전체 열에서 정확하게 합산된다. 하지만 총합계는 정확하지 않을 수 있다.

Category
- ■ Audio
- □ Cameras and camcorders
- ■ Cell phones
- □ Computers
- □ Games and Toys
- □ Home Appliances
- □ Music, Movies and Audio Books
- □ TV and Video

Segment	CY 2007	CY 2008	CY 2009	**Total**
Very Low	210	1	3	**214**
Low	258	33	3	**294**
Medium	427	133	88	**648**
High	28	13	29	**70**
Very High	49	78	119	**246**
Total	**972**	**258**	**242**	**1,472**

그림 15-8 이제 행의 합계는 정확하지만 열의 합계는 부정확할 수 있다.

문제는 한 세그먼트에 대한 정확한 합계를 얻음으로써 여러 세그먼트와 연도를 누적시키는 거대한 총계를 희생시킬 필요가 있다는 것이다. 예를 들어 한 고객은 2009년에 매우 낮은 클러스터와 2008년에 매우 높은 클러스터에 있을 수 있으며, 따라서 총계에서는 두 번 계산될 것이다. 그림 15-8의 총합은 1,472명이지만 총 고객 수는 그림 15-7에서 정확하게 보고된 바와 같이 1,437명이다.

불행히도 이러한 종류의 계산에서는 가산성이 장점이라기보다는 오히려 문제다. 본질적으로 이 계산은 더할 수 없다. 더할 수 있게 하는 것이 첫눈에 어필할 수도 있지만 잘못된 결과를 낳을 가능성이 있다. 따라서 이러한 세부 사항에 항상 주의를 기울이는 것이 중요하며, 함축적 의미를 세심하게 고려하지 않고 측정값을 가산적이 되도록 강제해서는 안 된다.

DAX의 물리적 관계 이해

관계에는 강한 관계와 약한 관계가 있다. '강한 관계'에서 엔진은 관계의 1쪽에 고유한 값이 포함돼 있다는 것을 안다. 엔진이 관계의 1쪽 테이블에 키 값으로 고유한 값이 포함됐는지를 확인할 수 없다면 '약한 관계'다. 이 절의 후반부에서 다루는 기술적인 이유로 엔진이 제약 조건의 고유성을 보장할 수 없거나 개발자가 그렇게 정의했기 때문에 약한 관계가 생길 수 있다. 약한 관계는 14장에서 설명한 테이블 확장의 일부로 사용되지 않는다.

2018년부터 Power BI에서 복합 모델을 사용할 수 있다. 복합 모델에서는 VertiPaq 모드(데이터 소스의 데이터 복사본이 미리 로드돼 메모리에 캐시됨)와 다이렉트쿼리DirectQuery 모드(데이터 소스는 쿼리 시에만 액세스됨) 모두에 데이터가 존재하는 모델로 테이블을 작성할 수 있다. 다이렉트쿼리 및 VertiPaq 엔진은 17장, 'DAX 엔진'에서 설명한다.

단일 데이터 모델에는 VertiPaq에 저장된 테이블과 다이렉트쿼리에 저장된 테이블이 포함될 수 있다. 또한 다이렉트쿼리의 테이블은 여러 데이터 소스에서 생성돼 여러 다이렉트쿼리 데이터 섬을 생성할 수 있다.

VertiPaq의 데이터와 다이렉트쿼리의 데이터를 구별하기 위해 그림 15-9와 같이 **대륙**(VertiPaq)이나 **섬**(다이렉트쿼리 데이터 소스)의 데이터에 관해 설명한다.

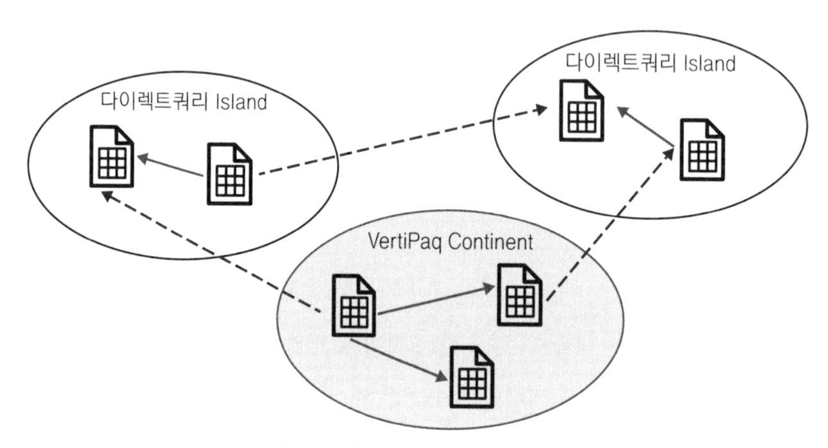

그림 15-9 복합 모델에는 서로 다른 섬에 있는 테이블이 있다.

VertiPaq 저장소는 다른 데이터 섬에 불과하다. 가장 자주 사용되는 데이터 섬이기 때문에 이 섬을 대륙이라고 부른다.

관계는 두 테이블을 연결한다. 두 테이블이 같은 섬에 속한다면 둘의 관계는 섬 내 관계다. 만약 두 테이블이 서로 다른 섬에 속한다면 그것은 대륙 횡단 관계다. 섬 간 관계는 항상 약한 관계다. 따라서 테이블 확장은 결코 섬을 건너지 않는다.

관계에는 카디널리티가 있으며 여기에는 세 가지 유형이 있다. 각 유형은 기술적인 면과 시멘틱스 차원에서 차이가 있다. 여기서는 이 책의 범위를 벗어난 많은 데이터 모델링의 지엽적인 부분을 설명해야 해서 이러한 관계의 이면에 대한 이론을 다루지는 않는다. 대신에 물리적 관계의 기술적인 세부 사항과 DAX 코드에 미치는 영향에 관해서는 설명이 필요하다.

세 가지 유형의 관계 카디널리티는 다음과 같다.

- **일대다 관계**: 관계 카디널리티의 가장 흔한 유형이다. 관계의 1쪽에서 열은 고유한 값이 있어야 하며, M쪽에서 값은 중복된 값을 포함할 수 있다. 일부 클라이언트 도구는 일대다 관계와 다대일 관계를 구별한다. 하지만 그들은 같은 유형의 관계다. 테이블의 순서에 따라 다를 뿐이다. 즉, `Product`와 `Sales` 사이의 일대다 관계는 `Sales`와 `Product` 사이의 다대일 관계와 같다.
- **일대일 관계**: 흔치 않은 관계 카디널리티다. 관계의 양쪽에서 열은 고유한 값을 가져야 한다. 한 테이블에서 행이 있어도 다른 테이블에서 해당 행이 없을 수 있으므로 '영 또는 1'대 '영 또는 1' 관계가 더 정확한 이름일 것이다.
- **다대다 관계**: 관계의 양쪽에서 열이 중복될 수 있다. 2018년에 도입된 이 기능은 안타깝게도 이름이 다소 혼란스럽다. 실제로 일반적인 데이터 모델링 언어에서 '다대다'는 일대다 및 다대일 관계의 쌍을 사용해 생성된 다른 종류의 구현을 의미한다. 이 시나리오에서 다대다는 다대다 관계가 아니라 '다대다'의 카디널리티를 지칭한다는 것을 이해하는 것이 중요하다.

용어 사이의 혼동을 피해 관계의 카디널리티를 나타내기 위해 다음과 같이 두문자어를 사용하기로 한다.

- 일대다 관계: SMR[Single Many Relationship]
- 일대일 관계: SSR[Single Single Relationship]
- 다대다 관계: MMR[Many Many Relationship]

또 다른 중요한 세부 사항은 두 테이블이 동일한 섬에 속하는지와 관계없이 MMR 관계는 항상 약하다는 것이다. 개발자가 관계의 양쪽을 M쪽으로 정의하면 그 관계는 자동적으로 테이블 확장이 일어나지 않는 약한 관계로 취급된다.

또 각 관계에는 크로스필터 방향이 있다. 크로스필터 방향은 필터 컨텍스트가 효과를 전파하기 위해 사용하는 방향이다. 크로스필터는 다음 두 가지 값 중 하나로 설정할 수 있다.

- **단일**: 필터 컨텍스트는 항상 관계의 한쪽 방향으로 전파되며 다른 방향으로는 전파되지 않는다. 일대다 관계에서 방향은 항상 관계의 1쪽에서 M쪽이다. 이것이 표준이고 가장 바람직한 동작이다.
- **모두(양방향)**: 필터 컨텍스트는 관계의 양방향으로 전파된다. 이를 **양방향 크로스필터**라고도 하며 때로는 양방향 관계라고도 불린다. 일대다 관계에서 필터 컨텍스트는 여전히 1쪽에서 M쪽으로 전파되는 특징을 유지하지만 M쪽에서 1쪽으로 전파되기도 한다.

사용 가능한 크로스필터 방향은 관계의 유형에 따라 달라진다.

- SMR 관계에서는 항상 단일 또는 모두로 선택할 수 있다.
- SSR 관계는 항상 양방향(모두) 필터링을 사용한다. 관계의 양쪽이 모두 1쪽이고 M쪽이 없으므로 양방향 필터링만이 가능한 옵션이다.
- MMR 관계에서 양측은 모두 M쪽이다. 이 시나리오는 SSR 관계와 정반대다. 양쪽이 모두 필터 컨텍스트 전파의 소스와 대상이 될 수 있다. 따라서 크로스필터 방향을 모두로 선택할 수 있으며, 이때 전파는 항상 양방향으로 진행된다. 개발자가 단일 전파를 선택한다면 필터 전파를 시작할 테이블을 선택해야 한다. 다른 모든 관계와 마찬가지로 단일 전파가 가장 좋다. 15장의 후반부에서 이 주제에 관해 좀 더 다룬다.

표 15-1에 다양한 관계 유형에 따라 사용 가능한 크로스필터 방향, 필터 컨텍스트 전파 및 관계의 강약 유형을 요약했다.

표 15-1 다양한 유형의 관계

관계 유형	크로스필터 방향	필터 컨텍스트 전파	강/약 유형
SMR	단일	1쪽에서 M쪽	섬 간에는 약함. 그 외엔 강함
SMR	모두	양방향	섬 간에는 약함. 그 외엔 강함
SSR	모두	양방향	섬 간에는 약함. 그 외엔 강함
MMR	단일	소스 테이블 선택	항상 약함
MMR	모두	양방향	항상 약함

두 테이블이 강한 관계로 연결돼 있다면 관계가 유효하지 않은 때를 대비해 1쪽 테이블에 빈 행이 추가될 수 있다. 이 강한 관계의 M쪽에 1쪽의 테이블에 존재하지 않는 값이 포함돼 있다면 1쪽 테이블에 빈 행이 추가된다. 이에 대해서는 3장에서 자세히 다뤘다. 추가적인 공백 행은 약한 관계에서는 절대로 추가되지 않는다.

앞에서 설명했듯이 특정한 유형의 관계를 선택하는 이유에 대해서는 다루지 않는다. 서로 다른 유형의 관계와 필터 전파 사이의 선택은 데이터 모델링을 하는 사람의 손에 달려 있다. 그들의 결정은 모델 자체의 시멘틱스에 대한 깊은 추론에서 비롯된다. 그러나 DAX의 관점에서 각 관계는 다르게 작동하므로 관계 간 차이와 DAX 코드에 미치는 영향을 이해하는 것이 중요하다.

다음 절에서는 이러한 여러 관계의 차이점에 대한 유용한 정보와 모델에서 어떤 유형을 사용할지에 관한 몇 가지 팁을 제공한다.

양방향 크로스필터 사용

양방향 크로스필터는 데이터 모델이나 5장, 'CALCULATE 및 CALCULATETABLE 이해'에서 설명한 것처럼 `CALCULATE` 함수에서 `CROSSFILTER` 제어자를 사용하는 두 가지 방법으로 활성화할 수 있다. 양방향 크로스필터는 꼭 필요한 경우만 제외하고 일반적으로 데이터 모델에서 활성화해서는 안 된다. 양방향 크로스필터가 필터 컨텍스트 전파의 복잡성을 빠르게 증가시켜 필터 컨텍스트의 전파 방식을 예측하고 제어하기 어렵게 만들기 때문이다.

그럼에도 불구하고 양방향 크로스필터링을 유용하게 사용할 수 있는 시나리오가 있다. 그림 15-10의 보고서를 살펴보자. 이 보고서는 모든 관계가 단일 크로스필터 전파로 설정된 일반적인 콘토소 모델로 만들었다.

보고서에는 `Product[Brand]` 열을 필터링하는 브랜드와 `Customer[CountryRegion]` 열을 필터링하는 `CountryRegion`이라는 두 개의 슬라이서가 있다. Armenia에서 Northwind Traders 브랜드는 판매가 없지만 해당 슬라이서에서 Armenia를 선택할 수 있는 옵션으로 보여준다.

Brand
- ☐ A. Datum
- ☐ Adventure Works
- ☐ Contoso
- ☐ Fabrikam
- ☐ Litware
- ■ Northwind Traders
- ☐ Proseware
- ☐ Southridge Video
- ☐ Tailspin Toys
- ☐ The Phone Company
- ☐ Wide World Importers

CountryRegion
- ☐ Armenia
- ☐ Australia
- ☐ Bhutan
- ☐ Canada
- ☐ China
- ☐ France
- ☐ Germany
- ☐ Greece
- ☐ India
- ☐ Iran
- ☐ Ireland
- ☐ Italy

CountryRegion	Sales Amount
Australia	375,091.54
Bhutan	13,598.64
Canada	52,201.68
China	1,135.40
France	29,783.07
Germany	94,998.72
Greece	5,551.82
India	721.05
Iran	9,519.41

그림 15-10 CountryRegion 슬라이서는 판매되지 않은 국가를 보여준다.

Product[Brand]의 필터 컨텍스트가 Product와 Brand 간의 일대다 관계로 인해 Sales에 영향을 주기 때문이다. 그러나 고객이 Customer와 Sales의 일대다 관계의 1쪽에 있기 때문에 Sales에서 필터는 Customer로 이동하지 않는다. 따라서 슬라이서에는 CountryRegion의 가능한 모든 값이 표시된다. 즉, 두 슬라이서가 동기화되지 않았다. 행렬에서는 판매가 없으므로 Armenia를 표시하지 않는다. 행렬에서는 기본적으로 측정값의 빈 값이 포함된 행을 표시하지 않기 때문이다.

슬라이서 동기화가 중요한 경우 Customer와 Sales 사이의 양방향 크로스필터를 활성화해 그림 15-11과 같은 모델을 만들 수 있다.

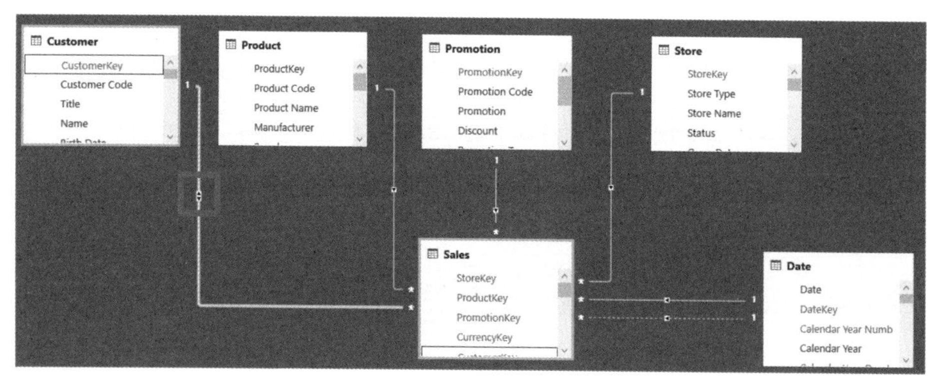

그림 15-11 Customer와 Sales 사이의 크로스필터 방향을 양방향으로 설정했다.

관계에서 크로스필터 방향을 양방향으로 설정하면 `CountryRegion` 슬라이서가 `Sales`에서 참조하는 행만 표시한다. 그림 15-12는 슬라이서가 동기화돼 사용자 환경이 개선됐음을 보여준다.

Brand
- ☐ A. Datum
- ☐ Adventure Works
- ☐ Contoso
- ☐ Fabrikam
- ☐ Litware
- ■ Northwind Traders
- ☐ Proseware
- ☐ Southridge Video
- ☐ Tailspin Toys
- ☐ The Phone Company
- ☐ Wide World Importers

CountryRegion
- ☐ Australia
- ☐ Bhutan
- ☐ Canada
- ☐ China
- ☐ France
- ☐ Germany
- ☐ Greece
- ☐ India
- ☐ Iran
- ☐ Japan
- ☐ Kyrgyzstan
- ☐ Singapore

CountryRegion	Sales Amount
Australia	375,091.54
Bhutan	13,598.64
Canada	52,201.68
China	1,135.40
France	29,783.07
Germany	94,998.72
Greece	5,551.82
India	721.05
Iran	9,519.41

그림 15-12 양방향 크로스필터를 활성화하면 슬라이서가 동기화된다.

양방향 필터링은 편리하지만 비용이 수반된다. 성능 관점에서 필터 컨텍스트를 관계의 양쪽으로 전파해야 하기에 양방향 크로스필터는 모델속도를 느리게 한다. 반대 방향으로 가기보다는 1쪽에서 시작해 M쪽을 필터링하는 것이 훨씬 빠르다. 그러므로 최적의 성능을 목표로 양방향 크로스필터링은 피하는 것이 좋다. 또한 양방향 크로스필터는 모호한 데이터 모델을 생성할 가능성을 높인다. 15장의 후반부에서 모호성에 관해서도 다룬다.

노트 관계에서 양방향 필터를 사용하지 않고도 시각화 수준의 필터를 사용해 파워 BI 시각화에서 볼 수 있는 항목을 줄일 수 있다. 안타깝게도 2019년 4월 현재 파워 BI의 슬라이서에는 시각화 수준 필터가 지원되지 않는다. 슬라이서에도 시각화 수준 필터를 사용할 수 있게 되면 슬라이서로 보이는 항목을 줄이기 위해 양방향 필터를 사용할 필요가 없게 될 것이다.

일대다 관계 이해

일대다 관계는 데이터 모델에서 가장 보편적이고 바람직한 유형의 관계다. 예를 들어 일대다 관계는 Product와 Sales를 연결한다. 하나의 제품이 주어지면 해당 제품과 관련된 판매가 많이 있을 수 있지만 주어진 판매에는 오직 한 제품만 있다. 결과적으로 Product는 1쪽이고 Sales는 M쪽이다.

또한 데이터를 분석할 때 제품 속성에 따라 슬라이싱해 Sales의 값을 계산할 수 있어야 한다. 따라서 기본 동작은 Product에 설정된 필터(1쪽)가 Sales(M쪽)로 전파되는 것이다. 필요한 경우 관계에서 양방향 크로스필터를 활성화해 이 동작을 변경할 수 있다.

강한 일대다 관계에서 테이블 확장은 항상 1쪽으로 향한다. 또한 관계가 유효하지 않은 경우, 관계의 1쪽에 있는 테이블에 빈 행이 생성될 수 있다. 시멘틱스 차원에서 약한 일대다 관계는 빈 행만 제외하고 똑같이 작동한다. 약한 일대다 관계는 성능 차원에서 일반적으로 더 느린 쿼리를 생성한다.

일대일 관계 이해

일대일 관계는 데이터 모델에서 매우 드물다. 일대일 관계를 통해 연결된 두 개 테이블은 사실 둘로 분리된 동일한 테이블이다. 잘 설계된 모델이라면 이들 테이블은 데이터 모델에 로드되기 전에 결합됐을 것이다.

따라서 일대일 관계를 다루는 최고의 방법은 두 테이블을 결합해 일대일 관계를 피하는 것이다. 이 모범 사례에 대한 한 가지 예외는 데이터가 독립적으로 새로 고쳐져야 하는 서로 다른 데이터 소스에서 동일한 비즈니스 엔티티로 들어갈 때다. 이럴 때는 새로고침 작업 중 복잡하고 비용이 많이 드는 변환을 피해 두 개의 별도 테이블을 데이터 모델로 가져오는 것을 선호할 수 있다. 어떤 경우든 일대일 관계를 취급할 때 사용자는 다음과 같은 사항에 주의를 기울여야 한다.

- 크로스필터 방향은 항상 양방향이다. 크로스필터 방향을 일대일 관계에서 단일로 설정할 수는 없다. CROSSFILTER를 사용하거나 모델에서 관계가 비활성화되지 않는 한, 두 테이블 중 하나의 필터는 항상 다른 테이블로 전파된다.
- 테이블 확장 관점에서 보면 14장에서 설명했듯이 강한 일대일 관계에서 각 테이블은 관계의 일부인 다른 테이블을 확장한다. 즉, 강한 일대일 관계는 동일한 두 개의 확장 테이블을 생성한다.
- 관계의 양쪽이 모두 1쪽이기 때문에 관계가 강하고 무효인 경우, 즉 다른 테이블에서 일치하지 않는 키 값이 있다면 두 테이블 모두 빈 행을 포함할 수 있다. 또한 관계에 사용되는 열의 값은 두 테이블에서 모두 고유해야 한다.

다대다 관계 이해

다대다 관계는 매우 강력한 모델링 도구로 일대일 관계보다 훨씬 자주 나타난다. 올바르게 다루기가 쉬운 일은 아니지만, 분석에 유용하게 사용할 수 있으므로 이러한 관계에 대해 충분히 살펴볼 가치가 있다.

두 테이블이 단순한 일대다 관계를 통해 연결될 수 없을 때 다대다 관계가 모델에 존재한다. 다대다 관계에는 두 가지 유형이 있고 두 가지 시나리오를 해결하는 방법에는 여러 가지가 있다. 다음 절에서는 다대다 관계를 관리하는 몇 가지 방법을 소개한다.

브릿지 테이블을 사용해 다대다 구현

다음의 예는 은행 시나리오에서 나온다. 은행은 한 테이블에 Accounts를 저장하고, 다른 테이블에 Customers를 저장한다. 하나의 Accounts를 복수의 고객이 소유할 수 있으며 고객 역시 복수의 Accounts를 가질 수 있다. 고객명을 Accounts에 저장할 수 없고, Customers 테이블에도 고객 번호를 저장할 수 없다. 이 시나리오는 Accounts와 Customers 사이의 일반적인 관계를 사용해 모델링할 수 없다.

이 시나리오에 대한 일반적인 해결책은 Customers와 Accounts의 관계를 저장할 테이블을 만드는 것이다. 이를 브릿지 테이블이라고 하며 그림 15-13의 모델에서 보여준다.

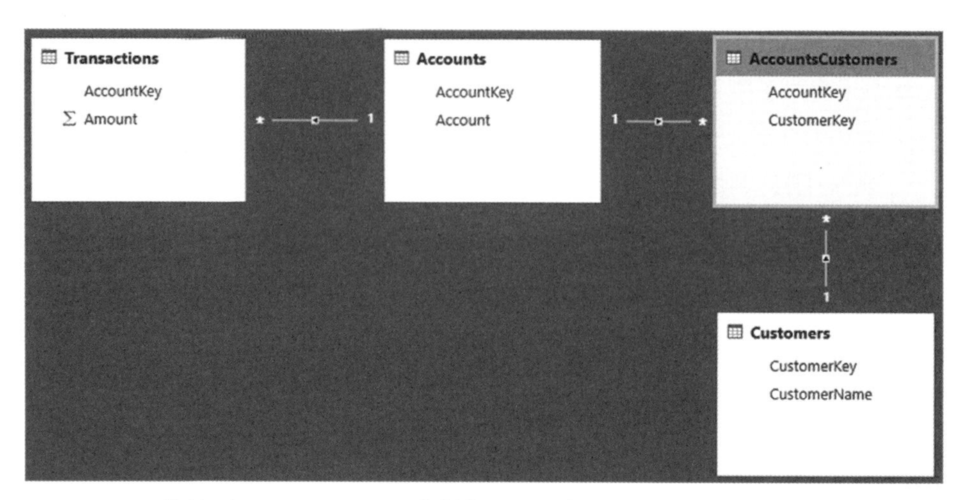

그림 15-13 AccountsCustomers 테이블은 Accounts와 Customers 모두와 관련이 있다.

이 모델에서는 AccountsCustomers라는 브릿지 테이블을 통해 Account와 Customers 사이의 다대다 관계를 구현한다. 브릿지 테이블의 행은 하나의 고객이 한 계정을 갖고 있음을 나타낸다.

현재 모델은 아직 작동되지 않는다. 실제로 Accounts가 Transactions를 필터링하고 Accounts가 일대일 관계의 1쪽에 있으므로 Accounts에 의해 슬라이싱되는 보고서는 잘 작동한다. 한편 Customers로 슬라이싱하면 제대로 작동하지 않는데, 이는 Customers는 AccountsCustomers를 필터링하지만 AccountsCustomers는 크로스필터 방향이 반대이므로 필터를 Accounts로 전파하지 못하기 때문이다. 또한 이 마지막 관계는 Accounts 테이블이 1쪽에 있어야 하는데, 이는 Accounts에서 AccountKey가 고유한 값을 가지며 AccountCustomers에 중복된 값이 포함돼 있기 때문이다.

그림 15-14는 CustomerName 값은 행렬에 표시된 금액의 합계에 어떤 종류의 필터도 적용하지 않는다는 것을 보여준다.

Account	Luke	Mark	Paul	Robert	Total
Luke	800.00	800.00	800.00	800.00	**800.00**
Mark	800.00	800.00	800.00	800.00	**800.00**
Mark-Paul	1,000.00	1,000.00	1,000.00	1,000.00	**1,000.00**
Mark-Robert	1,000.00	1,000.00	1,000.00	1,000.00	**1,000.00**
Paul	700.00	700.00	700.00	700.00	**700.00**
Robert	700.00	700.00	700.00	700.00	**700.00**
Total	**5,000.00**	**5,000.00**	**5,000.00**	**5,000.00**	**5,000.00**

그림 15-14 행의 Accounts는 합계 금액을 필터링하지만 열의 Customers는 필터링하지 않는다.

이 시나리오는 AccountsCustomers와 Accounts의 관계에서 양방향 크로스필터를 활성화해 해결할 수 있다. 이는 데이터 모델을 업데이트하거나 다음 측정값과 같이 CROSSFILTER를 사용해 수행할 수 있다.

```
-- CROSSFILTER를 사용하는 버전
SumOfAmt CF :=
CALCULATE (
  SUM ( Transactions[Amount] ),
  CROSSFILTER (
    AccountsCustomers[AccountKey],
    Accounts[AccountKey],
    BOTH
  )
)
```

어느 쪽이든 식은 이제 그림 15-15와 같이 기대한 결과를 산출한다.

Account	Luke	Mark	Paul	Robert	Total
Luke	800.00				**800.00**
Mark		800.00			**800.00**
Mark-Paul		1,000.00	1,000.00		**1,000.00**
Mark-Robert		1,000.00		1,000.00	**1,000.00**
Paul			700.00		**700.00**
Robert				700.00	**700.00**
Total	**800.00**	**2,800.00**	**1,700.00**	**1,700.00**	**5,000.00**

그림 15-15 이제 측정값은 양방향 크로스필터를 활성화해 정확한 결과를 반환한다.

데이터 모델에서 양방향 크로스필터를 설정하면 모든 계산에 자동으로 적용된다는 장점이 있다. 엑셀 또는 파워 BI와 같은 클라이언트 도구가 생성하는 암묵적 측정값에도 작동한다. 그러나 데이터 모델에 양방향 크로스필터가 있으면 필터 전파의 복잡성이 증가하고 해당 필터의 영향을 받지 않아야 하는 측정값의 성능에 부정적인 영향을 줄 수 있다. 또한 나중에 데이터 모델에 새 테이블을 추가하는 경우 양방향 크로스필터가 있으면 크로스필터를 변경해야 하는 모호함이 생길 수 있다. 이것은 잠재적으로 기존의 다른 보고서를 망칠 수 있다. 그러므로 관계에서 양방향 크로스필터를 활성화하기 전에 숙고해 모델에 문제가 없는지 주의 깊게 점검해야 한다.

물론 모델에서 양방향 크로스필터를 자유롭게 사용할 수 있다. 그러나 책에 기술된 모든 이유 때문에 관계에서 양방향 크로스필터는 절대로 허용하지 않는다. 우리는 단순함과 안정적인 모델을 좋아하기에 모든 측정값에 적용되는 CROSSFILTER 솔루션을 강력히 선호한다. 성능 측면에서 보면 데이터 모델에서 양방향 크로스필터를 활성화하는 것과 DAX에서 CROSSFILTER를 사용하는 방법에는 차이가 없다.

더 복잡한 DAX 코드를 사용해 원하는 목표를 달성할 수 있다. 이를 통해 비록 복잡하긴 하지만 더 높은 수준의 유연성을 확보할 수 있다. CROSSFILTER를 사용하지 않고 SumOfAmt 측정값을 작성하는 한 가지 옵션은 다음과 같이 SUMMARIZE를 CALCULATE 필터 인수로 사용하는 것이다.

```
-- SUMMARIZE를 사용하는 버전
SumOfAmt SU :=
CALCULATE (
  SUM ( Transactions[Amount] ),
  SUMMARIZE (
    AccountsCustomers,
    Accounts[AccountKey]
  )
)
```

SUMMARIZE는 데이터 계보가 Accounts[AccountKey]인 열을 반환하고 Accounts와 Transactions 테이블을 능동적으로 필터링한다. 다음과 같이 TREATAS를 사용해 비슷한 결과를 얻을 수 있다.

```
-- TREATAS를 사용하는 버전
SumOfAmt TA :=
CALCULATE (
  SUM ( Transactions[Amount] ),
  TREATAS (
    VALUES ( AccountsCustomers[AccountKey] ),
    Accounts[AccountKey]
  )
)
```

이때 VALUES는 Customers 테이블로 필터링된 AccountsCustomers[AccountKey]의 값을 반환하고, TREATAS는 Accounts를 필터링한 다음 Transactions 테이블을 필터링하도록 데이터 계보를 변경한다.

마지막으로, 테이블 확장을 사용해 동일한 식을 더 간단하게 작성할 수 있다. 브릿지 테이블이 Customers 테이블과 Accounts 테이블 모두로 확장됨에 따라 다음 코드는 이전 코드와 거의 동일한 결과를 반환한다. 그러나 눈에 띄게 짧다.

```
-- 확장 테이블을 사용하는 버전
SumOfAmt ET :=
CALCULATE (
  SUM ( Transactions[Amount] ),
  AccountsCustomers
)
```

많은 변형이 있지만 이러한 모든 솔루션을 다음과 같은 두 가지 옵션으로 그룹화할 수 있다.

- DAX의 양방향 크로스필터 기능 사용
- CALCULATE에서 필터 인수로 테이블을 사용

두 그룹은 Transactions과 Accounts의 관계가 유효하지 않으면 다르게 행동한다. 실제로 관계가 유효하지 않으면 관계 1쪽의 테이블에는 추가적인 빈 행이 생성된다. Transactions 테이블이 Accounts 테이블에서 사용할 수 없는 계정과 관련된 경우 Transactions과 Accounts 간의 관계가 유효하지 않으며 빈 행이 Accounts 테이블에 추가된다. 이 효과는 Customers로 전파되지 않는다. 따라서 이런 경우 Customers 테이블에는 빈 행이 없고 Accounts 테이블에만 빈 행이 하나 있다.

Account로 Transactions를 슬라이싱하면 빈 행이 표시되지만, CustomerName으로 Transactions를 슬라이싱하면 빈 행에 연결된 거래를 표시하지 않는다. 이 동작은 혼란스러울 수 있다. 해당 동작을 보여주기 위해 잘못된 AccountKey와 10,000.00의 값이 있는 행을 Transactions 테이블에 추가했다. 그림 15-16의 왼쪽은 Account로, 오른쪽 행렬은 CustomerName으로 슬라이싱된 행렬이 다른 결과를 보여준다. 표시된 측정값은 CROSSFILTER를 사용한 측정값이다.

Account	SumOfAmt CF
	10,000.00
Luke	800.00
Mark	800.00
Mark-Paul	1,000.00
Mark-Robert	1,000.00
Paul	700.00
Robert	700.00
Total	**15,000.00**

CustomerName	SumOfAmt CF
Luke	800.00
Mark	2,800.00
Paul	1,700.00
Robert	1,700.00
Total	**15,000.00**

그림 15-16 CustomerName에는 빈 행이 포함돼 있지 않으므로 오른쪽의 합계는 잘못된 것처럼 보인다.

행렬을 Account로 슬라이싱하면 빈 행이 있고 10,000.00의 값이 보인다. CustomerName으로 슬라이싱될 때는 표시할 빈 행이 없다. 필터는 Customers 테이블의 CustomerName 열에서 시작하지만 AccountsCustomers에는 Accounts의 빈 행을 필터에 포함할 수 있는 값이 없다. 따라서 합계 수준에서 Accounts 테이블은 더는 크로스필터링되지 않으며 빈 행을 포함해 모든 Accounts의 행이 활성화돼 결과적으로 15,000.00이 표시된다.

빈 행을 예로 들고 있지만 어떤 Customer와도 연결되지 않은 Accounts가 있을 때는 같은 시나리오가 발생할 것이다. Customer로부터 필터링을 시작해 합계 외에 값이 나타나지 않는다. 고객의 필터가 어떤 고객과도 연결되지 않은 Accounts를 모든 행에서 제거하기 때문이다. 그림 15-16에서 관찰된 동작이 반드시 유효하지 않은 관계와 관련이 있는 것은 아니기에 이러한 고려가 중요하다. 예를 들어 값이 10,000.00인 거래가 Accounts 테이블에 정의된 서비스 계정과 관련이 있지만 어떤 고객과도 관련이 없다면, 이 값이 여전히 단일 고객과는 관련이 없다는 사실에도 불구하고 Account 이름은 보고서에 표시될 것이다. 이는 그림 15-17에 나타나 있다.

Account	SumOfAmt CF
Luke	800.00
Mark	800.00
Mark-Paul	1,000.00
Mark-Robert	1,000.00
Paul	700.00
Robert	700.00
Service	10,000.00
Total	**15,000.00**

CustomerName	SumOfAmt CF
Luke	800.00
Mark	2,800.00
Paul	1,700.00
Robert	1,700.00
Total	**15,000.00**

그림 15-17 Service account와 관련된 값은 단일 CustomerName과 관련이 없는 것으로 나타난다.

노트 그림 15-17에서 설명한 시나리오는 그림 15-16에서처럼 관계형 데이터베이스의 참조 무결성 제약 조건을 위반하지 않는다. 이 조건이 존재하지 않는지 확인하기 위해 데이터를 검증하려면 관계형 데이터베이스에 추가 유효성 검사 로직이 필요하다.

CROSSFILTER 기법을 사용하는 대신 CALCULATE에서 테이블 필터링을 사용한다면 동작이 달라진다. 브릿지 테이블에서 접근할 수 없는 행은 항상 걸러진다. 필터는 항상 CALCULATE에 의해 강제되기 때문에 총합계 수준에서도 나타나지 않는다. 즉, 필터는 항상 활성화될 수밖에 없다. 그림 15-18에서 결과를 볼 수 있다.

Account	SumOfAmt ET
Luke	800.00
Mark	800.00
Mark-Paul	1,000.00
Mark-Robert	1,000.00
Paul	700.00
Robert	700.00
Total	**5,000.00**

CustomerName	SumOfAmt ET
Luke	800.00
Mark	2,800.00
Paul	1,700.00
Robert	1,700.00
Total	**5,000.00**

그림 15-18 테이블 필터 방법을 사용하면 빈 행이 사라지고 합계에서도 빠진다.

이제 합계가 더 낮은 값을 보일 뿐만 아니라, Accounts로 슬라이싱해도 빈 행이 나타나지 않는다. 빈 행이 CALCULATE에 의해 적용된 테이블 필터로 필터링되기 때문이다.

이 값 중 어느 것도 완전히 옳거나 완전히 틀린 것은 아니다. 또한 브릿지 테이블이 고객에서 시작하는 거래의 모든 행을 참조할 때 두 측정값은 동일한 방식으로 작동한다. 개발자는 세부 사항에 주의를 기울이고, 만약 예상하지 못한 값이 있다면 요구 사항에 더 적합한 방법을 선택해야 한다.

노트 성능 측면에서 CALCULATE의 필터 인수로 테이블을 사용하는 방법은 항상 브릿지 테이블(AccountsCustomers)을 검색하는 비용을 지불해야 한다. 이는 고객에 대한 필터 없이 이 측정값을 사용하는 모든 보고서가 비싼 비용을 지불한다는 것을 의미하며, 모든 계정에 한 명 이상의 고객이 있을 때는 쓸모가 없다. 따라서 두 기술 모두에서 같은 결과를 얻을 수 있다면 양방향 크로스필터 기반 솔루션을 기본적으로 선택해야 한다. 또한 테이블 확장과 관련된 모든 솔루션은 강력한 관계에서만 작동한다는 점을 기억하자. 약한 관계에서는 양방향 크로스필터링 방식이 선호된다. 이러한 고려 사항에 관한 자세한 내용은 https://www.sqlbi.com/articles/many-to-many-relationships-in-power-bi-and-excel-2016/의 문서를 참고하길 바란다.

공통 차원을 사용해 다대다 구현

기술적 관점에서 볼 때 다대다 관계가 아니더라도 다대다를 유용하게 사용할 수 있는 시나리오가 또 있다. 이 시나리오는 주 키와는 다른 세분화 수준에서 두 기업 간 관계를 정의한다.

예제는 예산 정보 시나리오에서 출발하며 예산 정보는 국가, 브랜드 및 1년간의 예산을 포함하는 테이블에 저장된다. 모델은 그림 15-19에서 볼 수 있다.

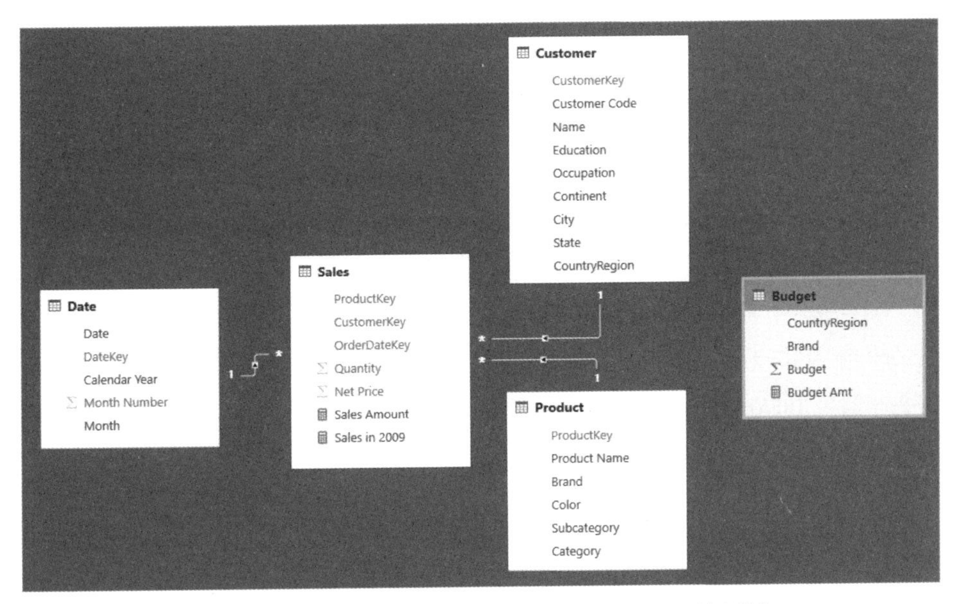

그림 15-19 예산 테이블에는 CountryRegion, Brand 및 Budget 열이 있다.

매출액과 예산을 나란히 표시하는 보고서를 작성하려면 Budget 테이블과 Sales 테이블을 동시에 필터링해야 한다. Budget 테이블의 CountryRegion은 Customer 테이블에도 존재한다. 그러나 CountryRegion 열은 Customer 테이블이나 Budget 테이블에서 고유하지 않다. 이와 마찬가지로 Brand는 Product의 열이지만 어느 테이블에서도 고유하지 않다. Budget 테이블의 Budget 열을 단순히 요약하는 Budget Amt를 작성할 수 있다.

```
Budget Amt :=
SUM ( Budget[Budget] )
```

이 데이터 모델에서 Customer[CountryRegion]로 행렬을 슬라이싱하면 그림 15-20에서 볼 수 있는 결과를 얻을 수 있다. Budget Amt 측정값은 항상 동일한 값을 표시하며 Budget 테이블의 모든 행의 합계에 해당한다.

CountryRegion	Sales in 2009	Budget Amt
China	4,606,828.52	39,004,512.00
Germany	3,715,974.54	39,004,512.00
United States	32,296,069.79	39,004,512.00
Total	**40,618,872.86**	**39,004,512.00**

그림 15-20 Budget Amt는 Customer[CountryRegion]로 필터링되지 않으며 항상 동일한 값을 보여준다.

이 시나리오에는 몇 가지 해결책이 있다. 한 방법은 15장에서 이전에 설명한 기법의 하나를 사용해 가상 관계를 구현하고 필터를 한 테이블에서 다른 테이블로 이동하는 것이다. 다음과 같이 TREATAS를 사용해 Customer 및 Product 테이블에서 Budget 테이블로 필터를 이동할 수 있다.

```
Budget Amt :=
CALCULATE (
  SUM ( Budget[Budget] ),
  TREATAS (
    VALUES ( Customer[CountryRegion] ),
    Budget[CountryRegion]
  ),
  TREATAS (
    VALUES ( 'Product'[Brand] ),
    Budget[Brand]
  )
)
```

이제 위 측정값은 Customer나 Product에 설정된 필터를 적절하게 사용해 그림 15-21에 표시된 올바른 결과를 끌어낸다.

CountryRegion	Sales in 2009	Budget Amt
China	4,606,828.52	4,393,380.00
Germany	3,715,974.54	3,631,310.00
United States	32,296,069.79	30,979,822.00
Total	**40,618,872.86**	**39,004,512.00**

그림 15-21 Budget Amt는 이제 Customer[CountryRegion]으로 필터링된다.

이 방법은 다음과 같은 몇 가지 한계를 보여준다.

- Budget 테이블에 새로운 브랜드가 있지만 Product 테이블에는 없을 때 해당 브랜드의 값은 항상 걸러진다. 결과적으로 예산의 값은 부정확해진다.
- 물리적 관계에 의존하는 가장 효율적인 방법을 사용하는 대신, 위 코드는 DAX를 사용해 필터를 옮긴다. 대형 모델에서 이 방법은 성능 저하를 초래할 수 있다.

이 시나리오에 대한 더 나은 해결책은 데이터 모델을 약간 변경해 Budget과 Customer 테이블 모두에서 필터 역할을 하는 새로운 테이블을 추가하는 것이다. 이는 다음과 같이 DAX로 계산된 테이블을 만들어 쉽게 수행할 수 있다.

```
CountryRegions =
DISTINCT (
  UNION (
    DISTINCT ( Budget[CountryRegion] ),
    DISTINCT ( Customer[CountryRegion] )
  )
)
```

이 식은 Customer와 Budget에서 CountryRegion의 모든 값을 검색한 다음 중복이 포함된 단일 테이블로 병합한다. 마지막으로 식은 테이블에서 중복을 제거한다. 결과적으로 새 테이블에는 Budget 또는 Customer에서 유래한 CountryRegion의 모든 값이 포함된다. 이와 유사한 방식으로 Product[Brand]와 Budget[Brand]에 대해 동일한 프로세스를 거쳐 Product 및 Budget에 연결되는 테이블이 필요하다.

```
Brands =
DISTINCT (
   UNION (
    DISTINCT ( 'Product'[Brand] ),
    DISTINCT ( Budget[Brand] )
  )
)
```

일단 테이블을 데이터 모델에 만든 다음 적절한 일련의 관계를 만들어야 한다. 결과 모델은 그림 15-22에서 볼 수 있다.

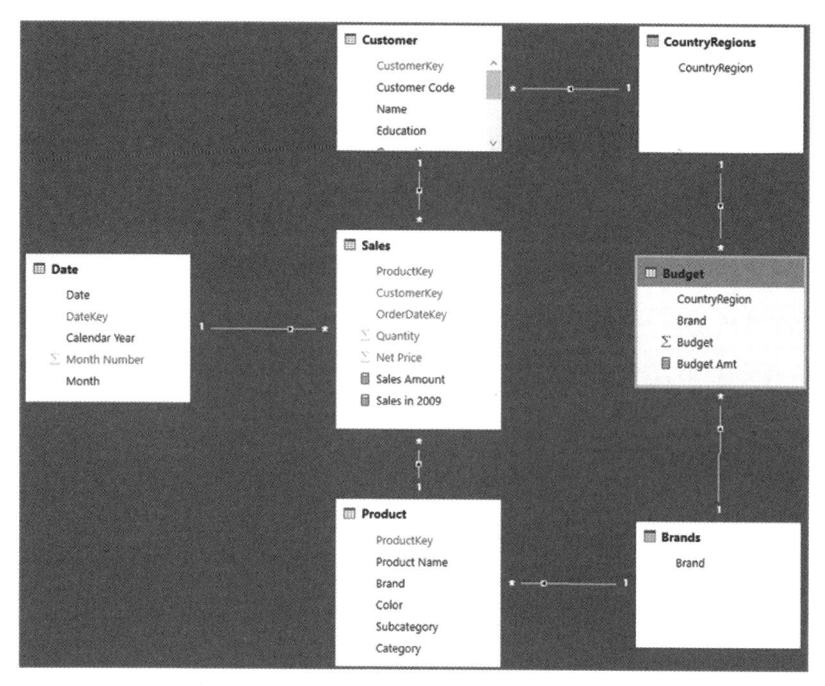

그림 15-22 데이터 모델에는 CountryRegions 및 Brands라는 두 개의 새로운 테이블이 있다.

새 모델을 사용하면 Brand 테이블이 Product와 Budget을 모두 필터링하고, 새 CountryRegions 테이블은 Customer와 Budget을 모두 필터링한다. 따라서 이전 예에 표시된 TREATAS 패턴을 사용할 필요가 없다. 간단한 SUM은 다음 버전의 Budget Amt 측정값에 표시된 대로 Budget과 Sales에서 올바른 값을 계산한다. 이를 위해서는 보고서의 CountryRegions 및 Brands 테이블에 있는 열을 사용해야 한다. 이는 그림 15-21에 나타나 있다.

```
Budget Amt :=
SUM ( Budget[Budget] )
```

Customer와 CountryRegions 간 Product와 Brand 간 양방향 크로스필터를 활용함으로써 보고서 보기에서 CountryRegions 및 Brands 테이블을 숨길 수 있으며 추가 DAX 코드를 작성하지 않고도 Customer 및 Product에서 Budget으로 필터를 이동할 수 있다. 그림

15-23에 나타난 결과 모델은 CountryRegion 열의 세분화 부분에서 Customer와 Budget 사이에 논리적 관계를 형성한다. 브랜드 열의 세분화 수준에서 Product와 Budget 사이에 동일한 현상이 발생한다.

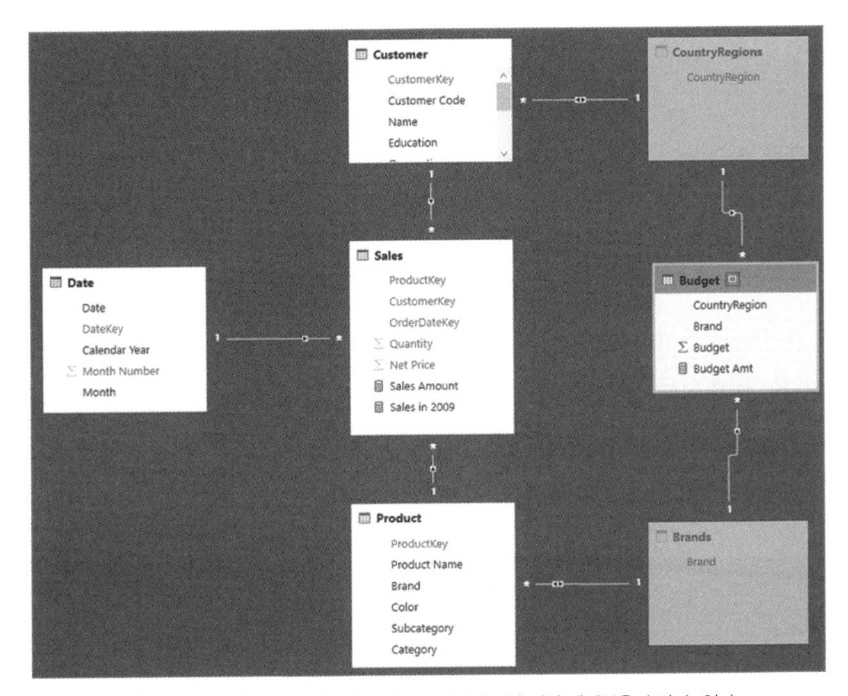

그림 15-23 양방향 크로스필터링을 활성화하면 기술적인 테이블을 숨길 수 있다.

이 모델에 의해 생성된 보고서의 결과는 그림 15-21과 같다. Customer와 Budget의 관계는 다대일 관계와 일대다 관계의 연속이다. Customer와 CountryRegions 간 양방향 크로스필터는 궁극적으로 다른 방향이 아니라 Customer에서 Budget으로 필터를 전송한다. CountryRegions와 Budget 간에 양방향 필터가 활성화된 경우 모델에는 Product와 Budget 사이에 유사한 패턴의 작성을 중단하는 모호성이 있다.

노트 그림 15-23의 모델에는 그림 15-19의 모델과 동일한 제한이 있다. Budget 테이블에 Customer 및 Product 테이블에서 정의되지 않은 브랜드나 국가가 있다면 해당 예산은 보고서에서 빠질 수 있다. 이 문제는 다음 절에서 자세히 설명한다.

기술적으로 이 모델은 다대다 패턴이 아니다. 이 모델에서 개별 제품이 아닌 세분화 수준을 사용해 Product를 Budget(Customer도 마찬가지)에 연결한다. 즉, 브랜드의 세분화 수준에서 두 테이블을 연결한다. 다음 절에서 설명하는 것처럼 약한 관계를 사용하면 효율성은 떨어지지만 간단하게 동일한 작업을 수행할 수 있다. 세분화 수준이 다른 테이블을 연결하는 데는 15장의 후반부에서 논의되는 몇 가지 복잡한 측면이 감춰져 있다.

MMR 약한 관계를 사용해 다대다 구현

이전 예에서는 중간 임시 테이블을 사용해 Product를 Budget에 연결했다. 2018년 10월 이후의 DAX 버전은 약한 관계 기능을 도입해 동일한 시나리오를 자동화된 방식으로 해결한다.

관계에 관련된 두 열이 두 테이블에서 중복되면 두 테이블 사이에 MMR 약한 관계를 만들 수 있다. 즉, 이전 절에서 사용한 중간 브랜드 테이블을 작성하지 않고 Product[Brand] 열을 사용해 Budget을 Product에 직접 연결해 그림 15-23에 표시된 것과 동일한 모델을 만들 수 있다. 그림 15-24는 결과 모델을 보여준다.

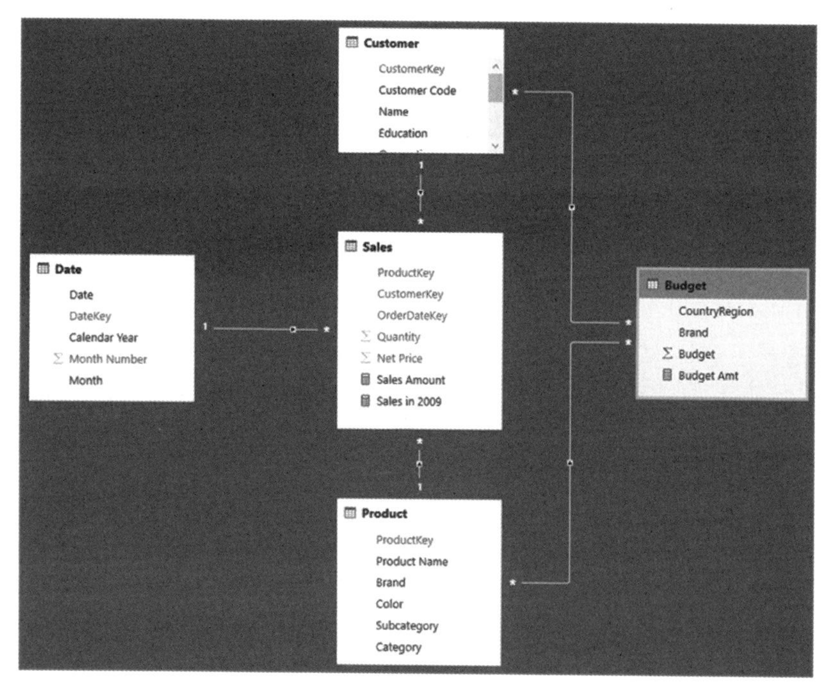

그림 15-24 Budget은 두 약한 관계를 사용해 Customer 및 Product에 직접 연결된다.

MMR 약한 관계를 만들 때 필터 컨텍스트 전파 방향을 선택할 수 있다. 일반적인 일대다 관계에서, 단일 또는 모두일 수 있다. 이 예에서의 선택은 반드시 `Customer`에서 `Budget`으로, `Product`에서 `Budget`으로 가는 단일 방향이다. 두 관계에서 양방향 필터를 설정하면 모델에 모호성이 생긴다.

MMR 관계에서 관계의 양쪽은 M쪽이다. 따라서 열은 두 테이블에서 중복될 수 있다. 이 모델은 그림 15-23에 표시된 모델과 똑같이 작동하며 측정값 또는 계산된 테이블에 추가 DAX 코드가 없어도 올바른 값을 계산한다.

그럼에도 불구하고 이 모델에는 함정이 있다. 관계가 약하기 때문에 관계가 유효하지 않으면 테이블 모두 빈 행을 포함하지 않는다. 다시 말해 `Budget`에 `Customer` 또는 `Product`에 없는 국가나 브랜드가 포함되면 그림 15-24의 모델 해당 값이 숨겨진다.

이를 확인하고자 독일을 이탈리아로 바꿔 `Budget` 테이블의 내용을 변경했다. 이 예에 사용된 모델에서 국가가 이탈리아인 고객은 없다. 이렇게 변경하면 그림 15-25와 같이 다소 놀라운 결과가 나온다.

CountryRegion	Sales in 2009	Budget Amt
China	4,606,828.52	4,393,380.00
Germany	3,715,974.54	
United States	32,296,069.79	30,979,822.00
Total	**40,618,872.86**	**39,004,512.00**

그림 15-25 Budget과 Customer의 관계가 유효하지 않은 경우에 빠진 빈 행은 놀라운 결과를 낳는다.

독일 행은 비어 있다. 독일 전체 예산을 이탈리아로 옮겼기에 당연한 결과다. 그러나 다음과 같은 두 가지 세부 사항을 이해해야 한다.

- 이탈리아 예산을 표시하는 행이 없다.
- 예산의 합계가 보이는 두 행의 합보다 크다.

`Customer[CountryRegion]`에 필터가 있으면 약한 관계를 통해 필터가 `Budget` 테이블로 이동한다. 결과적으로 `Budget` 테이블에는 해당 국가의 값만 표시된다. 이탈리아는 `Customer[CountryRegion]`에 존재하지 않으므로 값이 표시되지 않는다. 즉,

Customer[CountryRegion]에 필터가 없으면 Budget에 필터가 수신되지 않는다. 따라서 이탈리아도 포함해 합계를 표시한다.

Budget Amt의 결과는 Customer[CountryRegion]에 필터가 있고 없고에 따라 다르다. 유효하지 않은 관계가 존재하면 이상한 값이 생성된다.

약한 MMR 관계는 추가 테이블을 만들 필요가 없으므로 데이터 모델 작성을 크게 단순화할 수 있는 강력한 도구다. 그럼에도 불구하고 테이블에 빈 행이 추가되지 않아서 기능을 제대로 사용하지 않으면 예기치 않은 결과를 초래할 수 있다. 약한 관계를 보여주기 전에 기본적으로 큰 차이가 없으므로 추가 테이블을 작성하는 보다 복잡한 기술을 보여줬다. 차이점은 추가 테이블을 작성하면 두 개의 관련 테이블 중 한 테이블에만 존재하는 값을 볼 수 있다는 것이다. 이는 특정 시나리오에서는 필요하지만 약한 MMR 관계를 사용할 때는 불가능하다.

실제로 Brands 및 CountryRegions 테이블(그림 15-23)을 사용한 데이터 모델에서 독일과 이탈리아를 같은 방식으로 대체하면 결과가 훨씬 더 명확해진다(그림 15-26 참조).

CountryRegion	Sales in 2009	Budget Amt
China	4,606,828.52	4,393,380.00
Germany	3,715,974.54	
Italy		3,631,310.00
United States	32,296,069.79	30,979,822.00
Total	**40,618,872.86**	**39,004,512.00**

그림 15-26 중간 테이블을 사용하면 이탈리아와 독일이 모두 올바른 값으로 보고서에 나타난다.

올바른 유형의 관계 선택

복잡한 관계는 고급 모델을 만드는 강력한 방법이다. 복잡한 시나리오를 사용하면 물리적(계산된 것일 수 있음) 관계와 가상 관계를 구축하는 것 사이에 선택해야만 하는 상황에 직면한다.

물리적 관계와 가상 관계는 필터를 테이블에서 다른 테이블로 전송한다는 점에서 비슷하다. 그러나 데이터 모델 수준에서 성능과 의미는 다음과 같이 서로 다르다.

- **물리적 관계는 데이터 모델에 정의되며, 가상 관계는 DAX 코드에만 존재한다.** 데이터 모델의 다이어그램 보기는 테이블 간 관계를 명확하게 보여준다. 그러나 다이어그램 보기에서 가상 관계는 볼 수 없다. 이러한 관계를 찾기 위해서는 측정값, 계산된 열 및 계산된 테이블에 사용되는 DAX 식을 자세히 살펴봐야 한다. 논리적 관계가 여러 측정값에서 사용된다면, 논리적인 관계가 계산 그룹의 계산 항목에서 구현되지 않는 한 논리적 관계가 필요한 모든 측정값에서 코드를 복제해야 한다. 따라서 물리적 관계는 가상 관계보다 관리하기 쉽고 오류 발생률도 낮다.
- **물리적 관계는 관계의 1쪽 테이블에 제약 조건을 정의한다.** 일대다 관계와 일대일 관계에서는 관계의 1쪽에 사용되는 열에 비어 있지 않은 고윳값이 있어야 한다. 새 데이터가 이 제약 조건을 위반한다면 데이터 모델의 새로고침 작업이 실패한다. 이러한 관점에서 관계형 데이터베이스에 정의된 외래 키 제약 조건과는 큰 차이가 있다. 외래 키 관계는 관계의 M쪽에 제약 조건을 정의하는데, 그 값은 다른 테이블에 존재하는 값일 수 있다. 테이블 모형의 관계는 결코 외래 키 제약을 강제하지 않는다.
- **가상 관계보다 물리적 관계가 더 빠르다.** 물리적 관계는 쿼리 실행을 가속화하는 추가 구조를 정의해 저장 엔진이 두 개 이상의 쿼리를 포함하는 쿼리 일부를 실행할 수 있게 한다. 가상 관계는 항상 수식 엔진의 추가 작업을 필요로 하는데, 이는 저장 엔진보다 느리다. 수식 엔진과 저장 엔진의 차이는 17장에서 논한다.

일반적으로 물리적 관계가 더 나은 선택이다. 쿼리의 성능 측면에서 표준 관계(데이터 소스에서 오는 열에 기초함)와 계산된 물리적 관계(계산된 열에 기초함) 사이에 차이가 없다. 엔진은 (데이터가 새로고침 되는) 프로세스 시간에 계산된 열을 계산하므로 표현이 얼마나 복잡한지는 별로 중요하지 않다. 관계가 물리적 관계이며 엔진은 그것을 최대한 활용할 수 있기 때문이다.

가상의 관계는 추상적인 개념일 뿐이다. 기술적으로는 DAX 코드를 사용해 한 테이블에서 다른 테이블로 필터를 전송할 때마다 가상 관계가 구현된다. 가상 관계는 쿼리 시간에 해결되며 엔진에는 쿼리 실행을 최적화하기 위해 물리적 관계를 위해 생성된 추가 구조가 없다. 따라서 선택할 수 있다면 물리적 관계를 선택해야 한다.

다대다 관계는 물리적 관계와 가상 관계 사이의 중간 위치에 있다. 양방향 관계나 테이블 확장을 활용해 모델에서 다대다 관계를 정의할 수 있다. 일반적으로 불필요한 필터 전파를 제거해 쿼리 계획을 최적화할 기회가 엔진에 더 많기 때문에 관계가 테이블 확장을 기반으로 하는 접근 방식보다 더 낫다. 그럼에도 불구하고 테이블 확장 및 양방향 크로스필터는 기술적으로 비슷한 비용으로 두 개의 서로 다른 쿼리 계획을 실행하더라도 필터가 활성화돼 있을 때는 비슷한 비용이 든다.

성능 측면에서 관계 선택의 우선순위는 다음과 같아야 한다.

- VertiPaq 엔진을 가장 잘 사용하고 최고의 성능을 얻기 위한 물리적 일대다 관계. 계산된 물리적 관계는 네이티브 열의 관계와 동일한 쿼리 성능을 갖는다.
- 양방향 크로스필터 관계, 테이블 확장으로 다대다 및 약한 관계가 두 번째 옵션이다. 최고의 성능은 아니지만 엔진의 성능이 좋고 엔진을 잘 활용한다.
- 성능 저하의 위험 때문에 가상 관계는 마지막으로 선택해야 한다. 위험하다는 것이 곧 성능 문제가 생긴다는 것은 아니다. 쿼리의 여러 측면에 주의해야 한다는 뜻이다. 이와 관련한 내용은 16장의 최적화와 관련된 절에서 다룬다.

세분화 관리

이전 절에서 설명한 것처럼 중간 테이블이나 MMR 약한 관계를 사용해 테이블의 기본 키보다 낮은 세분화 수준에서 두 테이블을 연결할 수 있다. 이전 예에서 우리는 Budget 테이블을 Product와 Customer 테이블에 연결했다. 이때 Product와의 관계는 브랜드 수준이지만 Customer와의 관계는 CountryRegion 수준이다.

데이터 모델에 낮은 세분화 수준의 관계가 포함돼 있다면 해당 관계를 사용하는 측정값을 작성할 때 항상 주의해야 한다. 그림 15-27은 Customer, Product 및 Budget 사이에 두 가지 MMR 약한 관계를 가진 시작 모델을 보여준다.

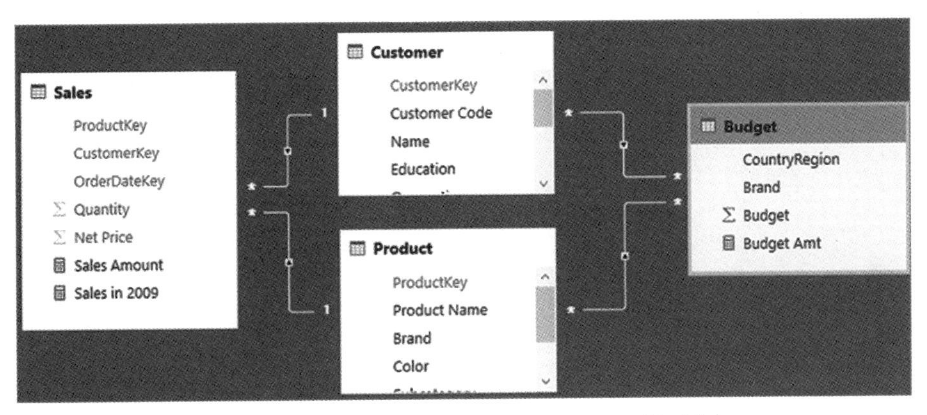

그림 15-27 Customer, Product 및 Budget 간 관계는 약한 관계다.

약한 관계는 열의 세분화 수준에 따라 필터를 한 테이블에서 다른 테이블로 전달한다. 이는 모든 관계에 적용된다. 실제로 Customer와 Sales의 관계도 관계에 관련된 열의 세분화 수준에서 필터를 전달한다. 그럼에도 불구하고 관계를 만드는 데 사용되는 열이 테이블의 키라면 행동은 직관적이다. 약한 관계의 사례와 같이 관계가 낮은 세분화 수준에서 설정되면 이해하기 어려운 계산도 쉽게 만들 수 있다.

Product 테이블을 살펴보자. Budget과의 관계는 브랜드 수준에서 설정됐다. 따라서 그림 15-28과 같이 Budget Amt를 Brand로 슬라이싱해 정확한 결과를 보여주는 행렬을 만들 수 있다.

Brand	Budget Amt
A. Datum	1,777,784.00
Adventure Works	4,985,172.00
Contoso	7,127,903.00
Fabrikam	8,667,819.00
Litware	4,284,028.00
Northwind Traders	911,918.00
Proseware	3,192,659.00
Southridge Video	1,643,555.00
Tailspin Toys	600,524.00
The Phone Company	2,233,721.00
Wide World Importers	3,579,429.00
Total	**39,004,512.00**

그림 15-28 Budget을 Brand로 슬라이싱한 모든 계산이 정확한 결과를 제공한다.

`Product` 테이블의 다른 열을 분석에 포함하면 훨씬 더 복잡해진다. 그림 15-29에서는 슬라이서를 추가해 몇 가지 색상을 필터링하고 행렬의 열에 색상을 추가하면 이상한 결과가 도출된다.

Color
- ☐ (Blank)
- ☐ Azure
- ■ Black
- ■ Blue
- ☐ Brown
- ☐ Gold
- ■ Green
- ☐ Grey
- ☐ Orange
- ☐ Pink
- ☐ Purple
- ☐ Red
- ☐ Silver
- ☐ Silver Grey
- ☐ Transparent
- ☐ White
- ☐ Yellow

Brand	Black	Blue	Green	**Total**
A. Datum	1,777,784.00	1,777,784.00	1,777,784.00	**1,777,784.00**
Adventure Works	4,985,172.00	4,985,172.00		**4,985,172.00**
Contoso	7,127,903.00	7,127,903.00	7,127,903.00	**7,127,903.00**
Fabrikam	8,667,819.00	8,667,819.00	8,667,819.00	**8,667,819.00**
Litware	4,284,028.00	4,284,028.00	4,284,028.00	**4,284,028.00**
Northwind Traders	911,918.00	911,918.00	911,918.00	**911,918.00**
Proseware	3,192,659.00	3,192,659.00	3,192,659.00	**3,192,659.00**
Southridge Video	1,643,555.00	1,643,555.00		**1,643,555.00**
Tailspin Toys	600,524.00	600,524.00	600,524.00	**600,524.00**
The Phone Company	2,233,721.00			**2,233,721.00**
Wide World Importers	3,579,429.00	3,579,429.00	3,579,429.00	**3,579,429.00**
Total	**39,004,512.00**	**36,770,791.00**	**30,142,064.00**	**39,004,512.00**

그림 15-29 Brand와 Color로 Budget을 슬라이싱하면 보고서는 이상한 값을 보여준다.

Color 필터와 관계없이 브랜드별 값이(있는 경우) 항상 같다. 각 색상의 합계는 다르지만 총합계는 개별 Color의 합이 아니다.

이러한 수치를 이해하기 위해 브랜드가 없는 단순한 버전의 행렬을 살펴보자. 그림 15-30에서 `Budget Amt`는 `Product[Color]`만으로 슬라이싱된다.

Color	Budget Amt
Black	39,004,512.00
Blue	36,770,791.00
Green	30,142,064.00
Total	**39,004,512.00**

그림 15-30 Color만 슬라이싱하면 개별 셀에 더 쉽게 집중할 수 있다.

그림 15-30의 Blue 예산 금액을 살펴보자. 평가가 시작되면 필터 컨텍스트에서 `Product` 테이블을 필터링해 파란색 제품만 표시한다. 모든 브랜드에 파란색 제품이 있는 것은 아니다. 예를 들어 Phone Company는 그림 15-29와 같이 파란색 제품이 없다. 따라서 `Product[Brand]` 열은 `Product[Color]`로 크로스필터링되며 Phone Company를 제외한

모든 브랜드를 표시한다. 필터 컨텍스트를 Budget 테이블로 이동하면 브랜드 세분화 수준에서 작업이 수행된다. 결과적으로 Budget 테이블은 필터링이 돼 Blue Company를 제외한 모든 브랜드를 보여준다.

표시된 값은 The Blue Company를 제외한 모든 브랜드의 합이다. 관계를 넘나드는 동안 색깔에 대한 정보는 사라진다. Color와 Brand의 관계는 컬러별로 브랜드를 크로스필터링할 때 사용되지만, 그 후 예산에 대한 필터는 브랜드만을 기준으로 한다. 즉, 모든 셀은 주어진 색상의 제품을 적어도 한 개 이상 가진 모든 브랜드의 합계를 보여준다. 이러한 행동은 바람직하지 않다. 이 계산이 필요한 시나리오는 거의 없다. 값이 틀릴 때가 대부분이다.

이 문제는 사용자가 관계에 의해 지원되지 않는 세분된 값의 집합을 검색할 때 나타난다. 검색하려는 세분화 수준이 지원되지 않을 때는 값을 숨기는 것이 좋다. 이것은 보고서가 정확한 세분화 수준으로 데이터를 분석하거나 분석하지 않을 때 이를 탐지하는 문제가 생긴다. 문제를 해결하기 위해 추가 측정값을 만들었다.

브랜드(올바른 세분화 수준)와 색상(잘못된 세분화 수준)을 포함하는 행렬로 시작한다. 이 보고서에는 Product 테이블의 행 수만 계산하는 NumOfProducts라는 새로운 측정값도 추가했다.

```
NumOfProducts :=
COUNTROWS ( 'Product' )
```

그림 15-31에서 결과 보고서를 볼 수 있다.

시나리오를 해결하는 열쇠는 NumOfProducts 측정값이다. A.Datum 브랜드에는 132개 제품이 있다. Color 열(또는 다른 열)을 사용해 추가로 필터링하면 표시되는 제품 수가 줄어든다. 132개 제품이 모두 보이면 Budget의 값은 타당하다. 더 적은 제품을 선택한다면 의미를 잃는다. 따라서 눈에 보이는 제품의 수가 선택된 브랜드 내 모든 제품의 숫자가 아닐 때 Budget Amt 측정값의 값을 숨긴다.

Brand	Budget Amt	NumOfProducts
A. Datum	**1,777,784.00**	**132**
Azure	1,777,784.00	14
Black	1,777,784.00	18
Blue	1,777,784.00	4
Gold	1,777,784.00	4
Green	1,777,784.00	14
Grey	1,777,784.00	18
Orange	1,777,784.00	18
Pink	1,777,784.00	18
Silver	1,777,784.00	18
Silver Grey	1,777,784.00	6
Adventure Works	**4,985,172.00**	**192**
Black	4,985,172.00	54
Blue	4,985,172.00	12
Brown	4,985,172.00	15

그림 15-31 Budget Amt의 값이 브랜드 수준에서는 정확하고 색상 수준에서는 문제가 있다.

브랜드 세분화 수준에서 제품 수를 계산하는 측정값은 다음과 같다.

```
NumOfProducts Budget Grain :=
CALCULATE (
  [NumOfProducts],
  ALL ( 'Product' ),
  VALUES ( 'Product'[Brand] )
)
```

이때 ALLEXCEPT 대신 ALL/VALUES를 사용해야 한다. 이와 관련해 10장에서 다뤘다. 새로운 측정값으로 이제 두 숫자가 Budget Amt 측정값을 보여주는 것과 같은지를 확인하기 위해 간단한 IF 문을 사용할 수 있다. 값이 다르면 공백이 반환되고 행은 보고서에 숨겨진다. Corrected Budget 측정값은 다음과 같다.

```
Corrected Budget :=
IF (
  [NumOfProducts] = [NumOfProducts Budget Grain],
  [Budget Amt]
)
```

그림 15-32는 새로 만든 측정값이 포함된 전체 보고서를 보여준다. 보고서의 세분화 수준이 Budget 테이블의 세분화 수준과 맞지 않으면 Corrected Budget 값이 숨겨진다.

Brand	Budget Amt	NumOfProducts	NumOfProducts Budget Grain	Corrected Budget
A. Datum	**1,777,784.00**	**132**	**132**	**1,777,784.00**
Azure	1,777,784.00	14	132	
Black	1,777,784.00	18	132	
Blue	1,777,784.00	4	132	
Gold	1,777,784.00	4	132	
Green	1,777,784.00	14	132	
Grey	1,777,784.00	18	132	
Orange	1,777,784.00	18	132	
Pink	1,777,784.00	18	132	
Silver	1,777,784.00	18	132	
Silver Grey	1,777,784.00	6	132	
Adventure Works	**4,985,172.00**	**192**	**192**	**4,985,172.00**
Black	4,985,172.00	54	192	
Blue	4,985,172.00	12	192	
Brown	4,985,172.00	15	192	

그림 15-32 보고서가 적합하지 않은 세분화 수준을 검색할 때 Corrected Budget 값은 보이지 않게 된다.

Customer 테이블에도 동일한 패턴을 적용해야 하며, 여기서 세분화 수준은 CountryRegion으로 설정돼야 한다. 패턴에 대한 자세한 내용은 https://www.daxpatterns.com/budget-patterns/에서 확인할 수 있다.

일반적으로 테이블 키와는 다른 세분화 수준에서 관계를 사용할 때는 항상 계산을 확인하고, 세분화 수준이 지원되지 않으면 값이 숨겨지도록 해야 한다. MMR의 약한 관계를 사용할 때는 항상 이러한 세부 사항을 주의해야 한다.

관계에서 모호성 관리

관계에 관한 또 다른 중요한 주제는 모호성이다. 두 테이블을 연결하는 여러 경로가 있다면 모호성이 모델에 나타날 수 있지만, 복잡한 데이터 모델에서는 모호성을 발견하기 어려울 수 있다.

가장 간단한 모호성은 두 테이블 사이에 두 개 이상의 관계를 만들 때 나타난다. 예를 들어 Sales 테이블에는 주문 날짜와 배송 날짜가 모두 포함돼 있다. 두 열을 기준으로 Date와 Sales 사이에 두 관계를 만들면 두 번째 관계가 비활성화된다. 그림 15-33에서 Date와 Sales 사이의 두 관계 중 하나가 점선으로 표시돼 해당 관계가 활성화되지 않았음을 보여준다.

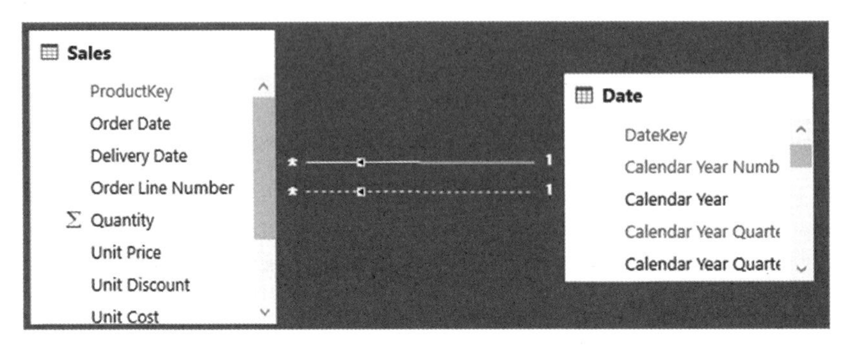

그림 15-33 두 테이블 사이에서 둘 이상의 관계가 활성화될 수 없다.

두 관계가 동시에 활성화되면 모델이 모호해진다. 엔진은 어떤 경로를 따라 필터를 Date에서 Sales로 전송할지 알 수 없다.

두 테이블로 작업할 때는 모호성을 이해하기 쉽다. 그러나 테이블 수가 증가하면 모호한 부분을 찾기가 훨씬 어려워진다. 엔진은 모델의 모호성을 자동으로 감지해 개발자가 모호한 모델을 작성하지 못하게 한다. 그러나 엔진은 사람이 이해하기 어려운 규칙에 따라 복잡한 알고리듬을 사용한다. 결과적으로 모호한데도 모호한 모델로 간주되지 않는 때도 있다.

그림 15-34의 모델을 살펴보자. 우선 그림에 집중하고 간단한 질문에 답하라. 이 모델이 모호한가?

질문에 대한 답 자체가 모호하다. 모델은 인간에게는 모호하지만 DAX에게는 모호하지 않다. 그래도 분석하기가 매우 복잡하기에 나쁜 데이터 모델이다. 모호한 부분이 어디에 있는지부터 살펴보자.

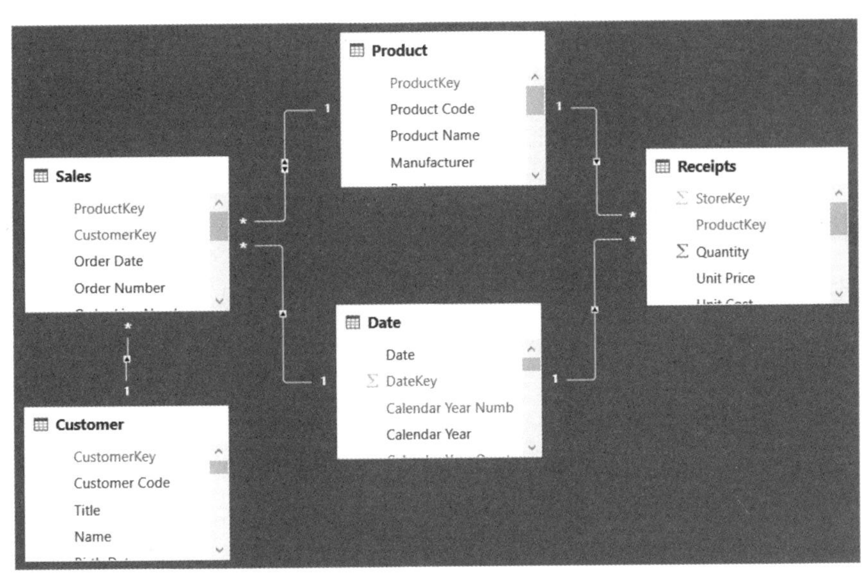

그림 15-34 이 모델이 모호한가? 개발자가 만들 수 있을까, 아니면 오류가 생길까?

Product와 Sales 사이의 관계에는 양방향 크로스필터가 있다. 이는 Sales에서 Product를 거쳐 Receipts로 필터 컨텍스트가 흐른다는 것을 의미한다. 이제 Date를 살펴보자. 필터는 정상적인 경로를 따라 Sales로 이동한 다음 Product를 거쳐 마지막으로 Receipt로 이동할 수 있다. 동시에, 필터는 두 테이블 간의 관계를 사용해 Date에서 Receipt로 바로 흐를 수 있다. 이처럼 필터를 Date에서 Receipts로 전파하는 경로가 여럿이기 때문에 모델이 모호하다.

그럼에도 불구하고 DAX 엔진은 모호한 모델의 수를 줄이기 위해 특별한 규칙을 구현하기 때문에 이러한 모델을 작성하고 사용할 수 있다. 이때는 가장 짧은 경로만 필터를 전파하므로 모호하지만 모델이 허용된다. 이러한 모델로 작업하는 것이 좋은 아이디어라고 말할 수는 없다. 오히려 그 반대이므로 모델에서 모호성을 피할 것을 강력히 권장한다.

실제 사정은 더 복잡하다. 관계가 설계되는 방식 때문에 모호성이 모델에 나타날 수 있다. DAX 개발자가 USERELATIONSHIP 및 CROSSFILTER와 같은 CALCULATE 제어자를 사용해 관계 아키텍처를 변경할 수 있으므로 DAX 코드를 실행하는 동안 모호성이 나타날 수도 있다. 예를 들어 완벽하게 잘 작동하는 측정값을 작성한 다음 CROSSFILTER를 사용해 관계를 활성화하는 다른 측정값 내에서 해당 측정값을 호출하면 CROSSFILTER에 의해 모델에 도입된 모호성 때문에 측정값이 잘못된 값을 계산한다. 모호성이 생성될 때 모델에서 발생할 수 있는 복잡성을 파악해 놀라는 일이 없길 바란다.

활성화된 관계에서의 모호성 이해

첫 번째 예는 그림 15-34에 표시된 모델을 기반으로 한다. 이 보고서는 (두 테이블에 대해 SUMX를 활용해) 행렬에 판매액과 영수액을 연도로 슬라이싱한 결과를 반영한다. 결과는 그림 15-35에서 볼 수 있다.

Calendar Year	Sales Amt	Receipts Amt
CY 2007	11,309,946.12	92,929,563.18
CY 2008	9,927,582.99	88,287,767.29
CY 2009	9,353,814.87	79,908,559.19
Total	**30,591,343.98**	**261,125,889.66**

그림 15-35 캘린더 연도가 Receipt를 필터링하는데, 어떤 경로를 통해서 하는 걸까?

Date의 필터는 다음과 같이 두 가지 경로로 Receipt에 도달할 수 있다.

- 직접 경로(Date에서 Receipt로)
- Date에서 Sales, Sales에서 Product로, 그리고 마지막으로 Product에서 Receipts에 이르는 경로

DAX 엔진은 두 테이블 사이에서 가장 짧은 경로를 선택하기 때문에 모델이 모호하다고 간주되지 않는다. 필터를 Date에서 Receipts로 직접 이동할 수 있으므로 다른 경로는 무시한다. 최단 경로를 사용할 수 없으면 엔진은 더 긴 경로를 사용한다.

Date와 Receipts의 관계를 비활성화한 다음, 다음과 같이 Receipts Amt를 호출하는 새로운 측정값을 만들어보자.

```
Rec Amt Longer Path :=
CALCULATE (
  [Receipts Amt],
  CROSSFILTER ( 'Date'[Date], Receipts[Sale Date], NONE )
)
```

Rec Amt Longer Path 측정값은 Date와 Receipts 사이의 관계를 비활성화하므로 엔진이 더 긴 경로를 따라야 한다. 결과는 그림 15-36에서 볼 수 있다.

Calendar Year	Sales Amt	Receipts Amt	Rec Amt Longer Path
CY 2007	11,309,946.12	92,929,563.18	155,636,856.07
CY 2008	9,927,582.99	88,287,767.29	172,390,011.89
CY 2009	9,353,814.87	79,908,559.19	159,020,856.51
Total	**30,591,343.98**	**261,125,889.66**	**261,125,889.66**

그림 15-36 Rec Amt Longer Path는 긴 경로를 사용해 Date에서 시작해 Receipts를 필터링한다.

이 시점에서 한 가지 흥미로운 연습은 Rec Amt Longer Path에 의해 보고된 숫자의 의미를 정확하게 설명하는 것이다. 다음 단락에 답이 있으므로 더 읽기 전에 이러한 노력을 기울일 것을 권한다.

필터는 Date에서 시작해 Sales에 도달한다. 그런 다음 Sales에서 Product로 진행한다. 필터링된 제품은 선택한 날짜 중 하나에 판매된 제품이다. 필터가 2007인 경우 Product는 2007년에 판매된 제품만 표시한다. 그런 다음 필터는 한 단계 더 나아가 Receipts에 도달한다. 숫자는 주어진 연도에 판매된 모든 제품의 총 영수액이다. 이는 전혀 직관적인 값이 아니다.

식에 관한 가장 복잡한 세부 사항은 CROSSFILTER NONE을 사용한다는 점이다. 개발자는 코드가 관계만 비활성화한다고 생각하는 경향이 있다. 실제로 한 경로를 비활성화하면 다른 경로가 활성화된다. 따라서 이 측정값은 관계를 실제로 제거하지 않으며, 코드 어디에도 언급되지 않은 다른 관계를 활성화한다.

이 시나리오에서 모호성은 Product와 Sales 사이의 양방향 크로스필터 때문에 생겼다. 양방향 크로스필터는 엔진에 의해 해결되지만, 개발자가 찾기 어려운 모호성을 유발할 수 있기에 매우 위험한 기능이다. DAX를 여러 해 동안 사용해 본 뒤, 양방향 크로스필터는 엄격하게 필요하지 않다면 피해야 한다는 결론을 내렸다. 더욱이 양방향 크로스필터를 사용하는 것이 적합한 몇 가지 시나리오에서는 전체 모델을 다시 한번 확인해 모호함이 없는지 확인해야 한다. 다른 테이블이나 관계가 모델에 추가되는 즉시, 다시 한번 더 점검해야 한다. 50개의 테이블이 있는 모델에서 이 연습을 하는 것은 데이터 모델에 정의된 양방향 크로스필터를 피하기만 하면 하지 않아도 되는 지루한 연습이다.

비활성 관계에서 모호성 해결

양방향 크로스필터가 모호성을 생성하는 주원인이긴 하지만 유일한 이유는 아니다. 실제로 개발자는 모호함 없이 완벽하게 합법적인 모델을 만들 수 있지만, 쿼리 시 여전히 모호성 문제에 직면할 수 있다.

그림 15-37의 모델을 살펴보자. 이 모델은 모호하지 않다.

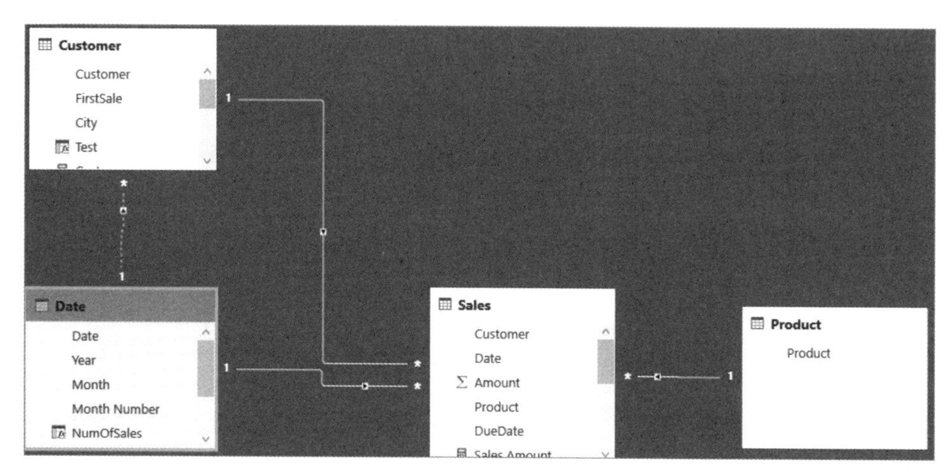

그림 15-37 잠재적으로 문제가 될 수 있는 관계가 비활성화되기 때문에 모델은 모호하지 않다.

Date 테이블에 초점을 맞춰보자. Date는 유일한 활성 관계를 통해 Sales를 필터링한다(Date로부터 Sales [Date]로). Date와 Sales 사이에는 두 가지 관계가 있다. 그중 하나는 모호성을 피하고자 비활성화됐다. 비활성 상태여야 하는 Customer[FirstSale]을 기반으로 Date와 Customer 사이의 관계도 있다. 후자의 관계가 활성화되면 Date의 필터가 두 경로를 따라 Sales에 도달해 모델이 모호해진다. 이 모델은 활성 관계만 사용하므로 제대로 작동한다.

이제 CALCULATE 안에서 하나 이상의 비활성화 관계를 활성화한다면 어떻게 될까? 모델이 갑자기 모호해질 것이다. 다음 측정값은 Date와 Customer 사이의 관계를 활성화한다.

```
First Date Sales :=
CALCULATE (
  [Sales Amount],
  USERELATIONSHIP ( Customer[FirstSale], 'Date'[Date] )
)
```

USERELATIONSHIP이 관계를 활성화하기 때문에 CALCULATE 내에서 모델이 모호해진다. 모호한 모델에서는 엔진을 사용할 수 없으므로 다른 관계를 비활성화해야 한다. 이때 최단 경로를 사용하지 않는다. 실제로 Date와 Sales 간 최단 경로는 직접적인 관계다. 합리적인 결론은 모델을 명확하게 하도록 이전 예에서 엔진이 직접 관계를 사용한다고 할 수 있다. 그러나 개발자가 USERELATIONSHIP을 사용해 Customer와 Date의 관계를 명시적으로 활성화하도록 요청했기 때문에 엔진은 Date와 Sales의 관계를 비활성화하기로 한다.

결과적으로 USERELATIONSHIP으로 인해 필터는 직접 관계를 사용해 Date에서 Sales로 전파되지 않는다. Date에서 Customer로, 그리고 Customer에서 Sales로 필터를 전파한다. 따라서 Customer와 Date를 고려할 때 측정값은 해당 고객이 처음 구매한 날짜에 해당 고객의 모든 매출을 표시한다. 이러한 동작은 그림 15-38에서 볼 수 있다.

Customer	Sales Amount	First Date Sales
Alberto	**1,000**	**1,000**
02/01/2018	500	1,000
03/01/2018	500	
Daniele	**2,000**	**2,000**
03/01/2018	2,000	2,000
Marco	**300**	**300**
01/01/2018	100	300
02/01/2018	100	
03/01/2018	100	
Total	**3,300**	**3,300**

그림 15-38 First Date Sales는 첫 번째 구매일에 고객의 모든 판매액을 보여준다.

First Date Sales 측정값은 항상 각 고객의 판매액 전체를 표시하며 첫 번째 구매 날짜와 일치하지 않는 날짜에는 빈 값을 표시한다. 비즈니스 관점에서 이 측정값은 해당 고객을 획득한 날짜에 예상되는 고객의 미래 가치를 보여준다. 이 설명은 의미가 있지만 실제 요구 사항일 가능성은 매우 낮다.

이전에 했던 것처럼 여기서 목표는 엔진이 어떻게 모호성을 해결했는지 정확히 이해하는 것이 아니다. 명확성 규칙은 문서화되지 않았다. 어느 시점에서든 변경될 수 있다. 이러한 모델의 실제 문제는 비활성 관계가 활성화돼 있어서 모호성이 유효한 모델에 나타날 수 있다는 것이다. 모호성을 해결하기 위해 엔진이 따라야 할 여러 경로를 이해하는 것은 과학이라기보다는 추측에 가깝다.

모호성과 관계와 관련한 황금률은 모델을 단순하게 유지하는 것이다. DAX에는 강력하고 거의 모든 모델을 명확하게 할 수 있는 명확성 알고리듬이 있을 수 있다. 실제로 런타임에 모호한 오류를 발생시키려면 모델을 모호하게 만드는 USERELATIONSHIP 함수를 사용해야 한다. 그러한 경우에만 엔진에서 오류가 발생한다. 다음 측정값은 명확하게 모호한 모델을 요청한다.

```
First Date Sales ERROR :=
CALCULATE (
  [Sales Amount],
  USERELATIONSHIP ( Customer[FirstSale], 'Date'[Date] ),
  USERELATIONSHIP ( 'Date'[Date], Sales[Date] )
)
```

이 시점에서 DAX는 두 관계가 모두 활성화된 모델을 명확하게 할 수 없으므로 오류가 발생한다. 어쨌든 측정값은 예외를 발생시키지 않고 데이터 모델에서 정의될 수 있다. 측정값이 날짜별로 실행 및 필터링된 경우에만 오류가 나타난다.

이 절의 목표는 테이블의 모델링 옵션을 설명하는 것이 아니었다. 대신 데이터 모델이 올바르게 구축되지 않았을 때 발생할 수 있는 문제에 주의를 기울이길 원했다. 분석을 수행하기 위해 올바른 모델을 구축하는 것은 복잡한 작업이다. 양방향 크로스필터와 비활성 관계의 의미를 깊이 이해하지 않고 사용하면 예측 불가능한 모델을 만들 가능성이 매우 크다.

결론

관계는 모든 데이터 모델에서 중요한 부분이다. 테이블 형식 모형에서는 일대다(SMR), 일대일(SSR), MMR 약한 관계 등 다양한 유형의 관계를 사용할 수 있다. 일부 사용자 인터페이스에서는 MMR 관계를 다대다 관계라고도 부르는데, 이는 다른 데이터 모델링 개념과 혼동될 수 있는 이름이다. 항상 양방향인 일대일 관계를 제외하고 모든 관계는 필터를 단일 또는 양방향으로 전파할 수 있다.

이용 가능한 도구는 논리적 데이터 모델에서 계산된 물리적 관계나 TREATAS, SUMMARIZE 또는 테이블 확장을 사용한 가상 관계를 구현해 확장할 수 있다. 비즈니스 엔티티 간의 다대다 관계는 브릿지 테이블로 구현할 수 있으며 체인의 관계에 적용되는 양방향 크로스필터에 의존한다.

이 모든 기능은 매우 강력하고, 강력하면 위험할 수 있다. 관계는 신중하게 다뤄져야 한다. 개발자는 항상 모형의 모호성을 재확인하고 USERELATIONSHIP 또는 CROSSFILTER를 사용해 모델에 모호성을 초래하지 않는지 확인해야 한다.

모델이 클수록 실수할 확률이 높아진다. 모델에 비활성 관계가 있으면 관계가 비활성인 이유와 활성화됐을 때 어떤 일이 발생하는지 확인해야 한다. 모델을 적절하게 설계하는 데 시간을 투자하는 것은 성공적인 DAX 계산의 기초가 된다는 것을 기억하자. 반면에 설계가 미흡한 모델은 개발자들에게 두고두고 골칫거리가 될 수 있다.

16

DAX의 고급 계산

최적화를 논의하기에 앞서 16장은 DAX 언어의 기능에 관해 설명하는 마지막 장으로 DAX로 수행된 계산의 몇 가지 사례를 제공한다. 16장의 목표는 즉시 사용 가능한 패턴을 보여주는 것이 아니다. 이러한 패턴은 https://www.daxpatterns.com에서 확인할 수 있다. 목표는 다양한 수준의 복잡한 식을 보여줘 여러분이 DAX로 생각하는 것을 돕는 것이다.

DAX를 잘 사용하려면 창의적으로 생각해야 한다. DAX 언어에 관한 모든 비밀을 알게 됐으니 이제 실행에 옮겨야 할 때다. 17장부터는 최적화에 관해 다루기 시작한다. 16장에서는 식의 복잡성을 측정하는 방법에 대한 첫 번째 단서를 제시하며 측정값의 성능에 관해 다룬다.

성능 분석에는 이후에 배우게 될 배경지식이 필요하므로, 16장의 목표는 최고의 성능을 구현하도록 하는 것은 아니다. 그럼에도 불구하고 16장에서는 각 버전의 복잡성을 분석해 동일한 측정값을 작성하는 다양한 방법을 보여준다. 성능 최적화를 위해서는 동일한 측정값을 여러 다른 버전으로 작성할 수 있어야 한다.

두 날짜 사이의 영업일 수 계산

두 개 날짜가 주어지면 간단한 뺄셈으로 차이를 계산할 수 있다. Sales 테이블에는 배송 날짜와 주문 날짜 두 가지가 있다. 배송에 필요한 평균 일수는 다음과 같은 방법으로 구할 수 있다.

```
Avg Delivery :=
AVERAGEX (
  Sales,
  INT ( Sales[Delivery Date] - Sales[Order Date] + 1)
)
```

'날짜/시간'이라는 내부 형식 때문에 이 측정값은 결과를 정확하게 계산한다. 그러나 토요일과 일요일이 근무일이 아닐 때는 달라진다. 금요일에 주문을 받아 월요일에 배송이 이뤄진 경우에도 배송 소요 기간이 3일이라고 한다면 공평하지 않을 것이다. 실제로 월요일에 주문을 받아 화요일에 배송한 것과 마찬가지로 배송하는 데 소요된 기간은 하루뿐이다. 더욱 정확하게 계산하려면 영업일로 표시된 두 날짜의 차이를 고려해야 한다. 성능과 유연성 차원에서 최상의 결과를 도출하기 위해 여러 대안을 살펴보자.

엑셀에서는 NETWORKDAYS라는 함수로 이 계산을 수행할 수 있다. 그러나 DAX에는 이와 같은 함수가 없다. DAX에서는 여러 구성 요소를 활용해 NETWORKDAYS와 같은 결과를 얻을 수 있는 복잡한 식을 작성해야 한다. 예를 들어 두 날짜 사이의 영업일 수를 계산하는 첫 번째 방법은 다음과 같이 영업일인 두 날짜 사이의 일수를 계산하는 것이다.

```
Avg Delivery WD :=
AVERAGEX (
  Sales,
  VAR RangeOfDates =
    DATESBETWEEN (
      'Date'[Date],
      Sales[Order Date],
      Sales[Delivery Date]
    )
  VAR WorkingDates =
```

```
    FILTER (
      RangeOfDates,
      NOT ( WEEKDAY ( 'Date'[Date] ) IN { 1, 7 } )
    )
  VAR NumberOfWorkingDays =
    COUNTROWS ( WorkingDates )
  RETURN
    NumberOfWorkingDays
)
```

Sales의 각 행에 대해 측정값은 RangeOfDate에 주문 날짜와 배송 날짜 사이의 모든 날짜가 있는 임시 테이블을 만든다. 그런 다음, WorkingDays에서 토요일과 일요일을 걸러낸 뒤, 마지막으로 NumberOfWorkingDays에서 필터링 후 남겨진 행의 수를 센다. 그림 16-1의 선 그래프는 일반적인 배송 기간 및 영업일 기준의 배송 기간을 보여준다.

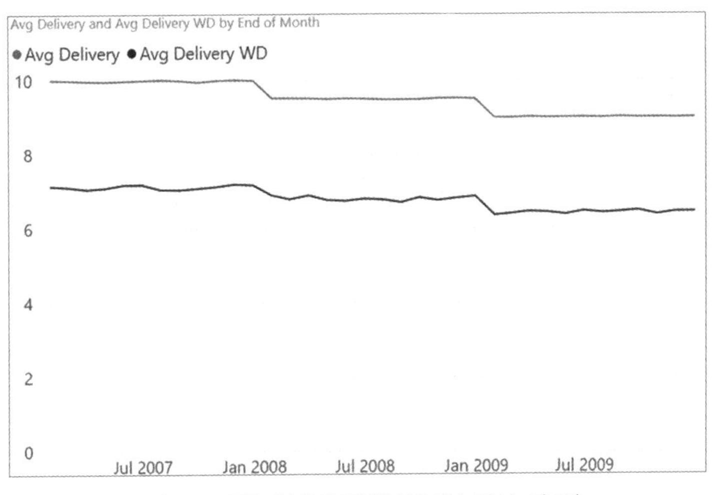

그림 16-1 평균 배송일과 영업일 기준 배송 일수는 다르다.

위 측정값은 잘 작동하지만 몇 가지 단점이 있다. 첫째, 공휴일을 고려하지 않는다. 예를 들어 토요일과 일요일만 제거하면 1월 1일은 주말에 해당하지 않는 한 공휴일임에도 불구하고 영업일로 간주된다. 다른 공휴일도 마찬가지다. 둘째, 식의 성능이 최적화되지 않았다.

공휴일 문제를 해결하기 위해서는 주어진 날이 공휴일인지 아닌지에 관한 정보를 테이블에 저장해야 한다. 이를 위해 Date 테이블은 Is Holiday라는 열을 배치하기에 좋은 곳이다. 그러고 나서 표현식은 이전 측정값에서처럼 단지 Date[Date] 열만 사용하지 않고 다음과 같이 Date 테이블의 다른 열을 사용해야 한다.

```
Avg Delivery WD DT :=
AVERAGEX (
  Sales,
  VAR RangeOfDates =
    DATESBETWEEN (
      'Date'[Date],
      Sales[Order Date],
      Sales[Delivery Date]
    )
  VAR NumberOfWorkingDays =
    CALCULATE (
      COUNTROWS ( 'Date' ),
      RangeOfDates,
      NOT ( WEEKDAY ( 'Date'[Date] ) IN { 1, 7 } ),
      'Date'[Is Holiday] = 0
    )
  RETURN
    NumberOfWorkingDays
)
```

이제 측정값이 좀 더 데이터 중심적이므로 WEEKDAY로 수행하는 테스트 대신 평일인지 주말인지를 표시하는 새로운 열로 대체해 주말에 대한 정보를 Date 테이블에 저장할 수 있다. 이는 측정값의 복잡성을 줄이고 대부분의 논리를 데이터로 이동해 유연성을 확보할 수 있다.

복잡성 차원에서 측정값은 다음 두 가지 작업을 수행한다.

- Sales 테이블에서 반복.
- Sales의 각 행에 대해 주문 날짜와 배송 날짜 사이의 모든 날짜가 포함된 임시 테이블 생성.

Sales의 행수가 100만 행이고 배달 일수 평균이 7일일 때 측정값의 복잡성은 700만 정도가 된다. 실제로 엔진은 약 7열로 구성된 임시 테이블을 100만 번 만들어야 한다.

AVERAGEX에 의해 수행되는 반복 횟수나 영업일 수와 관련된 임시 테이블의 행 수를 줄여 식의 복잡성을 줄일 수 있다. 흥미로운 점은 개별 판매 수준에서 계산할 필요가 없다는 것이다. 실제로 주문 날짜와 배송 날짜가 같은 모든 주문은 기간도 동일하다. 따라서 먼저 주문 날짜와 배송 날짜별로 모든 주문을 그룹화한 다음 줄어든 행 수에 대한 날짜 쌍의 지속기간을 계산할 수 있다. 이렇게 하면 AVERAGEX에 의해 수행되는 반복의 수를 줄일 수는 있지만, 각 쌍의 날짜에 얼마나 많은 주문이 있었는지에 관한 정보는 잃게 된다. 이는 주문 수를 평균에 대한 가중치로 사용해 단순 평균을 가중 평균으로 변환하면 해결할 수 있다.

위 아이디어를 코드로 구현하면 다음과 같다.

```
Avg Delivery WD WA :=
VAR NumOfAllOrders =
  COUNTROWS ( Sales )
VAR CombinationsOrderDeliveryDates =
  SUMMARIZE (
    Sales,
    Sales[Order Date],
    Sales[Delivery Date]
  )
VAR DeliveryWeightedByNumOfOrders =
  SUMX (
    CombinationsOrderDeliveryDates,
    VAR RangeOfDates =
      DATESBETWEEN (
        'Date'[Date],
        Sales[Order Date],
        Sales[Delivery Date]
      )
    VAR NumOfOrders =
      CALCULATE (
        COUNTROWS ( Sales )
      )
    VAR WorkingDays =
      CALCULATE (
        COUNTROWS ( 'Date' ),
```

```
        RangeOfDates,
        NOT ( WEEKDAY ( 'Date'[Date] ) IN { 1, 7 } ),
        'Date'[Is Holiday] = 0
      )
    VAR NumberOfWorkingDays = NumOfOrders * WorkingDays
    RETURN
      NumberOfWorkingDays
  )
VAR AverageWorkingDays =
  DIVIDE (
    DeliveryWeightedByNumOfOrders,
    NumOfAllOrders
  )
RETURN
  AverageWorkingDays
```

이제 위 코드는 훨씬 읽기 어렵다. 여기서 한 가지 중요한 질문은 단지 성능을 향상시키기 위해 코드를 더 복잡하게 만들 가치가 있는지다. 항상 그렇듯이 그것은 상황에 따라 다르다. 최적화에 들어가기 전에 몇 가지 테스트를 수행해 반복 횟수가 실제로 감소했는지 확인해야 한다. 이때 다음과 같은 쿼리를 실행해 총 행 수와 주문 날짜 및 배송 날짜의 고유한 조합 수를 반환함으로써 장점을 평가할 수 있다.

```
EVALUATE
{ (
  COUNTROWS ( Sales ),
  COUNTROWS (
    SUMMARIZE (
      Sales,
      Sales[Order Date],
      Sales[Delivery Date]
    )
  )
) }

-- 결과는 다음과 같다.
--
-- Value1 | Value2
--------------------
-- 100231 |    6073
```

데모 데이터베이스에는 Sales에 100,231개 행이 있으며 주문과 배송 날짜의 고유한 조합은 6,073개에 불과하다. Avg Delivery WD WA 측정값에서 더 복잡한 코드로 반복 횟수를 10배 이상 감소시킬 수 있다. 따라서 이 경우 더 복잡한 코드를 작성하는 것은 노력할 가치가 있다. 나중에 나오는 장에서 실행 시간에 미치는 영향을 평가하는 방법을 다룰 예정이므로 지금은 코드 복잡성에 초점을 맞추고 있다.

Avg Delivery WD WA 측정값의 복잡성은 주문과 배송 날짜 조합의 수와 주문의 평균 기간에 따라 달라진다. 주문의 평균 기간이 며칠에 불과하면 해당 식은 매우 빨리 실행된다. 주문의 평균 기간이 몇 년이라면 DATEBETWEEN의 결과가 수백 개의 행을 가진 큰 테이블이 되기 때문에 성능이 문제가 될 수 있다.

비영업일 수는 일반적으로 영업일 수보다 적기 때문에 영업일 수가 아닌 비영업일 수를 세는 것이 좋은 대안일 수 있다. 따라서 다음과 같은 알고리듬도 가능하다.

1. 두 날짜의 차이를 일 단위로 계산한다.
2. 두 날짜 사이의 비영업일 수를 계산한다.
3. 1과 2에서 계산한 값을 뺀다.

이를 다음과 같은 측정값으로 구현할 수 있다.

```
Avg Delivery WD NWD :=
VAR NonWorkingDays =
  CALCULATETABLE (
    VALUES ( 'Date'[Date] ),
    WEEKDAY ( 'Date'[Date] ) IN { 1, 7 },
    ALL ( 'Date' )
  )
VAR NumOfAllOrders =
  COUNTROWS ( Sales )
VAR CombinationsOrderDeliveryDates =
  SUMMARIZE (
    Sales,
    Sales[Order Date],
    Sales[Delivery Date]
  )
```

```
VAR DeliveryWeightedByNumOfOrders =
  CALCULATE (
    SUMX (
      CombinationsOrderDeliveryDates,
      VAR NumOfOrders =
        CALCULATE (
          COUNTROWS ( Sales )
        )
      VAR NonWorkingDaysInPeriod =
        FILTER (
          NonWorkingDays,
          AND (
            'Date'[Date] >= Sales[Order Date],
            'Date'[Date] <= Sales[Delivery Date]
          )
        )
      VAR NumberOfNonWorkingDays =
        COUNTROWS ( NonWorkingDaysInPeriod )
      VAR DeliveryWorkingDays =
        Sales[Delivery Date] - Sales[Order Date] - NumberOfNonWorkingDays + 1
      VAR NumberOfWorkingDays =
        NumOfOrders * DeliveryWorkingDays
      RETURN
        NumberOfWorkingDays
    )
  )
VAR AverageWorkingDays =
  DIVIDE (
    DeliveryWeightedByNumOfOrders,
    NumOfAllOrders
  )
RETURN
  AverageWorkingDays
```

이 코드는 이 책에 사용된 데이터베이스의 이전 코드보다 더 느리게 실행된다. 그럼에도 불구하고 이 버전은 주문 기간이 훨씬 더 큰 다른 데이터베이스에서 더 잘 수행될 수 있다. 테스트만이 올바른 방향을 가리킨다.

NonWorkingDays 변수에 ALL을 사용하는 이유

이전 예제에서 NonWorkingDays 변수는 Date 테이블에 ALL을 호출한다. 필터로 사용된 유사한 테이블의 이전 식에는 ALL 함수가 없었다. 이전 버전의 측정값에서는 필터 컨텍스트를 무시하도록 설계된 DATEBETWEEN을 사용했기 때문이다.

행렬에서 Date 테이블을 필터링해 더 짧은 기간을 표시할 수 있다. 이때 선택한 기간을 벗어난 주문은 잘못된 결과를 초래할 수 있다. 따라서 비영업일 테이블을 만들기 전에 Date에 적용된 필터 컨텍스트를 제거해야 한다.

ALL이 완전히 필요하지 않을 수도 있다. 다음 식을 살펴보자.

```
VAR NonWorkingDays =
  CALCULATETABLE (
    VALUES ( 'Date'[Date] ),
    NOT ( WEEKDAY ( 'Date'[Date] ) IN { 1, 7 } )
  )
```

Calculate의 필터링 조건에는 ALL이 없는 것처럼 보인다. 그러나 ALL은 실제로는 존재하며, 단순한 구문을 사용한 필터 조건자를 다음과 같이 전체 구문으로 확장해보면 분명해진다.

```
VAR NonWorkingDays =
  CALCULATETABLE (
    VALUES ( 'Date'[Date] ),
    FILTER (
      ALL ( 'Date'[Date] ),
      NOT ( WEEKDAY ( 'Date'[Date] ) IN { 1, 7 } )
    )
  )
```

ALL은 모델에서 Date 테이블의 Date 열에서 작동하기 때문에 엔진은 자동으로 전체 Date 테이블에 ALL을 추가한다.

이처럼 코드를 작성할 수도 있었지만 측정값을 분명하고 읽기 쉽게 만들고 싶었다. 그래서 같은 코드를 더욱 읽기 쉽게 명시적으로 작성했다.

마지막으로 값을 미리 계산하는 것만큼 성능을 높이는 방법은 없다. 실제로 어떤 경우에도 두 날짜의 영업일 수 차이는 항상 같다. 이미 데모 데이터 모델에서 주문과 배송 날짜의 조합이 약 6,000개 있다는 것을 알고 있다. 6,000쌍의 날짜 사이의 영업일 차이를 미리 계산해 그 결과를 물리적이지만 숨겨진 테이블에 저장할 수 있다. 이렇게 하면 쿼리 시 값을 계산할 필요가 없다. 간단한 결과 조회만으로도 필요한 숫자를 알 수 있다.

다음과 같이 물리적으로 숨겨진 테이블을 생성할 수 있다.

```
WD Delta =
ADDCOLUMNS (
  SUMMARIZE (
    Sales,
    Sales[Order Date],
    Sales[Delivery Date]
  ),
   "Duration", [Avg Delivery WD WA]
)
```

일단 테이블이 모델에 포함되면 다음과 같이 앞에서 소개한 식을 수정해 미리 계산된 영업일 수 차이를 활용할 수 있다.

```
Avg Delivery WD WA Precomp :=
VAR NumOfAllOrders =
  COUNTROWS ( Sales )
VAR CombinationsOrderDeliveryDates =
  SUMMARIZE (
    Sales,
    Sales[Order Date],
    Sales[Delivery Date]
  )
VAR DeliveryWeightedByNumOfOrders =
  SUMX (
    CombinationsOrderDeliveryDates,
    VAR NumOfOrders =
      CALCULATE (
        COUNTROWS ( Sales )
      )
    VAR WorkingDays =
      LOOKUPVALUE (
        'WD Delta'[Duration],
        'WD Delta'[Order Date], Sales[Order Date],
        'WD Delta'[Delivery Date], Sales[Delivery Date]
      )
    VAR NumberOfWorkingDays = NumOfOrders * WorkingDays
    RETURN
      NumberOfWorkingDays
  )
VAR AverageWorkingDays =
```

```
  DIVIDE (
    DeliveryWeightedByNumOfOrders,
    NumOfAllOrders
  )
RETURN
  AverageWorkingDays
```

두 날짜 사이의 영업일 수를 계산하는 단순한 계산에 이 정도의 최적화가 요구될 가능성은 매우 낮다. 그래서 측정값을 슈퍼 최적화할 방법을 보여주려 하지는 않았다. 대신에 동일한 결과를 얻을 수 있는 가장 직관적인 버전부터 시나리오 대부분에서 유용할 것 같지 않은 매우 기술적이고 최적화된 버전까지 여러 가지 다른 방법을 보여주고 싶었다.

예산과 판매액 함께 보여주기

올해의 예산 정보와 실제 매출이 포함된 데이터 모델을 살펴보자. 연초에는 예산만 존재한다. 시간이 흐를수록 실제 매출이 발생하는데, 매출과 예산을 비교하고 예산과 실제 매출을 결합해 연말까지의 추정치를 조정하는 것은 흥미로운 일이다.

이 시나리오를 시뮬레이션하기 위해 2009년 8월 15일 이후의 모든 매출을 삭제하고 2009년 전체 일별 예산이 포함된 예산표를 작성했다. 결과 데이터는 그림 16-2에서 볼 수 있다.

Month	Budget Amt	Sales Amount
January	3,312,711.98	1,984,496.21
February	2,992,126.95	2,424,777.23
March	3,312,711.98	2,072,712.51
April	3,205,850.30	4,259,638.78
May	3,312,711.98	4,073,469.82
June	3,205,850.30	5,081,121.32
July	3,312,711.98	3,297,393.79
August	3,312,711.98	1,632,927.46
September	3,205,850.30	
October	3,312,711.98	
November	3,205,850.30	
December	3,312,711.98	
Total	**39,004,512.00**	**24,826,537.11**

그림 16-2 매출은 8월에 끊기지만 예산은 연말까지 지속된다.

여기서 비즈니스 질문은 8월 15일에 매출이 2천 4백만일 때 과거의 실적과 미래의 예산을 사용해 연말의 조정된 추정치를 얼마로 할 것인가다. 15일에 판매가 끝났기 때문에 8월에는 실적과 예산이 섞여 있어야 한다는 점에 주의해야 한다.

첫 번째 단계는 판매가 중단된 날짜를 결정하는 것이다. 모델의 데이터가 반드시 현재로 업데이트되는 것은 아니기에 TODAY와 같은 간단한 함수를 사용하면 잘못될 수 있다. 더 나은 방법은 Sales 테이블에 있는 데이터로 마지막 날짜를 검색하는 것이다. MAX는 잘 작동하지만 사용자 선택이 결과에 부정적인 영향을 미칠 수 있다는 점에 유의해야 한다. 다음 측정값을 살펴보자.

```
LastDateWithSales := MAX('Sales'[OrdateKey] )
```

다른 브랜드 또는 일반적으로 다른 선택을 할 경우에 날짜가 바뀔 수 있다. 그림 16-3은 이와 같은 결과를 보여준다.

Brand	LastDateWithSales
A. Datum	20090814
Adventure Works	20090815
Contoso	20090814
Fabrikam	20090814
Litware	20090814
Northwind Traders	20090809
Proseware	20090814
Southridge Video	20090814
Tailspin Toys	20090815
The Phone Company	20090814
Wide World Importers	20090814
Total	**20090815**

그림 16-3 모든 브랜드의 마지막 매출 날짜가 같지는 않다.

모든 판매의 마지막 날짜를 제대로 계산하려면 최대 날짜를 계산하기 전에 모든 필터를 제거해야 한다. 이 방법으로 모든 제품에 2009년 8월 15일이 적용된다. 만약 8월 15일에 어떤 브랜드도 판매되지 않는다면 사용할 값은 브랜드 판매가 이뤄진 마지막 날의 예산이 아니라 0이다. 따라서 LastDateWithSales의 올바른 표현식은 다음과 같다.

```
LastDateWithSales :=
CALCULATE (
  MAX ( 'Sales'[OrderDateKey] ),
  ALL ( Sales )
)
```

Sales(확장된 Sales 테이블)에서 필터를 제거하면 코드는 쿼리에서 오는 필터를 무시하고 항상 2009년 8월 15일을 반환한다. 이때 마지막 날짜 이전의 모든 날짜에는 Sales Amount 값을, 이후의 날짜에는 Budget AMT의 값을 사용하는 코드를 작성해야 한다. 다음과 같이 간단하게 구현할 수 있다.

```
Adjusted Budget :=
VAR LastDateWithSales =
  CALCULATE (
    MAX ( Sales[OrderDateKey] ),
    ALL ( Sales )
  )
VAR AdjustedBudget =
  SUMX (
    'Date',
    IF (
      'Date'[DateKey] <= LastDateWithSales,
      [Sales Amount],
      [Budget Amt]
    )
  )
RETURN AdjustedBudget
```

그림 16-4는 Adjusted Budget 측정값의 결과를 보여준다.

이 시점에서 측정값의 복잡성에 대해 살펴볼 수 있다. SUMX에 의해 수행된 외부 반복은 Date 테이블을 반복한다. 1년 동안 365번 반복한다. 반복할 때마다 날짜 값에 따라 컨텍스트 전환을 수행해 실적 또는 Budget 테이블을 검색한다. 반복 횟수를 줄여서 더 큰 Sales 및 Budget 테이블의 컨텍스트 전환 또는 집계 횟수를 줄이는 것이 좋다.

Month	Budget Amt	Sales Amount	Adjusted Budget
January	3,312,711.98	1,984,496.21	1,984,496.21
February	2,992,126.95	2,424,777.23	2,424,777.23
March	3,312,711.98	2,072,712.51	2,072,712.51
April	3,205,850.30	4,259,638.78	4,259,638.78
May	3,312,711.98	4,073,469.82	4,073,469.82
June	3,205,850.30	5,081,121.32	5,081,121.31
July	3,312,711.98	3,297,393.79	3,297,393.79
August	3,312,711.98	1,632,927.46	3,342,714.28
September	3,205,850.30		3,205,850.30
October	3,312,711.98		3,312,711.98
November	3,205,850.30		3,205,850.30
December	3,312,711.98		3,312,711.98
Total	**39,004,512.00**	**24,826,537.11**	**39,573,448.50**

그림 16-4 Adjusted Budget은 날짜에 따라 실적이나 예산을 사용한다.

솔직히 좋은 대안은 Date를 반복할 필요가 없다. 반복을 수행하는 유일한 이유는 코드가 읽기 더 직관적이기 때문이다. 약간 다른 알고리듬을 구현하면 다음과 같다.

1. Date의 현재 선택 항목을 마지막 매출일 전과 후 둘로 나눈다.
2. 앞의 기간에 대해서는 매출액을 계산한다.
3. 미래에 대해서는 예산을 계산한다.
4. 2와 3에서 계산된 매출과 예산을 더한다.

또한, 마지막 날짜 이전의 기간에 대해서는 매출을 계산할 필요도 없다. 실제로 미래에는 매출이 없기 때문에 매출을 계산할 때 날짜를 필터링할 필요가 없다. 제한해야 할 측정값은 Budget뿐이다. 즉, 이 식은 전체 판매액에 마지막 날짜 이후의 예산을 더한 금액을 판매액과 함께 합산할 수 있다. 이를 반영한 식은 다음과 같다.

```
Adjusted Budget Optimized :=
VAR LastDateWithSales =
  CALCULATE (
    MAX ( Sales[OrderDateKey] ),
    ALL ( Sales )
  )
VAR SalesAmount = [Sales Amount]
```

```
VAR BudgetAmount =
  CALCULATE (
    [Budget Amt],
    KEEPFILTERS ( 'Date'[DateKey] > LastDateWithSales )
  )
VAR AdjustedBudget = SalesAmount + BudgetAmount
RETURN
  AdjustedBudget
```

위 식의 결과는 앞선 측정값의 결과와 같지만 코드 복잡성은 훨씬 낮다. 실제로 위 코드는 Sales 테이블과 Budget 테이블을 한 번씩만 스캔하면 된다. 후자의 경우 Date 테이블에 추가 필터가 적용된다. 이때 KEEPFILTERS는 꼭 필요하다. KEEPFILTERS를 사용하지 않으면 Date 테이블의 조건이 현재 컨텍스트를 대체해 잘못된 수치를 제공한다. 이 코드의 최종 버전은 읽고 이해하기 조금 더 어렵지만 성능 면에서는 훨씬 좋다.

이전의 예와 마찬가지로 동일한 알고리듬을 표현하는 방법에는 여러 가지가 있다. 최상의 방법을 찾으려면 경험과 엔진의 내부에 대한 확실한 이해가 필요하다. DAX 식에서 요구되는 카디널리티에 대해 조금만 생각해도 코드를 최적화하는 데 많은 도움이 된다.

동일 매장 판매 계산

이 시나리오는 훨씬 더 광범위한 계산의 특정 사례 중 하나다. 콘토소는 전 세계에 여러 개 매장을 두고 있으며 각 매장에는 여러 부서가 있고 각각 특정 제품 카테고리를 판매한다. 각 부서는 지속적으로 변경된다. 어떤 부서는 지속되고, 어떤 부서는 없어지거나 바뀌기도 한다. 판매 실적을 분석할 때는 동일 기준에서 비교해야 한다. 그렇지 않으면 한 부서가 특정 기간 문을 닫았다는 이유만으로 매우 형편없다고 잘못된 판단을 내릴 수도 있다.

동일 기준 개념은 모든 비즈니스에 맞게 조정할 수 있다. 이 예에서는 분석 대상 기간 내내 매출이 있는 매장 및 제품 카테고리만 비교해야 한다. 각 제품 카테고리에 대한 보고서는 같은 기간 내내 매출이 있는 매장만 포함해야 한다. 이 요구 사항에 대한 변형으로 다음에 설명하는 접근 방식은 유지하고 세분화 수준을 변경해 월 또는 주 수준에서 분석할 수 있다.

그림 16-5는 독일에 있는 매장의 오디오 카테고리에 대한 3개년 매출 분석 보고서다.

Category

Audio

Store Name	CY 2007	CY 2008	CY 2009	Total
Contoso Baumholder Store	3,920.40	539.20	2,589.64	**7,049.24**
Contoso Berlin Store		1,199.92	2,754.90	**3,954.82**
Contoso Dusseldorf Store	1,915.07		1,999.00	**3,914.07**
Contoso Giebelstadt Store	994.10	1,224.00	1,499.90	**3,718.00**
Contoso Hofheim Store	1,019.35		3,219.84	**4,239.19**
Contoso koln No.1 Store	1,179.49	1,340.00	2,960.00	**5,479.49**
Contoso koln No.2 Store	836.05		1,204.70	**2,040.75**
Contoso Landstuhl Store	478.77	421.96		**900.73**
Contoso Munich Store	377.44		310.61	**688.05**
Contoso obamberg Store	3,491.21	2,131.20	1,783.72	**7,406.13**
Contoso Ramstein Store	1,925.48	1,654.80		**3,580.28**
Total	**16,137.35**	**8,511.08**	**18,322.31**	**42,970.74**

그림 16-5 여러 매장이 개점 및 폐점해 분석 결과를 오염시켰다.

베를린 매장은 2007년에 문을 닫았다. Koln에 있는 두 개 매장 중 하나는 2008년에 정비를 하고 있었다. 따라서 분석 대상 기간인 3년 중 2년만 문을 열었다. 계산된 값을 제대로 비교하기 위해서는 분석 기간에 항상 열려 있던 매장으로 대상을 제한해야 한다.

동일 기준 비교 규칙은 복잡하고 다른 유형의 조정이 필요하므로 비교 가능한 요소의 상태를 별도 테이블에 저장하는 것이 좋다. 이렇게 하면 비즈니스 논리의 복잡성이 쿼리 성능에는 영향을 주지 않고 상태 테이블을 새로 고치는 데 필요한 시간에만 영향을 준다. 이 예에서 `StoreStatus` 테이블에는 연도, 카테고리 및 매장의 각 조합에 행이 하나씩 있으며, 열림이나 닫힘을 표시하는 상태 정보도 포함된다. 그림 16-6은 독일 매장의 상태를 보여준다. 가독성을 높이기 위해 오픈 상태만 표시하고 닫힘은 감췄다.

마지막 열이 가장 흥미롭다. 3년 동안 영업을 지속한 매장은 4곳뿐이다. 오디오 판매에 관한 트렌드 분석은 네 매장만을 대상으로 해야 한다. 여기서 연도 선택을 변경하면 상태도 변경된다. 실제로 2년(2007년 및 2008년)만 선택하면 그림 16-7과 같이 매장의 상태가 바뀐다.

Category: Audio

Store Name	CY 2007	CY 2008	CY 2009	**Total**
Contoso Baumholder Store	Open	Open	Open	**Open**
Contoso Berlin Store		Open	Open	
Contoso Dusseldorf Store	Open		Open	
Contoso Giebelstadt Store	Open	Open	Open	**Open**
Contoso Hofheim Store	Open		Open	
Contoso koln No.1 Store	Open	Open	Open	**Open**
Contoso koln No.2 Store	Open		Open	
Contoso Landstuhl Store	Open	Open		
Contoso Munich Store	Open		Open	
Contoso obamberg Store	Open	Open	Open	**Open**
Contoso Ramstein Store	Open	Open		

그림 16-6 StoreStatus 테이블에는 특정 연도와 해당 제품 카테고리에 대해 매장이 오픈돼 있는지가 표시된다.

Category: Audio

Store Name	CY 2007	CY 2008	**Total**
Contoso Baumholder Store	Open	Open	**Open**
Contoso Berlin Store		Open	
Contoso Dusseldorf Store	Open		
Contoso Giebelstadt Store	Open	Open	**Open**
Contoso Hofheim Store	Open		
Contoso koln No.1 Store	Open	Open	**Open**
Contoso koln No.2 Store	Open		
Contoso Landstuhl Store	Open	Open	**Open**
Contoso Munich Store	Open		
Contoso obamberg Store	Open	Open	**Open**
Contoso Ramstein Store	Open	Open	**Open**

그림 16-7 Total 열은 보고서에 포함된 연도의 상태를 고려한다.

동일 기준으로 비교하는 측정값은 다음과 같은 단계를 수행한다.

- 제품 카테고리별 보고 기간 내내 영업한 매장 결정
- 매출 측정값을 필터링하기 위해 첫 번째 단계의 결과를 사용해 보고서에 포함된 모든 기간 판매한 매장 및 제품 카테고리로 값을 제한한다.

예제를 더 진행하기 전에 데이터 모델을 좀 더 살펴봐야 한다. 다이어그램 보기는 그림 16-8에 나타나 있다.

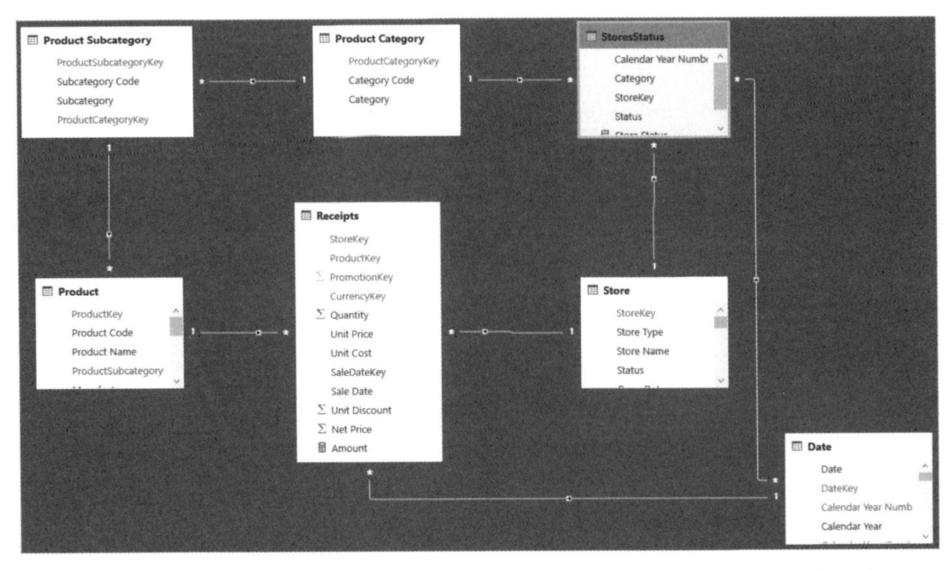

그림 16-8 StoreStatus 테이블은 연도 및 제품 카테고리의 모든 조합에 대해 각 매장의 상태를 나타낸다.

이 모델에 대해 몇 가지 사항을 살펴보자.

- Date와 StoreStatus의 관계는 년도를 기준으로 한 MMR의 약한 관계로 크로스필터 방향이 StoreStatus를 향한다. Date는 StoreStatus를 필터링한다.
- Product Category와 StoreStatus의 관계는 일반적인 일대다 관계다.
- 다른 모든 관계는 이 책의 다른 많은 데모에서 사용되는 단일 크로스필터가 있는 일반적인 일대다 관계다.
- StoreStatus에는 각 매장, 제품 카테고리, 연도 조합에 대해 하나의 행이 있다. 각 행의 상태는 열림 또는 닫힘이다. 즉, 테이블에는 빈 곳이 없다. 이는 식의 복잡성을 줄이는 것과 관련이 있다.

첫 번째 단계는 선택된 모든 기간 어떤 부서가 열려 있는지 결정하는 것이다. 이를 위해 코드는 지정된 제품 카테고리 및 선택한 모든 연도로 StoreStatus 테이블을 필터링해야 한다. 필터를 수행한 후 필터링된 모든 행에 Open이 있을 때 부서는 전체 기간 내내 열려 있다. 그렇지 않고 복수의 값(일부 Open, 일부 Closed)이 있을 때는 부서가 어느 시점에 문을 닫았음을 의미한다. 다음 쿼리로 이 계산을 수행할 수 있다.

```
EVALUATE
VAR StatusGranularity =
  SUMMARIZE (
    Receipts,
    Store[Store Name],
    'Product Category'[Category]
  )
VAR Result =
  FILTER (
    StatusGranularity,
    CALCULATE (
      SELECTEDVALUE ( StoresStatus[Status] ),
      ALLSELECTED ( 'Date'[Calendar Year] )
    ) = "Open"
  )
RETURN
  Result
```

쿼리는 매장/카테고리 카디널리티에서 반복되며 각 쌍에 대해 선택한 모든 연도에 대해 상태 값이 Open인지를 점검한다. StoreStatus[Status]에 대한 값이 여러 개일 때 SELECTVALUE의 결과가 공백으로 나타나 쌍이 필터에서 걸러지게 된다.

모든 기간 Open인 부서 집합을 결정하면 결과 집합을 다음과 같이 CALCULATE의 필터로 사용할 수 있다.

```
OpenStoresAmt :=
VAR StatusGranularity =
  SUMMARIZE (
    Receipts,
    Store[Store Name],
    'Product Category'[Category]
  )
VAR OpenStores =
  FILTER (
    StatusGranularity,
    CALCULATE (
      SELECTEDVALUE ( StoresStatus[Status] ),
      ALLSELECTED ( 'Date'[Calendar Year] )
    ) = "Open"
  )
```

```
VAR AmountLikeForLike =
  CALCULATE (
    [Amount],
    OpenStores
  )
RETURN
  AmountLikeForLike
```

위 식을 행렬에 적용하면 그림 16-9와 같은 보고서를 얻을 수 있다.

Category: Audio	CountryRegion: Germany	Store Type: Store		
Store Name	**CY 2007**	**CY 2008**	**CY 2009**	**Total**
Contoso Baumholder Store	3,920.40	539.20	2,589.64	**7,049.24**
Contoso Giebelstadt Store	994.10	1,224.00	1,499.90	**3,718.00**
Contoso koln No.1 Store	1,179.49	1,340.00	2,960.00	**5,479.49**
Contoso obamberg Store	3,491.21	2,131.20	1,783.72	**7,406.13**
Total	**9,585.19**	**5,234.40**	**8,833.26**	**23,652.85**

그림 16-9 OpenStoreAmt는 선택한 모든 연도에 매장이 Open인 경우에만 값을 반환한다.

항상 Open이 아닌 매장은 보고서에서 나타나지 않는다. 이 기술은 DAX에서 가장 강력하고 유용한 기술의 하나이므로 잘 익혀야 한다. 필터가 포함된 테이블을 계산한 다음 이를 사용해 계산을 제한하는 능력은 DAX 고급 계산의 기초가 된다.

예에서는 추가 테이블을 사용해 매장의 개점 또는 폐점 여부에 대한 정보를 저장했다. `Receipts` 테이블만 검사해 매출 기준으로 매장의 Open 여부를 추론해 비슷한 목표를 달성할 수 있다. 매출이 있는 매장은 문을 연 것으로 가정한다. 불행히도 그 반대는 사실이 아니다. 즉, 매출이 없다고 해서 해당 카테고리를 파는 매장이 문을 닫았다는 의미는 아니다. 불행히도 경계적인 시나리오에서, 판매가 없다는 것은 해당 부서가 영업 중임에도 불구하고 판매가 이뤄지지 않았다는 의미일 수도 있다.

마지막 고려사항은 DAX라기보다 데이터 모델링에 관한 것이지만 살펴볼 필요가 있었다. Receipts 테이블에서 판매 매장에 관한 정보를 검색해야 할 때는 식에 더 많은 주의를 기울여야 한다.

다음 측정값은 `StoreStatus` 테이블을 사용하지 않고 `OpenStoreAmt` 측정값을 구현한다. 매장과 제품 카테고리별로 매출이 있는 연도가 선정된 연도와 같은지를 점검해야 한다. 매장이 3년 중 2년만 매출을 올린다면 해당 부서가 1년 동안 문을 닫은 셈이다. 이를 코드로 구현하면 다음과 같다.

```
OpenStoresAmt Dynamic :=
VAR SelectedYears =
  CALCULATE (
    DISTINCTCOUNT ( 'Date'[Calendar Year] ),
    CROSSFILTER ( Receipts[SaleDateKey], 'Date'[DateKey], BOTH ),
    ALLSELECTED ()
  )
VAR StatusGranularity =
  SUMMARIZE (
    Receipts,
    Store[Store Name],
    'Product Category'[Category]
  )
VAR OpenStores =
  FILTER (
    StatusGranularity,
    VAR YearsWithSales =
      CALCULATE (
        DISTINCTCOUNT ( 'Date'[Calendar Year] ),
        CROSSFILTER ( Receipts[SaleDateKey], 'Date'[DateKey], BOTH ),
        ALLSELECTED ( 'Date'[Calendar Year] )
      )
    RETURN
      YearsWithSales = SelectedYears
  )
VAR AmountLikeForLike =
  CALCULATE (
    [Amount],
    OpenStores
  )
RETURN
  AmountLikeForLike
```

위 식의 복잡성은 훨씬 높다. 실제로 판매가 이뤄진 연도의 수를 계산하기 위해서는 모든 제품 카테고리에 대해 Receipts 테이블에서 Date 테이블로 필터를 이동해야 한다. 일반적으로 Receipts 테이블이 매장 상태만 있는 테이블보다 훨씬 크기 때문에 이 코드는 StoreStatus 테이블을 활용하는 이전 솔루션보다 느리다. 그럼에도 불구하고 이전 버전과 이 버전의 유일한 차이점은 FILTER 내부의 조건이라는 점에 유의해야 한다. 식이 StoreStatus 테이블을 검사하는 대신 Receipts 테이블을 스캔해야 할 뿐 패턴은 여전히 똑같다.

이 코드의 또 다른 중요한 세부 사항은 SelectedYears 변수를 계산하는 방법이다. 여기서는 선택된 모든 연도에 대한 단순한 DISTINCTCOUNT는 적합하지 않다. 실제로 계산할 값은 선택된 모든 연도의 수가 아니라 매출이 발생한 연도의 수다. Date 테이블에 10년이 있고 그중 3년만 판매한 경우, 더 단순한 DISTINCTCOUNT를 사용하면 매출이 없는 연도도 고려해 모든 셀에 공백이 반환된다.

이벤트 시퀀스 번호 매기기

이 절에서는 놀랄 정도로 일반적인 패턴인 이벤트 시퀀스 번호 지정과 첫 번째, 마지막 그리고 이전 이벤트를 쉽게 찾는 요구 사항을 분석한다. 이 예에서 요구 사항은 콘토소 데이터베이스에서 고객별 주문에 번호를 지정하는 것이다. 목표는 고객의 첫 번째 주문에 대해 1, 두 번째에 대해 2 등을 부여하는 새 계산 열을 만드는 것이다. 다른 고객의 첫 주문에 대해 동일한 번호인 1을 부여한다.

경고 크게 경고해야 한다. 표현식 중 일부는 느리다. 더 나은 해결책을 찾기 위해 코드 샘플을 보여주고 복잡성에 관해 논의한다. 모델에서 사용해 볼 생각이라면 긴 계산 시간을 각오해야 한다. '긴(long)'은 계산에 몇 시간이 소요되며 수십 기가바이트의 RAM을 차지한다는 뜻이다. 다른 경우라면 이 절의 끝에 더 나은 코드를 제시하므로 설명대로만 하면 된다.

얻게 될 결과는 그림 16-10에 나타나 있다.

Name	Order Number	Order Position
Hill, Wyatt	20080518711016	1
Hill, Wyatt	20080821711016	2
Hill, Wyatt	20081104711016	3
Murphy, Jesse	20070316811040	1
Murphy, Jesse	20080518711040	2
Murphy, Jesse	20080821711040	3
Murphy, Jesse	20081104711040	4
Young, Chloe	20070823711015	1
Young, Chloe	20080331711015	2
Young, Chloe	20080821711015	3
Young, Chloe	20081104711015	4

그림 16-10 동일한 고객의 모든 주문의 주문 포지션에는 각 주문의 상대적 위치가 포함돼 있다.

주문 위치를 계산하는 첫 번째 방법은 다음과 같다. 한 명의 동일한 고객에 대해 코드는 현재 주문 이전의 주문 수를 계산할 수 있다. 하지만 같은 날에 여러 주문을 한 고객이 있어서 날짜를 사용할 수 없다. 이는 부정확한 시퀀스 번호를 생성하기 때문이다. 다행히 주문 번호는 고유하며 모든 주문에 대해 값이 증가한다. 따라서 식은 동일한 고객에 대해 주문 번호가 현재 주문 번호보다 작거나 같은 주문 수를 계산해 정확한 값을 구한다.

이를 코드로 구현하면 다음과 같다.

```
Sales[Order Position] =
VAR CurrentOrderNumber = Sales[Order Number]
VAR Position =
  CALCULATE (
    DISTINCTCOUNT ( Sales[Order Number] ),
    Sales[Order Number] <= CurrentOrderNumber,
    ALLEXCEPT (
      Sales,
      Sales[CustomerKey]
    )
  )
RETURN
  Position
```

간단해 보이지만 이 코드는 매우 복잡하다. 실제로 CALCULATE에서는 주문 번호와 계산된 열에 의해 생성된 컨텍스트 전환에 필터를 사용한다. Sales의 각 행에 대해 엔진은 Sales

테이블 자체를 필터링해야 한다. 따라서 복잡성은 Sales 제곱의 규모다. Sales에 100,000개 행이 포함돼 있으므로 총 복잡성은 100,000에 100,000을 곱한 100억이 된다. 결과적으로 계산된 열을 계산하는 데 몇 시간이 걸린다. 더 큰 데이터 집합에서는 어떤 서버라도 무릎 꿇게 된다.

5장, 'CALCULATE 및 CALCULATETABLE의 이해'에서 CALCULATE와 컨텍스트 전환을 큰 테이블에서 사용하는 방법에 관해 논의했다. 좋은 개발자는 큰 테이블에서 컨텍스트 전환을 사용하지 않도록 노력해야 한다. 그렇지 않으면 성능이 저하될 위험이 있다.

같은 생각을 좀 더 잘 구현하면 다음과 같다. 즉, CALCULATE를 사용해 값비싼 컨텍스트 전환으로 필터를 적용하는 대신 코드에서 CustomerKey와 주문 번호의 모든 조합을 포함하는 테이블을 만들 수 있다. 그런 다음 동일한 고객에 대해 현재 주문보다 낮은 주문 번호를 계산해 해당 테이블에 유사한 로직을 적용할 수 있다. 코드는 다음과 같다.

```
Sales[Order Position] =
VAR CurrentCustomerKey = Sales[CustomerKey]
VAR CurrentOrderNumber = Sales[Order Number]
VAR CustomersOrders =
  ALL (
    Sales[CustomerKey],
    Sales[Order Number]
  )
VAR PreviousOrdersCurrentCustomer =
  FILTER (
    CustomersOrders,
    AND (
      Sales[CustomerKey] = CurrentCustomerKey,
      Sales[Order Number] <= CurrentOrderNumber
    )
  )
VAR Position =
  COUNTROWS ( PreviousOrdersCurrentCustomer )
RETURN
  Position
```

이 새로운 식은 훨씬 빠르다. 첫째, CustomerKey와 Order Number의 고유한 조합의 수는 10만 개가 아니라 26,000개다. 더욱이 컨텍스트 전환을 방지함으로써 옵티마이저는 훨씬 더 나은 실행 계획을 만들 수 있다.

공식의 복잡성은 여전히 높고 코드는 다소 이해하기 어렵다. RANKX로 동일한 논리를 더 잘 구현할 수 있다. RANKX는 테이블에서 값을 매길 때 유용하며 시퀀스 번호를 쉽게 계산할 수 있다. 실제로 주문의 시퀀스 번호는 동일한 고객의 모든 주문 리스트에 있는 주문의 오름차순 순위와 같다.

RANKX를 사용한 코드는 다음과 같다.

```
Sales[Order Position] =
VAR CurrentCustomerKey = Sales[CustomerKey]
VAR CustomersOrders =
  ALL (
    Sales[CustomerKey],
    Sales[Order Number]
  )
VAR OrdersCurrentCustomer =
  FILTER (
    CustomersOrders,
    Sales[CustomerKey] = CurrentCustomerKey
  )
VAR Position =
  RANKX (
    OrdersCurrentCustomer,
    Sales[Order Number],
    Sales[Order Number],
    ASC,
    DENSE
  )
RETURN
  Position
```

RANKX는 매우 잘 최적화돼 있다. 대용량 데이터셋에서도 빠르게 실행할 수 있는 효율적인 내부 정렬 알고리듬을 갖췄다. 데모 데이터베이스에서 마지막 두 식의 차이는 그리 크지 않지만 쿼리 계획에 관해 깊게 분석하면 RANKX를 사용하는 버전이 가장 효율적이라는 것을 알 수 있다. 쿼리 계획에 관한 분석은 17장에서 논의할 주제다.

또한 예에서는 같은 코드를 여러 가지 방법으로 표현할 수 있다. DAX 초보자에게는 RANKX를 사용해 시퀀스 번호를 계산하는 것이 명확하지 않을 수 있으며, 이러한 이유로 이 예제를 책에 포함했다. 같은 코드의 여러 버전을 보여주는 것은 여러분의 생각을 키우기 위해서다.

전년도 매출액을 마지막 판매일까지 계산

다음 예는 더 많은 비즈니스 논리로 시간 인텔리전스 계산을 확장한다. 목표는 전년도의 정해진 날짜 이후의 매출을 제외해 연간 비교를 정확하게 계산하는 것이다. 시나리오를 설명하기 위해 데모 데이터베이스에서 2009년 8월 15일 이후의 모든 판매를 삭제했다. 따라서 전년(2009년)은 불완전하고 2009년 8월도 마찬가지다.

그림 16-11에서 2009년 8월 이후의 매출은 빈 값을 보고한다.

Month	CY 2007	CY 2008	CY 2009	**Total**
January	794,248.24	656,766.69	580,901.05	**2,031,915.98**
February	891,135.91	600,080.00	622,581.14	**2,113,797.05**
March	961,289.24	559,538.52	496,137.87	**2,016,965.62**
April	1,128,104.82	999,667.17	678,893.22	**2,806,665.20**
May	936,192.74	893,231.96	1,067,165.23	**2,896,589.93**
June	982,304.46	845,141.60	872,586.20	**2,700,032.26**
July	922,542.98	890,547.41	1,068,396.58	**2,881,486.97**
August	952,834.59	721,560.95	338,971.06	**2,013,366.60**
September	1,009,868.98	963,437.23		**1,973,306.21**
October	914,273.54	719,792.99		**1,634,066.53**
November	825,601.87	1,156,109.32		**1,981,711.19**
December	991,548.75	921,709.14		**1,913,257.89**
Total	**11,309,946.12**	**9,927,582.99**	**5,725,632.34**	**26,963,161.45**

그림 16-11 2009년 8월 이후로는 판매가 없다.

위에서 보는 것처럼 보고서에 월이 있으면 숫자는 명확하다. 사용자는 마지막 해가 불완전함을 금방 이해할 것이고, 2009년의 총합과 이전 해의 총합을 비교하지 않을 것이다. 그럼에도 불구하고 잘못된 결정을 내리는 코드를 작성할 수 있다. 다음 두 가지 측정값을 살펴보자.

```
PY Sales :=
CALCULATE (
  [Sales Amount],
  SAMEPERIODLASTYEAR ( 'Date'[Date] )
)

Growth :=
DIVIDE (
  [Sales Amount] - [PY Sales],
  [PY Sales]
)
```

사용자는 그림 16-12와 같은 보고서를 쉽게 작성할 수 있으며, 여기서 모든 브랜드의 매출이 급격히 감소하고 있다고 잘못 추정할 수 있다.

Calendar Year: CY 2009

Brand	Sales Amount	PY Sales	Growth
A. Datum	282,029.42	463,721.61	-39.18%
Adventure Works	423,639.36	892,674.52	-52.54%
Contoso	1,478,194.20	2,369,167.68	-37.61%
Fabrikam	1,111,065.95	1,993,123.48	-44.26%
Litware	765,737.20	1,487,846.74	-48.53%
Northwind Traders	87,281.65	469,827.70	-81.42%
Proseware	546,032.88	763,586.23	-28.49%
Southridge Video	241,796.89	294,635.04	-17.93%
Tailspin Toys	90,391.24	97,193.87	-7.00%
The Phone Company	298,658.25	355,629.36	-16.02%
Wide World Importers	400,805.30	740,176.76	-45.85%
Total	**5,725,632.34**	**9,927,582.99**	**-42.33%**

그림 16-12 이 보고서는 모든 브랜드의 매출이 급격히 감소했음을 나타내는 것으로 보인다.

이 보고서는 2008년과 2009년도를 제대로 비교하지 못하고 있다. 선정된 연도(2009년)에는 2009년 8월 15일까지의 매출액을 보고하는 반면, 전년도에는 9월 이후를 포함한 전체 연도의 매출이 포함됐다.

적절히 비교해 의미 있는 성장률을 계산하려면 8월 15일 이전에 발생한 매출만 전적으로 고려해야 한다. 즉, 전년도 자료는 2009년 판매의 마지막 날과 판매 월까지의 날짜로 제한해야 한다. 컷오프 날짜는 데이터베이스에서 매출이 있는 마지막 날짜다.

늘 그렇듯이 문제를 해결하는 방법은 여러 가지가 있는데, 이 절에서는 일부만 보여준다. 첫 번째 접근 방식은 PY Sales 측정값을 수정해 전년도 판매 예상의 마지막 날짜 이전만 고려하도록 하는 것이다. 다음과 같이 코드를 작성할 수 있다.

```
PY Sales :=
VAR LastDateInSales =
  CALCULATETABLE (
    LASTDATE ( Sales[Order Date] ),
    ALL ( Sales )
  )
VAR LastDateInDate =
  TREATAS (
    LastDateInSales,
    'Date'[Date]
  )
VAR PreviousYearLastDate =
  SAMEPERIODLASTYEAR ( LastDateInDate )
VAR PreviousYearSales =
  CALCULATE (
    [Sales Amount],
    SAMEPERIODLASTYEAR ( 'Date'[Date] ),
    'Date'[Date] <= PreviousYearLastDate
  )
RETURN
  PreviousYearSales
```

첫 번째 변수는 모든 판매에서 마지막 주문 날짜를 계산한다. 샘플 데이터 모델에서는 2009년 8월 15일을 검색한다. 두 번째 변수(LastDateInDate)는 이전 결과의 데이터 계보를 Date[Date]로 변경한다. 시간 인텔리전스 함수가 Date 테이블에서 작동할 것으로 예상되기 때문에 이 단계가 필요하다. 다른 테이블에서 사용하면 잘못된 동작이 발생할 수 있으며, 이에 관해서는 나중에 다룬다. LastDateInDate가 올바른 데이터 계보가 있는 2009년 8월 15일을 포함하면 SAMEPERIODLASTYEAR는 이 날짜를 1년 전으로 이동한다. 마지막으로, Calculate는 두 필터를 결합해 전년도 매출을 계산하는 데 이 값을 사용한다. 현재 선택 항목이 1년 전으로 이동해 2008년 8월 15일까지다.

새로운 식의 결과는 그림 16-13에서 확인할 수 있다.

Calendar Year	Brand	Sales Amount	PY Sales	Growth
CY 2009	A. Datum	282,029.42	281,929.56	0.04%
	Adventure Works	423,639.36	548,902.82	-22.82%
	Contoso	1,478,194.20	1,486,074.44	-0.53%
	Fabrikam	1,111,065.95	1,073,377.56	3.51%
	Litware	765,737.20	754,046.93	1.55%
	Northwind Traders	87,281.65	298,321.72	-70.74%
	Proseware	546,032.88	421,903.10	29.42%
	Southridge Video	241,796.89	176,612.65	36.91%
	Tailspin Toys	90,391.24	63,602.42	42.12%
	The Phone Company	298,658.25	221,633.71	34.75%
	Wide World Importers	400,805.30	415,097.96	-3.44%
	Total	**5,725,632.34**	**5,741,502.86**	**-0.28%**

그림 16-13 연도의 적절한 비율을 고려해 이제는 결과를 비교할 수 있다.

이전 식에 TREATAS를 사용한 이유를 잘 이해해야 한다. 경험이 부족한 DAX 개발자는 다음과 같은 간단한 코드로 동일한 측정값을 작성할 수 있다.

```
PY Sales Wrong :=
VAR LastDateInSales =
  CALCULATETABLE (
    LASTDATE ( Sales[Order Date] ),
    ALL ( Sales )
  )
VAR PreviousYearLastDate =
  SAMEPERIODLASTYEAR ( LastDateInSales )
VAR PreviousYearSales =
  CALCULATE (
    [Sales Amount],
    SAMEPERIODLASTYEAR ( 'Date'[Date] ),
    'Date'[Date] <= PreviousYearLastDate
  )
RETURN
  PreviousYearSales
```

설상가상으로 우리가 사용하는 데모 모델에서 후자의 측정값과 이전 측정값은 동일한 값을 반환한다. 이처럼 한눈에 잘 드러나지 않는 버그가 존재한다. 여기서 문제는 다음과 같다. SAMEPERIODLASTYEAR의 결과는 입력 열과 동일한 데이터 계통을 가진 한 열로 구성된 테이블이다. 계보가 Sales[Order Date]인 열을 SAMEPERIODLASTYEAR에 전달하면 함수는 Sales[Order Date]의 가능한 값 중에서 존재하는 값을 반환해야 한다. Sales 테이블의 열이기 때문에 날짜에 가능한 모든 값이 포함돼 있지는 않다. 예를 들어 주말에 판매가 없다면 Sales[Order Date]의 가능한 값 중 해당 주말 날짜가 존재하지 않는다. 이 시나리오에서 SAMEPERIODLASTYEAR는 공백을 반환한다.

그림 16-14는 데모 2008년 8월 15일의 판매목록에서 거래를 제거하면 보고서에 무슨 일이 생기는지 보여준다.

Calendar Year: CY 2009

Brand	Sales Amount	PY Sales Wrong	Growth
A. Datum	282,029.42		
Adventure Works	423,639.36		
Contoso	1,478,194.20		
Fabrikam	1,111,065.95		
Litware	765,737.20		
Northwind Traders	87,281.65		
Proseware	546,032.88		
Southridge Video	241,796.89		
Tailspin Toys	90,391.24		
The Phone Company	298,658.25		
Wide World Importers	400,805.30		
Total	**5,725,632.34**		

그림 16-14 박스 영역에는 항상 비어 있는 PY Sales Wrong의 값이 포함돼 있다.

마지막 날짜가 2009년 8월 15일이므로 이 날짜를 1년 전으로 옮기면 2008년 8월 15일이 된다. 이 날짜는 의도적으로 Sales[Order Date]에 존재하지 않는다. 따라서 SAMEPERIODLASTYEAR는 공백을 반환한다. SAMEPERIODLASTYEAR가 공백을 반환했으므로 CALCULATE 내부의 두 번째 조건은 해당 날짜가 공백보다 작거나 같음을 요구한다. 조건을 만족하는 날짜는 없으므로 PY Sales Wrong 측정값은 항상 공백을 반환한다.

위 예에서는 문제를 보여주기 위해 Sales에서 한 날짜만 삭제했다. 현실에서는 전년도의 해당 날짜에 판매가 없다면 문제가 언제나 발생할 수 있다. 다음 사항을 기억하자. 시간 인텔리전스 함수는 잘 설계된 Date 테이블에서 작동될 것으로 예상되지만 서로 다른 테이블의 열에 사용하면 예기치 않은 결과가 발생할 수 있다.

물론 전체적인 논리가 명확해지면 같은 코드를 여러 가지 방법으로 표현할 수 있다. 여기서 한 가지 방법을 제안했지만 여러분은 자유롭게 실험해 보길 바란다.

마지막으로 이와 같은 시나리오는 데이터 모델을 업데이트할 수 있을 때 훨씬 더 나은 솔루션을 제공한다. 실제로 계산이 필요할 때마다 Sales를 사용해 마지막 날짜를 계산하고 1년(또는 필요한 만큼)을 다시 이동하는 것은 따분하고 오류도 발생하기 쉽다. 더 나은 방법은 비교할 때 각 날짜가 포함돼야 하는지를 미리 계산해 이 값을 Date 테이블에 직접 통합하는 것이다.

Date 테이블에 주어진 날짜가 작년과의 비교에 포함돼야 하는지를 나타내는 새 계산 열을 만들 수 있다. 즉, 8월 15일 이전의 모든 날짜는 TRUE인 반면, 8월 15일 이후의 모든 행의 값은 FALSE다.

새 계산 열은 다음과 같은 식으로 만들 수 있다.

```
'Date'[IsComparable] =
VAR LastDateInSales =
  MAX ( Sales[Order Date] )
VAR LastMonthInSales =
  MONTH ( LastDateInSales )
VAR LastDayInSales =
  DAY ( LastDateInSales )
VAR LastDateCurrentYear =
  DATE ( YEAR ( 'Date'[Date] ), LastMonthInSales, LastDayInSales )
VAR DateIncludedInCompare =
  'Date'[Date] <= LastDateCurrentYear
RETURN
  DateIncludedInCompare
```

일단 열을 만들고 나면 PY Sales 측정값을 다음과 같이 훨씬 더 간단하게 작성할 수 있다.

```
PY Sales :=
CALCULATE (
  [Sales Amount],
  SAMEPERIODLASTYEAR ( 'Date'[Date] ),
  'Date'[IsComparable] = TRUE
)
```

이 코드는 읽고 디버깅하기 쉬울 뿐만 아니라 이전 방법보다 훨씬 빠르다. Sales에서 마지막 날짜를 계산하고 Date에 필터로 사용하기 위해 이동한 다음 모델에 적용하기 위해 필요한 복잡한 코드를 사용하지 않아도 되기 때문이다. 부울값을 확인하는 간단한 필터 인수인 CALCULATE로 코드가 실행된다. 이 예의 취지는 계산된 열에서 필터에 대한 복잡한 논리를 이동할 수 있다는 것이다. 이는 사용자가 보고서가 나타나기를 기다릴 때가 아니라 데이터 새로고침 중에 계산된다.

결론

살펴본 것처럼 16장에는 새로운 DAX 함수가 없다. 다만 여러 가지 방식으로 문제를 풀 수 있다는 것을 보여주고 싶었다. 최적화 소개와 관련된 중요한 주제인 엔진의 내부는 다루지 않았으나, 코드를 간략히 분석하고 동작을 시뮬레이션함으로써 동일한 시나리오에 대해 더 나은 식을 만들 수 있다.

16장에서는 패턴을 다루지 않았다. 모델에서 이 코드를 자유롭게 사용할 수 있지만, 가장 잘 구현된 패턴이라고 생각해서는 안 된다. 같은 시나리오를 다른 방식으로 생각하게 하는 것이 목표였다.

17장에서 배우겠지만 DAX에서 독특한 패턴을 제공하는 것은 거의 불가능하다. 어떤 데이터 모델에서는 더 빨리 실행되는 코드가 다른 데이터 모델이나 심지어 데이터 분포만 다른 동일한 모델에서 최고 성능을 보이지 못할 수도 있다.

DAX 코드 최적화에 대해 관심이 많다면 엔진 내부를 자세히 살펴 DAX 쿼리 엔진의 가장 복잡한 모든 세부 정보를 찾아봐야 한다. 이 흥미롭고 복잡한 여행은 17장에서 시작한다.

17

DAX 엔진

지금까지의 목표는 DAX 언어를 제대로 이해하게 만드는 것이었다. 연습으로 더 많은 경험을 얻는 것 이외에, 단지 작동만 하는 DAX가 아니라 효율적인 DAX를 쓰는 것을 목표로 해야 한다. 효율적인 DAX를 작성하려면 엔진 내부를 이해해야 한다. 18장부터는 DAX 코드 성능을 측정하고 개선하는 데 필수적인 지식을 다룬다.

더욱 구체적으로 17장은 DAX 쿼리를 실행하는 엔진의 내부 아키텍처에 초점을 맞춘다. 실제로 DAX 쿼리는 완전히 인메모리에 저장된 모델이나 전적으로 원래 데이터 소스에 저장된 모델, 또는 이 두 가지 옵션이 혼합된 모델에서 실행될 수 있다.

17장부터는 DAX에서 다소 벗어나 DAX를 사용하는 산출물의 구현에 대해 낮은 수준에서 기술적인 세부 사항을 다루기 시작한다. 이는 중요한 주제이지만 구현 세부 사항이 자주 변경된다는 점에 유의해야 한다. 여기서는 세부 수준과 유용성 사이에 균형을 유지하면서, 곧 바뀔 것 같지 않을 수준의 정보를 보여주기 위해 노력했다. 그럼에도 불구하고 기술의 발전 속도를 감안할 때 몇 년 안에 해당 정보가 쓸모없어질 수도 있다. 가장 최신의 정보는 온라인 게시물에서 확인할 수 있다.

엔진은 매월 새로운 버전이 출시되며 쿼리 옵티마이저는 쿼리 실행을 변경하고 개선할 수 있다. 따라서 17장은 곧 쓸모없어질 수도 있는 DAX 코드 작성에 대한 몇 가지 규칙을 제공하기보다는 엔진이 어떻게 작동하는지 가르치는 것을 목표로 한다. 때로는 모범 사례를 제공하지만 여러분의 특정 시나리오에 어떻게 적용될지는 항상 다시 확인해야 한다.

DAX 엔진의 아키텍처 이해

DAX 언어는 테이블 형식Tabular 기술을 기반으로 한 여러 마이크로소프트 제품에서 사용된다. 그러나 특정 기능은 몇몇 에디션이나 라이센스 조건에서만 사용할 수 있다. 테이블 형식 모델은 쿼리 언어로 DAX와 MDX를 모두 사용한다. 이 절에서는 쿼리 언어와 특정 제품과 관계없이 테이블 형식 모델의 광범위한 구조에 관해 설명한다.

모든 보고서는 DAX 또는 MDX를 사용해 쿼리를 전송한다. 쿼리 언어가 사용됐음에도 불구하고 테이블 형식 모델은 쿼리를 처리하기 위해 다음과 같이 두 개의 엔진을 사용한다.

- **수식 엔진**Formula Engine은 요청을 처리하고 쿼리 계획을 생성하고 실행한다.
- **저장 엔진**Storage Engine은 수식 엔진의 요청에 응답하기 위해 테이블 형식 모델에서 데이터를 검색한다. 저장 엔진을 구현하는 방식에는 두 가지가 있다.
  - VertiPaq는 메모리에서 복사된 데이터 사본을 호스팅하며 데이터 원본에 접근해 정기적으로 새로고침 할 수 있다.
  - **다이렉트쿼리**는 모든 요청에 대해 쿼리를 곧바로 원래 데이터 소스로 전달한다. 다이렉트쿼리는 추가로 데이터 복사본을 생성하지 않는다.

그림 17-1은 DAX 또는 MDX 쿼리를 실행하는 아키텍처를 나타낸다.

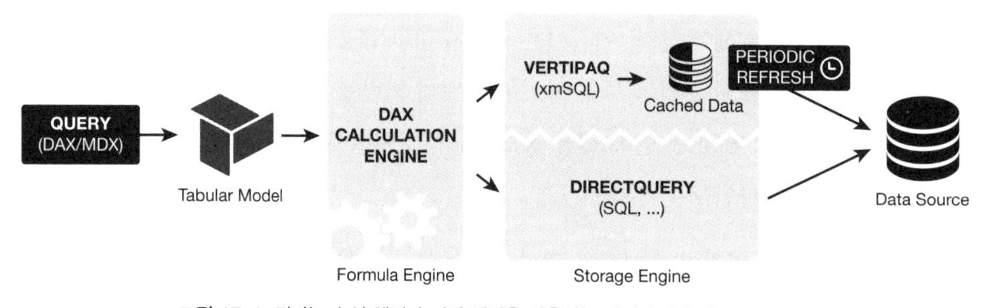

그림 17-1 쿼리는 수식 엔진과 저장 엔진을 사용하는 아키텍처에 의해 처리된다.

수식 엔진은 테이블 형식 모델에서 쿼리 엔진의 상위 레벨 실행 단위다. DAX와 MDX 함수가 요구하는 모든 작업을 처리할 수 있고 복잡한 DAX와 MDX 표현식을 처리할 수 있다. 그러나 수식 엔진은 기본 테이블에서 데이터를 검색해야 할 때 요청의 일부를 저장 엔진에 전달한다.

저장 엔진으로 전송되는 쿼리는 원시 테이블 데이터와 같은 단순한 검색부터 데이터를 집계하고 테이블을 결합하는 더 복잡한 쿼리까지 다양할 수 있다. 저장 엔진은 수식 엔진과만 통신한다. 저장 엔진은 데이터의 원래 형식과 관계없이 압축되지 않은 형식으로 데이터를 반환한다.

테이블 형식 모델은 대개 VertiPaq 또는 다이렉트쿼리 저장 엔진을 사용해 데이터를 저장한다. 그러나 복합 모델은 동일한 데이터 모델과 동일한 테이블에 대해 두 가지 기술을 모두 사용할 수 있다. 사용할 엔진은 쿼리 단위로 엔진이 선택한다.

이 책은 DAX에만 초점을 맞추고 있다. MDX도 테이블 형식 모델을 쿼리할 때 동일한 아키텍처를 사용한다. 17장에서는 DAX의 기본 엔진이고 속도도 빠르기에 VertiPaq 엔진의 세부 사항에 초점을 맞춰 테이블 형식 모델에서 사용할 수 있는 다양한 유형의 저장 엔진에 관해 설명한다.

수식 엔진 소개

수식 엔진은 DAX 실행에서 절대적으로 중요하다. 실제로 수식 엔진만으로도 MDX는 물론 DAX 언어를 이해할 수 있다. 수식 엔진은 DAX 또는 MDX 쿼리를 실행할 물리적 단계 목록으로 구성된 쿼리 계획으로 변환한다. 테이블 형식의 저장 엔진 부분은 쿼리가 DAX를 지원하는 모델에서 비롯됐다는 것을 알지 못한다.

쿼리 계획의 각 단계는 수식 엔진에 의해 실행되는 특정 연산에 해당한다. 수식 엔진의 대표적인 연산자에는 테이블 결합, 복잡한 조건으로 필터링, 집계 및 조회 등이 포함된다. 이러한 연산자는 일반적으로 데이터 모델의 열에 있는 데이터를 요구한다. 이때 수식 엔진은 저장 엔진에 요청을 보내고, 저장 엔진은 데이터캐시를 반환해 응답한다. 데이터캐시는 저장 엔진에 의해 생성되고 수식 엔진이 읽는 임시 저장 영역이다.

노트 데이터캐시는 압축되지 않는다. 데이터캐시는 저장 엔진과 관계없이 압축되지 않은 형식으로 저장된 인메모리 테이블이다.

수식 엔진은 항상 저장 엔진에서 반환되는 데이터캐시나 다른 수식 엔진 연산자가 계산한 데이터 구조와 함께 작동한다. 수식 엔진 작업의 결과는 동일한 세션 내에서도 서로 다른 실행에서 메모리에 유지되지 않는다. 한편 데이터캐시는 메모리에 보관돼 다음 쿼리에서 재사용할 수 있다. 수식 엔진에는 서로 다른 쿼리 간의 결과를 재사용할 수 있는 캐시 시스템이 없다. DAX는 전적으로 저장 엔진의 캐시 기능에 의존한다.

마지막으로, 수식 엔진은 단일 스레드 방식으로 제작된다. 즉, 수식 엔진에서 실행되는 모든 연산은 사용 가능한 코어의 수와 상관없이 하나의 스레드와 하나의 코어를 사용한다. 수식 엔진은 한 번에 하나의 쿼리를 사용해 차례대로 저장 엔진에 요청을 전송한다. 저장 엔진에 대한 각 요청 내에서만 일정 수준의 병렬 처리를 사용할 수 있다. 저장 엔진은 아키텍처가 다르며 사용 가능한 여러 코어를 활용할 수 있다. 이에 관해서는 다음 절에서 다룬다.

저장 엔진 소개

저장 엔진의 목표는 테이블 형식 데이터베이스를 스캔해 수식 엔진에 필요한 데이터캐시를 생성하는 것이다. 저장 엔진은 DAX와 독립적이다. 예를 들어 SQL 서버 위에 있는 다이렉트쿼리는 SQL을 저장 엔진으로 사용한다. SQL은 DAX보다 훨씬 일찍 태어났다. 이상하게 보일 수 있지만 테이블 형식의 내부 저장 엔진(VertiPaq)은 DAX와도 독립적이다. 전체적인 아키텍처는 매우 깨끗하고 안정적이다. 저장 엔진은 자체 연산자 집합이 허용하는 쿼리를 독자적으로 실행한다. 사용되는 저장 엔진의 종류에 따라 운영자 집합은 매우 제한적(VertiPaq)에서 매우 풍부함(SQL)까지 다양할 수 있다. 이는 개발자가 쿼리 계획을 분석할 때 고려해야 하는 성능 및 최적화 유형에 영향을 미친다.

개발자는 다음 세 가지 옵션 중 하나를 사용해 각 테이블에 사용되는 저장 엔진을 정의할 수 있다.

- **가져오기**Import: 인메모리 또는 VertiPaq라고도 한다. 테이블의 내용은 VertiPaq 엔진에 의해 저장되며 데이터 새로고침 중 데이터 원본에서 데이터를 복사하고 재구성한다.
- **다이렉트쿼리**DirectQuery: 테이블의 내용은 쿼리 시 데이터 원본에서 읽으며 데이터 새로고침 중에는 메모리에 저장되지 않는다.
- **이중**Dual: VertiPaq와 다이렉트쿼리 모두에서 테이블을 조회할 수 있다. 데이터 새로고침 중에는 테이블이 메모리에 로드되지만 쿼리 시 가장 최신 정보를 사용해 다이렉트쿼리 모드에서 테이블을 읽을 수도 있다.

또한 테이블 형식 모델의 테이블은 다른 테이블의 집계로 사용될 수 있다. 집계는 저장 엔진의 요청을 최적화하는 데 유용하지만 수식 엔진의 병목을 최적화하는 데는 유용하지 않다. 집계는 VertiPaq와 다이렉트쿼리 모두에서 정의될 수 있지만 최상의 쿼리 성능을 얻기 위해 일반적으로 VertiPaq에 정의된다.

저장 엔진은 병렬 처리를 특징으로 한다. 그러나 수식 엔진에서 요청을 받아 동기식으로 보낸다. 따라서 수식 엔진은 다음 쿼리를 보내기 전에 하나의 저장 엔진 쿼리가 완료될 때까지 기다린다. 따라서 수식 엔진의 병렬 처리 부족으로 저장 엔진의 병렬 처리가 줄어들 수 있다.

VertiPaq(인메모리) 저장 엔진 소개

VertiPaq 저장 엔진은 DAX 쿼리 엔진의 기본 하위 레벨 실행 단위다. 특정 제품에서는 공식적으로 xVelocity In-Memory Analytical Engine으로 명명됐다. 그럼에도 불구하고 개발 중에 사용된 원래의 코드명인 VertiPaq로 널리 알려져 있다. VertiPaq는 데이터 원본에서 읽은 데이터 사본을 열 데이터베이스 구조에 기반해 압축된 인메모리 형식으로 저장한다.

VertiPaq 쿼리는 xmSQL이라고 불리는 내부 의사 SQL 언어로 표현된다. xmSQL은 실제 쿼리 언어가 아니라 저장 엔진 쿼리를 텍스트로 표현한 것이다. xmSQL의 목적은 수식 엔진이 VertiPaq를 쿼리하는 방법에 대해 사용자에게 가시성을 제공하는 것이다. VertiPaq

는 매우 제한된 연산자 집합을 제공한다. 따라서 내부 데이터 스캔 내에서 더 복잡한 평가가 필요한 경우 VertiPaq는 수식 엔진에 콜백을 수행할 수 있다.

VertiPaq 저장 엔진은 멀티스레드다. VertiPaq 저장 엔진에 의해 수행되는 작업은 매우 효율적이며 여러 코어에서 확장할 수 있다. 단일 저장 엔진 쿼리는 테이블의 각 세그먼트에 대해 최대 하나의 스레드까지 병렬 처리를 높일 수 있다. 17장 뒷부분에 세그먼트에 관해 설명할 것이다. 저장 엔진이 열 세그먼트당 최대 1개의 스레드를 사용할 수 있다는 점을 고려하면 쿼리에 관련된 세그먼트가 많을 때만 저장 엔진의 병렬 처리를 활용할 수 있다. 즉, 소형 테이블(한 세그먼트)에서 실행되는 8개의 저장 엔진 쿼리가 있을 경우, 수식 엔진과 저장 엔진 사이의 통신의 동기적 특성 때문에 모두 병렬로 실행되는 것이 아니라 차례대로 실행된다.

캐시 시스템은 VertiPaq 저장 엔진에 의해 생성된 결과를 저장하며, 제한된 수의 결과(일반적으로 데이터베이스당 마지막 512개의 내부 쿼리)를 보유하지만 엔진 버전에 따라 숫자는 다를 수 있다. 저장 엔진은 이미 캐시에 있는 쿼리와 동일한 xmSQL 쿼리를 수신하면 메모리에 있는 데이터를 검색하지 않고 해당 데이터캐시를 반환한다. 행 수준 보안 시스템은 수식 엔진 동작에만 영향을 미치기 때문에 사용자가 테이블에서 특정 행만 볼 수 있도록 제한되는 경우 서로 다른 xmSQL 쿼리를 생성하기 때문에 캐시는 보안 고려 사항과 관련이 없다.

저장 엔진에 의한 스캔 작업은 일반적으로 하나의 스레드를 사용하더라도 수식 엔진에 의해 수행되는 스캔보다 빠르다. 저장 엔진이 이러한 작업에 더 최적화돼 있고 압축된 데이터 위에 반복하는 한편, 수식 엔진은 압축되지 않은 데이터캐시에 대해서만 반복할 수 있기 때문이다.

다이렉트쿼리 저장 엔진 소개

다이렉트쿼리 저장 엔진은 일반명이며 VertiPaq 저장 엔진에 복사되지 않고 데이터가 원래 데이터 소스에 보관되는 시나리오를 설명한다. 수식 엔진은 다이렉트쿼리 모드에서 저장 엔진에 요청을 보낼 때 특정 쿼리 언어로 데이터 원본에 쿼리를 전송한다. 이것은 대부분 SQL이지만 다를 수도 있다.

수식 엔진은 다이렉트쿼리의 존재를 인지한다. 따라서 수식 엔진은 데이터 소스에서 사용하는 쿼리 언어의 고급 함수를 이용할 수 있기 때문에 VertiPaq와 비교해서 다른 쿼리 계획을 생성한다. 예를 들어 SQL은 `UPER`, `LOWER`와 같은 문자열 변환을 관리할 수 있는 반면, VertiPaq 엔진은 사용 가능한 문자열 조작 기능이 없다.

다이렉트쿼리를 사용해 저장 엔진을 최적화하려면 데이터 소스(관계형 데이터베이스에서 인덱스 사용 등)를 최적화해야 한다. 다이렉트쿼리 및 가능한 최적화에 대한 자세한 내용은 관련 백서에서 확인할 수 있다(https://www.sqlbi.com/whitepapers/directquery-in-analysis-services-2016/). 이러한 고려 사항은 파워 BI와 분석 서비스SSAS 모두 동일한 기본 엔진을 공유하기 때문에 이들 모두에서 유효하다.

데이터 새로고침 이해

DAX는 테이블 형식 SQL Server Analysis ServicesSSAS, Azure Analysis Services(이 책에서 SSAS와 동일), 파워 BI 서비스(서버 및 로칼 파워 BI 데스크톱 모두) 및 엑셀의 파워 피봇에서 실행된다. 기술적으로 엑셀의 파워 피봇과 파워 BI는 모두 사용자 정의된 테이블 형식 SSAS 버전을 사용한다. 따라서 각각의 엔진에 대해 말하는 것은 다소 억지스럽다. SSAS가 숨겨진 모드로 실행되지만 파워 피봇과 파워 BI는 SSAS와 같기 때문이다. 이 책에서는 이러한 엔진을 구별하지 않는다. 따라서 SSAS에 대해 이야기할 때 여러분은 항상 마음속으로 SSAS를 파워 피봇 또는 파워 BI로 대체해야 한다. 차이에 대해 강조할 필요가 있을 경우 별도 섹션에서 다룬다.

SSAS가 메모리에 소스 테이블의 내용을 로드할 때 SSAS가 테이블을 처리한다고 말한다. 이는 SSAS가 프로세스 작동 중이거나 엑셀의 파워 피봇 및 파워 BI에서 데이터 새로고침 중에 발생한다. 다이렉트쿼리의 테이블 프로세스는 데이터 원본에 액세스하지 않고 단순히 내부 캐시를 지운다. 한편, VertiPaq 모드에서 처리가 발생하면 엔진은 데이터 소스의 내용을 읽고 이를 내부 VertiPaq 데이터 구조로 변환한다.

VertiPaq는 다음과 같은 단계를 거쳐 테이블을 처리한다.

1. 소스 데이터 집합 읽기, VertiPaq 열 데이터 구조로 변환, 각 열의 인코딩 및 압축
2. 각 열에 대한 사전 및 색인 작성
3. 관계를 위한 데이터 구조 생성
4. 모든 계산된 열과 계산된 테이블을 계산하고 압축

마지막 두 단계가 반드시 순차적인 것은 아니다. 실제로 관계는 계산된 열에 기초할 수 있고, 계산된 열은 RELATED 또는 CALCULATE를 사용하기 때문에 관계에 따라 달라질 수 있다. 따라서 SSAS는 단계를 올바른 순서로 실행하기 위해 의존성에 대한 복잡한 그래프를 생성한다.

다음 절에서는 이러한 단계를 더 자세히 설명한다. 또한 데이터 소스를 VertiPaq 모델로 변환하는 동안 SSAS가 생성한 내부 구조의 형식도 다룬다.

VertiPaq 저장 엔진 이해

VertiPaq 엔진은 테이블 형식 모델에 사용되는 가장 일반적인 저장 엔진이다. VertiPaq는 테이블이 가져오기 저장 모드에 있을 때 사용된다. 저장 모드는 많은 데이터 모델에서 일반적으로 선택할 수 있지만 엑셀의 파워 피봇에서는 다른 선택을 할 수 없다. 복합 모델에서 이중[Dual] 저장 모드에 테이블 또는 집계가 존재한다는 것은 다이렉트쿼리와 함께 VertiPaq 저장 엔진을 사용한다는 의미다.

이러한 이유로 모델의 메모리 사용량과 쿼리의 실행 시간 모두를 최적화하는 방법을 이해하기 위해서는 VertiPaq 저장 엔진에 관한 확실한 이해가 필요하다. 이 절에서는 VertiPaq 저장 엔진의 작동 방식을 설명한다.

열 기반 데이터베이스 소개

VertiPaq는 인메모리 열 기반 데이터베이스다. 인메모리란 모델에 의해 처리되는 모든 데이터가 RAM에 존재한다는 것을 의미한다. VertiPaq는 인메모리일 뿐만 아니라 열 기반

데이터베이스이기도 하다. 따라서 VertiPaq을 올바르게 이해하려면 열 기반 데이터베이스가 무엇인지 잘 알아야 한다.

테이블은 행의 목록이며 각 행은 열로 나뉜다. 그림 17-2의 Product 테이블을 살펴보자.

Product

ID	Name	Color	Unit Price
1	Camcorder	Red	112.25
2	Camera	Red	97.50
3	Smartphone	White	100.00
4	Console	Black	112.25
5	TV	Blue	1,240.85
6	CD	Red	39.99
7	Touch screen	Blue	45.12
8	PDA	Black	120.25
9	Keyboard	Black	120.50

그림 17-2 이 그림은 네 개의 열과 아홉 개의 행으로 구성된 Product 테이블을 보여준다.

테이블을 행의 집합으로 생각해 테이블 구조를 가장 자연스럽게 표현했다. 이 방식을 기술적으로는 행 저장소Row Store라고 한다. 행 저장소에서 데이터는 행으로 정리된다. 테이블이 메모리에 저장되면 첫 번째 행에 있는 Name 열의 값이 동일한 행에 있는 ID 및 Color 열의 값과 가깝다고 생각할 수 있다. 하지만 Name 열의 두 번째 행의 값은 그 사이에 첫 번째 행의 Color 및 Unit Price와 두 번째 행 ID 열의 값이 있으므로 첫 번째 행의 Name 값에서 생각보다 더 멀리 있다. 행 저장소의 물리적 메모리 레이아웃을 개략적으로 표현하면 다음과 같다.

```
ID,Name,Color,Unit Price|1,Camcorder,Red,112.25|2,Camera,Red,97.50|3,Smartphone,
White,100.00|4,Console,Black,112.25|5,TV,Blue,1,240.85|6,CD,Red,39.99|7,
Touch screen,Blue,45.12|8,PDA,Black,120.25,9,Keyboard,Black,120.50
```

개발자가 단가를 계산해야 할 때 엔진은 프로세스에서 전체 메모리 영역을 스캔해 관련 없는 많은 값을 읽어야 한다. 데이터베이스의 메모리를 차례대로 스캔한다고 가정하자. Unit Price 열의 첫 번째 값을 읽으려면 엔진이 첫 번째 행에서 ID, Name 및 Color를 읽어야 한다. 그래야만 원하는 값을 찾을 수 있다. 모든 행에 같은 과정이 반복된다. 이와 같은 방식으로 관련된 값을 찾기 위해서는 많은 열을 읽고 무시해야 한다.

값을 읽고 무시하는 데까지는 시간이 걸린다. 사실, 우리가 누군가에게 `Unit Price`의 합계를 계산해달라고 요청한다면 위와 같은 알고리듬을 따르지 않을 것이다. 아마도 그림 17-2의 첫 번째 행을 스캔해 관련된 열을 찾은 다음, 한 번에 하나씩 값을 읽고 마음속으로 값을 누적해 합계를 산출할 것이다. 이와 같은 행동이 자연스러운 이유는 행 단위가 아니라 세로로 읽어서 시간을 절약하기 때문이다.

열 기반 데이터베이스는 수직적 스캔을 최적화하기 위해 데이터를 구성한다. 이 결과를 얻으려면 열의 다른 값을 서로 인접하게 만들어야 한다. 그림 17-3에서 열 기반 데이터베이스에 의해 구성된 것과 동일한 `Product` 테이블을 볼 수 있다.

Product Columns

ID
1
2
3
4
5
6
7
8
9

Name
Camcorder
Camera
Smartphone
Console
TV
CD
Touch screen
PDA
Keyboard

Color
Red
Red
White
Black
Blue
Red
Blue
Black
Black

Unit Price
112.25
97.50
100.00
112.25
1,240.85
39.99
45.12
120.25
120.50

그림 17-3 열 단위로 구성된 Product 테이블

열 기반 데이터베이스에 저장할 때 각각의 열은 자체적인 데이터 구조를 가지며, 다른 열과 물리적으로 분리된다. 따라서 `Unit Price`의 다른 값은 서로 인접하고 `Color`, `Name`, `ID`와는 거리가 멀다. 열 저장소의 물리적 메모리 레이아웃을 개략적으로 표현하면 다음과 같다.

```
ID,1,2,3,4,5,6,7,8,9
Name,Camcorder,Camera,Smartphone,Console,TV,CD,Touch screen,PDA,Keyboard
Color,Red,Red,White,Black,Blue,Red,Blue,Black,Black
Unit Price,112.25,97.50,100.00,112.25,1240.85,39.99,45.12,120.25,120.50
```

이와 같은 데이터 구조에서 엔진은 즉시 Unit Price가 포함된 구조로 가기 때문에 Unit Price의 합계를 계산하기가 훨씬 쉬워진다. 해당 위치에서 계산에 필요한 모든 값을 서로 옆에서 찾을 수 있다. 이제 다른 열값을 읽고 무시할 필요가 없다. 단일 스캔으로 필요한 숫자만 확보해 빠르게 집계할 수 있다.

다음 시나리오에서는 Unit Price를 합하는 대신 빨간색 제품만의 단가를 계산한다. 알고리듬을 더 잘 이해하려면 계속 읽기 전에 시도해 보는 것이 좋다.

이 시나리오는 더 이상 쉽지 않다. 실제로 Unit Price 열만 스캔하면 원하는 숫자를 얻을 수 없다. 개발자는 일반적으로 Color 열을 스캔해 빨간색일 경우 Unit Price에서 해당 값을 검색한다. 마지막에 결과 계산을 위해 모든 값을 더한다.

이 알고리듬은 매우 직관적이지만 그림 17-3의 한 열에서 다른 열로 눈을 계속 이동시켜야 한다. 아마도 손가락을 가이드로 사용해 Color의 마지막 스캔 위치를 기억해야 할 것이다. 이 방법은 값을 계산하는 데 최적화된 방법이 아니다. 엔진이 끊임없이 한 기억 영역에서 다른 기억 영역으로 이동해야 하므로 성능이 저하되기 때문이다. 컴퓨터가 사용하는 더 나은 방법은 먼저 Color 열을 스캔하고 색상이 빨간색인 위치를 찾은 다음, Unit Price 열을 스캔해 이전 단계에서 식별된 위치의 값만 합산하는 것이다.

마지막 알고리듬은 첫 번째 열과 두 번째 열을 각각 한 번씩 스캔하고, 첫 번째 열의 스캔과 두 번째 열의 스캔 사이를 점프하지 않고 항상 서로 인접한 메모리 위치에 접근하기 때문에 훨씬 더 좋다. 순차적 메모리 읽기는 임의 액세스보다 훨씬 빠르다.

50달러보다 비싼 블루나 블랙 제품의 합과 같이 더 복잡한 표현식의 경우 상황은 더욱 좋지 않다. 이번에는 너무 많은 열에 따라 조건이 달라지기 때문에 한 번에 하나씩 스캔할 가능성은 없다. 늘 그렇듯이 종이에 써보면 문제를 이해하는 데 도움이 된다.

원하는 결과를 생성하는 가장 간단한 알고리듬은 열 기반이 아닌 행 단위로 테이블을 스캔하는 것이다. 저장소 구성은 열 기준이지만 테이블을 줄 단위로 스캔하는 경향이 있다. 사람이 종이로 실행할 때는 매우 간단한 작업이지만, 컴퓨터의 RAM에서 실행될 때는 동일한 작업이라도 비용이 많이 든다. 실제로 많은 랜덤 메모리 읽기가 필요하므로 순차적 스캔을 수행할 때보다 성능이 떨어진다.

논의한 대로 열 기반 저장소에는 일장일단이 있다. 열 기반 데이터베이스는 하나의 열에 매우 빠르게 접근할 수 있게 해준다. 그러나 많은 열을 대상으로 계산해야 할 때는 열 내용을 읽은 후 최종 표현식을 계산할 수 있도록 정보를 재구성하기 위해 약간의 시간이 필요하다. 이 예는 단순하지만 열 기반 저장소의 다음과 같은 가장 중요한 특성을 이해하는 데 도움이 된다.

- 단일 열 액세스는 매우 빠르다. 차례대로 하나의 메모리 블록을 읽고 그 메모리 블록에 대해 필요한 모든 집계를 계산한다.
- 식에서 많은 열을 사용할 때는 엔진이 다른 시간에 다른 메모리 영역에 접근하고 임시 영역에서 진행 상황을 추적해야 하므로 알고리듬이 더 복잡하다.
- 표현식 계산에 열이 많이 필요할수록 결과 도출이 어려워진다. 특정 시점에 열 저장소에서 행 저장소를 재구성해 식을 계산하기가 더 쉬워진다.

열 저장소는 읽기 시간을 줄이는 것을 목표로 한다. 그러나 동일한 테이블에서 많은 열을 사용하면 데이터를 재정렬하는 데 더 많은 CPU 사이클을 사용한다. 반면에 행 저장소에는 데이터를 스캔하는 순차적 알고리듬이 있지만 쓸모없는 데이터를 많이 읽는다. 최신 컴퓨터에서는 I/O (또는 메모리 액세스) 시간을 줄이는 것보다 CPU 속도를 높이기가 항상 쉽고 저렴하기에 일반적으로 CPU 사용을 늘려 읽기를 줄이는 것이 좋다.

또한, 다음 절에서 볼 수 있듯이 열 기반 데이터베이스에는 데이터 검색에 드는 시간을 줄일 수 있는 더 많은 옵션이 있다. VertiPaq가 사용하는 가장 중요한 기술은 압축이다.

VertiPaq 압축 이해

앞에서 VertiPaq는 각 열을 별도의 데이터 구조에 저장한다고 설명했다. 엔진은 이 간단한 사실에 기반해 이 절에서 설명하는 매우 중요한 압축 및 인코딩을 구현할 수 있다.

노트 VertiPaq의 압축 알고리듬의 실제 세부 사항은 특허로 보호받고 있다. 따라서 세부 사항을 책으로 출판할 수는 없다. 하지만 17장에서 설명하는 것은 이미 엔진에서 일어나는 일에 대한 좋은 근사치로서 VertiPaq 엔진이 데이터를 저장하는 방법을 설명하는 데 사용할 수 있다.

VertiPaq 압축 알고리듬은 데이터 모델의 메모리 공간을 줄이는 것을 목표로 한다. 메모리 사용량을 줄이는 것은 다음과 같은 두 가지 이유로 매우 중요한 작업이다.

- 모델이 작을수록 하드웨어를 더 잘 사용한다. 동일한 모델을 압축해 256GB로 호스팅할 수 있는데 왜 1TB의 RAM에 비용을 써야 하나? 가능하다면 램을 절약하는 것은 항상 좋은 선택이다.
- 모델이 작을수록 스캔 속도가 더 빠르다. 이 규칙은 간단하지만 성능과 밀접한 관련이 있다. 열이 압축되면 엔진은 적은 양의 RAM을 스캔해 내용을 읽게 되므로 성능이 향상된다.

값 인코딩 이해

값 인코딩은 VertiPaq가 열의 메모리 비용을 줄이기 위해 사용할 수 있는 첫 번째 종류의 인코딩이다. 정숫값으로 저장된 제품의 가격이 있는 열을 떠올려 보자. 열에는 많은 값이 있으며 모든 값을 나타내려면 정의된 비트 수가 필요하다.

그림 17-4 예제에서 `Unit Price`의 최댓값은 216이다. 각 정숫값을 해당 숫자까지 저장하려면 최소 8비트가 필요하다. 하지만 간단한 수학적 연산을 사용해 저장 공간을 5비트로 줄일 수 있다.

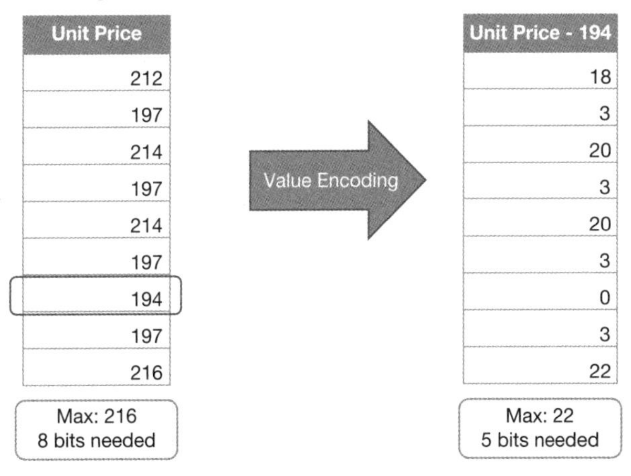

그림 17-4 간단한 수학적 연산을 사용해 VertiPaq는 열에 필요한 비트 수를 줄인다.

예제에서 VertiPaq는 열의 모든 값에서 최솟값(194)을 빼면 열에 있는 값의 범위를 수정해 0에서 22까지의 범위로 줄일 수 있다는 것을 알아냈다. 22까지 숫자를 저장하는 것은 216까지 숫자를 저장하는 것보다 더 적은 비트를 사용한다. 3비트는 보잘것없는 절약처럼 보일 수 있지만, 이를 몇십억 행으로 곱하면 그 차이가 중요할 수 있음을 쉽게 알 수 있다.

VertiPaq 엔진은 훨씬 더 정교하다. 엔진은 열의 값 사이의 수학적 관계를 발견할 수 있고, 수학적 관계를 발견하면 이를 사용해 저장소를 수정할 수 있다. 이렇게 하면 메모리 사용 공간을 줄일 수 있다. 열을 사용할 때 원래의 값을 구하기 위해서는 반대 방향으로 변환을 다시 적용해야 한다. 이 과정은 변환에 따라 값을 집계하기 전이나 후에 발생할 수 있다. 다시 말하지만 이 과정은 CPU 사용량을 증가시키고 읽기 수를 감소시키는 매우 좋은 옵션이다.

값 인코딩은 문자열이나 부동 소수점 값에 적용할 수 없으므로 정수 열에 대해서만 수행된다. VertiPaq는 DAX의 통화 데이터 유형(고정 소수점이라고도 함)을 정숫값으로 저장한다. 따라서 통화도 값 인코딩이 가능하지만 부동 소수점 수에 대해서는 할 수 없다.

해시 인코딩 이해

해시 인코딩Hash encoding(사전 인코딩이라고도 함)은 VertiPaq가 열을 저장할 때 필요한 비트 수를 줄이기 위해 사용하는 또 다른 기술이다. 해시 인코딩은 열의 고유한 값 사전을 만든 다음 열값을 사전의 인덱스로 대체한다. 그림 17-5에서는 문자열을 사용해 값 인코딩이 불가능한 `Color` 열의 저장 공간을 볼 수 있다.

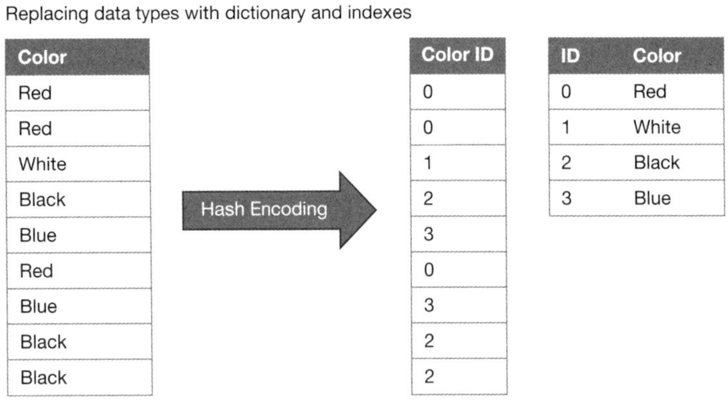

Replacing data types with dictionary and indexes

Color
Red
Red
White
Black
Blue
Red
Blue
Black
Black

Hash Encoding →

Color ID
0
0
1
2
3
0
3
2
2

ID	Color
0	Red
1	White
2	Black
3	Blue

그림 17-5 해시 인코딩은 사전을 만들고 값을 인덱스로 대체하는 것으로 구성된다.

VertiPaq가 해시 인코딩으로 열을 인코딩할 때

- 열의 고유한 값이 포함된 사전을 작성한다.
- 값을 사전의 정수 숫자로 대체한다.

해시 인코딩을 사용하면 다음과 같은 몇 가지 장점이 있다.

- 모든 열에는 정숫값만 포함되므로 엔진의 내부 코드를 더 쉽게 최적화할 수 있다. 게다가 그것은 VertiPaq가 데이터 유형으로부터 자유롭다는 것을 의미하기도 한다.
- 단일 값을 저장하는 데 사용되는 비트 수는 인덱스 항목을 저장하는 데 필요한 최소 비트 수다. 제공된 예제에서 4개의 다른 값만 있어 2비트로 충분하다.

이 두 가지 측면이 VertiPaq에서 가장 중요하다. 열이 값을 나타내기 위해 문자열, 64비트 정수 또는 부동점을 사용해도 상관없다. 이러한 모든 데이터 유형은 해시 인코딩이 가능하며, 검색 속도 및 저장 공간 측면에서 동일한 성능을 발휘한다. 유일한 차이점은 사전의 크기일 수 있는데, 이것은 원래 열 자체의 크기와 비교했을 때 일반적으로 매우 작다.

열 크기를 결정하는 기본 요인은 데이터 유형이 아니다. 열에 고유한 값이 얼마나 있느냐다. 열에서 고유한 값의 수를 카디널리티라고 부른다. 중요한 개념을 반복하는 것은 항상 좋은 일이다. 데이터 모델을 설계할 때 개별 열의 다양한 측면 중에서 가장 중요한 것은 카디널리티다.

카디널리티가 낮을수록 단일 값을 저장하는 데 필요한 비트 수가 작아진다. 결과적으로 열의 메모리 사용량이 줄어든다. 열이 더 작으면 동일한 양의 RAM에 더 많은 데이터를 저장할 수 있을 뿐만 아니라 엔진이 DAX 식에서 값을 집계해야 할 때 훨씬 빠르게 스캔할 수 있다.

RLE(실행 길이 인코딩) 이해

해시 인코딩과 값 인코딩은 매우 우수한 압축 기술이다. 하지만 VertiPaq에서 사용하는 또 다른 보완 압축 기술로 RLE[Run Length Encoding]가 있다. 이 기술은 반복되는 값을 피해 데이터 집합의 크기를 줄이는 것을 목표로 한다. `Sales` 테이블에 저장된 판매 분기 열을 떠올려 보자. 이 열에는 같은 분기의 모든 판매에 대해 여러 번 반복되는 'Q1' 문자열이 포함될 수 있다. 이때 VertiPaq는 반복되는 값을 저장하지 않는다. 연속된 행의 값이 같을 때 동일한 값을 한 번만 포함하는 약간 더 복잡한 구조로 바꾼다. 이는 그림 17-6에 나타나 있다.

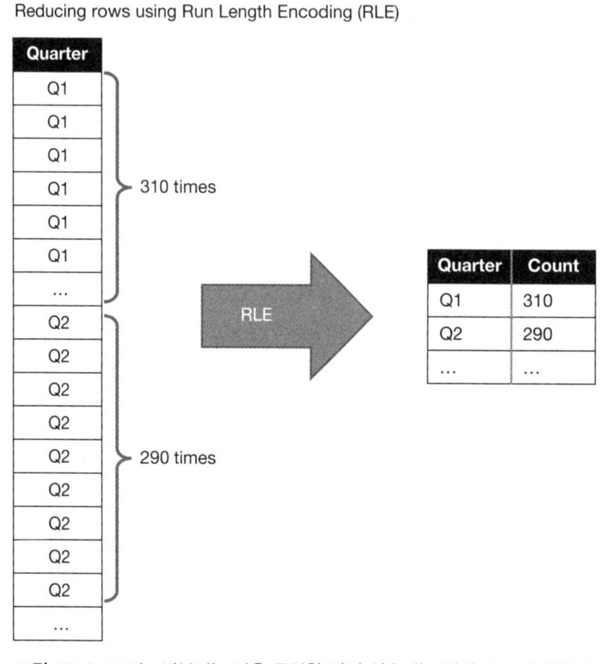

그림 17-6 RLE는 반복되는 값을 동일한 값이 연속되는 행의 수로 대체한다.

RLE의 효율성은 열의 반복 패턴에 따라 크게 달라진다. 일부 열은 여러 행에 대해 동일한 값을 반복해 압축비가 크게 발생한다. 값이 자주 변하는 열의 압축비는 낮다. 데이터 정렬은 RLE의 압축 비율을 개선하는 데 중요하다. 따라서 최적의 정렬 순서를 찾는 것은 VertiPaq가 수행하는 데이터 새로고침에서 중요한 단계다.

마지막으로, 내용이 너무 자주 변경돼 VertiPaq가 RLE를 사용해 압축하려고 하면 압축된 열은 원래 열보다 더 많은 공간을 쓰게 될 수 있다. 이것의 좋은 예가 테이블의 주요 키(Key)다. 행마다 값이 달라서 자체보다 RLE 버전이 더 크다. 이때 VertiPaq는 RLE 압축을 건너뛰고 열을 있는 그대로 저장한다. 따라서 열의 VertiPaq 저장 장치는 원래 열 크기를 초과하지 않는다. 최악의 경우 둘 다 같은 크기일 것이다.

예제에서는 문자열이 들어 있는 `Quarter` 열에서 작동하는 RLE를 보여줬다. RLE는 또한 이미 열의 해시 인코딩된 버전을 처리할 수 있다. 각 열은 RLE와 해시 또는 값 인코딩을 둘 다 가질 수 있다. 따라서 해시 인코딩으로 압축된 열에 대한 VertiPaq 저장소는 사전과 데이터 행의 두 개의 개별 엔티티로 구성된다. 그림 17-7에 표시된 것처럼 후자는 원래 열의 해시 인코딩 버전을 다시 RLE 인코딩한 결과물이다.

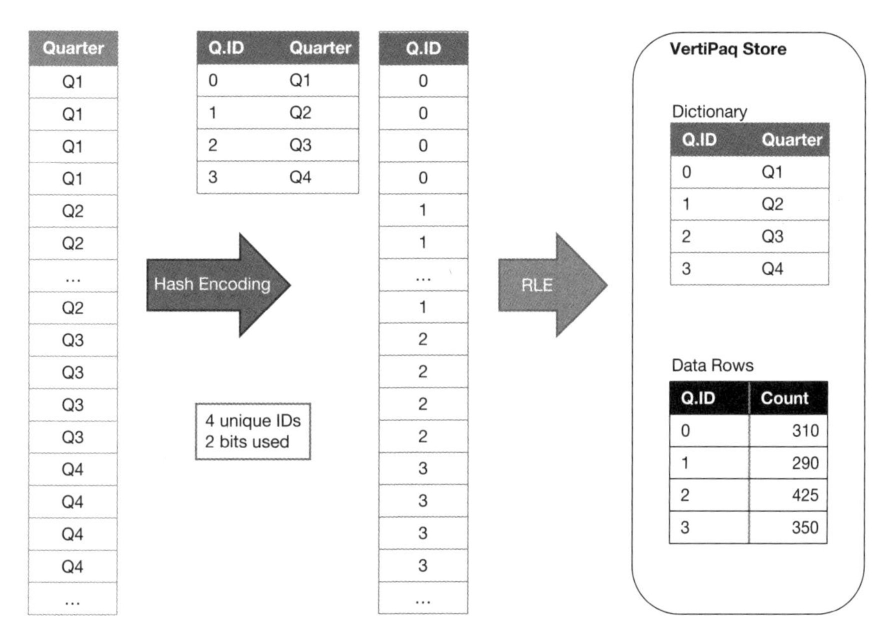

그림 17-7 RLE는 열을 해시 인코딩한 버전에 적용된다.

VertiPaq는 값 인코딩된 열에도 RLE를 적용한다. 이때는 열에 이미 값 인코딩된 정수가 포함돼 있어서 사전은 생략된다.

테이블 형식 모델의 압축비에 영향을 미치는 요인을 중요도 순으로 살펴보면 다음과 같다.

1. 값을 저장하는 데 사용되는 비트 수를 정의하는 열의 카디널리티
2. 반복 횟수. 즉, 열에 있는 데이터의 분포. 반복 값이 많은 열은 값이 자주 바뀌는 열보다 더 많이 압축된다.
3. 테이블에 있는 행의 수
4. 사전의 크기에만 영향을 미치는 열의 데이터 유형

위 모든 사항을 고려할 때 테이블의 압축비를 예측하는 것은 거의 불가능하다. 또한, 개발자는 테이블의 특정 요소를 완전히 통제할 수 있지만(행 수를 제한하고 데이터 유형을 변경할 수 있음) 이러한 요소는 별로 중요하지 않다. 18장에서 배우겠지만 카디널리티와 반복은 중요한 요소로, 모델의 압축 및 성능을 향상시킨다.

마지막으로, 열의 카디널리티를 줄이면 반복의 가능성이 커진다. 예를 들어 시간 열이 초 단위로 저장된 경우 열에는 최대 86,400개의 고유한 값이 포함된다. 반면에 개발자가 동일한 시간 열을 시간 단위의 세분화 수준으로 저장하면 카디널리티를 줄일 뿐만 아니라 반복 값도 생긴다. 실제로 3,600초가 같은 시간으로 바뀐다. 이 모든 것이 훨씬 더 좋은 압축비를 낳는다. 반면에 데이터 유형을 **날짜/시간**에서 **정수** 또는 **문자열**로 변경하면 열 크기에 거의 영향을 미치지 않는다.

재인코딩 이해

SSAS는 각 열을 인코딩하는 데 사용할 알고리듬을 결정해야 한다. 구체적으로는 값 인코딩을 사용할지, 사전 인코딩을 사용할지를 결정할 필요가 있다. 교육받은 대로 결정을 내리기 위해 원본을 처음 스캔할 때 행 샘플을 읽고 발견된 값에 따라 압축 알고리듬을 선택한다.

열의 데이터 유형이 정수가 아닐 때 선택은 간단하다. SSAS는 사전 인코딩을 선택한다. 값이 정수라면 다음과 같은 몇 가지 휴리스틱을 사용한다.

- 칼럼의 숫자가 차례대로 증가하면 1차 키[key]일 가능성이 커 값 인코딩이 최고의 선택이다.
- 모든 숫자가 정의된 값 범위에 포함되는 경우 값 인코딩을 선택한다.
- 숫자의 범위가 매우 넓고 서로 매우 다르다면 사전 인코딩이 최고의 선택이다.

결정이 내려지면 SSAS는 선택한 알고리듬을 사용해 열을 압축하기 시작한다. 불행하게도 때로는 잘못된 결정을 내리고 매우 늦게 알아챌 수 있다. 예를 들어 SSAS가 값이 100-201 범위에 있는 몇백만 행을 읽는다면 값 인코딩이 최고의 선택이다. 수백만 줄 뒤에 갑자기 60,000,000과 같이 큰 특이치가 나타날 수 있다. 분명히 그렇게 큰 숫자를 저장하는 데 필요한 비트 수는 훨씬 더 크기 때문에 초기 선택은 잘못됐다. 그렇다면 SSAS는 어떻게 해야 할까? SSAS는 잘못된 선택을 계속하지 않고 열을 다시 인코딩하기로 결정할 수 있다. 사전 인코딩으로 전체 열을 다시 인코딩한다는 뜻이다. SSAS는 전체 열을 재처리해야 하므로 이 프로세스는 시간이 오래 걸릴 수 있다.

처리 시간이 중요한 매우 큰 데이터 집합에서 가장 좋은 방법은 다음과 같다. SSAS가 읽는 첫 번째 행 집합의 데이터 분포가 모든 유형의 값이 표현될 수 있는 품질이어야 한다. 이를 통해 재인코딩을 최소한으로 줄일 수 있다. 개발자는 처리된 첫 번째 파티션에서 품질이 높은 샘플을 제공하거나 열에 인코딩 힌트 매개변수를 제공해 이를 수행할 수 있다.

노트 인코딩 힌트 속성은 SSAS 2017에 도입됐으며 모든 제품에서 사용할 수는 없다.

최상의 정렬 순서 찾기

앞에서 말했듯이 RLE의 효율성은 테이블의 정렬 순서에 따라 크게 좌우된다. 동일한 테이블의 모든 열은 테이블 수준에서 데이터의 무결성을 유지하기 위해 동일한 방식으로 정렬된다. 대형 테이블에서는 RLE의 효율성을 향상시키고 모델의 메모리 공간을 줄이기 위해 최적의 데이터 정렬을 결정하는 것이 중요하다.

SSAS는 테이블을 읽을 때 압축을 개선하기 위해 다른 정렬 순서를 시도한다. 열이 많은 테이블에서는 비용이 많이 드는 작업이다. 그리고 SSAS는 최적의 정렬 순서를 찾는 데 소요되는 시간의 상한값을 설정한다. 기본값은 엔진의 버전에 따라 다를 수 있다. 2019년 출간일 현재, 기본값은 백만 행당 10초다. SSAS 서비스의 구성 파일에 있는 `ProcessingTimeboxSecPerMRow` 항목의 값을 수정할 수 있다. 파워 BI 및 파워 피봇에서는 액세스할 수 없다.

노트 SSAS는 수신하는 행의 물리적 순서를 확실히 고려하는 휴리스틱 알고리듬을 사용해 데이터에서 최상의 정렬 순서를 검색한다. 이 때문에 VertiPaq에서 RLE에 사용하는 정렬 순서를 강제할 수는 없지만 임의로 정렬된 데이터를 엔진에 제공할 수 있다. VertiPaq 엔진은 고려할 옵션에 이 정렬 순서를 포함한다.

압축을 극대화하기 위해 `ProcessingTimeboxSecPerMRow` 값을 0으로 설정할 수 있는데, 이는 SSAS가 최적의 압축 계수를 찾아야 검색을 중지한다는 것을 의미한다. 공간 사용과 쿼리 속도 측면에서 장점은 다양할 수 있다. 반면에 엔진이 선택하기 전에 가능한 모든 정렬 방식을 시도하게 하므로 처리 시간이 훨씬 오래 걸릴 수 있다.

일반적으로 개발자는 고유한 값의 수가 가장 적은 열을 정렬 순서에 먼저 배치해야 한다. 고유한 값이 적은 열이 반복 값을 많이 생성할 가능성이 크기 때문이다. 그래도 최상의 정렬 순서를 찾는 것은 복잡한 작업이다. 데이터 모델이 정말로 클 때(수십억 행 순서로) 여기에 시간을 들이는 것은 합리적이다. 그렇지 않으면 이러한 극단적인 최적화에서 얻는 이익이 크지 않다.

모든 열이 압축되면 SSAS는 계산된 열, 테이블, 계층, 관계를 작성해 처리를 완료한다. 계층 구조와 관계는 VertiPaq가 쿼리를 실행하는 데 필요한 추가 데이터 구조인 반면, 계산된 열과 테이블은 DAX 식을 사용해 모델에 추가된다. 계산된 열은 다른 모든 열과 마찬가지로 계산된 후에 압축된다. 그러나 계산된 열은 표준 열과 같지 않다.

계산된 열은 다른 모든 열과 마찬가지로 계산된 후에 압축된다. 그러나 계산된 열은 표준 열과는 다르다. 계산된 열은 다른 모든 열이 이미 압축을 마쳤을 때 최종 처리 단계에서 압축된다. 따라서 VertiPaq는 테이블에 대한 최상의 정렬 순서를 선택할 때 계산된 열을 고려하지 않는다.

계산된 열로 부울값을 만든다고 가정하자. 두 개 값만 있기에 계산된 열을 매우 잘 압축할 수 있으며(1비트는 부울값을 저장하기에 충분함) 정렬 순서 목록에서 첫 번째 후보가 될 수 있다. 실제로 이렇게 하면 테이블에는 모든 `True` 값이 먼저 표시되고 나중에 `False` 값이 표시된다. 하지만 계산된 열이기 때문에 정렬 순서는 이미 다른 열에 의해 정의된다. 정의된 정렬 순서를 사용하면 계산된 열은 값을 자주 변경해야 한다. 이때 열은 최적 압축보다 낮아지게 된다.

DAX 또는 데이터 원본(파워 쿼리 포함)에서 열을 계산할 기회가 있을 때마다 데이터 원본에서 열을 계산하면 압축이 약간 개선된다. 많은 다른 이유로 열을 계산하기 위해 파워 쿼리나 SQL 대신 DAX를 선택할 수 있다. 예를 들어 엔진은 작은 테이블의 일부 또는 전체 새로고침이 있을 때마다 작은 테이블의 열에 따라 큰 테이블의 계산된 열을 자동으로 계산한다. 이는 전체 대형 테이블을 다시 처리하지 않고 이뤄지며, 계산이 파워 쿼리나 SQL에서 이뤄질 때에 필요하다. 최적의 압축을 찾을 때 이를 고려해야 한다.

노트 계산된 테이블은 계산된 열에 관해 설명된 부작용 없이 일반 테이블과 동일하게 압축된다. 그러나 계산된 테이블을 만들 때 비용이 많이 든다. 실제로 계산된 테이블은 압축되기 전에 전체 압축되지 않은 테이블의 복사본을 메모리에 보관하기에 충분한 수준의 메모리가 필요하다. 새로고침 시 생성되는 메모리 압박 때문에 큰 계산 테이블을 만들기 전에 신중하게 생각해야 한다.

계층 및 관계 이해

앞 절에서 언급한 대로, 테이블 처리가 끝날 때 SSAS는 계층 구조와 관계라는 두 가지 데이터 구조를 추가로 구축한다.

계층에는 속성 계층과 사용자 계층의 두 가지 유형이 있다. 계층 구조는 주로 MDX 쿼리의 성능을 향상시키고 DAX의 특정 검색 작업을 개선하기 위해 사용되는 데이터 구조다. 계층 개념은 DAX 언어에 존재하지 않으므로 이 책의 주제와 관련이 없다.

하지만 관계는 VertiPaq 엔진에서 중요한 역할을 한다. 이러한 관계가 극단적인 최적화를 위해 어떻게 작동하는지 이해하는 것이 중요하다. 18장에서는 쿼리에서의 관계의 역할에 관해 다룬다. 여기서는 VertiPaq 저장소 및 동작 측면에서 관계가 무엇인지 정의하는 데 관심이 있다.

관계는 한 테이블에서 다른 테이블의 행 번호로 ID를 매핑하는 데이터 구조다. 예를 들어 `Sales`의 `ProductKey` 및 `Product`의 `ProductKey` 열을 살펴보자. 두 열은 두 테이블 사이의 관계를 형성하는 데 사용된다. `Product[ProductKey]`는 기본 키다. 그렇기에 엔진은 값 인코딩을 사용했고 압축은 전혀 하지 않았다. 실제로 RLE는 중복된 값이 없을 때 열의 크기를 줄일 수 없다. 반면에 `Sales[ProductKey]`는 사전 인코딩으로 압축됐을 가능성이 크다. 아마도 많은 반복이 포함됐기 때문이다. 따라서 열 이름과 데이터 유형은 같지만 내부 데이터 구조는 완전히 다르다.

또한 열들이 관계의 일부이므로 VertiPaq은 쿼리에서 Sales를 필터링할 것을 기대하면서 Product에 필터를 배치할 때 관련 열들이 자주 사용된다는 것을 알고 있다. 필터를 Product에서 Sales로 이동해야 할 때마다 Product[ProductKey]에서 값을 검색하고 Sales[ProductKey] 사전에서 값을 검색한 뒤 마지막으로 Sales[ProductKey]의 ID를 검색해 필터를 배치해야 한다면 VertiPaq의 속도가 매우 느릴 수 있다.

따라서 쿼리 성능을 개선하기 위해 VertiPaq는 관계를 ID와 행 번호의 쌍으로 저장한다. Sales[ProductKey]의 ID를 보면 관계와 일치하는 Product의 행을 즉시 찾을 수 있다. 관계는 VertiPaq의 다른 데이터 구조처럼 메모리에 저장된다. 그림 17-8은 VertiPaq에 Sales와 Product의 관계가 어떻게 저장되는지를 보여준다.

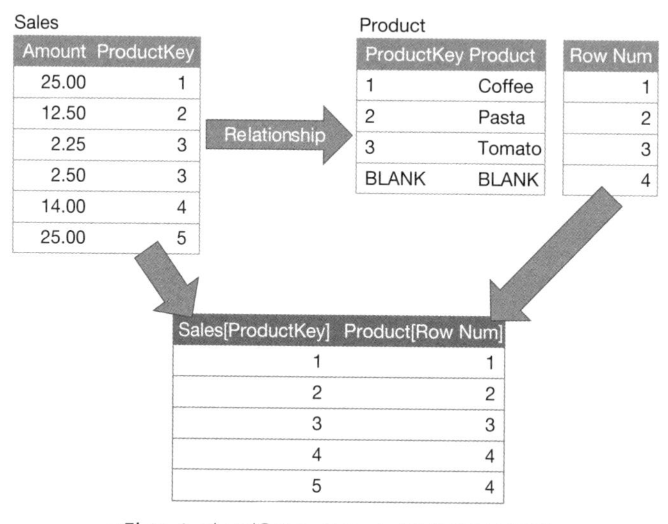

그림 17-8 이 그림은 Sales와 Product의 관계를 보여준다.

구조가 매우 직관적으로 보이지는 않지만 17장 뒷부분에서 VertiPaq가 어떻게 관계를 사용하는지 그리고 왜 관계가 매우 구체적인 구조를 가졌는지를 설명한다. 성능에 최적화된 복잡한 구조인 것은 당연하다.

세그멘테이션 및 파티셔닝 이해

수십억 행의 테이블을 한 번에 압축하는 것은 메모리 소모가 많고 시간이 오래 걸린다. 따라서 테이블은 단일 단위로 처리되지 않는다. 대신 SSAS는 처리 중에 테이블을 기본적으로 각각 800만 행을 포함하는 세그먼트로 분할한다. 한 세그먼트를 완전히 읽은 다음에 엔진은 다음 세그먼트를 읽으면서 이미 읽은 세그먼트를 압축하기 시작한다.

서비스의 구성 파일(또는 Management Studio의 서버 속성)에서 `DefaultSegmentRowCount` 항목을 사용해 SSAS의 세그먼트 크기를 구성할 수 있다. 파워 BI 데스크톱 및 파워 피봇에서 세그먼트 크기는 100만 행으로 설정돼 있으며 변경할 수 없다.

쿼리 병렬 처리 및 압축 효율화를 포함한 몇 가지 이유로 세그멘테이션은 중요하다. 테이블을 쿼리할 때 VertiPaq는 세그먼트를 병렬 처리의 기준으로 사용한다. 열을 스캔할 때 세그먼트당 하나의 코어를 사용한다. 기본적으로 SSAS는 항상 하나의 스레드를 사용해 800만 행 이하의 테이블을 스캔한다. 훨씬 더 큰 테이블에서만 작동하는 병렬 처리를 살펴보자.

세그먼트가 클수록 압축률이 우수하다. VertiPaq는 단일 압축 단계에서 더 많은 행을 분석할 수 있는 옵션을 갖고 있어 더 나은 압축 수준을 달성할 수 있다. 매우 큰 테이블에서는 다양한 세그먼트 크기를 테스트하고 메모리 사용량을 측정해 최적의 압축을 달성하는 것이 중요하다. 세그먼트 크기를 늘리면 처리 시간에 부정적인 영향을 미칠 수 있다. 세그먼트가 클수록 처리 속도가 느려지기 때문이다.

사전은 테이블 전역에 작용하지만 비트 사이징은 세그먼트 수준에서 이뤄진다. 따라서 한 열에 1,000개의 고유한 값이 있지만 특정 세그먼트에서 두 개의 고유한 값만 사용되는 경우 해당 열의 해당 세그먼트는 단일 비트로 압축된다.

세그먼트가 작으면 쿼리 시간에 병렬 처리가 증가한다. 이것이 항상 좋은 것은 아니다. 더 많은 코어가 병렬로 이를 수행할 수 있기 때문에 열 검색이 더 빠른 것은 사실이지만, VertiPaq는 다른 스레드에서 계산한 부분 결과를 집계하기 위해 검색 종료 시 더 많은 시간이 필요하다. 파티션이 너무 작으면 작업 전환 및 최종 집계 관리에 필요한 시간이 데이터를 검색하는 데 필요한 시간보다 많아져 전체 쿼리 성능에 부정적인 영향을 주게 된다.

처리하는 동안 테이블에 파티션이 하나만 있을 때는 첫 번째 세그먼트의 처리가 특히 중요하다. 실제로 첫 번째 세그먼트는 DefaultSegmentRowCount보다 클 수 있다. VertiPaq는 DefaultSegmentRowCount의 두 배 크기를 읽고 테이블이 더 많은 행을 포함할 때만 테이블을 분할하기 시작한다. 이것은 분할된 테이블에는 적용되지 않는다. 테이블이 분할된 경우 모든 세그먼트가 기본 세그먼트 행 수보다 작다. 따라서 SSAS에서는 1,000만 행이 있는 분할되지 않은 테이블이 단일 세그먼트로 저장된다. 반면에 2천만 개의 행이 있는 테이블은 3개(8백만 행으로 구성된 2개 및 4백만 행으로 구성된 1개)의 세그먼트를 사용한다. 파워 BI 데스크톱 및 파워 피봇에서 VertiPaq는 200만 개 이상의 행이 있는 테이블에 대해 여러 세그먼트를 사용한다.

세그먼트는 파티션 크기를 초과할 수 없다. 모델의 파티셔닝 스키마가 100만 행의 파티션을 만든다면 모든 세그먼트는 800만 행보다 작을 것이다. 즉, 파티션 크기와 동일할 것이다. 테이블을 과도하게 분할하는 것은 초보자들이 성능을 최적화하기 위해 저지르는 흔한 실수다. 그들이 얻는 것은 정반대 효과다. 즉, 너무 많은 작은 파티션을 만들면 일반적으로 성능이 떨어진다.

동적 관리 보기 사용

SSAS는 동적 관리 보기DMV, Dynamic Management Views를 사용해 데이터 모델에 대한 모든 정보를 검색할 수 있다. DMV는 모델이 압축되는 방법, 다른 열과 테이블에서 사용하는 공간, 테이블의 세그먼트 수 또는 다른 세그먼트의 열에서 사용하는 비트 수를 탐색하는 데 매우 유용하다.

DMV는 SQL Server Management Studio 내부에서 실행할 수 있다. 하지만 DAX Studio를 사용할 것을 제안한다. DAX Studio는 DMV 목록을 기억하거나 DMV 이름을 찾기 위해 이 책을 다시 열 필요 없이 더 간단한 방법으로 모든 DMV 목록을 제공한다. 그러나 무료 VertiPaq Analyzer 도구(http://www.sqlbi.com/tools/vertipaq-analyzer/)로 DMV를 좀 더 효율적으로 사용할 수 있다. 해당 도구는 DMV의 데이터를 표시해 그림 17-9와 같은 유용한 보고서를 만든다.

Row Labels	Cardinality	Table Size	Columns Total Size	Data Size	Dictionary Size	Columns Hierai	Encoding
⊞ExchangeRate	773	63,144	63,064	6,224	45,520	11,320	Many
⊞Geography	674	155,624	141,736	2,640	127,736	11,360	Many
⊟Inventory	8,013,099	108,978,244	108,973,588	76,679,640	188,556	32,105,392	Many
Aging	7		15,780	14,312	1,372	96	HASH
CurrencyKey	1		1,476	64	1,348	64	HASH
Datekey	156		4,240,320	4,229,328	9,696	1,296	HASH
DaysInStock	115		7,126,300	7,122,512	2,828	960	HASH
ETLLoadID	1		1,476	64	1,348	64	HASH
InventoryKey	8,013,099		53,420,840	21,368,304	120	32,052,416	VALUE
LoadDate	1		1,416	64	1,288	64	HASH
MaxDayInStock	60		6,412,616	6,410,504	1,584	528	HASH
MinDayInStock	55		6,412,484	6,410,440	1,564	480	HASH

그림 17-9 VertiPaq Analyzer는 데이터 모델에 대한 통계를 효율적으로 보여준다.

DMV는 SQL 유사 구문을 사용하지만 전체 SQL 구문을 사용할 수는 없다. DMV는 SQL Server 내에서 실행되지 않는다. DMV는 SSAS의 상태를 발견하고 데이터 모델에 대한 정보를 수집하기 위한 편리한 방법일 뿐이다.

DMV에는 여러 가지가 있으며 크게 두 카테고리로 나뉜다.

- **스키마 보기**: 데이터베이스 이름, 테이블 및 개별 열과 같은 SSAS 메타데이터에 관한 정보를 반환한다. 행의 수와 열에 저장된 고윳값에 대한 통계 정보를 포함해 데이터 유형, 이름 및 유사한 데이터에 관한 정보를 수집하는 데 사용된다.
- **검색**Discover **보기**: SSAS 엔진에 관한 정보를 수집하거나 데이터베이스의 개체에 관한 통계 정보를 검색하기 위한 것이다. 예를 들어 검색 영역의 보기를 사용해 DAX 키워드, 현재 열려 있는 연결 및 세션 수 또는 실행 중인 트레이스를 열거할 수 있다.

이 책에서는 주제를 벗어나기 때문에 모든 보기의 세부 사항을 설명하지 않는다. 자세한 내용은 웹에서 Microsoft 설명서를 참고하길 바란다. 몇 가지 힌트를 제공하고 DAX에서 사용하는 데이터베이스와 관련된 가장 유용한 DMV를 언급하고자 한다. 또한 많은 DMV가 유용한 정보를 여러 열에서 보고하지만 이 책에서는 내부 구조와 관련된 가장 흥미로운 정보를 설명한다.

SSAS 인스턴스에서 모든 개체의 메모리 사용량을 검색하는 데 유용한 첫 번째 DMV는 `DISCOVER_OBJECT_MEMORY_USAGE`이다. 이는 SSAS 인스턴스의 모든 데이터베이스에 있는 모든 개체에 관한 정보를 반환한다. `DISCOVER_OBJECT_MEMORY_USAGE`는 현재 데이터베이스에 국한되지 않는다. 예를 들어 DAX Studio 또는 SQL Server Management Studio에서 다음 쿼리를 실행할 수 있다.

```
SELECT * FROM $SYSTEM.DISCOVER_OBJECT_MEMORY_USAGE
```

그림 17-10은 위 쿼리 결과의 일부를 발췌한 것이다. 더 많은 열과 행이 있으므로 자세한 정보를 분석하는 데 시간이 오래 걸릴 수 있다.

OBJECT_PARENT_PATH	OBJECT_ID	OBJECT_MEMORY_SHRINKABLE	OBJECT_MEMORY_NONSHRINKABLE	OBJECT_VER
GAP\AnalysisServicesWor...	H$DaxBook Sales...	0	0	
MessageManager	French (France)	0	37084	137967
Global	TMPersistenceSQ...	0	368	104775
	Global	0	6357634	
GAP\AnalysisServicesWor...	ID_TO_POS	0	0	

그림 17-10 DISCOVER_OBJECT_MEMORY_USAGE DMV의 일부 결과

DMV의 출력은 읽기 어려운 많은 행이 포함된 테이블이다. 출력 구조는 인스턴스 이름으로 시작하고 개별 열 정보로 끝나는 부모/자식 계층 구조다. 원시 데이터 집합을 거의 읽을 수 없지만, 이 쿼리 위에 파워 피봇 데이터 모델을 구축해 부모/자식 계층 구조를 구현하고 인스턴스의 전체 메모리 맵을 탐색할 수 있다. 캐스퍼 드 종Kasper De Jonge은 그의 블로그에 정확히 이 작업을 수행하는 통합 문서를 게시했다. 이 문서는 https://www.kasperonbi.com/what-is-using-all-that-memory-on-my-analysis-server-instance/에서 구할 수 있다.

테이블 형식 엔진의 현재 상태를 확인하는 데 유용한 다른 DMV는 `DISCOVER_SESSIONS`, `DISCOVER_CONNECTIONS` 및 `DISCOVER_COMMANDS`이다. 이는 활성 세션, 연결 및 실행된 명령에 대한 정보를 제공한다. 이러한 보기는 https://github.com/RichieBzzzt/SSASActivityMonitor/tree/master/Download에서 제공되는 SSAS Activity Monitor라는 오픈 소스 도구에서 사용되며 더욱 편리한 방식으로 동일한 정보(또는 그 이상)를 제공한다.

열과 테이블의 데이터 분포와 압축된 데이터에 필요한 메모리를 분석하는 DMV도 있다. `TMSCHEMA_COLUMN_STORAGES` 및 `DISCOVER_STORAGE_TABLE_COLUMNS`이다. 전자가 가장 최근의 것이며, 후자는 이전 버전의 엔진(호환성 수준 1103 이하)과 호환된다.

마지막으로 계산 의존성을 분석에 유용한 DMV는 DISCOVER_CALC_DEPENDENCY이다. 이는 계산된 열, 계산된 테이블 및 측정을 포함해 데이터 모델의 계산 사이의 의존성 그래프를 작성하는 데 사용할 수 있다. 그림 17-11은 이 DMV 결과의 일부를 보여준다.

OBJECT_TYPE	TABLE	OBJECT	EXPRESSION	REFERENCED_OBJECT_TYPE	REFERENCED_TABLE	REFERENCED_OBJECT
MEASURE	Sales	Sales Amo...	SUMX (Sales, Sales[Quantity] * Sales[Net Price])	COLUMN	Sales	Quantity
MEASURE	Sales	Sales Amo...	SUMX (Sales, Sales[Quantity] * Sales[Net Price])	COLUMN	Sales	Net Price
MEASURE	Sales	Total Cost	SUMX (Sales, Sales[Quantity] * Sales[Unit Cost])	TABLE	Sales	Sales
MEASURE	Sales	Total Cost	SUMX (Sales, Sales[Quantity] * Sales[Unit Cost])	COLUMN	Sales	Quantity
MEASURE	Sales	Total Cost	SUMX (Sales, Sales[Quantity] * Sales[Unit Cost])	COLUMN	Sales	Unit Cost

그림 17-11 DISCOVER_CALC_DEPENDENCY DMV의 일부 결과

VertiPaq의 관계 사용 이해

DAX 쿼리가 VertiPaq 저장 엔진에 요청을 생성할 때 데이터 모델에 관계가 존재하면 한 테이블에서 다른 테이블로 필터 컨텍스트를 더 빨리 전송할 수 있다. 대부분 계산이 저장 엔진에서 이뤄지지만 관계가 쿼리 성능에 영향을 미칠 수 있으므로 VertiPaq에서 관계를 내부적으로 어떻게 구현하는지 알 필요가 있다.

관계의 작동 방식을 이해하기 위해 다음과 같이 Sales 테이블 하나만 포함하는 쿼리를 분석해 보자.

```
EVALUATE
ROW (
  "Result", CALCULATE (
    COUNTROWS ( Sales ),
    Sales[Quantity] > 1
  )
)

-- 결과
-- 20016
```

관계형 데이터베이스의 테이블 작업에 익숙한 개발자라면 엔진이 Sales 테이블을 반복하고, Sales 테이블 각 행의 Quantity 열의 값을 테스트해 값이 1보다 큰 경우 반환된 값을 더할 것으로 생각할 수 있다. 실제는 VertiPaq가 더 잘 수행한다. VertiPaq는 이미 전체

테이블의 행 수를 제공하기 때문에 Quantity 열만 스캔하면 된다. 따라서 열 스캔 한 번만으로 전체 쿼리를 해결할 수 있다.

다른 테이블의 열을 필터로 사용해 유사한 쿼리를 작성하는 경우, 단일 열을 스캔하는 것만으로는 결과를 생성할 수 없다. 예를 들어 Sales 테이블에서 브랜드가 Contoso인 행의 수를 계산하는 다음 쿼리를 살펴보자.

```
EVALUATE
ROW (
  "Result", CALCULATE (
    COUNTROWS ( Sales ),
    'Product'[Brand] = "Contoso"
  )
)

-- 결과
-- 37984
```

이번에는 Sales 및 Product 두 테이블을 사용한다. 이 쿼리를 해결하려면 좀 더 큰 노력이 필요하다. 실제로 필터는 Product에 있고 집계할 테이블은 Sales에 있으므로 단일 열을 스캔할 수 없다.

열 기반 데이터베이스에 익숙지 않을 때 쿼리를 해결하려면 엔진은 Sales 테이블을 반복하고, Product와의 관계를 따라서 제품 브랜드가 콘토소라면 합계 1을, 그렇지 않으면 0을 계산해야 한다고 생각할 수 있다. 이 알고리듬을 구현하면 다음 DAX 코드와 같다.

```
EVALUATE
ROW (
  "Result", SUMX (
    Sales,
    IF ( RELATED ( 'Product'[Brand]) = "Contoso", 1, 0 )
  )
)

-- Result
-- 37984
```

이것은 단순한 알고리듬이지만 예상보다 복잡성이 훨씬 크다. 실제로 VertiPaq의 열 기반 특성에 대해 신중하게 생각해보면 이 쿼리가 다음과 같은 세 열을 포함하고 있다는 것을 알 수 있다.

- Product 테이블을 필터링하는 데 사용되는 Product[Brand]
- Product와 Sales의 관계에 사용되는 Product[ProductKey]
- 관계의 Sales 쪽에서 사용하는 Sales[ProductKey]

Sales[ProductKey]를 반복하고 Product[ProductKey]를 스캐닝해 Product 테이블에서 행 번호를 검색한 다음, 최종적으로 Product[Brand]에서 브랜드를 수집하는 데는 비용이 많이 든다. 이 과정은 기억하기 위해 무작위 읽기를 많이 해야 하는데, 이는 성능에 부정적인 결과를 초래한다. 따라서 VertiPaq는 열 기반 데이터베이스에 최적화된 완전히 다른 알고리듬을 사용한다.

먼저, VertiPaq는 Product[Brand] 열을 스캔하고 Product[Brand]가 Contoso인 Product 테이블의 행 번호(ID)를 검색한다. 그림 17-12와 같이 VertiPaq는 브랜드 사전을 스캔하고(1), Contoso를 검색한 다음, 마지막으로 제품 테이블에서 사전 ID가 0(Contoso에 해당)인 행 번호를 찾기 위해 세그먼트를 검색해(2) 행 번호를 반환한다(3).

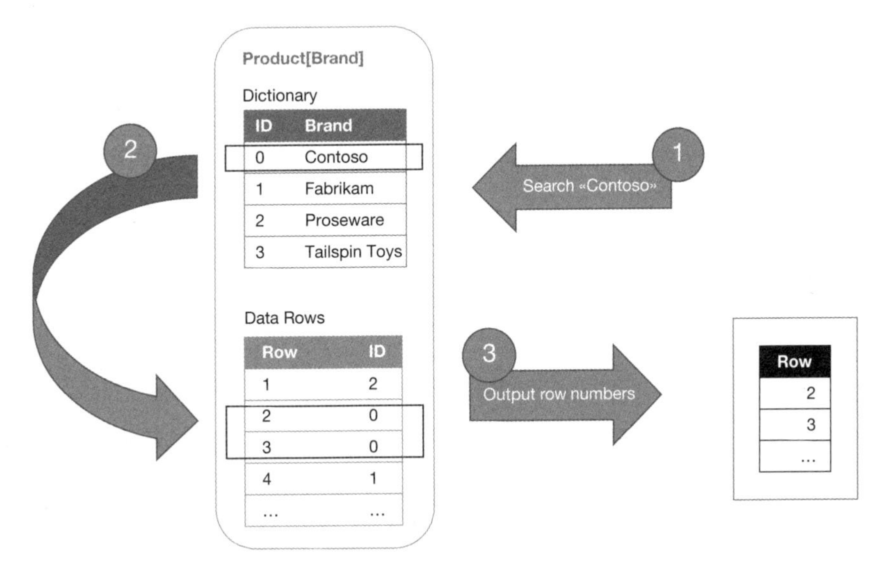

그림 17-12 브랜드 스캔의 결과물은 브랜드가 Contoso인 행 목록이다.

이때 VertiPaq는 Product 테이블의 어느 행에 해당 브랜드가 있는지 알고 있다. VertiPaq은 Product와 Sales의 관계를 통해 Sales[ProductKey]에 대한 내부 데이터 ID로 Product의 행 번호를 변환할 수 있다. VertiPaq는 그림 17-13과 같이 선택한 행 번호를 조회해 해당 행에 유효한 Sales[ProductKey] 값을 결정한다.

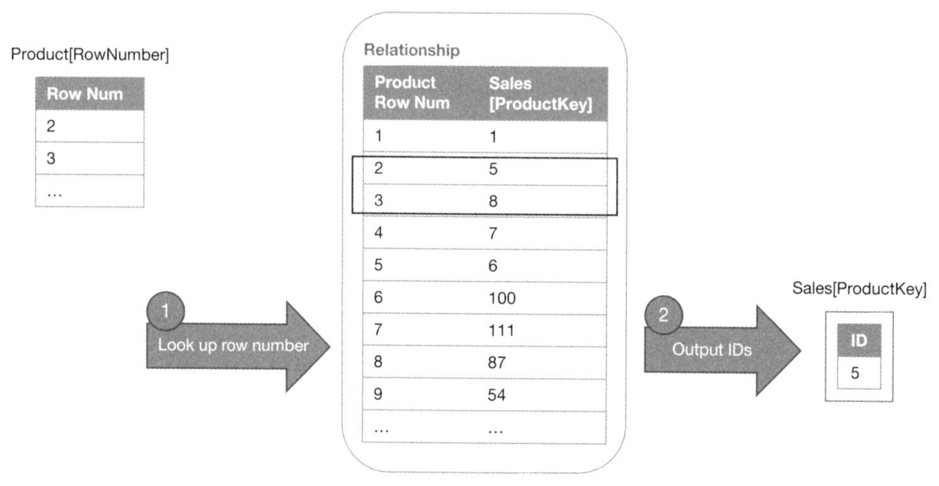

그림 17-13 VertiPaq은 관계에서 Product 키를 스캔해 브랜드가 Contoso인 ID를 검색한다.

마지막 단계는 Sales 테이블에 필터를 적용하는 것이다. VertiPaq는 이미 Sales[ProductKey]의 값 목록을 갖고 있으므로, Sales[ProductKey] 열을 스캔해 이 값 목록을 행 번호로 변환한 후 최종적으로 카운트하면 충분하다. 만일 VertiPaq가 COUNTROWS를 계산하는 대신에 열의 SUM을 수행해야 한다면 마지막 단계를 수행하기 위해 행 번호를 열값으로 변환하는 추가 단계를 수행할 것이다.

중요한 내용은 관계를 정의하는 열의 카디널리티에 따라 관계의 비용이 달라진다는 것이다. 이전 쿼리에서 한 개의 브랜드만 필터링했음에도 불구하고, 브랜드의 제품 수만큼의 관계 비용이 들었다. 관계의 카디널리티는 낮을수록 좋다. 관계의 카디널리티가 100만 이상의 고유한 값을 초과할 때 최종 사용자는 더 느린 성능을 경험할 수 있다. 성능 저하는 관계가 10만 개의 고유한 값을 가질 때 이미 측정할 수 있다. VertiPaq 집계는 다른 세분화 수준에서 데이터를 사전 집계해 높은 카디널리티 관계의 영향을 완화해 쿼리 시 값비싼 관계를 통과하는 비용을 없앨 수 있다. 이 장의 뒷부분에서 집계에 관해 간략하게 논한다.

구체화 소개

VertiPaq에서 데이터를 메모리에 저장하는 방법에 관한 기본적인 내용을 다뤘다. 이제 구체화에 관해 설명할 수 있다. 구체화materialization는 열 기반 데이터베이스를 사용할 때 발생하는 쿼리 실행 단계이며, 언제 그리고 어떻게 발생하는지 이해하는 것이 매우 중요하다.

구체화에 대한 기본 원칙은 수식 엔진이 저장 엔진에 요청을 전송할 때, 수식 엔진은 저장 엔진이 동적으로 생성한 압축되지 않은 테이블을 수신한다는 것이다. 이때 수신하는 임시 테이블을 '데이터캐시Datacache'라고 한다. 데이터캐시는 사용된 저장 엔진과 관계없이 항상 수식 엔진에서 사용되는 데이터의 구체화다. VertiPaq와 다이렉트쿼리 모두 데이터캐시를 생성한다.

단일 저장 엔진 쿼리가 큰 데이터캐시를 생성할 때 대규모 구체화가 발생한다. DAX 쿼리가 대규모 구체화를 생성하는 조건은 많은 요인에 따라 달라진다. 기본적으로 저장 엔진이 DAX 쿼리에 필요한 모든 작업을 실행할 수 없을 때 수식 엔진은 저장 엔진이 소유한 데이터의 복사본을 사용해 작업을 수행한다. 수식 엔진은 VertiPaq 또는 다이렉트쿼리와 관계없이 원시 데이터에 직접 액세스할 수 없다는 점에 주의하자. 원시 데이터에 액세스하려면 수식 엔진은 저장 엔진에 데이터를 검색해 데이터캐시에 저장하도록 요청해야 한다. 사용되는 저장 엔진에 따라 구체화의 양과 종류는 매우 다를 수 있다. 이 책에서는 VertiPaq에서 구체화를 줄이는 방법만을 다룬다. 다이렉트쿼리의 경우 서로 다른 데이터 원본 드라이버 간에 차이가 있을 수 있다. 그렇더라도 저장 엔진에서 생성된 구체화를 측정하는 데 사용되는 도구는 VertiPaq에 사용되는 것과 같다.

18장에서는 특정 도구와 측정지표를 사용해 DAX 쿼리에 의해 생성되는 구체화를 측정하는 방법을 설명한다. 이 절에서는 구체화의 개념과 구체화가 쿼리의 결과와 어떻게 관련되는지를 소개한다. 모든 DAX 쿼리 결과의 카디널리티는 최적의 구체화를 정의한다. 다음 쿼리는 테이블의 행 수를 계산해 단일 행을 반환한다.

```
EVALUATE
ROW (
  "Result", COUNTROWS ( Sales )
```

```
)

-- 결과
-- 100231
```

이전 쿼리에 대한 최적의 구체화는 행이 하나만 있는 데이터캐시다. 이는 전체 계산이 저장 엔진에서 수행된다는 것을 의미한다. 다음 쿼리는 매년 한 행을 반환하므로 최적의 구체화는 세 행으로, 각 행은 연도 및 판매액을 나타낸다.

```
EVALUATE
SUMMARIZECOLUMNS (
  'Date'[Calendar Year],
  "Sales Amount", [Sales Amount]
)

-- 연도            | 판매액
-----------------|---------------
-- CY 2007       | 11,309,946.12
-- CY 2008       |  9,927,582.99
-- CY 2009       |  9,353,814.87
```

저장 엔진이 DAX 쿼리의 결과와 동일한 카디널리티를 가진 단일 데이터캐시를 생성할 때 이를 '지연 구체화Late Materialization'라고 한다. 저장 엔진에서 데이터캐시를 더 많이 생성하거나 생성된 데이터캐시의 행이 결과에 표시된 행보다 많으면 '조기 구체화Early Materialization'가 발생한다. 지연 구체화에서 수식 엔진은 데이터를 집계할 필요가 없는 반면, 조기 구체화에서는 수식 엔진이 결합 및 그룹화 같은 작업을 수행해야 하므로 최종 사용자의 쿼리 속도가 느리다.

VertiPaq 엔진에 대한 깊은 지식이 없으면 구체화를 예측하기가 쉽지 않다. 예를 들어 전체 계산이 저장 엔진에서 실행되기 때문에 다음 쿼리의 구체화가 최적이다.

```
EVALUATE
VAR LargeOrders =
  CALCULATETABLE (
    DISTINCT ( Sales[Order Number] ),
    Sales[Quantity] > 1
```

```
  )
VAR Result =
  ROW (
    "Orders", COUNTROWS ( LargeOrders )
  )
RETURN
  Result

-- Orders
-- 8388
```

반면에 다음 쿼리는 수량이 1보다 큰 판매액과 관련된 고객과 날짜의 고유한 조합(총 6,290개 조합)의 수에 해당하는 임시 테이블을 만든다.

```
EVALUATE
VAR LargeSalesCustomerDates =
  CALCULATETABLE (
    SUMMARIZE ( Sales, Sales[CustomerKey], Sales[Order Date] ),
    Sales[Quantity] > 1
  )
VAR Result =
  ROW (
    "CustomerDates", COUNTROWS ( LargeSalesCustomerDates )
  )
RETURN
  Result

-- CustomerDates
-- 6290
```

위 쿼리의 결과에서 행이 하나만 있지만 6,290개의 행을 구체화한다. 위의 두 쿼리는 유사하다. 테이블을 평가하고 행 수를 계산한다. 앞의 쿼리가 일찍 구체화하는 이유는 하나의 열만 관련돼 있기 때문이다. 반면에 두 열의 조합을 요구하는 계산은 저장 엔진이 두 열만 스캔해 해결할 수 없다. 일반적으로 단일 열을 포함하는 모든 연산은 저장 엔진에서 해결될 가능성이 더 크지만, 복수 열을 포함하는 것은 항상 문제가 된다고 믿어서는 안 된다. 다음 쿼리는 Sales 및 Product라는 두 테이블에 있는 두 개의 열을 곱하더라도 최적의 후기 구체화가 이뤄진다.

```
DEFINE
  MEASURE Sales[Sales Amount] =
    SUMX (
      Sales,
      Sales[Quantity] * RELATED ( 'Product'[Unit Price] )
    )
EVALUATE
ROW ( "Sales Amount", [Sales Amount] )

-- Sales Amount
-- 33,690,148.51
```

복잡한 쿼리에서 최적의 후기 구체화를 얻는 것은 거의 불가능하다. 따라서 쿼리를 최적화하기 위해 가능한 한 대부분 작업량을 저장 엔진으로 전가해 구체화를 감소시킨다.

집계 소개

데이터 모델에는 동일한 원본 원시 데이터와 관련된 여러 테이블이 있을 수 있다. 이러한 중복은 저장 엔진에 데이터를 더 빨리 검색할 수 있는 대체 방법을 제공하기 위해 존재한다. 이러한 목적에 사용되는 테이블을 '집계'라고 한다.

집계는 원래 테이블을 미리 그룹화한 버전에 불과하다. 데이터를 사전에 집계함으로써 열수(행 수)를 줄이고 값을 집계된 값으로 대체한다.

각 날짜, 제품 및 고객에 대해 행이 하나씩 있는 그림 17-14의 Sales 테이블을 살펴보자.

쿼리에 날짜를 기준으로 수량 또는 금액 합계가 필요한 경우 저장 엔진은 날짜가 같은 모든 행을 평가하고 집계해야 한다. 압축과 메모리를 스캔하는 최적화된 알고리듬 덕분에 VertiPaq에서 이 작업은 상대적으로 빠르다. 다이렉트쿼리는 대개 VertiPaq보다 훨씬 느리게 동일한 작업을 수행한다. 어쨌든 VertiPaq는 수백만 개의 행보다 수십억 개의 행을 스캔하는 데 시간이 더 필요하다. 따라서 원래의 큰 테이블을 대체해 작은 테이블을 사용하는 데는 장점이 있다.

Sales

Date	Product	Customer	Quantity	Amount
2018-09-01	AV010	C092	3	29.97
2018-09-01	AV022	C092	1	16.40
2018-09-01	AV010	C054	2	19.98
2018-09-01	FL892	C248	1	190.00
2018-09-01	GT400	C127	1	999.00
2018-09-02	AV010	C115	3	29.97
2018-09-02	FL580	C127	1	790.00
2018-09-02	AV022	C772	2	32.80
2018-09-02	KB723	C614	2	59.98
2018-09-02	FL580	C614	1	790.00
…	…	…	…	…

그림 17-14 원래 Sales 테이블의 행은 많다.

그림 17-15는 날짜별로 집계된 `Sales` 테이블을 보여준다. 이때 날짜마다 행이 하나만 있으며 수량 및 금액 열에는 원래 행에 포함된 값의 합을 날짜별로 사전 집계한 값이 저장된다.

Sales Agg Date

Date	Quantity	Amount
2018-09-01	8	1,255.35
2018-09-02	9	1,702.75
…	…	…

그림 17-15 Sales Agg Date 테이블에는 날짜마다 행이 하나씩 표시된다.

집계된 테이블에서 모든 열은 'group by' 또는 원래 테이블의 집계다. 저장 엔진에 대한 요청에 집계 테이블에 있는 열만 있으면 엔진은 원래 원본이 아닌 집계를 사용한다. 그림 17-15에 표시된 `Sales Agg Date` 테이블은 다음과 같이 각 열의 역할을 지정해 `Sales` 집계로 매핑할 수 있다.

- `Date: GroupBy Sales[Date]`
- `Quantity: Sum Sales[Quantity]`
- `Amount: Sum Sales[Amount]`

'group by'가 아닌 모든 열에 대해 집계 유형을 지정해야 한다. 사용 가능한 집계 유형에는 Count, Min, Max, Sum 및 테이블에 대한 Countrows 등이 있다. 집계 테이블의 열은 원래 테이블의 기본 열만 매핑할 수 있으며 계산된 열에는 집계를 지정할 수 없다.

중요 집계는 DAX에서 복잡한 계산의 실행을 최적화하는 데 사용할 수 없다. 집계의 유일한 목적은 저장 엔진의 쿼리 실행 시간을 줄이는 것이다. 집계는 다이렉트쿼리의 비교적 작은 테이블에 유용할 수 있는 반면, VertiPaq에 대한 집계는 수십억 개의 행이 있는 테이블에 대해서만 고려돼야 한다.

테이블 형식 모델의 테이블에는 특정한 저장 엔진 요청과 호환되는 여러 집계가 있는 경우 우선순위가 다른 다중 집계가 있을 수 있다. 또한 집계 및 원본 테이블은 서로 다른 저장 엔진에 함께 저장할 수 있다. 일반적인 시나리오는 다이렉트쿼리를 통해 액세스하는 대형 테이블의 성능을 개선하기 위해 VertiPaq에 집계를 저장하는 것이다. 그럼에도 불구하고 원래의 테이블에 사용된 것과 동일한 저장 엔진에서 집계를 생성할 수도 있다.

노트 사용된 제품의 버전과 라이센스에 따라 집계 및 원본 테이블에 사용할 수 있는 저장 엔진에 제한이 있을 수 있다. 이 절에서는 DAX 쿼리의 성능을 최적화하는 도구 중 하나인 집계 개념에 대해 일반적인 내용만 소개한다.

집계는 강력하지만 세부적인 사항에 많은 주의를 기울여야 한다. 집계를 잘못 정의하면 부정확하거나 일관성 없는 결과를 낳는다. 집계에서 실행되는 쿼리가 원래 테이블에서 실행되는 동등한 쿼리와 동일한 결과를 생성하도록 보장하는 것은 데이터 모델러의 책임이다. 집계는 최적화 도구가 엄격히 필요할 때 사용해야 한다. 집계가 존재하려면 데이터 모델에서 집계 테이블을 정의하고 유지하기 위한 추가 작업이 필요하다. 따라서 성능상의 장점이 존재하는지 확인한 후에만 사용해야 한다.

VertiPaq용 하드웨어 선택

VertiPaq 저장 엔진을 사용하는 테이블 형식 모델에 기반한 솔루션에 적합한 하드웨어를 선택하는 것은 매우 중요하다. 더 많이 지출한다고 해서 항상 더 좋은 기계를 갖게 되는 것은 아니다. 이 절에서는 표 형식 모델에 적합한 하드웨어를 선택하는 방법을 설명한다.

Analysis Services 2012의 도입 이후 여러 회사에서 새로운 테이블 형식 모델을 솔루션으로 채택하도록 도왔다. 자주 발생하는 문제는 사용 단계에서 성능이 예상보다 느리다는 것이었다. 때로는 개발 환경보다도 속도가 느렸다. 대부분의 경우, 그 이유는 특히 서버가 가상화 환경에 있을 때 하드웨어 사이징이 잘못됐기 때문이다. 나중에 설명하겠지만 문제는 가상 머신의 사용 자체가 아니다. 오히려 기본 하드웨어의 기술 사양이 문제일 가능성이 더 크다. Analysis Services Tabular에 관한 매우 구체적인 하드웨어 지원 가이드는 'Hardware Sizing a Tabular Solution SQL Server Analysis Services (http://msdn.microsoft.com/en-us/library/jj874401.aspx)' 백서에서 확인할 수 있다. 이 절의 목표는 테이블 형식 솔루션을 호스트할 때 많은 데이터 센터에 영향을 미치는 문제를 이해하는 데 도움이 되는 빠른 지침을 제공하는 것이다. 개인 컴퓨터의 파워 피봇 또는 파워 BI 데스크톱 사용자는 NUMA Non-Uniform Memory Access 지원에 대한 세부 정보를 생략할 수 있지만, 다른 모든 고려 사항은 올바른 하드웨어를 선택하는 데 동일하게 적용된다.

옵션으로 하드웨어 선택

첫 번째 질문은 하드웨어를 선택할 수 있느냐 하는 것이다. 테이블 형식 솔루션에 가상 시스템을 사용하는 문제는 하드웨어가 이미 선택돼 설치된 경우가 많다는 것이다. 이 경우 서버에 할당된 코어 수와 RAM 크기에만 영향을 미칠 수 있다. 불행히도 이러한 매개변수는 성능과 그다지 관련이 없다. 선택이 제한돼 있다면 가능한 한 빨리 호스트 서버의 CPU 모델과 클럭에 대한 정보를 수집해야 한다. 정보에 액세스할 수 없다면 동일한 호스트 서버에서 실행되는 작은 가상 시스템을 요청하고 작업 관리자task manager를 실행하길 바란다. 성능 탭에는 CPU 모델과 클럭 속도가 표시된다. 이 정보로 성능이 일반적인 노트북보다 더 나쁠지 예측할 수 있다. 불행히도 많은 개발자가 그와 같은 처지일 가능성이 있다. 만약 그렇다면 해당 서버에서 테이블 형식 솔루션을 운영하는 것이 적합하지 않다고 의사 결정권자를 설득해야 한다. 호스트 서버가 양호한 시스템이라면 다른 NUMA 노드에서 가상 시스템을 실행하는 데 따른 위험을 피해야 한다(이 문제는 나중에 더 다룬다).

하드웨어 우선순위 설정

하드웨어 선택에 영향을 미칠 수 있는 경우 우선순위는 다음과 같다.

1. **CPU 클럭과 모델**: 빠를수록 좋다.
2. **메모리 속도**: 빠를수록 좋다.
3. **코어 수**: 높을수록 좋다. 빠른 코어가 때로는 여러 느린 코어보다 훨씬 낫다.
4. **메모리 크기**.

디스크 I/O 성능이 위 목록에 없다. 실제로 그것은 재난 시 복구 속도를 높이는 역할을 할 수 있지만 쿼리 시간에서는 중요하지 않다. 디스크 I/O가 성능에 영향을 미치는 조건(페이징)은 한 가지뿐이며 이 절의 뒷부분에서 논의한다. 그러나 페이징이 전혀 없도록 시스템의 RAM 크기를 조정해야 한다. CPU와 메모리 속도, 메모리 크기에 예산을 할당해야 하고 디스크 I/O 대역폭에 돈을 낭비해서는 안 된다. 다음 절에는 이러한 할당을 위해 고려해야 할 정보가 포함돼 있다.

CPU 모델

VertiPaq에서 실행되는 코드의 속도에 영향을 미치는 가장 중요한 요인은 CPU 클럭과 모델이다. CPU 모델이 다르면 같은 클럭 속도에서 성능이 다를 수 있어서 클럭만으로는 충분하지 않다. 가장 좋은 방법은 수식 엔진에 스트레스를 주는 쿼리에서 서로 다른 성능을 측정하는 벤치마크를 실행하는 것이다. 이러한 쿼리의 예는 다음과 같다.

```
DEFINE
VAR t1 =
    SELECTCOLUMNS ( CALENDAR ( 1, 10000 ), "x", [Date] )
VAR t2 =
    SELECTCOLUMNS ( CALENDAR ( 1, 10000 ), "y", [Date] )
VAR c =
    CROSSJOIN ( t1, t2 )
VAR result =
    COUNTROWS ( c )
EVALUATE
    ROW ( "x", result )
```

이 쿼리는 모든 테이블 형식 모델에 연결된 DAX Studio 또는 SQL 서버 관리 스튜디오에서 실행할 수 있다. 여기서 실행은 의도적으로 느리고 의미 있는 결과가 생성되지도 않는다. 중간 결과를 구체화하기 위해 할당된 메모리에 따라 성능이 하드웨어별로 다를 수 있으므로 특정 데이터 모델에 대한 일반적인 워크로드 쿼리를 사용하는 것이 확실히 더 좋다. 앞의 코드 블록의 쿼리는 메모리를 최소한으로 사용한다.

예를 들어 이 쿼리는 Intel i7-4770K 3.5GHz에서 9.5초, Intel i7-6500U 2.5GHz에서 14.4초 동안 실행된다. 이러한 CPU는 각각 데스크톱 워크스테이션과 노트북을 실행한다. 서버가 더 빠를 것으로 생각해서는 안 된다. 동일한 버전의 엔진으로 동일한 테스트를 실행하고 결과를 보면서 항상 하드웨어 성능을 평가해야 한다.

일반적으로 서버에 사용되는 Intel Xeon 프로세서는 E5 및 E7 시리즈로, 사용 가능한 코어의 수가 매우 많은 경우에도 2 - 2.4GHz 전후의 클럭 속도가 일반적이다. 3GHz 이상의 클럭 속도를 찾아야 한다. 또 다른 중요한 요소는 L2 및 L3 캐시 크기다. 크면 클수록 좋다. 이는 특히 큰 테이블과 100만 개 이상의 고유한 값이 있는 열을 기반으로 하는 테이블 간 관계에 중요하다.

VertiPaq에 CPU와 캐시가 중요한 이유는 CPU와 다른 거리에 저장된 데이터의 일반적인 액세스 시간을 비교하는 표 17-1에서 명확히 설명돼 있다. Human Metrics 열은 사람이 쉽게 이해할 수 있는 측정 지표로 동일한 차이를 나타낸다.

표 17-1 확장된 테이블 버전

Access	Access Time	Human Metrics
1 CPU cycle	0.3 ns	1 s
L1 cache	0.9 ns	3 s
L2 cache	2.8 ns	9 s
L3 cache	12.9 ns	43 s
RAM access	120 ns	6 min
Solid-state disk I/O	50 - 150 μs s	2 - 6 days
Rotational disk I/O	1 - 10 ms	1 - 12 months

보다시피 PC에서 가장 빠른 저장 장치는 RAM이 아니라 코어 캐시다. 큰 L2 캐시가 중요하고 CPU 속도가 성능을 결정하는 데 일차적인 역할을 한다는 점을 분명히 해야 한다. 또한 RAM에 데이터를 보관하는 것이 느린 다른 저장 장치의 데이터에 액세스하는 것보다 훨씬 더 나은 이유를 위 테이블을 통해 알 수 있다.

메모리 속도

메모리 속도는 VertiPaq에게 중요한 요소다. 엔진의 모든 연산은 매우 빠른 속도로 메모리에 접근한다. RAM 대역폭이 병목일 때 성능 카운터는 I/O 대기 대신 CPU 사용량을 보고한다. 안타깝게도 RAM 액세스를 기다리는 데 걸린 시간을 모니터링하는 성능 카운터가 없다. 테이블 형식에서 이 시간이 중요할 수 있지만 측정하기 어렵다.

일반적으로 1,833MHz 이상의 RAM을 사용해야 하지만, 하드웨어 플랫폼이 허용하는 경우 2,133MHz 이상의 빠른 RAM을 선택해야 한다.

코어 수

VertiPaq는 관련된 테이블의 세그먼트가 여러 개일 때만 다중 스레드에서 실행을 분할한다. 각 세그먼트에는 기본적으로 800만 개의 행이 포함돼 있다(파워 BI 및 파워 피봇의 경우 100만 개). 코어 수가 8개인 CPU는 테이블이 최소 6400만 행 또는 파워 BI 및 파워 피봇에서 800만 행을 갖지 않는 한 단일 쿼리에 모두 사용하지 않는다.

이러한 이유로 다중 코어에 대한 확장성은 매우 큰 테이블에서만 효과적이다. 코어 수를 높이면 2억 행 이상의 큰 테이블에서만 단일 쿼리의 성능이 향상된다. 확장성(동시 사용자 수) 측면에서 사용자가 공유된 RAM에 대한 액세스를 다투며 동일한 테이블에 액세스할 경우 코어 수가 많아도 성능이 향상되지 않을 수 있다. 동시 사용자 수를 늘리는 더 나은 방법은 로드 밸런싱 구성에서 더 많은 서버를 사용하는 것이다.

가장 좋은 방법은 단일 소켓에서 사용할 수 있는 최대 코어 수를 최대한 많이 사용해 클럭 속도를 극대화하는 것이다. 테이블 형식 Analysis Services가 NUMA 아키텍처를 인식하더라도 동일한 서버에 두 개 이상의 소켓이 있는 것은 좋지 않다. NUMA는 소켓에서 실행 중인 스레드가 다른 소켓에 할당된 메모리에 액세스할 때마다 더 비싼 소켓 간 통신이 필요하다. NUMA 아키텍처에 대한 자세한 내용은 http://msdn.microsoft.com/en-us/library/jj874401.aspx에서 확인할 수 있다.

메모리 크기

VertiPaq가 관리하는 데이터의 전체 볼륨은 메모리에 저장돼야 한다. 별도의 프로세스 서버가 없는 한 프로세스 작업을 실행하고 쿼리를 실행하려면 추가 RAM이 필요하다. 최적화된 쿼리는 대개 RAM에 대한 요청이 많지 않지만, 단일 쿼리는 매우 큰 임시 테이블을 구현할 수 있다. 데이터베이스 테이블은 압축률이 높은 반면, 단일 쿼리 중 중간 테이블을 구체화하면 압축되지 않은 데이터가 생성된다.

충분한 메모리는 결과를 반환한 다음에 쿼리가 종료된다는 것을 보장할 뿐, 사용 가능한 RAM을 늘린다고 해서 성능이 향상되는 것은 아니다. 테이블 형식 모델에서 사용하는 캐시는 사용 가능한 RAM이 더 많다고 해서 증가하지 않는다. 그러나 서버가 데이터 페이징을 시작할 때 사용 가능한 메모리가 부족하면 쿼리 성능에 부정적인 영향을 미칠 수 있다. 개발자는 데이터베이스의 모든 데이터를 저장하고 쿼리 실행 중 구체화를 방지할 수 있는 충분한 메모리를 보유해야 한다. 이것보다 더 많은 메모리를 보유하는 것은 자원 낭비다.

디스크 I/O 및 페이징

SSAS의 저장소 I/O에 예산을 할당하지 않아야 한다. 이는 특히 특정 측정값에서 디스크의 임의의 I/O 연산이 매우 자주 발생하는 다차원과는 매우 다르다. 테이블 형식에서는 쿼리 중에 직접 저장소 I/O 연산이 없다. 이 문제가 생길 수 있는 유일한 이벤트는 메모리 부족 상태다. 그러나 메모리 가용성이 낮아 체계적인 페이징이 있을 때 저장소 I/O 처리량을 높여 성능을 개선하려고 하는 것보다 서버에 더 많은 RAM을 제공하는 것이 비용이 적게 들고 효과적이다.

하드웨어 선택 시 모범 사례

SSAS용 하드웨어를 선택하기 전에 성능을 측정해야 한다. 서버를 새로 설치해도 개발 워크스테이션보다 두 배 느리게 실행되는 경우가 자주 발생한다. 확장할 수 있도록 설계된 서버(특히 가상 서버일 때)가 일반적으로 단일 스레드에 의한 활동의 경우 성능이 좋지 않기 때문이다. 그러나 이러한 유형의 워크로드는 VertiPaq에서 매우 일반적이다. '표준 서버'가 전체 BI 솔루션의 단점이 될 수 있다고 회사를 설득하려면 적절한 벤치마킹을 수행하는 데 시간과 숫자가 필요하다.

결론

최적화에 관한 17장에서는 테이블 형식 엔진의 내부 아키텍처를 설명했으며, VertiPaq에 데이터가 저장되는 방법의 기본 정보를 제공했다. 18장에서 알 수 있듯이 이 지식은 코드를 최적화하기 위해 가장 중요하다.

17장에서 배운 주요 주제는 다음과 같다.

- 테이블 형식 서버 내부에는 수식 엔진과 저장 엔진의 두 가지 엔진이 있다.
- 수식 엔진은 최상위 쿼리 엔진이다. 매우 강력하지만 단일 스레드이므로 속도 측면에서 다소 제한적이다.
- VertiPaq 및 다이렉트쿼리라는 두 가지 저장 엔진이 있다.
- VertiPaq는 인메모리 열 기반 데이터베이스다. 열 단위로 정보를 저장해 단일 열에 매우 빠르게 접근할 수 있다. 단일 DAX 식에 여러 열을 사용하면 구체화가 필요할 수 있다.
- VertiPaq는 메모리 스캔 시간을 줄이기 위해 열을 압축한다. 모델을 최적화한다는 것은 열의 카디널리티를 최대한 줄여 압축을 최적화하는 것을 의미한다.
- VertiPaq와 다이렉트쿼리 저장 엔진 모두 동일한 모델에서 공존할 수 있으며, 이를 복합 모델이라고 한다. 단일 쿼리는 쿼리에 관련된 테이블의 저장 모델에 따라 VertiPaq, 다이렉트쿼리만 사용하거나 둘 다 사용할 수 있다.

여기까지 엔진의 내부에 관한 기본적인 지식을 설명했다. 이제 18장에서는 데이터 모델의 크기와 실행 시간을 모두 줄이기 위해 VertiPaq 저장소를 최적화하는 몇 가지 기술을 배워보자.

18

VertiPaq 최적화

17장에서는 VertiPaq의 내부 구조를 소개했다. 이러한 지식은 DAX 쿼리의 더 빠른 실행을 위해 데이터 모델을 설계하고 최적화하는 데 필요하다. 17장이 다소 이론적이었다면 18장에서는 좀 더 실용적인 내용을 다룬다. 실제로 18장에서는 메모리를 절약하고 그에 따라 데이터 모델의 성능을 개선하기 위한 가장 중요한 가이드라인을 설명한다. 효율적인 데이터 모델을 만드는 주요 목적은 열의 카디널리티를 줄여 사전의 크기를 줄이고 압축을 개선하며 반복과 필터링 속도를 높이는 것이다.

최종 목표는 모델의 최적화다. 그러나 모델의 최적화 이전에 첫 번째로 중요한 기술은 디자인 선택의 장단점을 평가하는 능력이다. **영향을 평가하기 전에 맹목적으로 규칙을 따라서는 안 된다.** 이 때문에 앞부분에서는 메모리에 있는 모델에서 각 개체의 크기를 측정하는 방법을 제시한다. 이는 모델에 대한 결정이 메모리에 미치는 영향에 따라 노력할 만한 가치가 있는지 평가할 때 중요하다.

다음 단계로 넘어가기 전에 이 중요한 개념을 다시 한번 강조하고자 한다. **즉, 모든 데이터 모델에 기술된 방법은 항상 테스트해야 한다.** 데이터 분포는 VertiPaq에서 중요하다. Sales 테이블 구조가 같더라도 데이터 분포가 다르다면 서로 다른 방식으로 압축돼 동일한 최적화 기술에 대해 서로 다른 결과를 초래할 수 있다. 모범 사례만을 따르지 않도록 하자. 모든 최적화 기법이 모든 데이터 모델에 적용되는 것은 아니라는 점을 미리 알고 다른 최적화 기술을 배우도록 하자.

데이터 모델에 대한 정보 수집

데이터 모델을 최적화하기 위한 첫 번째 단계는 데이터베이스에 있는 개체의 비용에 대한 정보를 수집하는 것이다. 이 절에서는 물리적 구조의 최적화 우선순위를 정하는 데 필요한 데이터를 수집하는 도구와 방법에 관해 설명한다.

표 18-1은 데이터베이스의 각 개체에서 수집할 정보를 보여준다.

표 18-1 데이터베이스의 각 개체에서 수집할 정보

개체	수집할 정보
테이블	행의 수
열	고유한 값의 수 사전의 크기 데이터 크기(모든 세그먼트의 전체 크기)
계층 구조	계층 구조의 크기
관계	관계 구조의 크기

일반적으로 개체 크기는 사용하거나 참조하는 열의 고유한 값 수에 따라 크게 달라진다. 따라서 카디널리티라고도 하는 열의 고윳값의 수는 데이터베이스에서 수집하는 가장 중요한 정보 중 하나다.

17장, 'DAX 엔진'에서는 VertiPaq 저장소 엔진의 개체에 대한 정보를 검색하기 위해 동적 관리 보기[DMV]를 소개했다. 다음 절에서는 DMV의 데이터 수집을 간소화하는 VertiPaq 분석기로 관련 정보를 해석하는 방법을 설명한다.

데이터 모델에서 고려해야 할 첫 번째 정보는 각 테이블 크기, 카디널리티(행 수) 및 메모리 크기다. 그림 18-1은 파워 BI의 콘토소 데이터 모델에서 실행된 VertiPaq 분석기의 테이블 섹션을 보여준다. 예제에 사용된 모델에는 이전에 책 전체에서 사용했던 단순화된 데이터 모델보다 많은 테이블과 데이터가 포함돼 있다.

Row Labels	Cardinality	Table Size	Columns Total Size	Data Size	Dictionary Size	Columns Hierarchies Size
⊞Channel	4	52,368	52,368	56	51,936	376
⊞Currency	28	58,516	58,516	136	57,204	1,176
⊞Customer	18,869	3,202,854	3,202,214	361,688	2,236,374	604,152
⊞Date	2,556	510,280	510,280	38,400	404,584	67,296
⊞DateTableTemplate_:	1	35,268	35,172	56	34,828	288
⊞ExchangeRate	773	63,144	63,064	6,224	45,520	11,320
⊞Geography	674	155,624	141,736	2,640	127,736	11,360
⊞Inventory	8,013,099	108,978,244	108,973,588	76,679,640	188,556	32,105,392
⊞ITMachine	23,283	258,048	242,392	93,240	24,152	125,000
⊞ITSLA	4,925	832,404	814,660	78,200	611,252	125,208
⊞Machine	7,816	569,847	569,495	48,352	421,951	99,192
⊞OnlineSales	12,627,608	254,159,572	254,115,436	133,076,408	56,877,668	64,161,360
⊞Product	2,517	858,585	857,881	58,688	706,433	92,760
⊞ProductCategory	8	52,980	52,980	56	52,436	488
⊞ProductSubcategory	44	78,834	78,826	232	76,834	1,760
⊞Promotion	28	95,816	95,816	256	94,192	1,368
⊞Sales	3,406,089	75,214,220	75,208,028	50,401,856	9,408,932	15,397,240
⊞SalesQuota	7,465,911	196,733,872	196,729,392	72,794,816	81,569,824	42,364,752
⊞SalesTerritory	265	163,020	156,196	1,968	145,180	9,048
⊞Scenario	3	53,522	53,522	56	53,114	352
⊞Store	306	326,420	325,708	5,608	295,500	24,600
⊞StrategyPlan	2,750,628	130,468,816	130,468,728	16,393,680	86,726,368	27,348,680
Grand Total	34,325,435	772,922,254	772,805,998	350,042,256	240,210,574	182,553,168

그림 18-1 VertiPaq 분석기에 표시된 테이블의 세부 정보

`Table Size` 열은 VertiPaq에서 압축된 데이터를 저장하는 데 사용된 메모리양을 나타내는 반면, `Cardinality` 열은 각 테이블의 행 수를 보여준다. 테이블 이름을 드릴다운해 각 열의 세부 사항을 볼 수 있다. 열 수준에서 카디널리티는 전체 테이블의 고윳값 수를 표시하지만, 각 열에는 `Columns Total Size`에 표시된 비용만 있으므로 `Table Size` 값을 사용할 수 없다. 그림 18-2는 데이터 모델에서 가장 큰 테이블인 `SalesQuota`에서 사용할 수 있는 열을 보여주며, 각 열의 총 크기는 동일한 테이블 내에서 매우 변동이 크다.

Row Labels	Cardinality	Table Size	Columns Total Size	Data Size	Dictionary Size	Columns Hierarchies Size	Encoding
⊟SalesQuota	7,465,911	196,733,872	196,729,392	72,794,816	81,569,824	42,364,752	Many
ChannelKey	4		1,624	184	1,360	80	HASH
CurrencyKey	1		1,476	64	1,348	64	HASH
Datekey	36		431,632	429,712	1,584	336	HASH
ETLLoadID	1		1,476	64	1,348	64	HASH
GrossMarginQuota	944,795		67,753,032	17,578,832	42,615,800	7,558,400	HASH
LoadDate	1		1,416	64	1,288	64	HASH
ProductKey	2,516		11,996,128	11,900,032	75,920	20,176	HASH
RowNumber-2662979B-			120	0	120		VALUE
SalesAmountQuota	613,799		60,602,464	16,854,808	38,837,224	4,910,432	HASH
SalesQuantityQuota	1,101		182,004	151,952	21,204	8,848	HASH
SalesQuotaKey	7,465,911		49,772,920	19,909,136	120	29,863,664	VALUE
ScenarioKey	3		2,212	792	1,356	64	HASH
StoreKey	306		5,981,472	5,969,112	9,864	2,496	HASH
UpdateDate	1		1,416	64	1,288	64	HASH
⊞SalesTerritory	265	163,020	156,196	1,968	145,180	9,048	Many
⊞Scenario	3	53,522	53,522	56	53,114	352	Many
⊞Store	306	326,420	325,708	5,608	295,500	24,600	Many
⊞StrategyPlan	2,750,628	130,468,816	130,468,728	16,393,680	86,726,368	27,348,680	Many
Grand Total	34,325,435	772,922,254	772,805,998	350,042,256	240,210,574	182,553,168	Many

그림 18-2 VertiPaq 분석기에 표시된 테이블과 열의 세부 정보

VertiPaq 분석기 보고서의 각 열에는 다음 목록에 설명된 특정 의미가 있다.

- **카디널리티**: 개체 카디널리티. 보고서의 상세 수준에 따라 테이블의 행 수 또는 열의 고유한 값 수다.
- **행**: 테이블의 행 수. 이 지표는 열 보고서(그림 18-3)에 표시되고 테이블 보고서(그림 18-2)에는 표시되지 않으며, 테이블의 상세 수준에서 동일한 정보를 사용할 수 있다.
- **테이블 크기**: 테이블 크기(바이트). 이 지표에는 열의 총 크기, 사용자 계층 크기 및 관계 크기의 합계가 포함된다.
- **열 전체 크기**: 열의 크기(바이트). 이 지표에는 데이터 크기, 사전 크기 및 열 계층 구조의 합계가 포함된다.
- **데이터 크기**: 세그먼트 및 파티션에 있는 모든 압축 데이터의 바이트 단위 크기. 사전 및 열 계층 구조는 포함하지 않는다. 이 숫자는 열의 압축에 따라 달라지며, 이는 다시 고윳값의 수와 테이블 전체의 데이터 분포에 따라 달라진다.
- **사전 크기**: 사전 구조의 바이트 단위 크기. 이 숫자는 해시 인코딩된 열에만 해당되며 값 인코딩 열은 작은 고정 숫자다. 사전 크기는 열의 고윳값 수와 텍스트 열의 경우 문자열의 평균 길이에 따라 달라진다.
- **열 계층 구조 크기**: 자동으로 생성된 열의 속성 계층 구조의 바이트 단위 크기. 이러한 계층 구조는 MDX에서 열에 액세스하기 위해 필요하며 DAX가 필터와 정렬 작업을 최적화하기 위해 사용하기도 한다.
- **인코딩**: 열에 사용되는 인코딩 유형(해시 또는 값). 열 인코딩은 VertiPaq 압축 알고리듬에 의해 자동으로 선택된다.
- **사용자 계층 크기**: 사용자 정의 계층의 바이트 수. 이 구조는 테이블 수준에서 계산되며, 그 값은 VertiPaq 분석기 보고서의 테이블 레벨 세부 사항에서만 볼 수 있다. 사용자 계층 크기는 고유한 값의 수와 계층 자체에 사용된 열에서 문자열의 평균 길이에 따라 달라진다.

- **관계 크기**: 테이블 간의 관계 바이트 수. 관계 크기는 관계의 M쪽에 있는 테이블과 관련이 있다. 관계의 크기는 관계와 관련된 열의 카디널리티에 따라 달라지지만, 이는 보통 테이블 비용의 극히 일부분이다.
- **테이블 크기 %**: 테이블 크기 대비 열 전체 크기의 비율.
- **데이터베이스 크기 %**: 테이블 크기 대비 데이터베이스 크기의 비율(모든 테이블에 대한 테이블 크기 합).
- **세그먼트 #**: 세그먼트 수. 테이블의 모든 열은 테이블의 세그먼트 수가 동일하다.
- **파티션 #**: 파티션 수. 테이블의 모든 열은 테이블의 파티션 수가 동일하다.
- **열 #**: 열 수.

속성 계층 구조 및 열 인코딩

VertiPaq 분석기의 두 열은 대용량 데이터 모델을 최적화하는 데 사용할 수 있는 정보를 제공한다. 이 책에서는 이러한 최적화를 다루지 않기 때문에 관련 문서에 대한 링크를 소개한다.

열 계층 구조 크기에 보고된 속성 계층 크기는 열의 고유한 값 수와 문자열의 평균 길이에 따라 달라지며 사전의 크기와 비슷하다. 그러나 속성 계층은 값과 해시 인코딩 모두에 대해 생성되는 반면, 사전은 해시 인코딩에만 존재한다. 속성 계층 생성은 열을 필터나 그룹화 조건이 아닌 집계에서만 사용할 때 비활성화할 수 있다. 최적화를 위해서는 고급 설정이 필요할 수 있다. 속성 계층 구조를 비활성화하기 위한 설정에 관한 자세한 내용은 https://docs.microsoft.com/en-us/dotnet/api/microsoft.analysisservices.tabular.column.isavailableinmdx에서 확인할 수 있다.

개발자는 모델의 열에 대해 선택한 인코딩을 변경할 수 있다. 데이터 모델에서 사용할 인코딩 유형에 관한 힌트를 얻을 수 있다. 일반적으로 VertiPaq는 메모리를 많이 절약할 수 있는 인코딩을 선택하지만, 개발자는 동적 집계의 속도 향상과 같은 특정 요구 사항을 충족하기 위해 더 큰 비용이 드는 특정 인코딩을 선택할 수 있다. 쿼리 성능의 차이는 수십억 개의 행이 있는 테이블에서 볼 수 있지만, 일반적으로 몇백만 개의 행이 있는 테이블에서는 중요하지 않다. 인코딩 힌트에 대한 자세한 내용은 https://cloudblogs.microsoft.com/sqlserver/2017/10/02/analysis-services-innovations-in-sql-server-2017/에서 확인할 수 있다.

VertiPaq 분석기의 보고서를 활용해 할 수 있는 첫 번째 최적화는 보고서에서는 중요하지 않고 메모리 비용만 많이 드는 열을 제거하는 것이다. 그림 18-2에 표시된 데이터는 SalesQuota 테이블에서 가장 비용이 많이 드는 열 중 하나가 SalesQuotaKey라는 것을 강조 표시한다. SalesQuotaKey는 어떤 보고서에서도 사용되지 않으며 관계에서 사용되는 열처럼 데이터 모델링에 필요하지도 않다. 실제로 SalesQuotaKey 열은 보고서와 계산에 영향을 주지 않고 모델에서 제거해 새로고침 시간과 소중한 메모리를 모두 절약할 수 있다.

그림 18-3에서 표시된 것처럼 VertiPaq 분석기의 다른 보고서를 사용하면 가장 비싼 열을 식별하는 프로세스가 더 단순해진다. 이 열 보고서는 보고된 이름이 테이블과 열 이름의 연결인 병합된 목록의 모든 열을 보여주며 열 전체 크기를 기준으로 내림차순으로 목록을 정렬한다.

TableColumn	Rows	Cardinality	Columns Total Size	Database Size %
StrategyPlan-Amount	2,750,628	2,042,832	108,871,288	14.09 %
OnlineSales-OnlineSalesKey	12,627,608	12,627,608	84,154,472	10.89 %
OnlineSales-SalesOrderNumber	12,627,608	1,674,320	79,176,940	10.25 %
SalesQuota-GrossMarginQuota	7,465,911	944,795	67,753,032	8.77 %
SalesQuota-SalesAmountQuota	7,465,911	613,799	60,602,464	7.84 %
Inventory-InventoryKey	8,013,099	8,013,099	53,420,840	6.91 %
SalesQuota-SalesQuotaKey	7,465,911	7,465,911	49,772,920	6.44 %
Sales-SalesKey	3,406,089	3,406,089	22,707,424	2.94 %
StrategyPlan-StrategyPlanKey	2,750,628	2,750,628	18,337,680	2.37 %
OnlineSales-SalesOrderLineNumber	12,627,608	4,972	16,544,600	2.15 %
Sales-GrossMargin	3,406,089	118,821	13,750,552	1.78 %

그림 18-3 VertiPaq 분석기에 표시된 열의 세부 정보

전체 콘토소 데이터 모델에서 가장 비싼 세 개의 열 중 두 개의 열인 OnlineSalesKey와 SalesOrderNumber는 집계된 수준의 보고서에 거의 사용되지 않는다. VertiPaq에서 가져온 이 두 열은 각각 전체 데이터 모델에서 데이터 크기의 10%를 차지한다. 두 개의 열을 제거하면 데이터베이스 크기의 20%를 절약할 수 있다. 모든 열의 비용을 파악하면 데이터 모델에서 유지할 항목과 분석 가치에 비해 너무 비싼 항목을 선택하는 데 도움이 된다.

그림 18-3의 보고서가 Rows와 Cardinality를 나란히 표시하는 이유는 테이블에서 고유한 열을 인식하는 데 도움이 돼서다. 두 숫자가 비슷하거나 동일하면 StrategyPlan 테이블의 Amount 열처럼 집계 대상이 아니면 열에 요약된 결과를 만드는 것은 유용하지 않다.

VertiPaq 분석기에서 이용할 수 있는 또 다른 중요한 정보는 그림 18-4의 관계 보고서에 포함돼 있다. 이 보고서를 사용하면 이 특정 예제에 중요하지 않으면서 데이터 모델에 있는 값비싼 관계를 쉽게 식별할 수 있다.

Row Labels	Relationships Size	Max From Cardinality	Max To Cardinality
⊞Machine	**352**	**303**	**306**
'Machine'[StoreKey] -> 'Store'[StoreKey]	352	303	306
⊞OnlineSales	**44,136**	**18,869**	**18,869**
'OnlineSales'[CurrencyKey] -> 'Currency'[CurrencyKey]	8	1	28
'OnlineSales'[CustomerKey] -> 'Customer'[CustomerKey]	38,304	18,869	18,869
'OnlineSales'[Datekey] -> 'Date'[Datekey]	1,760	1,096	2,556
'OnlineSales'[ProductKey] -> 'Product'[ProductKey]	4,032	2,516	2,517
'OnlineSales'[PromotionKey] -> 'Promotion'[PromotionKey]	24	28	28
'OnlineSales'[StoreKey] -> 'Store'[StoreKey]	8	3	306
Grand Total	**95,488**	**18,869**	**18,869**

그림 18-4 VertiPaq 분석기에 표시된 관계의 크기와 카디널리티

VertiPaq에서 100만 이상의 고유한 값을 갖는 카디널리티와의 관계는 특히 비용이 많이 들기 때문에 관계를 포함하는 모든 요청의 저장 엔진 비용에 영향을 미친다. 일반적인 경험 규칙에 따르면 카디널리티가 10만을 넘을 때마다 관계에 주의를 기울여야 한다. 이러한 관계는 일반적으로 눈에 보이는 성능 문제를 일으키지 않지만, 수백 밀리 초로 측정할 수 있고 데이터베이스의 향후 성장에 문제를 일으킬 수 있다. 하나의 큰 관계가 반드시 눈에 띄게 보고서의 속도를 늦추는 것은 아니다. 하지만 큰 관계는 더 복잡한 계산 및 보고서의 성능을 저하시킬 수 있다.

DAX 쿼리의 성능에 관한 다음의 추가적인 분석에서는 테이블 및 열의 카디널리티에 대한 인식이 중요하다. 이 정보는 간단한 DAX 쿼리를 실행해 검색할 수 있지만, VertiPaq 분석기와 같은 도구를 사용해 데이터를 자동으로 수집하는 것이 더 빠르고 효율적이어서 데이터 모델에 대한 사소한 쿼리를 수동으로 실행하는 것보다 얻은 지표를 평가하는 데 더 많은 시간을 할애할 수 있다.

비정규화

데이터 모델에 적용할 수 있는 첫 번째 최적화는 데이터를 비정규화Denormalization하는 것이다. 모든 관계는 엔진이 한 테이블에서 다른 테이블로 필터를 전송할 때 메모리 비용과

추가 오버헤드가 발생한다. 성능의 관점에서 최적의 모델은 테이블이 하나만 있는 모델이다. 그러나 이러한 접근 방식은 사용하기도 어려우며 모든 측정값에 대해 동일한 세분화 수준을 요구한다. 따라서 최적의 데이터 모델은 동일한 세분화 수준을 공유하는 측정값에 대해 정의된 각 테이블 주위에 스타 스키마로 구성된다. 이 때문에 불필요하게 관련된 테이블을 비정규화해 데이터 모델의 열 수와 관계를 줄여야 한다.

DAX의 데이터 모델에 요구되는 비정규화는 일반적으로 관계형 데이터베이스에 대한 데이터 모델링 경험이 있는 사람에게는 대개 직관에 반한다. 예를 들어 `Payment` 테이블에 `Payment Code`와 `Payment Description`이라는 두 개의 열이 있는 간단한 데이터 모델을 고려해보자. 관계형 데이터베이스에서 코드와 설명이 있는 테이블은 일반적으로 `Transaction` 테이블의 각 행에 내용이 중복되지 않도록 사용된다. 관계형 모델에서는 공간을 절약하기 위해 일반적으로 `Payment Code`만 `Transaction` 테이블에 저장한다.

표 18-2는 비정규화된 `Transactions` 테이블을 보여준다. `Payment Type Description` 열에는 중복된 값이 많이 있다.

표 18-2 Code 및 Description 열에서 Payment Type이 비정규화된 Transaction 테이블

Date	Amount	Payment Type Code	Payment Type Description
2015-06-21	100	00	Cash
2015-06-21	100	02	Credit Card
2015-06-22	200	02	Credit Card
2015-06-23	200	00	Cash
2015-06-23	100	03	Wire Transfer
2015-06-24	200	02	Credit Card
2015-06-25	100	00	Cash

모든 Payment Type이 포함된 별도 테이블을 사용하면 표 18-3과 같이 Payment Type Code만 `Transaction` 테이블에 저장할 수 있다.

표 18-3 Payment Code만 사용해 정규화된 Transaction 테이블

Date	Amount	Payment Type Code
2015-06-21	100	00
2015-06-21	100	02
2015-06-22	200	02
2015-06-23	200	00
2015-06-23	100	03
2015-06-24	200	02
2015-06-25	100	00

별도의 테이블(표 18-4 참조)에 Payment Type에 관한 설명을 저장함으로써 Payment Type Code와 Description에 행이 하나씩만 있다. 데이터베이스에서 조회 테이블을 사용하면 `Transaction` 테이블에서 긴 문자열의 중복을 방지해 필요한 총 공간을 줄일 수 있다.

표 18-4 Code 및 Description을 정규화만 Payment Type 테이블

Payment Type Code	Payment Type Description
00	Cash
01	Debit Card
02	Credit Card
03	Wire Transfer

그러나 관계형 데이터베이스에서 완벽하게 작동하는 이 최적화는 DAX 데이터 모델에서는 나쁜 선택이 될 수 있다. VertiPaq 엔진은 각 열에 대한 사전을 자동으로 작성하는데, 이는 관계형 모델과는 다르게 `Transactions` 테이블이 중복 설명 관련 비용을 지불하지 않는다는 것을 의미한다.

노트 사전을 기반으로 한 압축 기술은 특정 관계형 데이터베이스에서도 사용할 수 있다. 예를 들어 마이크로소프트 SQL 서버는 클러스터된 열 저장소 인덱스를 통해 이 기능을 제공한다. 그러나 관계형 데이터베이스는 기본적으로 사전 기반 압축을 사용하지 않고 데이터를 저장한다.

공간 절약 차원에서는 별개의 테이블에서 하나의 열만 비정규화하면 항상 더 나은 데 반해, 한 테이블에서 많은 열을 비정규화하면 제품의 속성에 대한 경우와 같이 정규화된 모델을 사용하는 것보다 비용이 많이 들 수 있다. 예를 들어 다음과 같이 정규화된 모델과 비정규화된 모델 간 메모리 비용을 비교할 수 있다.

- 정규화된 모델의 메모리 비용:
  - 열 Transactions[Type Code]
  - 열 Payments[Type Code]
  - 열 Payments[Type Description]
  - 관계 Transactions[Type Code] - Payments[Type Code]
- 비정규화된 모델의 메모리 비용:
  - 열 Transactions[Type Code]
  - 열 Transactions[Type Description]

비정규화된 모델은 Payments[Type Code] 열의 비용과 Transactions[Type Code]의 관계 비용을 없앨 수 있다. 그러나 Type Description 열의 비용은 Transactions 테이블과 Payments 테이블이 달라서 매우 큰 테이블에서는 그 차이가 정규화된 모델이 유리할 수 있다. 그러나 일반적으로 관계를 통해 연결된 다른 테이블의 열에 적용된 필터보다는 동일한 테이블의 다른 열에 필터를 적용할 때 열 집계가 더 잘 수행된다. 그렇다면 데이터 모델을 단일 테이블로 완전히 비정규화해도 좋을까? 그렇지 않다. 사용성 측면에서 스타 스키마는 자원 사용과 성능 면에서 좋은 균형을 보여주므로 항상 우선적으로 선택해야 한다.

스타 스키마는 고객 및 제품과 같은 각 비즈니스 엔티티에 대한 테이블을 포함하고 있으며, 엔티티와 관련된 모든 속성은 이러한 테이블에서 완전히 비정규화된다. 예를 들어 Product 테이블에는 Category, Subcategory, Model 및 Color와 같은 특성이 있어야 한다. 이 모델은 관계의 카디널리티가 너무 크지 않을 때 잘 작동한다. 앞에서 언급했듯이 관계에서 고유한 값 100만 개가 큰 카디널리티를 정의하는 기준이지만, 이미 10만 개의 고윳값만으로도 쿼리 성능에 잠재적인 위험으로 분류된다.

관계의 카디널리티가 성능에 중요한 이유를 이해하려면 열에 필터를 적용해 어떤 일이 일어나는지 알 필요가 있다. `Sales` 테이블과 `Product`, `Customer` 및 `Date` 사이에 관계가 있는 그림 18-5의 스키마를 살펴보자. 고객을 성별로 필터링해 데이터 모델을 쿼리하면 엔진이 쿼리에 포함된 각 성별 유형에 속하는 고객 키 목록을 지정해 필터를 `Customer`에서 `Sales`로 전송한다. 고객이 1만 명이라면 필터에 의해 생성된 목록은 이 숫자보다 클 수 없다. 고객이 600만 명이라면 단일 성별 유형의 필터는 고유한 키 목록을 생성해 각 성별에 대해 약 300만 개의 고유한 값을 만들 수 있다. 관계에 관련된 키들은 엔진의 버전과 사용 중인 하드웨어(CPU 클럭, 캐시 크기, RAM 속도)에 따라 영향은 다르지만 성능 향상에 영향을 준다.

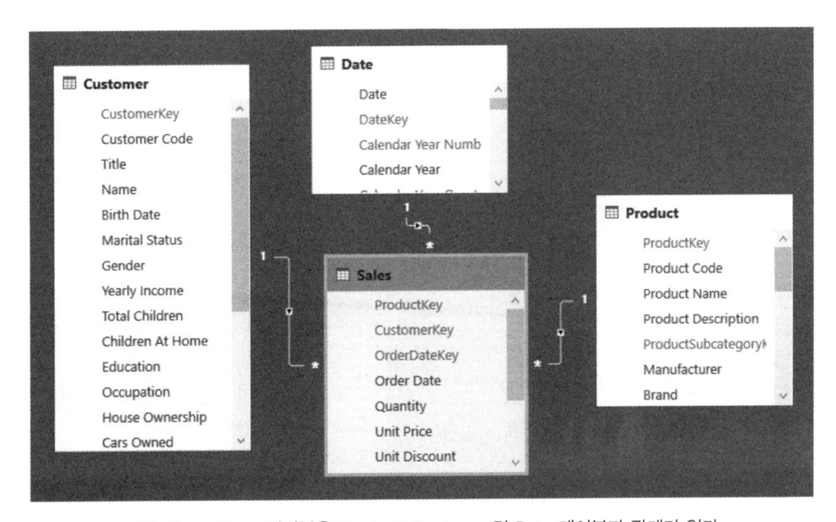

그림 18-5 Sales 테이블은 Product, Customer 및 Date 테이블과 관계가 있다.

관계에 수백만 개의 고유한 값이 포함돼 있을 때 데이터 모델을 최적화하기 위해 수행할 수 있는 작업은 무엇일까? 측정된 성능 저하가 쿼리 대기 시간 요구 조건을 충족시키지 못하는 경우, 관계의 카디널리티를 줄이거나 특정 쿼리에서의 관계의 필요성을 완전히 제거하는 다른 형태의 비정규화를 고려할 수 있다. 앞의 예에서는 성능을 최적화하기 위해 `Sales` 테이블에서 `Gender` 열을 비정규화하는 것을 고려할 수 있다. 최적화할 열이 더 많으면 사용자가 자주 쿼리하고 카디널리티가 낮은(낮은 선택성) `Customer` 테이블 열을 사용해 다른 테이블을 만드는 것이 좋다.

성별, 직업 및 교육이 포함된 `Customer Info`라는 테이블을 살펴보자. 이러한 열의 카디널리티가 각각 2, 5, 5라면 가능한 모든 조합이 있는 테이블에는 50개의 행(2 × 5 × 5)이 있다. `Sales`에 적용된 필터의 값 목록이 매우 짧기 때문에 이러한 열 중 하나에 대한 쿼리가 훨씬 빠르다. 사용성 측면에서 사용자는 동일한 엔티티에 대해 두 가지 속성 그룹인 `Customer` 및 `Customer Info` 테이블을 볼 수 있다. 이는 바람직한 상황이 아니다. 이러한 이유로 테이블 형식 모델의 집계 기능을 사용해 동일한 결과를 얻을 수 없다면 이 최적화는 엄격히 필요할 때만 고려해야 한다.

중요 집계 기능은 18장의 뒷부분에서 다룬다. 이 기능은 저장 엔진 요청의 성능을 최적화하는 것을 유일한 목적으로 기본 테이블 및 관계 생성을 자동화하는 기능이다. 2019년 4월 현재 집계 기능은 다이렉트쿼리에 저장된 테이블에만 적용되며 여기서 설명한 기술을 대체할 수 없다. 이는 집계가 VertiPaq에 저장된 테이블에서도 작동할 때 가능하다.

그림 18-6과 같이 두 테이블 모두 `Sales` 테이블과 직접적인 관계가 있어야 한다.

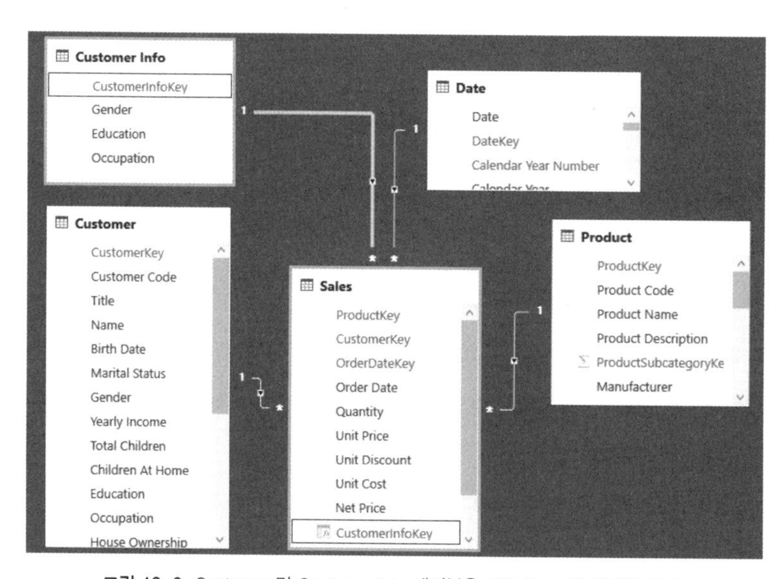

그림 18-6 Customer 및 Customer Info 테이블은 모두 Sales와 관계가 있다.

데이터를 가져오기 전에 `CustomerInfoKey` 열을 `Sales` 테이블에 추가해 소스 테이블의 열이 되도록 해야 한다. 17장에서 설명했듯이 기본 열은 계산된 열보다 더 잘 압축된다.

그러나 다음과 같은 DAX 식을 사용해 계산된 열을 만들 수도 있다.

```
Sales [CustomerInfoKey] =
LOOKUPVALUE (
  'Customer Info'[CustomerInfoKey],
  'Customer Info'[Gender], RELATED ( Customer[Gender] ),
  'Customer Info'[Occupation], RELATED ( Customer[Occupation] ),
  'Customer Info'[Education], RELATED ( Customer[Education] )
)
```

사용자 경험 관점에서 비정규화된 열은 Customer 테이블에서 숨겨야 한다. 두 테이블에 동일한 속성(성별, 직업, 교육)을 표시하면 혼동이 발생할 수 있다. 그러나 이러한 속성을 Customer 테이블에서 숨기면 Sales 테이블의 거래를 확인하지 않고는 특정 직업을 가진 고객 목록으로 보고서를 작성할 수 없다. 이러한 기능을 잃지 않으려면 필요한 경우 활성화할 수 있는 비활성 관계를 포함해 모델을 향상시켜야 한다. 최적화된 Sales Amount 측정값에서 나중에 볼 수 있듯이 해당 관계를 활성화하려면 특정한 측정값이 필요하다. 그림 18-7은 Customer Info 테이블과 Sales 테이블 사이에 활성 관계가 있고 Customer Info 테이블과 Customer 테이블 사이에 비활성 관계가 있음을 보여준다.

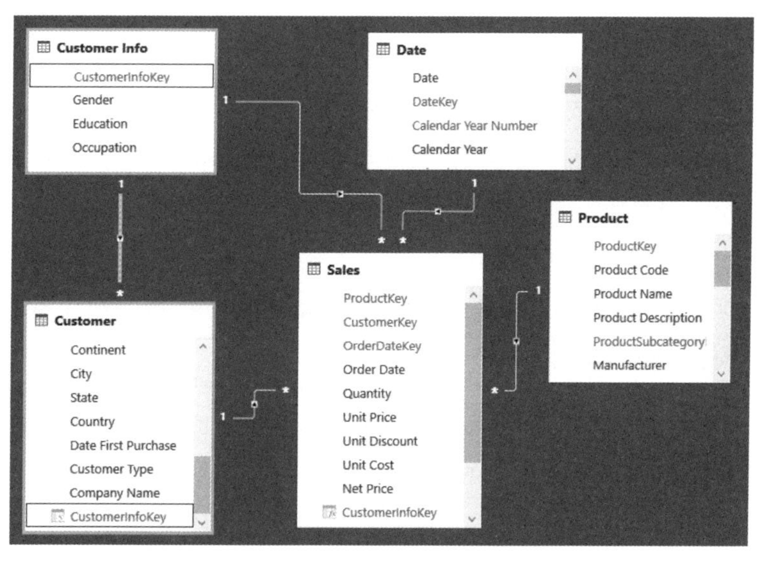

그림 18-7 비활성 관계가 Customer와 Customer Info 테이블을 연결한다.

Customer 테이블에 다른 필터가 활성화돼 있으면 Customer Info와 Customer 테이블 간의 관계를 활성화할 수 있다. 다음 Sales Amount 측정값을 살펴보자.

```
Sales Amount: =
IF (
  ISCROSSFILTERED ( Customer[CustomerKey] ),
  CALCULATE (
    [Sales Internal],
    USERELATIONSHIP ( Customer[CustomerInfoKey], 'Customer Info'[CustomerInfoKey] ),
    CROSSFILTER ( Sales[CustomerInfoKey], 'Customer Info'[CustomerInfoKey], NONE )
  ),
  [Sales Internal]
)
```

크로스필터는 Sales와 Customer 사이의 관계가 양방향이 아닌 한, Customer 테이블의 열에 필터가 있으면 Customer 테이블에서만 활성화된다. 실제로 크로스필터가 활성화되면 USERELATIONSHIP을 사용해 Customer와 Customer Info 사이의 관계를 활성화해 Customer Info와 Sales 사이의 다른 관계를 자동으로 비활성화한다. 또한 함수의 CROSSFILTER는 필요하지 않지만 이를 유지하는 것이 좋다. Customer Info와 Sales 간 관계에서 필터 전파를 비활성화하려는 의도를 강조 표시하기 때문이다. 엔진은 어떤 경우에도 CustomerKey 값 목록을 처리해야 하므로 Customer Info로 이동한 속성을 포함해 이러한 필터를 줄이는 것이 좋다. 그러나 사용자가 Customer가 아니라 Customer Info에서 열을 필터링하면 기본 활성 관계는 더 적은 수의 고유한 값으로 만들어진 더 나은 관계를 사용한다. 불행히도 데이터 모델에서 Customer-Sales 관계 사용을 최적화하려면 이 DAX 패턴을 고객 정보 속성과 관련된 모든 측정값에 적용해야 한다. 이 패턴은 DAX 코드에서 아무런 노력 없이 엔진에 의해 자동으로 구현되기 때문에 데이터 모델에서 집계[Aggregation]를 사용할 필요가 없다.

관계에서 높은 카디널리티가 비정규화돼야 하는 또 다른 일반적인 시나리오는 두 개의 큰 테이블 간 관계다. 그림 18-8의 데이터 모델에서 Sales Header 및 Sales Detail 테이블을 살펴보자.

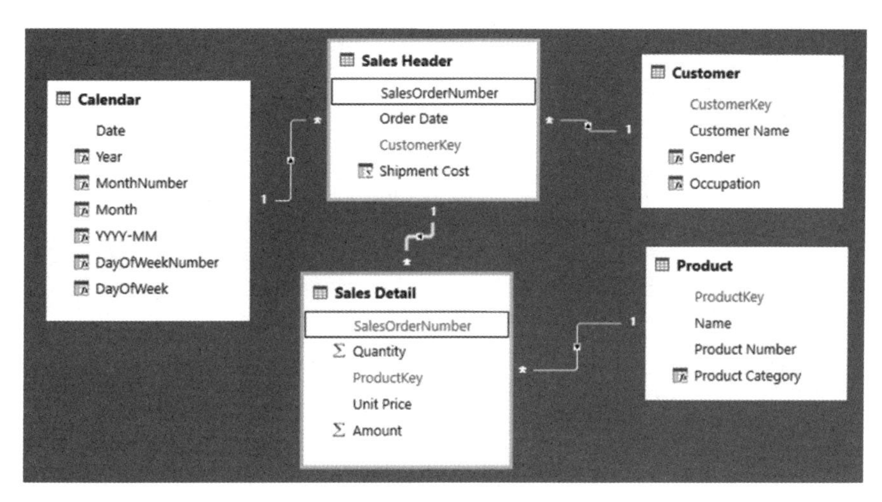

그림 18-8 Customer 테이블은 Sales Header와의 관계를 거쳐 Sales Detail 거래를 필터링한다.

많은 정규화된 관계형 데이터베이스가 이와 유사하게 설계되기 때문에 이러한 상황은 일반적이다. 그러나 `Sales Header`와 `Sales Detail`의 관계는 고유한 값이 많아 DAX 쿼리에 특히 위험하다. `Customer[Gender]`를 기준으로 (`Sales Detail` 테이블의) `Quantity` 열을 그룹화하는 쿼리는 `SalesOrderNumber` 열을 통해 `Sales Header`에서 `Sales Detail`로 필터를 전송한다. `Sales Detail`에서 `Sales Header`에 저장된 모든 관계를 비정규화하면 더 나은 디자인이 가능하다. 실제는 동일한 차원을 공유하는 두 개의 별 모양 스키마가 있어야 한다. 비정규화를 하는 유일한 목적은 그림 18-9에 표시된 새로운 디자인에 더 이상 존재하지 않는 `Sales Header`와 `Sales Detail` 사이의 관계를 통해 필터를 전달하지 않도록 하는 것이다.

특히 성능상 이유로 DAX의 경우 데이터 모델에서 적절한 수준에서 비정규화를 해야 한다. 이 절에서 설명하는 모범 사례는 사용 적합성과 성능 사이의 균형을 잘 보여준다.

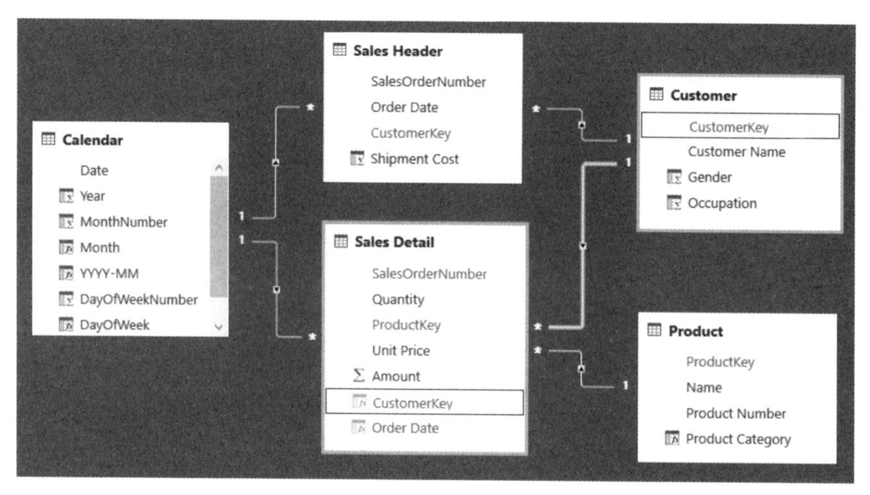

그림 18-9 Sales Header와 Sales Detail 테이블, Customer와 Calendar 테이블 사이에는 직접적인 관계가 있다.

열 카디널리티

열의 카디널리티는 열에 포함된 고유한 값의 수다. 이 숫자는 VertiPaq 스캔 성능에 직접적인 영향을 주는 열의 크기를 줄이는 데 중요하다. 열의 카디널리티를 필요한 최소 수준으로 줄이는 또 다른 이유는 반복 및 필터와 같은 많은 DAX 연산의 실행 시간이 이 숫자와 직접 관련되기 때문이다. 때로는 열의 카디널리티가 열을 포함하는 테이블의 전체 행 수보다 더 중요하다.

데이터 모델을 설계할 때 열의 카디널리티를 파악해 열이 관계, 필터 또는 계산에 사용될 때 어떻게 최적화할 것인지 고민해야 한다. 고려할 사항은 다음과 같다.

- **관계의 키:** 관련 테이블의 카디널리티가 변경되지 않으면 열의 카디널리티를 변경할 수 없다. 18장의 앞부분에 있는 '비정규화' 절을 참조하길 바란다.
- **측정값에 집계된 수:** 해당 숫자가 수량 또는 통화 거래 금액을 나타낼 때는 숫자의 정밀도를 변경하지 않아야 한다. 하지만 숫자가 부동 소수점이 있는 측정값을 나타낼 때는 관련이 없는 소수점을 제거하는 것이 좋다. 예를 들어 온도를 수집할 때 값은

가장 가까운 소수 자릿수로 내림할 수 있다. 제거된 부분은 측정 도구의 정밀도보다 낮을 수 있다.

- **낮은 카디널리티 텍스트 설명**: 열에 고윳값이 많으면 사전 크기에 영향을 준다. 사전이 동일하기 때문에 열을 별도의 테이블로 이동하는 데는 장점이 없다. 사용자가 필요한 경우 이 열을 유지한다.
- **높은 카디널리티 텍스트 노트**: 테이블의 행마다 다르겠지만, 행이 빈 값이면 큰 문제는 아니다.
- **사진**: 이 열은 클라이언트 도구에 그래픽(제품 사진 등)을 표시하는 데 필요하다. 이 데이터 유형은 파워 BI에서 사용할 수 없다. 동적으로 로드되는 이미지의 URL을 저장하면 메모리를 절약할 수 있다.
- **거래 ID**: 이 열은 큰 테이블에서 카디널리티가 높다. DAX 쿼리에 필요하지 않으면 없애는 것을 고려할 수 있다. 예를 들어 특정 집계를 형성하는 거래를 확인하기 위해 드릴스루 작업에 사용될 때 숫자·문자열을 각각 고유한 값이 적은 둘 이상의 부분으로 나누는 것을 고려하자.
- **날짜 및 시간**: 열을 두 부분으로 나누는 것을 고려하자. 다음 절, '날짜 및 시간 처리'에서 자세히 설명한다.
- **감사 열**: 관계형 데이터베이스의 테이블에는 종종 감사 목적으로 사용되는 표준 열(타임 스탬프 및 마지막 업데이트 사용자 등)이 있다. 이러한 열은 드릴스루에 필요한 경우가 아니면 VertiPaq에 저장한 모델로 가져오면 안 된다. 이때 날짜 및 시간에 적용되는 동일한 규칙에 따라 타임 스탬프를 분할하는 것이 좋다.

일반적으로 열의 카디널리티를 줄이면 메모리가 절약되고 성능이 향상된다. 카디널리티를 줄이면 정보 및 정확성이 손실될 수 있으므로 이러한 최적화의 결과를 신중하게 고려해야 한다.

날짜 및 시간 처리

대부분의 데이터 모델에는 하나 이상의 Date 열이 있다. 또한 시간은 흥미로운 분석의 차원이기도 하다. 일반적으로 이러한 열은 데이터 소스의 원래 Datetime 열에서 가져온다. 이러한 유형의 열을 최적화하기 위한 몇 가지 모범 사례가 있다.

무엇보다도 날짜와 시간은 계산된 열을 사용하지 않고 항상 두 개의 별도 열로 나눠야 한다. 이때 데이터 모델의 서로 다른 두 열, 즉 날짜 열과 시간 열에서 원본 열을 읽어서 분할해야 한다. 예를 들어 SQL Server의 테이블에서 TransactionExecution 열을 읽으면 T-SQL 쿼리에서 다음 구문을 사용해 TransactionDate 및 TransactionTime이라는 두 개 열을 만들어야 한다.

```
...
CAST ( TransactionExecution AS DATE ) AS TransactionDate,
CAST ( TransactionExecution AS TIME ) AS TransactionTime,
...
```

이 분할 작업은 매우 중요하다. 이렇게 나누지 않으면 해당 열의 사전과 카디널리티가 매일 증가하게 된다. 또한 테이블 형식에서 타임 스탬프를 분석하는 것은 매우 어렵다. Date 테이블은 날짜와 정확히 일치해야 하며 Date 테이블의 날짜 열과 관계에서 Date/Time 열이 올바르게 작동하지 않을 수 있다.

Date 열의 세분화 수준은 일반적으로 문제가 되지 않는다. 10년은 3,700개 미만의 고윳값에 해당하며 100년도 여전히 관리 가능한 규모에 해당한다. 또한 시간 인텔리전스 함수를 사용하려면 분석하는 연도의 전체 날짜가 필요하므로 이것을 제거하는 것(한 달에 하루만 유지 등)을 고려하는 것은 최적화가 아니다.

반면, Time 열은 좀 더 고민해야 한다. Time 열을 사용하면 선택한 세분화 수준의 각 점에 대해 하나의 행을 포함하는 Time 테이블을 만들어야 한다. 시간은 Time 테이블에서 선택한 시간과 동일한 세분화 수준으로 반올림해야 한다. Time 테이블을 사용하면 아침과 저녁 또는 15분 간격과 같은 다양한 시간을 쉽게 고려할 수 있다. 필요한 데이터와 분석에 따라 가장 가까운 시간이나 밀리 초로 반올림될 수 있다. 표 18-5는 다른 정밀도 수준에 해당하는 카디널리티를 보여준다.

표 18-5 서로 다른 정밀도 수준에 해당하는 Time 열의 카디널리티

Precision	Cardinality
Hour	24
15 Minutes	96
5 Minutes	288
Minute	1,440
Second	86,400
Millisecond	86,400,000

밀리 초 수준의 정밀도를 선택하는 것은 일반적으로 최악의 선택이며, 초 단위까지의 정밀도는 여전히 고윳값 수가 많다. 정밀도 선택은 대부분 시간과 분 사이에서 이뤄진다. 카디널리티가 상대적으로 낮기 때문에 분 단위 정밀도가 안전한 선택이라고 생각할 수 있다. 그러나 열 압축은 연속된 행에 중복된 값이 있는지에 달려 있다. 따라서 1분에서 15분의 정밀도로 바꾸면 큰 테이블의 압축에 큰 영향을 줄 수 있다.

가장 가까운 초·분으로 반올림하거나 분석에 필요하지 않은 세부 사항을 잘라내는 것 사이의 선택은 분석 요구 사항에 따라 달라진다. 다른 정밀도 수준으로 시간을 자르는 T-SQL 코드의 예는 다음과 같다.

```
-- 초로 자르기
DATEADD (
  MILLISECOND,
  - DATEPART ( MILLISECOND, CAST ( TransactionExecution AS TIME(3) ) ),
  CAST ( TransactionExecution AS TIME(3) )
)
-- 분으로 자르기
DATEADD (
  SECOND,
  - DATEPART (SECOND, CAST ( TransactionExecution AS TIME(0) ) ),
  CAST ( TransactionExecution AS TIME(0) )
)
```

```
-- 5분으로 줄이기
--   5~15분을 15분 단위로 줄이기
--   5~60분을 1시간 단위로 줄이기
CAST (
  DATEADD (
    MINUTE,
    ( DATEDIFF (
        MINUTE,
        0,
        DATEADD (
          SECOND,
          - DATEPART ( SECOND, CAST ( TransactionExecution AS TIME(0) ) ),
          CAST ( TransactionExecution AS TIME(0) )
        )
      ) / 5 ) * 5,
    0
  ) AS TIME(0)
)
```

다음 T-SQL 코드는 자르기 대신 시간을 반올림하는 예를 보여준다.

```
-- 초 단위로 반올림
CAST ( TransactionExecution AS TIME(0) )
-- 분 단위로 반올림
CAST ( DATEADD (
  MINUTE,
  DATEDIFF (
    MINUTE,
    0,
    DATEADD ( SECOND, 30, CAST ( TransactionExecution AS TIME(0) ) )
  ),
  0
) AS TIME ( 0 ) )

-- 5분 단위로 반올림
--   5~15분을 15분 단위로 반올림
--   5~60분을 1시간 단위로 반올림
CAST ( DATEADD (
  MINUTE,
  ( DATEDIFF (
    MINUTE,
    0,
```

```
    DATEADD ( SECOND, 5 * 30, CAST ( TransactionExecution AS TIME(0) ) )
   ) / 5 ) * 5,
  0
) AS TIME ( 0 ) )
```

데이터를 가져올 때 파워 쿼리에서 유사한 변환을 적용할 수 있지만, 수백만 행이 있는 테이블에서 더 나은 성능을 위해서는 원래 데이터 소스에서 변환하는 것이 더 좋다.

매일 수백만 개의 새로운 행을 단일 테이블에 저장할 때 이러한 세부 사항으로 인해 메모리 사용량과 성능이 크게 달라질 수 있다. 동시에 매우 높은 수준의 압축이 필요하지 않은 데이터 모델이라면 최적화하는 데 너무 많은 시간을 소비할 필요가 없다. 결국, 정밀도를 줄인다는 것은 일부 정보를 잃어 더 깊은 통찰력을 얻을 수 없게 된다는 것을 의미한다.

계산된 열

계산된 열은 DAX 식을 한 행씩 평가한 결과를 테이블을 새로고침할 때 저장한다. 그러므로 계산된 열은 쿼리 실행 시간을 최적화하는 방법으로 간주될 수 있다. 그러나 계산된 열에는 보이지 않는 비용이 있어 특정 조건에서만 좋은 최적화 대안이 될 수 있다.

계산된 열은 다음 두 가지 상황에서만 실행 가능한 옵션이다.

- **데이터 그룹화 또는 필터링**: 계산된 열이 데이터를 그룹화하거나 필터링하는 데 사용되는 값을 반환하는 경우, 데이터를 데이터 모델로 가져오기 전에 동일한 값을 생성하는 것 외에 다른 대안이 없다. 예를 들어 제품의 가격은 낮음, 중간, 높음으로 분류될 수 있다. 이 값은 일반적으로 문자열이며, 특히 선택 항목으로 사용하고자 할 때 더욱 그렇다.
- **복잡한 표현식 사전 계산**: 계산된 열은 쿼리 시간에 만들어진 필터에 민감하지 않은 복잡한 계산 결과를 저장할 수 있다. 그러나 이것이 실제적인 계산에서의 장점이 되는 시점을 규명하기는 매우 어렵다. 그러므로 사전 계산을 정당화하려면 쿼리 시 실제 성능상의 이점이 존재하는지 측정해야 한다.

계산된 열이 쿼리 시 동일한 계산을 수행하는 것보다 빠르다고 생각하는 오류를 범하지 말자. 때때로 정확하지 않다. 또 다른 경우, 장점을 거의 측정할 수 없고 계산된 열의 비용 대비 효과도 적다. 최적화 차원에서 계산된 열을 정당화하려면 쿼리 시 관련 성능이 개선돼야 한다. 또한 측정값으로 런타임에 수행된 동등한 계산 대비 계산된 열의 비용·편익 비율을 평가할 때 여러 가지 요소를 고려해야 한다.

계산된 열은 기본 열보다 최적화되지는 않는다. VertiPaq가 각 세그먼트에서 데이터의 최적 정렬 순서를 찾기 위해 실행하는 휴리스틱에 참여하지 않기 때문에 테이블의 기본 열에 비해 압축률이 낮을 수 있다. 고유한 값의 수가 매우 적을 때만 압축의 이점을 누릴 수 있지만, 이는 논리적인 조건의 결과일 뿐 똑 떨어지지는 않는다.

다음과 같이 단순 계산된 열을 살펴보자.

```
Sales[Amount] = Sales[Quantity] * Sales[Price]
```

Quantity에 100개의 고윳값이 있고 Price에 1,000개의 고윳값이 있을 경우, 결과 Amount 열에는 열의 실제 값과 테이블 행에서의 분포에 따라 1~100,000개의 고윳값이 있을 수 있다. 일반적으로 테이블의 행 수가 클수록 통계 분포 때문에 Amount 열에 있는 고윳값 수가 더 많아진다. 원래 열보다 1~2배 큰 사전을 사용하면 압축이 더 나빠진다. 쿼리 성능은 어떨까? 상황에 따라 다르므로 두 가지 가능한 계산(계산 열 기반 vs. 측정값 기반)을 고려해 정답을 얻기 위해 사례별로 측정해야 한다.

다음과 같이 측정값으로 계산된 Amount 열을 더할 수 있다.

```
Total AmountCC := SUM ( Sales[Amount] )
```

다음과 같은 대체 동적 구현은 반복함수 내부의 계산 열 표현식을 테이블로 전송한다.

```
TotalAmountM := SUMX ( Sales, Sales[Quantity] * Sales[Price] )
```

단일 Sales[Amount] 열을 스캔하는 비용이 두 개의 원래 Sales[Quantity] 및 Sales[Price] 열을 스캔하는 것보다 작은가? 이를 사전에 예측할 수 없으므로 측정해야 한다. 일반적으로 두 옵션의 차이는 매우 큰 테이블에서만 볼 수 있다. 작은 테이블에서 성능은 별 차이가 없으므로 계산된 열은 메모리 비용 대비 효과가 없다.

집계값을 계산하는 데 사용되는 계산된 열은 대부분 SUMX 및 AVERAGEX와 같은 반복기에서 동일한 식을 사용해 대체할 수 있다. 앞의 예에서 Total Amount M은 단순 집계인 TotalAmountCC에 참조된 계산된 열에서 정의된 것과 동일한 식을 동적으로 실행하는 측정값이다.

컨텍스트 전환이 반복함수에서 이뤄질 때는 다른 평가가 필요하다. Sales Header와 Sales Detail 테이블이 관계를 통해 연결된 모델에서 다음 DAX 측정값을 살펴보자.

```
AverageOrder :=
AVERAGEX (
  'Sales Header',
  CALCULATE (
    SUMX (
      'Sales Detail',
      'Sales Detail'[Quantity] * 'Sales Detail'[Unit Price]
    ),
    ALLEXCEPT ( 'Sales Detail', 'Sales Header' )
  )
)
```

이때 특히 Sales Header 테이블에 수백만 이상의 행이 있다면 루프 내의 컨텍스트 전환은 비용이 많이 든다. 다음과 같이 계산된 열에 값을 저장하면 실행 시간이 많이 절약될 수 있다.

```
'Sales Header'[Amount] =
CALCULATE (
  SUMX (
    'Sales Detail',
    'Sales Detail'[Quantity] * 'Sales Detail'[Unit Price]
```

```
  )
)
AverageOrder :=
AVERAGEX (
  'Sales Header',
  'Sales Header'[Amount]
)
```

한 번 더 지침을 강조하자면 다음과 같다. 계산된 열의 성능 향상과 관련 메모리 비용을 측정해 사용 여부를 결정해야 한다.

예를 들어 SQL 문이나 파워 쿼리 변환을 사용해 테이블을 채울 때 데이터 원본의 기본 열에 동일한 값을 생성하면 계산된 열을 피할 수 있다. 유용한 계산된 열은 VertiPaq 엔진을 활용하고, 데이터 원본에서 전체 테이블을 다시 읽는 것보다 빠르고 유연하게 열을 계산해야 한다. 일반적으로 이는 계산된 열 표현식이 속한 테이블이 아니라 다른 테이블에 속한 행을 집계할 때 발생한다. 앞에서 `Sales Header` 테이블의 계산된 `Amount` 열이 그러한 조건의 예다.

마지막으로, 계산된 열은 다음 절, '계산된 열 처리'에서 자세히 다루겠지만, 다중 스레드에서 확장할 수 없는 작업이기 때문에 데이터 모델을 새로 고치는 데 걸리는 시간이 늘어난다.

이제 다음과 같은 두 가지 이유로 계산된 열에 비용이 많이 든다는 점이 분명해야 한다.

- **메모리**: 최적화가 안 된 압축으로 값이 보관된다.
- **새로고침 시간**: 계산된 열 프로세스는 단일 스레드를 사용하는 순차적 작업이므로 대규모 서버에서도 확장할 수 없는 작업이 발생한다.

하지만 계산된 열은 많은 시나리오에서 유용하다. 계산된 열은 항상 피해야 한다고는 이야기하고 싶지 않다. 비용을 잘 인식해 사용 여부를 결정하기 바란다. 다음 절에서는 계산된 열이 성능 향상에 실제로 도움이 되는 예를 설명한다.

부울 계산 열로 복잡한 필터 최적화

계산된 열을 사용해 최적화를 달성하는 구체적인 사례도 있다. 카디널리티가 높은 열을 필터링하는 데 사용되는 논리 수식은 논리 수식의 결과 자체를 저장하는 계산된 열을 사용해 통합할 수 있다.

다음 측정값을 살펴보자.

```
ExpensiveTransactions :=
COUNTROWS (
  FILTER (
    Sales,
    VAR UnitPrice =
      IF (
        Sales[Unit Discount] > 0,
        RELATED ( 'Product'[Unit Price] ),
        Sales[Net Price]
      )
    VAR IsLargeTransaction = UnitPrice * Sales[Quantity] > 100
    VAR IsLargePrice = UnitPrice > 70
    VAR IsExpensive = IsLargeTransaction || IsLargePrice
    RETURN
      IsExpensive
  )
)
```

Sales 테이블에 수백만 개의 행이 있다면 필터 반복은 비용이 많이 들 수 있다. 이 경우처럼 필터로 사용한 식이 기존 필터 컨텍스트에 의존하지 않을 때 CALCULATE 문에서 해당 열에 필터를 적용해 식의 결과를 계산된 열에 통합할 수 있다. 앞의 코드를 다음과 같이 다시 작성할 수 있다.

```
Sales[IsExpensive] =
VAR UnitPrice =
  IF (
    Sales[Unit Discount] > 0,
    RELATED ( 'Product'[Unit Price] ),
    Sales[Net Price]
  )
```

```
VAR IsLargeTransaction = UnitPrice * Sales[Quantity] > 100
VAR IsLargePrice = UnitPrice > 70
VAR IsExpensive = IsLargeTransaction || IsLargePrice
RETURN
  IsExpensive

ExpensiveTransactions :=
CALCULATE (
  COUNTROWS ( Sales ),
  Sales[IsExpensive] = TRUE
)
```

논리값(TRUE 또는 FALSE)을 포함하는 계산 열은 일반적으로 압축률이 우수하고 메모리 비용이 저렴하다. 행 수를 계산하는 데 필요한 Sales 테이블의 스캔에 직접 필터를 적용하기 때문에 실행 시 매우 효과적이다. 이때 쿼리 시 이점이 분명히 존재한다. 다만 늘어난 열 처리 시간이 의미가 있는지 확인해야 한다. 즉, 최종 결정을 내리기 전에 계산된 열의 처리 시간을 측정해야 한다.

계산된 열 처리

계산된 열이 있으면 계산된 열과 관련된 테이블 일부에서 새로고침 속도가 느려질 수 있다. 이 절에서는 그 이유를 설명한다. 또한 계산된 열 때문에 증분 새로고침 작업이 매우 비싼 이유의 배경 정보도 제공한다.

테이블을 새로 고치려면 테이블의 열을 참조하는 전체 데이터 모델에서 계산된 모든 열을 다시 계산해야 한다. 예를 들어 증분 새로고침과 마찬가지로 테이블의 파티션을 새로 고치려면 테이블에 저장된 모든 계산 열을 완전히 업데이트해야 한다. 새로고침이 테이블의 단일 파티션에만 영향을 주더라도 테이블의 모든 행에 대해 이러한 계산이 수행된다. 계산된 열의 식이 같은 테이블의 다른 열에만 의존하는지는 중요하지 않다. 계산 열은 항상 단일 파티션이 아닌 전체 테이블에서 계산된다.

또한 계산된 열의 식이 다른 테이블에 의존하는 때도 있다. 이 경우 부분적으로 새로 고친 테이블을 참조하는 계산된 열도 다시 계산해 데이터 모델의 일관성을 유지해야 한다. 계산된 열을 계산하는 비용은 일반적으로 열이 저장된 테이블의 행 수에 따라 달라진다.

계산된 열의 프로세스는 테이블의 모든 행을 반복하면서 열의 식을 계산하는 단일 스레드 작업이다. 계산된 열이 여러 개일 경우 한 번에 하나씩 평가하므로 큰 테이블에서는 전체 작업에 많은 시간이 소요된다. 따라서 수억 개의 행이 있는 큰 테이블에서 계산된 열을 만드는 것은 좋은 생각이 아니다. 큰 테이블에서 수십 개의 계산된 열을 만들면 처리 시간이 매우 길어져 기본 데이터를 처리하는 데만 몇 분이 걸릴 수도 있다.

저장할 올바른 열 선택

계산된 열에 관한 주제를 다룬 이전 절에서 계산된 열이 항상 유리한 것은 아니라고 설명했다. 테이블의 기본 열도 마찬가지다. 테이블에 저장할 열을 선택할 때 메모리 크기와 쿼리 성능을 고민해야 한다. 저장할 열을 제대로 선택하면 리소스 할당(특히 메모리)을 효과적으로 최적화할 수 있다.

테이블에 존재하는 다음과 같은 유형의 열을 살펴보자.

- **기본 또는 대체 키**: 이 열에는 테이블의 각 행에 대한 고유한 값이 들어 있다.
- **질적 속성**: 열은 텍스트 또는 숫자일 수 있으며 테이블의 행을 그룹화하거나 필터링하는 데 사용할 수 있다(이름, 색상, 도시, 국가 등).
- **양적 속성**: 숫자는 필터(특정 값보다 작음 등)와 가격, 금액, 수량 등과 같이 계산에서 인수로 사용되는 값이다.
- **설명 속성**: 이 열에는 행에 대한 추가 정보를 제공하는 텍스트가 포함되지만 해당 내용은 행을 필터링하거나 집계하는 데 사용되지는 않는다(노트, 주석 등).
- **기술적 속성**: 최종 업데이트한 사용자 이름, 타임 스탬프, 복제 GUID와 같이 비즈니스 가치는 없지만 기술적인 이유로 데이터베이스에 기록된 정보다.

일반적인 원칙은 카디널리티가 높고 분석과 관련이 없는 열은 가져오지 않고, 테이블로 가져온 열의 카디널리티는 최소화하기 위해 노력하는 것이다. 하지만 모든 유형의 열에 대해 추가적으로 살펴볼 필요가 있다.

기본 또는 **대체 키** 열은 다른 테이블과 일대다 관계가 하나 이상 있을 때 필요하다. 예를 들어 제품 테이블에서 제품 코드와 제품 키 열은 확실히 필수 열이다. 하지만 다른 테이블과의 관계에 사용되지 않는 기본 또는 대체 키 열은 테이블에 포함되지 않아야 한다. 예를 들어 Sales 테이블에는 원래 테이블의 각 행에 고유 식별자가 있을 수 있다. 이러한 열에는 Sales 테이블의 행 수에 해당하는 카디널리티가 있다. 그런데 관계에서 Sales를 대상으로 하는 테이블이 없으면 행의 고유 식별자는 필요 없다. 메모리 측면에서 비용이 많이 드는 열이므로 메모리로 가져와서는 안 된다. 복합 데이터 모델에서 세분화 수준이 높은 유사한 열은 메모리에 저장하지 않고 다이렉트쿼리를 통해서만 액세스할 수 있다. 이와 관련한 내용은 다음 절, '열 저장소 최적화'에서 다룬다.

압축이 잘 되고 분석에 유용하게 사용하기 위해서는 카디널리티가 낮은 **질적 속성**을 포함해야 한다. 예를 들어 제품 테이블의 제품 카테고리 열은 카디널리티가 낮은 열이다. 카디널리티가 높으면 저장소 메모리 비용이 높을 수 있으므로 열을 가져올지 말지를 신중하게 고려해야 한다. 자주 선택하면 높은 비용이 정당화될 수 있지만, 쿼리의 필터가 해당 열의 값을 얼마나 사용하는지 확인해야 한다. 예를 들어 제조 로트 번호는 사용자가 쿼리 시 필터링할 판매 테이블에 포함된 정보일 수 있다. 특정 쿼리에 이 필터를 적용해야 하는 비즈니스의 필요성이 있다면 높은 비용이 정당화될 수 있다.

중복 정보를 제공하는 열은 저장하지 않고 건너뛸 수 있지만, 모든 **양적 속성**은 일반적으로 특정한 계산을 수행하기 위해 가져온다. 예를 들어 판매 테이블의 수량, 가격 및 금액 열을 살펴보자. 여기서 금액 열은 수량과 가격을 곱한 결괏값이다. 이러한 각 열을 집계하는 측정값을 만들고 싶을 수도 있다. 즉, 평균 가격을 구하려면 각 거래를 동일한 수준에서 고려하는 단순 평균이 아닌 금액과 수량의 합계를 고려한 가중 평균으로 평균 가격을 계산할 것이다. 정의하려는 측정값의 예는 다음과 같다.

```
Sum of Quantity := SUM ( Sales[Quantity] )
Sum of Amount   := SUM ( Sales[Amount] )
Average Price   := DIVIDE ( [Sum of Amount], [Sum of Quantity] )
```

위의 측정값을 살펴보고, 측정값에 사용하지 않는 가격 열은 가져오지 않고 데이터 모델에서 수량 및 금액만 가져와야 한다고 말할 수도 있다. 그러나 열의 카디널리티를 고려하면 의심의 여지가 있다. 수량 열에 100개의 고윳값이 있고 가격 열에 10,000개의 고윳값이 있으면 금액 열에 최대 1,000,000개의 고윳값이 있을 수 있다. 이때 데이터 모델에서 다음과 같은 측정값을 사용해 수량 및 가격 열만 가져오는 것을 고려할 수 있다. 다음 측정값은 Sum of Amount만 바뀌고 나머지 두 측정값은 변하지 않는다.

```
Sum of Quantity := SUM ( Sales[Quantity] )
Sum of Amount   := SUMX ( Sales, Sales[Quantity] * Sales[Price] )
Average Price   := DIVIDE ( [Sum of Amount], [Sum of Quantity] )
```

새롭게 정의된 Sum of Amount 측정값은 하나가 아니라 두 개의 열을 스캔해야 하므로 더 느릴 수 있다. 이러한 열은 원래 Amount보다 작을 수 있다. 열의 카디널리티뿐만 아니라 테이블에 있는 값의 분포도 고려해야 해서 더 빠른 옵션을 예측하는 것은 매우 어렵다. 최종 결정을 내리기 전에 두 시나리오 모두에서 사용된 메모리와 성능을 측정하는 것이 좋다. 경험에 의하면 작은 데이터 모델에서는 금액 열을 제거하는 것이 파워 BI와 파워 피봇에서 더 중요할 수 있다. 실제로 개인용 컴퓨터에서 사용할 수 있는 메모리는 대개 서버보다 제한적이며, 메모리 설치 공간이 작을수록 작은 파일을 여는 로딩 시간이 더 빨라진다. 어쨌든 SSAS 모델에 수십억 개의 행이 저장돼 있는 대형 테이블에서 두 열 사이의 곱셈[Quantity and Price]의 성능 저하가 Amount 열 때문에 증가된 메모리 스캔 시간보다 클 수 있다. 이때 쿼리에 대한 응답 시간이 길수록 Amount 열을 저장하는 데 필요한 높은 메모리 비용이 정당화될 수 있다. 어쨌든, 데이터의 분포가 압축에 중요한 역할을 하고 데이터와 관련된 모든 결정에 영향을 미치기 때문에 각각의 특정 사례에서 크기와 성능을 측정해야 한다.

노트 테이블이 VertiPaq에 저장된 경우 금액 대신 수량 및 가격을 저장하는 것이 유리하지만, 다이렉트쿼리 모델에서는 권장하지 않는다. 더욱이 VertiPaq에 저장된 테이블이 메모리에 수십억 개의 행이 포함된 경우 금액 열이 더 나은 쿼리 성능을 제공할 수 있으며, 향후 VertiPaq에 대한 집계와도 호환된다. 자세한 내용은 18장의 뒷부분, 'VertiPaq 집계 관리'에서 다룬다.

설명 속성을 가져올지 말아야 할지 숙고해야 한다. 일반적으로 메모리로 가져올 때 열 사전의 저장 비용이 높다. 설명 속성의 몇 가지 예는 송장의 메모 필드와 제품 테이블의 설명 열이다. 이러한 속성은 주로 특정 실체에 대한 추가 정보를 제공하기 위해 사용된다. 데이터를 그룹화하거나 필터링하는 데 이러한 유형의 열은 거의 사용하지 않는다. 일반적으로 상세 드릴스루 정보를 얻고자 할 때 사용된다. 데이터 모델에 이러한 열을 포함할 때의 문제는 주로 열 사전과 관련된 메모리 저장 비용이다. 열에 빈 값이 많고 테이블에 있는 고유한 값이 적으면 사전은 작을 것이고 열 비용은 더욱 수용 가능할 것이다. 그럼에도 불구하고 콜 센터에서 이뤄진 대화의 모든 기록을 포함하는 열은 통화를 관리하는 날짜, 시간, 기간 및 상담원이 포함된 `Service Call` 테이블에는 너무 비싸다. 설명 속성을 메모리에 저장하는 비용이 너무 비싸면 복합 데이터 모델에서 다이렉트쿼리를 통해서만 액세스하는 것을 고려할 수 있다.

특정 유형의 설명 속성은 드릴스루 작업에서 거래에 관한 세부 정보를 제공한다. 예를 들어 거래의 송장 번호나 주문 번호는 카디널리티가 높은 속성이지만, 일부 보고서에서는 그것이 중요할 수 있다. 이때 다음 절, '열 저장소 최적화'에서 설명하는 드릴스루 속성에 대한 특정 최적화를 고려해야 한다.

대부분의 경우 마지막 업데이트된 타임 스탬프, 날짜, 시간, 연산자 등 **기술적 속성**에 대한 열을 가져올 이유는 없다. 이 정보는 주로 감사와 포렌식 용도로 사용한다. 감사 목적으로 특별히 제작된 데이터 모델이 없는 한, 분석 솔루션에서 이 정보의 필요성은 낮다. 기술적 속성은 복합 데이터 모델에서 다이렉트쿼리를 통해서만 액세스되는 열에 적합한 후보다.

열 저장소 최적화

열을 최적화하는 가장 좋은 방법은 테이블에서 열을 완전히 제거하는 것이다. 이전 절에서 테이블의 열 유형을 기준으로 이 결정이 타당할 때를 설명했다. 데이터 모델의 일부인 열 집합을 정의한 후에는 각 최적화에 부작용이 있더라도 사용되는 메모리양을 줄이기 위해 최적화 기법을 계속 사용할 수 있다. 복합 데이터 모델 기능을 사용할 수 있는 경우, 데이터 소스에만 열을 유지하고 다이렉트쿼리를 통해서만 열에 액세스할 수 있게 하는 옵션도 가능하다.

열 분할 최적화 사용

열 카디널리티를 줄여 열의 메모리 공간을 낮출 수 있다. 어떤 조건에서는 열을 두 개 이상의 부분으로 분할해 이 결과를 얻을 수 있다. 원래 열을 메모리에 저장해야 하므로 계산된 열로는 열 분할을 할 수 없다. 다음은 SQL에서의 분할 작업의 예를 보여주지만 다른 변환 도구(Power Query 등)에서도 동일한 결과를 얻을 수 있다.

예를 들어 10자로 이뤄진 문자열(`TransactionID`의 값 등)이 있다면 열을 두 부분으로 나눌 수 있으며, 이때 다음과 같이 각 5자(`TransactionID_High` 및 `TransactionID_Low`)로 나눌 수 있다.

```
SELECT
  LEFT ( TransactionID, 5 ) AS TransactionID_High,
  SUBSTRING ( TransactionID, 6, LEN ( TransactionID ) - 5 ) AS TransactionID_Low,
  ...
```

정숫값의 경우 분할과 두 열 사이에 동일한 분포를 만드는 숫자에 모듈러modulo를 사용할 수 있다. 0부터 1억 사이의 숫자가 있는 정수 열 TransactionID의 경우, 다음과 같이 10,000으로 나눌 수 있다.

```
SELECT
  TransactionID / 10000 AS TransactionID_High,
  TransactionID % 10000 AS TransactionID_Low,
  ...
```

십진수에도 비슷한 방법을 사용할 수 있다. 단순 분할은 정수를 소수 부분과 분리하는 것이지만, 이것이 균등한 분포를 만들어내지 못할 수도 있다. 예를 들어 다음과 같이 UnitPrice 10진수 열을 `UnitPrice_Interger` 및 `Unit Price_Decial` 열로 변환할 수 있다.

```
SELECT
  FLOOR ( UnitPrice ) AS UnitPrice_Integer,
```

```
UnitPrice - FLOOR ( UnitPrice ) AS UnitPrice_Decimal,
...
```

간단한 상세 보고서나 계산 중에 원래 값을 복원하는 측정값에서처럼 열 분할의 결과를 사용할 수도 있다. 클라이언트 도구에서 사용할 수 있는 경우 Detail Rows 기능을 통해 드릴스루 작업을 제어할 수 있으며, 클라이언트에 원본 열을 표시하고 두 개의 분할 열의 존재를 숨길 수 있다.

중요 열 분할은 앞의 예와 같이 정수 부분과 소수 부분을 분리해 측정값으로 집계된 숫자를 최적화할 수 있다. 그러나 집계 작업은 둘 이상의 열을 스캔해야 하며, 일반적으로 전체 작업 시간은 단일 열을 사용하는 시간보다 크다는 점을 고려해야 한다. 성능을 최적화할 때 통화 또는 정수 데이터 유형에 대한 해시 인코딩 대신 값 인코딩을 사용해 사전을 제거하지 않는 한, 메모리 절약이 효과적이지 않을 수 있다. 데이터 모델이 성능 측면에서도 그러한 최적화가 작동하는지 검증하려면 항상 구체적으로 측정해야 한다.

카디널리티가 높은 열 최적화

카디널리티가 높은 열은 큰 사전, 큰 계층 구조, 낮은 인코딩 압축 때문에 비용이 많이 든다. 속성 계층 구조는 비용이 많이 들 수 있으며 특정 조건에서는 비활성화할 수 있다. 속성 계층 구조를 비활성화하는 방법은 다음 절에서 설명한다.

계층 구조를 비활성화할 수 없거나 메모리 최적화에 감소량이 충분하지 않으면 측정값에 사용되는 높은 카디널리티 열에 대해 열 분할 최적화를 고려할 수 있다. 분할된 열을 숨기고 측정값을 계산에 포함해, 사용자에게 최적화를 숨길 수 있다. 예를 들어 열 분할을 사용해 UnitPrice를 최적화한다면 다음과 같은 방식으로 Sum of Amount 측정값을 생성할 수 있다.

```
Sum of Amount :=
SUMX (
  Sales,
  Sales[Quantity] * ( Sales[UnitPrice_Integer] + Sales[UnitPrice_Decimal] )
)
```

계산 비용이 더 비싸기 때문에 두 모델(열 분할 최적화를 포함하거나 포함하지 않음)의 성능을 정확하게 측정해야만 특정 데이터 모델에서 어떤 대안이 더 나은지 규명할 수 있다는 점을 기억해 두자.

속성 계층 구조 비활성화

열을 MDX 속성 계층으로 참조하기 위해서는 MDX 쿼리에 속성 계층 구조가 필요하다. 이 구조에는 열의 모든 값이 정렬된 목록이 포함돼 있으며 새로고침 및 증분 새로고침 동안 이 구조를 작성하는 데 긴 시간이 걸릴 수 있다. 이 구조물의 크기는 VertiPaq 분석기의 `Hierarchies Size` 열에서 측정된다. 열이 측정값과 드릴스루 결과에만 사용되고, 사용자에게 데이터를 필터링하거나 그룹화하는 속성으로 표시되지 않으면 속성 계층 구조가 전혀 사용되지 않으므로 필요하지 않다.

열의 'Available In MDX' 속성을 `False`로 설정해 속성 계층 구조의 생성을 비활성화할 수 있다. 기본적으로 이 속성은 `True`다. TMSL과 TOM에서 이 속성의 이름은 `isAvailableInMdx`다. 개발 도구와 데이터 모델의 호환성 수준에 따라 이 속성을 사용하지 못할 수 있다. 이 속성을 보여주는 도구는 Tabular Editor(https://github.com/otykier/TabularEditor/releases/latest)다.

속성 계층 구조는 DAX에서도 정렬 및 필터 작업을 최적화하는 데 사용된다. 열이 측정값의 식에서만 사용되고, 보이지 않으며, 데이터를 필터링하거나 정렬하는 데 사용되지 않는 경우 `isAvailableInMdx` 속성을 비활성화하는 것이 안전하다. 이러한 속성은 https://docs.microsoft.com/en-us/dotnet/api/microsoft.analysisservices.tabular.column.isavailableinmdx의 문서에서 확인할 수 있다.

드릴스루 특성 최적화

한 열에 드릴스루 작업에만 사용되는 데이터가 들어 있을 때 두 가지 최적화가 가능하다. 첫 번째는 열 분할 최적화이고, 두 번째는 복합 데이터 모델에서 다이렉트쿼리를 통해서만 열에 접근할 수 있도록 하는 것이다.

이 열을 측정값에 사용하지 않을 때는 원래 값의 구체화에 수반되는 비용을 염려하지 않아도 된다. Detail Rows 기능을 활용하면 드릴스루 작업 결과에 원래 열을 표시해 두 분할된 열의 존재를 숨길 수 있다. 단, 원래 값을 필터나 group by 열로 사용할 수 없다.

복합 데이터 모델에서는 다이렉트쿼리 요청을 통해 전체 테이블에 접근할 수 있는 반면, 관계와 측정값에 사용되는 열은 VertiPaq 엔진이 관리하는 인메모리 집계에 포함될 수 있다. 이렇게 하면 데이터를 집계할 때 최상의 성능을 얻을 수 있는 반면, 다이렉트쿼리로 드릴스루 속성을 데이터 소스에 요청하면 쿼리 실행 시간이 더 길어질 것이다. 다음 절, 'VertiPaq 집계 관리'에서는 해당 기능에 관한 자세한 정보를 제공한다.

VertiPaq 집계 관리

VertiPaq 저장 엔진은 다이렉트쿼리 데이터 소스 및 향후 대규모 VertiPaq 테이블에 대한 집계를 관리하는 데 사용할 수 있다. 집계는 2018년 말에 파워 BI 기능으로 처음 도입됐다. 같은 기능이 나중에 다른 제품에 채택될 수 있다. 집계는 저장 엔진의 요청 비용을 절감하기 위해서다. 이는 집계된 데이터가 포함된 작은 테이블에서 데이터를 사용할 수 있는 경우 비용이 많이 드는 다이렉트쿼리 요청이 필요하지 않기 때문이다.

집계 기능이 반드시 VertiPaq와 관련이 있는 것은 아니다. 즉, 클라이언트 요청의 세분화 수준에 따라 데이터 원본에서 다른 테이블을 쿼리하도록 다이렉트쿼리 모델에서 집계를 정의할 수 있다. 그러나 집계의 일반적인 사용 사례는 각 테이블에 다음과 같이 세 가지 가능한 저장 모드가 있는 복합 데이터 모델에서 이를 정의하는 것이다.

- **가져오기**: 테이블은 메모리에 저장되고 VertiPaq 저장 엔진에 의해 관리된다.
- **다이렉트쿼리**: 데이터는 데이터 소스에 보관되고 런타임 시 모든 DAX 쿼리는 데이터 소스에 하나 이상의 요청을 생성할 수 있으며 일반적으로 SQL 쿼리를 전송한다.
- **이중**Dual: 테이블은 VertiPaq에 의해 메모리에 저장되며 다이렉트쿼리에서도 사용할 수 있다. 일반적으로 다이렉트쿼리 또는 이중 모드로 저장된 다른 테이블을 결합한다.

집계의 원칙은 저장 엔진의 요청을 해결하기 위해 다양한 옵션을 제공하는 것이다. 예를 들어 Sales 테이블은 제품, 고객 및 날짜와 같은 각 거래의 세부 정보를 저장할 수 있다. 제품 및 월별로 집계를 만들면 집계된 테이블의 행의 수는 훨씬 적다. Sales 테이블에는 동일한 요청과 호환되는 여러 집계의 경우 우선순위가 있는 집계가 두 개 이상 있을 수도 있다. 판매, 제품, 날짜 및 매장이 있는 데이터 모델에서 다음과 같은 집계를 사용할 수 있는 경우를 살펴보자.

- 제품 및 날짜 – 우선순위 50
- 매장 및 날짜 – 우선순위 20

쿼리에 제품, 브랜드 및 연도별 매출 총합계가 필요하다면 첫 번째 집계를 사용한다. 월 또는 일 수준에서 드릴다운할 때도 동일한 집계가 사용된다. 실제로 제품 및 날짜 세분화 수준에서 판매 데이터가 있는 집계는 이러한 테이블에 포함된 특성을 사용해 행을 그룹화하는 모든 쿼리를 해결할 수 있다. 동일한 논리로 매장, 국가 및 연도별로 데이터를 집계하는 쿼리는 매장 및 날짜의 세분화 수준에서 생성된 두 번째 집계를 사용한다. 그러나 매장, 국가 및 제품 브랜드별로 데이터를 집계하는 쿼리는 기존 집계를 사용할 수 없다. 사용 가능한 집계 중 요청과 호환되는 세분화 수준이 없기 때문에 이러한 쿼리는 모든 세부 정보가 있는 Sales 테이블을 사용해야 한다. 둘 이상의 집계가 요청과 호환된다면 각 집계에 대해 정의된 우선순위에 따라 선택된다. 즉, 엔진은 우선순위가 높은 집계를 선택한다. 표 18–6은 설명된 예에서 쿼리 요청에 따라 사용되는 집계를 보여준다.

표 18–6 쿼리 요청에 따른 집계 사례

쿼리 요청	사용된 집계
Group by product brand and year	제품 및 날짜
Group by product brand and month	제품 및 날짜
Group by store country and year	매장 및 날짜
Group by store country and month	매장 및 날짜
Group by year	제품 및 날짜 (최고 우선순위)
Group by month	제품 및 날짜 (최고 우선순위)
Group by store country and product brand	집계 없음

엔진은 집계 저장 모드와 관계없이 우선순위만 고려해 사용할 집계를 선택한다. 실제로 모든 집계에는 VertiPaq 또는 다이렉트쿼리에 저장할 수 있는 기본 테이블이 있다. 상식적으로 볼 때 다이렉트쿼리 집계보다 VertiPaq 집계를 선호해야 한다. 그럼에도 불구하고 DAX 엔진은 우선순위 규칙만 따른다. 다이렉트쿼리 집계가 VertiPaq 집계에 비해 높은 우선순위를 가지며 둘 다 요청 속도를 높일 수 있는 후보일 경우 엔진은 다이렉트쿼리 집계를 선택한다. 좋은 우선순위 규칙을 정의하는 것은 개발자의 몫이다.

집계는 다음과 같은 몇 가지 조건에 따라 저장 엔진의 요청을 충족할 수 있다.

- 저장 엔진 요청과 관련된 관계의 세분화 수준
- 집계의 요약 유형에서 GroupBy로 정의된 열이 일치함
- 단일 열의 단순 집계와 요약이 일치함
- 상세 테이블에 대한 Count 요약이 존재함

이러한 조건은 데이터 모델의 설계에 영향을 미칠 수 있다. VertiPaq에 모든 테이블을 가져오는 모델은 일반적으로 메모리 요구 사항을 최소화하도록 설계된다. 앞서 다룬 '저장할 올바른 열 선택' 절에서 설명한 것처럼 수량 및 가격 열을 저장하면 개발자는 다음과 같은 측정값을 사용해 쿼리 시간에 금액을 계산할 수 있다.

```
Sales Amount: = SUMX ( Sales, Sales[Quantity] * Sales[Price] )
```

Sum 요약은 단일 열만을 참조하기 때문에 위의 `Sales Amount` 측정값에서는 Sum 요약 유형의 집계를 사용하지 않는다. 그러나 `Sales[Quantity]`와 `Sales[Price]`가 GroupBy로 요약되고 `Sales` 테이블에 대한 Count 요약이 있다면 집계는 요청을 충족할 수 있다. 복잡한 식에 대해 효율적인 집계를 정의하는 것이 어려울 수 있으며, 이는 모형과 집계 설계에 영향을 미칠 수 있다.

교육적인 차원에서 다음 코드를 살펴보자. `Sales[Amount]` 및 `Sales[Cost]` 열에 대해 두 개의 Sum 집계가 있다면 행 단위로 계산된 차이를 집계하는 대신 두 집계(`Margin1` 및 `Margin2`)의 차이를 사용해 `Margin` 측정값을 구현해야 한다(`Margin 3`).

```
Sales Amount := SUM ( Sales[Amount] )                       -- Sum 집계 사용 가능
Total Cost   := SUM ( Sales[Cost] )                         -- Sum 집계 사용 가능
Margin1      := [Sales Amount] - [Total Cost]               -- Sum 집계 사용 가능
Margin2:= SUM ( Sales[Amount] ) - SUM ( Sales[Cost] )       -- Sum 집계 사용 가능

Margin3: = SUMX ( Sales, Sales[Amount] - Sales[Cost] )      -- Sum 집계 사용 불가능
```

그러나 Margin3 측정값은 Sales[Amount] 및 Sales[Cost] 열에 대해 GroupBy 요약 정보를 정의하고 Sales 테이블의 Count 요약도 포함하는 집계와 일치할 수 있다. 이러한 집계는 특정 열의 Sum 집계보다 효율적이지 않더라도, Sales Amount 및 Total Cost 측정값에 대한 이전 정의에도 유용할 수 있다.

2019년 4월부터 다이렉트쿼리 테이블에 집계 기능을 사용할 수 있다. 메모리에 가져온 테이블에 대해 집계를 정의할 수는 없지만 가까운 미래에 이 기능이 구현될 수 있다. 그 시점에는 다음과 같은 모든 조합이 가능해진다.

- 다이렉트쿼리 테이블에 대한 다이렉트쿼리 집계
- 다이렉트쿼리 테이블에 대한 VertiPaq 집계
- VertiPaq 테이블에 대한 VertiPaq 집계 (2019년 4월 기준 사용 불가)

VertiPaq 테이블에 대해 VertiPaq 집계를 만드는 기능은 메모리에 가져온 모델에 대해 매우 큰 테이블(수십억 개의 행)과 높은 카디널리티(수백만 개의 고윳값)의 관계라는 두 가지 시나리오를 최적화하는 도구를 제공한다. 이 두 가지 시나리오는 18장 앞부분의 '비정규화' 절에서 설명한 대로 데이터 모델과 DAX 코드를 수동으로 수정해 관리할 수 있다. VertiPaq 테이블을 통한 집계는 이 프로세스를 자동화해 성능 향상과 유지 보수 및 개발 비용 감소로 이어질 것이다.

결론

18장에서는 메모리에 가져온 데이터 모델을 VertiPaq 저장 엔진을 사용해 최적화하는 방법에 초점을 맞췄다. 목표는 데이터 모델에 필요한 메모리를 줄여 쿼리 성능을 높이는 것

이다. 또한 VertiPaq는 단일 모델에서 다이렉트쿼리 및 VertiPaq 저장 엔진의 사용을 결합해 복합 모델에 집계를 저장하는 데 사용할 수도 있다.

18장의 주요 내용은 다음과 같다.

- 분석에 필요한 열만 메모리로 가져오기
- 낮은 카디널리티 열은 압축률이 우수하므로 열 카디널리티 제어하기
- 별도의 테이블에서 날짜와 시간을 관리하고 분석에 적합한 세분화 수준으로 저장한다. 필요한 것보다 높은 정밀도로 저장하면 메모리가 사용이 많아져 쿼리 성능이 저하된다.
- VertiPaq를 사용해 복합 모델의 다이렉트쿼리 데이터 소스에 대한 집계를 인메모리에 저장하는 것을 고려하자.

19

DAX 쿼리 계획 분석

DAX는 함수형 언어이며 고급 쿼리 엔진이 있어 다양한 저장 엔진을 사용할 수 있다. 많은 쿼리 언어와 마찬가지로, 일반적으로 다른 DAX 식으로도 동일한 결과를 얻을 수 있다. 측정값 또는 쿼리를 최적화하려면 원하는 결과를 얻을 수 있는 가장 효율적인 방법을 찾아야 한다. 표현식을 더욱 효율적으로 구현하려면 우선 기존 코드에서 병목을 파악해야 한다.

19장에서는 DAX 스튜디오를 사용해 특정 DAX 식과 관련된 쿼리 계획 및 성능에 관한 정보를 얻는 방법을 설명하고, DAX 쿼리 엔진의 구성 요소에 관해서도 자세히 다룬다. 이 내용은 DAX 식을 최적화하기 위한 기초가 된다.

DAX 쿼리 캡처

쿼리 계획을 분석하려면 DAX 쿼리를 실행해야 한다. 파워 BI 또는 엑셀의 보고서는 데이터 모델에 포함된 측정값을 호출하는 쿼리를 자동으로 생성한다. 따라서 DAX 측정값을 최적화하려면 해당 측정값을 호출하는 DAX 쿼리를 분석하고 최적화해야 한다. 보고서를 만들기 위해 생성된 쿼리를 수집하는 것이 DAX 최적화 과정의 첫 번째 단계다. 실제로 하나의 느린 보고서에서 수십 개의 쿼리가 생성될 가능성이 크다. 신중한 개발자라면 가장 느린 쿼리를 찾아내 가장 큰 병목에 집중해야 한다.

DAX 스튜디오(http://daxstudio.org/)는 무료 오픈 소스 도구이며 DAX 쿼리를 캡처하고 분석할 수 있다. 다음 예제에서 DAX 스튜디오를 파워 BI 데이터 모델에 연결해 보고서 페이지에서 생성된 쿼리를 캡처하는 방법을 확인할 수 있다.

그림 19-1에 표시된 파워 BI 보고서에는 디스플레이 속도가 느린 시각화가 하나 포함돼 있다. 왼쪽 하단에 두 개의 열(`Product Name` 및 `Customer`)이 있는 테이블은 페이지를 처음 열 때와 사용자가 `Continent` 슬라이서에서 선택을 변경할 때 업데이트에 몇 초가 소요된다. 의도적으로 이런 보고서를 만들었기에 이 내용을 알 수 있다. 그렇다면 보고서에서 가장 느린 시각화를 어떻게 찾을 수 있을까? DAX 스튜디오를 활용해 찾을 수 있다.

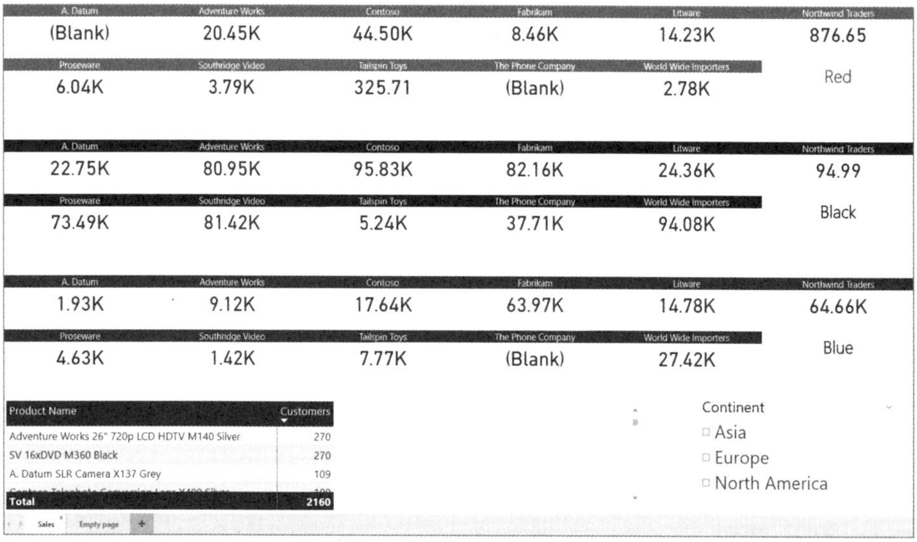

그림 19-1 파워 BI 보고서에는 여러 시각화가 있으며 그중 한 시각화의 디스플레이 속도가 느리다.

DAX 스튜디오는 이미 열려 있는 파워 BI 데스크톱 파일을 선택해 파워 BI 모델에 연결할 수 있다. 그림 19-2에서 이를 확인할 수 있다.

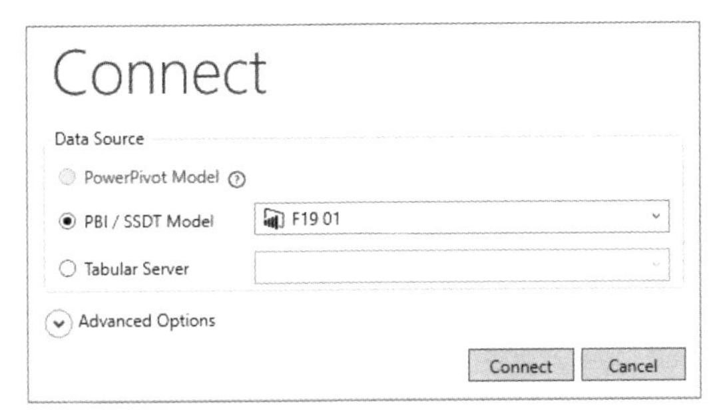

그림 19-2 DAX 스튜디오는 파워 BI를 포함한 여러 종류의 테이블 형식 모델에 연결할 수 있다.

연결한 후 DAX 스튜디오에서 Home > Traces > All Queries를 누르면 테이블 형식 엔진으로 전송되는 모든 쿼리를 캡처하기 시작한다. 그림 19-3에서 이를 확인할 수 있다.

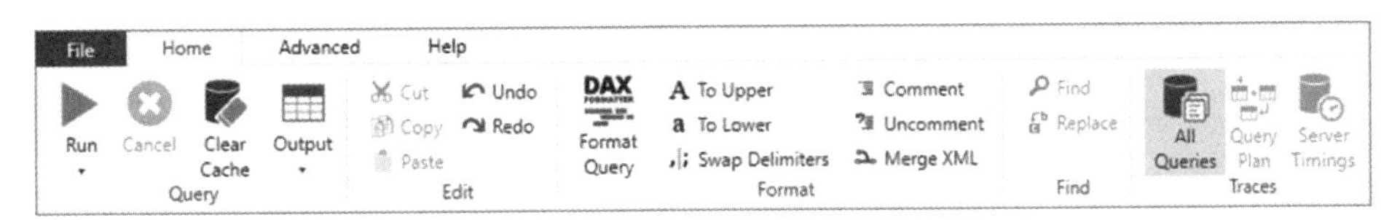

그림 19-3 'All Queries' 기능은 테이블 형식 엔진으로 전송되는 모든 쿼리를 캡처한다.

이때 클라이언트의 모든 작업은 하나 이상의 쿼리를 생성할 수 있다. 예를 들어 파워 BI는 페이지의 모든 시각화에 대해 적어도 하나의 DAX 쿼리를 생성한다. 그림 19-4는 Continent 슬라이서에서 아시아를 선택할 때 그림 19-1의 예제에 캡처된 쿼리를 보여준다.

StartTime	Type	Duration	User	Database	Query
05:51:56	DAX	2,879	marco	F19 01	DEFINE VAR _DS0FilterTable = TREATAS({"Asia"}
05:51:56	DAX	63	marco	F19 01	DEFINE VAR _DS0FilterTable = TREATAS({"South
05:51:56	DAX	51	marco	F19 01	DEFINE VAR _DS0FilterTable = TREATAS({"Prose
05:51:56	DAX	65	marco	F19 01	DEFINE VAR _DS0FilterTable = TREATAS({"Adver
05:51:56	DAX	76	marco	F19 01	DEFINE VAR _DS0FilterTable = TREATAS({"Adver
05:51:56	DAX	55	marco	F19 01	DEFINE VAR _DS0FilterTable = TREATAS({"Conto
05:51:56	DAX	44	marco	F19 01	DEFINE VAR _DS0FilterTable = TREATAS({"Wide
05:51:56	DAX	47	marco	F19 01	DEFINE VAR _DS0FilterTable = TREATAS({"Wide
05:51:56	DAX	26	marco	F19 01	DEFINE VAR _DS0FilterTable = TREATAS({"A. Da
05:51:56	DAX	43	marco	F19 01	DEFINE VAR _DS0FilterTable = TREATAS({"Litwar

Output | Results | Query History | All Queries

그림 19-4 All Queries 창에는 DAX 스튜디오에서 캡처한 모든 쿼리가 표시된다.

노트 DAX 스튜디오는 테이블 형식 서버로 전송된 모든 쿼리를 수신한다. DAX 스튜디오를 파워 BI 데스크톱에 연결하면 항상 동일한 데이터베이스에서 동일한 사용자가 쿼리를 실행한다. 다른 파워 BI 파일에 연결하려면 DAX 스튜디오에서 새로 연결해야 한다. 그러나 관리 권한이 필요한 분석 서비스에 연결하면 다른 사용자와 다른 데이터베이스에서 실행된 쿼리가 표시된다. 엑셀과 같은 클라이언트가 생성한 모든 쿼리는 MDX 유형이 된다. 지속 시간(Duration) 열은 실행 시간을 밀리 초 단위로 표시하고 Query 열에는 서버에서 실행된 쿼리의 전체 텍스트가 포함된다.

첫 번째 쿼리의 지속 시간이 약 3초인지 쉽게 확인할 수 있다. 나머지 모든 쿼리는 매우 빠르므로 주의를 기울일 필요가 없다. 실제 보고에서는 느린 쿼리가 둘 이상 있을 수 있다. DAX 스튜디오를 사용하면 가장 느린 쿼리를 신속하게 발견할 수 있으므로 해당 쿼리에 주의를 집중해 빠른 측정값과 쿼리에 시간을 낭비하지 않아도 된다.

All Queries 목록에서 한 줄을 두 번 클릭하면 쿼리가 편집기 창에 복사된다. 그림 19-5는 이전 목록에 있는 첫 번째 쿼리의 전체 텍스트를 보여준다. 홈 탭에서 강조 표시된 **Format Query** 버튼을 누르면 DAX 포매터 웹 서비스를 사용해 쿼리 형식이 지정된다.

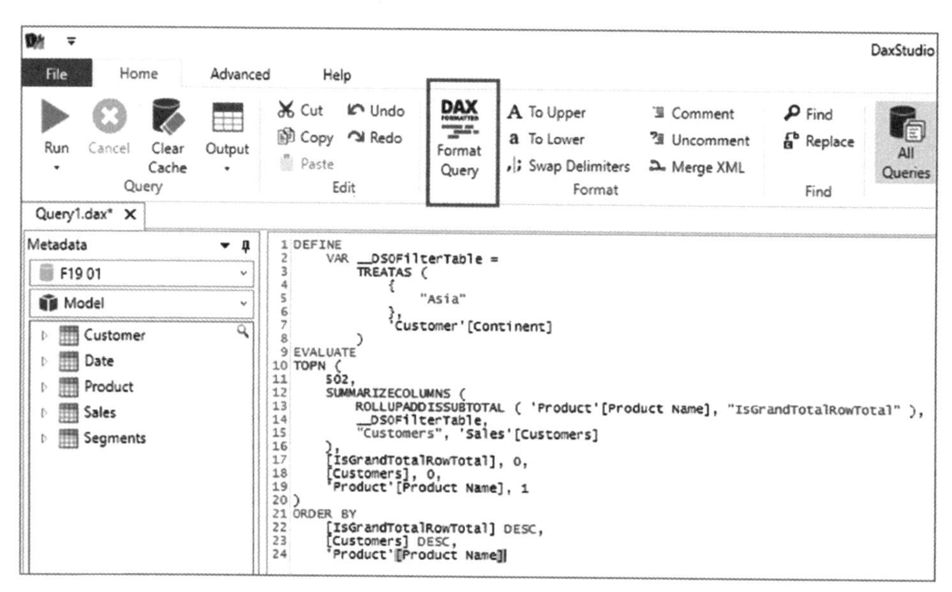

그림 19-5 Format Query 버튼은 DAX 포맷터를 호출해 편집기에서 DAX 코드의 형식을 수정한다.

이러한 단계에 따라 느린 쿼리가 식별되면 DAX 스튜디오에서 여러 번 실행될 수 있다. 쿼리 계획 및 기타 지표를 분석해 병목을 평가하고 성능 향상을 위해 코드를 변경할 수 있다. 최종 목표는 실제 환경에서 캡처된 쿼리를 분석하는 것이지만, 다음 절에서는 교육 목적상 매우 간단한 쿼리를 분석한다.

DAX 쿼리 계획 소개

DAX 엔진은 쿼리 계획에서 쿼리를 실행하는 방법에 대한 몇 가지 세부 정보를 제공한다. 단, '쿼리 계획'은 두 가지 유형의 쿼리 계획(논리적 및 물리적)과 물리적 쿼리 계획에서 사용하는 저장 엔진 쿼리 목록을 포함하는 정보 집합에 대한 일반적인 정의다. 달리 명시되지 않는 한, 일반적인 용어인 '쿼리 계획'은 사용 가능한 전체 세부 정보 집합을 참조한다. 이 절에서는 관련 내용을 소개하고, 다음 절에서 좀 더 자세히 다룬다.

17장, 'DAX 엔진'에서 DAX 쿼리 엔진에는 수식 엔진[FE]과 저장 엔진[SE]이 있다고 설명했다. 모든 쿼리 결과는 다음과 같은 단계를 거쳐 생성된다.

1. **표현식 트리 작성**: 엔진은 쿼리를 문자열에서 표현식 트리로 변환하는데, 이는 추가적인 최적화를 위해 조작하기 쉬운 데이터 구조다.
2. **논리적 쿼리 계획 작성**: 엔진은 쿼리를 실행하는 데 필요한 논리 연산 목록을 생성한다. 이 논리 연산자 트리는 원래 쿼리 구문과 유사하다. 논리 쿼리 계획에서 DAX 함수와 유사한 작업 사이의 대응 관계를 쉽게 찾을 수 있다.
3. **물리적 쿼리 계획 작성**: 엔진은 논리적 쿼리 계획을 물리적 연산 집합으로 변환한다. 물리적 쿼리 계획은 여전히 연산자 트리지만, 그 결과 트리는 논리적 쿼리 계획과 다를 수 있다.
4. **물리적 쿼리 계획 실행**: 엔진은 SE에서 데이터를 검색하고 최종적으로 물리적 쿼리 계획을 실행해 쿼리 계산을 처리한다.

성능 분석의 첫 번째 단계는 흥미롭지 않다. 2단계와 3단계에는 수식 엔진이 관련되고, 4단계는 저장 엔진[SE]도 포함한다. 기술적으로 3단계는 물리적인 쿼리 계획이 쿼리의 실제 실행(4단계) 이후에만 사용할 수 있지만 쿼리의 작동 방식을 결정하는 데 가장 중요하다. 따라서 물리적 쿼리 계획을 보려면 쿼리 실행을 기다려야 한다. 그러나 4단계를 실행하는 동안 물리적인 쿼리 계획보다 읽기 쉬운 다른 흥미로운 정보(SE 요청)가 있다. 이 때문에 4단계에서 생성된 SE 요청 분석에서 쿼리 분석이 시작되는 경우가 많다.

노트 테이블 형식은 자연어가 DAX임에도 불구하고 MDX와 DAX로 쿼리할 수 있다. 그럼에도 불구하고 엔진은 MDX를 DAX로 변환하지 않는다. MDX 쿼리는 DAX 쿼리와 마찬가지로 논리적 쿼리 계획과 물리적 쿼리 계획을 모두 생성한다. DAX 또는 MDX에서 작성된 동일한 쿼리가 유사한 결과를 반환함에도 불구하고 일반적으로 다른 쿼리 계획을 생성한다. 여기서 초점은 DAX 언어에 있지만, 19장에 제공된 정보는 테이블 형식이 MDX 쿼리를 처리하는 방법을 분석하는 데 유용하다.

쿼리 계획 수집

앞에서 설명한 것처럼 DAX 쿼리는 논리적 쿼리 계획과 물리적 쿼리 계획을 모두 생성한다. 이러한 계획은 쿼리 엔진에 의해 수행되는 작업을 자세히 설명한다. 불행히도 쿼리 계획은 그래픽 시각화가 아닌 텍스트 형식으로만 제공된다. 일반적으로 쿼리 계획이 복잡하고 길기 때문에 쿼리 계획을 자세히 분석하기 전에 다른 도구를 사용해 DAX 식을 최적화해야 한다. 그러나 엔진의 동작을 이해하고 더 길고 복잡한 쿼리 계획에서 잠재적 병목을 신속하게 찾아내려면 DAX 쿼리 계획의 기본 사항을 이해해야 한다. 이제 간단한 쿼리를 사용해 쿼리 계획의 여러 측면을 자세하게 설명한다. 보다시피 간단한 쿼리조차도 다소 복잡한 계획을 생성한다.

DAX 스튜디오에서 실행된 다음 쿼리를 살펴보자.

```
EVALUATE
{ SUM ( Sales[Quantity] ) }
```

테이블 생성자의 결과는 그림 19-6과 같이 `Sales` 테이블의 `Quantity` 열의 합계를 보여주는 1행 1열로 구성된 테이블이다.

Value
140180

그림 19-6 간단한 테이블 생성자로 만든 쿼리 결과

다음 절에서는 이 DAX 쿼리에 의해 생성되고 실행된 쿼리 계획에 관해 설명한다. 추후 쿼리에 대해 이 정보를 얻는 방법을 살펴보겠지만, 이 단계에서는 쿼리 계획의 역할, 구성 방법 및 쿼리 계획이 제공하는 정보에 주의를 집중하자.

논리적 쿼리 계획 소개

논리적 쿼리 계획은 DAX 쿼리 표현식 트리를 자세히 표현한 것이다. 그림 19-7은 이전 쿼리의 논리적 쿼리 계획을 보여준다.

Line	Logical Query Plan
1	AddColumns: RelLogOp DependOnCols()() 0-0 RequiredCols(0)(''[Value])
2	Sum_Vertipaq: ScaLogOp DependOnCols()() Integer DominantValue=BLANK
3	Scan_Vertipaq: RelLogOp DependOnCols()() 0-110 RequiredCols(86)('Sales'[Quantity])
4	'Sales'[Quantity]: ScaLogOp DependOnCols(86)('Sales'[Quantity]) Integer DominantValue=NONE

그림 19-7 단순한 쿼리의 논리적 쿼리 계획

각 줄은 연산자이며, 들여 쓴 다음 줄은 연산자의 매개변수다. 각 연산자의 매개변수를 잠깐 무시하면 다음과 같이 단순화된 구조를 볼 수 있다.

```
AddColumns:
  Sum_Vertipaq:
    Scan_Vertipaq:
    'Sales'[Quantity]:
```

가장 바깥쪽 연산자는 `AddColumns`이다. DAX 쿼리에서 반환된 값 열이 포함된 Value 열에 1행 테이블을 생성한다. `Sum_VertiPaq` 연산자는 `Sales` 테이블을 스캔해 `Sales[Quality]` 열의 합계를 구한다. `Sum_Vertipaq`에 포함된 두 연산자는 `Scan_Vertipaq`와 스캔한 열에 대한 참조다.

이 쿼리 계획을 일반적인 언어로 표현하면 'Sales 테이블의 Quantity 열을 스캔해 저장 엔진에서 수행한 SUM 연산의 결과로 Value 열을 채워 테이블을 만든다'가 될 것이다.

논리적 쿼리 계획은 결과를 계산하기 위해 DAX 쿼리 엔진이 수행할 작업을 보여준다. 당연히 `Sales`를 스캔하고 `SUM`을 사용해 `Quantity` 열을 요약한다. 더 복잡한 쿼리 계획은 해독하기가 더 어려울 것이다.

물리적 쿼리 계획 소개

물리적 쿼리 계획은 논리적 쿼리 계획과 형식이 비슷하다. 각 줄은 연산자이고 다음 줄은 탭으로 들여쓰기 된 매개변수다. 외형상 비슷하지만 두 쿼리 계획은 완전히 다른 연산자를 사용한다. 그림 19-8은 이전 DAX 쿼리에 의해 생성된 물리적 쿼리 계획을 보여준다.

Line	Records	Physical Query Plan
1		AddColumns: IterPhyOp LogOp=AddColumns IterCols(0)(''[Value])
2		SingletonTable: IterPhyOp LogOp=AddColumns
3	1	SpoolLookup: LookupPhyOp LogOp=Sum_Vertipaq Integer #Records=1 #KeyCo
4	1	ProjectionSpool<ProjectFusion<Copy>>: SpoolPhyOp #Records=1
5		Cache: IterPhyOp #FieldCols=0 #ValueCols=1

그림 19-8 간단한 쿼리의 물리적 쿼리 계획.

각 연산자의 매개변수를 제거하면 쿼리 계획이 다음과 같이 간단해진다.

```
AddColumns:
  SingletonTable:
  SpoolLookup: LookupPhyOp
    ProjectionSpool<ProjectFusion<Copy>>: SpoolPhyOp
      Cache: IterPhyOp
```

첫 번째 연산자인 `AddColumns`는 결과 테이블을 작성한다. 첫 번째 매개변수는 `SingletonTable`이며 테이블 생성자가 생성한 단일 행 테이블을 반환하는 연산자다. 두 번째 매개변수인 `SpoolLookup`은 저장 엔진으로 전송된 쿼리로 얻은 데이터캐시에서 값을 검색한다. 이것은 DAX 쿼리 계획에서 가장 복잡한 부분이다. 물리적 쿼리 계획은 이전에 다른 SE 쿼리에 의해 스풀SPOOL된 일부 데이터를 사용한다는 것을 보여주지만, 어떤 데이터부터인지는 정확히 표시하지 않는다. 즉, DAX 쿼리 계획을 읽어서 SE 쿼리의 코드를 얻을 수는 없다. 저장 엔진으로 전송된 쿼리를 검색할 수 있지만, 이를 쿼리 계획의 정확한 포인트와 일치시키는 것은 단순한 DAX 쿼리에서만 가능하다. 좀 더 복잡한 실제 DAX 작업에서 이러한 연관성을 찾기 위해서는 더 긴 분석이 필요하다.

계속 진행하기 전에 쿼리 계획에 포함된 몇 가지 중요한 정보를 살펴보자.

```
ProjectionSpool<ProjectionFusion<Copy>>: SpoolPhyOp #Records=1
  Cache: IterPhyOp #FieldCols=0 #ValueCols=1
```

노트 복합 모델을 지원하지 않는 이전 버전의 테이블 형식 엔진에서는 ProjectionSpool과 Cache 연산자를 각각 AggregationSpool과 VertiPaqResult라고 불렀다. 연산자 이름의 일부 차이 이외에 물리적 쿼리 계획의 구조는 크게 바뀌지 않았으며, 19장에서 설명하는 주요 내용은 이전 엔진에도 동일하게 적용된다.

ProjectionSpool 연산자는 저장 엔진으로 전송된 쿼리를 나타낸다. 다음 절에서는 저장 엔진 요청에 관해 설명한다. ProjectionSpool 연산자는 쿼리 결과를 반복해 #Records=1 매개변수에 반복된 총 행 수를 보여준다. 레코드 수는 중첩된 캐시 연산자가 반환한 행의 수도 나타낸다.

다음 두 가지 이유로 레코드의 수가 중요하다.

- VertiPaq 또는 다이렉트쿼리에서 생성한 데이터캐시의 크기(행 단위)를 제공한다. 대용량 데이터캐시는 쿼리 시 더 많은 메모리를 소비하고 검색하는 데도 더 많은 시간이 소요된다.
- ProjectionSpool이 수식 엔진에서 수행하는 반복은 단일 스레드에서 실행된다. 쿼리가 느리고 이 숫자가 크면 쿼리 실행에서 병목이 나타날 수 있다.

레코드 수가 중요하기 때문에 DAX 스튜디오는 쿼리 계획의 Records 열에 이를 표시한다. 레코드의 수를 연산자의 카디널리티라고도 부른다.

저장 엔진 쿼리 소개

앞에서 다룬 물리적 쿼리 계획에는 저장 엔진SE으로 전송된 내부 쿼리를 나타내는 ProjectionSpool 연산자가 포함된다. 모델이 가져오기 모드에 있으므로 DAX는 xmSQL

에서 쿼리를 수신하는 VertiPaq SE를 사용한다. 다음은 이전 절에서 분석된 DAX 쿼리를 실행하는 동안 생성된 xmSQL 쿼리다.

```
SET DC_KIND="AUTO";
SELECT
SUM ( 'DaxBook Sales'[Quantity] )
FROM 'DaxBook Sales';

'Estimated size ( volume, marshalling bytes ) : 1, 16'
```

앞의 코드는 DAX 스튜디오에 표시된 코드를 단순화한 버전으로, 성능 분석과 관련 없는 몇 가지 세부 사항은 생략했다. SQL 서버 프로파일러에서 볼 수 있는 원래 xmSQL은 다음과 같다.

```
SET DC_KIND="AUTO";
SELECT
SUM([DaxBook Sales (905)].[Quantity (923)]) AS [$Measure0]
FROM [DaxBook Sales (905)];

[Estimated size (volume, marshalling bytes): 1, 16]
```

이 쿼리는 `Sales` 테이블의 모든 행을 집계해 `Quantity` 합계를 단일 열로 반환한다. SE는 전체 집계 연산을 실행하며 `Sales` 테이블의 크기와 관계없이 작은 데이터캐시(1행, 1열)를 반환한다. 데이터캐시에 필요한 구체화는 최소화된다. 또한 이 쿼리에서 읽은 유일한 데이터 구조는 `Sales` 테이블에 `Quantity` 열을 저장하는 데이터 구조뿐이다. 수백 개의 다른 열이 있는 `Sales` 테이블은 xmSQL 쿼리의 성능에 영향을 미치지 않는다. VertiPaq SE는 xmSQL 쿼리에 포함된 열만 스캔한다. 모델이 다이렉트쿼리를 사용하고 있었다면 생성된 쿼리는 다음과 같은 SQL 쿼리가 됐을 것이다.

```
SELECT
SUM ( [Quantity] )
FROM Sales
```

노트 이제부터 다이렉트쿼리를 이용한 쿼리 계획의 세부 사항은 다루지 않는다. 17장에서 논의한 것처럼 다이렉트쿼리를 최적화하려면 데이터 소스를 최적화해야 한다. 단, DAX 쿼리를 변경하면 다이렉트쿼리 데이터 소스로 전송되는 SQL 코드가 개선될 수 있으므로, 비록 저장 엔진 속도에 대한 가정이 다이렉트쿼리에서는 달라지지만 VertiPaq에서의 쿼리 계획을 분석하기 위한 방법을 다이렉트쿼리에 동일하게 적용할 수 있다.

19장 뒷부분에서 각 SE 쿼리의 실행 시간 측정이 최적화 프로세스의 중요한 부분인 이유를 설명할 예정이다. VertiPaq 성능은 쿼리에 관련된 열의 크기와 관련이 있으며, 테이블의 행 수뿐만 아니라, 열마다 압축률이 다르고 메모리의 크기가 달라 스캔 시간이 다를 수 있다.

프로파일링 정보 캡처

이전 절에서는 DAX 쿼리 계획을 소개했다. 이 절에서는 DAX 최적화의 첫 단계인 이러한 이벤트를 캡처하는 도구와 지속 시간을 측정하는 방법에 관해 설명한다.

DAX 엔진은 마이크로소프트 SQL 서버 분석 서비스[SSAS]의 일부로 성장했다. SSAS는 SQL 서버 프로파일러 도구를 사용하거나 확장 이벤트[xEvents]를 가로채 캡처할 수 있는 추적 이벤트를 제공한다. SSAS와 달리, 추적 또는 확장된 이벤트를 캡처하는 기능은 없지만 파워 피봇 및 파워 BI는 동일한 엔진을 사용한다. 예를 들어 엑셀의 파워 피봇 및 파워 BI 데스크톱에는 추적 이벤트를 파일에 저장하는 진단 옵션이 있으며 나중에 동일한 SQL 서버 프로파일러 도구를 사용해 열 수 있다.

그러나 엔진에 의해 생성된 이벤트를 성능 분석에 활용하려면 약간의 마사지가 필요하다. SQL 서버 프로파일러는 작업 전용이 아닌 범용 도구다. 한편, DAX 스튜디오는 분석 서비스 이벤트를 읽고 해석해 관련 정보를 더욱 쉽게 요약한다. 따라서 DAX 쿼리와 식을 편집, 테스트 및 최적화하는 기본 도구로 DAX 스튜디오를 사용하길 바란다. 이후 절에는 SQL 서버 프로파일러에 대한 설명이 포함돼 있어 내부적인 세부 정보를 이해하는 데 관심이 있는 독자들에게 더 자세한 내용을 제공한다. DAX 스튜디오는 SQL 서버 프로파일러와 동일한 이벤트를 수집해 처리하고, 요약된 정보를 매우 효율적인 방법으로 표시한다.

DAX 스튜디오 사용

19장의 시작 부분에서 설명했듯이 DAX 스튜디오는 테이블 형식 엔진으로 전송되는 DAX 쿼리를 캡처할 수도 있다. 실제로 DAX 스튜디오는 자체에서 캡처한 쿼리를 포함해 모든 유효한 DAX 쿼리를 실행할 수 있다. DAX 쿼리 구문은 13장, '쿼리 작성'에서 다뤘다. DAX 스튜디오는 DAX 스튜디오 내부에서 실행된 하나 이상의 쿼리에 의해 생성된 추적 이벤트를 수집하고 쿼리 계획 및 저장 엔진에 관한 정보를 표시한다. DAX 스튜디오는 파워 BI, SSAS 및 엑셀의 파워 피봇에 연결할 수 있다.

DAX 스튜디오에서 쿼리를 분석하기 전에 그림 19-9와 같이 홈 탭의 트레이스 탭에서 쿼리 계획 및 서버 타이밍 옵션을 활성화해야 한다.

그림 19-9 DAX 스튜디오에서 추적 기능을 활성화하는 쿼리 계획 및 서버 시간 지정 옵션

사용자가 이러한 옵션을 활성화하면 DAX 스튜디오는 기본적으로 표시되는 출력 및 결과 창 옆에 쿼리 계획 및 서버 시간 창을 표시한다. DAX 스튜디오는 마치 프로파일러처럼 DAX 엔진에 연결해 다음 절에서 설명하는 추적 이벤트를 캡처한다. 실행된 쿼리와 관련된 이벤트만 자동으로 필터링하므로 같은 서버에 다른 동시 사용자가 있는지 걱정할 필요가 없다.

쿼리 계획 창에는 그림 19-10과 같이 쿼리에 의해 생성된 두 개의 쿼리 계획이 표시된다. 물리적 쿼리 계획은 창의 위쪽에 있고 논리적 쿼리 계획은 아래쪽에 있다. 물리적 쿼리 계획은 일반적으로 수식 엔진에서 성능상의 병목을 찾기 위한 분석에 활용된다. 이러한 이유로, 이 목록은 스풀 연산(일반적으로 데이터캐시에서 수식 엔진이 수행하는 반복)에 의해 반복된 레코드 수를 표시하는 열도 제공한다. 이렇게 하면 복잡한 쿼리 계획에서 많은 레코드를 반복하는 작업을 쉽게 확인할 수 있다. 이 정보를 활용하는 방법에 대해서는 20장, 'DAX 최적화' 후반부에서 설명한다.

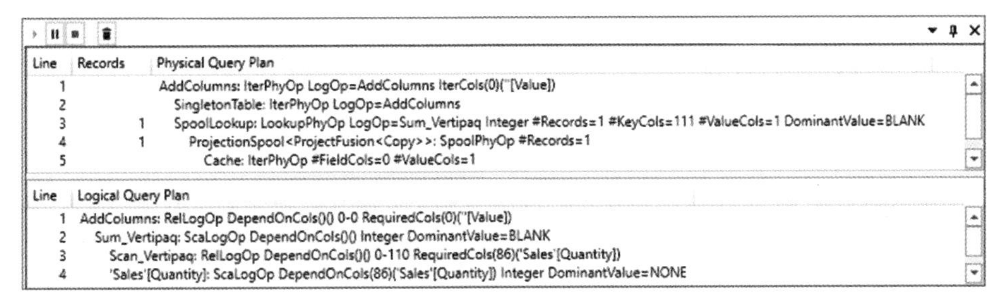

그림 19-10 물리적 쿼리 계획 및 논리적 쿼리 계획을 표시하는 쿼리 계획 창

그림 19-11의 서버 타이밍 창에는 SE 쿼리와 관련된 정보와 FE와 SE 사이에 실행 시간이 어떻게 분할되는지 나타나 있다.

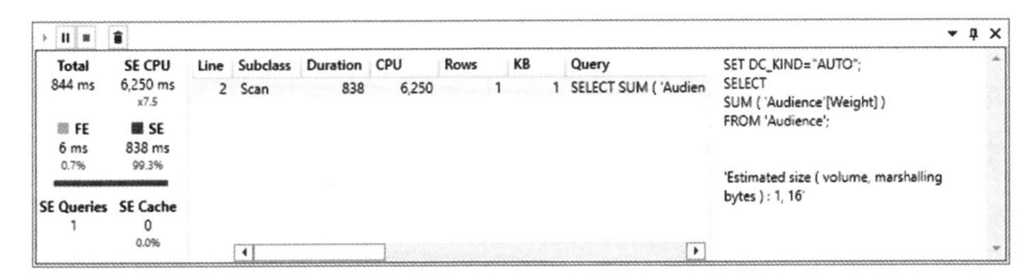

그림 19-11 서버 타이밍 창에는 요약된 타이밍 정보와 저장 엔진 쿼리의 세부 정보가 표시된다.

노트 그림 19-11에 표시된 SE 쿼리는 40억 행의 모델에 적용돼 높은 CPU 사용을 보여준다. 이 예에 사용된 모델은 책의 컴패니언 파일에는 포함되지 않았다.

서버 타이밍 창의 왼쪽에는 다음과 같은 지표가 있다.

- Total: 전체 DAX 쿼리의 경과시간. 쿼리 종료 이벤트의 경과 시간과 일치한다.
- SE CPU: 모든 VertiPaq 검색 이벤트에 대한 CPU 시간 값의 합계. VertiPaq 연산의 병렬 처리 정도(병렬 처리에 사용되는 코어 수)도 보고한다.
- FE: 수식 엔진에서의 경과 시간으로 밀리 초 및 총 시간의 백분율로 표시된다.
- SE: 저장 엔진에서의 경과 시간으로 밀리 초 및 총 시간의 백분율로 표시된다.
- SE 쿼리: 저장 엔진으로 전송된 쿼리 수.

- **SE 캐시**: 저장 엔진 캐시에 의해 해결된 저장 엔진 쿼리 수. 절대 숫자 및 SE 쿼리 값의 백분율로 표시된다.

가운데 목록에는 실행된 SE 쿼리가 표시되며 오른쪽 창에는 가운데 목록에서 선택한 SE 쿼리의 전체 코드가 표시된다. 기본적으로 목록에는 각 쿼리에 대해 하나의 행만 표시되며, SQL 서버 프로파일러에 항상 표시되는 VertiPaq 스캔 인터널 및 기타 캐시 이벤트는 숨겨져 있다. 그림 19-9의 홈 탭에서 서버 타이밍 그룹의 캐시, 내부Internal 및 배치Batch 버튼을 활성화해 자세한 이벤트를 표시하거나 숨길 수 있다. 그러나 이러한 이벤트는 일반적으로 성능 분석에 필요하지 않으므로 기본적으로 숨겨져 있다.

DAX 성능 분석은 일반적으로 서버 타이밍 창에 표시된 결과에서 시작한다. 쿼리가 FE에서 실행 시간의 50% 이상을 소비했다면 FE에서 가장 비용이 많이 드는 연산을 찾기 위해 먼저 쿼리 계획을 분석할 수 있을 것이다. 반대로, 대부분의 실행 시간이 SE에서 사용되면 서버 타이밍 창의 가운데 목록에서 가장 비싼 SE 쿼리를 찾을 것이다.

지속 시간 및 CPU 열에 제공된 정보는 쿼리 성능에서 병목을 식별하는 데 도움이 된다. 두 값 모두 밀리 초 단위로 표시된다. 지속 시간은 SE로 전달된 요청의 시작과 종료 사이에 경과된 시간이다. CPU 열은 한 코어가 소비한 총 시간을 보여준다. CPU 숫자가 지속 시간보다 크면 연산을 완료하기 위해 병렬로 더 많은 코어가 사용됐음을 의미한다.

연산의 병렬 처리 정도는 CPU를 지속 시간으로 나눠서 구할 수 있다. 이 숫자가 서버의 총 코어 수에 가까워지면 병렬 처리를 늘려서 성능을 향상시킬 수 없다. 예에서는 코어 수가 8개인 시스템을 사용했다. 따라서 병렬 처리가 7.5이므로, 쿼리는 하드웨어의 한계에 도달했다. 동시 사용자가 길게 실행되는 쿼리를 실행하면 최적의 성능을 얻을 수 없으며 다른 사용자의 속도도 느려진다. 이 조건에서는 코어가 많을수록 쿼리 속도가 향상된다. 쿼리의 병렬 처리가 사용 가능한 코어 수보다 훨씬 작은 경우, 더 많은 코어를 테이블 형식 엔진에 제공해도 도움이 되지 않는다. FE가 단일 스레드에서 실행되므로 병렬 처리는 SE 연산에 대해서만 작동한다. 수식 엔진 연산은 병렬 처리의 이점을 얻을 수 없다.

행Rows과 KB 열은 각 SE 쿼리에서 제공하는 결과(데이터캐시)의 예상되는 행 수와 크기를 보여준다. 모든 데이터캐시는 단일 스레드로 FE에서 사용해야 하기에 카디널리티가 큰 데이터캐시는 느린 FE 연산의 원인이 된다. 또한 데이터캐시의 크기는 압축되지 않은 형식으로 데이터 집합을 구체화하는 데 필요한 메모리 비용을 나타낸다. 실제로 FE는 압축되지 않은 데이터만 사용한다. 대용량 데이터캐시를 생성하기 위한 SE 비용은 대개 압축되지 않은 데이터를 메모리에 할당하고 작성해야 해서 발생한다. 따라서 SE와 FE 간에 교환되는 데이터의 양을 줄여 메모리 압력을 낮추고, 쿼리 성능과 확장성을 모두 개선하려면 데이터캐시를 구체화해야 하는 필요성을 줄여야 한다.

노트 행과 KB 열은 간혹 오류가 있는 추정값을 보여준다. SE 쿼리에서 반환되는 정확한 행 수는 물리적 쿼리 계획에서 확인할 수 있다. 이는 캐시 요소를 사용하는 ProjectionSpool 이벤트의 Records 열에 보고된다. 데이터캐시의 정확한 크기는 확인할 수 없지만, 쿼리 계획의 레코드와 SE 쿼리의 예상 행 사이의 비율에 비례해 근삿값을 추정할 수 있다.

DAX 스튜디오는 열별로 쿼리를 정렬할 수 있어 진행 중인 조사에 따라 CPU, 지속 시간, Rows 또는 KB별로 정렬해 가장 비싼 쿼리를 쉽게 찾을 수 있다. DAX 스튜디오는 DAX 쿼리에서 병목을 생산적으로 식별한다. DAX를 자체적으로 최적화하는 것이 아니라 최적화 작업을 단순화한다. 이 책의 나머지 부분에서는 DAX 스튜디오를 참고 자료로 사용할 예정이다. 그러나 동일한 정보를 좀 더 비용이 많이 드는 SQL 서버 프로파일러를 사용해 얻을 수도 있다.

SQL 서버 프로파일러 사용

SQL 서버 프로파일러 도구는 SQL 서버의 관리 환경의 일부로 설치되며 https://docs.microsoft.com/en-us/sql/ssms/download-sql-server-management-studio-ssms에서 무료로 다운로드할 수 있다. SQL 서버 프로파일러는 분석 서비스 인스턴스에 연결할 수 있으며 DAX 쿼리 실행과 관련된 모든 이벤트를 수집할 수 있다. SQL 서버 프로파일러는 동일한 SQL 서버 프로파일러 또는 엑셀의 파워 피봇 및 파워 BI 데스크톱과 같은 다른 서비스에서 생성된 추적 세션이 포함된 파일도 로드할 수 있다. 이 절에서는 DAX 스튜디오를 사용할 수 없는 경우에 SQL 서버 프로파일러를 사용하는 방법을 설명한다. 그러나 DAX 스튜디오를 사용할 수 있다면 이 절은 지나쳐도 좋다. 성능 분석과 관련된 이벤트의 기본 행동을 이해하는 것이 도움이 되므로 이 절은 참고 자료로 제공한다.

DAX 쿼리 계획 및 저장 엔진 쿼리를 캡처하려면 DAX 쿼리 중 관심 있는 이벤트를 선택해 새 추적 세션을 구성해야 한다. 새 추적 세션 구성 화면은 그림 19-12와 같다.

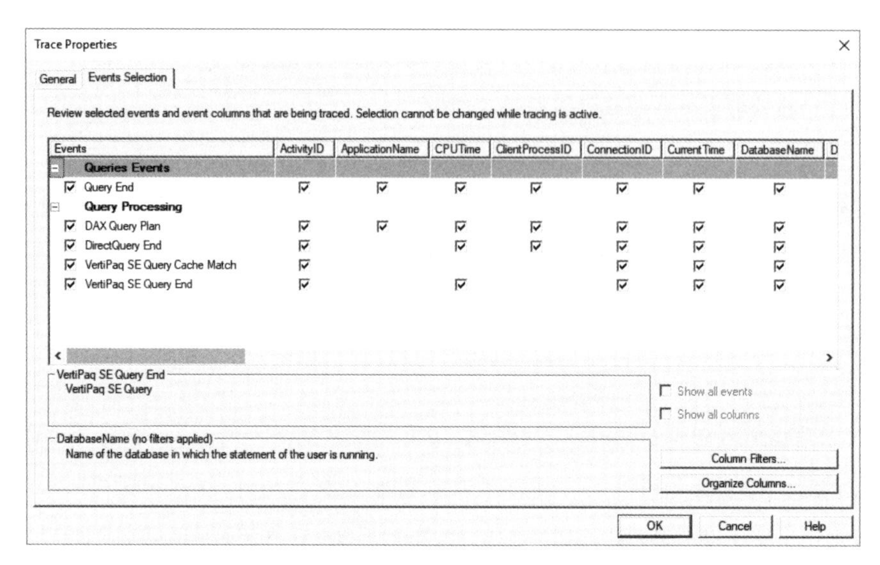

그림 19-12 DAX 쿼리 계획 및 SE 쿼리를 캡처하기 위한 SQL 서버 프로파일러 설정

DAX 스튜디오에서 사용하는 것과 동일한 정보를 수집하기 위한 이벤트에는 다음과 같은 5가지 클래스가 있다.

- **쿼리 종료**Query End: 쿼리 끝에 발생하는 이벤트다. 쿼리 시작 이벤트도 포함할 수 있지만, 실행 시간이 포함돼 있어 쿼리 종료만 포착하는 것이 좋다.
- **DAX 쿼리 계획**: 쿼리 엔진이 쿼리 계획을 계산한 후 발생한 이벤트로, 텍스트 형식으로 쿼리 계획을 표시한다. 이 이벤트 클래스에는 논리적 계획과 물리적 계획이라는 두 개의 하위 클래스가 있다. 엔진은 각 쿼리에 관해 논리적 쿼리 계획과 물리적 쿼리 계획을 하나씩 생성한다.
- **다이렉트쿼리 종료**End: 다이렉트쿼리 엔진이 쿼리에 응답할 때 발생하는 이벤트. 쿼리 종료 이벤트와 마찬가지로 다이렉트쿼리 엔진에서 실행되는 쿼리의 종료 이벤트를 포함해 타이밍 정보를 수집하는 것이 좋다.

- **VertiPaq SE 쿼리 캐시 일치**: 캐시 데이터를 보고 VertiPaq 쿼리가 해결될 때 발생하는 이벤트. 쿼리 중 실제 연산을 수행하는 양이 얼마인지, 캐시 검색만 하는 양이 얼마인지 확인하는 데 유용하다.
- **VertiPaq SE 쿼리 종료**: VertiPaq 엔진이 쿼리에 응답할 때 발생하는 이벤트. 쿼리 종료 이벤트와 마찬가지로 VertiPaq 저장 엔진에서 실행되는 쿼리의 종료 이벤트를 포함해 타이밍 정보를 수집하는 것이 좋다.

팁 필요한 이벤트를 선택한 후에는 열을 구성하고(그림 19-12에 보이는 열 구성 단추 클릭) 선택한 항목의 템플릿을 저장해 새 세션을 시작할 때마다 동일한 선택을 반복할 필요가 없도록 하는 것이 좋다. SQL Server Profiler의 File => Template =>New Template 메뉴를 사용해 추적 템플릿을 저장할 수 있다.

노트 실제 사용 환경에서는 단일 사용자 세션의 이벤트를 필터링해야 한다. 그렇지 않으면 동시에 실행되는 다른 쿼리의 모든 이벤트가 표시되므로 단일 쿼리와 관련된 이벤트를 분석하기가 더 어려워진다. 다른 활성 사용자가 없는 개발 또는 테스트 환경에서 프로파일러를 실행하면 성능 테스트를 위해 실행된 쿼리와 관련된 이벤트만 배경 잡음 없이 볼 수 있다. DAX 스튜디오는 분석된 단일 쿼리와 관련된 이벤트를 자동으로 필터링해 추가 작업 없이 배경 잡음을 제거한다.

발생된 이벤트 순서를 확인하기 위해 그림 19-11에 표시된 SE 쿼리를 생성하는 데 사용된 쿼리를 실행해 발생한 상황을 분석해 보자.

```
EVALUATE
ROW ( "Result", SUM ( Audience[Weight] ) )
```

SQL 서버 프로파일러의 로그 창에는 그림 19-13과 같은 결과가 표시된다.

EventClass	EventSubclass	Duration	CPUTime
DAX Query Plan	1 - DAX VertiPaq Logical Plan		
VertiPaq SE Query End	10 - Internal VertiPaq Scan	837	6250
VertiPaq SE Query End	0 - VertiPaq Scan	838	6250
DAX Query Plan	2 - DAX VertiPaq Physical Plan		
Query End	3 - DAXQuery	844	0

그림 19-13 단순 DAX 쿼리에 대해 SQL 서버 프로파일러 세션에서 캡처된 추적 이벤트

이처럼 단순한 쿼리에도 DAX 엔진은 다음과 같은 다섯 가지 이벤트를 발생시킨다.

1. 논리적 쿼리 계획인 DAX VertiPaq **논리 계획** 이벤트
2. SE 쿼리에 해당하는 **내부 VertiPaq 스캔** 이벤트. 각 VertiPaq **스캔** 이벤트(하위 클래스 0)에 대해 둘 이상의 내부 이벤트(하위 클래스 10)가 있을 수 있다.
3. FE에 의해 수신된 단일 SE 쿼리를 설명하는 VertiPaq **스캔** 이벤트
4. 물리적 쿼리 계획인 DAX VertiPaq **물리적 계획** 이벤트
5. 전체 DAX 쿼리의 쿼리 시간을 반환하는 최종 **쿼리 종료** 이벤트. 이벤트에 의해 보고된 CPU 시간은 무시해야 한다. FE에서 소비된 시간과 비슷해야 하지만 나중에 설명하는 계산만큼 정확하지는 않다.

모든 이벤트는 CPU 시간과 지속 시간을 밀리 초 단위로 표시한다. **CPU 시간**은 쿼리에 응답하는 데 소비되는 CPU 시간인 반면, **지속 시간**은 사용자가 결과를 기다려야 하는 시간이다. **지속 시간**이 **CPU 시간**보다 작으면, 작업은 여러 코어에서 병렬로 실행됐음을 의미한다. **지속 시간**이 **CPU 시간**보다 클 때 작업은 다른 작업(대개 다른 이벤트에 로그인)이 완료될 때까지 기다려야 한다.

노트 CPU 시간과 지속 시간 열의 정확도는 16밀리 초 미만인 경우 신뢰할 수 없으며, CPU 시간은 높은 병렬 처리 조건에서의 CPU 시간보다 덜 정확할 수 있다. 또한 이러한 시간은 동일한 서버에서 진행 중인 다른 작업에 따라 달라질 수 있다. 특히 정확한 숫자가 필요한 경우 단일 작업 실행 시간의 평균을 만들기 위해 동일한 테스트를 여러 번 실행하는 것이 관행이다. 그러나 중요도의 순서만 구한다면 100밀리 초 미만의 차이는 무시해도 좋다.

이벤트 순서를 고려할 때 논리적 쿼리 계획은 모든 SE 쿼리(VertiPaq 스캔)보다 우선하며, 논리적 쿼리 계획이 실행된 이후에만 물리적 쿼리 계획이 발생한다. 즉, 물리적 쿼리 계획은 실제 쿼리 계획이며 추정된 계획이 아니다. 실제로 쿼리 계획에서 각 단계의 CPU 시간과 지속 시간에 대한 정보를 제공하지는 않지만, FE에서 반복 처리된 모든 행의 수를 포함한다.

논리적·물리적 쿼리 계획은 프로파일러에 의해 수집된 다른 이벤트에서만 사용할 수 있는 타이밍 정보를 제공하지 않는다. **CPU 시간** 및 **지속 시간** 열에 제공된 정보는 DAX 스튜디

오에서 SE 쿼리에 대해 **CPU** 및 **지속 시간**에 표시된 것과 동일하다. 그러나 DAX 스튜디오에 표시된 FE에서 소요된 시간을 계산하려면 SQL 서버 프로파일러를 사용해 더 많은 작업을 해야 한다.

쿼리 종료 이벤트는 DAX 쿼리의 FE 및 SE 지속 시간을 모두 합쳐 총 경과 시간만 **지속 시간** 열에 제공한다. **VertiPaq 스캔** 이벤트는 SE에서 소비된 시간을 알려준다. FE의 경과시간은 **쿼리 종료** 이벤트에 제공된 전체 DAX 쿼리의 지속 시간에서 모든 SE 쿼리의 지속 시간을 빼서 구할 수 있다.

그림 19-13에서 **쿼리 종료** 이벤트의 **지속 시간**은 844밀리 초다. SE에서 소비된 시간은 838밀리 초였다. 내부 쿼리는 무시하고 VertiPaq Scan 이벤트만 고려하면, SE 쿼리는 하나뿐이며, 838밀리 초 동안 지속됐다. 쿼리 종료 이벤트와의 차이는 6밀리 초인데, 이것은 FE에서 소비된 시간이다. 복수의 SE 쿼리의 경우, SE에 소비된 총 시간을 계산하기 위해 각각의 실행 시간을 합해서 총 지속 시간에서 빼야 한다.

마지막으로 SQL 서버 프로파일러는 추적 세션을 저장하고 로드할 수 있다. SQL 서버 프로파일러는 엑셀의 파워 피봇에 연결할 수는 없지만 엑셀의 파워 피봇 또는 파워 BI 데스크톱에 의해 저장된 추적 파일을 열 수 있다. 그러나 엑셀의 파워 피봇에는 TRC 파일을 생성하는 설정 대화 상자에 파워 피봇 추적을 활성화하는 확인란이 있다. 여기서 TRC는 추적 파일의 확장자다. 이러한 방식으로 저장된 프로파일러 세션에서 캡처된 이벤트는 사용자가 정의할 수 없으며 DAX 쿼리 계획 분석에 필요한 이벤트 유형보다 더 많은 이벤트 유형을 포함하기도 한다. DAX 스튜디오는 추적 세션을 로드할 수 없지만, 엑셀의 파워 피봇을 포함한 모든 도구에 제한 없이 직접 연결할 수 있다.

VertiPaq 저장 엔진 쿼리 읽기

이전 절에서는 물리적 및 논리적 쿼리 계획의 세부 사항에 관해 설명했다. 이러한 계획은 일부 시나리오에서 유용하지만, 쿼리 계획의 가장 흥미로운 부분은 VertiPaq SE 쿼리의 집합이다.

이 절에서는 VertiPaq SE 쿼리를 읽고 xmSQL 쿼리를 실행하기 위해 VertiPaq에서 어떤 일이 발생하는지 이해하는 방법을 설명한다. 이 정보는 VertiPaq 저장 엔진의 병목을 해결하는 데 유용하다. 그러나 이러한 쿼리를 읽으면 FE에서 일어나는 일을 이해하는 데도 유용하다. SE에서 계산이 수행되지 않으면 FE에서 계산해야 한다. 일반적으로 SE 쿼리의 수는 쿼리 계획의 행보다 작기 때문에, 감지된 병목 유형과 관계없이 항상 SE 쿼리 분석을 시작하는 것이 더 생산적이다.

xmSQL 구문 소개

이전 절에서는 단순화된 xmSQL 구문으로 설명된 간단한 SE 쿼리를 소개했다.

```
SELECT
SUM ( Sales[Quantity] )
FROM Sales;
```

이 구문은 다음과 같은 표준 ANSI SQL 구문과 비슷하다.

```
SELECT
SUM ( Quantity )
FROM Sales;
```

모든 xmSQL 쿼리에는 구문에 명시되지 않더라도 `GROUP BY` 조건이 포함된다. 예를 들어 다음 DAX 쿼리는 `Product` 테이블에 있는 `Color` 열의 고유한 값 목록을 반환한다.

```
EVALUATE VALUES ( 'Product'[Color] )
```

이 경우 다음과 같이 xmSQL 쿼리가 생성되며, 쿼리에 `GROUP BY`가 나타나지 않는다는 점에 유의하자.

```
SELECT Product[Color]
FROM Product;
```

ANSI SQL의 해당 쿼리에는 다음과 같이 `GROUP BY` 조건이 생긴다.

```
SELECT Color
FROM Product
GROUP BY Color
```

xmSQL을 `DISTINCT` 대신 `GROUP BY`를 사용하는 ANSI SQL 쿼리와 비교하는 이유는 대부분의 경우 xmSQL 쿼리에 집계된 계산이 포함되기 때문이다. 다음 DAX 쿼리를 살펴보자.

```
EVALUATE
SUMMARIZECOLUMNS (
  Sales[Order Date],
  "Revenues", CALCULATE ( SUM ( Sales[Quantity] ) )
)
```

SE에 전송된 해당 xmSQL 쿼리는 다음과 같다.

```
SELECT Sales[Order Date], SUM ( Sales[Quantity] )
FROM Sales;
```

ANSI SQL에는 `Order Date` 열에 대해 다음과 같이 `GROUP BY` 조건이 있다.

```
SELECT [Order Date], SUM ( Quantity )
FROM Sales
GROUP BY [Order Date]
```

xmSQL 쿼리는 중복된 행을 반환하지 않는다. DAX 쿼리가 고유 키가 없는 테이블에 대해 실행될 때 해당 xmSQL 쿼리에는 행을 고유하게 유지하는 특수 `RowNumber` 열이 포함된다. 그러나 DAX에서는 `RowNumber` 열에 액세스할 수 없다. 다음 DAX 쿼리를 살펴보자.

```
EVALUATE Sales
```

이 쿼리는 다음과 같은 xmSQL 코드를 생성한다.

```
SELECT Sales[RowNumber], Sales[column1], Sales[column2], ... ,Sales[columnN]
FROM Sales
```

집계함수

xmSQL에는 다음과 같은 집계 연산이 포함된다.

- SUM: 열의 값을 더한다.
- MIN: 열의 최솟값을 반환한다.
- MAX: 열의 최댓값을 반환한다.
- COUNT: 현재 GROUP BY의 행 수를 센다.
- DCOUNT: 열에서 고유한 값의 수를 센다.

SUM, MIN, MAX 및 DCOUNT는 비슷하게 작동한다. 다음 DAX 쿼리는 각 주문 날짜별 고유한 고객 수를 반환한다.

```
EVALUATE
SUMMARIZECOLUMNS (
  Sales[Order Date],
  "Customers", DISTINCTCOUNT ( Sales[CustomerKey] )
)
```

이 쿼리는 다음과 같은 xmSQL 코드를 생성한다.

```
SELECT Sales[Order Date], DCOUNT ( Sales[CustomerKey] )
FROM Sales;
```

위 코드는 다음 ANSI SQL과 같다.

```
SELECT [Order Date], COUNT ( DISTINCT CustomerKey )
FROM Sales
GROUP BY [Order Date]
```

COUNT 함수에는 인수가 없다. 실제로 COUNT는 현재 그룹의 행 수를 센다. 색상별 제품 수를 계산하는 다음 DAX 쿼리를 살펴보자.

```
EVALUATE
SUMMARIZECOLUMNS (
  'Product'[Color],
```

```
  "Products", COUNTROWS ( 'Product' )
)
```

SE로 전송된 xmSQL 코드는 다음과 같다.

```
SELECT Product[Color], COUNT ( )
FROM Product;
```

위 코드는 다음 ANSI SQL 쿼리와 같다.

```
SELECT Color, COUNT ( * )
FROM Product
GROUP BY Color
```

DAX의 다른 집계함수는 해당 xmSQL 집계함수가 없다. AVERAGE를 사용하는 다음 DAX 쿼리를 살펴보자.

```
EVALUATE
SUMMARIZECOLUMNS (
  'Product'[Color],
  "Average Unit Price", AVERAGE ( 'Product'[Unit Price] )
)
```

xmSQL 코드에는 다음과 같이 FE에서 단순 평균을 계산하는 나누기의 분자와 분모로 사용할 두 개의 집계가 포함된다.

```
SELECT Product[Color], SUM ( Product[Unit Price] ), COUNT ( )
FROM Product
WHERE Product[Unit Price] IS NOT NULL;
```

xmSQL 쿼리를 ANSI SQL로 변환하면 다음과 같다.

```
SELECT Color, SUM ( [Unit Price] ), COUNT ( * )
FROM Product
WHERE Product[Unit Price] IS NOT NULL
GROUP BY Color
```

산술 연산

xmSQL은 +, -, *, /와 같은 간단한 산술 연산을 포함한다. 이러한 연산은 단일 행에서 작동하지만 FE는 일반적으로 집계 결과에 대해 산술 연산을 수행할 수 있다. 집계함수를 사용하는 식에서도 산술 연산을 자주 발견할 수 있다. 다음 DAX 쿼리는 Sales 테이블을 한 행씩 계산해 Quantity와 Unit Price를 곱한 값의 합계를 반환한다.

```
EVALUATE
{ SUMX ( Sales, Sales[Quantity] * Sales[Unit Price] ) }
```

위 쿼리는 다음과 같은 xmSQL 코드를 생성한다.

```
WITH
  $Expr0 := ( Sales[Quantity] * Sales[Unit Price] )
SELECT
SUM ( @$Expr0 )
FROM Sales;
```

WITH 문은 쿼리의 나머지 부분에서 추후 참조되는 기호 이름($Expr 접두사부터 시작)과 결합된 식을 이끈다. 이전 코드에서 $Expr0 식은 나중에 Sales 테이블의 각 행에 대해 평가되는 Quantity와 Unit Price의 곱에 해당하며, 결과를 집계된 값으로 합산한다.

이전 xmSQL 코드는 다음 ANSI SQL 쿼리와 같다.

```
SELECT SUM ( [Quantity] * [Unit Price] )
FROM Sales
```

xmSQL은 또한 산술 연산을 수행하기 위해 데이터 유형 간에 캐스트를 실행할 수도 있다. 이러한 작업은 DAX 식의 관점에서는 행 컨텍스트 내에서만 발생한다.

필터 연산

xmSQL 쿼리는 WHERE 조건에 필터를 포함할 수 있다. 필터의 성능은 적용된 조건의 카디널리티에 따라 달라진다('스캔 시간 이해' 절에서 좀 더 자세히 다룬다).

단가가 42인 모든 판매에 대해 Quantity 열의 합계를 반환하는 다음 쿼리를 살펴보자.

```
EVALUATE
CALCULATETABLE (
  ROW ( "Result", SUM ( Sales[Quantity] ) ),
  Sales[Unit Price] = 42
)
```

위 쿼리로 만들어진 xmSQL 쿼리는 다음과 같다.

```
SELECT SUM ( Sales[Quantity] )
FROM Sales
WHERE Sales[Unit Price] = 420000;
```

노트 WHERE 조건의 값에 10,000을 곱하는 이유는 단가 열이 통화 데이터 유형(파워 BI에서는 고정 10진수라고도 함)으로 저장되기 때문이다. 이 숫자는 VertiPaq에 정수로 저장되기 때문에 FE는 결과를 10,000으로 나눠 10진수로 변환한다. 이와 같은 나누기는 쿼리 계획이나 xmSQL 코드에서는 볼 수 없다.

WHERE 조건에는 값이 둘 이상인 테스트가 포함될 수 있다. 예를 들어 이전 쿼리를 조금 변경해 단가가 16 또는 42인 판매에 대해 Quantity 열의 합계를 구하는 쿼리는 다음과 같다.

```
EVALUATE
CALCULATETABLE (
  ROW ( "Result", SUM ( Sales[Quantity] ) ),
  OR ( Sales[Unit Price] = 16, Sales[Unit Price] = 42 )
)
```

xmSQL은 다음과 같이 IN 연산자를 사용해 값 목록을 포함한다.

```
SELECT SUM ( Sales[Quantity] )
FROM Sales
WHERE Sales[Unit Price] IN ( 16000, 42000 );
```

xmSQL의 모든 필터 조건에는 이미 열에 존재하는 값만 포함된다. 예를 들어 DAX 조건이 열에 없는 값을 참조한다면 결과 xmSQL 코드는 모든 행을 필터링하는 조건을 포함하게 된다. `Sales` 테이블에 16이나 42 둘 다 존재하지 않는다면 앞의 xmSQL 쿼리는 FE에서 전혀 호출되지 않거나 다음과 같이 될 수 있다.

```
SELECT SUM ( Sales[Quantity] )
FROM Sales
WHERE Sales[Unit Price] IN ( );
```

이러한 xmSQL 쿼리의 결과는 항상 비어 있다.

xmSQL은 SE 쿼리를 텍스트로 나타낸다는 것을 기억해야 한다. 실제 구조는 더욱 최적화돼 있다. 열에 허용된 값 목록이 매우 긴 경우에 xmSQL은 몇 개 값을 보고해 쿼리에 내부적으로 전달된 총 값의 수를 강조해서 표시한다. 이는 시간 인텔리전스 함수에서 자주 발생한다. 1년 동안 판매된 수량의 합계를 반환하는 다음의 DAX 쿼리를 살펴보자.

```
EVALUATE
CALCULATETABLE (
  ROW ( "Result", SUM ( Sales[Quantity] ) ),
  Sales[Order Date] >= DATE ( 2006, 1, 1 ) && Sales[Order Date] <= DATE ( 2006,
12, 31 )
)
```

최신 버전의 DAX 엔진은 다음과 같은 xmSQL 쿼리를 생성한다.

```
SELECT SUM ( Sales[Quantity] )
FROM Sales
WHERE Sales[Order Date] >= 38718.000000
  VAND Sales[Order Date] <= 39082.000000
```

DAX는 날짜 및 시간 값을 부동 소수점 숫자로 나타낸다. 이 때문에 DAX 식의 필터 인수로 사용된 두 날짜에 해당하는 두 개의 숫자로 `Order Date` 열을 비교한다.

그러나 이전 버전의 DAX 엔진에서는 다음과 같은 xmSQL 쿼리가 만들어질 수 있다.

```
SELECT SUM ( Sales[Quantity] )
FROM Sales
WHERE Sales[Order Date] IN ( 38732.000000, 38883.000000, 38846.000000,
38997.000000, 38809.000000, 38960.000000, 38789.000000, 38923.000000,
39074.000000, 38752.000000..[365 total values, not all displayed] ) ;
```

이 경우 xmSQL 쿼리에는 범위 조건 대신 필터에 포함된 모든 값을 식별하는 비트 맵 인덱스가 있다. `WHERE / IN` 조건은 이러한 비트 맵 인덱스를 나타내며 xmSQL 코드에서 값의 일부만 보여준 다음 열의 총값 수만 보고한다. 범위에 대한 값 목록을 얻기 위해 다음과 같은 xmSQL 쿼리가 앞서 실행될 수 있다.

```
SELECT Sales[Order Date]
FROM Sales
WHERE Sales[Order Date] >= 38718.000000
  VAND Sales[Order Date] <= 39082.000000
```

마지막 예에서 생성된 실제 xmSQL 쿼리는 `DATE` 함수의 결과를 해당 부동 소수점 값으로 변환하기 위한 FE 콜백이 포함돼 더 복잡할 수 있다. 이러한 콜백에 관한 자세한 내용은 19장의 뒷부분, 'CallbackDataID 이해' 절에서 다룬다.

조인 연산자

xmSQL 코드는 DAX 쿼리가 데이터 모델의 관계에 의해 연결된 여러 테이블을 포함할 때 `JOIN` 조건을 실행할 수 있다. `Product` 테이블의 각 색상에 대해 `Sales` 테이블의 `Quantity` 열의 합계를 반환하는 다음과 같은 DAX 쿼리를 살펴보자.

```
EVALUATE
SUMMARIZECOLUMNS (
  'Product'[Color],
  "Sales",  SUM ( Sales[Quantity] )
)
```

데이터 모델에서 `Product`와 `Sales` 테이블 사이에 일대다 관계가 있는 경우, 해당 xmSQL 코드에는 다음 SE 쿼리에서처럼 두 테이블 사이에 `LEFT OUTER JOIN`이 포함된다.

```
SELECT Product[Color], SUM ( Sales[Quantity] )
FROM Sales
  LEFT OUTER JOIN Product ON Sales[ProductKey] = Product[ProductKey];
```

JOIN의 ON 조건에는 데이터 모델에서 관계를 정의하는 열이 자동으로 포함된다. 쿼리에 관련된 각 관계에 대해 xmSQL에 한 개의 조인이 있다.

배치 이벤트의 임시 테이블 및 얕은 관계

VertiPaq는 FE에서 사용하지 않고 다른 xmSQL 쿼리에 사용하기 위해 메모리에 결과를 저장하는 xmSQL 쿼리를 실행할 수 있다. 이렇게 하면 임시 결과가 SE에 대해 구체화되지 않기 때문에 쿼리 성능이 향상된다. 임시 테이블이 다른 xmSQL 작업에서 사용되는 경우 VertiPaq 저장 엔진에 실행된 다른 SE 쿼리를 그룹화하는 배치 작업이 있어야 한다. 해당 연도에 하나 이상 구매한 고객의 평균 연간 소득을 계산하는 다음 쿼리를 살펴보자.

```
EVALUATE
CALCULATETABLE (
  SUMMARIZECOLUMNS (
    'Date'[Calendar Year],
    "Yearly Income", AVERAGE ( Customer[Yearly Income] )
  ),
  CROSSFILTER ( Sales[CustomerKey], Customer[CustomerKey], BOTH )
)
```

Sales와 Customer 테이블 사이에 양방향 필터가 존재하면 SE의 특별한 동작이 활성화돼 Batch 문의 다른 단계에서 실행된 쿼리가 생성된다. DAX 스튜디오에서는 기본적으로 배치 이벤트가 숨겨져 있지만, 하나 이상의 스캔 이벤트 후에 배치 이벤트를 볼 수 있도록 활성화할 수 있다. 이는 그림 19-14에 나타나 있다.

Line	Subclass	Duration	CPU	Rows	KB	Query
2	Scan	3	0	14,228	56	DEFINE TABLE '$TTable3' := SELEC
4	Scan	0	0	18,880	3	DEFINE TABLE '$TTable4' := SELEC
6	Scan	5	0	3	1	DEFINE TABLE '$TTable1' := SELEC
7	Batch	9	0			DEFINE TABLE '$TTable3' := SELEC

그림 19-14 서버 타이밍에서 배치 필터를 사용하도록 설정해 DAX 스튜디오에서 캡처된 SE 이벤트

라인 7에서 보고된 **배치**에는 라인 2, 4, 6에서 보고된 모든 **스캔** 이벤트가 포함된다. 각 **스캔** 이벤트의 SE 쿼리는 쉼표로 구분되지만, **배치** 이벤트에는 전체 코드에서 강조 표시된 것과 같은 추가 문구가 있을 수 있다. `CREATE SHALLOW RELATION` 문은 SE 수준에서 양방향 필터의 동작을 구현해 하나 이상의 양방향 필터를 포함하는 DAX 쿼리의 실행을 최적화한다.

```
--
-- 이 쿼리는 처리된 첫 번째 쿼리 이벤트이기도 하다.
--
DEFINE TABLE '$TTable3' :=
SELECT
  Customer[CustomerKey], Date[Calendar Year]
FROM Sales
  LEFT OUTER JOIN Customer
    ON Sales[CustomerKey]=Customer[CustomerKey]
  LEFT OUTER JOIN Date
    ON Sales[OrderDateKey]=Date[DateKey],

--
-- 이 지시문은 스캔 이벤트를 생성하지 않는다.
--
CREATE SHALLOW RELATION '$TRelation1' MANYTOMANY
  FROM Customer[CustomerKey] TO '$TTable3'[Customer$CustomerKey],

--
-- 이 쿼리는 처리된 두 번째 검색 이벤트다.
--
DEFINE TABLE '$TTable4' :=
SELECT
  SIMPLEINDEXN ( '$TTable3'[Customer$CustomerKey] )
FROM '$TTable3',

--
-- 이 쿼리는 이 배치에서 처리된 세 번째이자 마지막 검색 이벤트다.
--
DEFINE TABLE '$TTable1' :=
SELECT
  '$TTable3'[Date$Calendar Year],
  SUM ( '$TTable2'[$Measure0] ), SUM ( '$TTable2'[$Measure1] )
FROM '$TTable2'
  INNER JOIN '$TTable3'
    ON '$TTable2'[Customer$CustomerKey]='$TTable3'[Customer$CustomerKey]

REDUCED BY
```

```
'$TTable2' :=
SELECT
  Customer[CustomerKey],
  SUM ( Customer[Yearly Income] ),
  SUM (  ( PFDATAID ( Customer[Yearly Income] ) <> 2 )  )
FROM Customer
WHERE
Customer[CustomerKey] ININDEX '$TTable4'[$Index1];
```

배치의 마지막 DEFINE TABLE 문만 $TTable2 쿼리에 해당하는 FE로 반환되는 결과를 생성한다. 이전의 모든 DEFINE TABLE 문은 동일한 배치 내에서 나중에 사용할 임시 테이블을 생성한다. 마지막 쿼리는 DEFINE TABLE $TTable1에서 시작해 REDUCED BY 절을 포함하는 배치 끝에서 끝난다. REDUCED BY는 이 배치의 $TTable3 및 $TTable4처럼 동일한 배치 내에서 별도의 SE 쿼리를 실행하지 않고, 동일한 SE 요청 내에 하위 쿼리를 정의하는 구문이다. 배치의 마지막 테이블 이전에 DEFINE TABLE 내에 정의된 임시 테이블의 결과에는 DAX 결과로 반환되지 않는 2진 정보가 포함될 수 있다. 예를 들어 SIMPLEINDEXN 함수는 인덱스 구조를 생성하므로 다음 쿼리는 해당 인덱스를 사용해 ININDEX 연산자로 열에 필터를 적용할 수 있다. 이 임시 테이블은 FE로 반환되지 않는다. 이들은 다른 SE 쿼리의 내부 평가를 향상시키는 데 사용되는 효율적인 구조로 SE에만 보관된다.

스캔 시간 이해

xmSQL 쿼리의 구문에 대해 살펴봤으므로, 이제 이러한 구문을 실행하는 저장 엔진의 작업에 대해 살펴보자.

VertiPaq는 SE 쿼리와 관련된 모든 열을 스캔한다. 요청에 따라 열 반복이 더 많이 될 수 있다. 인덱스가 없기 때문에 검사를 완료하는 데 필요한 시간은 열의 메모리 사용량에 따라 달라지는데, 열의 메모리 사용량은 열의 고윳값 수, 행의 분포 및 테이블의 행 수에 따라 달라진다. 이러한 요소의 중요성은 xmSQL 쿼리에 사용되는 집계함수에 따라 다르다. Date, Time, Age 및 Score라는 네 개의 열이 있는 큰 테이블을 생각해보자. 테이블에는 40억 개의 행이 있으므로, 실행 시간상의 분명한 차이를 관찰할 수 있다. 각 열에 대해 다음과 같은 DAX 쿼리를 실행했다.

```
EVALUATE
ROW ( "Sum", SUM ( Example[<column name>] ) )

EVALUATE
ROW (
  "Distinct Count",
  CALCULATE (
    DISTINCTCOUNT ( Example[<column name>] ),
    NOT ISBLANK ( Example[<column name>] )
  )
)
```

노트 두 번째 쿼리에는 쿼리를 실행하는 SE 쿼리를 얻는 데 필요한 NOT ISBLANK 조건이 포함된다. 쿼리에 필터가 없었다면 SE 요청을 실행하지 않고 모델의 메타데이터에서 열의 고윳값 수를 검색했을 것이다.

이 쿼리의 결괏값에는 관심이 없고 SE에서 소비된 시간에만 관심이 있다. 이러한 단순한 쿼리에서는 SE 사용 시간은 DAX 쿼리의 총 실행 시간에 가까워진다. 테이블 19-1은 다음과 같은 각 열에 대해 보고된 결과를 보여준다.

- **메모리**MB: 전체 테이블(40억 행)에 대한 열의 메모리 사용량
- **고윳값**Distinct Count: DAX에서 `DISTINCTCOUNT` 집계함수로 얻은 열의 고윳값 수
- SUM(ms): `SUM` 집계를 열에 적용한 쿼리의 실행 시간
- DISTINCTCOUNT(ms): `DISTINCTCOUNT` 집계를 열에 적용한 쿼리의 실행 시간

표 19-1 집계함수의 열 크기, 카디널리티 및 집계함수의 실행 시간

Column	Memory (MB)	Distinct Values	SUM (ms)	DISTINCTCOUNT (ms)
Date	0.03	1,588	9	20
Age	165.26	96	146	333
Score	2,648.40	9,766,664	837	4,288
Time	6,493.57	1,439	1,330	4,102

처음에는 몇 가지 결과가 직관에 반하는 것처럼 보일 수도 있다. 즉, 일반적으로 열의 고윳값 수가 클수록 쿼리가 느려진다. 하지만 이 예에서 고윳값 수가 적은 Age보다 Date가 더 빠르다. 또한, 카디널리티가 Date와 비슷하지만 Time 열은 Date와 비교했을 때 성능 차이가 매우 크게 난다. 이러한 차이가 생기는 이유는 열의 정렬 순서에 따라 압축률이 다르기 때문이다.

Date 열은 항상 실행 시간이 더 빠르다. 40억 개의 행이 Date별로 정렬된 행을 읽는 방식대로 처리되기 때문이다. 파티셔닝이 없이도, 각각 하나 또는 두 개의 고유한 값을 갖는 세그먼트를 만들었다. 따라서 Date 열에 사용된 메모리에서 분명히 알 수 있듯이 각 세그먼트의 모든 행은 압축률이 매우 높다.

Age 열은 SUM과 DISTINCTCOUNT 모두에서 두 번째로 성능이 우수하다. 이 열은 Date별 Age 값이 다르고, 행은 날짜순으로 먼저 정렬되기 때문에 Date보다 메모리 사용량이 더 크다.

Score 및 Time 열은 성능이 느리다. SUM의 성능은 주로 메모리 사용량에 따라 달라지는 반면, DISTINCTCOUNT는 열에 있는 고윳값의 수에 대해서도 민감하다. 두 집계에 사용되는 서로 다른 계산 알고리듬 때문이다.

여기서 중요한 개념은 열의 메모리 크기에 따라 SE 쿼리의 성능이 달라진다는 점이다. 열의 메모리 사용량을 줄임으로써 VertiPaq SE 쿼리를 최적화할 수 있다. 고윳값의 수가 적은 열을 사용하거나, 데이터 소스의 정렬 순서를 변경하거나, 테이블의 행 수를 줄이거나, 이 책의 나머지 부분에 기술할 다른 방법을 적용해 쿼리를 최적화할 수 있다.

DISTINCTCOUNT 내부 이해

DAX 식에서 DISTINCTCOUNT 함수를 사용하면 하나의 **VertiPaq 스캔 이벤트**에 대해 여러 **VertiPaq 스캔 내부** 이벤트가 생성된다. DAX 스튜디오의 서버 타이밍 그룹에서 내부[Internal] 버튼을 활성화하면 내부 이벤트를 볼 수 있다.

다음과 같은 DAX 쿼리를 살펴보자.

```
EVALUATE
ROW (
  "Distinct Count",
  CALCULATE (
    DISTINCTCOUNT ( Example[Score] ),
    Example[Score] <> 0
  )
)
```

표 19-2는 앞의 쿼리에 의해 생성된 **VertiPaq 스캔** 이벤트의 전체 목록을 보여준다.

표 19-2 DISTINCTCOUNT 측정값이 있는 DAX 쿼리에 대한 VertiPaq 스캔 이벤트

Line	Subclass	Duration	CPU	Query
1	Internal	4,269	31,641	SELECT Example[Score] FROM Example;
2	Internal	4,269	31,641	SELECT Example[Score] FROM Example;
3	Internal	19	31,766	SELECT COUNT( ) FROM $DCOUNT_DATACACHE;
4	Scan	4,288	31,766	SELECT DCOUNT (Example[Score]) FROM Example;

마지막 줄에는 FE가 요청한 SE 쿼리가 포함된다. 내부적으로 쿼리는 두 개의 하위 쿼리로 나뉜다. 첫 번째 결과는 두 개의 동일한 행에서 중복된다(지속 시간 및 CPU 열의 내용 참조). 다음은 예제 테이블의 `Score` 열에 있는 고윳값 목록을 검색하는 첫 번째 내부 하위 쿼리의 xmSQL 코드다.

```
SELECT Example[Score]
FROM Example
WHERE Example[Score] <> 0;
```

SE 쿼리는 `Example` 테이블의 `Score` 열에 있는 고윳값의 목록을 반환한다. 다음 단계는 목록에 있는 행의 수를 세는 것이다. 즉, 내부 쿼리에서 반환되는 행을 세면 원래 쿼리에 정확한 결과가 제공된다. 특정 xmSQL 쿼리는 SE 쿼리의 이전 결과를 참조하는 `$DCOUNT_DATACACHE`라는 특수 테이블만 참조한다.

```
SELECT COUNT ( )
FROM $DCOUNT_DATACACHE;
```

표 19-2는 비록 중복된 이벤트는 한 번만 계산되지만, **스캔 이벤트** 지속 시간이 두 내부 이벤트 지속 시간의 합계와 같다는 것을 보여준다. **CPU 시간**은 동일한 쿼리의 모든 이벤트에서 항상 동일하다. **CPU 시간**을 **지속 시간**으로 나눠 평가할 수 있는 병렬 처리 비율은 약 7이며, 이는 최대 8개의 스레드가 병렬로 실행됐음을 의미한다. 다음 절에서는 SE 쿼리 내의 병렬 처리에 관해 자세히 설명한다.

병렬 처리 및 데이터캐시 이해

xmSQL 문으로 서술된 모든 SE 쿼리는 메모리에 압축되지 않은 단일 테이블 형태로 데이터캐시라는 결과를 반환한다. SE 쿼리의 결과는 메모리에서 완전히 구체화되거나 행이 반복되는 동안 사용할 수 있다. 일반적으로 이 결과가 구체화될 때 데이터캐시를 언급하는데, 복잡한 쿼리에서는 대부분 그렇다.

SE 쿼리는 여러 실행 스레드를 사용해 많은 코어에서 병렬 처리될 수 있다. 사용되는 스레드 수는 하드웨어 및 쿼리에 관련된 열의 물리적 구조에 따라 달라진다. VertiPaq 엔진은 17장, '세그멘테이션 및 파티셔닝 이해' 절에서 설명한 대로, 단일 스캔 작업에 관련된 각 세그먼트에 하나의 스레드를 할당한다. 작업이 여러 스레드에서 실행되면 모든 스레드가 부분적으로 결과를 생성한다. 모든 스레드가 실행을 완료한 뒤에 VertiPaq는 이러한 결과를 하나의 최종 데이터캐시로 통합한다. 그런 다음 FE는 단일 스레드에서 데이터캐시를 사용한다. 또한 이러한 이유로 SE 쿼리 결과를 통합할 필요가 있다. 그림 19-15에 묘사된 스키마에서 병렬 처리 및 통합 동작을 볼 수 있다.

통합하는 데 시간이 필요하므로 세그먼트가 너무 작지 않아야 한다. 여러 스레드에서 스캔 작업을 실행하는 효율성과 통합에 따르는 오버헤드 사이에 균형을 유지해야 하지만 세그먼트가 너무 작으면 이 작업이 불가능하다. 그 부작용 때문에 작은 테이블에서 VertiPaq 연산은 여러 코어를 사용하는 이점을 얻을 수 없다. 이는 통합 프로세스에 수반되는 비용이 작은 테이블이 제공하는 이점보다 크기 때문이다.

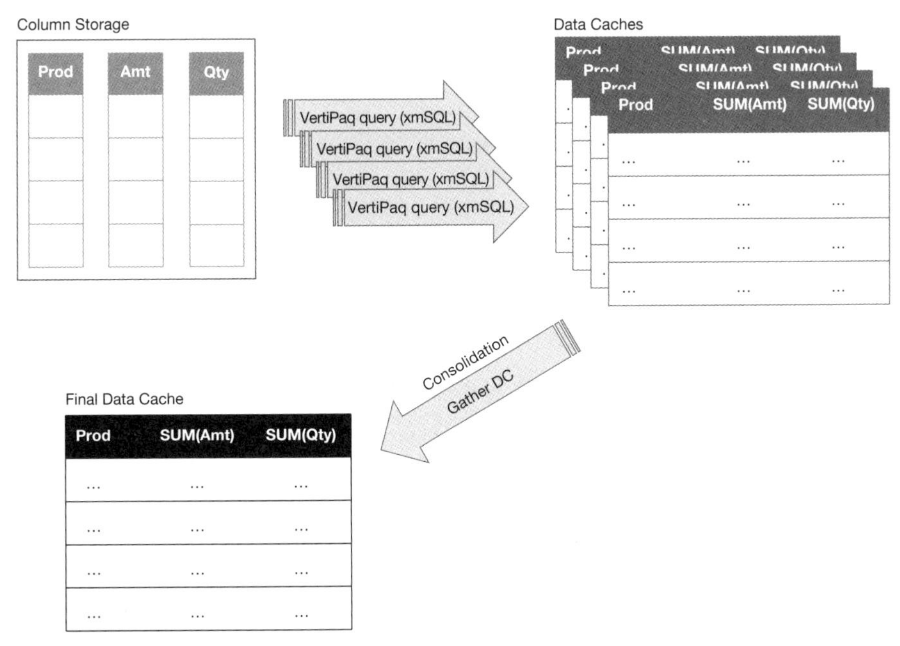

그림 19-15 최종 데이터캐시는 엔진이 실행을 병렬 처리할 때 VertiPaq 쿼리에 의해 동시에 생성된 여러 데이터캐시를 통합한 것이다.

SE 쿼리는 FE에 데이터만 제공한다는 점을 기억하자. 간단한 시나리오에서는 다음과 같은 단계를 따른다.

1. SE는 xmSQL 쿼리를 수신한다.
2. SE는 잠재적으로 여러 스레드에서 스캔 작업을 실행해 스레드당 하나의 데이터캐시를 생성한다.
3. SE는 여러 데이터캐시를 하나의 최종 데이터캐시로 통합한다.
4. FE는 단일 스레드에서 데이터캐시를 소비한다.
5. FE는 쿼리 계획의 여러 단계에서 동일한 데이터캐시를 사용할 수 있다.

프로파일러에서는 쿼리 계획 전에 항상 SE 이벤트를 볼 수 있다. 물리적 쿼리 계획은 항상 쿼리와 관련된 이벤트 끝에 나타난다. 논리적 쿼리 계획 앞에 몇 개의 SE 쿼리가 올 수 있다. DAX 엔진 자체가 쿼리를 보내 열의 크기와 밀도에 대한 정보를 검색하기 때문이다.

DAX 엔진은 이 정보를 사용해 더 나은 쿼리 계획을 만든다. DAX 스튜디오를 사용하면 사용자 인터페이스의 다른 부분에 있는 쿼리 계획 및 SE 쿼리를 표시하기 때문에 이러한 동작을 볼 수 없다.

VertiPaq 캐시 이해

DAX 수식 엔진에는 캐시가 없는 반면, VertiPaq 저장 엔진에는 VertiPaq 캐시가 있다. VertiPaq 캐시의 가장 중요한 목표는 동일한 쿼리 내에서 동일한 데이터캐시에 대한 복수 요청의 성능을 향상시키는 것이다. 2차 목표는 동일한 데이터캐시를 요청하는 다른 DAX 쿼리의 성능을 향상시키는 것이다. VertiPaq 캐시의 동작을 분석하고 효율성을 평가하기 위해서는 VertiPaq 캐시의 목표를 이해할 필요가 있다.

다음 DAX 쿼리를 살펴보자.

```
EVALUATE
ADDCOLUMNS (
  VALUES ( Example[Date] ),
  "A", CALCULATE ( SUM ( Example[Amt] ) ),
  "Q", CALCULATE ( SUM ( Example[Qty] ) )
)
```

쿼리 결과에는 **날짜별**로 `Example` 테이블의 `Amt` 및 `Qty` 열을 합한 `A`와 `Q`라는 두 개의 열이 포함된다. 쿼리를 두 번 실행해 두 번의 실행 시간을 분석했다. 표 19-3은 DAX 스튜디오에서 **캐시** 이벤트와 **내부** 이벤트를 모두 활성화해 첫 번째 실행의 **스캔** 이벤트의 순서를 보여준다.

표 19-3 두 개의 집계가 있는 DAX 쿼리의 첫 번째 실행에 대한 VertiPaq 이벤트

Line	Subclass	Duration	CPU	Query
1	Internal	1,796	13,516	SELECT Example[Date], SUM (Example[Amt]), SUM (Example[Qty]), COUNT ( ) FROM Example;

Line	Subclass	Duration	CPU	Query

2	Scan	1,796	13,516	SELECT
				  Example[Date], SUM (Example[Amt]),
				  SUM (Example[Qty]), COUNT ( )
				FROM Example;

3	Internal	6	31	SELECTExample[Date], COUNT ( ) FROM Example;
4	Scan	6	31	SELECT Example[Date] FROM Example;

동일한 쿼리를 두 번째 실행하면, 첫 번째 실행의 VertiPaq 캐시를 두 번째 실행에서 활용할 수 있어 결과가 달라진다. 결과는 표 19-4에서 볼 수 있다.

표 19-4 두 개의 집계가 있는 DAX 쿼리의 두 번째 실행에 대한 VertiPaq 이벤트

Line	Subclass	Duration	CPU	Query

1	Cache	0	0	SELECT
				  Example[Date], SUM (Example[Amt]),
				  SUM (Example[Qty]), COUNT ( )
				FROM Example;

2	Scan	0	0	SELECT
				  Example[Date], SUM (Example[Amt]),
				  SUM (Example[Qty]), COUNT ( )
				FROM Example;

3	Cache	0	0	SELECT Example[Date], COUNT ( ) FROM Example;
4	Scan	0	0	SELECT Example[Date] FROM Example;

두 번째 실행 시간은 0밀리 초다. 두 번째 쿼리를 실행할 때 필요한 데이터가 포함된 데이터캐시가 VertiPaq 캐시에서 이미 사용 가능하기 때문이다. 따라서 엔진은 VertiPaq 쿼리를 실행하지 않고 단지 캐시로부터 결과를 검색했다.

DAX 스튜디오에서는 **캐시** 및 **내부** 이벤트가 기본적으로 비활성화되므로, SE 쿼리가 캐시에 접근할 때 표시되는 일반적인 결과는 표 19-5와 같다. 여기서 표시되는 이벤트는 **스캔** 이벤트뿐이며 지속 시간은 0밀리 초다.

표 19-5 두 개의 집계가 있는 DAX 쿼리에 대해 표시되는 VertiPaq 검색 이벤트

Line	Subclass	Duration	CPU	Query

2	Scan	0	0	SELECT
				  Example[Date], SUM (Example[Amt]),
				  SUM (Example[Qty]), COUNT ( )
				FROM Example;

4	Scan	0	0	SELECT Example[Date] FROM Example;

VertiPaq 엔진은 카디널리티가 동일하고 열이 이전 쿼리의 하위 집합일 때만 캐시의 데이터를 재사용한다. VertiPaq 캐시에서의 조회가 회피하려는 메모리 스캔 작업의 오버헤드가 되면 안 되기에 이 알고리듬은 매우 간단하다. 이러한 이유로 VertiPaq 캐시는 제한된 수의 데이터캐시만 메모리에 보관한다. 따라서 쿼리 계획이 동일한 DAX 쿼리 내에서 동일한 저장소 쿼리를 여러 번 반복하더라도 요청이 캐시에 도달한다는 보장은 없다. 그럼에도 불구하고 대부분 조건에서 VertiPaq 캐시는 짧은 시간 내에 발생하는 여러 요청을 충족시킨다.

노트 VertiPaq는 행 수준의 보안 설정을 무시한다. DAX 수식 엔진은 역할 기반 보안을 관리하고 보안 설정 및 사용자 자격 증명에 따라 다양한 VertiPaq 저장 엔진 쿼리를 생성한다. 이 때문에 VertiPaq 캐시는 전역 리소스이며 그 결과를 서로 다른 사용자와 세션 간에 공유한다. FE는 요구사항에 따라 다른 SE 쿼리를 생성해 결과의 정확성을 보장한다.

성능을 분석할 때는 쿼리를 실행하기 전에 캐시를 지워야 한다. 쿼리 계획의 병목과 개선 영역을 찾기 위해서는 최악의 시나리오(빈 캐시)를 시뮬레이션해 메모리에서 스캔을 완료하는 데 필요한 시간을 관찰하는 것이 좋다. 동시에 여러 사용자가 쿼리를 실행하는 바쁜 서버에서는 VertiPaq 캐시의 크기가 줄어들기 때문에 캐시 누락이 자주 발생한다.

DAX 스튜디오에서는 쿼리를 실행하기 전에 다음과 같은 방법으로 캐시를 지울 수 있다.

- 쿼리 실행 버튼으로 쿼리를 실행하기 전에 홈 탭의 캐시 지우기Clear Cache 버튼을 클릭해 DAX 엔진의 캐시를 지운다.
- 각 실행Run 전에 캐시가 지워지도록 홈 탭에서 캐시 삭제 후 실행Clear Cache then Run 버튼을 선택한다.

실행 및 캐시 삭제 후 실행 버튼은 그림 19-16에 나타나 있다.

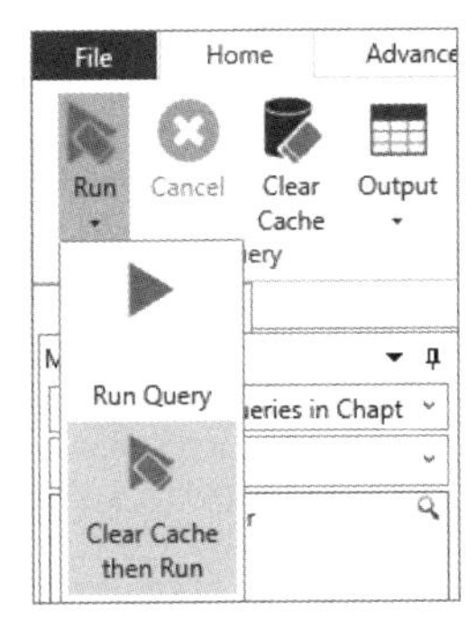

그림 19-16 DAX 스튜디오의 홈 탭에는 DAX 엔진의 캐시를 지우는 몇 가지 옵션이 있다.

DAX 스튜디오는 다음과 같은 XMLA 명령을 사용해 내부적으로 DAX 엔진에 캐시 지우기 명령을 전송해 지정된 데이터베이스와 관련된 결과 캐시를 제거한다. 이 예에서는 Contoso 데이터베이스의 캐시를 지운다.

```
<ClearCache xmlns="http://schemas.microsoft.com/analysisservices/2003/engine">
  <Object>
    <DatabaseID>Contoso</DatabaseID>
  </Object>
</ClearCache>
```

CallbackDataID 이해

VertiPaq SE는 xmSQL의 제한된 연산자 및 함수 집합만 지원한다. 따라서 SE가 직접 지원하지 않는 연산은 FE가 실행한다. 그러나 VertiPaq 반복함수 내에서 복잡한 계산이 필요할 경우 SE는 `CallbackDataID`라는 특수 xmSQL 함수를 사용해 FE를 호출할 수 있다.

xmSQL에서 지원하는 연산자에는 기본 수학 연산(합계, 빼셈, 곱셈, 나눗셈)이 포함되지만, 제곱근(DAX의 `SQRT`)과 같은 수학 함수나 `IF` 함수와 같은 조건부 논리는 포함되지 않는다. xmSQL에서 지원하지 않는 식을 반복함수에 포함하면 쿼리 계획에서 `CallbackDataID`라는 특수 함수가 포함된 xmSQL 쿼리를 생성한다. 반복하는 동안 SE는 모든 행에 대해 FE를 호출해 DAX 표현식과 그 멤버의 값을 인수로 전달한다.

다음과 같이 DAX 쿼리에서 반올림된 값의 합을 살펴보자.

```
EVALUATE
ROW (
  "Result", SUMX ( Sales, ROUND ( Sales[Line Amount], 0 ) )
)
```

이 식에서 SE는 ROUND 함수를 평가할 수 없다. 따라서 쿼리 계획은 다음과 같은 xmSQL 문을 생성한다.

```
WITH
  $Expr0 := [CallbackDataID ( ROUND ( Sales[Line Amount]] ), 0 ) ]
        ( PFDATAID ( Sales[Line Amount] ) )
SELECT
  SUM ( @$Expr0 )
FROM Sales;
```

CallbackDataID 함수는 값을 가장 가까운 정수로 반올림하는 DAX 식을 포함한다. 이 식은 현재 행에 대해 Sales 테이블의 Line Amount 열을 평가한다. PFDATAID 구문은 우리가 지금 설명하고 있는 논리를 분석하는 것과는 관련이 없다. SE는 Sales 테이블의 각 행에 대해 CallbackDataID 함수를 호출한다. xmSQL 쿼리의 결과는 집계된 결과에 해당하는 행이 하나만 있는 데이터캐시다. FE가 단일 스레드지만 SE가 CallbackDataID로 FE를 호출할 때 SE의 병렬 처리는 영향을 받지 않는다. 실제로 FE에는 SE의 스레드마다 하나씩 병렬로 실행되는 여러 인스턴스가 있을 수 있다.

CallbackDataID의 병렬 처리 및 가능한 대안

CallbackDataID를 사용할 수 없을 때 어떤 일이 발생하는지 살펴보면 병렬 처리가 CallbackDataID와 어떻게 상호 작용하는지, 관련 비용이 무엇인지를 이해할 수 있다. 다음과 같은 xmSQL 쿼리를 사용해 Sales 테이블에서 Line Amount 열의 모든 값이 포함된 데이터캐시를 요청하는 쿼리 계획을 살펴보자.

```
SELECT
  Sales[Line Amount], COUNT( )
FROM Sales;
```

FE가 획득한 데이터캐시에는 Line Amount 열의 고유한 값과 각 고윳값에 해당하는 행의 수 (COUNT 함수에 의해 반환됨)가 포함된다. FE는 이 정보를 사용해 데이터캐시에서 각 행의 Line Amount 값에 ROUND 함수를 적용해 Sales 테이블에서 Line Amount 값의 발생 횟수를 곱한다. FE에서 제공하는 결과는 동일하지만 SE는 CallbackDataID를 사용해 xmSQL 쿼리에서 얻은 1열 데이터캐시보다 훨씬 큰 데이터캐시를 생성해야 한다. SE는 종종 전체 데이터캐시를 메모리에 구체화하는데, 이 형식은 압축되지 않은 형식이라는 점을 기억하자. 그런 다음 FE는 이 데이터캐시를 단일 스레드에서 차례대로 반복한다. 이로 인해 성능이 저하되고 메모리 소비량이 증가할 수 있다.

CallbackDataID를 사용한 실행은 메모리 측면에서 비용이 덜 들고(구체화된 데이터캐시는 행이 하나밖에 없다) 확장성은 더 크다. VertiPaq 스캔 작업이 여러 스레드에서 실행되는 경우 CallbackDataID로 FE를 호출하면 FE의 스레드 인스턴스를 사용하게 된다. 다시 말해서 실행 중인 모든 스레드에는 동일한 쿼리 내에서도 FE의 자체 인스턴스가 있다고 상상할 수 있다. 순차적인 유일한 작업은 실행 중인 스레드에 의해 생성된 데이터캐시에서 SE가 수행하는 통합 작업이다. 그러나 이 작업은 각각 하나의 열만 포함하는 서로 다른 데이터캐시를 통합하기 때문에 매우 빠르다.

성능 관점에서 `CallbackDataID`에는 다음과 같은 세 가지 의미가 있다.

- `CallbackDataID` 호출로 해결된 식은 SE의 내부 연산이 해결하는 식보다 메모리 사용이 많다. 이는 **CallbackDataID를 호출하는 오버헤드**가 존재하기 때문이다.
- 추적 세션에서 **VertiPaq SE 이벤트는 CallbackDataID가 FE에서 소비한 시간을 포함**한다. 실행 시간이 긴 SE 쿼리를 최적화하려면 CallbackDataID 호출을 줄이거나 제거해야 할 수도 있다.
- **SE 캐시는 CallbackDataID 호출을 포함하는** xmSQL 쿼리에 의해 생성된 **데이터캐시를 저장하지 않는다.** 따라서 xmSQL 함수에서 `CallbackDataID`의 존재는 저장소를 반복해 실행할 때 신중하게 평가돼야 한다.

중요 FE는 단일 스레드지만 SE가 CallbackDataID로 FE를 호출하면 FE에서 코드의 실행은 SE에 의해 생성된 여러 스레드로 병렬 처리된다. 병렬 처리로 전체 지속 시간이 감소하지만 CallbackDataID로 인해 CPU 시간이 증가할 수 있다.

`CallbackDataID`가 성능에 미치는 영향을 이해하기 위해 행별로 나누기한 결과를 합하는 다음 DAX 쿼리를 살펴보자.

```
EVALUATE
{
  SUMX (
    Example,
    IF (
      Example[Denominator] <> 0,
      Example[Numerator] / Example[Denominator]
    )
  )
}
```

`IF` 함수는 분모가 0인 경우에 생길 수 있는 오류를 방지한다. SE에 전송된 xmSQL 쿼리는 다음과 유사하다.

```
WITH
  $Expr0 := [CallbackDataID (
    IF (
      Example[Denominator] <> 0,
      Example[Numerator] / Example[Denominator]
    ) ]
    ( PFDATAID ( Example[Numerator] ), PFDATAID ( Example[Denominator] ) )
SELECT
  SUM ( @$Expr0 )
FROM Example;
```

표 19-6에 표시된 SE 이벤트를 가져와 40억 개의 행으로 구성된 `Example` 테이블에서 해당 DAX 쿼리를 실행했다.

표 19-6 DAX의 IF 함수를 포함하는 CallbackDataID가 있는 VertiPaq 스캔 이벤트

Line	Subclass	Duration	CPU	Rows	Query
1	Internal	8,379	64,234	1	WITH $Expr0 := [**CallbackDataID** (IF (Example[Denominator] <> 0, …
2	Scan	8,379	64,234	1	WITH $Expr0 := [**CallbackDataID** (IF (Example[Denominator] <> 0, …

코어 수가 8개인 서버를 사용했기에 병렬 처리 비율(CPU 시간을 지속 시간으로 나눈 값)은 8에 가깝다. 중요한 점은 다른 스레드가 FE에 대한 병렬 호출을 실행했다는 것이다. 18장에서 DAX에서 나누기의 분모가 0인지를 확인하는 데 사용되는 특정 IF 조건을 DAX의 Divide 함수가 대체할 수 있음을 살펴봤다. 이 예에서 IF 대신 Divide를 사용하면 어떻게 되는지 살펴보자. DAX 쿼리는 다음과 같다.

```
EVALUATE
{
  SUMX (
    Example,
    DIVIDE ( Example[Numerator], Example[Denominator] )
  )
}
```

xmSQL에서 DIVIDE 함수를 사용할 수 없으므로, 이 경우 엔진에 전송되는 해당 xmSQL 쿼리에 다음과 같이 CallbackDataID가 생긴다.

```
WITH
  $Expr0 := [CallbackDataID (
    DIVIDE ( Example[Numerator], Example[Denominator] ) ]
    ( PFDATAID ( Example[Numerator] ), PFDATAID ( Example[Denominator] ) )
SELECT
  SUM ( @$Expr0 )
FROM Example;
```

표 19-7은 이전 예제에서 사용한 동일한 40억 행 테이블에 쿼리를 실행해 얻은 SE 이벤트를 보여준다.

표 19-7 DAX의 DIVIDE 함수를 포함하는 CallbackDataID가 있는 VertiPaq 스캔 이벤트

Line	Subclass	Duration	CPU	Rows	Query
1	Internal	6,790	51,984	1	WITH $Expr0 := [**CallbackDataID** (IF (Example[Denominator] <> 0, …
2	Scan	6,790	51,984	1	WITH $Expr0 := [**CallbackDataID** (IF (Example[Denominator] <> 0, …

IF 대신 DIVIDE를 사용해 **지속 시간**과 **CPU 시간** 모두 성능이 19% 개선됐다. 그러나 이처럼 병렬 처리했음에도 불구하고 SE가 FE에서 함수를 호출하기 때문에 CallbackDataID의 오버헤드는 여전히 높다. CallbackDataID를 완전히 제거하면 이 오버헤드가 사라진다. 이때 **분모** 열에 0이 포함된 행을 무시하도록 필터를 적용하기만 하면 된다. 이는 다음과 같은 DAX 쿼리로 가능하다.

```
EVALUATE
{
  CALCULATE (
    SUMX (
      Example,
      Example[Numerator] / Example[Denominator]
    ),
    Example[Denominator] <> 0
  )
}
```

전체 DAX 식에 해당하는 xmSQL 문은 다음과 같이 CallbackDataID를 사용하지 않는다.

```
WITH
  $Expr0 := Example[Numerator] / Example[Denominator]
SELECT
  SUM ( @$Expr0 )
FROM Example
WHERE Example[Denominator] <> 0;
```

표 19-8에서 볼 수 있는 결과 SE 이벤트는 DIVIDE 버전보다 50% 이상 개선된 성능을 보여준다.

표 19-8 DAX에서 안전한 나누기를 실행하기 위해 CallbackDataID가 없는 VertiPaq 스캔 이벤트

Line	Subclass	Duration	CPU	Rows	Query
1	Internal	3,108	23,859	1	WITH $Expr0 := Example[Numerator] / Example[Denominator], …
2	Scan	3,108	23,859	1	WITH $Expr0 := Example[Numerator] / Example[Denominator], …

마지막 버전은 `CallbackDataID`를 사용하지 않는 방법의 또 다른 이점을 보여준다. 이제 VertiPaq 캐시는 향후 실행을 위해 데이터캐시를 유지하며, 이는 xmSQL 쿼리에 `CallbackDataID`가 포함된 경우에는 불가능하다. 마지막 DAX 쿼리를 두 번 실행하면 두 번째 실행은 표 19-9에 표시된 이벤트를 생성한다.

표 19-9 SE 캐시에 도달하는 CallbackDataID가 없는 VertiPaq 스캔 이벤트

Line	Subclass	Duration	CPU	Rows	Query
1	Cache	0	0	1	WITH $Expr0 := Example[Numerator] / Example[Denominator], …
2	Scan	0	0	1	WITH $Expr0 := Example[Numerator] / Example[Denominator], …

일반적으로 신중한 개발자라면 SE에서 만든 `CallbackDataID` 호출을 피하거나, 호출 횟수를 최소한으로 줄여야 한다. 20장에서 이와 같은 최적화의 몇 가지 사례를 제시한다.

분석 서비스 2012/2014의 CallbackDataID에 대한 프로파일러 제한 사항

xmSQL 쿼리에 CallbackDataID가 포함됐을 때 분석 서비스 2012 및 2014에서 생성된 프로파일러 이벤트에는 중요한 제한 사항이 있다. CallbackDataID에 전달된 내부 DAX 식에는 SE에 대한 추가 요청을 생성하는 DAX의 하위 쿼리 문이 포함될 수 있다. 실제 쿼리 계획에는 CallbackDataID에 포함된 하위 표현식이 포함되지 않는다. 이러한 하위 표현식을 평가하기 위해 실행된 SE 쿼리는 프로파일러에 표시되는 이벤트를 발생시키지 않는다. 2016년부터 출시된 분석 서비스, 엑셀 및 파워 BI 데스크톱 버전에는 이 문제가 없다.

다이렉트쿼리의 저장 엔진 쿼리 읽기

이 절에서는 다이렉트쿼리 SE 쿼리를 읽는 방법을 설명한다. 다이렉트쿼리 모드의 SE 쿼리는 데이터 소스에서 허용하는 SQL 언어로 표현된다. VertiPaq 저장 엔진과 다이렉트쿼리 저장 엔진의 유사점과 차이점을 이해하려면, 이 절을 읽기 전에 VertiPaq 저장 엔진 쿼리를 다룬 이전 절을 먼저 읽는 것이 좋다.

다음 DAX 쿼리를 살펴보자.

```
EVALUATE
SUMMARIZECOLUMNS (
  Sales[Order Date],
  "Total Quantity", SUM ( Sales[Quantity] )
)
```

다이렉트쿼리 모델에서 실행하면 DAX 엔진은 SQL 언어로 다음과 같이 데이터 소스로 전송되는 단일 SE 쿼리를 생성한다.

```
SELECT
  TOP (1000001) [t4].[Order Date],
  SUM ( CAST ( [t4].[Quantity] as BIGINT ) ) AS [a0]
FROM  (
  select [StoreKey],
     [ProductKey],
     ... // 테이블의 다른 열은 여기서 생략했음
  from [dbo].[Sales] as [$Table]
) AS [t4]
GROUP BY [t4].[Order Date]
```

TOP 조건으로 데이터 소스에서 DAX 엔진으로 전송되는 행의 수를 제한한다. 반환되는 행 수가 TOP 조건의 매개변수와 동일하면 데이터 소스에서 전체 데이터 집합을 검색할 수 없어서 DAX 쿼리가 실패하게 된다. 이러한 이유로 다이렉트쿼리에서 허용되는 행의 한도가 1,000,000인 경우 TOPN의 인수는 1,000,001이다. SE 쿼리의 전체 결과가 데이터 소스에서 DAX 엔진으로 전송된 후, 압축되지 않은 방식으로 메모리에 로드돼야 해서 이렇게 제한하지 않으면 너무 많은 메모리를 소비하게 된다.

노트 다이렉트쿼리를 사용한 저장 엔진 요청에 허용되는 행 또는 한계(limit)는 기본적으로 1,000,000개다. 이 숫자는 분석 서비스에서 사용할 수 있는 (Power BI에서는 사용할 수 없음) MaxIntermediateRowsetSize 구성 설정에서 수정할 수 있다. 이에 대한 자세한 내용은 https://www.sqlbi.com/articles/tuning-query-limits-for-directquery/의 문서에서 확인할 수 있다.

그림 19-17은 다이렉트쿼리 데이터 소스로 전송된 SQL SE 쿼리에 대해 검색된 정보의 예를 보여준다. **지속 시간** 열에는 데이터 소스가 SQL 쿼리의 결과를 제공하는 데 걸린 시간(밀리 초)이 표시된다. CPU는 결과를 검색하기 위한 비용을 다이렉트쿼리 엔진에 보고해야 하지만 데이터 소스의 실질적인 비용을 무시하기에 일반적으로 0이 아니더라도 매우 낮은 숫자다. 데이터 소스의 실제 CPU 소비를 평가하기 위해서는 SQL 서버 프로파일러를 사용해 데이터 소스 엔진에서 실행되는 쿼리를 분석해야 한다.

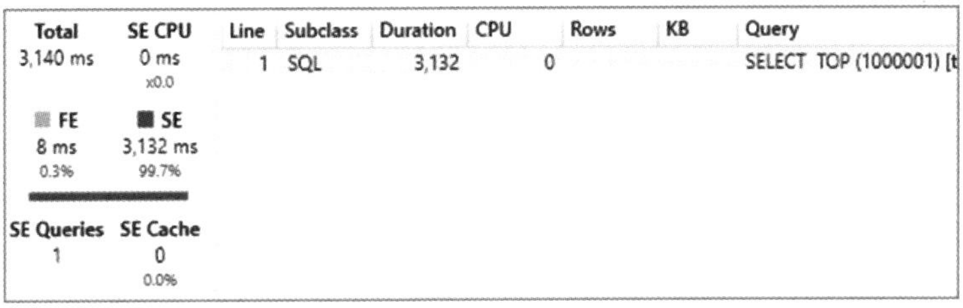

Total	SE CPU
3,140 ms	0 ms x0.0
FE	SE
8 ms 0.3%	3,132 ms 99.7%
SE Queries	SE Cache
1	0 0.0%

Line	Subclass	Duration	CPU	Rows	KB	Query
1	SQL	3,132	0			SELECT TOP (1000001) [t

그림 19-17 다이렉트쿼리의 SE 쿼리는 SQL 쿼리로 표시된다.

그림 19-17의 SQL 이벤트에는 Rows 및 KB 열에 관한 정보가 없다. 실제로 SQL 이벤트는 VertiPaq으로 전송된 xmSQL 쿼리에 대해 발생하기 때문에 행 및 메모리 측면에서 결과를 추정하지 않는다.

마지막으로 다이렉트쿼리 SE 쿼리 결과는 저장 엔진 캐시에 유지되지 않으므로 SE 캐시 카운터는 다이렉트쿼리 데이터 모델에서 항상 0이 된다.

복합 모델 분석

복합 모델에서 동일한 DAX 쿼리는 VertiPaq와 다이렉트쿼리 SE 쿼리를 혼합해 생성할 수 있다. `Sales` 테이블은 다이렉트쿼리 저장 모드를 사용하고 다른 테이블은 모두 이중 저장 모드를 사용하는 모델에서 실행된 다음과 같은 DAX 쿼리를 살펴보자.

```
EVALUATE
ADDCOLUMNS (
  VALUES ( 'Date'[Calendar Year] ),
  "Quantity", CALCULATE ( SUM ( Sales[Quantity] ) )
)
```

ADDCOLUMNS 함수는 일반적으로 두 개 이상의 SE 쿼리를 생성한다. 하나는 VALUES 함수에 대한 것이며, 다른 하나는 연도별 판매량을 계산하는 쿼리다. 그림 19-18의 그림은 실제로 다른 두 가지 저장소 쿼리를 보여준다.

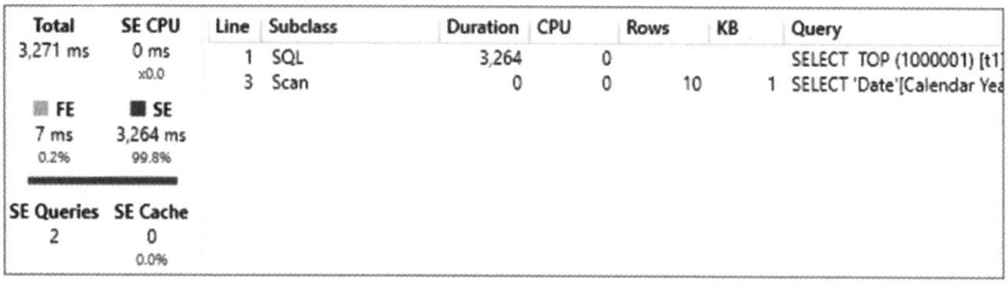

Total	SE CPU
3,271 ms	0 ms x0.0
FE	SE
7 ms 0.2%	3,264 ms 99.8%
SE Queries	SE Cache
2	0 0.0%

Line	Subclass	Duration	CPU	Rows	KB	Query
1	SQL	3,264	0			SELECT TOP (1000001) [t1]
3	Scan	0	0	10	1	SELECT 'Date'[Calendar Yea

그림 19-18 다이렉트쿼리 SE는 SQL 쿼리로 표시된다.

연도별 수량 합계를 구하려면 SQL 쿼리(라인 1에 표시)를 다이렉트쿼리 데이터 소스로 전송해야 한다. VALUES가 요청한 Calendar Year 이름 목록은 3행의 xmSQL VertiPaq SE 쿼리에 의해 제공된다.

복합 모델을 분석할 때는 사용된 SE의 유형을 식별하는 Subclass 열에 주의해야 한다. SQL은 항상 다이렉트쿼리 데이터 소스에 해당하는데, 일반적으로 VertiPaq보다 느리며, 다음 절에서 설명하는 집계를 사용해 최적화할 수 있다.

데이터 모델에서 집계 사용

18장, 'VertiPaq 최적화'에서 설명한 것처럼 데이터 모델에서 집계를 사용해 SE 쿼리의 성능을 향상시킬 수 있다. 집계는 VertiPaq와 다이렉트쿼리 모두에서 정의해 SE 쿼리를 실행할 수 있다. 집계를 사용하면 엔진은 원래의 SE 쿼리를 집계를 사용하는 다른 쿼리로 쓰기 위한 시도를 한다. 재작성 시도는 호환되는 집계가 있을 때 성공한다. 호환되는 집계가 없어 재작성 시도가 실패할 때 엔진은 원래의 SE 쿼리를 실행한다.

DAX 스튜디오는 집계와 일치하는 재작성 시도를 보여줄 수 있다. 이러한 세부 정보는 예상됐음에도 집계가 사용되지 않는 이유를 이해하는 데 도움이 된다. 복합 모델에서 실행된 다음 쿼리를 살펴보자.

```
EVALUATE
SUMMARIZECOLUMNS (
  'Date'[Calendar Year],
  "Qty", SUM ( Sales[Quantity] ),
  "Qty Red", CALCULATE (
    SUM ( Sales[Quantity] ),
    'Product'[Color] = "Red"
  )
)
```

모델에는 `Sales` 테이블에 대한 날짜 및 고객 수준의 집계가 있다. 쿼리는 각 연도에 대해 두 가지 표현식을 계산한다. `Qty`는 보고된 연도의 모든 주문 수량의 합계이며, `Qty Red`는 같은 해의 빨간색 제품에 대한 주문 수량이다. 그림 19-19의 그림은 앞의 DAX 쿼리를 실행하는 DAX 스튜디오에서 보고된 SE 쿼리를 보여준다.

Total	SE CPU
2,366 ms	16 ms (x0.0)
FE	SE
12 ms (0.5%)	2,354 ms (99.5%)
SE Queries	SE Cache
2	0 (0.0%)

Line	Subclass	Duration	CPU	Rows	KB	Query
1	RewriteAttempted	0				<matchFound>
3	Scan	1	0	10	1	SELECT 'Date'[Calendar Year], SU
4	RewriteAttempted	0				<attemptedFailed>
5	SQL	2,353	16			SELECT TOP (1000001) [t1].[Cal

그림 19-19 DAX 스튜디오에서 RewriteAttempted 이벤트로 보고된 집계 사용

SE 쿼리를 생성하기 전에 DAX 엔진에서 수행된 평가를 설명하는 두 개의 `RewriteAttempted` 서브 클래스 이벤트가 있다. `Qty` 계산에는 연도별 필터가 필요하며, 이 요청은 기존 집계(날짜 및 고객별 집계)와 호환된다. 이는 라인 1에서 확인할 수 있으며, 이에 대한 세부 사항은 그림 19-20에 표시된 이벤트 세부 사항에 보고된다.

그림 19-20 일치하는 집계는 DAX 스튜디오에서 RewriteAttempted 이벤트로 보고된 집계의 사용을 보고한다.

집계는 메모리로 가져온 테이블이므로 엔진은 그림 19-19의 라인 3에서 보고된 다음과 같은 VertiPaq SE 쿼리를 생성한다.

```
SELECT
  'Date'[Calendar Year],
  SUM ( 'Sales_Agg'[Quantity] )
FROM 'Sales_Agg'
  LEFT OUTER JOIN 'Date' ON 'Sales_Agg'[Order Date]='Date'[Date];
```

그림 19-19의 라인 4에서 `RewriteAttempted` 이벤트는 날짜 및 제품별 필터가 필요한 `Qty Red` 계산과 일치하는 집계를 찾는 데 실패했다. 이때 그림 19-21의 세부 정보에 표시된 것처럼 집계를 사용하지 않고 원래 `Sales` 테이블을 직접 쿼리해야 한다.

그림 19-21 DAX 스튜디오에서 RewriteAttempted 이벤트로 보고된 집계 일치 실패

`Sales` 테이블은 다이렉트쿼리 저장소가 있으므로 엔진은 라인 5에 보고된 SQL 쿼리를 생성한다. 길어진 지속 시간(2초 이상)은 정상이며 예상된 대로다. 집계는 SE에 병목이 있는 DAX 쿼리의 성능을 향상시키는 것으로 간주될 수 있다. 집계는 보통 FE가 병목이면 유용하지 않다.

쿼리 계획 읽기

19장의 시작 부분에서 DAX에서 사용 가능한 두 가지 유형의 쿼리 계획인 논리적 쿼리 계획과 물리적 쿼리 계획에 관해 설명했다. 실제로 SE 쿼리에 주의를 집중하기 때문에 이러한 쿼리 계획을 자주 사용하지는 않는다. SE 쿼리의 성능을 분석해 SE 또는 메모리의 대용량 데이터캐시 구현 때문에 발생하는 문제를 찾을 수 있다. SE 쿼리는 DAX 쿼리 계획보다 훨씬 읽기 쉽다.

이 절에서는 성능상의 병목을 식별하기 위해 쿼리 계획을 확인하는 몇 가지 중요한 동작에 관해 설명한다. 논리적·물리적 쿼리 계획에 사용되는 모든 연산자에 관한 자세한 설명은 이 책의 범위를 벗어난다. 이 절의 목표는 쿼리 계획과 SE 쿼리 간의 관계를 이해해 병목을 찾고 쿼리 성능을 향상시키는 능력을 키우는 것이다.

쿼리 계획은 보통 둘 이상의 SE 쿼리를 생성한다. FE는 다른 데이터캐시의 결과를 결합해 임시 테이블 사이의 조인과 같은 연산을 수행한다. 다음 DAX 쿼리를 살펴보자. 이 쿼리는 Net Price가 1,000 이상인 거래에 대해 제품 색상별로 판매된 수량을 테이블로 반환한다.

```
EVALUATE
CALCULATETABLE (
  ADDCOLUMNS (
    ALL ( Product[Color] ),
    "Units", CALCULATE (
      SUM ( Sales[Quantity] )
    )
  ),
  Sales[Net Price] > 1000
)
ORDER BY Product[Color]
```

그림 19-22의 결과 테이블에는 판매되지 않은 제품 색상을 포함해 색상의 모든 고유한 값이 있다. 이를 위한 DAX 엔진의 접근 방식은 일반 SQL 언어에서 예상되는 방식과는 다르다. 이는 SE에서 테이블을 조인하는 데 사용되는 방법이 달라서다. 이 차이는 나중에 설명한다. 지금은 프로세스에 주의를 기울도록 하자.

Color	Units
Azure	
Black	551
Blue	575
Brown	64
Gold	
Green	403
Grey	421
Orange	58

그림 19-22 ADDCOLUMNS의 결과에는 Units 열에 값이 비어 있는 행이 눈에 띈다.

그림 19-23에 표시된 논리적 쿼리 계획에는 세 개의 Scan_Vertipaq 작업이 포함돼 있으며, 이 중 두 개는 SE 쿼리가 제공하는 두 개의 데이터캐시에 해당한다.

Line	Logical Query Plan
1	Order: RelLogOp DependOnCols()() 1-2 RequiredCols(1, 2)('Product'[Color], ''[Units])
2	CalculateTable: RelLogOp DependOnCols()() 1-2 RequiredCols(1, 2)('Product'[Color], ''[Units])
3	AddColumns: RelLogOp DependOnCols()() 1-2 RequiredCols(1, 2)('Product'[Color], ''[Units])
4	Scan_Vertipaq: RelLogOp DependOnCols()() 1-1 RequiredCols(1)('Product'[Color])
5	Sum_Vertipaq: ScaLogOp DependOnCols(1)('Product'[Color]) Integer DominantValue=BLANK
6	Scan_Vertipaq: RelLogOp DependOnCols(1)('Product'[Color]) 2-113 RequiredCols(1, 88)('Product'[Color], 'Sales'[Quantity])
7	'Sales'[Quantity]: ScaLogOp DependOnCols(88)('Sales'[Quantity]) Integer DominantValue=NONE
8	Filter_Vertipaq: RelLogOp DependOnCols()() 0-0 RequiredCols(0)('Sales'[Net Price])
9	Scan_Vertipaq: RelLogOp DependOnCols()() 0-0 RequiredCols(0)('Sales'[Net Price])
10	GreaterThan: ScaLogOp DependOnCols(0)('Sales'[Net Price]) Boolean DominantValue=NONE
11	'Sales'[Net Price]: ScaLogOp DependOnCols(0)('Sales'[Net Price]) Currency DominantValue=NONE
12	Constant: ScaLogOp DependOnCols()() Currency DominantValue=1000
13	ColPosition<'Product'[Color]>: ScaLogOp DependOnCols(1)('Product'[Color]) String DominantValue=NONE

그림 19-23 간단한 DAX 쿼리의 논리적 쿼리 계획

라인 4와 6의 두 Scan_Vertipaq 연산에는 서로 다른 열 집합이 필요하다. 라인 9의 세 번째 Scan_Vertipaq 연산은 필터에 사용되며, 별도의 데이터캐시를 생성하지 않는다. 그 논리는 생성된 다른 두 개의 SE 쿼리 중 하나에 포함된다.

라인 4의 Scan_Vertipaq는 제품 색상만 사용하는 반면, 라인 6의 Scan_Vertipaq는 두 개의 다른 테이블에 있는 제품 색상과 판매량을 포함한다. 이 경우 해당 테이블을 조인해야 한다.

논리 쿼리 계획 다음에 프로파일러는 SE로부터 이벤트를 수신한다. 해당하는 xmSQL 쿼리는 다음과 같다.

```
SELECT
  Product[Color],
  SUM ( Sales[Quantity] )
FROM Sales
  LEFT OUTER JOIN Product ON Sales[ProductKey] = Product[ProductKey]
WHERE Sales[Net Price] > 1000;

SELECT Product[Color] FROM Product;
```

첫 번째 SE 쿼리는 Sales 테이블에서 1,000 이상의 가격으로 1개 이상 판매된 색상이 포함된 테이블을 검색한다. 이를 위해 쿼리는 ProductKey 열을 사용해 Sales와 Product 테이블을 조인한다. 두 번째 xmSQL 문은 Sales 테이블과 별개로 모든 제품 색상의 목록을

반환한다. 이 두 개의 쿼리는 두 개의 다른 데이터캐시를 생성하는데, 하나는 두 개의 열(제품 색상 및 수량 합계), 다른 하나는 하나의 열(제품 색상)만 있는 데이터캐시를 생성한다.

이 시점에서 왜 두 번째 쿼리가 필요한지 궁금할 수 있다. 첫 번째 xmSQL로 충분하지 않은 이유는 xmSQL의 `LEFT JOIN`은 왼쪽에는 `Sales`, 오른쪽에는 `Product`가 있기 때문이다. 일반 SQL 코드에서는 다음과 같이 다른 쿼리를 작성했을 것이다.

```
SELECT
  Product.Color,
  SUM ( Sales.Quantity )
FROM Product
LEFT OUTER JOIN Sales
  ON Sales.ProductKey = Product.ProductKey
WHERE Sales.NetPrice > 1000
GROUP BY Product.Color
ORDER BY Product.Color;
```

`LEFT JOIN` 왼쪽에 `Product` 테이블을 두면 모든 제품 색상이 포함된 결과가 나온다. 그러나 SE는 데이터 모델에서는 관계가 있는 테이블 사이에만 쿼리를 생성할 수 있으며, xmSQL의 결과로 나타나는 조인 조건의 왼쪽에 항상 관계의 M쪽에 있는 테이블을 배치한다. 이렇게 하면 `Product` 테이블에 누락된 제품 키가 있더라도 결과에는 누락된 제품에 대한 판매도 포함된다. 이러한 판매는 모든 제품 속성에 대해 (이 경우 제품 색상) 행에 빈 값으로 포함될 것이다.

DAX 엔진에서 초기 DAX 쿼리에 대해 2개의 SE 쿼리를 생성하는 이유를 확인했으므로, 이제 그림 19-24에 표시된 물리적 쿼리 계획을 분석해 쿼리 실행에 대한 자세한 정보를 확인할 수 있다.

Line	Records	Physical Query Plan
1		PartitionIntoGroups: IterPhyOp LogOp=Order IterCols(1, 2)('Product'[Color], ''[Units]) #Groups=1 #Rows=16
2	1	AggregationSpool<Order>: SpoolPhyOp #Records=1
3		AddColumns: IterPhyOp LogOp=AddColumns IterCols(1, 2)('Product'[Color], ''[Units])
4	16	Spool_Iterator<SpoolIterator>: IterPhyOp LogOp=Scan_Vertipaq IterCols(1)('Product'[Color]) #Records=16 #K
5	16	ProjectionSpool<ProjectFusion<>>: SpoolPhyOp #Records=16
6		Cache: IterPhyOp #FieldCols=1 #ValueCols=0
7	10	SpoolLookup: LookupPhyOp LogOp=Sum_Vertipaq LookupCols(1)('Product'[Color]) Integer #Records=10 #Ke
8	10	ProjectionSpool<ProjectFusion<Copy>>: SpoolPhyOp #Records=10
9		Cache: IterPhyOp #FieldCols=1 #ValueCols=1
10		ColPosition<'Product'[Color]>: LookupPhyOp LogOp=ColPosition<'Product'[Color]>ColPosition<'Product'[Colo

그림 19-24 간단한 DAX 쿼리의 물리적 쿼리 계획

물리적 쿼리 계획은 **캐시** 연산자(라인 6과 9)를 사용해 SE가 제공하는 데이터캐시를 소비하는 위치를 표시한다. 유감스럽게도 각 작업에 해당하는 SE 쿼리를 볼 수 없다. 그럼에도 불구하고 적어도 살펴본 것과 같은 단순한 경우에는 다른 정보 조각을 보면서 연관성을 파악할 수 있다. 예를 들어 한 **캐시**에는 그룹 작업으로 얻은 하나의 열만 있는 반면, 다른 **캐시**에는 그룹 작업의 결과인 열과 집계 결과인 열(수량의 합계), 두 개의 열이 있다. 물리적 쿼리 계획에서 `#ValueCols`는 집계 결과인 열 수를 보고하는 반면, `#FieldCols`는 결과를 그룹화하는 데 사용된 다른 열 수를 보고한다. 각 **캐시** 노드가 소비하는 열을 보면 복잡한 쿼리 계획에서 시간이 오래 걸리는 프로세스임에도 불구하고 해당 xmSQL 쿼리를 식별할 수 있는 경우가 많다. 이 예에서 라인 6의 **캐시** 노드는 16개의 제품 색상 이름을 가진 열을 반환하고, 라인 9의 **캐시** 노드는 **순 가격**에 대해 지정된 조건 내 **판매**에서 적어도 하나 이상의 트랜잭션을 가진 제품 색상 이름의 10행 2열만 반환한다.

`ProjectionSpool<>` 연산은 물리적 쿼리 계획의 **캐시** 노드에 해당하는 데이터캐시를 소비한다. 여기서 중요한 정보 일부를 찾을 수 있다. 즉 반복된 기록의 수로, 이것은 사용된 데이터캐시의 행 수에 해당한다. 이 숫자는 DAX 스튜디오의 `Records` 열에 보고되는 `#Records` 속성을 따른다. 동일한 `#Records` 속성을 쿼리 계획의 상위 노드에서 찾을 수 있다. 상위 노드에서는 엔진에 의해 수행되는 집계가 존재할 경우, 이에 대한 정보도 얻을 수 있다. 이 예에서 라인 9의 **캐시**에는 두 개의 열이 있다. 하나는 `Product[Color]`이며, 다른 하나는 집계의 결과다. 이 정보는 각각 라인 4와 7의 `Spool_Iterator`와 `SpoolLookup` 노드의 `LogOp` 인수에서 확인할 수 있다.

이 시점에서 쿼리 계획과 SE 쿼리에서 읽는 내용을 다음과 같이 요약할 수 있다.

1. FE는 물리적 쿼리 계획의 **캐시** 노드에 해당하는 두 개의 데이터캐시를 사용한다.
2. FE는 16행 1열로 구성된 테이블인 제품 색상 리스트에 대해 반복한다. 이것은 두 번째 SE 쿼리에 의해 얻은 데이터캐시다. 프로파일러의 SE 쿼리 순서에 대해 가정은 하지 말자.
3. 이 데이터캐시의 각 행(제품 색상)에 대해 FE는 제품 색상과 각 색상에 대해 판매된 수량을 포함하는 다른 데이터캐시에서 조회를 실행한다. 이 테이블은 10행 2열로 구성된다.

FE에 의해 실행되는 전체 프로세스는 순차적이고 단일 스레드로 처리된다. FE는 한 번에 하나의 요청만 SE에 보낸다. SE는 쿼리를 병렬 처리할 수 있지만, FE는 SE에 병렬로 여러 요청을 보내지 않는다.

노트 FE와 SE는 새로운 버전에서 최적화 및 개선의 대상이다. 따라서 DAX 엔진의 최신 버전에서는 설명된 동작이 달라질 수 있다.

FE는 앞의 쿼리 계획이나 다른 집합 연산자에서 설명된 조회 작업으로 다른 결과를 조인할 수 있다. 어떤 경우에도 FE는 이 작업을 차례대로 실행한다. 이러한 이유로 큰 데이터캐시를 조인하거나 큰 조회 데이터캐시에서 수백만 행에 대한 조회를 수행하면 실행 시간이 더 길어질 것이다. 물리적 쿼리 계획에서 이러한 잠재적인 병목을 식별하는 간단하고 효과적인 방법은 논리적 쿼리 계획의 연산자 중에서 가장 많은 수의 레코드를 찾는 것이다. 이 때문에 DAX 스튜디오는 쿼리 계획에서 그 번호를 추출해 반복된 레코드 수를 사용해 쿼리 계획 운영자를 쉽게 정렬할 수 있다. 그림 19-24에 표시된 **레코드** 열을 클릭해 이 번호로 행을 정렬할 수 있다. 20장에서 이 방에 대한 더 자세한 예를 제공한다.

더 나은 성능을 얻기 위해서는 데이터 모델에서의 관계 유지가 중요하다. 관계를 이용할 수 없을 때, 두 테이블 사이의 조인에 대해 살펴보자. 예를 들어 이전 예와 동일한 결과를 반환하지만 `Product` 테이블과 `Sales` 테이블 사이에 관계가 없는 데이터 모델에서 작동하는 쿼리를 떠올려 보자. 필요한 DAX 쿼리는 다음과 같다. 이에 대해서는 15장, '고급 관계'에서 다룬 가상 관계 패턴을 사용한다.

```
DEFINE
  MEASURE Sales[Units] =
    CALCULATE (
      SUM ( Sales[Quantity] ),
      INTERSECT (
        ALL ( Sales[ProductKey] ),
        VALUES ( 'Product'[ProductKey] )
      ),
      -- 기존 Sales와 Product의 관계를 비활성화함.
      CROSSFILTER ( Sales[ProductKey], 'Product'[ProductKey], NONE )
```

```
    )
EVALUATE
ADDCOLUMNS (
  ALL ( 'Product'[Color] ),
  "Units", [Units]
)
ORDER BY 'Product'[Color]
```

Units 측정값 정의에서 Intersect 함수는 Sales와 Product의 관계에 해당한다. 논리적 쿼리 계획과 물리적 쿼리 계획 모두에서 더 많은 연산이 있기 때문에 결과 쿼리 계획은 이전보다 더 복잡하다. 책에 옮기기에는 너무 긴 전체 쿼리 계획을 보여주지 않고, 다음과 같은 논리적 단계로 쿼리 계획의 동작을 요약할 수 있다.

1. 제품 색상별 ProductKey 값 목록 검색
2. 각 ProductKey의 Quantity 값을 합계한다.
3. 각 색상에 대해 관련 ProductKey 값의 **수량**을 집계한다. FE는 그림 19-25와 같이 4개의 SE 쿼리를 실행한다.

FE는 그림 19-25와 같이 4개의 SE 쿼리를 실행한다.

Line	Subclass	Duration	CPU	Rows	KB	Query
2	Scan	1	0	2,238	18	SELECT '
4	Scan	0	0	19	1	SELECT '
6	Scan	1	0	2,517	10	SELECT '
8	Scan	2	0	2,238	35	SELECT '

그림 19-25 INTERSECT를 사용한 가상 관계로 실행된 SE 쿼리

다음은 4개의 SE 쿼리의 전체 xmSQL 문이다.

```
SELECT
Sales[ProductKey]
FROM Sales;

SELECT
Product[Color]
FROM Product;
```

```
SELECT
Product[ProductKey], Product[Color]
FROM Product;

SELECT
Sales[ProductKey], SUM ( Sales[Quantity] )
FROM Sales
WHERE     Sales[ProductKey] IN ( 490, 479, 528, 379, 359, 332, 374, 597, 387,
                                  484..[158 total values, not all displayed] );
```

DAX 쿼리가 제품에 필터를 적용하지 않기 때문에 마지막 SE 쿼리에서 강조 표시된 WHERE 조건은 불필요하게 보일 수 있다. 그러나 보통 현실 세계에서는 제품이나 다른 테이블에 활성화된 필터가 있다. 쿼리 계획은 쿼리와 관련된 제품의 판매량만 추출해 FE에 반환되는 데이터캐시의 크기를 줄이려고 한다. SE에 유사한 WHERE 조건이 있을 때 유일한 문제는 FE와 SE 사이에 이동되는 해당 비트맵 인덱스의 크기다.

FE는 각 색상에 속하는 모든 제품을 그룹화해야 한다. FE 레벨에서 수행되는 이 조인의 성능은 1차적으로 제품 수에 따라 달라지며, 두 번째로 색상 수에 따라 달라진다. 다시 한번 말하지만 데이터캐시의 크기는 FE에서 성능상의 병목을 찾을 때 고려해야 할 첫 번째 가장 중요한 요소다.

교육 목적으로 INTERSECT를 사용하는 가상 관계를 고려했다. 주로 FE가 해결하는 조인 조건에 필요한 SE 쿼리를 표시하려고 했다. 그러나 가능하면 물리적 관계를 사용할 수 없는 경우 TREATAS를 우선 고려해야 한다. 이전 DAX 쿼리를 대신할 수 있는 다음 쿼리를 살펴보자.

```
DEFINE
  MEASURE Sales[Units] =
    CALCULATE (
      SUM ( Sales[Quantity] ),
      TREATAS (
        VALUES ( 'Product'[ProductKey] ),
        Sales[ProductKey]
      ),
      -- Disable the existing relationship between Sales and Product
      CROSSFILTER ( Sales[ProductKey], 'Product'[ProductKey], NONE )
    )
```

```
EVALUATE
ADDCOLUMNS (
  ALL ( 'Product'[Color] ),
  "Units", [Units]
)
ORDER BY 'Product'[Color]
```

그림 19-26과 같이 SE 쿼리는 4개가 아니라 3개만 만들어진다. 배치는 이전 **스캔** 이벤트를 요약한 것이다. 또한 한 결과에만 Product 테이블의 제품 수에 해당하는 2,517개의 행이 있기 때문에 데이터캐시의 크기가 더 작다. INTERSECT를 사용한 이전 구현에서는 수천 개의 행을 반환하는 쿼리 수가 더 많았다. 이러한 데이터캐시는 모두 FE에서 사용해야 한다.

Line	Subclass	Duration	CPU	Rows	KB	Query
2	Scan	1	0	2,517	10	DEFINE TABLE '$TTa
4	Scan	2	0	16	1	DEFINE TABLE '$TTa
5	Batch	4	16			DEFINE TABLE '$TTa
7	Scan	0	0	19	1	SELECT 'Product'[Co

그림 19-26 TREATAS를 사용한 가상 관계로 실행된 SE 쿼리

다음은 처음 두 개의 **스캔** 이벤트(라인 2와 4)를 포함하는 라인 5의 **배치** 이벤트의 내용이다.

```
DEFINE TABLE '$TTable3' := SELECT
'Product'[ProductKey], 'Product'[Color]
FROM 'Product',

CREATE SHALLOW RELATION '$TRelation1' MANYTOMANY
FROM 'Sales'[ProductKey] TO '$TTable3'[Product$ProductKey],

DEFINE TABLE '$TTable1' := SELECT
  '$TTable3'[Product$Color],
  SUM ( '$TTable2'[$Measure0] )
FROM '$TTable2'
  INNER JOIN '$TTable3' ON '$TTable2'[Sales$ProductKey]='$TTable3'[Product$ProductKey]
REDUCED BY
'$TTable2' := SELECT
  'Sales'[ProductKey],
  SUM ( 'Sales'[Quantity] ) AS [$Measure0]
FROM 'Sales';
```

TREATAS의 성능 차원의 이점은 이전 코드에 강조된 CREATE SHALLOW RELATION 문에 의해 연산 실행을 SE로 옮긴다는 점이다. 이렇게 하면 SE를 위해 더 많은 데이터를 구체화할 필요가 없다. 실제로 조인은 FE 내에서 실행되며 INTERSECT에 필요한 37개 (간결함을 위해 책에는 표시하지 않음)에서 TREATAS에 필요한 10개까지 실제 쿼리 계획의 줄 수가 줄어든다. 이렇게 하면 그림 19-24에 표시된 것과 매우 유사한 쿼리 계획이 만들어진다.

복잡하고 긴 쿼리 계획을 분석하려면 관련된 쿼리 계획의 길이를 고려해 별도의 책이 필요할 것이다. 쿼리 계획의 내역에 대한 자세한 내용은 백서인 'DAX 쿼리 계획 이해(http://www.sqlbi.com/articles/understanding-dax-query-plans/)' 및 'DAX 쿼리 계획에서 DISTINCTCOUNT 이해(http://www.sqlbi.com/articles/understanding-distinct-count-in-dax-query-plans/)'에서 확인할 수 있다.

결론

살펴본 것처럼 쿼리 계획에 관해 깊이 알게 되면 완전히 새로운 세계가 열린다. 19장에서는 쿼리 계획의 아주 일부만 다뤘을 뿐이며, 더 심층적으로 분석하려면 이 책 두 배 분량의 책이 필요할 것이다. 좋은 소식은 더 자세히 살펴볼 필요는 없다는 것이다.

최적의 코드 작성을 목표로 하는 숙련된 DAX 개발자라면 쿼리 계획에서 다음과 같이 가장 관련성이 높은 부분을 살펴 빨리 발견할 수 있는 손쉬운 목표에 주의를 집중해야 한다.

- 물리적 쿼리 계획에서 스캔한 행의 수가 많으면 대형 데이터 세트의 구체화를 나타낸다. 이것은 해당 쿼리가 메모리가 부족하고 잠재적으로 느리다는 것을 암시한다.
- VertiPaq 쿼리는 계산의 전체 알고리듬을 파악할 수 있는 충분한 정보를 포함할 때가 많다. VertiPaq 쿼리에서 계산되지 않은 것은 수식 엔진으로 계산해야 한다. 이것을 알면 전체 질의 과정을 명확하게 알 수 있다.
- CallbackDataID는 VertiPaq 스토리지 엔진보다 복잡한 계산이 필요한 행 수준의 반복을 나타낸다. CallbackDataID 자체가 완전히 나쁜 것은 아니다. 그럼에도 불구하고 CallbackDataID를 없애면 더 나은 성과로 이어질 때가 많다.

- VertiPaq와 다이렉트쿼리 모델은 다르다. 다이렉트쿼리를 사용할 때 DAX의 성능은 데이터 소스의 성능과 밀접한 관련이 있다. 기본 데이터 소스가 다이렉트쿼리 저장 엔진에 의해 생성된 쿼리 종류에 맞게 최적화된 경우에만 다이렉트쿼리를 사용하는 것이 좋다.

20장에서는 19장과 앞의 장들에서 얻은 지식을 활용해 몇 개의 단계별 최적화 프로세스를 소개한다.

20

DAX 최적화

이제 이 책의 마지막 장이며, 지금까지 배운 모든 지식을 활용해 가장 매혹적인 DAX 주제인 표현식 최적화에 관해 알아볼 차례다. 지금까지 DAX 엔진의 작동 방식, 쿼리 계획 읽는 방법과 수식 엔진 및 저장 엔진의 내부 작동 방식을 배웠다. 이제 모든 부분이 준비됐으므로 해당 정보를 사용해 더 빠른 코드를 쓰는 방법을 배울 수 있다.

20장을 시작하기 전에 한 가지 중요한 경고가 있다. 모범 사례를 배우거나 빠른 코드를 작성하는 간단한 방법을 기대하지 않길 바란다. 간단히 말하자면 DAX에서 항상 빠른 코드를 작성하는 방법은 없다. DAX 식의 속도는 많은 요소에 따라 달라진다. 그중 가장 중요한 요소는 데이터의 분포인데, 이는 DAX 코드와는 관련이 없다. VertiPaq 압축은 데이터 분포에 크게 좌우된다는 것을 이미 알고 있을 것이다. 열의 크기(즉, 스캔 속도)는 카디널리티에 따라 다르다. 클수록 더 느려진다. 따라서 같은 식도 실행되는 열에 따라 다르게 작동할 수 있다.

20장에서는 표현식의 속도를 측정하는 방법을 배우며, 식을 변경해 실행 시간을 단축하는 몇 가지 예제도 제공한다. 이와 같은 예제는 코드에 대한 새로운 아이디어를 얻는 데 도움이 될 수 있지만 절대적인 규칙으로 받아들이지 않길 바란다.

우리는 규칙을 가르치는 것이 아니라, 여러분의 실제 데이터 모델에서 가장 좋은 규칙을 찾는 방법을 가르치려고 한다. 데이터 모델이 변경되거나 새로운 시나리오에서는 이러한 규칙을 바꿔야 한다. DAX 코드를 최적화할 때 핵심은 유연성이다. 직관적이지 않은 수식과 표현식을 테스트하려면 유연성, 엔진에 대한 깊은 기술적 지식 및 창의성이 꼭 필요하다.

마지막으로, 이 책에서 제공하는 모든 정보는 이 책의 출판 시점에 유효하다. 새로운 버전의 엔진이 매달 출시되고 있고, 개발진은 항상 DAX 엔진을 개선하기 위해 노력하고 있으므로 여러분이 실행하는 엔진 버전에서는 이 책과 다른 숫자가 나올 수 있다. 이 경우에는 다른 최적화 방법을 사용해야 한다. 언젠가 코드를 측정해 여러분의 코드가 여기서 제시한 코드보다 더 빠르다는 결론에 이르게 된다면, 그날이야말로 우리 인생에서 가장 기쁜 날이 될 것이다.

최적화 전략 정의

DAX 쿼리, 식 또는 측정값의 최적화 프로세스에는 성능 문제를 재현하고 병목 현상을 식별해 제거하는 전략이 필요하다. 처음에는 항상 복잡한 쿼리에서 속도 저하가 관찰되지만, 여러 DAX 측정값이 포함된 복잡한 식을 최적화하는 것은 한 번에 하나의 측정값을 최적화하는 것보다 복잡하다. 따라서 가장 느린 측정값이나 식을 먼저 분리해 해당 문제를 더 짧은 쿼리 계획으로 재현한 간단한 쿼리에서 최적화하는 것이 좋다.

DAX 최적화의 순서는 다음과 같다.

1. 최적화할 단일 DAX 식을 식별한다.
2. 문제를 재현하는 쿼리를 만든다.
3. 서버 타이밍 및 쿼리 계획 정보를 분석한다.
4. 저장 엔진 또는 수식 엔진의 병목을 파악한다.
5. 변경 사항을 구현하고 테스트 쿼리를 재실행한다.

다음 절에서 각 단계에 대해 자세히 설명한다.

최적화할 단일 DAX 식 식별

이미 모델에서 가장 느린 측정값을 찾았다면 이 절을 건너뛰고 다음으로 이동해도 좋다. 그러나 여러 개의 쿼리를 생성하는 보고서에서 성능 문제가 생기는 것은 일반적이다. 이러한 각 쿼리에는 측정값이 여러 개 포함될 수 있다. 첫 번째 단계는 최적화할 단일 DAX 식을 식별하는 것이다. 이렇게 하면 결과로 반환된 단일 쿼리 및 단일 측정값으로 재현 단계를 줄일 수 있다.

파워 BI, 보고 서비스Reporting Services 또는 엑셀 워크북의 보고서를 완전히 새로 고치면 일반적으로 여러 개의 DAX 또는 MDX 쿼리가 생성된다(엑셀의 피봇 테이블 및 차트에서는 항상 MDX 쿼리가 생성됨). 보고서에서 여러 개의 쿼리를 생성하는 경우, 가장 느린 쿼리를 먼저 식별해야 한다. 19장, 'DAX 쿼리 계획 분석'에서 DAX 스튜디오로 DAX 엔진으로 전송되는 모든 쿼리를 캡처해 가장 느린 쿼리를 식별하는 방법을 확인했다.

엑셀을 사용한다면 다른 방법으로 쿼리를 분리할 수 있다. https://olappivottableextensions.github.io/에서 제공되는 무료 엑셀 추가 기능인 OLAP PivotTable Extensions를 사용해 생성된 MDX 쿼리를 추출할 수 있다.

일단, 가장 느린 DAX 또는 MDX 쿼리를 추출한 다음에는 대상을 더욱 좁혀 속도 저하를 일으키는 DAX 식을 찾아내야 한다. 이렇게 하면 문제 영역에 노력을 집중할 수 있다. DAX 스튜디오에서 대화식으로 쿼리를 수정하고 실행해 쿼리에 포함된 측정값도 줄일 수 있다.

그림 20-1과 같이 브랜드별로 그룹화된 4개의 식(두 개는 고윳값의 수, 두 개는 측정값)이 있는 파워 BI의 테이블을 생각해보자.

Brand	Count of ProductKey	Sales Amount	Margin %	Count of Order Number
A. Datum	132	251,211,515.57	58.42%	131413
Adventure Works	192	518,462,059.16	51.31%	310083
Contoso	710	871,501,804.63	53.19%	462805
Fabrikam	267	627,751,182.08	54.38%	53309
Litware	264	416,239,414.35	51.73%	118500
Northwind Traders	47	151,481,923.36	52.33%	131667
Proseware	244	312,763,353.13	54.06%	51063
Southridge Video	192	183,482,982.39	49.53%	570613
Tailspin Toys	144	42,801,223.58	48.83%	688390
The Phone Company	152	174,742,660.20	52.23%	29852
Wide World Importers	173	254,953,905.77	52.39%	49745
Total	**2517**	**3,805,392,024.21**	**53.03%**	**1663351**

그림 20-1 식 4개로 구성된 DAX 쿼리로 만든 간단한 파워 BI 시각화

위 시각화를 DAX 스튜디오를 사용해 캡처하면 다음과 같은 DAX 쿼리를 볼 수 있다.

```
EVALUATE
TOPN (
  502,
  SUMMARIZECOLUMNS (
    ROLLUPADDISSUBTOTAL ( 'Product'[Brand], "IsGrandTotalRowTotal" ),
    "DistinctCountProductKey", CALCULATE (
      DISTINCTCOUNT ( 'Product'[ProductKey] )
    ),
    "Sales_Amount", 'Sales'[Sales Amount],
    "Margin__", 'Sales'[Margin %],
    "DistinctCountOrder_Number", CALCULATE (
      DISTINCTCOUNT ( 'Sales'[Order Number] )
    )
  ),
  [IsGrandTotalRowTotal], 0,
  'Product'[Brand], 1
)
ORDER BY
  [IsGrandTotalRowTotal] DESC,
  'Product'[Brand]
```

가장 느린 쿼리를 찾으려면 쿼리를 줄여서 한 번에 하나씩 계산을 시도해야 한다. 보고서를 조작해 한 번에 하나의 계산만 포함할 수 있다. 즉, DAX 코드에서 SUMMARIZECOLUMNS 함수(DistinctCountProductKey, Sales_Amount, Margin__, DistinctCountOrder_Number)에서 계산된 4개의 열 중 3개를 주석 처리하거나 제거해 가장 느린 열을 찾을 수 있다. 이때 가장 비싼 계산은 마지막 계산이다. 다음 쿼리가 원래 쿼리를 계산하는 데 필요한 시간의 80%를 차지하므로 Sales[Order Number]에 대한 DISTINCTCOUNT가 전체 보고서에서 가장 비싼 연산이다.

```
EVALUATE
TOPN (
  502,
  SUMMARIZECOLUMNS (
      ROLLUPADDISSUBTOTAL ( 'Product'[Brand], "IsGrandTotalRowTotal" ),
//    "DistinctCountProductKey", CALCULATE (
```

```
//       DISTINCTCOUNT ( 'Product'[ProductKey] )
//     ),
//     "Sales_Amount", 'Sales'[Sales Amount],
//     "Margin__", 'Sales'[Margin %],
    "DistinctCountOrder_Number", CALCULATE (
      DISTINCTCOUNT ( 'Sales'[Order Number] )
    )
  ),
  [IsGrandTotalRowTotal], 0,
  'Product'[Brand], 1
)
ORDER BY
  [IsGrandTotalRowTotal] DESC,
  'Product'[Brand]
```

그림 20-2와 같이 엑셀의 피봇 테이블에서 생성된 다음과 같은 MDX 쿼리도 살펴보자.

```
SELECT {
  [Measures].[Sales Amount],
  [Measures].[Total Cost],
  [Measures].[Margin],
  [Measures].[Margin %]
 } DIMENSION PROPERTIES PARENT_UNIQUE_NAME, HIERARCHY_UNIQUE_NAME ON COLUMNS,
NON EMPTY HIERARCHIZE(
  DRILLDOWNMEMBER(
    { { DRILLDOWNMEMBER(
          { { DRILLDOWNLEVEL(
            { [Date].[Calendar].[All] },,, include_calc_members )
          } },
        { [Date].[Calendar].[Year].&[CY 2008] },,, include_calc_members )
    } },
    { [Date].[Calendar].[Quarter].&[Q4-2008] },,, include_calc_members
  )
)
DIMENSION PROPERTIES PARENT_UNIQUE_NAME,HIERARCHY_UNIQUE_NAME ON ROWS
FROM [Model]
CELL PROPERTIES VALUE, FORMAT_STRING, LANGUAGE, BACK_COLOR, FORE_COLOR, FONT_FLAGS
```

Row Labels	Sales Amount	Total Cost	Margin	Margin %
⊞CY 2007	1,415,298,561.42	656,812,625.98	758,485,935.44	53.59%
⊟CY 2008				
⊞Q1-2008	249,328,405.72	121,389,562.10	127,938,843.62	51.31%
⊞Q2-2008	321,749,612.47	147,214,171.80	174,535,440.67	54.25%
⊞Q3-2008	323,449,998.92	147,948,797.33	175,501,201.59	54.26%
⊟Q4-2008				
October 2008	97,130,506.81	44,062,202.41	53,068,304.40	54.64%
November 2008	96,777,975.30	50,656,942.35	46,121,032.95	47.66%
December 2008	100,890,113.59	52,797,506.05	48,092,607.54	47.67%
⊞CY 2009	1,200,766,849.99	566,553,987.10	634,212,862.89	52.82%
Grand Total	3,805,392,024.21	1,787,435,795.12	2,017,956,229.09	53.03%

그림 20-2 측정값이 4개인 MDX 쿼리를 생성하는 엑셀의 단순한 피봇 테이블

피봇 테이블이나 MDX 코드에서 직접 측정값을 줄일 수 있다. MDX 코드에서는 중괄호로 표시된 측정값 목록을 줄여서 코드를 조작할 수 있다. 다음 쿼리 앞부분과 같이 목록을 수정해 코드를 `Sales Amount` 측정값으로만 줄여보자.

```
SELECT
{ [Measures].[Sales Amount] }
DIMENSION PROPERTIES PARENT_UNIQUE_NAME, HIERARCHY_UNIQUE_NAME ON COLUMNS,
...
```

무슨 방법이든 간에 성능 문제의 원인이 되는 DAX 식(또는 측정값)을 식별한 다음에는 DAX 스튜디오에서 사용할 재현 쿼리가 필요하다.

재현 쿼리 만들기

최적화 프로세스에는 성능을 평가하기 위해 측정값의 정의를 변경해 여러 번 실행할 수 있는 쿼리가 필요하다.

DAX 또는 MDX에서 쿼리를 캡처했다면 이미 재현 쿼리를 시작할 수 있는 좋은 출발점에 있는 것이다. 병목을 찾기 쉽게 쿼리를 최대한 단순화해야 한다. 성능 문제를 관찰하기 위해서는 꼭 필요한 때에만 복잡한 쿼리 구조를 유지해야 한다.

DAX에서 재현 쿼리 만들기

측정값이 지속적으로 느리면, 결과로 단일 값을 생성하는 재현 쿼리를 작성해야 한다.

CALCULATE 또는 CALCULATETABLE을 사용하면 필요한 모든 필터를 적용할 수 있다. 다음 코드를 사용해 2008년 11월의 Sales Amount 측정값을 실행하면 그림 20-2와 동일한 결과($96,777,975.30)를 얻을 수 있다.

```
EVALUATE
{
  CALCULATE (
    [Sales Amount],
    'Date'[Calendar Year] = "CY 2008",
    'Date'[Calendar Year Quarter] = "Q4-2008",
    'Date'[Calendar Year Month] = "November 2008"
  )
}
```

앞의 쿼리를 다음과 같이 CALCULATE 대신 CALCULATETABLE을 사용해 작성할 수도 있다.

```
EVALUATE
CALCULATETABLE (
  { [Sales Amount] },
  'Date'[Calendar Year] = "CY 2008",
  'Date'[Calendar Year Quarter] = "Q4-2008",
  'Date'[Calendar Year Month] = "November 2008"
)
```

위 두 방법은 모두 결과가 같다. 측정값을 테스트하는 데 사용하는 쿼리가 단순한 테이블 생성자보다 복잡한 경우 CALCULATETABLE 사용을 고려해야 한다.

데이터 모델에 정의된 특정 측정값에 대해 재현 쿼리가 있을 때는 MEASURE 구문을 사용해 쿼리에서 측정값의 DAX 식을 로컬로 작성할 수 있다. 예를 들어 이전 재현 쿼리를 다음과 같이 변환할 수 있다.

```
DEFINE
  MEASURE Sales[Sales Amount] =
    SUMX ( Sales, Sales[Quantity] * Sales[Net Price] )
EVALUATE
CALCULATETABLE (
  { [Sales Amount] },
```

```
  'Date'[Calendar Year] = "CY 2008",
  'Date'[Calendar Year Quarter] = "Q4-2008",
  'Date'[Calendar Year Month] = "November 2008"
)
```

이때 측정값에 할당된 DAX 식의 변경 내용을 쿼리 문에 직접 적용할 수 있다. 이렇게 하면 쿼리를 다시 실행하기 전에 데이터 모델에 변경 사항을 배포할 필요가 없다. 쿼리를 변경하고 캐시를 지운 다음, DAX 스튜디오에서 쿼리를 실행해 수정된 식의 성능을 즉시 측정할 수 있다.

DAX 스튜디오로 쿼리 측정값 작성

DAX 스튜디오는 측정값 정의Define Measure 컨텍스트 메뉴를 사용해 모델에 정의된 측정값에 대해 **MEASURE** 구문을 생성할 수 있다. 해당 메뉴는 그림 20-3과 같이 메타데이터 창에서 측정값을 선택해 사용할 수 있다.

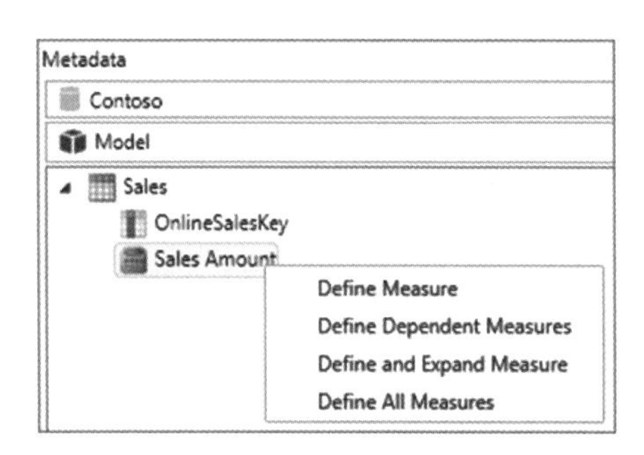

그림 20-3 Define Measure 메뉴에 액세스할 수 있는 경로를 보여주는 스크린샷

측정값이 다른 측정값을 참조할 때는 재현 쿼리의 변경 가능성을 살펴보기 위해 모든 측정값을 쿼리 측정값에 포함시켜야 한다. 종속 측정값 정의Define Dependent Measures 기능에는 선택한 측정값이 참조하는 모든 측정값의 정의가 포함되며, 측정값 정의 및 확장Define and Expand Measure은 모든 측정값 참조를 해당 측정값의 식으로 대체한다. **마진 %** 측정값만 평가하는 다음 쿼리를 살펴보자.

```
EVALUATE
{ [Margin %] }
```

마진에 대해 측정값 정의Define Measure를 클릭하면 다음과 같은 코드를 얻을 수 있다. 이 측정값은 Sales Amount 및 Margin 측정값을 참조한다.

```
DEFINE
  MEASURE Sales[Margin %] =
    DIVIDE ( [Margin], [Sales Amount] )
EVALUATE
{ [Margin %] }
```

다른 모든 측정값에 대해 측정값 정의 작업을 반복하지 않고 Margin %에서 종속 측정값 정의를 클릭해 필요한 다른 모든 측정값의 정의를 구할 수 있다. 여기에는 Margin 정의에 참조된 Total Cost가 포함된다.

```
DEFINE
  MEASURE Sales[Margin] = [Sales Amount] - [Total Cost]
  MEASURE Sales[Sales Amount] =
    SUMX ( Sales, Sales[Quantity] * Sales[Net Price] )
  MEASURE Sales[Total Cost] =
    SUMX ( Sales, Sales[Quantity] * Sales[Unit Cost] )
  MEASURE Sales[Margin %] =
    DIVIDE ( [Margin], [Sales Amount] )
EVALUATE
{ [Margin %] }
```

Margin %에서 측정값 정의 및 확장을 클릭해 측정값 참조가 없는 단일 DAX 표현식을 구할 수도 있다.

```
DEFINE
  MEASURE Sales[Margin %] =
    DIVIDE (
      CALCULATE (
        CALCULATE ( SUMX ( Sales, Sales[Quantity] * Sales[Net Price] ) )
          - CALCULATE ( SUMX ( Sales, Sales[Quantity] * Sales[Unit Cost] ) )
      ),
      CALCULATE ( SUMX ( Sales, Sales[Quantity] * Sales[Net Price] ) )
    )
EVALUATE
{ [Margin %] }
```

후자의 방법은 매우 장황하지만 측정값에 중첩된 반복함수가 포함돼 있는지를 신속하게 평가하는 데 편리하다.

MDX에서 재현 쿼리 만들기

특정 조건에서는 MDX 쿼리를 사용해 DAX가 아닌 MDX에서만 발생하는 문제를 재현해야 한다. DAX 또는 MDX 쿼리에서 실행되는 동일한 DAX 측정값은 다른 쿼리 계획을 생성한다. 즉, 쿼리의 언어에 따라 다른 동작이 표시될 수 있다. 그러나 이 경우에도 쿼리에 로컬로 DAX 측정값을 정의할 수 있다. 이렇게 하면 편집 및 재실행을 더 효율적으로 할 수 있다. 예를 들어 다음과 같이 `WITH MEASURE` 구문을 사용해 MDX 쿼리에 로컬로 `Sales Amount` 측정값을 정의할 수 있다.

```
WITH
   MEASURE Sales[Sales Amount] = SUMX ( Sales, Sales[Quantity] * Sales[Unit
Price] )
SELECT {
  [Measures].[Sales Amount],
  [Measures].[Total Cost],
  [Measures].[Margin],
  [Measures].[Margin %]
 } DIMENSION PROPERTIES PARENT_UNIQUE_NAME, HIERARCHY_UNIQUE_NAME ON COLUMNS,
NON EMPTY HIERARCHIZE(
  DRILLDOWNMEMBER(
    { { DRILLDOWNMEMBER(
          { { DRILLDOWNLEVEL(
              { [Date].[Calendar].[All] },,, include_calc_members )
          } },
        { [Date].[Calendar].[Year].&[CY 2008] },,, include_calc_members )
    } },
    { [Date].[Calendar].[Quarter].&[Q4-2008] },,, include_calc_members
  )
)
DIMENSION PROPERTIES PARENT_UNIQUE_NAME,HIERARCHY_UNIQUE_NAME ON ROWS
FROM [Model]
CELL PROPERTIES VALUE, FORMAT_STRING, LANGUAGE, BACK_COLOR, FORE_COLOR, FONT_FLAGS
```

보다시피 MDX에서 쿼리를 최적화하면 DAX 스튜디오에서 생성된 구문의 이름을 바꿀 때 `DEFINE` 대신 `WITH`를 사용해야 한다. `MEASURE` 이후의 구문은 항상 DAX 코드이므로 MDX

쿼리도 동일한 최적화 프로세스를 따른다. 재현 쿼리 언어(DAX 또는 MDX)에 관계없이 최적화할 DAX 식이 항상 존재하며, 이를 로컬 `MEASURE` 정의 영역에서 정의할 수 있다.

서버 타이밍 및 쿼리 계획 정보 분석

재현 쿼리가 있으면 이를 실행해 실행 시간 및 쿼리 계획에 대한 정보를 수집해야 한다. 19장에서 DAX 스튜디오 또는 SQL 서버 프로파일러가 제공하는 정보를 어떻게 읽는지 배웠다. 이 절에서는 DAX 스튜디오에서 간단한 쿼리를 분석하는 데 필요한 단계를 확인한다.

다음 DAX 쿼리를 살펴보자.

```
DEFINE
   MEASURE Sales[Sales Amount] =
    SUMX ( Sales, Sales[Quantity] * Sales[Unit Price] )
EVALUATE
ADDCOLUMNS (
  VALUES ( 'Date'[Calendar Year] ),
  "Result", [Sales Amount]
)
```

캐시를 지우고 쿼리 계획 및 서버 타이밍을 활성화한 다음, DAX 스튜디오에서 이 쿼리를 실행하면 `Date` 테이블의 연도별 `Sales Amount`를 결과로 얻는다. 분석의 시작 지점은 항상 서버 타이밍 창이며, 이는 그림 20-4에 표시된 것처럼 전체 쿼리에 대한 정보를 표시한다.

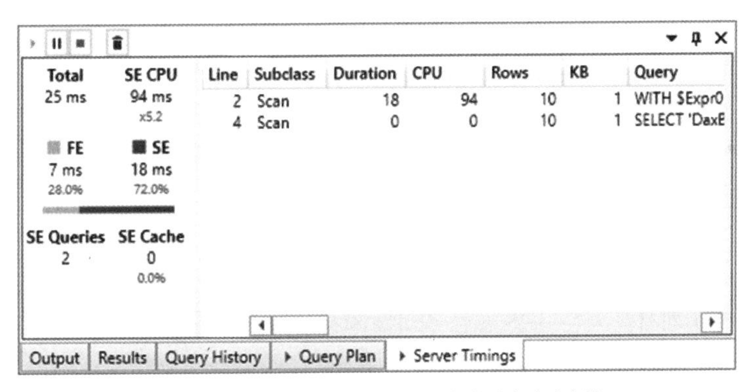

그림 20-4 간단한 쿼리를 실행한 이후의 서버 타이밍 창

쿼리는 결과를 25밀리 초(Total) 만에 반환했으며, 이 시간의 72%를 저장 엔진(SE)에서 사용한 반면, 수식 엔진(FE)은 총 시간 중 7밀리 초만 사용했다. 이 창은 수식 엔진 내부에 대해 많은 정보를 제공하지 않지만 저장 엔진 작업에 대해서는 세부 정보가 풍부하다. 예를 들어 처리 시간(SE CPU)으로 총 94밀리 초를 사용하는 저장 엔진 쿼리(SE 쿼리)는 2개였다. 저장 엔진의 병렬 처리로 인해 CPU 시간이 지속 시간(Duration)보다 클 수 있다. 실제로 엔진은 논리 프로세서를 병렬로 작동해 94밀리 초의 지속 시간을 줄였다. 테스트에 사용된 하드웨어에는 8개의 논리 프로세서가 있으며, 이 쿼리의 병렬 처리 정도(SE CPU와 SE 간의 비율)는 5.2다. 병렬 처리는 논리 프로세서의 수보다 높을 수 없다.

저장 엔진 쿼리는 목록에서 사용할 수 있으며 단일 저장 엔진 작업(첫 번째 연산)이 전체 지속 시간과 CPU 시간을 사용하는 것을 확인할 수 있다. **내부 및 캐시** 하위 클래스 이벤트의 표시를 활성화하면 그림 20-5에서 두 저장 엔진 쿼리가 실제로 저장 엔진에 의해 실행된 것을 확인할 수 있다.

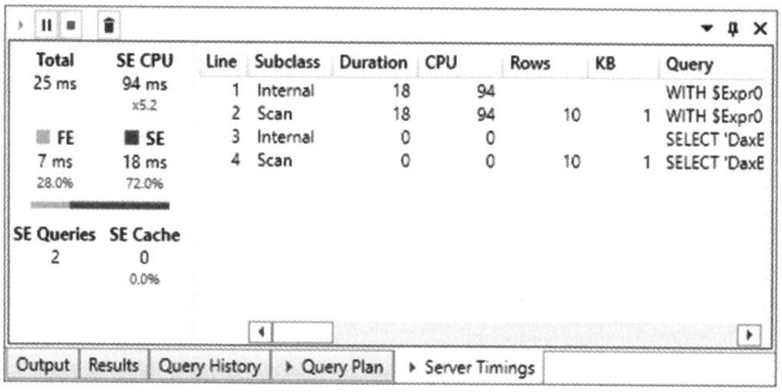

Total	SE CPU
25 ms	94 ms x5.2
FE	SE
7 ms 28.0%	18 ms 72.0%
SE Queries	SE Cache
2	0 0.0%

Line	Subclass	Duration	CPU	Rows	KB	Query
1	Internal	18	94			WITH $Expr0
2	Scan	18	94	10	1	WITH $Expr0
3	Internal	0	0			SELECT 'DaxE
4	Scan	0	0	10	1	SELECT 'DaxE

Output | Results | Query History | Query Plan | Server Timings

그림 20-5 내부 하위 클래스 이벤트를 볼 수 있는 서버 타이밍 창

캐시를 지우지 않고 동일한 쿼리를 다시 실행하면 그림 20-6과 같은 결과가 나타난다. 두 저장 엔진 쿼리는 모두 캐시(SE 캐시)에서 값을 검색했으며, 캐시에서 확인된 저장 엔진 쿼리는 `Subclass` 열에 표시된다.

보통 실행 전에 캐시를 지운 다음 재현 쿼리를 사용하지만, 때에 따라서는 주어진 DAX 식이 향후 요청에서 캐시를 활용할 수 있는지를 평가하는 것이 중요하다. 이러한 이유로 DAX 스튜디오의 **캐시** 시각화는 기본적으로 비활성화돼 있지만 필요에 따라 활성화할 수 있다.

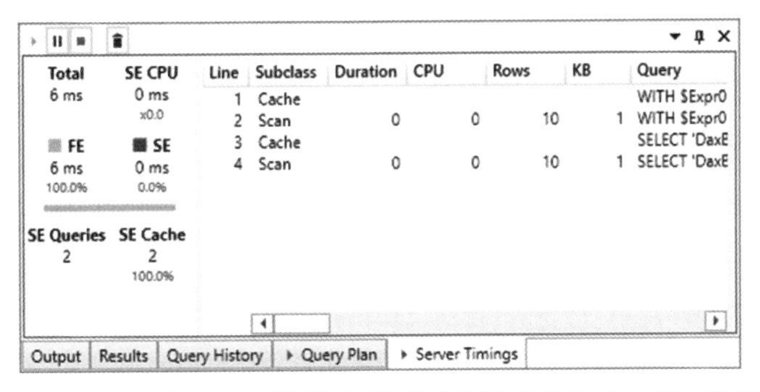

그림 20-6 동일한 DAX 쿼리를 두 번 실행한 후 캐시 하위 클래스 이벤트를 볼 수 있는 서버 타이밍 창

이제 쿼리 계획을 살펴보자. 그림 20-7에는 이전 예에서 사용된 쿼리의 물리적 및 논리적 쿼리 계획이 나와 있다.

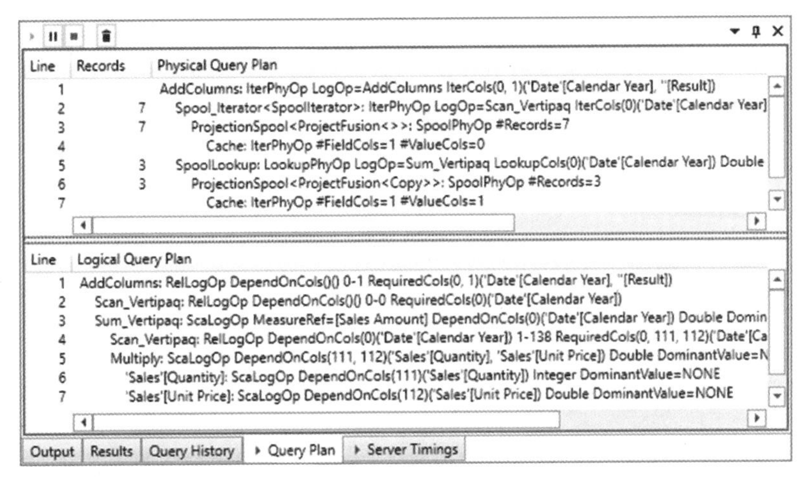

그림 20-7 물리적 쿼리 계획 및 논리적 쿼리 계획을 보여주는 쿼리 계획 창

물리적 쿼리 계획은 여러분이 자주 사용하게 될 것이다. 이전 예의 쿼리에는 저장 엔진 쿼리마다 하나씩 두 개의 데이터캐시가 있다. 물리적 쿼리 계획의 모든 **캐시** 행은 사용 가능한 데이터캐시 중 하나를 사용한다. 그러나 쿼리 계획 작업과 데이터캐시 간의 대응 관계를 일치시키는 간단한 방법은 없다. **캐시** 결과를 사용하는 열(그림 20-7의 `Spool_Iterator` 및 `SpoolLookup` 행)을 보면 데이터캐시를 추정할 수 있다.

처리된 레코드 수를 표시하는 열은 물리적 쿼리 계획에서 활용할 수 있는 중요한 정보다. 보다시피 수식 엔진에서 병목을 최적화할 때, 가장 많은 수의 레코드가 있는 라인을 검색하면 수식 엔진에서 가장 느린 작업을 식별하는 데 도움이 된다. 그림 20-8과 같이 **레코드** 열 머리글을 클릭해 행을 정렬할 수 있다. **라인** 열 머리글을 눌러 원래 정렬 순서를 복원한다.

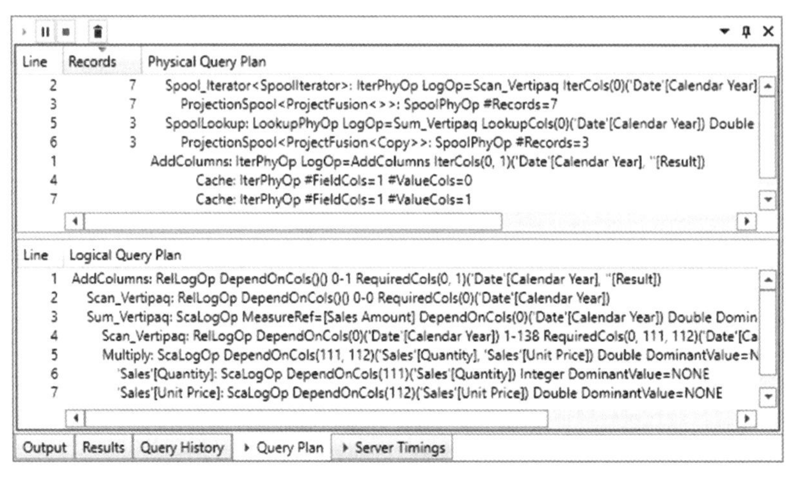

그림 20-8 레코드 열을 기준으로 정렬된 물리적 쿼리 계획의 단계

저장 엔진 또는 수식 엔진의 병목 식별

일반적으로 모든 쿼리에 사용 가능한 최적화가 많이 있다. 첫 번째이자 가장 중요한 단계는 쿼리가 대부분 시간을 수식 엔진에서 보내는지, 아니면 저장 엔진에서 보내는지 확인하는 것이다. 관련 정보는 서버 타이밍 창에서 FE와 SE로 제공되는 백분율로 확인할 수 있다. 보통 여기에서 시작할 수 있지만, 수식 엔진과 저장 엔진 모두에서 작업량의 분포를 파악해야 한다. 복잡한 쿼리에서 저장 엔진에 많은 시간을 사용하는 것은 다수의 소형 저장 엔진 쿼리나 대부분의 워크로드가 집중된 소수의 저장 엔진 쿼리에 해당할 수 있다. 알다시피 이러한 차이 때문에 최적화 전략에 다른 접근 방식이 요구된다.

쿼리 실행 시 병목 지점을 식별할 때는 최적화 영역의 우선순위도 지정해야 한다. 쿼리 계획에서 비효율성이 다르면 수식 엔진의 실행 시간이 길어질 수 있다. 가장 중요한 비효율을 파악하고 먼저 그곳에 집중해야 한다. 이 방식을 따르지 않는다면 실행 시간에 미미한 영향을 미치는 식을 최적화하는 데 시간을 낭비할 수 있다. 때때로 더 효율적인 최적화가 간단하지만, 직관적이지 않은 컨텍스트 전환이나 DAX 구문의 다른 세부 사항에 감춰져 있다. 모든 최적화 시도 전과 후의 실행 시간을 측정해 실질적인 이익을 얻고 있는지, 혹시 웹이나 이 책에서 발견한 일부 최적화 패턴을 실질적인 이점 없이 그대로 적용하고 있지는 않은지 항상 확인해야 한다.

마지막으로, 수식 엔진에 문제가 있더라도 항상 저장 엔진 쿼리를 보고 분석을 시작해야 한다. 저장 엔진 쿼리는 수식 엔진에서 사용하는 데이터캐시의 내용과 크기에 관한 귀중한 정보를 제공한다. 수식 엔진에서 수행한 작업을 설명하는 쿼리 계획을 읽는 것은 매우 복잡한 프로세스다. 수식 엔진은 데이터캐시 내용을 사용하고 저장 엔진에서 아직 끝내지 못한 DAX 쿼리의 결과를 생성하는 데 필요한 모든 작업을 수행해야 한다고 생각하기가 더 쉽다. 이 접근 방식은 크고 복잡한 DAX 쿼리에 특히 효율적이다. 실제로 이는 쿼리 계획에서 수천 개의 라인을 생성할 수 있지만, 저장 엔진 쿼리에 의해 생성되는 데이터캐시의 수는 상대적으로 적다.

변경 사항 구현 및 테스트 쿼리 재실행

병목이 확인되면 다음 단계는 쿼리 계획의 효율성을 높이기 위해 DAX 식과 데이터 모델을 변경하는 것이다. 테스트 쿼리를 다시 실행해 다음 병목에 대한 검색을 시작하고, '서버 타이밍 및 쿼리 계획 정보 분석' 단계에서 루프를 다시 시작해 개선이 효과적인지 확인할 수 있다. 이 프로세스는 성능이 최적이거나 노력할 가치가 있는 개선이 더 이상 없을 때까지 계속돼야 한다.

DAX 식에서 병목 최적화

저장 엔진에서 긴 실행 시간은 일반적으로 다음과 같은 이유로 발생한다(19장에서 자세하게 다뤘다).

- **긴 스캔 시간**: 단순 집계일 때도 DAX 쿼리는 하나 이상의 열을 검색해야 한다. 스캔 비용은 열의 크기에 따라 달라지며, 열의 크기는 고유한 값의 수와 데이터 분포에 따

라 다르다. 같은 테이블에 있는 열도 실행 시간의 차이가 매우 클 수 있다.

- **큰 카디널리티**: 열에 고윳값이 많으면 `DISTINCTCOUNT` 계산 및 `CALCULATE` 및 `CALCULATETABLE` 함수의 필터 인수에 영향을 준다. 카디널리티가 크면 열의 스캔 시간에도 영향을 줄 수 있지만 열 데이터 크기와 관계없이 자체적으로 문제가 될 수 있다.
- **높은 빈도의 CallbackDataID**: 저장 엔진이 수식 엔진을 많이 호출하면 쿼리의 전체 성능에 영향을 줄 수 있다.
- **큰 구체화**: 저장 엔진 쿼리가 큰 데이터캐시를 생성할 때는 생성에 시간(RAM 할당 및 쓰기)이 소요된다. 더욱이 (수식 엔진에 의한) 사용도 잠재적인 병목이다.

다음에서 최적화의 몇 가지 사례를 제시한다. 19장에서 배운 개념으로 시작해 단순화된 쿼리로 재현되고 최적화된 일반적인 문제를 보여준다.

필터 조건 최적화

가능하면 `CALCULATE/CALCULATETABLE` 함수의 필터 인수로 항상 테이블이 아니라 열을 사용해야 한다. DAX 엔진은 수년에 걸쳐 개선됐으며 여러 개의 간단한 테이블 필터는 2019년 이후의 최신 엔진 버전에서 비교적 잘 최적화됐다. 그러나 테이블이 아닌 열로 필터 조건을 표현하는 것이 더 좋은 방법이다.

각 브랜드의 판매액[Sales Amount]과 1,000달러보다 큰 거래의 판매액[Big Sales Amount]을 비교한 그림 20-9의 보고서를 살펴보자.

Brand	Sales Amount	Big Sales Amount (slow)
A. Datum	251,211,515.57	63,063,695.61
Adventure Works	518,462,059.16	204,706,066.50
Contoso	871,501,804.63	390,591,570.37
Fabrikam	627,751,182.08	296,193,218.97
Litware	416,239,414.35	228,117,264.38
Northwind Traders	151,481,923.36	133,573,773.58
Proseware	312,763,353.13	116,288,985.19
Southridge Video	183,482,982.39	20,706,704.07
Tailspin Toys	42,801,223.58	290,849.14
The Phone Company	174,742,660.20	24,106,049.40
Wide World Importers	254,953,905.77	89,883,001.77
Total	**3,805,392,024.21**	**1,567,521,178.98**

그림 20-9 브랜드별로 보고된 Sales Amount 및 Big Sales Amount

Big Sales Amount 측정값의 필터 조건에는 두 개의 열이 필요하므로, 필터를 정의하는 간단한 방법은 Sales 테이블에 필터를 사용하는 것이다. 다음 쿼리는 이전 보고서에서 Big Sales Amount 측정값만 계산해 그림 20-10에서 볼 수 있는 서버 타이밍 결과를 생성한다.

```
DEFINE
  MEASURE Sales[Big Sales Amount (slow)] =
    CALCULATE (
      [Sales Amount],
      FILTER (
        Sales,
        Sales[Quantity] * Sales[Net Price] > 1000
      )
    )
EVALUATE
SUMMARIZECOLUMNS (
  ROLLUPADDISSUBTOTAL ( 'Product'[Brand], "IsGrandTotalRowTotal" ),
  "Big_Sales_Amount", 'Sales'[Big Sales Amount (slow)]
)
```

Total	SE CPU
144 ms	563 ms x4.4
FE	SE
15 ms 10.4%	129 ms 89.6%
SE Queries	SE Cache
3	0 0.0%

Line	Subclass	Duration	CPU	Rows	KB	Query
2	Scan	58	203	3,937	47	WITH $Expr0 := (
4	Scan	37	188	3,937	16	SELECT 'DaxBook
6	Scan	34	172	1	1	WITH $Expr0 := (

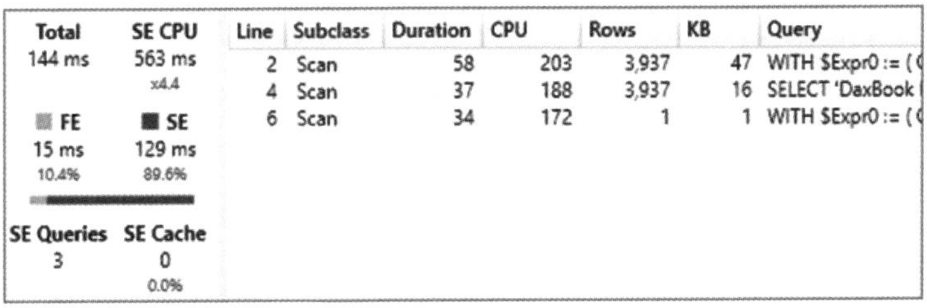

그림 20-10 Big Sales Amount(slow) 측정값에 대한 쿼리를 실행하는 서버 타이밍

FILTER가 테이블을 반복하므로 이 쿼리는 필요한 것보다 더 큰 데이터캐시를 생성한다. 그림 20-9의 결과에는 11개의 브랜드와 합계를 표시하는 하나의 행만 표시된다. 하지만 쿼리 계획은 처음 두 개의 데이터캐시가 그림 20-11의 쿼리 계획 창에 보고된 것과 같은 수인 3,937개의 행을 반환할 것으로 추정한다.

Line	Records	Physical Query Plan
7		Union: IterPhyOp LogOp=Union IterCols(0, 1, 2, 3)('Product'[Bran
8		GroupSemijoin: IterPhyOp LogOp=GroupSemiJoin IterCols(0, 1
9	11	Spool_Iterator<SpoolIterator>: IterPhyOp LogOp=Sum_Vert
10	11	AggregationSpool<AggFusion<Sum>>: SpoolPhyOp #Re
11		CrossApply: IterPhyOp LogOp=Sum_Vertipaq IterCols(0
12	3,937	Spool_MultiValuedHashLookup: IterPhyOp LogOp=F
13	3,937	ProjectionSpool<ProjectFusion<>>: SpoolPhyOp
14		Cache: IterPhyOp #FieldCols=3 #ValueCols=0
15		Cache: IterPhyOp #FieldCols=3 #ValueCols=1
16		GroupSemijoin: IterPhyOp LogOp=GroupSemiJoin IterCols(0, 1
17	1	Spool_Iterator<SpoolIterator>: IterPhyOp LogOp=Sum_Vert
18	1	ProjectionSpool<ProjectFusion<Copy>>: SpoolPhyOp #R
19		Cache: IterPhyOp #FieldCols=0 #ValueCols=1

그림 20-11 Big Sales Amount(slow) 측정값에 대한 쿼리를 실행하는 쿼리 계획 창

수식 엔진은 두 개의 추가 열 때문에 쿼리 결과에 필요한 것보다 훨씬 큰 데이터캐시를 받는다. 실제로 2행의 xmSQL 쿼리는 다음과 같다.

```
WITH
  $Expr0 := ( CAST ( PFCAST ( 'DaxBook Sales'[Quantity] AS  INT ) AS  REAL )
          * PFCAST ( 'DaxBook Sales'[Net Price] AS  REAL )  )
SELECT
  'DaxBook Product'[Brand],
  'DaxBook Sales'[Quantity],
  'DaxBook Sales'[Net Price],
  SUM ( @$Expr0 )
FROM 'DaxBook Sales'
  LEFT OUTER JOIN 'DaxBook Product'
    ON 'DaxBook Sales'[ProductKey]='DaxBook Product'[ProductKey]
WHERE
 ( COALESCE (  ( CAST ( PFCAST ( 'DaxBook Sales'[Quantity] AS  INT ) AS  REAL )
  * PFCAST ( 'DaxBook Sales'[Net Price] AS  REAL )  )  ) > COALESCE ( 1000.000000 ) );
```

그림 20-10의 라인 4에 있는 xmSQL 쿼리의 구조는 SUM 집계가 없는 이전 쿼리와 유사하다. 필터의 시멘틱스에 `Sales` 확장 테이블의 모든 열이 포함되므로, `CALCULATE`에 테이블 필터가 있으면 쿼리 계획에서 이와 같은 부작용이 발생한다(확장 테이블은 14장, '고급 DAX 개념'에서 다뤘다).

측정값 최적화에는 열 필터만 필요하다. 필터 표현식이 두 개의 열을 사용하므로 `CALCULATE`에 효율적인 필터 인수를 제공하려면 행 컨텍스트에 두 개의 열만 있는 테이블이 필요

하다. 다음 쿼리는 KEEPFILTERS를 추가해 이전 버전과 동일한 시멘틱스를 유지하도록 열 필터를 구현한다. 새롭게 생성된 서버 타이밍 결과는 그림 20-12와 같다.

```
DEFINE
  MEASURE Sales[Big Sales Amount (fast)] =
    CALCULATE (
      [Sales Amount],
      KEEPFILTERS (
        FILTER (
          ALL (
            Sales[Quantity],
            Sales[Net Price]
            ),
            Sales[Quantity] * Sales[Net Price] > 1000
        )
      )
    )
EVALUATE
SUMMARIZECOLUMNS (
    ROLLUPADDISSUBTOTAL ( 'Product'[Brand], "IsGrandTotalRowTotal" ),
    "Big_Sales_Amount", 'Sales'[Big Sales Amount (fast)]
)
```

Total	SE CPU
72 ms	391 ms x5.9
FE	SE
6 ms 8.3%	66 ms 91.7%
SE Queries	SE Cache
2	0 0.0%

Line	Subclass	Duration	CPU	Rows	KB	Query
2	Scan	42	188	14	1	WITH $Expr0 := (C
4	Scan	24	203	1	1	WITH $Expr0 := (C

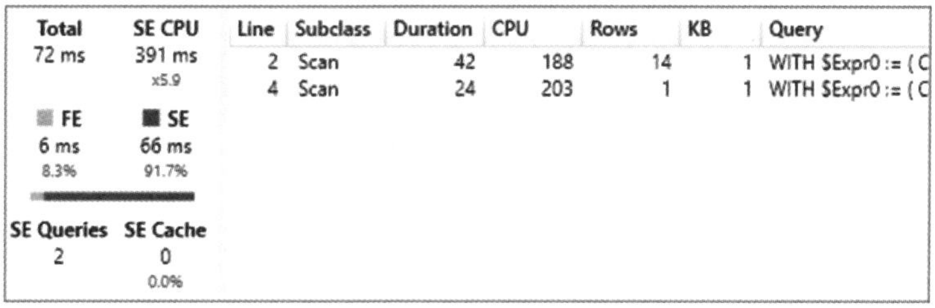

그림 20-12 Big Sales Amount(fast) 측정값에 대한 쿼리를 실행하는 서버 타이밍

DAX 쿼리는 더 빠르게 실행되지만, 더욱 중요한 것은 별도의 xmSQL 쿼리가 있는 합계 행을 제외하면 결과 행에 대해 데이터캐시가 하나만 있다는 것이다. 그림 20-12의 라인 2에 있는 데이터캐시의 구체화는 그림 20-13의 쿼리 계획 창에 표시되는 실제 개수에 11개만 있는 경우 14개의 예상 행만 반환한다.

Line	Records	Physical Query Plan
7		Union: IterPhyOp LogOp=Union IterCols(0, 1, 2, 3)('Product'[Bran
8		GroupSemijoin: IterPhyOp LogOp=GroupSemiJoin IterCols(0, 1
9	11	Spool_Iterator<SpoolIterator>: IterPhyOp LogOp=Sum_Vert
10	11	ProjectionSpool<ProjectFusion<Copy>>: SpoolPhyOp #R
11		Cache: IterPhyOp #FieldCols=1 #ValueCols=1
12		GroupSemijoin: IterPhyOp LogOp=GroupSemiJoin IterCols(0, 1
13	1	Spool_Iterator<SpoolIterator>: IterPhyOp LogOp=Sum_Vert
14	1	ProjectionSpool<ProjectFusion<Copy>>: SpoolPhyOp #R
15		Cache: IterPhyOp #FieldCols=0 #ValueCols=1

그림 20-13 Big Sales Amount(fast) 측정값에 대한 쿼리를 실행하는 쿼리 계획 창

이 최적화의 이유는 쿼리 계획이 테이블 필터에 필요한 시멘틱스로 인해 추가 데이터를 수식 엔진에 반환하지 않고 저장 엔진에서 훨씬 더 효율적인 계산을 생성할 수 있기 때문이다. 다음은 그림 20-12의 라인 2에 있는 xmSQL 쿼리다.

```
WITH
  $Expr0 := ( CAST ( PFCAST ( 'DaxBook Sales'[Quantity] AS  INT ) AS  REAL )
        * PFCAST ( 'DaxBook Sales'[Net Price] AS  REAL ) )
SELECT
  'DaxBook Product'[Brand],
  SUM ( @$Expr0 )
FROM 'DaxBook Sales'
  LEFT OUTER JOIN 'DaxBook Product'
    ON 'DaxBook Sales'[ProductKey]='DaxBook Product'[ProductKey]
WHERE
 ( COALESCE (  ( CAST ( PFCAST ( 'DaxBook Sales'[Quantity] AS  INT ) AS  REAL )
  * PFCAST ( 'DaxBook Sales'[Net Price] AS  REAL )  )  ) > COALESCE ( 1000.000000 ) );
```

데이터캐시에는 더 이상 `Quantity` 및 `Net Price` 열이 포함되지 않으며, 데이터캐시의 카디널리티는 DAX 결과의 카디널리티와 일치한다. 이는 구체화를 최소화하기 위한 이상적인 조건이다. 이 목표를 달성하려면 필터 조건에 테이블이 아닌 열을 사용하는 것이 중요하다.

이 절의 핵심 내용은 저장 엔진 쿼리에서 반환된 행에 항상 주의를 기울여야 한다는 것이다. 반환된 행의 수가 DAX 쿼리 결과에 포함된 행보다 훨씬 큰 경우, 저장 엔진이 데이터캐시를 구체화하기 위해 수행하는 추가 작업과 수식 엔진이 이러한 데이터캐시를 사용하는 추가 작업으로 인해 오버헤드가 발생할 수 있다. 테이블 필터는 과도한 구체화를 유발하는 가장 일반적인 원인이지만 항상 성능 저하를 유발하지는 않는다.

노트 DAX 필터를 작성할 때 결과 필터의 카디널리티를 고려해야 한다. 테이블 필터를 사용하는 카디널리티가 열 필터와 같고, 테이블 필터가 다른 테이블로 확장되지 않으면 테이블 필터를 안전하게 사용할 수 있다. 예를 들어 Date 테이블을 필터링하는 것과 Date[Date] 열을 필터링하는 것 사이에는 보통 큰 차이가 없다.

컨텍스트 전환 최적화

저장 엔진은 모델의 열을 단순 집계하거나 그룹화만 수행할 수 있다. 다른 것은 수식 엔진으로 계산해야 한다. 반복과 그에 상응하는 컨텍스트 전환이 있을 때마다 저장 엔진은 데이터캐시를 반복 테이블의 세분화 수준에서 구체화한다. 반복 중에 계산된 식이 저장 엔진으로 해결할 수 있을 정도로 간단하다면 일반적으로 성능이 양호하다. 식이 너무 복잡한 경우 다음 예에서 설명할 큰 구체화 또는 `CallbackDataID` 문제가 생길 수 있다. 이러한 시나리오에서는 컨텍스트 전환 횟수를 줄이고 반복 테이블의 세분화 수준을 줄여 코드를 단순화하면 성능 향상에 크게 도움이 된다. 마케팅 부서에서 정의한 알고리듬을 기반으로 각 고객에게 할당된 `Cashback %` 속성을 `Sales Amount`에 곱하는 `Cashback` 측정값을 살펴보자. 그림 20-14의 보고서에는 각 국가의 `Cashback` 금액이 표시돼 있다.

Country	Cashback (slow)	Cashback (fast)
Australia	1,169,963.12	1,169,963.12
Canada	372,901.28	372,901.28
France	442,965.22	442,965.22
Germany	749,048.18	749,048.18
United Kingdom	1,003,561.31	1,003,561.31
United States	1,785,417.75	1,785,417.75
Total	**5,523,856.86**	**5,523,856.86**

그림 20-14 고객의 국가별로 보고된 Cashback 측정값

직관적으로 `Cashback %`에 고객별 `Sales Amount`를 곱한 결과를 합산하는 `Cashback` 측정값은 가장 느리다. 다음 쿼리는 이전 보고서의 가장 느린 `Cashback` 측정값을 계산해 그림 20-15에서 볼 수 있는 서버 타이밍 결과를 생성한다.

```
DEFINE
  MEASURE Sales[Cashback (slow)] =
    SUMX (
      Customer,
      [Sales Amount] * Customer[Cashback %]
    )
EVALUATE
SUMMARIZECOLUMNS (
  ROLLUPADDISSUBTOTAL ( 'Customer'[Country], "IsGrandTotalRowTotal" ),
  "Cashback", 'Sales'[Cashback (slow)]
)
```

Total	SE CPU
46 ms	110 ms x3.8
FE	SE
17 ms 37.0%	29 ms 63.0%
SE Queries	SE Cache
4	1 25.0%

Line	Subclass	Duration	CPU	Rows	KB	Query
2	Scan	24	94	18,872	295	WITH $Expr0 := (C
4	Scan	3	16	32	1	**WITH $Expr0 := (**
6	Scan	0	0	18,872	295	WITH $Expr0 := (C
8	Scan	2	0	1	1	**WITH $Expr0 := (**

그림 20-15 국가별로 보고된 Cashback(slow) 측정값에 대한 쿼리를 실행하는 서버 타이밍

그림 20-15의 라인 2와 4의 쿼리는 **국가** 수준에서 결과를 계산하지만 라인 6과 8의 합계 수준에서 동일한 작업을 실행한다. 처음 두 개의 저장 엔진 쿼리에만 집중하자. 구체화된 행에 대한 추정이 올바른지 확인하기 위해 그림 20-16에서 쿼리 계획을 볼 수 있다. 놀랍게도 몇 개의 저장 엔진 쿼리는 전혀 사용되지 않은 듯하다.

Line	Records	Physical Query Plan
1		AddColumns: IterPhyOp LogOp=AddColumns IterCols(0)(''[BLANK])
2		SingletonTable: IterPhyOp LogOp=AddColumns
3		Constant: LookupPhyOp LogOp=Constant Integer 0
4		AddColumns: IterPhyOp LogOp=AddColumns IterCols(0)(''[BLANK])
5		SingletonTable: IterPhyOp LogOp=AddColumns
6		Constant: LookupPhyOp LogOp=Constant Integer 0
7		Union: IterPhyOp LogOp=Union IterCols(0, 1, 2, 3)('Customer'[Country], ''[IsGr
8		GroupSemijoin: IterPhyOp LogOp=GroupSemiJoin IterCols(0, 1, 2)('Custome
9	29	Spool_Iterator<SpoolIterator>: IterPhyOp LogOp=Sum_Vertipaq IterCols(
10	29	ProjectionSpool<ProjectFusion<Copy>>: SpoolPhyOp #Records=29
11		Cache: IterPhyOp #FieldCols=1 #ValueCols=1
12		GroupSemijoin: IterPhyOp LogOp=GroupSemiJoin IterCols(0, 1, 2)('Custome
13	1	Spool_Iterator<SpoolIterator>: IterPhyOp LogOp=Sum_Vertipaq #Record
14	1	ProjectionSpool<ProjectFusion<Copy>>: SpoolPhyOp #Records=1
15		Cache: IterPhyOp #FieldCols=0 #ValueCols=1

그림 20-16 국가별로 보고된 Cachback (slow) 측정값에 대한 쿼리를 실행하는 쿼리 계획 창

그림 20-16의 쿼리 계획은 그림 20-15의 서버 타이밍 창의 라인 4와 8에 해당하는 2개의 **캐시** 노드만 보고한다. 이는 쿼리 계획을 보는 것이 혼란스러울 수 있는 이유를 보여주는 또 다른 예다. 수식 엔진은 실제로 다른 작업을 수행하고 있지만 CallbackDataID 내에서의 실행이 항상 쿼리 계획에 보고되는 것은 아니며, 이는 이러한 경우 중 하나다. 다음은 그림 20-15의 라인 4에 있는 xmSQL 쿼리로서, 추정된 32행 대신 29개의 유효 행을 반환한다.

```
WITH
  $Expr0 := ( [CallbackDataID ( SUMX ( Sales, Sales[Quantity]] * Sales[Net Price]] ) )
               ] ( PFDATAID ( 'DaxBook Customer'[CustomerKey] ) )
             * PFCAST ( 'DaxBook Customer'[Cashback %] AS  REAL )  )
SELECT
  'DaxBook Customer'[Country],
  SUM ( @$Expr0 )
FROM 'DaxBook Customer';
```

CallbackDataID에 전달된 DAX 코드는 수식 엔진이 CustomerKey를 인수로 받아 고객별로 계산돼야 한다. 추가 저장 엔진 쿼리를 볼 수 있지만, 이 경우 해당 쿼리 계획이 표시되지 않는다. 그림 20-15의 라인 2에서 다음과 같은 다른 저장 엔진 쿼리를 보고 쿼리 계획이 무엇을 하는지 상상할 수 있을 뿐이다.

```
WITH
  $Expr0 := ( CAST ( PFCAST ( 'DaxBook Sales'[Quantity] AS  INT ) AS  REAL )
      * PFCAST ( 'DaxBook Sales'[Net Price] AS  REAL )  )
SELECT
  'DaxBook Customer'[CustomerKey],
  SUM ( @$Expr0 )
FROM 'DaxBook Sales'
  LEFT OUTER JOIN 'DaxBook Customer'
    ON 'DaxBook Sales'[CustomerKey]='DaxBook Customer'[CustomerKey];
```

xmSQL 쿼리 결과에는 CustomerKey와 해당 고객의 Sales Amount 측정값 결과 두 개 열만 포함된다. 따라서 수식 엔진은 이 쿼리의 결과를 사용해 CallbackDataID 요청에 결과를 제공한다.

다시 한번, 엔진이 수행하는 정확한 작업 순서를 설명하는 대신 구체화가 쿼리 결과에 필요한 것보다 큰지를 확인해 저장 엔진 쿼리의 결과를 분석하는 것이 더 쉽다. DAX 쿼리는 6개의 보이는 국가만 반환하지만 총 29개의 국가는 수식 엔진으로 계산됐다. 좌우간에 분석된 후자의 xmSQL 쿼리에 의해 생성된 18,872명의 고객을 대상으로 한 구체화와는 큰 차이가 있다. 고객이 아닌 국가별로 데이터를 집계해 저장 엔진에 더 많은 워크로드를 제공할 수 있을까? 컨텍스트 전환 횟수를 줄이면 가능하다. 원래 Cashback 측정값을 살펴보자. 행 컨텍스트에서 실행되는 식은 **고객** 테이블의 단일 열(Cashback %)에 따라 다르다.

```
Sales[Cashback (slow)] :=
SUMX (
    Customer,
    [Sales Amount] * Customer[Cashback %]
)
```

Cashback %가 동일한 고객 그룹에 대해 Sales Amount 측정값을 계산할 수 있으므로 SUMX 반복함수에 대한 최적 카디널리티는 Cashback % 열의 고유한 값으로 정의된다. 다음과 같이 최적화된 버전은 필터 컨텍스트에서 볼 수 있는 고유 Cashback % 값으로 SUMX의 첫 번째 인수를 대체한다.

```
DEFINE
  MEASURE Sales[Cashback (fast)] =
    SUMX (
      VALUES ( Customer[Cashback %] ),
      [Sales Amount] * Customer[Cashback %]
    )
EVALUATE
SUMMARIZECOLUMNS (
  ROLLUPADDISSUBTOTAL ( 'Customer'[Country], "IsGrandTotalRowTotal" ),
  "Cashback", 'Sales'[Cashback (fast)]
)
```

이렇게 하면 그림 20-17에서 볼 수 있듯이 구체화는 훨씬 작다. 그러나 구체화된 행의 수가 현저히 적더라도 전체 실행 시간은 더 크지는 않고 유사하다. 몇 밀리 초의 차이는 관련이 없다고 생각해야 한다.

Total	SE CPU
49 ms	204 ms x4.9

FE	SE
7 ms 14.3%	42 ms 85.7%

SE Queries	SE Cache
2	0 0.0%

Line	Subclass	Duration	CPU	Rows	KB	Query
2	Scan	24	63	288	5	WITH $Expr0 := (C
4	Scan	18	141	9	1	WITH $Expr0 := (C

그림 20-17 국가별로 보고된 Cashback(fast) 측정값에 대한 쿼리를 실행하는 서버 타이밍

이번에는 국가별 금액을 계산하는 xmSQL 쿼리를 살펴보자. 다음은 그림 20-17의 라인 2에 있는 쿼리다.

```
WITH
  $Expr0 := ( CAST ( PFCAST ( 'DaxBook Sales'[Quantity] AS  INT ) AS  REAL )
      * PFCAST ( 'DaxBook Sales'[Net Price] AS  REAL )  )
SELECT
  'DaxBook Customer'[Country],
  'DaxBook Customer'[Cashback %],
  SUM ( @$Expr0 )
FROM 'DaxBook Sales'
  LEFT OUTER JOIN 'DaxBook Customer'
    ON 'DaxBook Sales'[CustomerKey]='DaxBook Customer'[CustomerKey];
```

이 쿼리 결과에는 `Country`, `Cashback %` 및 해당 `Sales Amount` 값의 세 열이 포함된다. 따라서 수식 엔진은 각 행의 `Cashback %`에 `Sales Amount`를 곱해 동일한 국가에 속한 행을 집계한다. 결과는 288개의 행으로 추정 개수를 표시하지만 수식 엔진은 65개의 행만 사용한다. 이는 그림 20-18의 쿼리 계획에서 볼 수 있다.

Line	Records	Physical Query Plan
7		Union: IterPhyOp LogOp=Union IterCols(0, 1, 2, 3)('Customer'[Country], ''[IsGran
8		GroupSemijoin: IterPhyOp LogOp=GroupSemiJoin IterCols(0, 1, 2)('Customer'[
9	6	Spool_Iterator<SpoolIterator>: IterPhyOp LogOp=SumX IterCols(0)('Custon
10	6	AggregationSpool<Sum>: SpoolPhyOp #Records=6
11		Extend_Lookup: IterPhyOp LogOp=Multiply IterCols(0, 1)('Customer'[C
12	65	Spool_Iterator<SpoolIterator>: IterPhyOp LogOp=Sum_Vertipaq Ite
13	65	ProjectionSpool<ProjectFusion<Copy>>: SpoolPhyOp #Records=
14		Cache: IterPhyOp #FieldCols=2 #ValueCols=1
15		ColValue<'Customer'[Cashback %]>: LookupPhyOp LogOp=ColValu

그림 20-18 국가별로 보고된 Cashback(fast) 측정값에 대한 쿼리를 실행하는 쿼리 계획 창

분명히 드러나지는 않지만 이 측정값은 원래 측정값보다 빠르다. 메모리에서 차지하는 공간이 작을수록 더 복잡한 보고서에서 성능이 향상된다. 이는 그림 20-19와 같이 약간 다른 보고서를 사용해 고객의 국가가 아닌 제품 브랜드별로 Cashback 측정값을 그룹화하면 즉시 확인할 수 있다.

Brand	Cashback (slow)	Cashback (fast)
A. Datum	477,910.16	477,910.16
Adventure Works	1,025,695.46	1,025,695.46
Contoso	1,464,170.77	1,464,170.77
Fabrikam	196,534.01	196,534.01
Litware	531,080.24	531,080.24
Northwind Traders	1,046,681.00	1,046,681.00
Proseware	111,461.75	111,461.75
Southridge Video	357,256.48	357,256.48
Tailspin Toys	203,818.73	203,818.73
The Phone Company	50,731.91	50,731.91
Wide World Importers	58,516.35	58,516.35
Total	**5,523,856.86**	**5,523,856.86**

그림 20-19 브랜드별로 보고된 Cashback 측정값

다음 쿼리는 그림 20-19에 표시된 보고서에서 가장 느린 Cashback 측정값을 계산해 그림 20-20에서 볼 수 있는 서버 타이밍 결과를 생성한다.

```
DEFINE
  MEASURE Sales[Cashback (slow)] =
    SUMX (
      Customer,
      [Sales Amount] * Customer[Cashback %]
    )
EVALUATE
SUMMARIZECOLUMNS (
  ROLLUPADDISSUBTOTAL ( Product[Brand], "IsGrandTotalRowTotal" ),
  "Cashback", 'Sales'[Cashback (slow)]
)
```

Total	SE CPU
415 ms	922 ms x3.6
FE	SE
158 ms 38.1%	257 ms 61.9%
SE Queries	SE Cache
4	0 0.0%

Line	Subclass	Duration	CPU	Rows	KB	Query
2	Scan	227	797	192,514	2,257	WITH $Expr0 := (CAST (PF
4	Scan	4	0	18,869	148	SELECT 'DaxBook Custome
6	Scan	22	109	18,872	295	WITH $Expr0 := (CAST (PF
8	Scan	4	16	1	1	**WITH $Expr0 := ([Callbac**

그림 20-20 브랜드별로 보고된 Cashback(slow) 측정값에 대한 쿼리를 실행하는 서버 타이밍

이 쿼리 계획에는 몇 가지 차이가 있지만 그림 20-20의 라인 2에서 다음 xmSQL 쿼리로 생성된 192,514개의 행을 구체화하는 데 중점을 둔다.

```
WITH
  $Expr0 := ( CAST ( PFCAST ( 'DaxBook Sales'[Quantity] AS  INT ) AS  REAL )
      * PFCAST ( 'DaxBook Sales'[Net Price] AS  REAL ) )
SELECT
  'DaxBook Customer'[CustomerKey],
  'DaxBook Product'[Brand],
  SUM ( @$Expr0 )
FROM 'DaxBook Sales'
  LEFT OUTER JOIN 'DaxBook Customer'
    ON 'DaxBook Sales'[CustomerKey]='DaxBook Customer'[CustomerKey]
  LEFT OUTER JOIN 'DaxBook Product'
    ON 'DaxBook Sales'[ProductKey]='DaxBook Product'[ProductKey];
```

더 큰 구체화의 이유는 이제 내부 계산이 CustomerKey와 Brand의 각 조합에 대해 Sales Amount를 계산하기 때문이다. 192,514개의 행의 예상 개수는 그림 20-21의 쿼리 계획에 표시되는 실제 개수로 확인할 수 있다.

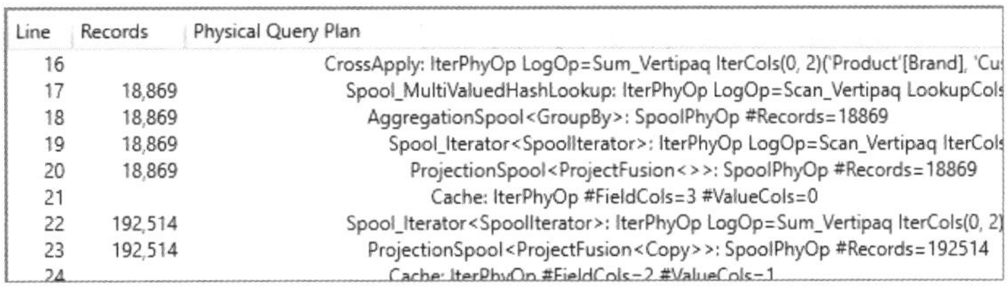

Line	Records	Physical Query Plan
16		CrossApply: IterPhyOp LogOp=Sum_Vertipaq IterCols(0, 2)('Product'[Brand], 'Cu
17	18,869	Spool_MultiValuedHashLookup: IterPhyOp LogOp=Scan_Vertipaq LookupCols
18	18,869	AggregationSpool<GroupBy>: SpoolPhyOp #Records=18869
19	18,869	Spool_Iterator<SpoolIterator>: IterPhyOp LogOp=Scan_Vertipaq IterCols
20	18,869	ProjectionSpool<ProjectFusion<>>: SpoolPhyOp #Records=18869
21		Cache: IterPhyOp #FieldCols=3 #ValueCols=0
22	192,514	Spool_Iterator<SpoolIterator>: IterPhyOp LogOp=Sum_Vertipaq IterCols(0, 2)
23	192,514	ProjectionSpool<ProjectFusion<Copy>>: SpoolPhyOp #Records=192514
24		Cache: IterPhyOp #FieldCols=2 #ValueCols=1

그림 20-21 국가별로 보고된 Cashback(slow) 측정값에 대한 쿼리를 실행하는 쿼리 계획 창

테스트 쿼리가 더 빠른 측정을 사용하는 경우 구체화가 훨씬 작고 쿼리 응답 시간도 훨씬 빠르다. 다음 DAX 쿼리를 실행하면 그림 20-22에서 볼 수 있는 서버 타이밍 결과가 생성된다.

```
DEFINE
  MEASURE Sales[Cashback (fast)] =
    SUMX (
      VALUES ( Customer[Cashback %] ),
      [Sales Amount] * Customer[Cashback %]
    )
```

```
EVALUATE
SUMMARIZECOLUMNS (
  ROLLUPADDISSUBTOTAL (Product[Brand], "IsGrandTotalRowTotal" ),
  "Cashback", 'Sales'[Cashback (fast)]
)
```

Total	SE CPU
48 ms	172 ms x4.3
FE	SE
8 ms 16.7%	40 ms 83.3%
SE Queries	SE Cache
2	0 0.0%

Line	Subclass	Duration	CPU	Rows	KB	Query
2	Scan	26	125	126	2	WITH $Expr0 := (CAST (PF
4	Scan	14	47	9	1	WITH $Expr0 := (CAST (PF

그림 20-22 브랜드별로 보고된 Cashback(fast) 측정값에 대한 쿼리를 실행하는 서버 타이밍

구체화의 크기는 1/1,000 이하이며(192,000 vs. 126행), 총 실행 시간은 느린 버전보다 9배 빠르다(415 밀리 초 vs. 48 밀리 초). 이러한 차이는 보고서의 카디널리티에 따라 다르므로 저장 엔진에서 대부분의 집계를 계산해 표현식 엔진의 작업을 최소화할 수 있도록 식에 집중해야 한다. 컨텍스트 전환의 수를 줄이는 것이 목표를 달성하기 위한 중요한 단계다.

노트 DAX 측정값에서 발생하는 가장 일반적인 성능 문제는 불필요한 컨텍스트 전환으로 생성된 과도한 구체화에 기인한다. 성능에 있어서 두 번째 문제는 열 필터 대신 테이블 필터를 사용할 때 발생한다. 따라서 DAX 측정값에 이러한 두 가지 문제가 없는지 확인하는 것이 최적화 노력의 우선순위가 돼야 한다. 서버 타이밍을 검사하면 구체화 크기를 확인해 증상을 빠르게 확인할 수 있다.

IF 조건 최적화

`IF` 함수는 항상 수식 엔진에 의해 실행된다. 반복 내 `IF` 함수가 있으면 실행과 관련된 `CallbackDataID`가 있을 수 있다. 또한 엔진은 첫 번째 인수의 조건 결과와 관계없이 `IF`의 인수를 평가할 수 있다. 결과는 정확하지만, 가능한 모든 솔루션을 처리하기 위한 전체 비용을 지불할 수 있다. 일반적으로 사용하는 DAX 엔진의 버전에 따라 동작이 다를 수 있다.

측정값에서 IF 최적화

측정값의 조건문은 쿼리 계획에서 필요한지와 관계없이 모든 조건부 분기의 계산을 생성하는 부작용을 유발할 수 있다. 가능하면 필터 컨텍스트로 필터를 적용해 측정값의 표현식에서 조건문의 수를 피하거나 최소한 줄이는 것이 좋다.

예를 들어 그림 20-23의 보고서에는 자녀가 한 명 이상인 고객만 고려하는 `Fam. Sales` 측정값이 표시된다. 개별 고객의 값을 표시하는 것이 목표이기에 첫 번째 구현(slow)은 둘 이상 고객의 합계에서 작동하지 않지만(총 행은 비어 있음) 더 빠른 대체 구현은 합계 수준에서도 작동한다.

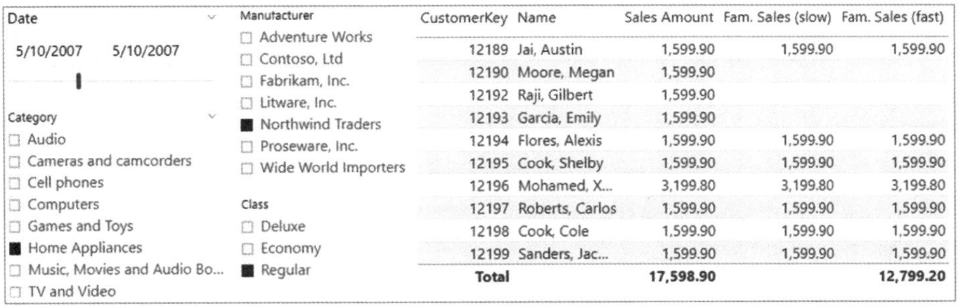

Date: 5/10/2007 – 5/10/2007

Category: Audio, Cameras and camcorders, Cell phones, Computers, Games and Toys, ■ Home Appliances, Music, Movies and Audio Bo..., TV and Video

Manufacturer: Adventure Works, Contoso, Ltd, Fabrikam, Inc., Litware, Inc., ■ Northwind Traders, Proseware, Inc., Wide World Importers

Class: Deluxe, Economy, ■ Regular

CustomerKey	Name	Sales Amount	Fam. Sales (slow)	Fam. Sales (fast)
12189	Jai, Austin	1,599.90	1,599.90	1,599.90
12190	Moore, Megan	1,599.90		
12192	Raji, Gilbert	1,599.90		
12193	Garcia, Emily	1,599.90		
12194	Flores, Alexis	1,599.90	1,599.90	1,599.90
12195	Cook, Shelby	1,599.90	1,599.90	1,599.90
12196	Mohamed, X...	3,199.80	3,199.80	3,199.80
12197	Roberts, Carlos	1,599.90	1,599.90	1,599.90
12198	Cook, Cole	1,599.90	1,599.90	1,599.90
12199	Sanders, Jac...	1,599.90	1,599.90	1,599.90
Total		**17,598.90**		**12,799.20**

그림 20-23 브랜드별로 보고된 Fam. Sales 측정값

다음 쿼리는 그림 20-1과 유사한 보고서에서 `Fam. Sales (slow)` 측정값을 계산한다. 각 고객에 대해 `IF` 문은 가족 고객으로 분류할 고객을 필터링하기 위해 집에 있는 어린이 수를 확인한다. 다음 DAX 쿼리를 실행하면 그림 20-22에서 볼 수 있는 서버 타이밍 결과가 생성된다.

```
DEFINE
  MEASURE Sales[Fam. Sales (slow)] =
    VAR ChildrenAtHome = SELECTEDVALUE ( Customer[Children At Home] )
    VAR Result =
      IF (
        ChildrenAtHome > 0,
        [Sales Amount]
      )
    RETURN Result
```

```
EVALUATE
CALCULATETABLE (
  SUMMARIZECOLUMNS (
    ROLLUPADDISSUBTOTAL (
      ROLLUPGROUP (
        'Customer'[CustomerKey],
        'Customer'[Name]
      ), "IsGrandTotalRowTotal"
    ),
    "Fam__Sales__slow_", 'Sales'[Fam. Sales (slow)]
  ),
  'Product Category'[Category] = "Home Appliances",
  'Product'[Manufacturer] = "Northwind Traders",
  'Product'[Class] = "Regular",
  DATESBETWEEN (
    'Date'[Date],
    DATE ( 2007, 5, 10 ),
    DATE ( 2007, 5, 10 )
  )
)
ORDER BY
  [IsGrandTotalRowTotal] DESC,
  'Customer'[CustomerKey],
  'Customer'[Name]
```

Total	SE CPU
55 ms	32 ms x1.4
FE	SE
32 ms 58.2%	23 ms 41.8%
SE Queries	SE Cache
4	0 0.0%

Line	Subclass	Duration	CPU	Rows	KB	Query
2	Scan	0	0	2,559	20	SELECT 'DaxB
4	Scan	4	0	18,869	664	SELECT 'DaxB
6	Scan	5	16	18,869	74	SELECT 'DaxB
9	Scan	14	16	18,872	295	WITH $Expr0

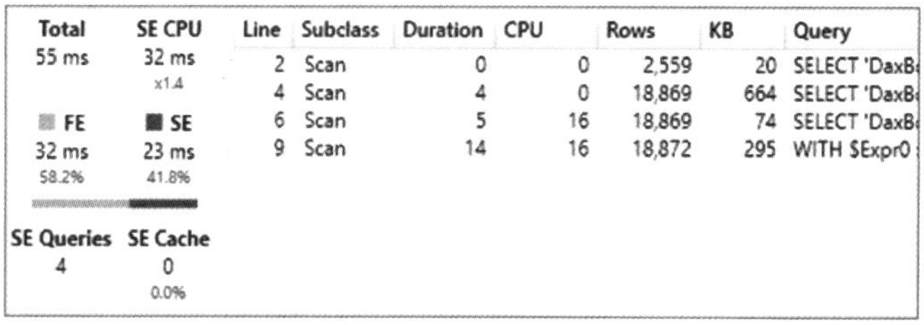

그림 20-24 고객별로 보고된 Fam. Sales (slow) 측정값에 대한 쿼리를 실행하는 서버 타이밍

쿼리는 그다지 느리지 않지만 주로 필요한 구체화에 관심이 있어서 행의 수가 적은 쿼리 결과를 원했다. 서버 타이밍 창에 제공된 정보는 이미 다음과 같은 몇 가지 사실을 강조하므로 이미 길이가 62줄이나 되는 쿼리 계획은 보지 않아도 된다.

- DAX 결과에 7개의 행만 있지만 3개의 xmSQL 쿼리로 구체화된 행은 고객 수에 가까운 18,000개 이상의 행이 있다.

- 그림 20-24의 라인 4에서 저장 엔진 쿼리에 의해 생성된 구체화에는 각 고객의 자녀 수에 관한 정보가 포함된다.
- 그림 20-24의 라인 9에서 저장 엔진 쿼리로 생성된 구체화에는 각 고객에 대한 `Sales Amount` 측정값이 포함된다.
- 합계는 저장 엔진 쿼리로 계산되지 않으므로 수식 엔진이 고객을 집계해 해당 합계 값을 구한다.

다음은 그림 20-24의 라인 4에 있는 저장 엔진 쿼리다. 고객을 필터링하기 위해 집에 있는 어린이 수를 기반으로 수식 엔진에 필요한 정보를 제공한다.

```
SELECT
  'DaxBook Customer'[CustomerKey],
  SUM (  ( PFDATAID ( 'DaxBook Customer'[Children At Home] ) <> 2 )  ),
  MIN ( 'DaxBook Customer'[Children At Home] ),
  MAX ( 'DaxBook Customer'[Children At Home] ),
  COUNT (  )
FROM 'DaxBook Customer';
```

이 결과는 그림 20-24의 라인 9에 있는 저장 엔진 쿼리에 대한 인수로 사용되며, 최소 한 명의 자녀가 있는 7,368명의 고객을 필터링한다.

```
WITH
  $Expr0 := ( CAST ( PFCAST ( 'DaxBook Sales'[Quantity] AS  INT ) AS  REAL )
         * PFCAST ( 'DaxBook Sales'[Net Price] AS  REAL )  )
SELECT
  'DaxBook Customer'[CustomerKey],
  SUM ( @$Expr0 )
FROM 'DaxBook Sales'
  LEFT OUTER JOIN 'DaxBook Customer'
    ON 'DaxBook Sales'[CustomerKey]='DaxBook Customer'[CustomerKey]
  LEFT OUTER JOIN 'DaxBook Date'
    ON 'DaxBook Sales'[OrderDateKey]='DaxBook Date'[DateKey]
  LEFT OUTER JOIN 'DaxBook Product'
    ON 'DaxBook Sales'[ProductKey]='DaxBook Product'[ProductKey]
  LEFT OUTER JOIN 'DaxBook Product Subcategory'
    ON 'DaxBook Product'[ProductSubcategoryKey]
```

```
      ='DaxBook Product Subcategory'[ProductSubcategoryKey]
  LEFT OUTER JOIN 'DaxBook Product Category'
    ON 'DaxBook Product Subcategory'[ProductCategoryKey]
      ='DaxBook Product Category'[ProductCategoryKey]
WHERE
  'DaxBook Customer'[CustomerKey]
    IN ( 2241, 13407, 5544, 7787, 11090, 7368, 17055, 16636, 1329, 12914..
      [7368 total values, not all displayed] )
VAND 'DaxBook Date'[Date] = 39212.000000
VAND 'DaxBook Product'[Manufacturer] = 'Northwind Traders'
VAND 'DaxBook Product'[Class] = 'Regular'
VAND 'DaxBook Product Category'[Category] = 'Home Appliances';
```

이전 저장 엔진 쿼리에서 수신된 행이 7개뿐이기에 이 결과의 예상 행 수가 잘못됐다. 이는 쿼리 계획에서 볼 수 있지만, 그림 20-25에 표시된 쿼리 계획에서 각 캐시 노드에 해당하는 xmSQL 쿼리를 찾는 것은 사소한 일이 아닐 수 있다.

Line	Records	Physical Query Plan
31		EmptyTable: IterPhyOp LogOp=Constant
32	7	Spool_Iterator<SpoolIterator>: IterPhyOp LogOp=Sum_Vertipaq IterCols(4)('Customer'[CustomerKey]) #
33	7	ProjectionSpool<ProjectFusion<Copy>>: SpoolPhyOp #Records=7
34		Cache: IterPhyOp #FieldCols=1 #ValueCols=1

그림 20-25 고객별로 보고된 Fam. Sales (slow) 측정값에 대한 쿼리를 실행하는 서버 타이밍

이전 저장 엔진 쿼리는 CustomerKey 열에 적용된 필터를 수신한다. 수식 엔진은 저장 엔진 쿼리에 해당 필터를 제공하기 위해 CustomerKey에서 이러한 값 목록을 구체화해야 한다. 그러나 수식 엔진에서 많은 고객을 구체화하면 쿼리에 더 큰 비용을 초래할 수 있다. 구체화의 규모는 고객 수에 따라 다르다. 따라서 수십만 또는 수백만 명의 고객이 있는 모델은 성능 문제를 분명하게 보여줄 것이다. 이때 실행 시간이 아닌 구체화의 크기를 살펴봐야 한다. 후자는 여전히 비교적 빠르다. 구체화가 효율적인지 아닌지를 이해하는 것이 모델의 행 수가 증가함에 따라 확장성 있는 표현식을 만드는 데 중요하다.

측정값의 IF 문은 수식 엔진으로만 평가할 수 있다. 이를 위해서는 이 예제와 같은 구체화 또는 나중에 설명하는 CallbackDataID 호출이 필요하다. 더 나은 방법은 CALCULATE를 사용해 필터 컨텍스트에 필터를 적용하는 것이다. 이렇게 하면 쿼리 결과의 모든 셀에 대해 IF 조건을 평가할 필요가 없어진다.

테스트 쿼리에 더 빠른 측정값을 사용하면 구체화가 훨씬 작고 쿼리 응답 시간도 훨씬 짧아진다. 다음 DAX 쿼리를 실행하면 그림 20-26에서 볼 수 있는 서버 타이밍 결과가 생성된다.

```
DEFINE
    MEASURE Sales[Fam. Sales (fast)] =
        CALCULATE (
            [Sales Amount],
            KEEPFILTERS ( Customer[Children At Home] > 0 )
        )
EVALUATE
CALCULATETABLE (
    SUMMARIZECOLUMNS (
        ROLLUPADDISSUBTOTAL (
            ROLLUPGROUP (
                'Customer'[CustomerKey],
                'Customer'[Name]
            ), "IsGrandTotalRowTotal"
        ),
        "Fam__Sales__fast_", 'Sales'[Fam. Sales (fast)]
    ),
    'Product Category'[Category] = "Home Appliances",
    'Product'[Manufacturer] = "Northwind Traders",
    'Product'[Class] = "Regular",
    DATESBETWEEN (
        'Date'[Date],
        DATE ( 2007, 5, 10 ),
        DATE ( 2007, 5, 10 )
    )
)
ORDER BY
    [IsGrandTotalRowTotal] DESC,
    'Customer'[CustomerKey],
    'Customer'[Name]
```

Total	SE CPU
47 ms	94 ms x3.8
FE	SE
22 ms 46.8%	25 ms 53.2%
SE Queries	SE Cache
4	0 0.0%

Line	Subclass	Duration	CPU	Rows	KB	Query
2	Scan	0	0	2,559	20	SELECT 'DaxBo
4	Scan	13	94	18,872	295	WITH $Expr0 :=
6	Scan	3	0	18,869	74	SELECT 'DaxBo
8	Scan	9	0	1	1	WITH $Expr0 :=

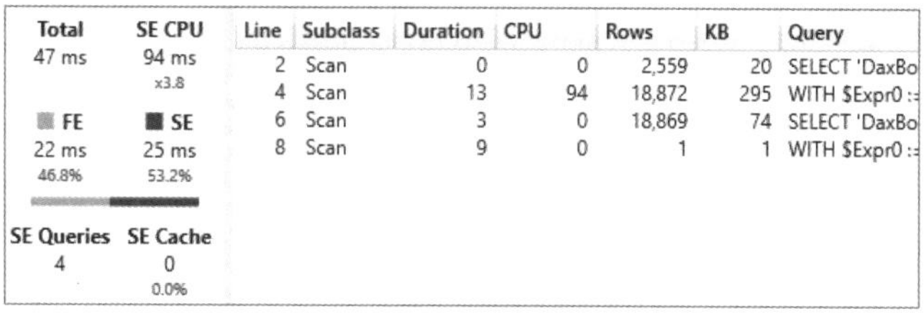

그림 20-26 고객별로 보고된 Fam. Sales (fast) 측정값에 대한 쿼리를 실행하는 서버 타이밍

여전히 4개의 저장 엔진 쿼리가 있지만 그림 20-24의 라인 4에 있는 쿼리는 이제 사용되지 않는다. 그림 20-26의 라인 4의 쿼리는 그림 20-24의 라인 9의 쿼리와 일치한다. 이 쿼리에는 다음 xmSQL 쿼리의 마지막 두 줄에서 강조 표시된 자녀 수에 적용된 필터가 포함된다.

```
WITH
  $Expr0 := ( CAST ( PFCAST ( 'DaxBook Sales'[Quantity] AS  INT ) AS  REAL )
         * PFCAST ( 'DaxBook Sales'[Net Price] AS  REAL )  )
SELECT
  'DaxBook Customer'[CustomerKey],
  SUM ( @$Expr0 )
FROM 'DaxBook Sales'
  LEFT OUTER JOIN 'DaxBook Customer'
    ON 'DaxBook Sales'[CustomerKey]='DaxBook Customer'[CustomerKey]
  LEFT OUTER JOIN 'DaxBook Date'
    ON 'DaxBook Sales'[OrderDateKey]='DaxBook Date'[DateKey]
  LEFT OUTER JOIN 'DaxBook Product'
    ON 'DaxBook Sales'[ProductKey]='DaxBook Product'[ProductKey]
  LEFT OUTER JOIN 'DaxBook Product Subcategory'
    ON 'DaxBook Product'[ProductSubcategoryKey]
      ='DaxBook Product Subcategory'[ProductSubcategoryKey]
  LEFT OUTER JOIN 'DaxBook Product Category'
    ON 'DaxBook Product Subcategory'[ProductCategoryKey]
      ='DaxBook Product Category'[ProductCategoryKey]
WHERE
   'DaxBook Date'[Date] = 39212.000000
VAND 'DaxBook Product'[Manufacturer] = 'Northwind Traders'
VAND 'DaxBook Product'[Class] = 'Regular'
VAND 'DaxBook Product Category'[Category] = 'Home Appliances'
VAND ( PFCASTCOALESCE ( 'DaxBook Customer'[Children At Home] AS  INT )
     > COALESCE ( 0 )  );
```

이 새로운 쿼리 계획에는 장단점이 있다. 장점은 수식 엔진이 저장 엔진 쿼리 사이에 고객에 적용된 필터를 앞뒤로 전송할 필요가 없어서 작업 부하가 낮다는 것이다. 이에 대한 비용으로 필터 실행이 저장 엔진 수준에서 적용되므로 이전 32ms의 SE CPU 시간에서 현재 94ms의 SE CPU 시간으로 시간이 증가한다.

새로운 쿼리 계획의 또 다른 부작용은 그림 20-26의 라인 8에 있는 추가 저장 엔진 쿼리다. 이 쿼리는 느린 측정값에서처럼 수식 엔진에서 이러한 집계를 수행할 필요 없이 총합계에서 집계를 계산한다. 이 코드는 `CustomerKey` 기준의 집계가 없는 이전 xmSQL 쿼리와 유사하다.

일반적으로 작은 쿼리의 실행 시간을 보지 않고 작은 구체화를 우선시하고 `CALCULATE`에서 조건문을 필터 인수로 바꾸는 것이 좋다. 이렇게 하면 식을 일반적으로 더 큰 데이터 모델에서도 확장할 수 있다. 하지만 다른 구현에 대해 DAX 스튜디오에서 제공하는 지표를 분석해 특정 조건에서 성능을 항상 평가해야 한다. 그렇지 않으면 특정 시나리오에서 빠르지 않은 구현을 선택할 수 있다.

IF와 DIVIDE 중 선택

`IF` 문의 가장 일반적인 용도는 표현식이 유효한 인수로만 평가되도록 하는 것이다. 예를 들어 `IF` 함수는 0으로 나누기를 피하기 위해 나누기의 분모를 검증할 수 있다. 이 특정 조건에서 `DIVIDE` 함수는 더 빠른 대안을 제공한다. DAX 스튜디오로 다른 실행을 분석해 코드가 더 빠른 이유를 살펴보자.

그림 20-27의 보고서에서 고객 및 브랜드별 `Average Price` 측정값을 볼 수 있다.

Brand	CustomerKey	Average Price (slow)	Average Price (fast)
Southridge Video	8	35.22	35.22
Tailspin Toys	8	34.22	34.22
A. Datum	9	551.76	551.76
Adventure Works	9	425.11	425.11
Contoso	9	492.78	492.78
Litware	9	1,343.16	1,343.16
Northwind Traders	9	1,047.21	1,047.21
Total		**216.98**	**216.98**

그림 20-27 브랜드 및 고객별로 보고된 평균 가격

다음 쿼리는 그림 20-27에 표시된 보고서에서 `Average Price (slow)` 측정값을 계산한다. 제품 브랜드와 고객의 각 조합에 대해 판매 금액을 Quantity의 합계로 나눈다(후자가 0이 아닌 경우만). 다음 DAX 쿼리를 실행하면 그림 20-28에서 볼 수 있는 서버 타이밍 결과가 생성된다.

```
DEFINE
  MEASURE Sales[Average Price (slow)] =
    VAR Quantity = SUM ( Sales[Quantity] )
    VAR SalesAmount = [Sales Amount]
    VAR Result =
      IF (
        Quantity <> 0,
        SalesAmount / Quantity
      )
    RETURN Result
EVALUATE
TOPN (
  502,
  SUMMARIZECOLUMNS (
    ROLLUPADDISSUBTOTAL (
      ROLLUPGROUP (
        'Customer'[CustomerKey],
        'Product'[Brand]
      ), "IsGrandTotalRowTotal"
    ),
    "Average_Price__slow_", 'Sales'[Average Price (slow)]
  ),
  [IsGrandTotalRowTotal], 0,
  'Customer'[CustomerKey], 1,
  'Product'[Brand], 1
)
ORDER BY
  [IsGrandTotalRowTotal] DESC,
  'Customer'[CustomerKey],
  'Product'[Brand]
```

Total	SE CPU
2,338 ms	859 ms x3.9
FE	SE
2,119 ms 90.6%	219 ms 9.4%
SE Queries	SE Cache
4	0 0.0%

Line	Subclass	Duration	CPU	Rows	KB	Query
2	Scan	204	750	192,514	3,761	WITH $Expr0 := (CAST (
4	Scan	1	0	14	1	SELECT 'DaxBook Produ
6	Scan	1	0	18,872	148	SELECT 'DaxBook Custo
8	Scan	13	109	1	1	WITH $Expr0 := (CAST (

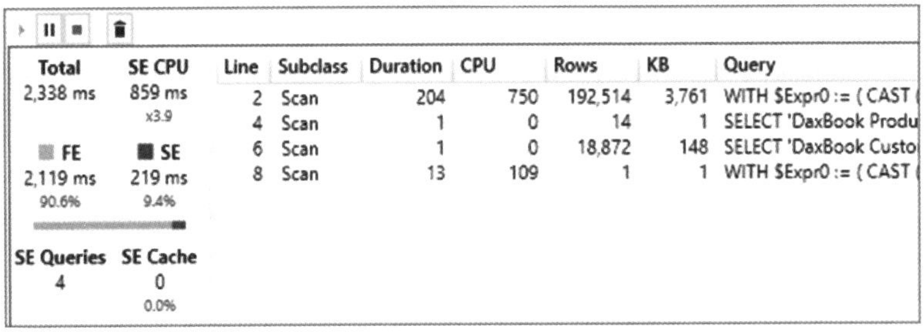

그림 20-28 브랜드 및 고객별로 보고된 Average Price (slow) 측정값에 대한 쿼리를 실행하는 서버 타이밍

쿼리 결과는 500행으로 제한되지만 저장 엔진 쿼리에서 반환한 데이터캐시의 구체화는 훨씬 더 크다. 다음 xmSQL 쿼리는 그림 20-28의 라인 2에서 실행되며 고객 및 브랜드의 각 조합에 대해 하나의 행을 반환한다.

```
WITH
    $Expr0 := ( CAST ( PFCAST ( 'DaxBook Sales'[Quantity] AS  INT ) AS  REAL )
                  * PFCAST ( 'DaxBook Sales'[Net Price] AS  REAL )  )
SELECT
    'DaxBook Customer'[CustomerKey],
    'DaxBook Product'[Brand],
    SUM ( @$Expr0 ),
    SUM ( 'DaxBook Sales'[Quantity] )
FROM 'DaxBook Sales'
    LEFT OUTER JOIN 'DaxBook Customer'
        ON 'DaxBook Sales'[CustomerKey]='DaxBook Customer'[CustomerKey]
    LEFT OUTER JOIN 'DaxBook Product'
        ON 'DaxBook Sales'[ProductKey]='DaxBook Product'[ProductKey];
```

쿼리에는 필터가 없다. 따라서 수식 엔진은 데이터캐시에서 반환된 모든 행을 평가해 결과를 정렬한 다음 반환할 처음 500개 행을 선택한다. 이는 저장 엔진 실행에서 가장 비용이 많이 드는 부분이며 쿼리 지속 시간의 90%를 사용한다. 나머지 3개의 저장 엔진 쿼리는 제품 브랜드 목록(라인 4), 고객 목록(라인 6) 및 총합계 수준의 Sales Amount 및 Quantity 값(라인 8)을 반환한다. 그러나 이러한 쿼리는 최적화 프로세스에서 덜 중요하다. 중요한 것은 19만 개 이상의 행에서 `IF` 조건을 실행하는 데 필요한 수식 엔진 비용이다. 측정값의 느린 버전에 따른 쿼리 계획에는 80행 이상이 있으며(여기서는 보고되지 않음) 모든 데이터캐시를 여러 번 사용한다. 이는 `IF` 문의 실행 분기 때문에 발생하는 부작용이다.

`IF` 함수를 `DIVIDE`로 대체해 `Average Price` 측정값을 최적화할 수 있다. 다음 DAX 쿼리를 실행하면 그림 20-29에서 볼 수 있는 서버 타이밍 결과가 생성된다.

```
DEFINE
  MEASURE Sales[Average Price (fast)] =
    VAR Quantity = SUM ( Sales[Quantity] )
    VAR SalesAmount = [Sales Amount]
    VAR Result =
```

```
      DIVIDE (
        SalesAmount,
        Quantity
      )
    RETURN Result
EVALUATE
TOPN (
  502,
  SUMMARIZECOLUMNS (
    ROLLUPADDISSUBTOTAL (
      ROLLUPGROUP (
        'Customer'[CustomerKey],
        'Product'[Brand]
      ), "IsGrandTotalRowTotal"
    ),
    "Average_Price__fast_", 'Sales'[Average Price (fast)]
  ),
  [IsGrandTotalRowTotal], 0,
  'Customer'[CustomerKey], 1,
  'Product'[Brand], 1
)
ORDER BY
  [IsGrandTotalRowTotal] DESC,
  'Customer'[CustomerKey],
  'Product'[Brand]
```

Total	SE CPU
413 ms	751 ms x3.2
FE	SE
181 ms 43.8%	232 ms 56.2%
SE Queries	SE Cache
2	0 0.0%

Line	Subclass	Duration	CPU	Rows	KB	Query
2	Scan	218	688	192,514	3,761	WITH $Expr0 := (CAS
4	Scan	14	63	1	1	WITH $Expr0 := (CAS

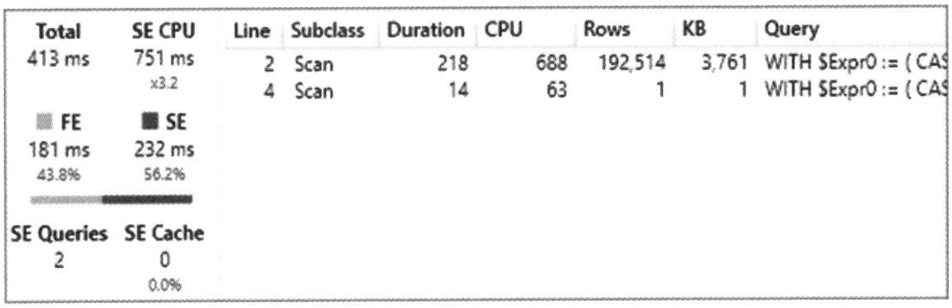

그림 20-29 브랜드 및 고객별로 보고된 Average Price (fast) 측정값에 대한 쿼리를 실행하는 서버 타이밍

이제 쿼리 실행 시간이 80% 이상 줄어들어 413 밀리 초로 단축된다. 첫눈에 보기엔 4개 대신 2개의 저장 엔진 쿼리가 있는 것이 성능 향상의 이유처럼 보일 수 있다. 실제로는 그렇지 않다. 전반적으로 SE CPU 시간은 크게 변하지 않았고, 더 큰 구체화는 여전히 존재한다. 최적화는 더 느린 쿼리에서 생성된 80개 이상의 라인 대신 36개 라인에 불과한 더

짧고 효율적인 쿼리 계획으로 인해 이뤄진다. 즉, DIVIDE는 쿼리 계획의 크기와 복잡성을 줄여 수식 엔진 실행 시간을 10배 가까이 절약한다.

반복함수에서 IF 최적화

큰 반복함수 내에서 IF 문을 사용하면 수식 엔진에 대한 콜백이 비싸질 수 있다. Quantity가 3 이상인 모든 거래에 10% 할인을 적용하는 Discounted Sales 측정값을 살펴보자. 그림 20-30의 보고서에서는 제품 브랜드별 할인 판매 금액을 볼 수 있다.

Brand	Sales Amount	Discounted Sales (slow)	Discounted Sales (scalable)
A. Datum	251,211,515.57	242,822,223.32	242,822,223.32
Adventure Works	518,462,059.16	501,169,853.87	501,169,853.87
Contoso	871,501,804.63	842,438,948.01	842,438,948.01
Fabrikam	627,751,182.08	606,861,928.96	606,861,928.96
Litware	416,239,414.35	402,383,288.37	402,383,288.37
Northwind Traders	151,481,923.36	146,432,377.72	146,432,377.72
Proseware	312,763,353.13	302,307,008.81	302,307,008.81
Southridge Video	183,482,982.39	177,362,856.28	177,362,856.28
Tailspin Toys	42,801,223.58	41,376,146.41	41,376,146.41
The Phone Company	174,742,660.20	168,915,267.19	168,915,267.19
Wide World Importers	254,953,905.77	246,451,374.64	246,451,374.64
Total	**3,805,392,024.21**	**3,678,521,273.59**	**3,678,521,273.59**

그림 20-30 제품 브랜드별로 보고된 Discounted Sales

다음 쿼리는 이전 보고서의 Discounted Sales(slow) 측정값을 계산해 그림 20-31에서 볼 수 있는 서버 타이밍 결과를 생성한다.

```
DEFINE
  MEASURE Sales[Discounted Sales (slow)] =
    SUMX (
      Sales,
      Sales[Quantity] * Sales[Net Price] * IF (
            Sales[Quantity] >= 3,
            .9,
            1
        )
    )
EVALUATE
SUMMARIZECOLUMNS (
  ROLLUPADDISSUBTOTAL ( 'Product'[Brand], "IsGrandTotalRowTotal" ),
```

```
  "Sales_Amount", 'Sales'[Sales Amount],
  "Discounted_Sales__slow_", 'Sales'[Discounted Sales (slow)]
)
ORDER BY
  [IsGrandTotalRowTotal] DESC,
  'Product'[Brand]
```

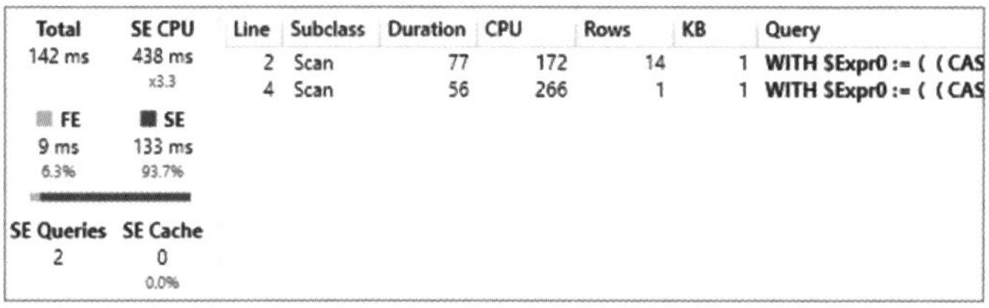

Total	SE CPU
142 ms	438 ms x3.3
FE	SE
9 ms 6.3%	133 ms 93.7%
SE Queries	SE Cache
2	0 0.0%

Line	Subclass	Duration	CPU	Rows	KB	Query
2	Scan	77	172	14	1	WITH $Expr0 := ((CAS
4	Scan	56	266	1	1	WITH $Expr0 := ((CAS

그림 20-31 제품 브랜드별로 보고된 Discounted Sales (slow) 측정값에 대한 쿼리를 실행하는 서버 타이밍

SUMX 반복함수에서 실행된 IF 문은 CallbackDataID 호출로 두 개의 저장 엔진 쿼리를 생성한다. 다음은 그림 20-31의 라인 2에 있는 xmSQL 쿼리다.

```
WITH
  $Expr0 := (  ( CAST ( PFCAST ( 'DaxBook Sales'[Quantity] AS  INT ) AS  REAL )
        * PFCAST ( 'DaxBook Sales'[Net Price] AS  REAL )  )
        * [CallbackDataID ( IF ( Sales[Quantity]] >= 3, .9, 1 )  ) ]
             ( PFDATAID ( 'DaxBook Sales'[Quantity] )  )  ) ,
  $Expr1 := ( CAST ( PFCAST ( 'DaxBook Sales'[Quantity] AS  INT ) AS  REAL )
         * PFCAST ( 'DaxBook Sales'[Net Price] AS  REAL )  )
SELECT
  'DaxBook Product'[Brand],
  SUM ( @$Expr0 ),
  SUM ( @$Expr1 )
FROM 'DaxBook Sales'
  LEFT OUTER JOIN 'DaxBook Product'
    ON 'DaxBook Sales'[ProductKey]='DaxBook Product'[ProductKey];
```

CallbackDataID가 있으면 저장 엔진 성능과 비교해 실행 시간이 느려지고, 저장 엔진 캐시를 사용할 수 없다는 두 가지 결과를 초래한다. 데이터캐시는 매번 계산돼야 하며 이후 요청은 캐시에서 검색할 수 없다. 이 예에서처럼 두 번째 문제는 첫 번째 문제보다 더 중요할 수 있다.

측정값을 두 개의 CALCULATE 문의 값을 다른 필터로 합산하는 방식으로 다시 작성해 CallbackDataID를 제거할 수 있다. 예를 들어 Discounted Sales 측정값은 동일한 승수를 공유하는 거래를 필터링하는 백분율마다 하나씩 두 개의 CALCULATE 함수를 사용해 다시 작성할 수 있다. 다음 DAX 쿼리는 CallbackDataID에 의존하지 않는 Discounted Sales 버전을 구현한다. 코드는 더 길고 원래 측정값과 동일한 시멘틱스를 제공하기 위해 KEEPFILTERS가 필요하며 그림 20-32에서 볼 수 있는 서버 타이밍 결과를 생성한다.

```
DEFINE
  MEASURE Sales[Discounted Sales (scalable)] =
    CALCULATE (
      SUMX (
        Sales,
        Sales[Quantity] * Sales[Net Price]
      ) * .9,
      KEEPFILTERS ( Sales[Quantity] >= 3 )
    ) + CALCULATE (
          SUMX (
            Sales,
            Sales[Quantity] * Sales[Net Price]
          ),
          KEEPFILTERS ( NOT ( Sales[Quantity] >= 3 ) )
        )
EVALUATE
SUMMARIZECOLUMNS (
  ROLLUPADDISSUBTOTAL ( 'Product'[Brand], "IsGrandTotalRowTotal" ),
  "Sales_Amount", 'Sales'[Sales Amount],
  "Discounted_Sales__slow_", 'Sales'[Discounted Sales (scalable)]
)
```

Total	SE CPU
159 ms	751 ms x5.1
FE	SE
13 ms 8.2%	146 ms 91.8%
SE Queries	SE Cache
6	0 0.0%

Line	Subclass	Duration	CPU	Rows	KB	Query
2	Scan	34	94	14	1	WITH $Expr0 := (CAS
4	Scan	26	141	14	1	WITH $Expr0 := (CAS
6	Scan	37	172	14	1	WITH $Expr0 := (CAS
8	Scan	14	94	1	1	WITH $Expr0 := (CAS
10	Scan	15	109	1	1	WITH $Expr0 := (CAS
12	Scan	20	141	1	1	WITH $Expr0 := (CAS

그림 20-32 제품 브랜드별 Discounted Sales (scalable) 측정값에 대한 쿼리를 처음으로 실행하는 서버 타이밍

실제로 이 간단한 쿼리에서는 결과가 전혀 빠르지 않다. 쿼리에는 'slow' 버전의 142 밀리초보다 많은 159 밀리 초가 걸렸다. 하지만 이 측정값을 'scalable'이라고 했다. 실제로 중요한 장점은 웜 캐시를 사용해 마지막 쿼리를 두 번째로 실행하면 그림 20–33에서 볼 수 있는 결과를 얻는 반면, 'slow' 버전에 대한 쿼리를 여러 번 실행하면 항상 그림 20–31과 같은 결과가 생성된다는 것이다.

Total	SE CPU
8 ms	0 ms
	x0.0
FE	SE
8 ms	0 ms
100.0%	0.0%
SE Queries	SE Cache
6	6
	100.0%

Line	Subclass	Duration	CPU	Rows	KB	Query
2	Scan	0	0	14	1	WITH $Expr0 := (CAS
4	Scan	0	0	14	1	WITH $Expr0 := (CAS
6	Scan	0	0	14	1	WITH $Expr0 := (CAS
8	Scan	0	0	1	1	WITH $Expr0 := (CAS
10	Scan	0	0	1	1	WITH $Expr0 := (CAS
12	Scan	0	0	1	1	WITH $Expr0 := (CAS

그림 20–33 제품 브랜드별 Discounted Sales(scalable) 측정값에 대한 쿼리를 두 번째 실행하는 서버 타이밍

그림 20–33의 서버 타이밍은 쿼리를 처음 실행한 후 SE CPU 비용이 발생하지 않았음을 보여준다. 이는 모델이 서버에 게시되고 많은 사용자가 동일한 보고서를 열 때 중요하다. 사용자가 더 빠른 응답 시간을 경험하고, 서버 측의 메모리 및 CPU 워크로드가 줄어들기 때문이다. 이러한 최적화는 파워 BI 프레미엄 및 파워 BI 리포트 서버와 같이 예약된 용량이 고정된 환경에서 특히 의미가 있다.

경험상 저장 엔진 쿼리에 `CallbackDataID`가 있을 수 있으므로, 카디널리티가 큰 반복함수식에서는 `IF` 함수 사용을 신중하게 결정해야 한다. 다음 절에서는 반복함수에 사용되는 다른 많은 DAX 함수에서 요구될 수 있는 `CallbackDataID`의 영향에 관해 자세히 설명한다.

노트 DAX의 SWITCH 함수는 중첩된 일련의 IF 함수와 유사하며 비슷한 방법으로 최적화할 수 있다.

CallbackDataID의 영향 감소

19장에서는 저장 엔진 쿼리의 `CallbackDataID` 함수가 성능에 큰 영향을 미칠 수 있음을 확인했다. 저장 엔진 실행 속도가 느려지고 생성된 데이터캐시에 스토리지 엔진 캐

시를 사용할 수 없어서다. 특히 가장 큰 테이블에 수백만 개 행이 있는 모델의 경우(스캔 시간은 일반적으로 10~100밀리 초의 크기여야 함) 저장 엔진의 병목 현상의 원인이 되므로 CallbackDataID를 식별하는 것이 중요하다.

예를 들어 Sales 측정값이 Net Price를 가장 가까운 정수로 반올림해 결과를 계산하는 다음 쿼리를 살펴보자. 그림 20-34의 보고서에는 각 제품 브랜드의 Rounded Sales가 표시된다.

Brand	Rounded Sales (slow)	Rounded Sales (fast)
A. Datum	251,231,956.00	251,231,956.00
Adventure Works	518,414,395.00	518,414,395.00
Contoso	871,357,864.00	871,357,864.00
Fabrikam	627,737,296.00	627,737,296.00
Litware	416,210,111.00	416,210,111.00
Northwind Traders	151,497,660.00	151,497,660.00
Proseware	312,741,659.00	312,741,659.00
Southridge Video	183,564,219.00	183,564,219.00
Tailspin Toys	42,843,104.00	42,843,104.00
The Phone Company	174,730,262.00	174,730,262.00
Wide World Importers	254,943,149.00	254,943,149.00
Total	**3,805,271,675.00**	**3,805,271,675.00**

그림 20-34 제품 브랜드별로 보고된 Rounded Sales 측정값

Rounded Sales의 단순한 구현은 ROUND 함수를 Sales 테이블의 모든 행에 적용한다. 이로 인해 CallbackDataID 호출이 발생해 실행 속도가 느려지고 성능이 저하된다. 다음 쿼리는 이전 보고서의 가장 느린 Rounded Sales 측정값을 계산해 그림 20-35에서 볼 수 있는 서버 타이밍 결과를 생성한다.

```
DEFINE
  MEASURE Sales[Rounded Sales (slow)] =
    SUMX (
      Sales,
      Sales[Quantity] * ROUND ( Sales[Net Price], 0 )
    )
EVALUATE
TOPN (
  502,
  SUMMARIZECOLUMNS (
    ROLLUPADDISSUBTOTAL ( 'Product'[Brand], "IsGrandTotalRowTotal" ),
```

```
    "Rounded_Sales", 'Sales'[Rounded Sales (slow)]
  ),
  [IsGrandTotalRowTotal], 0,
  'Product'[Brand], 1
)
ORDER BY
  [IsGrandTotalRowTotal] DESC,
  'Product'[Brand]
```

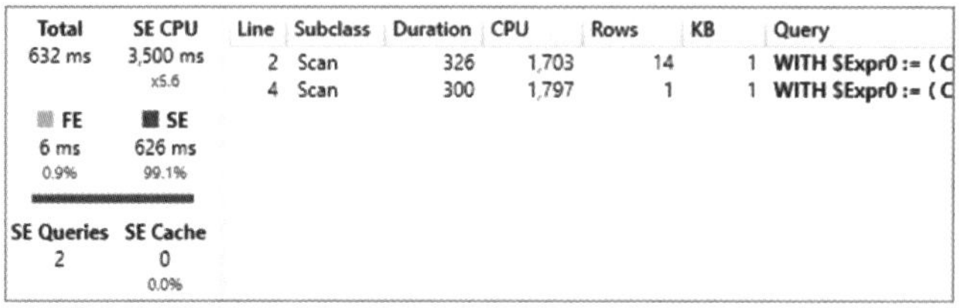

Total	SE CPU
632 ms	3,500 ms x5.6
FE	SE
6 ms 0.9%	626 ms 99.1%
SE Queries	SE Cache
2	0 0.0%

Line	Subclass	Duration	CPU	Rows	KB	Query
2	Scan	326	1,703	14	1	WITH $Expr0 := (C
4	Scan	300	1,797	1	1	WITH $Expr0 := (C

그림 20-35 Round Sales(slow) 측정값에 대한 쿼리를 실행하는 서버 타이밍

라인 2와 4의 두 저장 엔진 쿼리는 브랜드와 총합계에 대한 값을 각각 계산한다. 다음은 그림 20-35의 라인 2에 있는 xmSQL 쿼리다.

```
WITH
  $Expr0 := ( CAST ( PFCAST ( 'DaxBook Sales'[Quantity] AS  INT ) AS  REAL )
        * [CallbackDataID ( ROUND ( Sales[Net Price]], 0 )  ) ]
            ( PFDATAID ( 'DaxBook Sales'[Net Price] )  )  )
SELECT
  'DaxBook Product'[Brand],
  SUM ( @$Expr0 )
FROM 'DaxBook Sales'
  LEFT OUTER JOIN 'DaxBook Product'
    ON 'DaxBook Sales'[ProductKey]='DaxBook Product'[ProductKey];
```

`Sales` 테이블에는 1,200만 개 이상의 행이 있으며, 각 저장 엔진 쿼리는 동등한 양의 `CallbackDataID` 호출을 계산해 `ROUND` 함수를 실행한다. 실제로 수식 엔진은 `ROUND` 연산을 실행해 `Net Price` 값의 소수 부분을 제거한다. 서버 타이밍 보고서를 기반으로 수식 엔진이 밀리 초당 약 7,000개의 `ROUND` 함수를 실행하는 것으로 추정할 수 있다. `CallbackDataID` 호출을 생성하는 반복함수의 카디널리티가 최적화로 어느 정도의 혜택을

얻을 수 있는지 평가할 수 있도록 숫자를 기억해 두자. 테이블에 1,200만 행 대신 12,000개의 행이 있다면 다른 것을 최적화해야 한다. 그러나 현재 모델에서 측정값을 최적화하려면 `CallbackDataID` 호출 수를 줄여야 한다.

여기서 목표는 측정값을 리팩터링해 `CallbackDataID` 호출 수를 줄이는 것이다. VertiPaq Analyzer가 제공한 정보를 살펴보면 `Sales` 테이블의 행 수가 1,200만 개를 초과하는 반면 `Sales` 테이블의 `Net Price` 열의 고윳값은 2,500개 미만이다. 따라서 표현식은 고유한 각 `Net Price` 값을 반올림한 값에 `Net Price`가 동일한 모든 거래의 수량 합계를 곱해 같은 결과를 계산할 수 있다.

노트 DAX 최적화 중에는 항상 데이터 모델의 통계를 사용해야 한다. VertiPaq Analyzer (http://www.sqlbi.com/tools/vertipaq-analyzer/)를 사용하면 데이터 모델에 대한 통계를 빨리 얻을 수 있다.

다음의 최적화된 `Rounded Sales` 버전은 `Net Price`의 고윳값을 반복해 Quantity의 합계를 계산하며 최대 2,500개의 행을 구체화한다.

```
DEFINE
  MEASURE Sales[Rounded Sales (fast)] =
    SUMX (
      VALUES ( Sales[Net Price] ),
      CALCULATE ( SUM ( Sales[Quantity] ) ) * ROUND ( Sales[Net Price], 0 )
    )
EVALUATE
TOPN (
  502,
  SUMMARIZECOLUMNS (
    ROLLUPADDISSUBTOTAL ( 'Product'[Brand], "IsGrandTotalRowTotal" ),
    "Rounded_Sales", 'Sales'[Rounded Sales (fast)]
  ),
  [IsGrandTotalRowTotal], 0,
  'Product'[Brand], 1
)
ORDER BY
  [IsGrandTotalRowTotal] DESC,
  'Product'[Brand]
```

이런 식으로 수식 엔진은 각 `Net Price`의 Quantity 합계를 반환하는 데이터캐시의 결과를 사용해 `ROUND` 함수를 실행한다. 느린 버전에 비해 더 큰 구체화에도 불구하고 솔루션을 얻는 데 필요한 시간이 거의 1/10로 줄어든다. 또한 저장 엔진 캐시는 `CallbackDataID` 호출이 없는 xmSQL 쿼리의 결과를 저장하므로 저장 엔진 쿼리에서 제공한 결과는 다음 실행에서 재사용할 수 있다.

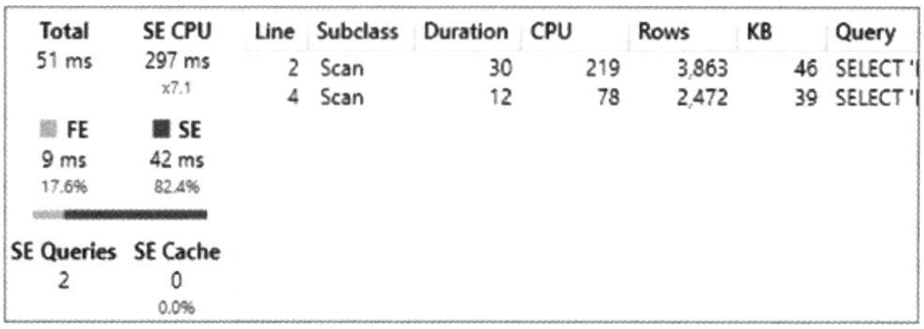

Total 51 ms | SE CPU 297 ms x7.1
FE 9 ms 17.6% | SE 42 ms 82.4%
SE Queries 2 | SE Cache 0 0.0%

Line	Subclass	Duration	CPU	Rows	KB	Query
2	Scan	30	219	3,863	46	SELECT '(
4	Scan	12	78	2,472	39	SELECT '(

그림 20-36 Rounded Sales (fast) 측정값에 대한 쿼리를 실행하는 서버 타이밍

다음은 그림 20-36의 라인 2에 있는 xmSQL 쿼리다. 이 쿼리는 각 브랜드의 `Net Price`와 Quantity 합계를 반환하며 `CallbackDataID`가 없다.

```
SELECT
  'DaxBook Product'[Brand],
  'DaxBook Sales'[Net Price],
  SUM ( 'DaxBook Sales'[Quantity] )
FROM 'DaxBook Sales'
  LEFT OUTER JOIN 'DaxBook Product'
    ON 'DaxBook Sales'[ProductKey]='DaxBook Product'[ProductKey];
```

후자의 버전에서 반올림은 `CallbackDataID`를 사용해 저장 엔진이 아닌 수식 엔진에 의해 실행된다. `Net Price`에 고윳값이 아주 많을 때는 이전 버전이 다른 데이터 분포로 더 빨라질 수 있는 시점까지 더 큰 구체화가 필요하다. `Net Price`에 수백만 개의 고윳값이 있을 때 최적 솔루션을 결정하려면 두 솔루션 간 벤치마크 비교가 필요하다. 또한 하드웨어에 따라 결과가 다를 수도 있다. 한 방법이 다른 방법보다 우수하다고 가정하기보다는 결정을 내리기 전에 항상 샘플이 아닌 실제 데이터베이스를 사용해 성능을 평가해야 한다.

마지막으로, 데이터를 집계하지 않는 대부분의 스칼라 DAX 함수는 반복함수에서 실행될 때 CallbackDataID가 필요하다. 예를 들어 DATE, VALUE, 대부분의 형식 변환, IFERROR, DIVIDE 및 모든 반올림, 수학, 날짜/시간 함수는 수식 엔진에서만 구현된다. 반복함수가 있을 경우 대부분 CallbackDataID 호출이 생성된다.

중첩된 반복함수 최적화

DAX의 중첩된 반복함수를 하나의 저장 엔진 쿼리로 병합할 수 없다. 저장 엔진 쿼리로 가장 안쪽의 반복함수만 실행할 수 있으며, 외부 반복함수는 일반적으로 더 큰 구체화 또는 추가 저장 엔진 쿼리가 필요하다.

각 제품의 현재 가격에 과거 Quantity와 각 고객의 Cashback 비율을 곱한 값으로 각 고객의 Cashback을 시뮬레이션하는 'Cashback Sim.'이라는 측정값을 살펴보자. 그림 20-37의 보고서에서 국가별 Cashback Sim. 금액을 볼 수 있다.

Country	Cashback Sim. (slow)	Cashback Sim. (medium)	Cashback Sim. (fast)
Australia	1,308,420.16	1,308,420.16	1,308,420.16
Canada	398,393.28	398,393.28	398,393.28
France	489,314.08	489,314.08	489,314.08
Germany	828,920.45	828,920.45	828,920.45
United Kingdom	1,110,960.36	1,110,960.36	1,110,960.36
United States	1,912,379.56	1,912,379.56	1,912,379.56
Total	**6,048,387.89**	**6,048,387.89**	**6,048,387.89**

그림 20-37 고객의 국가별로 보고된 Cashback Sim. 측정값

첫 번째이자 가장 느린 구현은 각 고객의 Cashback 비율과 제품의 Net Price를 검색하기 위해 Customer 및 Product 테이블을 반복한다. 가장 안쪽의 반복함수는 각 고객 및 제품 조합의 판매된 수량을 검색해 Net Price 및 Cashback %를 곱한다. 다음 쿼리는 이전 보고서의 가장 느린 Cashback Sim. 측정값을 계산해 그림 20-38에서 볼 수 있는 서버 타이밍 결과를 생성한다.

```
DEFINE
  MEASURE Sales[Cashback Sim. (slow)] =
    SUMX (
      Customer,
      SUMX (
```

```
      'Product',
      SUMX (
        RELATEDTABLE ( Sales ),
        Sales[Quantity] * 'Product'[Unit Price] * Customer[Cashback %]
      )
    )
  )
EVALUATE
TOPN (
  502,
  SUMMARIZECOLUMNS (
    ROLLUPADDISSUBTOTAL ( 'Customer'[Country], "IsGrandTotalRowTotal" ),
    "Cashback Sim. (slow)", 'Sales'[Cashback Sim. (slow)]
  ),
  [IsGrandTotalRowTotal], 0,
  'Customer'[Country], 1
)
ORDER BY
  [IsGrandTotalRowTotal] DESC,
  'Customer'[Country]
```

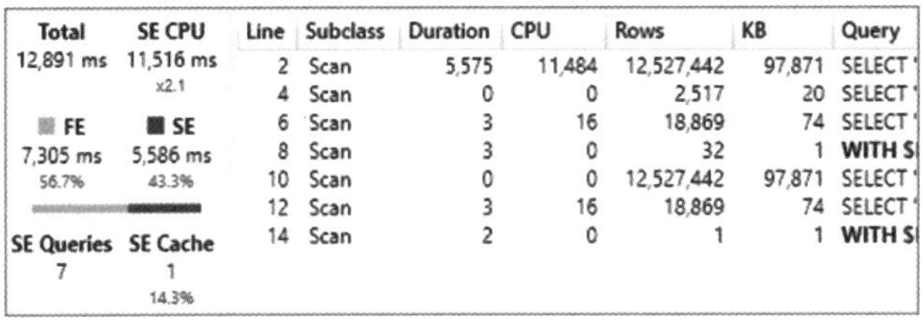

Total	SE CPU
12,891 ms	11,516 ms x2.1
FE	SE
7,305 ms 56.7%	5,586 ms 43.3%
SE Queries	SE Cache
7	1 14.3%

Line	Subclass	Duration	CPU	Rows	KB	Query
2	Scan	5,575	11,484	12,527,442	97,871	SELECT
4	Scan	0	0	2,517	20	SELECT
6	Scan	3	16	18,869	74	SELECT
8	Scan	3	0	32	1	**WITH $**
10	Scan	0	0	12,527,442	97,871	SELECT
12	Scan	3	16	18,869	74	SELECT
14	Scan	2	0	1	1	**WITH $**

그림 20-38 국가별로 보고된 Cashback Sim. (slow) 측정값에 대한 쿼리를 실행하는 서버 타이밍

실행 비용은 저장 엔진과 수식 엔진으로 분할된다. 전자는 큰 구체화를 생성하기 위해 많은 비용을 지불하는 반면, 후자는 구체화된 데이터를 사용하는 데 시간을 소비한다. 그림 20-38의 라인 2와 10에 있는 저장 엔진 쿼리는 동일하며 전체 `Sales` 테이블의 `CustomerKey`, `ProductKey`, `Quantity` 및 `RowNumber` 열을 다음과 같이 구체화한다.

```
SELECT
  'DaxBook Customer'[CustomerKey],
  'DaxBook Product'[ProductKey],
  'DaxBook Sales'[RowNumber],
```

```
  'DaxBook Sales'[Quantity]
FROM 'DaxBook Sales'
  LEFT OUTER JOIN 'DaxBook Customer'
    ON 'DaxBook Sales'[CustomerKey]='DaxBook Customer'[CustomerKey]
  LEFT OUTER JOIN 'DaxBook Product'
    ON 'DaxBook Sales'[ProductKey]='DaxBook Product'[ProductKey];
```

RowNumber는 DAX가 접근할 수 없는 특수 열로, 테이블에서 행을 고유하게 식별하는 데 사용된다. 네 개 열은 수식 엔진에서 고객 및 제품 조합의 판매량을 고려하는 가장 안쪽 반복함수의 식을 계산하는 데 사용된다. 라인 2의 쿼리는 라인 10에서도 반환되는 데이터캐시를 생성한다. 두 번째 저장 엔진 쿼리는 SUMMARIZECOLUMNS에서 총합계 계산을 위해 필요하다. 결과에 두 단계의 세분화 수준이 없으면 쿼리 계획의 절반과 저장 엔진 쿼리의 절반이 없어도 된다.

DAX 측정값은 가능한 모든 조합을 생성하는 두 개의 테이블(Customer 및 Product)을 반복한다. 고객과 제품의 각 조합에 대해 가장 안쪽의 SUMX 함수는 Sales의 해당 행만 반복한다. 이 식은 Sales 테이블에 행이 없는 Customer와 Product의 조합을 계산하는 데 소중한 CPU 시간을 낭비할 수 있다. 쿼리 계획은 2,517개의 제품과 18,869명의 고객이 있음을 보여준다. 이는 그림 20-38의 라인 4와 6에서 저장 엔진 쿼리에 대해 각각 추정된 숫자와 동일하다. 따라서 수식 엔진은 그림 20-39의 쿼리 계획에서 발췌한 것처럼 Sales 테이블에서 구체화된 행에 대해 1,326,280번의 집계를 수행한다. 레코드 열에는 저장 엔진 쿼리에서 반환되고, 사용된 데이터캐시가 반복한 행의 수(라인 28, 33 및 36의 캐시 노드 참조) 또는 다른 수식 엔진 작업에서 계산된 행(라인 23의 CrossApply 노드 참조)이 표시된다.

Line	Records	Physical Query Plan
20	1,326,280	Spool_Iterator<SpoolIterator>: IterPhyOp LogOp=SumX IterCols(2, 27, 29, 45)('Customer'[CustomerKey],
21	1,326,280	AggregationSpool<Sum>: SpoolPhyOp #Records=1326280
22		Extend_Lookup: IterPhyOp LogOp=Multiply IterCols(27, 45, 168)('Customer'[Cashback %], 'Product'[
23		CrossApply: IterPhyOp LogOp=Multiply IterCols(27, 45, 168)('Customer'[Cashback %], 'Product'[U
24	18,869	Spool_MultiValuedHashLookup: IterPhyOp LogOp=Scan_Vertipaq LookupCols(2)('Customer'[Cu
25	18,869	AggregationSpool<GroupBy>: SpoolPhyOp #Records=18869
26	18,869	Spool_Iterator<SpoolIterator>: IterPhyOp LogOp=Scan_Vertipaq IterCols(0, 2, 27)('Custon
27	18,869	ProjectionSpool<ProjectFusion<>>: SpoolPhyOp #Records=18869
28		Cache: IterPhyOp #FieldCols=3 #ValueCols=0
29	2,517	Spool_MultiValuedHashLookup: IterPhyOp LogOp=Scan_Vertipaq LookupCols(29)('Product'[Pr
30	2,517	AggregationSpool<GroupBy>: SpoolPhyOp #Records=2517
31	2,517	Spool_Iterator<SpoolIterator>: IterPhyOp LogOp=Scan_Vertipaq IterCols(28, 29, 45)('Prod
32	2,517	ProjectionSpool<ProjectFusion<>>: SpoolPhyOp #Records=2517
33		Cache: IterPhyOp #FieldCols=3 #ValueCols=0
34	12,527,442	Spool_Iterator<SpoolIterator>: IterPhyOp LogOp=Scan_Vertipaq IterCols(2, 29, 153, 168)('Cust
35	12,527,442	ProjectionSpool<ProjectFusion<>>: SpoolPhyOp #Records=12527442
36		Cache: IterPhyOp #FieldCols=4 #ValueCols=0

그림 20-39 국가별로 보고된 Cashback Sim. (slow) 측정값에 대한 쿼리를 실행하는 쿼리 계획 창

DAX 코드는 테이블을 반복하지만 xmSQL 코드는 각 테이블의 한 행을 고유하게 나타내는 테이블의 열만 검색한다. 이렇게 하면 반복되는 테이블의 카디널리티가 필요한 것보다 크더라도 구체화된 열의 수는 줄어든다. 이 시점에서 중요한 두 가지 고려 사항은 다음과 같다.

- 반복함수의 카디널리티가 필요한 것보다 크다. 컨텍스트 전환 덕분에 외부 반복함수의 카디널리티를 줄일 수 있다. 이러한 방식으로 쿼리 컨텍스트는 제품과 고객의 각 조합 대신 주어진 Net Price와 Cashback % 조합에 대해 Sales의 모든 행을 고려한다.
- 중첩된 반복함수를 제거하면 쿼리 계획이 향상되고 값비싼 구체화도 제거할 수 있다.

첫 번째 고려 사항은 컨텍스트 전환을 최적화하기 위해 앞에서 설명한 방법을 적용하는 것을 제안한다. 실제로 RELATEDTABLE 함수는 필터 인수는 없이 컨텍스트 전환만 수행하는 CALCULATETABLE과 같다. DAX 측정값의 첫 번째 변형은 고객 및 제품별로 반복하는 대신 Cashback %와 Net Price 열을 반복하는 'medium' 버전이다. 가장 안쪽의 식은 이러한 열에만 의존하기 때문에 쿼리의 시멘틱스는 여전히 같다.

```
DEFINE
  MEASURE Sales[Cashback Sim. (medium)] =
    SUMX (
      VALUES ( Customer[Cashback %] ),
      SUMX (
        VALUES ( 'Product'[Unit Price] ),
        SUMX (
          RELATEDTABLE ( Sales ),
          Sales[Quantity] * 'Product'[Unit Price] * Customer[Cashback %]
        )
      )
    )
EVALUATE
TOPN (
  502,
  SUMMARIZECOLUMNS (
    ROLLUPADDISSUBTOTAL ( 'Customer'[Country], "IsGrandTotalRowTotal" ),
    "Cashback Sim. (medium)", 'Sales'[Cashback Sim. (medium)]
  ),
  [IsGrandTotalRowTotal], 0,
  'Customer'[Country], 1
```

```
)
ORDER BY
    [IsGrandTotalRowTotal] DESC,
    'Customer'[Country]
```

그림 20-40은 작은 세분화 수준과 반복된 테이블과 참조된 열 사이의 단순한 의존성 덕분에 'medium' 버전의 실행이 'slow' 버전보다 훨씬 더 빠르다는 것을 보여준다.

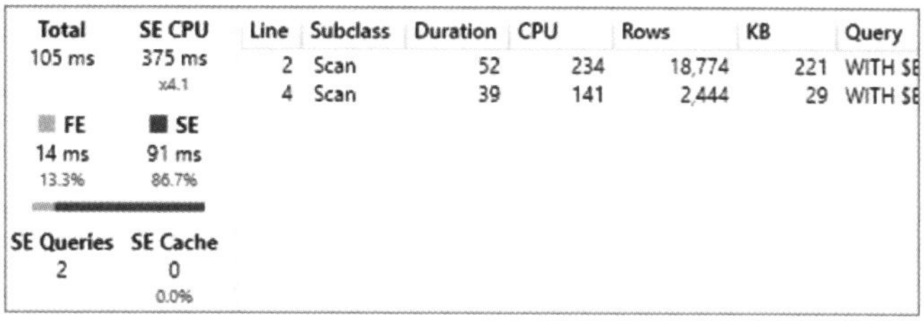

Total	SE CPU
105 ms	375 ms x4.1
FE	SE
14 ms 13.3%	91 ms 86.7%
SE Queries	SE Cache
2	0 0.0%

Line	Subclass	Duration	CPU	Rows	KB	Query
2	Scan	52	234	18,774	221	WITH $E
4	Scan	39	141	2,444	29	WITH $E

그림 20-40 국가별로 보고된 Cashback Sim. (medium) 측정값에 대한 쿼리를 실행하는 서버 타이밍

두 개의 저장 엔진 쿼리는 결과의 각 카디널리티에 대한 결과를 제공한다. 다음은 라인 2의 저장소 쿼리다. 한편, 라인 4의 유사한 쿼리에는 `Country` 열이 없으며 총합계에 사용된다.

```
WITH
  $Expr0 := (  ( CAST ( PFCAST ( 'DaxBook Sales'[Quantity] AS  INT ) AS  REAL )
          * PFCAST ( 'DaxBook Product'[Unit Price] AS  REAL )  )
          * PFCAST ( 'DaxBook Customer'[Cashback] AS  REAL )  )
SELECT
  'DaxBook Customer'[Country],
  'DaxBook Customer'[Cashback],
  'DaxBook Product'[Unit Price],
  SUM ( @$Expr0 )
FROM 'DaxBook Sales'
  LEFT OUTER JOIN 'DaxBook Customer'
    ON 'DaxBook Sales'[CustomerKey]='DaxBook Customer'[CustomerKey]
  LEFT OUTER JOIN 'DaxBook Product'
    ON 'DaxBook Sales'[ProductKey]='DaxBook Product'[ProductKey];
```

Cashback Sim.의 'medium' 버전 측정값에는 여전히 동일한 수의 중첩된 반복함수가 있으며, 잠재적으로 `Net Price`와 `Cashback %` 열 값 사이의 가능한 모든 조합을 고려할 수 있다. 이 간단한 측정값에서 쿼리 계획은 Sales 테이블에 대한 의존성을 설정해 계산을 기존 조합으로 줄인다. 그러나 엔진에 기존 조합만 고려하도록 명시적으로 지시하는 대체 DAX 구문이 있다. 중첩된 반복함수를 사용하는 대신 SUMMARIZE의 결과에 대한 단일 반복함수는 존재하지 않는 조합을 제외하고 계산하는 쿼리 계획을 시행한다. 'improved'라는 다음 버전은 이 예제에서는 동일한 결과 및 쿼리 계획을 생성하지만, 복잡한 시나리오에서는 더 효율적인 쿼리 계획을 생성할 수 있다.

```
MEASURE Sales[Cashback Sim. (improved)] =
  SUMX (
    SUMMARIZE (
      Sales,
      'Product'[Unit Price],
      Customer[Cashback %]
    ),
    CALCULATE ( SUM ( Sales[Quantity] ) )
      * 'Product'[Unit Price] * Customer[Cashback %]
  )
```

Cashback Sim.의 'medium' 및 'improved' 버전 측정값은 가장 안쪽의 계산에 기존 측정값을 사용하도록 쉽게 조정할 수 있다. 실제로 'improved' 버전은 측정값 참조처럼 CALCULATE 함수를 사용해 주어진 Net Price와 Cashback %의 조합에 대해 Sales[Quantity]의 합계를 계산한다. 유지 관리하기 쉬운 효율적인 코드를 작성하려면 이 방법을 사용해야 한다. 그러나 중첩된 반복함수를 제거해 좀 더 효율적인 버전을 만들 수도 있다.

노트 측정값을 정의할 때 종종 SUM과 같은 집계함수를 사용한다. DISTINCTCOUNT를 제외하고, 간단한 집계함수는 반복함수를 짧은 구문으로 나타낸 것에 불과하다. 예를 들어 SUM은 내부적으로 SUMX를 호출한다. 따라서 반복함수에서 측정값을 참조하면, 종종 중간에 컨텍스트 전환이 발생해 다른 중첩된 반복함수를 실행시킬 수 있다. 이것이 계산의 특성상 어쩔 수 없다면, 이는 필수적인 계산 비용이다. Cashback Sim. (improved)에서 중첩된 SUMX/SUM과 같이 중첩된 반복함수가 추가되면 성능 최적화를 위해 계산의 통합을 고려할 수 있다. 그러나 이는 측정값의 가독성과 재사용성에 영향을 줄 수 있다.

다음 Cashback Sim. 측정값의 'fast' 버전은 기존 측정값의 비즈니스 논리를 재사용하는 기능을 줄이는 대신 성능을 최적화한다.

```
DEFINE
    MEASURE Sales[Cashback Sim. (fast)] =
        SUMX (
            Sales,
            Sales[Quantity]
                * RELATED ( 'Product'[Unit Price] )
                * RELATED ( Customer[Cashback %] )
        )
EVALUATE
TOPN (
    502,
    SUMMARIZECOLUMNS (
        ROLLUPADDISSUBTOTAL ( 'Customer'[Country], "IsGrandTotalRowTotal" ),
        "Cashback Sim. (fast)", 'Sales'[Cashback Sim. (fast)]
    ),
    [IsGrandTotalRowTotal], 0,
    'Customer'[Country], 1
)
ORDER BY
    [IsGrandTotalRowTotal] DESC,
    'Customer'[Country]
```

그림 20-41은 'fast' 버전의 서버 타이밍 정보를 보여주며, 이는 'medium' 및 'improved' 버전에 비해 실행 시간의 50% 이상을 절약한다.

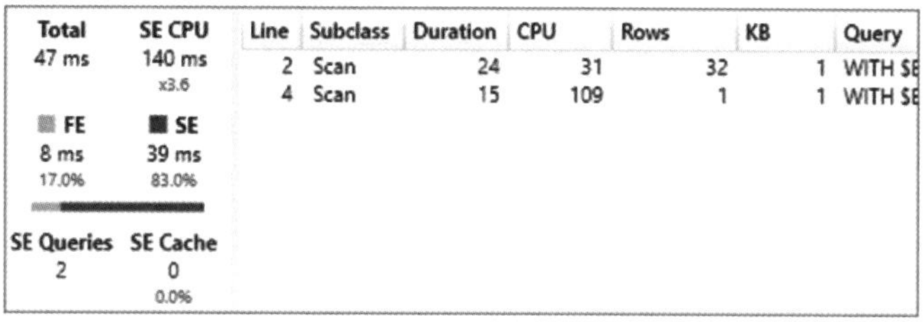

Total	SE CPU
47 ms	140 ms x3.6
FE	SE
8 ms 17.0%	39 ms 83.0%
SE Queries	SE Cache
2	0 0.0%

Line	Subclass	Duration	CPU	Rows	KB	Query
2	Scan	24	31	32	1	WITH SE
4	Scan	15	109	1	1	WITH SE

그림 20-41 국가별로 보고된 Cashback Sim. (fast) 측정값에 대한 쿼리를 실행하는 서버 타이밍

컨텍스트 전환이 없는 단일 반복함수를 사용하는 측정값은 그림 20-41의 라인 2에 보고된 다음과 같은 간단한 저장 엔진 쿼리를 생성한다.

```
WITH
  $Expr0 := (  ( CAST ( PFCAST ( 'DaxBook Sales'[Quantity] AS  INT ) AS  REAL )
          * PFCAST ( 'DaxBook Product'[Unit Price] AS  REAL )  )
          * PFCAST ( 'DaxBook Customer'[Cashback] AS  REAL )  )
SELECT
  'DaxBook Customer'[Country],
  SUM ( @$Expr0 )
FROM 'DaxBook Sales'
  LEFT OUTER JOIN 'DaxBook Customer'
    ON 'DaxBook Sales'[CustomerKey]='DaxBook Customer'[CustomerKey]
  LEFT OUTER JOIN 'DaxBook Product'
    ON 'DaxBook Sales'[ProductKey]='DaxBook Product'[ProductKey]; Using
```

RELATED 함수를 사용하면 CallbackDataID가 필요 없다. 실제로 RELATED의 역할은 관련된 열에 액세스할 수 있게 저장 엔진의 조인을 강제하는 것이며, 이는 일반적으로 CallbackDataID에 비해 성능에 미치는 영향이 적다. 그러나 마지막으로 추가적인 성능 향상을 도모하고 구체화를 최소 수준으로 유지하는 것이 중요하지 않다면 측정값의 'fast' 버전은 권장하지 않는다.

DISTINCTCOUNT에서 테이블 필터 피하기

CALCULATE/CALCULATETABLE 함수의 필터 인수는 테이블이 아니라 열에 적용해야 한다고 이미 언급했다. 동일한 주제에 대한 이 예제의 목표는 서버 타이밍에서 찾을 수 있는 추가 쿼리 계획 패턴을 보여주는 것이다. 테이블 필터의 부작용은 수식 엔진이 결과를 계산할 수 있도록 하기 위해 저장 엔진에 큰 구체화가 필요하다는 것이다. 그러나 비가산 표현식에 대해서 쿼리 계획은 결과의 세분화 수준에 포함된 각 요소에 대해 하나의 저장 엔진 쿼리를 생성할 수 있다. DISTINCTCOUNT 집계는 비가산 표현식의 단순하고 일반적인 사례다.

제품별 1,000달러 이상을 구매한 고객 수(Customers 1k)를 보여주는 그림 20-42의 보고서를 살펴보자.

Product Name	Customers 1k (slow)	Customers 1k (fast)
A. Datum SLR Camera 35" X358 Pink	59	59
A. Datum SLR Camera 35" X358 Silver	112	112
A. Datum SLR Camera 35" X358 Silver Grey	182	182
A. Datum SLR Camera M135 Black	115	115
A. Datum SLR Camera M136 Silver	116	116
A. Datum SLR Camera M137 Grey	117	117
A. Datum SLR Camera M138 Silver Grey	91	91
Total	**18,852**	**18,852**

그림 20-42 제품별 구매 금액이 1,000달러 이상인 고객

Customers 1k 측정값의 필터 조건에는 두 개의 열이 필요하다. 이러한 조건을 구현하는 덜 효율적인 방법은 Sales 테이블에 필터를 적용하는 것이다. 다음 쿼리는 이전 보고서의 Customer 1k 측정값을 계산해 그림 20-43에서 볼 수 있는 서버 타이밍 결과를 생성한다.

```
DEFINE
  MEASURE Sales[Customers 1k (slow)] =
    CALCULATE (
      DISTINCTCOUNT ( Sales[CustomerKey] ),
      FILTER (
        Sales,
        Sales[Quantity] * Sales[Net Price] > 1000
      )
    )
EVALUATE
TOPN (
  502,
  SUMMARIZECOLUMNS (
    ROLLUPADDISSUBTOTAL ( 'Product'[Product Name], "IsGrandTotalRowTotal" ),
    "Customers_1k__slow_", 'Sales'[Customers 1k (slow)]
  ),
  [IsGrandTotalRowTotal], 0,
  'Product'[Product Name], 1
)
ORDER BY
  [IsGrandTotalRowTotal] DESC,
  'Product'[Product Name]
```

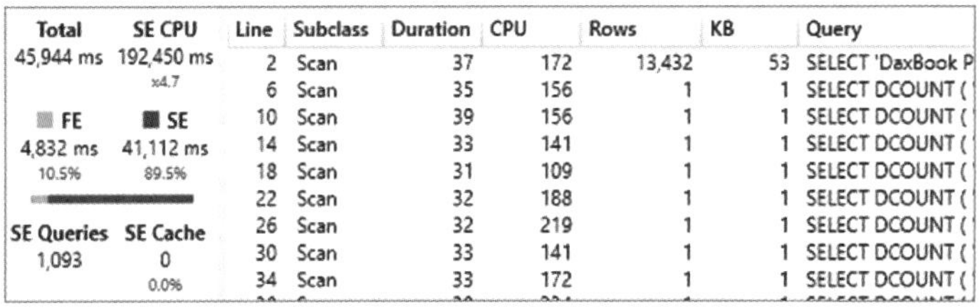

Total	SE CPU
45,944 ms	192,450 ms
	x4.7
FE	SE
4,832 ms	41,112 ms
10.5%	89.5%
SE Queries	SE Cache
1,093	0
	0.0%

Line	Subclass	Duration	CPU	Rows	KB	Query
2	Scan	37	172	13,432	53	SELECT 'DaxBook P
6	Scan	35	156	1	1	SELECT DCOUNT (
10	Scan	39	156	1	1	SELECT DCOUNT (
14	Scan	33	141	1	1	SELECT DCOUNT (
18	Scan	31	109	1	1	SELECT DCOUNT (
22	Scan	32	188	1	1	SELECT DCOUNT (
26	Scan	32	219	1	1	SELECT DCOUNT (
30	Scan	33	141	1	1	SELECT DCOUNT (
34	Scan	33	172	1	1	SELECT DCOUNT (

그림 20-43 Customer 1k (slow) 측정값에 대한 쿼리를 실행하는 서버 타이밍

이 쿼리는 결과에 포함된 제품당 하나씩 수많은 저장 엔진 쿼리를 생성한다. 각 저장 엔진 쿼리에는 100~200 밀리 초가 필요하기 때문에 총 수 분의 CPU 비용이 발생하지만, 스토리지 엔진의 병렬 처리로 지연 시간은 1분 미만이다.

그림 20-43의 라인 2에 있는 첫 번째 xmSQL 쿼리는 해당 제품의 판매 거래에 대한 Quantity, Net Price 및 제품 이름 목록을 반환한다. 실제로 `Sales` 테이블에서 금액이 1,000달러 이상인 거래에서 한 번 이상 사용된 제품이 1,091개에 불과하지만, 동일 제품에 대해 더 많은 행을 반환하는 제품 이름 이외의 추가 세부 정보도 포함되므로 데이터캐시의 세분성이 더 크다.

```
SELECT
  'DaxBook Product'[Product Name],
  'DaxBook Sales'[Quantity],
  'DaxBook Sales'[Net Price]
FROM 'DaxBook Sales'
  LEFT OUTER JOIN 'DaxBook Product'
    ON 'DaxBook Sales'[ProductKey]='DaxBook Product'[ProductKey]
WHERE
  ( COALESCE (  ( CAST ( PFCAST ( 'DaxBook Sales'[Quantity] AS  INT ) AS  REAL )
            * PFCAST ( 'DaxBook Sales'[Net Price] AS  REAL )  )  )
    > COALESCE ( 1000.000000 )
  );
```

그림 20-43의 라인 6에 있는 것과 매우 유사한 xmSQL 쿼리가 1,091개 있으며, 고유한 카운트 집계로 얻은 단일 값을 반환한다. 이때 필터 조건에는 Adventure Works 52" LCD HDTV X790W Silver 제품에 대해 Quantity와 Net Price의 곱이 1,000 이상인 모든 조합이 포함된다.

```
SELECT
  DCOUNT ( 'DaxBook Sales'[CustomerKey] )
FROM 'DaxBook Sales'
  LEFT OUTER JOIN 'DaxBook Product'
    ON 'DaxBook Sales'[ProductKey]='DaxBook Product'[ProductKey]
WHERE
  ( COALESCE (  ( CAST ( PFCAST ( 'DaxBook Sales'[Quantity] AS  INT ) AS  REAL )
          * PFCAST ( 'DaxBook Sales'[Net Price] AS  REAL )  )  )
    > COALESCE ( 1000.000000 )
  )
VAND (
    'DaxBook Product'[Product Name],
    'DaxBook Sales'[Quantity],
    'DaxBook Sales'[Net Price] )
  IN {
    ( 'Adventure Works 52" LCD HDTV X790W Silver', 2, 1592.200000 ) ,
    ( 'Adventure Works 52" LCD HDTV X790W Silver', 4, 1432.980000 ) ,
    ( 'Adventure Works 52" LCD HDTV X790W Silver', 1, 1273.760000 ) ,
    ( 'Adventure Works 52" LCD HDTV X790W Silver', 3, 1480.746000 ) ,
    ( 'Adventure Works 52" LCD HDTV X790W Silver', 4, 1512.590000 ) ,
    ( 'Adventure Works 52" LCD HDTV X790W Silver', 3, 1592.200000 ) ,
    ( 'Adventure Works 52" LCD HDTV X790W Silver', 3, 1353.370000 ) ,
    ( 'Adventure Works 52" LCD HDTV X790W Silver', 4, 1273.760000 ) ,
    ( 'Adventure Works 52" LCD HDTV X790W Silver', 1, 1480.746000 ) ,
    ( 'Adventure Works 52" LCD HDTV X790W Silver', 1, 1592.200000 )
  ..[24 total tuples, not all displayed]};
```

실제로 그림 20-43의 라인 10에 있는 다음 xmSQL 쿼리는 필터 조건만 앞의 쿼리와 다르다.

```
SELECT
  DCOUNT ( 'DaxBook Sales'[CustomerKey] )
FROM 'DaxBook Sales'
  LEFT OUTER JOIN 'DaxBook Product'
    ON 'DaxBook Sales'[ProductKey]='DaxBook Product'[ProductKey]
WHERE
  ( COALESCE (  ( CAST ( PFCAST ( 'DaxBook Sales'[Quantity] AS  INT ) AS  REAL )
          * PFCAST ( 'DaxBook Sales'[Net Price] AS  REAL )  )  )
    > COALESCE ( 1000.000000 )
  )
VAND (
    'DaxBook Product'[Product Name],
```

```
    'DaxBook Sales'[Quantity],
    'DaxBook Sales'[Net Price] )
  IN {
    ( 'Contoso Washer & Dryer 21in E210 Blue', 2, 1519.050000 ) ,
    ( 'Contoso Washer & Dryer 21in E210 Blue', 2, 1279.200000 ) ,
    ( 'Contoso Washer & Dryer 21in E210 Blue', 2, 1359.150000 ) ,
    ( 'Contoso Washer & Dryer 21in E210 Blue', 4, 1487.070000 ) ,
    ( 'Contoso Washer & Dryer 21in E210 Blue', 3, 1439.100000 ) ,
    ( 'Contoso Washer & Dryer 21in E210 Blue', 3, 1519.050000 ) ,
    ( 'Contoso Washer & Dryer 21in E210 Blue', 3, 1359.150000 ) ,
    ( 'Contoso Washer & Dryer 21in E210 Blue', 2, 1599.000000 ) ,
    ( 'Contoso Washer & Dryer 21in E210 Blue', 1, 1439.100000 ) ,
    ( 'Contoso Washer & Dryer 21in E210 Blue', 3, 1279.200000 )
  ..[24 total tuples, not all displayed]};
```

유사한 저장 엔진 쿼리가 많이 있다는 것은 그림 20-44에 표시된 쿼리 계획 창에서도 확인할 수 있다. 라인 15에서 시작하는 각 행은 앞에서 설명한 저장 엔진 쿼리 중 하나로 생성된 하나의 열만 있는 단일 데이터캐시에 해당한다.

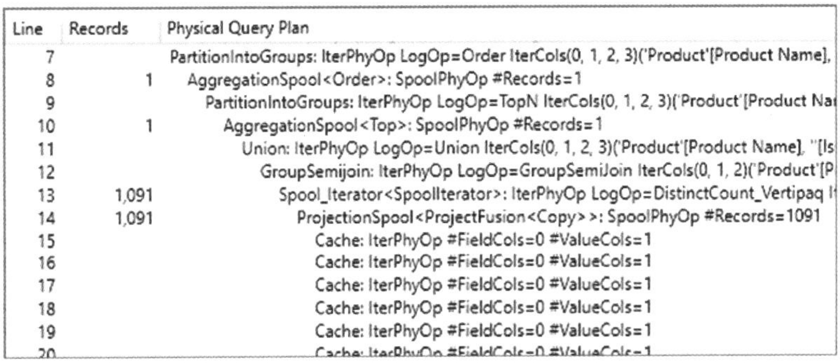

Line	Records	Physical Query Plan
7		PartitionIntoGroups: IterPhyOp LogOp=Order IterCols(0, 1, 2, 3)('Product'[Product Name],
8	1	AggregationSpool<Order>: SpoolPhyOp #Records=1
9		PartitionIntoGroups: IterPhyOp LogOp=TopN IterCols(0, 1, 2, 3)('Product'[Product Na
10	1	AggregationSpool<Top>: SpoolPhyOp #Records=1
11		Union: IterPhyOp LogOp=Union IterCols(0, 1, 2, 3)('Product'[Product Name], ''[Is
12		GroupSemijoin: IterPhyOp LogOp=GroupSemiJoin IterCols(0, 1, 2)('Product'[P
13	1,091	Spool_Iterator<SpoolIterator>: IterPhyOp LogOp=DistinctCount_Vertipaq I
14	1,091	ProjectionSpool<ProjectFusion<Copy>>: SpoolPhyOp #Records=1091
15		Cache: IterPhyOp #FieldCols=0 #ValueCols=1
16		Cache: IterPhyOp #FieldCols=0 #ValueCols=1
17		Cache: IterPhyOp #FieldCols=0 #ValueCols=1
18		Cache: IterPhyOp #FieldCols=0 #ValueCols=1
19		Cache: IterPhyOp #FieldCols=0 #ValueCols=1
20		Cache: IterPhyOp #FieldCols=0 #ValueCols=1

그림 20-44 Customers 1k (slow) 측정값에 대한 쿼리를 실행하는 쿼리 계획 창

필터 컨텍스트에서 테이블 필터를 적용하면 효율적이지 않은 쿼리 계획이 강제 적용된다. 이때 테이블 필터는 하나의 큰 구체화 대신 여러 개의 저장 엔진 쿼리를 생성한다. 그러나 필요한 최적화는 항상 동일하다. 열 필터는 `CALCULATE` 및 `CALCULATETABLE`의 테이블 필터보다 낫다. `Customer 1k` 측정값의 최적화된 버전은 원래 측정값의 필터 시멘틱스를 사용하기 위해 `KEEPFILTERS`로 `Quantity`와 `Net Price` 두 열에 필터를 적용한다. 다음 쿼리는 그림 20-45에 표시된 서버 타이밍 결과를 생성한다.

```
DEFINE
  MEASURE Sales[Customers 1k (fast)] =
    CALCULATE (
      DISTINCTCOUNT ( Sales[CustomerKey] ),
      KEEPFILTERS (
        FILTER (
          ALL (
            Sales[Quantity],
            Sales[Net Price]
          ),
          Sales[Quantity] * Sales[Net Price] > 1000
        )
      )
    )
EVALUATE
TOPN (
  502,
  SUMMARIZECOLUMNS (
    ROLLUPADDISSUBTOTAL ( 'Product'[Product Name], "IsGrandTotalRowTotal" ),
    "Customers_1k__fast_", 'Sales'[Customers 1k (fast)]
  ),
  [IsGrandTotalRowTotal], 0,
  'Product'[Product Name], 1
)
ORDER BY
  [IsGrandTotalRowTotal] DESC,
  'Product'[Product Name]
```

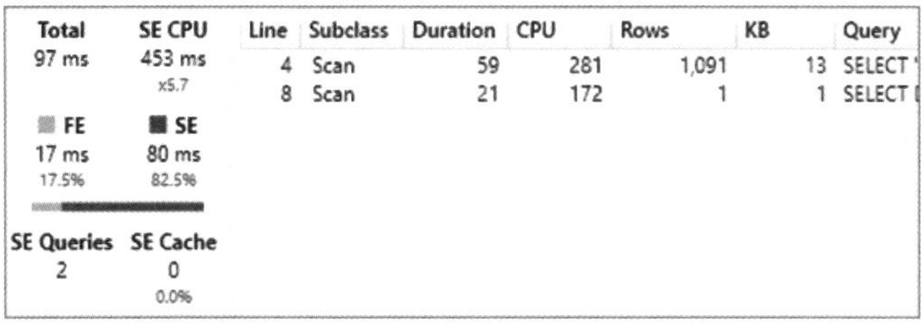

Total	SE CPU
97 ms	453 ms x5.7

FE	SE
17 ms 17.5%	80 ms 82.5%

SE Queries	SE Cache
2	0 0.0%

Line	Subclass	Duration	CPU	Rows	KB	Query
4	Scan	59	281	1,091	13	SELECT '
8	Scan	21	172	1	1	SELECT [

그림 20-45 Customer 1k (fast) 측정값에 대한 쿼리를 실행하는 서버 타이밍

CALCULATE의 열 필터는 쿼리 계획을 단순화하며, 이제 결과의 각 세분화 수준(한 제품 vs. 전체 제품)별로 하나씩 두 개의 저장 엔진 쿼리만 있으면 된다. 다음은 그림 20-45의 라인 4에 있는 xmSQL 쿼리다.

```
SELECT
  'DaxBook Product'[Product Name],
  DCOUNT ( 'DaxBook Sales'[CustomerKey] )
FROM 'DaxBook Sales'
  LEFT OUTER JOIN 'DaxBook Product'
    ON 'DaxBook Sales'[ProductKey]='DaxBook Product'[ProductKey]
WHERE
  ( COALESCE (  ( CAST ( PFCAST ( 'DaxBook Sales'[Quantity] AS  INT ) AS  REAL )
           PFCAST ( 'DaxBook Sales'[Net Price] AS  REAL )  )  )
   > COALESCE ( 1000.000000 )
  );
```

획득한 데이터캐시는 DAX 쿼리의 결과에 해당한다. 수식 엔진은 추가적인 처리를 하지 않아도 된다. 이것은 쿼리의 성능에 최적의 조건이다. 여기서 교훈은 저장 엔진 쿼리의 수 또한 문제가 될 수 있다는 것이다. 많은 수의 저장 엔진 쿼리는 잘못된 쿼리 계획의 결과일 수 있다. 테이블 필터나 양방향 필터와 결합된 비가산적 측정값은 이러한 동작을 초래하는 원인 중 하나가 돼 성능에 부정적인 영향을 미칠 수 있다.

변수를 사용해 다중 평가 방지

DAX 표현식이 동일한 하위 표현식을 여러 번 평가할 때는 일반적으로 하위 표현식의 결과를 변수에 저장하고 원래 DAX 표현식의 다음 부분에서 변수 이름을 참조하는 것이 좋다. 변수를 사용하면 코드 가독성을 향상시키고, 이 절의 뒷부분에서 설명하는 일부 예외를 제외하고, 좀 더 효율적이면서 나은 쿼리 계획을 제공할 수 있다.

그림 20-46의 보고서는 보고서 행에 표시된 `Sales Amount` 값과 전년도의 해당 값 사이의 차이를 백분율로 계산하는 `Sales YOY %` 측정값을 보여준다.

Year	Sales Amount	Sales YOY % (slow)	Sales YOY % (fast)
November 2007	108,008,618.91		
December 2007	110,436,896.10		
CY 2008	**1,189,326,612.81**	**-15.97%**	**-15.97%**
January 2008	79,431,234.29	-28.85%	-28.85%
February 2008	85,088,461.45	-27.11%	-27.11%
March 2008	84,808,709.97	-27.07%	-27.07%
April 2008	105,627,816.67	-16.83%	-16.83%
May 2008	109,011,089.35	-19.01%	-19.01%
June 2008	107,110,706.45	-12.13%	-12.13%
Total	**3,805,392,024.21**	**0.00%**	**0.00%**

그림 20-46 연도 및 월별로 보고된 연도별 Sales Amount 차이

Sales YOY % 측정값은 내부적으로 다른 측정값을 사용한다. 계산의 각 부분을 수정하려면 DAX 스튜디오의 종속 측정값 정의Define Dependent Measure 기능을 사용해 모든 기본 측정값을 포함하는 것이 좋다. 다음 쿼리는 이전 보고서에서 원래 Sales YOY % (slow) 측정값을 계산해 그림 20-47에 표시된 서버 타이밍 결과를 생성한다.

```
DEFINE
  MEASURE Sales[Sales PY] =
    CALCULATE (
       [Sales Amount],
       SAMEPERIODLASTYEAR ( 'Date'[Date] )
    )
  MEASURE Sales[Sales YOY (slow)] =
    IF (
      NOT ISBLANK ( [Sales Amount] ) && NOT ISBLANK ( [Sales PY] ),
      [Sales Amount] - [Sales PY]
    )
  MEASURE Sales[Sales Amount] =
    SUMX (
      Sales,
      Sales[Quantity] * Sales[Net Price]
    )
  MEASURE Sales[Sales YOY % (slow)] =
    DIVIDE (
       [Sales YOY (slow)],
       [Sales PY]
    )
EVALUATE
TOPN (
  502,
  SUMMARIZECOLUMNS (
    ROLLUPADDISSUBTOTAL (
      ROLLUPGROUP (
        'Date'[Calendar Year Month],
        'Date'[Calendar Year Month Number]
      ), "IsGrandTotalRowTotal"
    ),
    "Sales_YOY____slow_", 'Sales'[Sales YOY % (slow)]
  ),
  [IsGrandTotalRowTotal], 0,
  'Date'[Calendar Year Month Number], 1,
```

```
  'Date'[Calendar Year Month], 1
)
ORDER BY
  [IsGrandTotalRowTotal] DESC,
  'Date'[Calendar Year Month Number],
  'Date'[Calendar Year Month]
```

Total	SE CPU
172 ms	625 ms x4.6
FE	SE
35 ms 20.3%	137 ms 79.7%
SE Queries	SE Cache
14	4 28.6%

Line	Subclass	Duration	CPU	Rows	KB	Query
2	Scan	24	156	7,569	119	WITH SE
4	Scan	0	0	2,559	20	SELECT '
6	Scan	1	0	2,556	10	SELECT '
8	Scan	26	109	2,559	40	WITH SE
10	Scan	29	125	7,569	119	WITH SE
12	Scan	0	0	731	3	SELECT '
14	Scan	0	0	7,569	60	SELECT '
16	Scan	21	141	2,559	40	WITH SE
18	Scan	13	0	1	1	WITH SE

그림 20-47 Sales YOY % (slow) 측정값에 대한 쿼리를 실행하는 서버 타이밍

쿼리 계획에 대한 설명에는 여기에 보고되지 않은 1,819개의 행이 포함된다. 또한 쿼리를 실행하기 전에 캐시 지우기 명령을 실행하더라도 저장 엔진 캐시[SE Cache]에서 검색한 저장 엔진 쿼리는 4개가 있다. 이는 쿼리 계획의 다른 부분이 동일한 저장 엔진 쿼리에 대해 다른 요청을 생성한다는 의미다. 캐시가 저장 엔진 요청의 성능을 향상시키지만 쿼리 계획에 이러한 중복이 존재한다는 것은 추가 개선의 여지가 있음을 나타내는 지표다.

쿼리 계획이 너무 복잡하고 저장 엔진 쿼리가 많다면 DAX 코드를 검토하고 변수를 사용해 중복된 평가를 줄이는 것이 좋다. 실제로 중복 평가는 이러한 중복 요청이 원인일 수 있다. 일반적으로 DAX 엔진은 동일한 필터 컨텍스트 내에서 실행된 유사한 하위 표현식을 찾아 여러 번 평가하지 않고 결과를 재사용할 수 있어야 한다. 그러나 `IF`나 `SWITCH`와 같은 논리적 조건으로 서로 다른 실행의 분기가 만들어지면 이러한 내부 최적화가 쉽게 중단될 수 있다.

예를 들어 `Sales YOY (slow)` 측정값을 살펴보자. `Sales Amount` 및 `Sales PY` 측정값은 평가의 다른 가지[branch]에서 실행된다. `IF` 함수의 첫 번째 인수는 항상 평가해야 하지만, 두 번째 인수는 첫 번째 인수가 `TRUE`일 때만 평가해야 한다. 첫 번째 인수와 두 번째 인수 모두에 존재하는 DAX 표현식은 쿼리 계획에서 두 번 평가될 수 있으며, 첫 번째 인수에 대해 얻은 결과를 두 번째 인수를 평가할 때 재사용할 수 있는 것으로 간주하지 않을 수

있다. 이러한 일이 발생하는 기술적 이유와 바람직한 것으로 판명될 때에 관한 내용은 이 책의 범위를 벗어난다.

이전 쿼리의 다음 발췌 부분은 첫 번째 인수와 두 번째 인수 양쪽 모두에 있어서 두 번 평가될 수 있는 측정값 참조를 강조 표시한다.

```
MEASURE Sales[Sales YOY (slow)] =
  IF (
    NOT ISBLANK ( [Sales Amount] ) && NOT ISBLANK ( [Sales PY] ),
    [Sales Amount] - [Sales PY]
  )
```

두 측정값에서 반환되는 값을 두 변수에 저장하고, DAX 엔진에 IF 조건 전에 두 측정값에 대해 단일 평가를 실시하도록 지시하면 첫 번째와 두 번째 변수에서 결과를 다시 사용할 수 있다. Sales YOY (fast) 측정값의 다음 발췌는 DAX 코드에서 이 기술을 구현하는 방법을 보여준다.

```
MEASURE Sales[Sales YOY (fast)] =
  VAR SalesPY = [Sales PY]
  VAR SalesAmount = [Sales Amount]
  RETURN
    IF (
      NOT ISBLANK ( SalesAmount ) && NOT ISBLANK ( SalesPY ),
      SalesAmount - SalesPY
    )
```

다음 쿼리에는 Sales YOY (fast) % 측정값의 전체 구현이 포함되며, 내부적으로는 Sales YOY (slow) 대신 Sales YOY (fast)를 사용한다. 쿼리를 실행하면 그림 20-48에서 볼 수 있는 서버 타이밍 결과가 생성된다.

```
DEFINE
  MEASURE Sales[Sales PY] =
    CALCULATE (
      [Sales Amount],
      SAMEPERIODLASTYEAR ( 'Date'[Date] )
```

```
  )
  MEASURE Sales[Sales YOY (fast)] =
    VAR SalesPY = [Sales PY]
    VAR SalesAmount = [Sales Amount]
    RETURN
      IF (
        NOT ISBLANK ( SalesAmount ) && NOT ISBLANK ( SalesPY ),
        SalesAmount - SalesPY
      )
  MEASURE Sales[Sales Amount] =
    SUMX (
      Sales,
      Sales[Quantity] * Sales[Net Price]
    )
  MEASURE Sales[Sales YOY % (fast)] =
    DIVIDE (
      [Sales YOY (fast)],
      [Sales PY]
    )
EVALUATE
TOPN (
  502,
  SUMMARIZECOLUMNS (
    ROLLUPADDISSUBTOTAL (
      ROLLUPGROUP (
        'Date'[Calendar Year Month],
        'Date'[Calendar Year Month Number]
      ), "IsGrandTotalRowTotal"
    ),
    "Sales_YOY____fast_", 'Sales'[Sales YOY % (fast)]
  ),
  [IsGrandTotalRowTotal], 0,
  'Date'[Calendar Year Month Number], 1,
  'Date'[Calendar Year Month], 1
)
ORDER BY
  [IsGrandTotalRowTotal] DESC,
  'Date'[Calendar Year Month Number],
  'Date'[Calendar Year Month]
```

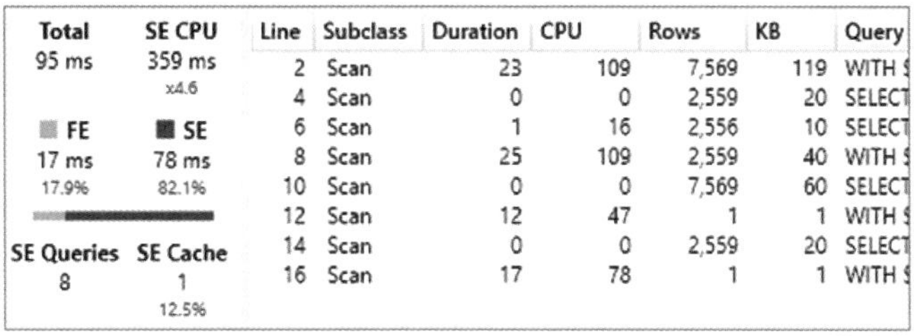

Total	SE CPU
95 ms	359 ms x4.6
FE	SE
17 ms 17.9%	78 ms 82.1%
SE Queries	SE Cache
8	1 12.5%

Line	Subclass	Duration	CPU	Rows	KB	Query
2	Scan	23	109	7,569	119	WITH $
4	Scan	0	0	2,559	20	SELECT
6	Scan	1	16	2,556	10	SELECT
8	Scan	25	109	2,559	40	WITH $
10	Scan	0	0	7,569	60	SELECT
12	Scan	12	47	1	1	WITH $
14	Scan	0	0	2,559	20	SELECT
16	Scan	17	78	1	1	WITH $

그림 20-48 Sales YOY % (fast) 측정값에 대한 쿼리를 실행하는 서버 타이밍

쿼리 계획에 대한 설명에는 488개의 행(여기서는 보고되지 않음)이 포함돼 쿼리 계획의 복잡성을 73% 줄인다(기존 쿼리 계획은 1,819행이었다). 새로운 쿼리 계획은 실행 시간과 쿼리 수 측면에서 저장 엔진의 비용을 낮추고, 수식 엔진의 실행 시간도 줄인다. 전반적으로 최적화된 측정값은 실행 시간을 약 50% 단축하지만 더 복잡한 모델과 표현식에서는 최적화의 효과가 더 커질 수 있다. 중첩된 측정값에 동일한 최적화가 적용되면 개선 정도가 기하급수적으로 증가할 수 있다.

하지만 조건문 앞에 변수를 지정할 때 발생할 수 있는 부작용에 주의해야 한다. 첫 번째 인수로 사용된 하위 표현식만 `IF` 또는 `SWITCH` 문 이전에 정의된 변수에 지정할 수 있다. 그렇지 않으면 무시해도 좋은 식을 평가해 효과가 반대로 나타날 수 있다. 다음 가이드라인을 준수해야 한다.

- 동일한 필터 컨텍스트 내에서 동일한 DAX 식을 여러 번 평가할 경우, 표현식을 변수에 할당하고 DAX 식 대신 해당 변수를 참조한다.
- DAX 식이 `IF` 또는 `SWITCH`의 분기 내에서 평가되는 경우, 필요할 때마다 조건 분기 내의 변수에 식을 지정한다.
- 변수가 조건 분기 내에서만 사용되는 경우, `IF` 또는 `SWITCH` 문 외부에 변수를 할당해서는 안 된다.
- `IF`와 `SWITCH`의 첫 번째 인수로 성능에 영향을 주지 않고 `IF` 및 `SWITCH` 이전에 정의된 변수를 사용할 수 있다.

가이드라인의 더 많은 예는 다음 기사에서 볼 수 있다. https://www.sqlbi.com/articles/optimizing-if-and-switch-expressions-using-variables/

대체 조건문 구현

마지막 예에서는 변수를 사용으로 가능한 최적화를 보여주기 위해 간단한 IF 문을 사용했다. 변수를 사용하는 것이 최선이지만 DAX에서 동일한 조건 논리를 표현할 수 있는 다른 방법이 있다는 점을 언급할 필요가 있다. 예를 들어 IF 함수가 숫자 값을 반환하고, 첫 번째 인수의 조건이 TRUE일 때 두 번째 인수의 식에 실행 오류가 발생하지 않으면 다음과 같이 코드를 변환할 수 있다.

```
IF ( <condition>, <expression> )
```

변경 방법은

```
<expression>  * <condition>
```

이 식을 사용해 Sales YOY (fast) 측정값을 다음과 같이 구현할 수 있다.

```
MEASURE Sales[Sales YOY (fast)] =
  ( [Sales Amount] - [Sales PY] )
     * ( NOT ISBLANK ( [Sales Amount] ) && NOT ISBLANK ( [Sales PY] ) )
```

쿼리 지속 시간은 매우 비슷하지만, 쿼리 계획에서 208개의 행만 생성된다. 하지만 더 복잡한 모델에서 쿼리 계획을 줄이면 가시적인 이점이 더 클 수 있다. 다른 버전의 엔진에서는 결과가 다를 수 있다. 코드를 추가로 최적화해야 할 경우, 이와 같은 대체 코딩 방법을 사용할 수 있는 옵션 중 하나로 떠올리길 바란다. 성능 및 쿼리 계획에 미치는 영향을 확인하지 않고 이러한 기술을 적용해서는 안 된다. 성능이 향상되는지와 코드의 가독성을 희생할 만한 가치가 있는지를 확인해야 한다.

결론

마지막 장(솔직히 말하자면, 이 책 전체)의 교훈은 실제 병목을 찾으려면 쿼리 계획에 영향을 미치는 모든 요소를 고려해야 한다는 것이다. 서버 타이밍에서 볼 수 있는 FE 및 SE의 백분율을 살펴보는 것은 좋은 출발점이지만, 항상 숫자 뒤에 숨겨진 이유를 알아야 한다. DAX 스튜디오 및 VertiPaq Analyzer와 같은 도구는 잘못된 쿼리 계획의 영향을 측정할 수 있는 기능이 있지만, 이는 쿼리 속도가 느린 이유를 가리키는 단서와 증거의 일부일 뿐이다.

DAX 세계에 온 것을 환영한다!

찾아보기

E

F

G

H

I

K

L

M

전문가를 위한 DAX 완벽 가이드 2/e
파워 BI, 엑셀, SSAS에서 활용하는 DAX

발 행 | 2022년 7월 13일

지은이 | 마르코 루소 · 알베르토 페라리
옮긴이 | 김 원 권

펴낸이 | 권 성 준
편집장 | 황 영 주
편 집 | 조 유 나
김 진 아
디자인 | 윤 서 빈

에이콘출판주식회사
서울특별시 양천구 국회대로 287 (목동)
전화 02-2653-7600, 팩스 02-2653-0433
www.acornpub.co.kr / editor@acornpub.co.kr

ISBN 979-11-6175-658-5
http://www.acornpub.co.kr/book/guide-dax-2e

책값은 뒤표지에 있습니다.